吕思勉历史作品系列

秦汉史

上

吕思勉 著

中華書局

图书在版编目(CIP)数据

秦汉史/吕思勉著. —北京:中华书局,2020.1
(吕思勉历史作品系列)
ISBN 978 7 101-14152-8

Ⅰ.秦… Ⅱ.吕… Ⅲ.中国历史-秦汉时代 Ⅳ.K232

中国版本图书馆 CIP 数据核字(2019)第 211949 号

书　　名	秦汉史(全二册)
著　　者	吕思勉
丛 书 名	吕思勉历史作品系列
责任编辑	宋丽军
出版发行	中华书局 (北京市丰台区太平桥西里 38 号　100073) http://www.zhbc.com.cn E-mail:zhbc@zhbc.com.cn
印　　刷	北京瑞古冠中印刷厂
版　　次	2020 年 1 月北京第 1 版 2020 年 1 月北京第 1 次印刷
规　　格	开本/880×1230 毫米　1/32 印张 27　插页 4　字数 720 千字
印　　数	1-3000 册
国际书号	ISBN 978-7-101-14152-8
定　　价	94.00 元

出版说明

吕思勉，字诚之，一八八四年出生于江苏常州，一九五七年病逝于上海。中国现代著名史学家，长期从事文史教育和研究工作。曾任中华书局、商务印书馆编辑。一九二六年至一九五一年任上海光华大学教授、历史系主任。一九五一年高等学校院系调整，入华东师范大学历史系，任历史学一级教授。

吕思勉在中国历史研究方面著作等身，贡献卓著。此次，我们编辑出版了吕思勉的断代史、通史等著作八种，包括《先秦史》《秦汉史》《三国史话》《两晋南北朝史》《隋唐五代史》《中国近代史》《中国通史》《吕著中国通史》，名之曰《吕思勉历史作品系列》。这些著作能够反映吕思勉史学研究的基本样貌和学术水准，读者可以从中了解吕氏治史的方法路径、史识史观，也可以通过这些著作，对绵亘数千年的中国历史脉络有一个大致的把握。

《秦汉史》是吕思勉所著中国断代史的第二部，写于二十世纪三四十年代，一九四七年由上海开明书店印行。全书计二十章，分两册：上册为前十二章，包括总论和秦汉兴衰史；下册为后八章，纵论秦汉间的民生、制度及文化。

此次出版，以开明版为底本。在文字的处理上，除纠正讹误外，尽可能保持原文原貌。为便读者，每段首次出现年号纪年即加标公元纪年。

中华书局编辑部

二〇一九年十月

目　录

第一章
总　论

自来治史学者，莫不以周、秦之间为史事之一大界，此特就政治言之耳。若就社会组织言，实当以新、汉之间为大界。盖人非役物无以自养，非能群无以役物。邃古之世，人有协力以对物，而无因物以相争，此实人性之本然，亦为治世之大道。然人道之推行，不能不为外物所格。人之相人偶，本可以至于无穷也，而所处之境限之，则争夺相杀之祸，有不能免者矣。争夺相杀之局，不外两端：一恃强力夺人之所有以自奉，或役人劳作以自养。其群之组织，既皆取与战斗相应；见侵夺之群，亦不得不以战斗应之；率天下而唯战斗之务。于是和亲康乐之风，渺焉无存；诛求抑压之事，扇而弥甚。始仅行于群与群之间者，继遂推衍而及于群之内，而小康之世所谓伦纪者立，而人与人相处之道苦矣。又其一为财力。人之役物也，利于分工，而其所以能分工，则由其能协力，此自邃古已然。然协力以役物，仅限于部族之内，至两部族相遇，则非争夺，亦必以交易之道行之，而交易之道，则各求自利。交易愈盛，则分工益密，相与协力之人愈众，所耗之力愈少，所生之利愈多，人之欲利，如水就下，故商业之兴，沛乎莫之能御。然部族之中，各有分职，无所谓为己，亦无所谓为人，有协力以对物，而无因物以相争之风，则自此泯矣。盖商业之兴也，使山陬海澨，不知谁何之人，咸能通功易事，分工协力之途愈广，所生之利愈饶，其利也；而其相交易也，人人以损人利己之道行之，于是损人利己之风，亦遍于山陬海澨，人人之利害若相反，此则其害也。语曰："作始也简，将毕也巨。"至于人自私其所有，而恃其多财，或善自封殖以相陵轹，而其祸有不忍言者矣。由前之说，今人所谓封建势力。由后之说，则今人所谓资本势力也。封建之暴，尤甚于资本，故人必先求去之。晚周以来，盖封建势力日微，而资本势力方兴之会。封建势力，如死灰之不可复燃矣，而或不知其不可燃而欲燃之；资本势力，如洪水之不可遽湮也，而或不知其不可湮而欲湮之；此为晚周至先汉扰攘之由。至新室亡，人咸知其局之不易变，或且以为不可变，言治者但务去泰去甚，以求苟安，不敢作根本变革之想矣。故曰：以社会组织论，实当以新、汉之间为大界也。

《汉书·货殖传》曰："昔先王之制，自天子、公、侯、卿、大夫、士，至于皂隶、抱关击柝者，其爵禄、奉养、宫室、车服、棺椁、祭祀、死生之制，各有差品，小不得僭大，贱不得逾贵。夫然，故上下序而民志定。于是辩其土地、川泽、丘陵、衍沃、原隰之宜，教民种树、畜养五谷、六畜，及至鱼鳖、鸟兽、雚蒲、材干、器械之资，所以养生、送终之具，靡不皆育。育之以时，而用之有节。草木未落，斧斤不入于山林；豺獭未祭，罝网不布于野泽；鹰隼未击，矰弋不施于徯隧。既顺时而取物，然犹山不茬蘖，泽不伐夭，蝝鱼麛卵，咸有常禁。所以顺时宣气，蕃阜庶物，蓄足功用，如此之备也。然后四民因其土宜，各任智力，夙兴夜寐，以治其业，相与通功易事，交利而俱赡，非有征发期会，而远近咸足。故《易》曰'后以财成辅相天地之宜，以左右民'，'备物致用，立成器以为天下利，莫大乎圣人'。……及周室衰，礼法堕。诸侯刻桷、丹楹，大夫山节、藻棁，八佾舞于庭，《雍》彻于堂，其流至乎士庶人，莫不离制而弃本。稼穑之民少，商旅之民多，谷不足而货有余。陵夷至乎桓、文之后，礼谊大坏，上下相冒；国异政，家殊俗；嗜欲不制，僭差无极。于是商通难得之货，工作无用之器，士设反道之行，以追时好而取世资。伪民背实而要名，奸夫犯害而求利。篡弑取国者为王公，圉夺成家者为雄桀。礼谊不足以拘君子，刑戮不足以威小人。富者木土被文锦，犬马余肉粟，而贫者裋褐不完，唅菽饮水。其为编户齐民同列，而以财力相君，虽为仆虏，犹无愠色。故夫饰变诈为奸轨者，自足乎一世之间；守道循理者，不免于饥寒之患。其教自上兴，由法度之无限也。"此文最能道出东周以后社会之变迁，及其时之人之见解。盖其所称古代之美，一在役物之有其方，一则人与人相处之得其道，此实大同之世所留诒，而非小康之世，世及为礼之大人所能为，《先秦史》已言之。然世运既降为小康，治理之权既操于所谓大人者之手，人遂误以此等治法为此大人之所为，拨乱世，反之正，亦唯得位乘时者是望。其实世无不自利之党类(class)，望王公大人及所谓士君子者，以行太平大同之道，正如与虎谋皮。然治不至于太平大同，则终潜伏扰乱之因；其所谓治者，终不过苟安一时，而其决裂亦终不可免；此孔子所以仅许为小康也。先秦诸子，亦非不知此义，然如农家、道家等，徒陈高义，而不知所以致之之方。墨家、法家等，则取救一时之弊，而于根本之计，有所不暇及。儒家、阴阳家等，知治化之当分等级，且知其当以渐而升矣，然又不知世无不自利之党类，即欲进于升平，亦非人民自为谋不可，而欲使在上者为之代谋，遂不免与虎谋皮之诮。此其所以陈义虽高，用心虽苦，而卒不得其当也。参看《先秦史》第十五章第五节。秦汉之世，先秦诸子之言，流风未沫，士盖无不欲以其所学移易天下者。新室之所为，非王巨君等一二人之私见，而其时有志于治平者之公言也。一击不中，大乱随之，根本之计，自此乃无人敢言，言之亦莫或见听矣。此则资本势力正当如日方升之时，有非人力之所能为者在也。

以民族关系论，两汉、魏、晋之间，亦当画为一大界。自汉以前，为我族征服异族之世，自晋以后，则转为异族所征服矣。盖文明之范围，恒渐扩而大，而社会之病状，亦渐渍益深。孟子曰："仁之胜不仁也，犹水胜火。"以社会组织论，浅演之群，本较文明之国为安和，所以不相敌者，则因其役物之力太薄之故。然役物之方，传播最易。野蛮之群与文明之群遇，恒慕效如恐不及焉。及其文明程度，劣足与所谓文明之族相抗衡，则所用之器，利钝之别已微，而群体之中，安和与乖离迥判，而小可以胜大，寡可以敌众，弱可以为强矣。自五胡乱华以后，而沙陀突厥，而契丹，而女真，而蒙古，而满洲，相继入据中原，以少数治多数，皆是道也。侵掠之力，唯骑寇为强。春秋以前，我所遇者皆山戎，至战国始与骑寇遇，《先秦史》亦已言之。战国之世，我与骑寇争，尚不甚烈，秦以后则不然矣。秦汉之世，盖我恃役物之力之优，以战胜异族，自晋以后，则因社会之病状日深，而转为异族所征服者也。故曰：以民族关系论，汉、晋之间，亦为史事一大界也。

第二章
秦代事迹

第一节
始皇治法

秦王政二十六年（前221），民国纪元前二千一百三十二年，而西历纪元前二百二十一年也。初并天下。令丞相、御史曰："天下大定，今名号不更，无以称成功，传后世。其议帝号。"丞相绾、御史大夫劫、廷尉斯等皆曰："昔者五帝，地方千里。其外侯服、夷服，诸侯或朝或否，天子不能制。今陛下兴义兵，诛残贼，平定天下，海内为郡县，法令由一统，自上古以来未尝有，五帝所不及。臣等谨与博士议曰：'古有天皇，有地皇，有泰皇，泰皇最贵。'臣等昧死上尊号：王为'泰皇'，命为'制'，令为'诏'，天子自称曰'朕'。"王曰："去'泰'著'皇'，采上古'帝'位号，号曰'皇帝'。他如议。"制曰："可。"追尊庄襄王为太上皇，制曰："朕闻太古有号毋谥。中古有号，死而以行为谥。如此，则子议父，臣议君也，甚无谓，朕弗取焉。自今已来，除谥法，朕为始皇帝，后世以计数，二世、三世，至于万世，传之无穷。"史公谓："始皇自以为功过五帝，地广三王，而羞与之侔。"《秦始皇本纪赞》。案，琅玡刻石云："古之帝者，地不过千里，诸侯各守其封域，或朝或否，相侵暴乱，残伐不止，犹刻金石，以自为纪。古之五帝三王，知教不同，法度不明，假威鬼神，以欺远方。实不称名，故不久长。其身未殁，诸侯背叛，法令不行。今皇帝并一海内，以为郡县，天下和平。昭明宗庙，体道行德，尊号大成。"合群臣议帝号之言观之，秦之所以自负者可知，史公之言，诚不谬也。尽废封建而行郡县，其事确为前此所未有，固无怪秦人之以此自负。君为一群之长，王为一区域中所归往，其称皆由来已旧，战国时又有陵驾诸王之上者，则称为帝，已见《先秦史》第十四章第一节。秦人之称帝，盖所以顺时俗，又益之以皇，则取更名号耳。皇帝连称，古之所无，而《书·吕刑》有"皇帝清问下民"之辞，盖汉人之所为也。汉人传古书，尚不斤斤于辞句，说虽传之自古，辞则可以自为。

郡县之制，由来已久，亦见《先秦史》第十四章第一节，唯皆与封建并行，尽废封建而行郡县，实自始皇始耳。二十六年（前221），丞相绾等言："诸侯初破，燕、齐、荆地远，不为置王，毋以填之。请立诸子，唯上幸许。"始皇下其议于群臣。群臣皆以为便。廷尉李斯议曰："周文、武所封子弟同姓甚众，然后属疏远，相攻击如仇雠。诸侯更相诛伐，周天子弗能禁止。今海内赖陛下神灵，一统皆为郡县，诸子功臣，以公赋税重赏赐之，甚足，易制，天下无异意，则安宁之术也。置诸侯不便。"始皇曰："天下共苦战斗不休，以有侯王，赖宗庙，天下初定，又复立国，是树兵也。而求其宁息，岂不难哉？廷尉议是。"分天下以为三十六郡。郡置守、尉、监。秦汉时之县，即古之所谓国，为当时施政之基，郡则有军备，为控制守御而设，亦见《先秦史》第十四章第一节。故决废封建之后，遂举分天下以为郡也。三十四年，淳于越非废封建，仍为李斯所驳，且以此招焚书之祸，见下。李斯持废封建之议，可谓甚坚，而始皇亦可谓能终用其谋矣。

是岁，又收天下兵，聚之咸阳。销以为钟鐻，金人十二，重各千石，置廷宫中。此犹今之禁藏军火。当时民间兵器本少也。参看第十八章第六节。《始皇本纪》但言销兵，《李斯传》则云“夷郡县城，销其兵刃，示不复用”；贾生言秦“堕名城”；《始皇本纪赞》。《秦楚之际月表》曰“堕坏名城，销锋镝”；《叔孙通传》，通对二世问曰“天下合为一家，毁郡县城，铄其兵，示天下不复用”；严安上书，言秦“坏诸侯之城，销其兵，铸以为钟虡，示不复用”；《汉书》本传。则夷城郭实与销锋镝并重。《张耳陈余传》“章邯引兵至邯郸，皆徙其民河内，夷其城郭”，则名城亦有未尽毁者，然所毁必不少矣。《宋史·王禹偁传》：禹偁上书，言“太祖、太宗，削平僭伪……当时议者，乃令江、淮诸郡毁城隍，收兵甲，撤武备者二十余年。书生领州，大郡给二十人，小郡减五人，以充常从。号曰长吏，实同旅人；名为郡城，荡若平地”。则宋时犹以此为制驭之方，无怪秦人视此为长治久安之计矣。三十二年（前215）刻碣石门曰“皇帝奋威德，并诸侯，初一泰平，堕坏城郭，决通川防，夷去险阻，地势既定”，则当时并有利交通之意，不徒为镇压计也。后人举而笑之，亦过矣。

销兵之后，《史记》又称其“一法度衡石丈尺，车同轨，书同文字”。此自一统后应有之义，然此等事收效盖微，世或以为推行尽利，则误矣。参看第十九章第二节。

又徙天下豪富于咸阳十二万户，此所以为强干弱枝计也。《刘敬传》：敬使匈奴结和亲。还言：“匈奴河南白羊、楼烦王，去长安近者七百里，轻骑一日一夜，可以至秦中。秦中新破，少民，地肥饶，可益实。夫诸侯初起时，非齐诸田，楚昭、屈、景莫能兴。今陛下虽都关中，实少人，北近胡寇；东有六国之族，宗强；一日有变，陛下亦未得高枕而卧也。臣愿陛下徙齐诸田，楚昭、屈、景，燕，赵，韩，魏后及豪杰、名家居关中。无事，可以备胡；诸侯有变，亦足率以东伐；此强本弱末之术也。”上曰：

“善。”乃使敬徙所言关中十余万口。此策全与始皇同。《汉书·地理志》言：“秦既灭韩，徙天下不轨之民于南阳。”盖豪杰宗强者，使之去其故居，则其势力减，而又可以实空虚之处。当宗法盛行时，治理之策，固不得不然也。

以上所言始皇之政，皆有大一统之规模，亦不能谓其不切于时务，论者举而笑之，皆史公所谓耳食者流也。见《六国表》。始皇之误，则在其任法为治。《史记》言：“始皇推终始五德之传，以为周得火德，秦代周，德从所不胜，方今水德之始。改年始，朝贺皆自十月朔。衣服、旄、旌、节、旗皆上黑。数以六为纪。符、法冠皆六寸，而舆六尺。六尺为步。乘六马。更名河曰德水。以为水德之始，刚毅戾深，事皆决于法，刻削毋仁恩和义，然后合五德之数。于是急法，久之不赦。”案，阴阳家之学，实谓治法当随世变而更，非徒斤斤于服饰械器之末。见《先秦史》第十五章第五节。吕不韦作《春秋》，著十二纪，其学盖久行于秦。一统之后，考学术以定治法，宜也。然果能深观世变，则必知法随时变之义，一统之治，与列国分立不同，正当改弦易辙。始皇即不及此，当时道术之士，岂有不知此义者？博士七十人，必有能言之者矣。而竟生心害政，终致灭亡，则其资刻深而士遂莫敢正言为之也。善夫贾生之言之也，曰：“秦并海内，兼诸侯，南面称帝，以养四海，天下之士，斐然向风。若是者何也？曰：近古之无王者久矣。周室卑微，五霸既殁，令不行于天下。是以诸侯力政，强侵弱，众暴寡，兵革不休，士民疲敝。今秦南面而王天下，是上有天子也。既元元之民，冀得安其性命，莫不虚心而仰上。当此之时，守威定功，安危之本，在于此矣。秦王怀贪鄙之心，行自奋之智；不信功臣，不亲士民；废王道，立私权；禁文书而酷刑法，先诈力而后仁义；以暴虐为天下始。夫并兼者高诈力，安定者贵顺权，此言取与守不同术也。秦离战国而王天下，其道不易，其政不改，是其所以取之守之者异也。孤独而有之，故其亡可立而待。借使秦王计上世之事，并殷、周之迹，以制御其政，后虽有淫骄之主，而未有倾危之患也。故三王之建天下，名号显美，功业长久。今秦二世立，天下莫不引领而观其政。夫寒者利裋褐，而饥者甘糟糠，天下之嗷嗷，新主之资也，此言劳民之易为仁也。向使二世有庸主之行，而任忠贤。臣主一心，而忧海内之患，缟素而正先帝之过。裂地分民，以封功臣之后，建国立君，以礼天下。此所以安失职之贵族，当时此等人固乱阶也。秦并天下之后，若众建小侯，而又辅之以汉关内侯之法，一再传后，天下既安，乃徐图尽废之而行郡县，秦末之乱，或不至若是其易。当时揭竿首起者，虽萌隶之徒，继之而起者，实多六国豪族，刘敬所谓“非齐诸田，楚昭、屈、景莫能兴”者也。政治不能纯论是非，有时利害即是非。盖是非虽为究竟义，然所以底于是而去其非者，其途恒不得不迂曲也。废封建，行郡县，事最明白无疑，然犹不宜行之太骤如此。此以见天下事之必以渐进，而躁急者之不足以语于治也。虚囹圄而免刑戮。除去收帑污秽之罪，使各反其乡里。发仓廪，散财币，以振孤独穷困之士。轻赋少事，以佐百姓之急。约法省刑，以持其后。使天下之人皆得自新，更节修行，各慎其身，塞万民之望，而以威德与天下。天下集矣，即四海之内，皆欢然各自安乐其处，唯恐有变。虽有狡猾之民，无离上之心，则不轨之臣无以饰其智，而暴乱之奸止矣。二世不行此术，而重之以无道。坏宗庙，与民更始，作阿房宫。繁刑严诛，吏治刻深。赏罚不当，赋敛无度。天下多事，吏弗能纪。百姓困穷，而主弗收恤。然后奸伪并起，而上下相遁。蒙罪者众，刑戮相望于道，而天下苦之。自君卿以下，至于众庶，人怀自危之心，亲处穷苦之实，咸不安其位，故易动也。是以陈涉不用汤、武之贤，不借公侯之尊，奋臂于大泽，而天下响应者，其民危也。故先王见始终之变，知存亡之机，是以牧民之道，务在安之而已。天下虽有逆行之臣，必无响应之助矣。故曰‘安民可与行义，而危民易与为非’，此之谓也。”《史记·秦始皇本纪》。严安亦曰：“秦王蚕食天下，并吞战国，称号皇帝。一海内之政。坏诸侯之城。销其兵，铸以为钟虡，示不复用。元元黎民，得免于战国，逢明天子，人人自以为更生。向使秦缓刑罚，薄赋敛，省徭役；贵仁义，贱权利；上笃厚，下佞巧；变风易俗，化于海内；则世世必安矣。”《汉书》本传。盖虽有良法美意，必众不思乱而后可行，而秦初苟能改弦更张，又确可使众不思乱，故始皇之因循旧法，实为召乱速亡之原。汉人之言，率多如此。当时去秦近，其言自有所见，未可以为老生常谈而笑之也。

既以专制为治，乃欲一天下之心思。三十四年（前213），始皇置酒咸阳宫。博士七十人前为寿，仆射周青臣进颂曰：“他时秦地不过千里，赖陛下神灵明圣，平定海内，放逐蛮夷，日月所照，莫不宾服。以诸侯为郡县，人人自安乐，无战争之患，传之万世。自上古不及陛下威德。”始皇悦。博士齐人淳于越进曰：“臣闻殷、周之王千余岁。封子弟功臣，自为枝辅。今陛下有海内，而子弟为匹夫。卒有田常、六卿之臣，无辅拂，何以相救哉？事不师古而能长久者，非所闻也。今青臣又面谀以重陛下之过，非忠臣。”始皇下其议。丞相李斯曰：“五帝不相复，三代不相袭，各以治，非其相反，时变异也。今陛下创大业，建万世之功，固非愚儒所知。且越言乃三代之事，何足法也？异时诸侯并争，厚招游学。今天下已定，法令出一，百姓当家则力农工，士则学习法令避禁。今诸生不师今而学古，以非当世，惑乱黔首。丞相臣斯昧死言：古者天下散乱，莫之能一。是以诸侯并作：语皆道古以害今，饰虚言以乱实；人善其所私学，以非上之所建立。今皇帝并有天下，别黑白而定一。句。《李斯传》作“今陛下……别黑白而定一尊，而私学乃相与非法教之制”，似以尊字断句者，乃妄人改窜。尊私学而相与非法教。人闻令下，则各以其学议之。入则心非，出则巷议。夸主以为名，异取以为高，率群下以造谤。如此弗禁，则主势降乎上，党与成乎下。禁之便。臣请史官非秦记皆烧之。非博士官所职，天下有敢藏《诗》、《书》、百家语者，悉诣守、尉杂烧之。有敢偶语《诗》《书》者弃市。以古非今者族。吏见知不举者与同罪。令下三十日不烧，黥为城旦。所不去者，医药、卜筮、种树之书。若欲有学法令，以吏为师。”制曰：“可。”《李斯传》略同。而曰“始皇下其议丞相，丞相谬其说，绌其辞，乃上书曰”云云，盖驳淳于越是一奏，请焚书又是一奏，《本纪》以其事相因，遂连叙之，未加分别。若有欲学法令，集解引徐广曰：“一无‘法令’二字。”案，《李斯传》无之。《传》云：“臣请诸有文学、《诗》、《书》、百家语者，蠲除去之。”又云：“始皇可其议。收去《诗》、《书》、百家之语，以愚百姓，使天下无以古非今。明法度，定律令，皆以始皇起，同文书。”所谓文学，盖指自古相传之书文辞有异于俗语者言之。文学与当时俗语之异，犹今文言与白话之异。此即汉人之所谓“尔雅”。汉人尊古，则以古为正。秦人贱古，则拉杂摧烧之而已。所存法度律令，既皆以始皇起，自不更以古字书之，古语出之，故又言“同文书”与二十六年之“书同文字”，事若同而意实异也。“法令”二字盖注语，或混入本文，或传写夺漏，要不失李斯之意。或谓以吏为师，吏即博士，秦禁私学而不禁民受学于博士，则又谬矣。坑儒之事，世每与焚书并言，然其事实因方士诽谤始皇而起，所坑者非尽儒生也，见第三节。

第二节
始皇拓土

秦始皇之拓土，事始于其三十二年（前215），是年，始皇之碣石。《汉书·地理志》：右北平骊成县，大揭石山在西南。汉骊成，今河北乐亭县。使燕人卢生求羡门、高誓。巡北边，从上郡入。卢生使入海还，以鬼神事，因奏录图书曰："亡秦者胡也。"始皇乃使将军蒙恬发兵三十万人北击胡，略取河南地。三十三年，发诸尝逋亡人、赘婿、贾人略取陆梁地，为桂林、集解："韦昭曰：'今郁林是也。'"汉郁林郡，治今广西贵县。象郡、集解："韦昭曰'今日南。'"汉日南郡，在今越南中部。南海，正义："即广州南海县。"今广东南海县。以谪遣戍。西北斥逐匈奴。自榆中集解："徐广曰：'在金城。'"案，金城郡，晋初治榆中，今甘肃榆中县。并河以东，属之阴山，以为三十四县。城河上为塞。又使蒙恬渡河，取高阙、《匈奴列传》集解："徐广曰'在朔方。'"正义："《地理志》云朔方临戎县北有连山，险于长城。其山中断，两峰俱峻，土俗名为高阙也。"案，临戎，汉县，后汉为朔方郡治，故城在今绥远鄂尔多斯右翼境内。陶山、北假中，正义："郦元注《水经》云'黄河径河目县故城西，县在北假中。'"案，河目，汉县，属五原，在今绥远乌剌特旗界内。筑亭障，以逐戎人。徙谪实之初县。三十四年，谪治狱吏不直者筑长城及南越地。《东越传》云：闽越王无诸、越东海王摇，皆勾践后。秦已并天下，皆废为君长，以其地为闽中郡。集解："徐广曰：'今建安侯官是。'"今福建闽侯县。《西南夷列传》叙庄蹻王滇后，又云秦时尝略通五尺道。正义引《括地志》云在郎州。案，郎州，后改为播州，今贵州遵义县。诸此国颇置吏焉。其事未知在何年，要未尝甚烦兵力。自三十二年至三十四年，三年中，则秦之大举开拓也。南越文化，虽后北方，然据《汉书·地理志》，其户口甚庶，可见其开辟已久，楚既经营于前，秦又竟其全功于后，自为统一后应有之义。骑寇为中国患较深，攘而斥之，尤为当务之急矣。始皇之开拓，盖因北巡而起，谓因卢生奏录图书者妄也。《蒙恬传》云："秦已并天下，乃使蒙恬将三十万众，北逐戎狄，收河南，筑长城，因地形，用制险塞，起临洮，集解：“徐广曰：‘属陇西。’”今甘肃岷县。至辽东，延袤万余里。于是渡河据阳山，集解：“徐广曰：‘五原西安阳县北有阴山。阴山在河南，阳山在河北。”西安阳，在今绥远乌剌特旗界内。逶蛇而北，暴师于外十余年，居上郡。”今陕西绥德县。《匈奴传》云：“始皇帝使蒙恬将十万之众北击胡，悉收河南地。因河为塞。筑四十四县，城临河，徙谪戍以充之。而通直道，自九原秦九原，汉五原郡，今绥远五原县。至云阳。汉县，今陕西淳化县。《始皇本纪》事在三十五年。因边山险，堑溪谷，可缮者治之。起临洮，至辽东，万余里。又渡河据阳山北假中。”综诸文观之，河南筑县移民，河北则仅遣兵戍守。《主父偃传》，偃上书谏伐匈奴云：秦皇帝欲攻匈奴，李斯谏，不听，“遂使蒙恬将兵攻胡，辟地千里，以河为境。地固泽咸卤，不生五谷。然后发天下丁男，以守北河。暴兵露师，十有余年，死者不可胜数，终不能逾河而北”。盖谓殖民仅及河南。此乃开拓需时，初非秦之威力遂限于此。汉时北假有田官，使假以时日，秦亦未尝不能逾河而北也。当时皆以谪戍，而偃谓发天下丁男；自始皇三十二年，至秦之亡仅九年，而偃云暴师于外十余年；皆失实。偃又言秦“使天下蜚刍挽粟，起于黄、腄、见第三节。琅玡。秦郡，汉因之，治东武，今山东诸城县。负海之郡，转输北河，率三十钟而致一石”。伍被亦言秦转海滨之粟，致于西河。及后议立朔方，则又云：“朔方地肥饶，外阻河，蒙恬城之，以逐匈奴。内省转输戍漕，广中国，灭胡之本也。”其言正相反，知汉人轻事重言，述古事多不审谛，未可概据为信史也。《传》又载公孙弘之言，谓“秦时尝发三十万众筑北河，终不可就，已而弃之”。据《匈奴传》，则秦末，天下乱，诸所徙谪戍边者皆去，匈奴乃复渡河南，非秦弃之；未乱时筑县至数十，亭障且及河北，不能谓其功之不就；亦不审之谈也。《匈奴传》言秦有陇西、治狄道，今甘肃临洮县。北地、治义渠，今甘肃宁县。上郡，筑长城以拒胡。赵筑长城，自代汉代郡，治桑干，今察哈尔蔚县。并阴山至高阙为塞。燕亦筑长城，自造阳集解：韦昭曰，在上谷。至襄平，今辽宁辽阳县。置上谷、汉治沮阳，今察哈尔怀来县。渔阳、治渔阳，今河北密云县。右北平、治平刚，今热河平泉县。辽西、治且虑，今河北卢龙县。辽东郡治襄平。以拒胡。《史记·夏本纪》索隐引《太康地志》云“乐浪遂城县有碣石山，长城所起”，地在今朝鲜境内。则始皇所修者，全系六国时遗迹，唯河南一带为新拓之地。《始皇本纪》二十六年述秦地云：“东至海，暨朝鲜；西至临洮、羌中；南至北向户；北据河为塞，并阴山，至辽东。”所述盖即此时事，非初并天下时已然也。淮南王安谏伐闽越云：“臣闻长老言：秦之时，尝使尉屠睢击越。又使监禄凿渠通道。越人逃入深山林丛，不可得攻。留军屯守空地，旷日持久，士卒劳倦，越乃出击之，秦兵大破。乃发谪戍以备之。”见《汉书·严助传》。《严安传》载安上书之言略同，而云“使尉佗将卒以戍越”，则大谬矣。可见汉人述古事，多不审谛。案，《张耳陈余传》，耳、余说赵地豪杰云：“（秦）北有长城之役，南有五岭之戍。”集解引《汉书音义》，谓五岭在交趾界中。汉交趾郡，今越南东京。《汉书》注引服虔，亦谓“交趾、合浦界有此岭”。汉合浦郡，治徐闻，今广东海康县，后汉治合浦，今广东合浦县。其地当在今广东、越南界上。师古引裴氏《广州记》、邓德明《南康记》以驳之，二说皆谓在今粤、湘、赣界上，则谬矣。《汉书·高帝纪》：十一年（前196），立赵佗为南粤王。诏曰：“粤人之俗，好相攻击。前时秦徙中县之民南方三郡，使与百粤杂处。会天下诛秦，南海尉它居南方长治之，甚有文理。中县人以故不耗减。粤人相攻击之俗益止。”则屠睢之败，仅一小挫，于大体实无伤，知凡过秦者皆不免失之太甚也。然秦开拓虽云成功，而其劳民亦特甚。伍被言“秦收太半之赋，发闾左之戍”，《汉书》本传。《汉书·食货志》亦云志载董仲舒之言，谓秦民“月为更卒，已复为正，一岁屯戍，一岁力役，三十倍于古”，此所谓“收太半之赋”。晁错言秦时“北攻胡貉，筑塞河上，南攻杨粤，置戍卒焉。……夫胡貉之地，积阴之处也。木皮三寸，冰厚六尺，食肉而饮酪。其人密理，鸟兽毳毛，其性能寒。杨粤之地，少阴多阳。其人疏理，鸟兽稀毛，其性能暑。秦之戍卒，不能其水土，戍者死于边，输者偾于道。秦民见行，如往弃市。因以谪发之，名曰谪戍。先发吏有谪及赘婿、贾人，后以尝有市籍者，又后以大父母、父母尝有市籍者，后入闾取其左。发之不顺，行者深怨，有背叛之心。凡民守战至死而不降北者，以计为之也。故战胜守固，则有拜爵之赏；攻城屠邑，则得其财卤，以富家室。故能使其众蒙矢石，赴汤火，视死如生。今秦之发卒也，有万死之害，而无铢两之报；死事之后，不得一算之复。天下明知祸烈及已也，陈胜行戍，至于大泽，为天下先倡，天下从之如流水者，秦以威劫而行之之敝也”。《汉书》本传。盖遣行至于闾左，而其酷甚矣。开边拓土，固立国之宏规，然亦宜内度其力，行之太骤，未有不反招他祸者，《易》所谓亢龙之悔也。

第三节
秦之失政

秦人致败之由，在严酷，尤在其淫侈。用法刻深，拓土不量民力，皆可诿为施政之误，淫侈则不可恕矣。《始皇本纪》：二十六年（前221），诸庙及章台、上林皆在渭南。秦每破诸侯，写放其宫室，作之咸阳北阪上，临渭。自雍门正义：“今岐州雍县东。”

雍，今陕西凤翔县。以东至泾、渭，殿屋、复道、周阁相属，所得诸侯美人、钟鼓，以充入之。二十七年，始皇巡陇西、北地，出鸡头山，正义："《括地志》云：'鸡头山，在成州上禄县东北二十里。'……原州高平县西百里亦有笄头山。"案，上禄，今甘肃成县。高平，今甘肃固原县。过回中焉。集解："应劭曰：'回中在安定高平。'孟康曰：'回中在北地。'"正义："《括地志》云：'回中宫，在岐州雍县西四十里。"唐雍州，今陕西长安县。作信宫渭南，已更命信宫为极庙，象天极。自极庙道通郦山。作甘泉前殿。筑甬道，自咸阳属之。是岁，赐爵一级，治驰道。二十八年，始皇东行郡县。上邹峄山，集解："韦昭曰：'邹，鲁县，山在其北。'"案，邹，今山东邹县。立石，与鲁诸儒生议刻石颂秦德。议封禅望祭山川之事。乃遂上泰山，立石，封，祠祀。下，风雨暴至，休于树下，因封其树为五大夫。禅梁父。刻所立石。于是乃并渤海以东，过黄、腄，集解："《地理志》东莱有黄县、腄县。"正义："《十三州志》云：牟平县，古腄县也。"案，黄、牟平，皆山东今县。穷成山，登之罘，立石颂秦德焉而去。南登琅玡，大乐之，留三月。乃徙黔首三万户琅玡台下，复十二岁。作琅玡台，立石刻颂秦德，明得意。既已，齐人徐市等上书，言海中有三神山，名曰蓬莱、方丈、瀛洲，仙人居之，请得斋戒，与童男女求之。于是遣徐市发童男女数千人入海求仙人。始皇还，过彭城，斋戒祷祠，欲出周鼎泗水。使千人没水求之，弗得。乃西南渡淮之衡山。此当系今之霍山，以湖南衡山当之者非。浮江，之湘山祠。逢大风，几不得渡。上问博士曰："湘君何神？"对曰："闻之：尧女，舜之妻，而葬此。"于是始皇大怒，使刑徒三千人皆伐湘山树，赭其山。上自南郡由武关归。二十九年，始皇东游。至阳武博浪沙中，阳武，今河南县。为盗所惊。求弗得。乃令天下大索十日。参看第三章第二节。登之罘，刻石。旋，遂之琅玡。道上党入。三十一年，始皇始为微行咸阳，与武士四人俱。夜出，逢盗兰池，见窘，武士击杀盗。关中大索二十日。三十二年，始皇之碣石，使燕人卢生求羡门、高誓。刻碣石门，因使韩终、侯公、石生求仙人不死之药。始皇巡北边，从上郡入。三十五年，除道。道九原抵云阳。堑山堙谷，直通之。见上节。《蒙恬传》："乃使蒙恬通道，自九原抵甘泉，堑山堙谷千八百里。"于是始皇以为咸阳人多，先王之宫廷小。吾闻周文王都丰，武王都镐，丰、镐之间，帝王之都也。乃营作朝宫渭南上林苑中。先作前殿阿房，东西五百步，南北五十丈。上可以坐万人，下可以建五丈旗。周驰为阁道，自殿下直抵南山。表南山之颠以为阙。为复道，自阿房渡渭，属之咸阳，以象天极阁道，绝汉抵营室也。阿房宫未成，成，欲更择令名名之，作宫阿房，故天下谓之阿房宫。或作丽山，发北山石椁。乃写蜀、荆地材皆至。关中计宫三百，关外四百余。于是立石东海上朐界中，以为秦东门。秦朐县，今江苏东海县。因徙三万家丽邑，五万家云阳，皆复不事十岁。卢生说始皇曰："臣等求芝、奇药、仙者，常弗遇，类物有害之者。方中，人主时为微行，以避恶鬼。恶鬼避，真人至。人主所居，而人臣知之，则害于神。真人者，入水不濡，入火不爇，陵云气，与天地久长。今上治天下，未能恬倓。愿上所居宫毋令人知，然后不死之药殆可得也。"于是始皇曰："吾慕真人。"自谓真人，不称朕。乃令咸阳之旁二百里内宫观二百七十，复道、甬道相连，帷帐、钟鼓、美人充之，各案署不移徙。行所幸，有言其处者罪死。始皇帝幸梁山宫。集解："徐广曰：'在好畤。'"今陕西乾县。从山上见丞相车骑众，弗善也。中人或告丞相，丞相后损车骑。始皇怒曰："此中人泄吾语。"案问，莫服。当是时，诏捕诸时在旁者，皆杀之。自是莫知行之所在。听事，群臣受决事，悉于咸阳宫。案，观此，知二世之常居禁中，公卿稀得朝见，非必尽由赵高之蒙蔽也。侯生、卢生相与谋曰："始皇为人，天性刚戾自用。起诸侯，并天下，意得欲从，以为自古莫及己。专任狱吏，狱吏得亲幸。博士虽七十人，特备员，弗用。丞相诸大臣皆受成，事倚办于上。上乐以刑杀为威。天下畏罪持禄，莫敢尽忠。上不闻过而日骄，下慑服，谩欺以取容。秦法不得兼方，不验辄死。然候星气三百人，皆良士，畏忌讳谀，不敢端言其过。天下之事，无小大，皆决于上，上至以衡石量书，日夜有呈，不中呈，不得休息。贪于权势至如此，未可为求仙药。"于是乃亡去。始皇闻亡，乃大怒曰："吾前收天下书不中用者尽去之。悉召文学方术士甚众。欲以兴太平。方士欲练以求奇药。今闻韩众去不报，徐市等费以巨万计，终不得药，徒奸利相告日闻。卢生等吾尊赐之甚厚，今乃诽谤我，以重吾不德也。诸生在咸阳者，吾使人廉问，或为妖言，以乱黔首。"于是使御史悉案问诸生。诸生传相告引，乃自除犯禁者四百六十余人，皆坑之咸阳，使天下知之以惩后。益发谪徙边。始皇长子扶苏谏曰："天下初定，远方黔首未集。诸生皆诵法孔子，今上皆重法绳之，臣恐天下不安。唯上察之。"始皇怒，使扶苏北监蒙恬于上郡。案，坑儒之事，既因方士诽谤而起，则所诛者未必尽儒生，当时治百家之学者皆可为博士，如《汉书·艺文志》，名家有《黄公》四篇，注云"名疵，为秦博士"是，所谓诸生，亦不必诵法孔子。扶苏谏辞盖后人所附会，非当时语实如是也。三十六年，有坠星下东郡，今河北濮阳县。黔首或刻其石曰："始皇帝死而地分。"始皇闻之，使御史逐问。莫服。尽取石旁居人诛之。因燔销其石。三十七年，十月，始皇出游。左丞相斯从，右丞相去疾守。少子胡亥爱慕请从，上许之。十一月，行至云梦。望祀虞舜于九疑山。此九疑山尚非如汉人说，在今湖南宁远县，说见《先秦史》第七章第四节。浮江下，观籍柯，渡海渚，正义引《括地志》云在舒州，疑"海"字误。案，唐舒州，治怀宁，在今安徽潜山县境。过丹阳，今安徽当涂县。至钱唐。今浙江杭县。临浙江，水波恶，乃西百二十里从狭中渡。集解："徐广曰：'盖在余杭也。'"案，余杭，今为浙江县。上会稽，祭大禹。望于南海，而立石刻颂秦德。还过吴，从江乘渡。江乘，秦县，今江苏句容县。并海，北至琅玡。方士徐市等入海求神药，数岁不得，费多，恐谴，乃诈曰："蓬莱药可得，然常为大鲛鱼所苦，故不得至。愿请善射与俱，见则以连弩射之。"始皇梦与海神战，如人状。问占梦博士，曰："水神不可见，以大鱼蛟龙为候。今上祷祠备谨，而有此恶神，当除去，而善神可致。"乃令入海者赍捕巨鱼具，而自以连弩候大鱼出射之。自琅玡北至荣成山，弗见。至之罘，见巨鱼，射杀一鱼。遂并海西。至平原津而病。正义："今德州平原县南六十里有张公故城，城东有水津焉，后名张公渡，恐此平原郡古津也。"案，唐平原，今为县，属山东。七月，丙寅，始皇崩于沙丘平台。集解：徐广曰，年五十。赵有沙丘宫，在巨鹿。案，巨鹿，秦郡，今河北平乡县。于是废立之事作，而诸侯之兵亦旋起矣。太史公曰："吾适北边，自直道归行观蒙恬所为秦筑长城亭障，堑山堙谷，通直道，固轻百姓力矣。"《蒙恬列传》。贾山言：秦"起咸阳而西至雍，离宫三百，钟鼓帷帐，不移而具。又为阿房之殿。殿高数十仞。东西五里，南北千步。从车罗骑，四马骛驰，旌旗不桡。……为驰道于天下，东穷燕、齐，南极吴、楚，江湖之上，濒海之观毕至。道广五十步，三丈而树，厚筑其外，隐以金椎，树以青松。……死葬乎骊山，吏徒数十万人，旷日十年。下彻三泉，合采金石。冶铜锢其内，漆涂其外。被以珠玉，饰以翡翠。中成观游，上成山林冶"。《汉书》本传。刘向言："秦始皇帝葬于骊山之阿。下锢三泉，上崇山坟。其高五十余丈，周回五里有余。石椁为游馆，人膏为灯烛，水银为江海，黄金为凫雁。珍宝之藏，机械之变，棺椁之丽，宫馆之盛，不可胜原。又多杀宫人，生埋工匠，计以万数。"《汉书·楚元王传》。盖其为宫室、葬埋之侈如此。当时天下初定，始皇之巡行，初亦或有镇压之意，然后亦为游观之乐所夺矣。奇药何与于治，而与致太平并言？尊方士侔于道术之士，谓非自私得乎？语曰：“作法于凉，其弊犹贪，作法于贪，弊将若之何？”身死而地分，亦不得尽咎后人之不克负荷矣。

第四节 二世之立

《秦始皇本纪》曰：始皇病益甚，乃为玺书赐公子扶苏曰：“与丧会咸阳而葬。”《李斯列传》上多“以兵属蒙恬”五字。书已封，在中车府令赵高行符玺事所，未授使者。始皇崩，丞相斯为上崩在外，恐诸公子及天下有变，乃秘之。棺载辒凉车中，故幸宦者参乘，所至上食，百官奏事如故。宦者辄从辒凉车中可其奏事。独子胡亥、赵高及所幸宦者五六人知上死。赵高故尝教胡亥书及狱律令法事，胡亥私幸之。高乃与公子胡亥、丞相斯阴谋，破去始皇所封书赐公子扶苏者。而更诈为丞相斯受始皇遗诏沙丘，立子胡亥为太子。更为书赐公子扶苏、蒙恬，数以罪，俱赐死。语俱在《李斯传》中。行，遂从井陉抵九原。会暑，上辒车臭，乃诏从官，令车载一石鲍鱼，以乱其臭。行从直道至咸阳，发丧，太子胡亥袭位，为二世皇帝。《李斯传》载高说斯，斯曰：“安得亡国之言？此非人臣所当议也。”高曰：“君侯自料：能孰与蒙恬？功高孰与蒙恬？谋远不失，孰与蒙恬？无怨于天下，孰与蒙恬？长子旧而信之，孰与蒙恬？”斯曰：“此五者皆不及蒙恬，而君责之何深也？”高曰：“高固内官之厮役也。幸得以刀笔之文进入秦宫，管事二十余年，未尝见秦免罢丞相、功臣，有封及二世者也，卒皆以诛亡。皇帝二十余子，皆君之所知。长子刚毅而武勇，信人而奋士。即位，必用蒙恬为丞相，君侯终不怀通侯之印，归于乡里明矣。”斯乃仰天而叹，垂泪太息曰：“嗟乎！独遭乱世，既以不能死，安托命哉?”于是斯乃听高。乃相与谋，诈为受始皇诏丞相，立子胡亥为太子。更为书，赐长子扶苏，赐剑以自裁。将军恬赐死。以兵属裨将王离。封其书以皇帝玺。遣胡亥客奉书赐扶苏于上郡。使者至，发书。扶苏泣。入内舍，欲自杀。蒙恬止扶苏曰：“陛下居外，未立太子，使臣将三十万众守边，公子为监，此天下重任也。今一使者来，即自杀，安知其非诈？请复请。复请而后死，未暮也。”使者数促之。扶苏为人仁，谓蒙恬曰：“父而赐子死，尚安复请?”即自杀。蒙恬不肯死。使者即以属吏，系于阳周。集解：“徐广曰：‘属上郡。’”案，今陕西安定县。使者还报。胡亥、斯、高大喜。至咸阳，发丧，太子立，为二世皇帝。《蒙恬传》曰：恬弟毅。始皇甚尊宠蒙氏，信任贤之。而亲近蒙毅，位至上卿。出则参乘，入则御前。恬任外事，而毅常为内谋，名为忠信，故虽诸将相，莫敢与之争焉。赵高者，诸赵疏远属也。赵高昆弟数人，皆生隐宫。其母被刑僇。世世卑贱。秦王闻高强力，通于狱法，举以为中车府令。高即私事公子胡亥，喻之决狱。高有大罪，秦王令蒙毅法治之。毅不敢阿法，当高罪死，除其官籍。帝以高之敦于事也，赦之，复其官爵。始皇道病，使蒙毅还祷山川。未返，始皇至沙丘崩，秘之，群臣莫知。高雅得幸于胡亥，欲立之，又怨蒙毅法治之而不为己也，因有贼心。乃与丞相李斯、少子胡亥阴谋，立胡亥为太子。太子已立，遣使者以罪赐公子扶苏、蒙恬死。扶苏已死，蒙恬疑而复请之。使者以蒙恬属吏。还报，胡亥已闻扶苏死，即欲释蒙恬。赵高恐蒙氏复贵而用事怨之，毅还至，赵高因为胡亥忠计，欲以灭蒙氏，乃言曰：“臣闻先帝欲举贤立太子久矣，而毅谏曰不可……以臣愚意，不若诛之。”胡亥听，而系蒙毅于代。丧至咸阳，已葬，太子立，为二世皇帝，而赵高亲近，日夜毁恶蒙氏，求其罪过，举劾之。子婴进谏，胡亥不听，而遣御史曲宫乘传之代。令蒙毅曰：“先主欲立太子，而卿难之。今丞相以卿为不忠，罪及其宗。朕不忍，乃赐卿死，亦甚幸矣，卿其图之。”毅对曰：“以臣不能得先主之意，则臣少宦，顺幸没世，可谓知意矣。以臣不知太子之能，则太子独从，周旋天下，去诸公子绝远，臣无所疑矣。夫先主之举用太子，数年之积也，臣乃何言之敢谏？何虑之敢谋？……愿大夫为虑焉，使臣得死情实。”使者知胡亥之意，不听蒙毅之言，遂杀之。二世又遣使者之阳周，令蒙恬曰：“君之过多矣，而君弟毅有大罪，法及内史。”恬曰：“自吾先人及至子孙，积功信于秦三世矣。恬大父蒙骜，骜子武，武子恬。今臣将兵三十余万，身虽囚系，其势足以背叛，自知必死而守义者，不敢辱先人之教，以不忘先主也。”乃吞药自杀。案，古太子皆不将兵。使将兵，即为有意废立，晋献公之于申生是也。扶苏之不立，盖决于监军上郡之时。二十余子，而胡亥独幸从，则蒙毅谓先主之举用太子乃数年之积，其说不诬。始皇在位，不为不久，而迄未建储，盖正因欲立少子之故。扶苏与蒙氏，非有深交，而李斯为秦相，积功劳日久，安知扶苏立必废斯而任蒙恬？斯能豫烛蒙恬用，己必不怀通侯印归乡里，岂不能逆料赵高用而己将被祸乎？故知史所传李斯、赵高废立之事，必非其实也。

始皇崩之岁九月，葬始皇郦山。始皇初即位，穿治郦山。及并天下，天下徒送诣七十余万人。穿三泉，下铜而致椁。宫观百官、奇器珍怪徙藏满之。令匠作机弩矢，有穿近者，辄射之。以水银为百川江河大海，机相灌输，上具天文，下具地理。以人鱼膏为烛，度不灭者久之。二世曰：“先帝后宫非有子者，出焉不宜。皆令从死。”死者甚众。葬既已下，或言工匠为机藏，皆知之，藏重即泄。大事毕，已藏，闭中羡，下外羡，门尽闭，工匠藏者无复出者。树草木以象山。二世皇帝元年（前209），年二十一。赵高为郎中令，任用事。二世与赵高谋曰："朕年少，初即位，黔首未集附。先帝巡行郡县以示强，威服海内。今晏然不巡行，即见弱，无以臣畜天下。"春，二世东行郡县。李斯从。到碣石，并海南。至会稽，而尽刻始皇所立刻石，石旁著大臣从者名，以章先帝成功盛德焉。遂至辽东而还。于是二世乃遵用赵高，申法令。乃阴与赵高谋曰："大臣不服，官吏尚强，及诸公子必与我争，为之奈何？"高劝以因此时，案郡县守尉有罪者诛之。收举余民，贱者贵之，贫者富之，远者近之。二世曰："善。"乃行诛大臣及诸公子。以罪过连逮少近官三郎，无得立者。而六公子戮死于杜。今陕西长安县南。公子将闾昆弟三人囚于内宫，议其罪独后。二世使使令将闾曰："公子不臣，罪当死，吏致法焉。"皆流涕拔剑自杀。将闾兄弟三人，盖公子中之贵者。宗室振恐。群臣谏者以为诽谤，大吏持禄取容，黔首振恐。四月，二世还至咸阳。曰："先帝为咸阳朝廷小，故营阿房宫，未就，会上崩，罢其作者，复土郦山。郦山事大毕，今释阿房宫弗就，则是章先帝举事过也。"复作阿房宫，外抚四夷，如始皇计。尽征其材士五万以为屯卫咸阳令教射。狗马禽兽当食者多，度不足，下调。郡县转输菽粟刍稿，皆令自赍粮食。咸阳三百里内，不得食其谷。用法益刻深。以上据《秦始皇本纪》。《李斯列传》云：以赵高为郎中令，常侍中，用事。二世燕居，乃召高与谋事，谓曰："夫人生居世间也，譬犹骋六骥过决隙也。吾既已临天下矣，欲悉耳目之所好，穷心志之所乐，以安宗庙而乐万姓，长有天下，终吾年寿，其道可乎？"高曰："此贤主之所能行也，而昏乱主之所禁也。臣请言之，不敢避斧钺之诛，愿陛下少留意焉。夫沙丘之谋，诸公子及大臣皆疑焉，而诸公子尽帝兄，大臣又先帝之所置也；今陛下初立，此其属意怏怏，皆不服，恐为变。且蒙恬已死，蒙毅将兵居外。臣战战栗栗，唯恐不终，且陛下安得为此乐乎?”二世曰：“为之奈何?”赵高曰：“严法而刻刑。令有罪者相坐诛，至收族。灭大臣而远骨肉。贫者富之，贱者贵之。尽除去先帝之故臣，更置陛下之所亲信者近之，此则阴德归陛下，害除而奸谋塞，群臣莫不被润泽，蒙厚德，陛下则高枕肆志宠乐矣。计莫出于此。”二世然高之言，乃更为法律。于是群臣、诸公子有罪，辄下高，令鞫治之。杀大臣蒙毅等。公子十二人僇死咸阳市，十公主磔死于杜。财物入于县官。相连坐者不可胜数。公子高欲奔，恐收族，乃上书请从死。胡亥可其书，赐钱十万以葬。法令诛罚，日益刻深。群臣人人自危，欲叛者众。又作阿房之宫，治直、驰道，赋敛愈重，戍徭无已。案，二世、赵高之所为，一言蔽之曰：一切因循始皇，而又加以杀戮大臣、诸公子而已。内不安者，必谨守不敢出，而二世即位未几，即东行郡县，知其忧大臣公子之叛，不如其忧黔首不集之深。亦可见谓蒙恬将三十万众，势足背叛者之诬也。三十万众，疑亦虚号，非实数。秦汉时防边者，兵数从未闻如此其多也。汉时，简策之用尚少，行事率由口耳相传，易致讹谬；汉人又多轻事重言，率意改易；故其所传多不足信，秦与汉初事尤甚。且如《李斯列传》，二世问赵高责李斯，及斯上书，皆以行督责恣睢广意为言。此乃法家之论之流失。世有立功而必师古者矣，有图行乐而必依据师说者乎？故知《李斯列传》所载赵高之谋、二世之诏、李斯之书，皆非当时实录也。而赵高说李斯立二世之说视此矣。此说或将为人所骇，然深知古书义例者，必不以为河汉也。

第三章
秦汉兴亡

第一节
陈涉首事

秦二世元年（前209），七月，陈胜、吴广起蕲。今安徽宿县。胜，阳城人，今河南登封县。字涉。广，阳夏人，今河南太康县。字叔。时发闾左戍渔阳，九百人，屯大泽乡。徐广曰：在蕲县。胜、广皆为屯长。会天大雨，道不通，度已失期。失期，法皆斩。胜、广乃谋曰："今亡亦死，举大计亦死，等死，死国可乎？"胜曰："天下苦秦久矣！吾闻二世少子也，不当立，当立者乃公子扶苏。扶苏以数谏故，上使外将兵。今或闻无罪，二世杀之。百姓多闻其贤，未知其死也。项燕为楚将，数有功，爱士卒，楚人怜之，或以为死，或以为亡。今诚以吾众诈自称公子扶苏、项燕，为天下唱，宜多应者。"吴广以为然。杀两尉，召令徒属。徒属皆曰："敬受命。"乃诈称公子扶苏、项燕。袒右，称大楚。胜自立为将军，广为都尉。攻大泽乡收而攻蕲，蕲下。乃令符离人葛婴将兵徇蕲以东。符离，今安徽宿县。葛婴至东城，立襄强为楚王。后闻陈王已立，杀襄强还报，陈王诛杀葛婴。东城，今安徽定远县。行收兵，北至陈，车六七百乘，骑千余，卒数万人。入据陈。召三老、豪杰皆来会计事。三老、豪杰皆曰：“将军身披坚执锐，伐无道，诛暴秦，复立楚之社稷，功宜为王。”涉乃立为王，号张楚。当此时，诸郡县苦秦吏者，皆刑其长吏，杀之，以应陈涉。乃以吴叔为假王，监诸将，以西击荥阳。今河南荥泽县。令陈人武臣、张耳、陈余徇赵，汝阴人邓宗徇九江郡，汝阴，今安徽阜阳县。九江郡，治寿春，今安徽寿县。魏人周市北徇魏地。李由为三川守，守荥阳，吴叔弗能下。陈王征国之豪杰与计，以上蔡人房君蔡赐为上柱国。上蔡，今河南上蔡县。房君，房邑君。周文，陈之贤人也。尝为项燕军视日，事春申君。自言习兵。陈王与之将军印，西击秦。行收兵，至关，车千乘，卒数十万。至戏，军焉。戏，颜师古曰：“水名，在新丰东。”新丰，今陕西临潼县。二世大惊，与群臣谋。少府章邯曰：“盗已至，众强。今发近县，不及矣。郦山徒多，请赦之，授兵以击之。”二世乃大赦天下，免郦山徒，人奴产子悉发，令章邯将以击楚大军，尽败之。周文败，走出关，止曹阳。师古曰：曹水之阳也。其水出陕县西南。西北流入河，今谓之好阳涧。在陕县西。唐陕县，即今河南陕县。二三月，章邯追败之。复走，次渑池，今河南渑池县。十余日，章邯击，大破之。周文自刭，军遂不战。二世益遣长史司马欣、董翳佐章邯击盗。张耳，大梁人。今河南开封县。少时及魏公子无忌为客。后取外黄富人女，外黄，今河南杞县。女家厚奉给耳。耳以故致千里客，宦魏，为外黄令。陈余，亦大梁人。好儒术。数游赵苦陉，今河北无极县。富人公乘氏以其女妻之。余年少，父事耳，相与为刎颈交。秦灭魏数岁，闻此两人，魏之名士也，购求耳千金，余五百金。耳、余乃变名姓，俱之陈，为里监门。陈涉入陈，耳、余上谒。余说陈王，请奇兵北略赵地。陈王以故所善陈人武臣为将军，邵骚为护军，耳、余为左右校尉，予卒三千人，北略赵地。行收兵，得数万人。号武臣为武信君。

至邯郸，今河北邯郸县。耳、余闻周章军至戏却，又闻诸将为陈王徇地，多以谗毁得罪诛；怨陈王不以为将，而以为校尉；乃说武臣，立为赵王。余为大将军，耳为右丞相，邵骚为左丞相。陈王怒，欲族武臣等家，而发兵击赵。房君谏。陈王用其计，徙系武臣等家宫中，封耳子敖为成都君，使使者贺赵，令趣发兵西入关。耳、余说武臣曰："王王赵非楚意……愿王毋西兵，北徇燕、代，南收河内以自广。"赵王以为然，因不西兵，而使韩广略燕，李良略常山，今河北正定县。张黡略上党。今山西长子县。韩广至燕，燕人因立广为燕王。李良已定常山，还报，赵王复使良略太原。今山西太原县。至石邑，今河北获鹿县。秦兵塞井陉，井陉、获鹿两县间之隘道。未能前。秦将诈称二世使人遗李良书曰："良诚能反赵为秦，赦良罪，贵良。"良得书，疑不信，乃还之邯郸，益请兵。道逢赵王姊，以为王，伏谒。王姊醉，不知其将，使骑谢良，良怒，遣人追杀王姊。因将其兵袭邯郸。邯郸不知，竟杀武臣、邵骚。耳、余得脱，出收其兵，得数万人，求得赵歇，立为赵王，居信都。后项羽改曰襄国，今河北邢台县。李良击陈余，余败良，良走归章邯。周市北至狄。狄人田儋，故齐王田氏族也。儋从弟荣，荣弟横，皆豪杰宗强，能得人。儋杀令，自立为齐王。发兵击周市。市军散。还至魏地，欲立魏后故宁陵君咎为魏王。时咎在陈王所，不得之魏。魏地已定，欲相与立市为魏王。市不肯。使者五返，陈王乃立咎为魏王，遣之国。周市为相。将军田臧等相与谋曰："周章军已破矣，秦兵旦暮至。我围荥阳城弗能下，秦军至，必大败。不如少遗兵，足以守荥阳，悉精兵迎秦军。今假王骄，不知兵权，不可与计，非诛之，事恐败。"因相与矫王令以诛吴叔，献其首于陈王。陈王赐田臧楚令尹印，使为上将。臧使诸将李归等守荥阳，自以精兵西迎秦军于敖仓。在今河南河阴县。与战，臧死，军破。邯进击归等荥阳下，破之。归等死。邯击陈，柱国房君死。进击陈西张贺军，陈王出监战，军破，张贺死。腊月，陈王之汝阴。还至下城父，今安徽蒙城县西北。其御庄贾杀以降秦。陈王故涓人将军吕臣为仓头军，起新阳。今安徽太和县。攻陈，下之，杀庄贾，复以陈为楚。初，陈王至陈，令铚人宋留将兵定南阳，入武关。铚，县名，今安徽宿县。南阳郡，治宛，今河南南阳县。武关，在今陕西商县东。留已徇南阳。闻陈王死，南阳复为秦。留不能入武关，乃东至新蔡。今河南新蔡县。遇秦军，以军降秦。秦传留至咸阳，车裂以徇。陈王初立时，陵人秦嘉等特起，围东海守庆于郯。陵，县名，今江苏宿迁县。东海郡，治郯，今山东郯城县。陈王闻，使武平君畔为将军，监郯下军。秦嘉矫以王命杀武平君。闻陈王军破出走，乃立景驹为楚王。引兵之方与，今山东鱼台县。欲击秦军定陶下。今山东定陶县。使公孙庆使齐王，欲与并力俱进。齐王曰："闻陈王战败，不知其死生，楚安得不请而立王?"公孙庆曰："齐不请楚而立王，楚何故请齐而立王？且楚首事，当令于天下。"田儋诛杀公孙庆。秦左右校复攻陈，下之。吕将军走，收兵复聚。鄱盗当阳君黥布之兵相收。黥布，六人，坐法黥。居江中为群盗。陈胜起，布见鄱君，鄱君以女妻之。后属项梁。梁以为当阳君。六，今安徽六安县。鄱，今江西鄱阳县。击秦左右校，破之青波，集解："《汉书音义》曰：'地名。'"复以陈为楚。会项梁立怀王孙心为楚王。案，陈涉首事，诈称公子扶苏，此已可怪；又称楚项燕，项燕以立昌平君而死，安得辅扶苏？又袒右称大楚，自立为王则号张楚，似举棋不定，徒为贤者驱除难者。然观其所遣兵，北攻荥阳，西入函谷，西南叩武关，非畏懦无方略者比。《史记》言涉少时，尝与人佣耕。已为王，王陈，其故人尝与佣耕者闻之，之陈，叩宫门曰："吾欲见涉。"宫门令欲缚之。自辩数乃置，不肯为通。陈王出，遮道而呼涉。陈王闻之，乃召见，载与俱归。客出入愈益发舒，言陈王故情。或说陈王曰："客愚无知，颛妄言，轻威。"陈王斩之。诸陈王故人，皆自引去。由是无亲陈王者。此等传说，虽不足信，然可见陈王不任所私昵。唯不任私昵，乃能广用贤才，汉高实以此成大功，安知陈王非其人？岂得以成败论英雄乎？《史记》又谓“陈胜虽已死，其所遣置侯王将相竟亡秦，由涉首事也”，此盖当时公论，时代近者，必有真知灼见也。陈王所以败者，诸侯各自为，莫肯尽力。赵叛楚，燕又叛赵，齐至陈王死时，犹不肯与楚并力，贾生所谓“名为亡秦，其实利之”也。《秦始皇本纪赞》。其交未亲，又非素有臣主之分，发纵指示，自然不易为功。然陈王之才，要当不减于楚怀王耳。

第二节
刘项亡秦

项籍者，下相人也，今江苏宿迁县。字羽。其季父梁，梁父即燕。项氏世世为楚将，封于项，今河南项城县。故姓项氏。项籍少时，学书不成，去；学剑，又不成。项梁怒之。籍曰：“书足以记名姓而已。剑一人敌，不足学。学万人敌。”于是项梁乃教籍兵法。籍大喜，略知其意，又不肯竟学。项梁杀人，与籍避仇于吴中，吴中贤士大夫皆出项梁下。每吴中有大徭役及丧，项梁尝为主办，阴以兵法部勒宾客及子弟，以是知其能。籍长八尺余，力能扛鼎，才气过人，虽吴中子弟，皆已惮籍矣。秦二世元年（前209）九月，会稽守通秦会稽郡治吴。谓梁曰：“江西皆反，此亦天亡秦之时也。吾闻先即制人，后则为人所制。吾欲发兵，使公及桓楚将。”是时桓楚亡，在泽中。梁请召籍，使受命召桓楚。守曰：“诺。”梁召籍入，籍遂拔剑斩守头。项梁持守头，佩其印绶。

门下大惊，扰乱。籍所击杀数十百人。一府中皆慑伏，莫敢起。梁乃召故所知豪吏，谕以所为，起大事。遂举吴中兵。使人收下县，得精兵八千人。梁为会稽守，籍为裨将，徇下县。籍时年二十四。

汉高祖，沛丰邑中阳里人。沛，今江苏沛县。丰，后为县，今江苏丰县。姓刘氏，字季。索隐："《汉书》'名邦，字季'，此单云字，亦又可疑。按，《汉书》高祖长兄名伯，次名仲，不见别名，则季亦是名也。故项岱云：高祖小字季，即位易名。"案，伯、仲、季乃次第，并不得云字。人不得皆无名字，盖《史记》文略耳。仁而爱人，喜施，意豁如也。常有大度，不事家人生产作业。及壮，试为吏。为泗水亭长。正义，《括地志》云：泗水亭，在沛县东。廷中吏无所不狎侮。好酒及色。以亭长为县送郦山徒，多道亡。自度比至皆亡之，到丰西泽中，止饮，夜，乃解纵所送徒，曰："公等皆去，吾亦从此逝矣。"高祖亡匿芒、砀山泽岩石之间。芒、砀皆县名，今江苏砀山县地。秦二世元年（前209）秋，诸郡县皆多杀其长吏，以应陈涉。沛令恐，欲以沛应涉，掾、主吏萧何、曹参请召诸亡在外者以劫众。乃令樊哙召刘季。樊哙，沛人，以屠狗为事。以吕后弟吕媭为妇。与高祖俱隐。刘季之众已数十百人矣。于是樊哙从刘季来。沛令后悔，恐其有变，乃闭城城守，欲诛萧、曹。萧、曹恐，逾城保刘季。刘季书帛射城上。父老乃率子弟共杀沛令，开城门迎刘季。立季为沛公。时二世元年九月，于是少年豪吏如萧、曹、樊哙等，皆为收沛子弟二三千人，攻胡陵、县名，今山东鱼台县。方与，还守丰。

广陵人召平广陵，今江苏江都县。为陈王徇广陵，未能下。闻陈王败走，秦兵又且至，乃渡江，矫陈王命，拜梁为楚王上柱国，曰："江东已定，急引兵西击秦。"梁乃以八千人渡江而西。陈婴者，故东阳令史。东阳，今安徽天长县。东阳少年杀其令，强立为长，以兵属项梁。项梁渡淮，黥布、蒲将军亦以兵属焉。凡六七万人。军下邳。今江苏邳县。当是时，秦嘉已立景驹为楚王，军彭城东，彭城，今江苏铜山县。欲拒项梁。梁击嘉，嘉死，军降，景驹走死梁地。项梁已并秦嘉军，军胡陵，引兵入薛。今山东滕县东南。闻陈王定死，召诸别将会薛计事。时秦二世二年（前208）四月。居鄛人范增，居鄛，今安徽巢县。年七十。素居家，好奇计。往说项梁曰："陈胜败固当。夫秦灭六国，楚最无罪。自怀王入秦不返，楚人怜之至今。故楚南公曰'楚虽三户，亡秦必楚'也。今陈胜首事，不立楚后而自立，其势不长。今君起江东，楚蜂起之将皆争附君者，以君世世楚将，为能复立楚之后也。"项梁然其言。乃求楚怀王孙心民间，为人牧羊。立以为楚怀王，从民所望也。都盱眙。今安徽盱眙县。项梁自号武信君。时二世二年六月。

先是，秦泗川监平集解：泗川，高祖更名沛。将兵围丰。高祖出与战，破之。令雍齿守丰。引兵之薛。泗川守壮败于薛，走之戚。今濮阳县北。得，杀之。还军亢父。今山东济宁县。雍齿反为魏。沛公攻丰，不能取，闻东阳宁君、秦嘉立景驹为假王，在留，在沛县东南。往从之。欲请兵以攻丰。时章邯从陈，别将司马𡰱将兵北定楚地，屠相，至砀。东阳宁君、沛公西与战。还军丰。闻项梁在薛，从骑百余往见之。项梁益沛公卒五千人还攻丰，拔之，雍齿奔魏。

章邯已破陈王，进兵击魏王于临济。《续汉书·郡国志》：陈留郡平丘县有临济亭，魏咎都。平丘，今河北长垣县。魏王使周市出，请救于齐、楚。齐、楚遣项它、田巴将兵，随市救魏。章邯击破，杀周市等。围临济。咎为其民约降，自烧杀。章邯杀齐王田儋于临菑。今山东临淄县。案，此语见《汉书·项籍传》。《史记·田儋列传》曰：儋将兵救魏，章邯夜衔枚击，大破魏军，杀田儋于临济下。《汉书》作"大破齐、楚军"，《高帝纪》亦云"章邯破杀魏王咎、齐王田儋于临济”，疑误。儋弟荣，收儋余兵走东阿。今山东阳谷县东北阿城镇。齐人闻儋死，立故王建弟假为王。田角为相，田间为将，以拒诸侯。田荣之走东阿，章邯追围之。项梁闻田荣急，引兵击破邯军东阿下。邯走而西，项梁因追之。田荣引兵归，击逐齐王假。假亡走楚，角走赵。角弟间前求救赵，因留不敢归。荣立儋子市为齐王，相之。横为将。章邯兵益盛。项梁使告赵、齐共击邯，田荣曰："楚杀田假，赵杀田角、田间，乃发兵。"梁曰：此据《项羽本纪》，《田儋传》作"楚怀王曰"。"田假与国之王，穷来归我，不忍杀。"赵亦不杀田角、田间以市于齐。齐遂不肯发兵。梁使沛公及项羽别攻城阳，今山东濮县。屠之。西破秦军濮阳东。今河北濮阳县。秦兵收，入濮阳。沛公、项羽攻定陶，定陶未下。去，西略地，至雍丘。今河南杞县。大破秦军，斩李由。还攻外黄，外黄未下。项梁起东阿，西北至定陶，再破秦军；项羽等又斩李由；益轻秦，有骄色。宋义谏，弗听。乃使宋义使于齐。道遇齐使者高陵君显，曰："公将见武信君乎？"曰："然。"曰："臣论武信君军必败。公徐行，即免死，疾行，则及祸。"秦果悉起兵益章邯。击楚军，大破之定陶。项梁死。时二世二年（前208）九月。沛公、项羽去外黄，攻陈留。今河南陈留县。陈留未下。沛公、项羽相与谋曰："今项梁军破，士卒恐。"乃与吕臣俱引而东。吕臣军彭城东，项羽军彭城西，沛公军砀。章邯已破项梁军，则以为楚地兵不足忧，乃渡河击赵，大破之。张耳与赵王歇走入巨鹿城。今河北平乡县。章邯令王离、涉间围巨鹿。章邯军其南，筑甬道而输之粟。陈余北收常山兵，得数万人，军巨鹿北。楚兵已破于定陶，怀王恐，从盱眙之彭城，并项羽、吕臣军，自将之。以吕臣为司徒，其父吕青为令尹。以沛公为砀郡长，封武安侯，将砀郡兵。高陵君显见楚王曰："宋义论武信君之军必败，居数日，军果败。兵未战而先见败征，此可谓知兵矣。"王召宋义与计事而大悦之。因置以为上将军，项羽为鲁公，为次将，范增为末将，救赵。诸别将皆属宋义，号为卿子冠军。怀王是时，盖收项氏之权。项梁与齐不合，而举宋义者适出齐使，蛛丝马迹，不无可寻。然则谓项梁以骄至败，亦诬辞也。时又令沛公西略地入关。《高祖本纪》曰："与诸将约，先入定关中者王之。当是时，秦兵强，常乘胜逐北，诸将莫利先入关。独项羽怨秦破项梁军，奋，愿与沛公西入关。怀王诸老将皆曰：'项羽为人，僄悍猾贼。尝攻襄城，今河南襄城县。襄城无遗类……诸所过无不残灭。且楚数进取，前陈王、项梁皆败。不如更遣长者，扶义而西，告谕秦父兄。秦父兄苦其主久矣，今诚得长者往，毋侵暴，宜可下，今项羽僄悍，不可遣。独沛公素宽大长者，可遣。'卒不许项羽，而遣沛公西。"此亦事后附会之辞。陈平曰："项王为人，恭敬爱人。"《陈丞相世家》。韩信曰："项王见人，恭敬慈爱，言语呕呕。人有疾病，涕泣分食饮。"《淮阴侯列传》。此岂恣意残杀者？项王之暴，在坑秦降卒新安，此自兵权不得不然。其入关、破齐后之残虐，则是时之为兵者，类多僄悍无赖之徒，非主将所能约束，恐不独项羽之兵为然。史于项羽未免故甚其辞，于汉则又讳而不言耳。周市以百万之众入关而败，安得云告谕可下？是时所急者河北，入关尚为缓图，刘、项安得俱入关？故知史之不可信久矣。

宋义至安阳，今山东曹县东。留四十六日不进。项羽曰："吾闻秦军围赵王巨鹿，疾引兵渡河，楚击其外，赵应其内，破秦军必矣。"宋义曰："不然，夫搏牛之虻，不可以破虮虱。今秦攻赵，战胜则兵罢，我承其敝；不胜，则我引兵鼓行而西，必举秦矣；故不如先斗秦、赵。夫披坚执锐，义不如公；坐而运策，公不如义。"因下令军中曰："猛如虎，狠如羊，贪如狼，强不可使者，皆斩之。"乃遣其子宋襄相齐，身送之至无盐。今山东东平县。饮酒高会。天寒大雨，士卒冻饥。项羽曰："将勠力而攻秦，久留不行。今岁饥民贫，士卒食芋菽，军无见粮，乃饮酒高会；不引兵渡河，因赵食，与赵并力攻秦，乃曰承其敝。夫以秦之强，攻新造之赵，其势必举赵，赵举而秦强，何敝之承？且国兵新破，王坐不安席，扫境内而专属于将军，国家安危，在此一举。今不恤士卒而徇其私，非社稷之臣。”项羽晨朝上将军宋义，即其帐中斩宋义头。出令军中曰：“宋义与齐谋反楚，楚王阴令羽诛之。”当是时，诸将皆慑伏，莫敢枝梧。皆曰：“首立楚者，将军家也。今将军诛乱。”乃相与共立羽为假上将军。使人追宋义子，及之齐，杀之。使桓楚报命于怀王。怀王因使项羽为上将军。当阳君、蒲将军皆属项羽。宋义之久留，盖实与项氏相持。义之进既由齐使，是时又使子相齐，云与齐谋反楚，诬；云楚结齐共谋项氏，则颇有似矣。《史记》此节记事，盖项氏之辞，亦非情实也。

项羽已杀卿子冠军，威震楚国，名闻诸侯。乃遣当阳君、蒲将军将卒二万渡河救巨鹿，战少利。陈余复请兵，项羽乃悉引兵渡河，皆沉船，破釜甑，烧庐舍，持三日粮，以示士卒必死，无一还心。于是至则围王离，与秦军遇，九战，绝其甬道，大破之。杀苏角，虏王离，涉间不降楚，自烧杀。当是时，楚兵冠诸侯。诸侯军救巨鹿下者十余壁，《张耳陈余列传》：燕、齐、楚闻赵急，皆来救。张敖亦北收代，得万余人来，皆壁余旁。莫敢纵兵。及楚击秦，诸将皆从壁上观。楚战士无不一以当十，楚兵呼声动天，诸侯军无不人人惴恐。于是已破秦军，项羽召见诸侯将，诸侯将入辕门，无不膝行而前，莫敢仰视。项羽由是始为诸侯上将军，诸侯皆属焉。时秦二世三年（前 207）十二月。古荆楚众本僄悍，江、淮尤甚，特其文化程度太低，无用之者，则莫能自振。项氏世世楚将，起江东，渡江西，行收兵而北，其形势，正与吴阖庐、越勾践同，而章邯之兵，久战疲敝。此盖项羽之所以制胜。先是秦军强，常乘胜逐北，至是大败；秦又内乱，后援绝；关以东遂无能与楚抗者矣。

《秦始皇本纪》曰：赵高说二世曰："先帝临制天下久，故群臣不敢为非，进邪说。今陛下富于春秋，初即位，奈何与公卿廷决事？事即有误，示群臣短也。天子称朕，固不闻声。"于是二世常居禁中，与高决诸事。其后公卿稀得朝见。盗贼益多，而关中卒发东击盗者无已。右丞相去疾、左丞相斯、将军冯劫进谏，请且止阿房宫作者，减省四边戍转。二世曰："吾闻之韩子曰：'尧、舜采椽不刮，茅茨不翦；饭土塯，啜土形；虽监门之养，不觳于此。禹凿龙门，通大夏，决河亭水，放之海，身自持筑锸，胫毋毛，臣虏之劳，不烈于此矣。'凡所为贵有天下者，得肆意极欲，主重明法，下不敢为非，以制御海内矣。夫虞、夏之主，贵为天子，亲处穷苦之实，以徇百姓，尚何于法？朕尊万乘，毋其实。吾欲造千乘之驾，万乘之属，充吾号名。且先帝起诸侯，兼天下，天下已定，外攘四夷，以安边境，作宫室以章得意。而君观先帝功业有绪。今朕即位，二年之间，群盗并起，君不能禁；又欲罢先帝之所为；是上毋以报先帝，次不为朕尽忠力。何以在位？"下去疾、斯、劫吏，案责他罪。去疾、劫自杀。斯卒囚。三年（前207），冬，赵高为丞相，竟案李斯杀之。《李斯传》：二世责问斯，亦引韩子语。又云斯欲求容，以书对，云行督责之术，则能荦然行恣睢之心，而独擅天下之利。意皆与《秦本纪》略同。又云：赵高为郎中令，所杀及报私怨众多，恐大臣入朝奏事毁恶之，乃说二世居禁中。高乃见丞相曰："君何不见？"斯曰："今时上不坐朝廷，欲见无间。"高曰："君诚能谏，请为君候上间。"于是赵高待二世方燕乐，使人告丞相："上方间，可奏事。"丞相至宫门上谒，如此者三。二世怒曰："吾尝多间日，丞相不来，吾方燕私，丞相辄来请事，丞相岂少我哉？且固我哉？"赵高因曰："如此，殆矣。夫沙丘之谋，丞相与焉。今陛下已立为帝，而丞相位不益，此其意，亦望裂地而王矣。且陛下不问臣，臣不敢言。丞相长男李由为三川守，楚盗陈胜等皆丞相旁县之子，斯，上蔡人。以故楚盗公行，过三川，城守不肯击。高闻其文书相往来，未得其审，故未敢以闻。且丞相居外，权重于陛下。”二世以为然，使人案验三川守与盗通状。李斯不得见，因上书言赵高之短。二世私告赵高。高曰：“丞相所患者独高。高已死，丞相即欲为田常所为。”于是二世使高案丞相狱，治罪，责斯与子由谋反状，皆收捕宗族、宾客。赵高治斯，榜掠千余。不胜痛，自诬服。斯从狱中上书，高使吏弃去不奏。高使其客十余辈，诈为御史、谒者、侍中，更覆讯斯。斯更以其实对，辄使人复榜之。后二世使人验斯，斯以为如前，终不敢更言。辞服，奏当上，二世喜曰：“微赵君，几为丞相所卖。”及二世所使案三川之守至，则项梁已击杀之。使者来，会丞相下吏，赵高皆妄为反辞。二世二年，七月，具斯五刑，论腰斩咸阳市。《秦本纪》与《李斯传》言斯罪状及死时皆不同，足见其不可信。二世之辞、李斯之奏，盖皆儒家毁法学者之所为，余语则尤类平话矣。李斯之见杀，真相已不可知，然必出于猜忌之心，与其杀蒙恬兄弟同，则无足疑也。斯之死，实为秦事一大变。朝廷无复重臣。于是内乱起，而沛公安行入关矣。

章邯军棘原，晋灼曰：“地名，在巨鹿南。”项羽军漳南，相持未战。秦军数却。二世使人让章邯。章邯恐，使长史欣请事，至咸阳，留司马门三日，赵高不见，有不信之心。长史欣恐，还走其军，不敢出故道。赵高果使人追之，不及。欣至军，报曰：“赵高用事于中，下无可为者。今战能胜，高必疾妒吾功；战不能胜，不免于死。愿将军孰计之。”陈余亦遗章邯书。邯狐疑，阴使候始成使项羽，欲约。约未成，羽使蒲将军日夜引兵渡三户。津名，孟康云：在邺西。邺，今河南临漳县。军漳南。与秦战，再破之。项羽悉引兵击秦军汙水上，集解：“徐广曰：‘在邺西。’”大破之。章邯使人见项羽，欲约。项羽召军吏谋曰：“粮少，欲听其约。”军吏皆曰：“善。”项羽乃与期洹水南殷虚上。在今河南安阳县北。已盟，章邯见项羽，而流涕为言赵高。项羽乃立章邯为雍王，置楚军中。使长史欣为上将军，将秦军为前行。时秦二世三年（前207）七月。据《项羽本纪》，邯之叛，实由赵高迫之使然，而贾生《过秦》言邯以三军之众要市于外。案，邯为秦将二岁，失亡多，又大败于巨鹿，秦法严，讫不易将，安知其无要市之事？然非李斯死，赵高立，意仅保关中，见下。接济不绝，似亦不至遽叛。然则秦之亡，二世、赵高专意于去逼，而遂无意于天下事，实其大原因也。

沛公之西入秦也，道砀。秦三年，二月，北攻昌邑。今山东金乡县。未下，西过高阳。文颖曰：“聚邑名，属陈留。”臣瓒曰：“《陈留传》曰：在雍丘西南。”郦食其说沛公袭陈留，沛公以为广野君，以其弟商为将，将陈留兵。三月，攻开封，今河南开封县。未拔，西与秦将杨熊会战白马。县名，在今河南滑县东。又战曲遇东，地名，在今河南中牟县东。大破之。杨熊走之荥阳，二世使使斩之以徇。四月，南攻颍川。郡名，治阳翟，今河南禹县。屠之，因张良遂略韩地。张良者，其先韩人。大父开地，父平，五世相韩。韩破，良悉以家财求客刺秦王，为韩报仇。得力士，为铁椎，重百二十斤。秦皇帝东游，良与客狙击秦皇帝博浪沙中，见第二章第三节。误中副车。陈涉等起兵，良亦聚少年百余人。遇沛公，属焉。及沛公之薛见项梁，项梁立楚怀王，良乃说项梁，立韩诸公子横阳君成为韩王，以良为韩申徒。集解：“徐广曰：‘即司徒。’”与韩王将千余人西略韩地，得数城。往来为游兵颍川。时赵别将司马印方欲渡河入关，沛公乃北攻平阴，县名，今河南孟津县东。绝河津，南战洛阳东，军不利。从轘辕至阳城，收军中马骑。轘辕，险道名，在今河南偃师县东南，接巩县登封界。令韩王成留守阳翟，与良俱南。六月，与南阳守齮战犨东，犨，县名，今河南鲁山县东南。大破之，略南阳郡。南阳守走保城，守宛。沛公引兵过宛西，张良谏，沛公乃夜引军从他道还，围宛。南阳守欲自刭，其舍人陈恢逾城见沛公，曰："为足下计，莫若约降，封其守，因使止守，引其甲卒与之西。"沛公曰："善。"七月，南阳守齮降，引而西，无不下者。八月，沛公攻武关，入秦。赵高阴与其婿咸阳令阎乐、弟赵成谋，使郎中令为内应，集解："徐广曰：'一云郎中令赵成。'"诈为有大贼，令乐召吏发卒，追劫乐母置高舍，遣乐将吏卒千余人至望夷宫斩卫令。郎中令与乐俱入，射上幄。二世自杀。赵高乃悉召诸大臣、公子，告以诛二世之状，曰："秦故王国，始皇君天下，故称帝。今六国复自立，秦地益小，乃以空名为帝，不可。宜为王如故便。"立二世兄子公子婴为王，令子婴斋，当庙见，受玉玺。斋五日，子婴与其子二人谋曰："我闻赵高乃与楚约，灭秦宗室而王关中，今使我斋见庙，此欲因庙中杀我。我称病不行，丞相必自来，来则杀之。"高使人请子婴数辈，子婴不行。高果自往。子婴遂刺高于斋宫，三族高家，以徇咸阳。以上据《秦始皇本纪》。《李斯列传》云：子婴即位，称疾不听事，与宦者韩谈及其子谋杀高。高上谒，请病，因召入，令韩谈刺杀之，夷其三族。《高祖本纪》云："赵高已杀二世，使人来，欲约分王关中，沛公以为诈。"案，赵高虽用事，位素卑，安有取秦而代之之望？且高之杀蒙恬，害李斯，戮诸公子，虽竟危秦，究不可谓不忠于二世；而二世亦素任高；此时忽生篡弒之谋，亦殊可怪。贾生《过秦》之论曰："秦小邑并大城，守险塞而军。高垒毋战，闭关据阨，荷戟而守之。诸侯起于匹夫，以利合，非有素王之行也，其交未亲，其下未附。名为亡秦，其实利之也。彼见秦阻之难犯也，必退师，安土息民，以待其敝；收弱扶疲，以令大国之君；不患不得意于海内。……借使子婴有庸主之材，仅得中佐，山东虽乱，秦之地可全而有；宗庙之祀，未当绝也。"可见保守关中，实为此时之至计。然唯大勇者乃能豫有所割弃，此岂二世所及？抑卑逾尊、疏逾戚之不易久矣。李斯且死，何有于赵高？二世所患，特诸公子，宗室疏属，势非相逼，危急时安知不相仗？而秦立国数百年，当危急时，宗室中亦应有奋起自效者。疑章邯军败后，赵高或以去帝号保关中进说，二世不悦，且举前事悉以责之，宗室遂有乘间图之者，衅由是生，遂至弑二世而并欲尽灭秦之宗室，借敌人之力以分王关中，亦所谓骑虎之势不得下也，然其不能为沛公所信，则势固然矣。武关既失，秦遣将将兵拒峣关。在今陕西蓝田县东南。沛公欲击之。张良曰：秦兵尚强，未可轻，此亦见秦不内溃，关中未尝不可保。愿先遣人益张旗帜于山上为疑兵，使郦食其、陆贾往说秦将，啖以利。秦将果欲连和，俱西袭咸阳。沛公欲许之。张良曰："此独其将欲叛，恐士卒不从，不如因其懈击之。"沛公引兵绕峣关，逾蒉山，击秦军，大破之蓝田南，遂至蓝田，今陕西蓝田县。又战其北，秦兵大败。明年，汉元年（前206），冬十月，沛公至霸上。在今陕西长安县东，接蓝田县界。秦王子婴降。沛公以属吏，遂西入咸阳。秦亡。

第三节
诸侯相王

沛公入咸阳，欲止宫休舍，樊哙、张良谏。乃封秦重宝财物府库，还之霸上。十一月，召诸县豪杰曰："父老苦秦苛法久矣，诽谤者族，偶语者弃市。吾与诸侯约：先入关者王之，吾当王关中。与父老约，法三章耳：杀人者死，伤人及盗抵罪。余悉除去秦法，吏民皆按堵如故。凡吾所以来，为父兄除害，非有所侵暴，毋恐。且吾所以军霸上，待诸侯至而定要束耳。”乃使人与秦吏行至县、乡、邑，告谕之，秦民大喜。争持牛羊酒食，献享军士。沛公让不受，曰：“仓粟多，不欲费民。”民又益喜，唯恐沛公不为秦王。或说沛公曰：“秦富十倍天下，地形强。今闻章邯降项羽，羽号曰雍王，王关中，即来，沛公恐不得有此。可急使守函谷关，毋内诸侯军，稍征关中兵以自益，拒之。”沛公然其计，从之。是时为沛公计，择地而王，关中自是上选。既求王关中，自不肯残暴其民，约法三章，不受献享，虽有溢美之辞，当不至全非实录也。

项羽将诸侯兵三十余万，行略地，至河南，遂西到新安。今河南渑池县东。诸侯吏卒，异时徭使、屯戍过秦中，秦中吏卒遇之多无状。及秦军降诸侯，诸侯吏卒乘胜，多奴虏使之，轻折辱秦吏卒。秦吏卒多窃言曰：“章将军等诈吾属降诸侯。今能入关破秦，大善。即不能，诸侯虏吾属而东，秦必尽诛吾父母妻子。”诸将微闻其计，以告项羽。项羽乃召黥布、蒲将军计曰：“秦吏卒尚众，其心不服，至关中，不听，事必危，不如击杀之，而独与章邯、长史欣、都尉翳入秦。”于是楚军夜击坑秦卒二十余万人新安城南。行，略定秦地。至函谷关，不得入。使当阳君等击关。项羽遂入，至于戏西。沛公左司马曹无伤使人言于项羽曰：“沛公欲王关中，使子婴为相，珍宝尽有之。”项羽大怒，曰：“旦日飨士卒，为击破沛公军。”当是时，项羽兵四十万，在新丰鸿门，孟康曰：“在新丰东十七里。”案，汉新丰，在今陕西临潼县东。沛公兵十万，在霸上，力不敌。楚左尹项伯者，项羽季父也。素善张良，夜驰至沛公军，具告以事，欲与俱去。良入，具告沛公。沛公要项伯入，约为婚姻，曰：“吾入关，秋豪不敢有所近，籍吏民、封府库而待将军。所以遣将守关者，备他盗之出入与非常也。日夜望将军至，岂敢反乎？愿伯具言臣之不敢背德也。”项伯许诺。谓沛公曰：

"旦日，不可不早自来谢项王。"沛公曰："诺。"于是项伯复夜去。至军中，具以沛公言报项王。因言曰："沛公不先破关中，公岂敢入乎？今人有大功而击之，不义也，不如因善遇之。"项王许诺。沛公旦日从百余骑见项王。项王因留与饮。范增数目项王，举所佩玉玦以示之者三。项王默然不应。范增起出，召项庄入，前为寿，寿毕，请以剑舞，因击沛公于坐，杀之。项庄拔剑起舞，项伯亦拔剑起舞，常以身翼蔽沛公，庄不得击。于是张良至军门见樊哙。樊哙入，谯让羽。有顷，沛公起如厕，招樊哙出，令张良留谢羽，置车骑，脱身独骑，樊哙等四人持剑盾步走，间至军。以上事详见《项羽本纪》，诙诡几类平话。秦亡后五年，天下复定于一，此乃事势推移使然。当时方以秦灭六国为暴无道，诋秦曰强虎狼，安有一人，敢继秦而欲帝天下？而史载范增说项羽曰："沛公居山东时，贪于财货，好美姬。今入关，财物无所取，妇女无所幸，此其志不在小，吾令人望其气，皆为龙虎，成五彩，此天子气也，急击勿失。"又称张良入谢，献玉斗亚父，亚父受，置之地，拔剑撞而破之，曰："唉！竖子不足与谋，夺项王天下者，必沛公也，吾属今为之虏矣。"七十老翁，有如是其鲁莽者乎？其非实录，不待言矣。

居数日，项羽引兵西屠咸阳，杀秦降王子婴。烧秦宫室，火三月不灭。收其宝货妇女而东。人或说项王曰："关中阻山河，四塞，地肥饶，可都以霸。"项王见秦宫室皆以烧残破，又心怀思欲东归，曰："富贵不归故乡，如衣绣夜行，谁知之者？"说者曰："人言楚人沐猴而冠耳，果然。"项王闻之，烹说者。此亦事后附会之辞。汉高兵力弱，不足以控制中原，则思王关中。项羽世楚将，起江东，安有不用楚人之理？且汉高就封后，以士怀思欲东归，因用其锋以争天下。项羽是时，不复欲有所争，都关中，何以处楚士之思归者乎？抑尽弃楚士，独与秦人孤居邪？烧秦宫室，收其宝货妇女，则当时之士卒固如是，约束非易。汉高欲王关中，乃约束其众，不敢为残暴，抑亦分封未定，士犹有所冀望耳。使入汉中以后，士讴歌思东归，而不用其锋，东向以争天下，安知其不怨叛？怨叛之众，又安保其不所过残灭乎？入彭城后，何为收货宝美人，日置酒高会哉？岂不知项羽之众尚在齐，将兼程还救乎？故知史所称汉之仁、项羽之暴，讳饰诬诋之辞多矣。

既以秦灭六国为无道而亡之，自无一人可专有天下者，当分王者谁乎？一六国之后，一亡秦有功之人；其如何分剖，则决之以公议；此不易之理也。《项羽本纪》曰：项羽使人致命怀王，怀王曰："如约。"乃尊怀王为义帝。项王欲自王，先王诸将相，谓曰："天下初发难时，假立诸侯后以伐秦，然身披坚执锐，首事，暴露于野三年，灭秦定天下者，皆将相诸君与籍之力也。义帝虽无功，此语，包诸侯后言，乃古人言语以偏概全之例，非专指义帝一人。故当分其地而王之。"诸将皆曰："善。"乃分天下，立诸将为侯王。项王、范增疑沛公之有天下，业已讲解；又恶负约，恐诸侯叛之；乃阴谋曰："巴、蜀道险，秦之迁人多居蜀。"乃曰："巴、蜀亦关中地也。"故立沛公为汉王，王巴、蜀、汉中，都南郑。今陕西南郑县。而三分关中，王秦降将，以拒塞汉王。项王乃立章邯为雍王，王咸阳以西，都废丘。今陕西兴平县。长史欣者，故为栎阳狱掾，尝有德于项梁，上文云：项梁尝为栎阳逮捕，乃请蕲狱掾曹咎书抵栎阳狱掾司马欣，以故事得已。都尉董翳者，本劝章邯降楚。故立司马欣为塞王，王咸阳以东，至河，都栎阳，今陕西临潼县。立董翳为翟王，王上郡，都高奴。今陕西肤施县。徙魏王豹为西魏王，魏王咎弟。《豹传》云：咎自杀，豹亡走楚。楚怀王与豹数千人，复徇魏地。项羽已破秦，降章邯，豹下魏二十余城，立豹为魏王。豹引精兵从项羽入关。羽封诸侯，欲有梁地，乃徙豹于河东。王河东，都平阳。今山西临汾县。瑕丘申阳者，张耳嬖臣也，先下河南，迎楚河上。故立申阳为河南王，都洛阳。今河南洛阳县。韩王成因故都，都阳翟。赵将司马卬定河内，数有功，故立卬为殷王，王河内，都朝歌。今河南淇县。徙赵王歇为代王。赵相张耳素贤，又从入关，故立为常山王，王赵地，都襄国。当阳君黥布为楚将，常冠军，故立布为九江王，都六。见第一节。鄱君吴芮率百越佐诸侯，又从入关，故立芮为衡山王，都邾。今湖北黄冈县。义帝柱国共敖将兵击南郡，功多，因立敖为临江王，都江陵。今湖北江陵县。徙燕王韩广为辽东王。集解："徐广曰：'都无终。'"今河北蓟县。燕将臧荼从楚救赵，因从入关，故立荼为燕王，都蓟。今河北北平市。徙齐王田市为胶东王。集解："徐广曰：'都即墨。'"今山东即墨县。齐将田都从共救赵，因从入关，故立都为齐王，都临菑。故秦所灭齐王建孙田安，项羽方渡河救赵，田安下济北数城，引其兵降项羽，故立安为济北王，都博阳。今山东泰安县。田荣者，数负项梁，又不肯将兵从楚击秦，以故不封。成安君陈余弃将印去，不从入关，《张耳陈余列传》：王离急攻巨鹿。巨鹿城中食尽，兵少，张耳数使人召陈余。余自度兵少，不敌秦，不敢前。数月，张耳大怒，怨陈余，使张黡、陈泽往让余，要以俱死。余使五千人令张黡、陈泽先尝秦军，至，皆没。张耳出巨鹿，与余相见，问张黡、陈泽所在。陈余曰："臣使将五千人先尝秦军，皆没不出。"耳不信，以为杀之，数问余。余怒曰："不意君之望臣深也！岂以臣为重去将哉？"乃脱解印绶，推与张耳。耳亦愕，不受。陈余起如厕，客有说张耳曰："天与不取，反受其咎。"耳乃佩其印，收其麾下。余还，亦望耳不让，遂趋出。张耳遂收其兵。余独与麾下所善数百人之河上渔猎。然素闻其贤，有功于赵，闻其在南皮，今河北南皮县。故因环封三县。集解："《汉书音义》曰：'绕南皮三县以封之。'"鄱君将梅销功多，故封十万户侯。项王自立为西楚霸王，王九郡，都彭城。汉之元年（前 206），四月，诸侯罢戏下，各就国。当时分封，就《史记》所言功状，所以迁徙或不封之故观之，实颇公平。封定而后各罢兵，则其事实非出项羽一人，《自序》所以称为“诸侯之相王”也。《高祖本纪》曰：项羽使人还报怀王。怀王曰：“如约。”项羽怨怀王不肯令与沛公俱西入关而北救赵，后天下约，乃曰：“怀王者，吾家项梁所立耳，非有功伐，何以得主约？本定天下，诸将及籍也。”此实极公平之言。且怀王特楚王，即谓项王、沛公当听其命，诸侯何缘听之？此理所不可，亦势所不行，其不得不出于相王者势也。汉高之为义帝发丧也，告诸侯曰：“天下共立义帝，北面事之。”此乃诬罔之辞。南面而政诸侯，当有实力，义帝岂足以堪之？三代之王，固尝号令天下矣，及其后，政由五霸。然则义帝拥帝名，而政由羽出，亦可云前有所承。既不袭秦郡县之制，不得谓称帝者实权皆当如秦之皇帝也。立章邯在羽入关前，当时形势，安知沛公能先入关？且秦吏卒尚众，非此无以镇之，此亦事势使然也。败军之将，不可以言勇；亡国之大夫，不足与图存。韩信之说汉王曰：“三秦王为秦将，将秦子弟数岁矣，所杀亡不可胜计。又欺其众降诸侯，至新安，项王诈坑秦降卒二十余万，唯独邯、欣、翳得脱。秦父兄怨此三人，痛入骨髓。今楚强以威王此三人，秦民莫爱也。”此岂项羽所不知，而谓王此三人，可拒塞汉路乎？此时汉王之可畏，岂能甚于田荣而拒之也？长史欣首告章邯“赵高用事于中，下无可为者”，岂不与董翳同功，而曰：以其有德于项梁而立之乎？

第四节 楚汉兴亡

《项羽本纪》曰：“项王出之国，使人徙义帝，曰：‘古之帝者，地方千里，必居上游。’乃使使徙义帝长沙郴县，今湖南郴县。趣义帝行。其群臣稍稍背叛之。乃阴令衡山、临江王击杀之江中。”《高祖本纪》云：“杀义帝江南。”《黥布列传》曰：“项氏立怀王为义帝，徙都长沙，今湖南长沙县。乃阴令九江王布等行击之。其八月，布使将击义帝，追杀之郴县。”《汉书·高帝纪》则云：“二年，冬，十月，项羽使九江王布杀义帝于郴。”郴在楚极南，项羽即欲放逐义帝，亦不得至此，然则《黥布传》云“都长沙”者是也。《项羽本纪》之“郴县”二字，盖后人侧注，误入本文。义帝殆见迫逐，自长沙南走至郴而死也。义帝在当时，既无足忌，项羽杀之何为？衡山、临江、九江，主名尚无一定，则义帝死事，实已不传，史之所书，皆传闻诬妄之说耳。

《项羽本纪》又曰：“韩王成无军功，项王不使之国，与俱至彭城，废以为侯，已又杀之。”案，既封之，不得无故复废杀之，此亦必有其由，特今不可知耳。又云：“臧荼之国，因逐韩广之辽东。广弗听，荼击杀广无终，并王其地。”此则行诸侯之约，非坏诸侯之约也。其坏诸侯之约者，则为田荣与汉王。

田荣闻项羽徙齐王市胶东而立田都，大怒。不肯遣齐王之胶东，因以齐反，迎击田都。田都走楚。市畏项王，乃亡之胶东就国。案，项王远，田荣近，项王虽强，其可畏必不如田荣，此可见荣与市实不合，其叛非为市也。田荣怒，追击，杀之即墨。荣因自立为齐王，而西击杀济北王田安，并王三齐。彭越者，昌邑人。尝渔巨野泽中，为群盗。巨野，今山东巨野县。陈胜、项梁起岁余，泽间少年相聚百余人，以为长。收诸侯散卒，居巨野泽中，众万余人，毋所属。荣与越将军印，令反梁地。陈余使张同、夏说说齐王。齐王许之。遣兵之赵。余悉发三县兵，与齐并力击常山，大破之。张耳走归汉，余迎故赵王歇于代，反之赵。赵王因立余为代王，余留傅赵王，而使夏说以相国守代。

诸侯之相王也，汉王欲攻项羽，灌婴、樊哙皆劝之，萧何谏，乃止。以何为丞相。项羽使卒三万人从汉王，楚子诸侯人之慕从者数万人。张良辞归韩，汉王送至褒中，因说汉王烧绝栈道，以备诸侯盗兵，亦视项羽无东意。汉王果欲东兵，未必肯自绝栈道，可见是时尚无叛意也。既至南郑，诸将及士卒皆歌讴思东归，多道亡还者。韩信为治粟都尉，亦亡去。萧何追还之，因荐于汉王。汉王拜信为大将军，问以计策。信对曰："吏卒皆山东之人，日夜企而望归，及其锋而用之，可以有大功。天下已定，民皆自宁，不可复用，不如决策东向。"因陈羽可图，三秦易并之计。汉王大悦，遂听信策，部署诸将，留萧何收巴、蜀租，给军粮食。五月，汉王出袭雍，定雍地。八月，塞王欣、翟王翳皆降。项羽以故吴令郑昌为韩王，拒汉。令萧公角击彭越，越败角兵。时张良徇韩地，遗羽书曰："汉欲得关中，如约，即止。"又以齐反书遗羽，曰："齐与赵欲并灭楚。"史云羽以故无西意而北击齐。然汉入关，未能遽摇动大局，齐揆梁、赵以叛则不然，释汉而击齐，亦用兵形势当尔，未必由听张良也。汉二年（前205），十月，汉王如陕。今河南陕县。河南王申阳降。使韩太尉韩信故韩襄王孽孙。击韩。韩王郑昌降。十一月，立信为韩王。汉王还归，都栎阳。春，正月，项羽击田荣城阳，荣败，走平原。今山东平原县。平原民杀之，齐皆降楚。楚遂北烧夷齐城郭室屋，皆坑降卒，系虏其老弱妇女，徇齐至北海，多所残灭。齐人相聚而叛之。三月，汉王自临晋渡河。临晋，今陕西大荔县。魏王豹降，将兵从，下河内，虏殷王卬，至洛阳，新城三老董公新城，汉县，在今河南洛阳县南。遮说汉王，于是汉王为义帝发丧，发使告诸侯曰："天下共立义帝，北面事之。今项羽放杀义帝江南，大逆无道，寡人……悉发关中兵，收三河士，南浮江、汉以下，愿从诸侯王击楚之杀义帝者。"义帝之死，既系疑案，此云浮江、汉而下，盖以告南方诸侯，云"天下共立义帝，北面而事之"，乃后人附会之语，必非当时情实也。四月，田荣弟横收得数万人，反城阳，立荣子广为齐王。羽虽闻汉东，既击齐，欲遂破之，而后击汉。汉王以故得劫五诸侯兵，徐广曰："塞、翟、魏、殷、河南。"应劭曰："雍、翟、塞、殷、韩。"韦昭曰："塞、翟、殷、韩、魏。"颜师古曰："常山、河南、韩、魏、殷。"案，《淮阴侯列传》："汉二年，出关，收魏、河南，韩、殷王皆降，合齐、赵共击楚。"时张耳已走归汉，齐兵则自拒项羽，但与汉合势耳，颜说是也。凡五十六万人，东伐楚。到外黄，彭越将三万人归汉。汉王拜越为魏相国，令定梁地。汉王遂入彭城。收羽美人、货赂，置酒高会。羽闻之，令其将击齐，自以精兵三万人南。从鲁出胡陵，而从萧今江苏萧县。晨击汉军，而东至彭城。日中，大破汉军。汉军皆走，相随入谷、泗水。杀汉卒十余万人。汉卒皆南走山，楚又追击，至灵璧东睢水上，灵璧，在今安徽宿县西北。汉军却，为楚所挤，多杀汉卒十余万人，皆入睢水，睢水为之不流。汉王与数十骑遁去。诸侯见汉败，皆亡去。塞王欣、翟王翳降楚，殷王卬死。吕后兄周吕侯泽，将兵居下邑，县名，在今江苏砀山县东。汉王往从之。稍收士卒，军砀。汉王之至下邑，问曰："吾欲捐关以东等弃之，谁可与共功者?"张良曰："九江王布，楚枭将，与项王有隙，彭越与齐王田荣反梁地，此两人可急使；而汉王之将，独韩信可属大事，当一面；即欲捐之，捐之此三人，则楚可破也。"汉王乃遣随何说九江王布，而使人连彭越。初，项王击齐，征兵九江。九江王布称病不往，遣将将数千人行。汉之败楚彭城，布又称病不佐楚。项王由此怨布，数使使者诮让，召布。布愈恐，不敢往。随何往说，布果叛楚。五月，汉王屯荥阳，萧何发关中老弱未傅者悉诣军，韩信亦收兵与汉王会，兵复大振。与楚战荥阳南京、索间，破之。筑甬道属河，以取敖仓粟。

魏王豹谒告视亲疾，至则绝河津，反为楚。六月，汉王还栎阳，立太子。引水灌废丘，废丘降，章邯自杀。八月，汉王如荥阳。使郦食其往说魏王豹，豹不听。汉以韩信为左丞相，与曹参、灌婴俱击魏。九月，信等虏豹，传诣荥阳，定魏地。使请兵三万人，愿以北举燕、赵，东击齐，南绝楚粮道。汉王与之。初，汉击楚，使告赵，欲与俱。陈余曰："汉杀张耳乃从。"于是汉王求人类张耳者斩之，持其头遗陈余。余乃遣兵助汉。汉之败于彭城，余亦复觉张耳不死，即背汉。汉遣张耳与韩信俱，破代，擒夏说阏与。今山西和顺县。三年（前204），冬，十月，以兵数万，欲东下井陉。赵王、陈余聚兵井陉口，号称二十万。广武君李左车说成安君："假臣奇兵三万人，从间路绝其辎重。……深沟高垒勿与战。"不听。韩信遂下，破赵军，斩成安君，擒赵王歇。《张耳陈余列传》云："追杀赵王歇襄国。"生得广武君。从其策，发使使燕。燕从风而靡。乃遣使报汉，因请立张耳为赵王，以镇抚其国。汉王许之。信之下魏、代，汉辄使人收其精兵诣荥阳以拒楚。楚数使奇兵渡河击赵，赵王耳、韩信往来救赵，因行定赵城邑，发兵诣汉。随何既说黥布，布起攻楚。楚使项声、龙且攻布，布战，不胜。十二月，布与随何间行归汉。汉王分之兵。与俱收兵，至成皋。今河南氾水县。项羽数侵夺汉甬道，汉军乏食。夏，四月，项羽围汉荥阳，汉王请和。割荥阳以西者为汉。亚父劝项羽急攻荥阳。五月，将军纪信诈为汉王降楚。汉王与数十骑遁。令御史大夫周苛、魏豹、枞公守荥阳，周苛、枞公杀魏豹。汉王出荥阳，至成皋。自成皋入关收兵，欲复东。辕生说汉王："出武关，项王必引兵南走。王深壁，令荥阳、成皋间且得休息。使韩信等得辑河北赵地，连燕、齐。君王乃复走荥阳。如此，则楚所备多，力分，汉得休息，复与之战，破之必矣。"汉王从其计，出军宛、叶间。叶，今河南叶县。与黥布行收兵。羽闻汉王走宛，果引兵南。汉王坚壁不与战。是月，彭越渡睢，与项声、薛公战下邳，破杀薛公。羽使终公守成皋，而自东击彭越。汉王引兵北击破终公，复军成皋。六月，羽已破走彭越，闻汉复军成皋，乃引兵西。拔荥阳城，烹周苛，杀枞公，而虏韩王信。遂围成皋。汉王跳。北渡河，宿小修武。今河南获嘉县。自称使者，晨驰入张耳、韩信壁，夺之军。令张耳备守赵地，拜韩信为相国，收赵兵未发者击齐。汉王得韩信军，复大振。八月，临河南乡，军小修武。欲复战。郎中令郑忠说止汉王，汉王听其计。使卢绾、刘贾将卒二万人，骑数百渡白马津，在河南滑县。佐彭越烧楚积聚，复击破楚军燕郭西。燕县，古南燕国，今河南延津县。攻下睢阳、外黄十七城。睢阳，今河南商丘县。九月，羽谓海春侯大司马曹咎曰："谨守成皋。即汉王欲挑战，慎勿与战，勿令得东而已。我十五日必定梁地，复从将军。"羽引兵东击彭越。初，项羽释齐归击汉，因连与汉战，以故田横复得收齐城邑，立荣子广为齐王，而横相之，专国政。政无巨细，皆断于相。闻韩信且东，使华毋伤、田解军于历下，今山东历城县。以拒汉。汉使郦生说下齐王广及其相横，横以为然；解其历下军。四年，十月，韩信用蒯通计，袭破齐。齐烹郦生。王广东走高密，今山东高密县。相横走博阳。今山东泰安县。羽使从兄子项它为大将，龙且为裨将，救齐。此从《汉书·项籍传》。《史记·项羽本纪》《淮阴侯》《田儋列传》，皆仅云"龙且"；《高祖本纪》作"龙且、周兰"。汉果数挑成皋战，楚军不出，使人辱之，数日，大司马咎怒，渡兵汜水。士卒半渡，汉击之，大破楚军，大司马咎、长史欣皆自到汜水上。汉王引兵渡河，复取成皋，军广武，孟康曰：于荥阳筑两城相对，名为广武，在敖仓西山上。就敖仓食。羽下梁地十余城，闻海春侯破，乃引兵还。军广武，与汉相守。十一月，韩信与灌婴击破楚军，杀龙且，追至城阳，虏齐王广。齐相田横自立为齐王，奔彭越。关中兵益出，而彭越、田横居梁地，往来苦楚兵，绝其粮食。韩信已破齐，使人言曰："齐边楚，权轻，不为假王，恐不能安齐。”汉王怒，欲攻之。张良曰：“不如因而立之，使自为守。”二月，遣良操印立信为齐王。项王使盱眙人武涉往说齐王信反汉，与楚连和，三分天下而王之。武涉已去，蒯通知天下权在韩信，深说以三分天下之计。信犹豫，遂不听。七月，立黥布为淮南王。八月，项羽自知少助，食尽；韩信又进兵击楚，羽患之。汉使侯公说羽。羽乃与汉约：中分天下。割鸿沟以西为汉，以东为楚。九月，归太公、吕后。彭城之败，审食其从太公、吕后间行，反遇楚军，羽常置军中以为质。羽解而东归。汉王欲西归，张良、陈平谏曰：“今汉有天下大半，而诸侯皆附，楚兵罢食尽，此天亡之时，不因其几而遂取之，所谓养虎自遗患也。”汉王从之。五年，十月，汉王追项羽。至阳夏南，止军，与齐王信、魏相国越期会击楚。至固陵，今河南淮阳县西北。不会。楚击汉军，大破之。汉王复入壁，深堑而守。谓张良曰：“诸侯不从，奈何?”良对曰：“楚兵且破，未有分地，其不至固宜。君王能与共天下，可立致也。齐王信之立非君王意，信亦不自坚。彭越本定梁地，始君王以魏豹故，拜越为相国。今豹死，越亦望王，而君王不早定。今能取睢阳以北至谷城，今山东东阿县。皆以王彭越，从陈以东傅海与齐王信。信家在楚，其意欲复得故邑。能出捐此地，以许两人，使各自为战，则楚易败也。”于是汉王发使使韩信、彭越。此实平敌相约分地，非汉王能封之也。至，皆引兵来。十一月，刘贾入楚地，围寿春。今安徽寿县。汉亦遣人诱楚大司马周殷。殷叛楚，以舒屠六。舒，今安徽庐江县。举九江兵，迎黥布，并行屠城父。今安徽灵璧县。随刘贾皆会。十二月，围羽垓下。李奇曰：“沛，洨县聚邑名。”在今安徽灵璧县东南。羽夜闻汉军四面皆楚歌，知尽得楚地，从八百余人，直夜溃围南出驰走。平明，汉军乃觉之。令骑将灌婴以五千骑追之。项王渡淮，骑能属者百余人耳。至阴陵，县名，在今安徽定远县西北。迷失道。问一田父，田父给曰："左。"左，乃陷大泽中。以故汉追及之。项王乃复引兵而东。至东城，见第一节。乃有二十八骑。汉骑追者数千人。项王自度不得脱，谓其骑曰："吾起兵至今八岁矣，身七十余战，所当者破，所击者服，未尝败北，遂霸有天下。然今卒困于此，此天之亡我，非战之罪也。今日固决死，愿为诸君决战，必三胜之；为诸君溃围，斩将刈旗；令诸君知天亡我，非战之罪也。"乃分其骑以为四队，四向。汉军围之数重。项王谓其骑曰："吾为公取彼一将。"令四面骑驰下，期山东为三处。于是项王大呼驰下，汉军皆披靡。遂斩汉一将与其骑会为三处，汉军不知项王所在，乃分军为三，复围之。项王乃驰，复斩汉一都尉，杀数十百人。复聚其骑，亡其两骑耳。乃谓其骑曰："何如？"骑皆伏曰："如大王言。"于是项王乃欲东渡乌江。今安徽和县。乌江亭长舣船待，谓项王曰："江东虽小，地方千里，众数十万人，亦足王也，愿大王急渡。今独臣有船，汉军至，无以渡。"项王笑曰："天之亡我，我何渡为？且籍与江东子弟八千人渡江而西，今无一人还，纵江东父兄怜而王我，我何面目见之？纵彼不言，籍独不愧于心乎？"乃令骑皆下马步行，持短兵接战。独籍所杀汉军数百人。项王身亦被十余创，顾见汉骑司马吕马童，曰："若非吾故人乎？"乃曰："吾闻汉购我头千金，邑万户，吾为若德。"乃自刎而死。楚地皆降汉，独鲁不下，乃持项王头示鲁，鲁父兄乃降。初，怀王封项籍为鲁公；及其死，鲁最后下；故以鲁公礼葬项王谷城。项羽所立临江王共敖前死，子尉嗣为王，不降，遣卢绾、刘贾击虏尉。田横惧诛，与其徒属五百余人入海，居岛中。高帝恐后为乱，使使赦横罪，召之。未至，自刭。

刘、项成败，汉得萧何以守关中，韩信以下赵、代、燕、齐，而楚后路为彭越所扰，兵少食尽，固为其大原因。然汉何以得萧何、信、越等，而楚亲信如英布、周殷等且纷纷以叛乎？高祖置酒洛阳宫，曰："列侯诸将，无敢隐朕，皆言其情。吾所以有天下者何？项氏之所以失天下者何？"高起、王陵对曰："陛下慢而侮人，项羽仁而爱人，然陛下使人攻城略地，所降下者，因以予之，与天下同利也。项羽妒贤嫉能，有功者害之，贤者疑之，战胜而不予人功，得地而不与人利，此所以失天下也。"高祖曰："公知其一，未知其二：夫运筹帷帐之中，决胜于千里之外，吾不如子房；填国家，抚百姓，给馈饷，不绝粮道，吾不如萧何；连百万之军，战必胜，攻必取，吾不如韩信。此三人皆人杰也，吾能用之，此吾所以取天下也。项羽有一范增而不能用，此其所以为我擒也。"高祖所言，与高起、王陵所说，其实是一。韩信曰："项王使人，有功当封爵者，印刓敝，忍不能予。"陈平言："项王不能信人，其所任爱，非诸项，即妻之昆弟，虽有奇士不能用。"郦食其说齐王，亦言项羽非项氏莫得用事。盖项氏故楚世家，其用人犹沿封建之世卑不逾尊、疏不逾戚之旧，汉高起于氓庶，则不然也。然是时智勇之士，固不出于世禄之家，此其所以一多助、一寡助乎？然则刘、项之兴亡，实社会之变迁为之矣。

第四章
汉初事迹

第一节
高祖初政

汉五年（前202），既灭项籍。二月，楚王韩信、淮南王英布、梁王彭越、故衡山王吴芮、王芮诏曰“诸侯立以为王，项羽侵夺之地，谓之鄱君”，故是时称故。赵王张敖、耳子，见下。燕王臧荼上尊号，汉王即皇帝位于氾水之阳。自义帝亡，唯项羽称霸王，为诸侯长，然诸侯多叛之，至此，天下始复有共主矣。

夏，五月，兵皆罢归家。诏曰：“诸侯子在关中者，复之十二岁，其归者半之。民前或相聚保山泽，不书名数。今天下已定，令各归其县，复故爵田宅。吏以文法教训辨告，勿笞辱。民以饥饿自卖为人奴婢者，皆免为庶人。军吏卒会赦，其亡罪会赦得免罪及本无罪。而亡爵及不满大夫者，皆赐爵为大夫。故大夫以上，赐爵各一级，其七大夫以上，皆令食邑，非七大夫以下，皆复其身及户，勿事。”又曰：“七大夫、公乘以上，皆高爵也。诸侯子及从军归者，甚多高爵。吾数诏吏：先与田宅，及所当求于吏者亟与。爵或人君，上所尊礼，久立吏前，曾不为决，甚无谓也。异日秦民爵公大夫以上，令、丞与亢礼，今吾于爵非轻也，吏独安取此？且法以有功劳行田宅，今小吏未尝从军者多满，而有功者顾不得，背公立私，守、尉、长吏教训甚不善，其令诸吏善遇高爵，称吾意。且廉问，有不如吾诏者，以重论之。”此皆所以抚慰为兵及失职者也。变乱之际，此辈往往荡无家室可归，又或习于战斗虏掠，不肯事生产，实为致乱之源。有以抚慰之，则俱欲休息乎无为，而乱源塞矣。韩信言天下已定，民皆自宁，不可复用；高帝时，诸侯叛者，迄不能有成；以此。

齐人娄敬戍陇西，过洛阳，见齐人虞将军曰：“臣愿见上言便事。”虞将军言上，上召问。敬说曰：“秦地被山带河，四塞以为固。卒然有急，百万之众可具也。因秦之故，资甚美膏腴之地，此所谓天府者也。陛下入关而都之，山东虽乱，秦之故地，可全而有也。”上疑之。左右大臣皆山东人，多劝上都洛阳。“洛阳东有成皋，西有崤、渑，背河，向伊、洛，其固亦足恃。”留侯曰：“洛阳虽有此固，其中小，不过数百里。田地薄，四面受敌，此非用武之国也。夫关中，左崤、函，右陇、蜀，沃野千里，南有巴、蜀之饶，北有胡苑之利。阻三面而守，独以一面专制诸侯。诸侯安定，河、渭漕挽天下，西给京师；诸侯有变，顺流而下，足以委输。此所谓金城千里，天府之国也。刘敬说是也。”于是高帝驾，即日西都关中。赐敬姓刘氏。观刘敬及留侯之说，知是时汉尚未敢欲全有天下，其后数年之间，异姓诸侯叛者，无不败亡，复成郡县之局，尚非是时所及料也。汉高于东方非有根柢，关中则用之已数年，自欲因循旧业，亦非尽因地理形势。以此而议项羽之背关怀楚语见《史记·项羽本纪》。背关，谓不都关中也。颜师古曰“谓背约不王高祖于关中”，谬矣。为致亡之由，谬矣。

后九月，徙诸侯子关中，此盖其不能归者。后九年十一月，又徙齐、楚大族昭氏、屈氏、景氏、怀氏、田氏五姓关中，与利田宅，其事亦由刘敬之说。已见第二章第一节。

六年（前201），十月，令天下县、邑城。此与秦之夷郡县城适相反，盖时承揭竿斩木之后，欲防人民之叛，与秦之专猜忌豪族者异势也。十二月，诏曰："天下既安，豪杰有功者封侯，新立，未能尽图其功。身居军九年，或未习法令，或以其故犯法，大者死、刑，吾甚怜之，其赦天下。"此亦所以抚慰曾从军者也。

七年（前200），二月，自栎阳徙都长安。萧丞相营作未央宫，立东阙、北阙、前殿、武库、太仓。八年，高祖东击韩王信余寇于东垣，今河北正定县。还，见宫阙壮甚，怒，谓萧何曰："天下匈匈，苦战数岁，成败未可知，是何治宫室过度也？"何曰："天下方未定，故可因遂就宫室。且夫天子以四海为家，非壮丽无以重威，且无令后世有以加也。"高祖乃悦。何之言，实文过免罪之辞。闻安民可与行义，劳民易与为非矣，未闻天下匈匈，可因之以兴劳役。昧旦丕显，后世犹怠，岂有先为过度之事，而冀后世之无所加者乎？论史者多称何能镇抚关中，实则其为茧丝殊甚。彭城之败，何发关中老弱未傅者悉诣军，是时楚、汉战争方始，则其后此所发，皆本无役籍者可知也。是岁，关中大饥，米斛万钱，人相食，令民就食蜀、汉。《食货志》言秦钱文曰半两，重如其文；汉兴，以为秦钱重难用，更令民铸荚钱，不轨逐利之民，蓄积余赢，以稽市物，痛腾跃，米至石万钱，马至匹百金，即此时事也。废重作轻，而又放民私铸，物之腾踊宜矣。顾归咎于民之逐利，可乎？然则汉之刻剥其民，而为史所不详者多矣。

第二节
高祖翦除功臣

封建之制，至秦灭六国，业已不可复行。然当时之人，不知其不可行也。乃以秦灭六国为反常之事。陈涉一呼，旧邦悉复；戏下之会，益以新封；几谓带砺河山，可传苗裔，然不可行者，终于不可行也。五年扰攘，所建侯王，几无不殒命亡国，耗矣。然人仍不知其不可行也，于是有汉初之封建。

汉初之封建，先以异姓诸侯王。高祖与功臣勠力共定天下，其劳亦相等耳，一人贵为天子，而其余则无尺土之封，必非情理之所安，观高祖成败未可知之言；刘敬山东虽乱，秦地可全之说；则数年之间，翦灭殆尽，不独非诸侯王所及料，抑亦非汉之君臣始愿所及也。刘季之不可信，韩信岂不知之？而终拒蒯彻三分之计，其以此欤？

汉五年（前202），十二月，汉王还至定陶，驰入齐王信壁，夺其军。正月，立信为楚王，王淮北，都下邳。彭越为梁王，王魏故地，都定陶。二月，以长沙、豫章、象郡、桂林、南海立吴芮为长沙王，都临湘。今湖南长沙县。故粤王无诸为闽粤王，王闽地。张耳先已立为赵王。韩王信剖符王颍川。黥布亦剖符为淮南王，都六，九江、庐江、衡山、豫章郡皆属焉。《史记·黥布列传》。《汉书》同。《汉书》本纪言豫章以封吴芮，而此又云属黥布者，政令改变，史文容或不具，且或有错误也。时戏下旧封，仍有臧荼。七月，荼反。上自将征之。九月，虏荼。立长安侯卢绾为燕王。六年，十月，人告楚王信谋反。上问左右，左右争欲击之。问陈平。平曰："陛下兵精孰与楚？"上曰："不能过。"平曰："陛下将用兵，有能过韩信者乎？"上曰："莫及也。"平曰："今兵不如楚精，而将不能及，而举兵攻之，是促之战也。窃为陛下危之。"上曰："为之奈何？"平曰："古者天子巡守，会诸侯。陛下第出，伪游云梦，会诸侯于陈。陈，楚之西界，信闻天子以好出游，其势必无事而郊迎谒，谒而陛下因擒之，此一力士之事耳。"高帝以为然。发使告诸侯，因随以行。信欲发兵反，自度无罪。欲谒上，恐见擒。项王亡将钟离眜素与信善，亡归信，汉诏楚捕眜，人或说信曰："斩眜谒上，上必喜，无患。"眜自刭。信持其首谒高祖于陈。上令武士缚信。田肯说上曰："甚善。陛下得韩信，又治秦中。秦形胜之国也，带河阻山，悬隔千里，持戟百万，秦得百二焉。地势便利，其以下兵于诸侯，譬犹居高屋之上建瓴水也。夫齐，东有琅玡、即墨之饶，南有泰山之固，西有浊河之限，北有渤海之利，地方二千里。持戟百万。悬隔千里之外，齐得十二焉。此东西秦也。非亲子弟莫可使王齐者。"上曰："善。"还至洛阳，赦韩信，封为淮阴侯。始剖符，封功臣曹参等为通侯。正月，以故东阳郡、鄣郡、吴郡五十三县立刘贾为荆王。高帝从父兄。刘攽曰：按《地理志》，东阳、鄣、吴，皆非秦郡，后汉顺帝始分会稽为吴，此文殊不可晓。案，史据后来封域言之，而误加"故"字耳，古人于此等处不甚审谛也。以砀郡、薛郡、郯郡三十六县立弟交为楚王。以云中、雁门、代郡五十三县立兄宜信侯喜为代王。以胶东、胶西、临淄、济北、博阳、城阳郡七十三县立子肥为齐王。《齐悼惠王世家》："食七十城，诸民能齐言者皆予齐王。"以太原郡三十一县为韩国，徙韩王信都晋阳。今山西太原县。上已封大功臣三十余人，其余争功，未得行封。上居南宫，从复道上，见诸将往往偶语。以问张良。良曰："陛下与此属共取天下。今已为天子，而所封皆故人、所爱，所诛皆平生仇怨。今军吏计功，以天下为不足用遍封，而恐以过失及诛，故相聚谋反耳。"上曰："为之奈何？"良曰："取上素所不快，计群臣所共知最甚者一人，先封以示群臣。"三月，上置酒，封雍齿。因促丞相急定功行封。罢酒，群臣皆喜曰："雍齿且侯，吾属无患矣。"案，高帝之击陈豨，封赵壮士四人各千户，左右谏曰："从入蜀、汉，伐楚，赏未遍行。"则其时功臣尚未尽封，可见酬功之不易，此大兵之后皆然也。韩王信之徙也，《史记》本传云："上以韩信材武，所王北近巩、洛，南迫宛、叶，东有淮阳，皆天下劲兵处，乃诏徙王信太原，以北备御胡。”盖本有猜忌之意。信上书曰：“国被边，匈奴数入，晋阳去塞远，请治马邑。”今山西朔县。上许之。九月，匈奴围信马邑。信数使使胡求和解。汉发兵救之。疑信数间使，有二心，使人责让信。信恐诛，因与匈奴约共攻汉。反，以马邑降胡，击太原。七年十月，上自将击信于铜鞮，今山西沁县西南。斩其将。信亡走匈奴，与其将曼丘臣、王黄共立故赵后赵利为王。收信散兵，与匈奴共拒汉。上从晋阳连战，乘胜逐北，至楼烦。今雁门关北。高祖用兵亦甚速，会大寒，士卒堕指者什二三，遂至平城。今山西大同县。为匈奴所围，七日，用陈平秘计得出。参看第三节。使樊哙留定代地。十二月，上还过赵。先是张耳薨，子敖嗣。五年秋。高祖长女鲁元公主为后。高祖过赵，赵王礼甚卑，高祖箕踞詈，甚慢易之。赵相贯高、赵午等，年六十余，故张耳客也。生平为气，怒，请为王杀之。敖不可。是月，匈奴攻代，代王喜弃国，自归洛阳，赦为合阳侯，立子如意为代王。八年，冬，上东击韩信余寇于东垣，还过赵，贯高等乃壁人柏人，今河北唐山县。要之置。上过，不宿去。九年，贯高怨家知其谋，上变告之，于是并逮捕赵王。赵午等十余人争自刭。贯高随王诣长安。高对狱曰：“独吾属为之，王实不知。”吏治，榜笞数千，刺剟，身无可击者，《汉书》作“刺爇，身无完者”。终不复言。使中大夫泄公以私问之。高具道本指。正月，废赵王敖为宣平侯。徙代王如意为赵王。十年，九月，代相国陈豨反。豨者，宛句人。今山东菏泽县。不知始所以得从。韩王信反入匈奴，上至平城还，豨以郎中封为列侯，以赵相国将，监赵、代边，边兵皆属焉。豨少时尝称慕魏公子，及将守边，招致宾客。尝告过赵，宾客随之者千余乘，邯郸官舍皆满。赵相周昌乃求入见上，具言豨宾客盛，擅兵于外，恐有变。上令人覆案豨客居代者诸为不法事，多连引豨。豨恐，阴令客通使王黄、曼丘臣所。

是年，秋，太上皇崩。上因是召豨。豨称病，遂与王黄等反，自立为代王，劫略赵、代。上自东至邯郸。十一年，冬，破之。太尉周勃道太原入，定代地。正月，淮阴侯韩信谋反长安，夷三族。《淮阴侯列传》云：陈豨拜为巨鹿守。集解：“徐广曰：‘表云为赵相国，将兵守代也。’”辞于淮阴侯。淮阴侯挈其手，避左右，与之步于庭。仰天叹曰：“子可与言乎？欲与子有言也。”豨曰：“唯将军令之。”淮阴侯曰：“公之所居，天下精兵处也。而公，陛下之信幸臣也。人言公之叛，陛下必不信。再至，陛下乃疑矣。三至，必怒而自将。吾为公从中起，天下可图也。”陈豨素知其能也，信之，曰：“谨奉教。”陈豨反，上自将而往，信病不从。阴使人至豨所，曰：“第举兵，吾从此助公。”信乃谋与家臣夜诈诏诸官徒奴，欲发以袭吕后、太子。部署已定，待豨报。其舍人得罪于信，信囚，欲杀之，舍人弟上变告信欲反状于吕后。吕后欲召，恐其党不就，乃与萧相国谋，诈令人从上所来，言豨已得，死。列侯群臣皆贺。相国绐信曰：“虽疾，强入贺。”信入，吕后使武士缚信，斩之长乐钟室。案，陈豨当初受命时，未必有反心，信安得与之深言？吕氏以失南北军而败，信是时与长安将相大臣一无要结，岂有但恃家臣徒奴可以集事之理？赵、代、长安，相去数千里，声援不相及，信苟决发，何待豨报？部署既定矣，豨报不至，又可已乎？其诬不待言矣。将军柴武斩韩王信于参合。县名，今山西阳高县。立子恒为代王，都晋阳。如淳曰：“《文纪》言都中都。又文帝过太原，复晋阳、中都二岁，似迁都于中都也。”中都，今山西平遥县。三月，梁王彭越谋反，夷三族。《越传》云：陈豨反代地，高帝自往击，至邯郸，征兵梁王，梁王称病，使将将兵诣邯郸。高帝怒，使人让梁王。梁王恐，欲自往谢。其将扈辄曰：“王始不往，见让而往，往则为擒矣，不如遂发兵反。”梁王不听，称病。梁王怒其太仆，欲斩之，太仆亡走汉，告梁王与扈辄谋反。于是上使使掩梁王。梁王不觉。捕梁王，囚之洛阳。有司治反形已具，请论如法。上赦以为庶人，传处蜀青衣。县名，今四川雅安县。西至郑，今陕西华县。逢吕后从长安来，欲之洛阳。道见彭王，彭王为吕后泣涕，自言无罪，愿处故昌邑，吕后许诺。与俱东至洛阳，吕后白上曰："彭王壮士，今徙之蜀，此自遗患，不如遂诛之，妾谨与俱来。"于是吕后乃令其舍人告彭越复谋反。廷尉王恬开奏请族之。上乃可。案，高帝之猜忌甚矣，越果反形已具，安得赦之？其诬又不待言也。立子恢为梁王，子友为淮阳王。今河南淮阳县。五月，立南海尉佗为南越王。参看第五章第七节。七月，淮南王布反，高后诛淮阴侯，布因心恐。汉诛彭越，醢之，盛其醢遍赐诸侯。淮南王大恐。阴令人部聚兵，候伺旁郡警急。布所幸姬疾，请就医。医家与中大夫贲赫对门，姬数如医家。贲赫自以为侍中，乃厚馈遗，从姬饮医家。姬侍王，从容，语次誉赫长者也。王怒曰："汝安从知之？"具说状。王疑其与乱。赫恐，称病。王愈怒，欲捕赫。赫言变事，乘传诣长安。布使人追，不及。赫至，上变，言布谋反有端，可先未发诛也。上语萧相国，相国曰："布不宜有此，恐仇怨妄诬之，请系赫，使人微验淮南王。"淮南王遂族赫家，发兵反。东击杀荆王刘贾。劫其兵，渡淮击楚，楚王交走入薛。上立子长为王。赦天下死罪以下，皆令从军。征诸侯兵。上自将以击布。十二年，十月，上破布军于会甄。在蕲西。布走，命别将追之。布故与鄱君婚，长沙王吴芮子成王臣。使人绐布，与亡，信而随之鄱阳，鄱阳人杀布。周勃定代，斩陈豨于当城。县名，今察哈尔蔚县。立沛侯濞为吴王，帝兄仲之子也。卢绾者，丰人也。与高祖同里。绾亲与太上皇相爱。高祖、绾同日生，里中持羊酒贺两家。及高祖、绾壮，俱学书，又相爱也。里中嘉两家亲相爱，生子同日，壮又相爱，复贺两家羊酒。高祖为布衣时，有吏事避匿，绾常随，出入上下。起沛，绾以客从。入汉中，为将军，常侍中。东击项籍，以太尉从，出入卧内。衣被、饮食、赏赐，群臣莫敢望。虽萧、曹等特以事见礼，至亲幸，莫及绾。陈豨反，高祖如邯郸击豨兵，绾亦击其东北。豨使王黄求救匈奴，绾亦使其臣张胜于匈奴，言豨等军破。故燕王臧荼子衍亡在胡，见胜曰："公所以重于燕者，以习胡事也。燕所以久存者，以诸侯数反，兵连不决也。今公为燕，欲急灭豨等。已尽，次亦至燕；公等亦且为虏矣。公何不令燕且缓豨而与胡连和？事宽，得长王燕，即有汉急，可以安国。"张胜以为然。乃私令匈奴助豨等击燕。绾疑胜与胡反，上书请族胜。胜还具道所以为者。燕王寤，乃诈论他人，脱胜家属，使得为匈奴间，而阴使范齐之陈豨所，欲令久亡，连兵勿决。豨裨将降，言范齐。高祖使使召绾，绾称病。上又使辟阳侯审食其、御史大夫赵尧往迎燕王，因验问左右。绾愈恐，闭匿。谓其幸臣曰："非刘氏而王，独我与长沙耳。往年春汉族淮阴，夏诛彭越，皆吕后计。今上病，属任吕后。吕后妇人，专欲以事诛异姓王者及大功臣。"乃遂称病不行。其左右皆亡匿。语颇泄，辟阳侯闻之，归，具报上。上益怒，又得匈奴降者，言张胜亡在匈奴，为燕使。于是上曰："绾果反矣。"三月，使樊哙将兵击燕，立子建为燕王。人有恶哙："党于吕氏，即上一日宫车晏驾，则哙欲以兵尽诛灭戚氏、赵王如意之属。"高帝闻之，大怒。用陈平谋，召绛侯周勃受诏床下，曰："平亟驰传载勃代哙将。平至军中，即斩哙头。"二人既受诏，行计之曰："樊哙，帝之故人也，功多，且又吕后弟吕媭之夫，有亲且贵。帝以忿怒故欲斩之，则恐后悔，宁囚而致上，上自诛之。"未至军，为坛，以节召哙。哙受诏，即反接载槛车，使诣长安，而令勃代将。燕王绾悉将其宫人、家属、骑数千，居长城下候伺，幸上病愈，自入谢。四月，高祖崩，绾遂将其众亡入匈奴。匈奴以为东胡卢王，居岁余死。樊哙至长安，高祖已崩，吕后释哙，使复爵邑。韩信、彭越罪状之诬，少深思之即可见，即黥布亦非有反谋，迫于不得不然耳，况卢绾乎？因循数年，身死，嗣子文弱，必不能复有反谋，汉朝亦不之忌，岂不可以久存？然终不免于贲赫、张胜之交构，则其时各种情势，固皆与封建之制不相容。事至与各种情势皆不相容，此等枝节，自然错出不已，防不胜防，正不能就一枝一节，论其得失也。汉初异姓王，唯长沙传五世，文王芮、成王臣、哀王回、共王右、靖王羌。羌，《表》作“产”。至孝文后七年，乃以无子国除，历四十六年，则以其地最偏僻，无与大局故也。

第三节
高祖和匈奴

自战国以前，中国所遇者多山戎，至秦汉之世，乃与骑寇遇，《先秦史》已言之。第十章第一节。骑寇之强大者，则匈奴也。《史记·匈奴列传》举古来北狄，悉罗而致之一篇之中。一若其皆与匈奴同族者，固为非是。然匈奴渐渍中国之文化确颇深。《史记》曰：“匈奴，其先祖夏后氏之苗裔也。曰淳维。”固无确据，然系世所传，多非虚罔，读《先秦史》可见。文化恒自一中心传播于其四面；文明民族中人，入野蛮部落，为之大长者，尤偻指难悉数；则《史记》此语，虽不能断其必确，亦无由断其必诬，此固无足深论。然匈奴文化受诸中国者甚多，则彰彰矣。其最大者，当为与中国同文。《元史译文证补》曰：“《罗马史》谓匈奴西徙后，有文字，有诗词歌咏。当时罗马有通匈奴文者，匈奴亦有通拉丁文者，惜后世无传焉。”案，《匈奴列传》言汉遗单于书，牍以尺一寸，中行说令单于遗汉书以尺二寸牍，及印封，皆令广长大。则其作书之具，实与中国同。从来北狄书疏，辞意类中国者，莫匈奴若，初未闻其出于译人之润饰。《汉书·西域传》曰："自且末以往……有异乃记。"记其与中国异，而略其与中国同者，当时史法则然，然则史于安息明著其"画革旁行为书记"，而于匈奴文字，独不之及，正可证匈奴与中国同文也。攘斥骑寇者，始于赵武灵王，林胡、楼烦等，皆为所灭，而匈奴以地远获自存。秦始皇使蒙恬斥逐匈奴时，匈奴单于曰头曼。匈奴称其君曰撑犁孤涂单于。撑犁，天也；孤涂，子也；单于者，广大之貌也。北族无称其君为天子者，而匈奴独有是称，盖亦受诸中国者也。头曼不胜秦，北徙十余年，而蒙恬死，诸侯叛秦，中国扰乱，诸秦所徙谪戍边者皆复去，于是匈奴得宽，复稍渡河南，与中国界于故塞。《史记·匈奴列传》文。自蒙恬取河南至其死，实不及十余年，盖古书辞不审谛，亦或头曼北徙，实在蒙恬收河南地之前也。《汉书·高帝纪》：二年（前205），六月，兴关中卒乘边塞。匈奴之复渡河南，当在此时。单于有太子名冒顿，后有所爱阏氏，生少子。单于欲废冒顿，立少子。冒顿杀单于，破灭东胡王，西击走月氏，南并楼烦、白羊河南王。如淳曰："白羊王居河南。"侵燕、代，悉复收蒙恬所夺地，与汉关故河南塞，至朝那、今甘肃平凉县。肤施，遂侵燕、代。是时汉兵与项羽相拒，中国罢于兵革，以故冒顿得自强。控弦之士三十余万。《史记》云："自淳维以至头曼，千有余岁，时大时小，别散分离，尚矣，其世传不可得而次云。然至冒顿而匈奴最强大，尽服从北夷，而南与中国为敌国。"《史记》此语，盖谓匈奴先世之事，虽不可尽记，然其皆不如冒顿时之强大，则犹有可知。此亦可见匈奴史事非尽无征也。匈奴中当自有传说，汉人亦或知其略，特未尝笔之于书。尽服从北夷，盖指漠南近塞之国，后又北服浑庾、屈射、丁灵、鬲昆、薪犁之国，则漠北亦为所慑服。丁灵，亦作丁令、丁零，即后世之铁勒，其所占之地甚广。匈奴此时所服，盖在蒙古、西伯利亚之间。鬲昆，即坚昆，当在其西北，见第五章第十三节。薪犁，《汉书》作"龙新犁"，

"龙"字为误衍，抑《史记》夺佚，难考。薪犁盖民族名，《李斯列传》，斯谏逐客书曰"乘纤离之马"，纤离似即薪犁。疑亦近塞之族，奔迸而北者也。蒙古高原与中国内地相抗之局，成于此矣。

汉与匈奴构兵，始于平城之役。时匈奴援韩王信之兵皆败，高帝乘胜北逐之，多步兵。高帝先至平城，上白登。平城旁高地。为匈奴所围，七日，用陈平计得出。《陈丞相世家》云"用陈平奇计，使单于阏氏"，《韩王信传》云"上乃使人厚遗阏氏，阏氏说冒顿"，《匈奴列传》云冒顿与王黄、赵利期不来，疑其与汉有谋，亦取阏氏之言，此非情实。《陈丞相世家》又云"其计秘，世莫得闻"，《汉书·匈奴传》载扬雄谏拒单于朝书亦曰"卒其所以得脱者，世莫得而言也"，又载武帝太初四年（前101）诏曰"高皇帝遗朕平城之忧……昔襄公复九世之仇，《春秋》大之"，则必有如颜师古所言，其事丑恶者。案，《史记》言匈奴"自左右贤王以下至当户，大者万骑，小者数千，凡二十四长，立号曰'万骑'"，所谓控弦之士三十余万，盖合单于之众计之。匈奴士力能弯弓，尽为甲骑，则其丁壮之数，即其控弦之数。南单于降汉后，户口、胜兵，数皆可考，胜兵之数，约当口数四之一强。然则匈奴人口不过百余万。故贾生谓其不过汉一大县。以中国之力制之，实绰乎有余。然汉是时，方务休养生息，亦且命将则惩韩王信之事，自将则不能专力于匈奴，故遂用刘敬之策，与之和亲。事见《史记·敬传》，曰：上问敬，敬曰："天下初定，士卒疲于兵，未可以武服也。冒顿杀父代立，妻群母，以力为威，未可以仁义说也。独可以计久远，子孙为臣耳，然恐陛下不能为。"上曰："诚可，何谓不能？顾为奈何？"对曰："陛下诚能以嫡长公主妻之，厚奉遗之，彼知汉嫡女，送厚，蛮夷必慕，以为阏氏，生子必为太子，代单于，何者？贪汉重币。陛下以岁时汉所余彼所鲜数问遗，因使辩士风谕以礼节。冒顿在固为子婿，死则外孙为单于，岂尝闻外孙敢与太父抗礼者哉？兵可无战，以渐臣也。若陛下不能遣长公主，而令宗室及后宫诈称公主，彼亦知，不肯贵近，无益也。”高帝曰：“善。”欲遣长公主。吕后日夜泣曰：“妾唯太子、一女，奈何弃之匈奴？”上竟不能遣长公主，而取家人子名为长公主妻单于。使敬往结和亲约。《匈奴列传》曰：“岁奉匈奴絮、缯、酒、米、食物各有数，约为昆弟《汉书》作“兄弟”。案，古称结婚姻为兄弟，见《礼记·曾子问》。以和亲。”盖荐女、赠遗，实当时议和之两条件也。以结婚姻羁縻目前，隐为渐臣之计，古列国间固多此事，刘敬乃战国策士之流，其画此计，固无足怪。至是时匈奴之形势与前此之蛮夷不同，非复此策所能臣属，则旷古未开之局，往往非当时之人所能知，亦不足为敬咎。必遣嫡长公主，乃传者附会之辞，不足信。要之以荐女、赠遗为和戎之计，以和戎息民而免反侧者之乘衅，则当为敬所画而高帝用之耳。然以荐女、赠遗结和亲，遂为汉家故事，并为后世所沿袭矣。贾生曰：“夷狄征令，是主上之操也。天子供贡，是臣下之礼也。足反居上，首顾居下，倒悬如此，莫之能解，犹为国有人乎？”虽曰一时之计，究可羞也，况遂沿为故事乎？始作俑者，不得辞其责矣。然百姓新困于兵，又内多反侧者，固不得不如此，故内争未有不召外侮者也。

第四节
汉初功臣外戚相诛

内任外戚，外封建宗室，此汉初之治法也。知此，则可与言吕氏之事矣。

《史记·吕后本纪》曰：吕太后者，高祖微时妃也。生孝惠帝，女鲁元太后。及高祖为汉王，得定陶戚姬，爱幸，生赵隐王如意。孝惠为人仁弱，高祖以为不类我，常欲废太子，立戚姬子如意，如意类我。戚姬幸，常从上之关东，日夜啼泣，欲立其子。吕后年长，常留守，稀见上，益疏。如意立为赵王后，几代太子者数矣。赖大臣争之，及留侯策，太子得毋废。吕后为人刚毅，佐高祖定天下，所诛大臣，多吕后力。吕后兄二人，皆为将。长兄周吕侯，名泽。死事，封其子吕台为郦侯，子产为交侯，次兄吕释之为建成侯。高祖崩，太子袭号为帝。吕后令永巷囚戚夫人，而召赵王。孝惠元年，十二月，鸩之。徙淮阳王友为赵王。遂断戚夫人手足，去眼，煇耳，饮喑药，使居厕中，命曰人彘。居数日，乃召孝惠帝观人彘。孝惠大哭，因病，岁余不能起，使人请太后曰："此非人所为，臣为太后子，终不能治天下。"孝惠以此日饮为淫乐，不听政，故有病也。二年（前193），齐悼惠王来朝。十月，孝惠与齐王宴饮太后前。孝惠以为齐王兄，置上坐，如家人之礼。太后怒，乃令酌两卮置前，令齐王起为寿。齐王起，孝惠亦起取卮，欲俱为寿。太后乃恐，自起泛孝惠卮。案，孝惠即尊齐王，齐王是时，是否敢居上坐，已有可疑。太后欲鸩齐王，何时不可，岂必行之宴饮之间？鸩酒岂不可独酌一卮，而必并酌两卮，致待自起泛之乎？故知汉初事传者，多类平话，人彘等说，亦不足尽信矣。齐王怪之，因不敢饮，佯醉去。问，知其鸩，齐王恐，自以不得脱长安。齐内史士说王，上城阳之郡，治莒，今山东莒县。尊鲁元公主为王太后，吕后喜，许之。乃置酒齐邸，乐饮，罢，归齐王。七年，八月，孝惠帝崩。发丧，太后哭，泣不下。留侯子张辟强为侍中，年十五，谓丞相曰："太后独有孝惠，今崩，哭不悲，君知其解乎？"丞相曰："何解？"辟强曰："帝毋壮子，太后畏君等。君今请拜吕台、吕产、吕禄为将，将兵居南北军；及诸吕皆入宫，居中用事，如此，则太后心安，君等幸得脱祸矣。”丞相如辟强计。太后悦，其哭乃哀，吕氏权由此起。太子即位为帝。元年（前187），号令一出太后，太后称制，议欲立诸吕为王，问右丞相王陵。王陵曰：“高帝刑白马盟曰：‘非刘氏而王，天下共击之。’今王吕氏，非约也。”太后不悦，问左丞相陈平、绛侯周勃。勃等对曰：“高帝定天下，王子弟，今太后称制，王昆弟诸吕，无所不可。”太后喜。十一月，太后欲废王陵，乃拜为帝太傅，夺之相权，王陵遂病免归。乃以左丞相平为右丞相，以辟阳侯审食其为左丞相。左丞相不治事，监宫中，如郎中令。食其故得幸太后，楚取太上皇、吕后为质，食其以舍人侍吕后。常用事，公卿皆因而决事。四月，鲁元公主薨，赐谥为鲁元太后。子偃为鲁王。封齐悼惠王肥。子章为朱虚侯，以吕禄女妻之。乃封吕种为沛侯，徐广曰：释之子。吕平为扶柳侯。徐广曰：太后姊子。立孝惠后宫子强为淮阳王，不疑为常山王，山为襄城侯，朝为轵侯，武为壶关侯。太后风大臣，大臣请立郦侯吕台为吕王。割齐之济南郡。建成康侯释之卒，嗣子有罪，废，立其弟吕禄为胡陵侯，续康侯后。二年，常山王薨，以其弟襄城侯山为常山王，更名义。十一月，吕王吕台薨，谥为肃王，太子嘉代立。四年，封吕婴为临光侯，吕他为俞侯，吕更始为赘其侯，徐广曰：“表云：‘吕后昆弟子淮阳丞相吕胜为赘其侯。’”吕忿为吕城侯，及诸侯丞相五人。徐广曰：“中邑侯朱通、山都侯王恬开、松兹侯徐厉、滕侯吕更始、醴陵侯越。”宣平侯女为孝惠皇后，无子，佯为有身，取美人子名之，杀其母，立所名子为太子。孝惠崩，太子立为帝。帝壮，或闻其母死，非真皇后子，乃出言曰：“后安能杀吾母而名我？我未壮，壮即为变。”太后闻而患之，恐其为乱，乃幽杀之。立常山王义为帝，更名曰弘。不称元年，以太后制天下事也。以轵侯朝为常山王。置太尉官，绛侯勃为太尉。五年，八月，淮阳王薨，以弟壶关侯武为淮阳王。

六年，十月，太后曰“吕王嘉居处骄恣”，废之。以肃王台弟吕产为吕王。夏，封齐悼惠王子兴居为东牟侯。七年，正月，太后召赵王友。友以诸吕女为后，弗爱，爱他姬。诸吕女妒，怒，去，谗之于太后，诬以罪过，曰：“吕氏安得王？太后百岁后，吾必击之。”太后怒，以故召赵王。赵王至，置邸，不见，令卫围守之，弗与食，饿死。二月，徙梁王恢为赵王。吕王产徙为梁王。梁王不之国，为帝太傅。立皇子平昌侯太为吕王。更名梁曰吕，吕曰济川。太后女弟吕媭有女，为营陵侯刘泽妻，泽为大将军。太后王诸吕，恐即崩后，刘将军为害，乃以刘泽为琅玡王，割齐之琅玡郡。以慰其心。梁王恢之徙王赵，心怀不乐。太后以吕产女为赵王后。王后从官皆诸吕，微伺赵王，赵王不得自恣。王有所爱姬，王后使人鸩杀之，王悲。六月，即自杀。太后闻之，以为王用妇人弃宗庙礼，废其嗣。宣平侯张敖卒，以子偃为鲁王。秋，太后使使告代王，欲徙王赵。代王谢，愿守代边。吕禄立为赵王。九月，燕灵王建薨，有美人子，太后使人杀之，无后，国除。八年，十月，立吕肃王子东平侯通为燕王，弟庄为东平侯。三月，高后病，后为鲁元王偃年少，早失父母，乃封张敖前姬两子，侈为新都侯，寿为乐昌侯，以辅鲁元王。及封中大谒者张释为建陵侯，吕荣为祝兹侯。徐广曰：“吕后昆弟子。”诸中宦者令丞皆为关内侯，食邑五百户。七月，高后病甚，乃令赵王吕禄为上将军，居北军；吕王产居南军。太后诫产、禄曰：“高帝已定天下，与大臣约曰：‘非刘氏王者，天下共击之。’今吕氏王，大臣弗平。我即崩，帝年少，大臣恐为变。必据兵卫宫，慎毋送丧，毋为人所制。”高后崩，吕王产为相国。吕禄女为帝后。高后已葬，以左丞相审食其为帝太傅。朱虚侯刘章有气力，东牟侯兴居其弟也，皆齐哀王弟，名襄，悼惠王肥子，悼惠王卒于惠帝六年十月。居长安。当是时，诸吕用事擅权，欲为乱，畏高帝故大臣绛、灌等，未敢发。朱虚侯妇吕禄女，阴知其谋，恐见诛，乃阴令人告其兄齐王，欲令发兵西，诛诸吕而立。朱虚侯欲从中与大臣为应。齐王欲发兵，其相弗听。八月，齐王欲使人诛相，相召平乃反，兴兵欲围王。王因杀其相，遂发兵东。诈夺琅玡王兵，并将之而西。相国吕产等遣颍阴侯灌婴将兵击之。婴至荥阳，使使谕齐王及诸侯，与连和，以待吕氏变，共诛之。齐王闻之，乃还兵西界待约。吕禄、吕产欲发乱关中，内惮绛侯、朱虚等，外畏齐、楚兵，又恐灌婴叛之，欲待灌婴兵与齐合而发，犹豫未决。当是时，济川王太、淮阳王武、常山王朝，名为少帝弟，及鲁元王，吕后外孙，皆年少，未之国，居长安。赵王禄、梁王产各将兵居南北军，皆吕氏之人。列侯、群臣莫自坚其命。太尉绛侯勃不得入军中主兵。曲周侯郦商老病，其子寄与吕禄善。绛侯乃与丞相陈平谋，使人劫郦商，令其子寄往绐说吕禄，曰："高帝与吕后共定天下，刘氏所立九王，吕氏立三王，皆大臣之议，事已布告诸侯，诸侯皆以为宜。今太后崩，帝少，而足下佩赵王印，不急之国守藩，乃为上将，将兵留此，为大臣诸侯所疑。足下何不归将印，以兵属太尉，请梁王归相国印，与大臣盟而之国？齐兵必罢，大臣得安，足下高枕而王千里，此万世之利也。"吕禄信然其计，使人报吕产及吕氏老人，或以为便，或曰不便，计犹豫，未有所决。左丞相食其免。八月，庚申，旦，平阳侯窋曹参子。行御史大夫事，见相国产计事。郎中令贾寿使从齐来，因数产曰："王不早之国，今虽欲行，尚可得邪？"具以灌婴与齐、楚合从，欲诛诸吕告产。乃促产急入宫。平阳侯颇闻其语，乃驰告丞相、太尉。太尉欲入北军，不得入。襄平侯通《功臣表》襄平侯纪通，父成，以将军定三秦，死事，子侯。尚符节，乃令持节矫内太尉北军。太尉复令郦寄与典客刘揭先说吕禄曰："帝使太尉守北军，欲足下之国。急归将印辞去。不然，祸且起。"吕禄以为郦兄徐广曰："音况，字也。"不欺己，遂解印属典客，而以兵授太尉。太尉将之，入军门，行令军中曰："为吕氏右袒，为刘氏左袒。"军中皆左袒，为刘氏。太尉行至，吕禄亦已解上将印去，太尉遂将北军，然尚有南军。平阳侯闻之，以吕产谋告丞相平。丞相平乃召朱虚侯佐太尉。太尉令朱虚侯监军门，令平阳侯告卫尉："毋入相国产殿门。"吕产不知吕禄已去北军，乃入未央宫，欲为乱。殿门弗得入，徘徊往来。平阳侯恐弗胜，驰语太尉。太尉尚恐不胜诸吕，未敢讼言诛之，乃遣朱虚侯，谓曰："急入宫卫帝。"朱虚侯请卒，太尉予卒千余人。入未央宫门，遂见产廷中。日晡时，遂击产。产走，逐杀之。帝命谒者持节劳朱虚侯，朱虚侯欲夺节信，谒者不肯，朱虚侯则从与载，因节信驰走，斩长乐卫尉吕更始。还驰入北军，报太尉。遂遣人分部悉捕诸吕男女，无少长皆斩之。辛酉，捕斩吕禄，而笞杀吕媭，使人诛燕王吕通，而废鲁王偃。壬戌，以帝太傅食其复为左丞相。戊辰，徙济川王王梁，而立赵幽王子遂为赵王。遣朱虚侯章以诛诸吕事告齐王，令罢兵。灌婴兵亦罢荥阳而归。诸大臣相与阴谋曰："少帝及梁、淮阳、常山王，皆非真孝惠子也。吕后以计诈名他人子，杀其母，养后宫，令孝惠子之，立以为后及诸王，以强吕氏。今皆已夷灭诸吕，而置所立，即长用事，吾属无类矣。不如视诸王最贤者立之。"或言"齐悼惠王，高帝长子，今其嫡子为齐王，推本言之，高帝嫡长孙，可立也"。大臣皆曰："吕氏以外家恶，而几危宗庙，乱功臣。今齐王母家驷钧，驷钧，恶人也。即立齐王，则复为吕氏。"欲立淮南王，以为少，母家又恶。乃曰："代王方今高帝见子最长，仁孝宽厚。太后家薄氏，谨良。且立长故顺，以仁孝闻于天下，便。"乃相与共阴使人召代王。代王使人辞谢。再返。然后乘六乘传，后九月晦日己酉，至长安，舍代邸。大臣共尊立为天子。东牟侯兴居请除宫，载少帝出舍少府。代王即夕入未央宫。夜，有司分部诛灭梁、淮阳、常山王及少帝于邸。吕后之事，见于《史记》本纪者如此。案，《高祖本纪》言：吕后父吕公，为沛令重客。《纪》云：单父人吕公，善沛令，避仇，从之客，因家沛焉。沛中豪杰吏闻令有重客，皆往贺。单父，今山东单县。吕后二兄皆为将。其妹夫樊哙，则始与高祖俱隐，起兵时又从之来。知吕氏亲党皆一时豪杰，高祖创业，深得其后先奔走之力。田生谓“吕氏雅故，本推毂高帝就天下”。见《史记·荆燕世家》。信不诬也。史称太子得毋废者，以大臣争之，及留侯策。大臣争废太子者，有叔孙通及周昌，此岂高祖所惮？留侯策尤类儿戏。《留侯世家》：上欲废太子。吕后使建成侯吕泽劫留侯画计。留侯曰：“此难以口舌争也。顾上有不能致者，天下有四人……今公诚能无爱金玉璧帛，令太子为书，卑辞安车，因使辩士固请，宜来。来，以为客，时时从入朝，令上见之，……则一助也。”于是迎此四人。四人至，客建成侯所。十一年(前196)，黥布反，上病，欲使太子将，往击之，四人说建成侯曰：“太子将兵，有功，则位不益太子，无功还，则从此受祸矣。……君何不急请吕后，承间为上泣言：黥布，天下猛将也，善用兵。今诸将皆陛下故等夷，乃令太子将此属，无异使羊将狼，莫肯为用。且使布闻之，则鼓行而西耳。”吕泽立夜见吕后。吕后承间为上泣涕而言。于是上自将兵而东。留侯病，自强起，至曲邮见上。因说上：“令太子为将军，监关中兵。”上曰：“子房虽病，强卧而傅太子。”是时叔孙通为太傅，留侯行少傅事。十二年，上从击破布军归，疾益甚，愈欲易太子。留侯谏，不听，因疾不视事。叔孙太傅称说，引古今，以死争。上佯许之，犹欲易之。及燕，置酒，太子侍，四人从，年皆八十有余，须眉皓白，衣冠甚伟。上怪之。问曰：“彼何为者？”四人前对，各言名姓，曰东园公、角里先生、绮里季夏、黄公。上乃大惊曰：“吾求公数岁，公避逃我，今公何自从吾儿游乎？”四人皆曰：“陛下轻士善骂，臣等义不受辱，故恐而亡匿。窃闻太子为人，仁孝，恭敬，爱士，天下莫不延颈欲为太子死者，故臣等来耳。”上曰：“烦公，幸卒调护太子。”四人为寿，已毕，趋去，上目送之。召戚夫人，指示四人者曰：“我欲易之，彼四人辅之，羽翼已成，难动矣。吕后真而主矣。”此说一望而知为东野人之言。四人之名，见《汉书·王贡两龚鲍传》。东园公作“园公”，师古曰“四皓称号，本起于此”，则《史记》不应有其名，盖后人所窜。角乃俗字，恐并非《汉书》原本，小颜无识，不知辨也。戚姬乃高祖为汉王后所得，高祖自为汉王至崩，不过十年，如意生即早，高祖末年，不过十岁，安知其类己？知汉世所谓“吕后语”者，悉诞谩不中情实。倚任外戚，乃当时风气。高祖为皇帝后，东征西讨，不恒厥居。留守可信任者，宜莫如萧相国，然被械系如徒隶，知其并无重权。《萧相国世家》：汉十一年（前196），陈豨反，高祖自将，至邯郸，未罢，闻淮阴侯诛，使使拜丞相何为相国，益封五千户，令卒五百人一都尉为相国卫。诸君皆贺，召平独吊，曰：“祸自此始矣。上暴露于外，而君守于中，非被矢石之事，而益君封置卫者，以今者淮阴侯新反于中，疑君心矣。夫置卫卫君，非以宠君也。愿君让封勿受，悉家私财佐军，则上心悦。”相国从其计，高帝乃大喜。十二年，秋，黥布反，上自将击之。数使使问相国何为？相国为上在军，乃拊循勉力百姓，悉以所有佐军，如陈豨时。客有说相国曰：“君灭族不久矣！夫君位为相国，功第一，可复加哉？然君初入关中，得百姓心，十余年矣，皆附君，常复孳孳得民和。上所为数问君者，畏君倾动关中。今君胡不多买田地，贱贳贷以自污，上心乃安。”于是相国从其计。上乃大悦。上罢布军归，民道遮行上书，言相国贱强买民田宅数千万。上至，相国谒，上笑曰：“夫相国，乃利民？”民所上书，皆以与相国，曰：“君自谢民。”相国因为民请曰：“长安地狭，上林中多空地，弃，愿令民得入田，毋收稿为禽兽食。”上大怒曰：“相国多受贾人财物，乃为请吾苑？”乃下相国廷尉，械系之。数日，乃以王卫尉言赦出。忽悉家财佐军，忽贱买田地，事贳贷；方予以民所上书，又为民请上林苑空地；举动如此，岂不益令人疑？果贱买民田宅至数千万，高帝即不知治，岂能纵之不问？萧何为文臣，其不见疑于汉高，犹刘穆之之不见疑于宋武。论功时以何为第一，正所以风示武臣耳。何虑其倾动关中？盖因何被械系，策士等造作此说耳。何因何事被系，已不可知，然此语不能造作，此固资侮人者之所轻也。权之所寄，非吕后而谁哉？留侯招四皓事，固同儿戏；即史所传张辟强说丞相，令吕氏掌南北军，亦不足信。然留侯党于吕氏，则无疑矣。革易之际，佐命之臣，起于草泽者，多倾危好乱，本为贵族者，则恒乐安定，严天泽之分，盖其所习使然。平、勃等卒行废弑，而张良扶翼太子，即由于此。武有周吕、建成、舞阳之伦，文有留侯、叔孙、周昌之辈，以为之辅，然则太子盖本不易动摇，无待于口舌之争矣。不然，高祖之败彭城，则推堕孝惠、鲁元，见《樊郦滕灌列传》。及军广武，项王为高俎，置太公其上，曰："今不急下，吾烹太公。"高祖则曰："（吾与项羽）约为兄弟，吾翁即若翁，必欲烹而翁，则幸分我一杯羹。"《项羽本纪》。其忍如此，而岂有所念于吕后之攻苦食啖，叔孙通语，见本传。而不忍背者哉？高后一崩，惠帝之后无遗种，立如意，岂可一日居乎？高帝之世，异姓王者八国。卢绾之废，乃在高祖崩年，长沙则始终安存，白马之盟，不知竟在何时？果有其事，史安得绝无记载，而仅出诸王陵之口乎？平、勃等谓"高帝定天下，王子弟，今太后称制，王昆弟诸吕，无所不可"，此实持平之言。郦寄说吕禄曰："刘氏所立九王，吕氏立三王，皆大臣之议，事已布告诸侯，诸侯皆以为宜。"此当时实在情形也。张皇后之立，据《汉书》本纪，事在孝惠四年（前 191）十月，至少帝四年（前 184）仅七年，其所名子，安知欲为变？齐王之起兵也，遗诸侯书曰："今高后崩，而帝春秋富，未能治天下，固恃大臣诸侯。"即绛侯、朱虚诛诸吕后，仍徙济川王王梁，可知谓少帝、梁、淮阳、常山皆非孝惠子，必为临时造作之语。《高祖本纪》言：高祖病甚，吕后问曰："陛下百岁后，萧相国即死，令谁代之？"上曰："曹参可。"问其次。上曰："王陵可。然陵少戆，陈平可以助之。陈平智有余，然难以独任。周勃重厚少文，然安刘氏者必勃也，可令为太尉。"其说尤傅会可笑，高祖果有此言，则倒持干戈，授人以柄，以自绝其冢嗣耳。平、勃等之攻吕氏，乃适逢其会，谓其固有是谋者，事后增饰之辞也。《爰盎传》：盎告文帝曰："方吕后时，诸吕用事，擅相王，刘氏不绝如带，是时绛侯为太尉，本兵柄，弗能正，吕后崩，大臣相与共诛诸吕，太尉主兵，适会其成功。"此当时情实也。《陆贾传》言贾说陈平交欢太尉，两人深相结，吕氏谋益衰，尤矫诬之说。吕氏之败，盖全出于诸功臣之阴谋，观平阳侯、郦寄、纪通，无不合为一党，即审食其亦为之用可知。《高祖本纪》又言高祖以甲辰崩，四日不发丧，吕后与审食其谋曰："诸将与帝为编户民，今北面为臣，此常怏怏。今乃事少主。非尽族是，天下不安。"人或闻之，语郦将军。郦商。郦将军往见审食其曰："诚如此，天下危矣。陈平、灌婴将十万守荥阳，樊哙、周勃将二十万定燕、代，此闻帝崩，诸将皆诛，必连兵还乡，以攻关中。大臣内叛，诸侯外反，亡可翘足而待也。"审食其入言之，乃以丁未发丧。此岂似强毅佐高祖定天下者之所为乎？《陈丞相世家》曰：平既执樊哙，行，闻高帝崩，平恐吕太后及吕嬃谗怒，乃驰传先去。逢使者，诏平与灌婴屯于荥阳。平受诏，立复驰至宫，哭甚哀。因奏事丧前。吕太后哀之。曰："君劳，出休矣。"平畏谗之就，因固请，得宿卫中，太后乃以为郎中令，曰："傅教孝惠。"此叔孙先、留侯之任也。又曰吕嬃常以前陈平为高帝谋执樊哙，数谗曰："陈平为相，非治事，日饮醇酒，戏妇女。"陈平闻，日益甚。吕太后闻之，私独喜。面质吕嬃于陈平，曰："鄙语曰'儿妇人口不可用'，顾君与我何如耳，无畏吕嬃之谗也。"此说又为策士之伦所造。然萧何死，相曹参；曹参死，相陈平；又以周勃为太尉；既非高祖顾命，则皆吕后之谋，然则吕后实唯功臣之任。《吕后本纪》言孝惠帝崩，张辟强说丞相拜吕台、吕产、吕禄为将，将兵居南北军，吕氏权由此起。果如所言，少帝废后，安得又以周勃为太尉？然则产、禄之居南北军，实在高后临命之际，即其封王吕氏，亦在称制之年，盖诚以少帝年少，欲借外戚以为夹辅，亦特使与刘氏相参。吕后初意，固唯汉宗室、功臣之任也。吕氏之败，正由其本无翦灭宗室、功臣之计，临事徒思据军以为固；既无心腹爪牙之任，齐兵卒起又无腹心可使，而仍任灌婴；遂至内外交困，不得已，欲听郦寄之计。使其早有危刘氏之计，何至是乎？乃诬以产、禄欲为乱关中。产、禄果有反谋，安得吕禄去军，而不以报吕产？吕产又徒手入未央宫，欲何为乎？故知汉世所传吕后事，悉非实录也。然其明言诸大臣之废立为阴谋，已非后世之史所及矣。

《齐悼惠王世家》曰：朱虚侯尝入侍高后燕饮，高后令为酒吏。章自请曰："臣将种也，请得以军法行酒。"高后曰："可。"酒酣，章进饮，歌舞。已而曰："请为太后言耕田歌。"高后儿子畜之，笑曰："顾而父知田耳，若生而为王子，安知田乎？"章曰："臣知之。"太后曰："试为我言田。"章曰："深耕穊种，立苗欲疏，非其种者，锄而去之。"吕后默然。顷之，诸吕有一人醉，亡酒。章追，拔剑斩之。而还报曰："有亡酒一人，臣谨行法斩之。"太后左右皆大惊，业已许其军法，无以罪也。因罢。自是之后，诸吕惮朱虚侯，虽大臣皆依朱虚侯，刘氏为益强。此又东野人之言。朱虚侯在当时，安敢触犯太后如此？宴饮而行军法，古未之闻，果许之遂无以罪，太后安得老悖至此乎？朱虚侯之意，盖徒欲谋立其兄，本非有所恶于吕氏，即齐王亦然。其后之不得立，则以齐在当时，声势可畏，抑朱虚、东牟之椎埋，未始非招忌之一端也。《悼惠王世家》言：王既杀召平，发兵，使祝午东诈琅玡王曰："齐王自以儿子，年少，不习兵革之事，愿举国委大王。大王自高帝将也，习战事。齐王不敢离兵，使臣请大王：幸之临菑，见齐王计事，并将齐兵以西。"琅玡王信之，西驰见齐王。齐王因留琅玡王，而使祝午尽发琅玡国，而并将其兵。琅玡王既见欺，乃说齐王曰："悼惠王，高帝长子，推本言之，而大王高皇帝嫡长孙也，当立。今诸大臣狐疑未有所定，而泽于刘氏，最为长年，大臣固待泽决计。今大王留臣，无为也，不如使我入关计事。”齐王以为然。乃益具车送琅玡王。琅玡王至长安，遂与于立文帝之谋。盖琅玡王始以齐王为儿子而为所欺，齐王卒又以急于干位，而为琅玡王所卖矣。齐虽强，然欲西攻长安，力固有所不逮，而名亦弗正，乃不得不俯首罢兵。虽朱虚侯，亦不料其徒为汉大臣驱除难也。此又以见年少椎埋者，卒非老而习事者敌也。然齐王兄弟，既存觊觎之心，其谋终不能以此而遂已。孝文帝元年（前179），尽以高后时所割齐之城阳、琅玡、济南郡复与齐，而徙琅玡王王燕。是岁，齐哀王卒，太子则立，是为文王。明年，汉以齐之城阳郡立朱虚侯为城阳王，济北郡立东牟侯为济北王，即割齐地以酬朱虚、东牟之功，其计可谓甚巧。《汉书·高五王传》云：始诛诸吕时，朱虚侯章功尤大，大臣许以赵地王章，以梁地王兴居。及文帝即位，闻朱虚、东牟初欲立齐王，故黜其功。此言亦非实录。朱虚、东牟之欲立其兄，事甚明白，文帝岂待即位后知之邪？文帝竟违汉大臣故约，则可谓有决矣。又明年，四月，城阳王薨。五月，匈奴入居北地、河南为寇，上幸甘泉，遣丞相灌婴击匈奴。匈奴去，上自甘泉幸太原。济北王闻帝之代，欲自击匈奴，乃反，欲袭荥阳。于是诏罢丞相兵，以棘蒲侯柴武为大将军，将四将军十万击之。八月，虏济北王，自杀。是时文帝之位久定，即有匈奴之衅，大位亦岂可妄干？东牟之寡虑轻动如此，况朱虚乎？苟为后义而先利，不夺不餍，然则即立齐王，又岂可一日安也？封建之为自树兵，信矣。然当时刘氏之不亡，又不可谓非同姓诸侯之力。平、勃等之迎代王也，代王问左右。郎中令张武等议曰：“汉大臣皆故高帝时大将，习兵，多谋诈。此其属意非止此也，特畏高帝、吕太后威耳。今已诛诸吕，新喋血京师。此以迎大王为名，实不可信。愿大王称疾毋往，以观其变。”独中尉宋昌劝王行，曰：“高帝封王子弟，地犬牙相制，此所谓盘石之宗也，天下服其强。”其言可谓深得事情，不徒汉大臣之不敢有异意以此，即吕氏，始终不敢萌取刘氏而代之之心，亦未必不以此也。《汉书·诸侯王表》曰“高祖创业，日不暇给，孝惠享国又浅，高后女主摄位，而海内晏如，无狂狡之忧，卒折诸吕之难，成太宗之业者，亦赖之于诸侯也”，自是平情之论。然则汉初之封建，固不可谓无夹辅之效矣。蘧庐可一宿而不可久处也，虽不可久处，而又不能谓无一宿之用，此言治之所以难也。吕氏之败，张皇后废处北宫，孝文后元年薨。张偃，孝文元年复废为侯。信都、乐昌二侯以非正免。樊哙卒于孝惠六年（前189），子伉，嗣为舞阳侯，坐吕氏诛。孝文元年，绍封其子市人为侯。

第五节 汉初休养生息之治

《史记·平准书》述汉武帝初年情形云：“汉兴七十余年之间，国家无事。非遇水旱之灾，民则人给家足，都鄙廪庾皆满，而府库余货财。京师之钱累巨万，贯朽而不可校。太仓之粟，陈陈相因，充溢露积于外，至腐败不可食。众庶街巷有马，阡陌之间成群；而乘字牝者，摈而不得聚会。守闾阎者食粱肉，为吏者长子孙，居官者以为姓号。故人人自爱而重犯法，先行义而后绌耻辱焉。”世皆以是为文、景二帝休养生息之功，其实亦不尽然。《高后本纪赞》曰：“孝惠皇帝、高后之时，黎民得离战国之苦，君臣俱欲休息乎无为，故惠帝垂拱；高后女主称制，政不出房户；天下晏然，刑罚罕用，罪人是稀，民务稼穑，衣食滋殖。”《曹相国世家》言：参之相齐，尽召长老诸生，问所以安集百姓。诸儒以百数，言人人殊，参未知所定。闻胶西有盖公，善治黄、老言，使人厚币请之。既见盖公，盖公为言治道贵清静而民自定，推此类具言之。参于是避正堂，舍盖公焉。其治要用黄、老术。故相齐九年，齐国安集，大称贤相。萧何卒，召参。参去，属其后相曰："以齐狱市为寄，慎勿扰也。"后相曰："治无大于此者乎?"参曰："不然。夫狱市者，所以并容也。今君扰之，奸人安所容也？吾是以先之。"参为汉相国，举事无所变更，一遵萧何约束。择郡国吏木诎于文辞，重厚长者，即召除为丞相史。吏之言文刻深，欲务声名者，辄斥去之。百姓歌之曰："萧何为法，顜若画一。曹参代之，守而勿失。载其清净，民以宁一。"则汉以无为为治，由来久矣。有为之治求有功，无为之治则但求无过，虽不能改恶者而致诸善，亦不使善者由我而入于恶。一统之世，疆域既广，政理弥殷。督察者之耳目既有所不周，奉行者之情弊遂难于究诘。与其多所兴作，使奸吏豪强得所凭借，以刻剥下民，尚不如束手一事不办者，譬诸服药，犹得中医矣。故历代清静之治，苟遇社会安定之际，恒能偷一日之安也。

文帝颇多仁政。《汉书·食货志》言：贾生说上以积贮，上感其言，始开籍田，躬耕以劝百姓。《纪》在二年（前178）。晁错复说上务农贵粟，帝从其言，令民入粟边拜爵。错复奏言："边食足以支五岁，可令入粟郡县。足支一岁以上，可时赦，勿收农民租。"上复从其言，乃下诏赐民十二年租税之半。案，据《本纪》，二年已尝赐天下田租之半。明年，遂除民田之租税。后十三岁，孝景二年（前155），令民半出田租，三十而税一。终两汉之世皆沿焉。其于农民，可谓宽厚矣。初即位，即下诏议振贷及存问长老之法，令郡国毋来献。《本纪》元年。以列侯多居长安，邑远，吏卒给输费苦，令之国。二年。又令列侯、太夫人、夫人、诸侯王子及吏二千石无得擅征捕。七年。亦皆恤民之政。又除关，无用传十二年。夫货物流通，则价贵而生之者益劝，此尤于人民生计有益，故论者亟称之。除肉刑之举，为千古仁政。十三年。然前此已除收孥相坐之法、元年。诽谤妖言之罪矣。二年。其于刑狱，亦不可谓不留意也。景帝虽令民半出租，复置诸关，用传出入，四年。宽仁似不逮文帝，然尽除田租，本难为继。符传之用，特以七国新反，备非常，注引应劭说。此亦势不容已，后遂沿而弗改，实非帝之初意也。景帝尝令郡国务劝农桑。吏发民若取庸采黄金珠玉者，坐赃为盗。后三年（前141）。改磔为弃市，勿复磔。中二年（前148）。诸狱疑，若虽文致于法，而于人心不厌者，辄谳之。中五年。又诏狱疑者谳有司，有司所不能决，移廷尉，有令谳而后不当，谳者不为失。后元年。又减笞法，定棰令。中六年。其宽仁，固无异于文帝也。

然汉人之称文、景，亦有颇过其实者。《汉书·文帝纪赞》曰："孝文皇帝即位二十三年，宫室苑囿，车骑服御，无所增益。有不便，辄弛以利民。尝欲作露台，召匠计之，值百金。上曰：'百金，中人十家之产也。吾奉先帝宫室，常恐羞之，何以台为？'身衣弋绨。所幸慎夫人衣不曳地。以示敦朴，为天下先。治霸陵，皆瓦器，不得以金、银、铜、锡为饰。因其山，不起坟。南越尉佗自立为帝，召贵佗兄弟，以德怀之，佗遂称臣。与匈奴结和亲，后而背约入盗，令边备守，不发兵深入，恐烦百姓。吴王诈病不朝，赐以几杖。群臣袁盎等谏说虽切，常假借纳用焉。张武等受赂金钱，觉，更加赏赐，以愧其心。专务以德化民。是以海内殷富，兴于礼义，断狱数百，几致刑措。呜乎！仁哉！"《景帝纪赞》曰："周、秦之敝，网密文峻，而奸轨不胜。汉兴，扫除烦苛，与民休息。至于孝文，加之以恭俭。孝景遵业，五六十载之间，至于移风易俗，黎民醇厚。周云成、康，汉言文、景，美矣！"其称颂之可谓至矣。然应劭《风俗通义》言：成帝尝问刘向以世俗传道文帝之事，而向皆以为不然。其说云：“文帝虽节俭，未央前殿至奢，雕文五彩画，华榱璧珰，轩槛皆饰以黄金，其势不可以书囊为帷。即位十余年时，五谷丰熟，百姓足，仓廪实，蓄积有余。然文帝本修黄、老之言，不甚好儒术，其治尚清静无为，以故礼乐、庠序未修，民俗未能大化，苟温饱完给而已。其后匈奴数犯塞，深入寇掠，北边置屯待战，转输络绎，因以年岁不登，百姓饥乏，谷籴常至石五百，不升一钱。前待诏贾捐之为孝元皇帝言：太宗时民赋四十，断狱四百余。案，太宗时民重犯法，治理不能过中宗之世，地节元年（前69），天下断狱四万七千余人，捐之言复不类。又文帝时政颇遗失。太中大夫邓通，以佞幸吮痈疡脓汁见爱，拟于至亲，赐以蜀郡铜山，令得铸钱。通私家之富，侔于王者、封君。又为微行，数幸通家。文帝代服，衣罽，袭毡帽，骑骏马，从侍中、近臣、常侍、期门、武骑猎渐台下，驰射狐兔，毕雉刺彘。是时待诏贾山谏，以为不宜数从郡国贤良出游猎。太中大夫贾谊亦数陈上游猎。案，二贾之言，皆见《汉书》本传。又《袁盎传》言上从霸陵上，欲西驰下峻阪，盎谏乃止，知文帝确不免轻俊自喜。谊与邓通俱侍中，同位，谊又恶通为人，数廷讥之，由是疏远，迁为长沙太傅。既之官，内不自得。及渡湘水，投吊书曰：‘阘茸尊显，佞谀得意。’以哀屈原离谗邪之咎，亦因自伤为邓通等所诉也。”案，《史》《汉》皆但云贾生为绛、灌之属所毁而已，不云为邓通所诉也，岂所谓为贤者讳邪？成帝曰：“其治天下，孰与孝宣皇帝？”向曰：“中宗之世，政教明，法令行；边境安，四夷亲；单于款塞；天下殷富，百姓康乐；其治过于太宗之时，亦以遭遇匈奴宾服，四夷和亲也。”上曰：“后世皆言文帝治天下几至太平，其德比周成王，此语何从生？”向对曰：“生于言事。文帝礼言事者，不伤其意。群臣无小大，至即从容言，上止辇听之。其言可者称善，不可者喜笑而已。言事多褒之，后人见遗文，则以为然。

世之毁誉，莫能得实。审形者少，随声者多，或至以无为有。……然文帝之节俭约身，以率先天下，忍容言者，含咽臣子之短，此亦通人难及，似出于孝宣皇帝者也。如其聪明远识，不忘数十年事，制持万机，天资治理之材，恐文帝亦且不及孝宣皇帝。”然则文帝乃中主，虽有恭俭之德，人君优为之者亦多。即以西汉诸帝论：元帝之宽仁，殊不后于文帝，其任石显，亦未甚于文帝之宠邓通也。文、景之致治，盖时会为之，王仲任治期之论，见《论衡》。信不诬矣。《汉书·东方朔传》：朔对武帝，言文帝身衣弋绨，足履革舄，以韦带剑，莞蒲为席，兵木无刃，衣缊无文，集上书囊，以为殿帷。即刘向所辨世俗不审之辞也。《汉书》于朔事虽明为好事者所附著，然文、景《纪》中所举亦此等说也。信审形者之少，随声者之多矣。

第六节 封建制度变迁

封建者，过时之制也。汉初用之，虽一收夹辅之效，然其势终不可以复行，故至文、景之世，功臣、外戚之患皆除，而同姓诸王转为治安之梗焉。

汉列二等之爵。所谓侯者，其地小不足数；而其所谓王者，则夸州兼郡，连城数十，势足以抗拒中央。高帝所封异姓王国，存者唯一长沙。同姓：兄伯之子，仅得为羹颉侯。见《史记·楚元王世家》。仲王代，为匈奴所攻，弃国。子濞，封于吴。弟交，封于楚。高帝八子：孝惠帝、文帝，皆继嗣为帝。赵隐王如意、幽王友、共王恢，皆死孝惠、吕后时；燕灵王建，子为吕后所杀，无后；及齐悼惠王肥，子哀王襄，孙文王则，悼惠王子城阳、济北二王，事皆见前。淮南厉王长者，高祖少子。母故赵王张敖美人。高祖八年（前199），过赵，赵王献之，得幸有身。及贯高等谋反，事发，并逮治王，尽收捕王母兄弟美人，系之河内。厉王母亦系，告吏曰："得幸上，有身。"吏以闻。上方怒，未理。厉王母弟赵兼因辟阳侯言吕后。吕后妒，弗肯白。辟阳侯不强争。厉王母已生厉王，恚，即自杀。吏奉厉王诣上。上悔，令吕后母之。厉王早失母，常附吕后，孝惠、吕后时，得幸无患害。文帝元年（前179），立赵幽王子遂为赵王。二年，又立幽王子辟强为河间王，是为文王，立十三年薨。传子哀王福，一年薨，无后。三年，淮南王入朝。自袖铁椎，椎杀辟阳侯。文帝赦，弗治，王益骄恣。六年，谋使人反谷口。县名，在今陕西醴泉县东北。事觉，废处蜀严道。今四川荥经县。王不食，道死雍。十五年，齐文王薨，无子。明年，文帝分齐地为六：封悼惠王子将闾为齐王，志为济北王，贤为菑川王，都剧，今山东寿光县。雄渠为胶东王，都即墨。卬为胶西王，都高苑，今山东桓台县。辟光为济南王。又分淮南地，立厉王子安为淮南王，勃为衡山王，赐为庐江王。《汉书·贾谊传》谓帝思谊众建诸侯而少其力之言，故有此举，则已稍为削弱诸侯之谋矣。然吴、楚尚未及削，而当时江、淮之俗尤票轻，故卒酿七国之乱。

吴王濞，初封沛侯。英布之反，高帝自将往诛，濞年二十，以骑将从。荆王刘贾为布所杀，无后。上患吴会稽轻悍，无壮王以填之，诸子少，乃立濞于沛，为吴王。后徙江都。孝惠、高后时，天下初定，郡国诸侯各务自拊循其民。吴有豫章郡铜山，《汉书》注："韦昭曰：此有豫字，误也，但当言章郡，今故章也。"案，故鄣，在今浙江长兴县西南。《史记》正义云："铜山，今宣州及润州句容县有。"案，宣州，今安徽宣城县。句容，今江苏句容县。濞则招致天下亡命者。益铸钱，煮海水为盐。以故无赋，国用富饶。孝文时，吴太子入见，得侍皇太子饮博，争道不恭，皇太子引博局提杀之。

吴王由此称病不朝。京师知其以子故，诸吴使来，辄系治责之。吴王恐，为谋滋甚。后吴使者说上与更始，天子乃赐吴王几杖，老，不朝。吴得释，谋亦益解。然其居国以铜盐故，百姓无赋，卒践更，辄与平价。岁时存问茂材，赏赐闾里。他郡国吏欲来捕亡人者，讼共禁弗与。如此者四十余年，以故能使其众。晁错为太子家令，得幸太子，数从容言吴过可削，又上书说孝文帝。文帝宽，不忍罚。以此吴日益横。及孝景帝即位，错为御史大夫。说上，谓削之亦反，不削亦反。削之，其反亟，祸小；不削，反迟，祸大。时楚元王传子夷王郢，《汉书》作“郢客”。至孙王戊，淫虐，景帝三年（前 154），朝。晁错言其往年为薄太后服，私奸服舍，请诛之。诏赦，罚削东海郡。因削吴之豫章郡、会稽郡。及前二年，赵王有罪，削其河间郡。胶西王卬，以卖爵有奸，削其六县。吴王恐削地无已，欲举事。闻胶西王勇，好气，喜兵，使中大夫应高挑胶西王。归报，又身自为使，使于胶西，面结之。遂发使约齐、菑川、胶东、济南、济北，皆许诺。及削吴会稽、豫章郡书至，则吴王先起兵。胶西、胶东、菑川、济南、楚、赵皆反。齐王后悔，背约城守。济北王城坏未完，其郎中令劫守其王，不得发兵。胶西为渠帅，与胶东、菑川、济南共攻围临菑。赵王阴使匈奴，与连兵。吴王悉其士卒，下令国中曰：“寡人年六十二，身自将。少子年十四，亦为士卒先。诸年上与寡人比，下与少子等者皆发。”发二十余万人。南使闽越、东越，东越亦发兵从。孝景帝三年，正月，初起兵于广陵。西涉淮，因并楚兵。发使遗诸侯书曰：“敝国虽贫，寡人节衣食之用，积金钱，修兵革，聚谷食，夜以继日，三十余年矣，凡为此，愿诸王勉用之。能捕斩大将者，赐金五千斤，封万户；列将三千斤，封五千户；裨将二千斤，封二千户；二千石千斤，封千户；千石五百斤，封五百户；皆为列侯。其以军若城邑降者：卒万人，邑万户，如得大将；

人户五千，如得列将；人户三千，如得裨将；人户千，如得二千石。其小吏皆以差次受爵、金。他封赐皆倍军法。其有故爵邑者，更益勿因。……寡人金钱在天下者，往往而有，非必取于吴，诸王日夜用之弗能尽，有当赐者，告寡人，寡人且往遗之。”反书闻，天子遣太尉条侯周亚夫将三十六将军，往击吴、楚，曲周侯郦寄击赵，将军栾布击齐。大将军窦婴屯荥阳，监齐、赵兵。初，袁盎为吴相，盎素不好晁错，孝景即位，错为御史大夫，使吏案盎受吴王财物，抵罪。诏赦以为庶人。吴、楚反，闻，错谓丞史曰：“袁盎多受吴王金钱，专为蔽匿，言不反，今果反，欲请治盎，宜知其计谋。”人有告盎。盎恐，夜见窦婴，为言吴所以反，愿至前，口对状。错之请诸侯罪过，削其支郡，上令公卿列侯宗室杂议，莫敢难，独窦婴争之，由此与错有隙。婴入言，上乃召盎。盎入见，言吴、楚以诛错复故地为名。方今计独斩错，发使赦七国，复其故地，则兵可毋血刃而俱罢。于是上默然良久，曰：“顾诚何如，吾不爱一人以谢天下。”乃拜盎为太常，吴王弟子德侯为宗正。集解：“徐广曰：‘名通，其父名广。’骃案，《汉书》曰‘吴王弟子德侯广为宗正’也。”盎装治行。后十余日，丞相青翟劾奏错当腰斩。错殊不知，乃使中尉召错，绐载行东市，错衣朝衣斩东市。则遣袁盎奉宗庙，宗正辅亲戚，使吴如盎策。至吴，吴、楚兵已攻梁壁矣。吴王不肯见盎，而留之军中，欲劫使将。盎亡走梁军。条侯乘六乘传会兵荥阳，至洛阳，问故父绛侯客邓尉，从其策，坚壁昌邑南，使轻兵绝淮、泗口，塞吴饷道。吴王之初发也，吴臣田禄伯为大将军。田禄伯曰：“兵屯聚而西，无他奇道，难以就功。臣愿得五万人，别循江、淮而上，收淮南、长沙，入武关，与大王会，此亦一奇也。”吴王太子谏曰：“王以反为名，此兵难以借人，借人，亦且反王，奈何？且擅兵而别，多他利害，未可知也，徒自损耳。”吴王即不许田禄伯。吴少将桓将军说王曰："吴多步兵，步兵利险。汉多车骑，车骑利平地。愿大王所过城邑不下，直弃去，疾西据洛阳武库，食敖仓粟，阻山河之险，以令诸侯。虽毋入关，天下固已定矣。即大王徐行，留下城邑，汉军车骑至，驰入梁、楚之郊，事败矣。"吴王问诸老将，老将曰："此少年椎锋之计可耳，安知大虑乎？"于是王不用桓将军计。吴王专并将其兵，渡淮，与楚王西败棘壁，在今河南柘城县东北。乘胜前，锐甚。梁数使使报条侯求救，条侯不许。又使使恶条侯于上，上使人告条侯救梁，复守便宜不行。梁使韩安国及楚死事相弟张羽为将军。楚相张尚，谏王而死。乃得颇败吴兵。吴兵欲西，梁城守坚，不敢西，即走条侯军，会下邑，县名，今江苏砀山县东。欲战，条侯坚壁不肯战。吴兵既饿，乃引而去。太尉出精兵追击，大破之。吴王弃其军，与壮士数千人走丹徒，今江苏丹徒县。保东越。汉使人以利啖东越。东越钬杀吴王，盛其头，驰传以闻。吴王之未渡淮，诸宾客皆得为将、校尉、侯、司马，独周丘不得用。周丘者，下邳人，亡命吴，酤酒无行，吴王薄之，弗任。丘上谒，愿得王一汉节，必有以报王。王予之。丘夜驰入下邳，以罪斩令，召告昆弟所善豪吏，一夜得三万人，使人报吴王。遂将其兵北略地。比至城阳，众十余万，破城阳中尉军。闻吴王败走，自度无与共成功，即引兵归下邳。未至，疽发背死。吴王之弃其军亡也，军遂溃，往往稍降太尉、梁军。楚王戊军败自杀。凡相攻守三月，而吴、楚破平。三王之围齐也，齐使告于天子。天子复令还告齐王："善坚守。"齐初围急，与三国有谋，其大臣乃复劝王毋下三国。三月，汉兵至，胶西、胶东、菑川王各引兵归，胶西王太子德曰："汉兵还，臣观之，已罢，可袭。愿收大王余兵击之，不胜而逃入海，未晚也。"王曰："吾士卒皆已坏，不可用。"弗听，王自杀。胶东、菑川、济南王皆死。国除。赵城守邯郸，相拒七月。匈奴闻吴、楚败，不肯入边。栾布并兵引水灌赵城，城坏，王遂自杀。济北王以劫故得不诛，徙王菑川。齐围之解，栾布等闻齐王初与三国有谋，欲移兵伐齐，齐王惧，饮药自杀。景帝以为齐首善，以迫劫有谋，非其罪，召立其子。案，《史记·绛侯世家》言："孝文且崩时，诫太子曰：'即有缓急，周亚夫真可任将兵。'"论者因谓文帝虽优容吴，实有备之之策。此乃为文帝虚誉所惑，抑亦成败论人之言。文帝此言，特因其前一年后六年（前158）。匈奴入边，使刘礼军霸上，徐厉军棘门，在今陕西咸阳县南。亚夫军细柳在咸阳东北。以备之，上自劳军，至霸上、棘门，皆直驰入，至细柳不得入耳。然纪律特将兵之一端，非恃此遂可必胜。吴王盖本无远略，亦且不能用兵，观其违田禄伯、桓将军，弃周丘可知。果能广罗奇谲之士，率其轻果之众，分途并进，正军则乘锐深入，一亚夫果足以御之乎？然则文帝之不听晁错，特因循惮发难而已，非真有深谋奇计也。至景帝之举动，则更为错乱，不足论矣。然则七国之乱，汉殆幸而获济也。然文、景固不失为中主，策治安者，必"植遗腹，朝委裘，而天下不乱"，安所得英武之主继世以持之？宜乎文、景时之局势，贾、晁观之，蹙然若不可终日也。

吴、楚既平，而梁仍为大国，梁孝王武，景帝同母弟也。少子，母窦太后爱之。景帝七年（前150），入朝，因留，入则侍帝同辇，出则同车游猎，射禽兽上林中。梁侍中、郎、谒者，著籍出入殿门，与汉宦官无异。十一月，上废栗太子，临江闵王荣，栗姬子。太后欲以王为嗣，大臣及袁盎等有所关说于帝，太后议格。事秘，世莫知，孝王乃辞归国。怨，与其臣羊胜、公孙诡之属谋，阴使人刺杀袁盎及他议臣十余人。然则上之日与同车辇，许其人出入殿门者，亦危矣。史言梁，大国，居天下膏腴地，列四十余城，多大县，府库金钱且百巨万，珠玉宝器多于京师。孝王死，藏府余黄金四十余万斤，他财物称是。招延四方豪杰，自山以东，莫不毕至。公孙诡多奇邪计，初见，王赐千金，官至中尉，号之曰“公孙将军”。多作兵器，弓、弩、矛数十万。苟非七国新破，汉声威方震，其为谋又宁止于是也？且王筑东苑，方三百余里，广睢阳城七十里。大治宫室，为复道，自宫连属于平台，三十余里。与其府藏之厚，何莫非取之于民？虽微暗干天位之谋，又焉得不为民除此猵獭也？信乎封建之不可行矣。袁盎等死，天子意梁王。逐贼，果梁使之。乃遣使冠盖相望于道，覆按梁，捕公孙诡、羊胜。诡、胜匿王后宫。梁相轩丘豹、内史韩安国谏。王乃令胜、诡自杀，出之，因长公主谢罪，然后得释。中元六年（前144），卒，分其地，立其子五人为王。

《汉书·诸侯王表》曰：“文帝采贾生之议，分齐、赵；景帝用晁错之计，削吴、楚；武帝施主父之策，下推恩之令，使诸侯王得分户邑以封子弟。”《景十三王传》云：“汉为制定封号，辄别属汉郡。”“自此以来，齐分为七，赵分为六。徐广曰：“河间、广川、中山、常山、清河。”案，河间，景帝二年（前155），立子献王德。广川立子彭祖。七国反后徙王赵，是为赵敬肃王。中山，三年封子靖王胜。常山，中四年封子宪王舜。清河，中三年封子哀王乘。梁分为五，淮南分为三。皇子始立者，大国不过十余城。长沙、燕、代，虽有旧名，皆无南北边矣。”制驭诸侯之策，固不外众建而少其力一语也。然当推行之初，犹未能遽收其效。七国之反也，吴使者至淮南，淮南王欲发兵应之，以其相不听，未果。至庐江，庐江王弗应，而往来使越。至衡山，衡山王坚守无二心。则淮南、庐江之有反谋旧矣。吴、楚已破，衡山王徙王济北，史云：南方卑湿，所以褒之。庐江王边越，数使使相交，故徙为衡山王，王江北。唯淮南王如故。济北王既徙，明年薨，赐谥为贞王，至武帝元狩元年（前122），而淮南、衡山二国，皆以反诛。史称淮南王以武帝建元二年（前139）入朝。素善武安侯，武安侯时为太尉，乃逆王霸上，与王语曰："方今上无太子，大王亲高皇帝孙，行仁义，天下莫不闻，即宫车一日晏驾，非大王当谁立者?"淮南王大喜，厚遗武安侯财物，阴结宾客，拊循百姓，为叛逆事。又言淮南、衡山初不相能，衡山以淮南有反谋，恐为所并，故亦治兵，欲俟淮南已西，发兵定江、淮间有之。至元朔六年（前123)，衡山王过淮南，乃除前隙，约束为反具。此皆非其真。淮南之谋反也，王有女陵，慧，有口辩，常多与金钱，为中诇长安，约结上左右。后荼，王爱幸之，生太子迁。取王皇太后外孙修成君女为妃。王太后，武帝母，先适金氏，生三女。王谋为反具，畏太子妃知而内泄事，乃与太子谋，令诈弗爱，三月不同席。王佯为怒太子，闭太子，使与妃同内，三月，太子终不近妃。妃求去，王乃上书谢，归去之。元朔五年，太子学用剑，闻郎中雷被巧，召与戏。误中太子。被恐，此时有欲从军者，辄诣京师。被即愿奋击匈奴。王使郎中令斥免，被遂亡至长安，上书自明。诏下其事廷尉、河南，河南逮治淮南太子。王、王后计，欲毋遣太子，遂发兵反。计犹豫未定，会有诏即讯太子。当是时，淮南相怒寿春丞留太子逮不遣，劾不敬。王以请相，相弗听，王使人上书告相。事下廷尉治，踪迹连王。王使人候伺汉公卿，公卿请逮捕治王，王恐，欲发。太子迁谋曰："汉使即逮王，王令人衣卫士衣，持戟居庭中王旁，有非是，则刺杀之，臣亦使人刺杀淮南中尉，乃举兵，未晚。"汉中尉宏至，讯王以斥雷被事耳。王自度无何，不发，中尉还以闻。公卿治者曰："淮南王安拥阏奋击匈奴者，废格明诏，当弃市。"诏弗许。请废弗王，弗许。请削五县，诏削二县。使中尉宏赦王罪。王初闻汉公卿请诛之，未知得削地，闻汉使来，恐其捕之，乃与太子谋刺之，如前计。及中尉至，即贺王，王以故不发。然其为反谋益甚，日夜与伍被、左吴等案舆地图，部署兵所从入。王有孽子不害，最长，弗爱。不害子建，材高有气，常怨望太子不省其父。又怨时诸侯皆得分子弟为侯，而淮南独二子，一为太子，建父独不得为侯。建具知太子谋欲杀汉中尉，即使所善寿春庄芷，《汉书》作“严正”。以元朔六年，上书天子，言建具知淮南阴事，可征问。上以其事下廷尉，廷尉下河南治，建辞引淮南太子及党与。王患之，欲发。问伍被，被请“伪为丞相御史请书：徙郡国豪杰任侠及有耐罪以上，赦令除其罪，家产五十万以上者，皆徙其家属朔方之郡。益发甲卒，急其会日，又伪为左右都司空、上林、中都官诏狱逮书，以逮诸侯太子幸臣。如此，则民怨，诸侯惧，即使辩武集解：“徐广曰：‘淮南人名士曰武。’”随而说之”。王欲如被计，使人伪得罪而西，事大将军、丞相，一日发兵，即刺杀大将军，而说丞相下之。王欲发国中兵，恐相、二千石不听，乃与伍被谋，先杀相、二千石。又欲令人衣求盗衣，持羽檄从东方来，呼曰“南越兵入界”，因以发兵。未发，上遣廷尉监，因拜淮南中尉，逮捕太子。淮南王闻，与太子谋，召相、二千石，欲杀而发兵。相至，内史以出为解。中尉曰：“臣受诏使，不得见王。”王念独杀相，无益也，即罢相。王犹豫，计未决。太子念所坐者谋刺汉中尉，所与谋者已死，以为口绝，乃谓王曰：“群臣可用者皆前系，今无足与举事者。王以非时发，恐无功。臣愿会逮。”王亦偷欲休，即许太子。太子即自刭，不殊。伍被自诣吏，因告与淮南王谋反，反踪迹具如此。吏因捕太子、王后。围王宫。尽求捕王所与谋反宾客在国中者。索得反具以闻。上下公卿治。所连引与淮南王谋反，列侯、二千石、豪杰数千人，皆以罪轻重受诛。有司请逮捕衡山王。天子曰：“诸侯各以其国为本，不当相坐。”使宗正以符节治淮南王。未至，王自刭杀。王后荼、太子迁、诸所与谋反者皆族。天子以伍被雅辞，多引汉之美，欲勿诛。廷尉汤曰：“被首为王画反谋，被罪无赦。”遂诛被。国除，为九江郡。衡山王赐后乘舒，生子三人：长男爽为太子。次男孝。次女无采。姬徐来，生子男女四人。美人厥姬，生子二人。乘舒死，徐来为后。厥姬恶徐来于太子曰："徐来使婢蛊道杀太子母。"太子心怨徐来。无采及孝早失母，附王后，王后计爱之，与共毁太子。王欲废太子，立其弟孝。王后又欲并废孝，立其子广。王后有侍者，善舞，王幸之，王后欲令侍者与孝乱以污之。王奇孝材能，佩之王印，号曰将军。令居外宅。多给金钱，招致宾客。使孝客江都人救赫、救，《汉书》作"枚"。陈喜作輣车、鏃矢，刻天子玺，将、相、军吏印。王日夜求壮士如周丘等。元朔六年（前123）中，王使人上书，请废太子，立孝。爽闻，即使所善白嬴之长安上书，言孝作輣车鏃矢，与王御者奸。王闻爽使白嬴上书，恐言国阴事，即上书告爽所为不道弃市罪。事下沛郡治。元狩元年（前122），冬，有司公卿下沛郡求捕所与淮南谋反者，未得，得陈喜于孝家，劾孝首匿喜。孝以为陈喜雅数与王计谋反，恐其发之，闻律先自告除其罪，又疑太子使白嬴上书发其事，即先自告，告所与谋反者救赫、陈喜等。天子遣即问王，王具以情实对。吏皆围王宫而守之。公卿请遣宗正、大行与沛郡杂治王。王闻，即自刭杀。孝先自告反，除其罪，坐与王御婢奸，弃市。王后徐来亦坐蛊杀前王后，及太子爽坐告王不孝，皆弃市。诸与衡山王谋反者皆族。国除，为衡山郡。史称淮南王好读书，不喜弋猎狗马。行阴德，拊循百姓。招致宾客方术之士数千人，作为《内书》二十一篇，《外书》甚众。《外书》今无传，《内书》则今所谓《淮南子》也。王盖有道术之君，必非暗干天位者。武帝即位年十六，建元二年，年十八耳，而王与田蚡以上无储嗣，宫车晏驾起异意，有是理乎？谓衡山虑为淮南所并，乃有反谋，亦非其实，此盖汉遣使即问时之对辞也。伍被烈士，必无临难苟免之理，其自首亦必有故，特今不可知耳。汉人甚重复仇，《史记》云淮南王"时时怨望厉王死，时欲叛逆"，《汉书》云"江、淮间多轻薄，以厉王迁死感激安”，明其叛逆之由，在彼而不在此。淮南王后荼、太子迁、女陵、衡山王子孝，盖皆与王同心者，其他妻妾子女，则不然也。女为中诇，子割恩爱；虑非时而举之无成，则宁自刭以为后图；亦烈矣。吴王之用兵，以鲁莽而败，淮南王则以过审慎而败。观其审慎之过，知其计虑之深。使其发举，其必不如吴之易平审矣。树国固必相疑之势也。

景帝子江都易王非，前三年立为汝南王。吴、楚反时，非年十五，有材气，上书自请击吴。景帝赐非将军印，击吴。吴已破，徙王江都，治故吴国，以军功赐天子旗。非好气力，治宫馆，招四方豪杰，骄奢甚，二十七年（前128）薨。元朔元年。子建嗣，专为淫虐，自知罪多。国中多欲告言者，心不安。亦颇闻淮南、衡山阴谋。遂作兵器，具天下舆地及军阵图，使人通越繇王、闽侯，约有急相助。此则真欲乘机以弋利者也。淮南事发，治党与，颇连及建，建使人多推金钱，绝其狱，后复谓近臣曰：“我为王，诏狱岁至，生又无欢怡日，壮士不坐死，欲为人所不能为耳。”时佩其父所赐将军印，载天子旗出。积数岁，事发觉。案得反具，建自杀，国除。案，史言建淫虐事几无人理，建为太子时，邯郸人梁蚡持女欲献之易王。建闻其美，私呼之，因留不出。蚡宣言曰：“子乃与其公争妻?”建使人杀蚡。易王薨，未葬，建居服舍，召易王所爱美人淖姬等凡十人与奸。建女弟征臣为盖侯子妇，以易王丧来归，建复与奸。建游章台宫，令四女子乘小船，建以足蹈覆其船，四人皆溺，二人死。后游雷波，天大风，建使郎二人乘小船入波中，船覆，两郎溺。攀船，乍见乍没。建临观大笑，令皆死。宫人姬八子有过者，辄令裸立击鼓，或置树上，久者三十日乃得衣。或髡钳，以铅杵舂，不中程，辄掠。或纵狼令啮杀之，建观而大笑。或闭不食，令饿死。凡杀不辜三十五人。建欲令人与禽兽交而生子，强令宫人裸而四据，与羝羊及狗交。然汉诸侯王如此者实不止一人，人民何辜，徒以有天下者欲广强庶孽，而遭此荼毒乎？此亦见封建之制之必不可行也。

《汉书·诸侯王表》又云："景遭七国之难，抑损诸侯，减黜其官。武有衡山、淮南之谋，作左官之律，服虔曰："仕于诸侯为左官，绝不得使仕于王侯也。"设附益之法。师古曰："盖取孔子云'求也为之聚敛而附益之'之义。"诸侯唯得衣食税租，不与政事。至于哀、平之际，皆继体苗裔，亲属疏远。生于帷墙之中，不为士民所尊，势与富室无异。"《高五王传赞》曰："时诸侯得自除御史大夫，群卿以下众官如汉朝。汉独为置丞相，自吴、楚诛后，稍夺诸侯权，左官、附益、阿党之法设。其后诸侯唯得衣食租税，贫者或乘牛车。"王莽分遣五威之吏，驰传天下，班行符命。汉诸侯王厥角稽首，奉上玺韨，唯恐在后。或乃称美颂德，以求容媚，岂不哀哉！此汉同姓诸侯王盛衰之大略也。《史记·高祖功臣侯表》云："汉兴，功臣受封者百有余人。天下初定，故大城名都散亡，户口可得而数者十二三。是以大侯不过万家，小者五六百户。后数世，民咸归乡里，户益息。萧、曹、绛、灌之属或至四万，小侯自倍，富厚如之。子孙骄溢，忘其先，淫嬖。至太初，百年之间，见侯五，余皆坐法殒命亡国，耗矣。网亦少密焉。然皆身无兢兢于当世之禁云。"则虽列侯之国，亦多不克自保矣。《汉书·高惠高后文功臣表》云：孝宣皇帝愍而录之，诏令有司，求其子孙。咸出庸保之中。并受复除，或加以金帛。降及孝成，复加恤问。稍益衰微，不绝如线。杜业纳说，谓虽难尽继，宜从尤功。于是成帝复绍萧何。哀、平之世，增修曹参、周勃之属而已。天之所废，固莫能兴之哉！

第五章
汉中叶事迹

第一节
汉代社会情形

抚循失职之民，翦灭功臣，辑和外国，削弱同姓诸王，皆所以使秩序不乱，民遂其生者也。然仅能维持现状而已，自晚周以来，众共谓当改正之事，未之能改也。此乃天下初定，有所未皇云尔，固非谓其不当改。治安既久，不复乐以故步自封，终必有起而正之者，则汉武帝其人矣。

自晚周以来，众共谓当改正者何事乎？人民之生计其首也。当封建全盛之世，井田之制犹存；工业之大者，皆属官营；商人则公家管理之甚严；除有土之君，食租衣税，富厚与民悬绝外，其余固无大不均。至东周以后，小康之世之遗规，亦且废坠，则大不然矣。董仲舒说武帝曰："富者田连阡陌，贫者无立锥之地。又专川泽之利，管山林之饶。荒淫越制，逾侈以相高。邑有人君之尊，里有公侯之富，小民安得不困？"晁错说文帝曰："今农夫五口之家，其服役者不下二人，其能耕者不过百亩。百亩之收，不过百石。春耕，夏耘，秋获，冬藏。伐薪樵，治官府，给徭役。

春不得避风尘，夏不得避暑热，秋不得避阴雨，冬不得避寒冻。四时之间，无日休息。又私自送往迎来，吊死问疾，养孤长幼在其中，勤苦如此，尚复被水旱之灾；急政暴虐，赋敛不时，朝令而暮改。当具有者半价而卖，无者取倍称之息。于是有卖田宅、鬻子孙以偿债者矣。而商贾：大者积贮倍息，小者坐列贩卖，操其奇赢，日游都市。乘上之急，所卖必倍。故其男不耕耘，女不蚕织，衣必文彩，食必粱肉。无农夫之苦，有阡陌之得。因其富厚，交通王侯，力过吏势，以利相倾，千里游遨，冠盖相望，乘坚策肥，履丝曳缟。此商人所以兼并农人，农人所以流亡者也。”皆见《汉书·食货志》。盖自地狭人稠，耕地不给以来，阡陌开而井田之制稍以破坏，于是私租起而田可卖买。有财势者乘机兼并，乃生所谓“田连阡陌”之家。至于山林川泽，则初由人君加以封禁，后遂或以赏赐，或取贡税，畀之能事经营之人，于是田以外之土地亦变公为私矣。文明程度愈高，则分工愈密。《货殖列传》列举末业，微至贩脂、卖酱，犹可以财雄一方，况其大焉者乎？董仲舒对策曰：“已受大，又取小，天不能足，而况人乎？”缅怀“古之所予禄者，不食于力，不动于末”，引“公仪子相鲁，之其家，见织帛，怒而出其妻，食于舍而茹葵，愠而拔其葵”以明之。深訾当时“身宠而载高位，家温而食厚禄”之徒，“因乘富贵之资力以与民争利于下”。《汉书》本传。案，《汉书·张安世传》载其“尊为公侯，食邑万户，然身衣弋绨，夫人自纺绩，家童七百人，皆有手技作事，内治产业，累积纤微”，即仲舒之所指斥者也。然则封君、地主包“田连阡陌”及“专川泽之利”“管山林之饶”者。工商，汉世所谓商人，实兼包农、工业家，如煮盐、开矿、种树皆农业，冶铸实工业是也。以皆自行贩卖，当时通称为商人。竞肆攘夺，平民复何以自存哉？《史记·平准书》述武帝初年富庶情形，见第四章第三节。而继之曰：“当是之时，网疏而民富，役财骄溢，或至兼并。

豪党之徒，以武断于乡曲。宗室有土公卿大夫以下，争于奢侈。”夫果人给家足，谁肯为人所兼并？又谁能兼并人？奢俭以相形而见，果其养生送死之奉，无大差殊，论者又何至疾首蹙頞，群以奢侈为患哉？然则《平准书》之所云，特通计全国之富，有加于前，实非真人给家足。分财不均，富者虽有余于前，贫者之蹙然不可终日如故也。制民之产之规、制节谨度之道，荡焉无存，阙焉不讲者，固已久矣。

次于生计者为教化。贾谊上疏陈政事曰：“商君遗礼义，弃仁恩，并心于进取，行之二岁，秦俗日败。故秦人家富子壮则出分，家贫子壮则出赘。借父耰锄，虑有德色。母取箕帚，立而谇语。抱哺其子，与公并倨。妇姑不相悦，则反唇而相稽。其慈子嗜利，不同禽兽者无几耳。然并心而赴时，犹曰蹶六国，兼天下。功成求得矣，终不知反廉愧之节，仁义之厚；信并兼之法，遂进取之业。天下大败，众掩寡，智欺愚，勇威怯，壮陵衰，其乱至矣。是以大贤起之，威震海内，德从天下。曩之为秦者，今转而为汉矣。然其遗风余俗，犹尚未改。今世以侈靡相竞，而上亡制度，弃礼谊、捐廉耻日甚，可谓月异而岁不同矣。逐利不耳，虑非顾行也。今其甚者杀父兄矣。盗者剟寝户之帘，搴两庙之器，白昼大都之中，剽吏而夺之金。矫伪者出几十万石粟，赋六百余万钱，乘传而行郡国。此其无行义之尤至者也。而大臣特以簿书不报期会之间，以为大故。至于俗流失，世坏败，因恬而不知怪，虑不动于耳目，以为是适然耳。夫移风易俗，使天下回心而向道，类非俗吏之所能为也。俗吏之所务，在于刀笔筐箧，而不知大体，陛下又不自忧，窃为陛下惜之。”董仲舒对策曰：“自古以来，未尝有以乱济乱，大败天下之民如秦者也。其遗毒余烈，至今未灭，使习俗薄恶，人民嚚顽、抵冒、殊扞、孰烂如此之甚者也。孔子曰：腐朽之木，不可雕也。粪土之墙，不可圬也。今汉继秦之后，如朽木粪墙矣。虽欲善治之，无可奈何。法出而奸生，令下而诈起。如以汤止沸，抱薪救火，愈甚，无益也。窃譬之：琴瑟不调，甚者必解而更张之，乃可鼓也。为政而不行，甚者必变而更化之，乃可理也。当更张而不更张，虽有良工，不能善调也。当更化而不更化，虽有大贤，不能善治也。故汉得天下以来，常欲善治而至今不可善治者，失之于当更化而不更化也。”此特举其两端，汉人议论，类此者不可悉数。以一切之失，悉归诸秦，固为非是，然当时风气，自有志者观之，蹙然不可终日，则无疑矣。

要而言之，社会有两种：有能以人力控制者，有不然者。立乎今日以观往古，能以人力控制者，盖唯孔子所谓大同之世为然。小康之世，则承其遗绪者也。自小康之治云遥，凡事一任其迁流之所至，遂成为各自为谋，弱肉强食之世界矣。欲正其本，非铲除党类（class）不可，此固非汉人所知。而既有党类，即利害相反，而终无以几于郅治，又非汉人之所知也。其争欲以吾欲云云之策，谋改革之方也，亦宜矣。

以上就国内言之也。若言国外，则异民族林立，上焉者宜有以教化之，使之偕进于礼义，下焉者亦宜有以慑服之，使不为我患，此亦当时之人以为当务之急者也。《史记·律书》曰：“高祖有天下，三边外叛，大国之王，虽称蕃辅，臣节未尽。会高祖厌苦军事，亦有萧、张之谋，故偃武一休息，羁縻不备。历至孝文即位，将军陈武等议曰：‘南越、朝鲜，自全秦时内属为臣子，后且拥兵阻厄，选蠕观望。高祖时，天下新定，人民小安，未可复兴兵。今陛下仁惠抚百姓，恩泽加海内，宜及士民乐用，征讨逆党，以一封疆。’孝文曰：‘朕能任衣冠，念不到此。会吕氏之乱，功臣宗室，共不羞耻，误居正位，常战战栗栗，恐事之不终。且兵凶器，虽克所愿，动亦耗病。谓百姓远方何？又先帝知劳民不可烦，故不以为意，朕岂自谓能？今匈奴内侵，军吏无功，边民父子荷兵日久，朕常为动心伤痛，无日忘之。今未能销距，愿且坚边设候，结和通使，休宁北陲，为功多矣，且无议军。’”此可见秦皇、汉武之开边，亦非其一人所为也。语曰：英雄造时势，时势亦造英雄。时势造英雄，屡见之矣，英雄造时势，则未之闻。所谓英雄，皆不过为一时风气之所鼓动而已矣。

第二节
儒术之兴

中国自汉以后，儒术盛行，其事实始于武帝，此人人能言之。然武帝非真知儒术之人也。武帝之侈宫室，乐巡游，事四夷，无一不与儒家之道相背。其封禅及起明堂，则惑于神仙家言耳，非行儒家之学也。然儒术卒以武帝之提倡而盛行，何哉？则所谓风气既成，受其鼓动而不自知也。

《汉书·武帝本纪》：“建元元年，冬，十月，诏丞相、列侯、中二千石、二千石、诸侯相举贤良方正直言极谏之士。丞相绾卫绾。奏‘所举贤良，或治申、商、韩非、苏秦、张仪之言，乱国政，请皆罢’，奏可。”此与后来之立五经博士，建元五年（前136）。为置弟子元朔五年（前124）。同其功。利禄之途，一开一塞，实儒术兴盛之大原因也。而武帝于其元年行之，《赞》所由美其“初立，卓然罢黜百家，表章六经”也。《董仲舒传》云：“自武帝初立，魏其、武安侯为相而隆儒矣。及仲舒对册，推明孔氏，抑黜百家。立学校之官，州郡举茂材、孝廉，皆自仲舒发之。”案，《本纪》：元光元年（前134），冬，十一月，初令郡国举孝、廉各一人。五月，诏贤良，于是董仲舒、公孙弘等出焉。仲舒对策，事在五月，而十一月已举孝廉，则不得云仲舒发之。《通鉴》乃系其事于建元元年，云不知在何时，唯建元元年举贤良著于《纪》，故系之。又疑《纪》言是年十一月初举孝廉为误。见《考异》。后人并有谓仲舒对策实在建元元年者。然《封禅书》谓建元六年窦太后崩，其明年，征文学之士公孙弘等，《汉书·郊祀志》无此四字，盖为钞胥所删。昔人钞书，随手删节处甚多。自唐以前，《汉书》之传习，较《史记》为广，故其见删节亦较甚。《史》《汉》相同处，《汉书》辞句，率较《史记》为简由此。后人谓孟坚有意为之，据之以言文字，则大谬矣。古人著书，袭前人处，率皆直录，事有异同，亦不删定，如《汉书·陈胜传》袭《史记》"至今血食"之文是也。何暇删节虚字邪？则弘之见擢，确在元光元年。《纪》言弘事不误，其言仲舒事不误可知。云举孝廉自仲舒发之者？盖初特偶行，得仲舒之言，遂为经制，抑本传辞不审谛，要未可据以疑《本纪》也。武帝即位，年仅十六，逾年改元，则十七耳。虽非昏愚之主，亦未闻其天纵夙成。成童未久，安知隆儒？即卫绾亦未闻其以儒学显。然则罢黜百家、表章六经之事，其为风气使然，无足疑矣。

魏其、武安之事，见于《史记》本传。曰：建元元年（前140），丞相绾病免。以魏其侯为丞相，武安侯为太尉。魏其、武安俱好儒术，推毂赵绾为御史大夫，王臧为郎中令，迎鲁申公，欲设明堂，令列侯就国，除关，以礼为服制，以兴太平。举適诸窦宗室毋节行者，除其属籍。时诸外家为列侯，列侯多尚宗室，皆不愿就国，以故毁日至窦太后。太后好黄、老之言，而魏其、武安、赵绾、王臧等务隆推儒术，贬道家言，是以窦太后滋不悦魏其等。及建元二年，赵绾请毋奏事东宫，窦太后大怒，乃罢逐赵绾、王臧等，而免丞相、太尉。《儒林传》：王臧、赵绾尝受《诗》

申公，绾、臧请天子，欲立明堂以朝诸侯，不能就其事，乃言师申公，于是天子使使束帛加璧驷马迎申公，以为太中大夫，舍鲁邸，议明堂事。太皇窦太后好老子言，不悦儒术，得赵绾、王臧过，以让上。上因废明堂事。尽下赵绾、王臧吏，后皆自杀。申公亦疾免以归。二年请毋奏事东宫，则元年常奏事东宫可知。然则罢黜百家之事，虽谓太后可其奏可也。《儒林传》言太后召辕固生问《老子》书。固曰："此是家人言耳。"太后怒，使入圈击豕。果为五千言之文，固即不悦道家，岂得诋为家人言？疑太后所好者实非今《老子》书也。要之太后实无所知，其贼赵绾、王臧非欲隆道而抑儒，特惑于外家之毁言耳。五经博士之立，事在建元五年，太后亦尚未崩，未闻其争不立老子，此太后不疾儒术之证。以本无所知之人，而亦能可罢黜百家之奏，益知儒术之兴由于时会也。《礼书》曰："秦有天下，悉纳六国礼仪，采择其善。""至于高祖，光有四海。叔孙通颇有所增益减损，大抵皆袭秦故。自天子称号，下至佐僚及宫室、官名，少所变改。孝文即位，有司议欲定仪礼。孝文好道家之学，以为繁礼饰貌，无益于治，躬化谓何耳。故罢去之。孝景时，御史大夫晁错明于世务刑名，数干谏孝景曰：'诸侯藩辅，臣子一例，古今之制也。今大国专治异政，不禀京师，恐不可传后。'孝景用其计，而六国叛逆，以错首名，天子诛错以解难。""是后官者，养交安禄而已，莫敢复议。今上即位，招致儒术之士，令共定仪。十余年不就，或言古者太平，万民和喜，瑞应辨至，乃采风俗，定制作。上闻之，制诏御史曰：'盖受命而王，各有所由兴，殊路而同归，谓因民而作，追俗为制也。议者咸称太古，百姓何望？汉亦一家之事，典法不传，谓子孙何？化隆者闳博，治浅者褊狭，可不勉欤！'乃以太初元年，改正朔，易服色，封太山，定宗庙百官之仪，以为典常，垂之于后云。"案，《屈原贾生列传》言贾生以为汉兴至孝文二十余年，天下和洽，当改正朔，易服色，法制度，定官名，兴礼乐。乃悉草具其事仪法：色尚黄，数用五，为官名，悉更秦之故。绛、灌之属害之。乃不用。然则其初亦有意于用之矣。贾山亦劝文帝定明堂，造太学，见《汉书》本传。《孝文本纪》言：鲁人公孙臣上书陈终始传五德事。言方今土德时，土德应，黄龙见，当改正朔、服色、制度。天子下其事。丞相张苍。推以为今水德始，罢之。十五年（前165），黄龙见成纪。天子乃复召公孙臣，以为博士，申明土德事。《封禅书》曰："与诸生草改历、服色事。"是岁，《封禅书》作"明年"。新垣平见。《封禅书》云：帝使博士诸生刺六经中作《王制》，谋议巡狩封禅。十七年，平以诈诛，帝乃怠于改正朔、服色之事。然则文帝且尝颇行之矣。谓其好道家之学，而谢有司之议，实不审之谈也。不特此也，秦始皇之怒侯生、卢生也，曰："吾前收天下书不中用者尽去之。悉召文学方术士甚众，欲以兴太平，方士欲练以求奇药。"兴太平指文学士言。《叔孙通传》云："秦时以文学征，待诏博士。"伏生亦故秦博士。《晁错传》。然则始皇虽焚书，所用未尝无儒生。盖亦有意于改制度、兴教化之事矣。其任法为治，特因天下初定，欲以立威，使其在位岁久，自以晏然无复可虞，亦未必不能为汉武之所为也。然则法制度，兴教化，乃晚周以来，言治者之公言，自秦始皇至汉文、景，非有所未皇，则谦让而不能就其事耳。至于武帝，则有所不让矣。夫欲法制度，定教化，固非儒家莫能为。故儒术之兴，实时势使然，不特非武帝若魏其、武安之属所能为，并非董仲舒、公孙弘辈所能扶翼也。然武帝终非能知儒术之人也。叔孙通之为汉立朝仪也，征鲁诸生三十余人。有两生不肯行。曰：礼乐，积德百年而后可兴也，今死者未葬，伤者未起。两生盖谓通将大有所为，不知其仅以折夫拔剑击柱者之气也。《礼书》訾通多袭秦故，于官名少所变改；其言孝景，则并晁错之削弱诸侯，亦以为议礼之事；贾生为官名，悉更秦之故；赵绾、王臧亦欲令列侯就国，除关；然则汉儒之言改制者，其所包盖甚广，非徒改正朔、易服色，无与实际之事而已。今《史记·礼书》已亡，武帝之所定者，已不可见，度不过仪文之末。何则？苟有大于此者，节文度数，虽不可得而详，后人必有能言其略者也。《汉书·武帝纪》言太初元年（前104），改历，用夏正，色尚黄，数用五，定官名，协音律。今观《百官公卿表》，武帝于秦官实少所变改，则其所定者皆琐细不足道可知。当时议者，或欲俟诸太平之后，乃采风俗，定制作；此六字最精。采风俗而后定制作，所谓因人情而为之节文，其所定者，必皆切于民生实用，非如后世之制礼者徒以粉饰视听，民莫之知，而其意亦本不欲民之知之也。或则高谈皇古；盖皆不肯苟焉而已。而武帝则徒欲其速成，虽褊狭有所不恤。其曰汉亦一家之事，非知五帝不袭礼，三皇不沿乐之义，特恶夫高议难成而已。自是以后，所谓礼乐者，遂徒以饰观听，为粉饰升平之具，而于民生日用无与焉，岂不哀哉？

第三节
武帝事四夷一

自刘敬使匈奴，结和亲之约，冒顿浸骄。孝惠、高后时，为书遗高后，妄言。高后欲击之，以季布谏而止。孝文三年（前177），匈奴右贤王入居河南为寇。遣丞相灌婴击之。右贤王走出塞。明年，单于遗汉书。六年，汉亦报以书。顷之，冒顿死，子稽粥立，号曰老上单于。文帝复遣宗室女为单于阏氏。使宦者燕人中行说傅之。说不欲行，汉强使之，说因降单于，教之猾夏。

十四年，单于十四万骑入朝那、萧关。在今甘肃固原县南。候骑至雍甘泉。雍，汉县，在今陕西凤翔县南。甘泉，宫名。汉发车千乘，骑十万，军长安旁。又发车骑，使五将军往击之。单于留塞内月余。汉逐出塞即还，不能有所杀。匈奴日以骄。岁入边，杀掠人民畜产甚众。汉患之。使使遗之书。单于亦使报谢。后二年，复和亲。明年，老上单于死，子军臣单于立。中行说复事之。后六年，绝和亲，大入上郡、云中。汉发三将军屯北地，郡名。治马领，今甘肃环县。代屯句注，即雁门山，在今山西代县西北。赵屯飞狐口，在今察哈尔蔚县南。缘边坚守以备之。又置三将军屯长安西，数月乃罢。文帝崩，景帝立，赵王遂阴使匈奴。汉围破赵，匈奴亦止。景帝复与匈奴和亲。通关市，给遗单于，遣公主如故约。终景帝世，时时小入盗边，无大寇。武帝即位，明和亲约束，厚遇，通关市以饶给之。匈奴自单于以下皆亲汉，往来长城下。元光二年（前133)，雁门豪聂壹因大行王恢言："匈奴初和亲，亲信边，可诱以利，致之，伏兵袭击，必破之道也。"上召问公卿。恢请击之。御史大夫韩安国不可。上从恢议。使壹亡入匈奴，阳为卖马邑城，以诱单于。汉伏兵三十余万马邑旁。单于以十万骑入武州塞。武州，汉县，今山西左云县。未至马邑，觉汉谋，引还。自是之后，匈奴绝和亲，攻当路塞，往往入盗于边，不可胜数。然尚乐关市，嗜汉财物。汉亦关市不绝以中之。元光六年（前129)，汉始出兵击匈奴。自此至征和三年（前90)，凡四十年，汉与匈奴屡构兵，而其中大有关系者凡三役：(一）元朔二年（前127)，卫青取河南地，筑朔方，汉郡，今鄂尔多斯左翼后旗。复缮蒙恬所为塞，因河而为固。三年，军臣单于死，弟左谷蠡王伊稚斜自立。军臣太子於单亡降汉，汉封为陟安侯，数月死。时右贤王怨汉，数寇边，及入河南，侵扰朔方。五年，卫青出朔方，夜围右贤王，右贤王脱身走。于是河南之势固，秦中之患息，而廓清幕南之基，且于是立矣。

（二）元狩二年（前121），昆邪王杀休屠王降汉。《地理志》："武威郡，故匈奴休屠王地。""张掖郡，故匈奴昆邪王地。"汉减北地以西戍卒半，以其地为武威、今甘肃武威县。酒泉郡。今甘肃高台县。后又置张掖、今甘肃张掖县。敦煌郡，今甘肃敦煌县。徙民以实之。据《本纪》，张掖、敦煌之分，事在元鼎六年（前111）。《地理志》则武威，太初四年（前101）开。张掖、酒泉，太初元年开。敦煌，后元年（前88）分酒泉置。而汉通西域之道开，羌、胡之交关绝矣。（三）为元狩四年卫、霍之大举。先是胡小王赵信降汉，汉封为翕侯。后复为匈奴所得，单于以为自次王，以其姊妻之，与谋汉。信教单于益北绝幕，以诱疲汉兵，徼极而取之。单于从其计。是年，汉谋，以为信为单于计，居幕北，以为汉兵不能至。乃粟马，发十万骑，私负从马凡十四万匹，粮重不与焉。令卫青、霍去病中分军。青出定襄，汉郡，治成乐，今绥远和林格尔县。去病出代，咸约绝幕击匈奴。单于闻之，远其辎重，以精兵待幕北。与青接战，一日，弗能与，遁走。青北至阗颜山赵信城。去病出代二千余里，封于狼居胥山，禅姑衍，临瀚海而还。是后匈奴远遁，而幕南无王庭。汉渡河，自朔方以西至令居，汉县，今甘肃永登县。往往通渠，置田官，吏卒五六万人，稍蚕食，地接匈奴以北。言抵匈奴旧境更北进。然是役也，汉士卒物故亦万数，马死者十余万，匈奴虽病远去，而汉马亦少，无以复往矣。是武帝时兵威之极也。元鼎三年，伊稚斜单于死，子乌维立。汉方南诛两越，不击匈奴，匈奴亦不入边。元封元年（前110），武帝亲巡朔方，勒兵十八万骑。使郭吉风告单于曰："南越王头已悬于汉北阙。今单于能，即前与汉战，天子自将待边。即不能，亟南面而臣于汉。何但远走亡匿于幕北苦寒无水草之地为？"单于怒，留吉，而终不肯为寇于汉边，数使使好辞甘言求和亲。然汉使杨信说单于曰："即欲和亲，以单于太子为质于汉。"而单于曰："非故约。故约：汉尝遣翁主，给缯絮、食物有品以和亲，而匈奴亦不复扰边。今乃欲反古，令吾太子为质，无几矣。”则尚崛强，未肯臣服也。元封六年，乌维单于死，子詹师卢立。年少，号为儿单于。《史记》云：“自此之后，单于益西北，左方兵直云中，右方直酒泉、敦煌郡。”案，《史记》前言匈奴“诸左方王将居东方，直上谷以往者，东接秽貉、朝鲜。右方王将居西方，直上郡，以西接月氏、氐、羌，而单于之庭直代、云中”。元帝时侯应议罢边备塞吏卒曰：“北边塞至辽东，外有阴山，东西千余里，草木茂盛，多禽兽，本冒顿单于依阻其中，治作弓矢，来出为寇，是其苑囿也。”则《史记》初所述者，盖冒顿时疆域，自武帝出兵讨伐，乃渐徙而西北也。儿单于年少，好杀伐，国中不安。左大都尉欲杀单于降，求援应。太初元年（前 104），汉为筑受降城。在今乌喇特旗北界。犹以为远。二年，使赵破奴出朔方，西北二千余里。左大都尉欲发而觉，单于诛之。破奴军亦没。三年，单于死，子少，匈奴立乌维单于弟右贤王呴犁湖。汉使光禄徐自为出五原塞五原，汉郡，见第二章第二节。数百里，远者千余里，筑城障，列亭至卢朐。又使强弩都尉路博德筑居延泽上。秋，匈奴大入定襄、云中。行坏光禄所筑。又入酒泉、张掖。冬，单于死，弟左大都尉且鞮侯立。四年，汉既诛大宛，威震外国，天子意欲遂困胡，乃下诏曰：“高皇帝遗朕平城之忧。高后时，单于书绝悖逆。昔齐襄公复九世之仇，《春秋》大之。”然天汉二年（前 99）、四年，数道出兵，均不甚利。太始元年（前 96），且鞮侯单于死，长子左贤王立，为狐鹿姑单于。征和三年，李广利等复大出。会广利妻子坐巫蛊收，欲深入邀功，其下谋共执广利，广利乃还。为单于所遮，军败，广利降。是役也，汉失大将、士卒数万人，不复出兵。后三岁而武帝崩。

第四节
武帝事四夷二

西域二字，义有广狭。《汉书》云："南北有大山，中央有河，今塔里木河。……东则接汉，厄以玉门、阳关，两关俱属汉龙勒县，在今甘肃敦煌县西。西则限以葱岭。"此为西域之初疆，实指今之天山南路言之。其后使译所及益广，而亦概称为西域，则西域之版图式廓矣。历代所谓西域，率随其交通所至而名之，其境界初无一定也。《汉书》云："自玉门、阳关出西域有两道：从鄯善，傍南山北，波河西行，至莎车，为南道。南道西逾葱岭，则出大月氏、安息。自车师前王庭随北山，波河西行，至疏勒，为北道。北道西逾葱岭，则出大宛、康居、奄蔡。"以孝武时始通。本三十六国，后稍分至五十余。师古曰："司马彪《续汉书》云：至于哀、平，有五十五国也。"今表其境界、道里及户口、胜兵之数如下。除大月氏、康居、大宛、乌孙为葱岭西之大国外，口数逾万者，仅鄯善、拘弥、于阗、西夜、难兜、莎车、疏勒、姑墨、龟兹、焉耆十国，小者乃不盈千。盖多处山谷之间，或在沙漠中之泉地，故其形势如此云。

国名	都城名	境界道里	户数	口数	胜兵数	今地
婼羌		辟在西南，不当孔道，西与且末接。	四百五十	千七百五十	五百	柴达木区域
鄯善 本名楼兰。	扜泥城	至山国千三百六十五里。西北至车师千八百九十里。西通且末七百二十里。	千五百七十	万四千一百	二千九百十二	罗布泊南

续表

国　名	都城名	境界道里	户　数	口　数	胜兵数	今　地
且末 《三国志》注引《魏略》作“且志”，误。	且末城	北接尉犁。南至小宛可三日行。西通精绝二千里。	二百三十	千六百一十	三百二十	在车尔成河上
小宛	扜零城	东与婼羌接。辟南，不当道。	百五十	千五十	二百	戈壁
精绝	精绝城	南至戎卢国四日行。西通扜弥四百六十里。	四百八十	三千三百六十	五百	戈壁
戎卢	卑品城	东与小宛，南与婼羌，西与渠勒接。辟南，不当道。	二百四十	千六百一十	三百	戈壁
扜弥 《史记·大宛列传》作“扜冞”。《汉书》云“今名宁弥”。盖据班氏作传时言之也。《后汉书》作“拘弥”。	扜弥城	南与渠勒，东北与龟兹，西北与姑墨接。西通于阗三百九十里。	三千三百四十 《后书》二千一百七十三。	二万四十 《后书》七千二百五十一。	三千五百四十 《后书》一千七百六十。	戈壁
渠勒	鞬都城	东与戎卢，西与婼羌，北与扜弥接。	三百一十	二千一百七十	三百	戈壁
于阗	西城	南与婼羌，北与姑墨接。西通皮山三百八十里。	三千三百 《后书》三万二千。	万九千三百 《后书》八万三千。	两千四百 《后书》三万余。	和阗县南
皮山 《魏略》作“皮穴”。	皮山城	西南至乌秅国千三百四十里。南与天笃接。北至姑墨千四百五十里。西南当罽宾、乌弋山离道。西北通莎车三百八十里。	五百	三千五百	五百	皮山县
乌秅	乌秅城	北与子合、蒲犁，西与难兜接。	四百九十	二千七百三十三	七百四十	巴达克山
西夜 《汉书》云：“王号子合王。”《后书》：“西夜国一名漂沙。”《汉书》中误云西夜、子合是一国，今各自有王。	呼犍谷 《后书》：“子合国居呼犍谷。”		三百五十 《后书》二千五百。子合户三百五十。	四千 《后书》万余。子合口四千。	千 《后书》三千，子合户千。	叶城县南

续表

国　名	都城名	境界道里	户　数	口　数	胜兵数	今　地
蒲犁 《魏略》作“满犁”。	蒲犁谷	东至莎车五百四十里。北至疏勒五百五十里。西至无雷五百四十里。	六百五十	五千	二千	蒲犁县
依耐		至莎车五百四十里，至无雷五百四十里，北至疏勒六百五十里。南与子合接。	百二十五	六百七十	三百五十	英吉沙县
无雷	卢城	南至蒲犁五百四十里。南与乌秅，北与捐毒，西与大月氏接。	千	七千	三千	在苏俄境内
难兜		西至无雷三百四十里。西南至罽宾三百三十里。南与婼羌，北与休循，西与大月氏接。	五千	三万一千	八千	巴达克山西境
罽宾 不属都护。		东至乌秅二千二百五十里。东北至难兜九日行。西北与大月氏，西南与乌弋山离接。	户口胜兵多，大国也。			克什米尔
乌弋山离不属都护，《后书》云：时改名排特。《魏略》作“乌弋”，云一名“排持”。持，北宋本作“特”。		东与罽宾，北与扑桃，西与犁靬、条支接。行可百余日至。自玉门、阳关出南道，历鄯善而南行，至乌弋山离。南道极矣，转北而东得安息。	户口胜兵大国也。案，“兵”下疑夺“多”字。			Zalan 洼地
安息 不属都护。	番兜城 《后书》作“和椟城”。	北与康居，东与乌弋山离，西与条支接。	《后书》云：“户口、胜兵，最为殷盛。”			波斯
大月氏 不属都护。	监氏城 《史记》作“蓝市城”，《后书》作“蓝氏城”。	西至安息四十九日行。南与罽宾接。	十万 《后书》同。	四十万 《后书》同。	十万 《后书》十余万。	今索格日亚(Sogdiana)。蓝氏城，今班勒纥(Balkn)。

续表

国　名	都城名	境界道里	户　数	口　数	胜兵数	今　地
康居 不属都护。	冬治乐越匿地到卑阗城。 案，乐越匿地即越匿地，不知上文衍抑下文脱。到卑阗城，《大宛传》中但作卑阗城，疑到字衍。	至越匿地马行七日。至王夏所居蕃内九千一百四里。案，距离当据到卑阗城言之。	十二万	六十万	十二万	咸海沿岸锡尔河下流。
大宛	贵山城	北至康居卑阗城千五百十里。西南至大月氏六百九十里。北与康居，南与大月氏接。	六万	三十万	六万	贵山城，今霍阐。
桃槐			七百	五千	千	当在葱岭西。
休循 《魏略》作“休修”。	鸟飞谷	至捐毒衍敦谷二百六十里。西北至大宛九百二十里。西至大月氏千六百一十里。	三百五十八	千三十	四百八十	Irkeshcam
捐毒		东至疏勒。南与葱岭属。西上葱岭，则休循也。西北至大宛千三十里。北与乌孙接。	三百八十	千一百	五百	Kalategin
莎车	莎车城	西至疏勒五百六十里。西南至蒲犁七百四十里。	二千三百三十九	万六千三百七十三	三千四十九	莎车县
疏勒 《魏略》作“竭石”。	疏勒城	南至莎车五百六十里。西当大月氏、大宛、康居道。	千五百一十 《后书》二万一千。	万八千六百四十七	二千 《后书》三万余。	疏勒县
尉头	尉头谷	南与疏勒接，山道不通。西至捐毒千三百一十四里，径道马行二日。	三百	二千三百	八百	乌什县

续表

国名	都城名	境界道里	户数	口数	胜兵数	今地
乌孙	赤谷城	西至康居蕃内地五千里。东与匈奴，西北与康居，西与大宛，南与城郭诸国相接。	十二万	六十三万	十八万八千八百	吉利吉思旷原。赤谷城在锡尔河上流纳林河岸。
姑墨	南城	南至于阗马行十五日。北与乌孙接。东通龟兹六百七十里。	三千五百	二万四千五百	四千五百	阿克苏县
温宿	温宿城	西至尉头三百里。北至乌孙赤谷六百一十里。东通姑墨二百七十里。	二千二百	八千四百	千五百	乌什县
龟兹	延城	南与精绝，东南与且末，西南与扜弥，北与乌孙，西与姑墨接。东至都护治所乌垒城三百五十里。	六千九百七十	八万一千三百一十七	二万一千七十六	库车县
乌垒	与都护同治	其南三百三十里至渠犁。	百一十	千二百	三百	库车东南
渠犁		东北与尉犁，东南与且末，南与精绝接。西至龟兹五百八十里。东通尉犁六百五十里。	百三十	千四百八十	百五十	库车、焉耆间。
尉犁《魏略》作“尉梨”。	尉犁城	西至都护治所三百里。南与鄯善、且末接。	千二百	九千六百	二千	尉犁县
危须	危须城	西至都护治所五百里，至焉耆百里。	七百	四千九百	二千	焉耆东北
焉耆	员渠城《后书》作“南河城”。	西南至都护治所四百里。南至尉犁百里。北与乌孙接。	四千《后书》万五千。	三万二千一百《后书》五万二千。	六千《后书》二万余。	焉耆县
乌贪訾离《魏略》作“乌贪”。	于娄谷	东与单桓，南与且弥，西与乌孙接。	四十一	二百三十一	五十七	玛纳斯河、额毕湖间。
卑陆《魏略》作“毕陆”。	天山东干当国	西南至都护治所千二百八十七里。	二百二十七	千三百八十七	四百二十二	阜康县

续表

国　名	都城名	境界道里	户　数	口　数	胜兵数	今　地
卑陆后国	番渠类谷	东与郁立师，北与匈奴，西与劫国，南与车师接。	四百六十二	千一百三十七	三百五十	阜康县东北
郁立师	内咄谷	东与车师后城长，西与卑陆，北与匈奴接。	百九十	千四百四十五	三百三十一	古城西北
单桓	单桓城		二十七	百九十四	四十五	迪化县境
蒲类《魏略》作“蒲陆”。	天山西疏榆谷。	西南至都护治所千三百八十七里。	三百二十五《后书》八百余。	二千三十二《后书》二千余。	七百九十九《后书》七百余。	吐鲁番县北
蒲类后国			百	千七十	三百三十四	巴里坤湖北
西且弥	天山东于大谷	西南至都护治所千四百八十七里。	三百三十二	千九百二十六	七百三十八	呼图壁河至玛纳斯河间。
东且弥	天山东兑虚谷	西南至都护治所千五百八十七里。	百九十一《后书》三千余。	千九百四十八《后书》五千余。	五百七十二《后书》二千余。	
劫国	天山东丹渠谷	西南至都护治所千四百八十七里。	九十九	五百	百十五	昌吉县北
狐胡	车师柳谷	西至都护治所千一百四十七里，至焉耆七百七十里。	五十五	二百六十四	四十五	辟展西
山国		西至尉犁二百四十里。西北至焉耆百六十里。西至危须二百六十里，东南与鄯善、且末接。	四百五十	五千	千	巴格喇赤湖、罗布泊间。
车师前国	交河城	西南至都护治所千八百七里，至焉耆八百三十五里。	七百《后书》千五百余。	六千五十《后书》四千余。	千八百六十五《后书》两千。	广安城西二十里
车师后国	务涂谷	西南至都护治所千二百三十七里。	五百九十五《后书》四千余。	四千七百七十四《后书》万五千余。	千八百九十《后书》三千余。	济木萨南
车师都尉国			四十	三百三十三	八十四	广安城东七十里喀喇和卓
车师后城长			百五十四	五百六十	二百六十	奇台县北

诸国民族，可分数派。《汉书》云："西夜与胡异，其种类羌、氐，行国。"又云："蒲犁及依耐、无雷国，皆西夜类也。"又云无雷俗"与子合同"。《后书》又有"德若"，云："与子合相接，其俗皆同。"又有"移支"，"居蒲类地"，"披发，随畜逐水草"。盖皆氐、羌之类，缘南山而西出者也。《汉书》云：乌孙本塞地。"昔匈奴破大月氏，月氏西君大夏，而塞王南君罽宾。塞种分散，往往为数国。自疏勒以西北，休循、捐毒之属，皆故塞种也"。《穆天子传》为魏、晋后伪书，所述皆汉以后情形，已见《先秦史》第八章第八节。此书于地名、器物，皆著之曰西膜之所谓某某，足见西膜为西方一大族。西膜与塞疑即一语，或白种中之塞米族（Semites）耶？又乌孙，颜师古注云："于西域诸戎，其形最异。今之胡人，青眼赤须，状类猕猴者，本其种也。"近日史家皆谓乌孙与坚昆同种。坚昆即唐时之黠戛斯，元时之吉利吉思，今之哈萨克。黠戛斯，《唐书》固明言其"赤发、皙面、绿瞳"也。近年英、俄、法、德诸考古家，在新疆发现古书，有与印度欧罗巴语类者，以其得之之地名之曰焉耆语、龟兹语。焉耆语行于天山之北，龟兹语行于天山之南。颇疑龟兹语为塞种语，焉耆语为乌孙等游牧民语也。西史家谓西域人称希腊为伊耶安（Yavanas），为耶而宛（Ionian）转音，故大宛实为希腊人东方殖民地。安息即西史之泊提亚（Paltnia），大夏则巴克特利亚（Bactlia），皆亚历山大死后东方分裂所生之新国。安息犹率其游牧之俗，大夏文化则酷类希腊焉。故汉通西域，实为东西洋文化交通之始也。《史记·大宛列传》云："自大宛以西至安息，国虽颇异言，然大同俗，相知言；《汉书·西域传》作"然大同，自相晓知也"。其人皆深眼，多须髯"，可以知其种族矣。然玉门、阳关以西，亦非遂无华人。《汉书》曰："自且末以往，皆种五谷。土地、草木、畜产、作兵，略与汉同。有异乃记云。"今观其书，记者少，不记者多，则诸国之俗实与汉大同。案，《管子·揆度》“北用禺氏之玉，南贵江、汉之珠”，何秋涛谓禺氏即月氏。日本桑原骘藏言：月氏据甘肃，故天山南路之玉，经其地而入中国，玉门之名或亦因此而得，见所著《张骞西征考》，杨铼译，商务印书馆本。说颇有理。人民移殖，率在国家开拓之先。汉朝未知西域及西南夷，而枸酱、竹杖即已远届其地，此其明证。然则谓汉世天山南路多有华人，必非傅会之谈也。至于后世，胡人益盛，汉族稍微，则因道里有远近之殊，移居有多少之异。犹之朝鲜之地，自汉以降，貉族转多，然不能谓《方言》所载，北燕、朝鲜之间，言语皆同，及《后书》辰韩言语，有似秦人为虚语也。《魏书·西域·于阗传》云：“自高昌以西，诸国人等深目高鼻。唯此一国，貌不甚胡，颇类华夏。”《大唐西域记》亦谓于阗之语与他国不同。今考古学家谓于阗东之克里雅人，体格多似黄人。掘地所得陶像及雕刻、壁画，面貌亦与黄人相似，古书非印度、伊兰、突厥语，而与西藏语相类，断其人来自藏地，此则不知汉时已然否耳。

汉通西域，起于武帝之欲攻匈奴，而成于武帝之侈心。初，敦煌、祁连间有行国曰月氏。匈奴西边又有小国曰乌孙。《史记·大宛列传》。《汉书·张骞传》曰：乌孙与大月氏“俱在祁连、敦煌间”。《西域传》同，而夺“祁连”二字。月氏为冒顿所破。老上单于又破月氏王，以其头为饮器。《史记·大宛列传》：建元中，天子问匈奴降者，皆言匈奴破月氏王，以其头为饮器。《匈奴列传》：孝文帝四年（前176），老上单于遗汉书曰：“今以小吏之败约，故罚右贤王，使之西求月氏击之。以天之福，吏卒良，马强力，以夷灭月氏，尽斩杀降下之。定楼兰、乌孙、呼揭及其旁二十六国，皆以为匈奴。”匈奴之破月氏、乌孙，定西域，当在此时。窃疑乌孙难兜靡亦实为匈奴所杀，《汉书》云为大月氏所杀，乃因乌孙攻逐月氏而附会也。月氏西破走塞王。塞王南越县度。在乌秅西。大月氏居其地。乌孙昆莫难兜靡，或云为匈奴所杀，《史记·大宛列传》。或云为大月氏所杀。《汉书·张骞传》。其子猎骄靡，仍属匈奴。自请于单于，西攻破月氏。月氏乃远去。过大宛，西击大夏而臣之。都妫水北为王庭。妫水，今阿母河。而乌孙稍强，亦不复肯朝事匈奴，取羁属而已。建元中，匈奴降者言月氏怨匈奴，无与共击之。汉因欲通使，而时匈奴右方居盐泽，今罗布泊。以东至陇西长城，南接羌，隔汉道。汉欲通使，道必更匈奴中。乃募能使者。张骞以郎应募。为匈奴所得。留十余年，与其属亡向月氏。西走数十日，至大宛。大宛为发导驿抵康居，传致大月氏。时月氏地肥饶，少寇，志安乐，又自以远汉，殊无报胡之心。骞留岁余还。并南山，欲从羌中归。复为匈奴所得。留岁余，单于死，元朔三年（前126）军臣单于。左谷蠡王攻其太子自立，国内乱，骞乃得亡归。骞身所至者，大宛、大月氏、大夏、康居，而传闻其旁大国五六。具为天子言之。骞曰："臣在大夏时，见邛竹杖、蜀布。问曰：'安得此？'大夏国人曰：'吾贾人往市之身毒。身毒在大夏东南，可数千里。其俗土著，大与大夏同，而卑湿暑热云。其人民乘象以战，其国临大水焉。'以骞度之：大夏去汉万二千里，居汉西南，今身毒国又居大夏东南数千里，有蜀物，此其去蜀不远矣。今使大夏，从羌中，险，羌人恶之。少北，则为匈奴所得。从蜀，宜径，又无寇。"天子既闻大宛及大夏、安息之属皆大国，多奇物，土著颇与中国同业，而兵弱，贵汉财物；其北有大月氏、康居之属，兵强，可以赂遗设利朝也。且诚得而以义属之，则广地万里，重九译，致殊俗，威德遍于四海。天子欣然，以骞言为然。乃令骞因蜀犍为发间使，四道并出。出駹，出冉，出徙，出邛、僰，皆各行一二千里。其北方闭氐、筰，南方闭嶲、昆明……终莫得通。参看第七节。然闻其西可千余里有乘象国，名曰滇越，而蜀贾奸出物者或至焉。武帝是时，盖动于侈心，绝非攻胡之初志矣。及浑邪王降，金城、河西西并南山至盐泽，空无匈奴。其后二年，汉又击走单于于幕北。是后天子数问骞大夏之属。骞请厚币赂乌孙，招以益东，居故浑邪之地。既连乌孙，自其西大夏之属，皆可招来而为外臣。天子以为然。拜骞为中郎将。赍金币帛，值数千巨万，多持节副使，道可使，使遗之他旁国。骞既至乌孙，谕指。乌孙昆莫猎骄靡。有十余子，中子大禄强，善将。大禄兄为太子，有子曰岑娶。《汉书》作"岑陬"，官名，名军须靡。太子早死，谓昆莫曰："必以岑娶为太子。"昆莫哀而许之。大禄怒，叛，谋攻岑娶及昆莫。昆莫予岑娶万余骑，令别居。国分为三，不能专制。又远汉，未知其大小，素服属匈奴，又近之。其大臣皆不欲徙。但发通译送骞还。而骞所分遣使通大宛、康居、大月氏、大夏、安息、身毒、于阗、扜罙及诸旁国者，后颇与其人俱来，西北国始通于汉矣。匈奴闻汉通乌孙，怒，欲击之。乌孙乃恐，使使献马，愿得尚汉女。元封中，乃遣江都王建见第四章第六节。女细君为公主，妻昆莫。昆莫年老，又使岑娶尚公主云。时汉筑令居以西，置酒泉郡，以通西北国。一岁中使多者十余，少者五六辈。楼兰、姑师当道，苦之。攻劫汉使王恢等。又数为匈奴耳目，令其兵遮汉使。元封三年（前108），武帝遣恢佐赵破奴虏楼兰王，遂破姑师。于是酒泉列亭障至玉门矣。天子好宛马，使从者言宛有善马，在贰师城，匿不肯与汉使。天子使壮士车令等持千金及金马以请，宛不肯与。汉使怒，妄言，椎金马而去。宛贵人怒，令其东边郁成遮攻杀汉使。太初元年（前104），汉拜李广利为贰师将军。发属国六千骑及郡国恶少年数万以往，伐宛。当道诸国，各坚城守，不肯给食。比至郁成，士不过数千，皆饥疲。攻郁成，郁成大破之，所杀伤甚众。引还，往来二岁。至敦煌，士不过什一二。天子使使遮玉门，曰："军有敢入者，辄斩之。"贰师恐惧，因留敦煌。天子案言伐宛尤不便者。赦囚徒材官，益发恶少年及边骑。岁余而出敦煌者六万人。负私从者不与。所至小国，莫不迎，出食给军。兵到者三万人。围其城，攻之四十余日。宛贵人杀其王毋寡。汉立贵人善汉者昧蔡为王。别将破郁成。郁成王亡走康居。康居出以与汉。贰师之东，诸所过小国闻宛破，皆使其子弟从军入献，见天子，因以为质焉。时为太初四年（前 101）。岁余，宛贵人以为昧蔡善谀，使我国遇屠，相与杀昧蔡，立毋寡昆弟蝉封为宛王，而遣其子入质于汉。汉因使使赂遗以镇抚之。自伐大宛后，西域震惧，多遣使来贡献。汉使西域者益得职。于是自敦煌西至盐泽，往往起亭，而轮台、《李广利传》注：轮台，国名。今新疆轮台县。渠犁，皆有田卒数百人，置使者校尉领护，以给外国使者焉。天汉二年（前 99），以匈奴降者介和王为开陵侯，将楼兰国兵击车师。匈奴遣右贤王将数万骑救之。汉兵不利，引去。征和四年（前 89），遣重合侯马通将四万骑击匈奴，道过车师北，复遣开陵侯将楼兰、尉犁、危须凡六国兵别击车师，勿令得遮重合侯道。诸国共围车师。车师王降。于是搜粟都尉桑弘羊与丞相、御史奏遣卒田轮台以东。募民壮健有累重敢徙者诣田所。稍筑列亭，连城而西，以威诸国，辅乌孙。时李广利以军降匈奴，上既悔远征伐，乃下诏，深陈既往之悔，由是不复出军，而封丞相田千秋为富民侯，以明休息，思富养民云。

第五节
武帝事四夷三

羌为亚洲中央一大族。在汉世可考见者，凡分三支：一在西域，已见上节。一在今甘肃、四川、云南等省，见第七节。其为患最深者，则居河、湟间之一支也。河、湟间之羌，缘起见《后汉书·西羌传》，曰："羌无弋爰剑者，秦厉公时，为秦所拘执，以为奴隶。后得亡归。而秦人追之急，藏于岩穴中得免。羌人云爰剑初藏穴中，秦人焚之，有景象如虎，为其蔽火，得以不死。既出，又与劓女遇于野，遂成夫妇。女耻其状，披发覆面，羌人因以为俗。遂俱亡入三河间。注："《续汉书》曰：'遂俱亡入河、湟间。'今此言三河，即黄河、赐支河、湟河也。"丁谦《考证》云：赐支河，即《水经注》浩亹河，今名大通河，湟河在大通河南。诸羌见爰剑被焚不死，怪其神，共畏事之，推以为豪。河、湟间少五谷，多禽兽，以射猎为事。爰剑教之田畜，遂见敬信。庐落种人依之者日益众。羌人谓奴为无弋，以爰剑尝为奴隶，故因名之。其后世世为豪。至爰剑曾孙忍时，秦献公初立，欲复穆公之迹，兵临渭首，灭狄豲戎，忍季父卬畏秦之威，将其种人附落而南，出赐支河曲西数千里，与众羌绝远，不复交通。其后子孙分别，各自为种，任随所之。或为牦牛种，越巂羌是也。或为白马种，广汉羌是也。或为参狼种，武都羌是也。广汉，郡名。前汉治梓潼，今四川梓潼县。后汉治洛，今四川广汉县。余见第七节。忍及弟舞独留湟中。并多娶妻妇。忍生九子，为九种，舞生十七子，为十七种。羌之兴盛，从此起矣。"又云："自爰剑后，子孙支分，凡百五十种。其九种在赐支河首以西，及在蜀、汉徼北，前史不载口数，唯参狼在武都，胜兵数千人。其五十二种，衰少不能自立，分散为附落，或绝灭无后，或引而远去。其八十九种，唯钟最强，胜兵十余万，其余大者万余人，小者数千人，更相钞盗，盛衰无常，无虑顺帝时胜兵合可二十万人。发羌、唐旄等绝远，未尝往来，牦牛、白马羌在蜀、汉，其种别名号，皆不可纪知也。"所言爰剑之事，虽不足信，然今青海、甘肃、四川、云南之羌共为一族，则较然可知矣。《后书》又云：忍子研豪健，羌中号其后为研种。武帝渡河、湟，筑令居塞，初开河西，列置四郡，通道玉门，隔绝羌、胡，使南北不得交关，于是障塞亭燧，出长城外数千里。时先零羌与封养牢姐种解仇结盟，与匈奴通。合兵十余万，共攻令居、安故，今甘肃临洮县。遂围枹罕。今甘肃临夏县。汉遣将军李息、郎中令徐自为将兵十万击平之。始置护羌校尉，持节统领焉。《汉书·武帝纪》，事在元鼎五年（前112），“安故”作“故安”，误。羌乃去湟中，依西海、盐池左右。汉遂因山为塞。河西地空，稍徙人以实之。案，羌之为患，皆因据有河、湟，武帝时逐出之，而徙民以实河西，规模颇远，惜乎后世之不克负荷也。

第六节
武帝事四夷四

中国文化传播于四方者，以东方为最盛。东方诸国，渐染中国文化最深者，莫如朝鲜。其所由然，实以其久隶中国为郡县故，而首郡县朝鲜者，则汉武帝也。《史记·朝鲜列传》云：朝鲜王满者，故燕人也。自始全燕时，尝略属真番、朝鲜，为置吏，筑障塞。秦灭燕，属辽东外徼。汉兴，为其远，难守，复修辽东故塞，至浿水为界。浿水，今大同江。属燕。燕王卢绾反，入匈奴，满亡命，聚党千余人，魋结，蛮夷服，而东走出塞。渡浿水，居秦空地上下障。稍役属真番、朝鲜蛮夷及故燕、齐亡命者，王之。都王险。当在汉江流域。会孝惠、高后时，天下初定，辽东太守即约满为外臣。保塞外蛮夷，无使盗边。诸蛮夷君长欲入见天子，勿得禁止。以闻。上许之。以故满得以兵威财物，侵降其旁小邑。真番、临屯皆来服属。传子至孙右渠。所诱汉亡人滋多，又未尝入见。真番旁众国欲上书见天子，又拥阏不通。元封二年（前109），汉使涉何诱谕。右渠终不肯奉诏。何去，至界上，临浿水，使御刺杀送何者。归报天子曰："杀朝鲜将。"上为其名美，不诘。拜何为辽东东部都尉。朝鲜袭攻杀何。天子募罪人击朝鲜。杨仆从齐浮渤海，荀彘出辽东。两将乖异。使济南太守公孙遂往政之。遂使彘执仆，并其军。三年，夏，朝鲜尼溪相参杀右渠降，遂定朝鲜，以其地为真番、临屯、乐浪、玄菟四郡。案，《后汉书·东夷传》云：武王封箕子于朝鲜，其后四十余世，至朝鲜侯准，自称王。《三国·魏志·东夷传》注引《魏略》云：周衰，燕自称为王，欲东略地。朝鲜侯亦自称为王，欲兴兵逆击燕。其大夫礼谏之，乃止。使礼西说燕，燕止之此"之"字疑衍。不攻。后子孙稍骄虐。燕乃遣将秦开攻其西方，取地二千余里，至满番汗为界。汉辽东郡有番汗县，沛水所出，疑即故满番汗地。沛水，今清川江。朝鲜遂弱。及秦并天下，使蒙恬筑长城，到辽东。时朝鲜王否，畏秦袭之，略服属秦，不肯朝会。案，此当谓不肯诣辽东，非谓不入朝咸阳也。否死，子准立，二十余年，案，自秦并天下至陈、项起，尚不及二十余年，自蒙恬筑长城起计，更无论矣。疑此四字系准在位年数，自其立至为卫满所灭，二十余年也。而陈、项起，天下乱。燕、齐、赵民愁苦，稍亡往准，准乃置之于西方。及汉以卢绾为燕王，朝鲜与燕界于溴水。溴，浿之误。及绾反，入匈奴，燕人卫满亡命，为胡服，东渡溴水，诣准降。说准求居西界。准信宠之，封之百里，令守西边。满诱亡，党众稍多。乃诈遣人告准，言汉兵十道至，求入宿卫。遂还攻准。准与满战，不敌也。《志》云：侯淮既僭号称王，为燕亡人卫满所攻夺，将其左右宫人去，入海居韩地，自号韩王。其后绝灭，今韩人犹有奉其祭祀者。淮即准，盖《国志》字误也。《志》又云韩有三种：一曰马韩，二曰辰韩，三曰弁韩。辰韩者，古之辰国。《后书》云：马韩五十四国，辰韩十有二国，弁辰亦十有二国，凡七十八国，皆古之辰国也。《史记》之“真番旁众国”，《汉书》作“真番辰国”，疑当作“真番旁辰国”，《汉书》夺“旁”字，《史记》则浅人臆改也。三韩分立以前，辰为一统之国。准所攻破者即此。是时辰国之王，当为马韩人，故《后书》言“马韩最大，共立其种为辰王”，又云：“准后灭绝，马韩人复自立为辰王”也。然则欲入见天子者，正箕子之后矣。此卫氏所由忌而阻阏之欤？乐浪，今朝鲜平安南道及黄海、京畿二道地。临屯为江原道地。玄菟为咸镜南道。真番跨鸭绿江上流。《后书》云：昭帝始元五年（前82），罢临屯、真番，以并乐浪、玄菟，玄菟复徙居高句骊。县名。自单单大岭以东，沃沮、濊貉，悉属乐浪。后以境土广远，复分岭东七县置乐浪东部都尉。《沃沮传》云：武帝灭朝鲜，以沃沮地为玄菟郡，后为夷貉所侵，徙郡高句骊西北，更以沃沮为县，属乐浪东部都尉，则沃沮初系玄菟郡治。单单大岭，当系纵贯半岛之山。《汉书·武帝纪》：元朔元年（前128），东夷秽君南闾等口二十八万人降，为苍海郡，至三年乃罢，当即岭东之濊貉也。《史记·平准书》：“彭吴贾灭朝鲜，置沧海之郡。”《汉书·食货志》作“彭吴穿秽貉、朝鲜，置沧海郡”。当系《史记》误。元朔时，朝鲜尚未灭也。

第七节
武帝事四夷五

川、滇、粤、桂之开辟，战国时启其端，秦始皇继其后，汉武帝成其功。今日内地十八省之规模，实略定于武帝时也。

赵佗，真定人。今河北正定县。秦时为南海龙川令。今广东龙川县。二世时，南海尉任嚣病且死，被佗书行尉事。佗即绝道，据兵自守，稍以法诛秦所置长吏，以其党为假守。秦已破灭，佗即击并桂林、象郡，自立为南越武王。《史记》云"自尉佗初王，后五世九十三岁而国亡"，则其初王当在高帝五年（前202）。高帝十一年（前196），遣陆贾立佗为南越王。与剖符通使。和集百越，毋为南边患害。高后时，有司请禁南越关市铁器。佗曰："此必长沙王计也，欲倚中国，击灭南越而并王之。"乃自尊号为南越武帝，发兵攻长沙边邑，败数县而去。高后遣将军隆虑侯灶击之。会暑湿，士卒大疫，兵不能逾岭。岁余，高后崩，即罢兵。佗因此以兵威边，财物赂遗闽越、西瓯、骆，役属焉。文帝使陆贾赐佗书。佗为书谢，去帝制。至孝景时，称臣，使人朝请。然其居国中窃如故号。至武帝建元四年（前137），《史记》此处有"卒"字，《汉书》无，无之者是也。《史记》言南越王五世，则佗之子亦当为王，盖佗卒子继，失其年代，故不记。《史记》之"卒"字，乃后人妄补也。佗孙胡为南越王，三年，而闽越王郢兴兵击南越。

闽越王无诸、越东海王摇，皆勾践后。秦并天下，废为君长，以其地为闽中郡。诸侯叛秦，无诸、摇率越归吴芮。汉击项籍，佐汉。汉五年（前202），复立无诸为闽越王，王闽中故地，都东冶。今福建闽侯县。孝惠三年，立摇为东海王，都东瓯。今浙江永嘉县。世俗号曰东瓯王。吴王濞太子驹亡走闽越，怨东瓯杀其父，常劝闽越击东瓯。建元三年（前138），闽越发兵围东瓯。东瓯使人告急。天子遣庄助发会稽郡兵浮海救之。未至，闽越引兵去。东瓯请举国徙中国。乃悉举众来，处江、淮间。集解："徐广曰：'《年表》曰东瓯王广武侯望，率其众四万余人来降，家庐江郡。'"汉庐江，今安徽庐江县。六年，闽越击南越。南越以闻。上遣王恢出豫章，韩安国出会稽。兵未逾岭，闽越王弟余善杀王以降。乃立无诸孙繇君丑为越繇王。南越遣太子婴齐入宿卫。余善威行国中，国民多属，窃自立为王。繇王不能矫其众，持正。天子闻之，为余善不足复兴师，因立为东越王，与繇王并处。后十余岁，南越王胡薨。谥为文王。婴齐嗣立。婴齐在长安时，娶邯郸摎氏女，生子兴。及即位，上书请立摎氏女为后，兴为嗣，遣子次公入宿卫。婴齐薨。谥为明王。兴代立，其母为太后。太后自未为婴齐姬时，与霸陵人安国少季通。元鼎四年（前113），汉使少季往谕王、王太后入朝。太后复私焉。国人颇知之，多不附太后。太后恐乱作，亦欲倚汉威，数劝王及群臣求内属。即因使者上书：请比内诸侯，三岁一朝，除边关。天子许之。其相吕嘉，年长矣。相三王。宗族官仕为长吏者七十余人，男尽尚王女，女尽嫁王子兄弟宗室，及苍梧秦王有连。其居国中甚重，得众心愈于王。王之上书，数谏止王。王弗听，有叛心。王、王太后置酒，介汉使者权，谋诛嘉等。使者狐疑，莫敢发。天子遣韩千秋与王太后弟摎乐将二千人往。入越境，嘉遂反。攻杀王、王太后及汉使者。立明王长男越妻子建德。击千秋等，灭之。天子令罪人及江、淮以南楼船十万师往讨之。元鼎五年，秋，路博德出桂阳，今湖南郴县。下汇水。《汉书》作"湟水"。杨仆出豫章，下横浦。《汉书·武帝纪》作"下浈水"。故归义越侯。二人出零陵，今湖南零陵县。或下漓水，或抵苍梧。驰义侯因巴、蜀罪人发夜郎兵下牂牁江。咸会番禺。六年冬，仆、博德先后至，番禺降。嘉、建德亡入海，得之。以其地为儋耳、今广东儋县。珠厓、今广东琼山县。南海、今广东南海县。苍梧、今广西苍梧县。郁林、今广西贵县。合浦、今广东合浦县。交趾、今越南河内。九真、今越南清化。日南今越南义安。九郡。

南越之反也，余善上书，请以卒八千人从杨仆击吕嘉等。兵至揭阳，今广东揭阳县。以海风波为解，不行。持两端，阴使南越。及汉破番禺，仆上书，愿便引兵击东越。上以士卒劳倦，罢兵，令诸校留屯豫章、梅岭待命。集解："徐广曰：'在会稽界。'"正义引《括地志》云"在虔化县东北百二十里"。虔化，今江西宁都县。余善闻之，遂反。入白沙、武林、集解："徐广曰：'在豫章界。'"索隐："今豫章北二百里接鄱阳界，地名白沙。有小水入湖，名曰白沙坑。东南八十里有武阳亭，亭东南三十里，地名武林。"案，白沙，地在今江西鄱阳县西。武林，在今江西余干县东北。梅岭，杀汉三校尉。天子遣韩说出句章，汉县，今浙江慈溪县。浮海从东方往。杨仆出武林。王温舒出梅岭。越侯出若邪、《汉书》作"如邪"。索隐：案，姚氏云：若邪，地名，今阙。正义云："越州有若耶山、若耶溪。"越州，今浙江绍兴县。白沙。元封元年（前110），冬，咸入东越。故越衍侯吴阳前在汉，汉使归谕余善。反攻越军，及故越建成侯敖与繇王居股谋，俱杀余善降。诏军吏皆将其民徙处江、淮间，东越地遂虚。

《史记·西南夷列传》云："西南夷君长以什数，夜郎最大。今贵州桐梓县。其西靡莫之属以什数，滇最大。今云南昆明县。自滇以北，君长以什数，邛都最大。今西康西昌县。此皆魋结，耕田，有邑聚。其外，西自同师未详。以东，北至楪榆，泽名，今洱海。名为嶲、昆明。皆编发，随畜迁徙。无常处，无君长。地方可数千里。自嶲以东北，君长以什数，徙、今西康天全县。筰都，今西康汉源县。最大。自筰以东北，君长以什数，冉駹最大。今四川茂县。其俗或土著，或移徙。自冉駹以东北，君长以什数，白马最大。今甘肃成县。皆氐类也。"夜郎、滇、邛都之属为濮，在黔江、金沙江流域。嶲、昆明为羌，参看第五节。在今澜沧江流域。徙、筰都、冉駹之属杂氐、羌，在今岷江大渡河流域。白马则嘉陵江上游之氐也。庄蹻王滇，秦时略通五尺道，已见第二章第二节及《先秦史》第十章第一节。《史记·司马相如列传》：相如言邛、筰、冉駹近蜀，道易通，秦时尝通为郡县。此事《史记·西南夷列传》不载。然云"及汉兴，皆弃此国，而开蜀故徼，巴、蜀民或窃出商贾，取其筰马、僰僮、髦牛，以此巴、蜀殷富”，则秦时置郡县与否，虽无确据，而巴、蜀与邛、筰、冉駹之有交往则审矣。武帝建元六年（前135），王恢击东越，因兵威，使鄱阳令唐蒙风晓南越。南越食蒙蜀枸酱。蒙问所从来，曰：“道西北牂牁江。”蒙归至长安，问蜀贾人。贾人曰：“独蜀出枸酱，多持窃出市夜郎。夜郎者，临牂牁江。江广百余步，足以行船。南越以财物役属夜郎，西至同师，然亦不能臣使也。”蒙乃上书说上，以浮船牂牁江出不意，为制越一奇。乃拜蒙为中郎将，从巴属筰关入，见夜郎侯多同，厚赐，谕以威德，约为置吏，使其子为令。夜郎旁小邑皆贪汉缯帛，以为汉道险，终不能有也，乃且听蒙约。还报，乃以为犍为郡。发巴、蜀卒治道，自僰道指牂牁江。蜀人司马相如亦言邛、筰可置郡，使以中郎将往谕，皆如南夷，为置一都尉，十余县，属蜀。《司马相如列传》：西夷邛、筰、冉駹、斯榆之君，皆请为内臣。除边关。关益斥，西至沬、若水，南至牂牁为徼。通零关道，桥孙水，以通邛都。索隐云：“《益部耆旧传》谓之‘斯叟’。《华阳国志》云邛都县有四部，斯叟一也。”沬水，今大渡河。若水，今雅砻江。零关道，《汉书》作“灵山道”，盖关以山名。《地理志》：越巂有灵关道。孙水，今安宁河。当是时，巴、蜀四郡通西南夷道，戍转相饷。数岁道不通。士疲饿，离湿，死者甚众。西南夷又数反，发兵兴击，耗费无功。上患之。使公孙弘往视问焉。还对，言其不便。及弘为御史大夫，是时方筑朔方，弘因数言西南夷害可且罢，专力事匈奴。上罢西夷，独置南夷、夜郎两县一都尉，稍令犍为自保就。及元狩元年（前122），张骞使大夏来，言居大夏时，见蜀布、邛竹杖。使问所从来。曰：从东南身毒国，可数千里，得蜀贾人市。或闻邛西可二千里有身毒国。骞因盛言大夏在汉西南，慕中国，患匈奴隔其道。诚通蜀、身毒道，便近，又无害。于是使间出西夷，西指求身毒国。至滇，滇王尝羌《汉书》作“当羌”。乃留，为求道西，十余辈。岁余，皆闭昆明，莫能通。参看第四节。及南越反，上使驰义侯因犍为发南夷兵。且兰君反。今贵州平越县。发巴、蜀罪人尝击南越者八校尉，击破之。会越已破，八校尉不下，即引兵还。行诛头兰。索隐："即且兰也。"案，《汉书》作"且兰"。头兰，尝隔滇道者也。已平头兰，遂平南夷为牂牁郡。夜郎遂入朝。上以为夜郎王。又以邛都为越嶲郡，筰都为沈黎郡，天汉四年（前97），并蜀为西部，置两都尉，一居旄牛，主徼外夷；一居青衣，主汉人。旄牛在今西康汉源县南。青衣在今西康雅安县北。冉駹为汶山郡，宣帝地节三年（前67），并蜀，为北部都尉。白马为武都郡。使风谕滇王入朝。未肯听。而其旁东北劳浸、《汉书》作"劳深"。靡莫数侵犯使者吏卒。元封二年（前109），发巴、蜀兵击灭劳浸、靡莫。滇举国降。以为益州郡。赐滇王王印，复长其民。

第八节
论武帝用兵得失

汉武帝东征西讨，所开拓者颇广，后世盛时之疆域，于此已略具规模，读史者或称道之。然汉人之议论，则于武帝多致讥评。宣帝初即位，欲褒先帝，令列侯、二千石、博士议，夏侯胜即言武帝无功德于民，不宜为立庙乐，见《汉书》本传。《史记·大宛列传》之叙事，《汉书·西域传赞》之议论，于武帝皆深致讥焉。而《汉书·武五子传赞》，言之尤痛。何哉？予谓是时之开拓，乃中国之国力为之，即微武帝，亦必有起而收其功者，而武帝轻举寡虑，喜怒任情，用人以私，使中国之国力为之大耗，实功不掩其罪也。汉世大敌，莫如匈奴。匈奴之众，不过汉一大县，已见第四章第三节。又是时匈奴殊无民族意识。试观军臣单于以嗜汉物几堕马邑之权，然仍乐关市可知。中行说教单于曰：“匈奴人众，不能当汉之一郡，所以强之者，以衣食异，无仰于汉也。今单于变俗，好汉物，汉物不过什二，则匈奴尽归于汉矣。其得汉缯絮，以驰草棘中，衣裤皆裂敝，以示不如旃裘之完善也。得汉食物皆去之，以示不如湩酪之便美也。”此真忠于为匈奴谋者也。与贾生三表、五饵之策，可谓若合符节。贾生五饵之策，欲以车服坏其目，饮食坏其口，音声坏其耳，宫室坏其腹，荣宠坏其心，见《新书》。非处士之大言，其效诚有可期者也。使武帝而有深谋远虑，当时之匈奴，实可不大烦兵力而服。即谓不然，而征伐之际，能多用信臣宿将，其所耗费，必可大减，而所成就，反将远胜，此无可疑者也。《史记》言卫青仅“以和柔自媚于上”。《史记》中称卫青之美者，仅《淮南王传》中伍被之辞，此乃被求免之供辞，抑真出于被与否，犹未可知也。而世竟有据之以称卫青而诋公孙弘者，真瞽蒙之不若矣。霍去病则少而侍中，贵不省士，其从军，天子为遣太官赍数十乘，既还，重车余弃粱肉，而士有饥者；其在塞外，卒乏粮，或不能自振，而去病尚穿域蹋鞠，事多类此。此等人可以为将乎？较之李广将兵，乏绝之处，见水，士卒不尽饮，广不近水，士卒不尽食，广不尝食者何如？李广利之再征大宛也，出敦煌六万人，负私从者不与，马三万匹，军还，入玉门万余人，马千余匹而已。史言后行非乏食，战死不甚多，而将吏贪，不爱卒，侵牟之，以此物故者众，其不恤士卒，亦去病之类也。天子尝欲教去病孙吴兵法。对曰：“顾方略何如耳，不至学古兵法。”此去病不学无术之明征，亦汉武以三军之众，轻授诸不知兵法之将之铁证。世顾或以是为美谈，此真势利小人之见。世多以成败论人，其弊遂中于读史，皆由势利之见，先有以累其心也。彼卫、霍之所以制胜者，乃由其所将常选，而诸宿将所将，常不逮之耳，史又称去病敢深入，常与壮骑先其大军，军亦有天幸，未尝乏绝也。不败由天幸，信然。敢深入，适见其不知兵法也。非其能也。汉去封建之世近，士好冒险以立功名；不知义理，徒为愚忠；皆与后世绝异。即以李广之事论之。广与程不识俱为边郡名将，匈奴畏之久矣。又尝俱为卫尉，天子知其能亦久矣。征胡而择大将，非广、不识辈而谁？乃汉武之所任者，始则卫、霍，后则李广利也。以椒房之亲，加诸功臣宿将之上，不亦令战士短气矣乎？卫青父郑季，给事平阳侯家，与侯妾卫媪通，生青，冒卫氏。卫媪长女君孺，为太仆公孙贺妻。次女少儿，先与霍仲孺通，生去病。后为詹事陈掌妻。次女子夫，自平阳公主家得幸武帝，元朔元年（前128），有男，立为皇后。先是武帝陈皇后，大长公主女也。大长公主闻子夫幸有身，使人捕青，欲杀之。公孙敖时为骑郎，与壮士往篡之，得不死。其后青之徙李广部，亦以敖新失侯，欲与俱当单于也。公孙贺从青将，有功，封侯，后遂为相。陈掌，武帝亦召贵之。广利，李夫人兄。元狩四年（前119）之役，武帝本令去病当单于，故敢力战深入之士皆属焉。至于卫青，任之本不甚重。《史记·李将军列传》云："广数自请行，天子以为老，弗许，良久，乃许之，以为前将军。"此非实录。既以为老弗许矣，岂又以为前部乎？"既出塞，青捕虏，知单于所居，乃自以精兵走之，而令广并于右将军军"，此实显违上令。其云"阴受上诫，以为李广老，数奇，毋令当单于，恐不得所欲"，乃诬罔之辞。上既不令青当单于，又自以广为前将军，安得有此言乎？广既失道，青又逼迫令自杀，违旨而贼重臣，其罪大矣，天子弗能正。广子敢，怨青之恨其父，击伤之，青匿讳之，盖其事实有不堪宣露者，而去病又射杀敢。上乃为讳，云鹿触杀之。尚不如郑庄公之于颍考叔，能令卒出豭，行出犬、鸡，以诅贼之者也，可以持刑政乎？李氏之于卫、霍，盖有不共戴天之仇二焉。纵不敢以此怨怼其君，亦不足为之尽力矣，而陵广子当户之子。犹愿以步卒五千，为涉单于庭，既败，司马迁推言陵之功，则以为欲沮贰师，为陵游说，下之腐刑。所终始右护者，琐琐姻娅而已，而又收族陵家，此真所谓淫刑以逞，视臣如草芥者。无为戎首，不亦宜乎？而司马迁犹惜陵生降颓其家声，陇西士大夫犹以李氏为愧。专制之世，士大夫之见解，固非吾侪小人所能忖度矣。李陵之降，为欲得当以报于汉，此百世之下所可共信者也。收族其家，君臣之义绝矣，虽欲为汉，恶可得乎？然其在匈奴，尊宠不如卫律，则陵终未肯为匈奴谋汉也。其于武帝，优于子胥之于平王远矣。真为匈奴谋汉者卫律，李延年所荐也，延年，李夫人之兄也。得此等将帅而用之，所费士马如此，而匈奴犹终武帝之世不能平，可谓能用兵乎？以上所引，见《史记·李将军》《卫将军》《骠骑将军》，《汉书·李广》《苏建》《司马迁传》。

《史记·大宛列传》曰："自博望侯开外国道以尊贵，其后从吏卒皆争上书，言外国奇怪利害，求使。天子为其绝远，非人所乐往，听其言，予节，募吏民，毋问所从来，为具备人众遣之，以广其道。来还，不能毋侵盗币物，及使失指，天子为其习之，辄覆案，致重罪，以激怒，令赎，复求使。使端无穷，而轻犯法。其吏卒亦辄复盛推外国所有，言大者予节，言小者为副。故妄言无行之徒，皆争效之。其使皆贫人子，私县官赍物，欲贱市，以私其利外国。外国亦厌汉使人人有言轻重。度汉兵远，不能至，而禁其食物，以苦汉使。汉使乏绝，积怨，至相攻击。"汉之求善马于宛，宛私计曰："汉使数百人为辈来，而常乏食，死者过半。"可见被祸者之众。盖其所遣者皆无赖之徒，楼兰、车师、大宛之衅，未必非此辈启之。《大宛列传》又云："自乌孙以西至安息，以近匈奴，匈奴困月氏也，匈奴使持单于一信，则国国传送，食，不敢留苦。及至汉使，非出币帛不得食，不市畜不得骑用。所以然者，远汉，而汉多财物，故必市乃得所欲，然以畏匈奴于汉使焉。"《汉书·西域传》云："及呼韩邪单于朝汉后，咸尊汉矣。"其实初苦汉而后不然者，事久则习而安之；亦或汉使屡见苦，后稍敛迹；非必畏汉兵威也。不然，匈奴之兵威，亦曷尝能真及西域？自乌孙尚中立不肯朝会，况于西至安息哉？

张骞之再使西域也，所赍金币帛，值数千巨万。其后诸使外国，“一辈大者数百，少者百余人，人所赍持，大放博望侯时，其后益习而衰少焉”。此可见事积久，则必渐近常轨，汉使之稍益敛迹，亦此理也。然“汉率一岁中使多者十余，少者五六辈，远者八九岁，近者数岁而反”，其所耗费，已不赀矣。西域之来也，汉武“方数巡狩海上，乃悉从外国客，大都多人则过之。散财帛以赏赐，厚具以饶给之，以览示汉富厚焉。于是大觳抵，出奇戏诸怪物，多聚观者，行赏赐，酒池肉林。令外国客遍观各仓库府藏之积，见汉之广大，倾骇之。及加其眩者之工，而觳抵奇戏，岁增变甚盛，益兴自此始”。此其所为，与隋炀帝亦何以异？获保首领，没于五柞，岂不幸哉？此段所引，亦见《大宛列传》。

第九节
武帝求神仙

汉武帝之举事也，好大喜功，而不顾其后。在位时，除事四夷为一大耗费外，又遭河决之患，元光三年（前132）至元封二年（前109）乃塞。开漕渠，《平准书》：“番系欲省砥柱之漕，穿汾河渠，以为溉田，作者数万人。郑当时为渭漕渠回远，凿直渠，自长安至华阴，作者数万人。朔方亦穿渠，作者数万人。各历二三期，功未就，费亦各巨万十数。”事移民，《平准书》：山东被水灾，民饥乏，天子遣使者虚郡国仓廥以赈贫民，犹不足。又募豪富人相假贷。乃徙贫民于关以西，及充朔方以南新秦中，七十余万口。衣食皆仰给县官，数岁，假与产业。使者分部护之，冠盖相望。费以亿计。集解：臣瓒曰："秦逐匈奴，以收河南地，徙民以实之，谓之新秦。"皆所费无艺，而其尤无谓者，则事祠祭，求神仙也。古代迷信本深。秦汉统一，各地方之迷信，皆集于京都，故其为害尤甚。参看第二十章第一节。武帝初所惑者为神君。神君者，长陵女子，长陵，汉县，在今陕西咸阳县东北。以乳死，见神于先后宛若，宛若祠之其室，民多往祠。帝求，舍之上林中蹏氏观。是时李少君亦以祠灶、谷道、却老方见上，曰："祠灶则致物，致物而丹沙可化为黄金，黄金成，以为饮食器则益寿，益寿而海中蓬莱仙者可见，见之以封禅则不死，黄帝是也。臣尝游海上，见安期生。……安期生仙者，通蓬莱中，合则见人，不合则隐。"于是天子始亲祠灶，遣方士入海求蓬莱安期生之属，而事化丹沙诸药剂为黄金矣。居久之，少君病死。天子以为化去不死，而使黄腄史宽舒受其方，求蓬莱安期生莫能得，而海上燕、齐怪迂之方士多更来言神事矣。亳人谬忌奏祠太一方。天神贵者太一，太一佐曰五帝。天子令太祝立其祠长安东南郊。其后人有上书，言古者天子三年一用太牢祠三一：天一，地一，泰一。天子令大祝领，祠之于忌泰一坛上，后人复有上书，言祠黄帝、冥羊、马行、太一、泽山君、地长、武夷君、阴阳使者，令祠官领之，而祠太一于其太一坛旁。此据《封禅书》。泽山君，徐广曰："泽，一作皋。"《孝武帝本纪》作"皋山山君"，《汉书·郊祀志》作"皋山山君"，无"地长"二字。元狩二年（前121），齐人少翁以鬼神方见上，拜为文成将军。赏赐甚多，以客礼礼之。文成言曰："上即欲与神通，宫室被服非象神，神物不至。"乃作画云气车及各以胜日驾车避恶鬼。又作甘泉宫，中为台室，画天、地、太一诸鬼神，而致祭具，以致天神。居岁余，其方益衰，神不至。乃为帛书以饭牛，佯不知，言曰："此牛腹中有奇。"杀视，得书。书言甚怪。天子识其手书，于是诛文成，隐之。其后则又作柏梁、台名，据《汉书·武帝本纪》，事在元鼎二年

(前115)。铜柱、承露仙人掌之属矣。明年，天子病鼎湖甚。索隐："《三辅黄图》'鼎湖，宫名，在蓝田。'"游水发根言上郡有巫，病而鬼神下之。上召置，祠之甘泉。及病，使人问神君。集解，韦昭曰：即病巫之神。神君言曰："天子无忧病，病少愈，强与我会甘泉。"于是病愈，遂起，幸甘泉。病良已。大赦，置寿宫神君。盖置寿宫以奉神君也。《封禅书》"置"下有"酒"字，似非。《孝武本纪》《汉书·郊祀志》皆无，神君最贵者曰太一，其佐曰大禁、司命之属。元鼎四年，立后土祠汾阴脽上。汾阴，汉县，今山西荣河县。上亲望拜，如上帝礼。礼毕，遂至荥阳而还。是岁，天子始巡郡县，侵寻于泰山矣。其春，乐成侯上书言栾大。栾大者，胶东宫人，故尝与文成将军同师。拜为五利将军。又佩天士将军、地士将军、大通将军印，封乐通侯，以卫长公主妻之。卫太子姊。又刻玉印曰天道将军。言为天子道天神。使使衣羽衣，夜立白茅上，五利将军亦衣羽衣立白茅上受，以示不臣。于是五利常夜祠其家，欲以下神。其后装治行，东入海，求其师云。大见数月，佩六印，贵震天下，而海上燕、齐之间，莫不扼腕而自言有禁方、能神仙矣。其夏六月中，汾阴巫锦为民祠魏脽后土营旁，掊地得鼎。言吏。吏告河东太守胜，胜以闻。使迎至甘泉。其秋，上幸雍，且郊。或曰："五帝，太一之佐也，宜立太一而上亲郊之。"上疑未定。齐人公孙卿曰："今年得宝鼎，其冬辛巳朔旦冬至，与黄帝时等。"卿有札书曰："黄帝得宝鼎宛朐，即冤句，汉县，今山东菏泽县。问于鬼臾区。鬼臾区对曰：'黄帝得宝鼎神策。是岁己酉朔旦冬至，得天之纪，终而复始。'于是黄帝迎日推策。后率二十岁复朔旦冬至。凡二十推，三百八十年，黄帝仙登于天。"因嬖人奏之。上大悦，召问卿，对曰："受此书申公。《孝武本纪》作"申功"。申公，齐人也，与安期生通，受黄帝言，无书，独有此鼎。书曰：汉兴，复当黄帝之时。汉之圣者，在高祖之孙且曾孙也。宝鼎出而与神通，封禅。封禅七十二王，唯黄帝得上泰山封。申公曰：汉主亦当上封，上封则能仙登天矣。”于是拜卿为郎，东使候神于太室。上遂郊雍。至陇西，登空桐，在今甘肃岷县。幸甘泉。令祠官宽舒等具太一祠坛。十一月辛巳朔旦昧爽，天子始郊拜太一。朝朝日，夕夕月，则揖。而见太一，如雍礼。元鼎五年。五利将军使不敢入海，之泰山祠。上使人随验，实无所见。五利妄言见其师。其方尽，多不雠。上乃诛五利。其冬，元鼎六年。公孙卿候神河南，见仙人迹缑氏城上，云有物若雉，往来城上。缑氏，汉县，在今河南偃师县南。天子亲幸缑氏城视迹。于是郡国各除道，缮治宫馆、名山神祠，所以望幸也。元封元年（前110），冬，上议曰：“古者先振兵泽旅，集解，徐广曰：“古‘释’字作‘泽’。”然后封禅。”乃遂北巡朔方，勒兵十余万。还祭黄帝冢，泽兵须如。集解：“徐广曰：‘须，一作凉。’”案，《汉书·郊祀志》作“凉”。李奇曰：“地名。”三月，东幸缑氏。礼登中岳太室。东巡海上。行，礼祠八神。一曰天主，祠天齐。天齐渊水，居临菑南郊山下。二曰地主，祠泰山、梁父。三曰兵主，祠蚩尤。蚩尤在东平陆监乡。四曰阴主，祠三山。五曰阳主，祠之罘。六曰月主，祠之莱山。七曰日主，祠成山。八曰四时主，祠琅玡。八神莫知起时，秦始皇东游即祠之，见《封禅书》。东平陆，汉县，今山东汶上县，地接寿张，寿张，蚩尤冢所在也。齐人之上疏言神怪、奇方者以万数。乃益发船，令言海中神山者数千人求蓬莱神人。公孙卿持节，尝先行候名山。至东莱，汉郡，治掖，今山东掖县。言“夜见大人长数丈，就之则不见，见其迹甚大，类禽兽云”。群臣有言“见一老父，牵狗，言吾欲见巨公，已忽不见”。上即见大迹，未信，及群臣有言老父，则大以为仙人也。宿留海上。予方士传车，及间使求仙人以千数。四月，还至奉高。汉县，今山东泰安县。封泰山，禅肃然。泰山下趾东北。既无风雨灾，而方士更言蓬莱诸神若将可得。于是上欣然，庶几遇之。乃复东至海上望，冀遇蓬莱焉。并海上，北至碣石，巡自辽西，历北边至九原。五月，返甘泉。《郊祀志》云："周万八千里。"二年春，公孙卿言见神人东莱山，若云见天子。天子于是幸缑氏城，拜卿为中大夫。遂之东莱，宿留之，数日毋所见，见大人迹。复遣方士求神怪，采芝药以千数。是时，既灭南越，越人勇之乃言："越人俗信鬼，而其祠皆见鬼，数有效。昔东瓯王敬鬼，寿至百六十岁。后世谩怠，故衰耗。"乃令越巫立越祝祠。公孙卿曰："仙人可见，而上往常遽，以故不见。今陛下可为观，如缑氏城，置脯枣，神人宜可致。且仙人好楼居。"于是上令长安则作蜚廉、桂观，甘泉则作益延寿观。使卿持节而候神人。乃作通天台，置祠具其下，将招来神仙之属。于是甘泉更置前殿，始广诸宫室。四年，上郊雍，通回中道。徐广曰："在扶风汧县。"案，汧，今陕西陇县。巡之。春，至鸣泽。服虔曰：在涿郡遒县界。案，遒，今河北涞水县。从西河归。其明年，冬，上巡南郡，至江陵而东，登礼潜之天柱山，号曰南岳。汉潜县，今安徽霍山县。浮江，自寻阳出枞阳。汉寻阳县，在今湖北黄梅县界。枞阳县，今安徽桐城县。过彭蠡，祀其名山川。北至琅玡，并海上。四月中，至奉高，修封焉。初，上令奉高作明堂汶上。元封二年。及五年修封，则祠太一、五帝于明堂，以高祖配。太初元年（前104）十一月甲子朔旦冬至，推历者以本统。天子亲至泰山，以十一月甲子朔旦冬至日祠上帝明堂。东至海上，考入海及方士求神者，莫验，然益遣，冀遇之。十一月，柏梁灾。十二月，甲午朔，上亲禅高里。山名，在泰山下。祠后土，临渤海，将以望祠蓬莱之属，冀至殊庭焉。公孙卿曰："黄帝就青灵台，十二日烧，黄帝乃治明庭。"勇之曰："越俗有火灾，复起屋，必以大，用胜服之。"于是作建章宫。夏，汉改历。以正月为岁首，而色尚黄，官名更印章以五字。三年，东巡海上，考神仙之属，未有验者。方士有言："黄帝时为五城十二楼以候神人于执期，命曰迎年。"上许作之如方。夏，遂还泰山，修五年之礼，如前，而加禅，祠石闾。在泰山下阯南方，方士多言此仙人之闾也，故上亲禅焉。天汉三年（前98），复至泰山修封。还过祭常山。后五年，复至泰山修封。东幸琅玡，礼日成山，登之罘，浮大海，用事八神，延年。又祠神人于交门宫。在琅玡，太始三年（前94）、四年。后五年，复修封于泰山。东游东莱，临大海。征和四年（前89）。方士之候祠神人，入海求蓬莱，终无有验，而公孙卿之候神者，犹以大人迹为解，无其效。天子益怠厌方士之怪迂语矣。然终羁縻不绝，冀遇其真。自此以后，方士言祠神者弥众，然其效可睹矣。案，武帝之崇儒，在其即位之初，而封泰山乃在其后三十年，改正朔，易服色，则又在其后，其非用儒家言可知。武帝盖全惑于方士之言，其封泰山，亦欲以求不死而已。终武帝世，方士之所费，盖十倍于秦始皇，况又益之以事巡游、修宫室邪？武帝当建元三年（前138）即为微行，因此起上林苑，见《汉书·东方朔传》。然在近畿之地，非如后来巡游所至之广也。元狩三年（前120），因习水战，修昆明池，又增甘泉宫馆，见《汉书·本纪》《食货志》及《扬雄传》。又《盐铁论·散不足篇》言秦始皇览怪迂，信机祥，当此之时，燕、齐之士，释锄耒，争言神仙。方士趋咸阳者以千数。言仙人食金饮珠，然后寿与天地相保。于是数巡狩五岳、滨海之馆，以求神仙蓬莱之属。数幸之郡县。富人以资佐，贫者筑道旁。其后小者亡逃，大者藏匿。吏捕索掣顿，不以道理。名宫之旁，庐舍丘落，无生苗立树。百姓离心，怨思者十有半。此托之始皇，实讥武帝也。亦可见求神仙与事巡游之关系矣。

第十节
武帝刻剥之政

武帝所事既广，其费用，自非经常岁入所能供，故其时言利之事甚多。虽其初意，抑或在摧抑豪强，然终诛求刻剥之意多，裒多益寡之意少，故终弊余于利，至于民愁盗起也。今略述其事如下：

一、管盐铁 以东郭咸阳、孔仅为大农丞，领盐铁事。仅、咸阳言：愿募民自给费，因官器作煮盐。官与牢盆。苏林曰："牢，价值也。"如淳曰："牢，廪食也，古者名廪为牢。盆，煮盐盆也。"敢私铸铁器、煮盐者，钛左趾，没入其器物。郡不出铁者，置小铁官，使属所在县。使仅、咸阳乘传举行天下盐铁。此事在元狩四年（前119）。至元封元年（前110），桑弘羊为治粟都尉，领大农，尽代仅管天下盐铁。案，盐铁为用至广，故所税之数虽微，而国家已得巨款；又可防豪民之专擅；收归官营，实为良法，故轻重之家，久提倡之。仅、咸阳之管盐铁，亦未尝不以是为言。仅、咸阳言：浮食奇民欲擅管山海之货，以致富羡，役利细民，其沮事之议，不可胜听。然卜式已谓县官作盐铁，铁器苦恶，价贵，或强民买之；而昭帝时贤良文学之对，言其弊尤痛切；见《盐铁论·水旱篇》。综其弊：则苦恶，一也。县官鼓铸，多为大器，务应员程，不给民用，二也。善恶无所择，三也。吏数不在，器难得，四也。铁官卖器不售，或颇赋于民，五也。卒徒作不中程，时命助之，发征无限，更徭以剧，六也。贤良文学言：故民得占租鼓铸煮盐之时，盐与五谷同价，器和利而中用，农事急，挽运，衍之阡陌之间，民得以财货五谷新币易货，或贳。县官得以徒复作修治道桥。今贫民或木耕、手耨、土耰、淡食。官私营业，优劣相悬如此，此社会革命，所由不易以国家之力行之也。则管盐铁虽有裨国计，而民之受其弊实深矣。

二、算缗 公卿言异时算轺车、贾人缗钱各有差，请算如故。诸贾人、末作、贳贷、卖买、居邑、稽诸物及商以取利者，虽无市籍，各以其物自占，率缗钱二千而一算。诸作有租及铸，率缗钱四千一算。非吏比者，三老、北边骑士轺车一算。商贾人轺车二算。船五丈以上者一算。匿不自占，占不悉，戍边一岁，没入缗钱。有能告者，以其半畀之。《汉书·武帝纪》：元光六年（前129），冬，初算商车。元狩四年（前119），初算缗钱。元鼎三年十一月，令民告缗，以其半与之。杨可告缗遍天下。中家以上，大抵皆遇告。杜周治之，狱少反者。乃分遣御史、廷尉正、监往往即治郡国缗钱。得民财物以亿计，奴婢以千万数。田，大县数百顷，小县百余顷，宅亦如之。乃分缗钱诸官。而水衡、少府、大农、太仆各置农官，往往即郡县比没入田田之。其没入奴婢，分诸苑养狗马禽兽，及与诸官。诸官新置多，徒奴婢众，而下河漕，度四百万石，及官自籴乃足。案，公卿言异时尝算，则此税旧有之，当必沿自战国之世。然其所及不必如是之广。旧法虽恶，民既习之，且有成法可循，新税则异是，而更行之以操切，则其害有不可胜言者矣。史言商贾中家以上大率破，民偷，甘食好衣，不事畜藏之业，其祸可谓极烈。卜式言船有算，商者少，物贵，犹其小焉者矣。《后汉书·西域传》：陈忠言武帝"算至舟车，赀及六畜"。注："六畜无文。"案，此谓数畜以定其资力，犹后世计物力以定户等，非谓税之也。告缗之法，至桑弘羊领大农后始罢。

三、均输　元封元年（前110），桑弘羊领大农。弘羊以诸官各自市，相与争，物故腾跃，而天下赋输，或不偿其僦费。乃请置大农部丞数十人，分部主郡国。各往往县置均输、盐铁官。令远方各以其物，异时商贾所转贩者为赋，而相灌输。置平准于京师，都受天下委输。召工官治车。诸器皆仰给大农。大农之诸官尽笼天下之货物，贵即卖之，贱则买之。如此，富商大贾无所牟大利，则反本，而万物不得腾踊。故抑天下物，名曰平准。天子以为然，许之。案，古代税收，多取实物。当国小民寡，生事简陋之世，自无所谓利与不利。及夫疆理既恢，所取之物亦杂，则某物取之某处最宜，某物致之某处最便，其中实大有计度。计度得宜，可使民便输将，国饶利益，抑且省漕转之劳，《盐铁论·本议篇》："大夫曰：'往者，郡国诸侯各以其物贡输，往来烦杂，物多苦恶，或不偿其费。故郡置输官，以相给运，而便远方之贡，故曰均输。'"案，弘羊使郡国各以异时商贾所贩者为赋，其策实极巧妙。商贾所贩，必协事宜，如此，则不待考察，而已知某处之物，致之某处为最便矣。后世理财之家如刘晏等，所长实在于此，此弘羊所谓"均输则民齐劳逸"。又税收之物，官用之不尽者，自可转卖于民，苟其策划得宜，亦可借以平抑物价，使齐民不受商贾之剥削，此弘羊所谓"平准则民不失职"也。弘羊语，亦见《盐铁论·本议篇》。弘羊之说，皆出古之轻重家言，诚有所本。《汉书·食货志》曰："管仲相桓公，通轻重之权，曰：岁有凶穰，故谷有贵贱。令有缓急，故物有轻重。人君不理，则蓄贾游于市，乘民之不给，百倍其本矣。""民有余则轻之，故人君敛之以轻；民不足则重之，故人君散之以重。凡轻重、敛散之以时，则准平。"此可见平准为旧有之说，非弘羊所杜撰也。《赞》曰："弘羊均输，寿昌常平，亦有从徕。顾古为之有数，吏良而令行，故民赖其利，万国作乂。及孝武时，国用饶给，而民不益赋，其次也。至于王莽，制度失中，奸轨弄权，官民俱竭，亡次矣。"自是平情之论。然战国时，大国不过千里，制驭较易，究之轻重家言，亦未有能起而行之者，与儒家井田之说等耳。货不必藏于己、力不必为己之风既渺，而人又非通功易事，无以为生，商人本不易制驭，况弘羊欲行之于一统之世乎？不能抑商贾以利齐民，而徒与商贾争利，盖势所必至矣。然能省漕转之劳，且使国用充裕，则亦不可诬也。弘羊行均输后，史言"天子北至朔方，东到泰山，巡海上，并北边以归，所过赏赐用帛百余万匹，钱金以巨万计，皆取足大农"，其款不必尽出均输，然均输之所裨益者必多也。

四、酒酤　《汉书·武帝纪》：天汉三年（前98），初榷酒酤。《盐铁论·轻重篇》：文学言，大夫以心计策国用，参以酒榷，则酒榷亦弘羊所建也。酒榷在当时，盖为利最薄，故昭帝六年（前81），贤良文学愿罢盐铁、酒榷、均输官，弘羊即与丞相共奏罢酒酤。《盐铁论·取下篇》云：并罢关内铁官。

五、卖爵赎罪 汉沿秦制，爵二十级。初级仅为虚名，必至第九级得免役，乃有实利。故当生计宽裕，民乐荣宠时，赐爵足以歆动人民，而爵亦可以买卖。至政令严急时，则不然矣。武帝令入财若买爵者得试吏补官，及买复者多，则又滥施役使，且令入财者得以赎罪，其坏选法及刑法，实非浅鲜也。《平准书》言：武帝募民能入奴婢，得以终身复，为郎增秩。又令民得买爵及赎禁锢，免赃罪。置赏官，命曰武功爵。级十七万，凡值三十余万金。臣瓒引《茂陵中书》武功爵十一级，则“级十七万”之万为衍字，十七当作“十一”。诸买武功爵官首者，试补吏，先除，千夫如五大夫。师古曰：五大夫，旧二十等爵之第九级也。至此以上始免徭役。故每先选以为吏。千夫者，武功十一等爵之第七也，亦得免役，今则先除为吏比于五大夫也。其有罪，又减二等。爵得至乐卿。师古曰：乐卿者，武功爵第八等也。言买爵唯得至第八也。以显军功。此事当在元朔六年（前123）。法既益严，吏多废免，兵革数动，民多买复，及五大夫、千夫、征发之士益鲜。于是除千夫、五大夫为吏，不欲者出马。故吏皆适令伐棘上林，作昆明池。《汉书·本纪》：元狩三年（前120），发谪吏穿昆明池。令吏得入谷补官，郎至六百石。所忠言：“世家子弟富人，或斗鸡走狗马，弋猎博戏，乱齐民。”乃征诸犯令，相引数千人，名曰“株送徒”。入财者得补郎。如淳曰：“诸坐博戏事决为徒者，能入钱得补郎。”桑弘羊领大农，又请令吏得入粟补官，及罪人赎罪。令民入粟甘泉各有差，以复终身。天汉四年（前97），令死罪入赎钱五十万，减死一等。太始二年（前95）又行之。《汉书·本纪》。

以上皆苛取于民者。其未尝径取于民，而实则害民尤甚者，则为钱法。秦钱文曰半两，重如其文。汉兴，更令民铸荚钱，已见第四章第一节。高后二年（前186），行八铢钱。应劭曰：即半两也。六年，行五分钱。应劭曰：即荚钱也。孝文五年（前 175），除盗铸令，更造四铢钱，文亦曰半两。见《汉书·食货志》。当时放铸之弊甚大，贾谊极言之，而文帝不能听。见《食货志》。武帝建元元年（前 140）二月，行三铢钱。五年，罢三铢钱，行半两钱。见《汉书·本纪》。从建元以来，用少，县官往往即多铜山而铸钱。民亦间盗铸钱，不可胜数。钱益多而轻，物益少而贵。有司言曰："古者皮币，诸侯以聘享。金有三等：黄金为上，白金为中，赤金为下。今半两钱法重四铢，而奸或盗摩钱质而取鋊，此从《汉书》。《平准书》作"盗摩钱里取镕"，非也。如淳曰："钱一面有文，一面幕，幕为质。民盗摩漫面而取其鋊，以更铸作钱也。"臣瓒曰："许慎云：鋊，铜屑也。"镕冶器法，非其义。《史记》盖亦本作"鋊"，传写误为"镕"，徐广音容，非也。钱益轻薄而物贵，则远方用币，烦费不省。"乃以白鹿皮方尺，缘以藻绘，为皮币，值四十万。王侯宗室朝觐聘享，必以皮币荐璧，然后得行。又造银锡为白金。以为天用莫如龙，地用莫如马，人用莫如龟，故白金三品：其一曰重八两，圜之，其文龙，名曰白选，值三千。二曰重差小，方之，其文马，值五百。三曰复小，椭之，其文龟，值三百。《汉书·本纪》，事在元狩四年（前 119）。令县官销半两钱，更铸三铢钱，重如其文。《汉书·本纪》注谓《食货志》此文，与建元元年行三铢钱是一事。然《志》此文在造皮币、白金后，《志》文本于《平准书》，《平准书》叙事，固不甚拘年代，然元狩四年，上距建元元年二十有一年，颠倒不应如此之甚。况《纪》建元五年，已罢三铢，行半两矣，而《平准书》下文云："有司言三铢钱轻，易奸诈，乃更请诸郡国铸五铢钱"，是造五铢时三铢犹可行使也，亦与《纪》文不合。疑此事自在元狩四年造皮币、白金之后，与《本纪》建元元年之行三铢钱，实非一事也。或曰：《汉书·武纪》元狩五年，又云"罢半两钱，行五铢钱"，明铸五铢时方行半两，三铢已罢于建元五年也。然则请铸五铢时，有司何以不言半两之弊，顾咎久罢之三铢乎？予谓元狩四年虽有销半两、铸三铢之议，实未曾行，半两自亦未罢，至明年，乃以有司之请，罢半两而铸五铢也。盗铸诸金钱者罪皆死，而吏民之盗铸白金者不可胜数。有司言三铢钱轻，易奸诈，乃更请诸郡国铸五铢钱，周郭其质，令不可得摩取鋊。从《汉书》。《史记》作“周郭其下，令不可磨取镕”。自造白金五铢钱后五岁而赦，吏民之坐盗铸金钱死者，数十万人。其不发觉相杀者，不可胜计。赦自出者百余万人，然不能半自出。天下无虑皆铸金钱矣。郡国多奸铸钱，钱多轻，而公卿请令京师铸钟官赤侧，《汉书》作“官赤仄”，盖夺钟字。一当五。赋官用，非赤侧不得行。白金稍贱，民不宝用。县官以令禁之，无益。岁余，白金终废不行。史云是岁张汤死，则事在元鼎二年（前115）。其后二岁，赤侧钱贱，民巧法用之，不便，又废。于是悉禁郡国无铸钱，专令上林三官铸。集解：“《汉书·百官表》：‘水衡都尉，武帝元鼎二年初置，掌上林苑，属官有上林均输、钟官、辨铜令。’然则上林三官，其是此三令乎？”钱既多，而令天下非三官钱不得行。诸郡国前所铸钱，皆废销之，输其铜三官。而民之铸钱益少，计其费不能相当，唯真工大奸，乃盗为之。以上据《平准书》。案，汉是时所行与生计学理颇合，故钱法自此渐定。然民之受其害者，则既不可胜言矣。

武帝所用言利之臣，为孔仅、东郭咸阳、桑弘羊。《平准书》谓三人言利事析秋豪者也。咸阳，齐之大煮盐，仅，南阳大冶，郑当时言进之。当时以任侠自喜，而好交游，仅、咸阳，盖亦晁错所谓“交通王侯，力过吏势”者。其行事他无可考。弘羊，洛阳贾人子。以心计，年十三，侍中。见《史记·平准书》。《盐铁论·贫富篇》：“大夫曰：‘予结发束脩，年十三，幸得宿卫，给事辇毂之下。’”其议论，具见《盐铁论》中。《盐铁论》为桓宽所撰。弘羊治法家之学，称引管、商、申、韩。贤良文学则儒家者流，诵法孔、孟。桓宽亦儒生，必无左袒弘羊之理。然就《盐铁论》所载往复之辞观之，弘羊持理殊胜，知非俗吏徒知搜括者。然其行之终不能无弊，何哉？盖法家之言轻重，意在抑强扶弱。强者谁欤？商人是也。弱者谁欤？农民是也。当时社会组织，商人实居形势之地，岂如弘羊者所能裁抑？况弘羊所引用者，亦多商人，用商人以裁抑商人，是与虎谋皮也。《张汤传》言："县官所兴，未获其利，奸吏并侵渔。"又载武帝问汤曰："吾所为，贾人辄知，益居其物，是类有以吾谋告之者。"当时官吏、商人狼狈为奸，可以想见。何怪民受其害，而国亦不蒙其利乎？然加赋之所最忌者，为尽取之于农民。盐铁、均输等，究皆取之农民以外。史称其民不益赋而用饶，固不能谓非桑、孔、东郭等之功也。又武帝之事四夷，虽多失策，然攘斥夷狄之计，在当时固不容已。贤良文学欲罢盐铁、酒酤、均输，弘羊难，以为"此国家大业，所以制四夷，安边足用之本，不可废"，亦不能谓其无理也。

《史记·酷吏传》言：张汤承上指，请造白金及五铢钱，笼天下盐铁，排富商大贾，出告缗令，锄豪强并兼之家，舞文巧诋以辅法；汤每朝奏事，语国家用，日晏，天子忘食，丞相取充位；汤时为御史大夫。则汤亦颇与计政。时又有赵禹，为御史，至中大夫，与汤论定诸律令。作《见知》，吏传得相监司。义纵以鹰击毛挚为治。五铢钱白金起，民为奸，京师尤甚。乃以纵为右内史，王温舒为中尉。又有杜周为廷尉，其治大仿张汤。皆见《酷吏传》。当时刻剥之政之所以能行，亦借法吏左右之也。汉世酷吏，诚多摧抑豪强之意，然一切以武断出之，祸岂能无及于齐民哉？

《酷吏传》又言：自王温舒等以恶为治，而郡守、都尉、诸侯、二千石欲为治者，大抵尽仿温舒。而吏民益轻犯法，盗贼滋起。南阳有梅免、白政。白，《汉书》作"百"。楚有殷中、杜少。齐有徐勃。燕、赵之间有坚卢、范生之属。范生，《汉书》作"范主"。大群至数千人，擅自号，攻城邑，取库兵，释死罪，缚辱郡太守、都尉，杀二千石。为檄告县促具食。小群盗以百数，掠卤乡里者，不可胜数。天子使御史中丞、丞相长史督之，犹弗能禁，乃使光禄大夫范昆，诸辅都尉及故九卿张德等，衣绣衣，持节、虎符发兵以兴击。斩首，大部或至万余级，及以法诛通饮食，坐连诸郡，甚者数千人。《汉书》作“坐相连郡，甚者数千人”。数岁，乃颇得其渠率。散卒失亡，复聚党阻山川者，往往而群居，无可奈何。于是作《沉命法》，集解：“《汉书音义》曰：沉，藏匿也。命，亡逃也。”曰：群盗起不发觉，发觉而捕弗满品者，二千石以下至小吏主者皆死。其后小吏畏诛，虽有盗不敢发，恐不能得，坐课累府，府亦使其不言，故盗贼浸多，上下相为匿，以文辞避法焉。《汉书·武帝纪》：天汉二年（前99），泰山群盗徐勃等阻山攻城，道路不通。遣直指使者暴胜之等衣绣衣，杖斧，分部逐捕，刺史郡守以下皆伏诛，即《酷吏传》所云也。其不至于土崩者亦仅矣。宜乎宣帝欲立武帝庙乐，而夏侯胜讼言拒之也。

第十一节
巫蛊之祸

语曰：种瓜得瓜，种豆得豆。因果之理，不可诬也。汉世迷信本深，武帝纵恣尤甚。事祠祭，求神仙，民脂民膏为所浪费者，盖不知凡几。而又喜怒任情，刑杀不忌，惑于女谒，而不能守法。恶之既稔，安得不变生骨肉之间，祸起宫廷之内哉？

《左氏》曰：“于文，皿虫为蛊。”昭公元年（前541）。又蛊之义为惑。盖物之败坏曰蛊，人之惑乱亦曰蛊。物之败坏，虫实使之。人之惑乱，甚至丧亡，亦必有使之然者，故巫以术贼害人亦曰蛊。蛊之道多端，武帝时所谓巫蛊者，则为祝诅及埋偶人。案，《封禅书》言：秦祝官有秘祝，即有灾祥，辄祝祠移过于下，文帝十三年（前167）始除之。《孝文本纪》：二年，上曰："民或祝诅上，以相约结，而后相谩，吏以为大逆。……自今以来，有犯此者，勿听治。"《汉书·武帝纪》：天汉二年（前99），秋，止禁巫祠道中者。文颖曰："始汉家于道中祠，排祸咎，移之于行人百姓。以其不经，今止之也。"师古曰："文说非也。秘祝移过，文帝久已除之，今此总禁百姓巫觋于道中祠祭者耳。"案，师古说是也。《王嘉传》：嘉奏封事，言董贤母病，长安厨给祠具，道中过者皆饮食，盖即所谓祠道中者。然汉家果无祠道中之事，文颖岂得妄说？则以此释《武纪》天汉二年之事非，其言自有所据也。又汉世贵人，以祝诅获罪者甚多，如江都王建后成光，以祝诅弃市，见《汉书·景十三王传》。鄗侯舟坐祝诅上，腰斩；安檀侯福坐祝诅，讯未竟，病死；平曲节侯曾坐父祝诅上，免；皆见《汉书·王子侯表》。可见其时视祝诅之重。至以木偶象人，加害于木偶，谓可祸及所象之人，其由来亦甚古，《狸首》之射是也。亦见《史记·封禅书》。然汉世此事不多，而《史记·酷吏传》言匈奴为偶人象郅都，令骑驰射；江充之掘偶人，实与胡巫俱；疑时又来自外国。观秦、晋、梁、荆之巫，立于高祖之世，而武帝又立越巫，则汉代之京师，固华夷迷信之所萃也。

武帝陈皇后，长公主嫖女，父陈婴孙午。元光五年（前130）废，其废也即以巫蛊，受诛者三百人。卫皇后，字子夫，卫青同母兄也。自平阳公主家得幸。《史记·曹相国世家》：参曾孙时，尚武帝姊阳信长公主，时袭平阳侯，亦称平阳公主。时，《汉书·卫青传》作"寿"。元朔元年（前128），生男据，立为皇后。元狩元年（前122），据立为太子，年七岁。至征和二年（前91）三十九岁。征和中，武帝春秋高，意多所恶，以为左右皆为蛊道祝诅，有与无莫敢讼其冤者。时丞相公孙贺夫人君孺，卫皇后姊也。贺相，子敬声代为太仆。骄奢不奉法。擅用北军钱千九百万。发觉，下狱。是时诏捕阳陵朱安世不得，阳陵，汉县，在今陕西咸阳县东。上求之急，贺自请逐捕安世，以赎敬声罪。上许之。后果得安世。安世，京师大侠也。闻贺欲以赎子罪，笑曰："丞相祸及宗矣。"从狱中上书，告敬声与阳石公主武帝女。私通，及使人巫祭祠诅上。且上甘泉，驰道埋偶人。祝诅有恶言。下有司案验。贺父子死狱中，家族。巫蛊由此起。江充者，本名齐，有女弟，嫁赵敬肃王彭祖景帝子。太子丹，齐得幸于敬肃王，为上客。史言彭祖为人巧佞足恭，而心刻深，好法律。每相二千石至，多设疑事，以诈动之，得二千石失言，中忌讳，辄书之。二千石欲治者，则以此迫劫。不听，乃上书告之，及污以奸利事。立六十余年，相二千石无能满二岁，辄以罪去，大者死，小者刑，以故二千石莫敢治。齐得幸于彭祖，其非端人可知矣。久之，太子疑齐以己阴私告王，与齐忤，使吏逐捕齐，不得，收系其父兄。按验，皆弃市。齐亡，西入关，更名充，诣阙告太子与同产姊及王后宫奸乱，交通郡国豪猾，攻剽为奸。天子遣使者捕治，罪至死。久之乃赦出。然竟坐废。充拜为直指绣衣使者，督三辅盗贼。后从上甘泉，逢太子家使乘车马行驰道中，充以属吏。太子使人谢。充不听，遂白奏。上曰："人臣当如是矣。"大见信用。迁为水衡都尉。久之，坐法免。后上幸甘泉，疾病。充见上年老，恐晏驾后为太子所诛，奏言上疾祟在巫蛊。上以充为使者治。充将胡巫掘地求偶人，捕蛊及夜祠视鬼，染污令有处，辄收捕验治，烧铁钳灼，强服之。民转相诬以巫蛊。吏辄劾以大逆无道。坐而死者，前后数万人。充因言宫中有蛊气。先治后宫稀幸夫人，以次及皇后。遂掘蛊于太子宫，得桐木人。太子召问少傅石德。德惧为师傅并诛，劝太子矫节收捕充等系狱，穷治其奸诈。征和二年，七月，太子使客为使者，收捕充等。发长乐宫卫士。告令百官曰："江充反。"乃斩充以徇。炙胡巫上林中。诏发三辅近县兵，使丞相刘屈氂将。太子亦矫制赦长安中都官囚徒，驱四市人与丞相战。五日，死者数万人。丞相附兵浸多。太子军败，亡走湖。县名，今河南阌乡县东。皇后自杀。太子匿湖泉鸠里。发觉，吏围捕太子。太子自度不得脱，入室距户自经。太子之亡也，司直田仁部闭城门，坐令太子得出，丞相欲斩仁。御史大夫暴胜之谓丞相，丞相释仁。上闻而大怒，下吏责问胜之，胜之自杀。北军使者任安坐受太子节，怀二心，及田仁皆腰斩。有功者皆封侯，诸太子宾客出入宫门者皆坐诛。其随太子发兵者，以反法族。已而壶关三老茂壶关，汉县，在今山西长治县东南。上书讼太子：特子盗父兵，以救难自免耳。请亟罢甲兵，毋令太子久亡。上感悟，而太子已死矣。乃封泉鸠里足蹋开户及趋抱解太子者为侯。久之，巫蛊事多不信。高寝郎田千秋即车千秋。为相后年老，上优之，朝见，得乘小车入宫中，因号曰车丞相，盖其后以此改氏车。复讼太子冤。上遂擢千秋为丞相，而族灭江充家。上初使助充者苏文焚于横桥上。泉鸠里加兵刃于太子者，初为北地太守，后族灭。其赏罚无章如此。初，侍中仆射莽何罗与江充相善。何罗弟通，用诛太子时力战，封重合侯。及充宗族夷灭，何罗兄弟惧及，遂谋为逆。上幸林光宫，何罗袖白刃从东厢上。金日磾捽胡投何罗殿下，得擒缚之。穷治，皆伏辜。变起萧墙，亦危矣。而武帝遗诏，日磾及霍光、上官桀，皆以捕反者功封侯。

武帝六子：卫王后生戾太子据。王夫人生齐怀王闳。李姬生燕刺王旦、广陵厉王胥。李夫人生昌邑哀王髆。而赵婕妤以太始三年（前94）生子弗陵，即昭帝也。贰师将军李广利，李夫人兄也。女为刘屈氂子妻。征和三年（前90），广利出击匈奴。屈氂为祖道。广利曰："愿君侯早请昌邑王为太子。"屈氂许诺。内者令郭禳告丞相夫人，以丞相数有谴，使巫祠社祝诅主上，有恶言；及与贰师共祷，欲令昌邑王为帝。有司奏请按验，罪至大逆不道。诏载屈氂厨车以徇，腰斩东市。妻子枭首华阳街。贰师妻子亦收。贰师闻之，降匈奴，宗族遂灭。时齐怀王已前死。元封元年（前110）。燕刺王自以次第当立，上书求入宿卫。上怒，下其使狱。后坐藏匿亡命，削三县。武帝由是恶旦。广陵厉王好倡乐逸游，力扛鼎，空手搏熊罴猛兽，动作无法度，故终不得为汉嗣。以上见《汉书·武五子传》。《外戚传》言燕王、广陵王多过失，齐怀王、昌邑哀王早薨，故武帝疾病，立昭帝为太子。然昌邑哀王以天汉四年（前97）立，十一年薨，实与武帝之崩同年，不得云早死。而赵婕妤亦早以谴死，则昭帝之立，亦非牵于母爱。盖武帝末年，继嗣之际，事有不可知者矣。《汉书·外戚传》言欲立昭帝，以其年稚，母少，恐女主专恣乱国家，犹与者久之。褚先生补《史记·外戚世家》言：婕妤死后，帝闲居，问左右曰："人言云何？"左右对曰："人言且立其子，何去其母乎？"帝曰："是非儿曹愚人所知也。往古国家所以乱也，由主少母壮也。女主独居骄蹇，淫乱自恣，莫能禁也。汝不闻吕后邪？"读史者因颂武帝能防患未然，或则议其酷，实皆不察情实之谈。远虑岂武帝所有？褚先生曰："故诸为武帝生子者，无男女，其母无不谴死。"便见造作赵婕妤事者，并卫皇后之事，亦不能知，真可发一大噱。褚先生又言："上居甘泉宫，召画工，图画周公负成王也。于是左右群臣知武帝意欲立少子也。"《汉书·霍光传》曰："（上）察群臣唯光任大重，可属社稷。上乃使黄门画者画周公负成王朝诸侯以赐光。后元二年春，上游五柞宫，病笃。光涕泣问曰：'如有不讳，谁当嗣者？'上曰：'君未谕前画意邪？立少子，君行周公之事。'"夫光疏贱，武帝即欲托以后事，岂得拟之周公？光与金日磾、上官桀之以遗诏封侯也，侍卫王莽子男忽侍中，扬语曰："帝病，忽常在左右，安得遗诏封三子事？群儿自相贵耳。”光闻之，切让王莽，莽鸩杀忽。“画周公负成王朝诸侯以赐光”之语，又安知非光等为之邪？然则昭帝之立，果武帝意与否，信不可知矣。

有大臣焉，有小臣焉。大臣者，以安社稷为说者也。小臣则从君之令而已。武帝冢嗣绝，众子疏，以幼子主神器，而临终顾命，仅得一不学无术之人，则其生平予智自雄，言莫予违之习，有以致之也。武帝之疾病也，立昭帝为太子。年八岁。以霍光为大司马大将军，金日磾为车骑将军，上官桀为左将军，桑弘羊为御史大夫，皆拜卧内床下，受遗诏辅少主。光，仲孺子。仲孺通卫媪生去病，吏毕归家，娶妇生光。因绝不相闻。去病既壮大，乃自知父为霍仲孺，将光至长安，任为郎。稍迁诸曹侍中。去病死后，光为奉车都尉、光禄大夫。出则奉车，入侍左右。出入禁闼，十有余年，小心谨慎，未尝有过。甚见亲信。金日磾者，匈奴休屠王太子。以父不降见杀，没入官，输黄门养马。久之，武帝游宴见马，后宫满侧。日磾等数十人牵马过殿下，莫不窃视。至日磾，独不敢。拜为马监。迁侍中驸马都尉、光禄大夫。既亲近，未尝有过失，上益信爱之。日磾子二人，皆爱，为帝弄儿。弄儿壮大，不谨，自殿下与宫人戏。日磾适见，遂杀弄儿，弄儿则日磾长子也。日磾在左右，目不忤视者数十年。赐出宫女不敢近。上欲纳其女后宫，不敢。上官桀者，少为羽林期门郎。迁未央厩令。上尝体不安，及愈，见马，马多瘦。上大怒：“令以我不复见马邪？”欲下吏。桀顿首曰：“臣闻圣体不安，日夜忧惧，意诚不在马。”言未卒，泣数行下。上以为忠，由是亲近。为侍中，稍迁至太仆。皆小廉曲谨之徒，便辟侧媚之士也。此岂可以托六尺之孤邪？然以武帝之赏罚任情，又好逆诈臆不信，其所得人，固不过如此矣，亦所谓种瓜得瓜、种豆得豆者也。昭帝立，姊鄂邑公主益汤沐邑为长主，供养省中。光领尚书事。政事一决于光。

燕王旦，与中山哀王昌景帝孙，中山靖王胜子。之子长、齐孝王孙泽结谋。诈言以武帝时受遗诏，得职吏事，修武备。为奸书，言少帝非武帝子，褚先生《补史记》：旦言今立者乃大将军子也。天下宜共伐之。使人传行郡国。泽谋归发兵临菑，与燕王俱起。事觉，泽等伏诛。辞连燕王。有诏勿治。而光长女为桀子安妻，有女，年与帝相妃，桀因盖主即鄂邑长公主，为盖侯所尚，故又称盖主。纳安女后宫为婕妤。数月，立为皇后。始元四年（前83），时后年六岁。安为骠骑将军。光时休沐，辄入代光决事。盖主幸河间丁外人，桀、安为外人求封，光不许。为求光禄大夫，欲令得召见，又不许。盖主大以是怨光。桀、安亦惭。自武帝时，桀已为九卿，位在光右。及父子并为将军，有椒房中宫之重，皇后亲安女，光乃其外祖，而欲专制朝事。由是与光争权，及桑弘羊建造酒榷、盐铁，为国兴利，伐其功，欲为子弟求官，亦怨恨光。于是盖主、桀、安、弘羊皆与燕王通谋。诈令人为燕王上书，言光专权自恣，疑有非常，愿入宿卫。候司光出沐日奏之。桀欲从中下其事，弘羊当与诸大臣共执退光。书奏，上不肯下。此据《汉书·霍光传》。《传》言燕王上书，言光出都肄，郎羽林道上称跸，上言调校尉以来，未能十日，燕王何以知之？因觉其诈，此非实录。果如所言，诈为燕王书者皆狂痴邪？《光传》言盖主等诈令人为燕王上书，《武五子传》又言王自上书，其说已不雠矣。奏何以不获下，其事不可知也。桀等乃谋令盖主置酒请光，伏兵共格杀之，因废帝，迎立燕王为天子。稻田使者燕苍知其谋，以告大司农杨敞。敞素谨，畏事，移病卧，以告谏大夫杜延年。延年以闻。光尽诛桀、安、弘羊、外人宗族。盖主、燕王皆自杀。时元凤元年（前80）九月也。光威震海内。昭帝既冠，遂委任光。案，昭帝初，丞相为车千秋。史称光谓千秋曰："始与君侯俱受先帝遗诏。今光治内，君侯治外。宜有以教督，使光毋负天下。"千秋曰："唯将军留意，即天下幸甚。"终不肯有所言。盖时丞相之权，已移于尚书矣。金日磾，昭帝元年（前86）即薨。桀、安、弘羊既死，光引尚书令张安世为右将军、光禄勋以自副。是岁，车千秋卒，王䜣代为丞相。明年死，杨敞代之。元平元年（前74）死，蔡义代之。敞与义皆故给事大将军幕府者也。义年八十余，行步俯偻，尝两吏扶掖，乃能行。议者讥光置宰相不选贤，苟用可专制者焉。案，《外戚传》言上官安罪恶辞多诬。云欲诱征燕王，至，杀之而立桀，尤不近情。然《胡建传》言丁外人骄恣，怨故京兆尹樊福，使人射杀之。客藏公主庐，吏不敢捕。建为渭城令，汉县，即秦咸阳。将吏卒围捕。盖主闻之，与外人、上官将军多从奴客往，奔射追吏。吏散走。主使仆射主家之仆射。劾渭城令游徼伤主家奴。建报无他坐。盖主怒，使人上书告建。光寝其奏。后光病，上官氏代听事，下吏捕建。建自杀。则上官氏之持政，更不如光，此其所以卒败欤？然上官桀亦武帝所信爱以为忠者也，又安知霍光之不为上官桀哉？用小廉曲谨便辟侧媚之士者亦危矣。

昭帝在位十三年，以元平元年（前74）四月崩。无嗣。《外戚传》言桀、安宗族既灭，皇后以年少不与谋，亦光外孙，故得不废。光欲皇后擅宠有子。帝时体不安，左右及医，皆阿意言宜禁内。虽宫人使令，皆为穷裤，多其带。后宫莫有进者。皇后立十岁而昭帝崩，后年十四五云。然则昭帝之无嗣，霍氏为之也。时武帝男独广陵王胥在。群臣议所立，咸持广陵王。郎有上书，言周太王废太伯立王季，文王废伯邑考立武王，唯在所宜。广陵王不可以承宗庙。光以视丞相敞等，擢郎为九江太守。承皇太后诏，迎立昌邑哀王子贺。六月丙寅，受皇帝玺绶。七月癸酉，又奏皇太后废之。时光徙张安世为车骑将军，与共谋。将废昌邑王，又引故吏大司农田延年为给事中。议既定，乃使延年报丞相敞。敞惊恐，不知所言，汗出浃背。延年起更衣，敞夫人谓敞曰："君侯不疾应……先事诛矣。”乃与延年参语许诺，及召丞相、御史、将军、列侯、中二千石、大夫、博士会议。群臣皆惊愕失色，莫敢发言。延年前离席按剑曰：“今日之议，不得旋踵。群臣后应者，臣请剑斩之。”乃皆叩头曰：“唯大将军令。”然后延年以没入商贾所豫收方上不祥器物，为富人亡财者所怨，出钱求其罪。御史大夫田广明谓太仆杜延年：“《春秋》之义，以功覆过，当废昌邑王时，非田子宾之言，大事不成。……愿以愚言白大将军。”延年言之大将军。而大将军曰：“晓大司农，通往就狱，得公议之。”延年遂自刎死。光之忌刻亦甚矣。史所言昌邑王罪状，皆不足信。《王吉传》：吉为昌邑中尉，王见征，奏书戒王：政事一听大将军，垂拱南面而已。《张敞传》：为太仆丞，上书谏，以国辅大臣未褒，而昌邑小辇先迁，为过之大者。《光传》：昌邑群臣二百余人悉见杀。出死，号呼市中曰：“当断不断，反受其乱。”昌邑之所以废可知矣。宣帝立，光稽首归政，而帝谦让不受，诸事皆先关白光，此其所以获安欤？

戾太子三男一女：长男史良娣子，号史皇孙。纳王夫人。女，平舆侯嗣子尚焉。太子败，皆遇害。二幼子死于湖。宣帝，王夫人子，号皇曾孙。时生数月，系郡邸狱。丙吉为廷尉监，治巫蛊狱郡邸，哀曾孙之无辜，使女徒复作乳养，私给衣食，视遇甚有恩。巫蛊事连岁不解。至后元二年（前87），武帝疾，望气者言长安狱中有天子气。上遣使者分条中都官狱系者，轻重皆杀之。吉拒闭使者，不得入。因遭大赦。吉乃载曾孙送史良娣家。后有诏掖庭养视，上属籍宗正。掖庭令张贺，安世兄也。幸于卫太子。太子败，宾客皆诛。安世为贺上书，得下蚕室。贺思顾旧恩，视养甚谨。曾孙壮大，贺欲以女孙妻之。安世怒曰：“曾孙乃卫太子后也。幸得以庶人衣食县官，足矣，勿复言予女事。”贺于是止。《外戚传》。为取暴室啬夫许广汉女，曰平君。曾孙因依倚广汉兄弟及祖母家史氏。案，后元二年为武帝崩之岁。武帝久悔杀太子，为归来望思之台于湖矣。皇曾孙系郡邸狱，安得久不释？虽寝疾之际，亦安得遂忘之？武帝虽残暴，亦未闻以术士一言，尽杀系囚，况曾孙在其中乎？然则武帝果自知尚有曾孙与否？尽杀中都官狱系囚之命，是否出于武帝？又可疑也。《外戚传》言曾孙数有征怪，贺闻之，为安世道之，称其材美，安世辄绝止，以为少主在上，不宜称述曾孙，光之忌曾孙可知。然昌邑王废，光卒言太后，征立曾孙者？奏记光出于丙吉，吉尝为光长史。《安世传》言天子甚尊惮大将军，内亲安世，心密于光。《光传》言宣帝始立，谒见高庙，光从骖乘，上内严惮之，若有芒刺在背。后安世代光骖乘，天子从容肆体，甚安近焉。则安世之不敢称曾孙，特畏慎为求全计，其于曾孙实亲。又《杜延年传》：宣帝与延年中子佗相友善，延年劝光、安世立焉。则为曾孙道地者，皆光心腹也。抑昌邑以亲藩邸旧臣败，光未尝不惩其事，宣帝起匹夫，则无辅之者矣，此其所以始忌之而后卒立之欤？

宣帝既立，楚王延寿王戊之死，景帝立元王子平陆侯礼为楚王，是为文王。传安王道、襄王经、节王纯至延寿。为其后母弟取广陵王女为妻，有反谋。事觉，诛。辞连及广陵王。有诏勿治。后复以祝诅事发自杀。贺废处昌邑，宣帝心忌之。诏山阳太守张敞密警察。敞奏王清狂不惠。上知其不足忌，乃封为海昏侯。海昏，汉县，今江西永修县。后薨，国除。宣帝立六年，地节二年（前 68），霍光薨。自昭帝时，光子禹及兄孙云，皆中郎将。云弟山，奉车都尉，侍中，领胡、越兵。云、山皆去病孙。光两女婿，为东西宫卫尉。范明友未央，邓广汉长乐。昆弟、诸婿、外孙，皆奉朝请，为诸曹大夫、骑都尉、给事中。党亲连体，根据于朝廷。光病笃，拜禹为右将军。光薨，既葬，封山为乐平侯，以奉车都尉领尚书事。宣帝之立也，许平君为婕妤。时霍将军有小女，公卿议更立皇后，皆心仪霍将军女。上乃诏求微时故剑。大臣知旨，白立许婕妤为皇后。明年，后当娠病。女医淳于衍，霍氏所爱，尝入宫侍皇后疾。霍光夫人显谓衍："今皇后当免身，可因投毒药去也。"衍即捣附子赍入宫。皇后免身后，衍取附子，并合太医大丸，以饮皇后。有顷，曰："我头岑岑也，药中得无有毒?"对曰："无有。"遂加烦懑，崩。后人有上书告诸医侍疾无状者，皆收系诏狱。显恐事急，即以状具语光。奏上，光署衍勿论。光女立为后。立三岁而光薨。后一岁，上立许后男为太子。地节三年四月。显怒恚曰："此乃民间时子，安得立？即后有子，反为王邪?"教皇后令毒太子。皇后数召太子赐食。阿保辄先尝之。后挟毒不得行。初，车千秋子为洛阳武库令。千秋死，其子自见失父，而河南太守魏相治郡严，恐久获罪，乃自免去。相使掾追呼之。遂不肯反。相独恨曰："大将军闻此令去官，必以为我用丞相死，不能遇其子……殆矣。"武库令至长安，光果以是责过相。后人有上书告相。大将军用武库令事，下相廷尉狱。久系逾冬，会赦。后复起。相与丙吉善。宣帝即位，征为大司农。迁御史大夫。光薨数月，相因平恩侯许伯许广汉。上封事，言"光死，子复为大将军，"大"当作"右"。兄子秉枢机，谓山为禹兄子。昆弟诸婿据权势，在兵官。光夫人显及诸女皆通籍长信宫，或夜诏门出入。骄奢放纵，恐浸不制，宜有以损夺其权。"又故事：诸上书者皆为二封，署其一曰副。领尚书者先发副封，所言不善，屏去不奏。相复因许伯白"去副封，以防雍蔽"。宣帝善之。诏相给事中。皆从其议。霍氏杀许后之谋，始得上闻。韦贤以老病去，本始三年（前 71)，蔡义薨，贤代为丞相。遂代为丞相。徙光女婿邓广汉、范明友、任胜。中郎将羽林监。复出光姊婿、群孙婿。以禹为大司马，罢其右将军屯兵。张安世亦拜大司马车骑将军，领尚书事。数月，更为卫将军，两宫卫尉、城门北军兵皆属焉。诸领胡、越兵骑、羽林，及两宫卫将屯兵，悉易以所亲信许、史子弟。禹、山、云自见日侵削。显具告以毒杀许皇后，始有邪谋。谋令太后为博平君宣帝外祖母。置酒，召丞相以下，使范明友、邓广汉承太后制引斩之，因废天子而立禹。事发觉，云、山、明友自杀。显、禹、广汉等捕得。禹腰斩。显及女昆弟皆弃市。霍后废处昭阳宫。与霍氏相连坐灭者数千家。史言光死后显及禹、云、山等骄侈殊甚，然实非自光死后始。禹故吏任宣谓禹曰："（大将军）持国权柄，杀生在手中。廷尉李种、王平，左冯翊贾胜胡及车丞相女婿少府徐仁，皆坐逆将军意下狱死。使或作"史"。乐成小家子，得幸将军，至九卿，封侯。百官以下，但事冯子都、王子方等，服虔曰："皆光奴。"视丞相无如也。"山亦言："今丞相用事，县官信之，尽变易大将军时法令。以公田赋与贫民，发扬大将军过失。又诸儒生多窭人子，远客饥寒，喜妄说狂言，不避忌讳，大将军常仇之。"光之专权自恣，侵削平民，杜绝言路可见矣。宣帝之除霍氏，匕鬯不惊，盖由禹、云、山等皆庸才，兵权先去之故。其所以能渐去其权，张安世似甚有力，非徒魏相之功也。霍氏诚有取祸之道，然谓禹谋自立，则与谓上官桀欲杀燕王而自立，同一无稽。即弑许后亦莫须有之事。附子非能杀人，尤不能杀人于俄顷间。宣帝非愚騃者，即视后死不能救，又宁待魏相、许伯而后知之乎？

第十二节 昭宣时政治情形

昭、宣之世，可谓君如赘旒，而刘氏之统绪，亦几于不绝如缕矣。然犹克称为西汉之治世，而四夷宾服，声威且盛于武帝时者？则是时之权臣，虽擅权于上，顾未尝扰及人民；不唯不扰，且颇能与民休息；及至宣帝亲政，又以其旧劳于外，知民生之疾苦与吏治之得失，颇能综核名实之故也。四夷宾服，乃以其时适值匈奴内乱，此可谓之天幸。国家之盛衰，固亦半由人事，半由运会也。

《汉书·昭帝纪赞》云“（孝昭）承孝武奢侈余敝，师旅之后，海内虚耗，户口减半。霍光知时务之要，轻徭薄赋，与民休息。至始元、元凤之间，匈奴和亲，百姓充实”焉。今案，昭帝之世，宽政之见于《本纪》者，则罢民共出马。始元四年（前83）。又罢天下亭母马及马弩关。五年。《食货志》：“车骑马乏，县官钱少，买马难得，乃著令：令封君以下至三百石吏以上，差出牡马天下亭，亭有畜字马，岁课息。”《景帝纪》：中四年（前146），御史大夫绾奏禁马高五尺九寸以上，齿未平，不得出关。孟康曰：“旧马高五尺六寸，齿未平，弩十石以上，皆不得出关，今不禁也。”令郡国毋敛当年马口钱。元凤二年（前79），令郡国毋敛今年马口钱。减漕。元凤二年诏云：“前年减漕三百万石。”三年，诏止四年毋漕。减免口赋、更赋。元凤四年，诏毋收四年、五年口赋。三年以前，逋更赋未入者皆勿收。元平元年（前74），减口赋钱什三。三辅、太常，得以菽粟当赋。元凤二年、六年。诏有司问贤良文学民所疾苦，因罢榷酤官。始元六年（前81）。皆是也。自上官桀等诛，光以刑罚绳下，繇是吏尚严酷。《循吏·黄霸传》。然亦有杜延年，辅之以宽。延年数为光言：年岁比不登，流民未尽还，宜修孝文时政，示以俭约宽和，光亦纳焉。则颇能用善言矣。然光究为不学无术之人。《贡禹传》：元帝时，为谏大夫，奏言：“武帝时，又多取好女至数千人，以填后宫。及弃天下，昭帝幼弱，霍光专事，不知礼正，妄多藏金钱财物、鸟兽、鱼鳖、牛马、虎豹生禽，凡百九十物，尽瘗藏之。又皆以后宫女置于园陵。……昭帝晏驾，光复行之。至孝宣皇帝时，陛下恶有所言，群臣亦随故事。”案，文帝霸陵，颇遵节俭。又遗诏归夫人以下至少使。景帝诏所由美其重绝人之世者也。景帝遗诏，亦出宫人归其家，盖犹能守文帝遗法。而光遽违之。作法于贪，害延三世。宦官宫妾之为忠，诒祸可谓烈矣。岂足当总己之任哉？然以大体言之，则固能矫武帝之失矣。

宣帝亦多宽政。见于《纪》者，如屡免租赋，事赈贷，以公田池籞假与贫民，减天下口钱五凤三年（前55）。又甘露二年（前52），减口算三十。及盐价，地节四年（前66）。置常平仓以给北边，五凤四年。有大父母、父母丧者勿徭事。地节四年。皆是也。《本纪赞》曰：“孝宣之治，信赏必罚，综核名实。政事、文学、法理之士咸精其能。至于技巧工匠器械，自元、成间鲜能及之。亦足以知吏称其职，民安其业也。”《循吏传》曰：“（孝宣）兴于闾阎，知民事之艰难。自霍光薨后，始躬万机。励精为治。五日一听事。自丞相以下，各奉职而进。及拜刺史、守、相，辄亲见问，观其所由。退而考察所行，以质其言。有名实不相应，必知其所以然。常称曰：庶民所以安其田里而无叹息愁恨之心者，政平讼理也。与我共此者，其唯良二千石乎？以为太守，吏民之本也。数变易则下不安。民知其将久，不可欺罔，乃服从其教化。故二千石有治理效，辄以玺书勉励，增秩赐金，或爵至关内侯。公卿缺，则选诸所表，以次用之。是故汉世良吏，于是为盛，称中兴焉。”案，《纪》载元康二年（前64）诏：戒擅兴徭役，饰厨传，称过使客，以取名誉。神爵三年（前59），以小吏皆勤事而俸禄薄，益吏百石以下俸十五。黄龙元年（前49），以上计簿具文而已，令御史察，疑非实者按之。则帝于吏治，信可谓尽心焉矣。《刑法志》言：“（孝武）招进张汤、赵禹之属，条定法令。作《见知》《故纵》《监临》《部主》之法。缓深故之罪，急纵出之诛。其后奸猾巧法，转相比况，禁网浸密。郡国承用者驳，或罪同而论异。奸吏因缘为市，所欲活则傅生议，所欲陷则予死比。议者咸冤伤之。宣帝自在闾阎，而知其若此。及即尊位，置廷平。秩六百石，员四人。事在地节三年。选于定国为廷尉，求明察宽恕黄霸等以为廷平。季秋后请谳，上常幸宣室，斋居而决事，狱刑号为平矣。”《纪》载地节四年（前66）诏：令郡国岁上系囚以掠笞若瘐死者所坐县名爵里，丞相、御史课殿最以闻。元康二年诏：以吏用法或持巧心，析律贰端，深浅不平。增辞饰非，以成其罪。奏不如实，上亦无由知。二千石各察官属，勿用此人。其于刑狱，亦可谓尽心焉矣。人之昏明，视其所习，所习由其所处。历代帝王，多生于深宫之中，长于阿保之手，民之情伪，一物不知，焉得智？故凡开创之君，兴于草泽；嗣世之主，爰暨小人者；其政事必较清平，事理固然，无足怪也。《纪》称宣帝“喜游侠，斗鸡走马，具知闾里奸邪，吏治得失，数上下诸陵，周遍三辅”，此其所以能勤于察吏，宽以驭民欤？然帝虽有阅历，而无学问。故能理当时之务，而不能创远大之规。王吉劝其述旧礼，明王制，则见为迂阔。郑昌劝其删定律令，以开后嗣，则不暇修正。见《刑法志》。又其天资近于刻薄，故喜柔媚之人，而不能容骨鲠之士。其所任者，若魏相、丙吉，实皆规模狭隘，谨饬自守之人；黄霸伤于巧伪；陈万年则奸佞之流耳。宣帝初以魏相为丞相，丙吉为御史大夫。神爵三年（前59），相薨，吉代为丞相，萧望之为御史大夫。望之后贬，代以黄霸。五凤三年（前55），吉薨，霸为相，杜延年为御史大夫。后于定国代之。甘露三年（前51），霸薨，定国代相，陈万年为御史大夫。魏相颇有才能，然史称其好观汉故事及便宜章奏。以为古今异制，方今务在奉行故事而已，数条汉兴以来国家便宜行事，及贤臣所言，奏请施行之，则仅能弥缝匡救，较之欲大事改革之家，气力已薄。杜延年徒习于事。丙吉则失之宽弛。公府自吉后始不案吏，即其一端。盖其性然也。黄霸为张敞所劾，见《汉书》本传。宣帝所赏治行尤异，见于《纪》者，一为霸，一为胶东相王成。成之见褒，以流民自占八万余口。史言："后诏使丞相、御史问郡国上计长吏、守、丞以政令得失。或对言前胶东相成伪自增加，以蒙显赏，是后俗吏多为虚名云。"则成亦巧伪之徒也。萧望之陈义较高，帝疑其意轻丙吉，罢，此乃以私意进退人。陈万年善事人。赂遗外戚许、史，倾家自尽。尤事乐陵侯史高。子咸，以万年任为郎，数言事，讥刺近臣。万年尝病，命咸教戒于床下。语至夜半，咸睡，头触屏风。万年大怒，欲杖之。咸叩头谢，曰："具晓翁言，大要教咸谄也。"佞媚如此，无等矣。忠直之臣，如杨恽、盖宽饶等，则多不得其死。史言恽刻害，好发人阴伏，又以其能高人，故败，此乃莫须有之辞。凡刚直者固易被此诬。恽，敞子，敞乃霍氏私人，而恽首发霍氏反谋，即可知其忠正。其败也，以与戴长乐相失。长乐，宣帝在民间时所善，此亦以私意诛赏也。宽饶陈高谊以劘切其君。且讥其以刑余为周、召，法律为《诗》《书》，其识力尤非恽所及，乃以在位及贵戚人与为怨败。郑昌讼之曰"上无许、史之属，下无金、张之托，职在司察，直道而行，多仇少与"，岂不衰哉？宣帝可谓真能任法乎？宫室卑服，盛于昭帝时。外戚许、史、王氏贵宠。《王吉传》。信任中尚书宦官。《盖宽饶传》。弘恭、石显，乱政虽在元帝时，任用实自帝始也。先汉之衰乱，不得不归咎于帝之诒谋不臧矣。孟子曰"徒善不足以为政"，况不能善乎？

第十三节
昭宣元成时兵事一

汉自昭帝以后，用兵于四夷，远不如武帝时之烈，然其成功，转较武帝为大，则时会为之也。《史记》言匈奴之法，常以太子为左贤王，其继承似有定法。然冒顿、伊稚斜、句黎湖、且鞮侯四世，即已不遵成宪矣。且鞮侯两子：长为左贤王，次为左大将。病且死，言立左贤王。左贤王未至，贵人以为有病，更立左大将。左贤王闻之，不敢进。左大将使人召而让位焉。左贤王辞以病。左大将不听，谓曰："即不幸死，传之于我。"左贤王许之，遂立，为狐鹿姑单于。以左大将为左贤王。数年，病死。其子先贤掸不得代，更以为日逐王，而自以其子为左贤王。狐鹿姑有异母弟为左大都尉，贤，国人向之。母阏氏恐单于不立子而立左大都尉也，私使杀之。左大都尉同母兄怨，不肯复会单于庭。始元二年（前85），单于病且死，谓诸贵人："我子少，不能治国，立弟右谷蠡王。"单于死，卫律与所幸颛渠阏氏谋，更立其子左谷蠡王为壶衍鞮单于。左贤王、右谷蠡王去居其所，未尝肯会龙城，分裂之机肇矣。昭帝末，匈奴击乌孙，取车延、恶师地。乌孙公主上书。下公卿议救，未决而昭帝崩。宣帝即位，乌孙昆莫复上书。本始二年（前72），汉发五将军十五万骑，出塞各二千余里击匈奴。匈奴老弱奔走，驱畜产远遁，是以五将少所得。然匈奴民众死伤，及远移死亡者，亦不可胜数。校尉常惠护乌孙兵，昆弥自将翕侯以下五万余骑从西方入，虏马、牛、羊、驴、骡、橐驼七十余万。此据《匈奴列传》。《乌孙传》同，少一"骡"字。《常惠传》云：马、牛、驴、骡、橐驼五万余匹，羊六十余万头，其数相合。然又云"乌孙皆自取所虏获"，则无可覆校，可知不免夸张也。匈奴遂衰耗。怨乌孙。其冬，单于自将万骑击乌孙。颇得老弱。欲还，会天大雨雪，一日深丈余。人民畜产冻死。还者不能什一。于是丁令乘弱攻其北，乌桓入其东，乌孙击其西，凡三国所杀数万级，马数万匹，牛羊甚众。重以饿死。人民死者什三，畜产什五。诸国羁属者皆瓦解，攻盗不能理。滋欲向和亲，而边境少事矣。地节二年（前68），壶衍鞮单于死，弟左贤王立，是为虚闾权渠单于。黜先单于所幸颛渠阏氏。颛渠阏氏与乌维单于耳孙右贤王屠耆堂私通。神爵二年

（前60），虚闾权渠死。颛渠阏氏与其弟左大且渠都隆奇谋立屠耆堂，是为握衍朐鞮单于。尽杀虚闾权渠时用事贵人，免其子弟近亲。虚闾权渠子稽侯狦，亡归妻父乌禅幕。本乌孙、康居间小国，数见侵暴，率其众数千人降匈取。狐鹿姑以其弟子日逐王姊妻之。使长其众，居右地。先贤掸素与握衍朐鞮有隙，率其众归汉。汉封为归德侯。单于更立其从兄薄胥堂为日逐王。神爵四年（前58），东边姑夕王与乌禅幕及左地贵人共立稽侯狦，为呼韩邪单于。握衍朐鞮兵败自杀。其弟右贤王与都隆奇共立薄胥堂为屠耆单于。东袭呼韩邪。呼韩邪败走。屠耆听西方呼揭王及唯犁当户谗，杀右贤王父子。后知其冤，又杀唯犁当户。呼揭王恐，自立为呼揭单于。屠耆先使先贤掸之兄右奥鞬王与乌藉都尉屯兵东方，以防呼韩邪。至是，右奥鞬王自立为车犁单于，乌藉都尉亦自立为乌藉单于。凡五单于并立。时为五凤元年（前57）。屠耆自将东击车犁，使都隆奇击乌藉。乌藉、车犁皆败，西北走。乌藉、呼揭去单于号，并力尊辅车犁。又为屠耆所败，西北走。明年，屠耆复为呼韩邪所败，自杀。都隆奇与其少子亡归汉。车犁降呼韩邪。呼韩邪复都单于庭。然众裁数万人。而屠耆从弟休旬王，又自立为闰振单于，在西边。呼韩邪兄左贤王呼屠吾斯亦自立为郅支骨都侯单于，在东边。五凤四年（前54）。闰振东击郅支。郅支与战，杀之。并其兵。进攻呼韩邪。呼韩邪走。郅支都单于庭。呼韩邪左伊秩訾王劝令称臣入朝，从汉求助。呼韩邪问诸大臣，皆曰：“不可。匈奴之俗，本上气力而下服役，以马上战斗为国，故有威名于百蛮。战死，壮士所有也。今兄弟争国，不在兄，则在弟，虽死犹有威名，子孙常长诸国；汉虽强，犹不能兼并匈奴；奈何乱先古之制，臣事于汉，卑辱先单于，为诸国所笑？虽如是而安，何以复长百蛮？”诸大人相难久之，呼韩邪卒从左伊秩訾计。引众南近塞，遣子入侍。是岁甘露元年（前53）也。明年，呼韩邪款五原塞，愿朝三年正月。先是匈奴乱，议者多曰："匈奴为害日久，可因其坏乱，举兵灭之。"独御史大夫萧望之以为《春秋》不伐丧，宜遣使者吊问，辅其微弱，救其灾患。及是，诏公卿议其仪。丞相霸、御史大夫定国谓礼仪宜如诸侯王，位次在下。望之以为"单于非正朔所加，故称敌国。宜待以不臣之礼，位在诸侯王上。……后嗣卒有鸟窜鼠伏，阙于朝享，不为叛臣"。天子采之，令单于位在诸侯王上，赞谒称臣而不名。案，敌不可尽，因乱侮人，徒招怨恨，伏报复之根。力不能及，自大何益？世唯足于己者，不骛虚名，亦唯中有所慊者，乃欲自炫于外耳。《尚书大传》载越裳氏重译献白雉，周公曰："德不加焉，则君子不飨其质；政不施焉，则君子不臣其人。吾何以获此赐也？"望之之说，盖本于此。使近世之人而知此义，则不致以朝见礼节等与西人多费唇舌矣。知守旧之徒，实多不知古义也。呼韩邪既来，汉遣兵送出塞，因留卫单于，助诛不服。又转边谷、米、糒给赡其食。黄龙元年（前49），又来朝。其后人众渐盛，遂归北庭。郅支亦遣子入侍，贡献。以为呼韩邪兵弱，不能自还，引其众而西，欲攻定右地。屠耆单于小弟，收两兄余兵数千，自立为伊利目单于。道逢郅支，合战。郅支杀之。并其兵，五万余人。闻汉出兵、谷助呼韩邪，遂留居右地。自度力不能定匈奴，乃益西近乌孙。遣使见小昆弥乌就屠。乌就屠见呼韩邪为汉所拥，郅支亡虏，欲攻之以称汉。乃杀郅支使，持头送都护在所。发八千骑迎郅支。郅支逢击，破之。因北击乌揭，乌揭降。发其兵，西破坚昆，北降丁令。因留都坚昆。《三国志》注引《魏略》，谓此三国俱去匈奴单于庭安习水七千里。安习水者，今额尔齐斯河。额尔齐斯河在当时盖亦坚昆地，而郅支居之也。郅支自以道远，又怨汉拥护呼韩邪。元帝初元四年（前45），遣使上书求侍子。汉遣谷吉送之。郅支杀吉。自知负汉，又闻呼韩邪益强，恐见袭击，欲远去。会康居王为乌孙所困，欲迎郅支置东边，使合兵取乌孙以立之。郅支大悦，引兵而西。人众中寒道死。余才三千人到康居。康居王甚尊敬郅支，妻之以女。郅支亦以女与康居王。数借兵击乌孙。深入至赤谷城。乌孙西边空虚不居者且千里。郅支乘胜骄，杀康居王女及贵人、人民数百，或肢解投都赖水中。今塔拉斯河。发民筑城水上，日五百人，二岁乃已。建昭三年（前36），西域副都护陈汤与都护甘延寿谋，矫制发诸国兵、车师戊己校尉屯田吏士，合四万余人，分两道袭郅支。南道逾葱岭，出大宛，北道入赤谷，过乌孙，涉康居界。郅支被创死。传首京师。匈奴自汉初与中国相抗，至此凡百七十年，而为汉所摧破。案，历代北狄败亡，无不由于内乱，而其内乱，无不由于继嗣之争者。知不徒选君非易，即家天下之制，至于严天泽之分，懔储贰之位而不敢干，亦非一朝一夕之故也。

第十四节
昭宣元成时兵事二

汉通西域，虽始武帝，然其成功，亦在宣、元时。桑弘羊议遣卒田轮台，武帝不许，已见第四节。昭帝时，用弘羊前议，以扜弥太子赖丹为校尉，将军田轮台。赖丹本为质龟兹，李广利击大宛还，将与俱至京师者也。广利责龟兹："外国皆臣属于汉，龟兹何以得受扜弥质？"龟兹贵人姑翼谓其王曰："赖丹本臣属吾国，今佩汉印绶来，迫吾国而田，必为害。"王即杀赖丹。宣帝时，常惠使乌孙还，以便宜发诸国兵讨之。龟兹后王执姑翼诣惠。惠斩之。时乌孙公主遣女来至京师学鼓琴。汉遣送主女，过龟兹。龟兹王前遣人至乌孙求公主女，未还。会女过龟兹，龟兹王留不遣。复使使报公主。公主许之。后公主上书，愿令女比宗室入朝。而龟兹王绛宾亦爱其夫人，上书言得尚汉外孙，为昆弟，愿与公主女俱入朝。元康元年（前65），遂来朝贺。王及夫人皆赐印绶。夫人号称公主。赐以车骑旗鼓，歌吹数十人，绮绣杂缯琦珍凡数千万。留且一年，厚赠送之。后数来朝贺。乐汉衣服制度。归其国，治宫室，作徼道周卫，出入传呼，撞钟鼓，如汉家仪。外国胡人皆曰："驴非驴，马非马，若龟兹王，所谓骡也。"绛宾死，其子丞德自谓汉外孙，成、哀帝时，往来尤数，汉遇之亦甚亲。

楼兰降汉后，匈奴发兵击之。楼兰遣一子质匈奴，一子质汉。楼兰最在东陲，近汉，当白龙堆，乏水草。常主发导，负水、担粮，送迎汉使，又数为吏卒所寇盗，惩艾，不便与汉通。复为匈奴反间，数遮杀汉使。王弟尉屠耆降，具言状。昭帝元凤四年（前77），霍光使傅介子往刺其王尝归，立尉屠耆。更名其国为鄯善。因尉屠耆请，遣司马一人，吏士四十人田伊循，城名，《冯奉世传》作"伊修"，在其国西界。以镇抚之。

车师自征和四年（前89）降汉后，见第四节。昭帝时，匈奴复使四千骑往田。宣帝遣五将军击匈奴，田者惊去。车师复通于汉。匈奴怒，召其太子军宿，欲以为质。军宿，焉耆外孙，亡走焉耆。车师王更立子乌贵为太子。乌贵为王，与匈奴结婚姻，教匈奴遮汉道通乌孙者。地节二年（前68），汉使郑吉以侍郎将免刑罪人田渠犁，积谷，欲以攻车师。车师降。其王恐匈奴兵复至，奔乌孙。吉使吏卒三百人别屯车师。匈奴遣骑来击。吉尽将渠犁田士千五百人往田。匈奴益遣骑来。汉召军宿，立为王，徙其民居渠犁，以车师故地与匈奴。元康元年（前65），莎车王弟呼屠征与旁国共杀其王万年，并杀汉使，自立。万年，乌孙公主小子，莎车王爱之。王死，无子，万年在汉，国人欲自托于汉，又欲得乌孙心，请以为王。既为呼屠征所弑，适匈奴又攻车师，莎车遣使扬言：

"北道诸国，已属匈奴矣。"攻劫南道，与歃盟叛汉。从鄯善以西，皆绝不通。冯奉世使送大宛客，以便宜发诸国兵讨之。攻拔其城。呼屠征自杀。更立他昆弟子为王。明年，汉迁郑吉为卫司马，护鄯善以西南道。神爵三年（前59），匈奴日逐王来降，乃使吉并护车师以西北道，号曰都护。西域诸国，故皆役属匈奴。日逐王置僮仆都尉，使领西域。常居焉耆、危须间，赋税诸国，取富给焉。及是，僮仆都尉罢。匈奴益弱，不得近西域。于是徙屯田，田于北胥鞬。徐松曰："下言'披莎车'，是地近莎车，故《水经注》以为自轮台徙莎车。第通检《汉书》，绝不见莎车屯田之事；且远于乌垒千余里，非都护与田官相近之意。疑'莎车'为'车师'之讹。……特《水经注》已然，是郦氏所见《汉书》已同今本。"案，徙田与披莎车地或系两事，而郦氏误合之。披莎车之地。屯田校尉始属都护。都护督察乌孙、康居诸外国动静。有变，以闻。可安辑，安辑之；可击，击之。都护治乌垒城，与渠犁田官相近。土地肥饶，于西域为中，故都护治焉。元帝初元元年（前48），复置戊己校尉，屯田车师前王庭。是时，匈奴东蒲类王兹力支将人众千百余人降都护。都护分车师后王之西为乌贪訾离地以处之。

乌孙猎骄靡死，军须靡立。江都公主死，汉复以楚王戊孙解忧为公主妻之。军须靡且死，胡妇子泥靡尚小，以国与大禄子翁归靡，曰："泥靡大，以国归之。"翁归靡既立，号肥王。复尚楚主，生三男两女。其中男曰万年，为莎车王。长女弟史，为龟兹王绛宾妻。长男曰元贵靡。元康二年（前64），翁归靡因常惠上书，愿以元贵靡为嗣，令复尚汉公主。汉以解忧弟子宋祁曰：《越本》无"子"字。相夫为公主，送至敦煌。未出塞，闻翁归靡死，乌孙贵人共从本约立泥靡，乃征还少主。泥靡立，号狂王。复尚楚主，生一男鸱靡。不与主和，又暴恶失众。主与汉使谋，置酒，使士拔剑击狂王。狂王伤，上马驰去。其子细沈瘦，会兵围汉使者及公主于赤谷城。都护郑吉发诸国兵救之，乃解去。翁归靡胡妇子乌就屠，袭杀狂王自立。汉遣辛武贤将兵万五千人至敦煌，欲讨之。初，楚主侍者冯嫽能史书，习事。尝持汉节，为公主使，行赏赐于城郭诸国。诸国敬信之，号曰“冯夫人”。为乌孙右大将妻。右大将与乌就屠相爱。郑吉使冯夫人说乌就屠，以汉兵方出，必见灭，不如降。乌就屠恐，曰：“愿得小号。”乃立元贵靡为大昆弥，乌就屠为小昆弥。常惠将三校屯赤谷，为分别其人民地界。然众心皆附小昆弥。元贵靡子星靡弱，都护段会宗安定之。死，子雌栗靡代。小昆弥乌就屠死，子拊离代。为弟日贰所杀。汉使立拊离子安日。日贰亡阻康居。安日为降民所杀。段会宗立其弟末振将。大昆弥雌栗靡健，末振将恐为所并，使贵人诈降，刺杀雌栗靡。汉立其季父公主之孙伊秩靡。久之，大昆弥翕侯难栖杀末振将，安日子安犁靡代为小昆弥。汉恨不自责诛末振将，成帝元延二年（前 11），复使段会宗即斩其太子番丘。末振将弟卑爰疐本共谋杀雌栗靡，将众八万，北附康居，谋借兵兼并两昆弥。元始中，都护孙建袭杀之。

第十五节
昭宣元成时兵事三

羌人以武帝时去湟中，已见第五节。宣帝时，光禄大夫义渠安国使行诸羌。先零种豪言愿时渡湟水北，逐民所不田处，畜牧。安国以闻。后将军赵充国劾安国奉使不敬。是后羌人旁缘前言，抵冒渡湟水，郡县不能禁。元康三年（前 63），先零遂与诸羌种豪二百余人解仇，交质盟诅。上闻之，以问充国。充国言：匈奴欲与羌合，非一世也。间者匈奴困于西方，数使使尉黎、危须诸国。疑更遣使至羌中。宜及未然为之备。后月余，羌侯狼何果遣使至匈奴借兵，欲击鄯善、敦煌，以绝汉道。两府复白遣安国行视诸羌，分别善恶。安国至，召先零诸豪三十余人，此据《汉书·赵充国传》，《后汉书·西羌传》作“四十余人”。以尤桀黠，皆斩之。纵兵击其种人，斩首千余级。于是诸降羌及归义羌侯杨玉等，遂劫掠小种背叛。犯塞，攻城邑，杀长吏。安国以骑都尉将骑三千屯备羌。至浩亹，师古曰：水名。今大通河。为虏所击，失亡车重兵器甚众，引还。神爵元年（前61）春也。时充国年七十余，上老之，使问谁可将者？充国对曰：“无逾于老臣者矣。”四月，遣充国往。充国欲以威信招降罕、开及劫略者，解散虏谋，徼极乃击之。时上已发三辅、太常徒、弛刑、诸郡材官、骑士、羌骑与武威、张掖、酒泉太守各屯其郡者，合六万人矣。酒泉太守辛武贤请以七月上旬，并出张掖、酒泉，合击罕、开在鲜水上者，鲜水，今青海。夺其畜产，虏其妻子，冬复击之。大兵仍出，虏必震坏。充国言：如是，虏必逐水草，入山林。随而深入，即据前险，守后厄，以绝粮道。且恐匈奴与羌有谋，张掖、酒泉兵不可发。请先行先零之诛，罕、开之属，可不烦兵而服。上纳武贤策，拜为破羌将军。侍中许延寿为强弩将军。以书敕让充国，令引兵并进。充国上书陈利害。上乃报从充国计。充国引兵驱先零渡湟水。罕竟不烦兵而下。充国请罢骑兵，留弛刑、步兵、吏士、私从者万二百八十一人屯田。排折羌虏，令不得归肥饶之地。治湟峡以西道桥七十所，令可至鲜水，从枕席上过师。上两从充国、武贤计。令武贤、延寿、充国子右曹中郎将卬出击，皆有降斩。乃罢兵，独留充国屯田。明年，五月，充国奏：羌本可五万人。凡斩首七千六百级。降者三万一千二百人。溺河、湟，饥饿死者五六千人。遗脱与亡者，不过四千人。请罢屯兵。奏可。充国振旅而还。其秋，羌斩先零大豪犹非、杨玉首，及诸豪率四千余人降。《纪》在五月，云羌虏降伏，斩其首恶大豪杨玉、酋非首。酋、犹古字通，事当在秋，《纪》盖误系于充国奏请罢屯之月也。初置金城属国，以处降羌。元帝永光二年（前42），秋，陇西彡姐等七种反。右将军冯奉世言："反虏无虑三万人，法当倍用六万人。然羌戎弓矛之兵耳，器不犀利，可用四万人，一月足以决。"丞相韦玄成等谓民方收敛，未可多发，遣奉世将万二千人击之，不利。奉世具上地形部众多少之计。天子为大发兵六万余人，乃击破之。余皆走出塞。案，《后汉书·西羌传》言："景帝时，研种留何率种人求守陇西塞，于是徙留何等于狄道、今甘肃临洮县西南。安故、见第五节。氐道、今甘肃清水县西南。羌道县。"今甘肃西固县西北。彡姐等盖其后，此为羌人附塞之始。其时种众尚未甚多，故未足为大患也。

第十六节 昭宣元成时兵事四

以上所述，皆昭帝以后用兵四夷，关系较大者。其较小者，则昭帝始元元年（前86），益州廉头、姑缯、牂牁谈指、同并二十四邑皆反。遣水衡都尉吕破胡此据《本纪》，《西南夷列传》作"吕辟胡"，《百官公卿表》同。击破之。《纪》云"击益州"，《西南夷列传》云"击牂牁"，盖二郡皆破胡所定。谈指、同并，并县名。谈指，在今贵州桐梓县东南。同并，在今云南霑益县北。廉头、姑缯，《地理志》不载。四年，姑缯、叶榆复反。叶榆县，属益州，在今云南大理县北。破胡击之，不利。五年，大鸿胪田广明、军正王平击破之。六年，以钩町侯毋波击反者有功，立为钩町王。钩町县，属牂牁，在今云南通海县东北。元凤元年（前 80），武都氐人反。遣执金吾马适建、龙洛侯韩增、大鸿胪广明击之。三年，冬，辽东乌桓反。以中郎将范明友为度辽将军，将北边七郡郡二千骑击之。案，《匈奴传》云：汉得匈奴降者，言乌桓尝发先单于冢，单于怨之，方发二万骑击乌桓。霍光欲发兵邀击之，以问护军都尉赵充国。充国以为乌桓间数犯塞，今匈奴击之，于汉便。又匈奴稀寇盗，北边幸无事。蛮夷自相攻击，而发兵要之，招寇生事，非计也。光更问中郎将范明友，明友言可击。于是拜明友为度辽将军，将二万骑出辽东。匈奴闻汉兵至，引去。初，光诫明友："兵不空出，即后匈奴，遂击乌桓。"乌桓时新中匈奴兵，明友既后匈奴，因乘乌桓敝击之，斩首六千级，获三王首。还，封为平陵侯。然则谓乌桓反而击之者诬也。明友，光婿，光盖欲生事以侯之耳。《纪》载五年六月，发三辅及郡国恶少年吏有告劾亡者屯辽东。六年正月，募郡国徒筑辽东玄菟城。乌桓复犯塞，遣明友击之。盖东北边因此扰攘不宁者累岁。光以私意劳民，亦可谓甚矣。《后汉书·乌桓传》言明友击乌桓，乌桓由是复寇幽州，至宣帝时，乃保塞无事。元帝初元三年（前 46），弃珠厓，事见《贾捐之传》。《传》云：武帝立珠厓、儋耳郡，其民暴恶，自以阻绝，数犯吏禁，吏亦酷之，率数年一反，杀吏。汉辄发兵击定之。自初为郡，至昭帝始元元年，二十余年，凡六反叛。至其五年，罢儋耳郡，并属珠厓。宣帝神爵三年（前 59），珠厓三县复反。反后七年，甘露元年（前 53），九县反。辄发兵击定之。元帝初元元年，珠厓又反。发兵击之。诸县更叛，连年不定。上与有司议大发军。捐之建议以为不当击。上以问丞相、御史，御史大夫陈万年以为当击。丞相于定国以为前日兴兵击之连年，护军都尉、校尉及丞凡十一人，还者二人，卒士及转输死者万人以上，费用三万万余，尚未能尽降。今关东困乏，民难摇动，捐之议是。上乃从之。下诏罢珠厓郡。民有慕义欲内属，便处之；不欲，勿强。案，境土开辟，实皆人民拓殖之功。拓殖之力未及，而强以兵力据之，则徒劳民而其地终不可保。元帝之弃珠厓，以视武、昭、宣之勤民，倜乎远矣。成帝河平中，夜郎王兴与钩町王禹、漏卧侯俞漏卧县，属牂牁，在今云南罗平县南。更举兵相攻，王凤以杜钦说，荐陈立为牂牁太守，诛兴。兴妻父翁指与兴子邪务收余兵，胁旁二十二邑反，立又平之。未尝调发郡国，其庙算亦较昭、宣时为胜也。

第六章
汉末事迹

第一节
元帝宽弛

汉室盛衰，当以宣、元为界。自宣帝以前，一切根本之计，实未尝行，读第四章第五节，第五章第二、第十二节可见。自元帝以后，则颇行之矣。然汉转以衰乱者，则宣帝以前，朝纲较为整饬，元帝以后，则较废弛也。汉世儒家，常怀根本改革之计，其意非不甚善。然根本改革之计，欲借政治之力以行之，则其道适相反。盖党类（class）既异，利害必不相容。操治理之权者，其利正在于剥削人民。不能辅翼平民，使起与厉己者争，而望厉民者行保民之政，则与虎谋皮矣，有是理乎？元帝以后，所行仁政甚多，然民获其利者，未知几何；而权臣贵戚竞肆贪残，民之受其害者，则不知凡几矣。此其所以日趋衰乱，终至不可收拾欤？

《汉书·元帝纪》云，帝柔仁好儒。见宣帝所用多文法吏，以刑名绳下。尝侍燕，从容言："陛下持刑太深，宜用儒生。"宣帝作色曰："汉家自有制度，本以霸王道杂之，奈何纯任德教，用周政乎？且俗儒不达时宜，好是古非今，使人眩于名实，不知所守，何足委任?”乃叹曰:“乱我家者太子也。”由是疏太子而爱淮阳王。曰:“淮阳王明察好法,宜为吾子。”而王母张婕妤尤幸。上有意欲用淮阳王代太子,然以少依许氏,俱从微起,故终不背焉。所谓“以霸、王道杂之”者,王指儒,霸指法。以儒家宽仁之政待民,法家督责之术绳吏,确为秦汉以降,讫可小康之道。所谓“是古非今,使人眩于名实”者,谓不察实在情形,徒执古事,欲施之今世,汉世儒家亦确有此病也。崔寔《政论》:“孝宣皇帝明于君人之道,审于为政之理,严刑峻法,破奸轨之胆。海内清肃,天下密如。算计见效,优于孝文。及元帝即位,多行宽政,卒以堕损。威权始夺,遂为汉室基祸之主。”《后汉书》本传。寔法家,其言庸有过当,然去先汉之世近,所言二帝之事,必有为后世所不知者,知宣、元确为先汉盛衰之界也。

汉世儒家所怀根本改革之计,虽迄未尝行,然奋起而主张之者,亦迄未尝绝。观眭弘、王吉、贡禹等事可知。《弘传》云,孝昭元凤三年(前78),泰山莱芜山南有大石自立。是时昌邑有枯社木卧复生。又上林苑中大柳树,断枯卧地,亦自立生。有虫食树叶成字,曰“公孙病已立”。此当系事后附会之谈。孟弘字。推《春秋》之意,以为当有匹夫为天子者,即说汉帝宜谁差天下,求索贤人,禅以帝位,而退自封百里。使友人内官长赐上此书。时霍光秉政,恶之,下其书。廷尉奏赐、孟妄设妖言惑众,大逆不道,皆伏诛。以后世眼光观之,甚似教霍光以篡夺者。然宣帝忌刻殊甚,盖宽饶奏封事,引《韩氏易传》“五帝官天下,三王家天下,家以传子,官以传贤,若四时之运,功成者去,不得其人,则不居其位”,竟以是诛。且其所用,无一非龉龁霍氏之人。魏相无论矣,即萧望之亦然。望之当光秉政时,为长史丙吉所荐,与同荐者数人皆召见。光自诛上官桀后,出入自备,吏民当见者,露索,去刀兵,两吏挟持。望之独不肯,自引出阁。于是光独不除用望之。魏相为御史大夫,除望之为属，察廉，为大行治礼丞。地节三年（前 67），夏，京师雨雹，望之以为大臣任政，一姓擅势所致，由是拜谒者，累迁谏大夫。孟果有逢迎霍氏之心，安得独邀宽宥？而帝顾征其子为郎，即可知其非霍氏之党矣。徒取诸彼以与此，仁者不为，知孟必更有经纶待展布也。宣帝之世，抗高议者莫如王吉，帝见为迂阔不用，已见上节。吉所非者：世俗嫁娶太早，聘妻送女无节，贫人不及，故不举子。衣服、车马，上下僭差，人人自制，是以贪财诛利，不畏死亡，欲上除任子之令。外家及故人，可厚以财，不宜居位。又欲去角抵，减乐府，省尚方，明示天下以俭。皆辅世长民之术，且能毅然责难于君者也。吉与贡禹为友，世称“王阳吉字。在位，贡公弹冠”，言其取舍同也。元帝即位，使征禹、吉。吉年老，道病卒。禹至，为谏大夫。迁光禄大夫。初元五年（前 44），陈万年卒，遂代为御史大夫。数月卒。用其言：令太仆减食谷马。水衡减食肉兽。省宜春下苑，以与贫民。罢角抵诸戏及齐三服官。事在初元二年、五年。令民产子七岁乃出口钱。武帝令民产子三岁出口钱。罢上林宫馆稀御幸者。省建章、甘泉宫卫卒。初元三年。减诸侯王庙卫卒，省其半。盖宣帝所难行者，元帝无不行之矣。禹所言，尚有罢采珠玉金银铸钱之官，毋复以为币。诸官奴婢十余万，宜免为庶人，令代关东戍卒，乘北边亭塞候望。近臣自诸曹侍中以上，家无得私贩卖，与民争利，犯者辄免官削爵，不得仕宦。除赎罪之法。相、守选举不以实及有赃罪者，辄行其诛，毋但免官。盖未能悉行。时又有翼奉。征待诏，以灾异见问。奉以为祭天地于云阳、汾阴，及诸寝庙不以亲疏迭毁，皆烦费违古制。又宫室苑囿，奢泰难共。以故民困国虚，无累年之蓄。不改其本，难以末正。乃上疏，请徙都成周，定制，与天下更始。此则较诸贡禹，谓唯“宫室已定，无可奈何，其余尽可减损”者，尤为卓绝矣。迁都正本，元帝虽未能行，然宗庙迭毁及徙南北郊之议，实发自奉，至韦玄成为相遂行之。在当时，亦不能谓非卓然不惑之举也。

见第二十章第一节。此外元帝仁政，见于史者，又有罢盐铁官、常平仓，令博士弟子毋置员，《本纪》初元五年（前44）。轻殊死之刑，《后汉书·梁统传》：统上疏，言元、哀二帝轻殊死之刑一百二十三事。手杀人者减死一等。注引《东观记》曰："元帝初元五年，轻殊死刑三十四事，哀帝建平元年，轻殊死刑八十一事，其四十二事，手杀人者减死一等。"及罢珠厓、见第五章第十六节。北假田官等。初元五年。北假，见第二章第二节。虽以用度不足，民多复除，无以给中外徭役，复盐铁官、博士弟子员，《本纪》永光三年（前41）。然已可谓难矣。竟宁中，召信臣征为少府，奏请上林诸离远宫馆稀御幸者，勿复缮治共张。又奏省乐府黄门倡优诸戏，及宫馆、兵弩、什器，减过泰半。太官园种冬生葱韭菜茹，覆以屋庑，昼夜燃蕴火，待温气乃生。信臣以为此皆不时之物，有伤于人，不宜以奉供养。及他非法食物悉奏罢。省费岁数千万。《循吏传》。此亦元帝节俭之一端。王嘉称其"温恭少欲"，本传。信不诬矣。以视武、宣之奢泰何如哉？

然元帝虽躬行恭俭，而于奸以事君者，不能决然斥去，遂致下陵上替，威柄倒持，此则深堪浩叹者也。宣帝之寝疾也，以乐陵侯史高史良娣兄恭之子。为大司马车骑将军，太子太傅萧望之为前将军光禄勋，少傅周堪为光禄大夫，皆受遗诏辅政，领尚书事。望之、堪本以师傅见尊重。上即位，数宴见，言治乱，陈王事。望之选白宗室散骑谏大夫刘更生给事中，与侍中金敞并拾遗左右。四人同心谋议，劝导上以古制，多所欲匡正。上甚向纳之。初，宣帝不甚从儒术，任用法律，而中书宦官用事。中书令弘恭、石显，《佞幸传》：恭为令，显为仆射。元帝即位数年，恭死，显代为尚书令。久典枢机，明习文法，亦与高为表里，论议常独持故事，不从望之等。望之以为中书政本，宜以贤明之选。自武帝游宴后庭，故用宦者，非国旧制，且违古不近刑人之义，白欲更置士人。由是大与高、恭、显忤。上初即位，谦让重改作，议久不定。出刘更生为宗正。望之、堪数荐名儒茂材，以备谏官。会稽郑朋阴欲附望之，上疏言高遣客为奸利郡国，及言许、史子弟罪过。章视周堪。堪白令待诏金马门。朋奏记望之。望之见纳朋，接待以意。后朋行倾邪，望之绝不与通。朋与大司农李宫俱待诏，堪独白宫为黄门郎。朋怨恨，更求入许、史。华龙者，宣帝时待诏，以行污秽不进。欲入堪等，堪等不纳。恭、显令二人告望之等谋欲罢车骑将军，疏退许、史状。事下弘恭问状，恭、显奏望之、堪、更生朋党，更相称举。数谮诉大臣，毁离亲戚，欲以专擅权势。为臣不忠，诬上不道。请谒者召致廷尉。时上初即位，不省谒者召致廷尉为下狱也，可其奏。后上召堪、更生。曰："系狱。"上大惊，曰："非但廷尉召问邪？"以责恭、显，皆叩头谢。上曰："令出视事。"恭、显因使高言："上新即位，未以德化闻于天下，而先验师傅。既下九卿大夫狱，宜因决免。"于是赦望之罪，及堪、更生皆免为庶人。其春，地震。夏，客星见昴、卷舌间。上感悟。下诏赐望之爵关内侯，食邑六百户。奉朝请。秋，征堪、更生，欲以为谏大夫。恭、显皆白为中郎。冬，地复震。时恭、显、许、史子弟、侍中、诸曹，皆侧目于望之等。更生惧焉。乃使其外亲上变事，言宜退恭、显，进望之等。书奏，恭、显疑其更生所为。白请考奸诈。辞果伏。遂逮更生系狱。下太傅韦玄成、谏大夫贡禹，与廷尉杂考。更生坐免为庶人。会望之子散骑中郎伋上书讼望之前事。诏下有司。复奏"望之教子上书，失大臣体，不敬，请逮捕"。恭、显建白，望之前欲排退许、史，非颇诎望之于牢狱，圣朝无以施恩厚。上曰："萧太傅素刚，安肯就吏？"显等曰："人命至重，望之所坐，语言薄罪，必无所忧。"上乃可其奏。望之自杀。初元二年十二月。天子闻之，惊，推手曰："曩固疑其不就牢狱，果然。杀吾贤傅。"召显等，责问以议不详。皆免冠谢。良久然后已。望之有罪死，有司请绝其爵邑。有诏加恩，长子伋嗣为关内侯。天子追念望之不忘。每岁时，遣使者祠祭望之冢，终元帝世。望之之死，天子甚悼恨之，乃擢周堪为光禄勋，堪弟子张猛光禄大夫，给事中，大见信任。恭、显惮之，数谮毁焉。更生见堪、猛在位，几已得复进，惧其倾危，乃上封事，言佞邪与贤良并在交戟之内。宜决断狐疑，分别犹豫。恭、显见其书，愈与许、史比而怨更生等。是岁，夏寒，日青无光，恭、显及许、史皆言堪、猛用事之咎。上内重堪，又患众口之浸润，无所取信。长安令杨兴常称誉堪，上欲以为助，乃见问兴。兴者，倾巧士，谓上疑堪，因顺指言可赐爵关内侯，勿令与事。会城门校尉诸葛丰亦上书言堪、猛短。上发怒，免丰。然仍左迁堪为河东太守，猛槐里令。显等专权日甚。后三岁余，孝宣庙阙灾。其晦，日有食之。于是上召诸前言日变在堪、猛者责问。皆稽首谢。征堪诣行在所。拜为光禄大夫，秩中二千石。领尚书事。猛复为太中大夫给事中。显干尚书事，尚书五人，皆其党也。堪稀得见，常因显白事。事决显口。会堪疾，喑不能言而卒。显诬谮猛，令自杀于公车。永光四年（前40）。更生遂废。十余年，成帝即位，显等伏辜，乃复进用，更名向。以上略据《望之》《向传》，其事可疑者甚多。元帝不省召致廷尉为下狱，知萧太傅不肯就吏，而又可恭、显之奏，其事皆不近情理。即更生使外亲上变事亦然。更生前后数直谏，堪、猛再用时，亦自上封事，何以身为中郎，乃忽使外亲上变邪？要之，望之、堪、猛、更生等与史高、恭、显等相持凡九年，屡仆屡起，可知元帝非真信恭、显者。《显传》云：“帝被疾不亲政事，方隆好于音乐，以显久典事，中人无外党，精专可信任，遂委以政，事无大小，因显白决。”以中人为精专无党而信之，或因般乐怠傲而委政于下，历代人主，如是者诚甚多，然元帝尚非其伦，观其屡起望之、堪、猛、更生等可知。其终于见排，实以恭、显依附许、史，而元帝不能决断故也。

自来居高位者，恒不乐于更新。史言望之等多所欲匡正，史高、恭、显等常持故事，盖其龃龉之由。观此，知宣帝以前，外戚、宦官之未甚跋扈，未尝不以政事因循，无所改革，非必尽由在上者之明察也。堪、猛败后二年，建昭元年（前38）。又有京房见贼之事。

京房者，治《易》，事梁人焦延寿。其说长于灾变。分六十四卦，更直日用事，以风雨寒温为候，各有占验。房用之尤精。初元四年（前45），以孝廉为郎。永光、建昭间，西羌反，日食，又久青无光，阴雾不精。房数上疏先言其将然，近数月，远一岁，所言屡中。天子悦之，数召见问。房对曰："古帝王以功举贤，则万化成，瑞应著。末世以毁誉取人，故功业废而致灾异。宜令百官各试其功，灾异可息。"诏使房作其事。房奏考功课吏法。上令公卿朝臣与房会议。皆以房言烦碎，令上下相司，不可许。上意向之。时部刺史奏事京师，上召见诸刺史，令房晓以课事。刺史复以为不可行。唯御史大夫郑弘、光禄大夫周堪初言不可行，后善之。上令房上弟子晓知考功课吏事者，欲试用之。房上中郎任良、姚平，愿以为刺史，试考功法。臣得通籍殿中，为奏事，以防壅塞。时中书令石显专权，显友人五鹿充宗为尚书令，疾房，欲远之。建言宜试以房为郡守。元帝于是以房为魏郡太守。得以考功法治郡。房自请：愿无属刺史。得除用他郡人。自第吏千石以下。岁竟乘传奏事。天子许焉。未发，上令阳平侯凤承制诏房，止无乘传奏事。去月余，竟征下狱。初，淮阳宪王名钦，即张婕妤子，宣帝欲以代元帝为太子者。舅张博，从房受学，以女妻房。房与相亲。每朝见，辄为博道其语。以为上意欲用房议，而群臣恶其害己，故为众所排。博欲令王上书求入朝，得佐助房。房曰："中书令石显、尚书令五鹿君及丞相韦侯，皆久无补于民……此尤不欲行考功者也。淮阳王即朝见，劝上行考功事，善。不然，但言丞相、中书令任事久而不治，可休丞相，以御史大夫郑弘代之；迁中书令置他官，以钩盾令徐立代之。如此，房考功事得施行矣。”博因令房为淮阳王作求朝奏草，皆持柬与淮阳王。石显微司，具知之，以房亲近，未敢言。及房出守郡，显告房与张博通谋，诽谤政治，归恶天子，诖误诸侯王。房、博皆弃市。此据《房传》。《淮阳宪王传》则谓博为王求朝，实有觊觎天位之心。其说皆非实录。觊觎天位无论矣，即仅欲使入朝佐助房，亦已处嫌疑之际，何至以房亲近而不敢言？房去至陕，尝上封事，言“臣愿出任良试考功，臣得居内……议者知如此于身不利……故云使弟子不若试师；臣为刺史，又当奏事，故复云为刺史，恐太守不与同心，不若以为太守，此其所以隔绝臣也”。盖其初意，仅欲隔绝房使不得奏事，房既去，乃又造淮阳之狱以陷之也。若当房未去之际，已微司得其与张博之谋，则房之不及岁竟，已可豫知，又何必止其乘传奏事乎？成帝即位后，淮阳宪王上书陈张博时事，颇为石显等所侵，因为博家属徙者求还。上加恩许之。据此，即知张博之狱之诬。不然，王未必敢上书，成帝亦无缘许之也。史但言房从焦延寿学《易》，然王符《潜夫论·考绩篇》称“先师京君，科察考功，以遗贤俊，太平之基，必自此始”，而元帝亦使房上弟子知考功课吏事者，则考功课吏之法，亦代有师承。史言焦延寿补小黄令，以候司先知奸邪，盗贼不得发。又言得我道以亡身者京生，盖皆非指《易》学言。疑别有督责之术，而房从而受之也。督责之术，实君主专制之世致治之基，为石显、王凤等所害而不能行，较之萧望之等之见废，实尤可惜也。不然，元帝何至蒙威权堕损，为汉基祸之谓哉？

萧望之、周堪、京房而外，直臣见厄者，又有御史中丞陈咸、待诏贾捐之，皆以奏封事言显短；郑令苏建得显私书奏之；后皆以他事论死。史言“自是公卿以下畏显，重足一迹”焉。显见左将军冯奉世父子为公卿著名，女又为昭仪，在内，心欲附之。荐言昭仪兄谒者逡修敕，宜侍帷幄。天子召见，欲以为侍中。逡请间，言显专权，罢归郎官。后御史大夫缺，群臣皆举逡兄大鸿胪野王。天子以问显。显曰恐后世必以陛下私后宫亲。遂废不用。其巧于挤排如此。韦玄成、匡衡为相，玄成永光二年（前42）为相，建昭三年（前36）薨，衡代之。皆名儒。史言其畏显不敢失其意。案，毁庙之事，实成于玄成手。衡持之亦甚坚。见第二十章第一节。衡初为郎中、博士、给事中，上疏言："今天下俗贪财贱义，好声色，上侈靡，廉耻之节薄，淫辟之意纵……不改其原，虽岁赦之，刑犹难使错而不用也。臣愚以为宜一旷然大变其俗。"又言"长安天子之都，亲承圣化，然其习俗无以异于远方。郡国来者，无所法则，或见侈靡而放效之。此教化之原本，风俗之枢机，宜先正者也"。"宜遂减宫室之度，省靡丽之饰"。其议论，实与王、贡、翼奉等同。后迁光禄大夫、太子少傅。时上好儒术文辞，颇改宣帝之政，言事者多进见，人人自以为得上意。衡上疏言："（论议者）争言制度不可用也，务变更之，所更或不可行，而复复之，是以群下更相是非，吏民无所信。臣窃恨国家释乐成之业，而虚为此纷纷也。"则颇类乎独持故事者矣。岂衡本史高所荐，稍依附之邪？成帝即位后，衡与御史张谭奏废显。司隶校尉王尊劾衡、谭居大臣位，不以时白，而阿谀曲从，附下罔上，衡固百喙无以自解矣。显资至一万万。长安豪侠萬章，与显相善。得显权力，门车常接毂。显当去，留床席器物，欲以与章，其值亦数百万。显之交私，可谓甚矣。《后汉书·侯霸传》：族父渊，以宦者，有才辩任职，元帝时佐石显等领中书，号曰大常侍。成帝时，任霸为太子舍人。霸家累千金，疑亦渊之所遗，或倚渊势以致者也。所谓精专可信任者安在？中书政本，更置士人，实为当时急务，而元帝卒不能断，其不足与有为可知。宣帝之叹，有以夫！

第二节
成帝荒淫

汉治陵夷，始于元帝，而其大坏则自成帝。帝之荒淫奢侈，与武帝同，其优柔寡断，则又过于元帝。朝政自此乱，外戚之势自此成，汉事遂不可为矣。

元帝三男：王皇后生成帝。傅昭仪生定陶共王康。冯昭仪生中山孝王兴。成帝以宣帝甘露三年（前51）生，为世嫡皇孙。宣帝爱之。自名曰骜，字大孙。皇后自有子后，稀复进见。太子壮大，幸酒，乐宴乐，元帝不以为能。而傅昭仪有宠，定陶共王多材艺，上爱之，常有意欲废太子而立共王。赖侍中史丹高子。拥佑太子，上亦以皇后素谨慎，而太子先帝所常留意，故得不废。竟宁元年（前33），元帝崩，成帝即位。迁石显为长信中太仆。显失意离权。数月，丞相、御史条奏显旧恶。及其党牢梁、陈顺皆免官。显与妻子徙归故郡。忧懑不食，道病死。诸所交结，以显为官，皆废罢。至建始四年（前29），遂罢中书宦官。此为元帝所不能行者。然宦官去而外戚愈张，亦无补于治也。

王太后兄弟八人：曰凤、曼、谭、崇、商、立、根、逢时。唯曼早死。而凤及崇与后同母。成帝后许氏，父嘉，广汉弟延寿之子也。自元帝时为大司马车骑将军，辅政，已八九年矣。成帝立，复以凤为大司马大将军，与嘉并。久之，策免嘉。凤故袭父禁为阳平侯。崇以后同母弟封安成侯。谭、商、立、根、逢时皆赐爵关内侯。河平二年（前27），又悉封五人为侯。谭，平阳侯；商，成都侯；立，红阳侯；根，曲阳侯；逢时，高平侯。王氏子弟，皆卿、大夫、侍中、诸曹，分据势官，满于朝廷。上遂谦让无所专。宣帝舅子王商，帝即位为左将军，与凤议论不平。建始四年（前29），代匡衡为丞相。河平四年（前25），凤使人上书言商闺门内事，免相。三日，发病呕血薨。子弟亲属，皆出补吏，莫得留给事宿卫者。定陶共王来朝，天子留，不遣。会日食，凤言宜遣王之国。上不得已，许之。京兆尹王章言灾异之发，为大臣专政。并讼王商。又言凤知其小妇弟张美人已尝适人，托以为宜子，纳之后宫。凤不可久令典事。宜退使就第，选忠贤以代之。天子谓章："试为朕求可以自辅者。"章荐中山孝王舅琅玡太守冯野王。初，章每召见，上辄避左右。太后从弟长乐卫尉弘子侍中音独侧听，具知章言，以语凤。凤称病出就第。上书乞骸骨，辞指甚哀。太后闻之，为垂涕，不御食。上少而亲倚凤，弗忍废。使尚书劾奏章，下廷尉；死狱中。妻子徙合浦。自是公卿见凤，侧目而视。郡国守、相、刺史皆出其门。又以音为御史大夫，列于三公。五侯群弟，争为奢侈。赂遗珍宝，四面而至。后庭姬妾，各数十人。僮奴以千百数。罗钟磬，舞郑女，作倡优。狗马驰逐。大治第室，起土山、渐台，洞门、高廊、阁道连属弥望。然皆通敏人事。好士养贤，倾财施予，以相高尚。凤辅政凡十一岁，阳朔三年（前22）薨，荐音自代。音为大司马车骑将军。谭位特进，领城门兵。时崇已前死。音既以从舅越亲用事，小心亲职。岁余，封为安阳侯，食邑与五侯等。初，商尝病，欲避暑，从上借明光宫。后又穿长安城，引内沣水，注第中大陂以行船。上幸商第，见，内衔之，未言。后微行出，过曲阳侯第，又见园中土山、渐台似类白虎殿。怒，以让音。商、根兄弟欲自黥劓谢太后。上闻之，大怒。乃使尚书责问司隶校尉、京兆尹："知成都侯擅穿帝城，决引沣水；曲阳侯根骄奢僭上，赤墀青琐；红阳侯立父子藏匿奸猾亡命，宾客为群盗；司隶、京兆皆阿纵不举奏。"赐音策书曰："外家何甘乐祸败，而欲自黥劓，相戮辱于太后前，伤慈母之心，以危乱国！外家宗族强，上一身浸弱，日久，今将一施之，君其召诸侯，令待府舍。”是日，诏尚书奏文帝时诛将军薄昭故事。文帝舅。音藉稿待罪。商、立、根皆负斧质谢。上不忍诛，然后得已。久之，谭薨。太后怜弟曼早死，独不封。永始元年（前16），上追封曼，为新都哀侯。子莽嗣爵为新都侯。后又封太后姊子淳于长为定陵侯。王氏亲属侯者凡十人。上悔废谭不辅政而薨也，乃复进商以特进领城门兵。置幕府，得举吏，如将军。音以永始二年薨。商为大司马卫将军。立位特进，领城门兵。商辅政四岁，元延元年（前12），病，乞骸骨。天子悯之，更以为大将军。商薨，立次当辅政，有罪过，立使客因南郡太守李尚占垦草田数百顷，颇有民所假少府陂泽，略皆开发。上书愿以入县官。有诏郡平田予值。丞相司直孙宝发其奸，尚下狱死。上乃废立而用根为大司马骠骑将军。辅政五岁，绥和元年（前8），乞骸骨。逢时前死。先是淳于长以外属能谋议为卫尉，侍中，在辅政之次。是岁，莽告长伏罪，与立相连。长下狱死，立就国。见下。故根荐莽自代。莽遂为大司马。岁余而成帝崩。帝之世，王氏迄专权。外戚许嘉、王商，皆为所排。王章欲推毂冯野王而未果。宰相则自王商死后，张禹、河平四年（前25）。薛宣、鸿嘉元年（前20）。翟方进、永始二年。孔光，绥和二年（前7）。相继居职。禹为帝师，奢淫好殖货财。光久领尚书，徒以周密谨慎见称。宣、方进皆明习文法，方进尤号通明，为上所倚。然史言其内求人主微指，以固其位，皆非骨鲠之臣。盖威权之去王室久矣。《叙传》言成帝性宽，进入直言，是以王音、翟方进等，绳法举过，而刘向、杜邺、王章、朱云之徒，肆意犯上。自帝师安昌侯、张禹。诸舅大将军兄弟及公卿大夫、后宫、外属许、史之家，有贵宠者，莫不被文伤诋。虽谷永驳讥赵、李亦无间。所谓宽仁，乃班氏为汉臣子，故其言如是，实则暗昧不明，优柔寡断而已。从来朋党之成，每由在上者之漫无别白，而其别白之当否尚次之。史言刘向以帝时复进用，上疏言王氏之盛，为历古至秦汉所未有，与刘氏且不并立。天子徒召见叹息，悲伤其意。谷永讥切赵、李，上大怒，使侍御史收永，王商密谪永令去，御史追不及还，上意亦解。其知善言而不能决，决而不能坚持，正与其恶王凤而不能去，怒王商、王立、王根而不能决罪，同一病根。谷永、杜邺，史言其为王氏之党，虽张禹亦为之言。盖上无诛赏，则下不得不依附权门以自固，党与成而人主孤立矣。此专制之世之大戒也。王氏之篡国，多士实为其一因，而士之依附王氏，则帝之为渊驱鱼也。见渐台、土山，一怒而王音藉稿，诸舅负质，则知帝之世，威权犹非不能振起。且时王氏之于霍氏何如哉？宣帝能除霍氏，而谓王氏不可去也？然则帝之姑息养奸，不可谓非汉亡之由矣。而其荒淫，宠任便嬖，溺于色，废许后，立微贱之赵氏，使朝无持重之臣，外戚亦无强辅，亦其为王氏驱除难之一端。

成帝虽荒淫，亦颇有善政。如减天下赋钱，算四十，孟康曰："本算百二十，今减四十，为八十。"罢六厩、技巧官，建始二年（前31）。遣使举三辅、三河、河内、河南、河东。弘农冤狱，鸿嘉元年（前20）。皆恤民之政也。使光禄大夫刘向校中秘书，谒者陈农使求遗书于天下，河平三年（前26）。诏丞相、御史与中二千石、二千石杂举可充博士位者，阳朔二年（前23）。皆佑文之治也。永始四年（前13），以公卿、列侯亲属、近臣，奢侈逸豫。务广第宅，治园池。多畜奴婢。被服绮縠，设钟鼓，备女乐。车服、嫁娶、葬埋过制。申敕有司，以渐禁之。尤前世所未能行。盖承元帝之遗风然也。然空言无施，虽切何补，观于其时外戚、嬖幸之奢纵，而其政事可知矣。

汉代帝王，营葬甚厚。移民以奉陵邑，诒害尤巨。参看第十七章第五节。元帝时，渭陵不复徙民起邑。成帝营初陵，数年后，乐霸陵曲亭南，更营之。将作大匠解万年与陈汤善，教其求徙初陵，为天下先。鸿嘉二年（前19），遂徙郡国豪桀资五百万以上五千户于昌陵。昌陵之功，增卑为高，积土为山。发民墓坟，积以万数。《刘向传》。卒徒工庸，以巨万数。至燃脂火夜作，取土东山，与谷同价。《陈汤传》。五年而功不成。至永始元年（前16），乃罢之。二年，徙万年敦煌郡。然民之受害已深矣。

鸿嘉元年（前20），帝始为微行。与富平侯张放俱。安世元孙，父临，尚元帝妹敬武公主。北至甘泉，南至长杨、五柞，斗鸡、走马长安中。崇聚轻剽小人，以为私客。饮醉吏民之家，乱服共坐，流湎媟嫚者积数年。《张放》《谷永传》。放骄蹇纵恣。至奴从支属，并乘权势为暴虐。求吏妻不得，杀其夫，或恚一人，妄杀其亲属，辄亡入放第，不得，而其身所为无论矣。帝虽上迫太后，下用大臣，迁之于外，犹屡召入。其去，常泣涕而遣之。元延二年（前11），将大夸胡人以多禽兽。秋，命右扶风发民入南山。西自褒斜，东至弘农，南驱汉中，张罗网罝罘，捕熊、罴、豪猪、虎、豹、狖、玃、狐、兔、麋、鹿，载以槛车，输长杨射熊馆。长杨，宫名，在盩厔东。以网为周阹，纵禽兽其中，令胡人手搏之，自取其获。上亲临观焉。是时，农民不得收敛。《扬雄传》。其荒淫如此。

其时关东又遭大水。阳朔二年（前23）。于是反者渐起。阳朔三年，颍川汉郡，治阳翟，今河南禹县。铁官徒申屠圣等百八十人杀长吏，盗库兵，自称将军，经历九郡。鸿嘉三年（前18），广汉见第五章第五节。男子郑躬等六十余人攻官寺，篡囚徒，盗库兵，自称山君。永始三年（前14），山阳汉郡，治昌邑，今山东金乡县。铁官徒苏令等二百二十八人攻杀长吏，盗库兵，自称将军，经历郡国十九。虽旋皆平定，势已骚然不宁矣。

成帝许皇后，聪慧善史书。自为妃至即位，常宠于上。后宫稀得进见。尝有一男，失之。班婕妤况子，固之祖姑。亦尝再就馆，有男，数月失之。鸿嘉后，上稍隆于内宠。婕妤进侍者李平。平得幸，立为婕妤。上曰“始卫皇后亦从微起”，乃赐平姓曰卫。案，卫皇后之祸，可谓酷矣，而成帝不知鉴，可见纨绔子弟之全无心肝也。生于深宫之中，长于阿保之手之人君，乃纨绔子弟之大者也。赵皇后本长安宫人。省中侍使官婢。属阳阿主家，学歌舞，号曰飞燕。帝微行过阳阿主家作乐，见而悦之。召入宫，大幸。有女弟，复召入。俱为婕妤。班婕妤及许皇后皆失宠，稀复进见。后姊平安刚侯夫人谒等为媚道，咒诅后宫有身者王美人及凤等。事发觉。太后大怒。下吏考问，谒等诛死，许后废处昭台宫。在上林苑中。亲属皆归故郡。山阳。后弟子平恩侯旦就国。时为鸿嘉三年（前 18）。赵飞燕并谮告班婕妤，考问。婕妤对曰：“妾闻死生有命，富贵在天。修正尚未蒙福，为邪欲以何望？使鬼神有知，不受不臣之诉。如其无知，愬之何益？”上善其对，获免。婕妤恐久见危，求供养太后长信宫。上欲立赵婕妤，太后嫌其所出微，难之。淳于长为侍中，数往来传语，得太后指，上立封婕妤父临为成阳侯。谏大夫刘辅言卑贱之女不可以母天下。系狱，减死一等，论为鬼薪。月余，遂立婕妤为皇后。时永始元年（前 16）也。长封为定陵侯。大见信用，贵倾公卿。外交诸侯。赂遗赏赐，亦累巨万。后既立，宠少衰，而弟绝幸。为昭仪，居昭阳舍。其中庭彤朱，而殿上髹漆，切皆铜沓冒、黄金涂、白玉阶，壁带往往为黄金釭，函蓝田璧，明珠、翠羽饰之，自后宫未尝有焉。姊弟专宠十余年，卒皆无子。废后在昭台岁余，还徙长定宫。绥和元年（前 8），上怜许氏，还平恩侯旦及亲属。是岁废后败。先是废后姊孊寡居，与淳于长私通，因为之小妻。长绐之曰：“我能白东宫，复立许后为左皇后。”废后因孊私赂遗长，数通书记相报谢。长书有悖慢。此据《外戚传》。《长传》：许后因孊赂遗长，欲求复为婕妤。长受许后金钱乘舆服御物前后千余万。诈许为白上，立为左皇后。孊每至长定宫，辄与孊书，戏侮许后，嫚易无不言。其说大同小异，要可见纨绔子弟之贪淫欺诈，肆无忌惮也。发觉，天子使赐废后药自杀。免长官，遣就国。初，红阳侯立独不得为大司马辅政，自疑为长毁谮，常怨毒长。上知之。及长当就国也，立嗣子融从长请车骑，长以珍宝因融重遗立，立因为长言，于是天子疑焉。事下有司案验。吏捕融。立令融自杀以灭口。上愈疑其有大奸。遂逮长系洛阳诏狱，穷治。长具服戏侮长定宫，谋立左皇后。罪至大逆，死狱中。立就国。案，许后之废，王凤死已四年，而《传》云咒诅凤，其辞似有未谛，或诬以凤未死时事。然必与王氏有关，则无疑矣。太后一怒，而许后以废，其姊以死；赵后之立，又以淳于长通指长信宫；知元后干政颇甚。班婕妤求供养长信宫，盖知废置生杀之权悉操诸王氏，而求自亲，以防拥蔽交构也。然淳于长之死，太后初不能救，则知王氏实无能为，有威柄者，何为濡忍而不用哉？王、许同为外家，许广汉之于宣帝，可谓有生死肉骨之功，而汉报许后兄弟以死，亦酷矣。立后所出卑微，自今日观之，诚无甚关系。然在当时，固举国以为不可，悍然违众而行之，可谓与习俗大背。人之能不顾习俗者，非大智勇，则愚无知，或沉溺不能自振者耳，所谓材能不及中庸也。故知历代帝王，多今所谓水平线以下之人矣。

定陶共王以阳朔二年（前23）薨，子欣嗣立。元延四年（前9），与中山孝王俱入朝。共王母傅昭仪，有才略，善事人。多以珍宝赂遗赵昭仪及王根。昭仪及根见上无子，亦欲豫自结，为长久计。皆更称定陶王，劝帝以为嗣。成帝亦自美其材，为加元服而遣之。时年十七矣。明年，征立为太子。是为哀帝。《孔光传》：上召丞相翟方进、御史大夫光、右将军廉褒、后将军朱博，议中山、定陶王谁可为嗣者？方进、根以为定陶王帝弟之子，《礼》曰“昆弟之子犹子也”，“为其后者，为之子也”，定陶王宜为嗣。褒、博皆如方进、根议。光独以为礼立嗣以亲。中山王先帝之子，帝亲弟也，以《尚书·盘庚》殷之及王为比，中山王宜为嗣。上以《礼》兄弟不相入庙，又皇后、昭仪欲立定陶王，故遂立为太子。光以议不中意，左迁廷尉。绥和二年（前7），成帝崩。《外戚传》云：帝素强，无疾病。昏夜平善。向晨，傅裤袜欲起，因失衣，不能言。昼漏上十刻而崩。民间归罪赵昭仪。皇太后诏掖庭令杂与御史、丞相、廷尉治，问皇帝起居发病状。赵昭仪自杀。案，王凤白遣定陶共王时，史言上谓共王："我未有子。人命不讳，一朝有他，且不复相见。尔长留侍我矣。"其后不得已于凤，遣王之国，与相对泣而诀，《元后传》。一似成帝危在旦夕者。及其崩，则又言其素强无疾病，民间皆归罪赵昭仪。一从后人归咎王氏之辞，一从王氏蔽罪赵氏之语，皆不加别白。信以传信，疑以传疑，古人著书，体例固如是。若皆据为信史，则误矣。宫禁之事，人民何知焉？乃归罪于昭仪乎？哀帝立，尊赵皇后为皇太后，封太后弟侍中驸马都尉钦为新成侯。数月，司隶解光奏许美人及故中宫史曹宫，皆尝御幸成帝，有子，为赵后所杀。《本纪》：元延元年，昭仪赵氏害后宫皇子。亦据事后之辞书之。于是免新城侯及临子成阳侯䜣，皆为庶人，将家属徙辽西。议郎耿育上疏言光诬污先帝。史言哀帝为太子，亦颇得赵太后力，遂不竟其事。此由哀帝非为王氏牵鼻者耳。哀帝崩，元后诏有司：谓赵后残灭继嗣，贬为孝成皇后，徙居北宫。后月余，复下诏废为庶人，就其园。是日自杀。史言傅太后恩赵太后，赵太后亦归心，成帝母及王氏皆怨之，可知赵氏之祸所由来矣。

第三节
哀帝纵恣

成帝之为人也，失之于弱，哀帝则颇刚，史称其"睹孝成世禄去王室，威柄外移，临朝屡诛大臣，欲强主威，以则武、宣”是也。《本纪赞》。然欲正人而不能正己，去王氏而以丁、傅之族代之，享国不永，朝无重臣，国政仍入王氏之手，是则可哀也。

哀帝之即位也，尊成帝母为太皇太后，赵皇后为皇太后。帝祖母傅太后、母丁后，皆在国邸，自以定陶共王为称。有诏问丞相孔光、大司空何武：定陶共王太后，宜当何居？光素闻傅太后为人刚暴，长于权谋，自帝在繦褓而养长教道，至于成人，帝之立又有力，恐其与政事，不欲令与帝旦夕相近。即议以为定陶太后，宜改筑宫。武曰：可居北宫。上从武言。北宫有紫房复道，通未央宫。傅太后果从复道朝夕至帝所。高昌侯董宏上书，言宜立定陶共王后为皇太后。事下有司。左将军师丹与大司马王莽共劾奏宏。上新立，谦让，用莽、丹言，免宏为庶人。傅太后大怒，要上必欲称尊号。于是以太皇太后诏，尊定陶共王为共皇。遂尊傅太后为共皇太后，丁姬为共皇后。建平二年（前5），郎中令冷褒、黄门郎段犹等，复奏言定陶共皇太后、共皇后皆不宜复引定陶，著国之名，以冠大号。车马、衣服，宜皆称皇之意。置吏二千石以下，各供厥职。又宜为共皇立庙京师。上复下其议。有司皆以为宜如褒、犹言。丹议独异。遂以事策免。数月，上用朱博议，尊傅太后为帝太太后，后又更号皇太太后。称永信宫。共皇后曰帝太后，称中安宫。立共王庙于京师。是岁，帝太后崩。起陵共皇之园。傅太后以元寿元年（前2）崩，合葬渭陵，称孝元傅皇后焉。傅太后父同产弟四人：曰子孟、中叔、子元、幼君。子孟子喜，至大司马，封高武侯。中叔子晏，亦大司马，封孔乡侯。幼君子商，封汝昌侯。为太后父崇祖侯后。更号崇祖曰汝昌哀侯。太后父早卒，母更嫁，为魏郡郑翁妻，生男恽，前死。以恽子业为阳信侯。追尊恽为阳信节侯。郑氏、傅氏侯者凡六人，大司马二人，九卿、二千石六人，侍中、诸曹十余人。帝太后两兄：忠、明。明以帝舅封阳安侯。忠早死，封忠子满为平周侯。太后叔父宪、望。望为左将军。宪为太仆。明为大司马骠骑将军，辅政。丁氏侯者凡二人，大司马一人，将军、九卿、二千石、侍中诸曹六十余人。后傅氏，晏子。哀帝为定陶王时，傅太后欲重亲，取以配王者也。杜邺对策，讥其宠意并于一家，皇甫、三桓，无以盛此，宜矣。

《元后传》云：哀帝即位，太后诏莽就第，避帝外家。哀帝初优莽，不听。莽上书，固乞骸骨。《莽传》：莽与师丹共劾宏。后日，未央宫置酒，内者令为傅太后张幄，坐于太皇太后旁。莽案行，责内者令曰："定陶太后藩妾，何以得与至尊并?"撤去，更设坐。傅太后闻之，大怒，不肯会。重怨恚莽。莽复乞骸骨。上乃下诏，以莽为特进，朝朔望。又还红阳侯立京师。帝少而闻知王氏骄盛，心不能善，以初立故，优之。后月余，司隶校尉解光奏曲阳侯根及成都侯况罪。乃遣根就国，免况为庶人，归故郡。根及况父商所荐举为官者皆罢。后二岁，傅太后、丁姬称尊号。有司奏莽前为大司马，贬抑尊号之议，亏损孝道；及平阿侯红藏匿赵昭仪亲属；皆就国。以上据《元后传》。傅氏子唯喜最贤。哀帝初即位，为卫尉，迁右将军。莽之乞骸骨，众庶属望于喜。傅太后始与政事，喜数谏之，由是傅太后不欲令喜辅政。上乃用师丹代莽。哀帝为太子，丹为太傅，及即位，为左将军，领尚书事。喜上将军印绶，以光禄大夫养病。大司空何武、尚书令唐林争之。上亦自贤之。明年，建平元年（前6）。乃徙丹为大司空，而拜喜为大司马。丁、傅骄奢，皆疾喜之恭俭。傅太后求称尊号，喜与孔光、师丹共执正议。傅太后大怒。上不得已，先免师丹，以感动喜。喜终不顺。明年，二月，遂策免喜。代以丁明。傅太后又自诏丞相、御史，遣喜就国。时孔乡侯晏顺旨，与京兆尹朱博谋成尊号，由是代师丹为大司空。傅氏在位者，与博为表里，共谮毁孔光。遂策免光。博代为丞相。傅太后怨喜不已，使孔乡侯风丞相，令奏免喜侯。博与御史大夫赵玄议。玄言事已前决，得无不可？已复附从。上知傅太后素尝怨喜，疑博、玄承指，即召玄诣尚书问状。玄辞服。减玄死罪三等。削晏户四分之一。召丞相诣廷尉诏狱。博自杀。时建平二年八月也。平当代为丞相。明年，三月，薨。王嘉代相。又以董贤事败。

董贤，初以父恭为御史，任为太子舍人。哀帝立，贤随太子官为郎。二岁余，贤传漏在殿下。哀帝望见，悦其仪貌。因引上与语。拜为黄门郎。由是始幸。为驸马都尉，侍中。出则参乘，入御左右。旬月间赏赐累巨万。贵震朝廷。常与上卧起。每赐洗沐，不肯出，常留中视医药。上以贤难归，诏令贤妻得通，引籍殿中，止贤庐，若吏妻子居官寺舍。又召贤女弟，以为昭仪。昭仪与妻旦夕上下，并侍左右，赏赐亦各千万数。贤父为云中侯，征为霸陵令。迁光禄大夫。复迁少府。赐爵关内侯，食邑。复徙为卫尉。又以贤妻父为将作大匠，弟为执金吾。诏将作大匠为贤起大第。木土之功，穷极技巧。下至贤家僮仆，皆受上赐。及武库禁兵，上方珍宝，其选物上第，尽在董氏，而乘舆所服，乃其副也。及至东园秘器，珠襦玉柙，豫以赐贤，无不备具。又令将作为贤起冢义陵旁。《汉书·佞幸传赞》云："柔曼之倾意，非独女德，盖亦有男色焉？观籍、闳、邓、韩之徒，非一，而董贤之宠尤盛。"此所谓男色，与今所谓男色异义。《传》言贤性柔和便辟，善为媚以自固，即《赞》所云"柔曼倾意"者，皆指性情言之也。然董贤之宠，出乎情理之外，则诚有今所谓男色之嫌焉。贤后败，县官斥卖董氏财，凡四十三万万。哀帝之溺于嬖幸，可谓甚矣。帝欲侯贤而未有缘，会待诏息夫躬告东平王之事起。

初，傅太后素怨中山孝王母冯太后。孝王薨，绥和元年（前8）。有一男，嗣为王，未满岁。有眚病。太后自养视，数祷祠解。哀帝即位，遣中郎谒者张由将医治中山小王。由素有狂易病。病发，怒去。西归长安。尚书簿责擅去状。由恐，诬言中山太后咒诅上及太后。使案验。冯太后自杀。弟宜乡侯参、寡弟妇君之、女弟习夫及子当相坐者，或自杀，或伏法。参女弁，为孝王后，有两女，有司奏免为庶人，与冯氏宗族徙归故郡。息夫躬者，河内河阳人。河阳，汉县，在今河南孟县西。少为博士弟子，受《春秋》。通览记书。傅晏与躬同郡，相友善。躬由是以为援，交游日广。先是，长安孙宠亦以游说显名。免汝南太守，与躬相结。俱上书，召待诏。是时哀帝被疾，中山太后既以咒诅自杀。是后无盐危山有石自立开道。无盐，汉县，见第三章第二节。躬与宠谋曰："上无继嗣，体久不平，关东诸侯，心争阴谋。今无盐有大石自立，闻邪臣托往事，以为大山石立而先帝龙兴。东平王云谥炀，宣帝子东平思王宇之子。以故与其后日夜祠祭祝诅上，欲求非望。而后舅伍宏反因方术以医技得幸，出入禁门。……发国奸，诛主仇，取封侯之计也。"乃与中郎右师谭共因中常侍宋弘上变事告焉。上恶之。下有司案验。云、云后谒及伍宏等皆坐诛。建平三年（前4）。上擢宠为南阳太守，谭颍川都尉，弘、躬皆光禄大夫、左曹、给事中；定躬、宠章，掇去宋弘，更言因董贤以闻；皆先赐爵关内侯。顷之，欲封贤等，上心惮王嘉，先使傅晏持诏视丞相、御史。嘉与御史大夫贾延上封事。上感其言止。数月，遂下诏封贤为高安侯，宠为方阳侯，躬为宜陵侯，食邑各千户。赐谭爵关内侯，食邑。建平四年（前3）三月。后数月，月食，嘉复奏封事言贤。上浸不悦。元寿元年（前2），正月，傅太后薨。因托遗诏，令成帝母王太后下丞相、御史，益封贤二千户，及赐孔乡侯、汝昌侯、阳新侯国。嘉封还诏书。因奏封事，谏上及太后。初，廷尉梁相疑东平狱冤，奏欲传之长安，更下公卿覆治。尚书令鞫谭、仆射宗伯凤以为可许。制诏免相等。后数月大赦，嘉奏封事，荐此三人。上不能平。及是，以责问嘉，致之廷尉诏狱。二十余日，嘉不食，呕血死。大司马丁明素重嘉，上遂免明，以董贤代之，而以孔光为相。贤由是权与人主侔矣，而息夫躬亦仍为贤所龁龁以死。

躬既亲近，数进见言事，论议无所避。众畏其口，见之侧目。躬上疏历诋公卿大臣。董贤贵幸日盛，丁、傅害其宠。孔乡侯晏与躬谋，欲求居位辅政。建平四年（前3），关东民传行西王母筹，经历郡国，西入关，至京师。民又会聚祠西王母。或夜持火上屋，击鼓号呼，相惊恐。是年，匈奴单于乌珠留若鞮。上书愿朝五年。其明年，改元元寿。单于当发而病，复遣使言愿朝明年。躬言疑有他变。又言往年荧惑守心，太白高而芒光，又角星孛于河鼓，其法为有兵乱，是后讹言行诏筹，经历郡国，天下骚动，恐必有非常之变。可遣大将军行边兵，敕武备，斩一郡守以立威，震四夷，因以厌应变异。于是以傅晏为大司马卫将军，丁明为大司马骠骑将军。是日，日有食之。董贤因此沮躬、晏之策。后数日，收晏卫将军印绶。而丞相、御史奏躬罪过。下诏免躬、宠官，遣就国。躬归国，未有第宅，寄居丘亭。奸人以为侯家富，常夜守之。躬邑人河内掾贾惠往过躬，教以祝盗方。以桑东南指枝为匕，画北斗七星其上。躬夜自披发立中庭，向北斗，持匕招指祝盗。人有上书言躬怀怨恨，非笑朝廷所进，候星宿，视天子吉凶，与巫同祝诅。上遣侍御史、廷尉监逮躬系洛阳诏狱。欲掠问。躬仰天大呼，因僵仆。吏就问，云咽已绝，血从鼻耳出。食顷，死。党友谋议相连下狱百余人。躬母圣，坐祠灶祝诅上，大逆不道。圣弃市。妻充汉，与家属徙合浦。躬同族亲属，素所厚者，皆免废锢。案，息夫躬实非邪人。虽与董贤俱封，初非因贤而进。观其历诋公卿大臣，多所建白，盖亦欲有所为，而为董贤所厄耳。或疑躬之告东平王为倾危，依附傅晏为不正，然东平王狱果冤曲否，非今日所能知；任用外戚，在当时已成故事，欲得政者，势不能无所凭借，亦不足为躬咎也。观董贤龁龁之之深，则知薰莸之不同器。仰天绝咽，事属罕闻，窃疑吏实承贤指杀之也。观其党友亲属连坐之多，知董贤与丁、傅相争之烈。此狱必别有隐情，而无传于后耳。

哀帝之初即位也，尝罢乐府；定限田之法；参看第十五章第三节。齐三服官、诸官织绮绣，难成，害女红之物，皆止，无作输；除任子令及诽谤诋欺法；掖庭宫人年三十以下，出嫁之；官奴婢五十以上，免为庶人；禁郡国毋得献名兽；益吏三百石以下奉；察吏残贼酷虐者，以时退；有司无得举赦前往事；博士弟子父母死，予宁三年；初陵勿徙郡国民；建平二年（前5）。皆卓然有元帝之风。其后又尝一用李寻。李寻者，王根所荐。帝初即位，待诏黄门。劝上毋听女谒邪臣，少抑外亲大臣，拔进英隽，退不任职。迁黄门侍郎。以寻言且有水灾，拜为骑都尉，使护河堤。初，成帝时，齐人甘忠可诈造《天官历》《包元太平经》十二卷。以言“汉家逢天地之大终，当更受命于天。天帝使真人赤精子下教我此道”。忠可以教重平夏贺良、容丘丁广世、重平，汉县，属渤海，今河北吴桥县南。容丘，汉县，属东海，今江苏邳县北。东郡郭昌等。中垒校尉刘向奏忠可假鬼神，罔上惑众。下狱治服。未断，病死。贺良等坐挟学忠可书，以不敬论。后贺良等复私以相教。哀帝初立，司隶校尉解光亦以明经通灾异得幸。白贺良等所挟忠可书。事下奉车都尉刘歆。歆以为不合五经，不可施行。而李寻亦好之。光曰：“前歆父向奏忠可下狱，歆安肯通此道？”时郭昌为长安令，劝寻宜助贺良等。寻遂白贺良等，皆待诏黄门。数召见。陈说“汉历中衰，当更受命，成帝不应天命，故绝嗣。今陛下久疾，变异屡数，天所以谴告人也。宜急改元易号，乃得延年益寿，皇子生，灾异息矣。得道不得行，咎殃且亡。不有洪水将出，灾火且起，涤荡民人”。哀帝久寝疾，冀其有益。于是诏制丞相、御史：“以建平二年为太初元将元年。号曰陈圣刘太平皇帝。漏刻以百二十为度。”后月余，上疾自若。贺良等复欲妄变政事。大臣争，以为不可许。贺良等奏言大臣皆不知天命。宜退丞相、御史，以解光、李寻辅政。上以其言毋验，遂下贺良等吏。下诏：“六月甲子诏书，非赦令也，皆蠲除之。”贺良等皆下狱，伏诛。寻及解光减死一等，徙敦煌郡。案，贺良言汉家当更受命，犹之眭孟言汉帝当求索贤人，禅以帝位，盖皆欲大有所为。哀帝固非其人，然改革之论，如此其盛，终必有起而行之者，而新室遂应运而兴矣。

哀帝即位，征龚胜。胜又荐龚舍及宁寿、侯嘉。寿称疾不至。胜等皆为谏大夫。舍旋病免。胜数上书求见。言百姓贫，盗贼多，吏不良，风俗薄，灾异数见，不可不忧。制度太奢，刑罚太深，赋敛太重。宜以俭约先下。其言祖述王吉、贡禹之意。为大夫二年，迁丞相司直。徙光禄大夫。以言董贤乱制度，逆上指，见出。鲍宣为谏大夫，言民有七死、七亡，皆公卿守相贪残成化所致。责上私养外亲幸臣。上以其言征孔光、何武、师丹、彭宣、傅喜，免孙宠、息夫躬，罢侍中、诸曹、黄门郎数十人。拜宣为司隶。司隶校尉改。后以摧辱宰相，下狱髡钳。又有郭钦，为丞相司直。以奏董贤左迁。毋将隆为执金吾。上使中黄门发武库兵，前后十辈，送董贤及上乳母王阿舍。隆奏请收还。上不悦。顷之，傅太后使谒者买诸官婢，贱取之，复取执金吾官婢八人，隆奏言价贱，请更平值，亦左迁。郑崇者，傅喜为大司马所荐，擢为尚书仆射。数求见谏诤。上初纳用之。久之，上欲封傅太后从弟商，崇谏，太后大怒，卒封商为汝昌侯。崇又以董贤贵宠过度谏，为尚书令赵昌所奏，死狱中。孙宝者，成帝时为益州刺史，劾王音姊子广汉太守扈商。迁丞相司直。发红阳侯立罪。哀帝即位，征为谏大夫。迁司隶。冯太后自杀，宝奏请覆治。傅太后大怒。上顺指下宝狱。尚书仆射唐林争之。上以林朋党比周，左迁敦煌鱼泽障侯。大司马傅喜、光禄大夫龚胜争之。上乃为言太后，出宝复官。郑崇下狱，宝上书请治，复免为庶人。盖婞直之臣，无不为外戚嬖幸所败者。《王嘉传》：嘉奏封事，言帝初即位，易帷帐，去绣饰，乘舆席缘，绨缯而已。共皇寝庙，比比当作，忧悯元元，唯用度不足，以义割恩，辄且止息。《孔光传》言帝初即位，躬行俭约，省减费用，政事由己出，朝廷翕然望至治焉。此实为汉室起衰振敝之机，而卒为外戚嬖幸所败，惜哉！

第七章
新室始末

第一节
新莽得政

中国之文化，有一大转变，在乎两汉之间。自西汉以前，言治者多对社会政治竭力攻击。东汉以后，此等议论渐不复闻。汉、魏之间，玄学起，继以佛学，乃专求所以适合社会者，而不复思改革社会矣。人与动物之异，在于人能改变其所处之境，动物则但能自变以求与所处之境相合。人既能改造所处之境，故其与接为构者，实以业经改变之境为多，而人与人之相处，关系尤巨。不能改变所处之境，而徒责人以善处，此必不可得之数也。东汉以后，志士仁人欲辅翼其世，跻世运于隆平，畀斯民以乐利者甚多，其用思不可谓不深，策划不可谓不密，终于不能行，行之亦无其效者，实由于此。故以社会演进之道言之，自东汉至今二千年，可谓误入歧途，亦可谓停滞不进也。

先秦之世，仁人志士，以其时之社会组织为不善，而思改正之者甚多，读《先秦史》第十五章第五节，可见其概。此等见解，磅礴郁积，汇为洪流，至汉而其势犹盛，读第五章第一节，及上章各节，亦可以见其概矣。此等思想，虽因种种阻碍，未之能行，然既磅礴郁积如此，终必有起而行之者，则新莽其人也。新莽之所行，盖先秦以来志士仁人之公意，其成其败，其责皆当由抱此等见解者共负之，非莽一人所能尸其功罪也。新莽之为人也，迂阔而不切于事情，其行之诚不能无失。然苟审于事情，则此等大刀阔斧之举动，又终不能行矣。故曰：其成其败，皆非一人之责也。

欲知新莽之改革，必先知莽之为人及其得政之由。《汉书》本传言，莽群兄弟皆将军五侯子，乘时侈靡，以舆马、声色、佚游相高。莽独孤贫，因折节为恭俭。受《礼经》，师事沛郡陈参。勤身博学，被服如儒生。事母及寡嫂，养孤兄子，行甚敕备。又外交英俊，内事诸父，曲有礼意。永始元年（前16），封新都侯。迁骑都尉、光禄大夫、侍中。爵位益尊，节操愈谦。散舆马衣裘，振施宾客，家无所余。收赡名士，交结将相、卿大夫甚众。故在位更推荐之，游者为之谈说。虚誉隆洽，倾其诸父矣。绥和元年（前8），擢为大司马，年三十八。莽既拔出同列，继四父而辅政，欲令名誉过前人。遂克己不倦。聘诸贤良，以为掾史。赏赐邑钱，悉以享士。愈为俭约。母病，公卿列侯遣夫人问疾，莽妻迎之，衣不曳地，布蔽膝，见之者以为僮使，问，知其夫人，皆惊。凡莽之所行，汉人悉以一伪字抹杀之，其实作伪者必有所图，所图既得，未有不露其本相者，莽则始终如一，果何所为而为伪哉？《汉书》言其“敢为激发之行，处之不惭恧”，此乃班氏父子曲诋新室之辞，平心论之，正觉其精神之诚挚耳。

哀帝时，莽就国，杜门自守。其中子获杀奴，莽切责获，令自杀。在国三岁，吏上书冤讼莽者以百数。元寿元年（前2），日食，贤良周护、宋崇等对策，深讼莽功德。上于是征莽及平阿侯仁还京师侍太后。哀帝崩，无子。太皇太后即日驾之未央宫，收取玺绶。遣使者驰召莽。诏尚书，诸发兵符节，百官奏事，中黄门、期门兵皆属莽。莽白“大司马董贤年少，不合众心，收印绶”。贤即日自杀。《后汉书·张步传》，哀帝临崩，以玺绶付董贤，曰：“无妄以与人。”王闳白元后，请夺之，即带剑至宣德后闼，举手叱贤曰：“宫车晏驾，国嗣未立，公受恩深重，当俯伏号泣，何事久持玺绶，以待祸至邪？”贤知闳必死，不敢拒之，乃跪授玺绶。闳，平阿侯谭子也。此时之董贤、丁、傅，岂足以当大任？汉用外戚既久，出膺艰巨者，自非莽莫属，此固不能为元后咎也。诏有司举可大司马者。自大司徒孔光以下举朝皆举莽。何武为前将军，与左将军公孙禄相善。二人独谋，以为孝惠、孝昭之世，外戚吕、霍、上官持权，几危社稷。今孝成、孝哀比世无嗣，宜令异姓大臣持权，师古曰：“异姓，谓非宗室及外戚。”亲疏相错。于是武举公孙禄，禄亦举武。太后竟自用莽为大司马。莽风有司劾奏武、禄互相称举，皆免。于是议立嗣。使迎中山王子箕子。孝王子。元始二年（2），更名衎。九月，即帝位。是为平帝。年九岁。太皇太后临朝。莽秉政。百官总己以听。莽白赵氏前害皇子，傅氏骄僭。贬皇太后赵氏为孝成皇后，退居北宫。哀帝皇后傅氏退居桂宫。后俱废为庶人，就其园。皆自杀。贬傅太后号为定陶共王母，丁太后号丁姬。孔乡侯傅晏、少府董恭贤父。皆免官爵，徙合浦。丁氏徙归故郡。后复发共王母及丁姬冢，取帝太后、皇太太后玺绶消灭。徙共王母及丁姬归定陶，葬共王冢次。事在元始五年。诸造议者泠褒、段犹等皆徙合浦。免高昌侯宏为庶人。时孔光为大司徒，莽引光女婿甄邯为侍中奉车都尉。诸哀帝外戚及大臣居位素所不说者，莽皆傅致其罪，为请奏，令邯持与光上之，莽白太后可其奏。红阳侯立、平阿侯仁皆就国。王舜、王邑为腹心，甄丰、甄邯主击断，平晏领机事，刘歆典文章，孙建为爪牙。丰子寻、歆子棻、涿郡崔发、南阳陈崇，皆以材能幸于莽。元始元年，正月，越裳氏重译献白雉一，黑雉二。群臣奏言莽功德比周公。赐号为安汉公。初，孔光乞骸骨，徙为帝太傅。至是，以光为太师，王舜为太保，甄丰为少傅，莽为太傅，干四辅事。令太后下诏：唯封爵以闻，他事安汉公、四辅平决。莽建言宜立诸侯王后及高祖以来功臣子孙。大者封侯，或赐爵关内侯，食邑。然后及诸在位，各有第序。上尊宗庙，增加礼乐。下惠士民鳏寡，恩泽之政，无所不施。又为致太平之事。如立明堂、辟雍，遣使者观风俗，还言天下风俗齐同等，见第二节。州牧、二千石及茂材吏初除奏事者，辄引入至近署对安汉公，考故官，问新职，以知其称否。于是莽人人延问，密致恩意，厚加赠送，其不合指，显奏免之，权与人主侔矣。

王莽以平帝为成帝后，不得顾私亲，母卫姬及外家，皆不得至京师。拜卫姬为中山孝王后，赐帝舅宝、宝弟玄爵关内侯。莽长子宇，私与卫宝通书记。教卫后上书谢恩，因陈丁、傅旧恶，几得至京师。莽白太后，下诏益其汤沐邑。宇复教令上书求至京师。与师吴章及妇兄吕宽议其故。章以为莽不可谏，而好鬼神，可为变怪，以惊惧之，章因推类说令归政于卫氏。宇即使宽夜持血洒莽第门。吏发觉之。莽执宇送狱，饮药死。宇妻焉怀身，系狱，须产子已，杀之。尽诛卫氏支属。穷治吕宽之狱。连引郡国豪桀素非议己者。内及敬武公主、宣帝女，为薛宣所尚，事丁、傅。宣子况与吕宽相善。梁王立、孝王八世孙。红阳侯立、平阿侯仁，使者迫守，皆自杀。死者以百数。吴章腰斩，磔尸东市门。弟子皆禁锢。见《云敞传》。何武、鲍宣、辛通父子，通弟遵、茂等，通，庆忌子。皆死于是狱。案，汉既习用外戚，是时之卫氏，自不免有人援引。莽之斥绝之，亦自不得不然。权利之际，戈矛起于庭闱者甚多；世族子弟，尤多无心肝；宇之交通卫宝，盖亦不过权利之见，《汉书》谓其恐帝长太后见怨者，非也。王氏当是时，势已骑虎不得下。果虑后祸，何止一卫氏？是时之平帝，必不能至于长大而亲政，亦愚人知之矣。《后汉书·申屠刚传》言平帝时王莽专政，隔绝冯、卫二族，刚疾之，因对策极言，莽令元后下诏罢归田里，恐其子孙虚构之辞，如韦孟《谏》诗，非自己出。见《汉书·韦贤传》。《郅恽传》言莽时，恽西至长安，上书劝其归政刘氏，疑亦此类也。

元始四年（4），二月，莽女立为皇后。采伊尹、周公称号，尊安汉公曰宰衡。位在诸侯王上。五年，十二月，帝崩。时元帝世绝，而宣帝曾孙有见王五人、列侯四十八人。莽恶其长大，曰："兄弟不得相为后。"乃选玄孙中最幼广戚侯子婴楚孝王嚣玄孙。为皇帝，年二岁。太后下诏：令安汉公居摄践阼，如周公故事。群臣奏请安汉公居摄践阼，服天子韨冕，背斧依于户牖之间，南面朝群臣，听奏事。车服，出入警跸，民臣称臣妾，皆如天子之制。郊祀天地，宗祀明堂，共事宗庙，享祭群神，赞曰"假皇帝"。民臣谓之"摄皇帝"。自称曰"予"。其朝见皇太后、帝太后，皆复臣节。自施政教于其官家国采，如诸侯礼仪故事。明年，改元曰居摄。居摄元年（6），三月，立婴为皇太子，号曰孺子。安众侯刘崇景帝子长沙定王发七世孙。安众，在今河南镇平县东南。起兵攻宛，不得入而败。群臣曰："刘崇等谋逆者，以莽权轻也，宜尊重以填海内。"五月，太后诏莽朝见太后称"假皇帝"。二年，九月，东郡太守翟义方进子。都试，勒车骑，因发奔命，并东平，立严乡侯刘信为天子。东平王云之子。比至山阳，众十余万。莽遣王邑、孙建等八将击义，分屯诸关，守厄塞。槐里男子赵明、霍鸿等槐里，汉县，在今陕西兴平县南。起兵以和翟义，众且十万。莽遣将军王级等将兵拒之。十二月，邑等破翟义于圉。汉县，今河南杞县南。义与刘信弃军庸亡至固始界中。固始，汉县，在今河南淮阳县西北。捕得义，尸磔陈都市。卒不得信。三年春，邑等还京师，西与王级等合，击明、鸿，皆破灭。莽并先破益州蛮夷及金城塞外羌功，封侯、伯、子、男及附城，关内侯更名，参看第三节。凡数百人，是岁，广饶侯刘京等奏符命。十一月，莽奏太后："请共事神祇、宗庙，奏言太皇太后、孝平皇后，皆称假皇帝。其号令天下，天下奏事毋言'摄'。以居摄三年为初始元年，漏刻以百二十为度，用应天命。""孺子加元服，复子明辟，如周公故事。"奏可。梓潼人哀章作铜匮，为两检，署其一曰"天帝行玺金匮图"，其一署曰"赤帝行玺某汉高帝名。传予黄帝金策书"。昏时，衣黄衣，持匮至高庙，以付仆射。仆射以闻。莽至高庙拜受金匮神嬗。遂即真天子位。定有天下之号曰"新"。以孺子婴为定安公。

王莽为有大志之人。欲行其所怀抱，势不能不得政权；欲得政权，势不能无替刘氏，欲替刘氏；则排摈外戚，诛锄异己，皆势不能免。此不能以小儒君臣之义论也。即以寻常道德绳之，后人之责莽，亦仍有过当者。莽之诛董贤、丁、傅，或出于欲得政权，然谓董贤、丁、傅可无诛焉，得乎？改葬定陶太后等，自今日视之，庸或过当，固非所论于当日也。傅晏虽诛，傅喜固莽所召，董宏虽废，师丹亦莽所征，谓其全无是非曲直得乎？孔光之所奏免，吕宽之狱之所牵连，又安知其皆无罪哉？

第二节
新室政治上

新室政治，可分数端：一曰均贫富，二曰兴教化，三曰改官制，四曰修庶政，五曰兴学术。凡莽之所怀抱者，多未能行，或行之而无其效，虽滋纷扰，究未足以召大乱。其召乱者，皆其均贫富之政，欲求利民，而转以害之之故也。今略述其事如下：

汉世儒家，所最痛心疾首者，为地权之不均。董仲舒首建限民名田之策；哀帝时，师丹辅政，定其法，而未能行；此为渐进之策。参看第十五章第三节。其急进之策，则收土田为国有而均分之，所谓井田之制也。新莽行急进之策。始建国元年（9），诏曰“予前在大麓，始令天下公田口井，时则有嘉禾之祥，遭反虏逆贼且止”，则刘崇、翟义叛前，已行之矣。去刚卯刀钱诏曰：“予前在大麓，至于摄假。”师古曰：“大麓者，谓为大司马宰衡时，妄引‘舜纳于大麓，烈风雷雨不迷’也。”是年，乃更名天下田曰“王田”，奴婢曰“私属”，皆不得卖买。其男口不盈八，而田过一井者，分余田予九族、邻里、乡党。《莽传》文。《食货志》同，无“邻里”二字。故无田今当受田者，如制度。敢有非井田圣制，无法惑众者，投诸四裔，以御魑魅。《莽传》文。《食货志》云：“犯令，法至死。”然下文亦云“非井田、挟五铢钱者为惑众，投诸四裔，以御魑魅”。《食货志》云：制度不定，吏缘为奸，天下謷謷，陷刑者众。后三岁，始建国四年。莽知民愁，下诏：“诸食王田及私属皆得卖买，勿拘以法。”据《莽传》，事由区博之谏，博言：“井田虽圣王法，其废久矣。周道既衰而民不从。秦知顺民之心，可以获大利也，故灭庐井而置阡陌，遂王诸夏。讫今海内未厌其敝。今欲违民心，追复千载绝迹，虽尧、舜复起，而无百年之渐，弗能行也。”井田之制，必非如莽之政所能复，博之言，固非无见也。《莽传》又载地皇二年（21）公孙禄之对，谓“明学男张邯、地理侯孙阳造井田，使民弃土业”，盖井田之行，此二人实主其事也。《莽传》，地皇三年，廉丹已死，王匡等战数不利，莽知天下溃叛，事穷计迫，乃议遣风俗大夫司国宪等分行天下。除井田、奴婢、山泽、六管之禁。一似井田之法仍存者，盖始建国四年之诏，特谓违法者暂勿问，而其法初未除。故其诏云“诸名食王田，皆得卖之，勿拘以法，犯私买卖庶人者，且一切勿治”也。

始建国二年（10），始设六管之制，《食货志》云，莽性躁扰，不能无为，每有所兴造，必欲依古得经文。国师公刘歆言："周有泉府之官，收不售，与欲得，即《易》所谓理财正辞，禁民为非者也。"莽乃下诏曰："夫《周礼》有赊贷，而《乐语》有五均，邓展曰："《乐语》，《乐元语》，河间献王所传，道五均事。"臣瓒曰："其文云：'天子取诸侯之士以立五均，则市无二价，四民常均，强者不得困弱，富者不得要贫，则公家有余，恩及小民矣。'"案，此亦轻重之说。传记皆有管焉。今开赊贷，张五均，设诸管者，所以齐众庶，抑并兼也。"遂于长安及五都立五均官，更名长安东西市令及洛阳、邯郸、临菑、宛、成都市长皆为五均司市师。今本作"司市称师"，"称"字涉下文而衍。东市称京，西市称畿，洛阳称中。余四都各用东、西、南、北为称。皆置交易丞五人，钱府丞一人。工商能采金银铜连锡登龟取贝者，皆自占司市、钱府，顺时气而取之。又以《周官》税民，凡田不耕为不殖，出三夫之税；城郭中宅不树艺者为不毛，出三夫之布；民浮游无事，出夫布一匹。其不能出布者，冗作，县官衣食之。诸取众物、鸟兽、鱼龟、百虫于山林、水泽及畜牧者，嫔妇桑蚕、织纴、纺绩、补缝，工匠、医、巫、卜、祝及他方技、商贩、贾人，坐肆列里区谒舍，皆各自占所为于其在所之县官。除其本，计其利，十一分之，而以其一为贡。敢不自占，占不以实者，尽没入所采取，而作县官一岁。诸司市常以四时中月，实定所掌，为物上中下之价，各自用为其市平，毋拘他所。众民卖买五谷、布帛、丝绵之物，周于民用而不售者，均官有以考检厥实，用其本价取之，毋令折钱。万物昂贵，过平一钱，则以平价卖与民，其价低贱减平者，听民自相与市，以防贵庾者。民欲祭祀、丧纪而无用者，钱府以所入工商之贡但赊之。祭祀毋过旬日，丧纪毋过三月。民或乏绝，欲贷以治产业者，均受之，除其费，计所得受息，毋过岁什一。《王莽传》曰："收息百，月三。”如淳曰：“出百钱与民，月收其息三钱也。”羲和鲁匡言名山大泽、盐、铁、布帛、五均、赊贷，管在县官，唯酒酤独未管。请法古，令官作酒。羲和置命士，督五均、六管。郡有数人。皆用富贾。洛阳薛子仲、张长叔、临菑姓伟等，乘传求利，交错天下。因与郡县通奸，多张空簿。府藏不实，百姓俞病。莽知民苦之，复下诏曰：“夫盐，食肴之将；酒，百药之长，嘉会之好；铁，田农之本；名山大泽，饶衍之藏；五均赊贷，百姓所取平，昂以给澹；铁布铜冶，通行有无，备民用也。此六者，非编户齐民所能家作，必昂于市。虽贵数倍，不得不买。豪民富贾，即要贫弱。先圣知其然也，故管之。”每一管为设科条防禁，犯者罪至死。据《莽传》，事在天凤四年（17）。奸吏猾民并侵，众庶各不安生。案，据莽诏，则所谓六管者，盐一，酒二，铁三，名山大泽四，五均、赊贷五，铁布铜冶六。而《汉书》诸文，或以五均与六管并言，或以山泽与六管对举，一似其在六管之外者，则古人辞不审谛也。此举将大业归诸官营；税无税者以贷乏绝；有用之物，保其不折本，以护农、工、商；亦保其不昂于平价，以卫适市者；可谓体大思精。然其不能行，则亦无待再计也。《莽传》：地皇二年（21），公孙禄言鲁匡设六管以穷工商，莽怒，然颇采其言，左迁匡为五原卒正。六管非匡所独造，莽厌众意而出之。三年，又下书曰：“唯民困乏，虽溥开诸仓以赈赡之，犹恐未足。其且开天下山泽之防。诸能采取山泽之物而顺月令者，其恣听之，勿令出税，至地皇三十年如故”云。

莽所行最不可解者，为其钱币之制。居摄二年（7），五月，以周钱有子母相权，更造大钱，径寸二分，重十二铢，文曰“大钱五十”。又造契刀、错刀。契刀，其环如大钱，身形如刀，长二寸，文曰“契刀五百”。错刀，以黄金错，其文曰“一刀值五千”。与五铢凡四品并行。莽即真，以为书“刘”字有金刀，乃罢错刀、契刀及五铢钱。《食货志》。《莽传》，事在始建国元年（9）。并罢刚卯，莫以为佩。更作小钱，径六分，重一铢，文曰“小钱值一”。与前大钱五十者为二品并行。欲防民盗铸，乃禁不得挟铜炭。百姓便安汉五铢钱，以莽钱大小两行，难知；又数变改不信；皆私以五铢钱市买。讹言大钱当废，莫肯挟。莽患之。复下书：“诸挟五铢钱。言大钱当罢者，比非井田制，投四裔。”于是农商失业，食货俱废。民人至涕泣于市道。及坐卖买田宅、奴婢、铸钱，自诸侯卿大夫至于庶民，抵罪者不可胜数。又遣谏大夫五十人分铸钱于郡国。二年，以钱币讫不行，复下书曰：“民以食为命，以货为资，是以八政以食为首；宝货皆重，则小用不给；皆轻，则僦载烦费。轻重大小，各有差品，则用便而民乐。”于是造宝货五品。《莽传》。小钱，径六分，重一铢，文曰“小钱值一”。次七分，三铢，曰“幺钱一十”。次八分，五铢，曰“幼钱二十”。次九分，七铢，曰“中钱三十”。次一寸，九铢，曰“壮钱四十”，因前“大钱五十”，是为钱货六品，值各如其文。黄金重一斤，值钱万。朱提银重八两为一流，值一千五百八十；师古曰：“朱提，县名，属犍为。”案，在今四川宜宾县西南。他银一流，值千。是为银货二品。元龟距冉长尺二寸，值二千一百六十，为大贝十朋。公龟九寸，值五百，为壮贝十朋。侯龟七寸以上，值三百，为幺贝十朋。子龟五寸以上，值百，为小贝十朋。是为龟宝四品。大贝四寸八分以上，二枚为一朋，值二百一十六。壮贝三寸六分以上，二枚为一朋，值五十。幺贝二寸四分以上，二枚为一朋，值三十。小贝寸二分以上，二枚为一朋，值十。不盈寸二分，漏度，不得为朋，率枚值钱三。是为贝货五品。大布、次布、弟布、壮布、中布、差布、厚布、幼布、幺布、小布。小布长寸五分，重十五铢，文曰“小布一百”。自小布以上，各相长一分，相重一铢，文各为其布名，值各加一百。上至大布，长二寸四分，重一两，而值千钱矣。是为布货十品。凡宝货，五物，六名，二十八品。铸作钱布，皆用铜，淆以连锡。文质周郭仿汉五铢钱云。百姓愦乱，其货不行。乃但行小钱值一，与大钱五十，二品并行。龟、贝、布属且寝。《食货志》。盗铸钱者不可禁，乃重其法，一家铸钱，五家坐之，没入为奴婢。吏民出入，持布钱以副符传，不持者，厨传勿舍，关津苛留；公卿皆持以入宫殿门；欲以重而行之。五年（13），以犯挟铜炭者多，除其法。地皇元年（20），罢大小钱。更行货布，长二寸五分，广一寸，值货钱二十五。货钱径一寸，重五铢，枚值一。两品并行。敢盗铸钱及偏行布货，伍人知不发举，皆没入为官奴婢。其男子槛车，儿女子步，以铁锁琅当其颈，传诣钟官，以十万数。到者易其夫妇。愁苦死者什六七。案，民之不能无通工易事久矣。公产之制既替，通工易事，久借贸易以行，未有他法以代之，贸易势不能废。不则率天下而路也。不特此也，贸易既兴，生之为之者，皆非欲食之用之，而欲持以与人为易，故农工实唯商之马首是瞻，商业败坏，农工亦无所适从矣。交易之行，必资钱币。莽之币制，盖无一不与生计学理相背者，安得不商业紊而农工随之邪？《汉书》所谓“食货俱废”。致祸速亡，莫甚于此矣。

莽于用财，亦有制度。平帝元始三年（3），奏车服制度，吏民养生、送终、嫁娶、奴婢、田宅、器械之品。《本纪》。天凤三年（16），下吏禄制度。又令用上计时通计天下。即有灾害，以什率多少而损其禄。太官膳羞亦然。案，生之者众，必兼食之者寡；为之者疾，必兼用之者舒言之，而后其义始备。否则食用无论如何充余，必仍见为不足。以必有好奢之人，恣意妄行，而众人慕效之也。所谓足不足，本难以物言，而多由于欲。纵欲相逐，生之者虽众，为之者虽疾，亦安能及之？且侈靡之物，苟不许食，不许用，自亦无生之为之者矣。但务生之为之之多，不言食之用之之节，一若生之为之果多，虽无节而不害者，此资本主义之流失，非生计学之真实义也，不逮古说多矣。莽所定制，卓然犹有古义，惜未必能行耳。

生计与教化，为汉儒所欲改革之两大端。已见第五章第一节。所谓教化者，非曰谆谆命之，亦非曰立一法而强之使行，必先改其所处之境。此在古代，义本明白，西汉论者，亦仍如此，读《先秦史》第十五章第四节及本编第六章各节，亦可见之矣。然自宣帝以后，渐有离生活而言教化以沽名誉者，黄霸等实开其端，第五章第十二节亦已略及之。王莽亦坐此弊。平帝元始三年（3），莽奏立学官，郡国曰学，县、道、邑、侯国曰校，校、学置经师一人。乡曰庠，聚曰序，序、庠置《孝经》师一人。四年，奏立明堂、辟雍。参看第十九章第一节。遣太仆王恽等八人置副假节，分行天下，览观风俗。莽又奏为市无二价，官无狱讼，邑无盗贼，野无饥民，道不拾遗，男女异路之制。犯者象刑。地皇元年（20），以唐尊为太傅。尊曰："国虚民贫，咎在奢泰。"乃身短衣小袖，乘牝马柴车，藉稿瓦器，又以历遗公卿。出见男女不异路者，尊自下车，以象刑赭幡污染其衣。莽闻而悦之。下诏申敕公卿思与厥齐。封尊为平化侯。皆黄霸之故智也。民本不知矫诬也，或虽欲矫诬而犹有所不敢也，启之矣。

第三节
新室政治下

《平帝纪》，元始四年（4），分京师置前辉光、后丞烈二郡。更公、卿、大夫、八十一元士官名位次及十二州名分界，郡国所属，罢置改易，天下多事，吏不能纪。此乃要其终言之，非一时事也。据《王莽传》，则是年正十二州名分界。翟义等破灭时，已定爵五等，公、侯、伯、子、男，关内侯更名附城。地四等。始建国元年（9），置四岳、东岳太师，南岳太傅，西岳国师，北岳国将。三公、司马、司徒、司空。九卿、司马司允，司徒司直，司空司若，位皆孤卿。更名大司农曰羲和，后更为纳言。大理曰作士。太常曰秩宗。大鸿胪曰典乐。少府曰共工。水衡都尉曰予虞。与三公司卿凡九卿，分属三公。二十七大夫、每一卿置大夫三人。八十一元士，一大夫置元士三人。分主中都官诸职。又改诸官名，如郡太守曰大尹，都尉曰太尉，县令、长曰宰。及新置诸官。莽所改官制，与实际无甚关系，今不备举。定汉诸侯王之号皆称公，四夷僭号者为侯。封王氏齐衰之属为侯，大功为伯，小功为子，缌麻为男，女皆为任。及黄帝、少昊、颛顼、喾、尧、舜、禹、皋陶、伊尹之后。侯、伯、子。汉、周之后为宾。公。殷、夏之后曰恪。侯。周公、孔子后已前定。四年，以洛阳为东都，常安长安改。为西都。州从《禹贡》为九。爵从周氏有五。诸侯之员千有八百，附城之数亦如之。公万户，方百里。侯、伯户五千，方七十里。子、男户二千五百，方五十里。附城食邑九成。大者户九百，方三十里。降杀以两，至于一成。授诸侯茅土。使侍中讲理大夫孔秉等与州、部众郡晓知地理图籍者共校治。天凤元年（14），又以《周官》《王制》之文，置卒正、连率、大尹，职如太守。属令、属长，职如都尉。置州牧，其礼如三公。郡监二十五人，位上大夫，各主五郡。今本误作"置州牧、部监二十五人，见礼如三公，监位上大夫，各主五郡"，从《汉纪》正。公氏作牧，侯氏卒正，伯氏连率，子氏属令，男氏属长，皆世其官。其无爵为尹。西都曰六乡。分长安城旁地为之，置帅各一人。众县曰六尉。分三辅为六尉郡。东都曰六州。置州长各一人。益河南属县满三十，人主五县。众县曰六队。河东、河内、弘农、河南、颍川、南阳为六队郡。置大夫，职如太守。属正，职如都尉。更名河南大尹曰保忠信卿。案，六队即六遂。粟米之内曰内郡，其外曰近郡，有障徼者曰边郡。合百二十有五郡。九州之内，县二千二百有三。公作甸服，是为唯城；诸在侯服，是为唯宁；在采、任诸侯，是为唯翰；在宾服，是为唯屏；在揆文教，奋武卫，是为唯垣；在九州之外，是为唯藩；各以其方为称。总为万国焉。案，设官分职，实为出治之原；体国经野，亦宜与地理相合；莽之加意于此，不可谓非知治本，然其制度皆慕古而不切实际。授茅土后，以图簿未定，未授国邑。其后岁复变更，一郡至五易名，而还复其故，吏民不能纪。每下诏书，辄系其故名，则徒滋纷扰，而制度实未定也，更无论其行之矣。

新莽作事之无成，实由其规模之过大。其徒滋纷扰可议，其规模之大，仍足称道也。《沟洫志》言莽时征能治河者以百数。《志》载关并、张戎、韩牧、王横之议，皆可谓有所见。《志》又言桓谭为司空掾，典其议。为甄丰言："凡此数者，必有一是。宜详考验……，计定然后举事。费不过数亿万……可以上继禹功，下除民疾。"此何等策划乎？《志》又言莽时"但崇空语，无施行者"。此乃汉人訾讆之辞，莽在位仅十四年，所施行则经纬万端，以其时则变乱迭起，安能以其一事未及施行而罪之？汉武帝在位五十二年，其时河患甚烈，并空语而无之，班氏何以不之责邪？且亦知崇空语之未足为累乎？凡事考察宜精，研求宜细，一着手，即往往不易补救矣。今世科学家之举事，无不然者，未闻或以其事前多费而訾之也。旧时议论，拘于近利，有勤于考察研求者，辄以空言诋之，此举事之所以多败，并利害亦不能明也。

莽之专制，颇类于秦始皇，其于学术，则与始皇大异，即由其好研求故也。始皇燔诗书，禁偶语，莽则为学者筑舍万区。又立《乐经》，益博士员。经各五人。征天下通一艺，教授十一人以上，及有逸《礼》、古《书》、《毛诗》、《周官》、《尔雅》、天文、图谶、钟律、月令、兵法、《史篇》、文字，通知其意者，皆诣公车。网罗天下异能之士，至者前后千数，皆令记说廷中，将令正乖谬，一异说云。《平帝纪》：元始五年（5），征天下通知逸经、古记、天文、历算、钟律、小学、《史篇》、方术、《本草》，及以五经、《论语》、《孝经》、《尔雅》教授，在所为驾一封轺传，遣诣京师，至者数千人。与此即系一事。翟义党王孙庆捕得，莽使太医、尚方与巧屠共刳剥之，量度五脏，以竹筳导其脉，知所终始，云可以治病。天凤三年（16）。匈奴寇边甚，博募有奇技术可以攻匈奴者，将待以不次之位。言便宜者以万数。或言能渡水不用舟楫，连马接骑，济百万师；或言不持斗粮，服食药物，三军不饥；或言能飞，一日千里，可窥匈奴；莽辄试之。取大鸟翮为两翼，头与身皆着毛，通引环纽。飞数百步堕。莽知其不可用，苟欲获其名，皆拜为理军，赐以车马。天凤六年。以上皆见《王莽传》。夫苟知其不可用，贪其虚名何为？盖亦千金市骏骨之意，所谓过而废之，毋宁过而存之也。

莽之病，在于偏重立法而不计法所以行。虽亦欲行督责之术，而不知社会组织不变，党类利害相违，弊端终将百出无已，断非督责之术所能补救也。本传言莽意以为制定则天下自平，故锐思于地理，制礼，作乐，讲合六经之说。公卿旦入暮出，议论连年不决。不暇省狱讼冤结、民之急务。县宰缺者，数年守兼，一切贪残日甚。中郎将、绣衣执法在郡国者，并乘权势，传相举奏。又十一公士分布劝农桑，班时令，案诸章，冠盖相望，交错道路。召会吏民，逮捕证左。郡县赋敛，递相赇赂。白黑纷然。守阙告诉者多。莽自见前专权以得汉政，故务自揽众事，有司受成苟免。诸宝物名帑藏钱谷官，皆宦者领之。吏民上封事书，宦官左右开发，尚书不得知。其畏备臣下如此：又好变改制度，政令烦多。当奉行者，辄质问乃以从事。前后相乘，愦眊不渫。莽常御灯火，至明，犹不能胜。尚书因是为奸寝事。上书待报者，连年不得去。拘系郡县者，逢赦而后出。卫卒不交代三岁矣。课计不可理。吏终不得禄，各因官职为奸，受取赇赂，以自供给。天凤五年(18)，莽下诏曰："详考始建国二年胡虏猾夏以来，诸军吏及缘边吏大夫以上为奸利增产致富者，收其家所有财产五分之四，以助边急。"公府士驰传天下，考覆贪饕。开吏告其将，奴婢告其主。几以禁奸，奸愈甚。尤备大臣，抑夺下权。朝臣有言其过失者，辄拔擢。孔仁、赵博、费兴等以敢击大臣，故见信任，择名官而居之。公卿入宫，吏有常数。太傅平晏从吏过例，掖门仆射苛问不逊，戊曹士收系仆射。莽大怒。使执法发车骑数百围太傅府捕士，即时死。大司空士夜过奉常亭，亭长苛之。告以官名。亭长醉，曰："宁有符传邪?"士以马棰击亭长。亭长斩士，亡。郡县逐之。家上书。莽曰："亭长奉公，勿逐。"大司空邑斥士以谢。刘攽曰：前云斩士，后云斥士，则非斩也，疑是"斫"字。案，《汉书》于莽，无一佳语。然即如所述，亦见其奉法无私。以康济天下为怀者，必不计一人之祸福，谓莽以揽权得汉政，因猜防其臣下，浅之乎测丈夫矣。《后汉书·陈元传》，元上疏，言："王莽遭汉中衰，专操国柄，以偷天下。况己自喻，不信群臣。夺公辅之任，损宰相之威。以刺举为明，徼讦为直。至乃陪仆告其君长，子弟变其父兄。网密法峻，大臣无所措手足。"盖汉人通常议论如此。《刘昆传》："王莽世，教授弟子恒五百余人。每春秋飨射，常备列典仪，以素木瓠叶为俎豆。桑弧蒿矢，以射菟首。每有行礼，县宰辄率吏属而观之。王莽以昆多聚徒众，私行大礼，有僭上心，乃系昆及家属于外黄狱。"此则汉世豪桀大姓，往往私结党羽，谋为不轨，亦不可不防也。臣主异利，莽盖未尝不知，谓其以暗昧致奸欺，亦非情实。盖莽所行者为革命之事，其利害与官吏根本不能相容，故虽严于督责，而卒弗能胜也。勤于立法，而忽目前之务，诚为政之大戒，然欲开非常之源，立百年之计，拘于目前，得乎？莽既御灯火至明矣，犹弗能胜，可奈何？故莽之败，究由所行之事与社会情势不合者居多，其身之失，薄乎云尔。

举事规模过大，遂致流于奢侈而不自知，亦为莽之一失。始建国四年（12），莽下书，欲以五年二月东巡狩。于是群公奏请募吏民人马布帛绵。又请内郡国十二买马，发帛四十五万匹输常安。前后毋相须。至者过半。莽下书曰："文母太后体不安，莽改号元后为新室文母，绝之于汉。其且止待后。"事未举而所费已不訾矣。其起九庙，穷极百工之巧，功费数百巨万，卒徒死者万数。时在地皇元年（20），下江之兵已起。明年，郎阳成修献符命，言继立民母。莽妻，宜春侯王咸女，生四男：宇、获、安、临。宇、获诛死，已见前。安颇荒忽，莽以临为太子。莽妻以莽数杀其子，涕泣失明。莽令临居中养焉。莽妻旁侍者原碧，莽幸之，后临亦通焉。恐事泄，谋共杀莽。临妻愔，国师公女，能为星。语临："宫中且有白衣会。"临喜，以为所谋且成。地皇元年（20），莽以符命文，立安为新迁王，临为统义阳王，出在外第。愈忧恐。会莽妻病困，临予书曰：上于子孙至严。前长孙、中孙，年俱三十而死。今臣临复适三十。诚恐一旦不保，中室则不知死命所在。莽候妻疾，见其书，大怒。疑临有恶意。二年，正月，莽妻死，不令得会丧。既葬，收原碧等考问，具服奸、谋杀状。赐临药，临自刺死。莽诏国师公："临本不知星，事从愔起。愔亦自杀。"是月，安病死。初，莽为侯就国时，幸侍者增秩、怀能、开明。怀能生男兴。增秩生男匡，女晔。开明生女捷。皆留新都国。以其不明故也。及安疾甚，莽自病无子为安作奏，言兴等母虽微贱，属犹皇子，不可以弃。于是迎兴等。封兴为功修公，匡为功建公，晔为睦修任，捷为睦逮任。《汉书·王莽传》所言如此。案，临为太子已久，忽焉而废，与安俱死旬月间，古虽贱庶孽，亦未闻弃其所生子女，其事种种可疑，恐其中别有变故，为史所不知矣。尧诛丹朱，舜诛商均，其事久远难明，若莽则诚以为民请命故，致不谅于众人，变生骨肉之间，四子咸以强死，亦可哀矣。子贡曰：伯夷、叔齐怨乎？子曰：求仁得仁，又何怨？此莽之所以能行诛于至亲而无悔邪？观此，知国师公之离心亦已久，而诛戮初不之及，亦见其用刑之平恕，而汉人之目为暴虐者，皆诬诋之辞也。又曰："黄帝以百二十女致神仙。"莽于是遣中散大夫、谒者各四十五人分行天下，博采乡里所高有淑女者上名。四年，进所征杜陵史氏女为皇后。备和、嫔、美、御。和人三，位视公。嫔人九，视卿。美人二十七，视大夫。御人八十一，视元士。凡百二十人。则已在其败亡之岁矣。鱼游沸鼎之中，燕巢危幕之上，竟漠然不知其所处之境为何若也，哀哉！

《记》曰："不诚无物。"人之智愚，恒略相等，人未有能欺人者也，况以一人而欲涂饰万民之耳目乎？《三国志》注引《魏武故事》，载公建安十五年十二月己亥令，于立身始末，详哉言之，绝无夸张掩饰之语，不独英雄本色，而如此开诚布公，即所以使天下之人披心相见，亦即教化之道也。而莽之所行，则适与相反。《汉书·王莽传》言其欲有所为，微见风采，党与承其指意而显奏之，莽稽首涕泣，固推让焉。此非尽汉人相诬之辞，观莽之所为，固可信其如此。将立莽女为后也，莽上言："身无德，子材下，不宜与众女并采。"太后下诏曰："王氏女，朕之外家，其勿采。"庶民、诸生、郎吏以上，守阙上书者日千余人。公卿大夫或诣廷中，或伏省户下，咸言："明诏圣德巍巍如彼，安汉公盛勋堂堂如此。今当立后，独奈何废公女？天下安所归命？愿得公女为天下母。"莽遣长史以下分部晓止公卿及诸生，而上书者愈甚。太后不得已，听公卿采女。莽复白宜博选众女。公卿争白："不宜采诸女以贰正统。"莽乃白愿见女。吏民以莽不受新野田而上书者，前后四十八万七千五百七十二人。风俗使者八人还，言天下风俗齐同。诈为郡国造歌谣，颂功德，凡三万言。此等事将谁欺乎？卫鞅行法十年，秦民初言令不便者，有来言令便，鞅曰"此皆乱化之民也"，尽迁之边城，盖唯不借诪张之人拥戴，乃能不为倾仄之人所覆。

"毋教猱升木，如涂涂附"，莽之从政亦旧矣，奈何并此义犹不之知邪？以符命登大位，已又欲绝之，致兴大狱，心腹骈诛。《王莽传》，始建国元年（9）秋，遣五威将王奇等十二人班《符命》四十二篇于天下。二年，是时争为符命封侯，其不为者相戏曰："独无天帝除书乎？"司命陈崇白莽曰："此开奸臣作福之路，而乱天命，宜绝其原。"莽亦厌之。遂使尚书大夫赵并验治。非五威将率所班皆下狱。初，甄丰、刘歆、王舜为莽腹心。倡导在位，褒扬功德。安汉、宰衡之号及封莽母、两子、兄子，皆丰等所共谋。而丰、舜、歆亦受其赐。并富贵矣，非复欲令莽居摄也。居摄之萌，出于泉陵侯刘庆、前辉光谢嚣、长安令田终术。莽羽翼已成，意欲称摄。丰等承顺其意。莽辄复封舜、歆两子及丰孙。丰等爵位已盛，心意既满，又实畏汉宗室、天下豪杰，而疏远欲进者，并作符命，莽遂据以即真。舜、歆内惧而已。丰素刚强，莽觉其不悦，故徙太阿、右拂、大司空。丰托符命文为更始将军，与卖饼儿王盛同列。丰父子默默。时子寻为侍中京兆大尹茂德侯。即作符命，言新室当分陕，立二伯，以丰为右伯，太傅平晏为左伯。莽即从之。拜丰为右伯。当述职西出，未行，寻复作符命，言故汉氏平帝后黄皇室主为寻之妻。莽以诈立，心疑大臣怨谤，欲震威以惧下。因是发怒曰："黄皇室主天下母，此何谓也。"收捕寻。寻亡。丰自杀。寻随方士入华山。岁余，捕得。辞连国师公歆子棻、棻弟泳、大司空邑弟奇及歆门人丁隆等。牵引公卿党亲列侯以下，死者数百人。寻手理有"天子"字，莽解其臂入视之，曰：此一天子也！或曰：一六子也。六者，戮也，明寻父子当戮死也。乃流棻于幽州，放寻于三危，殛隆于羽山，皆驿车载其尸传致云。《儒林传》：高相子康，以明《易》为郎。翟义谋举兵，事未发，康候知东郡有兵，私语门人。门人上书言之。后数月，翟义兵起。莽召问。对受师高康。莽恶之。以为惑众，斩康。及变生骨肉之间，则仍托符命之文，以黜储贰。心劳日拙，岂不哀哉？尤可笑者，莽以子宇之变，作书八篇，以戒子孙，大司马护军褒言："宜班郡国，令学官以教授。"事下群公，请令天下吏能诵公戒者，以著官簿，比《孝经》。夫人之心思，恒好想向反面。人苟不自夸饰，庸或为人所恕，及其自夸饰焉，则人人齿冷矣。故徒党标榜，未有不招人厌恶者，所谓爱之适以害之也。王安石之变法也，曰：人言不足恤。其光明磊落，岂不远胜于莽？然颁《三经新义》于学官，犹不免为盛德之累也。而况于莽乎？

第四节
新莽事四夷

新莽之性质，可谓最不宜于用兵，盖用兵必知彼知己，敏捷以赴事机，而莽则固执成见，不察事势也。莽之败，亦可谓时势为之。盖当西汉之世，吾国国力方盛。宣、元以降，尤威行万里，无敢抗颜行者。莽袭强富之资，遂谓可为所欲为，举宇宙之间，一切如吾意措置之矣。殊不知国家若民族之争斗，关涉之方面极多，初非徒计度土地人民，较量兵甲械器，遂可判胜负之数也。一意孤行，内未安而外亦终不能攘，好径行直遂者，可以鉴矣。

匈奴郅支单于之死也，呼韩邪且喜且惧，竟宁元年（前33），复入朝。愿婿汉氏以自亲。元帝以后宫良家子王嫱字昭君者赐之。呼韩邪娶左伊秩訾之兄呼衍王女二人。长女颛渠阏氏，生二子：长曰且莫车，次曰囊知牙斯。少女为大阏氏，生四子：长曰雕陶莫皋，次曰且糜胥，皆长于且莫车，少子咸、乐，皆小于囊知牙斯。他阏氏子十余人。颛渠阏氏贵，且莫车爱。呼韩邪病且死，遗命立雕陶莫皋，约传国与弟。于是复株累若鞮、雕陶莫皋。搜谐若鞮、且糜胥。车牙若鞮、且莫车。乌珠留若鞮单于囊知牙斯。相继立。《南匈奴传》云匈奴谓孝为若鞮。呼韩邪与汉亲密，见汉谥为孝，慕之，故皆为若鞮，《后汉书》但作“鞮”。匈奴自呼韩邪后，事汉甚谨。乌珠留之立，汉中郎将夏侯藩使匈奴，时王根领尚书事，或说根曰：“匈奴有斗入汉地，直张掖郡，生奇材、木箭、竿、就羽。如得之，于边甚饶。”根为成帝言其利。上直欲从单于求之，为有不得，伤命损威，根乃令藩以己意求之。而藩仍称诏旨。单于不许。以其状上闻。时藩已返国，为太原太守。汉乃徙藩济南，不令当匈奴。是为匈奴有距汉之语之始。初，文帝后二年遗匈奴书曰：“先帝制：长城以北，引弓之国，受命单于。长城以内，冠带之室，朕亦制之。”是时之政治，为属人而非属地，则逃民必当交还。书又云“来者不止，天之道也。俱去前事，朕释逃虏民，单于无言章尼等”，乃谓捐前事勿复言，非谓后此来者皆不止也。故宣帝所为约束，仍云“长城以南，天子有之；长城以北，单于有之”，而又云“有犯塞辄以状闻，有降者不得受”。然自武帝以后，汉属国实已远出长城之外，此约束遂不足以尽事情。乌珠留单于时，车师后王句姑、去胡来王唐兜亡降匈奴。汉命匈奴遣还。单于引宣、元时约束曰：“此外国也，得受之。”汉使不许。单于叩头谢罪，执二虏还付使者。汉乃造设四条：中国人亡入匈奴者，乌孙亡降匈奴者，西域诸国佩中国印绶降匈奴者，乌桓降匈奴者，皆不得受。而收故宣帝所为约束。护乌桓使者因此告乌桓民：“毋得复与匈奴皮布税。”匈奴驱乌桓妇女弱小且千人去。置左地。告乌桓曰：“持马畜皮布来赎。”乌桓人往赎。匈奴又受留不遣。王莽秉政，令中国不得有二名，因使使者讽单于更名曰“知”。始建国元年（9），莽使五威将奉符命，赍印绶，王侯以下及吏官名更者，外及蛮夷，皆即授新室印绶，因收汉故印绶。东出者至玄菟、乐浪、高句骊、夫余。南出者逾徼外，历益州，贬句町王为侯。西出者至西域，尽改其王为侯。北出者至匈奴庭，授单于印，改汉印文“匈奴单于玺”曰“新匈奴单于章”。匈奴以汉制，诸王以下，乃有汉言章，今印去玺加新，与臣下无别，不悦。使者见所留乌桓人，命还之。匈奴遂以护送乌桓为名，勒兵朔方塞下。二年，车师后王须置离谋降匈奴，都护但钦诛之，置离兄狐兰支举国亡降匈奴，共寇车师。戊己校尉史陈良、终带，司马丞韩玄，右曲候任商，见西域颇背叛，闻匈奴欲大侵，杀戊己校尉刀护，胁略吏士男女二千余人入匈奴。莽乃大分匈奴之地为十五。诱咸及其子登、助，拜咸为孝单于，助为顺单于。三年，单于遂遣兵入云中塞。据《匈奴传》。《王莽传》：始建国二年，匈奴单于求故玺，莽不与，遂寇边郡，杀吏民。乃要其终言之。又历告左右部都尉、诸边王入塞寇盗。大辈万余，中辈数千，少者数百。略吏民畜产，不可胜数。缘边虚耗。先是莽更名匈奴单于曰降奴伏于。建国二年十二月，见《王莽传》。及是，乃拜十二部将帅。发郡国勇士、武库精兵，各有所屯守。转委输于边。《王莽传》：以赵并为田禾将军，发戍卒屯田北假，以助军粮。议满三十万众，赍三百日粮，同时十道并出，穷追匈奴，内之于丁令，因分其地，立呼韩邪十五子。严尤谏，言今既发兵，宜纵先至者，深入霆击，且以创艾胡虏。莽不听。咸驰出塞，具以见胁状白单于，单于更以为于粟置支侯，匈奴贱官也。后助病死，莽以登代助为顺单于。是时匈奴数为边寇，捕得虏生口验问，皆曰：孝单于咸子角数为寇。四年，莽会诸蛮夷，斩登于长安市。北边自宣帝以来，数世不见烟火之警，人民炽盛，牛马布野。及匈奴构难，边民死亡、系获。又十二部兵，久屯而不出，吏士疲弊。数年之间，北边空虚，野有暴骨矣。五年，乌珠留单于死。王昭君女云，为右骨都侯须卜当妻。当用事，而云常欲与中国和亲。又素与咸厚善。见咸前后为莽所拜，乃越舆而立咸，案，前云咸、乐，其后乌珠留单于立，以乐为左贤王，舆为右贤王，此云越舆而立咸，则乐长于舆，咸小于舆。云咸、乐者次序实倒。但云越舆，盖乐已前死矣。为乌累若鞮单于。天凤元年（14），云、当遣人至西河虎猛制虏塞下。虎猛，汉县，故城在今绥远境内鄂尔多斯左翼前旗。求见昭君兄子和亲侯歙。莽使歙及其弟展德侯飒往使。给言侍子登在，购求陈良、终带等二十七人烧杀之。于是罢诸将率屯兵，但置游击都尉。匈奴送歙、飒使者还，知登前死，又内利寇掠，外不失汉故事，而寇虏从左地入，不绝。使者问。单于辄曰："乌桓与匈奴无状黠民共为寇入塞，譬如中国有盗贼耳。咸初立持国，威信尚浅，不敢有二心。"二年，莽复遣歙等归登及诸贵人从者丧。多遗单于金珍。因谕说其改号。号匈奴曰"恭奴"，单于曰"善于"。单于贪莽金币，故曲听之。然寇盗如故。《王莽传》云，莽选儒生能专对者济南王咸使送登尸。敕令掘单于知墓，棘鞭其尸。又令匈奴却塞于漠北。责单于马万匹，牛三万头，羊十万头，及稍所掠边民生口在者，皆遣之。咸到单于庭，陈莽威德，责单于背叛之罪，应敌纵横，单于不能诎，遂致命而还之。案，单于之不逆命，固非尽咸之力，然咸亦必一奇士，可见莽所用，人才亦不少矣。三年，六月，遣并州牧宋弘、游击都尉任萌等将兵击匈奴，至边，止屯。五年（18），咸死，舆立，为呼都而尸道皋若鞮单于。遣大且渠奢与云女弟子俱奉献。莽遣和亲侯歙与奢等俱至制虏塞下，与云、当会。因以兵迫胁，将至长安。拜当为须卜单于，欲出大兵以辅立之。严尤谏曰："当在匈奴，右部兵不侵边，单于动静，辄语中国，此方面之大助也。于今迎当置长安，稿街一胡人耳，不如在匈奴有益。"莽不听。时匈奴寇边甚，莽大募天下丁男及死罪囚、吏民奴，名曰猪突豨勇，以为锐卒。一切税天下吏民訾，三十取一，缣帛皆输长安。令公卿以下至郡县黄绶，皆保养军马，多少各以秩为差。又博募有奇技术可以攻匈奴者，将待以不次之位。参看第三节。既得当，欲遣尤与廉丹击匈奴，诛舆而立当以代之。尤素有智略，非莽攻伐四夷，数谏不从，著古名将乐毅、白起不用之意，及言兵事，凡三篇，奏以风谏莽。及当出，廷议，尤固言匈奴可且以为后，先忧山东盗贼。莽大怒，策免尤。地皇二年

(21)，转天下谷币诣西河、五原、朔方、渔阳，每一郡以百万数，欲以击匈奴。兵调度亦不合，而匈奴愈怒，并入北边，北边由是败坏云。莽之欲攻匈奴，其意始终未变。其调度虽谬，然欲穷追匈奴，内之丁令，则其筹策不可谓不远。历代北狄之为患，固皆以其据有漠南北也。莽之计，较之秦始皇之筑长城，又远过之矣。其魄力之大，固亦可惊叹也。

莽又发高句骊兵，欲以伐胡。不欲行，郡强迫之，皆亡出塞。因犯法为寇。始建国四年（12），辽西大尹田谭追击之，为所杀。州郡归咎于高句骊侯驺。严尤奏言“貉人犯法，不从驺起。正有他心，宜命州郡且慰安之。今猥被以大罪，恐其遂叛。夫余之属，必有和者。匈奴未克，夫余、秽貉复起，此大忧也”。莽不慰安，秽貉遂反。诏尤击之。尤诱高句骊侯，至而斩之，传首长安。莽大悦。下书，更名高句骊为下句骊。于是貉人愈犯边。高句骊，汉县，见第五章第六节。县盖因部族为名，故又有高句骊侯。与夫余、濊貉并见第九章第七节。

西域之叛，起于平帝元始中。时车师后王国有新道，出五船北，通玉门关，往来差近。戊己校尉徐普欲开以省道里半，避白龙堆之厄。车师后王姑句不肯，系之。姑句突出，入匈奴。去胡来王唐兜，国比大种赤水羌，数相寇，不胜，告急都护，都护但钦不以时救，东守玉门关，关又不纳，亦亡降匈奴。匈奴受之，使上书言状。时莽执政，使告单于：“西域内属，不当得受。”单于谢罪，执二王以付使者。莽会西域诸国王，斩以示之。始建国二年（10），以甄丰为右伯，当出西域。车师后王须置离惮给使者，欲亡入匈奴。戊己校尉刀护闻之，召验问。辞服。械致但钦。钦斩之。置离兄狐兰支将置离众二千余人，驱畜产，举国亡降匈奴。时莽易单于玺，单于怨恨，遂受之。遣兵共击车师，杀后城长。时刀护病，史陈良、终带，司马丞韩玄，右曲候任商杀护。

尽胁略吏士男女二千余人入匈奴。乌累单于和亲，莽遣使者多赍金帛赂单于购求。单于尽收四人及手杀刀护者芝音妻子以下二十七人付使者。莽皆烧杀之。和亲绝，匈奴大击北边，西域亦瓦解。焉耆近匈奴，先叛。杀都护但钦。始建国五年。天凤三年（16），遣五威将王骏、西域都护李崇将戊己校尉郭钦出西域。焉耆诈降，及姑墨、尉犁、危须袭击骏，杀之。钦别将后至，焉耆兵未还，钦击杀其老弱，引兵还。崇收余士还保龟兹。数年，莽死，崇遂没。西域因绝。

莽之致太平也，北化匈奴，莽奏云："匈奴单于顺制作，去二名。"东致海外，莽奏云：东夷王渡大海献国珍。南怀黄支。莽奏云：越裳氏重译献白雉，黄支自三万里贡生犀。越裳氏事已见第一节。黄支国献犀牛，见《平帝纪》元始二年（2）。参看第九章第四节。唯西方未有加。乃遣中郎将平宪等多持金币，诱塞外羌献鲜水海、允谷盐池。莽奏太后，以为西海郡因正十二州名分界。见第三节。又增法五十条，犯者徙之西海。徙者以千万数。民始怨矣。元始五年。居摄元年（6），西羌庞恬、傅幡等怨莽夺其地，反。攻西海太守程永。永奔走。莽诛永。遣护羌校尉窦况击羌。二年，春，破之。莽败，众羌遂还据西海为寇。据《后书·羌传》。

莽之贬钩町王为侯也，其王邯怨恨。牂牁大尹周钦诈杀邯。邯弟承攻杀钦。州郡击之，不能服。三边蛮夷愁扰，尽反。复杀益州大尹程隆。莽遣冯茂发巴、蜀、犍为吏士，赋敛取足于民，以击益州。天凤元年（14）。出入三年，疾疫死者什七。巴、蜀骚动。莽征茂还，诛之。天凤三年。更遣廉丹与庸部牧史熊，师古曰："莽改益州为庸部。"大发天水、陇西骑士，广汉、巴、蜀、犍为吏民十万人，转输者合二十万人，击之。始至，颇斩首数千。莽征丹、熊，丹、熊愿益调度，必克乃还。复大赋敛。就都冯英不肯给。莽于蜀郡广都县置就都大尹，今四川华阳县。上言"宜罢兵屯田，明设购赏”。莽怒，免英官。其后军粮前后不相及，士卒饥疫，三岁余，死者数万。天凤六年，更始将军廉丹击益州，不克，征还。后大司马护军郭兴、庸部牧李晔击蛮夷若豆等。地皇四年（23），大赦天下。唯刘伯升、北狄胡虏逆舆、南僰虏若豆、孟迁不用此书。而越巂蛮夷任贵亦杀太守枚根，自立为邛谷王云。

第五节
新莽败亡

新莽所行之政，扰民如此，自不能免于乱。案，新末之起兵者多借刘氏为名，世因谓人心思汉，其实非也。莽未即真时，刘崇即已起兵，翟义亦立刘信为天子，皆见前。莽即真后，又有徐乡侯刘快，师古曰：胶东恭王子，《王子侯表》作“炔”。起兵其国，今山东黄县。败死。真定刘都等谋举兵，发觉诛。始建国元年（9）。又有陵乡侯刘曾、师古曰：“楚思王子。”扶恩侯刘贵等，师古曰：“不知谁子孙。”聚众谋反，据始建国二年孙建之言，见《王莽传》。皆无所成。足见人民之于刘于王，无适无莫。隗嚣谓依托刘氏者之多，乃由愚人习识姓号，见《后汉书·班彪传》。诚不诬也。莽末之乱，自以法禁烦苛，吏不能治盗；莽又不能用兵；遂至星星之火，终于燎原耳。于刘氏何与哉？

天凤四年（17），临淮瓜田仪等为盗贼，依阻会稽长洲。今江苏吴县。琅玡女子吕母亦起。《后汉书·刘盆子传》：琅玡海曲吕母，子为县吏，犯小罪，宰论杀之。母家素丰，密聚客，规以报仇。入海中，招合亡命。还攻破海曲，杀宰。复还海中。吕母死，其众分入赤眉、青犊、铜马中。海曲，今山东日照县。五年，赤眉力子都、樊崇等起琅玡。

《后汉书·刘盆子传》：崇，琅玡人，起于莒。时青、徐大饥，寇贼蜂起，以崇勇猛，皆附之，一岁间至万余人。崇同郡人逄安、东海徐宣、谢禄、杨音各起兵，合数万人，复引从崇。王莽遣廉丹、王匡击之。崇等欲战，恐其众与莽兵乱，乃皆朱其眉，以相识别，由是号曰赤眉。遣使者发郡国兵击之，不能克。六年，力子都等党众浸多。莽欲遣严尤与廉丹击匈奴，尤固言匈奴可且以为后，先忧山东盗贼。莽怒，策免尤。时尤为大司马。地皇元年（20），绿林兵起。见下。二年，遣太师牺仲景尚，更始将军护军王党击青、徐，不克。是岁，南郡秦丰众且万人，平原女子迟昭平平原，汉郡，今山东平原县南。亦聚众万人，在河阻中。时翼平连率田况，《地理志》：北海郡寿光，莽曰翼平亭，盖分北海置翼平郡。寿光，今山东寿光县。素果敢。发民年十八以上四万余人，授以库兵，与刻石为约。赤眉闻之，不敢入界。后况自请出界击贼，所向皆破。莽以玺书令况领青、徐二州牧事。况上言："盗贼始发，其原甚微。非部吏伍人所能擒也。咎在长吏不为意，县欺其郡，郡欺朝廷，实百言十，实千言百，朝廷忽略，不辄督责，遂至延曼连州。乃遣将率，多发使者，传相监趣。郡县力事上官，应塞诘对，供酒食，具资用，以救断斩，不给复忧盗贼，治官事。将率又不能躬率吏士，战则为贼所破，吏气浸伤。徒费百姓。前幸蒙赦令，贼欲解散，或返遮击，恐入山谷，转相告语，故郡县降贼，皆更惊骇，恐见诈灭，因饥馑易动，旬日之间，更十余万人，此盗贼所以多之故也。今洛阳以东，米石二千。窃见诏书，欲遣太师、更始将军。二人爪牙重臣，多从人众，道上空竭，少则无以威视远方。宜急选牧尹以下，明其赏罚。收合离乡，小国亡城郭者，徙其老弱，置大城中。积藏谷食，并力固守。贼来攻城，则不能下，所过无食，势不得群聚。如此，招之必降，击之则灭。今空复多出将率，郡县苦之，反甚于贼。宜尽征还乘传诸使者，以休息郡县。委任臣况以二州盗贼，必平定之。”莽畏恶况，阴为发代。遣使者赐况玺书。使者至，见况，因令代监其兵。况去，齐地遂败。案，《王莽传》又言：“四方皆以饥寒穷愁起为盗贼。稍稍群聚。常思岁熟得归乡里。众虽万数，但称巨人、从事、三老、祭酒。不敢略有城邑，转掠求食，日阕而已。案，据《后书·刘盆子传》，樊崇初起，亦称三老，入山。诸长吏牧守皆自乱斗中兵而死，贼非敢欲杀之也。而莽终不谕其故。”观《后书·光武纪》：刘縯初起兵时，诸家子弟皆亡逃自匿，及见光武，皆惊曰“谨厚者亦复为之”，乃稍自安，则民非有意叛乱可知也。此亦见谓人心思汉之诬。然《王莽传》又载莽责七公之言曰：饥寒犯法，唯有二科：大者群盗，小者偷穴。今乃结谋连党，以千百数，是逆乱之大者，岂饥寒之谓邪？其言亦不得谓误。盖初虽但求免死，及其势之既张，则始愿所不及者，亦将乘势而为之矣。此乃事理之自然，况复有有大欲者从而用之邪？恤民当于平时，盗贼已起，必资斩断。斩断不行，盗贼肆扰，虽欲恤民，云胡可得？故莽之败，不善用兵，实为召祸之媒，非尽用兵之咎也。三年，四月，莽遣太师王匡、更始将军廉丹东。合将锐士十余万人，所过放纵。东方为之语曰：“宁逢赤眉，不逢太师。太师尚可，更始杀我。”卒如田况之言。莽又遣孔仁部豫州，严尤、陈茂击荆州。冬，无盐索卢恢等举兵反城。无盐，汉县，见第三章第二节。廉丹、王匡攻拔之，斩首万余级。赤眉别校董宪，众数万人，在梁郡。汉梁国，盖莽改为郡。王匡欲进击之。廉丹以为新拔城，众劳，当且休士养威。匡不听，引兵独进。丹随之。合战成昌，师古曰：“地名。”兵败。匡走，丹战死。校尉汝云、王隆等二十余人别斗，闻之，皆曰：“廉公已死，吾谁为生？”驰奔贼，皆战死。此可见莽非无捍城之将，徒以用之不善，空仗节死绥，无补于事也。东方之兵既挫，南方之寇复炽。

莽末，南方饥馑，人庶群入野泽，掘凫茈而食之。更相侵夺。

新市人王匡、王凤为平理诤讼，遂推为渠帅，众数百人。新市，在今湖北京山县境，后汉为县。于是诸亡命马武、王常、成丹等往从之。共攻离乡聚，藏于绿林中。山名，在今湖北当阳县东北。数月，众至七八千人。二年（21），荆州牧某，发奔命二万人攻之。匡等迎击，大破牧军，杀数千人，尽获辎重。遂攻拔竟陵，汉县，在今湖北天门县东北。转击云杜、汉县，在今湖北沔阳县西北。安陆。汉县，在今湖北安陆县北。多略妇女，还入绿林中，至有五万余口。三年，大疾疫，死者且半，乃各分散。王常、成丹西入南郡，号下江兵。王匡、王凤、马武及其支党朱鲔、张卬等北入南阳、号新市兵。皆自称将军。平林人陈牧、廖湛复聚众千余人，号平林兵以应之。平林，地名，今湖北随县。初，景帝子长沙定王发，生春陵节侯买。春陵，今湖南宁远县。买卒，子戴侯熊渠嗣。熊渠卒，子孝侯仁嗣。仁以春陵地势下湿，山林毒气，上书求减邑内徙。元帝初元四年（前45），徙封南阳之白水乡，犹以春陵为国名。今湖北枣阳县。遂与从弟巨鹿都尉回及宗族往家焉。回之父曰郁林太守外，亦买子也。回生南顿令钦。娶同郡樊重女，生三男三女：长男缜，次仲，次秀，是为后汉世祖光武皇帝。南阳蔡阳人也。蔡阳，汉县，在今枣阳县西南。熊渠生苍梧太守利。利生子张。纳平林何氏女，生子玄。玄，光武族兄也。以上兼据《后汉书·光武纪》《刘玄传》《城阳恭王传》及《刘玄传》注引《帝王纪》。往从陈牧等。光武性勤于稼穑。而兄缜好侠养士。使邓晨起新野。晨娶光武姊元。光武与李通及通从弟轶起于宛。通后娶光武女弟伯姬，是为宁平公主。缜自发春陵子弟，合七八千人。部署宾客，自称柱天都部。使宗室刘嘉等往诱新市、平林兵。遂与王匡、陈牧等合兵而进。至小长安，注引《续汉书》曰："淯阳县有小长安聚。"与莽前队大夫甄阜、属正梁丘赐战，大败。还保棘阳。汉侯国，在今河南新野县东北。阜、赐乘胜，南渡潢淳水，临沘水。新市、平林各欲解去。缜患之。会下江兵五千余人至宜秋。聚名。縯乃与光武、李通共造王常壁，为说合纵之势。下江从之。縯于是大飨军士，潜师夜起。遂斩阜、赐。严尤、陈茂闻阜、赐军败，欲据宛。縯乃陈兵誓众，焚积聚，破釜甑，鼓行而前。与尤、茂遇育阳下。汉县，在今河南南阳县南。战，大破之。尤、茂弃军走。縯进围宛。自号柱天大将军。刘玄号更始将军。自阜、赐死后，百姓日有降者，众至十余万。诸将会议，立刘氏以从人望。南阳士大夫及王常欲立縯。新市、平林将帅共定策立玄，然后召縯示其议。縯言"恐赤眉复有所立……今且称王以号令。若赤眉所立者贤，相率而往从之。若无所立，破莽，降赤眉，然后举尊号，亦未晚也"。诸将多曰善。张卬拔剑击地曰："疑事无功。今日之议，不得有二。"乃皆从之。立更始为天子。建元曰更始元年（23）。以縯为大司徒，光武为太常偏将军。三月，光武别与诸将徇昆阳、汉县，今河南叶县南。定陵、汉县，今河南舞阳县北。郾，汉县，今河南郾城县南。皆下之。五月，縯拔宛。六月，更始入都之。莽遣大司空王邑驰传至洛阳，与司徒王寻发众郡兵百万，号曰"虎牙五威兵"，平定山东。得专封爵。除用征诸明兵法六十三家术者，各持图书，受器械，备军吏，倾府库以遗邑，多赍珍宝、猛兽，欲视饶富，用怖山东。邑至洛阳，州郡各选精兵，牧守自将，定会者四十二万人。余在道不绝。车甲士马之盛，自古出师，未尝有也。六月，邑与寻发洛阳。欲至宛，道出颍川，过昆阳，纵兵围之。严尤、陈茂与二公会。尤曰："称尊号者在宛下，宜亟进，彼破，诸城自定矣。"不听。尤又曰："归师勿遏，围城为之阙，可如兵法，使得逸出，以怖宛下。"又不听。先是光武将数千兵徼寻、邑兵于阳关。聚名，在今河南禹县西北。诸将见寻、邑兵盛，反走。驰入昆阳。皆惶怖，忧念妻孥，欲散归诸城。光武言："如欲分散，势无俱全。……今不同心胆，共举功名，反欲守妻子财物邪？"诸将怒曰："刘将军何敢如是?”光武笑而起。会候骑还，言大兵且至城北，军阵数百里，不见其后。诸将遽相谓曰：“更请刘将军计之。”光武复为图画成败。诸将皆曰“诺”。时城中唯有八九千人。光武乃使王凤、王常留守，夜自与十三骑出收兵。既至郾、定陵，悉发诸营兵。而诸将贪惜财宝，欲分留收之。光武曰：“今若破敌，珍宝万倍，大功可成。如为所败，首领无余，何财物之有?”众乃从。光武遂与营部俱进。寻、邑自将万余人行阵，敕诸营皆按部毋得动。独迎与汉兵战，不利。大兵不敢擅相救。汉兵乘胜杀寻。昆阳中兵出并战。邑走。军乱。大风飞瓦，雨如注水，大众崩坏号呼，虎豹股栗。士卒奔走，各还归其郡。邑独与所将长安勇敢数千人还洛阳。关中闻之震恐，盗贼并起。豪桀杀其牧守，自称将军，旬月之间，遍于天下。案，观刘缜诤立更始之言，知新市、平林兵力尚远不逮赤眉，安能与新室大兵相抗？而莽之用兵，唯知以多为贵，多而不整，反致一败涂地。大兵既折，后路空虚，并关中亦不能安集矣。是皆莽之自败，非汉之遗孽能败莽也。昆阳之战，汉人自诧为奇绩。然光武以三千人冲寻、邑兵中坚，度其后继，必倍于此，城中复有数千人出与合势，是其兵数实多于寻、邑，何足为奇？寻、邑之败，败于大兵之不敢相救，大兵之不敢相救，则寻、邑敕其案部毋得动故也。寻、邑所以有是敕，盖亦知兵非素习，仓卒乌合之故。用兵专务于多者，可以知所戒矣。

昆阳既败，卫将军王涉与大司马董忠、国师公刘歆谋劫莽东降。事觉，忠伏诛，歆、涉皆自杀。莽召王邑还，以为大司马。成纪隗崔兄弟成纪，今甘肃秦安县。共劫大尹李育，以兄子隗嚣为大将军。攻杀雍州牧陈庆、安定卒正王旬，《后书》作“安定大尹王向”，云平阿侯谭子。并其众。移书郡县，数莽罪恶。析人邓晔、于匡起兵南乡。师古曰：析县乡名。汉析县，在今河南内乡县西北。攻武关。西拔湖。汉县，在今河南阌乡县东。莽拜将军九人，皆以虎为号。将北军精兵数万人东。六虎败，三虎郭钦、陈翚、成重收散卒保京师仓。师古云："在华阴灌北渭口。"案，灌水北入渭，见《水经注》。更始遣王匡攻洛阳，申屠建攻武关。邓晔开武关。李松将二千余人至湖。与晔等共攻京师仓，未下。晔以弘农掾王宪为校尉，入左冯翊界，北至频阳。汉县，在今陕西富平县东北。李松遣偏将军韩臣等西至新丰。大姓栎阳申砀、下邽王大、下邽，汉县，今陕西渭南县东北。斄严春、斄，汉县，今陕西武功县西南。茂陵董喜、茂陵，汉县，今陕西兴平县东北。蓝田王孟、槐里汝臣、槐里，汉县，今陕西兴平县东南。盩厔王扶、盩厔，汉县，今陕西盩厔县东。阳陵严本、阳陵，汉县，今陕西咸阳县东。杜陵屠门少之属，杜陵，汉县，今陕西长安县东南。众皆数千人，假号称汉将军。时李松、邓晔以为京师小小仓，尚未可下，何况长安城？当须更始大兵到，即引军至华阴治攻具。华阴，汉县，今陕西华阴县。而长安旁兵四会城下，闻天水隗氏兵方到，天水，汉郡，治平襄，在今甘肃通渭县西南。皆争欲先入城，贪立大功、卤掠之利。莽遣使者分赦城中诸狱囚徒，皆授兵，更始将军史谌将。渡渭桥，皆散走。谌空还。众兵发掘莽妻子父祖冢，烧其棺椁及九庙、明堂、辟雍，火照城中。十月朔，兵从宣平门入。王邑、王林、王巡、韉恽等分将兵拒击北阙下。二日，城中少年朱第、张鱼等趋欢并和，烧作室门，斧敬法闼，火及掖庭承明。莽避火宣室前殿，曰："天生德于予，汉兵其如予何？"三日，之渐台，欲阻池水。公卿大夫、侍中、黄门郎从官尚千余人随之。王邑昼夜战，罢极，士死伤略尽。驰入宫。间关至渐台。见其子侍中睦解衣冠欲逃，邑叱之令还，父子共守莽。众兵围渐台数百重。台上亦弓弩与相射。矢尽，短兵接。王邑父子、韉恽、王巡战死。王揖、赵博、苗䜣、唐尊、王盛、中常侍王参等皆死台上。商人杜吴杀莽，取其绶。校尉公宾就，故大行治礼，见吴，问绶主所在。曰："室中西北陬间。"就识，斩莽首。军人分裂莽身支节肌骨，脔分，争相杀者数十人。而此一代之大革命家，遂以为民请命而成仁矣。莽扬州牧李圣、司命孔仁兵败山东。圣格死，仁将其众降。已而叹曰："吾闻食人食者死其事。"拔剑自刎死。及曹部监杜普、陈定大尹沈意、九江连率贾萌皆守郡不降，为汉兵所诛。赏都大尹王钦及郭钦守京师仓，闻莽死，乃降。更始义之，皆封为侯。太师王匡、国将哀章降洛阳，传诣宛，斩之。《后汉书·刘玄传》云"拔洛阳，生缚王匡、哀章，至，皆斩之"，不云其降。严尤、陈茂败昆阳下，走沛郡谯。今安徽亳县。自称汉将，召会吏民。尤为称说王莽篡位，天时所亡，圣汉复兴状。茂伏而涕泣。闻故钟武侯刘圣《后汉书·刘玄传》作"刘望"。聚众汝南，汉郡，今河南汝南县东南。称尊号，尤、茂降之。以尤为大司马，茂为丞相。十余日败。更始使刘信击杀之。信，赐之兄子。尤、茂并死。初，申屠建尝事崔发为《诗》。建至，发降之。后复称说。师古曰："妄言符命，不顺汉。"建令刘赐光武族兄。斩发以徇。案，莽之败，为之尽节者不少，视汉末无一人死难者，翟义非正人，其起兵未必为汉。刘崇等皆汉宗室，不足论也。相去远矣。知谓人心思汉者，乃班氏父子之私言，非天下之公言也。刘歆，莽旧臣，其叛也，其子伊休侯叠，以素谨，歆讫不告，但免侍中中郎将，更为中散大夫，可见其用刑之平。九虎之东也，省中黄金万斤者为一匮，尚有六十匮：黄门、钩盾、臧府、中尚方，处处各有数匮；长乐御府、中御府及都内，平准帑藏钱帛、珠玉、赐物甚众；莽但赐九虎士人四千钱，可见其用财之谨。以莽之规模弘远，夫岂出纳之吝者？诚其意但求利民，不为一身利害计，故不肯妄费也，亦可哀矣。

公宾就既斩莽首，持诣王宪。宪自称汉大将军，城中兵数十万皆属焉。舍东宫，妻莽后宫，乘其车服。申屠建至，收斩之。又扬言三辅黠，共杀其主。吏民惶恐，属县屯聚。建等不能下，驰白更始。二年（24），二月，更始到长安，下诏大赦，三辅悉平。

第八章
后汉之兴

第一节
更始刘盆子之败

新市、平林之兵，本属饥民，苟以救死，侥幸昆阳一胜，王莽自亡，更始移都长安，遂若汉室复兴者。然功业终非可幸致，新市、平林诸将，其无规模太甚，遂至为赤眉所覆，而赤眉之不成气候，尤甚于新市、平林，于是出定河北之偏师，遂因缘时会，而为海内之真主矣。

《后书》言更始之立也，南面立，朝群臣，素懦弱，羞愧流汗，举手不能言。及入长安，居长乐宫，升前殿，郎吏以次列庭中，更始羞怍，俯首刮席不敢视。诸将后至者，更始问虏掠得几何？左右侍者皆宫省久吏，各惊相视。此皆诬罔之谈。更始在民间，已能结客为弟报仇，斯盖豪桀之流，安有懦弱至此之理？刘知幾说，见《史通·曲笔篇》。《郑兴传》言：更始诸将皆山东人，咸劝留洛阳。兴说以山西豪桀，久不抚之，恐百姓离心，盗贼复起，国家之守，转在函谷。更始曰："朕西决矣。"即拜兴为谏大夫，使安集关西及朔方、凉州。其英断为何如？

《玄传》所云，盖久宦者自谓能知朝廷旧章，而轻视起于草野之主，遂为此诬罔之辞。不独更始，即史所传刘盆子之事，亦不尽可信也。更始之败，盖全由为群盗所把持，不能自振。然群盗中亦非无有心人。史称李松与赵萌说更始：宜悉王诸功臣。朱鲔争之，以为高祖约，非刘氏不王。更始乃先封宗室，后遂立诸功臣为王。鲔辞曰："臣非刘宗，不敢干典。"遂让不受。可谓不苟得矣。乃徙鲔为左大司马，本大司马。刘赐为前大司马，使与李轶、李通、王常等镇抚关东。以李松为丞相，赵萌为右大司马，共秉内任。更始纳赵萌女为夫人，有宠，遂委政于萌。日夜与妇人饮宴后庭。群臣欲言事，辄醉不能见。此盖迫不得有所豫，非荒淫也。史称萌私忿侍中，引下斩之，更始救请，不从，可见其权力之大。于是李轶、朱鲔，擅命山东；王匡、张卬，横暴三辅。其所授官爵者，皆群小贾竖，或有膳夫、庖人。长安为之语曰："灶下养，中郎将。烂羊胃，骑都尉。烂羊头，关内侯。"自是关中离心，四方怨叛。诸将出征，各自专置牧守，州郡交错，不知所从，而赤眉入关之祸起。

王匡之败也，赤眉寇东海，汉郡，今山东郯城县西南。掠楚、即彭城。沛、汉郡，今安徽宿县。汝南、颍川，还入陈留。汉郡，今河南陈留县东北。攻拔鲁城，汉郡，今山东曲阜县。转至濮阳。汉县，今河北濮阳县南。更始都洛阳，遣使降樊崇。崇等闻汉室复兴，即留其兵，自将渠帅二十余人，随使者至洛阳降。更始皆封为列侯。崇等既未有国邑，而留众稍有离叛，乃遂亡归其营。将兵入颍川。分其众为二部：崇与逄安为一部。徐宣、谢禄、杨音为一部。战虽数胜，而众疲敝，厌兵，日夜愁泣思东归。崇等计议：众东向必散，不如西攻长安。更始二年（24），冬，崇、安自武关，宣等从陆浑关，汉陆浑县，在今河南嵩县东北。两道俱入。三年，正月，俱至弘农。汉郡，今河南灵宝县南。时平陵人方望，立前孺子刘婴为天子。方望者，隗嚣为上将军，聘请以为军师。更始二年，遣使征嚣及崔、义等。义，崔兄。嚣将行，望以为更始未可知，固止之。嚣不听。望以书辞谢而去。其书辞旨，斐然可观，见《后汉书·隗嚣传》。盖亦知略之士。是时与安林人弓林等于长安中求得婴，将至临泾立之。临泾，汉县，今甘肃镇原县南。更始遣李松、苏茂等击破，皆斩之。又使苏茂拒赤眉于弘农，茂军败。三月，遣李松会朱鲔与赤眉战于蓩乡，《续汉志》弘农有蓩乡。松等大败，弃军走。时王匡、张卬守河东，为邓禹所破，见第三节。还奔长安。卬与诸将议：勒兵掠城中，转攻所在，东归南阳。事若不集，复入湖池中为盗。申屠建、廖湛等皆以为然。共入说更始。更始怒，不应。莫敢复言。此亦见更始非懦弱者。时赤眉连战克胜，众遂大集。乃分万人为一营，凡三十营。进至华阴。军中常有齐巫，鼓舞祠城阳景王，以求福助。巫狂言："景王大怒曰：当为县官，何故为贼？"有笑巫者辄病。军中惊动。方望弟阳，怨更始杀其兄，并说崇等立宗室，扶义西伐。刘盆子者，城阳景王后。祖父宪，元帝时封为式侯。式，汉县，未详所在。父萌嗣。王莽篡位，国除，因为式人。赤眉过式，掠盆子及二兄恭、茂，皆在军中。恭少习《尚书》，略通大义。及随崇等降，更始即封为式侯。以明经数言事，拜侍中，从更始在长安。盆子与茂留军中，属右校卒史刘侠卿，主刍牧牛，号曰牛吏。及崇等欲立帝，求军中景王后，得七十余人，唯盆子与茂及西安侯刘孝最为近属。乃书札为符，又以两空札置笥中，于郑北设坛场祠城阳景王。三人以年次探札。盆子最幼，后探得符。诸将乃皆称臣拜。盆子时年十五，披发徒跣，敝衣赭汗。见众拜，恐畏欲啼。茂谓曰："善藏符。"盆子即啮折弃之。复还依侠卿。案，盆子，列侯之子，兄通《尚书》，著节更始，见下。虽曰少在兵间，流离失教，其野鄙似不至是。且时赤眉非贫弱，岂有求得盆子，令其探符，而犹敝衣徒跣者乎？亦见其言之不详也。赤眉本乌合求食，是时累战皆胜，迫近长安，乃有取更始而代之之意。史称崇虽有勇力，为众所宗，然不知书数，徐宣故县狱吏，能通《易经》，遂共推宣为丞相，崇御史大夫，则崇之不堪人主可知。崇等既不堪人主，当时情势，自以立宗室为宜，欲立宗室，自应于乡里中求之。盆子年最少，易于操纵，此盖其所以得符，齐巫狂怒，亦未必非篝火狐鸣类也。更始使王匡、陈牧、成丹、赵萌屯新丰，李松军掫。《续汉志》新丰有掫城。张卬、廖湛、胡殷、申屠建等与御史大夫隗嚣合谋，欲以立秋日貙膢时，共劫更始，俱成前计。更始托病不出。召张卬等，将悉诛之。唯隗嚣不至。更始狐疑，使卬等待于外庐。卬与湛、殷疑有变，遂突出。独申屠建在，更始斩之。卬与湛、殷遂勒兵掠东西市。昏时，烧门入。战于宫中，更始大败。明旦，将妻子车骑百余东奔赵萌于新丰。更始复疑王匡、陈牧、成丹与张卬等同谋，乃并召入。牧、丹先至，即斩之。王匡惧，将兵入长安，与张卬等合。李松还从更始。与赵萌共攻匡、卬于城内。连战月余，匡等败走。更始徙居长信宫。赤眉至高陵，汉县，今陕西高陵县西南。匡等迎降之。遂共连兵而进。更始城守。使李松出战。败，死者二千余人。赤眉生得松。时松弟泛为城门校尉。赤眉使谓之曰："开城门，活汝兄。"泛即开门。九月，赤眉入城。更始单骑走。初，刘恭以赤眉立盆子，自系诏狱。闻更始败，乃出，步从至高陵。止传舍。右辅都尉严本恐失更始，为赤眉所诛，将兵在外，号为屯卫，而实囚之。赤眉下书曰："圣公降者，圣公，更始字。封长沙王。过二十日勿受。"更始遣刘恭请降。赤眉使谢禄往受之。十月，更始遂随禄肉袒诣长乐宫，上玺绶于盆子。赤眉坐更始，置庭中，将杀之。刘恭、谢禄为请，不能得。遂引更始出。刘恭追呼曰："臣诚力极，请得先死。"拔剑自刎。樊崇等遽共救止之。乃赦更始，封为畏威侯。刘恭复为固请，竟得封长沙王。更始尝依谢禄居。刘恭亦拥护之。三辅苦赤眉暴虐，皆怜更始。张印以为虑，谓谢禄曰："今诸营长多欲篡圣公者。一旦失之，合兵攻公，自灭之道也。"于是禄使从兵与更始共牧马于郊下，因令缢杀之。刘恭夜往收藏其尸。后为更始报杀谢禄。观刘恭之始终不贰，虽谢禄初亦归心，更始之为人可知。使非为诸将所挟持，其雄略，未必让光武弟兄也。然则光武之不获正位，乃正其所由成功耳。

赤眉既入长安，其规模弥不如更始。诸将日会论功，争言欢呼，拔剑击柱，不能相一。三辅郡县营长遣使贡献，兵士辄剽夺之。又数虏暴吏民。百姓堡壁，由是皆复固守。盆子独与中黄门共卧起而已。刘恭见赤眉众乱，知其必败，自恐兄弟俱祸，密教盆子归玺绶，习为辞让之言。建武二年（26），正月朔，崇等大会。盆子下床，解玺绶，叩头乞骸骨。崇等皆避席顿首，抱持盆子，带以玺绶。罢出，各闭营自守。三辅翕然，称天子聪明。百姓争还，长安市里且满。得二十余日，赤眉贪财物，复出大掠。城中粮食尽，遂收载珍宝，因大纵火烧宫室，引兵而西。众号百万。自南山转掠城邑。入安定、北地。至番须中，番须，谷名，在今陕西陇县西北。逢大雪，坑谷皆满，士多冻死。乃复还。发掘诸陵，取其宝货。邓禹时在长安，见第三节。遣兵击之郁夷，汉县，今甘肃陇县西。为所败。禹乃出，之云阳。汉县，今陕西淳化县西北。九月，赤眉复入长安。时汉中贼延岑出散关，在今陕西宝鸡县西南。屯杜陵。逢安将十余万人击之。禹以逢安精兵在外，唯盆子与羸弱居城中，自往攻之。谢禄救之。夜战槁街中，禹兵败走。延岑及更始将军李宝合兵数万人，与逢安战于杜陵，大败，死者万余人。宝降安。岑收散卒走。宝密使人谓岑曰："子努力还战，吾当于内反之。"岑即还挑战。安等空营击之。宝从后悉拔赤眉旌帜，更立己幡旗。安等战疲，还营，见旗帜皆白，大惊，乱走，自投川谷死者十余万。逢安与数千人脱归长安。时三辅大饥，人相食。

城郭皆空，白骨蔽野。遗人往往聚为营保，各坚守不下。赤眉掳掠无所得。十二月，乃引而东归，遂为光武所灭。

第二节
光武定河北自立

更始既立，刘缜被杀。缜本传云：光武兄弟威名日甚，更始君臣不自安，遂共谋诛伯升。缜字。乃大会诸将，以成其计。更始取伯升宝剑视之。申屠建随献玉玦。更始竟不能发。初，李轶谄事更始贵将，光武深疑之，尝以戒伯升曰："此人不可复信。"伯升不受。伯升部将宗人刘稷，数陷阵溃围，勇冠三军。时将兵击鲁阳。汉县，今河南鲁山县。闻更始立，怒曰："本起兵图大事者，伯升兄弟也，今更始何为者邪？"更始君臣闻而心忌之。以稷为抗威将军，稷不肯拜。更始乃与诸将陈兵数千人，先收稷，将诛之，伯升固争。李轶、朱鲔因劝更始并执伯升，即日害之。观诸将欲诛伯升而更始不发，则知更始本无意于杀伯升，特为诸将所胁耳。光武自父城驰诣宛谢，父城，汉县，今河南宝丰县东。拜为破虏大将军，封武信侯。更始将北都洛阳，以光武行司隶校尉，使前整修宫府。至洛阳，乃遣光武以破虏将军行大司马事。十月，持节北渡河。《安城孝侯刘赐传》云："更始欲令亲近大将徇河北，未知所使。赐言诸家子独有文叔可用。文叔，光武字。朱鲔等以为不可。更始狐疑。赐深劝之，乃拜光武行大司马，持节过河。"《冯异传》云："更始数欲遣光武徇河北，诸将皆以为不可。是时左丞相曹光，子诩为尚书，父子用事，异劝光武厚结纳之。及渡河北，诩有力焉。"盖时新市、平林诸将与南阳刘宗，龉龁殊甚，故光武欲脱身不易如此。然非脱身而出，则为诸将所牵率，亦终于败灭耳。光武之力求出，盖以此也。

光武至河北，遇一大敌，时为王昌。《昌传》云，昌一名郎，邯郸人。素为卜相工，明星历。常以为河北有天子气。时赵缪王子林景帝七世孙好奇数，任侠于赵、魏间，多通豪侠，而郎与之亲善。初，王莽篡位，长安中或自称成帝子子舆者，莽杀之，郎缘是诈称真子舆。林与赵国大豪李育等立之邯郸。时更始元年十二月也。《光武纪》云，进至邯郸，故赵缪王子林说光武曰："赤眉今在河东，但决水灌之，百万之众，可使为鱼。"光武不答，去之真定。今河北正定县。林乃立郎为天子。盖林等皆河北豪侠，与光武未能相合，故别树一帜也。郎遣将帅徇下幽、冀，移檄州郡。赵国以北、辽东以西，皆从风而靡。二年，正月，光武北徇蓟。郎移檄购光武十万户。故广阳王子刘接广阳王名嘉，武帝五世孙。起兵蓟中以应郎。光武复南出。时唯信都太守任光，信都，今河北蓟县。光，宛人，与光武破王寻、王邑，更始以为信都太守。和成太守邳彤，王莽分巨鹿为和成郡，居下曲阳。彤为卒正。光武至，彤降，复以为太守。下曲阳，汉县，在今河北晋县西。坚守不下。光武至信都，谓光曰："伯卿，光字。今势力虚弱，欲俱入城头子路、东平人，姓爰，名曾，字子路。与肥城刘诩起兵卢城头，故号其兵为"城头子路"。寇掠河、济间，众至二十余万。更始立，曾遣使降。拜曾东莱太守，诩济南太守，皆行大将军事。是岁，曾为其将所杀。众推诩为主。更始封诩助国侯，令罢兵归本郡。肥城，汉县，今山东肥城县。卢，汉县，今山东沂水县西南。力子都兵中，力子都，东海人。起兵乡里，钞击徐、兖界，众六七万。更始立，遣使降。拜子都徐州牧。为其部曲所杀。余党复相聚，与余贼会于檀乡。其渠帅董次仲，与五校合。建武二年（26），为吴汉所破，见下。《后汉书》注云："今兖州瑕丘县东北有檀乡。"唐瑕丘县，在今山东滋阳县西。何如邪？"光曰："不可。"光武曰："卿兵少，何如?”光曰：“可募发奔命，出攻旁县，若不降者，恣听掠之，人贪财物，则兵可招而致也。”时彤亦来会。议者多言可因信都兵自送，西还长安。彤言：“明公既西，则邯郸城民不肯捐父母，背城主，而千里送公，其离散亡逃可必也。”乃拜彤为后大将军，光为左大将军，从。光多作檄文，曰：“大司马刘公将城头子路、力子都兵百万众从东方来，击诸反虏。”遣骑驰至巨鹿界中，吏民得檄，传相告语。光武遂与光等投暮入堂阳界。堂阳，汉县，今河北新河县西。使骑各持炬火，弥满泽中，光炎烛天地，举城震怖；彤亦先使晓譬吏民；其夜即降。王郎遣将攻信都，信都大姓马宠等开城纳之。光武使任光救信都，光兵于道散降王郎。会更始遣将攻破信都，光武乃使信都都尉李忠还，行太守事。收郡中大姓附邯郸者，诛杀数百人。时昌城人刘植、昌城，汉县，今河北滦县西南。宋子人耿纯，宋子，汉县，今河北赵县北。各率宗亲子弟，据其城邑，以奉光武。而真定王刘扬起兵以附王郎，众十余万。光武遣植说扬，扬降。光武因留真定，纳郭后。后，扬之甥，以此结之也。后扬复造作谶记以惑众，建武二年（26），遣耿纯诛之。于是北降下曲阳。众稍合，乐附者至数万人。复北击中山。所过发奔命，移檄边部，共击邯郸。郡县还复响应。南入赵界，攻王郎大将李育于柏人，汉县，见第四章第二节。不下。会上谷太守耿况、王莽改上谷为朔调，况为连率，以莽所置，不自安，使子弇诣更始求自固。道谒光武，留署门下吏。蓟乱，光武南驰，弇说况使寇恂东约彭宠，各发突骑二千匹，步兵千人，以佐光武。渔阳太守彭宠，宛人。父宏，哀帝时为渔阳太守。王莽居摄，遇害。宠少为郡吏。从王邑东拒汉军。到洛阳，闻同产弟在汉军中，惧诛，即与乡人吴汉亡至渔阳，抵父时吏。更始立，使谒者韩鸿持节徇北州，承制得专拜二千石以下。鸿至蓟，以宠、汉并乡闾故人，相见欢甚，即拜宠偏将军，行渔阳太守事，汉安乐令。汉说宠从光武，耿况亦使寇恂至，宠乃发兵，与上谷兵合而南。安乐，今河北顺义县西。各遣其将吴汉、寇恂等将突骑来。更始亦遣尚书仆射谢躬讨郎。光武因大飨士卒，东围巨鹿。月余不下。耿纯说光武径攻邯郸。五月，拔之。王郎夜亡走，追杀之。收文书，得吏人与郎交关谤毁者数千章。光武不省，会诸将军烧之，曰："令反侧子自安。"案，光武为客军，而王郎为河北豪桀，其势实不相敌。光武所以终克郎者，得渔阳、上谷之力实多，边兵强而内郡弱，其势昉见于此矣。更始遣立光武为萧王，令罢兵，与诸将有功者还长安。遣苗曾为幽州牧，韦顺为上谷太守，蔡充为渔阳太守。耿弇说光武不可从。愿归幽州，益发精兵，以集大计。光武大悦。遂辞以河北未平，不就征。拜弇为大将军，与吴汉北发幽州十郡兵。弇到上谷，收韦顺、蔡充斩之。汉亦诛苗曾。于是悉发幽州兵，引而南。

时海内割据者众，而《后书》所云"别号诸贼铜马、大肜、高湖、重连、铁胫、大枪、尤来、上江、青犊、五校、檀乡、五幡、五楼、富平、获索等，各领部曲，众合数百万人，所在寇掠"者，为害尤巨。盖此辈皆流寇，略无规模，尚不足语于割据也。光武乃先定之。更始二年（24），秋，击铜马于鄡，汉县，今河北束鹿县东。绝其粮道。积月余日，贼食尽，夜遁去。追至馆陶，汉县，今山东馆陶县西南。大破之。受降未尽，而高湖、重连从东南来，与铜马余众合。光武复与大战于蒲阳，山名，在今河北完县西。悉破降之，封其渠帅为列侯。降者犹不自安。光武知其意，敕令各归营勒兵，乃自乘轻骑案行部陈。降者更相语曰："萧王推赤心置人腹中，安得不投死乎？"由是皆服。悉将降人分配诸将，众遂数十万。光武前此，实借郡县归附，发其兵以事征讨，至此始自有大军矣。赤眉别帅与大肜、青犊十余万众在射犬。《耿纯传》云：青犊、上江、大肜、铁胫、五幡。射犬，聚名，在今河南沁阳县东北。光武进击，大破之。众皆散走。初，光武与谢躬相忌，光武尝请躬置酒高会，欲因以图之，不克，见《马武传》。虽俱在邯郸，遂分城而处。躬既而率兵数万，还屯于邺。光武南击青犊，谓躬曰："我追贼于射犬，必破之。尤来在山阳者，汉县，今河南修武县西北。势必当惊走。若以君威力，击此散虏，必成擒也。"躬曰："善。"自率诸将军击之。穷寇死战，其锋不可当，躬遂大败。光武因躬在外，使吴汉、岑彭袭其城，杀躬。其众悉降。于是更始之力，不复及于河北矣。

时赤眉入函谷关攻更始。光武乃遣邓禹引兵而西，以乘其乱。更始使朱鲔、陈侨、李轶与河南太守武勃屯洛阳。光武将北徇燕、赵，以魏郡、河内独不逢兵，城邑完，仓廪实，乃拜寇恂为河内太守，冯异为孟津将军，统二郡，军河上，与恂合势，以拒鲔等。明年，更始三年（25），而光武之建武元年也。光武北击尤来、大枪、五幡于元氏。汉县，今河北元氏县西北。追至右北平，连破之。又战于顺水北。乘胜轻进，反为所败。贼亦引去。大军复还，至安次，汉县，今河北安次县西北。与战，破之，贼入渔阳。遣吴汉穷追。贼散入辽西、东，或为乌桓、貉人所钞击，略尽。于是诸将议上尊号。六月，即帝位于鄗。改为高邑，今河北柏乡县北。初，李轶与光武首结谋约，加相亲爱。及更始立，反共陷伯升。虽知长安已危，欲降，又不自安。冯异遗轶书，说以转祸为福。轶亦报书，言思成断金，唯深达萧王。轶自后不复与异争锋。异得北攻天井关，在山西晋城县南。拔上党两城，南下成皋以东十三县。武勃将万余人攻讨叛者，异渡河破斩勃，轶又不救。异见其信效，具以奏闻。光武故宣露轶书，令朱鲔知之。鲔怒，使人刺杀轶。由是城中乖离，多有降者。光武既即位，使吴汉围鲔于洛阳。九月，赤眉入长安，更始奔高陵。光武封为淮阳王。朱鲔等犹坚守不肯下。光武以岑彭尝为鲔校尉，令往说之。鲔曰："大司徒被害时，鲔与其谋，又谏更始无遣萧王北伐，诚自知罪深。"彭还，具言。光武曰："夫建大事者不忌小怨。鲔今若降，官爵可保，况诛罚乎？河水在此，吾不食言。"彭复往告。鲔乃降。十月，光武入洛阳，遂定都焉。

第三节 光武平关中

邓禹之西也，破更始将樊参、王匡等，遂定河东，渡河入夏阳。汉县，今陕西韩城县南。赤眉入长安。是时三辅连覆败，赤眉所过残灭，百姓不知所归，闻禹乘胜独克，而师行有纪，皆望风相携负以迎军，降者日以千数，众号百万。诸将豪桀皆劝禹径攻长安。禹曰："吾众虽多，能战者少。前无可仰之积，后无转馈之资。赤眉新拔长安，财富充实，锋锐未可当也。夫盗贼群居，无终日之计。……上郡、北地、安定三郡，土广人稀，饶谷多畜。吾且休兵北道，就粮养士，以观其弊。"于是引军北至栒邑。汉县，今陕西栒邑县东北。禹所到击破赤眉别将。诸营保郡邑，皆开门归附。禹分遣将军别攻上郡诸县，更征兵引谷，归至大要。县名，属北地。遣冯愔、宗歆守栒邑。二人争权相攻。愔遂杀歆。因反击禹。禹遣使以闻。光武遣尚书宗广持节降之。

二年，春，赤眉西走，禹乃南至长安。与延岑战于蓝田，不克。复就谷云阳。汉中王刘嘉诣禹降。嘉相李宝倨慢无礼，禹斩之。嘉，光武族兄，随更始征伐。尝击延岑，降之，更始以为汉中王，都南郑。建武二年（26），岑复反，攻汉中，嘉败走。岑进兵武都，为更始柱功侯李宝所破，而南郑亦为公孙述将侯丹所取。嘉以宝为相，南攻丹，不克。后遂诣邓禹于云阳。宝弟收宝部曲击禹，杀将军耿䜣。自冯愔反后，禹威稍损。又乏食，归附者离散。赤眉还入长安，禹与战，败走。至高陵，军士饥饿者皆食枣菜。帝乃征禹还，遣冯异代之。禹惭于受任而功不遂，数以饥卒徼战，辄不利。三年，春，引归。与异相遇，邀异共攻赤眉，大为所败，与二十四骑还宜阳。汉县，今河南宜阳县西。异收散卒，招集诸营保数万人，破赤眉于崤底，降男女八万人。余众尚十余万，东走宜阳。光武闻，自将邀其走路。赤眉忽遇大军，惊震不知所为，乃遣刘恭乞降。积兵甲宜阳城西，与熊耳山齐焉。令樊崇等各与妻子居洛阳，赐宅人一区，田二顷。其夏，崇、逄安谋反，诛死。杨音与徐宣俱归乡里，卒于家。刘恭为更始报杀谢禄，自系狱，赦不诛。帝怜盆子，以为赵王郎中。后病失明，赐荥阳均输官地，以为列肆，使食其税终身焉。

时赤眉虽降，众寇犹盛。延岑据蓝田，王歆据下邽，芳丹据新丰，蒋震据霸陵，汉县，今陕西长安县东。张邯据长安，公孙守据长陵，汉县，今陕西咸阳县东北。杨周据谷口，汉县，今陕西醴泉县东北。吕鲔据陈仓，汉县，今陕西宝鸡县东。角闳据汧、骆，汧，汉县，在今陕西陇县。骆谷，在陕西盩厔县西南。盖延据盩厔，任良据鄠，汉县，今陕西鄠县北。汝章据槐里，各称将军。拥兵多者万余，少者数千人。冯异且战且行，屯军上林苑中。九月，延岑大破赤眉于杜陵，欲据关中，引张邯、任良共攻异。异击破之。岑走攻析。异遣兵邀击，又大破之。岑遂自武关走南阳。时百姓饥饿，人相食，军士悉以果实为粮。诏拜赵匡为右扶风，将兵助异。并送缣谷。异兵食渐盛，乃稍诛击豪桀不从令者，褒赏降附有功劳者，悉遣其渠帅诣京师，散其众归本业。唯吕鲔、张邯、蒋震遣使降蜀，其余悉平。三年（27），延岑自武关出攻南阳。耿弇与战，破之。岑走与秦丰将合，又为朱祐所破，遂走归丰。四年，寇顺阳。汉县，在今河南淅川县东。为邓禹所破，奔汉中，后归于公孙述。

东方诸流寇：建武二年（26），正月，吴汉击檀乡于邺东，大破降之。八月，帝自将征五校，大破之于羛阳，聚名，在河南内黄县南。降之。十一月，铜马、青犊、尤来余贼共立孙登为天子于上郡。登将乐玄杀登，以其众五万余人降。三年，吴汉击青犊于轵西，轵，汉县，在今河南济源县东南。大破降之。四年，四月，吴汉击五校于箕山，在今山东濮县东。大破之。五年，汉击富平、获索于平原，汉郡，在今山东平原县南。大破降之。《后书》所谓别号诸贼略尽矣。

第四节
光武平群雄上

割据东方，形势最强者为刘永。永，梁王立子。更始即位绍封，都睢阳。闻更始政乱，遂据国起兵。招诸豪桀沛人周建等，并署为将帅。攻下济阴、山阳、沛、楚、淮阳、汝南，凡得二十八城。又使拜西防贼帅佼强为将军。西防，县名，在今山东单县。是时东海人董宪起兵据其郡，张步亦定齐地，永拜为将军，与共连兵，遂专据东方。及更始败，永自称天子。时建武元年十一月也。二年（26），夏，光武遣盖延等伐永。初，陈留人苏茂为更始讨难将军，与朱鲔守洛阳。鲔既降，茂亦归命。光武使与延俱攻永。军中不相能，茂遂反，据广乐。城名，在今河南虞城县西。盖延围睢阳。数月，拔之。永将家属走虞。汉县，在虞城县西南。虞人反，杀其母及妻子。永与麾下数十人奔谯。苏茂、佼强、周建合军救永，为延所败。茂奔还。强、建从永走保湖陵。汉县，今山东鱼台县东南。三年，春，永使立张步为齐王，董宪为海西王。初，更始遣王闳平阿侯谭子。为琅玡太守，步拒之。闳为檄晓谕吏人，降赣榆等六县。赣榆，今江苏赣榆县。收兵数千人。与步战，不胜。及刘永拜步为将军，使督青、徐二州，征不从命者。步乃理兵于剧。汉县，今山东寿光县东南。遣将徇泰山、东莱、城阳、胶东、北海、济南诸郡，皆下之，拓地浸广，兵甲日盛。闳惧众散，乃诣步相见。步令关掌郡事。及是，光武遣伏隆持节使齐，拜步为东莱太守。永闻，乃驰遣立步为齐王。步即杀隆而受永命。吴汉等围苏茂于广乐。周建救茂。战败，弃城复还湖陵。而睢阳人返城迎永。吴汉与盖延等合军围之。城中食尽，永与茂、建走酂。汉县，今河南永城县西南。诸将追急，永将庆吾斩永首降。茂、建奔垂惠，聚名，今安徽蒙城县西北。立永子纡为梁王。佼强还保西防。四年，秋，遣马武、王霸围纡、建于垂惠。苏茂救之。纡、建亦出兵战，不克。建兄子诵反，闭城门拒之。建、茂、纡等皆走。建于道死。茂奔下邳，与董宪合。纡奔佼强。《本纪》：垂惠之拔，在五年二月。五年，遣杜茂攻西防。强与纡奔董宪。庞萌者，山阳人，初亡命在下江兵中。更始立，以为冀州牧。与谢躬共破王郎。躬败，萌降。与盖延共击董宪。诏书独下延，萌以为延谮己，遂反。袭破延。与董宪连和，屯桃乡北。桃乡，汉县，今山东汶上县东北。帝自将讨萌。宪闻，乃与纡等还兰陵。汉县，今山东峄县东。使茂、强助萌。合兵三万，急围桃城。帝驰赴师次。亲搏战，大破之。萌、茂、强夜弃辎重逃奔。宪与纡悉其兵数万人屯昌虑。汉县，今山东滕县东南。帝亲临攻，又大破之。遣吴汉追击。强降。茂奔张步。宪及萌入郯城。郯，汉县，今山东郯城县西南。汉等攻拔郯。宪、萌走保朐。汉县，今江苏东海县。刘纡不知所归，军士斩其首降。梁地悉平。吴汉进围朐。明年，城中谷尽，宪、萌潜出，袭取赣榆。琅玡太守陈俊攻之。宪、萌走泽中。会吴汉下朐城，获宪妻子。宪乃谢其将士，将数十骑夜去，欲从间道归降。汉校尉韩湛追斩宪于方与。汉县，今山东鱼台县北。方与人黔陵亦斩萌。初，刘永死，张步等欲立纡为天子，自为定汉公，置百官。王闳谏曰："梁王以奉本朝之故，是以山东颇能归之。今尊立天子，将疑众心。"乃止。五年，秋，遣耿弇讨张步。步以其将费邑为济南王，屯历下。今山东历城县。冬，弇破斩邑。进拔临淄。步以弇兵少远客，可一举而取，乃悉将其众攻弇于临淄。大败，还奔剧。帝自幸剧。步退保平寿。汉县，今山东平度县西南。苏茂将万余人来救之。帝乃遣使告步、茂：能相斩降者，封为列侯。步遂斩茂降。后与妻子俱居洛阳。王闳亦诣剧降。八年，夏，步将妻子逃奔临淮，汉郡，今安徽盱眙县西。与弟弘、蓝，欲招其故众，乘船入海。陈俊追斩之。案，《张步传》言永自以更始所立，承制拜步，则永实奉承更始者。更观王闳谏张步之言，知谓永自称天子者必诬。苏茂之叛，盖亦非徒以与盖延不协。《庞萌传》言光武即位，以为侍中。萌为人逊顺，甚见亲爱。帝尝称曰："可以托六尺之孤，寄百里之命者，庞萌是也。"及反，帝闻之，大怒。乃自将讨萌。与诸将书曰："吾常以庞萌社稷之臣，将军得无笑其言乎？"萌之见亲信如此，岂以诏书独下盖延而遂自疑？萌殆深自韬晦，欲为谢躬报仇者邪？东汉人作史，不甚敢言更始之长，亦不甚敢著光武叛更始之迹，故其事之真不见。然蛛丝马迹，犹有可寻。观于归心者之多，而更始之为人可见矣。成败傥来之运，岂得以此定圣公与伯升、文叔之优劣哉。

擅命东南，其力亚于刘永者为李宪。宪，许昌人，王莽时为庐江属令。莽末，江贼王州公等起，众十余万，攻掠郡县。莽以宪为偏将军、庐江连率，击破州公。莽败，宪据郡自守。更始元年（23），自称淮南王。建武三年（27），遂自立为天子。置公卿百官。拥九城，众十余万。四年，秋，光武幸寿春，遣马成击宪，围舒。汉县，今安徽庐江县西。至六年，正月，拔之。宪亡走。其军士追斩宪降。宪余党淳于陵等聚众数千，屯潜山。汉县，今安徽潜山县。扬州牧欧阳歙遣兵攻之，不能克。帝议欲讨之。庐江人陈众为从事，白歙，往说而降之。

其跋扈于荆州者，则有秦丰、田戎等。丰，南郡人，据黎丘，今湖北宜城县北。自称楚黎王，略有十二县：董䜣起堵乡。䜣，堵乡人。建武二年（26），反宛，坚镡徇南阳诸县，䜣弃城，走还堵乡。见《镡传》。堵乡，即堵阳，汉县，今河南方城县东。许邯起杏。注云："南阳复阳县有杏聚。"复阳，在今河南桐柏县东。又更始诸将各拥兵据南阳诸城。帝遣吴汉伐之。汉军所过多侵暴。时破虏将军邓奉晨兄子。谒归新野，怒汉掠其乡里，遂反。击破汉军。屯据淯阳，与诸贼合从。二年，岑彭破杏，降邯。复遣八将军与彭并力讨奉。先击堵乡。奉将万余人救䜣。䜣、奉皆南阳精兵，彭等攻之，连月不克。三年，夏，帝自将南征。至堵阳，奉逃归淯阳。䜣降。追奉于小长安。帝率诸将亲战，大破之。奉迫急，乃降，斩之。车驾引还，令彭等三万余人南击丰。丰与其大将蔡宏拒彭等于邓，汉县，今湖北襄阳县北。数月不得进。帝怪，以让彭。彭惧，从川谷间伐木开道，直袭黎丘。丰驰归救。彭逆击之，丰败走。追斩蔡宏。丰相赵京等举宜城降。宜城，汉县，今湖北宜城县东。共围丰于黎丘。时田戎据夷陵。汉县，今湖北宜昌县。戎，西平人。西平，汉县，今河南西平县西。与同郡陈义客夷陵，为群盗。更始元年（23），陷夷陵。及是，惧大兵至，欲降。戎妻兄辛臣谏，不听。四年，春，戎留辛臣守夷陵，自将兵沿江泝沔，止黎丘。刻期日当降，而辛臣盗戎珍宝，从间道先降于彭。戎疑必卖己，遂不敢降。反与丰合。彭出兵攻戎。数月，大破之。戎亡归夷陵。彭攻黎丘三岁，斩首九万余级。丰余兵才千人。又城中食且尽。帝以丰转弱，十一月，令朱祐代彭守之。使彭与傅俊南击田戎。大破之。遂拔夷陵。追至秭归。汉县，今湖北秭归县。戎与数十骑亡入蜀。明年，夏，城中穷困，丰乃将母妻子九人降。轞车传送洛阳，斩之。俊因将兵徇江东，扬州悉定。岑彭之破田戎也，引兵屯津乡，汉县，今湖北江陵县东。喻告诸蛮夷，降者奏封其君长。初，彭与交趾牧邓让厚善，与让书，陈国家威德。又遣偏将军屈充移檄江南，班行诏命。于是让与江夏太守侯登、武陵太守王堂、长沙相韩福、桂阳太守张隆、零陵太守田翕、苍梧太守杜穆、交趾太守锡光等，相率遣使贡献。悉封为列侯。或遣子将兵，助彭征伐。于是江南之珍始流通焉。《本纪》，见建武十一年。

拒命于北方者，有彭宠及卢芳。宠助光武平王郎，已见第二节。光武追铜马北至蓟，宠上谒，自负其功，意望甚高，光武接之不能满，以此怀不平。及即位，吴汉、王梁，宠之所遣，并为三公，而宠独无所加，愈怏怏。是时北州破散，而渔阳差完。有旧盐铁官，宠转以贸谷，积珍宝，益富强。朱浮为幽州牧，守蓟，与宠不相能，数谮构之。建武二年（26），春，诏征宠。宠意浮卖己，上疏愿与浮俱征。帝不许。益以自疑。遂反。自将二万人攻浮于蓟。分兵徇广阳、上谷、右北平。秋，帝使邓隆救蓟。宠大破隆军。明年，春，遂拔右北平、上谷。数遣使以美女、缯彩赂遗匈奴，要结和亲，单于使七八千骑往来为游兵以助宠。又南结张步及富平、获索诸豪桀，皆与交质连衡。遂攻拔蓟城，自立为燕王。五年，春，苍头子密等三人斩宠诣阙。其尚书韩立等共立宠子午为王。国师韩利斩午首，诣祭遵降。夷其宗族。宠之叛也，涿郡太守张丰亦举兵反，与宠连兵。四年，五月，祭遵讨斩之。

卢芳，安定三水人。三水，汉县，在今甘肃固原县北。居左谷中。《续汉志》曰：三水县有左、右谷。王莽时，诈称武帝曾孙刘文伯。云曾祖母匈奴谷蠡浑邪王之姊为武帝皇后，生三子。遭江充之乱，太子诛，皇后坐死。中子次卿亡之长陵，小子回卿逃于左谷。霍将军立次卿，迎回卿，回卿不出，因居左谷。生子孙卿。孙卿生文伯。莽末，乃与三水属国羌、胡起兵。更始至长安，征芳为骑都尉，使镇抚安定以西。更始败，三水豪桀共计议：以芳刘氏子孙，宜承宗庙，乃共立芳为上将军、西平王。使使与西羌、匈奴结和亲。单于使句林王将数千骑迎芳。芳与兄禽、弟程俱入匈奴，单于遂立芳为汉帝。以程为中郎将，将胡骑还入安定。初，五原人李兴、随昱，朔方人田飒，代郡人石鲔、闵堪，各起兵自称将军。建武四年，单于遣无楼且渠王入五原塞，与李兴等和亲。告兴，欲令芳还汉地为帝。五年，李兴、闵堪引兵至单于庭迎芳。与俱入塞，都九原县。今绥远五原县。掠有五原、朔方、云中、定襄、雁门五郡，并置守令。与胡通兵，侵苦北边。芳后以事诛其五原太守李兴兄弟。其朔方太守田飒、云中太守桥扈惧，举郡降。光武令领职如故。七年冬。后吴汉、杜茂数击芳，并不克。事在九年、十年。十二年，芳与贾览共攻云中，久不下。其将随昱留守九原，欲胁芳降。芳知羽翼外附，心膂内离，遂弃辎重，与十余骑亡入匈奴。其众尽归随昱。昱随使者诣阙。拜为五原太守。十六年，芳复入居高柳，汉县，今山西阳高县北。与闵堪兄林使使请降。乃立芳为代王，堪为代相，林为代太傅。因使和集匈奴。其冬，芳入朝，有诏止，令更朝明岁。芳忧恐，复叛。与闵堪、闵林相攻。匈奴迎芳及妻子出塞。芳留匈奴中十余年，病死。初，安定属国胡与芳为寇。及芳败，胡人还乡里。积苦县官徭役。其中有驳马少伯者，素刚壮。二十一年，遂率种人反叛，与匈奴连和，屯聚青山。注："青山在今庆州。"案，唐庆州，今甘肃庆阳县。遣将兵长史陈䜣击之。少伯降，迁于冀县。今甘肃甘谷县南。

第五节
光武平群雄下

新室之末，群雄割据者，唯隗嚣、公孙述少有规模。嚣起兵后，分遣诸将徇陇西、武都、金城、武威、张掖、酒泉、敦煌，皆下之。更始二年（24），遣使征嚣及崔、义等。至长安，以嚣为右将军，崔、义皆即旧号。其冬，崔、义谋欲叛归。嚣惧并祸，告之。崔、义诛死。更始感嚣忠，以为御史大夫。明年，夏，赤眉入关，三辅扰乱，流闻光武即位河北。嚣即说更始：归政于光武叔父国三老良。更始不听。更始使使者召嚣，嚣称疾不入。因令客王遵、周宗等勒兵自守。更始使执金吾邓晔将兵围嚣。嚣闭门拒守。至昏时，遂溃围，亡归天水。述，茂陵人。天凤中，为导江卒正，导江，蜀郡改。居临邛。汉县，今四川邛崃县。更始立，豪桀各起其县以应汉。南阳人宗成略汉中。商人王岑亦起兵于洛县，今四川广汉县。杀莽庸部牧以应成。述使迎成等。成等至成都，虏掠暴横。述攻破之。二年，秋，更始遣柱功侯李宝、益州刺史张忠徇蜀、汉。述使其弟恢于绵竹击宝、忠，绵竹，汉县，今四川德阳县北。大破之。于是自立为蜀王。建武元年（25），四月，遂自立为天子，号成家。越嶲任贵杀王莽大尹，据郡降述。述遂使将军侯丹北守南郑；任满下江州，汉县，今四川江北县。东据扞关；在今四川奉节县东。尽有益州之地。

隗嚣素谦恭爱士。更始败，三辅耆老士大夫皆奔归嚣。嚣倾身引接，为布衣交。由此名震西州，闻于山东。冯愔叛，西向天水，嚣逆击，破之。邓禹承制，命嚣为西州大将军，得专制凉州、朔方事。及赤眉去长安，欲西上陇，嚣又遣将军杨广逆击破之。建武三年（27），嚣乃上书诣阙。光武素闻其风声，报以殊礼。言称字，用敌国之仪。述使李育、程乌出陈仓，与吕鲔徇三辅。嚣遣兵佐冯异击走之。其后述数出兵汉中，遣使以大司空扶安王印绶授嚣。嚣斩其使，出兵击之，连破述军。以故蜀兵不复北出。时关中将帅数上书言蜀可击之状。帝以示嚣，因使讨蜀。嚣乃遣长史上书，盛言三辅单弱，刘文伯在边，未宜谋蜀。帝知嚣欲持两端，不愿天下统一，于是稍黜其礼，正君臣之仪。

初，嚣与来歙、马援相善，故帝数使歙、援奉使往来，劝令入朝。五年（29），复遣歙说嚣遣子入侍。嚣闻刘永、彭宠皆已破灭，乃遣长子恂随歙诣阙。嚣将王元、王捷常以为天下成败未可知，不愿专心内事。嚣心然其计。而延岑、田戎，亦皆为汉兵所败，亡入蜀。述以岑为大司马，封汝宁王，戎翼江王。六年，关东悉平。帝积苦兵间，以嚣子内侍，述远据边陲，乃谓诸将曰："且当置此两子于度外耳。"而述遣田戎与任满出江关，在今四川奉节县东。欲取荆州诸郡。乃诏嚣：当从天水伐蜀。嚣复多设支阂。帝知其终不为用，遂西幸长安，遣耿弇等七将军从陇道伐蜀。嚣使王元据陇坻。诸将与嚣战，大败，各引还。嚣因使王元、行巡侵三辅。冯异、祭遵等击破之。嚣乃上疏谢。帝使来歙至汧，赐嚣书曰："今若束手，复遣恂弟归阙庭者，则爵禄获全，有浩大之福矣。吾年垂四十，在兵中十岁，厌浮语虚辞。即不欲，勿报。"嚣知帝审其诈，遂遣使称臣于公孙述。明年，述以嚣为朔宁王。遣兵往来，为之援势。述骑都尉荆邯说述：发国内精兵，令田戎据江陵，传檄吴、楚；延岑出汉中，定三辅；如此，海内震摇，冀有大利。蜀人及其弟光以为不宜空国千里之外，决成败于一举，固争之。述乃止。延岑、田戎亦数请兵立功，述终不听。述性苛细，察于小事，敢诛杀，而不见大体。又立其两子为王，食犍为、广汉各数县。群臣多谏，以为成败未可知，戎士暴露，而遽王皇子，示无大志，伤战士心。述不听，唯公孙氏得任事，由此大臣皆怨。秋，嚣将步骑三万侵安定。至阴槃。县名，今陕西长武县西北。冯异率诸将拒之。嚣又令别将下陇，攻祭遵于汧。兵并无利，乃引还。八年，春，来歙从山道袭得略阳城。略阳，汉县，今甘肃秦安县东。嚣悉大众围歙。述亦遣其将李育、田弇助嚣。攻略阳，连月不下。帝乃率诸将西征之。数道上陇。嚣大将十三人，属县十六，众十余万皆降。王元入蜀求救。嚣将妻子奔西城，从杨广，西城，汉县，今陕西安康县西北。而田弇、李育保上邽。诏告嚣曰："若束手自诣，父子相见，保无他也。"嚣终不降。于是诛其子恂。使吴汉、岑彭围西城，耿弇、盖延围上邽。李育军没。颍川盗贼起，寇没属县，河东守兵亦叛，京师骚动。帝自上邽晨夜东驰。九月，还宫。自征颍川，盗贼皆降。帝敕吴汉曰："诸郡甲卒，但坐费粮食，若有逃亡，则沮败众心，宜悉罢之。"汉等贪并力攻嚣，不能遣。粮食日少，吏士疲敝。数月，王元、行巡、周宗将蜀救兵五千余人至，汉遂退败。迎嚣归冀。安定、北地、天水、陇西复反为嚣。九年，春，嚣死。王元、周宗立嚣少子纯为王。明年，来歙、耿弇、盖延等攻破落门。聚名，在甘肃甘谷县西。周宗、行巡等将纯降。王元留为蜀将，蜀破，乃降。纯徙弘农。十八年，与宾客数十骑亡入胡。至武威，捕得，诛之。

王元之降蜀也，公孙述以为将军。建武九年（33），述使元与领军环安拒河池。汉县，今甘肃徽县西。又遣田戎、任满下江关，拔夷陵，据荆门。山名，在今湖北宜都县西北。十一年，岑彭攻破之。述将王政斩满降，田戎走保江州。彭以其食多，难卒拔，留冯骏守之，十二年，七月，拔之，获戎。自引兵至垫江。汉县，今四川合川县。帝与述书，陈言祸福，明丹青之信。述省书叹息。以示所亲太常常少、光禄勋张隆。隆、少皆劝降。述曰："废兴命也，岂有降天子哉?”左右莫敢复言。来歙急攻王元、环安。安使客刺杀歙。述使延岑、吕鲔及其弟恢悉兵拒广汉及资中,汉县,今四川资阳县北。侯丹拒黄石。滩名,在今四川涪陵县。彭使臧宫拒岑等。自还江州。袭击侯丹,大破之。因倍道兼行,拔武阳。汉县,今四川彭山县东。使精骑驰广都,汉县,今四川华阳县东南。去成都数十里。蜀地震骇。述令客刺杀彭。会吴汉溯江上,并将其军。十二年,围武阳。述遣子婿史兴救之。汉迎击,尽殪其众。进拔广都。逼成都。述使谢丰、袁吉攻汉,汉破之,斩丰、吉,引还广都。自是战于广都、成都之间,八战八克。遂军于郭中。时臧宫已破延岑,降王元,拔绵竹,破涪城,涪,汉县,今四川绵阳县。斩述弟恢,攻拔繁、汉县,今四川新繁县东北。郫,汉县,今四川郫县。与汉会。述乃悉散金帛,募敢死士五千余人,以配延岑。遣步兵出吴汉军后,袭击破汉。汉堕水,缘马尾得出。十一月,臧宫军至咸门。注:“成都北面有二门,其西者名咸门。”述自将数万人攻汉,使延岑拒宫。大战。岑三合三胜。自旦及日中,军士不得食,并疲。汉因令壮士突之。述兵大乱。被刺洞胸,堕马。左右舆入城。述以兵属延岑。其夜死。明旦,岑降。吴汉乃夷述妻子,尽灭公孙氏,并族延岑。遂放兵大掠,焚述宫室。汉前以军行侵暴,致邓奉之叛,破蜀又残虐如此,可谓暴矣。十八年,蜀郡守将史歆反,汉又率刘尚、臧宫讨平之。

陇、蜀既平,河西则以窦融故,不烦兵力而自服。融,平陵人。平陵,汉县,在今陕西咸阳县西北。七世祖广国,汉孝文皇后之弟。融,王莽时尝为军官。莽败,降更始大司马赵萌。萌以为校尉,甚重之。荐融为巨鹿太守。融见更始新立,东方尚扰,不欲出关。而高祖父尝为张掖太守,从祖父为护羌校尉,从弟亦为武威太守,累世在河西,知其土俗。独谓兄弟曰:“天下安危未可知。河西殷富,带河为固;张掖属国,精兵万骑;一旦缓急,杜绝河津，足以自守；此遗种处也。”兄弟皆然之。融于是日往守候萌，辞让巨鹿，图出河西。萌为言更始，乃得为张掖属国都尉。融大喜。即将家属而西。既到，抚结雄桀，怀辑羌虏，甚得其欢心。河西翕然归之。是时酒泉太守梁统、金城太守厍钧、张掖都尉史苞、酒泉都尉竺曾、敦煌都尉辛肜并州郡英俊，融皆与为厚善。及更始败，统等乃推融行河西五郡大将军事。武威太守马期、张掖太守任仲并孤立无党。乃共移书告示之。二人即解印绶去。于是以梁统为武威太守，史苞为张掖太守，竺曾为酒泉太守，建武七年（31），曾以弟报怨杀人去，融以辛肜代之。辛肜为敦煌太守，厍钧为金城太守。融居属国，领都尉职如故。置从事监察五郡。河西民俗质朴，融等政亦宽和，上下相亲，晏然富殖。修兵马，习战射，明烽燧之警。羌、胡犯塞，融辄自将，与诸郡相救，皆如符要。每辄自破之。其后匈奴惩艾，稀复侵寇，而保塞羌、胡，皆震服亲附。安定、北地、上郡流人避凶饥者，归之不绝。时隗嚣先称建武年号，融等从受正朔。嚣皆假其将军印绶。使辩士说河西，与陇、蜀合从。融等召豪桀及诸太守计议，决策东向。建武五年（29），夏，遣长史刘钧奉书献马。先是帝闻河西完富，地接陇、蜀，常欲招之，以逼嚣、述，亦发使遗融书。遇钧于道，即与俱还。帝授融凉州牧。隗嚣叛，融与五郡太守上疏请师期。初，更始时，先零羌封何诸种杀金城太守，居其郡。隗嚣使使赂遗封何，与共结盟，欲发其众。融与诸郡击封何，大破之。八年，夏，车驾西征。融等与大军会高平第一。注：“高平，今原州县。《郡国志》云高平有第一城。”案，今甘肃固原县。及陇、蜀平，诏融与五郡太守奏事京师，以列侯奉朝请焉。据《梁统传》。

以上所言，皆新、汉间割据扰乱之较大者。其较小者：则《光武帝纪》建武十六年云：“郡国大姓及兵长群盗处处并起。攻劫在所，杀害长吏。郡县追讨，到则解散，去复屯结。青、徐、幽、冀四州尤甚。冬，十月，遣使者下郡国，听群盗自相纠擿，五人共斩一人者，除其罪。吏虽逗留、回避、故纵者皆勿问，听以擒讨为效。其牧、守、令、长，坐界内盗贼而不收捕者，又以畏懦捐城委守者，皆不以为负，但取获贼多少为殿最，唯蔽匿者乃罪之。于是更相追捕，贼并解散。徙其魁帅于他郡，赋田受禀，使安生业。自是牛马放牧，邑门不闭。”盖北方实至此而始平也。其南方：则海滨、江、淮，多拥兵据土者。建武六年（30），以李忠为丹阳太守。忠到郡，招怀降附。其不服者悉诛之。旬月皆平。十七年，七月，妖巫李广等群起，据皖城。汉县，今安徽潜山县北。遣马援、段志讨破之。十九年，妖巫单臣、傅镇等反，据原武。汉县，今河南阳武县。臧宫讨斩之。又更始败时，乐浪人王调杀郡守刘宪，自称大将军、乐浪太守。建武六年，光武遣太守王遵将兵击之。郡人王闳等杀调迎遵。牂牁：公孙述时，大姓龙、傅、尹、董氏与郡功曹谢暹保境为汉。遣使从番禺江奉贡。益州：太守文齐，固守拒险。述拘其妻子，许以封侯。齐遂不降。闻光武即位，乃间道遣使自闻。越嶲：王莽时，郡守枚根调邛人长贵，以为军侯。更始二年（24），长贵率种人攻杀枚根，自立为邛谷王，领太守事。又降于公孙述。述败，光武封长贵为邛谷王。建武十四年，长贵遣使上三年计。即授越嶲太守印绶。十九年，刘尚击益州夷，路由越嶲。长贵闻之，疑尚既定南边，威法必行，己不得放纵。即聚兵，起营台，招呼诸君长。多酿毒酒，欲先以劳军，因袭击尚。尚知其谋，即分兵先据邛都，遂掩长贵诛之。徙其家属于成都。长贵，《岑彭传》作“任贵”，入蜀时遣使迎降，《前书》亦作“任贵”。交趾：十六年，女子征侧及女弟征贰反。攻没其郡。九真、日南、合浦蛮夷皆应之。寇略岭外六十余城。侧自立为王。拜马援为伏波将军，督楼船将军段志等击之。军至合浦，志病卒，诏援并将其众，缘海而进。随山刊道千余里。至十九年正月，乃平之。斩征侧、征贰，传首洛阳焉。

第九章
后汉盛世

第一节
光武明章之治

凡奋劳于外之主，率能洞达民情，况兴于草泽者乎？《后汉书·循吏传》云："光武长于民间，颇达情伪。见稼穑艰难，百姓病害。至天下已定，务用安静。解王莽之繁密，还汉世之轻法。身衣大练，色无重彩。耳不听郑、卫之音，手不持珠玉之玩。宫房无私爱，左右无偏恩。建武十三年，异国有献名马者，日行千里；又进宝剑，价兼百金；诏以马驾鼓车，剑赐骑士。损上林池籞之官，废骋望弋猎之事。其以手迹赐方国者，皆一札十行，细书成文。勤约之风，行于上下。数引公卿郎将，列于禁坐，广求民瘼，观纳风谣。故能内外匪懈，百姓宽息。自临宰邦邑者，竞能其官。""然建武、永平之间，吏事刻深。亟以谣言单辞，转易守、长，故朱浮数上谏书，箴切峻政；钟离意等亦规讽殷勤，以长者为言，而不能得也。"浮、意之言，皆见《后汉书》本传。又《郑兴传》：兴亦因建武七年三月晦日食，上言"今陛下高明，而群臣惶促，宜留思柔克之政"。案，《续汉书·百官志》言，世祖中兴，务从省约。并官省职，费减亿计。《郡国志》言，其所省者，郡国十，县、邑、道、侯国四百余所。注引应劭《汉官》曰："世祖中兴，海内人民可得而数，才十二三。边陲萧条，靡有孑遗。障塞破坏，亭队绝灭。建武二十一年，始遣中郎马援、谒者分筑烽候堡壁，稍兴立郡县十余万户。或空置太守、令、长，招还人民。上笑曰：'今边无人而设长吏治之，难如《春秋》素王矣。'乃建立三营，屯田殖谷。弛刑谪徒，以充实之。"盖时海内凋敝已甚，不得不一出于节约也。《本纪》言帝在兵间久，厌武事，且知天下疲耗，思乐息肩。自陇、蜀平后，非儆急，未尝复言军旅。皇太子尝问攻战之事。帝曰："昔卫灵公问陈，孔子不对，此非尔所及。"每旦视朝，日昃乃罢。数引公卿郎将，讲论经理，夜分乃寐。皇太子谏。帝曰："我自乐此，不为疲也。"《皇后纪》言："光武中兴，斫雕为朴。六宫称号，唯皇后、贵人。贵人金印紫绶，俸不过粟数十斛。又置美人、宫人、采女三等，并无爵秩。岁时赏赐，充给而已。"其爱养元元之心及其勤劳不怠之风，行过乎俭之意，自有足取者，故能开一代之治也。

其致治之术，实在以吏事责三公，而功臣不用。《贾复传》言，是时列侯公卿，参议国家大事者，唯高密、邓禹。固始、李通。胶东贾复。三侯而已。故复等亦能剽甲兵，敦儒学焉。《马武传》言："帝虽制御功臣，而每能回容，宥其小失。远方贡珍甘，必先遍赐列侯，而太官无余。有功辄增邑赏，不任以吏职。故皆保其福禄，终无诛谴者。"然《杜诗传》，诗上疏言："臣伏睹将帅之情，功臣之望，冀一休足于内郡，然后即戎出命，不敢有恨。""诚宜虚缺数郡，以俟振旅之臣。重复厚赏，加于久役之士。"桓谭亦言："陛下用兵，诸所降下，既无重赏以相恩诱，或至虏掠夺其财物。是以兵长渠帅，各生狐疑，党辈连结，岁月不解。"则光武于将士，御之未尝不严，且其待之颇薄。所云高爵厚禄，允答元功者，特在其功成身退之后而已。然寇、邓之高勋，耿、贾之鸿烈，分土不过大县数四，所加特进、朝请而已。《朱景王杜马刘傅坚马传》。而奉命莫不唯谨，军旅之事，贵于威克厥爱，信哉！

帝于文吏，督责尤严。《申屠刚传》云，时内外群官，多帝自选举。加以法理严察，职事过苦。尚书群臣，至乃棰扑牵曳于前。群臣莫敢正言。刚每极谏，帝不纳。为大司徒者：自邓禹而后，伏湛坐事策免。侯霸以荐阎杨，杨为帝所素嫌，几至不测。霸薨后，韩歆代之。以直言无隐讳，免归田里。复遣使宣诏责之。歆及子婴皆自杀。欧阳歙、戴涉继之，皆坐事下狱死。其后蔡茂、玉况、冯勤虽得薨位，然史称帝贤勤，欲令以善自终，乃因宴见，从容戒之曰“朱浮上不忠于君，下陵轹同列，竟以中伤至今，死生吉凶未可知，岂不惜哉？人臣放逐受诛，虽复追加赏赐赙祭，不足以偿不訾之身”云云，则勤之处境亦危矣。其时大司农江冯上言，至欲令司隶校尉督察三公，见《陈元传》。其遇大臣寡恩如此。《续书·百官志》注引《决录》云：故事，尚书郎以令史久缺补之。世祖始改用孝廉，以丁邯补焉。邯称疾不就。诏问：“实病？羞为郎乎？”对曰：“臣实不病，耻以孝廉为令史职耳。”世祖怒，杖之数十。诏问：“欲为郎不？”邯曰：“能杀臣者陛下，不能为郎者臣。”中诏遣出，竟不为郎。其遇群臣之无礼又如此。《五行志》言：建武十六年（40），诸郡太守坐度田不实，世祖怒，杀十余人。皇子诸王招来文章谈说之士，有人奏诸王所招待者或真伪杂，受刑罚者子孙，宜可分别。上怒，诏捕诸王客，皆被以苛法，死者甚多。《后汉书·第五伦传》，伦上疏言：“光武承王莽之余，颇以严猛为政。后代因之，遂成风化。郡国所举，类多辨职俗吏，殊未有宽博之选，以应上求。”则其用刑之不详，毒且流于后嗣矣。然犹能称后汉之治世者，则以其遇臣下虽严，而于小民颇宽也。《后书》本纪，建武二十六年（50），诏有司增百官俸。千石以上，减于西京。六百石以下，增于旧秩。则帝于小臣，亦颇能礼恤。与前世宽纵大臣、近臣，不恤小臣、远臣，怠于察吏，听其虐民者迥异。此其所以能下启永平，同称东京之治世欤？

汉世权戚，最称纵恣。西京陵替，职此之由。以光武之严明，似可以敛迹矣。然《酷吏传》言：董宣为江夏太守，外戚阴氏为郡都尉，宣轻慢之，坐免。后特征为洛阳令。时湖阳公主苍头白日杀人，因匿主家，吏不能得。及主出行，以奴参乘。宣于夏门亭候之。乃驻车叩马，以刀画地，大言数主之失。叱奴下车，因格杀之。主即还宫诉帝。帝大怒。召宣，欲棰杀之。宣叩头曰："愿乞一言而死。"帝曰："欲何言？"宣曰："陛下圣德中兴，而纵奴杀良人，将何以理天下乎？臣不须棰，请得自杀。"即以头击楹，流血被面。帝令小黄门持之。使宣叩头谢主。宣不从。强使顿之。宣两手据地，终不肯俯。主曰："文叔为白衣时，藏亡匿死，吏不敢至门，今为天子，威不能行一令乎？"帝笑曰："天子不与白衣同。"因敕强项令出。赐钱三十万。此事昔时论史者，或转以为美谈，然去舜为天子，皋陶为士，瞽瞍杀人执之之义亦远矣。昔之持论者，多自托于孔、孟，如此等处，曷尝能折衷于六艺邪？《蔡茂传》：茂因宣事上书，言"顷者贵戚椒房之家，数因恩势，干犯吏禁，杀人不死，伤人不论"，可见坏法者之多。帝之所谓严明者安在哉？岂专施诸疏逖乎？然帝之时，权戚之纵恣，究较后世为愈。故《朱浮传》载浮上疏，言"陛下清明履约，率礼无违，自宗室诸王、外家后亲，皆奉遵绳墨，无党势之名，至或乘牛车，齐于编人"也。外戚中窦融最称恭谨，然以子孙纵诞，永平初卒遭谴谪。永平之政，多遵建武，夫固可以参观也。

光武之所委任者，为明习故事之臣，如伏湛、侯霸、冯勤，皆自尚书登相位是也。亦颇奖饰恬退之士，如卓茂与孔休、蔡勋、刘宣、龚胜、鲍宣六人同志，不仕王莽，名重当时，咸加褒显，或封其子孙是也。论者因称光武能奖励名节，后世卒食其报。其实褒显不仕莽朝者，不过一姓之私；而汉末所谓名士者，亦徒气矜之隆，正如画饼充饥，不可得啖，即微党锢之祸，其徒咸获登用，亦未必能收澄清之效也。参看第十四章第五节自明。

《儒林列传》言：光武爱好经术，未及下车，先访儒雅。采求阙文，补缀漏逸。先是四方学士多怀挟图书，遁逃林薮。自是莫不抱负坟策，云集京师。于是立五经博士，各以家法教授。建武五年（29），修起太学。中元元年（56），初建三雍。明帝即位，遂亲行其礼焉。此事读史者尤以为美谈。然秦汉而后，所谓辟雍，已与教化无涉。《汉书·礼志》已有微辞。光武亦非知礼乐之人，其勤于建立，或转以承新室之后，闻见所习耳。《三国·魏志·袁涣传》，魏国初建，涣言于太祖曰："今天下大难已除，文武并用，长久之道也。可大收篇籍，明先圣之教，以易民视听。"此所谓柔之之术，光武或亦有此志耳。偃武修文，诚为定乱后之亟务，然治以实不以名，与其隆辟雍，曷若兴庠序邪？而后汉佑文之主，始终虑不及此，可见其所谓佑文者，仍不免徒饰观听，与先汉武帝同病也。辟雍之议，发自张纯，而成于桓荣。建武三十年，纯又奏上宜封禅。中元元年，帝遂东巡岱宗焉。此又于教化何涉？况以当时海内之凋敝，而可为告成功之祭乎？《续汉书·祭祀志》云，建武三十年二月，群臣上言，即位三十年，宜封禅泰山。诏书云："即位三十年，百姓怨气满腹，吾谁欺？欺天乎？曾谓泰山不如林放？……若郡县远遣吏上寿，盛称虚美，必髡，兼令屯田。"自此群臣不敢复言。三十二年，正月，上斋，夜读《河图会昌符》，曰："赤刘之九，会命岱宗。不慎克用，何益于承？诚善用之，奸伪不萌。"感此文，乃诏梁松等案索《河》《洛》谶文言九世封禅事者。松等列奏，乃许焉。夫既能为三十年之诏，岂复有三十二年之求？若谓为图谶所惑，岂有躬创大业之人没于迷信者？光武之信谶，殆亦欲以此愚民耳。三年之间，而其自相矛盾若此，足见昔时史籍称美帝王之言，多不免于虚诬也。

仁民之政，光武确亦有之。如建武六年（30），即复三十而一之税；十六年又复五铢钱；二年、六年、七年、十三年、十四年，屡诏免嫁妻、卖子及奴婢是也。其不肯用兵匈奴，及却西域都护之请，亦不失为度德量力。唯罢郡国都尉及轻车、骑士、材官、楼船，建武六年、七年。虽有休息之效，而使民兵之制，自兹而废，则亦未免昧于远大之讥焉。

光武郭皇后，真定恭王名普，景帝七世孙。女郭主之子。更始二年（24），春，光武击王郎，至真定，因纳后，已见前。及即位，以为贵人。建武元年（25），生皇子强。阴皇后，讳丽华，南阳新野人。初，光武适新野，闻后美，心悦之。后至长安，见执金吾车骑甚盛，因叹曰："仕宦当作执金吾，娶妻当得阴丽华。"更始元年，六月，遂纳后于宛当成里。即位，为贵人。欲崇以尊位。后以郭氏有子，终不肯当。建武二年（26），郭氏立为皇后。强为皇太子。后宠稍衰。十七年，废为中山王太后。时进后中子右翊公辅为中山王，二十年，徙沛，后为沛太后。立阴贵人为皇后。强戚戚不自安。数因左右及诸王，陈其恳诚，愿备蕃国。十九年，封为东海王。立阴后子庄为太子。中元元年（56），二月，世祖崩，太子即位，是为显宗孝明皇帝。时郭后已前卒。建武二十八年。广陵思王荆，亦阴后子。诈称后弟大鸿胪郭况书与强，言"君王无罪，猥被斥废，而兄弟至有束缚入牢狱者"。劝其举兵，"雪除沉没之耻，报死母之仇"。强得书惶怖，即执其使，封书上之。显宗以荆母弟，秘其事。遣荆出止河南宫。时西羌反，荆不得志，冀天下因羌惊动有变，私迎能为星者与谋议。帝闻之，乃徙封荆广陵王，遣之国。后荆复呼相工，谓曰："我貌类先帝，先帝三十得天下，我今亦三十，可起兵未？"相者诣吏告之。荆惶恐，自系狱。帝复加恩，不考极其事，下诏不得臣属吏人，唯食租如故。使相、中尉谨宿卫之。荆犹不改，使巫祭祀祝诅。有司举奏，请诛之。荆自杀。永平十年（67）。楚王英，许美人子。自显宗为太子时，英常独归附太子，太子特亲爱之。英少时好游侠，交通宾客。晚节更喜黄、老学，为浮屠斋戒祭祀。后遂大交通方士。作金龟玉鹤，刻文字以为符瑞。永平十三年，男子燕广告英与渔阳王平、颜忠等造作图书，有逆谋。事下案验。有司奏英招聚奸猾，造作图谶，擅相官秩，置诸侯、王、公、将军、二千石。大逆不道。请诛之。帝以亲亲，不忍，乃废英，徙丹阳泾县。今安徽泾县西。明年，至丹阳，自杀。郭后子济南安王康，在国不循法度，交通宾客。人上书告其招徕州郡奸猾渔阳颜忠、刘子产等。又多遗其缯帛，案图书，谋议不轨。有司举奏之。削五县。阜陵质王延，本王淮阳。永平中，有上书告延与姬兄谢弇及姊馆陶主婿驸马都尉韩光招奸猾，作图谶，祠祭祝诅。事下案验。光、弇被杀。辞所连及，死徙者甚众。延徙为阜陵王，食二县。建初中，复有告延与子男鲂造逆谋者。贬为阜陵侯，食一县。使谒者一人监护延国，不得与吏人通。章和元年（87），行幸九江，赐延书，与车驾会寿春，乃复为阜陵王，增封四县，并前为五县焉。楚狱连系者数千人。显宗怒甚，吏皆惶恐，一切陷入，无敢以情恕者。迫痛自诬死者甚众，见《寒朗》及《袁安传》。《安传》言帝以安奏，感悟，得出者四百余家。然《杨终传》言广陵、楚、淮阳、济南之狱，徙者万数，则感悟释出者，曾不及十之一耳。

《钟离意传》言：明帝性褊察，好以耳目隐发为明。公卿大臣数被诋毁。近臣尚书以下至见提拽。尝以事怒郎药崧，以杖撞之。崧走入床下。帝怒甚，疾言曰："郎出郎出。"崧曰："天子穆穆，诸侯煌煌，未闻人君，自起撞郎。"帝赦之。《左雄传》，大司农刘据以职事被谴，召诣尚书，传呼促步，又加以捶扑。雄上言："九卿位亚三事，班在大臣。

行有佩玉之节，动有庠序之仪。孝明皇帝始有扑罚，皆非古典。”顺帝从而改之。其后九卿无复捶扑者。朝廷莫不悚栗。争为严切，以避诛责。唯意独敢谏争，数封还诏书。臣下过失，辄救解之。会连有变异，意复上疏，咎群臣以苛刻为俗，吏杀良人，继踵不绝，感逆和气，以致天灾。以此不得久留，出为鲁相。卒官。复遗言上书陈升平之世，难以急化，宜少宽假。《宋均传》：“均性宽和，不喜文法。常以为吏能弘厚，虽贪污放纵，犹无所害。至于苛察之人，身或廉法，而巧黠刻削，毒加百姓，灾害流亡所由而作。及在尚书，恒欲叩头争之。以时方严切，故遂不敢陈。”盖建武刻急之治，至永平几于变本加厉矣。

明帝在位十八年崩，子炟立，是为肃宗孝章皇帝。帝少宽容，好儒术。《后书·本纪》论曰：“明帝善刑理，法令分明。日晏坐朝，幽枉必达。内外无幸曲之私，在上无矜大之色。断狱得情，号居前代十二。故后之言事者，莫不先建武、永平之政。而钟离意、宋均之徒，常以察慧为言。夫岂弘人之度未优乎?”又云：“魏文帝称明帝察察，章帝长者。章帝素知人，厌明帝苛切，事从宽厚。感陈宠之义，除惨狱之科。《宠传》：肃宗初为尚书。是时承永平故事，吏政尚严切。尚书决事，率近于重。宠以帝新即位，宜改前世旧俗。乃上疏。帝敬纳宠言，每事务于宽厚。其后遂诏有司，绝钻钻诸惨酷之科，解妖恶之禁，除文致之请。谳五十余事，定著于令。深元元之爱，著胎养之令。”元和二年（85）诏曰：“《令》云：‘人有产子者复，勿算三岁。’今诸怀妊者，赐胎养谷人三斛，复其夫，勿算一岁，著以为令。”“平徭简赋，而人赖其庆。”盖明帝之为人颇类前汉宣帝，而章帝则颇类元帝也。然外戚之祸，遂萌芽于章帝之时。则甚矣，为人君者之不可以不知法术也。

明帝马皇后，援之小女。援卒后家失势，数为权贵所侵侮。后从兄严不胜忧愤。白太夫人，绝婚窦氏，求进女掖庭。由是选入太子宫。显宗即位，以后为贵人。时后前母姊女贾氏亦以选入，生肃宗。帝以后无子，命养之。永平三年（60），立为皇后。后能诵《易》。好读《春秋》《楚辞》。尤善《周官》、董仲舒书。常衣大练，裙不加缘。建初元年（76），章帝欲封爵诸舅。太后不听。明年，夏，大旱。言事者以为不封外戚之故。有司因此上奏，宜依旧典。帝复重请之。太后卒不许。四年，天下丰稔，方垂无事，帝遂封三舅廖、防、光为列侯。太后以为恨。廖等不得已，受封爵而退位归第。是岁，太后崩。廖子步兵校尉豫，投书怨诽。八年，有司奏免豫，遣廖、防、光就封。豫随廖归国，考击物故。后诏还廖京师。史言廖性宽缓，不能教勒子孙，而防、光奢侈，好树党羽，一似罪专在防、光者。然《第五伦传》，伦以肃宗初为司空，上疏言："近代光烈皇后，虽友爱天至，而卒使阴就归国，徙废阴兴宾客。其后梁、窦之家，互有非法，明帝即位，竟多诛之。自是洛中无复权戚，书记请托，一皆断绝。……而今之议者，复以马氏为言，窃闻卫尉廖以布三千匹，城门校尉防以钱三百万，私赡三辅衣冠。知与不知，莫不毕给。又闻腊日，亦遗其在洛中者钱各五千。越骑校尉光，腊用羊三百头，米四百斛，肉五千斤。"则廖亦未尝不奢侈，好树党与也。后马防为车骑将军，当出征西羌，伦又上疏，言："闻防请杜笃为从事中郎，多赐财帛。笃为乡里所废，客居美阳。女弟为马氏妻，恃此交通。在所县令，苦其不法，收系论之。今来防所，议者咸致疑怪。况乃以为从事？将恐议及朝廷。今宜为选贤能以辅助之，不可复令防自请人，有损事望。"不见省用。则太后之裁抑外家，亦徒有其名而已。《援传》言："（帝）数加谴敕，所以禁遏甚备。由是权势稍损，宾客亦衰。"其事盖在马后崩后。然犹历四年，乃遣归国，则章帝之制驭外戚，不如明帝远矣。然马氏究尤为贤者。至窦后，专宠宫闱，而害和帝之母，遂为东京外戚之祸之始焉。

第二节 匈奴分裂降附

前汉之末，北边形势，颇为完固。盖自武帝以来，仍世出兵征讨，威棱远憺，而边塞之修起，亦非一日之功，故其势屹然不可犯也。侯应议罢边备塞吏卒云："起塞以来，百有余年，非皆以土垣也，或因山岩石，木柴僵落，溪谷水门，稍稍平之。卒徒作治，功费久远，不可胜计。"可见前汉边备颇为整饬。《汉书·匈奴传》叙昭帝时事曰"是时汉边郡烽火候望精明，匈奴为边寇者少利，稀复犯塞"，非偶然也。新莽抚御失宜，四夷俱叛。徒集大兵，不能出塞，而蛮夷入犯，且无以遏之，遂至边民荡析离居，障塞破坏，守备空虚，而东汉以凋敝之局承其后，盖岌岌乎其可危矣。然未几即转危为安，抑且威行朔漠，有非前世所敢望者，则匈奴之分裂实为之，不可谓非天幸也。

王莽拜须卜当为单于，欲出兵辅立之，已见前。后当病死。汉兵诛莽，云及大且渠奢亦死。更始二年（24）冬，汉遣中郎将归德侯飒、大司马护军陈遵使匈奴，授单于汉旧制玺绶。单于舆骄，谓遵、飒曰："匈奴本与汉为兄弟。匈奴中乱，孝宣皇帝辅立呼韩邪单于，故称臣以尊汉。今汉亦大乱，为王莽所篡，匈奴亦出兵击莽，空其边境，令天下骚动思汉，莽卒以败，而汉复兴，亦我力也，当复尊我。"遵与相撑拒，单于终持此言。光武六年(30)，始与匈奴通好。单于骄倨，自比冒顿。帝待之如初。而匈奴数与卢芳共侵北边。帝但严兵防之。事见苏竟、郭伋、杜茂、王霸、马成、张堪等传。而徙幽、并边人于常山关、居庸关以东。匈奴遂复转居塞内。而乌桓、鲜卑，又为所慑服。

乌桓、鲜卑，《后汉书》云，本东胡，汉初冒顿灭其国，余类分保此二山，因号焉。二山当在今蒙古东境。盖其西上谷之北，为匈奴左方王将，其东松花江畔，则为夫余矣。乌桓邑落各有小帅，数百千落，自为一部，有勇健能理决斗讼者，推为大人，无世业相继。鲜卑习俗与乌桓同。盖尚如战国以前之匈奴，未能统一也。乌桓自为冒顿所破，常臣伏匈奴。武帝遣霍去病击破匈奴左地，因徙乌桓于上谷、渔阳、右北平、辽西、辽东五郡塞外，为汉侦察匈奴动静。其大人岁一朝见。置护乌桓校尉监领之，使不得与匈奴交通。昭帝时，范明友击乌桓。乌桓由是寇幽州。见第五章第十六节。宣帝时，乃稍保塞降附。王莽篡位，欲击匈奴，兴十二部军，使严尤领乌桓、丁零兵屯代郡，皆质其妻子于郡县。乌桓不便水土，求去，莽不肯遣，遂自亡叛，还为钞盗。诸郡尽杀其质，由是结怨。匈奴因诱其豪帅以为吏，余皆羁縻属之。光武初，与匈奴连兵为寇。居止近塞，朝发穹庐，暮至城郭，五郡民庶，家受其辜。鲜卑之祸，则中于辽东。建武十七年（41），祭肜守辽东。招鲜卑大都护偏何，使攻匈奴及赤山乌桓。《乌桓传》云："赤山在辽东西北数千里。"玄菟及乐浪胡夷，亦来内附。然其事已在永平后矣。

匈奴单于舆弟右谷蠡王伊屠知牙师，王昭君子。以次当为左贤王。单于欲传其子，遂杀知牙师。乌珠留若鞮单于子比，为右薁鞬日逐王，部领南边及乌桓。内怀猜惧，庭会稀阔。单于疑之。乃遣两骨都侯监领比所部兵。建武二十二年（46），单于舆死，子左贤王乌达鞮侯立。复死，弟左贤王蒲奴立。比不得立，既怀愤恨，而匈奴中连年旱蝗，赤地数千里，人畜饥疫，死耗大半。单于畏汉乘其敝，乃遣使诣渔阳求和亲。于是遣中郎将李茂报命。而比密遣汉人郭衡奉匈奴地图，二十三年，诣西河太守求内附。

两骨都侯颇觉其意，白单于欲诛之。二十四年，八部大人共议，立比为呼韩邪单于。以其大父尝依汉得安，故欲袭其号。款五原塞，愿永为蕃蔽，捍御北虏。事下公卿。议者皆以为天下初定，中国空虚，夷狄情伪难知，不可许。唯五官中郎将耿国谓宜如孝宣故事，受令东捍鲜卑，北拒匈奴。帝从其议。遂立比为南单于。此处采《耿弇传》，谓许其为南单于，与北单于对立也。《南匈奴传》云："其冬，比自立为呼韩邪单于。"《本纪》云："比自立为南单于。"比之自立，实在求附之时，亦不得以南单于自号也。二十五年，春，遣弟左贤王莫击北单于弟薁鞬左贤王，生获之。又破北单于帐下。北单于震怖，却地千里。二十六年，遣中郎将段郴、副校尉王郁使南单于。立其庭，去五原西部塞八十里。单于乃延迎使者。使者曰："单于当伏拜受诏。"单于顾望有顷，乃伏称臣。郴等返命。诏乃听南单于入居云中。令中郎将置安集掾史，将弛刑五千人，持兵弩，随单于所处，参辞讼，察动静。单于岁尽辄遣奉奏，送侍子入朝，中郎将从事一人将领诣阙。汉遣谒者送前侍子还单于庭，交会道路。冬，复诏单于徙居西河美稷。汉县，在今绥远境内鄂尔多斯左翼前旗。因使段郴、王郁留西河拥护之，为设官府、从事、掾史。令西河长史岁将骑二千、弛刑五百人助中郎将卫护单于，冬屯夏罢。自后以为常。于是云中、五原、朔方、北地、定襄、雁门、上谷、代八部之民归于本土。据《本纪》。《赵憙传》：二十七年，拜太尉。时南单于称臣，乌桓、鲜卑并来入朝，帝令憙典边事，思为久长。憙上复缘边诸郡。幽、并二州，由是大定。案，徙诸郡民于内地，事见《本纪》建武九年、十年、十五年、二十年。南单于亦列置诸部王，助为捍戍。使韩氏骨都侯屯北地，右贤王屯朔方，当于骨都侯屯五原，呼衍骨都侯屯云中，郎氏骨都侯屯定襄，左南将军屯雁门，栗籍骨都侯屯代郡。皆领部众，为郡县侦罗耳目。

二十七年（51），北单于遣使诣武威求和亲。天子召公卿廷议，不决。皇太子言“恐南单于将有二心，北虏降者，且不复来矣”。帝然之。告武威太守勿受其使。二十八年，北匈奴复遣使诣阙。帝下三府，议酬答之宜。司徒掾班彪谓可颇加赏赐，略与所献相当。明加晓告以前世呼韩邪、郅支行事。帝从之。《臧宫传》云，匈奴饥疫，自相分争。帝以问宫。宫曰：“愿得五千骑以立功。”帝笑曰：“常胜之家，难与虑敌。吾方自思之。”二十七年，宫与马武上书，言：“福不再来，时或易失，岂宜固守文德而堕武事乎？”诏报曰：百姓人不自保，传闻恒多失实。诚能举天下之半，以灭大寇，岂非至愿？苟非其人，不如息民。自是诸将莫敢复言兵事者。敌不可尽，徒滋劳扰，光武之计，固不可谓非持重也。

匈奴既定，乌桓、鲜卑皆随之降附，北边遂获安宁。建武二十二年（46），匈奴乱，乌桓承弱击破之。匈奴北徙数千里，漠南地空。据《乌桓传》。《本纪》同。帝乃以币帛赂乌桓。二十五年，辽西乌桓大人郝旦等九百二十二人率众向化，诣阙朝贡。封其渠帅为侯、王、君长者八十一人。皆居塞内，布于缘边诸郡。令招来种人，给其衣食。遂为汉侦候，助击匈奴、鲜卑。司徒掾班彪以为宜复置乌桓校尉，从之。置于上谷宁城，汉宁县，在今察哈尔宣化县西北。开营府，并领鲜卑，赏赐质子，岁时互市焉。鲜卑：二十五年，始通驿使。其后偏何等诣祭肜求自效。出兵击北虏，还辄持首级诣辽东受赏赐。三十年，鲜卑大人於仇贲、满头等率种人诣阙朝贡，慕义内属。帝封於仇贲为王，满头为侯。永平元年（58），鲜卑大人皆来归附。并诣辽东受赏赐。青、徐二州给钱岁二亿七千万为常。

南匈奴呼韩邪单于莫，弟丘浮尤鞮单于莫，中元元年（56）立。凡《后汉书》言南匈奴单于某年立者，皆其先单于薨之明年。薨，弟伊伐於虑鞮单于汗，中元二年立。薨，单于比之子醢僮尸逐侯鞮单于适，永平二年（59）立。薨，单于莫之子丘除车林鞮单于苏，永平五年立。数月薨。单于适之弟胡邪尸逐侯鞮单于长，永平六年立。时北匈奴犹盛，数寇边，朝廷以为忧。会北单于欲合市，遣使求和亲。显宗冀其不复为寇，许之。八年，遣越骑司马郑众北使报命。而南部须卜骨都侯等欲叛，密因北使，令遣兵迎之。众伺候得，上言宜更置大将，以防二虏交通。由是始置度辽营，屯五原曼柏。汉县，在今绥远境内蒙古乌喇特旗黄河北。又遣兵屯美稷。北虏复寇钞边郡，河西城门昼闭。帝患之。十六年，乃大发缘边兵及羌、胡、南单于、鲜卑兵，使窦固、耿忠出酒泉，耿秉、秦彭出居延，祭彤、吴棠出高阙，来苗、文穆出平城塞。固、忠至天山，注云："在西州交河县东北。"唐交河县，在今新疆吐鲁番县西。击呼衍王，斩首千余级。呼衍王走，追至蒲类海。留吏士屯伊吾卢城。今新疆哈密县。耿秉、秦彭绝漠六百余里，至三木楼山。来苗、文穆至匈奴河水上，虏皆奔走，无所获。祭彤、吴棠坐不至涿邪山，免为庶人。据《窦融传》。章帝元和二年（85），时北虏衰耗，党众离叛，南部攻其前，丁零寇其后，鲜卑击其左，西域侵其右，不复自立，乃远引而去。案，前一年，北单于尚遣驱牛马至武威与汉贾客交易，则此所谓远引而去者，当谓去武威塞外。单于长薨。是岁，单于汗之子伊屠於闾鞮单于宣立。章和元年（87），鲜卑入左地，击北匈奴，大破之，斩优留单于。案，《陈禅传》，禅以安帝永宁元年（120）拜辽东太守，使晓慰北匈奴，单于随使还郡，则北匈奴西徙后，其左地有自号单于者。此优留单于，亦必非北匈奴之大单于也。是岁，单于宣薨，单于长之弟休兰尸逐侯鞮单于屯屠何立。时北虏大乱，加以饥馑，降者前后而至。南单于将并北庭。会肃宗崩，窦太后临朝。其年七月，单于上言："新降虚渠等诣臣自言：去岁三月中发虏庭。北单于创艾南兵，又畏丁令、鲜卑，遁逃远去，依安侯河西。此当系前所谓远引而去者。今年正月，骨都侯等复共立单于异母兄右贤王为单于。其人以兄弟争立，并各离散。”求出兵讨伐，破北成南，并为一国。且言“今年不往，恐复并一”。太后以示耿秉，秉言可许。会太后兄宪有罪，惧诛，求击匈奴以赎死。乃拜宪车骑将军，秉为副。和帝永元元年（89），宪与秉各将四千骑，及南匈奴左谷蠡王师子万骑出朔方鸡鹿塞。在窳浑县北。汉窳浑县，在今绥远境内阿尔坦山之南腾格里湖侧。南单于将万余骑出满夷谷。度辽将军邓鸿及缘边义从羌、胡八千骑，与左贤王安国万骑出稒阳塞。汉稒阳县，在今陕西神木县南。皆会涿邪山。宪分遣副校尉阎盘，司马耿夔、耿谭将左谷蠡王师子、右呼衍王须訾等精骑万余，与北单于战于稽落山，大破之。虏众崩溃，单于遁走。追击诸部，遂临私渠北鞮海。降者前后二十余万人。宪、秉遂登燕然山，去塞三千余里。刻石勒功，纪汉威德。遣军司马吴汜、梁讽奉金帛遗北单于，宣明国威，而兵随其后。及单于于西海上。单于将其众与讽俱还。到私渠海，闻汉军已入塞，乃遣弟右温禺鞮王奉贡入侍，随讽诣阙。宪以单于不身到，奏还其侍弟。诏即五原拜宪为大将军。明年，宪将兵出镇凉州。北单于以汉还侍弟，复遣款居延塞，欲入朝见，愿请大使。宪上遣班固行中郎将，与梁讽迎之。南单于复上书求并北庭。于是遣左谷蠡王师子将左右部八千骑出鸡鹿塞，中郎将耿谭遣从事将护之。至涿邪山，乃留辎重，分为二部，各引轻兵两道袭之。左部北过西海，至河云北。右部从匈奴河水西，绕天山，南至甘微河。二军俱会，夜围北单于。单于大惊，率精兵千余人合战。单于被创，堕马复上，将轻骑数十遁去。固至私渠海而还。宪以北虏微弱，欲遂灭之。明年，复遣耿夔等将精骑八百直奔北单于庭于金微山。单于与数骑脱亡。去塞五千余里，自汉出师，所未尝至也。北单于逃亡，不知所在。此据《南匈奴传》。《袁安传》云：“遁走乌孙。”余部不知所属。宪上“立降者左鹿蠡王阿佟为北单于，置中郎将领护，如南单于故事”。事下公卿议。太尉宋由、太常丁鸿、光禄大夫耿秉等十人议可许。司徒袁安、司空任隗以为宜令南单于反其北庭，无缘复立阿佟，以增国费。宗正刘方、大司农尹睦同安议。事奏，未以时定，安复独上书事言之。《袁安传》。而单于弟右谷蠡王於除鞬自立为单于，将众数千人止蒲类海，遣使款塞。宪上立为北单于。朝廷从之。四年，遣耿夔即授玺绶。中郎将任尚持节卫护，屯伊吾，如南单于故事。方欲辅归北庭，会窦宪被诛，五年，於除鞬自叛还北。帝遣将兵长史王辅以千余骑与任尚共追诱，将还斩之。破灭其众。十六年，北单于遣使诣阙贡献。愿和亲，修呼韩邪故约。帝以其旧礼不备，未许。元兴元年（105），重遣使诣敦煌贡献。辞以国贫，未能备礼，愿请大使，当遣子入侍。时邓太后临朝，亦不答其使，但加赐而已。《鲜卑传》云永元中，耿夔击破匈奴，北单于逃走，鲜卑因此转徙据其地。匈奴余种留者，尚有十余万落，皆自号鲜卑。鲜卑由此转盛。《宋意传》章和二年（88），鲜卑击破北匈奴，而南单于乘此请兵北伐，因欲还归旧庭。时窦太后临朝，议欲从之。均族子意上疏曰：“自汉兴以来，征伐数矣，其所克获，曾不补害。……今鲜卑奉顺，斩获万数。中国坐享大功，而百姓不知其劳。汉兴功烈，于斯为盛。所以然者，夷虏相攻，无损汉兵也。臣察鲜卑侵伐匈奴，正是利其抄掠，及归功圣朝，实由贪得重赏。今若听南虏还归北庭，则不得不禁制鲜卑，鲜卑外失暴掠之愿，内无功劳之赏，豺狼贪婪，必为边患。今北虏西遁，请求和亲。宜因其归附，以为外捍。……若引兵费赋，以顺南虏，则坐失上略，去安即危矣。”会南单于竟不北徙。意策未尝非是，然其后，汉未能遏鲜卑于方兴，听其坐大，亦一失也。北匈奴破败后，仍时与汉争车师，事见下节。

南匈奴单于屯屠何虀，单于宣弟安国，永元五年（93）立。

安国初为左贤王，而无称誉。左谷蠡王师子素勇黠多知。前单于宣及屯屠何，皆爱其气决。故数遣将兵出塞，掩击北庭。还受赏赐，天子亦加殊异。国中尽敬师子而不附安国。安国由是疾师子，欲杀之。其诸新降胡，旧在塞外，数为师子所驱掠，多怨之。安国因是委计降者，与同谋议。安国既立为单于，师子以次转为左贤王。觉单于与新降者有谋，乃别居五原界。单于每龙会议事，师子辄称病不往。行度辽将军皇甫棱知之，亦拥护不遣。单于怀愤益甚。六年，春，皇甫棱免，以朱徽行度辽将军。时单于与中郎将杜崇不相平，乃上书告崇。崇讽西河太守，令断单于章，无由上闻。崇因与朱徽上言："安国疏远故胡，亲近新降，欲杀左贤王师子及左台且渠刘利等。又右部降者谋共迫胁安国，起兵背叛。请西河、上郡、安定为之儆备。"和帝下公卿议。皆以为宜遣有方略使者之单于庭，与杜崇、朱徽及西河太守并力，观其动静。帝从之。徽、崇遂发兵造其庭。安国夜闻汉军至，大惊，弃帐而去。因举兵，及将新降者，欲诛师子。师子先知，乃悉将庐落入曼柏城。安国追到城下，门闭不得入。朱徽遣吏晓譬和之。安国不听，引兵屯五原。崇、徽因发诸郡骑追赴之。急，安国舅骨都侯喜为等虑并被诛，乃格杀安国。单于适之子师子，永元六年立，是为亭独尸逐侯鞮单于。降胡五六百人夜袭师子。安集掾王恬将卫护士与战，破之。新降胡遂相惊动，十五部二十余万人皆反。胁立屯屠何子薁鞬日逐王逢侯为单于。遂杀略吏民，燔烧邮亭庐帐，将军重向朔方，欲渡漠北。于是遣行车骑将军邓鸿，越骑校尉冯柱及徽，将左右羽林、北军五校士及郡国迹射、缘边兵，乌桓校尉任尚将乌桓、鲜卑，合四万人讨之。逢侯遂率众出塞，汉兵不能追。七年，帝知徽、崇失胡和，又禁其上书，以致反叛，皆征，下狱死。以庞奋行度辽将军。逢侯于塞外分为二部：自领右部，屯涿邪山下，左部屯朔方西北，相去数百里。八年，冬，左部胡自相疑叛，还入朔方塞。庞奋迎受慰纳之。其胜兵四千人，弱小万余口悉降。以分处北边诸部。南单于以其右温禺犊王乌居战始与安国同谋，欲考问之。乌居战将数千人叛。出塞外山谷间，为吏民害。时冯柱将虎牙营留屯五原。奋、柱与诸郡兵击乌居战，其众降。及诸还降者二万余人徙安定、北地。柱还。逢侯部众饥穷，又为鲜卑所击，无所归，窜逃去塞者络绎不绝。师子薨，单于长之子檀，永元十年立，是为万氏尸逐鞮单于。十二年，庞奋迁河南尹，以王彪行度辽将军。南单于岁遣兵击逢侯，多所虏获。收还生口，前后以千数。逢侯转困迫。安帝永初三年（109），夏，汉人韩琮随南单于入朝。既还，说南单于云："关东水潦，人民饥饿，死尽，可击也。"单于信其言，遂起兵反叛。四年，以梁慬行度辽将军，与辽东太守耿夔，将鲜卑。击破之。单于降。脱帽徒跣，对雄等拜，陈道死罪。于是赦之，遇待如初。元初四年（117），逢侯为鲜卑所破，部众分散，皆归北虏。五年，逢侯将百余骑亡还，诣朔方塞降，度辽将军邓遵奏徙逢侯于颍川郡。案，纳降最难，北虏虽亡，南虏亦扰攘，至此然后安定也。

第三节 后汉定西域

汉时西域诸国，或居天山之麓，或处沙漠之中，往来甚难，不利兼并，故无大国兴起。然阅时既久，亦终必有狡焉思启者，特为汉所临制耳。临制之力一衰，则并兼之谋获逞矣。此事成于东汉之末，见第十二章第十节。而西汉之末已启其机，莎车、于阗之称霸其选也。

王莽时，西域怨叛，并复役属匈奴。匈奴敛税重刻，诸国不堪命。莎车王延，元帝时尝为侍子，长于京师，慕乐中国，亦复参其典法。匈奴略有西域，唯延不肯附属。天凤五年（18），延死，谥忠武王。子康代立。光武初，康率旁国拒匈奴。拥卫故都护吏士妻子千余口。檄书河西，问中国动静，自陈思慕汉家。建武五年（29），窦融承制立康为汉莎车建功怀德王、西域大都尉。五十五国皆属焉。九年，康死，谥宣成王。弟贤代立。攻破拘弥、西夜国，皆杀其王，而立其兄康两子。十四年，贤与鄯善王安并遣使诣阙贡献，西域始通。葱岭以东诸国皆属贤。十七年，贤复遣使奉献，请都护。天子以问大司空窦融。融以为贤父子兄弟相约事汉。款诚又至，宜加位号，以镇安之。帝乃因其使，赐贤西域都护印绶。敦煌太守裴遵上言："夷狄不可假以大权。又令诸国失望。"诏书收还印绶，更赐贤以汉大将军印绶。其使不肯易，遵迫夺之。贤由是始恨。而犹诈称大都护，移书诸国。诸国悉服属焉，号贤为单于。贤浸以骄横。重求赋税。数攻龟兹诸国。诸国愁惧。二十一年，冬，车师前王、鄯善、焉耆等十八国俱遣子入侍。流涕稽首，愿得都护。天子以中国初定，北边未服，皆还其侍子。厚赏赐之。诸国忧恐。与敦煌太守檄：愿留侍子，以示莎车，言都护寻出，冀且息其兵。裴遵以状闻。许之。二十二年，贤知都护不至，遂遗鄯善王安书，令绝通汉道。安杀其使。贤大怒。发兵攻鄯善。安迎战。兵败，亡入山中。贤杀掠千余人而去。其冬，贤复攻杀龟兹王，遂兼其国。鄯善、焉耆诸国侍子久留敦煌，愁思，皆亡归。鄯善王上书："愿复遣子入侍，更请都护。都护不出，诚迫于匈奴。"天子报曰："今使者大兵未能得出。如诸国力不从心，东西南北自在也。"于是鄯善、车师复附匈奴。而贤益横。妫塞王自以国远，遂杀贤使者，贤击灭之，立其国贵人驷鞬。贤又自立其子则罗为龟兹王。贤以则罗年少，乃分龟兹为乌垒国，徙驷鞬为乌垒王。又更以贵人为妫塞王。数岁，龟兹国人共杀则罗、驷鞬，而遣使匈奴，更请立王。匈奴立贵人身毒为龟兹王。龟兹由是属匈奴。贤以大宛贡税减少，自将诸国兵数万人攻大宛。大宛王延留迎降。贤因将还国。徙拘弥王桥塞提为大宛王。而康居数攻之。岁余，桥塞提亡归。贤复以为拘弥王，而遣延留还大宛，使贡献如常。又徙于阗王俞林为骊归王，立其弟位侍为于阗王。岁余，贤疑诸国欲叛，召位侍及拘弥、姑墨、子合王，尽杀之。不复置王，但遣将镇守其国。以上皆光武建武二十二年（46）以后，明帝永平二年（59）以前十四年间事也。为所破者，既有八国矣。

莎车将君得在于阗暴虐，百姓患之。永平三年（60），其大人都末与其兄弟共杀君得。而大人休莫霸复与汉人韩融等杀都末兄弟，自立为于阗王。复与拘弥国人攻杀莎车将在皮山者。贤遣其太子、国相将诸国兵二万人击休莫霸，败走。贤复发诸国兵数万，自将击休莫霸。霸复破之，斩杀过半。贤脱身走归国。休莫霸进围莎车，中流矢死，兵乃退。休莫霸兄子广德立。匈奴与龟兹诸国共攻莎车，不能下。广德承莎车之敝，复使攻之。贤连被兵革，乃遣使与广德和。先是广德父拘在莎车数岁，于时贤归其父，而以女妻之，结为昆弟。广德引兵去。明年，莎车相且运等患贤骄暴，密谋反城降于阗。广德乃将诸国兵三万攻莎车。诱贤与盟，执之，而并其国。锁贤将归，岁余杀之。匈奴闻广德灭莎车，遣五将发焉耆、尉黎、龟兹十五国兵三万余人围于阗。广德乞降。以其太子为质，约岁给罽絮。匈奴复遣兵将贤质子不居征立为莎车王。广德又攻杀之，更立其弟齐黎。其国转盛，从精绝西北至疏勒十三国皆服从。而鄯善王亦始强盛。自是南道自葱岭以东，唯此二国为大。《后汉书·西域传序》云：贤死之后，遂更相攻伐。小宛、精绝、戎卢、且末为鄯善所并；渠勒、皮山为于阗所统；皆悉有其地。郁立、单桓、孤胡、乌贪訾离为车师所灭。后其国皆复立。盖汉人复通西域后，不容其互相兼并，乃为之兴灭继绝也。

永平中，北虏胁诸国共寇河西，郡县城门昼闭。十六年(73)，奉车都尉窦固出击匈奴，取伊吾卢地，置宜禾都尉以屯田，车师始复内属。固以班超为假司马，与从事郭恂俱使西域。超到鄯善，与吏士三十六人攻杀匈奴使者。鄯善王广纳子为质。还奏固。固大喜。上超功效。帝以超为军司马，令遂前功。超与所属三十六人俱至于阗。是时于阗王广德新攻破莎车，遂雄张南道，而匈奴遣使监护其国。超诛其巫。巫言神怒，何故欲向汉？广德惶恐，攻杀匈奴使者降。龟兹王建为匈奴所立，倚恃虏威，据有北道。攻破疏勒，杀其王成，自以龟兹左侯兜题为疏勒王。明年，超从间道至疏勒。敕吏田虑先往，劫缚兜题，而自往立其故王兄子忠。于是于阗诸国皆遣子入侍，西域绝六十五载复通焉。是年，诏耿秉、窦固出白山击车师前后王，降之。始置西域都护、戊己校尉。以耿恭为戊己校尉，屯后王部金蒲城。即务涂谷，见第五章第四节。关宠为戊己校尉，屯前王柳中城。今新疆鄯善县鲁克察克。恭至部，移檄乌孙，示汉威德。大昆弥以下皆欢喜，遣使献名马，及奉宣帝时所赐公主博具，愿遣子入侍。恭乃发使赍金帛迎其侍子。明年，三月，匈奴破杀后王安得，而攻金蒲城。恭击却之。恭以疏勒城旁有涧水可固，五月，乃引兵据其城。七月，匈奴复来攻恭。于城下拥绝涧水。恭于城中穿井十五丈，不得水。吏士渴乏，笮马粪汁而饮之。恭整衣服向井再拜。有顷，水泉奔出。乃令扬水以示虏。虏以为神明，遂引去。时焉耆、龟兹攻没都护陈睦，北虏亦围关宠于柳中。会显宗崩，救兵不至。车师复叛，与匈奴攻恭。数月，恭才余数十人。初，关宠上书求救。时肃宗新即位，乃诏公卿会议。司空第五伦以为不宜救。司徒鲍昱议曰："今使人于危难之地，急而弃之……匈奴如复犯塞为寇，陛下将何以使将?”乃遣耿秉屯酒泉，行太守事。遣秦彭与谒者王蒙、皇甫援发张掖、酒泉、敦煌三郡及鄯善兵，合七千余人。建初元年，正月，会柳中。击车师，北虏惊走，车师复降。会关宠已殁，蒙等闻之，便欲引兵还。先是恭遣军吏范羌至敦煌迎兵士冬服，羌因随军俱出塞。乃分兵二千人与羌，从山北迎恭。遇大雪丈余，军仅能至。遂相随俱归。虏兵追之，且战且行。发疏勒时尚有二十六人，三月至玉门，唯余十三人而已。时大旱谷贵。郎杨终上疏请罢事西域，帝从之，不复遣都护。二年（77），复罢屯田伊吾。匈奴因遣兵守伊吾地。时龟兹、姑墨数发兵攻疏勒。班超守盘橐城，与疏勒王忠为首尾，士吏单少。拒守岁余，肃宗恐超单危不能自立，下诏征超。超发还，疏勒举国忧恐。至于阗，王侯以下皆号泣，互抱超马脚不得行。此等盖皆超请留之辞，不必实。超乃更还疏勒。疏勒两城，自超去后，复降龟兹，而与尉头连兵。超捕斩反者，击破尉头，疏勒复安。三年，超率疏勒、康居、于阗、拘弥兵一万人攻姑墨石城，破之。欲因此遂平诸国。乃上疏请兵。平陵人徐幹上疏，愿奋身佐超。五年，遂以幹为假司马，将弛刑及义从千人就超。先是莎车以为汉兵未能出，遂降于龟兹，而疏勒都尉番辰亦复叛。超与幹击番辰，大破之。欲进攻龟兹，以乌孙兵强，宜因其力，上言可遣使招慰。帝纳之。八年，拜超为将兵长史，以徐幹为军司马。元和元年（84），复遣假司马和恭等四人将兵八百诣超。超因发疏勒、于阗兵击莎车。莎车阴通使疏勒王忠，啖以重利，忠遂反从之，西保乌即城。超乃更立其府丞成大为疏勒王，悉发其不反者以攻忠。积半岁，而康居遣精兵救之，超不能下。是时月氏新与康居婚，相亲。超乃使使多赍锦帛遗月氏王，令晓示康居。康居王乃罢兵。执忠以归其国。乌即城遂降于超。后三年，忠说康居王，借兵还据损中。注云：“损中，未详。《东观记》作‘顿中’，《续汉》及华峤《书》并作‘损中’，本或作‘植’，未知孰是也。”密与龟兹谋，遣使伪降。超斩之。因击破其众。南道遂通。明年，超发于阗诸国兵二万五千人复击莎车。龟兹王遣大将军发温宿、姑墨、尉头，合五万人救之。超击破之。莎车遂降。自是威震西域。初，月氏尝助汉击车师有功。是岁，贡奉珍宝、符拔、师子，因求汉公主。超拒还其使。由是怨恨。和帝永元二年（90），其副王谢将兵七万攻超。超坚守不下。钞掠无所得。使赂龟兹求救。超伏兵遮击，尽杀之。谢使请罪，愿得生归。超纵遣之。月氏由是大震，岁奉贡献。是年，窦宪破匈奴。遣副校尉阎椝击伊吾，破之。车师前后王各遣子奉贡入侍。明年，龟兹、姑墨、温宿皆降。乃以超为都护，居龟兹。徐幹为长史。复置戊校尉，领兵五百人，居车师前部高昌壁。在新疆吐鲁番县东。又置戊部候，居车师后部候城。相去五百里。拜白霸龟兹侍子。为龟兹王，遣司马姚光送之。超与光共胁龟兹，废其王尤利多而立白霸。使光将尤利多还诣京师。超居龟兹它乾城，徐幹屯疏勒。西域唯焉耆、危须、尉黎、山国以前杀都护怀二心，其余悉定。六年，秋，超遂发龟兹、鄯善等八国兵，合七万人，及吏士、贾客千四百人讨焉耆。焉耆王广、尉黎王泛诣超，超收，于陈睦故城斩之。更立焉耆左侯元孟为王。于是西域五十余国，悉皆纳质内属焉。明年，下诏封超为定远侯。超至永元十四年乃还，在西域凡三十一年。

《班超传》云，超被征，以戊己校尉任尚为都护。与超交代，尚谓超曰：“君侯在外国三十余年，而小人猥承君后，任重虑浅，宜有以诲之。”超曰：“塞外吏士，本非孝子顺孙，皆以罪过徙补边屯。而蛮夷怀鸟兽之心，难养易败。今君性严急。水清无大鱼，察政不得下和。宜荡佚简易，宽小过，总大纲而已。”超去后，尚私谓所亲曰：“我以班君当有奇策，今所言平平耳。”尚至数年，而西域反乱，以罪被征，如超所戒。案，《李恂传》言：恂征拜谒者，使持节领西域副校尉。北匈奴数断西域车师、伊吾。陇沙以西，注：“《广志》曰：‘流沙在玉门关外，东西数百里，有三断，名曰三陇也。’”使命不得通。恂设购赏，遂斩虏帅，悬首军门。自是道路夷清。恂领西域副校尉，不能确知其在何年，然必在和帝之世。则匈奴窥伺西域久矣。诸国从汉，本非心服，汉亦无大兵力，徒恃纵横捭阖之策以御之，岂能持久？西域之复叛，亦不尽由任尚之严急也。殇帝延平元年（106），梁慬拜西域副校尉。行至河西，会西域诸国反叛，攻任尚于疏勒。尚上书求救。诏慬将河西四郡羌、胡五千骑驰赴之。未至，尚已得解。令征尚还。以骑都尉段禧为都护，西域长史赵博为骑都尉。禧、博守它乾城，城小，慬以为不可固，乃谲说龟兹王白霸，欲入共保其城，白霸许之。而吏人并叛其王，与温宿、姑墨共围城。慬等出战，大破之。龟兹乃定。而道路尚隔，檄书不通。公卿议者，以为西域阻远，数有背叛。吏士屯田，其费无已。安帝永初元年（107），遂罢都护，迎慬、禧、博还。北匈奴即复收属诸国，共为边寇。元初六年（119），敦煌太守曹宗，上遣行长史索班将千余人屯伊吾以招抚之。于是车师前王及鄯善王来降。数月，北匈奴复率车师后部王共攻没班等。进击走前王，略有北道。鄯善王急，求救于曹宗。宗请出兵击匈奴，复取西域。班超少子勇上议，以为府藏未充，师无后继，不可许。旧敦煌郡有营兵三百人，今宜复之。复置护西域副校尉，居于敦煌，如永元故事。又宜遣西域长史将五百人屯楼兰。西当焉耆、龟兹径路，南强鄯善、于阗心胆，北捍匈奴，东近敦煌。邓太后从勇议，复敦煌营兵，置西域副校尉，羁縻而已。其后北虏连与车师入寇河西，朝廷不能禁。议者因欲闭玉门、阳关，以绝其患。延光二年（123），敦煌太守张珰上书，以为“北虏呼衍王常展转蒲类、秦海之间，蒲类海，今巴里坤湖。秦海，注曰：大秦国在西海西，故曰秦海也。大误。丁谦《西域传考证》云：当指乌鲁木齐西北阿雅尔泊。专制西域，共为寇钞。今以酒泉属国吏士二千余人集昆仑塞，注：《前书》敦煌郡广至有昆仑障。广至故城在今瓜州常乐县东。案，唐常乐县在今甘肃安西县西。先击呼衍王，绝其根本，因发鄯善兵五千人胁车师后部，此上计也。若不能出兵，可置军司马，将士五百人，四郡供其犁牛、谷食，出据柳中，此中计也。如又不能，则宜弃交河城，收鄯善等悉使入塞，此下计也"。朝廷下其议。尚书陈忠上疏曰："今北虏已破车师，势必南攻鄯善。弃而不救，则诸国从矣。若然，则虏财贿益增，胆势益殖。威临南羌，与之交连。如此，河西四郡危矣。河西既危，不得不救，则百倍之役兴，不赀之费发矣。"帝纳之。乃以班勇为西域长史。将弛刑士五百人，西屯柳中。明年，正月，至楼兰。开示恩信。龟兹王白英率姑墨、温宿降。因发其兵，到车师前王庭，击走匈奴伊蠡王。前部复通。还，屯田柳中。四年，秋，勇发敦煌、张掖、酒泉六千骑，及鄯善、疏勒、车师前部兵击后部，大破之。捕得其王军就及匈奴持节使者，将至索班没处斩之。顺帝永建元年（126），勇率后部故王子加特奴、八滑等发精兵击北虏呼衍王，破之。上立加特奴为后王，八滑为后部亲汉侯。又使别校诛斩东且弥王，立其种人为王。于是车师六国悉平。其冬，勇发诸国兵击匈奴呼衍王。呼衍王亡走。捕得单于从兄，勇使加特奴手斩之，以结车师、匈奴之隙。北单于自将万骑入后部。勇使司马曹俊驰救之，单于引去。于是呼衍王徙居枯梧河上。是后车师无复虏迹，城郭皆安。唯焉耆王元孟与尉黎、危须不降。二年，勇上请攻元孟。遣敦煌太守张朗将河西四郡兵三千人配勇。因发诸国兵四万余人，分为两道击之。朗先有罪，欲邀功自赎，先期至。元孟降。勇以后期征，下狱，免。于是龟兹、疏勒、于阗、莎车等十七国皆来服从，而乌孙与葱岭以西遂绝。六年，复令伊吾开设屯田，如永元时事，置司马一人。案，自漠南北入西域，其势甚易。班勇上议，谓北虏遂遣责诸国，备其逋租，高其价值，严以期会。若西域望绝，屈就北虏，因其租入之饶、兵马之众，以扰动缘边，是为富仇雠之财，增暴夷之势。河西城门，必复昼闭。中国之费，不止千亿。则后汉之事车师，殊不能与前汉之通乌孙连类而并讥之矣。中叶以后，西北有羌患而无匈奴之忧，未始非安、顺间绥定之效也。班氏父子之功，亦伟矣哉！

第四节
汉与西南洋交通

世界之交通，塞于陆而通于海。亚洲之东方与西方，中间以重山及沙漠，故其阻隔尤甚。张骞之通西域，史家称为凿空，可见汉朝是时，与天山南路尚绝无往还。然邛竹杖、蜀布，业经身毒以至大夏者？《史记·大宛列传》言，武帝使张骞发间使出駹、冉、徙、邛、僰，以求大夏。其北方闭氐、筰，南方闭巂、昆明，终莫得通。然传闻其西可千余里有乘象国，名曰滇越，而蜀贾奸出物者或至焉。参看第五章第四节。此乘象国，当在今缅甸境。邛竹杖、蜀布之入身毒，疑自此途。昆明之属无君长，善寇盗，辄杀略汉使，此固汉使之所畏，而非商贾之所畏也。然则自蜀通印、缅海口之道，其开通固早于自秦、陇通西北之道矣。至交、广之域，则海道交通尤畅。《货殖列传》言：番禺为珠玑、犀、玳瑁、果、布之凑。珠玑、犀、玳瑁、果品等，为南海所饶，固不俟论。布疑即木棉所织。赵佗遗汉白璧一双，翠鸟千，犀角十，紫贝五百，桂蠹一器，生翠四十双，孔雀二双，固亦海外之珍奇，非陆梁之土产也。

《汉书·地理志》言："自日南障塞徐闻、汉县，今广东海康县。合浦汉县，今广东合浦县东北。船行。可五月，有都元国。又船行。可四月，有邑卢没国。又船行。可二十余日，有谌离国。步行。可十余日，有夫甘都卢国。自夫甘都卢国船行。可二月余，有黄支国。民俗略与珠崖相类。其州广大，户口多，多异物。自武帝以来皆献见。有译长属黄门，与应募者俱入海，市明珠、璧流离、奇石、异物。赍黄金杂缯而往。所至国皆廪食为耦，蛮夷贾船转送致之。亦利交易，剽杀人。又苦逢风波溺死。不者，数年来还，大珠至围二寸以下。……自黄支船行。可八月，到皮宗。船行。可二月，到日南、象林界云。黄支之南，有已程不国。汉之译使，自此还矣。"都元，日本藤田丰八谓即《通典》之"都昆"或"都军"，在今马来半岛。邑卢没，即《新唐书·南蛮传》之拘蒌密，在缅甸缘岸。谌离，即贾耽《入四夷道里》中之骠国悉利城。夫甘都卢，即缅之蒲甘城。黄支，即《西域记》达罗茶毗之都建志补罗。据冯承钧《中国南洋交通史》。其说当大致不误。据此，先汉译使已至印度矣。《后汉书·西南夷列传》云，永元九年（97），徼外蛮及掸国王雍由调遣重译奉国珍宝。《纪》云："永昌徼外蛮夷及掸国重译奉贡。"永宁元年（120），掸国王雍由调复遣使者诣阙朝贺。献乐及幻人。能变化，吐火，自支解，易牛马头。又善跳丸，数乃至千。自言我海西人。海西即大秦也，掸国西南通大秦。《纪》云，永昌徼外掸国遣使贡献。案，其事亦见《陈禅传》。禅言"掸国越流沙，逾县度"，掸国之来未必由此，盖指海西人言之也。《顺帝纪》，永建六年（131），日南徼外叶调国、掸国遣使贡献。叶调，冯承钧谓即爪哇。掸，《东观记》作"擅"。《后汉书·和帝纪》及《西南夷列传》注。今暹罗人自号其国曰泰，其种族之名则曰暹。说者谓泰即氐，暹即蜀，亦曰賨曰叟，亦即掸也。暹罗之称，由暹与罗斛合并而得。罗斛即古之獠，今之犵狫云。案，后汉时之哀牢夷本系越族，而文明程度颇高。见第六节。可见汉世西南夷，近海者开通，在内地者闭塞，掸国殆亦在今缅甸境，而由海道与西南诸国交通者也。

《史记·大宛列传》言：“（张）骞身所至者，大宛、大月氏、大夏、康居，而传闻其旁大国五六。”下文除此诸国外，又述乌孙、奄蔡、安息、条枝、犁轩、身毒，凡六国，盖即其所传闻。奄蔡临大泽无涯，盖即黑海。条枝在安息西数千里，临西海，盖即波斯湾。犁轩，或云即亚历山大城，或云指叙利亚，未能定，要必大秦重镇，而大秦之即罗马，则似无可疑也。《大宛列传》又言：骞之使乌孙，分遣副使使大宛、康居、大月氏、大夏、安息、身毒、于阗、扜罙及诸旁国，后颇与其人俱来。又云：汉使至安息，安息王令将二万骑迎于东界。东界去王都数千里，行比至，所过数十城，人民相属甚多。汉使还，而后发使随汉使来，观汉广大，以大鸟卵及黎轩善眩人献于汉。及宛西小国驩潜、大益，宛东姑师、扜罙、苏薤之属，皆随汉使献见天子。伐宛之后，汉发使十余辈至宛西诸外国求奇物。此先汉之世与西域陆路交通情形也。《大宛列传》云：“安息长老传闻条枝有弱水、西王母而未尝见。”《汉书·西域传》同。又云：“自条支乘水西行，可百余日，近日所入云。”《后汉书·西域传》云：或云大秦国西有弱水、流沙，近西王母所居处，几于日所入也。《汉书》云“从条支西行二百余日，近日所入”，则与今异矣。前世汉使皆自乌弋以还，莫有至条支者也。盖汉时流俗，习以流沙、西王母为极西之地，随所知之极西，则以为更在其表，此可见汉初通西域时，尚未知有大秦也。《后书》云：“大秦国一名犁鞬。以在海西，亦云海西国。”犁鞬即犁轩，《汉书》作“犁靬”，并无大秦之名，而《后书》忽有之，似非即大秦之都，特属于大秦而已。《后书》又云：“自安息西行，三千四百里至阿蛮国。从阿蛮西行，三千六百里至斯宾国。从斯宾南行，渡河，又西南至于罗国，九百六十里。安息西界极矣。自此南乘海，乃通大秦。”“和帝永元九年，都护班超遣甘英使大秦。抵条支，临大海欲渡。安息西界船人谓英曰：‘海水广大，往来者逢善风，三月乃得渡。若还迟风，亦有二岁者。故入海人皆赍三岁粮。海中善使人思土恋慕，数有死亡者。’英闻之，乃止。”此即总叙所云“班超遣掾甘英穷临西海而还”者，其为《史记》所云条枝临西海之“西海”可知也。《后书》又云：大秦王“尝欲通使于汉，而安息欲以汉缯彩与之交市，故遮阂不得自达。至桓帝延熹九年，大秦王安敦 Marcus Aurelius Antoninus，生于西元百二十一年，殁于百八十年，约自后汉安帝建光元年（121）至灵帝光和三年（180）。遣使自日南徼外献象牙、犀角、玳瑁，始乃一通焉”。盖陆路之隔阂如此。然汉张掖有骊靬县。《说文·革部》“靬”下云：“武威有丽靬县。”严可均云：“《两汉志》，骊靬属张掖，《晋志》属武威。此亦云武威者？《武纪》：元鼎六年（前111），分武威、酒泉地，置张掖、敦煌郡。许或据未分时图籍，不则校者依《字林》改也。”案，许无据未分时图籍理。谓后人以《字林》改《说文》，亦近臆测。盖许书说解，原系裒录旧文，此所据者，尚系元鼎六年以前之旧说也。然则犁轩人之东来旧矣。合邛竹杖、蜀布之事观之，可见国家信使之往还，实远较民间之交通为后也。《尔雅·释兽》：“䝙，有力。”注云：“出西海大秦国。有养者。似狗，多力，犷恶。”大秦之兽，中华至有养者，可见来者非少。《后书》又言：“远国蒙奇、兜勒皆来归服，遣使贡献。”其事亦见《和帝纪》永元九年（97）。两国皆无地理、事迹，无由考其所在，然亦必在安息之表也。

《后书·天竺传》云：“和帝时，数遣使贡献，后西域反叛，乃绝。至桓帝延熹二年、四年，频从日南徼外来献。”则西域未绝时，印度亦自陆路通中国也。其佛教入中国事，别见第二十章第七节。

第五节
后汉平西羌

王莽之开西海郡也，筑五县边海，亭燧相望。莽败，诸羌还据西海为寇。更始、赤眉之际，羌遂放纵，寇金城、陇西。隗嚣不能讨，乃就慰纳。因发其众，与汉相拒。嚣死，以司徒掾班彪言，复置护羌校尉。建武九年（33）。以牛邯为之。邯卒而职省。建武十年，先零豪与诸种相结，复寇金城、陇西，遣中郎将来歙等击破之。十一年，先零种复寇临洮。陇西太守马援破降之。后悉归服。徙置天水、陇西、扶风三郡。是为汉徙羌人入塞之始。《援传》云：自王莽末，西羌寇边，遂入居塞内。金城属县多为虏有。是时朝臣以金城、破羌以西，破羌，汉县，在今碾伯县西。途远多寇，议欲弃之。援上言："破羌以西，城多完牢，易可依固。其田土肥壤，灌溉流通。如令羌在湟中，则为害不休，不可弃也。"帝然之。诏武威太守：令悉还金城客民，归者三千余口。使各反旧邑。援奏为置长吏，缮城郭，起坞候。开导水田，劝以耕牧。郡中乐业。盖弃地之议，后汉初年已有倡之者矣。

爰剑玄孙研之后为研种，已见第五章第五节。研十三世孙烧当，复豪健，其子孙更以烧当为种号。自烧当至玄孙滇良，世居河北大允谷，《水经注》：河水入塞，又东径允川，历大、小榆谷。丁谦《西羌传考证》云：允川即大允谷所出之水，在今青海巴燕县西北。大允谷在西宁县境。大、小榆谷在黄河之南循化县境。种小人贫，而先零、卑湳并皆强富，数侵犯之。滇良父子，据《后书·羌传》，烧当种世系可考者：滇良子滇吾、滇岸。滇吾子东吾、迷吾、号吾。东吾子东号。

迷吾子迷唐。东号子麻奴、犀苦。而据《晋书·载记》，则姚弋仲之先填虞，为烧当七世孙。汉中元末，寇扰西州，为马武所败，徙出塞。虞九世孙迁那，率种人内附，处于南安之赤亭。迁那玄孙柯回，则弋仲之父也。积见陵易，愤怒，而素有恩信于种中。于是即会附落及诸杂种，掩击先零、卑湳，大破之。夺居其地大榆中。由是始强。子滇吾立。附落转盛，常雄诸羌。每欲侵边者，滇吾转教以方略，为其渠帅。明帝永平元年（58），遣中郎将窦固、捕虏将军马武等击滇吾于西邯，《马武传》注："《水经注》曰邯川城左右有水，自此出，南经邯亭，注于河。盖以此水分流，谓之东、西邯也。在今廓州化阴县东。"《西羌传》注云："邯，水名。邯分流左右，在今廓州。"案，唐廓州治广威，在今巴燕县境，黄河北岸。大破之。滇吾远引去。余悉散降。徙七千口置三辅。以谒者窦林领护羌校尉，居狄道。汉县，今甘肃临洮县西南。林为诸羌所信，滇岸遂诣林降。明年，滇吾复降。滇吾子东吾，以父降汉，入居塞内，谨愿自守，而诸弟迷吾等数为寇盗。肃宗建初元年（76），拜吴棠领护羌校尉，居安夷。汉县，在今西宁县东。二年，迷吾叛。棠不能制。坐征免。傅育代为校尉，居临羌。汉县，今西宁县西。迷吾与封养种豪布桥等寇陇西、汉阳，遣马防、耿恭讨破之。迷吾降。防乃筑索西城，注："故城在今洮州。"唐洮州，在今甘肃临潭县西。徙陇西南部都尉戍之。悉复诸亭候。元和三年（86），迷吾复与弟号吾诸杂种反叛。章和元年（87），傅育击之，战死。张纡代为校尉。迷吾入金城塞。纡遣从事司马防败之。迷吾降。纡设兵大会，施毒酒中。羌饮醉，伏兵起，杀酋豪八百余人。斩迷吾等五人头，以祭育冢。迷吾子迷唐及其种人向塞号哭。与诸种解仇交质，寇陇西塞。太守寇纡与战白石，县名，今甘肃导河县西南。迷唐不利，引还大、小榆谷。北招属国诸胡，会集附落，种众炽盛，张纡不能讨。和帝永元元年（89），纡坐征。邓训代为校尉。稍以赏赂离间之。由是诸种少解。

号吾降。此据《西羌传》。《邓训传》作"迷吾"。训遣兵击迷唐。迷唐去大、小榆谷，徙居颇岩谷。四年，训卒，聂尚代为校尉。欲以文德服之。招迷唐还居大、小榆谷。迷唐复叛。五年，尚坐征免。贯友代为校尉。遣译使构离诸种，诱以财货。由是解散。乃夹逢留大河筑城坞，作大航，造河桥，渡河击迷唐。迷唐乃率部落远依赐支河曲。见第五章第五节。八年，友病卒。史充代为校尉。发湟中羌、胡出塞。羌迎败充兵。明年，充坐征。吴祉代为校尉。其秋，迷唐率八千人寇陇西，杀数百人。乘胜深入，胁塞内诸种羌，共为寇盗，众羌复悉与相应。遣刘尚、赵代讨之。迷唐惧，引去。明年，尚、代并坐畏懦征，下狱，免。谒者王信领尚营屯枹罕，耿谭领代营屯白石。谭设购赏，诸种颇来内附。迷唐恐，乃请降。信、谭遂受降罢兵。遣迷唐诣阙。其余种人，不满二千，饥窘不立，入居金城。和帝令迷唐将其种人还大、小榆谷。迷唐以为汉作河桥，兵来无常，故地不可复居。辞以种人饥饿，不肯远出。吴祉等乃多赐迷唐金帛，令籴谷市畜，促使出塞。种人更怀猜惊。十二年，遂复背叛。胁将湟中诸胡，寇钞而去，信、谭、祉皆坐征。周鲔代为校尉。明年，迷唐复还赐支河曲。初，累姐种附汉，迷唐怨之，遂击杀其酋豪。由是与诸种为仇，党援益疏。其秋，迷唐复将兵向塞。周鲔合诸郡兵，属国羌、胡三万人出塞。至允川，与迷唐战，羌众折伤，种人瓦解。降者六千余口。分徙汉阳、安定、陇西。迷唐遂弱，种众不满千人，远逾赐支河首，依发羌居。后病死，有一子来降，时西海及大、小榆谷左右无复羌寇。隃麋相曹凤上言：隃麋，后汉侯国，在今陕西汧阳县东。"自建武以来，犯法者常从烧当种起。以其居大、小榆谷，土地肥美，又近塞内诸种，易以为非。南得钟存，以广其众。北阻大河，因以为固。又有西海鱼盐之利。缘山滨水，以广田蓄。故能强大，常雄诸种。……宜及此时，建复西海郡县，规固二榆，广设屯田。”于是拜凤为金城西部都尉，将徙士屯龙耆。注：“龙耆，即龙支也，今鄯州县。”案，唐龙支，在今青海乐都县南。后金城长史上官鸿上开置归义、建威屯田二十七部，护羌校尉侯霸复上置东西邯屯田五部，增留、逢二部。帝皆从之。列屯夹河，合三十四部。其功垂立。至永初中，诸羌叛，乃罢。《和帝纪》：永元十四年（102），二月，缮修故西海郡，徙金城西部都尉以戍之。

第六节
后汉开拓西南

交州开为郡县后，其地之人民，一时未能与华同化，而与西南洋颇有交往，珍奇之品颇多，官其地者率多贪暴，遂至激而生变，其后终以是丧安南焉。在后汉之初，则有征侧及其妹征贰之变。征侧者，麊泠县洛将之女。麊泠，《晋书·地理志》作“麋泠”，在今越南北境。嫁为朱䳒人诗索妻。朱䳒，汉县，《晋志》作“朱鸢”，在今越南河内东南。甚雄勇。交趾太守苏定以法绳之，侧忿，故反。时在光武建武十六年（40）二月。九真、日南、合浦蛮里皆应之。凡略六十五城。自立为王。《马援传》注引《越志》云：“都麊泠。”光武诏长沙、合浦、交趾具车船，修道桥，通障溪，储粮谷。十八年，遣马援、段志发长沙、桂阳、零陵、苍梧兵万余人讨之。至合浦，志病卒。援并将其兵，缘海而进。随山刊道千余里。明年，四月，破交趾。斩征侧、征贰等，余皆降散。进击九真贼都阳等，破降之。岭表悉平。光武此役，用兵盖极谨慎，马援亦良将，然至二十年秋振旅，军吏死者犹十四五焉，可见用兵南方之不易也。

后汉时南方诸国，通贡献若内属者颇多。有极野蛮者，如乌浒人是。《后汉书·南蛮传》云："《礼记》称南方曰蛮，雕题交趾。其俗男女同川而浴，故曰交趾。其西有啖人国。生首子，辄解而食之，谓之宜弟。味旨，则以遗其君，君喜而赏其父。娶妻美，则让其兄。今乌浒人是也。"注引万震《南州异物志》曰："乌浒，地名也。在广州之南，交州之北。恒出道间，伺候行旅，辄出击之。利得人食之，不贪其财货。并以其肉为肴菹。又取其髑髅破之以饮酒。以人掌趾为珍异，以食长老。"《传》云："灵帝建宁三年，郁林太守谷永以恩信招降乌浒人十余万内属。皆受冠带。开置七县。""光和元年，交趾、合浦、乌浒蛮反叛。招诱九真、日南，合数万人，攻没郡县。四年，刺史朱俊击破之。"案，其事亦见《本纪》。《本纪》建宁三年（170）注引《广州记》曰："其俗食人。以鼻饮水，口中进啖如故。"有较文明者，如掸国是。《后书·西南夷列传》曰："哀牢夷者：其先有妇人名沙壹，居于牢山。尝捕鱼水中，触沉木，若有感，因怀妊。十月，产子男十人。后沉木化为龙，出水上。沙壹忽闻龙语曰：'若为我生子，今悉何在？'九子见龙惊走。独小子不能去，背龙而坐。龙因舐之。其母鸟语，谓背为九，谓坐为隆，因名子曰九隆。及后长大，诸兄以九隆能为父所舐而黠，遂共推以为王。后牢山下有一夫一妇，复生十女子。九隆兄弟皆娶以为妻。后渐相滋长。种人皆刻画其身，象龙文，衣皆着尾。"注："自此以上，并见《风俗通》也。"又云："哀牢人皆穿鼻儋耳。其渠帅自谓王者，耳皆下肩三寸，庶人则至肩而已。"观其传说及其习俗，其为越族之临水而居者可知也。然《传》又云："土地沃美，宜五谷、蚕桑。知染彩、文绣、罽、毲、帛叠、兰干、细布，织成文章如绫锦。有梧桐木华，绩以为布。幅广五尺，洁白不受垢污。……出铜、铁、铅、锡、金、银、光珠、虎魄、水精、琉璃、轲虫、蚌珠、孔雀、翡翠、犀、象、猩猩、貊兽。"观其物产多南方珍品，而知其文明来自海表也。《传》又云：

"九隆死，世世相继。注："《哀牢传》曰：'九隆代代相继，名号不可得而数。至于禁高，乃可记知。禁高死，子吸代。吸死，子建非代。建非死，子哀牢代。哀牢死，子桑藕代。桑藕死，子柳承代。柳承死，子柳貌代。柳貌死，子扈栗代。'"乃分置小王，往往邑居，散在溪谷。绝域荒外，山川阻深，生人以来，未尝交通中国。建武二十三年，其王贤栗遣兵乘箄船南下江、汉，击附塞夷鹿茤。注："其种今见在。"鹿茤人弱，为所擒获。于是震雷疾雨，南风飘起，水为逆流，翻涌二百余里，箄船沉没，哀牢之众，溺死数千人。贤栗复遣其六王将万人以攻鹿茤。鹿茤王与战，杀其六王。哀牢耆老共埋六王。夜，虎复出其尸而食之。余众惊怖引去。贤栗惶恐，谓其耆老曰：'我曹入边塞，自古有之。今攻鹿茤，辄被天诛。中国其有圣人乎？天祐助之，何其明也？'此事盖中国人所附会。二十七年，贤栗等遂率种人……诣越嶲太守郑鸿降，求内属。光武封贤栗等为君长。自是岁来朝贡。永平十二年，哀牢王柳貌遣子率种人内属。其称邑王者七十七人。……显宗以其地置哀牢、博南二县。哀牢，今云南保山县东。博南，今云南永平县东。割益州郡西部都尉所领六县，合为永昌郡。始通博南山，渡兰仓水。行者苦之，歌曰：'汉德广，开不宾。渡博南，越兰津。渡兰仓，为他人。'"一时虽不免劳费，然云南西境自此遂为中国之地矣。

永平中，益州刺史梁国朱辅好立功名。在州数岁，宣示汉德，威怀远夷。自汶山以西，前世所不至，正朔所未加，白狼、槃木、唐菆等百余国，举种奉贡。辅上其乐诗，皆夷人本语。今其诗犹存于《后汉书·西南夷列传》中，而章怀并录《东观记》所载夷言，以为注焉。《明帝纪》：永平十七年（74），西南夷哀牢、儋耳、僬侥、槃木、白狼、动黏诸种，前后慕义贡献。辅卒后，遂绝。顺帝后，种暠为益州刺史。在职三年，宣恩远夷，开晓殊俗。岷山杂落皆怀服汉德。其白狼、槃木、唐菆、邛、僰诸国，复举种向化。《暠传》。

汉时，中国良吏能化导南夷者不少。《马援传》言，援征交趾，所过辄为郡县治城郭。穿渠灌溉，以利其民。条奏越律与汉律驳者十余事，与越人申明旧制，以约束之，自后骆越奉行马将军故事。《循吏传》云：“含洭、今广东英德县西。浈阳、英德县东。曲江今广东曲江县西。三县，越之故地。武帝平之，内属桂阳。民居深山，滨溪谷，习其风土，不出田租。去郡远者，或且千里。吏事往来，辄发民乘船，名曰传役。每一吏出，徭及数家，百姓苦之。飒乃凿山通道五百余里，列亭传，置邮驿。于是役省劳息，奸吏杜绝。流民稍还，渐成聚邑。使输租赋，同之平民。”又云，许荆，和帝时稍迁桂阳太守。郡滨南州，风俗脆薄，不识学义。荆为设丧纪、婚姻制度，使知礼禁。《南蛮传》云：“凡交趾所统，虽置郡县，而言语各异，重译乃通。人如禽兽，长幼无别。项髻徒跣，以布贯头而着之。《续汉书·郡国志》注引《博物记》曰：“日南出野女，群行不见夫。其状晶且白，裸袒无衣襦。”后颇徙中国罪人，使杂居其间，乃稍知言语，渐见礼化。光武中兴，锡光为交趾，任延守九真，于是教其耕稼，制为冠履；初设媒娉，始知姻娶；建立学校，导之礼义。”《循吏传》曰：“九真俗以射猎为业，不知牛耕，民常告籴交趾，每致困乏。延乃令铸作田器，教之垦辟。田畴岁岁开广，百姓充给。又骆越之民无嫁娶礼法。各因淫好，无适对匹。不识父子之姓、夫妇之道。延乃移书属县：各使男年二十至五十，女年十五至四十，皆以年齿相配。其贫无礼聘，令长吏以下各省俸禄，以赈助之。此安能给？故知史多溢美之辞。同时相娶者二千余人。……其产子者始知种姓，咸曰：‘使我有是子者，任君也。’多名子为‘任’。”此辞亦必不实。“初，平帝时，汉中锡光为交趾太守。教导民夷，渐以礼义。化声侔于延。王莽末，闭境拒守。建武初，遣使贡献。封盐水侯。领南华风，始于二守焉。”《西南夷列传》云，肃宗元和中，蜀郡王追为益州太守，政化尤异。始兴起学校，渐迁其俗。又云，桓帝时，牂牁尹珍，自以生于荒裔，不知礼义，乃从汝南许慎、应奉受经书、图纬。学成，还乡里教授。于是南域始有学焉。凿浑沌之七窍者，不必为浑沌之利，此义非当时之人所知。勤勤恳恳，俾夷为华，要不可谓非一时豪桀之士也。

第七节
后汉时东北诸族

汉世东北诸族：曰夫余，曰高句骊，曰沃沮，曰濊貉，皆古之貉人。曰挹娄，即古之肃慎，后世之女真。曰三韩，其种族盖与倭相杂。曰倭，即今之日本也。夫余在玄菟北千里。南与高句骊、东与挹娄、西与鲜卑接。北有弱水，地方二千里。于东夷之域最为平敞。盖今吉林西境。弱水，今松花江也。高句骊在辽东之东千里。南与朝鲜、濊貉，东与沃沮，北与夫余接。地方二千里。多大山深谷，人随而为居。盖跨鸭绿江上游两岸，今辽宁东南境、朝鲜平安道北境也。东沃沮，在高句骊盖马大山之东。东滨大海。北与挹娄、夫余，南与濊貉接。其地东西狭，南北长，折方可千里。土肥美，背山向海。盖在今咸镜道境。盖马大山，盖平安、咸镜两道间之山也。北沃沮，一名置沟娄，去南沃沮八百余里，界南接挹娄，盖在今咸镜道北境。濊，北与高句骊、沃沮，南与辰韩接，东穷大海，西至乐浪，今江原道之地。挹娄，在夫余东北千余里，东滨大海，南与北沃沮接，不知其北所极，在今吉林东境，包括俄领沿海州。三韩：马韩在西，北与乐浪，南与倭接，为今忠清道地。辰韩在东，弁辰在辰韩之南，皆今庆尚道地也。

《后汉书》述夫余缘起云：“初，北夷索离国王出行，其侍儿于后妊身。王还，欲杀之。侍儿曰：‘前见天上有气，大如鸡子，来降我，因以有身。’王囚之。后遂生男。王令置于豕牢，豕以口气嘘之，不死。复徙于马阑，马亦如之。王以为神，乃听母收养。名曰东明。东明长而善射，王忌其猛，复欲杀之。东明奔走。南至掩淲水，以弓击水，鱼鳖皆聚浮水上，东明乘之得渡。因至夫余而王之焉。”《后书》此文，本于《魏略》，见《三国志·夫余传》注引。索离作藳离，掩淲水作施掩水。《后书》注云：“‘索’或作‘槖’。”疑索为藳之误，槖又橐之讹。此与《魏书》所述高句丽始祖朱蒙缘起，明系一事。《魏书》云：“高句丽者，出于夫余。自言先祖朱蒙。朱蒙母河伯女。为夫余王闭于室中。为日所照。引身避之，日影又逐。既而有孕。生一卵，大如五升。夫余王弃之与犬，犬不食。弃之与豕，豕又不食。弃之于路，牛马避之。后弃之野，众鸟以毛茹之。夫余王割剖之，不能破。遂还其母。其母以物裹之，置于暖处。有一男，破壳而出。及其长也，字之曰朱蒙。其俗言朱蒙者，善射也。夫余人以朱蒙非人所生，将有异志，请除之。王不听。命之养马。朱蒙每私试，知有善恶。骏者减食令瘦，驽者善养令肥。夫余王以肥者自乘，以瘦者给朱蒙。后狩于田，以朱蒙善射，限之一矢。朱蒙虽矢少，殪兽甚多。夫余之臣又谋杀之。朱蒙母阴知，告朱蒙曰：国将害汝。以汝才略，宜远适异方。朱蒙乃与乌引、乌违等二人弃夫余，东南走。中道，遇一大水，欲济无梁。夫余人追之甚急。朱蒙告水曰：我是日子，河伯外孙。今日逃走，追兵垂及，如何得济？于是鱼鳖并浮，为之成桥。朱蒙得渡，鱼鳖乃解。追骑不得渡。朱蒙遂至普述水。遇见三人：其一人着麻衣，一人着衲衣，一人着水藻衣。与朱蒙至纥升骨城，遂居焉。号曰高句丽，因以为氏焉。”《魏书》谓句丽出于夫余，乃因夫余在塞外，建国较早云然。原其部落，固不得云有先后也。此事又与《博物志》所载徐偃王事相类，已见《先秦史》第十章第一节。契之生，固由简狄吞玄鸟卵；

见《先秦史》第八章第二节。即《生民》之诗，所谓“不拆不副”者，疑亦如《魏书》所言朱蒙卵生，夫余王割剖之不能破；貉本东南部族，播迁而至东北，似无足疑。《后书·高句骊传》云“东夷相传以为夫余别种，故言语法则多同”，《濊传》云：“耆旧自谓与句骊同种，言语法俗，大抵相类”，《沃沮传》云“言语、饮食、居处、衣服，有似句骊”，可见此族蔓延之广。《挹娄传》云“人形似夫余，而言语各异”，则知其确为异族。知挹娄即古肃慎者？《传》言其“弓长四尺，力如弩。矢用楛，长一尺八寸。青石为镞。镞皆施毒，中人即死”。肃慎在古代，固曾以楛矢石砮为贡也。亦见《先秦史》第十章第一节。《韩传》云：马韩，“其南界近倭，亦有文身者”。弁辰，“其国近倭，故颇有文身者”。近倭者文身，远倭者则否，知韩自为大陆民族，特与倭相杂耳。倭男子皆黥面文身。衣横幅，结束相连。女人披发屈髻，衣如单被，贯头而着之。并丹朱坋身，如中国之用粉也。与朱崖、儋耳相近，故其法俗多同。其为越族无疑矣。

诸国文化，高低不等。貉族皆能勤稼穑，祭天及鬼神。有城郭宫室。或冠弁衣锦，器用俎豆。《汉书》《地理志》。及《后汉书》《东夷传论》。皆称其风俗醇厚，归功于箕子之教。此亦未必然。要之南方开化早，北方开化迟，貉本东南之民，故其法俗与挹娄、韩、倭迥乎不同耳。马韩无城郭。作土室，形如冢，开户向上。不贵金、银、锦、罽。不知骑乘牛马。唯重璎珠，以缀衣为饰，及悬颈垂耳。挹娄亦穴居。冬以豕膏涂身。夏则裸袒，以尺布蔽其前后。臭秽不洁。作厕于中，圜之而居。东夷饮食皆用俎豆，唯此独无。法俗最无纲纪，则皆不足观矣。

夫余至后汉始通中国，而其建国则远在西汉之世。《汉书·王莽传》，莽篡位，使五威将四出。东出者至玄菟、乐浪、高句骊、夫余。及高句骊亡出塞，州郡归咎于高句骊侯驺，严尤言被以大罪，恐其遂叛，夫余之属，必有和者。参看第七章第四节。则当先汉之末，业已崭然见头角矣。光武建武二十五年（49），夫余王始遣使奉贡。光武厚报答之。于是使命岁通。其后虽间或犯塞，然大体服从。顺帝永和元年（136），其王曾来朝京师，挹娄自汉兴以后，臣属夫余，故未尝自通于汉云。

高句骊本玄菟属县。玄菟初治沃沮，昭帝时徙治高句骊。自单单大岭以东，沃沮、濊貉，悉属乐浪。后以境土广远，复分岭东七县置乐浪东部都尉。已见第五章第六节。故夫余为塞外之地，句骊、沃沮、濊则皆在邦域之中也。高句骊凡有五族：有消奴部、绝奴部、顺奴部、灌奴部、桂娄部。本消奴部为主，稍微弱，后桂娄部代之。王莽时事，已见第七章第四节。建武八年（32），高句骊遣使朝贡。光武复其王号。二十五年，春，句骊寇右北平、渔阳、上谷、太原。辽东太守祭肜以恩信招之，皆复款塞。后句骊王宫，生而开目能视，国人怀之。及长，勇壮，数犯边境。安帝永初五年（111），宫遣使贡献。求属玄菟。元初五年（118），复与濊貉寇玄菟，攻华丽城。华丽，汉县，属乐浪郡。建光元年（121），幽州刺史冯焕，玄菟太守姚光，辽东太守蔡讽等将兵出塞击之。宫遣嗣子遂成诈降，据险厄以遮大军，而潜遣三千人攻玄菟、辽东，焚城郭，杀伤二千余人。于是发广阳、渔阳、右北平、涿郡属国三千余骑同救之。而貉人已去。夏，复与辽东、鲜卑八千余人攻辽队，汉县，今辽宁海城县西。杀掠吏民。蔡讽等追击于新昌，汉县，今海城县东。战没。秋，宫遂率马韩、涉貉数千骑围玄菟。夫余王遣子尉仇台将二万余人与州郡并力讨破之。是岁，宫死，子遂成立。姚光上言：欲因其丧击之。尚书陈忠谓宜遣吊问，因责让前罪，赦不加诛，取其后善。安帝从之。明年，遂成诣玄菟降。遂成死，子伯固立。其后濊貉率服，东垂少事。顺帝阳嘉元年（132），置玄菟郡屯田六部。质、桓之间，复犯辽东西安平。

汉县，在今辽宁辽阳县东。杀带方令。带方县，在今朝鲜平壤西南。掠得乐浪太守妻子。建宁二年（169），玄菟太守耿临讨之，斩首数百级。伯固降伏，乞属玄菟云。

三韩，《后书》云："马韩最大，共立其种为辰王，都目支国，尽王三韩之地。其诸国王，先皆是马韩种人焉。"又云："初，朝鲜王准为卫满所破，乃将其余众数千人走入海。攻马韩，破之。自立为韩王。准后灭绝，马韩人复自立为辰王。"案，自三韩以前，辰为一统之国，已见第五章第六节。马韩最大，故其种皆称王，而箕氏亡后，辰王之位亦仍为马韩所据也。《后书》又云，辰韩耆老，自言秦之亡人，避苦役，适韩国。马韩割东界地与之。其名国为邦，弓为弧，贼为寇，行酒为行觞，相呼为徒，有似秦语，故或名之为秦韩。辰韩仅诸小别邑各有渠帅，盖皆不足称王。然有城郭屋室。知乘驾牛马。国出铁，濊、倭、马韩并从市之。凡诸贸易皆以铁为货。与马韩之无城郭，作土室，不知骑乘，唯重璎珠者大异矣。弁辰与辰韩杂居，言语风俗有异，而城郭、衣服皆同。甚矣，文明之易于传播也。建武二十年（44），韩人廉斯人苏马諟等诣乐浪贡献。光武封苏马諟为汉廉斯邑君。使属乐浪郡，四时朝谒。

《后汉书·倭传》云：倭凡百余国。自武帝灭朝鲜，使驿当作"译"。通于汉者三十许国。国皆称王。其大倭王居邪马台国。建武中元二年（57），倭奴国奉贡朝贺。使人自称大夫。倭国之极南界也。光武赐以印绶。《本纪》："东夷倭奴国王遣使奉献。"安帝永初元年（107），倭国王帅升等献生口百六十人，愿请见。《本纪》："倭国遣使奉献。"案，《后书》记倭事略同《国志》，而不如《国志》之详。《国志》述自带方至倭道里云，从郡至倭，带方，后汉末公孙康改为郡。循海岸水行，历韩国，乍南乍东，到其北岸狗邪韩国，七千余里。始渡一海，千余里，至对马国。又南，渡一海，千余里，命曰瀚海，至一大国。又渡一海，千余里，至末卢国。东南陆行，五百里，到伊都国。东南至奴国百里。东行至不弥国百里。南至投马国，水行二十日。南至邪马壹国，女王之所都，女王见第十二章第十节。水行十日，陆行一月。日本木宫泰彦《中日交通史》谓，狗邪韩即迦罗。对马即今对马。一大，当依《北史》作一支，今壹岐。末卢，今肥前之松浦。伊都，今筑前之怡土。奴即筑前之傩。不弥，筑前之宇弥。投马，筑后之三潴。又其国博士内藤氏之说云：北宋本《通典》有倭面土国王师升。日本古本《后汉书》有倭面土国王师升、倭面国王师升。《异称日本传》引《通典》有倭面土地王师升。盖本作倭面土国王，后省称倭面国王，又省为倭国王，或误为倭面土地王。倭面土当读为セマト，即大和国，邪马台亦即此三字之异译也。据陈捷译本。商务印书馆本。日本天明四年（1784），筑前那珂人掘地，得一石室。上覆巨石，下以小石为柱。中有金印一，蛇纽，方寸，文曰汉委奴国王。黄遵宪尝于博览会中亲见之。见遵宪所著《日本国志·邻交志》。案，《国志》又云："自女王国以北，其户数道里可略载。其余旁国远绝，不可得详。次有斯马国。次有已百支国。次有伊邪国。次有都支国。次有弥奴国。次有好古都国。次有不呼国。次有姐奴国。次有对苏国。次有苏奴国。次有呼邑国。次有华奴苏奴国。次有鬼国。次有为吾国。次有鬼奴国。次有邪马国。次有躬臣国。次有巴利国。次有支唯国。次有乌奴国。次有奴国。此女王境界所尽。其南有狗奴国，男子为王。"建武、中元之时，倭之极南界虽不可知，似不能逮女王时。三国时可详知者，尚仅限于女王国以北，则倭奴或即邪马台之大酋，亦未可知。即谓不然，而帅升与后来之女王必即其大酋，则无疑矣。日本史家，每谰言受封于我者为彼之小酋，只见其褊浅耳。《国志》云："旧百余国，汉时有朝见者。

今使译所通三十国。”则三十国之通实三国时事，疑后汉尚未逮此。而《后书》云：“自武帝灭朝鲜，使驿通于汉者三十许国。”一似自武帝时即然者，措辞似亦未审也。

第十章
后汉衰乱

第一节
后汉外戚宦官之祸上

后汉外戚之祸始自章帝时。帝后窦氏，融之曾孙。父勋，尚东海恭王女沘阳公主。永平中，融年老，子孙纵诞，多不法，勋坐事死洛阳狱。建初二年（77），后与女弟俱入掖庭。明年，立为皇后。妹为贵人。后宠幸殊特，专固后宫。宋贵人者，昌八世孙，父杨。杨之姑，明德马后之外祖母也。杨二女，永平末，选入太子宫，甚有宠。肃宗即位，并为贵人。建初三年，大贵人生庆。明年，立为皇太子。梁贵人者，竦女。竦，统子。少失母，为伯母舞阴公主所养。舞阴公主，光武女，下嫁统子松。建初二年，亦与中姊俱选入掖庭，为贵人。四年，生肇，后养为己子。后诬宋贵人欲作蛊道咒诅。七年，帝遂废庆为清河王而立肇。出贵人姊妹置丙舍，使小黄门蔡伦考实之。皆承风旨，傅致其事。乃载送暴室。二贵人同时饮药自杀。后欲专名外家，而忌梁氏。八年，乃作飞书陷竦，死狱中。家属徙九真。辞语连舞阴公主，坐徙新城，汉新成县，《后汉》作“新城”，在今河南洛阳县南。使者护守。贵人姊妹以忧卒。宫省事密，莫有知和帝梁氏生者。章和二年（88），正月，章帝崩。肇即位，是为和帝。案，章帝即位，年仅十九，建初四年（79），年二十四耳，中宫无子，理宜待之，何必亟亟立庆为太子？则知帝乃好色之徒，燕溺而不能持正，宜其肇后汉宫闱之祸也。

和帝即位，年十岁。尊皇后曰皇太后。太后临朝。兄宪，以侍中内干机事，出宣诏命。弟笃，肃宗遗诏以为虎贲中郎将。笃弟景、瑰，并中常侍。宪以前太尉邓彪，仁厚委随，以为太傅，令百官总己以听。屯骑校尉桓郁，累世帝师，而性和退自守，令授经禁中。内外协附，莫生疑异。宪性果急。睚眦之怨，莫不报复。谒者韩纡尝考勋狱，宪遂令客斩纡子，以首祭勋冢。齐殇王子都乡侯畅，殇王名石，武王缜孙哀王章子。来吊国忧，得幸太后。宪惧其见幸，分宫省之权，遣客刺杀畅于屯卫之中。何敞辟太尉宋由府，请独奏案，由许焉。二府皆遣主者随之。推举具得事实。太后怒，闭宪于内宫。宪惧诛，求击匈奴以赎死。于是有永元元年（89）北伐之役。既克，诏即五原拜宪为大将军。是时笃为卫尉，景、瑰皆侍中、奉车、驸马都尉。四家竞修第宅，穷极工匠。明年，宪将兵出镇凉州。以侍中邓叠行征西将军事为副。又明年，遣耿夔等击北虏于金微山。既平匈奴，威名大盛。尚书仆射郅寿、乐恢并以忤意，相继自杀。何敞拜为尚书，以切谏，出为济南太傅。虽司徒袁安、司空任隗并不之附，且数举劾，并及其党，不能正也。笃进位特进，得举吏，见礼依三公。景为执金吾。瑰光禄勋。权贵显赫，倾动京都。虽俱骄纵，而景为尤甚。奴客缇骑依倚形势，侵陵小民，强夺财货，篡取罪人，妻略妇女，商贾闭塞，如避寇仇。太后闻之，使谒者策免景官，以特进就朝位。瑰少好经书，节约自修。出为魏郡，迁颍川太守。窦氏父子兄弟并居列位，充满朝廷。宪既负重劳，陵肆滋甚。其年，封邓叠为穰侯。叠与其弟步兵校尉磊及母元，又宪女婿射声校尉郭举、举父长乐少府璜，皆相交结。元、举并出入禁中。举得幸太后。遂共图为杀害。帝阴知其谋，乃与中常侍郑众定议诛之。以宪在外，虑其惧祸为乱，忍而未发。会宪及邓叠班师还京师。司徒丁鸿因日食上封事。帝以鸿行太尉，兼卫尉。幸北宫。诏执金吾、五校尉勒兵屯卫南北宫。闭城门。收捕叠、磊、璜、举，皆下狱诛。家属徙合浦。收宪大将军印绶，更封为冠军侯。及笃、景、瑰皆遣就国。帝以太后故，不欲名诛宪，为选严能相督察之。宪、笃、景到国，皆迫令自杀。宗族、宾客以宪为官者，皆免归本郡。瑰以素自修，不被逼迫。明年，坐禀假贫人，徙封罗侯，不得臣吏人。初，窦后之谮梁氏，宪等豫有谋焉。永元十年（98），梁棠竦子。兄弟徙九真还，路由长沙，逼瑰令自杀。郑众以功迁大长秋，由是常与议事，中官用权，自众始焉。十四年，封为鄛侯，食邑千五百户。

和帝阴皇后，光烈皇后兄识之曾孙。永元四年（92），选入掖庭。以先后近属，得为贵人。有殊宠。八年，立为皇后。是年，和熹邓皇后入宫，爱宠稍衰，数有恚恨。十四年，以巫蛊废。邓后立。后，禹之孙，父训，母阴氏，光烈皇后从弟女也。元兴元年（105），帝崩。《后纪》云，长子平原王有疾，而诸皇子夭殁，前后十数，后生者辄隐秘，养于民间。殇帝名隆。生始百日，后乃迎立之。尊皇后为皇太后。太后临朝。明年，延平元年。八月，殇帝崩。太后与兄车骑将军骘定策禁中，迎立清河孝王庆之子祜，是为恭宗孝安皇帝。年十三。太后犹临朝。明年，永初元年（107），十一月，司空周章密谋废立，策免，自杀。《章传》云，是时中常侍郑众、蔡伦等皆秉势执政，章数进直言。初，和帝崩，邓太后以皇子胜有痼疾，不可奉承宗庙，贪殇帝孩抱，养为己子，故立之。以胜为平原王。及殇帝崩，群臣以胜疾非痼，意咸归之。太后以前既不立，恐后为怨，乃立安帝。章以众心不附，遂密谋闭宫门，诛邓骘兄弟及郑众、蔡伦，劫尚书，废太后于南宫，封帝为远国王，而立平原王。事觉，胜策免，章自杀。说与《后纪》绝异。《续汉书·五行志》：永初二年汉阳、河阳失火条，略与《章传》同。其元兴元年郡国四冬雷一条，则又同《后纪》。盖史故有此两文，司马氏、范氏皆兼采之也。《后纪》云，皇子后生者辄隐秘，养于民间，似其数不在少；而《五行志》云，和帝崩，有皇子二人，一胜，一即殇帝，则又似仅此二子者。其说既不符会，而殇帝既迎自民间，所生母又无考，其究为和帝之子与否，又可疑也。《清河王传》云："邓太后以殇帝襁抱，远虑不虞，留庆长子祐与嫡母耿姬居清河邸。至秋，帝崩，遂立祐为嗣。"为和帝嗣。则排胜之计，太后虑之夙矣。

《邓后纪》云：后六岁能史书，十二通《诗》《论语》。诸兄每读经传，辄下意难问。志在典籍，不问居家之事，家人号曰诸生。自入宫掖，从曹大姑受经书。兼天文、算数。昼省王政，夜则诵读。其人盖颇知学问，故所为究异于常人。《纪》言其临朝时，以鬼神难征，淫祀无福，乃诏有司，罢诸祠官不合典礼者。又诏赦除建武以来诸犯妖恶，及马、窦家属所被禁锢者，皆复之为平民。减大官、导官、尚方、内者服御、珍膳、靡丽难成之物。自非供陵庙，稻粱米不得导择。朝夕一肉饭而已。旧大官、汤官经用，岁且二万万，太后敕止日杀，省珍费，自是裁数千万。及郡国所贡，皆减其过半。悉斥卖上林鹰犬。其蜀、汉扣器，九带佩刀，并不复调。止画工三十九种。又御府、尚方、织室锦绣、冰纨、绮縠、金、银、珠、玉、犀、象、玳瑁、雕镂、玩弄之物，皆绝不作。离宫别馆，储峙米糒薪炭，悉令省之。又诏诸园贵人：其宫人有宗室同族，若羸老不任使者，令园监实核上名。自御北宫增喜观阅问之。恣其去留。即日免遣者五六百人。殇帝康陵方中秘藏，及诸工作，事事减约，十分居一。旧事，岁终当飨遣卫士，大傩逐疫，太后以阴阳不和，军旅数兴，诏飨会勿设戏作乐，减逐疫侲子之半，悉罢象橐驼之属，丰年复故。自后临朝，水旱十载，四夷外侵，盗贼内起，每闻民饥，或达旦不寐，而躬自减彻，以救灾厄，故天下复平，岁还丰穰。其辞诚不免溢美，然较诸淫侈之主，则自贤矣。尝学问者，究与恒人不同也。

后兄弟五人：骘、京、悝、弘、阊。唯京先后临朝卒。骘，延平元年（106）拜车骑将军。悝，虎贲中郎将。弘、阊皆侍中。安帝立，悝迁城门校尉。弘，虎贲中郎将。自和帝崩后，骘兄弟常居禁中。骘谦逊，不欲久在内，连求还第。岁余，太后乃许之。骘后征羌无功，征还，仍迎拜为大将军。永初四年（110），母新野君薨。骘等并乞身行服。服阕，诏谕骘还朝辅政。骘等固让。于是并奉朝请，有大议，乃诣朝堂，与公卿参谋。元初二年（115），弘卒。五年，悝、阊相继并卒。建光元年（121），太后崩。帝少号聪敏，及长，多不德。而乳母王圣见太后久不归政，虑有废置，常与中黄门李闰候伺左右。及太后崩，宫人先有受罚者，诬告悝、弘、阊先从尚书邓访取废帝故事，谋立平原王得。平原王胜无嗣，邓太后立乐安夷王宠子得为平原王。宠，章帝子千乘贞王伉之子也。帝闻，追怒。令有司奏悝等大逆无道。废京子珍，悝子广宗，弘子广德、甫德，阊子忠，皆为庶人。骘以不与谋，但免特进，遣就国。宗族皆免官归故郡。没入骘等资财田宅。徙邓访及家属于远郡。郡县逼迫，广宗及忠皆自杀。又徙封骘为罗侯。本上蔡侯。骘与子凤并不食而死。骘从弟河南尹豹、度辽将军舞阳侯遵、将作大匠畅皆自杀。唯广德兄弟以母阎后戚属得留京师。案，邓氏在东京外戚中犹称谨敕，然邓后专权固政太久，故卒不免身后之祸也。《杜根传》：永初元年，举孝廉，为郎中。根以安帝年长，宜亲政事，乃与同时郎上书直谏。太后大怒。收执根等，令盛以缣囊，于殿上扑杀之。执法者以根知名，私语行事人，使不加力。既而载出城外，根得苏。太后使人检视。根遂诈死。三日，目中生蛆。因得逃窜。为宜城山中酒家保，积十五年。及邓氏诛，左右皆言根等之忠。帝谓根已死，乃下诏布告天下，录其子孙，根方归乡里。征诣公车，拜侍御史。初，平原郡吏成翊世亦谏太后归政，坐抵罪。与根俱征，擢为尚书郎。《宦者传》曰："中兴之初，宦官悉用阉人，不复杂调他士。至永平中，始置员数，中常侍四人，小黄门十人。和帝即祚幼弱，而窦宪兄弟专总权威，内外臣僚，莫由亲接，所与居者，唯阉宦而已。故郑众得专谋禁中，终除大憝。遂享分土之封，超登公卿之位。于是中官始盛焉。自明帝以后，迄乎延平，委用渐大。而其员稍增，中常侍至有十人，小黄门二十人。改以金珰右貂，兼领卿署之职。邓后以女主临政……朝臣国议，无由参断帷幄。称制下令，不出房闱之间，不得不委用刑人，寄之国命。手握王爵，口含天宪，非复掖庭永巷之职、闺牖房闼之任也。其后孙程定立顺之功，曹腾参建桓之策，续以五侯合谋，梁冀受钺，迹因公正，恩固主心，故中外服从，上下屏气，汉之纲纪大乱矣。"然则宦官之祸，虽曰诒谋之不臧、后嗣之昏乱，邓后亦不能辞其责也。后从兄康为越骑校尉。以后久临朝政，宗门盛满，数上书长乐宫谏诤，宜崇公室，自损私权。言甚切至。太后不从。康心怀畏惧。永宁元年(120)，遂谢病不朝。太后使内侍者问之。时宫人出入，多能有所毁誉。其中耆宿皆称中大人。所使者乃康家先婢，亦自通中大人。康闻，诟之曰："汝我家出，亦敢尔邪？"婢怨恚，还说康诈疾而言不逊。太后大怒，遂免康官，遣归国，绝属籍。此事见《本传》，亦见《后纪》。可见后之昵于近习矣。

邓太后崩，安帝始亲政。后兄阎显及弟景、耀、晏并为卿校，典禁兵。舅耿宝弇弟舒之孙。监羽林左骑，位至大将军。李闰封雍乡侯。又小黄门江京以谗谄进，初迎帝于邸，以功封都乡侯。闰、京并迁中常侍。京兼大长秋。与中常侍樊丰、黄门令刘安、钩盾令陈达及王圣、圣女伯荣，扇动内外，竞为侈虐。耿宝、阎显更相阿党。司徒杨震上疏，不省。延光二年（123），震代刘恺为太尉。时诏遣使大为阿母修第。樊丰及侍中周广、谢恽等更相扇动，倾摇朝廷。震复上疏。丰、恽等见震连切谏不从，无所顾忌，遂诈作诏书，调发司农钱谷，大匠见徒、材木，各起家舍。园池庐观，役费无数。震因地震，复上疏。三年，春，东巡岱宗。樊丰等因乘舆在外，竞修第宅。震部掾高舒召大匠令史考校之。得丰等所诈下诏书，具奏，须行还上之。丰等闻，惶怖，遂共谮震："邓氏故吏，有恚恨之心。"及车驾行还，便时太学，夜遣使者策收震太尉印绶。于是柴门绝宾客。丰等复恶之。乃请耿宝奏震大臣不服罪，怀恚望。有诏遣归本郡。行至城西夕阳亭，饮鸩而卒。时年七十余。弘农太守移良承樊丰等旨，遣吏于陕县留停震丧，露棺道侧，谪震诸子代邮行书。道路皆为陨涕。时帝数遣黄门常侍及中使伯荣往来甘陵。陈忠上疏，言"使者所过，威权翕赫，震动郡县。王侯二千石，至为伯荣独拜车下……长吏惶怖谴责，或邪谄自媚。发人修道，缮理亭传，多设储跱，征役无度。老弱相随，动有万计。赂遗仆从，人数百匹。顿踣呼嗟，莫不叩心"。其暴横如此。《翟酺传》：安帝始亲政事，追感祖母宋贵人，悉封其家。又耿宝及阎显等并用威权。酺上疏谏曰："今自初政已来，日月未久，费用赏赐已不可算。敛天下之财，积无功之家。帑藏单尽，民物凋伤。卒有不虞，复当重赋百姓。怨叛既生，危乱可待也。"邓后虽好专权，颇存节俭，至是则遗规荡然矣。

阎后专房妒忌。帝幸宫人李氏，生子保，遂鸩杀李氏。永宁元年（120），保立为皇太子。延光三年（124），太子惊病不安，避幸王圣舍。太子乳母王男、厨监邴吉等以为圣舍新缮修，犯土禁，不可久御。与圣及其女永、江京、樊丰互相是非。圣、永遂诬谮男、吉，皆幽囚死。太子思男等，数为叹息。京、丰惧有后害，构谗太子及东宫官属。帝怒。召公卿以下会议废立。耿宝等承旨，皆以为当废。遂废为济阴王。见《来歙传》。四年春，后从帝幸章陵。帝道疾，崩于叶。后、显及江京、樊丰谋。伪云帝疾甚，徙御卧车，驱驰还宫，乃发丧。尊皇后曰皇太后。太后临朝。以显为车骑将军、仪同三司。太后与显等定策禁中，迎立济北惠王寿章帝子。子北乡侯懿。显风有司，奏耿宝及其党与中常侍樊丰、虎贲中郎将谢恽、恽弟侍中笃、笃弟大将军长史宓、侍中周广、阿母野王君王圣、圣女永、永婿黄门侍郎樊严等，更相阿党，互作威福，探刺禁省，更为唱和，皆大不道。丰、恽、广皆下狱死。家属徙比景。汉县，属日南郡，在今越南南境。宓、严减死，髡钳。贬宝为则亭侯，遣就国，自杀。王圣母子徙雁门。于是景为卫尉，耀城门校尉，晏执金吾。兄弟权要，威福自由。少帝立二百余日而疾笃。初，崔瑗辟阎显府，知显将败，因长史陈禅欲共说显，白太后收江京等，废少帝，引立济阴王。禅犹豫未敢从。及是，京语显曰："北乡侯病不解，国嗣宜时有定。前不用济阴王，今若立之，后必当怨。何不早征诸王子，简所置乎？"显以为然。及少帝薨，京白太后，征济北、河间王子。济北、河间，皆章帝子封国。未至。中黄门孙程等十九人谋，夜入章台门，斩江京、刘安、陈达。胁李闰，迎立济阴王。是为顺帝。阎显时在禁中，忧迫不知所为。小黄门樊登劝显发兵。以太后诏召越骑校尉冯诗、虎贲中郎将阎崇屯朔平门，以御程等。显以诗所将众少，使与登迎吏士于左掖门外。诗因格杀登，归营屯守。景还外府，收兵。至盛德门，程传召诸尚书使收景。尚书郭镇率直宿羽林出南止车门，逢景，擒之，送廷尉狱，即夜死。旦日，会侍御史收显、耀、晏，并下狱诛。家属徙比景。迁太后于离宫，明年崩。程等十九人皆封侯。孙程、王康、王国、黄龙、彭恺、孟叔、李建、王成、张贤、史泛、马国、王道、李元、杨佗、陈予、赵封、李刚、魏猛、苗光。拜程骑都尉。时司徒李郃，亦与少府陶范、步兵校尉赵直谋立顺帝，会孙程事先成，后亦录阴谋功封侯，固辞不受。

时中常侍张防，特用权势。虞诩为司隶校尉，每请托受取，辄案之而屡寝不报。诩不胜愤，乃自系廷尉，奏言不忍与防同朝。防流涕诉帝。诩坐论输左校。防必欲害之，二日之中，传考四狱。孙程、张贤等乞见。请急收防送狱，以塞天变。时防立在帝后，程乃叱防曰："奸臣张防，何不下殿？"防不得已，趋就东箱。程曰："陛下急收防，无令从阿母求请。"阿母，宋娥也。帝问诸尚书。尚书贾朗素与防善，证诩之罪。帝疑焉。谓程曰："且出，吾方思之。"于是诩子觊与门生百余人，举幡候中常侍高梵车，叩头流血，诉言枉状。梵乃入言之。防坐徙边。贾朗等六人或死或黜。即日赦出诩。程复上书陈诩有大功，语甚切激。帝感悟。复征拜议郎。数日，迁尚书仆射。然程亦以呵叱左右免官，因遣十九侯悉就国。观此，知顺帝之漫无别白矣。诩荐议郎左雄，拜为尚书，再迁尚书令。上疏言"俗浸凋敝，巧伪滋萌。下饰其诈，上肆其残。典城百里，转动无常。各怀一切，莫虑长久。谓杀害不辜为威风，聚敛整辨为贤能。以理己安民为劣弱，以奉法循理为不化。髡钳之戮，生于睚眦。覆尸之祸，成于喜怒。视民如寇仇，税之如豺虎。监司项背相望，与同疾疢，见非不举，闻恶不察。观政于亭传，责成于期月。言善不称德，论功不据实。虚诞者获誉，拘检者离毁。或因罪而引高，或色斯以求名；州宰不覆，竞共辟召；踊跃升腾，超等逾匹。或考奏捕案，而亡不受罪；会赦行赂，复见洗涤。朱紫同色，清浊不分。故使奸猾枉滥，轻忽去就。拜除如流，缺动百数。乡官部吏，职斯禄薄，车马衣服，一出于民。廉者取足，贪者充家。特选横调，纷纷不绝。送迎烦费，损政伤民。和气未洽，灾眚不消，咎皆在此"。可见当时吏治之坏。史言雄所言皆明达政体，而宦官擅权，终不能用。阳嘉二年（133），李固对策，言“今之进者，唯财与力。伏闻诏书：务求宽博，疾恶严暴。而今长吏多杀伐致声名者，必加迁赏；其存宽和，无党援者，辄见斥逐。……又诏书所以禁侍中、尚书、中臣子弟不得为吏察孝廉者，以其秉威权，容请托故也。而中常侍在日月之侧，声势振天下，子弟禄仕，曾无限极。虽外托谦默，不干州郡，而谄伪之徒，望风进举。今可为设常禁，同之中臣。……又宜罢退宦官，去其权重。裁置常侍二人，方直有德者，省事左右；小黄门五人，才智闲雅者，给事殿中”。帝览其对，多所纳用。即时出阿母还舍。诸常侍悉叩头请罪。朝廷肃然。以固为议郎。而阿母、宦者疾固言直，因诈飞章，以陷其罪。事从中下。大司农黄向等请之于大将军梁商。又仆射黄琼救明固事。久乃得拜议郎。太尉王龚深疾宦官专权，上书极言其状，请加放斥。诸黄门恐惧，各使宾客诬奏龚罪。帝令亟自实。前掾李固时为大将军梁商从事中郎，奏记于商。商言之于帝，事乃得释。汉安元年（142），遣杜乔、周举、郭遵、冯羡、栾巴、张纲、周栩、刘班等八人分行州郡，班宣风化，举实臧否。多所劾奏，其中并是宦者亲属，辄为请乞，帝遂令勿考。李固为大司农，与廷尉吴雄上疏，帝乃更下免八使所举刺史、二千石。襄楷言宦官至顺帝而益繁炽，信不诬也。

第二节
后汉外戚宦官之祸下

顺帝梁皇后，统曾孙商之女。以阳嘉元年（132）立。三年，以商为大将军，固称疾不起。四年，使太常桓焉奉策就第即拜，商乃诣阙受命。商自以戚属居大位，每存谦柔。虚己进贤，检御门族，未尝以权盛干法。而性慎弱，无威断。颇溺于内竖。以小黄门曹节等用事于中，遂遣子冀、不疑与为交友。然宦者忌商宠任，反欲害之。永和四年（139），中常侍张逵、蘧政，内者令石光，尚方令傅福，冗从仆射杜永连谋，共谮商及中常侍曹腾、孟贲，云欲征诸王子，图议废立。请收商等案罪。帝曰："大将军父子我所亲，腾、贲我所爱，必无是。但汝曹共妒之耳。"逵等知言不用，惧。遂出，矫诏收缚腾、贲于省中。帝闻，震怒。敕宦者李歙急呼腾、贲释之。收逵等，悉伏诛。顺帝时宦官之横，亦可见已。六年，商卒。未葬，即拜冀大将军，不疑河南尹。冀少为贵戚，逸游自恣，多不法。汉安元年（142），遣八使徇行风俗，余人受命之部，张纲独埋其车轮于洛阳都亭，曰："豺狼当道，安问狐狸?"遂奏冀、不疑无君之心十五事。帝知纲言直，终不忍用。

建康元年（144），七月，帝崩。虞贵人子炳立，是为冲帝。年二岁。诏冀与太傅赵峻、太尉李固参录尚书事。明年，永嘉元年。正月，帝崩。初，清河孝王庆卒，子愍王虎威嗣。无子。邓太后立乐安夷王宠子延平为清河王，是为恭王。卒，子蒜嗣。及是，征至京师。李固以其年长有德，欲立之。冀不从。乃立乐安夷王之孙缵。父渤海孝王鸿。是为质帝。年八岁。太后以比遭不造，委任宰辅。固所匡正，每辄从用。黄门宦者，一皆斥遣。天下咸望遂平。而梁冀猜专，每相忌疾。初，顺帝时，诸所除官，多不以次，及固任事，奏免百余人。此等既怨，又希望冀旨，遂共作飞章，虚诬固罪。书奏，冀以白太后，使下其事。太后不听，得免。帝少而聪慧。知冀骄横。尝朝群臣，目冀曰："此跋扈将军也。"冀闻，深恶之。遂令左右进鸩，加煮饼。帝即日崩。时本初元年（146）闰六月。李固伏尸号哭，推举侍医。冀虑事泄，大恶之。因议立嗣。固与司徒胡广、司空赵戒及大鸿胪杜乔，皆以清河王明德著闻，又属最尊亲，欲立之。初，中常侍曹腾谒蒜，蒜不为礼，宦者由此恶之。腾等夜往说冀。明日，重会公卿。冀意气凶凶，而言辞激切。自胡广、赵戒以下，莫不慑惮之。皆曰：“唯大将军令。”独固与乔坚守本议。冀厉声曰：“罢会。”固复以书劝。冀愈激怒。乃说太后，先策免固。竟立蠡吾侯志，祖父河间孝王开，章帝子。父蠡吾侯翼。是为桓帝。时年十五。建和元年（147），甘陵人刘文与南梁《梁冀传》作魏郡。妖贼刘鲔谋立蒜，事觉，诛。有司因劾奏蒜。坐贬为尉氏侯，徙桂阳。自杀。冀因讽有司，劾固与文、鲔等交通，杀之。益封冀万三千户。增大将军府举高第茂才，官属倍于三公。又封不疑为颍阳侯，不疑弟蒙西平侯，冀子胤襄邑侯，各万户。和平元年（150），重增冀封万户，并前所袭合三万户。妻孙寿为襄城君。兼食阳翟租，岁入五千万。加赐赤绂，比长公主。寿性钳忌，能制御冀，冀甚宠惮之。冀爱监奴秦宫，官至太仓令。得出入寿所。寿因与私焉。宫内外兼宠。刺史、二千石皆谒辞之。冀用寿言，多斥夺诸梁在位者。外以谦让，而实崇孙氏。宗亲冒名而为侍中、卿、校、郡守、长吏者千余人。皆贪叨凶淫。各遣私客，籍属县富人，被以它罪，闭狱掠考，使出钱自赎。资物少者，至于死徙。其四方调发，岁时贡献，皆先输上第于冀，乘舆乃其次焉。吏人赍货求官请罪者，道路相望。冀又遣客出塞，交通外国，广求异物。因行道路，发取妓女御者。而使人复乘势横暴，妻略妇女，驱击吏卒，所在怨毒。冀乃大起第舍。寿亦对街为宅。殚极土木，互相夸竞。又多拓林苑，禁同王家。西至弘农，东界荥阳，南极鲁阳，见第八章第二节。北达河、淇。周旋封域，殆将千里。又起菟苑于河南城西，经亘数十里。发属县卒徒，缮修楼观，数年乃成，移檄所在，调发生菟，刻其毛以为识。人有犯者，罪至刑死。又起别第于城西，以纳奸亡。或取良人为奴婢，至数千人，名曰“自卖人”。元嘉元年（151），帝以冀有援立之功，欲崇殊典，乃大会公卿，共议其礼。于是有司奏冀入朝不趋，剑履上殿，谒赞不名，礼仪比萧何。悉以定陶、阳成余户增封，为四县，比邓禹。赏赐金钱、奴婢、彩帛、车马、衣服、甲第，比霍光。每朝会，与三公绝席。十日一入，平尚书奏事。宣布天下，为万世法。冀犹以所奏礼薄，意不悦。专擅威柄，凶恣日积。机事大小，莫不咨决之。宫卫近侍，并所亲树，禁省起居，纤微必知。百官迁召，皆先到冀门，笺檄谢恩，然后敢诣尚书。下邳吴树为宛令，诛杀冀客为民害者数十人。后为荆州刺史，辞冀，冀为设酒，因鸩之，树出，死车上。辽东太守侯猛初拜不谒冀，托以他事腰斩之。郎中汝南袁著诣阙上书，言大将军宜遵悬车之礼。冀密遣掩捕。著乃变易姓名。后托病伪死，结蒲为人，市棺殡送。冀廉问，知其诈，阴求得，笞杀之，隐蔽其事。学生桂阳刘常，当世名儒，素善著，冀召补令史以辱之。太原郝絜、胡武皆危言高论，与著友善。先是絜等连名，奏记三府，荐海内高士，而不诣冀，冀追怒之，又疑为著党，敕中都官移檄捕前奏记者，并杀之。遂诛武家，死者六十余人。絜初逃亡，知不得免，因舆榇奏书冀门。书入，仰药而死。家乃得全。冀诸忍忌，皆此类也。不疑好经书，善待士，冀阴疾之，因中常侍白帝，转为光禄勋。不疑耻兄弟有隙，遂让位归第，与弟蒙闭门自守。冀不欲令与宾客交通，阴使人变服至门，记往来者。南郡太守马融、江夏太守田明初除，过谒不疑，冀讽州郡以他事陷之，皆髡笞徙朔方。融自刺不殊，明遂死于路。永兴二年（154），封不疑子马为颍阴侯，胤子桃为城父侯。冀一门：前后七封侯，三皇后，六贵人，二大将军，夫人、女食邑称君者七人，尚公主三人，其余卿、将、尹、校五十七人。在位二十余年，穷极满盛。威行内外，百僚侧目，莫敢违命。天子恭己，不得有所亲豫，恒不平，恐言泄，不敢谋之。后梁氏，顺烈皇后女弟也。借姊兄荫势，恣极奢靡。宫幄雕丽，服御珍华，巧饰制度，兼倍前世。及皇太后崩，和平元年（150）。恩爱稍衰。后既无子，潜怀怨忌。宫人孕育，鲜得全者。帝虽迫畏冀，不敢谴怒，然见御转稀。延熹二年（159），后以忧恚崩。帝因如厕，独呼小黄门史唐衡，问左右与外舍不相得者谁乎？衡对曰："单超、中常侍。左悺，小黄门史。前诣河南尹不疑，礼敬小简，不疑收其兄弟送洛阳狱，二人诣门谢，乃得解。徐璜、具瑗皆中常侍常私忿疾外舍放横，口不敢道。"初，掖庭人邓香妻宣生女猛。香卒，宣更适梁纪。梁纪者，冀妻寿之舅也。寿引进猛入掖庭。见幸，为贵人。冀因欲认猛为其女以自固，乃易猛姓为梁。时猛姊婿邴尊为议郎。冀恐尊沮败宣意，乃结刺客，于偃城刺杀尊。又欲杀宣。宣驰白帝。帝大怒。乃与超等五人定议。帝啮超臂出血为盟。使尚书令尹勋持节勒丞郎以下皆操兵守省阁。敛诸符节送省中。使黄门令具瑗将左右厩驺、虎贲、羽林、都候，剑戟士合千余人，与司隶校尉张彪共围冀第。使光禄勋袁盱持节收冀大将军印绶。徙封比景都乡侯。冀及妻寿即日皆自杀。悉收诸梁及孙氏中外宗亲送诏狱。无长少皆弃市。不疑、蒙先卒。他所连及，公卿、列校、刺史、二千石，死者数十人。故吏、宾客，免黜者三百余人。朝廷为空。唯尹勋、袁盱及廷尉邯郸义在焉。是时事卒从中发，使者交驰，公卿失其度，官府市里鼎沸，数日乃定。百姓莫不称庆。收冀财货，县官斥卖，合三十余万万。以充王府用，减天下税租之半。散其苑囿，以业穷民。录诛冀功，封尹勋以下数十人。单超、徐璜、具瑗、左悺、唐衡同日封，世谓之五侯。又封小黄门刘普、赵忠等八人为乡侯。

梁冀之骄横，固前此外戚所无，而桓帝时之宦官，亦非顺帝时比矣。顺帝所封十九侯：王康、王国、彭恺、王成、赵封、魏猛六人早卒。黄龙、杨佗、孟叔、李建、张贤、史泛、王道、李元、李刚九人，与阿母山阳君宋娥更相货赂，求高官增邑，又诬罔中常侍曹腾、孟贲等，发觉，遣就国，减租四分之一。宋娥夺爵归田舍。唯马国、陈予、苗光保全封邑。初，帝见废，监太子家小黄门籍建，傅高梵，长秋长赵熹，丞良贺，药长夏珍，皆以无过获罪。及帝即位，并擢为中常侍。建后封东乡侯。其中唯梵坐赃罪，而贺清俭退厚，位至大长秋。阳嘉中，诏九卿举武猛，贺独无所荐。帝引问其故。对曰："昔卫鞅因景监以见，有识知其不终。今得臣举者，匪荣伊辱。"而孙程、张贤、孟叔、马国等亦能为虞诩讼罪。则知顺帝时宦官，尚非尽恶人也。桓帝时则不然。黄琼疾笃上疏，言"黄门协邪，群辈相党。自冀兴盛，腹背相亲。朝夕图谋，共构奸轨。临冀当诛，无可设巧，复记其恶，以要爵赏"。则当时宦官，本冀党类，复以私怨相图，而帝引为心腹，设更倾仄，岂不殆哉？五侯唯单超于受封之明年即死，而四侯转横。皆竞起第宅，楼观壮丽，穷极伎巧。金银罽毦，施于犬马。多取良人美女以为姬妾，皆珍饰华侈，拟则宫人。其仆从皆乘牛车，而从列骑。又养其疏属，或乞嗣异姓，或买苍头为子，并以传国袭封。顺帝阳嘉四年（135），诏宦官养子悉听得为后，袭封爵，定著于令。见《本纪》及《宦者·孙程传》。兄弟姻戚皆宰州临郡，辜较百姓，与盗贼无异。延熹七年（164），衡、璜皆死。明年，司隶校尉韩演奏悺及其兄太仆南乡侯称罪恶，皆自杀。又奏瑗兄沛相恭赃罪。征诣廷尉。瑗诣狱谢，上还东武侯印绶。诏贬为都乡侯。侯览者，桓帝初为中常侍。以佞猾进，倚势贪放，受纳货遗以巨万计。延熹中，连岁征伐，府帑空虚，乃假百官俸禄，王侯租税，览亦上缣五千匹，赐爵关内侯。又托以与议诛梁冀功，进封高乡侯。小黄门段珪，家在济阴，见第八章第四节。与览并立田业，近济北界。仆从宾客侵犯百姓，劫掠行旅。济北相滕延，一切收捕，杀数十人，陈尸路衢。览、珪大怨，以事诉帝。延坐多杀无辜，征诣廷尉，免。览等得此，愈放纵。览兄参为益州刺史。民有丰富者，辄诬以大逆，皆诛灭之。没入财物，前后累亿计。太尉杨秉奏参，槛车征，于道自杀。京兆尹袁逢于旅舍阅参车，三百余辆，皆金银锦帛珍玩，不可胜数。览坐免。旋复复官。建宁二年（169），丧母还家，大起茔冢。督邮张俭因举奏览贪侈奢纵，前后请夺人宅三百八十一所、田百一十八顷，起立第宅十有六区，皆有高楼池苑，堂阁相望，饰以绮画丹漆之属，制度重深，僭类宫省；又豫作寿冢，石椁双阙，高庑百尺，破人居室，发掘坟墓，虏夺良人，妻略妇女，及诸罪衅，请诛之。而览伺候遮截，章竟不上。俭遂破览冢宅，籍没资财，具言罪状。又奏览母生时交通宾客，干乱郡国。复不得御。览遂诬俭为钩党，及故长乐少府李膺、太仆杜密等，皆夷灭之，遂代曹节领长乐太仆。熹平元年（172），有司举奏览专权骄奢，策收印绶，自杀。

梁冀被诛，黄琼首居公位，时太尉胡广、司徒韩缜、司空孙朗皆坐阿附免废。拜琼为太尉。举奏州郡贪污，至死徙者十余人，海内翕然望之。寻而五侯擅权，倾动内外，自度力不能匡，乃称疾不起。时又立掖庭民女亳氏为皇后，数月间，后家封者四人，赏赐巨万。白马令李云，露布上书，移副三府。帝震怒，下有司逮云，送黄门北寺狱，使中常侍管霸与御史、廷尉杂考之。弘农五官掾杜众上书，愿与云同日死。帝愈怒，遂并下廷尉。大鸿胪陈蕃、太常杨秉、洛阳市长沐茂、郎中上官资并上疏请云。诏切责蕃、秉，免归田里。茂、资贬秩二等。管霸奏云等事，诡言曰："李云野泽愚儒，杜众郡中小吏，出于狂戆，不足加罪。"帝恚曰："帝欲不谛，云书曰："孔子曰：'帝者，谛也。'今官位错乱，小人谄进，财货公行，政化日损，尺一拜用，不经御省，是帝欲不谛乎？"是何等语？而常侍欲原之邪？"顾使小黄门可其奏。云、众皆死狱中。其愎谏如此。延熹五年（162），冬，杨秉为太尉。六年，周景为司空。是时宦官方炽，任人及子弟为官，布满天下，竞为贪淫。秉、景奏诸奸猾，自将军、牧、守以下五十余人，或死或免。连及侯览、具瑗，皆坐黜。八年，陈蕃代秉为太尉。中常侍苏康、管霸等复被任。大司农刘祐、廷尉冯绲、河南尹李膺皆以忤旨抵罪。蕃因朝会，固理膺等。帝不听。时小黄门赵津、南阳大猾张汜等奉事中官，乘势犯法。二郡太守刘瓆、成缙考案其罪。虽经赦令，并竟考杀。成缙、刘瓆事《后书》附《陈蕃传》，又见《襄楷传》注引谢承书。王允时为瓆吏，岑晊为缙功曹，并见其传。宦官怨恚。有司承旨，遂奏瓆、缙罪当弃市。又山阳太守翟超没入中常侍侯览财产，东海相黄浮诛杀下邳令徐宣。徐璜兄子。并坐髡钳，输作左校。蕃与司徒刘矩、司空刘茂谏请。帝不悦。有司劾奏之。矩、茂不敢复言。蕃独上疏。帝愈怒，竟无所纳。初，李膺与冯绲、刘祐得罪输作。司隶校尉应奉上疏理膺等，乃悉免其刑。膺再迁，复拜司隶校尉。时张让桓帝时为小黄门。弟朔为野王令，贪残无道，至乃杀孕妇。闻膺厉威严，惧罪，逃还京师。因匿让舍，藏合柱中。膺知其状，率将吏卒，破柱取朔，付洛阳狱。受辞毕，即杀之。让诉冤于帝。诏膺入殿，御亲临轩，诘以不先请便加诛辟之意。膺对“特乞留五日，克殄元恶，退就鼎镬”。帝无复言，遣出之。自此诸黄门常侍皆鞠躬屏气，休沐不敢复出宫省。是时朝廷日乱，纲纪颓弛，膺独持风裁，以声名自高。士有被其容接者，名为登龙门。及遭党事，当考实膺等。案经三府，陈蕃不肯平署。帝愈怒。遂下膺等于黄门北寺狱。膺等颇引宦官子弟。宦官多惧，请帝以天时宜赦。于是大赦天下。膺免归田里。蕃因上疏极谏。帝讳其言切，托以辟召非人，策免之。时又有兖州刺史第五种、冀州刺史朱穆、沛相荀昱、广陵太守荀昙、河东太守史弼、彭城令魏朗、扬州刺史陈翔、太山太守苑康，皆以治宦官亲党获罪。甚至如赵岐，徒以与从兄袭贬议唐衡兄玹，玹为京兆尹，遂收岐家属宗亲，陷以重法，尽杀之。岐逃难四方，藏安丘汉县，今山东安丘县西南。孙嵩复壁中数年，诸唐死灭，因赦乃出。宦官之专横，可谓极矣。

梁冀既诛，桓帝立邓香女为皇后。帝多内幸，博采宫女，数至五六千人，及驱役从使，复兼倍于此。荀爽对策，讥其“冬夏衣服，朝夕禀粮，耗费缣帛，空竭府藏。……空赋不辜之民，以供无用之女”。陈蕃亦言“采女数千，食肉衣绮，脂油粉黛，不可赀计”。帝之恶德，可谓多矣。邓后恃尊骄忌，与帝所幸郭贵人更相谮诉。延熹八年（165），诏废后送暴室，以忧死。桓思窦皇后立。章德窦皇后从祖弟之孙女也。御见甚稀。帝所宠唯采女田圣等。永康元年（167），冬，帝寝疾。遂以圣等九女皆为贵人。十二月，帝崩。无嗣。后为皇太后，太后临朝。后与父城门校尉武定策禁中，立解渎亭侯宏，曾祖河间孝王，祖淑，父苌，世封解渎亭侯。是为灵帝。年十二。以武为大将军。陈蕃为太傅，与武及司徒胡广参录尚书事。太后素忍忌，积怒田圣等，桓帝梓宫尚在前殿，遂杀圣。又欲尽诛诸贵人，中常侍苏康、管霸苦谏，乃止。初，桓帝欲立圣为后，陈蕃以田氏卑微，窦族良家，争之甚固，帝不得已，乃立窦后，故后委用于蕃。与武同心尽力。征用名贤，共参政事。而帝乳母赵娆，旦夕在太后侧。中常侍曹节、王甫等与共交构。谄事太后。太后信之。蕃、武共谋诛之。武于是引同志尹勋为尚书令，刘瑜为侍中，冯述为屯骑校尉。又征天下名士废黜者，前司隶李膺、宗正刘猛、太仆杜密、庐江太守朱寓等，列于朝廷。请前越嶲太守荀昱为从事中郎，辟颍川陈寔为属，共定计策。五月，日食，蕃说武斥罢宦官，太后不肯。时中常侍管霸颇有才略，专制省内。武先白诛霸及苏康等，竟死。复数白诛曹节等。太后冗豫未忍，故事久不发。至八月，太白出西方。刘瑜素善天官，恶之。与武、蕃书，言宜速断大计。于是以朱寓为司隶校尉，刘祐为河南尹，虞祁为洛阳令。武乃奏免黄门令魏彪，以所亲小黄门山冰代之。使冰奏素狡猾尤无状者长乐尚书郑飒送北寺狱。令冰与尹勋、侍御史祝瑨杂考飒。辞连曹节、王甫。勋、冰即奏收节等，使刘瑜内奏。时武出宿归府。典中书者先以告长乐五官史朱瑀。瑀盗发武奏，骂曰："中官放纵者，自可诛耳。我曹何罪，用当尽见族灭?"因呼曰："陈蕃、窦武奏白太后废帝，为大逆。"乃夜召素所亲壮健者长乐从官史共普、张亮等十七人，歃血共盟诛武等。曹节闻之，惊起。白帝曰："外间切切，请出御德阳前殿。"令帝拔剑踊跃。赵娆等拥卫左右。取棨信，闭诸禁门。召尚书官属，胁以白刃，使作诏板。拜王甫为黄门令，持节至北寺狱收尹勋、山冰。冰疑不受诏。甫格杀之。遂害勋，出郑飒。还，共劫太后，夺玺书。令中谒者守南宫，闭门，绝复道。使郑飒持节，及侍御史、谒者捕收武等。武不受诏。驰入步兵营，与兄子绍共射杀使者，召会北军五校士数千人屯都亭下。令军士曰："黄门常侍反，尽力者封侯重赏。"诏以少府周靖行车骑将军，加节，与护匈奴中郎将张奂率五营士讨武。夜漏尽，王甫将虎贲、羽林、厩驺、都候、剑戟士合千余人，出屯朱雀掖门，与奂等合。明旦，悉军阙下，与武对阵。甫兵渐盛。使其士大呼武军曰："窦武反，汝皆禁兵，当宿卫宫省，何故随反者乎？先降有赏。"营府素畏服中官，于是武军稍稍归甫。自旦至食时，兵降略尽。武、绍走，诸军追围之，皆自杀。枭首洛阳都亭。收捕宗亲、宾客、姻属，悉诛之，及刘瑜、冯述，皆夷其族。徙武家属日南。迁太后于云台。陈蕃闻难作，将官属、诸生八十余人，并拔刃，突入承明门。攘臂呼曰："大将军忠以卫国，黄门反逆，何云窦氏不道邪?"王甫时出，与蕃相迕。让蕃曰："先帝新弃天下，山陵未成，窦武何功，兄弟父子，一门三侯?又多取掖庭宫人，作乐饮宴。旬月之间，资财亿计。大臣若此，是为道邪?"遂令收蕃。蕃拔剑叱甫。甫兵不敢近。乃益人，围之数十重。遂执蕃送黄门北寺狱。黄门从官驺蹋蹴蕃曰："死老魅，复能损我曹员数，夺我曹禀假不?”即日害之。徙其家属于比景。宗族、门生、故吏皆斥免禁锢。曹节迁长乐卫尉，封育阳侯，增邑三千户。甫迁中常侍，黄门令如故。瑀封都乡侯，千五百户。普亮等五人各三百户。余十一人皆为关内侯，岁食租二千斛。张奂新征，奂时督幽、并、凉三州，击匈奴、乌桓、鲜卑、东羌。不知本谋，深病为节所卖，固让封爵。明年，上疏请改葬武、蕃，徙还家属。荐王畅、李膺。司隶校尉王寓出于宦官，欲借宠公卿，以求荐举，奂独拒之。遂陷以党罪，禁锢。案，后来袁绍说何进，谓五营士生长京师，服畏中人，而窦氏反用其锋，遂叛走归黄门，自取破灭，《三国志·绍传》注引《九州春秋》。此武之所以败也。《武传》称其清身疾恶，礼赂不通，妻子衣食，裁足而已。得两宫赏赐，悉散与太学诸生，及载肴粮于路，丐施贫民。兄子绍为虎贲中郎将，性疏简奢侈，武数切厉，独不觉悟，乃上书求退绍位。此固不免矫激，然矫激者必重惜名誉，岂有多取宫人，作乐宴饮，旬月之间，资财亿计者邪?此宦官诬罔之辞，而读史者或以之议武，过矣。

窦氏虽诛，灵帝犹以太后有援立之功。建宁四年（171），十月朔，率群臣朝于南宫，亲馈上寿。黄门令董萌因此数为太后诉怨。帝深纳之，供养资奉有加于前。曹节、王甫疾萌附助太后，诬以谤讪永乐宫，灵帝母所居。萌坐下狱死。熹平元年（172），太后母卒于比景，后感疾而崩。宦者积怨窦氏，遂以衣车载后尸，置城南市舍数日。曹节、王甫欲用贵人礼殡。帝曰：“太后亲立朕躬，统承大业。《诗》云：‘无德不报，无言不酬。’岂宜以贵人终乎?”于是发丧成礼。及将葬，节等复欲别葬太后，而以冯贵人配。太尉李咸、廷尉阳球力争，乃已。于是有何人书朱雀阙，言天下大乱，曹节、王甫幽杀太后，侯览多杀党人，公卿皆尸禄，无有忠言者。诏司隶校尉刘猛逐捕。猛以诽书言直，不肯急捕，月余，主名不立。猛坐左转为谏议大夫。以御史中丞段颎代猛。

乃四出逐捕，及太学游生，系者千余人。节等怨猛不已，使颎以他事奏猛，抵罪输左校。节遂与王甫等诬奏桓帝弟渤海王悝谋反，诛之。悝本袭封蠡吾侯。后改封，以奉渤海孝王祀。桓帝延熹八年（165），以谋为不道，贬为瘿陶王。因王甫求复国，许谢钱五千万。帝临崩，遗诏立为渤海王。悝知非甫功，不肯还谢钱。甫怒，阴求其过。初，迎立灵帝，道路流言悝恨不得立，欲钞征书。而中常侍郑飒、中黄门董腾并任侠剽轻，数与悝交通。王甫司察，以为有奸。密告司隶校尉段颎。熹平元年（172），遂收飒送北寺狱。迫责悝，悝自杀。妃妾十一人，子女七十人，伎女二十四人，皆死狱中。傅、相以下，以辅道王不忠，悉伏诛。其恣毒如此。以功封者十二人。甫封冠军侯。节亦增邑四千六百户，并前七千六百户。父兄子弟，皆为公、卿、列校、牧、守、令、长，布满天下。光和二年（179），阳球为司隶校尉，奏收甫及中常侍淳于登、袁赦、封羽，中黄门刘毅，小黄门庞训、朱禹、齐盛等及子弟为守令者，奸猾纵恣，罪合灭族。太尉段颎谄附佞幸，宜并诛戮。于是悉收甫、颎等送洛阳狱，及甫子永乐少府萌、沛相吉。球自临考甫等，五毒备极。萌谓球曰："父子既当伏诛，少以楚毒假借老父。"球曰："若罪恶无状，死不灭责，乃欲球假借邪?"萌乃骂曰："尔前事吾父子如奴，奴敢反汝主乎?"案，阳球《后汉书》列《酷吏传》，其为人刚决尚气，安有奴事甫父子之理?此盖明知必死，乃为是诬词耳。球使以土窒萌口，棰朴交至，父子悉死杖下。颎亦自杀。乃僵磔甫尸于夏城门，大署榜曰贼臣王甫。尽没入财产。妻子皆徙比景。《杨震传》：曾孙彪为京兆尹，王甫使门生于郡界辜榷官财物七千余万。彪发其奸，言之司隶。司隶校尉阳球因此奏诛甫。天下莫不惬心。时顺帝虞贵人葬，百官会丧还。曹节见磔甫尸道次，慨然抆泪。入白帝，言阳球故酷暴吏，不宜使在司隶。帝乃徙球为卫尉。时连有灾异。郎中梁人审忠上书请诛朱瑀，不报。初，侍中刘倏与窦武同谋俱死。倏弟郃为司徒，与永乐少府陈球相结，谋诛宦官。球劝郃徙阳球为司隶。尚书刘纳以正直忤宦官，出为步兵校尉，亦深劝郃。陈球小妻，程璜之女。璜用事宫中，所谓程大人也。节等颇得闻知，乃重赂于璜，且胁之。璜惧迫，以球谋告节。节因诬郃等与藩国交通，谋为不轨。郃与陈球、阳球、刘纳皆下狱死。节遂领尚书令，四年，卒。后瑀亦病卒。而张让、赵忠及夏恽、郭胜、孙璋、毕岚、栗嵩、段珪、高望、张恭、韩悝、宋典十二人，复封侯贵宠。

第三节
后汉羌乱

祸莫大于纵弛。后汉政治之宽纵，盖自章帝以来。邓后女主虽知诗书，颇存俭德，而督责之术非其所知。降羌隐患，遂以决裂，几至不可收拾焉。羌兵不若匈奴之强，众不逮鲜卑之盛，而患转甚于匈奴、鲜卑者，以其居塞内故也。故东汉羌乱，实晋代五胡之乱之先声也。

安置降种，使居塞内，俾夷为华，盛事也。然同化非旦夕可几，而吏民或乘战胜之威，加之刻虐，则激而思变矣。班彪之请立护羌校尉也，曰："今凉州部皆有降羌。羌、胡披发左衽，而与汉人杂处。习俗既异，言语不通。数为小吏黠人所见侵夺。穷恚无聊，故致反叛。蛮夷寇乱，皆为此也。"可谓知其本矣。然则历代降夷之乱，虽谓其过多在汉人可也。安帝永初元年（107），夏，遣骑都尉王弘发金城、陇西、汉阳羌数百千骑征西域。弘迫促发遣，群羌惧远屯不还，行到酒泉，多有散叛。诸郡各发兵邀遮，或覆其庐落。勒姐、当煎大豪东岸等愈惊，遂同时奔溃。东号子麻奴，初随父降，居安定，因此与种人俱西出塞。先零别种滇零与钟羌诸种大为寇掠，断陇道。时羌归附既久，无复器甲，或持竹竿木枝以代戈矛，或负板案以为盾，或执铜镜以象兵，而郡县畏懦不能制。遣车骑将军邓骘、征西校尉任尚讨之，败绩。明年，冬，滇零遂自称天子于北地。招集武都、参狼、上郡、西河诸杂种，众遂大盛。东犯赵、魏，南入益州，寇钞三辅，断陇道。湟中诸县，粟石万钱。百姓死亡，不可胜数。时左校令庞参坐法输作若卢，使其子俊上书，言百姓力屈，不复堪命。万里运粮，远就羌戎，不若总兵养众，以待其疲。车骑宜且振旅，留征西使督凉州士民，转居三辅。休徭役以助其时，止烦赋以益其财。令男得耕种，女得织纴。然后畜精锐，乘懈沮，出其不意，攻其不备。邓太后纳其言。即擢参于徒中，召拜谒者，使西督三辅诸军屯，而征邓骘还，留任尚屯汉阳，为诸军节度。三年，复遣骑都尉任仁督诸郡屯兵救三辅。仁每战不利。四年，以军营久出无功，有废农桑，诏任尚将吏兵还屯长安。庞参奏记邓骘，言宜徙边郡不能自存者入居诸陵，田戍故县，孤城绝郡，以权徙之。骘及公卿以国用不足，欲从参议。郎中虞诩说太尉李修曰："凉州既弃，即以三辅为塞；三辅为塞，则园陵单外；此不可之甚者也。谚曰：关西出将，关东出相。观其习兵壮勇，实过余州。今羌、胡所以不敢入据三辅，为心腹之害者，以凉州在后故也。其土人所以推锋执锐，无反顾之心者，为臣属于汉故也。若弃其境域，徙其人庶，安土重迁，必生异志。如使豪雄相聚，席卷而东，虽贲、育为卒，太公为将，犹恐不足当御。议者喻以补衣犹有所完，邓骘言："譬若衣败，一以相补，犹有所完。若不如此，将两无所保。"诩恐其疽食侵淫而无限极。弃之非计。"修曰："微子之言，几败国事。然则计当安出？"诩曰："今凉土扰动，人情不安，窃忧卒然有非常之变。诚宜令四府九卿各辟彼州数人。其牧、守、令、长子弟皆除为冗官。外以劝励，答其功勤；内以拘致，防其邪计。”修善其言。更集四府。皆从诩议。于是辟西州豪杰为掾属，拜牧、守、长吏子弟为郎，以安慰之。案，羌乱情形，详见王符《潜夫论·劝将》《救边》《边议》《实边》诸篇。《救边篇》言：“前羌始反，公卿师尹咸欲捐弃凉州，却保三辅，朝廷不听。后羌遂侵，论者多恨不从或议。”此篇作于羌乱既起九年之后，犹有持是论者，可见公卿之怯软。然《庞参传》谓訾及公卿，欲从参议，以众多不同而止，可见持是论者实不多也。是时羌既转盛，而二千石、令、长多内郡人，并无战守意，争上徙郡县，以避寇难。是年三月，既徙金城郡居襄武。县名，属陇西，在今甘肃陇西县西南。明年，春，任尚坐无功征免。羌遂入寇河东，至河内。使北军中候朱宠将五营士屯孟津。诏魏郡、赵国、常山、中山缮作坞候六百一十六所。复移陇西徙襄武，安定徙美阳，县属右扶风，今陕西武功县东南。北地徙池阳，县属左冯翊，今陕西泾阳县西北。上郡徙衙。县属左冯翊，今陕西白水县东北。盖已几弃凉州矣。《潜夫论·实边篇》言：“民之于徙，甚于伏法。伏法不过家一人死尔。诸亡失财货，夺土远移，不习风俗，不便水土，类多灭门，少能还者。……边民谨顿，尤恶内留。……太守、令、长，畏恶军事，……至遣吏兵，发民禾稼，发彻屋室，夷其营壁，破其生业。强劫驱掠，与其内入。捐弃羸弱，使死其处。当此之时，万民怨痛，泣血叫号，诚愁鬼神而感天心。……民既夺土失业，又遭蝗旱饥馑，逐道东走，流离分散。幽、冀、兖、豫、荆、扬、蜀、汉，饥饿死亡，复失大半。边地遂以兵荒，至今无人。”弃地之祸，可谓烈矣。其秋，汉阳人杜琦及弟季贡、同郡王信等，与羌通谋，聚众入上邽。汉县，今甘肃天水县西南。汉阳太守赵博遣客刺杀琦。侍御史唐喜领诸郡兵讨斩信。杜季贡亡从滇零。六年，滇零死，子零昌代立。年幼，同种狼莫为其计策。以杜季贡为将军，别居丁奚城。在今宁夏灵武县境。元初元年（114），遣兵屯河内。通谷冲要三十三所，皆作坞壁，设鸣鼓。零昌遣兵寇雍城。又号多与当煎、勒姐大豪共胁诸种，分兵钞掠武都、汉中。巴郡板楯蛮救之。号多退走，断陇道，与零昌通谋。庞参为校尉，以恩信招诱。二年，春，号多诣参降。参始还居令居，通河西道。而零昌种复寇益州。秋，蜀人陈省、罗横应募，刺杀零昌党吕叔都。又使屯骑校尉班雄屯三辅。左冯翊司马钧行征西将军，与庞参分道击零昌，不克。以马贤代领校尉。后遣任尚为中郎将，代班雄屯三辅。怀令虞诩说尚曰：兵法：弱不攻强，走不逐飞，自然之势也。今虏皆马骑……以步追之，势不相及，所以旷而无功。三州屯兵，二十余万，弃农桑，疲苦徭役，劳费日滋。为使君计：莫如罢诸郡兵，各令出钱数千，二十人共市一马。以万骑之众，逐数千之虏，追尾掩截，其道自穷。尚上言用其计。四年，尚遣当阗种羌榆鬼等五人刺杀杜季贡。复募效功种号封刺杀零昌。与校尉马贤破狼莫于北地。五年，度辽将军邓遵募上郡全无种羌雕何等刺杀狼莫。任尚与遵争功，又诈增首级，受赇枉法，赃千万以上，征弃市。自零昌、狼莫死后，诸羌瓦解，三辅、益州无复寇儆。延光三年（124），陇西郡始还狄道。顺帝永建元年（126），凉州无事。四年，尚书仆射虞诩上复三郡。使谒者郭璜督促徙者，各归旧县。缮城郭，置候驿。既而激河浚渠，为屯田，省内郡费岁一亿计。初，当煎种大豪忍良结麻奴寇湟中、金城，南还湟中，建光元年（121）。马贤追破之。麻奴诣汉阳降。弟犀苦立。延光元年。贤以犀苦兄弟数背叛，因系质于令居。是冬，贤坐征免，韩皓代为校尉。明年，犀苦诣皓自言，求归故地。皓复不遣。因转湟中屯田，置两河间，以逼群羌。皓复坐征，马续代为校尉。两河间羌以屯田近之，恐必见图，乃解仇诅盟，各自儆备。续欲先示恩信，上移屯田还湟中，羌意乃安。阳嘉元年（132），以湟中地广，更增置屯田五部，并为十部。二年，夏，复置陇西南部都尉，如旧制。治临洮。羌事至此小定。永和元年（136），马续迁度辽将军，复以贤代为校尉。四年，贤征，以来机为并州刺史，刘秉为凉州刺史。机等天性虐刻，到州之日，多所扰发。五年，夏，且冻、傅难等遂反叛。攻金城。与西塞及湟中杂种羌、胡大寇三辅，杀害长吏。机、秉并坐征。发京师近郡及诸州兵讨之。拜马贤为征西将军，以骑都尉耿叔副，将十万人屯汉阳。又于扶风、汉阳、陇道作坞壁三百所，置屯兵以保聚百姓。六年，马贤及二子皆战殁。东西羌遂大合。复徙安定居扶风，北地居冯翊。汉安元年（142），以赵冲为护羌校尉。建康元年（144），战殁。冲虽死，而前后多所斩获，羌由是衰耗。冲帝永嘉元年（145），张贡代为校尉，左冯翊梁并稍以恩信招诱，陇右复平。

桓帝延熹二年（159），羌乱复起。烧当、烧何、当煎、勒姐等八种寇陇西、金城塞。时段颎为护羌校尉，击破之。追讨，南渡河，破之罗亭。《本纪》。注："《东观记》曰，追到积石山，即与罗亭相近，在今鄯州也。"唐鄯州，今青海乐都县。明年，春，余羌复与烧何大豪寇张掖。颎追至河首积石山，出塞二千余里。《本纪》。注："积石山在今鄯州龙支县南。"龙支，见第九章第五节。冬，勒姐、零吾种围允街。汉县，在今甘肃永登县南。颎击破之。四年，六月，零吾羌与先零诸种并叛，寇三辅。冬，上郡沈氐、陇西牢姐、乌吾诸种共寇并、凉二州。颎将湟中义从讨之。凉州刺史郭闳贪共其功，稽固颎军，使不得进。义从役久，皆悉反叛。郭闳归罪于颎。颎坐征下狱，输作左校。以胡闳为校尉。闳无威略，羌遂陆梁。覆没营坞，唐突诸郡。太山太守皇甫规上疏求自效。冬，三公举规为中郎将，持节监关西兵。讨零吾等，破之。先零诸种慕规威信，相劝降者十余万。明年，规因发其骑兵，共讨陇右。东羌遣使乞降。凉州复通。先是安定太守孙俊受取狼籍。属国都尉李翕、督军御史张禀多杀降羌。凉州刺史郭闳、汉阳太守赵熹并老弱不堪任职。而皆倚恃权贵，不遵法度。规到州界，悉条奏其罪，或免或诛。羌人闻之，翕然反善。沈氐大豪滇昌、饥恬等十余万口复诣规降。规出身数年，持节为将，拥众立功，还督乡里，规，安定朝那人。朝那，汉县，见第四章第三节。既无他私惠，而多所举奏，又恶绝宦官，不与交通，于是中外并怨。遂共诬规货赂群羌，令其文降。天子玺书诮让相属。规惧不免，上书自讼。其冬，征还，拜议郎。论功当封，而中常侍徐璜、左悺欲从求货，数遣宾客，就问功状。规终不答。璜等忿怒，陷以前事，下之于吏。官属欲赋敛请谢，规誓而不听。遂以余寇不绝，坐系廷尉，论输左校。诸公及太学生张凤等三百余人诣阙讼之，会赦归家。六年，冬，复以段颎为护羌校尉，乘驿之职。明年，羌封僇、良多、滇那等酋豪三百五十五人率三千落诣颎降。当煎、勒姐等犹自屯结。冬，颎将万余人击破之。八年，春，破勒姐种。夏，进军击当煎种，破之湟中。颎遂穷追，自春及秋，无日不战。虏遂饥困败散。永康元年（167），当煎诸种复反，欲攻武威，颎复破之。西羌于此弭定。桓帝诏问，欲颎移兵东讨。颎因上言："东种所余，三万余落。居近塞内，路无险折……久乱并、凉，累侵三辅。西河、上郡，已各内徙。安定、北地，复至单危。自云中、五原西至汉阳，二千余里，匈奴、种羌，并擅其地，是为痈疽伏疾，留滞胁下……今若以骑五千，步万人，车三千两，三冬二夏，足以破定。无虑用费为钱五十四亿。如此，则可令群羌破尽，匈奴长服。内徙郡县，得反本土。"帝许之，悉听如所上。灵帝建宁元年（168），春，颎破先零诸种于高平。见第八章第五节。夏，追羌至泾阳。汉县，今甘肃平凉县西。余寇四千落，悉散汉阳山谷间。汉阳，前汉天水郡改名。治冀，今甘肃甘谷县。时张奂上言："东羌虽破，余种难尽。颎性轻果，虑负败难常。宜且以恩降，可无后悔。"诏书下颎。颎复上言：昔先零作寇，赵充国徙令居内；煎当乱边，马援迁之三辅；始服终叛，至今为鲠。今旁郡户口单少，数为羌所创毒，而欲令降徒与之杂居，是犹种枳棘于良田，养虺蛇于室内也。故臣欲绝其本根，不使能殖。每奉诏书，军不内御，愿卒斯言，一以任臣。二年，诏遣谒者冯禅说降汉阳散羌。颎以春农，百姓布野，羌虽暂除，而县官无廪，必当复为盗贼，不如乘虚放兵，势必殄灭。夏，颎自进营，破之凡亭山。瓦亭山之讹，在今甘肃固原县南。羌东奔射虎谷。在今甘肃天水县西。颎规一举灭之，不欲复令散走，遣千人于西县结木为栅遮之。西县，在今天水县西南。而纵兵击破之。东羌悉平。

羌乱凡分三次：段颎言永初中诸羌反叛，十有四年，用二百四十亿。永和之末，复经七年，用八十余亿。是第一次自永初元年（107）至永宁元年（120），第二次自永和四年（139）至永嘉元年（145）也。《后书·羌传》述羌乱用费，即本于此。而第一次误作十二年，第二次亦误云十余年。其第三次，自延熹二年（159）至建宁二年（169），凡十一年。合计三十有二年。《潜夫论》言羌始叛时，“计谋未善，党与未成，人众未合，兵器未备”；《边议》。及百姓“暴被殃祸，亡失财货，人怀奋怒，各欲报仇”；《实边》。其势实极易平。然竟蔓延如此之广，经历如此之久者？《潜夫论》又云：乃者边害振如雷霆，赫如日月，而谈者皆讳之……陶陶闲淡，卧委天听。羌独往来，深入多杀。己乃陆陆，相将诣阙，谐辞礼谢。退坐朝堂，转相顾望，日晏时移，议无所定，已且须后。少得小安，则恬然弃忘。旬月之间，虏复为害，乃复怔忪如前。《救边》。王氏至谓：今公卿苟以己不被伤，故竟割国家之地以与敌，杀主上之民以喂寇。今诸言边可不救者，诚宜以其身若子弟补边太守、令、长、丞、尉，然后是非之情乃定。《边议》。语虽愤激，当时泄沓情形则可见矣。王氏又言：今吏从军败没死公事者以十万数，上不闻吊唁嗟叹之荣名，下又无禄赏之厚实。节士无所劝慕，庸夫无所贪利。士民贫困，器械不简习，将恩不素结，卒然有急，则吏以暴发虐其士，士以所拙遇敌巧。此为吏驱怨以御仇，士卒缚手以待寇也。《劝将》。皇甫规论羌事疏曰："每唯贤马贤。等拥众四年，未有成功，悬师之费且百亿计。出于平人，回入奸吏。故江湖之人，群为盗贼。青、徐荒饥，襁负流散。夫羌戎溃叛，不由承平。皆由边将失于绥御。乘常守安，则加侵暴。苟竞小利，则致大害。微胜则虚张首级，军败则隐匿不言。军士劳怨，困于猾吏。进不得快战以邀功，退不得温饱以全命。饿死沟渠，暴骨中原。……是以安不能久，败则经年。"《后书》亦言"诸将多断盗牢禀，私自润入。皆以珍宝货赂左右。上下放纵，不恤军事。士卒不得其死者，白骨相望于野"。且如段颎，《后书》以为良将。然计其功勋云：凡百八十战，斩三万八千六百余级，而军士死者仅四百余人，则无此理。本规三岁之费，用五十四亿，其后实用四十四亿，岁凡十有四亿，亦反较永初、永和所费为巨也。王信之死，汉军收金、银、彩帛一亿以上。贼众如此，官军以对照而可知。将帅如此，贼安得不大纵，民安得不重困哉？吾尝谓后汉羌乱，与清川、楚教匪之役最相似，信不诬也。

第四节 党锢之祸

上刑赏贸乱，则下务立名以为高。上肆其虐，下务其名以相角，意气所激，不顾一切以徇之，而天下事不可为矣。历代之党祸是也。然后汉党祸，本起于小人之依附权势，互相讥评。《后书·党锢传》云："初，桓帝为蠡吾侯，受学于甘陵周福。甘陵，汉厝县。后汉安帝更名。移清河国治焉。在今山东清平县南。或云：在今河北清河县东南。及即帝位，擢福为尚书。时同郡河南尹房植有名当朝。乡人为之谣曰：'天下规矩房伯武，因师获印周仲进。'二家宾客，互相讥揣。遂各树朋徒，渐成尤隙。由是甘陵有南北部。"此特食客之好事者为之耳，无与大局也。后"汝南太守宗资任功曹范滂。南阳太守成瑨，亦委功曹岑晊。二郡又为谣曰：'汝南太守范孟博，南阳宗资主画诺。南阳太守岑公孝，弘农成瑨但坐啸。'因此流言，转入太学。诸生三万余人，郭林宗、泰。贾伟节彪。为其冠。并与李膺、陈蕃、王畅更相褒重。学中语曰：'天下模楷李元礼，不畏强御陈仲举，天下俊秀王叔茂。'又渤海公族进阶、扶风魏齐卿，并危言深论，不隐豪强。自公卿以下，莫不畏其贬议，屣履到门"。于是意气之争与权利之争相杂，居首善之区，而承之以好交结之贵游、务声华之游士，而所牵引者大矣。时河内张成善说风角，推占当赦，遂教子杀人。李膺为河南尹，督促收捕。既而逢宥获免。膺愈怀愤疾，竟案杀之。初，成以方伎交通宦官，帝亦颇谇其占。成弟子牢修因上书诬告膺等养太学游士，交结诸郡生徒，更相驱驰，共为部党，诽讪朝廷，疑乱风俗。于是天子震怒，班下郡国，逮捕党人。布告天下，使同忿疾。遂收执膺等。其辞所连及陈寔之徒二百余人。或有遁逃不获，皆悬金购募。使者四出，相望于道。时为延熹九年（166）。明年，尚书霍谞、城门校尉窦武并表为请。帝意稍解。乃皆赦归田里，禁锢终身。而党人之名，犹书王府。夫上之人挟其威力以与争名者角，而欲止之，未有能胜者也。于是海内希风之流，遂共相标榜。指天下名士，为之称号：上曰三君，君者，言一世之所宗也。次曰八俊，俊者，言人之英也。次曰八顾，顾者，言能以德行引人者也。次曰八及，及者，言其能导人追宗者也。

次曰八厨。厨者，言能以财救人者也。初，山阳太守翟超请张俭为东部督邮，时中常侍侯览家在防东，后汉县，属山阳。在今山东金乡县西南。残暴百姓，所为不轨。俭举劾览及其母罪恶，请诛之，览遏绝章表，并不得通，参看第二节。《苑康传》云俭杀常侍侯览母，误。由是结仇。乡人朱并素性佞邪，为俭所弃，并怀怨恚，遂上书告俭与同乡二十四人别相署号，共为部党，图危社稷。灵帝诏刊章捕俭等。大长秋曹节因此讽有司奏捕前党。故司空虞放、太仆杜密、长乐少府李膺、司隶校尉朱寓、颍川太守巴肃、沛相荀昱、河内太守魏朗、山阳太守翟超、任城相刘儒、太尉掾范滂等百余人，皆死狱中。余或先殁不及，或亡命获免。自此诸为怨隙者，因相陷害，睚眦之忿，滥入党中；又州郡承旨，或有未尝交关，亦离祸毒；其死徙废禁者，六七百人。时为建宁二年(169)。熹平五年（176），永昌太守曹鸾上书大讼党人，言甚方切。帝省奏大怒，即诏司隶、益州，槛车收鸾，送槐里狱，掠杀之。于是又诏州郡，更考党人。门生故吏、父子兄弟，其在位者，免官禁锢，爰及五属。注：“谓斩衰、齐衰、大功、小功、缌麻也。”光和二年（179），上禄长和海上禄在今甘肃成县西南。上言：“礼，从祖兄弟，别居异财，恩义已轻，服属疏末。而今党人，锢及五族。既乖典训之文，有谬经常之法。”帝览而悟之。党锢自从祖以下，皆得解释。中平元年（184），黄巾贼起。中常侍吕强言于帝曰：“党锢久积，人情多怨。若久不赦宥，轻与张角合谋，为变滋大，悔之无救。”帝惧其言，乃大赦党人。诛徙之家皆归故郡。案，钩党之徒，品类非一。有通经之士，如刘淑。有游侠之徒。如何颙。有挺身殉节者，如李膺、巴肃、范滂。亦有遁逃奔走，累及他人者。如张俭。又如成瑨委任岑晊、张牧，杀张汎及其宗族宾客二百余人，瑨征，下狱死，晊、牧顾遁逃亡匿，则殊有愧于烈士之风矣。有本无意于交结，邂逅遇之，不得免焉者。如夏馥，不交时宦，特以声名为中官所惮，遂与范滂、张俭等同被诬陷。亦有本系魁首，以处世巧滑，转得脱然无累者。如郭泰。《传》言其“虽善人伦，而不为危言核论，故宦官擅政而不能伤也。及党事起，知名之士多被其害，唯林宗及汝南袁闳得免焉”。并有本无关系，欲依附以为荣者。如皇甫规。《传》言“党事大起，天下名贤多见染逮。规虽为名将，素誉不高。自以西州豪桀，耻不得豫。乃上言：‘臣前荐故大司农张奂，是附党也。又臣昔论输左校时，太学生张凤等上书讼臣，是臣为党人所附也。臣宜坐之’”。形形色色，非可一概而论。其人激于意气，所为不免过当，任之亦未足以为治。且互相标榜，本系恶习。当时之士，所以趋之若鹜者，一则务于立名，一亦以汉世选举竞尚声华，合党连群实为终南捷径耳。参看第十八章第四节自明。然桓、灵信任宦官，诛夷士类，延及无辜，前后历二十余年，则自为虐政，不以党人之无足取而末减也。

第五节
灵帝荒淫

后汉国事大坏于桓、灵。《后汉书·桓帝纪论》曰：“前史称桓帝好音乐，善琴笙。饰芳林而考濯龙之宫，设华盖以祠浮图、老子，见第二十章第六、第七节。斯将所谓听于神乎？”盖亦淫侈之君。五邪嗣虐，流毒四方，正为是也。然桓帝之荒淫，实远不如灵帝之甚。

灵帝好微行，游幸外苑。造毕圭灵琨苑。见《杨震传》。后宫采女，数千余人。衣食之费，日数百金。每郡国贡献，先输中署，名为“导行费”。《宦者·吕强传》。熹平四年（175），改平准为中准，使宦者为令，列于内署。自是诸署悉以阉人为令。《本纪》：熹平四年。光和元年（178），开西邸卖官。自关内侯、虎贲、羽林，入钱各有差。《本纪》。注引《山阳公载记》曰：“时卖官，二千石二千万。四百石四百万。其以德次应选者半之，或三分之一。于西园立库贮之。”私令左右卖公卿。公千万，卿五百万。中平四年（187），卖关内侯，假金印紫绶，传世，入钱五百万。皆见《本纪》。《崔骃传》：“灵帝时，开鸿都门，榜卖官爵。公卿、州郡，下至黄绶各有差。其富者则先入钱，贫者到官而后倍输。或因常侍、阿保别自通达。是时段颎、樊陵、张温等虽有功勤名誉，然皆先输货财，而后登公位。崔烈时因傅母入钱五百万，得为司徒。及拜日，天子临轩，百僚毕会。帝顾谓亲幸者曰：‘悔不小靳，可至千万。’程夫人于旁应曰：‘崔公冀州名士，岂肯买官？赖我得是，反不知姝邪？’”光和四年，初置騄骥厩丞，领受郡国调马。豪右辜榷，马一匹至二百万。《本纪》。其时外戚贵幸之家及中官公族造起馆舍，凡有万数。丧葬逾制，奢丽过礼。《吕强传》。皆上之化也。

帝好学，自造《皇羲篇》五十章。因引诸生能为文赋者。本颇以经学相招，后诸为尺牍及工书鸟篆者皆加引召，遂至数十人。侍中祭酒乐松、贾护多引无行趋势之徒，并待制鸿都门下。喜陈方俗闾里小事。帝甚悦之，待以不次之位。光和元年（178），遂置鸿都门学。其诸生皆敕州郡三公举用辟召。或出为刺史、太守，入为尚书、侍中，乃有封侯赐爵者，士君子皆耻与为列。《蔡邕传》。杨赐对策，至比诸驩兜、共工，更相荐说焉。《杨震传》。又市贾小民为宣陵孝子者数十人。悉除为郎中、太子舍人。以蔡邕言，乃改为丞尉。亦见《邕传》。

帝好胡服、胡帐、胡床、胡座、胡饭、胡箜篌、胡笛、胡舞。京都贵戚皆竞为之。于西园驾四白驴，躬自操辔，驱驰周旋，以为大乐。公卿贵戚转相仿效。至乘辎軿，以为骑从。互相侵夺，价与马齐。数游戏于西园中。令后宫采女为客舍主人，身为商贾服，行至舍，采女下酒食，因共饮食，以为戏乐。《续汉书·五行志》。亦见《后汉书·灵帝纪》光和四年（181）。

中平二年（185），南宫灾。张让、赵忠等说帝，令敛天下田亩税十钱，以修宫室。发太原、河东、狄道诸郡材木及文石。每州郡部送至京师，黄门、常侍辄令谴诃不中者，因强折贱买，十分雇一。因复货之于宦官。复不为即受，材木遂至腐积，宫室连年不成。刺史、太守复增私调，百姓呼嗟。凡诏所征求，皆令西园驺密约"敕"，号曰中使。恐动州郡，多受赇赂。刺史、二千石及茂才、孝廉迁除，皆责助军、修宫钱。大郡至二三千万，余各有差。当之官者，皆先至西园谐价，然后得去。有钱不毕者，或至自杀。其守清者，乞不之官，皆迫遣之。时巨鹿太守河内司马直新除，以有清名，减责三百万。辞疾，不听。行至孟津，上书极陈当世之失、古今祸败之戒，即吞药自杀。书奏，帝为暂绝修宫钱。又造万金堂于西园，引司农金钱、缯帛，仞积其中。又还河间买田宅，起第观。明年，遂使钩盾令宋典缮修南宫玉堂。又使掖庭令毕岚铸铜人四，列于苍龙、玄武阙。又铸四钟，皆受二千斛，悬于玉堂及云台殿前。又铸天禄蛤蟆，吐水于平门外桥东，转水入宫。又作翻车、渴乌，施于桥西，用洒南北郊路。注："翻车，设机车以引水。渴乌，为曲筒，以气引水上也。"帝本侯家，宿贫，每叹桓帝不能作家居，故聚为私藏，复藏寄小黄门、常侍钱各数千万。常云："张常侍是我公，赵常侍是我母。"张让、赵忠。宦官得志，无所惮畏，并起第宅，拟则宫室焉。《宦者·张让赵忠传》。案，灵帝即位，年仅十二，安能忆为侯时之贫？此宦官欲自聚敛，而委过于君也。根柢之深固如此，非用兵力，固不能铲除矣。

第六节
后汉中叶后外患

自北匈奴亡后，南匈奴及乌桓居皆近塞，而鲜卑徙居北匈奴故地，势渐张。明、章、和三世，乌桓保塞无事，鲜卑则或降或叛，然患亦未甚。安帝永初以后，乌桓、鲜卑始多反叛。辽西鲜卑其至鞬尤强。自永宁至阳嘉，迄为边患。其至鞬死，寇盗乃稍稀。南匈奴单于檀薨，弟乌稽侯尸逐鞮单于拔，安帝延光三年（124）立，四年薨。弟去特若尸逐就单于休利，顺帝永建三年（128）立。永和五年（140），左部句龙王吾斯、车纽等叛，立车纽为单于。东引乌桓，西收羌戎，及诸胡数万人，寇掠并、凉、幽、冀四州。中国至徙西河治离石，汉县，今山西离石县。上郡治夏阳，汉县，今陕西韩城县南。朔方治五原以避之。中郎将陈龟以单于不能制下，逼迫之。单于及其弟左贤王皆自杀。兜楼储先在京师，立之，是为呼兰若尸逐就单于。车纽降。中郎将马寔募刺杀吾斯，击其余党，平之。兜楼储立五年薨，伊陵尸逐就单于居车儿，桓帝建和元年（147）立。延熹元年（158），南单于诸部并叛。遂与乌桓、鲜卑寇缘边九郡。以张奂为北中郎将讨之。诸部悉降。单于居车儿薨，子屠特若尸逐就单于某，注云："凡言'某'者，史失其名。"又云，某即是其名。盖并存两说。熹平元年（172）立。时鲜卑有檀石槐者，勇健有智略，部落畏服。乃施法禁，平曲直，无敢犯者。遂推以为大人。立庭于弹汗山歠仇水上，去高柳北三百余里。高柳，汉县，见第八章第四节。兵马甚盛。东西部大人皆归焉。因南抄缘边，北拒丁零，东却夫余，西击乌孙，尽据匈奴故地。东西万四千余里。网罗山川、水泽、盐池。乃自分其地为三部：从右北平东至辽东，接夫余、濊貊二十余邑为东部。从右北平以西至上谷十余邑为中部。从上谷以西至敦煌、乌孙二十余邑为西部。各置大人主领之。灵帝立，幽、并、凉三州缘边诸郡无岁不被寇钞，杀掠不可胜数。熹平三年冬，夏育迁护乌桓校尉。六年，秋，请征幽州诸郡兵出塞击之。一冬二春，必能破灭。朝廷未许。先是护羌校尉田晏坐事论刑被原，欲立功自效。乃请中常侍王甫，求得为将。甫因此议遣兵与育并力讨贼。帝乃拜晏为破鲜卑中郎将，大臣多有不同。乃召百官议朝堂。议郎蔡邕言其不可。帝不从。遂遣育出高柳，晏出云中，匈奴中郎将臧旻率南单于出雁门。各将万骑，出塞二千余里。檀石槐命三部大人各率众逆战，育等大败，丧其节传、辎重，各将数千骑奔还，死者十七八。三将槛车征下狱，赎为庶人。案，蔡邕之议谓“自匈奴遁逃，鲜卑强盛，据其故地，称兵十万。才力劲健，意智益生。加以关塞不严，禁网多漏。精金良铁，皆为贼有。汉人逋逃，为之谋主。兵利马疾，过于匈奴”，盖是时之鲜卑业已统一漠北，代匈奴而兴矣。然其部落程度究浅，结合不固。光和中，檀石槐死，子和连代立。才力不及父，性贪淫，断法不平，众叛者半。出攻北地，廉人善弩射者射中之，即死。廉，汉县，今甘肃固原县东北。其子骞曼年小，兄子魁头立。后骞曼长大，与之争国，众遂离散焉。乌桓大人，灵帝初，上谷有难楼，九千余落，辽西有丘力居，五千余落；皆自称王。又辽东苏仆延，众千余落，自称峭王。右北平乌延，众八百余落，自称汗鲁王。并勇健而多计策。中平四年（187），前中山太守张纯叛，入丘力居众中，自号弥天安定王。遂为诸郡乌桓元帅。寇掠青、徐、幽、冀四州。五年，以刘虞为幽州牧。虞购募斩纯首，北州乃定。匈奴单于某，以击檀石槐之年薨。子呼征，光和元年（178）立。二年，中郎将张修与单于不相能，修擅斩之，更立右贤王羌渠。修以擅杀，槛车征诣廷尉抵罪。张纯叛，诏发南匈奴兵，配刘虞讨之。单于遣左贤王将骑诣幽州。国人恐单于发兵无已，五年，右部醯落与休著各胡白马铜等十余万人反，攻杀单于。子持至尸逐侯单于於扶罗，中平五年（188）立。国人杀其父者遂叛，共立须卜骨都侯为单于。於扶罗诣阙自讼。会灵帝崩，天下大乱。单于将数千骑与白波贼合，见第七节。寇河内诸郡。时民皆保聚，钞掠无利，而兵遂挫伤。复欲归国，国人不受，乃止河东。须卜骨都侯为单于一年而死。南庭遂虚其位，以老王行国事焉。

西域，《后汉书》云："自阳嘉以后，朝威稍损，诸国骄放，转相陵伐。元嘉二年（152），长史王敬为于阗所没；永兴元年（153），车师后王复反攻屯营；虽有降首，曾莫惩革，自此浸以疏慢矣。"盖其失驭，亦在桓、灵之世也。顺帝永建四年（129），于阗王放前杀拘弥王兴，自立其子为拘弥王，而遣使者贡献于汉。敦煌太守徐由上求讨之。帝赦于阗罪，令归拘弥国。放前不肯。阳嘉元年（132），徐由遣疏勒王臣槃发二万人击于阗，破之。更立兴宗人成国为拘弥王而还。桓帝元嘉元年，长史赵评在于阗病痈死。评子迎丧，道经拘弥。成国与于阗王建素有隙，乃语评子云："于阗王令胡医持毒药着创中，故致死耳。"评子信之。还入塞，以告敦煌太守马达。明年，以王敬代为长史。达令敬隐核其事。敬先过拘弥，成国复说云："于阗国人欲以我为王。今可因此罪诛建，于阗必服矣。"敬贪立功名，且受成国之说，前到于阗，设供具请建，杀之。于阗侯将输僰等会兵攻杀敬。输僰欲自立，国人杀之，而立建子安国。马达闻之，欲将诸郡兵出塞击于阗。桓帝不听，征达还，而以宋亮为敦煌太守。亮到，开募于阗，令自斩输僰。时输僰死已经月，乃断死人头送敦煌，而不言其状。亮后知其诈，而竟不能出兵。于阗恃此遂骄。灵帝熹平四年

（175），安国攻拘弥，大破之，杀其王，死者甚众。戊己校尉、西域长史各发兵辅立拘弥侍子定兴为王，人众裁千口耳。

车师之势与北匈奴甚逼。顺帝阳嘉三年（134），车师后部司马率加特奴等千五百人掩击北匈奴于阊吾陆谷。坏其庐落，斩数百级。获单于母、季母及妇女数百人，牛羊十余万头，车千余两，兵器、什物甚众。四年，春，北匈奴呼衍王率兵侵后部。帝以车师六国接近北虏，为西域蔽捍，乃令敦煌太守发诸国兵及玉门关候、伊吾司马，合六千三百骑救之。掩击北虏于勒山，汉军不利。秋，呼衍王复将二千人攻后部，破之。桓帝元嘉元年（151），呼衍王将三千余骑寇伊吾。伊吾司马毛恺遣吏兵五百人于蒲类海东与战，悉为所没。呼衍王遂攻伊吾屯城。夏，遣敦煌太守司马达将敦煌、酒泉、张掖属国吏士四千余人救之。至蒲类海，呼衍王引去。永兴元年（153），后部王阿罗多与戊部候严皓不相得，反叛。攻围汉屯田且固城，杀伤吏士。后部候炭遮领余人叛阿罗多，诣汉吏降。阿罗多迫急，将其母、妻子，从百余骑亡走北匈奴中。敦煌太守宋亮上立后部故王军就质子卑君为后部王。后阿罗多复从匈奴中还，与卑君争国，颇收其国人。戊校尉阎详虑其招引北虏，将乱西域，乃开信告示，许复为王。阿罗多乃诣详降。于是收夺所赐卑君印绶，更立阿罗多为王。仍将卑君还敦煌，以后部三百帐别役属之，食其税。

安帝元初中，疏勒王安国以舅臣磐有罪，徙于月氏。月氏王亲爱之。后安国死，无子，母持国政，与国人共立臣磐弟子遗腹为疏勒王。臣磐闻之，请月氏王曰："安国无子，种人微弱。若立母氏，我乃遗腹叔父也。我当为王。"月氏乃遣兵送还。疏勒国人素敬爱臣磐，又畏惮月氏，即共夺遗腹印绶，迎臣磐，立为王。后莎车连叛于阗，属疏勒，疏勒以强，与龟兹、于阗为敌国。顺帝永建二年（127），臣磐遣使奉献。帝拜臣磐为汉大都尉。五年，臣磐遣侍子与大宛、莎车使俱诣阙贡献。阳嘉二年（133），臣磐复献师子、封牛。至灵帝建宁元年（168），疏勒王汉大都尉疏勒王仍膺汉大都尉之号，而佚其名。本疏勒王下或有"与"字，非是。于猎中为其季父和得所射杀。和得自立为王。三年，凉州刺史孟佗遣从事任涉将敦煌兵五百人，与戊己司马曹宽、西域长史张晏将焉耆、龟兹、车师前后部，合三万余人，讨疏勒。攻桢中城，四十余日，不能下，引去。其后疏勒王连相杀害，朝廷亦不能禁。

以上皆诸国疏慢之由也。后汉再定西域，未设都护，故其威严不逮前汉，盖屯田校尉秩卑而无威，敦煌太守势远而不及，不如中西域而立幕府者之便于制驭也。班超久居西域，信使几通大秦，班勇继立大功，葱岭以西遂绝，职是故也。然汉通西域，本为捍御匈奴。车师之守既坚，呼衍王终难得志，已足捍河西而休边氓矣。自此以西，于中国本无大利害，劳师务远，实为非计。则后汉之于西域，或转较前汉为得策也。

第七节
后汉中叶后内乱

后汉自邓后以女主御宇，朝政不纲，吏治废弛，伏莽之祸，即已潜滋。岁月浸淫，终不能绝。至灵帝之世，遂一发而不可收拾矣。所谓履霜坚冰，其所由来者渐也。安帝永初三年（109），七月，海贼张伯路等寇掠缘海九郡。遣侍御史庞雄督州郡兵讨破之。伯路等乞降。寻复屯聚。明年，伯路复与渤海、平原剧贼刘文河、周文光等攻厌次，后汉县，在今山东阳信县东南。转入高唐，汉县，今山东禹城县西南。党众浸盛。遣御史中丞王宗发幽、冀诸郡兵，征法雄为青州刺史，并力讨之。至五年乃平。时百姓流亡，盗贼并起。郡县更相饰匿，莫肯纠发。尚书陈忠上疏曰："臣窃见元年以来，盗贼连发。攻亭劫掠，多所伤杀。夫穿窬不禁，则致强盗；强盗不断，则为攻盗；攻盗成群，必生大奸。故亡逃之科，宪令所急，至于通行饮食，罪致大辟。而顷者以来，莫以为忧。州郡督录怠慢，长吏防御不肃。皆欲采获虚名，讳以盗贼为负。虽有发觉，不务清澄。至有逞威滥怒，无辜僵仆。或有局蹐比伍，转相赋敛。或随吏追赴，周章道路。是以盗发之家，不敢申告；邻舍比里，共相压迮。或出私财，以偿所亡。其大章著不可掩者，乃肯发露。陵迟之渐，遂且成俗。寇攘诛咎，皆由于此。前年渤海张伯路，可为至戒。"读此，可知盗贼之所由来矣。

顺帝阳嘉元年（132），二月，海贼曾旌等寇会稽，杀句章、见第五章第七节。鄞、汉县，今浙江奉化县东。鄮汉县，今浙江鄞县东。三县长。攻会稽东部都尉。三月，扬州六郡妖贼章河等寇四十九县，杀伤长吏。三年，三月，益州盗贼劫质令长，杀列侯。永和二年（137），七月，九真、交趾二郡兵反。八月，江夏盗贼杀邾长。邾，汉县，见第三章第三节。三年，四月，九江贼蔡伯流寇郡界及广陵，杀江都长。江都，汉县，今江苏江都县西南。闰月，蔡伯流等率众诣徐州刺史应奉降。五月，吴郡丞羊珍反，攻郡府。太守王衡破斩之。永和中，荆州盗贼起，弥年不定。以李固为刺史，固到，遣吏劳问境内，赦寇盗前衅，与之更始。于是贼帅夏密等敛其魁党，六百余人，自缚归首。固皆原之，遣还，使自相招集。半岁间，余类悉降，州内清平。汉安元年（142），广陵盗贼张婴等寇郡县，积十余年，是岁，诣太守张纲降。建康元年（144），三月，南郡、江夏盗贼寇掠城邑，州郡讨平之。八月，扬、徐盗贼范容、周生等寇掠城邑，遣御史中丞冯绲《本纪》误作"赦"，此依《滕抚传》。督州郡兵讨之。九月，扬州刺史尹耀、九江太守邓显讨范容等于历阳，秦县，今安徽和县。军败，为贼所杀。十一月，九江盗贼徐凤、马勉等复寇郡县。凤称“无上将军”，依《滕抚传》。《本纪》“徐凤、马勉等称无上将军”，疑有夺字。十二月，九江贼黄虎等攻合肥。冲帝永嘉元年，正月，张婴等复反，攻杀堂邑、汉县，今江苏六合县北。江都长。徐凤攻杀曲阳、后汉侯国，今江苏东海县西南。东城长。见第三章第四节。三月，马勉称“黄帝”。九江都尉滕抚讨马勉、范容、周生，大破斩之。四月，丹阳贼陆宫等围城，烧亭寺。丹阳，汉郡，治宛陵，今安徽宣城县。太守江汉击破之。五月，下邳人谢安应募击徐凤等，斩之。七月，庐江盗贼攻浔阳、盱眙。滕抚遣司马王章击破之。十一月，中郎将滕抚抚时拜中郎将，督扬、徐二州事。击张婴，破之。历阳贼华孟自称“黑帝”，攻杀九江太守杨岑，滕抚率诸将击破斩之。于是东南悉平，振旅而还。时天下饥馑，帑藏空虚。每出征伐，常减公卿俸禄，假王侯租赋。前后所遣将帅，宦官辄陷以折耗军资，往往抵罪。抚性方直，不交权势，宦官怀忿，及论功赏，当封，太尉胡广时录尚书事，承旨奏黜抚，天下怨之。据《冯绲滕抚传》。宦官之祸汉，可谓深矣。

桓帝建和二年（148），十月，长平陈景自号“黄帝子”，长平，汉县，在今河南西华县东北。黄帝子，依商务印书馆百衲本，今本或作“皇”。署置官属；又南顿管伯亦称“真人”；南顿，汉县，在今河南项城县北。并图举兵，悉伏诛。和平元年（150），二月，扶风妖贼裴优自称皇帝，伏诛。永兴二年（154），闰九月，蜀郡李伯诈称宗室当立，为“太初皇帝”，伏诛。十一月，泰山、琅玡贼公孙举等反叛，杀长吏。永寿二年（156），七月，中郎将段颎讨，破斩之。据《颎传》，贼首尚有东郭窦。延熹三年（160），九月，泰山、琅玡贼劳丙等复叛，寇掠百姓。遣御史中丞赵某持节督州郡讨之。四年，十月，南阳黄武与襄城惠得、襄城，秦县，见第三章第二节。

昆阳乐季妖言相署，皆伏诛。五年，四月，长沙贼起，寇桂阳、苍梧。五月，长沙、零陵贼起，攻桂阳、苍梧、南海、交趾。遣御史中丞盛修督州郡讨之，不能克。豫章艾县人六百余，艾县，在今江西修水县西。应募而不得赏值，遂反。八月，焚烧长沙郡县，寇益阳，汉县，今湖南益阳县。杀令。又遣谒者马睦，督荆州刺史刘度击之。军败。乃擢右校令度尚为荆州刺史。尚躬率部曲，与同劳逸。广募杂种诸蛮夷，明设购赏。进击，大破之。桂阳宿贼渠帅卜阳、潘鸿等徙入山谷。尚穷追入南海，破平之。出兵三年，群寇悉定。六年，七月，桂阳盗贼李研等寇郡界。太尉杨秉表陈球为零陵太守。球到，设方略，期月间，贼虏消散。而荆州兵朱盖等征戍久，财赏不赡，忿恚，八年，五月，复作乱。与桂阳贼胡兰攻没郡县，转寇零陵。陈球固守。复以度尚为中郎将，与长沙太守抗徐等击破斩之。九月，渤海妖贼盖登等称“太上皇帝”，皆伏诛。九年，正月，沛国戴异得黄金印，无文字。遂与广陵人龙尚等共祭，并作符誓，称“太上皇”。伏诛。永康元年（167），五月，庐江贼起，寇郡界。灵帝建宁三年（170），冬，济南贼起，攻东平陵。汉县，在今山东历城县东。熹平元年，十一月，会稽妖贼许昭起兵句章，自称“大将军”，立其父生为越王，寇郡县。遣扬州刺史臧旻，丹阳太守陈夤讨破之。三年，十一月，破平之，获昭父子。斩生。兼据《本纪》及《臧洪传》。至中平元年（184），而黄巾起矣。

初，巨鹿张角自称“大贤良师”。奉事黄、老道。见第二十章第六节。畜养弟子，跪拜首过，符水咒说以疗病，病者颇愈，百姓信向之。角因遣弟子八人使于四方，转相诳惑。十余年间，众徒数十万。青、徐、幽、冀、荆、扬、兖、豫八州之人，莫不毕应。遂置三十六方。方犹将军号也。大方万余人，小方六七千。各立渠帅。讹言“苍天已死，黄天当立。岁在甲子，天下大吉”。以白土书京城寺门及州郡官府，皆作“甲子”字。中平元年（184），大方马元义等先收荆、扬数万人，期会发于邺。元义数往来京师，以中常侍封谞、徐奉等为内应。约以三月五日，内外俱起。未及作乱，角弟子济南唐周上书告之。于是车裂元义于洛阳。角等知事已露，晨夜驰敕诸方，一时俱起。皆着黄巾为标帜。时人谓之“黄巾”，亦名为“蛾贼”。注：“喻贼众多。”角称“天公将军”，角弟宝称“地公将军”，宝弟梁称“人公将军”。所在燔烧官府，劫略聚邑。州郡失据，吏多逃亡。旬日之间，天下响应，京师震动。《后汉书·皇甫嵩传》。拜卢植为北中郎将，持节，以护乌桓中郎将宗员副，将北军五校士，发天下诸郡兵征之。连战破贼。角等走保广宗。后汉县，今河北威县东。植筑围凿堑，造作云梯，垂当拔之。帝遣小黄门左丰诣军观贼形势。或劝植以赂送丰，植不肯。丰还，言于帝曰：“广宗贼易破耳，卢中郎固垒息军，以待天诛。”帝怒，遂槛车征植。拜董卓为东中郎将，代植。败于下曲阳。汉县，今河北晋县西。时皇甫嵩为左中郎将，持节，与右中郎将朱俊共发五校、三河骑士，及募精勇，合四万余人，共讨颍川黄巾。后又遣骑都尉曹操将兵往，大破之。乘胜进讨汝南、陈国黄巾，三郡悉平。进击东郡，诏嵩讨角。嵩与角弟梁战于广宗，斩梁。角先以病死，乃剖棺戮尸，传首京师。嵩复与巨鹿太守郭典攻角弟宝于下曲阳，斩之。时选拜王允为豫州刺史，讨击黄巾别帅，大破之。与嵩、俊等受降数十万。南阳黄巾张曼成起兵，称“神上使”，众数万，杀郡守褚贡。后太守秦颉击杀曼成。贼更以赵弘为帅，众浸盛，遂十余万。据宛城。俊与荆州刺史徐璆及秦颉合兵围弘。自六月至八月，不拔。有司奏欲征俊，司空张温上疏，帝乃止。俊因急击弘，斩之。贼帅韩忠复据宛。俊破之，忠降。秦颉积忿忠，杀之。余众惧不自安，复以孙夏为帅，还屯宛中。俊急攻之，夏走。贼遂解散。案，张角似本无大略，徒以妖妄诱惑；又起兵未久即死；其徒党亦无能用其众者；故旋即摧破。然《三国志·张燕传》注引《九州春秋》曰：“张角之反也，黑山、白波、黄龙、左校、牛角、五鹿、羝根、苦蝤、刘石、平汉、大洪、司隶、缘城、罗市、雷公、浮云、飞燕、白爵、杨凤、于毒等各起兵，大者二三万，小者不减数千。灵帝不能讨。乃遣使拜杨凤为黑山校尉，领诸山贼。得举孝廉、计吏。后遂弥漫，不可复数。”注又引《典略》曰：“黑山、黄巾诸帅，本非冠盖，自相号字，谓骑白马者为张白骑，谓轻捷者为张飞燕，谓声大者为张雷公，其饶须者则自称于羝根，其眼大者自称李大目。”又引张璠《汉纪》云：“又有左校、郭大贤、左髭丈八三部也。”《后书·朱儁传》末叙述诸寇略同此注，而又小有异同。则黄巾虽平，与黄巾并起者，初未能平矣。且所破黄巾，亦仅大股。其余党蔓衍，及以黄巾自号者，实不可胜数。《后汉书·灵帝纪》，中平五年，二月，黄巾余贼郭太等起于西河白波谷，在今山西汾城县东南。是白波贼实黄巾也。四月，汝南葛陂在今河南新蔡县北。黄巾攻没郡县。六月，益州黄巾马相攻杀刺史郗俭。十月，青、徐黄巾复起，寇郡县。《献帝纪》，初平二年(191)，十一月，青州黄巾寇泰山，太守应劭击破之。转寇渤海，公孙瓒与战于东光，侯国，今河北东光县东。复大破之。三年，四月，青州黄巾击杀兖州刺史刘岱于东平。今山东东平县。东郡太守曹操大破黄巾于寿张，降之。建安十二年，十月，黄巾贼杀济南王赟。《三国·魏志·夏侯渊传》有“济南、乐安黄巾徐和、司马俱等攻城杀长吏”。《何夔传》：夔迁长广太守，长广，在今山东莱阳县境。郡滨山海，黄巾未平，豪桀多背叛，袁谭就加以官位。《蜀志·先主传》：曹公与袁绍相拒于官渡，汝南黄巾刘辟等叛曹公应绍。《魏志·于禁传》云：“从征黄巾刘辟、黄邵等。”《吴志·太史慈传》：孔融为北海相，以黄巾寇暴，出屯都昌，汉县，在今山东昌邑县西。为管亥所围。《张昭传》注引《吴书》，言“权每出征，留昭镇守，领幕府事。后黄巾贼起，昭讨平之。”《朱治传》言治佐定东南，擒截黄巾余类陈败、万秉等。则黄巾余党实历时甚久，蔓延且及吴、蜀，而中原无论矣。《后汉书·杨震传》：“张角等执左道，称大贤，以诳耀百姓。天下繦负归之。赐时在司徒，召掾刘陶告曰：‘张角等遭赦不悔，而稍益滋蔓。今若下州郡捕讨，恐更骚扰，速成其患。且欲切敕刺史、二千石：简别流人，各护归本郡，以孤弱其党，然后诛其渠帅，可不劳而定，何如？’陶对曰：‘此孙子所谓不战而屈人之兵，庙胜之术也。’赐遂上书言之。会去位，事留中。”《刘陶传》，陶与奉车都尉乐松、议郎袁贡连名上疏曰：“今张角支党不可胜计。前司徒杨赐奏下诏书，切敕州郡，护送流民。会赐去位，不复捕录。虽会赦令，而谋不解散，四方私言，云角等窃入京师，觇视朝政；鸟声兽心，私共鸣呼。州郡忌讳，不欲闻之，但更相告语，莫肯公文。宜下明诏，重募角等，赏以国土。有敢回避，与之同罪。”帝殊不悟，方诏陶次《春秋》条例。明年，张角反乱。然则致乱之原，实由人民之流离失所，护送流民，购募魁首，已不足云曲突徙薪之计，犹不失为先声夺人之图，而在下者讳不肯言，在上者漫不加察，遂至一朝横决，莫之能御，泄沓壅蔽之祸，可胜叹哉？王允之受降也，于贼中得张让宾客书疏，与黄巾交通，允具发其奸，以状闻。灵帝责怒让，竟不能罪之。而让怀挟忿怒，以事中允。明年，遂传下狱。会赦，还复刺史，旬日间，复以他罪被捕。大将军何进、太尉袁隗、司徒杨赐共上疏请之，乃得以减死论。是冬大赦，而允独不在宥。三公咸复为言。至明年，乃得解释。是时宦者横暴，睚眦触死。允惧不免，乃变易名姓，转侧河内、陈留间。纲纪若此，复何言哉？

后汉之世，凉州丧乱久，其民风气本强悍，又习于兵，而国家控制之力有所不及，故灵帝末年，海内云扰，他方皆旋告戡定，唯凉州则历久不能平。中平元年（184），冬，北地先零羌及枹罕、河关群盗反叛。后汉北地郡，治富平，在今宁夏灵武县西南。枹罕县今甘肃导河县。河关县在今导河县西。共立义从胡北宫伯玉、李文侯为将军。杀护羌校尉泠征。伯玉等乃劫致金城人边章、韩遂，使专任军政。章本名允，遂本名约，见《后书·董卓传》注引《献帝春秋》。共杀金城太守陈懿、后汉金城郡，治允吾，在今甘肃皋兰县西北。攻烧州郡。明年，春，将数万骑入寇三辅，侵逼园陵。托诛宦官为名。时征发广，司徒崔烈以为宜弃凉州。诏会公卿百官。议郎傅燮执不可，乃已。以车骑将军皇甫嵩讨之，中郎将董卓为副。初，嵩讨张角，路由邺，见中常侍赵忠舍宅逾制，乃奏没入之。又中常侍张让私求钱五千万，嵩不与。二人由此为憾，奏嵩连战无功，所费者多。其秋征还。而边章、韩遂等大盛。时贼所署将帅，多段颎时吏，晓习战阵，识知山川，见《刘陶传》。以司空张温为车骑将军，假节。执金吾袁滂为副，拜董卓为破虏将军，与荡寇将军周慎并统于温，并诸郡兵步骑合十余万，屯美阳以卫园陵。美阳，汉县，今陕西武功县西南。章、遂亦进兵美阳。十一月，卓与右扶风鲍鸿等并兵破之。章、遂走榆中。汉县，今甘肃榆中县西北。温遣周慎将三万人追讨，不克。三年，冬，征温还京师。韩遂乃杀边章及伯玉、文侯。《三国志·魏武帝纪》建安二十年（215）注引《典略》谓章病卒。拥兵十余万，进围陇西。今甘肃临洮县东北。太守李相如反，与遂连和。汉阳王国，自号“合众将军”，与遂合。凉州刺史耿鄙率六郡兵讨国、遂，汉阳太守傅燮以边兵多勇，而新合之众上下未知，劝止之。不从。行至狄道，果有反者，害鄙。贼遂进围汉阳。燮战殁。鄙司马扶风马腾《三国·蜀志·马超传》注引《典略》曰：“腾字寿成，马援后也。桓帝时，其父字子硕，尝为天水兰干尉。后失官，因留陇西，与羌错居。家贫无妻，遂娶羌女，生腾。腾少贫无产业，常从彰山中斫材木，负贩诣城市，以自供给。腾为人长八尺余，身体洪大，面鼻雄异，而性贤厚，人多敬之。灵帝末，凉州刺史耿鄙任信奸吏，民王国等及氐、羌反叛，州郡募发民中有勇力者，欲讨之。腾在募中，州郡异之，署为军从事，典领部众，讨贼有功，拜军司马。”拥兵反叛，共推王国为主。寇掠三辅。五年，围陈仓。汉县，今陕西宝鸡县东。复拜皇甫嵩为左将军，董卓为前将军，各率二万人拒之。嵩以陈仓守固，不进。国围陈仓，自冬迄春，八十余日，不能拔。疲敝，解去。嵩进击，大破之。国走死。此据《皇甫嵩传》。《董卓传》云：韩遂等共废国。韩遂等劫故信都令汉阳阎忠，使督统诸部。忠感恚病死。遂等稍争权利，更相杀害，其诸部曲，并各分乖，一时不能为大害，然凉州一隅遂同化外，而西征诸将且倒戈而为中枢之患矣。

第十一章
后汉乱亡

第一节
何进之败

灵帝崇信宦官。士大夫如蔡邕，邕以灾异被诏问，对言乳母赵娆、永乐门史霍玉及程大人等，为曹节所窃见，事遂漏露。初，邕与司徒刘郃素不相平，叔父卫尉质又与将作大匠杨球有隙，球即中常侍程璜女夫也，璜遂使人飞章言邕、质数以私事请托于郃，郃不听，邕含隐切，志欲相中。于是下邕、质洛阳狱，劾弃市。中常侍吕强愍邕无罪，请之。有诏减死一等，与家属徙朔方，不得以赦令除。杨球使客追路刺邕，客感其义，皆莫为用。球又赂其部主，使加毒害，所赂者反以其情戒邕，故每得免焉。邕前在东观，与卢植、韩说等撰补《后汉记》。会遭事流离，不及得成，因上书自陈，奏其所著《十意》。帝嘉其才高。会明年大赦，乃宥邕归本郡。将还就路，五原太守王智饯之。酒酣，智起舞，属邕，邕不为报。智者，中常侍王甫弟也，素贵骄，惭于宾客，诟邕曰："徒敢轻我？"邕拂衣而去。智衔之。密告邕怨于囚放，谤讪朝廷。内宠恶之。邕虑卒不免，乃亡命江海，积十二年，灵帝崩，董卓为司空，闻邕名高，乃辟之。宦官中之贤者如吕强等，强上疏论采女众多，纵情土木，外戚、中官奢僭之害，又言多蓄私藏及选举专任尚书之非，语极切直。黄巾起后，帝问强所宜施行。强欲先诛左右贪浊者，大赦党人，料简刺史、二千石能否。帝纳之。乃先赦党人。中常侍赵忠、夏恽等共构强。帝使中黄门持兵召强，强自杀。皆为所陷。张角叛后，刘陶、张钧仍以言宦官见杀。陶为谏议大夫，上疏陈八事，大较言天下大乱，皆由宦官。宦官事急，共谗陶曰："州郡不上，陶何缘知？疑陶与贼通情。"于是收陶，下黄门北寺狱，掠按日急，陶闭气而死。钧为郎中，上书言"张角所以能兴兵作乱，万民所以乐附之者，其源皆由十常侍多放父兄子弟，婚亲宾客，典据州郡，辜榷财利，侵掠百姓。……宜斩十常侍，悬头南郊，以谢百姓。又遣使者布告天下，可不须师旅，而大寇自消"，帝怒曰："此真狂子也，十常侍固当有一人善者否？"钧复重上，犹如前章。辄寝不报。诏使廷尉、侍御史考为张角道者。御史承张让等旨，遂诬奏钧学黄巾道，收掠死狱中。时又有陈耽者为司徒。光和五年(182)，诏公卿以谣言举刺史、二千石为民蠹害者。太尉许馘、司空张济承望内官，受取货赂，其宦者子弟、宾客虽贪污秽浊，皆不敢问，而虚纠边远小郡清修有惠化者二十六人。吏民诣阙陈诉。耽与议郎曹操言之。帝以让馘、济。诸坐谣言征者悉拜议郎。宦官怨之。遂诬陷耽，死狱中。亦见《刘陶传》。张钧事见《宦者张让传》。将帅中如傅燮、燮为护军司马，与皇甫嵩俱讨张角。燮素疾中官，既行，因上疏言天下之祸不由于外，皆兴于内。宦者赵忠见而忿恶。及破张角，燮功多，当封，忠诉谮之，帝犹识燮言，得不加罪，竟亦不封。顷之，忠为车骑将军。诏忠论讨黄巾之功。执金吾甄举等谓忠曰："今将军亲当重任，宜进贤理屈，以副众心。"忠纳其言，遣弟致殷勤，燮正色拒之。忠愈怀恨，遂出为汉阳太守。卢植、皇甫嵩等亦皆以不事宦官遭挫折。甚至如王允，业已得宦官交通黄巾之迹，而反以获罪。其时握兵者，盖勋、刘虞、袁绍等谋诛宦官而未成。勋拜讨虏校尉，与刘虞、袁绍同典禁兵。勋谓虞、绍曰："吾仍见上，上甚聪明，但拥蔽于左右耳。若共并力诛嬖幸，然后征拔英俊，以兴汉室，功遂身退，岂不快乎？"虞、绍亦素有谋，因相连结。未及发，而司隶校尉张温举勋为京兆尹。帝方欲延接勋，而蹇硕等心惮之，并劝从温奏，遂拜京兆尹。张玄又以劝张温。玄，霸孙。中平二年（185），温出征凉州贼。玄要说温曰："闻中贵人公卿以下当出祖道于平乐观……若于中坐酒酣，鸣金鼓，整行阵，召军正，执有罪者诛之，引兵还屯都亭，以次翦除中官，解天下之倒悬，报海内之怨毒，然后显用隐逸忠正之士，则边章之徒宛转股掌之上矣。"温闻，大震，不能对。阎忠则竞说皇甫嵩征兵以诛宦官，然后南面称制。事在嵩平黄巾后，见《嵩传》。温、嵩皆无大略，不敢行，然海内之绝望于朝廷则可见矣。顾虑名义者莫敢为非常之举，而暴戾恣睢者乃乘之而起。

灵帝母孝仁董皇后，窦氏诛之明年，迎至京师。窦太后崩，始与朝政。使帝卖官求货，自纳金钱，盈满堂室。中平五年（188），以后兄子卫尉修侯重为骠骑将军，领兵千余人。《徐璆传》：迁荆州刺史。时董太后姊子张忠为南阳太守，因势放滥，赃罪数亿。璆临当之郡，太后遣中常侍以忠属璆。璆对曰："臣身为国，不敢闻命。"太后怒，遽征忠为司隶校尉，以相威临。璆到州，举奏忠赃余一亿，使冠军县上簿诣大司农，以彰暴其事。又奏五郡太守及属县有赃污者，悉征案罪。威风大行。中平元年，与朱儁击黄巾于宛，破之。张忠怨璆，与诸阉宦构造无端，璆遂以罪征。灵帝宋皇后无宠，后宫幸姬众共谮毁。初，中常侍王甫枉诛渤海王悝及妃宋氏。妃即后之姑也，甫恐后怨之，乃与太中大夫程阿共构言皇后挟左道祝诅，帝信之。光和元年（178），遂策收玺绶。后自致暴室，以忧死。父兄及弟并被诛。灵思何皇后，家本屠者，以选入掖庭，生皇子辩，养于史道人家，号曰史侯。注引《献帝春秋》曰："灵帝数失子，不敢正名，养道人史子眇家，号曰史侯。"拜后为贵人。光和三年，立为皇后。四年，王美人生皇子协。后鸩杀美人。帝大怒，欲废后。诸宦官固请得止。董太后自养协，号曰董侯。中平元年，张角起，以后兄进为大将军，率左右羽林五营士屯都亭，修理器械，以镇京师。张角别党马元义谋起洛阳，进发其奸，以功封慎侯。四年，荥阳数千人群起攻烧郡县，杀中牟县令。今河南中牟县东。诏使进弟河南尹苗出击之，平定而还。拜为车骑将军，封济阳侯。五年，天下滋乱，望气者以为京师当有大兵，两宫流血。大将军司马许凉、假司马伍宕说进曰："大公《六韬》有天子将兵事，可以威压四方。"进以为然，入言之于帝。于是乃诏进大发四方兵，讲武于平乐观。天子亲出临军。诏使进悉领兵屯于观下。是时置西园八校尉：以小黄门蹇硕为上军校尉，虎贲中郎将袁绍为中军校尉，屯骑都尉鲍鸿为下军校尉，议郎曹操为典军校尉，赵融为助军校尉，淳于琼为佐军校尉，又有左右校尉。帝以蹇硕壮健而有武略，特亲任之，以为元帅，督司隶校尉以下，虽大将军亦领属焉。硕虽擅兵于中，而犹畏忌于进，乃与诸常侍共说帝，遣进西击边章、韩遂。帝从之。进阴知其谋，乃上遣袁绍东击徐、兖二州，须绍还，即戎事，以稽行期。初，群臣请立太子，帝以辩轻佻无威仪，不可为人主，然皇后有宠，且进又居重权，故久不决。六年，帝疾笃，属协于蹇硕。帝崩，硕时在内，欲先诛进而立协。及进从外入，硕司马潘隐与进有旧，迎而目之。进惊，驰从儳道归营，引兵入屯百郡邸。因称疾不入。硕谋不行。皇子辩乃即位。何太后临朝。进与太傅袁隗辅政，录尚书事。进素知中官天下所疾，兼忿蹇硕图己，阴规诛之。袁绍亦素有谋，因进亲客张津劝之。进然其言。又以袁氏累世宠贵，海内所归，而绍素善养士，能得豪杰用，其从弟虎贲中郎将术亦尚气侠，故并厚待之。因复博征智谋之士庞纪、何颙、荀攸等，与同腹心。蹇硕疑不自安，与中常侍赵忠书曰："大将军兄弟秉国专朝，今与天下党人谋诛先帝左右，扫灭我曹。但以硕典禁兵，故且沉吟。今宜共闭上阁，急捕诛之。"中常侍郭胜，进同郡人也，太后及进之贵幸，胜有力焉，故胜亲信何氏。遂共赵忠等议，不从硕计，而以其书示进。进乃使黄门令收硕，诛之，因领其屯兵。董重与进权势相害。董后每欲参干政事，太后辄相禁塞。董后忿恚，詈言曰："汝今辀张，怙汝兄邪？当敕骠骑断何进头来。"太后闻，以告进。进与三公及弟车骑将军苗奏"蕃后故事不得留京师"，请迁宫本国。奏可。进遂举兵围骠骑府收重，重自杀。董后忧怖，疾病，暴崩。袁绍复说进，且言不宜轻出入宫省。进甚然之。乃称疾不入陪丧，又不送山陵。遂与绍定筹策，而以其计白太后。太后不听。进难违太后意，且欲诛其放纵者。绍以为今不悉废，后必为患。而太后母舞阳君及苗数受诸宦官赂遗，知进欲诛之，数白太后，为其障蔽。又言大将军专杀左右，擅权以弱社稷。太后疑，以为然。中官在省闼者或数十年，封侯贵宠，胶固内外，进新当重任，素敬惮之，虽外收大名，而内不能断，故事久不决。绍等又为划策，多召四方猛将及诸豪杰，使并引兵向京城，以胁太后。进然之。主簿陈琳入谏曰："大兵集会，强者为雄……功必不成，只为乱阶。"不听。遂西召前将军董卓屯关中上林苑。又使府掾泰山王匡东发其郡强弩。并召东郡太守桥瑁屯成皋。使武猛都尉丁原烧孟津，火照城中。皆以诛宦官为言。太后犹不从。苗谓进曰："始共从南阳来，俱以贫贱，依省内以致富贵。国家之事，亦何容易？覆水不可收，宜深思之，且与省内和也。"进意更狐疑。绍惧进变计，乃胁之曰："交构已成，形势已露，事留变生，将军复欲何待，而不早决之乎？"进于是以绍为司隶校尉，假节，专命击断。从事中郎王允为河南尹。绍使洛阳方略武吏司察宦者，而促董卓等使驰驿上，欲进兵平乐观。太后乃恐，悉罢中常侍、小黄门，使还里舍，唯留进素所私人，以守省中。诸常侍、小黄门皆诣进谢罪，唯所措置。袁绍劝进便于此决之，至于再三，进不许。绍又为书告州郡，诈宣进意，使案捕中官亲属。进谋积日，颇泄。中官惧而思变。张让子妇，太后之妹也。让向子妇叩头曰："老臣得罪，当与新妇俱归私门。唯受恩累世，今当远离宫殿，情怀恋恋，愿复一入值，得暂奉望太后、陛下颜色，然后退就沟壑，死不恨矣。"子妇言于舞阳君，入白太后，乃诏诸常侍皆复入值。八月，进入长乐白太后：请尽诛诸常侍以下，选三署郎入守宦官庐。张让等使人潜听，具闻其语。乃率常侍段珪、毕岚等数十人持兵窃自侧闼入，伏省中。及进出，因诈以太后诏召进入。尚方监渠穆拔剑斩进于嘉德殿前。让、珪等为诏，以故太尉樊陵为司隶校尉，少府许相为河南尹。尚书得诏版，疑之，曰："请大将军出共议。"中黄门以进头掷与尚书，曰："何进谋反，已伏诛矣。"进部曲将吴匡、张璋，素所亲幸，闻进被害，欲将兵入宫。宫阁闭，袁术与匡共斫攻之。中黄门持兵守阁。会日暮，术因烧南宫九龙门及东西宫，欲以胁出让等。让等入白太后，言大将军兵反，烧宫，攻尚书闼。因将太后、天子及陈留王，少帝即位，封协为渤海王，徙封陈留王。又劫省内官属，从复道走北宫。尚书卢植执戈于阁道窗下仰数段珪。珪等惧，乃释太后。太后投阁得免。袁绍与叔父隗矫诏召樊陵、许相，斩之。苗、绍乃引兵屯朱雀阙下。捕得赵忠等，斩之。吴匡素怨苗不与进同心，而又疑其与宦官同谋，乃令军中曰："杀大将军者即车骑也，士吏能为报仇乎？"进素有仁恩，士卒皆流涕曰："愿致死。"匡遂引兵与董卓弟奉车都尉旻攻杀苗，弃其尸于苑中。绍遂闭北宫门，勒兵捕宦者，无少长，皆杀之。绍因进兵排宫，或上端门屋，以攻省内。张让、段珪等困迫，遂将帝与陈留王数十人步出谷门，奔小平津。在今河南孟津县。公卿并出平乐观，无得从者。唯尚书卢植夜驰河上。王允遣河南中部掾闵贡随植后。贡至，手剑斩数人。余皆投河而死。明日，公卿百官乃奉迎天子还宫。

董卓，中平五年（188）以前将军击韩遂等。六年，征为少府，不肯就。上书言“所将湟中义从及秦、胡兵皆诣臣曰：‘牢直不毕，禀赐断绝，妻子饥冻。’牵挽臣车，使不得行”。朝廷不能制，颇以为虑。及灵帝寝疾，玺书拜卓为并州牧，令以兵属皇甫嵩。卓复上书，言“掌戎十年，士卒大小相狎弥久，恋臣畜养之恩，为臣奋一旦之命，乞将之北州，效力边陲”。于是驻兵河东，以观时变。及何进召卓，侍御史郑泰谓进曰“董卓强忍寡义，志欲无厌，若借之朝政，授以大事，将恣凶欲，必危朝廷”，不听。卓得召，即时就道，未至而进败。闻少帝在北芒，山名，洛阳东北。因往奉迎。帝见卓将兵卒至，恐怖涕泣。卓与言，不能辞对。与陈留王语，遂及祸乱之事。卓以王为贤，且为董太后所养，卓自以与太后同族，有废立意。初，卓之入也，步骑不过三千。寻而何进及弟苗先所领部曲皆归于卓。卓又使吕布杀执金吾丁原而并其众。布，九原人，以骁武给并州，刺史丁原为骑都尉，屯河内，以布为主簿。卓兵士大盛，乃讽朝廷，策免司空刘弘而代之。遂胁太后策废少帝为弘农王，而立陈留王，是为献帝。迁太后于永安宫，因进鸩弑。卓迁太尉，领前将军事，更封郿侯。寻进相国。入朝不趋，剑履上殿。是时洛中贵戚，室第相望，金帛财产，家家殷积。卓纵放兵士，突其庐舍，淫略妇女，剽虏资物，谓之“搜牢”。人情崩恐，不保朝夕。及何后葬，开文陵，卓悉取藏中珍物。又奸乱公主，妻略宫人。虐刑滥罚，睚眦必死。群僚内外，莫能自固。卓尝遣军至阳城，见第三章第一节。时人会于社下，悉令就斩之，驾其车重，载其妇女，以头系车辕，歌呼而还。又废五铢钱，更铸小钱。悉取洛阳及长安铜人、钟虡、飞廉、铜马之属，以充铸焉。故货贱物贵，谷石数万。卓虽忍性矫情，擢用群士，幽滞多所显拔，所亲爱并不处显职，但将校而已，亦无益矣。

第二节
董卓之乱

《三国·吴志·孙坚传》言：张温讨边章、韩遂，表请坚与参军事，屯长安。温以诏书召卓，卓良久乃诣温，温责让卓，卓对应不顺，坚时在坐，前耳语温："宜以召不时至，陈军法斩之。"温不能用。《后汉书·皇甫嵩传》谓卓拜为并州牧，诏使以兵委嵩，卓不从，嵩从子郦劝嵩讨之，嵩亦不听。意若深惜之者。然时温、嵩兵力皆未必能制卓。孙坚再请，温曰："君且还，卓将疑人。"其惮之如是，安能陈兵诛之？且时凉州将帅之跋扈久矣，亦非杀一董卓所可定也。及卓既入洛阳，拥强兵，有异志，则为安定京师计，诚不得不与之一决。何进先遣骑都尉鲍信募兵，适至，劝袁绍及其初至疲劳袭之，绍不敢发，则诚可惜也。内莫能与之抗，而兵遂起于外。

董卓之欲废立也，袁绍争之，与卓言语不协，遂奔冀州。城门校尉伍琼等阴为绍说卓曰："今急购之，势必为变。袁氏树恩四世，绍高祖父安生京、敞。京生彭、汤。汤生平、成、逢、隗。安、敞、汤、逢、隗皆为三公。绍，成子；术，逢子。《后汉书·绍传》注引袁山松书曰：绍，逢之孽子，出后成。《三国志·绍传》注引《魏书》曰：绍，术异母兄。门生故吏遍于天下。若收豪杰以聚徒众，英雄因之而起，则山东非公之有也。不如赦之，拜一郡守。绍喜于免罪，必无患矣。"卓以为然，乃遣授绍渤海太守。后汉渤海治南皮，今河北南皮县。初平元年（190），绍以渤海起兵。后将军袁术，卓将废立，以术为后将军，术畏祸，奔南阳。冀州牧韩馥、豫州刺史孔伷、兖州刺史刘岱、陈留太守张邈、广陵太守张超、河内太守王匡、山阳太守袁遗、东郡太守桥瑁、济北相鲍信同时俱起，众各数万。约盟，遥推绍为盟主。先是卓表曹操为骁骑校尉，欲与计事，操乃变易姓名，间行东归，散家财，合义兵，起兵于己吾。中平六年十二月。己吾，后汉县，今河南宁陵县西南。及是，众推操行奋武将军。卓乃鸩杀弘农王，迁天子西都。尽徙洛阳人数百万口于长安，步骑驱蹙，更相蹈藉，饥饿寇掠，积尸盈路。卓自屯留毕圭苑中，悉烧宫庙、官府、居家，二百里内，无复孑遗。又使吕布发诸帝陵及公卿以下冢墓，收其珍宝。是时袁绍屯河内，张邈、刘岱、桥瑁、袁遗屯酸枣，汉县，今河南延津县北。袁术屯南阳，孔伷屯颍川，韩馥在邺。卓兵强，绍等莫敢先进。曹操曰："举义兵以诛暴乱，大众已合，诸君何疑？向使董卓闻山东兵起，倚王室之重，据二周之险，东向以临天下，虽以无道行之，犹足为患。今焚烧宫室，劫迁天子，海内震动，不知所归，此天亡之时也，一战而天下定矣，不可失也。"遂引兵西，将据成皋。张邈遣将卫兹分兵随操。到荥阳汴水，遇卓将徐荣，与战，不利，夜遁去。荣见操所将兵少，力战尽日，谓酸枣未易攻也，亦引兵还。操到酸枣，诸军兵十余万，日置酒高会，不图进取。操责让之。因为谋曰："诸君听吾计：使渤海引河内之众，临孟津；酸枣诸将守成皋，据敖仓，塞轘辕、大谷，见下。全制其险；使袁将军率南阳之军军丹、析，入武关，以震三辅；皆高垒深壁，勿与战。益为疑兵，示天下形势。以顺诛逆，可立定也。今兵以义动，持疑而不进，失天下之望，窃为诸君耻之。"邈等不能用。初，长沙贼区星自称将军，众万余人，攻围城邑。以孙坚为长沙太守，克破星等。周朝、郭石亦帅徒众起于零、桂，与星相应，遂越境寻讨，三郡肃然。《三国志·吴志》本传。《后汉书·灵帝纪》：中平四年（187），十月，零陵人观鹄自称平天将军，寇桂阳，长沙太守孙坚击斩之。州郡讨卓，坚亦举兵。荆州刺史王叡素遇坚无礼，坚过杀之。比至南阳，众数万人。太守张咨闻军至，晏然自若。坚以牛酒礼咨，咨明日亦答诣坚，坚斩之。郡中震栗，无求不获。前到鲁阳，见第八章第二节。与袁术相见。术表坚行破虏将军，领豫州刺史。遂治兵于鲁阳。卓先遣将徐荣、李蒙四出掳掠。荣遇坚于梁，汉县，今河南临汝县东。与战，破坚，生擒颍川太守李旻，烹之。卓所得义兵士卒，皆以布缠裹，倒立于地，热膏灌杀之。《后汉书·卓传》。《三国志·卓传》注引《献帝纪》曰："卓获山东兵，以猪膏涂布十余匹，用缠其身，然后烧之，先从足起。获袁绍豫州从事李延，煮杀之。卓所爱胡恃宠放纵，为司隶校尉赵谦所杀。卓大怒曰：'我爱狗，尚不欲令人呵之，而况人乎？'乃召司隶都官挝杀之。"《续汉书·五行志》，灵帝中平中，京都为《董逃》之歌。注引《风俗通》曰："卓以《董逃》之歌，主为己发，大禁绝之，死者千数。"王匡屯兵河阳津，将以图卓。卓遣疑兵挑战，而潜使锐卒从小平津过津北，破之，死者略尽。《魏志》注引谢承书曰：匡败，走还泰山。收集劲勇，得数千人。欲与张邈合。匡先杀执金吾胡母班，班亲属与太祖并势共杀匡。明年，孙坚收合散卒，进屯梁县之阳人。聚名。卓遣将胡轸、吕布攻之。布与轸不相能，军自惊恐，士卒散乱。坚追击之，轸、布败走。卓遣将李傕诣坚求和，坚拒绝不受。进军大谷，《后汉书》注："大谷口在故嵩阳西北三十五里，北出对洛阳故城。"案，嵩阳，隋县，唐改为登封，即今河南登封县。距洛九十里。卓自出与坚战于诸陵墓间，卓败走，却屯渑池，见第三章第一节。聚兵于陕。坚进洛阳宣阳城门，更击吕布，布复破走。坚乃扫除宗庙，平塞诸陵。分兵出函谷关，至新安、渑池间，以截卓后。卓乃使东中郎将董越屯渑池，中郎将段煨屯华阴，中郎将牛辅屯安邑，其余中郎将、校尉，布在诸县，以御山东。卓讽朝廷，拜为太师，位在诸侯王上。乃引还长安。以弟旻为左将军，封鄠侯，兄子璜为侍中、中军校尉，皆典兵事。于是宗族内外，并居列位。其子孙虽髫龀，男皆封侯，女为邑君。数与百官置酒宴会，淫乐纵恣。乃结垒于长安城东以自居。又筑坞于郿，汉县，今陕西郿县东北。高厚七丈，号曰“万岁坞”。积谷为三十年储。自云“事成，雄据天下；不成，守此足以毕老”。常至郿行坞，公卿以下祖道于横门外，卓施帐幔饮设，诱降北地反者数百人，于坐中杀之。先断其舌，次斩手足，次凿其眼目，以镬煮之。未及得死，偃转杯案间。会者战栗，亡失匕箸，而卓饮食自若。诸将有言语蹉跌，便戮于前。又稍诛关中旧族，陷以叛逆。时太史望气，言当有大臣戮死者。卓乃使人诬告太尉张温与袁术交通，遂笞温，于市杀之，以塞天变。温时与司徒王允、司空荀爽阴谋诛卓，未及发而见害。爽病薨。

初，卓留洛阳，朝政大小，悉委之于允。允矫情屈意，每相承附，卓亦推心，不生乖疑。允密与司隶校尉黄琬、尚书郑泰等谋诛卓。乃上护羌校尉杨瓒行左将军事，执金吾士孙瑞为南阳太守，并将兵出武关道，以讨袁术为名，实欲分路征卓，而后拔天子还洛阳。卓疑而留之。允乃引内瑞为仆射，瓒为尚书。初平三年（192），允与瑞、瓒复结前谋。初，吕布斩丁原首诣卓，卓以为骑都尉，甚爱信之，誓为父子。稍迁至中郎将。卓自以遇人无礼，恐人谋己，行止常以布自卫。然卓性刚而褊，忿不思难。尝小失意，拔手戟掷布，布拳捷避之，由是阴怨卓。卓常使布守中阁，布与卓侍婢私通，恐事发觉，心不自安。允先以布乡里壮健，允，太原祁人；布，五原九原人。厚接纳之。乃潜结布，使为内应。四月，帝疾新愈，大会未央殿。允与瑞密表其事。使瑞自书诏以授布。令骑都尉李肃与布同心勇士十余人，伪着卫士服，于北掖门内以待卓。卓入门，肃以戟刺之，衷甲不入，伤臂堕车。顾大呼曰：“吕布何在？”布曰：“有诏讨贼臣。”卓大骂曰：“庸狗敢如是邪！”布应声持矛刺卓，促兵斩之。士卒皆称万岁。百姓歌舞于道。长安中士女卖其珠玉衣装市酒肉相庆者，填满街肆。使皇甫嵩攻卓弟旻于郿坞。杀其母、妻、男女，尽灭其族。坞中珍藏，有金二三万斤，银八九万斤，锦绮缋縠，纨素奇玩，积如丘山。

第三节
李傕郭汜之乱

董卓之入关也，留河南尹朱俊守洛阳。俊与山东诸将通谋为内应。既而惧为卓所袭，乃弃官奔荆州。卓以弘农杨懿为河南尹，守洛阳。俊闻，复进兵还洛。懿走。俊以河南残破，无所资，乃东屯中牟。移书州郡，请师讨卓。徐州刺史陶谦遣精兵三千余。州郡稍有所给。谦乃上俊行车骑将军。初，卓以牛辅子婿，素所亲信，使以兵屯陕。辅分遣其校尉李傕、郭汜、张济将步骑数万击破俊于中牟。因掠陈留、颍川诸县，杀略男女，所过无复遗类。吕布乃使李肃以诏命至陕讨辅等，辅等逆与肃战，肃败走弘农。布诛杀之。其后牛辅营中无故大惊，辅惧，乃赍金宝逾城走。左右利其货，斩辅，送首长安。傕、汜等以王允、吕布杀董卓，故忿怒并州人，并州人在其军者，男女数百人，皆诛杀之。牛辅既败，众无所依，欲各散去。傕等恐，乃先遣使诣长安，求乞赦免。允初议赦卓部曲，吕布亦数劝之。既而疑曰："此辈无罪，从其主耳。今若名为恶逆，而特赦之，适足使其自疑，非所以安之之道也。"吕布又欲以卓财物班赐公卿、将校，允又不从。而素轻布，以剑客遇之。布亦负其功劳，多自夸伐。既失意望，渐不相平。允性刚棱疾恶。初惧董卓豺狼，故折节图之。卓既歼灭，自谓无复患难。及在际会，每乏温润之色。仗正持重，不循权宜之计。

是以群下不甚附之。董卓将校及在位者多凉州人，允议罢其军。或说允曰：“凉州人素惮袁氏，而畏关东，一旦解兵，必人人自危，可以皇甫义真嵩字。为将军，就领其众，因使留陕，以安抚之，而徐与关东通谋，以观其变。”允曰：“不然。关东举义兵者，皆吾徒耳。今若距险屯陕，虽安凉州，而疑关东之心，甚不可也。”时百姓讹言当悉诛凉州人，遂转相恐动。其在关中者，皆拥兵自守。及傕等求赦，允以为一岁不可再赦，不许之。傕等忧惧，不知所为。武威人贾诩时在傕军，说之曰：“闻长安中议欲尽诛凉州人。诸君若弃军单行，则一亭长能束君矣。不如相率而西，以攻长安，为董公报仇。事济，奉国家以正天下；若其不合，走未后也。”傕等然之。各相谓曰：“京师不赦我，我当以死决之。若攻长安克，则得天下矣；不克，则钞三辅妇女财物，西归乡里，尚可延命。”众以为然。于是共结盟。率军数千，晨夜西行。允闻之，乃遣卓故将胡轸、徐荣击之于新丰。荣战死。轸以众降。傕随收兵，比至长安，已十余万。与卓故部曲樊稠、李蒙等合。注引《袁宏纪》曰：蒙为傕所杀。围长安城。城峻不可攻。守之八日。吕布军有叟兵内反，引傕众得入。城溃。放兵掳掠，死者万余人。吕布战败出奔。初，允以同郡宋翼为左冯翊，王宏为右扶风。是时三辅民庶炽盛，兵谷富实。李傕等欲即杀允，惧二郡为患，乃先征翼、宏。宏遣使谓翼曰：“郭汜、李傕，以我二人在外，故未危王公。今日就征，明日俱族。计将安出？”翼曰：“虽祸福难量，然王命所不得避也。”宏曰：“义兵鼎沸，在于董卓，况其党与乎？若举兵共讨君侧恶人，山东必应之，此转祸为福之计也。”翼不从。宏不能独立，遂俱就征。下廷尉。傕乃收允及翼、宏，并杀之。傕迁车骑将军，开府，领司隶校尉，假节。汜后将军。稠右将军。张济为镇东将军。傕、汜、稠共秉朝政，济出屯弘农。初，卓之入关，要韩遂、马腾共谋山东。遂、腾见天下方乱，亦欲倚卓起兵。兴平元年（194），马腾从陇右来朝，进屯霸桥。时腾私有求于傕，不获，而怒，遂与侍中马宇、右中郎将刘范、焉子。前凉州刺史种邵、中郎将杜禀合兵攻傕。连日不决。韩遂闻之，乃率众来，欲和腾、傕。已而复与腾合。傕使兄子利共郭汜、樊稠与腾、遂战于长平观下，注引《前书音义》曰："长平，坂名也。在池阳南，有长平观，去长安五十里。"遂、腾败，斩首万余级。种邵、刘范等皆死。注引《献帝纪》曰：杜禀督右扶风，吏民为腾守槐里，傕令樊稠及利数万人攻围槐里。夜梯城，城陷，斩禀，枭首。槐里，见第七章第五节。遂、腾走还凉州。稠等追之。韩遂使人语稠曰："天下反复未可知，相与州里，今虽小违，要当大同，欲共一言。"乃骈马，交臂相加，笑语良久。军还，利告傕曰："樊、韩骈马笑语，不知其辞，而意爱甚密。"于是傕、稠始相猜疑，犹加稠及郭汜开府，与三公合为六府，皆参选举。时长安中盗贼不禁，白日掳掠，傕、汜、稠乃三分城内，各备其界，犹不能制。而其子弟纵横，侵暴百姓。是时谷一斛五十万，豆、麦二十万，人相食啖，白骨委积，臭秽满路。明年，春，傕因会刺杀樊稠于坐。由是诸将各相疑忌。傕、汜遂复治兵相攻。安西将军杨定者，故卓部曲将也。惧傕忍害，乃与汜合，谋迎天子幸其营。傕知其计。即使兄子暹将数千人围宫，以车三乘迎天子、皇后。帝遂幸傕营。乱兵入殿，掠宫人什物。傕又徙御府金帛，乘舆器服，而放火烧宫殿、官府、居人悉尽。帝使太尉杨彪与司空张喜等十余人和傕、汜，汜不从。遂质留公卿，引兵攻傕，矢及帝前。傕复移帝幸其北坞。自为大司马。与郭汜相攻连月，死者以万数。张济自陕来，和解二人，仍欲迁帝权幸弘农。帝亦思旧京，因遣使敦请傕求东归，十反乃许。车驾即日发迈。李傕出屯曹阳。见第三章第一节。以张济为骠骑将军，复还屯陕。迁郭汜车骑将军，杨定后将军，杨奉兴义将军。奉，傕将，故白波帅，时将兵救傕者。白波者，灵帝末，黄巾余党郭太等起西河白波谷，转寇太原，遂破河东，百姓流转三辅，号为“白波贼”，众十余万，见《后汉书·董卓传》。白波谷，在今山西汾城县东南。又以故牛辅部曲董承为安集将军。注引《蜀志》曰：“承，献帝舅也。”裴松之注曰：“承，灵帝母太后之侄。”汜等并侍送乘舆。汜复欲胁帝幸郿。定、奉、承不听。汜恐变生，乃弃军还就李傕，车驾进至华阴。宁辑将军段煨乃具服御及公卿以下资储，请帝幸其营。初，杨定与煨有隙，遂诬煨欲反，乃攻其营，十余日不下，而煨犹奉给御膳，禀赡百官，终无二意。注引《典略》曰：“煨在华阴，特修农事。”盖唐韩建之俦，诸将中之佼佼者也。李傕、郭汜既悔令天子东，乃来救段煨，因欲劫帝而西。杨定为汜所遮，亡奔荆州，而张济与杨奉、董承不相平，乃反，合傕、汜。共追乘舆，大战于弘农东涧，承、奉军败。百官士卒，死者不可胜数。皆弃其妇女辎重。御物符策典籍，略无所遗。天子遂露次曹阳。承、奉乃谲傕等与连和，而密遣间使至河东，招故白波帅李乐、韩暹、胡才及南匈奴右贤王去卑。并帅其众数千骑来。与承、奉共击傕等，大破之，斩首数千级。乘舆乃得进。董承、李乐拥卫左右。胡才、杨奉、韩暹、去卑为后距。傕等复来战，奉等大败，死者甚于东涧。自东涧兵相连缀，四十里中，方得至陕。乃结营自守。时残破之余，虎贲、羽林不满百人，皆有离心。承、奉等夜乃潜议过河。使李乐先渡，具舟船，举火为应。帝步出营，临河欲济，岸高十余丈，乃以绢縋而下。余人或匍匐岸侧，或从上自投下，死亡伤残，不复相知。争赴船者，不可禁制，董承以戈击披之，断手指于舟中者可掬。同济唯皇后、宋贵人、杨彪、董承及后父执金吾伏完等数十人。其宫女皆为傕兵所掠夺。冻溺死者甚众。既到大阳，汉县，今山西平陆县东北。止于民家。然后幸李乐营。百官饥饿。河内太守张杨使数千人负米贡饷。帝乃御牛车。因都安邑。河东太守王邑奉献绵帛，悉赋公卿以下，封邑为列侯。拜胡才征东将军，张杨为安国将军，皆假节，开府。其垒壁群竖，竞求拜职，刻印不给，至乃以锥画之。或赍酒肉就天子宴饮。又遣太仆韩融至弘农与傕、汜等连和。傕乃放遣公卿百官，颇归宫人妇女及乘舆器服。初，帝入关，三辅户口尚数十万。自傕、汜相攻，天子东归后，长安城空四十余日。强者四散，羸者相食。二三年间，关中无复人迹。建安元年（196），春，诸将争权，韩暹遂攻董承。承奔张杨。杨乃使承先缮修洛宫。七月，帝还至洛阳。张杨还野王。汉县，今河南沁阳县。杨奉亦出屯梁。乃以张杨为大司马，杨奉为车骑将军，韩暹为大将军，领司隶校尉，皆假节钺。暹与董承并留宿卫。暹矜功恣睢，干乱政事，董承患之，遂潜召曹操于兖。

第四节
东诸侯相攻

董卓西迁，东诸侯既莫能追讨，遂竞图据地以自肥，合从连衡，互相兼并，而扰乱之局成焉。初，光和中，凉州贼起，发幽州突骑三千人，假涿令令支公孙瓒都督行事使将之。军到蓟中，渔阳张纯诱辽西乌丸丘力居等叛，劫略蓟中，自号将军，略吏民，攻右北平、辽西属国诸城，所至残破。瓒将所领追讨有功，迁骑都尉、中郎将，封都亭侯。进屯属国，与胡相攻击五六年。丘力居等钞略青、徐、幽、蓟，四州被其害，瓒不能御。朝议以宗正刘虞昔为幽州刺史，恩信流著，乃以虞为幽州牧。中平五年（188）。虞到，遣使至胡中，告以利害，责使送纯首。丘力居等闻虞至，喜，各遣译自归。瓒害虞有功，乃阴使人邀杀胡使。胡知其情，间行诣虞。虞上罢诸屯兵，但留瓒将步骑万人屯右北平。纯乃弃妻子，逃入鲜卑，为其客王政所杀，送首诣虞。虞以功即拜太尉，封襄贲侯。会董卓至洛阳，迁虞大司马，瓒奋武将军，封蓟侯。初平二年（191），袁绍与韩馥推虞为帝。此盖亦谋挟天子以令诸侯，献帝为董卓所立，而东诸侯以讨卓为名，固可以不之认也。然虞虽专一州，声威实非绍之敌，苟如其意，则冒天下之不韪，徒为绍驱除耳，故虞卒不肯受。《三国·魏志·武帝纪》云，绍与馥谋立虞，太祖拒之，盖亦以立虞则权全出于绍也。要之是谋当出于绍，即韩馥殆亦为绍所挟耳。董卓之将废少帝也，以袁术为后将军。术畏卓之祸，出奔南阳。会孙坚杀张咨，术得据其郡。南阳户口数百万，而术奢淫肆欲，征敛无度，百姓苦之。时诏书以刘表为荆州刺史。江南宗贼大盛，宗同賨。而术阻兵鲁阳，表不得至。乃单马入宜城，见第八章第四节。请南郡人蒯越、襄阳人蔡瑁与共谋划。使越遣人诱宗贼帅斩之，而袭取其众。唯江夏贼张虎、陈坐拥兵据襄阳城。表使越与庞季往譬之，乃降。江南悉平。诸守令闻表威名，多解印绶去。表遂理兵襄阳，以观时变。后汉荆州刺史，本治汉寿，故城在今湖南常德县东。今移治襄阳，则去中原近，而于南阳尤逼矣。孙坚客军孤寄，术虽表为豫州刺史，力实未能定豫，其必与术合以谋表者，势也。刘虞之拒袁绍、韩馥也，选掾右北平田畴、从事鲜于银间行奉使长安。献帝既思东归，见畴等，大悦。时虞子和为侍中，遣潜从武关出，告虞将兵来迎。道由南阳，术质和，使报虞遣兵俱西。虞使数千骑就和。瓒固止之，虞不从。瓒亦遣从弟越将千骑诣术以自结。阴劝术执和，夺其兵。初，义兵之起也，州郡蜂起，莫不以袁氏为名。韩馥见人情归绍，恐将图己，常遣从事守绍门，不听发兵。桥瑁乃诈作三公移书，传驿州郡，说董卓罪恶，天子危逼，企望义兵，以释国难，馥方听绍举兵，犹深疑于绍，每贬节军粮，欲使离散。初平二年，馥将麴义反叛。馥与战，失利。绍既恨馥，乃与义相结。绍客逢纪说绍：密要公孙瓒，将兵南下，馥必骇惧，并遣辩士，为陈祸福，必可因据其位。绍然之，以书与瓒。瓒遂引兵而至，外托讨卓，阴谋袭馥。绍乃使外甥陈留高幹及颍川荀谌等说馥，举冀州以让绍，绍遂领冀州牧。馥去，依张邈。后绍遣使诣邈，有所计议，馥谓见图构，自杀。时初平二年七月。案，韩馥初与袁绍共推刘虞，已又以桥瑁移书，听绍举兵，则似已阴结长安，绍是时当亦阳示愿勤王，故能得其许而举兵。然绍与董卓势不两立，故终不肯奉献帝，乃诱麴义结公孙瓒以倾馥。瓒故与刘虞相害，而虞遥戴长安，绍、瓒本可合以攻虞，然瓒浅躁无谋，亡馥而未得所欲，遽与绍相攻，于是祸复起于幽、冀之间。袁术本与瓒合，孙坚与术相依，刘表之势则与孙坚、袁术相害，而绍与表相结，术与瓒相结之形成矣。坚屯阳城，绍使周昂夺其处，术遣公孙越与坚攻昂，不胜，越为流矢所中，死。瓒遂出军屯磐河，《后书·袁绍传》注云："故河道在今德州昌平县界，入沧州乐陵县，今名枯槃河。"乐陵，今山东乐陵县。将以报绍。绍惧，以所佩渤海太守印绶授瓒从弟范，遣之郡，欲以结援。范遂以渤海兵助瓒，破青、徐黄巾，兵益盛，进军界桥。《后书·袁绍传》注引《九州春秋》曰："还屯广宗界桥，今贝州宗城县东有古界城，此城近枯漳水，则界桥盖当在此之侧也。"案，唐宗城县在今河北威县东。以严纲为冀州，田楷为青州，单经为兖州，置诸郡县。绍军广川，后汉王国，今河北枣强县。令麴义先登，与瓒战，生擒纲。瓒军败，走渤海，与范俱还蓟。绍遣将攻围固安，今河北固安县。不下，退军南还。瓒将步骑三万人追击于巨马水，大破其众。乘胜而南，攻下郡县，遂至平原，见第八章第三节。遣田楷据有齐地。时为初平三年正月。先是袁术使孙坚击刘表，表遣黄祖逆于樊、邓之间，坚击破之，遂围襄阳。单马行岘山，在襄阳南。为祖军士所射杀。是岁，魏武帝亦据兖州，而陶谦牧徐州，适掎其后。于是兖曹与冀袁合，徐州陶谦与公孙瓒、袁术合，合从连衡之局益广。

曹操说东诸侯进取，不能用，乃诣扬州募兵。刺史陈温、丹阳太守周昕与兵四千余人。还到龙亢，汉县，今安徽怀远县西北。士卒多叛。至铚、汉县，今安徽宿县西南。建平，汉侯国，今河南永城县西。复收兵，得千余人，进屯河内。刘岱与桥瑁相恶，岱杀瑁，以王肱领东郡太守。初平二年（191），秋，黑山贼于毒、白绕、眭固等十余万众略魏郡、见第八章第二节。东郡，王肱不能御。操引兵入东郡，击白绕于濮阳，见第三章第二节。破之。袁绍因表操为东郡太守，治东武阳。今山东朝城县西。三年，春，操军顿丘。汉县，今河北清丰县西南。毒等攻东武阳。操引兵西入山，攻毒等本屯。毒闻之，弃武阳还。操邀击眭固，又击匈奴於夫罗于内黄，汉县，今河南内黄县西北。皆大破之。夏，青州黄巾众百万入兖州，刘岱欲击之，济北相鲍信谏，不从，果为所杀。信乃与州吏迎操领兖州牧。击黄巾于寿张东，寿张，后汉县，今山东东平县西南。信力战斗死，仅而破之。追至济北，乞降。冬，受降卒三十余万，男女百万余口。收其精锐者，号为青州兵。于是操亦得一州，且有强兵矣。初，徐州黄巾起，以陶谦为徐州刺史，击黄巾，破走之。李傕、郭汜作乱关中，四方断绝，谦每遣使间行奉贡。诏迁为徐州牧。是时徐方百姓殷盛，谷实甚丰，流民多归之，而谦信用非所，刑政不理，由斯渐乱。然袭丰厚之资，地与兖州相逼，自不免相猜忌。蜀汉先主刘备，涿郡涿县人，汉景帝子中山靖王胜之后。灵帝末，黄巾起，州郡各举义兵，备率其属从校尉邹靖讨贼，有功，除安喜尉。安喜，后汉县，今河北定县东。后为公孙瓒别部司马，使助田楷以拒袁绍，试守平原令，领平原相。于是瓒使刘备屯高唐，汉县，今山东禹城县西南。单经屯平原，陶谦屯发干汉县，今山东堂邑县西南。以逼绍。操与绍会击，皆破之。四年，春，刘表断袁术粮道。术引军入陈留，屯封丘，汉县，今河南封丘县。黑山余贼及於夫罗佐之，为操所破，走九江，汉郡，后汉治阴陵，今安徽定远县西北。杀陈温，据其地。夏，下邳阙宣聚众数千，自称天子。谦与共举兵，取泰山汉郡，治博，今山东泰安县东南。华、汉县，后汉并入费县，今山东费县东北。费，今山东费县西北。略任城。今山东济宁县。秋，操攻谦，下十余城。至彭城，大战，谦兵败走，死者万数，泗水为之不流。谦退守郯。汉县，今山东郯城县西南。操以粮少，引军还。兴平元年（194），夏，使荀彧、程昱守鄄城，汉县，今河北濮阳县东。复东伐，略定琅玡、汉郡，治开阳，今山东临沂县北。东海诸县。东海，汉郡，治郯。谦恐，欲走归丹阳。汉郡，治宛陵，今安徽宣城县。而张邈叛迎吕布之事起。

《三国志·魏武帝纪》云："太祖父嵩，去官后还谯。董卓之乱，避难琅玡，为陶谦所害，故太祖志在复仇，东伐。"案曹嵩之死，旧有两说：《后汉书·陶谦传》云："嵩避难琅玡，时谦别将守阴平，士卒利嵩财宝，遂袭杀之。"此与《国志·魏武纪》所云系属一说。一云为谦所害，一云为谦别将士卒所杀者？约束不严，咎在主帅，魏武东征，盖以此为口实，《国志》依其辞而录之，故不复别白也。《后书·应劭传》曰：拜泰山太守。兴平元年（194），曹嵩及子德从琅玡入泰山，劭遣兵迎之。未到，而陶谦怨操数击之，使轻骑追嵩及德，并杀之于郡界。此说出于《世语》，见《三国志·魏武纪》注。注又引韦曜《吴书》，谓太祖迎嵩，辎重百余两，谦遣都尉张闿将骑二百卫送，闿于泰山华、费间杀嵩取财物，因奔淮南。说虽小异，俱谓杀嵩者为谦所遣兵。案，发干之屯，泰山华、费之略，皆谦先侵操而操乃报之，则谓谦怨操数击之，乃使骑追杀嵩者，显与事实不合。《国志·陶谦传》注引《吴书》，谓操以嵩被杀，欲伐谦而畏其强，乃表令州郡一时罢兵。谦被诏，上书拒命，操乃进攻彭城。裴氏谓"此时天子在长安，曹公尚未秉政，罢兵之诏，不得由曹氏出”，其说是也。此等荦荦大端，尚不能知，可见江表传闻，语多失实。盖以曹氏声言嵩为陶谦所害，又以当日徐、兖构兵，实在泰山华、费之境，遂臆度而为之辞。其实曹嵩之死，当如《后书·谦传》之说也。董卓之乱，未及于谯，而嵩须避难者？以操起兵讨卓也。其所避当为今山东诸城县东南之琅玡山，而非在今临沂县境之琅玡郡。汉阴平县在今江苏沭阳县东北，其地距琅玡山颇近，故谦别将守此者，士卒得杀嵩。部曲纵恣，主帅固难辞咎，然亦止于约束不严而已，究与躬自发令者有别。然则陶谦攻兖，固为无名之师，曹操攻徐，实亦利其土地，特以汉人重报仇，借死父以为口实耳。徐方殷富，利尽东海，使操能兼据之，则北距青、冀，南控扬、豫，形势益利便矣。而不图吕布之乘机而起，徐方未定，兖土先危也。吕布之败于长安也，出武关诣袁术。术恶其反复，拒而不受。北诣袁绍。绍与布击张燕于常山，见第六节。破燕军。布求益兵，将士钞掠，绍患忌之。布觉其意，从绍求去。绍恐还为己害，遣壮士夜掩杀布，不获。事露，布走河内，与张杨合。初，操与张邈首举义兵。汴水之战，邈遣卫兹将兵随操。袁绍既为盟主，有骄矜色，邈正议责绍，绍使操杀邈，操不听，邈知之，益德操。操之征陶谦，敕家曰：“我若不还，往依孟卓。”邈字。后还见邈，垂泣相对，其亲如此。布之从张杨也，过邈临别，把手共誓。绍闻之，大恨，邈畏操终为绍击己也，心不自安。操复征谦，邈弟超与操将陈宫等共谋叛操。宫说邈迎吕布牧兖州，邈从之。操初使宫将兵留屯东郡，遂以其众东迎布。据濮阳，郡县皆应。唯鄄城、范、汉县，今山东范县东南。东阿汉县，今山东阳谷县东北阿城镇。不动。布军降者，言陈宫欲自将取东阿，使氾嶷取范。荀彧谓程昱曰：“今兖州反，唯有此三城，宫等以重兵临之，非有以深结其心，三城必动。君，民之望也，归而说之，殆可。”昱，东阿人。昱乃归。过范，说其令靳允。时允母、弟、妻、子，为布所执。时汜嶷已在县，允乃见嶷，伏兵刺杀之，归勒兵守。昱又遣别骑绝仓亭津，在今朝城县东北。陈宫至，不得渡。昱至东阿，东阿令枣祗已率厉吏民，拒城坚守。又兖州从事薛悌与昱协谋，卒完三城。操引军还。布到，攻鄄城，不能下，西屯濮阳。操曰："布一旦得一州，不能据东平，汉郡，治无盐，今山东东平县。断亢父、秦县，今山东济宁县南。泰山之道，乘险要我，而乃屯濮阳，吾知其无能为也。"遂进军攻之。布出兵战。先以骑犯青州兵，青州兵奔，操阵乱，驰突火出，坠马，烧左手掌，司马楼异扶操上马，遂引去。未至营止。诸将未与操相见，皆怖。操乃自力劳军，令军中促为攻具，进复攻之。与布相守百余日，蝗虫起，百姓大饿，布粮食亦尽，各引去。九月，操还鄄城。布到乘氏，汉县，今山东巨野县西南。为其县人李进所破。东屯山阳。见第六章第二节。先是刘备与田楷俱救陶谦，备遂去楷归谦，谦表备为豫州刺史，屯小沛。即沛县，对沛郡称小沛。沛郡治今宿迁。谦死，别驾糜竺帅州人迎备，备遂领徐州。二年，操攻拔定陶，分兵平诸县。布东奔备。张邈从，使弟超将家属保雍丘。汉县，今河南杞县。八月，操围雍丘。十二月，雍丘溃，超自杀，夷邈三族。邈诣袁术请救，为其众所杀。兖州平。案，兖州之亡，曹操事势实甚危急。《程昱传》言操之攻濮阳而引去也，袁绍使人说操连和，欲操遣家居邺，操新失兖州，军食尽，将许之，以昱谏而止。盖绍是时，欲一举而臣操矣。《荀彧传》言操闻陶谦死，欲遂取徐州，还乃定布，以彧谏而止。操是时之力，安能留兵拒布，更取徐州？盖欲弃兖而奔徐也。布之所以能扼操者？操是时恃青州兵以为强，青州兵虽百战悍贼，然其剽锐，究尚非布精甲之比。布之见擒于操也，请曰："明公所患，不过于布，今已服矣，天下不足忧。明公将步，令布将骑，则天下不足定也。"其骑兵之精锐可知。《武帝纪》讥布不能据亢父、泰山之险，乃事后附会之辞，非情实。布兵多骑，骑兵利平地，焉用扼险？濮阳之战，操势几危，此则骑兵驰突之效也。操之所以终获济者，以是时两军皆饥，而操能勒兵以收熟麦，约食蓄谷，一举而乘布之敝耳。见《荀彧传》。然使袁绍果有雄心，乘曹、吕相持之时，行卞庄刺虎之计，则操必危。又使徐州非新遭破坏，而刘备据之，更图取兖，则操亦必危。所幸者，袁绍多阴谋而无壮志，虽使臧洪据青州，取东郡，而仍不欲遽与操启衅，洪欲请兵以救张超，卒不之许。而刘备之救陶谦也，不过自有兵千余人，及幽州、乌丸杂胡骑，又略得饥民数千人；既到，谦亦不过益以丹阳兵四千；及据徐州，陈登欲为合步骑十万，则未及措手，而袁术已来攻，遂使操得以其间平定兖土，而两虎相争之祸，转中于徐、扬之间耳。事之成败，固亦有天幸存于其间也。《任峻传》注引《魏武故事》载令曰："枣祗天性忠能。始共举义兵，周旋征讨。后袁绍在冀州，亦贪祗，欲得之，祗深附托于孤。使领东阿令，吕布之乱，兖州皆叛，唯范、东阿完在，由祗以兵据城之力也。后大军粮乏，得东阿以继，祗之功也。"亦可见是时用兵形势。

第五节
曹操平定北方上

自董卓废立，李傕、郭汜继之作乱，汉朝政令，不出国门，东方诸侯，竞欲力征经营矣。既未能改玉改步，其势不得无所尊奉。于斯时也，非别戴一君，以拒董卓之所立，则将奉以号令焉。由前之说，袁绍以之，而其事未成。由后之说，怀是计者亦不乏，而卒成之者魏武，此则半由人力，半亦由于事机也。

献帝以兴平二年十二月至安邑。其明年为建安元年，七月，还洛阳。是时居京师者为韩暹、董承，而二人不和。《后汉书·献帝纪》，建安元年（196），二月，暹攻承。杨奉屯梁，汉县，今河南临汝县东。张杨居河内，皆不能匡正王室，董承乃召曹操。《三国志·吕布传》注引《英雄记》，言天子在河东，有手笔版书召布来迎，布军无积蓄，不能自致。案，其时雄踞河北者唯袁绍为强，然夙与长安不合；刘虞、袁术，或远不相及，或为中朝所畏惮；荆、扬则势稍远矣。欲求辅佐，自在兖、徐。吕布虽反覆，然本有诛董卓之功，与傕、汜为敌，流离颠沛之中，更思倚布，亦事势应尔也。布又不能自致，则勤王之勋，势不得不留待魏武矣。

献帝至安邑之月，曹操定兖州。先二月，天子拜操兖州牧。东略陈地。明年，正月，袁术所置陈相袁嗣降，西行之道始开。初，操之领兖州，遣使诣张杨，欲假途西至长安，杨不听。时袁绍以董昭领魏郡太守，绍受谗，将致罪于昭，昭欲诣献帝，至河内，为所留。昭说杨，杨乃通操上事，并表荐之。昭为操作书与长安诸将，各随轻重致殷勤。杨亦遣使诣操。操遗杨犬马金帛，遂与西方往来。天子在安邑，昭从河内往，拜议郎。及是，操将迎天子，诸将或疑，荀彧、程昱劝之，乃遣曹洪将兵西迎。董承与袁术将苌奴拒险，洪不得进。汝南、见第七章第五节。颍川见第三章第二节。黄巾何仪、刘辟、黄邵、何曼等，众各数万。初应袁术，又附孙坚。二月，操进军讨破之，斩辟、邵等，仪及其众皆降。天子拜操建德将军。操兵在许，遣使诣河东。时董昭已从河内往安邑，拜议郎。昭以杨奉兵马最强而少党援，作操书与奉。言群凶猾夏，四海未宁，神器至重，事在维辅，诚非一人所能独建。心腹四肢，实相恃赖。将军当为内主，吾为外援。今吾有粮，将军有兵，有无相通，足以相济。死生契阔，相与共之。奉得书喜悦。语诸将军，共表操为镇东将军，袭父爵费亭侯。六月。七月，操至洛阳。假节钺，录尚书事。董昭说操，言诸将人殊意异，未必服从。唯有移驾幸许。操曰：“杨奉近在梁，闻其兵精，得无为孤累乎?”昭曰：“奉少党援，将独委质。……宜时遣使，厚遗答谢，以安其意。说京都无粮，欲车驾暂幸鲁阳，鲁阳近许，转运稍易，可无县乏之忧。奉为人勇而寡虑，必不见疑。比使往来，足以定计，奉何能为累?”操曰：“善。”九月，车驾自轘辕而东。奉自梁欲要之，不及。十月，操征奉，奉南奔袁术，遂攻其梁屯，拔之。先是，操奏韩暹、张杨之罪，暹惧诛，单骑奔杨奉，奉与俱要遮车驾，不及，又同奔袁术，遂纵暴扬、徐间。明年，刘备诱奉斩之。暹惧，走还并州，道为人所杀。胡才、李乐留河东。才为怨家所害。乐自病死。张济饥饿，出至南阳，攻穰，汉县，今河南邓县东南。战死。郭汜为其将伍习所杀。三年（198），使谒者仆射裴茂诏关中诸将段煨等讨李傕，夷三族。于是自初平以来干乱政事者略尽矣。唯董承为车骑将军，开府。案，诸将中承最后亡者，以其初结张杨，后结曹操，得外援也。然承亦牛辅部曲，岂能终与魏武一心，故其后复有与刘备同谋之事焉。

曹操之入洛，几于不劳而定，然袁绍虎视河北；刘表坐镇荆、襄；刘备、吕布、袁术纵横徐、扬之境；张济之死也，从子绣领其众，屯宛，复与刘表声势相倚；四方之难，正未息也。车驾之出轘辕而东也，以操为大将军，封武平侯。十月，以袁绍为太尉。绍耻班在操下，不肯受。操乃固辞，以大将军让绍。天子拜操司空，行车骑将军。是岁，操用枣祗、韩浩等议，始兴屯田。自遭荒乱，率乏粮谷。诸军并起，无终岁之计。饥则寇略，饱则弃余。瓦解流离，无敌自破者，不可胜数。是岁募民屯田许下，得谷百万斛。于是州郡例置田官，所在积谷，征伐四方，无转运之劳，戡定之基立矣。参看第十六章第一节。

刘备之领徐州也，袁术攻之。备拒之盱眙、见第三章第二节。淮阴。汉县，今江苏淮阴县东南。操表备为镇东将军，封宜城亭侯。

术欲引吕布击备，与布书，送米二十万斛，言非唯此止，当骆驿复致。布大悦，勒兵袭下邳，虏备妻子。备转军海西，汉县，今江苏东海县南。求和于布。布恚术运粮不复至，还备妻子，具车马迎备，以为豫州刺史。布自号徐州牧。备遣关羽守下邳，自还小沛。术惧布为己害，为子求婚，布复许之。术遣将纪灵等步骑三万攻备。备求救于布。诸将谓布曰："将军常欲杀刘备，今可假手于术。"布曰："不然，若破备，则北连太山，吾为在术围中，不得不救也。"便率步骑千余驰往。灵等闻布至，皆敛兵而止。布屯沛城外，遣人招备，并请灵等，与共飨饮，各罢。备复合兵，得万余人。布恶之，自出兵攻备。备败，走归曹操。操厚遇之，以为豫州牧。将至沛，收散卒，给其军粮，益与兵，使东击布。时建安元年（196）也。二年，正月，操南征，军淯水。今白河。张绣降。操纳济妻，绣恨之。操闻，密有杀绣之计。计漏，绣掩袭操，操败还。绣奔穰，与刘表合。袁术少见谶书，言代汉者当涂高，自云名字应之，又以袁氏出陈为舜后，以黄代赤，德运之次，遂有僭逆之谋。沛相下邳陈珪，故太尉球弟子也。术与珪俱公族子孙，少共交游。书与珪，且胁致其中子应，图必致之。珪答书，以死拒。兴平二年（195），冬，天子败于曹阳，术会群下，欲僭号。主簿阎象谏，术不悦。时孙策已据江东，闻术欲僭号，与书谏，术不纳，策遂绝之。建安二年，春，术遂僭号，自称仲家。使韩胤以僭号议告布，并求迎妇。陈珪恐徐、扬合从，往说布，布亦怨术初不已受也，女已在途，追还绝婚，械送韩胤，枭首许市。珪欲使子登诣操，布不肯遣。会使者至，拜布左将军，布大喜，即听登往。登见操，因陈布勇而无计，轻于去就，宜早图之。操即增珪秩中二千石，拜登广陵太守。临别，执登手曰："东方之事，便以相付。"令登阴合部众，以为内应。术与韩暹、杨奉等连势，遣大将张勋攻布。布用珪策，遣人说暹、奉与己并力，军资所有，悉许暹、奉。暹、奉从之。勋大破败。九月，术侵陈，操东征之。术闻操自来，弃军走，渡淮。时南阳、章陵即舂陵，后汉改县。诸县复叛为绣，操遣曹洪击之，不利。还屯叶，见第三章第四节。数为绣、表所侵。十一月，操南征，至宛。拔湖阳、汉县，今河南泚源县南。舞阴。汉县，今河南泌阳县西北。三年，正月，还许。三月，围绣于穰。五月，刘表遣兵救绣，以绝军后。操引还，到安众，汉县，今河南镇平县东南。绣、表合兵东追，操设奇兵大破之。吕布复为袁术遣高顺攻刘备于沛，破之。操遣夏侯惇救备，为顺所败。九月，操东征布。十月，屠彭城。进至下邳。布自将骑逆击，大破之。追至城下。遗布书，为陈祸福。布欲降。陈宫等自以负罪，深沮其计。布遣人求救于术，术不能救，出战，又败，乃还固守。攻之不下。时操连战，士卒罢，欲还。荀攸、郭嘉说曰："吕布勇而无谋，今三战皆北，其锐气衰矣。三军以将为主，主衰则军无奋意。夫陈宫有智而迟。今及布气之未复，宫谋之未定，进急攻之，布可拔也。"遂决泗、沂水以灌城。月余，布将侯成、宋宪、魏续等执陈宫、高顺，举城降。布与其麾下登白门楼，兵围急，乃下降。于是缢杀布与宫、顺等，皆枭首送许，然后葬之。《三国志·吕布传》注引《英雄记》曰：建安元年六月夜半时，布将河内郝萌反，入布所治下邳府，大呼攻阁。布牵妇，科头袒衣，从溷上排壁出，诣都督高顺营。萌将曹性反。萌与对战。萌刺伤性，性斫萌一臂。顺斫萌首。床舆性送诣布。布问性："萌受袁术谋。""谋者悉谁?"性言陈宫同谋。时宫在坐上，面赤，旁人悉觉之，布以宫大将，不问也。又言曹操之攻下邳，布欲令陈宫、高顺守城，自将骑断太祖粮道。布妻谓曰："宫、顺素不和，将军一出，宫、顺必不同心共城守也。如有蹉跌，将军当于何自立乎？愿将军谛计之，无为宫等所误也。"又引《魏氏春秋》曰："陈宫谓布曰：'曹公远来，势不能久。若将军以步骑出屯，为势于外，宫将余众闭守于内，若向将军，宫引兵而攻其背，若来攻城，将军为救于外，不过旬日，军食必尽，击之可破。’布然之。布妻曰：‘昔曹氏待公台宫字。如赤子，犹舍而来，今将军厚公台不过于曹公，而欲委全城，捐妻子，孤军远出，若一旦有变，妾岂得为将军妻哉？’布乃止。”又引《英雄记》曰：“顺为人清白，有威严。不饮酒，不受馈遗。所将七百余兵，号为千人，铠甲斗具皆精练齐整，每所攻击，无不破者，名为陷阵营。顺每谏布，言凡破家亡国，非无忠臣明智者也，但患不见用耳。将军举动，不肯详思，辄喜言误，误不可数也。布知其忠，然不能用。布从郝萌反后，更疏顺，以魏续有外内之亲，悉夺顺所将兵以与续。及当攻战，故令顺将续所领兵。顺亦终无恨意。”合观诸说，陈宫盖倾危之士。操攻下邳，本欲退兵，以荀攸、郭嘉之言乃复进，知其兵力非甚有余。如得忠诚之将如高顺者以守于内，而布躬自率兵犄角于外，操之能克与否，殊未可知，而卒以陈宫难信，而又卒不能去其权，遂以不果，则宫以其反覆之性，几败曹公，而卒又以之败布也。宫与曹公构衅之由不可知，然曹公之待人，大致尚偏于厚。观第十二章第一节所言可知。则宫与曹公之构隙，疑其咎不在曹公矣。一举而危曹公，败吕布，杀张邈，毒流兖、徐，覃及扬域者五年，甚矣，倾危之士之不可与处也。

初，泰山臧霸从陶谦击破黄巾，拜骑都尉，遂收兵于徐州，与孙观、吴敦、尹礼、昌豨各聚众，霸为帅，屯于开阳。汉县，今山东临沂县北。吕布之破刘备也，霸等悉从布。既擒布，霸自匿。操募索得霸，悦之。使霸招敦、礼、观、观兄康。以霸为琅邪相，敦利城、汉县，今山东临沂县东。礼东莞、汉县，今山东沂水县。观北海、后汉北海郡治剧，今山东寿光县。康，城阳太守。见第三章第二节。割青、徐二州委霸。后操与袁绍相拒，霸数以精兵入青州，故操得专事绍，不以东方为念焉。张杨素与吕布善。操之围布，杨欲救之，不能，乃出兵东市，胡三省曰：在野王县。遥为之势。三年，十一月，其将杨丑杀杨以应操。杨将眭固杀丑，以其众属袁绍，屯射犬。四年，四月，操进军临河，使史涣、曹仁破斩固，操济河，围射犬，降之。于是自河以南略平，袁、曹构兵之机迫矣。

第六节
曹操平定北方下

《三国志·荀彧传》载彧谏魏武勿取徐州，以兖州比汉高之关中，光武之河内，读史者亟称之，此不察情实之谈也。汉高与项羽始终相持于荥阳、成皋之间，关中距前敌甚远，自可倚为根本。光武之据河内，势已异是，然其时兵力，犹足自立。若魏武失兖州之时，则强敌在前，饥军不立，而狡焉思启者，且环伺于其旁，救死不赡，安敢望削平海宇哉？知往史所载谋臣硕画，多事后附会之辞，非其实矣。魏武一生，所遭危机有二：一为张邈、陈宫以兖州叛迎吕布之时，一则都许之后，袁绍挟四州之势以相临。虽其机权勇决，自有制胜之方，然其成败亦间不容发，非有必克之道也。

《三国志·袁绍传》云："初，天子之立非绍意，及在河东，绍遣颍川郭图使焉，图还，说绍迎天子都邺，绍不从。"注引《献帝传》云沮授说绍，而郭图、淳于琼沮之。《后书·绍传》用其说，然亦云"帝立既非绍意，竟不能从"，则当曹操迎献帝以前，袁绍迄未有承顺之意。盖其时汉室威灵已替，天子仅亦守府，挟以为资，实亦无足重轻也。迎献帝都邺之说，《国志》谓出郭图，《献帝传》谓出沮授，疑当以《国志》为得实，缘后来传河北事者，率多美授而归罪于图也。《志》又云：“太祖迎天子都许，收河南地，关中皆附，绍悔，欲令太祖徙天子都鄄城以自密近，太祖拒之。”《后书》云：建安元年，曹操迎天子都许，乃下诏书于绍，责以地广兵多，而专自树党，不闻勤王之师，而但擅相讨伐。绍上书自辩，乃以绍为太尉，封邺侯。时操自为大将军，绍耻为之下，表辞不受；操大惧，乃让位于绍。二年，使孔融持节拜绍大将军，锡弓矢节钺，虎贲百人，兼督冀、青、幽、并四州，然后受之。则当都许之初，袁、曹似几至决裂，旋复敛兵而止者，盖由朝以四州之地畀绍。其时许都草创，操固无力攻绍；河北未定，绍亦不能专志河南；故遂各守疆埸，为后图也。

袁绍以初平三年（192）败公孙瓒于界桥。瓒又遣兵至龙凑挑战，绍复击破之。瓒遂还幽州，不敢复出。四年，初，天子遣太仆赵岐和解关东，使各罢兵，瓒因此以书譬绍，绍于是引军南还。时魏郡兵反，与黑山贼于毒等共覆邺城，杀郡守。绍讨破之，斩毒。遂寻山北行，进击诸贼，屠其屯垒。与黑山贼张燕及四营屠各、雁门乌桓战于常山，连十余日，燕兵死伤多，绍军亦疲，遂各退。《后汉书·朱俊传》云：自黄巾贼后，复有黑山、黄龙、白波、左校、郭大贤、于氐根、青牛角、张白骑、刘石、左髭丈八、平汉、大计、司隶、掾哉、雷公、浮云、飞燕、白雀、杨凤、于毒、五鹿、李大目、白绕、眭固、苦哂之徒，并起山谷间，不可胜数。其大声者称雷公，骑白马者为张白骑，轻便者号飞燕，多髭者号于氐根，大眼者为大目。如此称号，各有所因。大者二三万，小者六七千。贼帅常山人张燕，轻勇趫捷，故军中号曰飞燕。善得士卒心。乃与中山、常山、赵郡、上党、河内诸山谷寇贼更相交通，众至百万，号曰黑山贼。河北诸郡县并被其害。朝廷不能讨。燕乃遣使至京师，奏书乞降。遂拜燕平难中郎将，使领河北诸山谷事。岁得举孝廉、计吏。燕后渐寇河内，逼近京师。于是出俊为河内太守，将家兵击却之。其后诸贼多为袁绍所定，事在《绍传》。《绍传》云，绍出军，入朝歌鹿肠山苍严谷口，讨于毒，围攻五日，破之，斩毒及其众万余级。绍遂寻山北行，进击诸贼左髭丈八等，皆斩之。又击刘石、青牛角、黄龙、左校、郭大贤、李大目、于氐根等，复斩数万级，皆屠其屯垒。遂与黑山贼张燕及四营屠各、雁门乌桓战于常山。燕精兵数万，骑数千匹。连战十余日，燕兵死伤虽多，绍军亦疲，遂各退。《三国志·燕传》云，真定人。本姓褚。黄巾起，燕合聚少年为群盗，在山泽间。转攻，还真定，众万余人。博陵张牛角亦起，自号将兵从事，与燕合。燕推牛角为帅，俱攻廮陶。牛角为飞矢所中，被创，且死，令众奉燕，故改姓张。张牛角当即青牛角也。朝歌，汉县，在今河南淇县东北。廮陶，亦汉县，在今河北宁晋县西南。《后书·朱俊传》之文略本《九州春秋》、《典略》、张璠《汉纪》，见《国志·张燕传》注。青牛角，《九州春秋》但作“牛角”。苦哂作“苦蝤”。大计作“大洪”。掾哉作“缘城”。又有罗市，《后书》无其名。雷公，《典略》作“张雷公”。《九州春秋》又云，灵帝拜杨凤为黑山校尉，领诸山贼，得举孝廉、计吏，与《国志》云张燕者异。麴义自恃有功，骄纵不轨，绍召杀之而并其众。先是刘虞稍节公孙瓒禀假，瓒怒，屡违节度，筑京于蓟城以备虞。是年，冬，虞举兵袭瓒，大败，奔居庸。汉县，今察哈尔延庆县东。瓒攻拔居庸，生获虞。会董卓死，天子遣使者段训增虞邑，督六州，瓒迁前将军，封易侯。瓒诬虞欲称尊号，胁训斩虞。上训为幽州刺史。瓒徙镇易。汉县，今河北雄县西北。虞从事鲜于辅等率州兵欲报瓒，以燕国阎柔素有恩信，共推柔为乌丸司马。柔招诱乌丸、鲜卑，得胡、汉数万人，与瓒所置渔阳太守邹丹战于潞北，大破之，斩丹。袁绍又遣麴义及虞子和和逃术还北，为绍所留。将兵与辅合击瓒，瓒军数败，乃走还易京固守。为围堑十重。于堑里筑京，皆高五六丈，为楼其上。中堑为京，特高十丈，自居焉。积谷三百万斛。瓒曰：“昔谓天下事可指麾而定，今日视之，非我所决，不如休兵，力田畜谷。兵法，百楼不攻，今吾楼橹千重，食尽此谷，足知天下之事矣。”欲以此弊绍。绍遣将攻之，连年不能拔。建安四年（199），绍悉军围之。瓒遣子求救于黑山贼。复欲自将突骑直出，傍西南山，拥黑山之众，陆梁冀州，横断绍后。长史关靖说瓒，谓将士皆已土崩瓦解，舍之而去，易京之危可立待。瓒遂止。救至，欲内外击绍，遣人与子书，刻期，绍候者得其书，绍设伏击，大破之，复还守。绍为地道，突坏其楼，稍至中京。瓒自知必败，尽杀其妻子，乃自杀。于是河北略定。绍遂出长子谭为青州，中子熙为幽州，甥高幹为并州。简精卒十万，骑万匹，欲以攻许矣。

袁术自败于陈，稍困，将归帝号于绍。袁谭自青州遣迎之。术欲从下邳北过，操遣刘备、朱灵要之，术复走还寿春。至江亭，愤慨结病，呕血死。时建安四年（199）六月也。八月，曹操进军黎阳。汉县，今河南浚县东北。使臧霸等入青州，破齐、汉郡，治临菑。北海、东安。汉县，今山东沂水县南。留于禁屯河上。九月，操还许。分兵守官渡。城名，在今河南中牟县东北。袁绍遣人招张绣。绣从贾诩计，十一月，率众降操。十二月，操军官渡。刘备未出时，董承辞受帝衣带中密诏诛操，备与同谋。至下邳，遂杀徐州刺史车胄，留关羽守下邳，而身还小沛。东海昌霸反，郡县多叛操为备。备众数万人，遣孙乾与袁绍连和。操遣刘岱、王忠击之，不克。五年，春，正月，董承等谋泄，皆伏诛。操自将东击备，破之。备走奔绍。获其妻子。攻下邳，关羽降。昌豨叛为备，又攻破之。二月，绍遣郭图、淳于琼、颜良等攻东郡太守刘延于白马。津名，见第三章第四节。绍引兵至黎阳，将渡河。四月，操北救延。荀攸说操曰：“今兵少不敌，分其势乃可。公到延津，在今河南延津县北。若将渡兵向其后者，绍必西应之，然后轻兵袭白马，掩其不备，颜良可擒也。”操从之。绍闻兵渡，即分兵西应之。操乃引军兼行趋白马。未至十余里，良大惊，来逆战。使张辽、关羽前登，击破，斩良。遂解白马围。徙其民，循河而西。绍渡河追操。军至延津南，操击斩其骑将文丑。良、丑皆绍名将也，再战，悉擒，绍军大震。操还军官渡。绍进保阳武。见第二章第三节。关羽亡归刘备。八月，绍连营稍前，依沙堆为屯，东西数十里。操亦分营与相当。合战，不利。绍复进临官渡，起土山地道。操亦于内作之以相应。绍射营中，矢如雨下，行者皆蒙盾，众大惧。时操粮少，与荀彧书，议欲还许。彧以为“绍悉众聚官渡，欲与公决胜败，公以至弱当至强，若不能制，必为所乘，是天下之大机也”。操乃止。汝南降贼刘辟等叛应绍，略许下。绍使刘备助辟，操使曹仁击破之，备走，遂破辟屯。袁绍运谷车数千乘至，操用荀攸计，遣徐晃、史涣邀击，大破之，尽烧其车。十月，绍遣车运谷，使淳于琼等将兵万余人送之。绍谋臣许攸贪财，绍不能足，奔操，说操击琼等。左右疑之。荀攸、贾诩劝操。操乃留曹洪守，自将步骑五千人往。大破琼等，皆斩之。绍闻操击琼，使张郃、高览攻曹洪。郃等闻琼败，遂降。绍众大溃。绍及子谭弃军走，渡河。追之，不及。冀州诸军多举城邑降者。六年，四月，扬兵河上。击绍仓亭军，见第四节。破之。绍归，复收散卒，攻定诸叛郡县，然其势已不能复振矣。

袁、曹成败，往史议论甚多，然多事后附会之辞，不足信也。《魏武帝本纪》云，刘备举兵，公将东征，诸将皆曰：“与公争天下者，袁绍也。今绍方来而弃之东，绍乘人后，若何?”公曰：“夫刘备，人桀也。今不击，必为后患。袁绍虽有大志，而见事迟，必不动也。”郭嘉亦劝公。《嘉传》无此事。遂东击备，破之。公还官渡，绍卒不出。《绍传》云，太祖东征备，田丰说绍袭太祖后，绍辞以子疾，不许。丰举杖击地曰：“夫遭难遇之机，而以婴儿之病失其会，惜哉!”此即附会之辞。夫兵有轻进逐利，有持重后进。许下距河北远，多遣兵则行迟，势不相及，少遣兵则徒遭挫折，无益于事，此绍之所以不肯轻进，操亦度其如此，故敢自将而东，非真能决其见事之迟也。袁绍既招张绣于前，复有刘辟应之于后，又尝遣使招诱豫州诸郡，诸郡多受其命，唯阳安不动。阳安，汉县，在今河南确山县东北，盖是时暂立为郡。阳安都尉李通，操之信臣也，绍以为征南将军，事虽不成，然时通急录户调，朗陵长赵俨，忧民心之变，言之荀彧，或以白操，操遂下令：绵绢悉以还民。见《李通》《赵俨传》。则绍谋犄操之后，不为不力。其不肯遣大兵往援者，此本牵制之师，犹操之用臧霸，亦仅欲纾东顾之忧，不能仗之以攻冀州也。且刘辟举兵而使刘备为之应，其所遣亦不为不重矣。曹操之攻淳于琼也，绍闻之曰："就彼攻琼等，吾攻拔其营，彼固无所归矣。"其计亦未为误。然张郃谓曹公营固，攻之必不拔，其后果然，则操之出兵，本据必甚坚固。以相持久疲敝之余，而犹如此，况欲以轻兵袭许乎？绍之计，盖欲一举而大溃操兵，使其不能复振。其将南下也，田丰说绍曰："曹公善用兵，变化无方，众虽少，未可轻也。不如以久持之。将军据山河之固，拥四州之众，外结英雄，内修农战；然后简其精锐，分为奇兵，乘虚迭出，以扰河南；救右则击其左，救左则击其右；使敌疲于奔命，民不得安业，我未劳而彼已困，不及二年，可坐克也。今释庙胜之策，而决成败于一战，若不如志，悔无及也。"及兵既交，沮授又曰："北兵数众，而果劲不及南，南谷虚少，而货财不及北。南利在于急战，北利在于缓搏。宜徐持久，旷以日月。"丰之策绍未能从，授之计则不可谓未见用。绍与操相持逾二时。所以不获速决者，固由操之善守，亦由绍不急攻。不然，胜负之机，本不待决诸半年外也。《绍传》云"太祖与绍相持日久，百姓疲乏，多叛应绍"，此即绍持久之效。操与荀彧书欲还许，盖其势实已不支。《彧传》云"欲还许以引绍"，夫以相持日久，粮尽势竭之余，安能复引人深入？一举足，则敌以全力蹑其后，势如山崩瓦解矣。彧所谓“若不能制，必为所乘”也。《彧传》载彧报操之辞曰：“画地而守之，扼其喉而不得进，已半年矣，情见势竭，必将有变，此用奇之时，不可失也。”此亦以势处于无可如何，而教之以涉险耳。许攸来自敌军，进袭淳于琼之策，而操遽自将以行，虽曰智勇过人，其道亦甚危矣，非处甚窘之势，安肯冒昧出此哉？故曰：袁、曹成败之机，实间不容发也。

《魏志·荀彧传》载彧策曹操有四胜，曰：“绍貌外宽而内忌，任人而疑其心，公明达不拘，唯才所宜，此度胜也。绍迟重少决，失在后机，公能断大事，应变无方，此谋胜也。绍御军宽缓，法令不立，士卒虽众，其实难用，公法令既明，赏罚必行，士卒虽寡，皆争致死，此武胜也。绍凭世资，从容饰智，以收名誉，故士之寡能好问者多归之，公以至仁待人，推诚心不为虚美，行己谨俭，而与有功者无所吝惜，故天下忠正效实之士咸愿为用，此德胜也。”《郭嘉传》注引《傅子》，载嘉谓操有十胜，绍有十败，与此大同小异，其为后人附会，亦显然可见。然此说亦颇足考袁、曹为人之异同也。

刘备之败于曹仁也，还绍军，欲离绍，乃说绍南连刘表。绍遣备将本兵复至汝南，与贼龚都等合，众数千人。操遣蔡阳击之，不利。操南征备。备闻操自行，走奔刘表。都等皆散。时操以粮少，不足与河北相支，欲因绍新破，以其间讨击刘表。荀彧曰：“今绍败，其众离心，宜乘其困，遂定之，而背兖、豫，远师江、汉，若绍收其余烬，承虚以出人后，则公事去矣。”注引《彧别传》载操表曰：“昔袁绍侵入郊甸，战于官渡。时兵少粮尽，图欲还许，书与彧议，彧不听臣，建宜住之便，恢进讨之规，更起臣心，易其愚虑，遂摧大逆，覆取其众，此彧睹胜败之机，略不世出也。及绍破败，臣粮亦尽，以为河北未易图也，欲南讨刘表，彧复止臣，陈其得失。臣用反旆，遂吞凶族，克平四州。向使臣退于官渡，绍必鼓行而前，有倾覆之形，无克捷之势。后若南征，委弃兖、豫，利既难要，将失本据。彧之二策，以亡为存，以祸致福，谋殊功异，臣所不及也。”则此二策确出于彧，且与当时形势大有关系。操从之。七年（202），复进军官渡。绍自军破后，发病呕血，五月死。绍爱少子尚，欲以为后，而未显。审配、逢纪与辛评、郭图争权。配、纪与尚比，评、图与谭比。众以谭长，欲立之。配等恐谭立而评等为己害，缘绍素意，乃奉尚代绍位。谭至，不得立，自号车骑将军。由是谭、尚有隙。九月，操攻谭、尚。谭军黎阳。尚少与谭兵，而使逢纪从谭。谭求益兵。配等议不与。谭怒，杀纪。操渡河攻谭，谭告急于尚。尚欲分兵益谭，恐谭遂夺其众，乃使审配守邺，自将兵助谭。大战城下，谭、尚败，走入城守。八年，春，三月，攻其郭，乃出战。击，大破之。谭、尚夜遁。四月，进军邺。五月，还许，留贾信屯黎阳。八月，操征刘表，军西平。汉县，今河南西平县西。《郭嘉传》，从讨谭、尚于黎阳，连战数克。诸将欲乘胜遂攻之。嘉曰：“急之则相持，缓之而后争心生，不如南向荆州，若征刘表者，以待其变，变成而后击之，可一举定也。”太祖曰“善”，乃南征。操之去邺而南也，谭、尚遂举兵相攻。谭败，奔平原。尚攻之急。谭遣辛毗乞降请救。《辛毗传》注引《英雄记》曰：“郭图说谭曰：‘今将军国小兵少，粮匮势弱，显甫之来，久则不敌。愚以为可呼曹公，来击显甫，曹公至，必先攻邺。显甫还救，将军引兵而西，自邺以北皆可虏得。若显甫军破，其兵奔亡，又可敛取，以拒曹公。曹公远侨而来，粮饷不继，必自逃去。比此之际，赵国以北皆我之有，亦足与曹公为对矣。不然不谐。’谭始不纳，后遂从之。”诸将皆疑。荀攸言：“兄弟遘恶，此势不两全。若有所并则力专，力专则难图也。及其乱而取之，天下定矣，此时不可失也。”操乃引军还。十月，到黎阳。为子整与谭结婚。尚闻操北，乃释平原还邺。其将吕旷、吕翔叛尚，屯阳平。率其众降。九年，正月，操济河。二月，尚复攻谭，留苏由、审配守邺。由欲为内应，谋泄，与配战城中，败，出奔操。操攻邺，为土山地道。武安长尹楷屯毛城，在今河南涉县西。通上党粮道。四月，操留曹洪攻邺，自将击楷，破之。尚将沮鹄守邯郸，又击拔之。五月，毁土山地道。作围堑，决漳水灌城。城中饿死者过半。七月，尚还救邺。操逆击，破走之。遂围其营。尚夜遁，保祁山。《袁尚传》云："尚还走滥口。"其将马延、张觊等临阵降，众大溃。尚走中山。八月，审配兄子荣夜开所守城东门内兵。生擒配，斩之。天子以操领冀州牧。操让还兖州。操之围邺也，谭略取甘陵、后汉县，今山东清平县南。安平、今河北冀县。渤海、后汉治南皮，今河北南皮县。河间。今河北献县。尚败，还中山。谭攻之。尚奔故安，汉县，今河北易县东南。从熙。谭遂并其众。操遗谭书，责以负约，与之绝婚。女还然后进军。谭惧，拔平原，走保南皮。见第三章第三节。十年，正月，攻拔之，斩谭及郭图等，冀州平。是月，袁熙大将焦触、张南等叛，攻熙、尚。熙、尚奔三郡乌丸，触等举其县降。初，袁绍与公孙瓒争冀州，张燕遣将助瓒，与绍战，为绍所败，人众稍散。鲜于辅将其众奉王命，以为建忠将军，督幽州六郡。操与绍相拒于官渡，阎柔遣使诣操受事，迁护乌丸校尉，而辅身诣操，拜左度辽将军，遣还镇抚本州。将定冀州，燕遣使求佐王师，拜平北将军，率众诣邺。故安赵犊、霍奴等杀幽州刺史、涿郡太守。三郡乌丸攻辅于犷平。汉县，今河北密云县东北。八月，操征之，斩犊等。乃渡潞河救犷平。乌丸奔走出塞。操之拔邺，高幹降，以为并州刺史。闻操讨乌丸，以州叛。十一年，正月，操征幹。幹走入匈奴求救。单于不受。幹走荆州。上洛都尉王琰捕斩之。上洛，汉县，今陕西商县。《杜畿传》，高幹反，时河东太守王邑被征，河东人卫固、范先，外以请邑为名，内实与幹通谋。太祖谓荀彧曰："关西诸将，恃险与马，征必为乱。张晟寇崤、渑间，南通刘表，固等因之，吾恐其为害深。河东被山带河，四邻多变，当今天下之要地也。君为我举萧何、寇恂以镇之。”或曰：“杜畿其人也。”遂拜畿为河东太守。固等使兵数千人绝陕津。畿诡道从郖津渡。范先欲杀畿以威众。固曰“杀之无损，徒有恶名，且制之在我”，遂奉之。畿以固为都督，行丞事，领功曹。将校吏兵三千余人，皆范先督之。固欲大发兵，畿患之。说固曰：“今大发兵，众必扰，不如徐以资募兵。”固以为然，从之。又喻固等曰：“人情顾家，诸将掾史，可分遣休息，急缓召之不难。”固等恶逆众心，又从之。于是善人在外，阴为己援，恶人分散，各还其家。畿知诸县多附己，因出，单将数十骑赴张辟拒守。固等与幹、晟共攻之，不下。会大兵至，幹、晟败，固等伏诛。是时天下郡县皆残破，河东最先定，少耗减。畿治之，崇宽惠，与民无为。韩遂、马超之叛也，弘农、冯翊多举县邑以应之。河东虽与贼接，民无异心。太祖西征，至蒲阪，与贼夹渭为军，军食一仰河东。及贼破，余畜二十余万斛。《梁习传》曰：并土新附，习以别部司马领并州刺史。时承高幹荒乱之余，胡狄在界，张雄跋扈。吏民亡叛，入其部落。兵家拥众，作为寇害，更相扇动，往往棋跱。习到官，诱谕招纳，皆礼召其豪右，稍稍荐举，使诣幕府。豪右已尽，乃次发诸丁强，以为义从。又因大军出征，分请以为勇力。吏兵已去之后，稍移其家，前后送邺，凡数万口。其不从命者，兴兵致讨，斩首千数，降附者万计。单于恭顺，名王稽颡。部曲服事供职，同于编户。边境肃清。百姓布野，勤劝农桑。令行禁止。案，丧乱之际，戡定虽赖兵力，其后抚绥生聚，则无不借良吏者，观此二事可知也。十二年（207），操北征三郡乌丸。五月，至无终。汉县，今河北玉田县。初，田畴为刘虞奉使还，未至，虞已为公孙瓒所害。畴乃入徐无山中，山在今玉田县北。营深险平敞地而居。百姓归之者，数年间至五千余家。畴为立约束。北边翕然，服其威信。操北征乌丸，先使辟畴，随军次无终。时方夏水雨，而滨海洿下，泞滞不通，虏亦遮守险要，军不得进。操患之，以问畴。畴言“旧北平郡治在平冈，道出卢龙，在今河北迁安县北。达于柳城。当在今凌南、兴城之间。自建武以来，陷坏断绝，垂二百载，而尚有微径可从。今虏将以大军当由无终，不得进而退，懈弛无备。

若默回军，从卢龙口，越白檀之险，白檀，汉县，在今热河承德县西。出空虚之地，路近而便，掩其不备，蹋顿之首，可不战而擒也”。操曰：“善。”令畴将其众为向导，引军出卢龙塞。塞外道绝不通。乃堑山堙谷，五百余里，东指柳城。未至二百里，虏乃知之。尚、熙与蹋顿、辽西单于楼班、右北平单于能臣抵之等将数万骑逆军。八月，纵兵击之，虏众大崩。斩蹋顿及名王以下。胡、汉降者二十余万口。辽东单于速仆丸及辽西、北平诸豪，弃其种人，与尚、熙奔辽东。初，辽东太守公孙康恃远不服，及操破乌丸，或说操遂征之，尚兄弟可擒也。操曰：“吾方使康斩送尚、熙首，不烦兵矣。”九月，操引兵自柳城还，康即斩尚、熙及速仆丸等，传其首。诸将或问：“公还而康斩送尚、熙，何也?”操曰：“彼素畏尚等，吾急之则并力，缓之则自相图，其势然也。”案，患莫大于养痈。三郡乌丸，种类繁炽，又数受袁氏恩，内利钞掠，使尚、熙获用其众，其为患，必不止如后汉初之卢芳而已。曹操大举征之，虽曰“乘危以侥幸”，《武帝纪》注引《曹瞒传》操自道语。然乌丸自此遂不能为大患，其用兵亦云神矣。参看第十二章第十节。

是时海内之患，以幽、并、青、冀、兖、徐为急，及是略已平定，关中操任钟繇抚之，凉州鸾远，诸将皆无大略，非可急图，亦不虞其为大患也，故乌丸平，操遂南征荆州。

第七节
孙氏据江东

孙坚之死也，兄子贲，将大众就袁术，术复表贲为豫州刺史。

坚长子策，渡江居江都。徐州牧陶谦深忌策。策舅吴景，时为丹阳太守，策乃载母徙曲阿，秦县，今江苏丹阳县。与吕范、孙河俱就景。因缘召募，得数百人。兴平元年（194），从术。术甚奇之。以坚部曲还策。术初许策为九江太守，已而更用丹阳陈纪。后术欲攻徐州，从庐江太守陆康求米，庐江，汉郡，在今安徽庐江县西。康不与。术大怒，遣策攻康，谓曰："今若得康，庐江真卿有也。"策攻康，拔之。术复用其故吏刘勋为太守，策益失望。先是，刘繇为扬州刺史，州旧治寿春，寿春，术已据之，繇乃渡江治曲阿。时吴景尚在丹阳，策从兄贲又为丹阳都尉，繇至，皆迫逐之。景、贲退舍历阳。繇遣樊能、于麋、陈横屯江津，张英屯当利口在今安徽和县东南。以拒术。术自用故吏琅玡惠衢为扬州刺史。更以景为督军中郎将，与贲共将兵击英等，连年不克。汉命加繇为牧，策乃说术，乞助景等平定江东。术表策为折冲校尉，行殄寇将军。兵财千余，骑数十匹，宾客愿从者数百人。比至历阳，众五六千。渡江转斗，所向皆破。刘繇奔丹徒。将奔会稽，许劭曰："会稽富实，策之所贪；且穷在海隅，不可往也。不如豫章，北连豫壤，西接荆州。若收合吏民，遣使贡献，与曹兖州相闻，虽有袁公路隔在其间，其人豺狼，不能久也。足下受王命，孟德、景升必相救济。"繇从之。据《三国志·刘繇传》注引袁宏《汉纪》。溯江南保豫章。寻病卒。吴人严白虎等众各万余人，处处屯聚。吴景等欲先击破虎等，乃至会稽。策曰："虎等群盗，非有大志，此成擒耳。"遂引兵渡浙江。会稽太守王朗举兵与战，败绩。浮海至东冶。见第五章第七节。策又追击，朗乃诣策。策攻破虎等。尽更置长吏。自领会稽太守。复以吴景为丹阳太守。以孙贲为豫章太守。时豫章太守为华歆，知策善用兵，乃幅巾相迎。分豫章为庐陵郡，治高昌，在今江西吉安县境。以贲弟辅为太守。丹阳朱治为吴郡太守。时袁术僭号，策以书责而绝之。曹操表策为讨逆将军，封为吴侯。

后术死，长史杨弘、大将张勋等将其众欲就策，刘勋邀击，悉虏之。策闻之，伪与勋好盟。时豫章上缭在今建昌县南。宗民万余家在江东，策劝勋攻取之。勋既行，策轻军晨夜袭拔庐江。勋众尽降。勋独与麾下数百人归曹操。是时袁绍方强，而策并江东，操力未能逞，且欲抚之，乃以弟女配策小弟匡，又为子章取贲女，皆礼辟策弟权、翊，又命扬州刺史严象举权茂才。建安五年(200)，策为故吴郡太守许贡客所杀。《三国志·孙策传》云："曹公与袁绍相拒于官渡，策阴欲袭许，迎汉帝，密治兵，部署诸将，未发，会为故吴郡太守许贡客所杀。"《魏武帝纪》亦云："孙策闻公与绍相持，乃谋袭许，未发，为刺客所杀。"《策传》注引《江表传》则云："广陵太守陈登治射阳。汉县，在今江苏淮安县东南。登即瑀之从兄子也。策前西征，登阴复遣间使，以印绶与严白虎余党，图为后害，以报瑀见破之辱。策归，复讨登。军到丹徒，须待运粮。策性好猎。将步骑数出。策驱驰逐鹿，所乘马精骏，从骑绝不能及。初，吴郡太守许贡上表于汉帝曰：'孙策骁雄，与项籍相似。宜加贵宠，召还京邑。……若放于外，必作世患。'策候吏得贡表，以示策。策请贡相见，以责让贡。贡辞无表。策即令武士绞杀之。贡奴客潜民间，欲为贡报仇。猎日，卒有三人，即贡客也。策问：'尔等何人？'答云：'是韩当兵，在此射鹿耳。'策曰：'当兵吾皆识之，未尝见汝等。'因射一人，应弦而倒。余二人怖急，便举弓射策，中颊。后骑寻至，皆刺杀之。"案，策兵虽强，岂足与中国争衡？汉室是时，威灵已替，挟一献帝，岂足以号召天下？曹公之克成大业，亦以其法严令行，用兵如神耳，非真借汉天子之虚名也。以策之望轻资浅，挟一汉帝，局促吴、越，此义帝之居郴耳，何足有为？裴松之谓淮、泗之间，所在可都，试问策之众，视陶谦、袁术、刘备、吕布何如？诸雄相次覆亡，何有于策？况策徒轻剽，实无大略，又安知挟天子以令诸侯也。然则《江表传》之言，为得其实矣。《吴志·吕范传》曰："下邳陈瑀自号吴郡太守，住海西，与强族严白虎交通。策自将讨虎，别遣范与徐逸攻瑀于海西，枭其大将陈牧。"《策传》注引《江表传》，则谓建安二年夏，诏以策为骑都尉，袭爵乌程侯，领会稽太守。又诏与平东将军领徐州牧温侯布及行吴郡太守安东将军陈瑀同讨袁术，则瑀称吴郡太守，实出朝命，非由自号。《传》又云：瑀阴图袭策，遣使持印，与诸险县大帅，使为内应，伺策军发，欲攻取诸郡。策觉之，遣吕范、徐逸攻破瑀。案，策之渡江，本为袁术。此时汉朝虽有讨术之命，实权宜用之，非信其心也。苟有机会，乘间图之，夫固未为非计？《张邈传》注引《先贤行状》，言陈登甚得江、淮间欢心，有吞灭江南之志。孙策遣军攻登，再败。登迁为东城太守，孙权遂跨有江外。太祖每临大江而叹，恨不早用陈元龙计，元龙，登字。而令封豕养其爪牙。元龙父子，初间吕布、袁术之交，卒定扬、徐之境，瑀或亦志平江表者。即谓其未可知，而登之志皎然而才可用则信矣。拒敌再克，其效已见。吕布亡而忽视东南，使长才不竟其用，岂不惜哉？此魏武虑事之一疏也。

孙策之将死也，呼权佩以印绶。曹操表权为讨虏将军，领会稽太守，屯吴，使丞之郡行文书事。是时唯有会稽、吴郡、丹阳、豫章、庐陵，然深险之地，犹未尽从。权乃分部诸将，镇抚山越，讨不从命。建安八年（203），权西伐黄祖，破其舟军，唯城未克，而山寇复动。还过豫章，使吕范平鄱阳、汉县，今江西鄱阳县东。会稽，程普讨乐安，今江西德兴县东，吴立为县。太史慈领海昏，汉县，今江西永修县。韩当、周泰、吕蒙等为剧县令、长。九年，权弟丹阳太守翊为左右所害，以从兄瑜代翊。十年，权使贺齐讨上饶，分为建平县。上饶，汉县，今江西上饶县西北。建平，今福建建阳县。十二年，西征黄祖，虏其人民而还。十三年春，权复征黄祖，屠其城。祖挺身亡走，骑士冯则追枭其首。虏其男女数万口。是岁，使贺齐讨黟、汉黟县，今安徽黟县。歙，汉县，今安徽歙县。分歙为始新、在今浙江淳安县西。新定、今浙江遂安县。犁阳、今安徽休宁县东南。休阳县，后避孙休讳，改为海阳，在休宁县东。以六县为新都郡。此时权所务者，西征江夏，内平山越以抚定诸县。《贺齐等传评》曰“山越好为叛乱，难安易动，是以孙权不遑外御，卑词魏氏”，则当赤壁战后，权犹不能不以山越为患也，况于即位之初？况于孙策之世邪？亦足见谓策欲袭许之诬矣。然赤壁一战，权竟能与刘备协力以破曹公，则全由江、淮轻剽之性为之，此可以觇南北古今风气之不同矣。

第八节
赤壁之战

曹操以建安元年（196）入洛阳，迁献帝都许，自此至十二年，凡一纪，东平吕布，摧袁术，走刘备，北破袁绍，西抚关中，当时所谓中原之地略定，然天下卒成三分之局者，则以赤壁一战，犯兵家之忌，为权、备所乘；其后又以北方尚未大定；且以当时形势，举中国之众，与吴、蜀争衡，势亦有所未便；遂至廓清扫荡，虚愿徒存。使赤壁一战而操更获胜，则顺流而下，江东指日可定，刘备自无立足之地，益州更不能负固矣。故赤壁一战，实当时事势转变之大关键也。

《蜀志·诸葛亮传》载亮初见先主时之言曰：“今操已拥百万之众，挟天子而令诸侯，此诚不可与争锋。孙权据有江东，已历三世，国险而民附，贤能为之用。此可与为援而不可图也。荆州北据汉、沔，利尽南海，东连吴会，西通巴、蜀，此用武之国，而其主不能守，此殆天所以资将军，将军岂有意乎？益州险塞，沃野千里，天府之土，高祖因之，以成帝业。刘璋暗弱，张鲁在北，民殷国富，而不知存恤，智能之士思得明君。将军既帝室之胄，信义著于四海，总揽英雄，思贤如渴。若跨有荆、益，保其岩阻，西和诸戎，南抚夷越，外结好孙权，内修政理；天下有变，则命一上将将荆州之军，以向宛、洛，将军身率益州之众，出于秦川，百姓孰敢不箪食壶浆以迎将军者乎？诚如是，则霸业可成，汉室可兴矣。”此文以与后来情事大相符合，人或疑之。然跨据荆、益，连结吴会，可与北方抗衡，当时事势固尔，不容谓亮见不及此。《三国志》所载当时谋臣策划，可疑者甚多，此顾无足深疑也。此亦可见三国之分立，实时势使然，而非出于偶然矣。

李傕、郭汜之入长安也，欲连刘表为援，以表为荆州牧。天子都许，表虽遣使贡献，然北与袁绍相结。张济入荆州界，攻穰城，为流矢所中，死，表使人纳其众。长沙桓阶，说太守张羡，举长沙及旁三郡以拒表，遣使诣曹操。表围之连年，不下。羡病死，长沙复立其子怿。表遂攻并怿。南收零、桂，北据汉川，地方数千里，带甲十余万。曹操与袁绍相持于官渡，绍遣人求助，表许之而不至，亦不佐操，欲保江、汉间，观天下变。从事中郎韩嵩、别驾刘先说表举州附操。大将蒯越亦劝表。表狐疑，乃遣嵩诣操，以观虚实。嵩还，深陈操威德，说表遣子入质。表疑嵩反为操，大怒。欲杀嵩。考杀嵩随行者，知嵩无他意，乃止。先主之奔表，表自郊迎，以上宾礼待之。益其兵，使屯新野。汉县，今河南新野县南。建安十三年（208）七月，操南征表。八月，表卒。二子：琦、琮。表初以琦貌类于己，甚爱之。后为琮娶其后妻蔡氏之侄，蔡氏遂爱琮而恶琦。毁誉之言，日闻于表。表宠耽后妻，每信任焉。又妻弟蔡瑁及外甥张允并得幸于表，又睦于琮。

琦不自宁，与诸葛亮谋自安之术。亮曰：“君不见申生在内而危，重耳居外而安乎？”琦意感悟，阴规出计。会江夏太守黄祖为孙权所杀，琦遂求代其任，及表病甚，琦归省疾，允等遏于户外，使不得见，琦流涕而去。遂以琮为嗣。琮以侯印授琦。琦怒，投之地，将因奔丧作难。会曹操军至新野。琦走江南。操军到襄阳，琮举州请降。刘备屯樊，不知操卒至，至宛，乃闻之，遂将其众去。过襄阳，诸葛亮说备攻琮，荆州可有。案，当时即得襄阳，其何能守？此说疑不实。备曰：“吾不忍也。”乃驻马呼琮，琮惧不能起。琮左右及荆州人多归备。比到当阳，汉县，今湖北当阳县东。众十余万，辎重数千两，日行十余里。别遣关羽乘船数百艘，使会江陵。操以江陵有军实，恐备据之，乃释辎重，轻军到襄阳。闻备已过，操将精骑五千急追之，一日一夜行三百余里，及于当阳之长阪。备弃妻子，与诸葛亮、张飞、赵云等数十骑走。斜趋汉津，适与羽船会，得济沔。遇琦众万余人，与俱到夏口。操以表大将文聘为江夏太守，备表琦为荆州刺史。明年卒。

《三国·吴志·孙权传》云：“荆州牧刘表死，鲁肃乞奉命吊表二子，且以观变。肃未到而曹公已临其境，表子琮举众以降。刘备欲南济江，肃与相见。因传权旨，为陈成败。备进住夏口，使诸葛亮诣权。”《肃传》曰，刘表死，肃进说曰：“夫荆楚与国邻接，水流顺北，外带江、汉，内阻山陵，有金城之固。沃野万里，士民殷富。若据而有之，此帝王之资也。今表新亡，二子素不辑睦，军中诸将，各有彼此。加刘备天下枭雄，与操有隙，寄寓于表，表恶其能而不能用也。若备与彼协心，上下齐同，则宜抚安，与结盟好。如有离违，宜别图之，以济大事。肃请得奉命吊表二子，并慰劳其军中用事者，及说备使抚表众，同心一意，共治曹操。备必喜而从命。如其克谐，天下可定也。今不速往，恐为操所先。”权即遣肃行，到夏口，闻曹公已向荆州，晨夜兼道。比至南郡，治江陵。而表子琮已降，备惶遽奔走，欲南渡江，肃径迎之。到当阳长阪，与备会。宣腾权旨，及陈江东强固，劝备与权并力。备甚欢悦。时诸葛亮与备相随。肃谓亮曰："我子瑜友也。"亮兄瑾，字子瑜，事权。即共定交。备遂到夏口，遣亮使权，肃亦反命。会权得曹公欲东之问，与诸将议，皆劝权迎之，而肃独不言。权起更衣，肃追于宇下。权知其意，执肃手曰："卿欲何言？"肃对曰："向察众人之议，专欲误将军，不足与图大事。今肃可迎操耳，如将军，不可也。何以言之？今肃迎操，操当以肃还付乡党，品其名位，犹不失下曹从事，乘犊车，从吏卒，交游士林，累官故不失州郡也。将军迎操，欲安所归？愿早定大计，莫用众人之议也。"权叹息曰："此诸人持议，甚失孤望。今卿廓开大计，正与孤同。此天以卿赐我也。"时周瑜受使至鄱阳，肃劝追召瑜还。遂任瑜以行事，以肃为赞军校尉，助画方略。《瑜传》曰，曹公入荆州，刘琮举众降，曹公得其水军，船步兵数十万。将士闻之，皆恐惧。权延见群下，问以计策。议者咸曰："曹公豺虎也，然托名汉相，挟天子以征四方，动以朝廷为辞，今日拒之，事更不顺。且将军大势，可以拒操者，长江也。今操得荆州，奄有其地，刘表治水军，蒙冲斗舰，乃以千数，操悉浮以沿江，兼有步兵，水陆俱下，此为长江之险，已与我共之矣。而势力众寡，又不可论。愚谓大计不如迎之。"瑜曰："操虽托名汉相，其实汉贼也。将军以神武雄才，兼仗父兄之烈，割据江东，地方数千里，兵精足用，英雄乐业，尚当横行天下，为汉家除残去秽，况操自送死，而可迎之邪？请为将军筹之。今使北土已安，操无内忧，能旷日持久，来争疆埸；又能与我校胜负于船楫，可乎？今北土既未平安，加马超、韩遂尚在关西，为操后患。且舍鞍马，仗舟楫，与吴、越争衡，本非中国所长。又今盛寒，马无稿草。驱中国士众，远涉江湖之间，不习水土，必生疾病。此数四者，用兵之患也，而操皆冒行之。将军擒操，宜在今日。瑜请得精兵三万人，进住夏口，保为将军破之。”权曰：“老贼欲废汉自立久矣，徒忌二袁、吕布、刘表与孤耳。今数雄已灭，唯孤尚存。孤与老贼，势不两立。君言当击，甚与孤合，此天以君授孤也。”观此，知拒操之议，实出于瑜、肃二人。《瑜传》注引《江表传》，曹公新破袁绍，兵威日盛。建安七年，下书责权质任子。权召群臣会议。张昭、秦松等犹豫不能决。权意不欲遣质。乃独将瑜诣母前定议。瑜曰：“将军承父兄余资，兼六郡之众，兵精粮多，将士用命。铸山为铜，煮海为盐，境内富饶，人不思乱。泛舟举帆，朝发夕到。士风劲勇，所向无敌。有何逼迫，而欲送质？质一入，不得不与曹氏相首尾，与相首尾，则命召不得不往，便见制于人也。极不过一侯印，仆从十余人，车数乘，马数匹，岂与南面称孤同哉？不如勿遣，徐观其变。若曹氏能率义以正天下，将军事之未晚。若图为暴乱，兵犹火也，不戢将自焚。将军韬勇抗威，以待天命，何送质之有？”权母曰：“公瑾瑜字。议是也。”遂不送质。瑜之议，与鲁肃“肃可迎操，将军不可”之对，用意正同。足见拒操为权与瑜、肃等素定之计。故赤壁战前，曹操以大兵临之，江东群臣多挟迎降之议，而权等数人，决策不疑如此。不特此也，权之立，鲁肃还葬祖母，东城刘子扬与肃友善，遗书劝肃北行，肃，东城人。瑜谓肃曰：吾闻先哲秘论，承运代刘氏者，必兴于东南，足下不须以子扬之言介意。因荐肃。权与语，甚悦之，众宾罢退，独引肃还，合榻对饮。肃曰：昔高帝区区，欲尊事义帝而不获者，以项羽为害也。今之曹操，犹昔项羽，将军何由得为桓、文乎？肃窃料之，汉室不可复兴，曹操不可卒除，为将军计，唯有鼎足江东，以观天下之衅，因北方多务，剿除黄祖，进伐刘表，竟长江所极，据而有之，然后建号帝王，以图天下，此高帝之业也。其后权与陆逊论瑜、肃曰“公瑾昔邀子敬来东，致达于孤，孤与宴语，便及大略帝王之业”盖即指此。权称尊号，临坛，顾谓公卿曰：“昔鲁子敬尝道此，可谓明于事势矣。”然则权之欲废汉自立久矣，顾以此诬魏武，岂不悖哉？《张昭传》注引《江表传》曰：“权既即尊位，请会百官，归功周瑜。昭举笏欲褒赞功德。未及言。权曰：‘如张公之计，今已乞食矣。’昭大惭，伏地流汗。昭忠謇亮直，有大臣节，权敬重之，然所以不相昭者，盖以昔驳周瑜、鲁肃等议为非也。”裴松之谓：“鼎峙之计，本非其志。曹公仗顺而起，功以义立。冀以清一诸华，拓平荆、郢。大定之机，在于此会。若使昭议获从，则六合为一，岂有兵连祸结，遂为战国之弊哉？虽无功于孙氏，有大当于天下矣。昔窦融归汉，与国升降。张鲁降魏，赏延于世。况权举全吴，望风顺服。宠灵之厚，其可测量哉？然则昭为人谋，岂不忠且正乎？”今案赤壁之战，曹操虽犯兵家之忌，然在权、备，亦为幸胜，使其不捷，其为后祸，宁可测量。《先主传》评曰：“折而不挠，终不为下者，抑揆彼之量，必不容己，非唯竞利，且以避害。”盖始佐公孙瓒而救陶谦，继借操之力以戡吕布，而反合于董承，操与备之衅则深矣。若权，操安知为何如人？乃曰其所以不能废汉者，徒忌二袁、吕布、刘表与孤，又曰“孤与老贼，势不两立”，此岂当时情实？然则权之决策拒操，可谓狼子野心，而周瑜、鲁肃，亦皆可谓为好乱之士也。徒以二三剽轻之徒，同怀行险侥幸之计，遂肇六十年分裂之祸，岂不哀哉！可见地方风气之关系于治乱者大也。

《魏志·贾诩传》曰：“太祖破荆州，欲顺江东下。诩谏曰：‘明公昔破袁氏，今收汉南，威名远著，军势既大，若乘旧楚之饶，以飨吏士，抚安百姓，使安土乐业，则可不劳众而江东稽服矣。’太祖不从，军遂无利。”案，诸葛亮告孙权曰：“曹操之众，远来疲敝。闻追豫州，轻骑一日一夜行三百余里，此所谓‘强弩之末，势不能穿鲁缟者’也。故兵法忌之，曰‘必蹶上将军’。且北方之人，不习水战。又荆州之民附操者，逼兵势耳，非心服也。今将军诚能命猛将，统兵数万，与豫州协规同力，破操军必矣。”此与周瑜所道，皆确为操军可乘之隙，贾诩所以不主速进者盖以此。然亮言豫州军虽败于长阪，今战士还者及关羽水军，精甲万人，刘琦合江夏战士，亦不下万人，而《孙权传》言周瑜、程普为左右督，各领万人，与备俱进，则权、备之兵，各不过二万人耳，其寡可谓已甚，此操所以不之忌欤？时操军已有疾病。遇于赤壁，今湖北嘉鱼县东北。初一交战，操军败退，引次江北。瑜等在南岸。瑜部将黄盖曰：“今寇众我寡，难与持久。然观操军，方连船舰，首尾相接，可烧而走也。”乃取蒙冲斗舰数十艘，实以薪草，膏油灌其中，裹以帷幕。上建牙旗。先书报操，欺以欲降。又预备走舸，各系大船后。因引次俱前。操军吏士，皆引颈观望，指言盖降。盖放诸船，同时发火。时风盛猛，悉延烧岸上营落。顷之，烟炎涨天，人马烧溺死者甚众。军遂败退，还保南郡。备与瑜等复共追操。操留曹仁等守江陵城，径自北归。瑜与程普又进取之。权拜瑜偏将军，领南郡太守，屯据江陵。而先主南征武陵、长沙、桂阳、零陵，四郡皆降。庐江雷绪率部曲数万口稽颡。刘琦病死，群下推先主为荆州牧，治公安。鼎足之形渐成矣。《魏志·程昱传》曰，刘备奔吴，案，备仅遣诸葛亮诣权，身实未尝奔吴，此《国志》措辞不审。论者以为孙权必杀备。昱料之曰：“孙权新在位，未为海内所惮。曹公无敌于天下，初举荆州，威震江表，权虽有谋，不能独当也。刘备有英名，关羽、张飞皆万人敌也，权必资之以御我。难解势分，备资以成，又不可得而杀也。”其料事可谓审矣。然其症结，仍由于操军之不能久留。

故周瑜逆料操不能持久，诸葛亮亦谓操军破必北还也。然则海宇不能统一，仍由乱势炽而非一时可了耳。

第九节
刘备入蜀

赤壁战后，曹操图南，改道扬州，荆州仅遣将守御。上流形胜之地，既为孙、刘所同利；益州天府，尤其所共觊覦，于是刘备入益州，与孙权争荆州之事起。而曹操亦于此时南定汉中，备又北争之，于是关羽取襄阳，孙权乘其后以取荆州之事又起矣。

曹操之于东南，初所任者为刘馥。馥，相人，避乱扬州。建安初，说袁术将戚寄、秦翊俱诣操。操悦之，辟为司徒掾。后孙策所置庐江太守李述攻杀扬州刺史严象。庐江梅乾、雷绪、陈兰等聚众数万，在江、淮间，郡县残破。操方有袁绍之难，遂表馥为扬州刺史。馥既受命，单马造合肥空城，今安徽合肥县北。建立州治。南怀绪等，皆安集之。流民越江山而归者以万数。于是广屯田，为战守备。其后孙权率十万众攻围合肥城百余日，卒不能破，以馥豫为之储也。馥以建安十三年（208）卒。《魏志·武帝纪》，是年十二月，孙权为备攻合肥。公自江陵征备，至巴丘，遣张憙救合肥，权闻憙至，乃走。叙在赤壁战前。《吴志·孙权传》则叙于赤壁战后，云权自率众围合肥，使张昭攻九江之当涂。昭兵不利。权攻城逾月不能下。曹公自荆州还，遣张喜将骑赴合肥。未至，权退。《魏志》注引孙盛《异同评》云："《吴志》为是。"要之是时权不过牵制之兵而已，其所重实在上流，故救至而即退也。操自赤壁还，十四年三月，军至谯。作轻舟，治水军。七月，自涡入淮。出肥水，军合肥。置扬州郡县长吏，开芍陂屯田。在今寿县南。十二月，军还谯。十六年，权徙治秣陵。汉县，在今首都[①]东南。明年，城石头。在今首都西。改秣陵为建业。闻曹公将来侵，作濡须坞。夹濡须水口立坞。濡须水，出巢湖，至无为县入江。是岁，操征孙权。十八年，正月，进军濡须口。权与相拒月余。操望权军，叹其整肃，乃退。初，操恐江滨郡县为权所略，征令内移。民转相惊。自庐江、九江、蕲春、汉县，今湖北蕲春县西北。广陵户十余万，皆东渡江。江西遂虚。合肥以南，唯有皖城，皖，汉县，今安徽潜山县。操遣朱光为庐江太守，屯皖，大开稻田。吕蒙曰："皖田肥美，若一收熟，彼众必增。如是数岁，操态见矣。宜早除之。"乃具陈其状。十九年五月，权征皖城。闰月，克之。获朱光。拜吕蒙庐江太守。七月，操征孙权。十月，自合肥还。使张辽、乐进、李典等将千余人屯合肥。二十年，权攻合肥，为辽等所败。二十一年十月，操征孙权。二十二年正月，军居巢。二月，进军屯江西郝溪。在居巢东，濡须之西。权在濡须口筑城拒守，遂逼攻之，权退走。三月，操引军还。留夏侯惇、曹仁、张辽等屯居巢。权令都尉徐详诣操请降。操报使修好，誓重结婚。《张辽传》："孙权复称藩，辽还屯雍丘。"缘江之争，至此而息。

灵帝时，太常刘焉建议，言"刺史、太守，货赂为官，割剥百姓，以致离叛，可选清名重臣，以为牧伯，镇安方夏"。会益州刺史郤俭赋敛烦扰，谣言远闻；而并州杀刺史张壹，凉州杀刺史耿鄙；焉谋得施，出为监军使者，领益州牧。时为中平五年(188)，是时凉州逆贼马相、赵祗等于绵竹县今四川德阳县。自号黄巾，杀绵竹令，前破洛县。今四川广汉县。攻益州，杀俭。又到蜀郡、犍为。旬月之间，破坏三郡。马相自称天子，众至十余万

① 编辑注：即南京。

人。遣兵破巴郡，杀郡守赵部。州从事贾龙素领兵数百人，在犍为东界。摄敛吏民，得千余人，攻相等。数日破走。州界清静。龙乃选吏卒迎焉。焉徙治绵竹。汉益州刺史本治洛县。抚纳离叛，务行宽惠，阴图异计。张鲁者，沛国丰人。祖父陵，客蜀，学道鹄鸣山中，造作道书，以惑百姓。从受道者出五斗米，故世号米贼。陵死，子衡行其道。衡死，鲁复行之。此据《三国志·鲁传》，其记事不必实，参看第二十章第六节。焉以鲁为督义司马，与别部司马张修击汉中太守苏固。鲁遂袭修，杀之，夺其众。焉上书，言米贼断道，不得复通。又托他事，杀州中豪强十余人，以立威刑。犍为太守任岐及贾龙由此反，攻焉。焉击杀岐、龙。焉意渐盛，造作乘舆车具千余乘。时焉子范为左中郎将，诞治书御史，璋奉车都尉，皆从献帝在长安，唯小子别部司马瑁素随焉。献帝使璋晓谕焉，焉留璋不遣。马腾与范谋诛李傕，焉遣叟兵五千助之。战败，范见杀，收诞行刑。议郎河南庞羲与焉通家，乃募将焉诸孙入蜀。时焉被天火烧城，车具荡尽，延及民家，焉徙治成都。既痛其子，又感祅灾，兴平元年（194），痈疽发背而卒。州大吏赵韪等贪璋温仁，共上璋为益州刺史。诏书因以为监军使者，领益州牧。以韪为征东中郎将。先是荆州牧刘表，表焉僭拟乘舆器服。韪以此遂屯兵朐忍汉县，今四川云阳县西。备表。据《后汉书·焉传》。《三国志·焉传》注引《英雄记》曰："焉死，子璋代为刺史，会长安拜颍川扈瑁为刺史，入汉中。荆州别驾刘阖，璋将沈弥、娄发、甘宁反。击璋，不胜，走入荆州。璋使赵韪进攻荆州，屯朐忍。"初，南阳、三辅民数万户，流入益州，焉悉收以为众，名曰东州兵。璋性柔宽，无威略，东州人侵暴为民患，不能禁制，旧士颇有离怨。赵韪之在巴中，甚得众心，璋委之以权。韪因人情不辑，乃阴结州中大姓，建安五年（200），还共击璋。蜀郡、广汉、犍为皆反应。东州人畏见诛灭，乃同心并力，为璋死战。遂破反者。进攻韪于江州，汉县，今四川江北县。斩之。张鲁以璋暗懦，不复承顺。璋怒，杀鲁母及弟，而遣其将庞羲等攻鲁，数为所破。鲁部曲多在巴土，故以羲为巴郡太守。鲁因袭取之，遂雄于巴、汉。汉力不能征，遂宠鲁为镇民中郎将，领汉宁太守，通贡献而已。十三年，曹操自将征荆州，璋遣使致敬。操加璋振威将军，兄瑁平寇将军。瑁狂疾物故。璋复遣别驾张松诣操。操时已定荆州，走先主，不复存录松，松以此怨。会操军不利于赤壁，兼以疫死。松遂疵毁操，劝璋自绝。因说璋曰："刘豫州，使君之肺腑，可与交通。"璋皆然之。遣法正连好先主。寻又令正及孟达送兵数千，助先主守御。后松复说璋曰："今川中诸将庞羲、李异等《二牧传》注引《英雄记》，李异乃赵韪将，杀韪者。皆恃功骄豪，欲有外意。不得豫州，则敌攻其外，民攻其内，必败之道也。"璋又从之。遣法正迎先主。璋主簿黄权陈其利害，从事王累自倒悬于州门以谏，璋一无所纳。敕在所供奉先主，先主入境如归。先主至江州，北由垫江水诣涪。汉县，今四川绵阳县。是岁，建安十六年（211）也。璋往就与会。先主所将将士，更相之适，欢饮百余日。璋资给先主，使讨张鲁，然后分别。以上据《二牧传》。《先主传》云：璋闻曹公将遣钟繇等讨张鲁，内怀恐惧。张松说璋曰："刘豫州，使君之宗室，而曹公之深仇也，善用兵。若使之讨鲁，鲁必破。鲁破则益州强，曹公虽来，无能为也。"璋然之，遣法正将四千人迎先主。其说与《二牧传》又异。案，曹公征荆州时，璋已遣使致敬，此时岂有割据之心？其所以迎备入蜀，似当以《二牧传》所言为是。盖自焉牧益州以来，与土著迄未能和协，璋是时所患者，实在蜀中诸将，而无端而召先主，将为群下所疑，故以讨张鲁为名；抑张鲁既下，即以汉中处备，既不虑益州之域，莫能两大，又可相为辅车，以慑蜀中诸将，在璋未尝不自谓得计，而惜乎上下乖离，欲用人而反为人所用也。赵韪，巴西人，弃官随焉入蜀。张鲁虽丰人，然三世客蜀，已同土著矣。庞羲初为璋亲信，《志》云，后与璋情好携隙，盖亦与土著合。故张松忧其民攻于内。先主入蜀，谏者黄权，阆中人，王累，广汉人，皆土著。赞之者唯张松，蜀郡人，见《先主传》。法正，郿人，璋初所遣致敬于曹公者阴溥，则河内人也。先主之围成都也，《志》云："城中尚有精兵三万人，谷帛支一年，吏民咸欲死战，璋言：'父子在州二十余年，无恩德以加百姓，攻战三年，肌膏草野者，以璋故也，何心能安？'遂开城出降。"夫诚恤百姓，何不早为备下，乃为三年之战乎？盖亦度上下乖离，无与同心守御者耳。用客兵已不易，况益之以本兵之乖离乎？据其地而不能和其民者，可以鉴矣。

赤壁战后，先主表刘琦为荆州刺史。琦病死，群下推先主为荆州牧，治公安。权稍畏之，进妹固好。先主至京见权。京城，今江苏镇江县。周瑜上疏曰："刘备以枭雄之姿，而有关羽、张飞熊虎之将，必非久屈为人用者。愚谓大计，宜徙备置吴，盛为筑宫室，多其美女、玩好，以娱其耳目；分此二人，各置一方，使如瑜者，得挟以攻战；大事可定也。今猥割土地，以资业之；聚此三人，俱在疆埸；恐蛟龙得云雨，终非池中物也。"权以曹公在北方，当广揽英雄；又恐备难卒制，故不纳。瑜乃诣京见权，"乞与奋威孙静子瑜，为奋威将军。静，坚弟。俱进取蜀。得蜀而并张鲁，因留奋威固守其地，好与马超结援，瑜还，与将军据襄阳以蹙操，北方可图也"。权许之。瑜还江陵，为行装，道病卒。以鲁肃代瑜领兵。《肃传》云："备诣京见权，求都督荆州，唯肃劝权借之，共拒曹公。"《吕范传》云："刘备诣京见权，范密请留备。"《肃传》注引《汉晋春秋》曰："吕范劝留备。肃曰：'不可。将军虽神武命世，然曹公威力实重，初临荆州，恩信未洽，宜以借备，使抚安之，多操之敌，而自为树党，计之上也。'权即从之。"盖是时权之力，实未足以控制上流，故其计如此。《吕蒙传》谓权与陆逊论周瑜、鲁肃及蒙，谓"（肃）劝吾借玄德地，是其一短"，乃事后之辞，当时情势，固未必尔也。曹公待关羽不为不厚，而羽卒奔先主于袁军，羁备于吴，分置羽、飞，挟以攻战，安能得其死力？且难保无他变。瑜之此计虽雄而未免冒险，宜乎孙权不之许。然权之力虽未足以下备，备是时亦必不敢显与权敌，置备而先取益州，益州既下，则长江全入于吴，备虽雄，亦无能为矣，此瑜之计所以为雄，惜乎瑜死而莫之能行也。《先主传》云："权遣使云欲共取蜀。或以为宜报听许，吴终不能越荆有蜀，蜀地可为己有。荆州主簿殷观进曰：'若为吴先驱，进未能克蜀，退为吴所乘，即事去矣。今但可然赞其伐蜀，而自说新据诸郡，未可兴动，吴必不敢越我而独取蜀。如此，进退之计，可以收吴、蜀之利。'先主从之，权果辍计。"盖周瑜既死，无能奋身独取蜀者，故又欲借先主为前驱，成则可以有蜀，不成亦可以借此以弊先主也。其计未尝不狡。然先主更事多矣，岂能入其彀中哉？固不若周瑜之所为，一决之于实力也。《鲁肃传》云："周瑜、甘宁并劝权取蜀，权以咨备。备内欲自规，乃伪报曰：'备与璋托为宗室，冀凭英灵，以匡汉朝。今璋得罪左右，备独竦惧，非所敢闻，愿加宽贷。若不获请，备当放发，归于山林。'"此即所谓然赞权伐蜀而自说未可动者，特其措辞少异耳。

蜀地险塞，易守难攻。周瑜之心虽雄，然即天假以年，能否长驱直入，亦未可知也。先主所以取之易者，则以璋先开门揖之，所谓国必自伐而后人伐之也。法正之迎先主也，因陈益州可取之策。先主留诸葛亮、关羽等据荆州，将步卒数万人入益州。至涪，璋自出迎。相见甚欢。张松令法正白先主，及谋臣庞统进说，便可于会所袭璋。先主曰："此大事也，不可仓卒。"《庞统传》："先主曰：'初入他国，恩信未著，此不可也。'"璋推先主行大司马，领司隶校尉。先主亦推璋持镇西大将军，领益州牧。璋增先主兵，使击张鲁。又令督白水军。白水，汉县，今四川昭化县西北。先主并军三万余人，车甲器械资货甚盛。是岁，璋还成都。先主北到葭萌，汉县，蜀汉改为汉寿，在今昭化东南。未即讨鲁，厚树恩德，以收众心。明年，曹公征孙权，权呼先主自救。此盖先主托辞。先主乃从璋求万兵及资宝，欲以东行。璋但许兵四千，其余皆给半。张松书与先主及法正曰："今大事垂可立，如何释此去乎？"松兄广汉太守肃惧祸及己，白璋发其谋。于是璋收斩松，嫌隙始构矣。璋敕关戍诸将"文书勿复关通先主"。统复说曰："阴选精兵，昼夜兼道，径袭成都。璋既不武，又素无预备，大军卒至，一举便定，此上计也。杨怀、高沛，璋之名将。各仗强兵，据守关头。闻数有笺谏璋，使发遣将军还荆州。将军未至，遣与相闻，说荆州有急，欲还救之。并使装束，外作归形。此二子既服将军威名，又喜将军之去，计必乘轻骑来见，将军因此执之，进取其兵，乃向成都，此中计也。退还白帝，城名，在今四川奉节县东。连引荆州，徐还图之，此下计也。若沉吟不去，将致大困，不可久矣。"先主然其中计。即斩怀、沛，使黄忠、卓膺勒兵向璋。先主径至关中，质诸将并士卒妻子，引兵与忠、膺等进。到涪，据其城。璋遣刘瑰、冷苞、张任、邓贤等拒先主于涪，皆破败，退保绵竹。璋复遣李严督绵竹诸军。严率众降先主。先主军益强。分遣诸将平下属县。诸葛亮、张飞、赵云等将兵溯流定白帝、江州、江阳。汉县，今四川泸县。先主进军围洛。璋子循守城，被攻且一年。十九年（214），夏，洛城破。进围成都。数十日，璋出降。迁于公安。孙权取荆州，以璋为益州牧，驻秭归。璋卒，雍闿据益州反，附于吴，权复以璋子阐为益州刺史，处交、益界首。诸葛亮平南土，阐还吴，为御史中丞。先主复领益州牧。

孙权以备已得益州，令诸葛瑾从备求荆州诸郡。备不许，曰："吾方图凉州。凉州定，乃尽以荆州与吴耳。"权曰："此假而不反，而欲以虚辞引岁。"遂置南三郡长吏。关羽尽逐之。权大怒。

乃遣吕蒙督鲜于丹、徐忠、孙规等兵二万取长沙、零陵、桂阳三郡。使鲁肃以万人屯巴丘，山名，在今湖南岳阳县西南。以御关羽。权住陆口，今湖北嘉鱼县西南陆溪口。为诸军节度。蒙到，二郡皆服。唯零陵太守郝普未下。先主引兵五万下公安。使关羽将兵三万至益阳。汉县，今湖南益阳县西。权乃召蒙等，使还助肃。蒙使人诱普，普降。尽得三郡将守。因引军还，与孙皎、潘璋并鲁肃兵并进，拒羽于益阳。未战，会曹公入汉中，备使使求和。权令诸葛瑾报，更寻盟好。遂分荆州长沙、江夏、桂阳以东属权，南郡、零陵、武陵以西属备。先主引军还江州。

第十节 曹操平关陇汉中

曹操有事山东，以关右为忧，乃表钟繇以侍中守司隶校尉，持节督关中诸军，委之以后事。《荀彧传》，太祖恐绍侵扰关中，乱羌、胡，南诱蜀汉。彧曰："关中将帅以十数，莫能相一，唯韩遂、马超最强。彼见山东方争，必各拥众自保。今若抚以恩德，遣使连和相持，虽不能久安，比公安定山东，足以不动。钟繇可属以西事，则公无忧矣。"繇至长安，移书腾、遂等，为陈祸福。腾、遂各遣子入侍。袁尚拒操于黎阳，遣所置河东太守郭援、并州刺史高幹及匈奴单于取平阳。汉县，今山西临汾县南。发使西，与关中诸将合从。繇遣张既说腾等。腾遣子超将兵万余人与繇会。击幹、援，大破之。斩援首。幹及单于皆降。后幹复举并州反。河内张晟众万余人，无所属，寇崤、渑间。三崤山，在今河南洛宁县西北。西接陕县，东接渑池。渑阪，在渑池县西北。河东卫固、弘农张琰各起兵以应之。操以既为议郎，参繇军事。使西征诸将。腾等皆引兵会。击晟等，破之。斩琰、固首。幹奔荆州。操将征荆州，复遣既喻腾等，令释部曲求还。腾已许之，而更犹豫。既恐为变，乃移诸县，促储偫，二千石郊迎。腾不得已，发东。操表腾为卫尉。子超为将军，统其众。以上据《魏志·张既传》。《蜀志·马超传》云，腾与韩遂不和，求还京畿，征为卫尉。以超为偏将军，领腾部曲。注引《典略》云：腾与韩遂结为异姓兄弟，始甚相亲，后以部曲相侵，更为仇敌。腾攻遂，遂走，合众还攻腾，杀腾妻子，连兵不解。建安之初，国家纲纪殆弛，乃使司隶校尉钟繇、凉州牧韦端和解之。征腾还槐里，转拜为前将军，假节，封槐里侯。北备胡寇，东备白骑，待士进贤，矜救民命，三辅甚安爱之。十五年(210)，征为卫尉。腾自见年老，遂入宿卫，超拜偏将军，领腾营。又拜超弟休为奉车都尉，休弟铁骑都尉。徙其家属皆诣邺。唯超独留。案，是时马腾年老，已有悔祸之心，而超弃其老父，置阖族之生命于不顾，可谓好乱性成矣。此皆其习于羌俗为之也。槐里，见第七章第五节。十六年三月，遣钟繇讨张鲁。夏侯渊等出河东与繇会，《卫觊传》注引《魏书》云，是时关西诸将，外虽怀附，内未可信。钟繇求以三千兵入关，外托讨张鲁，内以胁取质任。太祖使荀彧问觊。觊以为"西方诸将，皆竖夫崛起，无雄天下意，苟安乐目前而已。今国家厚加爵号，得其所志，非有大故，不忧为变也，宜为后图。若以兵入关中，当讨张鲁，鲁在深山，道径不通，彼必疑之。一相惊动，地险众强，殆难为虑"。彧以觊议呈太祖。太祖初善之，而以繇自典其任，遂从繇议。兵始进而关右大叛，太祖亲征，仅乃平之，死者万计。太祖悔不从觊议，由是益重觊。《高柔传》云："太祖欲遣钟繇等讨张鲁，柔谏，以为今猥遣大兵，西有韩遂、马超，谓为己举，将相扇动作逆。宜先招集三辅。三辅苟平，汉中可传檄而定也。"盖时以孤军入关，冀以虚声胁服诸将，实为涉险之策也。繇入关，马超与韩遂、杨秋、李堪、成宜等果叛。《超传》

注引《典略》云：超与侯选、程银、李堪、张横、梁兴、成宜、马玩、杨秋、韩遂等凡十部俱反。其众十万。遣曹仁讨之。超等屯潼关。在今潼关东南。操敕诸将："关西兵精悍，坚壁勿与战。"七月，操西征。与超等夹关而军。操急持之，而潜遣徐晃、朱灵等夜渡蒲阪津，在今山西永济县西。据河西为营。操自潼关北渡。循河为甬道而南。贼退，拒渭口。操乃多设疑兵，潜以舟载兵入渭，为浮桥。夜，分兵结营于渭南。贼夜攻营，伏兵击破之。超等屯渭南，遣信求割河以西请和。操不许。九月，进军渡渭。超等数挑战，又不许。固请割地，求送任子。操用贾诩计，伪许之。韩遂请与操相见。操与遂父同岁孝廉，又与遂同时侪辈，于是交马语，移时，不及军事，但说京都旧故，拊手欢笑。既罢，超等问遂：操何言？遂曰："无所言也。"超等疑之。他日，操又与遂书，多所点窜，如遂改定者。超等愈疑。操乃与克日会战。先以轻兵挑之。战良久，乃纵虎骑夹击，大破之。斩成宜、李堪等。遂、超等走凉州。杨秋奔安定。关中平。诸将或问操曰："初贼守潼关，渭北道缺，不从河东击冯翊，而反守潼关，引日而后北渡，何也?"操曰："贼守潼关，若吾入河东，贼必引守诸津，则西河未可渡。吾故盛兵向潼关，贼悉众南守，西河之备虚，故二将得擅取西河，然后引军北渡，贼不能与我争西河者，以有二将之军也。连车树栅，为甬道而南，既为不可胜，且以示弱。渡渭为坚垒，虏至不出，所以骄之也。故贼不为营垒，而求割地。吾顺言许之，所以从其意，使自安而不为备。因畜士卒之力，一旦击之，所谓疾雷不及掩耳。兵之变化，固非一道也。"始贼每一部到，操辄有喜色。贼破之后，诸将问其故。操答曰："关中长远，若贼各依险阻，征之，不一二年，不可定也。今皆来集，其众虽多，莫相归服。军无适主，一举可灭。为功差易，吾是以喜。"案，此役也，自关以西，虽未能一举大定，然其后凉州之平，未尝大烦兵力，诱而歼之之功，究不可诬也。操之用兵，诚可谓神矣。十月，军自长安北征杨秋。围安定。秋降。复其爵位，使留抚其民人。十二月，自安定还，留夏侯渊屯长安。十七年正月，操还邺。马超余众梁兴等屯蓝田，使夏侯渊击平之。马腾坐夷三族。

马超之战败渭南也，走保诸戎。操追至安定，而苏伯反河间，将引军东还。凉州别驾杨阜言于操曰："超有信、布之勇，甚得羌、胡心，西州畏之。若大军还，不严为之备，陇上诸郡，非国家之有也。"操善之，而军还仓卒，为备不周。超率诸戎渠帅，以击陇上郡县。陇上郡县皆应之。唯冀城奉州郡以固守。超尽兼陇右之众，而张鲁又遣大将杨昂助之。凡万余人，攻城。阜率国士大夫及宗族子弟胜兵者千余人。使从弟岳于城上作偃月营，与超接战。自正月至八月，救兵不至。刺史韦康端子。及太守有降超之计。阜谏，不听，卒开门迎超。超入，拘岳。使杨昂杀刺史、太守。夏侯渊救康，未到，康败。超来逆战，军不利。汧氐反，渊引军还。杨阜外兄姜叙屯历城。在今西和县北、天水县南。阜与定计，并结安定梁宽、南安赵衢等。十八年九月，阜与叙起兵于卤城。在今甘肃天水、伏羌两县间。超自将攻之不能下。衢、宽等闭冀城，讨超妻子。超奔张鲁。《纪》在十九年正月。还围祁山。叙等急，求救。夏侯渊救之，超走。后降刘备。韩遂徙金城入氐王千万部落。在显亲。后汉侯国，在今甘肃天水县西北。渊欲袭取之，遂走。追至略阳。渊以长离诸羌长离水，在今甘肃秦安县。多在遂军，攻之。遂救长离。渊大破其军。遂走西平。后汉郡，今青海西宁县。进围兴国，城名，在秦安县东北。千万逃奔马超，余众降。初，枹罕宋建枹罕，汉县，今甘肃临夏县。因凉州乱，自号河首平汉王。改元，置百官。三十余年。遣渊自兴国讨之。十月，屠枹罕，斩建。凉州平，操遂西征张鲁。

二十年三月，曹操至陈仓，将自武都入氐。氐人塞道，先遣张郃、朱灵等攻破之。四月，操自陈仓出散关，至河池。见第八章第五节。氐王窦茂众万余人，恃险不服。五月，操攻屠之。西平、金城诸将麹演、蒋石等共斩韩遂首。《武帝纪》注引《典略》曰：遂字文约。始与同郡边章俱著名西州。宋扬、北宫玉等反，举章、遂为主。章寻病卒。遂为扬等所劫，不得已，遂阻兵为乱，积三十二年。至是乃死，年七十余矣。又《张既传》注引《典略》曰："韩遂在湟中，其婿阎行欲杀遂以降，夜攻遂，不下。遂叹息曰：'丈夫困厄，祸起婚姻乎？'谓成公英曰：'今亲戚离叛，人众转少，当从羌中西南诣蜀耳。'英曰：'兴军数十年，今虽罢败，何有弃其门而依于人乎？'遂曰：'吾年老矣，子欲何施？'英曰：'曹公不能远来，独夏侯尔。夏侯之众，不足以追我，又不能久留。且息肩于羌中，以须其去。招呼故人，绥会羌、胡，犹可以有为也。'遂从其计。时随从者男女尚数千人。遂宿有恩于羌，羌卫护之。及夏侯渊还，使阎行留后，乃合羌、胡数万将攻行。行欲走，会遂死。"又引《魏略》曰，'成公英，金城人也。中平末，随韩约为腹心。建安中，约从华阴破走，还湟中，部党散去，唯英独从。阎行，金城人也。少有健名。始为小将，随韩约。建安十四年（209），为约使诣太祖。太祖厚遇之，表拜犍为太守。行因请令其父入宿卫。西还见约，宣太祖教云："谢文约。卿始起兵时，自有所逼，我所具明也。当早来，共匡辅国朝。"行因谓约曰："行亦为将军。兴军以来，三十余年，民兵疲瘁，所处又狭，宜早自附。是以前在邺，自启当令老父诣京师。诚谓将军亦宜遣一子，以示丹赤。"约曰："且可复观望。"后遂遣其子，与行父母俱东。会约西讨张猛，留行守旧营。而马超等结反谋，举约为都督。行谏约，不欲令与超合。约谓行曰："今诸将不谋而同，似有天数。"乃东诣华阴。及太祖与约交马语，行在其后。太祖望谓行曰："当念作孝子。"及超等破走，行随约还金城。太祖闻行前意，故但诛约子孙在京师者。乃手书与行曰："观文约所为，使人笑来。吾前后与之书，无所不说，如此何可复忍？卿父谏议，自平安也。虽然，牢狱之中，非养亲之处；且又官家亦不能久为人养老也。"约闻行父独在，欲使并遇害，以一其心，乃强以少女妻行。行不获已。太祖果疑行。会约使行别领西平郡，遂勒其部曲，与约相攻击。行不胜。乃将家人东诣太祖。太祖表拜列侯。案，观阎行所宣魏武帝敕，知遂之叛实出迫胁，非其本怀。然七十之年，甘弃其子，与马超共叛，及其败逋欲入蜀，成公英犹加谏阻，一日拥兵，难于弃去如此，此乱萌之所以不可启欤？遂亦幸而为诸将所杀耳，不然，招合羌、胡，势固仍可自擅于远也。七月，操至阳平。关名，在今陕西沔县西北。鲁欲举汉中降。其弟卫不肯，与杨昂等率数万人拒守。攻之不能拔。操乃伪退，袭破之。鲁闻阳平已陷，将稽颡。功曹阎圃曰："今以迫往，功必轻。"不如依杜灌、赴朴胡相拒，然后委质，功必多。乃奔南山入巴中。左右欲悉烧宝货仓库。鲁曰："本欲归命国家，而意未达。今之走，避锐锋，非有恶意。宝货仓库，国家之有。"遂封藏而去。操入南郑，甚嘉之。又以鲁本有善意，遣人慰喻，鲁尽将家出。操逆拜鲁镇南将军。待以客礼，封阆中侯，邑万户，封鲁五子及阎圃等皆为列侯。

第十一节
刘备取汉中

《三国·魏志·刘晔传》曰，太祖征张鲁，既至汉中，山峻难登，军食颇乏。太祖曰："此妖妄之国耳，何能为有无？吾军少食，不如速还。"便自引归，令晔督后诸军，使以次出。晔策鲁可克，加粮道不继，虽出，军犹不能皆全。驰白太祖："不如致攻。"遂进兵。汉中平。晔进曰："今举汉中，蜀人望风，破胆失守。推此而前，蜀可传檄而定。刘备，人桀也，有度而迟；得蜀日浅，蜀人未恃也。……若小缓之，诸葛亮明于治而为相，关羽、张飞勇冠三军而为将，蜀民既定，据险守要，则不可犯矣。今不取，必为后忧。”太祖不从。注引《傅子》曰：“居七日，蜀降者说‘蜀中一日数十惊，备虽斩之，而不能安也’。太祖乃问晔曰：‘今尚可击否?’晔曰：‘今已小定，未可击也。’”《晋书·宣帝纪》亦曰，从讨张鲁，言于魏武曰：“刘备以诈力虏刘璋，蜀人未附，而远征江陵，此机不可失也。今若曜威汉中，益州震动，进兵临之，势必瓦解。”魏武曰：“人苦无足。既得陇右，复欲得蜀?”言竟不从。此皆附会之辞。攻取汉中，谋之积年，见山险而轻退；刘晔之谋，既已见拒，闻降人之言而又欲动；魏武之用兵，有如是其轻率者乎?《和洽传》言：“太祖克张鲁，洽陈便宜，以时拔军徙民，可省置守之费。太祖未纳。其后竟徙民弃汉中。”《张既传》亦云：张鲁既降，既说太祖拔汉中民数万户以实长安及三辅。虽取汉中，而力不足以守之，或为当时情实耳。

然刘备当是时，力亦未足以争汉中。《蜀志·黄权传》曰，曹公破张鲁，鲁走入巴中，权进曰：“若失汉中，则三巴不振，谓巴郡及刘璋所置巴东、巴西二郡。巴郡治江州。巴西，在今四川阆中县西。巴东，在今四川奉节县东北。此为割蜀之股臂也。”于是先主以权为护军，率诸将迎鲁。鲁已还南郑，北降曹公。是先主当时，欲迎张鲁且未得，更无论出兵以争汉中矣。是岁十二月，曹操自南郑还。留夏侯渊屯汉中。张郃别督诸军，降巴西、巴东二郡，进军宕渠。后汉郡，今四川渠县东北。先主令张飞进破郃等。郃还南郑，先主亦还成都。

二十二年（217），法正说先主曰：“曹操一举而降张鲁，定汉中，不因此势以图巴、蜀，而留夏侯渊、张郃屯守，身遽北还，此非其智不逮而力不足也，必将内有忧逼故耳。今策渊、郃才略，不胜国之将帅，举众往讨，则必可克之。克之之日，广农积谷，观衅伺隙。上可以倾覆寇敌，尊奖王室，中可以蚕食雍、凉，广拓境土；下可以固守要害，为持久之计，此盖天以与我，时不可失也。”先主善其策，进兵汉中。遣张飞、马超、吴兰等屯下辩。操遣曹洪拒之。二十三年，洪破吴兰，飞、超走。阴平氐强端斩吴兰，传其首。先主次阳平关，与渊、郃等相拒。七月，曹操西征。九月，至长安。二十四年春，备自阳平南渡沔水，缘山稍前。于定军山势作营。定军山，在今陕西沔县东南。渊将兵来争，备命黄忠攻破之，斩渊及操所署益州刺史赵颙等。三月，操自长安出斜谷，遂至阳平。备敛众拒险，积月不拔，亡者日多。五月，操引军还长安，使曹真至武都迎曹洪等，还屯陈仓。备遂有汉中。初，孟达副法正迎备，蜀平，以为宜都太守。三国时郡，治夷道，在今湖北宜都县西北。是年，命达北攻房陵。汉末郡，今湖北房县。房陵太守蒯祺为达兵所害。达将进攻上庸，汉县，是时置郡，今湖北竹山县。备阴恐达难独任，遣养子刘封自汉中乘沔水下统达军，与达会上庸。上庸太守申耽降。秋，群下上备为汉中王。还治成都。拔魏延为都督，镇汉中。

关中之平，以徐奕为雍州刺史，后以张既代之。曹操自到汉中，引出诸军，令既之武都，徙氐五万余落，出居扶风、天水界。是时武威颜俊、张掖和鸾、酒泉黄华、西平麹演等并举兵反。自号将军，更相攻击。俊遣使送母及子诣操为质，求助。操问既。既曰：“俊等外假国威，内生傲悖，计定势足，后即反耳。今方事定蜀，且宜两存而斗之，犹卞庄子之刺虎，坐收其毙也。”操曰：“善。”岁余，鸾杀俊，武威王秘又杀鸾。文帝即王位，初置凉州，以安定太守邹岐为刺史。张掖张进执太守杜通，举兵拒岐。黄华、麹演各逐故太守，举兵以应之。时以金城太守苏则为护羌校尉。武威三种胡并寇钞，道路断绝。武威太守毌丘兴告急于则。时雍、凉诸豪皆驱略羌、胡，以从进等。郡人咸以为进不可当。将军郝昭、魏平先是各屯守金城，亦受诏不得西度。则曰：“今贼虽盛，然皆新合，或者胁从，未必同心，因衅击之，善恶必离。……若待大军，旷日持久，善人无归，必合于恶。”昭等从之，乃发兵救武威。降其三种胡。与兴击进于张掖。演闻之，将步骑三千迎则，辞来助军，而实欲为变。则诱与相见，因斩之，出以徇军，其党皆散走。则遂与诸军围张掖，破之，斩进及其支党。众皆降。华惧，出所执乞降。以上据《三国志·张既》《苏则传》。又河西之平，毌丘兴亦甚有功，见《毌丘俭传》注引《魏名臣奏》。初，敦煌太守马艾卒官，府又无丞，功曹张恭素有学行，郡人推行长史事，恩信甚著。乃遣子就诣太祖请太守。至酒泉，为黄华所拘执。恭攻酒泉，别遣迎太守尹奉。《阎温传》。于是河西五郡皆平。时张既亦遣兵为苏则声势，故则得以有功。凉州卢水胡反，河西大扰。乃召邹岐，以既代之。遣护军夏侯儒、将军费曜等继其后。既破胡于显美。汉县，今甘肃永昌县东。酒泉苏衡反，与羌豪邻戴及丁令胡攻边县，既与儒击破之。衡及邻戴等皆降。遂上疏请与儒治左城，筑障塞，置烽候、邸阁以备胡。西羌恐，率众二万余落降。其后西平麹光等杀其郡守，既檄告谕诸羌：“为光等所诖误者原之。能斩贼帅送首者，当加封赏。”于是光部党斩送光首，其余咸安堵如故焉。

第十二节 孙权取荆州

命将将荆州之兵，以向宛、洛，而身率益州之众，以出秦川，此诸葛亮初见刘备时为备所画之策也。当备取汉中时，固未足以语此，然逐利之兵亦宜同时并出，首尾相应，故刘备之兵未还，关羽之师已起矣。

备之西取益州也，拜关羽董督荆州事，而曹操以曹仁行征南将军，假节，屯樊，城名，在襄阳北，与襄阳隔汉相对。镇荆州。建安二十三年，冬十月，宛守将侯音等反，执南阳太守，与羽连和。据《武帝纪》注引《曹瞒传》。二十四年正月，仁屠宛，斩音。羽攻仁于樊。操遣于禁助仁。秋，大霖雨，汉水泛溢，禁所督七军皆没，禁降羽。羽又斩将军庞德。《羽传》云："梁、郏、汉县，今河南郏县。陆浑汉县，今河南嵩县东北。群盗，或遥受羽印号，为之支党。羽威震华夏。曹公议徙许都以避其锐。司马宣王、蒋济以为关羽得志，孙权必不愿也，可遣人劝权蹑其后，许割江南以封权，则樊围自解。曹公从之。"《蒋济传》亦载此语，谓"太祖以汉帝在许，近贼，欲徙都"。《晋书·宣帝纪》亦曰：汉帝都许昌，魏武以为近贼，欲迁河北，以谏而止。案，羽军威即盛，安能远慑许、洛？操即畏怯，亦何至狼狈若此。《满宠传》言羽遣别将已在郏下，自许以南，百姓扰攘。在郏下者，盖即受羽印号之群盗。操以御羽征调颇广，据《温恢》及《张辽传》，是时曾召兖州裴潜、豫州吕贡及辽之兵以救曹仁。军行所至，闾阎骚然，或以此耳。《诸葛亮传》注引张俨《默记》云，备出兵阳平，擒夏侯渊，羽围襄阳，将降曹仁，生获于禁。当时北边，大小忧惧孟德身出南阳，乐进、徐晃等为救，围不即解，故蒋子通济字。言彼时有徙许渡河之计，会国家袭取南郡，羽乃解军。则迁都之说，或江外传闻不审之辞耳。

周瑜劝孙权取刘备，权不敢发，鲁肃则主与备和，已见第九节。《肃传》云，与羽邻界，数生狐疑。疆埸纷错，肃常以欢好抚之。建安二十二年（217），肃卒，吕蒙西屯陆口。《蒙传》云，鲁肃等以为曹公尚存，祸难始构，宜相辅协，与之同仇。蒙密陈计策曰："今征虏守南郡，孙皎，静子。潘璋住白帝，蒋钦将游兵万人循江上下，应敌所在，蒙为国家前据襄阳，如此，何忧于操？何赖于羽？且羽君臣矜其诈力，所在反覆，不可以腹心待也。今羽所以未便东向者，以至尊圣明，蒙等尚存也。今不于强壮时图之，一旦僵仆，欲复陈力，其可得邪？”权深纳其策。又与论取徐州。蒙对曰：“今操远在河北，新破诸袁，抚集幽、冀，未暇东顾。徐土守兵，闻不足言。往自可克。然地势陆通，骁骑所骋。至尊今日得徐州，操后旬必来争，虽以七八万人守之，犹当怀忧。不如取羽，全据长江，形势益张。”权尤以此言为当。《全琮传》言关羽围樊、襄阳，琮上疏，陈羽可讨之计。《是仪传》言“吕蒙图袭关羽，权以问仪，仪善其计，劝权听之”。则吴人议论，自有和羽、取羽两派。鲁肃在时，和羽之论得胜，吕蒙代肃，取羽之论复张耳。此乃其素定之计，谓由曹操之劝，亦未必然矣。《魏武纪》云：权使上书，以讨关羽自效。

时满宠汝南太守。助曹仁固守，曹操自阳平引出汉中诸军，复遣徐晃助仁屯宛。羽围仁于樊，又围将军吕常于襄阳。晃所将多新卒，以羽难与争锋，遂前至阳陵陂屯。复遣将军徐商、吕建等诣晃。令曰：“须兵马集至，乃俱前。”贼屯偃城。晃到，诡道作都堑，示欲截其后，贼烧屯走。晃得偃城，两面连营，稍前。去贼围三丈所，未攻，太祖前后遣殷署、朱盖等凡十二营诣晃。贼围头有屯，又别屯四冢。阳陵陂、偃城、四冢皆近樊。晃扬声当攻围头屯，而密攻四冢。羽见四冢欲坏，自将步骑五千出战。晃击之，退走。遂追陷，与俱入围，破之，或自投沔水死。太祖令曰：“贼围堑鹿角十重，将军致战全胜，遂陷贼围，多斩首虏。吾用兵三十余年，及所闻古之善用兵者，未有长驱径入敌围者也。”盖攻者不足，守者有余，羽顿兵坚城，锐气久挫，而晃又以操敕，厚集其力，故能一举而破之也。《桓阶传》曰：“曹仁为关羽所围，太祖遣徐晃救之，不解。太祖欲自南征。以问群下。群下皆谓‘王不亟行，今败矣。’阶独曰：‘大王以仁等为足以料事势不也？’曰：‘能。’‘大王恐二人遗力邪？’曰：‘不。’‘然则何为自往？’

曰：'吾恐虏众多而晃等势不便耳。'阶曰：'今仁等处重围之中，而守死无贰者，诚以大王远为之势也。夫居万死之地，必有死争之心。内怀死争，外有强救，大王案六军以示余力，何忧于败，而欲自往？'太祖善其言，驻军于摩陂。"在河南郏县东南。

关羽之讨樊，留兵将备公安、南郡。吕蒙上疏曰："羽讨樊而多留备兵，必恐蒙图其后故也。蒙常有病，乞分士众还建业，以治疾为名。羽闻之，必撤备兵，尽赴襄阳。大军浮江，昼夜驰上，袭其空虚，则南郡可下而羽可擒也。"遂称病笃。权乃露檄召蒙还，阴与图计。羽果信之，稍撤兵以赴樊。蒙至都，权问："谁可代卿者？"蒙对曰："陆逊意思深长，才堪负重……而未有远名，非羽所忌，无复是过。若用之，当令外自韬隐，内察形便，然后可克。"权乃召逊，拜偏将军右都督代蒙。逊至陆口，书与羽。羽览逊书，有谦下自托之意，意大安，无复所嫌。逊具启形状，陈其可擒之要。权乃潜军而上，使逊与吕蒙为前部。蒙至寻阳，汉县，今湖北黄梅县北。尽伏其精兵舸䑺中，使白衣摇橹，作商贾人服，昼夜兼行。至羽所置江边屯候，尽收缚之，是故羽不闻知。遂到南郡。南郡太守麋芳在江陵，将军傅士仁屯公安，素皆嫌羽轻己。羽之出军，芳、仁供给军资，不悉相救，羽言还当治之，芳、仁咸怀惧不安。于是权阴诱芳、仁，芳、仁遣使迎权。时权遣使于曹操辞以"遣兵西上，欲掩取羽。江陵、公安累重。羽失二城，必自奔走。樊军之围，不救自解。乞密不漏，令羽有备"。操诘群臣。群臣咸言宜当密之。董昭曰："军事尚权，期于合宜。宜应权以密，而内露之。羽闻权上，若还自护，围则速解，便获其利。可使两贼相对衔持，坐待其弊。秘而不露，使权得志，非计之上。又围中将吏不知有救，计粮怖惧。倘有他意，为难不小。露之为便。且羽为人强梁，自恃二城守固，必不速退。"操曰："善。"即敕徐晃，以权书射着围里及羽屯中。围里闻之，志气百倍。羽果犹豫。及二郡既失，及引军退还。蒙入南郡，尽得羽及将士家属，皆抚慰。约令军中，不得干历人家，有所求取。旦暮使亲近存恤耆老，问所不足。疾病者给医药，饥寒者赐衣粮。羽还，在道路，数使人与蒙相闻，蒙辄厚遇其使。周游城中，家家致问，或手书示信。羽人还，私相参讯，咸知家门无恙，见待过于平时，故羽吏士无斗心。会权寻至，羽还当阳，自知孤穷，西保麦城。在今当阳县东南。权使诱之。羽伪降，立幡旗为象人于城上，因遁走。兵皆解散，尚十余骑。权先使朱然、潘璋断其径路。十二月，璋司马马忠获羽及其子平、都督赵累等于章乡。在今当阳县东北。此据《吴志·孙权传》。《吕蒙传》作“漳乡”。《蜀志·羽传》则云：“权遣将逆击羽，斩羽及子平于临沮。”汉临沮县，故城在今当阳县西北。盖一以县名、一以乡名言之。以蒙为南郡太守。陆逊先领宜都太守，别取宜都。备宜都太守樊友委郡走。诸城长吏及蛮夷君长皆降。时十一月。荆州遂定。

羽之围襄、樊也，连呼刘封、孟达，令发兵自助。封、达辞以山郡初附，未可动摇，不承羽命。会羽覆败，刘备恨之。又封与达忿争不和。达既惧罪，又忿恚封，遂率所领降魏。魏文帝合房陵、上庸、西城三郡，西城，汉县，是时置郡，今陕西安康县。以达领新城太守。遣夏侯尚、徐晃与达共袭封。初，申耽之降也，先主使领上庸太守如故。以耽弟仪为西城太守。及是，申仪叛封。封破，走还成都。申耽降魏。魏徙之南阳。诸葛亮虑封刚猛，易世之后，终难制御，劝备因此除之。于是赐封死。

关羽之败，盖由其刚而自矜。刘备当日，力岂足取许、洛，所以令羽进兵，亦以方图汉中，用为牵制之计耳。曹公既悉引出汉中之兵，初计可谓已遂。襄、樊不下，外援踵至，虽微孙权之谋，亦宜退兵以全其锋。计不出此，反信陆逊之言，撤后备以赴襄、樊，至曹操宣露权书，犹犹豫不能退，岂非强梁贪功之念，有以误之欤？《三国志》言羽善待卒伍，而骄于士大夫。夫羽之不遽退者，亦以南郡、公安非可卒下，而不图芳、仁之叛于后也。董昭欲使两贼衔持，坐待其弊。羽之走也，曹仁会诸将议。咸曰："今因羽危惧，必可追擒也。"赵俨曰："权邀羽连兵之难，欲掩制其后，顾羽还救，恐我乘其两疲，故顺辞求效，乘衅因变，以观利钝耳。今羽已孤迸，更宜存之，以为权害。若深入追北，权则改虞于彼，将生患于我矣。王必以此为深虑。"仁乃解严。然则羽之一败涂地，非徒曹操所不及料，即孙权亦未必能豫计其败若此之速也。史称羽与张飞皆万人敌，羽自随刘备，常别将一军，其才自有可取，而终以骄矜败，可不鉴哉？然孙权于是役，则可谓侥幸矣。权既与操和，操遂表权为荆州牧。

第十二章
三国始末

第一节
三国分立

魏武帝威望之隆，盖自平袁绍始。建安十三年（208），汉罢三公官，置丞相、御史大夫。六月，以操为丞相。十六年，命操世子丕为五官中郎将，置官属，为丞相副。十七年，割河内之荡阴、今河南汤阴县西南。朝歌、今河南淇县东北。林虑，今河南林县。东郡之卫国、今山东观城县西。顿丘、今河北清丰县西南。东武阳、见第十一章第四节，发干，今山东堂邑县西南。巨鹿之廮陶、见第十一章第六节。曲周、今河北曲周县东北。南和，今河北南和县。广平之任城，今山东济宁县。赵之襄国、见第三章第一节。邯郸、易阳，今河北永年县西。以益魏郡。十八年五月，封操为魏公。十月，分魏郡为东西部，置都尉。十九年三月，天子使魏公位在诸侯王上。十一月，皇后伏氏坐昔与父故屯骑校尉完书，云帝以董承被诛，怨恨操，辞甚丑恶，发闻，后废黜死，兄弟皆伏法。注引《曹瞒传》曰："公遣华歆勒兵入宫收后。后闭户匿壁中。歆坏户发壁，牵后出。帝时与御史大夫郗虑坐。后披发徒跣，过，执帝手，曰：'不能复相活邪？’帝曰：‘我亦不知命在何时也。’帝谓虑曰：‘郗公，天下宁有是邪？’遂将后杀之。完及宗族死者数百人。”此乃野言。《后汉书·后纪》，完以建安十四年卒，而《曹瞒传》谓其死于是时，其不足信，概可知矣。二十年，立操中女为皇后。命操承制封拜诸侯、守、相。二十一年五月，进操爵为魏王。命王女为公主，食汤沐邑。二十二年，命王冕十有二旒，乘金根车，驾六马，设五时副车。以五官中郎将丕为魏太子。二十三年正月，京兆金祎与少府耿纪、丞相司直韦晃、太医令吉本、本子邈、邈弟穆等结谋，烧丞相长史王必营。必与颍川典农中郎将严匡讨斩之。二十四年十月，操南征关羽。二十五年正月，卒于洛阳。年六十六。子丕嗣为丞相、魏王。十月，受汉禅，是为魏文帝。案，自后汉至南北朝，强臣篡夺相继，其事实始于魏文。魏文之基业，皆诒于魏武，世因以魏武为司马宣王之伦，此大误也。魏武果欲篡夺，何时不可自为？岂必待诸其子？《三国志》注引《魏武故事》载操建安十五年十二月己亥令，自言初欲秋夏读书，冬春射猎，以待时之清。后征为校尉，迁典军校尉，乃更欲为国家讨贼立功，题墓道言“汉征西将军曹侯之墓”。遭董卓之难，乃兴义兵。合兵能多得，然常自损，恐兵多意盛，与强敌争，更为祸始。其后破黄巾，讨二袁、刘表，皆意望已过。可谓言言肺腑。其述不欲代汉之志云：“或者人见孤强盛，又性不信天命之事，恐私心相评，言有不逊之志，妄相忖度，每用耿耿。齐桓、晋文所以垂称至今日者，以其兵势广大，犹能奉事周室也。《论语》云‘三分天下有其二，以服事殷，周之德，可谓至德矣’，夫能以大事小也。昔乐毅走赵，赵王欲与之图燕，乐毅伏而垂泣，对曰：‘臣事昭王，犹事大王。臣若获戾，放在他国，没世然后已，不忍谋赵之徒隶，况燕后嗣乎？’胡亥之杀蒙恬也，恬曰：‘自吾先人及至子孙，积信于秦三世矣。今臣将兵三十余万，其势足以背叛，然自知必死而守义者，不敢辱先人之教，以忘先王也。’孤每读此二人书，未尝不怆然流涕也。孤祖父以至孤身，皆当亲重之任，可谓见信者矣。以及子植兄弟，过于三世矣。孤非徒对诸君说此也，常以语妻妾，皆令深知此意。孤谓之言：‘顾我万年之后，汝曹皆当出嫁，欲令传道我心，使他人皆知之。’孤此言皆肝鬲之要也。所以勤勤恳恳叙心腹者，见周公有《金縢》之书以自明，恐人不信之故。然欲孤便尔委捐所典兵众，以还执事，归就武平侯国，实不可也。何者？诚恐己离兵为人所祸也。既为子孙计，又己败则国家倾危，是以不得慕虚名而处实祸。前朝恩封三子为侯，固辞不受，今更欲受之，非欲复以为荣，欲以为外援，为万安计”云云。自古英雄之自道，有如是其坦率诚挚者乎？身败则国家倾危，有能谓其言不然者乎？注又引《魏略》，言建安二十四年孙权上书称臣，称说天命。《魏氏春秋》曰：“夏侯惇谓王曰：‘天下咸知汉祚已尽，异代方起。自古已来，能除民害，为百姓所归者，即民主也。今殿下即戎三十余年，功德著于黎庶，为天下所依归。应天顺民，复何疑哉？’王曰：‘施于有政，是亦为政，若天命在吾，吾为周文王矣。’”与此可以参观。又引《曹瞒传》及《世语》，并云：“桓阶劝王正位，夏侯惇以为宜先灭蜀，蜀亡则吴服，二方既定，然后遵舜、禹之轨，王从之。及至王薨，惇追恨前言，发病卒。”夫建安二十四年即关羽围襄、樊，孙权取江陵之岁也。吴、蜀方强，可卒定乎？其为野言，又不问可知矣。《三国志·荀彧传》云，建安十七年，董昭等谓太祖宜进爵国公，九锡备物，以彰殊勋。密以咨彧。彧以为太祖本兴义兵，以匡朝宁国，秉忠贞之诚，守退让之实，君子爱人以德，不宜如此。太祖由是心不能平。会征孙权，表请彧劳军于谯。因辄留彧，以侍中光禄大夫持节，参丞相军事。太祖军至濡须，彧留寿春，以忧薨。明年，太祖遂为魏公矣。此又诬罔之谈。《郭嘉传》言，嘉死，太祖临其丧，哀甚。谓荀攸等曰："诸君年皆孤辈也。唯奉孝最少，天下事竟，欲以后事属之，而中年夭折，命也夫！"此为天下得人之盛心也。禅让之志，唯公实无愧焉，而谓其不平于荀彧，有是理乎？朝代革易之际，汉与魏、晋，实为古今一大升降。王莽之代汉，意本欲以拯救天下。魏武则功成不居，诚无愧孔子所谓至德。司马懿、萧道成之流，则徒为一身权位富贵之计，不足道矣。《武纪》注又引《魏书》言其行军用师，大较依孙、吴之法，而因事设奇，谲敌制胜，变化如神。自作兵书十万余言。诸将征伐，皆以新书从事。临事又手为节度。从令者克捷，违教者负败。与虏对阵，意思安闲，如不欲战然，及至决机乘胜，气势盈溢，故每战必克，军无幸胜。知人善察，难眩以伪。拔于禁、乐进于行阵之间，取张辽、徐晃于亡虏之内，皆佐命立功，列为名将。其余拔出细微，登为牧守者，不可胜数。是以创造大业，文武并施。御军三十余年，手不舍书。昼则讲武策，夜则思经传。登高必赋。及造新诗，被之管弦，皆成乐章。才力绝人，手射飞鸟，躬擒猛兽。常于南皮射雉，一日获三十六头。及造作宫室，缮制器械，无不为之法则，皆尽其意。雅性节俭，不好华丽。后宫衣不锦绣，侍御履不二彩。帷帐屏风，坏则补纳。茵褥取温，无有缘饰。攻城拔邑，得美丽之物，则悉以赐有功。勋劳宜赏，不吝千金。无功望施，分豪不与。四方献御，与群下共之。常以送终之制，袭称之数，繁而无益，俗又过之，故预自制终亡衣服，四箧而已。《傅子》曰："太祖悯嫁娶之奢僭。公女适人，皆以皂帐。从婢不过十人。"其略不世出，而又躬行俭德如此，岂流俗之士所能知哉？竟为野言，缘以造谤，宜矣。《三国志》注又引《曹瞒传》，谓太祖为人佻易无威重。好音乐，倡优在侧，尝以日达夕。持法峻刻，诸将有计划胜己者，随以法诛之，及故人旧怨，亦皆无余。其所刑杀，辄对之垂涕嗟痛之，然终无所活。其言与《魏略》适相反。然不足信也。史所载魏武猜忌残酷之事颇多，如《魏志》崔琰、边让、孔融、祢衡等皆是也。然细思之，诸人实未必无取死之道。史之所传，盖不尽实。《曹瞒传》为吴人所作，其传闻不审，而又有意造谤，自更无论矣。《吴志·诸葛瑾传》载孙权论操之语，亦仅云“杀伐小为过差”，他无贬辞也。

魏文帝称尊号，或传闻汉帝见害，先主乃发丧制服，追谥曰孝愍皇帝。明年四月，即位。是为蜀汉昭烈帝。《蜀志·费诗传》曰，群臣议欲推汉中王称尊号，诗上疏曰：“殿下以曹操父子逼主篡位，故乃羁旅万里，纠合士众，将以讨贼。今大敌未克，而先自立，恐人心疑惑。昔高祖与楚约，先破秦者王，及屠咸阳，获子婴，犹怀推让。况今殿下未出门庭，便欲自立邪？愚臣诚为殿下不取也。”由是忤旨，左迁。又《刘巴传》注引《零陵先贤传》曰：“是时中夏人情未一，闻备在蜀，四方延颈，而备锐意欲即真，巴以为如此，示天下不广，且欲缓之。与主簿雍茂谏备。备以他事杀茂。由是远人不复至矣。”此亦野言。《传》称“先主称尊号，昭告于皇天上帝、后土神祇，凡诸文诰策命，皆巴所作”，此岂不欲其即真者邪？以此推之，知三国时史事，不可信者甚多也。孙权是时尚称藩于魏。魏封为吴王，领荆州牧，加九锡。其明年，乃改年拒魏。至魏篡汉后十年魏明帝太和三年（229），蜀后主建兴七年。乃称帝。详见第二节及第八节。

第二节
三国初年和战

三国分立之后，首之以吴、蜀之交兵，是为猇亭之役。《魏志·刘晔传》言，黄初元年（220），诏问群臣：“今料刘备，当为关羽出报吴不?”众议咸云:“蜀,小国耳,名将唯羽,羽死军破,国内忧惧,无缘复出。”晔独曰:“蜀虽狭弱,而备之谋,欲以威武自强,势必用众,以示其有余。”《蜀志·赵云传》注引《云别传》曰:先主欲讨孙权。云谏曰:“国贼是曹操,非孙权也。且先灭魏则吴自服。……当因众心,早图关中,居河、渭上流,以讨凶逆……不应置魏,先与吴战。兵势一交,不得卒解也。”先主不听。《秦宓传》,先主将东征吴,宓陈天时,必无其利,坐下狱幽闭,然后贷出。《法正传》言先主败后,诸葛亮叹曰:“法孝直正字。若在,则能制主上,令不东行;就复东行,必不倾危矣。”则先主是时,征吴之志颇决。窃意是时蜀之力实未足以攻魏,而魏亦无力以事荆州,故先主欲乘是机,先与吴争也。然是役实为忿兵,又失地利;其致败也固宜。

蜀汉先主章武元年(221),魏文帝黄初二年也。七月,先主帅诸军伐吴。黄权谏曰:“吴人悍战;又水军顺流,进易退难;臣请为先驱以尝寇,陛下宜为后镇。”先主不从。以权为镇北将军,督江北军,以防魏师。孙权遗书请和,不许。权乃以陆逊为督,督朱然、潘璋等五万人,屯巫、汉县,今四川巫山县东。秭归以拒之。张飞率兵万人,当自阆中会江州。见第八章第五节。临发,其帐下将张达、范强杀飞,持其首顺流奔孙权。将军吴班、冯习自巫攻破吴兵。先主军次秭归。吴班、陈式水军屯夷陵,汉县,今湖北宜昌县。夹江东西岸。以金锦、爵赏诱动诸夷。武陵、五溪蛮夷五溪谓雄、樠、无、酉、辰,见《水经·沅水注》。遣使请兵。明年二月,先主自秭归率诸将进军。缘截山岭,于夷道、猇亭在今宜都县北。驻营。自佷山汉县,今湖北长杨县。通武陵。遣侍中马良安慰五溪蛮夷,咸相率响应。黄权督江北诸军,与吴军相拒于夷陵道。六月,陆逊大破先主军于猇亭。先主还秭归,收合离散。遂弃船舫,由步道还鱼复。汉县,今四川奉节县西北。改鱼复曰永安。吴遣将军李异、刘阿等踵蹑先主军，屯驻南山。八月，收兵还巫。步骘自交州受代还，会先主东下，武陵蛮夷蠢动，孙权命骘上益阳。先主既败，零、桂诸郡犹相惊扰，处处阻兵。骘周旋征讨，皆平之。黄权道隔绝不得还，降于魏。先主疾不豫。明年魏黄初四年(223)。四月，殂于永安宫。五月，太子禅袭位于成都，是为后主，时年十七。案，猇亭之役，于蜀所损实多。盖自经此役，则蜀不能复窥荆州，而局促一隅之势成矣。赵云谏先主，谓兵势一交，不得卒解，可见云虽不欲征吴，亦未料其遽至大败也。先主之败，实失之于骄与忿。《吴志·陆逊传》，逊上疏言："臣初嫌之，水陆俱进，今反舍船就步，处处结营。察其布置，必无他变。"诸将并曰："攻备当在初，今乃令入五六百里，相衔持经七八月，其诸要害，皆已固守，击之必无利矣。"逊曰："备是猾虏，更尝事多。其军始集，思虑精专，未可干也。今住已久，不得我便，兵疲意沮，计不复生。掎角此寇，正在今日。"乃先攻一营，不利，诸将皆曰："空杀兵耳。"逊曰："吾已晓破之之术。"乃敕各持一把茅，以火攻之。一尔势成，通率诸军，同时进攻。备军遂土崩瓦解。盖顿兵久则锐气挫，故卒至为吴所乘也。夫既亲率大兵而来，则宜猛进决之于一战，否则何必自行？是所谓进退失据者。岂其忿不思难，而又年老气衰，致有此失欤？

孙权之攻关羽也，遣使上书于曹操，乞以讨羽自效。及定荆州，操表权为骠骑将军，假节，领荆州牧。建安二十五年（220）四月，权自公安都鄂，改名武昌。今湖北武昌县。使称藩，及遣于禁等还。及先主来伐，又遣都尉赵咨使魏。文帝欲封权子登。权以登年幼，上书辞封。重遣西曹掾沈珩陈谢，并献方物。魏封权为吴王，以大将军使持节督交州，领荆州牧事，加九锡。时魏以荆、扬江表八郡为荆州，荆州江北诸郡为郢州，及权复叛，乃复郢州为荆州。《魏志·刘晔传》注引《傅子》曰，孙权遣使求降，帝以问晔。晔对曰："权无故求降，必内有急。……宜大兴师，径渡江袭其内。蜀攻其外，我袭其内，吴之亡不出旬月矣。吴亡则蜀孤。若割吴半，蜀固不能久存，况蜀得其外，我得其内乎？"帝曰："人称臣降而伐之，疑天下欲来者心。……孤何不且受吴降，而袭蜀之后乎？"对曰："蜀远吴近。又闻中国伐之，便还军，不能止也。今备已怒，故兴兵击吴。闻我伐吴，知吴必亡，必喜而进，与我争割吴地，必不改计，抑怒救吴，必然之势也。"帝不听，遂受吴降。案，自赤壁战后，魏武自将攻吴，非止一次，而卒不能克，非有遗力，力自不足也。吴此时虽有蜀难，下流岂得全无备御？岂易一举而取之？《傅子》之辞又为不审矣。黄初三年(222)，蜀章武二年，吴黄武元年。魏欲遣侍中辛毗、尚书桓阶往与盟誓，并征任子。权辞让不受。九月，魏乃命曹休、张辽、臧霸出洞口，在今安徽和县西南。曹仁出濡须，曹真、夏侯尚、张郃、徐晃围南郡。权遣吕范等督五军，以舟军拒休等。诸葛瑾、潘璋、杨粲救南郡，朱桓以濡须督拒仁。时扬、越蛮夷多未平集，内难未弭，故权卑辞上书，求自改厉。文帝报书，仍责任子。权遂改年，临江拒守。犹与魏文帝相往来，至后年乃绝。十月，文帝自许昌南征，诸军并进。至明年三月，乃皆退。先是吴戏口守将晋宗杀将王直，以众叛如魏。魏以为蕲春太守。蕲春，汉县，魏置郡，今湖北蕲春县西北。数犯边境。六月，权令将军贺齐督糜芳、刘邵等袭虏宗。黄初五年蜀后主建兴二年，吴黄武三年。八月，魏文帝为水军，亲御龙舟，幸寿春。九月，遂至广陵。望大江，曰："彼有人焉，未可图也。"乃还。明年三月，又为舟师东征。十月，至广陵故城。临江观兵。戎卒十余万，旌旗数百里。是岁大寒，水道冰，舟不得入江，乃引还。又明年五月，魏文帝殂。七月，权征江夏，围石阳，城名，在今湖北黄陂县西。不克。诸葛瑾、张霸等攻襄阳。魏司马懿破之，斩霸。曹休又破其别将于寻阳。是岁，蜀诸葛亮亦出屯汉中矣。

吴与魏暂合而旋离，与蜀则暂离而复合，此用兵形势使然也。《吴志·陆逊传》云，刘备既住白帝，徐盛、潘璋、宋谦等各竞表言，备必可擒，乞复攻之。权以问逊。逊与朱然、骆统以为曹丕大合士众，外托助国讨备，内实有奸心。谨决计辄还。无几，魏军果出，三方受敌。盖吴之所虞，究在于魏也。战于猇亭之岁，十一月，权使郑泉聘于白帝，备遣宗玮报命。明年，先主殂，后主立，诸葛亮秉政，使邓芝聘吴，吴亦遣张温报聘。《蜀志·邓芝传》云，亮虑权闻先主殂殒，恐有异计，未知所如。芝见亮曰："今主上幼弱，初在位，宜遣大使，重申吴好。"亮乃遣芝修好于权。权果狐疑，不时见芝。芝乃自表请见。曰："臣今来，亦欲为吴，非但为蜀也。"权乃见之。语芝曰："孤诚愿与蜀和亲，然恐蜀主幼弱，国小势逼，为魏所乘，不自保全，以此犹豫耳。"芝对曰："吴、蜀二国，四州之地。大王命世之英，诸葛亮亦一时之杰也。蜀有重险之固，吴有三江之阻，合此二长，共为唇齿，进可并兼天下，退可鼎足而立，此理之自然也。大王今若委质于魏，魏必上望大王之入朝，下求太子之内侍，若不从命，则奉辞伐叛；蜀必顺流，见可而进；如此，江南之地，非复大王之有也。"权默然良久曰："君言是也。"遂自绝魏，与蜀连和。芝之所言，非徒游说之辞，实亦当时形势，宜其能见听也。及权称帝，蜀遣陈震庆权践位，权乃与蜀约盟，交分天下。"豫、青、徐、幽属吴，兖、冀、并、凉属蜀。其司州之土，以函谷关为界。""勠力一心，同讨魏贼。""若有害汉，则吴伐之；若有害吴，则汉伐之。各守分土，无相侵犯。"《诸葛亮传》注引《汉晋春秋》曰："孙权称尊号，其群臣以并尊二帝来告。议者咸以为交之无益，而名体弗顺，宜显明正义，绝其盟好。亮曰：'权有僭逆之心久矣。国家所以略其衅情者，求掎角之援也。今若加显绝，仇我必深，便当移兵东戍，与之角力，须并其土，乃议中原。彼贤才尚多，将相辑穆，未可一朝定也。顿兵相持，坐而须老，使北贼得计，非算之上者。今议者咸以权利在鼎足，不能并力；且志望已满，无上岸之情；推此皆似是而非也。何者？其志力不侔，故限江自保。权之不能越江，犹魏贼之不能渡汉，非力有余而利不取也。若大军致讨，彼高当分裂其地，以为后规；下当略民广境，示武于内；非端坐者也。若就其不动，而睦于我，我之北伐，无东顾之忧；河南之众，不得尽西；此之为利，亦已深矣。’”此说于三国和战形势，可谓言之了然。权之使张温至蜀也，谓温曰：“卿不宜远出，恐诸葛孔明不知吾所以与曹氏通意，故屈卿行。”温对曰：“诸葛亮达见计数，必知神虑屈申之宜。”《蜀志·宗预传》言诸葛亮卒，吴虑魏或承衰取蜀，增巴丘守兵万人，一欲以为救援，二欲以事分割。蜀闻之，亦益永安之守，以防非常。盖和战之宜，明者咸能洞见之，故亮与权皆有以相信也。其后蜀亦守其遗策不变。至吴赤乌七年（244），魏正始五年，蜀延熙七年。亮卒已十岁矣。步骘、朱然等上疏，云“自蜀还者，咸言欲背盟，与魏交通。多作舟船，缮治城郭。又蒋琬守汉中，闻司马懿南向，不出兵乘虚以掎角之，反委汉中，还近成都。事已彰灼，无所复疑，宜为之备”。权仍决其不然。盖事势所系，自有不容违逆者在也。

第三节
诸葛亮伐魏

蜀汉先主之病笃也，召诸葛亮于成都，属以后事。谓亮曰：“君才十倍曹丕，必能安国，终定大事。若嗣子可辅，辅之；如其不才，君可自取。”又为诏敕后主曰：“汝与丞相从事，事之如父。”建兴元年（223），魏黄初四年。封亮武乡侯。开府治事。顷之，又领益州牧。政事无巨细，咸决于亮。南中诸郡，并皆叛乱。亮以新遭大丧，故未便加兵。且遣使聘吴，因结和亲，遂为与国。三年，魏黄初六年。亮率众南征。其秋，悉平。军资所出，国以富饶。乃治戎讲武，以俟大举。

五年（227）魏明帝太和元年。春，亮率诸军北驻汉中。是岁十二月，孟达反魏为蜀。魏司马懿时督荆、豫，屯宛。明年魏太和二年。正月，讨斩之。亮扬声由斜谷道取郿。汉县，今陕西郿县东北。使赵云、邓芝为疑军，据箕谷。在今陕西褒城县西北。亮身率诸军攻祁山。在今甘肃西和县西北。戎阵整齐，赏罚肃而号令明。南安、后汉郡，治貆道，今甘肃陇西县东北。天水、汉郡，后汉改曰汉阳，魏复曰天水，治平襄，今甘肃通渭县西南。安定汉郡，后汉治临泾，今甘肃镇原县南。三郡，叛魏应亮。关中响震。魏明帝西镇长安。遣大将军曹真都督关右。真军郿。命张郃拒亮。亮使马谡督诸军在前。与郃战于街亭，前汉街泉县，后汉省。《续书·郡国志》，略阳西有街泉亭，即街亭。在今甘肃秦安县西北。败绩。高详屯列柳城，亦为魏雍州刺史郭淮所破。赵云、邓芝亦失利，以敛众固守，得不大败。亮拔西县今甘肃天水县西南。千余家，还于汉中。戮谡以谢众。上疏请自贬。于是以亮为右将军，行丞相事，所总统如前。《蜀志·亮传》注引《亮集》云建兴元年，魏司徒华歆、司空王朗、尚书令陈群、太史令许芝、谒者仆射诸葛璋各有书与亮，陈天命人事，欲使举国称藩。则魏是时盖以蜀为无能为，虽曰其不可遽取，亦不意其能出兵，故无备而几至大败，而马谡违亮节度，以致失机，亮虽能厉兵讲武，使民忘其败，《亮传》注引《汉晋春秋》语。然是后魏亦有备，得志非易矣。故街亭之役，于蜀所损甚大也。马谡亦奇才，举事一不当，遽遭诛戮，虽曰明罚敕法，亦以所损过大，不得不然欤？《谡本传》言谡好论军计。亮以为参军。每引见谈论，自昼达夜。军出时，有宿将魏延、吴壹等，论者皆言宜令为先锋，而亮违众，拔谡统大众在前。此亦必非偶然，不能以其一败而贬之也。

是冬，亮闻孙权破曹休，魏兵东下，关中虚弱，《本传》注引《汉晋春秋》。复出散关，见第八章第一节。围陈仓。曹真遣将军费曜拒之。亮粮尽而还。魏将王双率骑追亮。亮与战，败之，斩双。七年（229），魏太和三年。亮遣陈式攻武都、阴平。汉道，今甘肃文县西北。郭淮率众欲击式。亮自出，至建威，城名，今甘肃成县西北。淮退还。遂平二郡。诏复亮丞相。八年，魏太和四年。曹真以“蜀连出侵边境，宜遂伐之，数道并入，可大克也”。魏明帝从其计。真以八月发长安，从子午道南入。子午谷，北口曰子，在今陕西长安县南百里。南口曰午，在今陕西洋县东百六十里。司马懿溯汉水，当会南郑。诸军或从斜谷道，或从武威入。武威，汉县，今甘肃镇番县北。此据《魏志·真传》。《蜀志·后主传》云：“魏使司马懿由西城，张郃由子午，曹真由斜谷，欲攻汉中。丞相亮待之于城固、赤阪。”西城，汉县，后汉末为郡，见第十一章第十二节。城固，汉县，今陕西城固县西北。会大霖雨，三十余日。或栈道断绝。九月，诏真等班师。《陈群传》云，曹真表欲数道伐蜀，从斜谷入。群以为“太祖昔到阳平攻张鲁，多收豆麦，以益军粮，鲁未下而食犹乏。今既无所因，且斜谷阻险，难以进退，转运必见钞截；多留兵守要，则损战士；不可不熟虑也”。帝从群议。真复表从子午道，群又言其不便。则是役，即不遇霖雨，真亦未能必有功也。九年，魏太和五年。亮复出祁山，以木牛运。招鲜卑轲比能。比能等至故北地石城以应亮。据《亮传》注引《汉晋春秋》。案，其事亦见《魏志·牵招传》。汉北地郡，治马领，在今甘肃环县东南。后汉徙治富平，在今宁夏灵武县西南。于是曹真有疾，魏明帝使司马懿西屯长安。遇于上邽之东。上邽，汉县，今甘肃天水县西南。懿敛兵依险，军不得交，粮尽还军。与魏将张郃交战，射杀郃。十年，魏太和六年。亮休士劝农于黄沙。城名，在今陕西沔县东北。作流马、木牛毕。教兵讲武。十一年，魏青龙元年。亮使诸军运米，集于斜谷。治斜谷邸阁。十二年魏青龙二年。春，亮悉大众由斜谷出。以流马运。据武功五丈原。武功，汉县，在今陕西郿县东，原在今郿县西南，接岐山县界。与司马懿对于渭南。亮每患粮不继，使己志不伸，是以分兵屯田，为久住之基。耕者杂于渭滨居民之间，而百姓安堵，军无私焉。相持百余日。八月，亮疾病，卒于军。初，魏延以部曲随先主入蜀，数有战功，迁牙门将军。先主为汉中王，迁治成都，当得重将，以镇汉川，众论以为必在张飞，飞亦以心自许，先主乃拔延为督汉中，镇远将军，领汉中太守，一军尽惊。建兴五年（227），诸葛亮驻汉中，更以延为督前部，领丞相司马、凉州刺史。八年，使延西入羌中。魏后将军费瑶、雍州刺史郭淮与延战于阳溪，延大破淮等。迁为前军师征西大将军，假节，进封南郑侯。延每随亮出，辄欲请兵万人，与亮异道会于潼关，如韩信故事。亮制而不许。延常谓亮为怯，叹恨己才用之不尽。《延传》注引《魏略》曰："夏侯楙为安西将军，镇长安。亮于南郑与群下计议。延曰：'闻夏侯楙少，主婿也，怯而无谋。今假延精兵五千，负粮五千，直从褒中出循秦岭而东，当子午而北。不过十日，可到长安。楙闻延奄至，必乘船逃走。长安中唯有御史、京兆太守耳。横门邸阁与散民之谷，足周食也。比东方相合聚，尚二十许日。而公从斜谷来，必足以达。如此，则一举而咸阳以西可定矣。'亮以为此悬危，不如安从坦道，可以平取陇右。十全必克而无虞，故不用延计。"案，楙，夏侯惇中子。尚太祖女清河公主。文帝少与亲。及即位，以为安西将军，持节，承夏侯渊处，都督关中。楙性无武略，而好治生。至太和二年（228），明帝西征，人有白楙者，遂召还为尚书。见《惇传》注引《魏略》。而杨仪为丞相参军，署府事，迁长史。亮数出军，仪常规划分部，筹度粮谷。不稽思虑，斯须便了。军戎节度，取办于仪。延性矜高，当时皆避下之，唯仪不假借延，延以为至忿，有如水火。是岁亮出，延为前锋。亮病，密与仪及司马费祎、护军姜维等作身殁之后退军节度。令延断后，姜维次之。若延或不从命，军便自发。亮卒，秘不发丧。仪令祎往揣延意指。延曰："丞相虽亡，吾自见在。府亲官属，便可将丧还葬，吾自当率诸军击贼。云何以一人死废天下之事邪？且魏延何人，当为杨仪所部勒，作断后将乎？"因与祎共作行留部分。令祎手书与己连名，告下诸将。祎绐延曰："当为君还解杨长史。长史文吏，稀更军事，必不违命也。"祎出门，驰马而去。延寻悔，追之，已不及矣。延遣人觇仪等。遂欲案亮成规，诸营相次引军还。延大怒。才仪未发，率所领径先南归。所过烧绝阁道。仪等槎山通道，昼夜兼行，亦继延后。延先至，据南谷口，遣军逆击仪等。仪等令何平在前御延。平叱延先登曰："公亡，身尚未寒，汝辈何敢乃尔？"延士众知曲在延，莫为用命，军皆散。延独与其子数人逃亡，奔汉中。仪遣马岱追斩之。仪领军还，又诛讨延，自以为功勋至大，宜当代亮秉政。而亮平生密指，以仪性狷狭，意在蒋琬。琬遂为尚书令、益州刺史。仪至，拜为中军师，无所统领，从容而已。初，仪为先主尚书，琬为尚书郎。后虽俱为丞相参军长史，仪每从行，当其劳剧。自谓年官先琬，才能逾之，于是怨愤形于声色。时人畏其言语不节，莫敢从也。唯后军师费祎往慰省之。仪对祎恨望前后云云。又语祎曰："往者丞相亡没之际，吾若举军以就魏氏，处世宁当落度如此邪？令人追悔，不可复及。"祎密表其言。十三年，魏青龙三年。废仪为民，徙汉嘉郡。汉青衣县，后汉改曰汉嘉，蜀置郡，今四川雅安县。仪至徙所，复上书诽谤，辞指激切。遂下郡收仪。仪自杀。案，《延传》言原延意不北降魏而南还者，但欲除杀仪等。平日诸将素不同，冀时论必当以代亮。本指如此，不便背叛。注引《魏略》曰：诸葛亮病，令延摄行己事，密持丧去。

延遂匿之。行至褒口，乃发丧。亮长史杨仪宿与延不和。见延摄行军事，惧为所害。乃张言延欲与众北附，遂率其众攻延。延本无此心，不战军走。追而杀之。裴松之谓此盖敌国传闻之言，不得与本传争审。案，谓延持丧还而杨仪突攻之，自非实录。然延嚄唶宿将，果使整众攻仪，岂有不战自溃之理，则仪必出不意攻延。谓以何平之叱，延众知曲在延而遂散，则必非其实也。然则退军节度，果出诸葛亮遗命与否，亦难言之矣。《蒋琬传》言亮密表后主曰："臣若不幸，后事宜以付琬。"此即《仪传》所谓亮生平密指在琬者，恐亦莫须有之辞。琬之遽跻权要，殆以其有雅量而处内，而仪则锋芒毕露，为时人所忌耳。仪若当国，必无以逾于蒋琬。然亮死后，蒋琬、费祎，才力皆不足以图中原，使延犹在，当不至此，其才究可惜也。

陈寿论诸葛亮，谓其"才于治戎为长，奇谋为短，理民之干，优于将略"，此非由衷之言。用兵善于出奇者，宜莫如魏武。然所与对敌者，袁绍而外，皆无大略；且皆非有深根固柢，如魏之非力战不可克也。魏延异道俱会之谋，不取似若可惜。然褒斜、子午，易出难继，咸阳以西即可定，魏举大兵以争之，而陇右诸郡犄其后，蜀果能守之欤，此亮所以不欲涉险邪？《董厥传》注引张俨《默记》，论亮与司马懿优劣曰："孔明提步卒数万，长驱祁山，慨然有饮马河、洛之志。仲达据十倍之地，据牢城，拥精锐，务自保全而已。若此人不亡，终其意志，则胜负之势已决。"此非虚言。《亮传》注又引《汉晋春秋》，言贾栩、魏平数请战，曰："公畏蜀如虎，奈天下笑何？"宣王病之。表固请战。使卫尉辛毗持节以制之。姜维谓亮曰："辛佐治杖节而到，贼不复出矣。"亮曰："彼本无战情，所以固请战者，以示武于其众耳。将在军，君命有所不受，苟能制吾，岂千里而请战邪？"《魏志·明帝纪》于是年特书诏宣王但坚壁拒守，以挫其锋，承祚固有深意也。亮论孙权，谓其志力不侔，故限江自保，而亮能蹈涉中原，抗衡上国，用兵不戢，屡耀其武，其才固未易几矣。

第四节
魏氏衰乱

魏文帝颇有学问。嗣王位后，尝令除池籞之禁，轻关津之税，皆复什一。见《纪》延康元年（220）注引《魏书》庚戌令。又命宦人为官者不得过诸署令，为金策著令，藏之石室。黄初三年（222）九月，诏曰："夫妇人与政，乱之本也，自今以后，群臣不得奏事太后。后族之家不得当辅政之任，又不得横受茅土之爵。以此诏传后世。若有背违，天下共诛之。"皆可谓善革前代之弊者。然性本矫伪。《辛毗传》注引《世语》曰，毗女宪英，聪明有才鉴。初，文帝与陈思王争为太子，既而文帝得立，抱毗颈而喜曰："辛君，知我喜不？"毗以告宪英。宪英叹曰："太子代君主宗庙社稷者也，代君不可以不戚，主国不可以不惧，宜戚而喜，何以能久？魏其不昌乎？"《吴志·孙权传》建安二十五年（220）注引《江表传》曰，是岁魏文帝遣使求雀头香、大贝、明珠、象牙、犀角、玳瑁、孔雀、翡翠、斗鸭、长鸣鸡。群臣奏曰："荆、扬二州，贡有常典，魏所求珍玩之物，非礼也。宜勿与。"权曰："彼在谅暗之中，而所求若此，宁可与言礼哉？"具以与之。此二事，可见文帝之为人。其获继嗣，徒以矫情得之而已。又多猜忌。篡位后荒于游畋，戴陵以谏不宜数行弋猎，减死罪一等，见《本纪》黄初元年（220）。鲍勋停车上疏，帝手毁其表，而竟行猎，见本传。崔琰、王朗等谏，各见本传。栈潜谏见《高堂隆传》。好营宫室，黄初元年，即营洛阳宫。四年，又筑南巡台于宛，五年，穿天渊池。六年，又筑东巡台。皆见

《纪》。实开明帝奢侈之原。其妄行杀戮，最残虐者，魏文为太子时，鲍勋为中庶子，守正不挠，太子不能悦。后为魏郡西部都尉。太子郭夫人弟为曲周县吏，断盗官布，罪应弃市，太子数手书为之请，勋不敢擅纵，具列上，太子恚望滋甚。篡位后竟杀之。高柔为廷尉，固执不从。乃召柔诣台，遣使至廷尉考竟勋。勋死，乃遣柔还寺。勋父信，有大功于太祖，钟繇、华歆等表言之，竟不见听也。《苏则传》载帝行猎，槎桎拔，失鹿，大怒，踞床拔刀，悉收督吏，欲斩之。《高柔传》谓其时有妖言，辄杀而赏告者。皆可见其暴虐。《于禁传》：禁自吴还，文帝令谒高陵，豫于陵屋画关羽战克，庞德愤怒，禁降伏之状。禁见，惭恚发病死。亦岂君人之道也。亦开明帝外任法而内纵情之渐。故魏之大坏自明帝，启之者实文帝也。

武帝二十五子，而与文帝同母者四人。卞后生。曰任城威王彰、陈思王植、萧怀王熊、燕王宇。[①] 武帝亦能任法，顾继嗣不早定。初爱邓哀王冲，数对群臣称述，有欲传后意，而冲早卒。建安十三年（208）。陈思王以才见异，丁仪、丁廙、杨修等为之羽翼。武帝狐疑，几为太子者数矣。而植任性而行，不自雕励。文帝御之以术，矫情自饰，宫人左右并为之说，故遂定为嗣。自武帝已重诸侯科禁。宾客交通，至同妖恶。见《赵王幹传》。又以杨修颇有才策，而又袁氏之甥也，于是以罪诛修。《杨俊传》："初，临菑侯与俊善。太祖嫡嗣未定，密访群司。俊虽并论文帝、临菑侯才分所长，不适有所据当，然称临菑侯犹美。文帝尝以恨之。黄初三年（222），车驾至宛，以市不丰乐，发怒收俊。尚书仆射司马宣王、常侍王象、荀纬请俊，叩头流血。帝不许，俊曰：'吾知罪矣。'遂自杀。众冤痛之。"案，临菑侯，陈思王初封，俊时为南阳太守。然仍不能杜觊觎。武帝之殂，任城王时为鄢陵侯。从长安来赴，问贾逵时逵典丧事。先王玺绶所在。逵正色曰："太子在邺，国有储副，先王玺绶，非君侯所宜问也。"

① 编者注：据《三国志》，燕王宇为环夫人所生，非卞后生。

盖武帝诸子罕知兵，唯任城数从征伐，尝北征乌丸，武帝东归，又以行越骑将军留长安，性气粗猛，故不觉情见乎词也。黄初四年，诸侯王朝京都，任城王暴薨，疑非良死。陈思王及楚王彪欲同路东归。监国使者不听。《陈思王传》注引《魏氏春秋》。陈思王初以监国谒者希旨奏其罪贬爵为侯。后虽复封，然时法制峻迫，僚属皆贾竖下材；兵人给其残老，大数不过二百人；王以前过，事事复减半。《武文世王公传》注引《袁子》曰："魏兴，承大乱之后，民人损减，不可以则古始。于是封建侯王，皆使寄地，空名而无其实。王国使有老兵百余人。虽有王侯之号，而乃侪为匹夫。悬隔千里之外，无朝聘之仪。邻国无会同之制。诸侯游猎，不得过三十里。又为设防辅监国之官以伺察之。王侯皆思为布衣而不能得。"明帝时，王上疏求自试。又求存问亲戚。其疏有云："婚媾不通，兄弟乖绝。吉凶之问塞，庆吊之礼废。"所求者"沛然垂诏，使诸国庆问，四节得展"；"妃妾之家，膏沐之遗，岁得再通"；亦可哀矣。而终不见听。遂汲汲发疾薨。明帝时，高堂隆上疏言："宜防鹰扬之臣于萧墙之内。可选诸王，使君国典兵，往往棋跱。"曹爽秉政时，宗室曹冏上书，言"今之州牧、郡守，古之方伯、诸侯。皆跨有千里之土，兼军武之任。或比国数人，或兄弟并据。而宗室子弟，曾无一人间厕其间，与相维持。非所以强干弱枝，备万一之虞也。今之用贤，或超为名都之主，或为偏师之帅。而宗室有文者必限小县之宰，有武者必置百人之上。……泉竭则流涸，根朽则叶枯"。《武文世王公传》注引《魏氏春秋》。盖积重者难返，至明帝以后，势已无可如何矣。然其原，亦文帝为之也。

文帝在位七年而殂，子明帝叡立。《本纪》注引《魏书》，谓其"料简功能，真伪不得相贸。务绝浮华谮毁之端。""吏民士庶上书，一月之中，至数十百封"，"览省究竟，意无厌倦"。盖承武、文任法之后，又其才力尚优，故能如此。然任法最戒纵情，而帝淫侈多欲，不能自克，虽知术数，亦何益哉？注又引《世语》曰："帝与朝士素不接。即位之后，群下想闻风采。居数日，独见侍中刘晔，语尽日。众人侧听。晔既出，问何如？晔曰：'秦始皇、汉孝武之俦，才具微不及耳。'"盖讥其有二君之侈暴，而无其雄略也。亦可谓婉而彰矣。

明帝好土木。太和六年（232），治许昌宫。青龙三年（235），又大营宫室于洛。其奢侈，略见注所引《魏略》。是岁，洛阳崇华殿灾，帝又更营之。以郡国有九龙见，改曰九龙殿。见《高堂隆传》。景初元年（237），徙长安诸钟簴、骆驼、铜人、承露盘。盘折。铜人重不可致，留于霸城。谓霸陵县城，在陕西长安县东。大发铜，铸作铜人二，号曰翁仲，列坐于司马门外。又铸黄龙、凤凰各一。凤高三丈余，置内殿前。起土山于芳林园西北陬。使公卿群僚，皆负土成山。树松、竹、杂木、善草于其上。捕山禽杂兽置其中。《本纪》注引《魏略》。司徒掾董寻上书，讥其三公、九卿、侍中、尚书穿方举土，面目垢黑，沾体涂足，衣冠了鸟焉。同上引《魏略》。《高堂隆传》云，青龙中，大治殿舍，西取长安大钟。隆上疏，亦言其使公、卿、大夫，与厮徒并供事役。帝又欲平北芒，即北邙山，在河南洛阳县东北。令于其上作台观，则见孟津，见《辛毗传》。其侈欲如此。帝爱女淑，未期而夭，立庙洛阳，葬于南陵，见《杨阜传》。臣下谏者甚多，皆不见听。如钟毓、王肃、陈群、徐宣、卫臻、和洽、高柔、孙礼、辛毗、杨阜、高堂隆、王基、毌丘俭等，皆见本传。高堂隆言："今宫室之所以充广者，实由宫人猥多之故。"《本纪》注引《魏略》，言帝录夺士女。前已嫁为吏民妻者，还以配士。既听以生口自赎，又简选其有姿色者，纳之掖庭。太子舍人张茂上书，谓"富者则倾家尽产，贫者举假贷贳，贵买生口，以赎其妻。""宫廷非员无录之女，椒房母后之家，赏赐横兴，内外交引，其费半军"。高堂隆疏亦谓宫人之用，与兴戎军国之费略齐。将吏俸禄，稍见折减。方之平昔，五分居一。诸受休者，又绝廪赐。不应输者，今皆出半。《高柔传》云，时制遭大丧者百日后皆给役。以疾辞者，致遭罪责。使以马易珠玑、翘翠、玳瑁于吴。见《吴志·孙权传》嘉禾四年（235）。田豫破吴通公孙渊之船，谗者言其器仗、珠、金甚放散，皆不纳官，则功不见列。盖亦后宫之所耗也。帝又好猎，杀禁地鹿者，身死，财产没官。有能觉告者，厚加赏赐。宜阳典农刘龟窃于禁内射兔，其功曹张京诣校事言之。帝匿京名，收龟付狱。高柔上疏言："群鹿犯暴，残食生苗，处处为害，所伤不赀。民虽障防，力不能御。至如荥阳左右，周数百里，岁略不收。"又言"禁地广轮且千余里，臣下图无虑其中有虎大小六百头，狼有五百头，狐万头"。见《高柔传》及注引《魏名臣奏》。可谓坏宫室以为污池，弃田以为苑囿矣。用法殊酷。临时行刑，多不下吏。见《王肃传》。杨阜议政治之不便于民者，以为"舍贤而任所私，此忘治之甚者也。广开宫馆，高为台榭，以妨民务，此害农之甚者也。百工不敦其器，而竞作奇巧，以合上欲，此伤本之甚者也。……文俗之吏，为政不通治体，苟好烦苛，此乱民之甚者也"。可谓极尽当时之弊。《吴志·诸葛瑾传》载孙权与瑾论明帝之辞曰："近得伯言表，伯言，陆逊字。以为曹丕已死，毒乱之民，当望旌瓦解，而更静然。闻皆选用忠良，宽刑罚，布恩惠，薄赋省役，以悦民心，其患更深于操时。孤以为不然。操之所行，其唯杀伐小为过差；及离间人骨肉，以为酷耳。至于御将，自古少有。丕之于操，万不及也。今叡之不如丕，犹丕不如操也。其所以务崇小惠，必以其父新死，自度衰微，恐困苦之民一朝崩沮，故强屈曲，以求民心，欲以自安住耳。宁是兴隆之渐邪？闻任陈长文、群字。曹子丹辈，真字。或文人诸生，或宗室戚臣，宁能御雄才虎将以制天下乎？夫威柄不专，则其事乖错。如昔张耳、陈余，非不敦睦，至于秉势，自还相贼，乃事理使然也。又长文之徒，昔所以能守善者，以操笮其头，畏操威严，故竭心尽意，不敢为非耳。逮丕继业，年已长大。承操之后，以恩情加之，用能感义。今叡幼弱，随人东西。此曹等辈，必当因此弄巧行态，阿党比周，各助所附。如此之日，奸谗并起，更相陷怼，转成嫌贰。一尔以往，群下争利，主幼不御。其为败也，焉得久乎？所以知其然者，自古至今，安有四五人把持刑柄，而不离刺转相蹄啮者也？强当陵弱，弱当求援，此乱亡之道也。子瑜，卿但侧耳听之。伯言常长于计校，恐此一事小短也。”此言于魏氏衰乱之由，可谓洞若观火。明帝在位十三年崩，《志》云年三十六。注云：“魏武以建安九年八月定邺，文帝始纳甄后，明帝应以十年生，计至此年正月，整三十四年耳。”然则其即位时，年止二十二也。性非天纵，所谓料简功能，务绝浮华谮毁者，盖特察察之明，并不能计国家之远患而绝其萌蘖。加以侈欲无度，本实先拨，枝叶复何所附丽？《诸葛瑾传》注云：“明帝一时明主，政自己出，孙权此论，竟为无征，而史载之者？将以主幼国疑，威柄不一，乱亡之形，有如权言，宜其存录，以为鉴戒。或当以虽失之于明帝，而事著于齐王……不敢显斥，抑足表之微辞。”殊不知齐王时之乱，皆隐伏于明帝之时，权之所言，正不能谓其无验也。

魏氏亦多宫闱之祸，文帝母武宣卞皇后，本倡家。文帝纳甄后，本袁绍中子熙妻。生明帝。后郭后有宠，赐甄后死。将立郭后，中郎栈潜谏：不当使贱人暴贵。不从。明帝立，痛甄后之事，后遂暴崩。明帝为王时，纳河内虞氏为妃。即位，绌还邺宫，而立明悼毛皇后。后父嘉，本典虞车工，卒暴富贵。明帝令朝臣会其家饮宴。其容止举动甚蚩骇，语辄自谓侯身，时人以为笑。后后宠弛。景初元年（237），赐死。及疾困，乃立明元郭皇后为后，亦以河右反叛而没入宫者也。其后三主幼弱，废立之事，皆假其名以行。孙盛谓：“魏自武王，暨于烈祖，三后之升，起自幽贱，本既卑矣，何以长世?”此固昔人等级之见。然宗姓既疏，而又外无强辅，则权臣之篡窃弥易矣，此亦魏氏倾危之一因也。

第五节
魏平辽东

明帝政治虽乱，辽东公孙氏自汉末据土自立，却至帝时而平。则以席中原富强之资，非偏方之所能御也。公孙度本辽东襄平人。同郡徐荣为董卓中郎将，荐为辽东太守。诛灭名豪大姓，郡中震栗。东伐高句丽，西击乌丸，威行海外。初平元年（190），度知中国扰攘，语所亲吏曰：“汉祚将绝，当与诸卿图王耳。”分辽东郡为辽西、中辽郡，置太守。渊亡，二郡复合为一。越海收东莱诸县，后汉东莱郡，治黄，今山东黄县东南。置营州刺史。自立为辽东侯、平州牧。曹操表为武威将军，封永宁乡侯。度曰：“我王辽东，何永宁也?”藏印绶武库。度死，子康嗣位。以永宁乡侯封弟恭。是岁建安九年（204）也。十二年，袁尚等奔辽东，康斩送尚首，封康襄平侯，拜左将军。康死，子晃、渊等皆小，众立恭为辽东太守。魏文帝践阼，遣使即拜恭为车骑将军，假节，封平郭侯。追赠康大司马。初，恭病阴消，为阉人，劣弱不能治国。太和二年（228），渊胁夺恭位。遣使表状。刘晔请因其新立，有党有仇，先其不意，以兵临之。明帝不听。拜渊扬烈将军、辽东太守。渊顾遣使南通孙权。

太和三年（229），吴黄龙元年。权使校尉张刚、管笃之辽东。六年，吴嘉禾元年。又遣将军周贺、校尉裴潜往。魏将田豫邀击，斩贺于成山。在今山东荣成县东。十月，渊使称藩于权，并献貂、马。明年，权使太常张弥、执金吾许晏、将军贺达将兵万人，金宝珍货，九锡备物，乘海授渊。渊斩弥等，送其首于魏，没其兵资。权大怒，欲自征渊。尚书仆射薛综等切谏，乃止。至景初三年（239），渊既为魏所灭，权犹遣使者羊衜、郑胄，将军孙怡之辽东，击魏守将张持、高虑等，虏得男女焉。案，魏明帝之以马求易珠玑等于吴也，见上节。权曰："此皆孤所不用，而可得马，何苦而不听其交易？"《吴志·陆瑁传》载瑁谏权亲征之辞曰："（渊）东夷小丑，屏在海隅……国家所为不爱货宝，远以加之者……诚欲诱纳愚弄，以规其马耳。"陆逊亦谓"远惜辽东众之与马，奈何独欲捐江东万安之本业而不惜"，盖时江东实乏马也。然县远之援既不足恃，而渊又不能专心事魏，遂至进退失据矣。

渊既斩送弥、晏等首，明帝拜渊大司马，封乐浪公，持节、领郡如故。使者至，渊设甲兵，为军阵，出见使者。又数对国中宾客出恶言。景初元年（237），乃遣幽州刺史毌丘俭等赍玺书征渊。渊遂发兵，逆于辽隧，汉县，后汉废，公孙度复置，在今辽宁海城县西。与俭等战。俭等不利而还。渊遂自立为燕王，置百官有司。遣使者持节，假鲜卑单于玺，封拜边民。诱呼鲜卑，侵扰北方。二年春，遣太尉司马懿征渊。六月，军至辽东。渊遣将军卑衍、杨祚等步骑数万屯辽隧，围堑二十余里。懿军至，令衍逆战。懿遣将军胡遵等击破之。懿令军穿围引兵东南向，而急东北，即趋襄平。衍等恐襄平无守，夜走。诸军进至首山。在今辽阳县西南。渊复遣衍等迎军殊死战。复击，大破之。遂进军造城下，为围堑。会霖雨三十余日，辽水暴涨，运船自辽口径至城下。雨霁，起土山，修橹，为发石连弩射城中。渊窘急。粮尽，人相食，死者甚多。将军杨祚等降。八月，渊众溃，与其子修将数百骑突围东南走。大兵急击之，斩渊父子。辽东、带方、乐浪、玄菟悉平。始度以中平六年（189）据辽东，至渊三世，凡五十年而灭。

第六节 司马氏专魏政

《三国志·魏明帝纪》云，景初二年，十二月，乙丑，帝寝疾，不豫。以燕王宇为大将军。甲申，免。以武卫将军曹爽代之。三年，春，正月，丁亥，太尉宣王还至河内。帝驿马召到，引入卧内，执其手，谓曰："吾疾甚，以后事属君。君其与爽辅少子。吾得见君，无所恨。"宣王顿首流涕。即日，帝崩于嘉福殿。刘放、孙资《传》云："帝寝疾，欲以燕王宇为大将军，及领军将军夏侯献、武卫将军曹爽、屯骑将军曹肇、骁骑将军秦朗共辅政。宇性恭良，陈诚固辞。帝引见放、资入卧内，问曰：'燕王正尔为？'放、资对曰：'燕王实自知不堪大任故耳。'帝曰：'曹爽可代宇不？'放、资因赞成之。又深陈宜速召太尉司马宣王，以纲维皇室。帝纳其言。即以黄纸授放作诏。放、资既出，帝意复变，诏止宣王勿使来。寻更见放、资曰：'我自召太尉，而曹肇等反使吾止之，几败吾事。'命更为诏。帝独召爽与放、资俱受诏命。遂免宇、献、肇、朗官。太尉亦至，登床受诏，然后帝崩。"《本纪》注引《汉晋春秋》略同。《汉晋春秋》曰，帝以燕王宇为大将军，使与领军将军夏侯献、武卫将军曹爽、屯骑校尉曹肇、骁骑将军秦朗等对辅政。中书监刘放、令孙资久专权宠，为朗等素所不善，阴图间之。而宇常在帝侧，故未得有言。甲申，帝气微。宇下殿呼曹肇有所议，未还，而帝少间，唯曹爽独在。放知之，呼资与谋。资曰："不可动也。"放曰："俱入鼎镬，何不可之有？"乃突前见帝，垂泣曰："陛下气微。若有不讳，将以天下付谁?”帝曰:“卿不闻用燕王邪?”放曰:“陛下忘先帝诏敕,藩王不得辅政?且陛下方病,而曹肇、秦朗等便与才人侍疾者言戏;燕王拥兵南面,不听臣等入;此即竖刁、赵高也。今皇太子幼弱,未能统政。外有强暴之寇,内有劳怨之民。陛下不远虑存亡,而近系恩旧。委祖宗之业,付二三凡士。寝疾数日,外内拥隔,社稷危殆,而已不知,此臣等所以痛心也。”帝得放言,大怒,曰:“谁可任者?”放、资乃举爽代宇。又白“宜诏司马宣王使相参”。帝从之。放、资出,曹肇入,泣涕固谏。帝使肇敕停。肇出户,放、资趋而往,复说止帝。帝又从其言。放曰:“宜为手诏。”帝曰:“我困笃,不能。”放即上床执帝手强作之。遂赍出,大言曰:“有诏免燕王宇等官,不得停省中。”于是宇、肇、献、朗相与泣而归第。放、资《传》注引《世语》则曰,放、资久典机任,献、肇心内不平。放、资惧,故劝帝召宣王。帝作手诏,令给使辟邪至,以授宣王。宣王在汲,汉县,在今河南汲县西南。献等先诏令于轵关在今河南济源县西北。西还长安。《明帝纪》注引《魏略》亦云:“燕王为帝画计,以为关中事重,宜便道遣宣王从河内西还,事已施行。”辟邪又至,宣王疑有变。呼辟邪具问,乃乘追锋车驰至京师。帝问放、资:“谁可与太尉对者?”放曰:“曹爽。”帝曰:“堪其事不?”爽在左右,流汗不能对。放蹑其足,耳之曰:“臣以死奉社稷。”曹肇弟纂为大将军司马。燕王颇失指。肇出,纂见,惊曰:“上不安,云何悉共出?宜还。”已暮,放、资宣诏:宫门不得复纳肇等。罢燕王。肇明日至门,不得入。惧,诣廷尉。以处事失宜免。帝谓献曰:“吾已差,便出。”献流涕而出,亦免。虽树置先后,所言不同,要之为党爽、懿而排宇等。注又引《资别传》,谓帝诏资,图万年后计,使亲人广据职势,而资无所适对。松之谓“资之《别传》出自其家,欲以是言掩其大失”。案,明帝无禄,财余三十;加以荒淫悖戾,焉知豫虑身后?《资传》之妄,灼然可见矣。《燕王宇传》云:明帝少与宇同止,常爱异之。景初二年（238）夏，征诣京都。十二月，明帝疾笃，拜宇为大将军，属以后事。受署四日，宇深固让，帝意亦变，遂免宇官。宇之免在甲申，则其受署当在辛巳，距帝不豫，已旬有六日矣。措置如此，岂似能豫虑万年之后者邪？曹爽功名之士，固难保其不与放、资比而排燕王。然爽，真子，少以宗室谨重，明帝在东宫，甚亲爱之；及即位，为散骑侍郎，累迁城门校尉，加散骑常侍，转武卫将军，亦皆亲要之职；况亦本在五人之内，非如宣王迄受外任，未与心腹也。曹爽任事后，放、资各以年老逊位，及爽败，资即复起为侍中，可知放、资之党宣王，必深于其党爽也。放、资当文帝初即为中书监、令，掌机密。明帝即位，尤见宠任。帝尝欲用辛毗，而为所隔，盖亦蔽贤固宠之流。文、明二帝之宠任放、资，正犹汉宣、元之仍用弘恭、石显，特汉时国本较固，倾危未在目前，魏则非其伦耳。开国承家，小人勿用，信矣。

明帝既崩，齐王芳立，年八岁。见注引《魏氏春秋》，又云："秦王九岁。"《三国志·本纪》云："明帝无子，养王及秦王询，宫省事秘，莫有知其所由来者。"注引《魏氏春秋》曰："或云任城王楷子。"案，楷，彰子。此亦所谓莫须有之辞也。曹爽为大将军，司马懿为太尉，辅政。二月，转懿为太傅，持节统兵都督诸军事如故。《爽传》云："外以名号尊之，内欲令尚书奏事，先来由己，得制其轻重也。"《传》又云，爽弟羲为中领军，训武卫将军，彦散骑常侍侍讲。其余诸弟，皆以列侯侍从，出入禁闼。南阳何晏、邓飏、李胜，沛国丁谧，东平毕轨，咸有声名，进趋于时，明帝以其浮华，皆抑黜之，及爽秉政，乃复进叙，任为腹心。以晏、飏、谧为尚书，晏典选举，轨司隶校尉，胜河南尹，诸事稀复由宣王。宣王称疾避爽。嘉平元年（249），正月，车驾朝高平陵。明帝陵。爽兄弟皆从。宣王部勒兵马，先据武库。遂出屯洛水浮桥。奏爽"内则僭拟，外专威权。破坏诸营，尽据禁兵。群官要职，皆置所亲。殿中宿卫，历世旧人，皆复斥出，欲置新人，以树私计。……外既如此，又以黄门张当为都监，专共交关，看察至尊，候伺神器，离间二宫，伤害骨肉。……太尉臣济、蒋济。尚书令臣孚司马孚。等皆以爽为有无君之心，兄弟不宜典兵宿卫，奏永宁宫。皇太后令敕臣如奏施行。臣辄敕主者及黄门令罢爽、羲、训吏兵，以侯就第，不得逗留，以稽车驾。敢有稽留，便以军法从事”。大司农沛国桓范闻兵起，不应太后召，矫诏开平昌门，拔取剑戟，略将门候，南奔爽。说爽使车驾幸许昌，招外兵。爽兄弟犹豫未决。侍中许允、尚书陈泰说爽，使早自归罪。爽于是遣允、泰诣宣王，归罪请死。遂免爽兄弟，以侯还第。初，张当私以所择才人张、何等与爽，疑其有奸，收当治罪。当陈与晏等阴谋反逆，并先习兵，须三月中欲发。于是收晏等下狱。令公卿朝臣廷议。收爽、羲、训、晏、飏、谧、轨、胜、范、当等，皆夷三族。史所言司马氏诛曹爽事如此。案，桓范谓曹羲曰：“当今日，卿门户，求贫贱，复可得乎？且匹夫持质一人，尚欲望活，今卿与天子相随，令于天下，谁敢不应者？”此岂爽等所不知？所以迟疑不决者？注引《世语》曰：“宣王使许允、陈泰解语爽。蒋济亦与书达宣王之旨。又使爽所信殿中校尹大目谓爽‘唯免官而已’，以洛水为誓。爽信之，罢兵。”《济传》云，济随宣王屯洛水浮桥，诛曹爽等，进封都乡侯，邑七百户。济上疏固辞，曰：“封宠庆赏，必加有功。今论谋则臣不先知，语战则非臣所率。”注又引《世语》，言济书与曹爽，言宣王旨“唯免官而已”，爽遂诛灭，济痛其言之失信，发病卒。景王之讨文钦也，钦中子俶，小字鸯，夜攻其军，军中震扰。《毌丘俭传》注引《魏氏春秋》。景王惊而目出。见《晋书·本纪》。《毌丘俭传》注引《魏末传》曰，殿中人姓尹，字大目，小为曹氏家奴，常侍在帝侧。大将军将俱行。大目知大将军一目已突出，启云：“文钦本是明公腹心，但为人所误耳。又天子乡里。大目昔为文钦所信，乞得追解语之，令还与公复好。”大将军听遣，大目单身往。乘大马，被铠胄，追文钦。遥相与语。大目心实欲曹氏安，谬言：“君侯何苦若，不可复忍数日中也?”欲使钦解其旨。钦殊不悟，乃更厉声骂大目：“汝先帝家人，不念报恩，而反与司马师作逆，不顾上天，天不佑汝。”乃张弓傅矢，欲射大目。大目涕泣曰：“世事败矣，善自努力也。”然则当时居间使爽罢兵者，悉非司马氏之人，此爽所以信之不疑邪?爽等颇务文治，见下。疆埸之吏，未必有何腹心，临危征召，大兵聚会，强者为雄，陈琳谏何进语，见《后汉书》本传。岂能进退由己?何进之召董卓，董承之召魏武，前车可鉴矣，此爽所以不用桓范之谋欤?爽与羲、训并握兵权，李胜尹河南，毕轨为司隶，亦非无事权者。宣王卧病十年，一朝蹶起，爽等就第，安知不更有所图?而不虞张当之诬，疾雷不及掩耳也。司马氏之所以得天下者，事多深秘不可知，以当时情事推校，或当如此欤?

《三国志》言曹爽等罪状云：晏等专政，共分割洛阳、野王典农部桑田数百顷，及坏汤沐邑，以为产业。承势窃取官物，因缘求欲州郡，有司望风，莫敢忤旨。爽饮食车服，拟于乘舆。尚方珍玩，充牣其家。妻妾盈后庭。又私取先帝才人七八人，及将吏、师工、鼓吹、良家子女三十三人，皆以为伎乐。诈作诏书，发才人五十七人送邺台，使先帝婕妤教习为技。擅取太乐乐器，武库禁兵。作窟室，绮疏四周，数与晏等会其中，纵酒作乐。此等荒淫之事，诚未敢保其必无，然亦不至若此其甚。况当时风气，荒淫者必不止此数人，观晋初之何曾等可知也。至谓爽等为浮华，则其事见于《董昭》及《诸葛诞传》。《昭传》言，昭上疏陈末流之弊，帝于是发切诏，斥免诸葛诞、邓飏等。《诞传》云，入为吏部郎，人有所嘱托，辄显其言而承用之，后有当否，则公议其得失，以为褒贬。自是群僚莫不慎其所举。累迁御史中丞、尚书。

与夏侯玄、邓飏等相善。收名朝廷，京都翕然。言事者以诞等修浮华，合虚誉，渐不可长，免诞官。世岂有修浮华而能慎于选举者乎？然则明帝之绌诞、飏等，其事究若何，殆不可知也。诞之败也，麾下数百人坐不降见斩，皆曰“为诸葛公死，不恨”，见本传。注引干宝《晋纪》曰：“数百人拱手为列，每斩一人，辄降之，竟不变至尽，时人比之田横。”浮华者能若是乎？爽等与司马懿相持十年，不幸而败，其非恒人可知。然终于败者何也？《蒋济传》谓丁谧、邓飏等轻改法度，济上疏诤其无益于治，适足伤民。《王凌传》注引《汉晋春秋》，言凌谋立楚王彪，见下。使至洛阳语其子广。广曰：“凡举大事，应本人情。今曹爽以骄奢失民。何平叔晏字。虚而不治。丁、毕、桓、邓，虽并有宿望，皆专竞于世。加变易朝典，政令数改。所存虽高，而事不下接。民习于旧，众莫之从。故虽势倾四海，声震天下，同日斩戮，名士减半，而百姓安之，莫或之哀，失民故也。今懿情虽难量，事未有逆。而擢用贤能，广树胜己。修先朝之政令，副众心之所求。爽之所以为恶者，彼莫不必改。夙夜匪懈，以恤民为先。父子兄弟，并握兵要。未易亡也。”裴松之以为如此言之类，皆前史所不载，而独出习氏，且制言法体，不似于昔，疑悉凿齿所自造。案，习氏之言于司马氏诚有虚美。然谓爽等因好改革而失人心，则其言必有所本。非常之原，黎民惧焉。岂唯黎民，虽士大夫，能深鉴当世之弊，不狃于积习，而有远大之图者，盖亦寡矣。观史所载何晏奏戒之语，见《齐王本纪》正始八年（247）。夏侯玄论治之言，见本传。皆卓然不同于流俗。度其所为，必有大过人者，而惜乎史之不尽传也。然因违众心故，遂为败亡之本矣，岂不哀哉？然文钦与郭淮书，称昭伯爽字。及其亲党皆一时之俊，《毌丘俭传》注。则信不诬也。

诛曹爽后二年，而王凌之变起。凌，允兄子。历刺兖、青、扬、豫。与吴战，数有功。正始初，督扬州。凌外甥令狐愚为兖州刺史，屯平阿，谋迎立武帝子楚王彪，都许昌。诛爽之年，愚使与彪相问往来，而愚病死。嘉平三年（251），凌遣将军杨弘以废立事告兖州刺史黄华。华、弘连名，以白司马懿。懿将中军乘水道讨凌。掩至百尺。堰名。《水经注》，沙水过陈县东南，注于颍水，水次有大堰，即古百尺堰。按，陈县，今河南淮阳县。凌自知势穷，乘船单出迎懿。懿遣送还京都。至项，汉县，今河南项城县东北。饮药死。懿遂至寿春，穷治其事。彪赐死。诸相连者悉夷三族。悉录魏诸王公置于邺，命有司监察，不得交关。见《晋书·本纪》。

是年，七月，懿卒。子师为抚军大将军，录尚书事。四年正月，以师为大将军。六年（254），即高贵乡公正元元年也。二月，中书令李丰与皇后父光禄大夫张缉等谋诛师，以夏侯玄代之。玄，尚子，尚，渊从子。爽之姑子。时为太常。玄以爽抑绌，内不得意。丰虽宿为师所亲待，然私心在玄。遂结缉谋，欲以玄辅政。丰阴令弟兖州刺史翼求入朝，欲使将兵入，并力起。会翼求朝，不听。是月，当拜贵人。丰等欲因御临轩，诸门有陛兵诛师，以玄代之，以缉为骠骑将军。丰密语黄门监苏铄、永宁署令乐敦、冗从仆射刘贤等曰："卿诸人居内，多有不法。大将军严毅，累以为言。张当可以为诫。"铄等皆许以从命。师微闻其谋。请丰相见，丰不知而往，即杀之。事下有司。收玄、缉、铄、敦、贤等送廷尉。丰、玄、缉、敦、贤等皆夷三族。三月，废皇后张氏。九月，师以永宁太后令废帝。师欲立武帝子彭城王据。太后以彭城王先帝诸父，于昭穆之序为不次，乃立文帝孙、东海定王霖子高贵乡公髦为明帝嗣。据《晋书·本纪》。

高贵乡公正元二年（255）正月，镇东将军毌丘俭、扬州刺史文钦反。俭与夏侯玄、李丰厚善。钦，曹爽之邑人也。《俭传》注引《魏书》云：爽厚养待之。矫太后诏罪状师。迫胁淮南将守诸别屯者及吏民入寿春城。分老弱守城。俭、钦自将五六万众渡淮，西至项。俭坚守，钦在外为游兵。时师新割目瘤，创甚。或以可遣太尉孚往。唯傅嘏、王肃劝其自行。嘏曰："淮、楚兵劲，而俭等负力远斗，其锋未易当也。若诸将战有利钝，大势一失，则公事去矣。"师乃蹶然起。据《三国志·傅嘏传》及注引《汉晋春秋》。统中军步骑十余万，倍道兼行。召三方兵，大会于陈、许之郊。据《晋书·本纪》。别使诸葛诞督豫州诸军拟寿春，胡遵督青、徐诸军出于谯、宋之间，绝其归路。使监军王基督前锋诸军据南顿。汉县，在今项城县北。以待之。《基传》，毌丘俭、文钦作乱，以基为行监军，假节，统许昌军。适与景王会于许昌。景王曰："君筹俭等何如？"基曰："淮南之逆，非吏民思乱也，俭等诳胁迫惧，畏目下之戮，是以尚群聚耳。若大兵临逼，必土崩瓦解。俭、钦之首，不终朝而悬于军门矣。"景王曰："善。"乃令基居军前。议者咸以俭、钦慓悍，难与争锋。诏基停驻。基以为"俭等举军足以深入，而久不进者，是其诈伪已露，众心疑沮也。今不张示威形以副民望，而停军高垒，有似畏懦，非用兵之势也。若或虏略民人；又州郡兵家为贼所得者，更怀离心；俭等所迫胁者，自顾罪重，不敢复还；此为错兵无用之地，而成奸宄之源。吴寇因之，则淮南非国家之有。谯、沛、汝、豫，危而不安。此计之大失也。军宜速进据南顿。南顿有大邸阁，计足军人四十日粮，保坚城，因积谷，先人有夺人之心，此平贼之要也"。基屡请，乃听进据㶏水。既至，复言曰："兵闻拙速，未睹工迟之久。方今外有强寇，内有叛臣，若不时决，则事之深浅，未可测也。议者多欲将军持重，将军持重是也，停军不进非也。持重非不行之谓也，进而不可犯耳。今据坚城，保壁垒，以积实资虏，县运军粮，甚非计也。"景王欲须诸军集到，犹尚未许。基曰："将在军，君令有所不受。彼得则利，我得亦利，是为争城，南顿是也。"遂辄进据南顿。俭等从项亦欲往争，发十余里，闻基先到，复还保项。㶏水，今溵水，为北汝水下游，俗称沙河。自许昌东南经郾城、西华、商水诸县入颍。令诸军皆坚壁勿与战。俭、钦进不得斗，退恐寿春见袭，不得归，计穷不知所为。淮南将士，家皆在北，众心沮散，降者相属。唯淮南新附农民为之用。师遣兖州刺史邓艾督泰山诸军万余人之乐嘉，示弱以诱之。昭寻自洙至。钦不知，果夜来，欲袭艾等。会明，见大军兵马盛，乃引还。师纵骁骑追击，大破之。钦遁走。是日，俭闻钦战败，恐惧夜走。众溃。比至慎县，汉县，今安徽颍上县西北。左右兵人稍弃俭去。俭藏水边草中，为人所射杀。传首京都。俭子甸为治书侍御史，先时知俭谋，将家属逃走新安灵山上，别攻下之。夷俭三族。钦亡入吴。师死于许昌。弟昭为大将军，录尚书事。

诸葛诞本与夏侯玄、邓飏等相善，为明帝所免，已见前。正始初，玄等并任职，复以诞为御史中丞尚书。出为扬州刺史。司马懿伐王凌，以诞为镇东将军，假节，都督扬州诸军事。诸葛恪兴东关，遣诞督诸军讨之，与战，不利。时毌丘俭为镇南将军，领豫州刺史。乃令俭、诞对换。俭、钦反，遣使诣诞，诞斩其使。俭、钦之破也，诞先至寿春。寿春中十余万口，闻俭、钦败，恐诛，悉破城门出，流迸山泽，或散走入吴。以诞久在淮南，乃复以为镇东大将军，都督扬州。转为征东大将军。倾帑藏振施，以结众心。厚养亲附及扬州轻侠者数千人为死士。甘露二年（257）五月，征为司空。诞遂反。召会诸将，自出攻扬州刺史乐綝，杀之。敛淮南及淮北郡县屯田口十余万、官兵、扬州新附胜兵者四五万人，聚谷足一年食，闭城自守。遣长史吴纲将小子靓至吴请救。吴人大喜。遣将全怿、全端、唐咨、王祚等率三万众，密与文钦俱来应诞。议者请速伐之。昭曰："诞以毌丘俭轻疾倾覆，今必外连吴寇，此为变大而迟。吾当与四方同力，以全胜制之。"七月，奉帝及太后东征。征兵青、徐、荆、豫，分取关中游军，皆会淮北。师次于项，进军丘头。据《晋书·本纪》。《三国志·诞传》云：军凡二十六万。使镇南将军王基、安东将军陈骞等围寿春。表里再重，堑垒甚峻。又使监军石苞、兖州刺史州泰等简锐卒为游军，备外寇。钦等数出犯围，逆击走之。吴将朱异再以大众来迎诞等。泰等逆与战，每摧其锋。孙綝以异战不进，怒而杀之。城中食转少，外救不至。石苞、王基并请攻之。昭曰："损游军之力，外寇卒至，表里受敌，此危道也。……但坚守三面。若贼陆道而来，军粮必少，吾以游兵轻骑绝其转输，可不战而破。外贼破，钦等必成擒矣。"据《晋书·本纪》。将军蒋班、焦彝皆诞爪牙计事者也。言于诞曰："朱异等以大众来而不能进，孙綝杀异而归江东，外以发兵为名，而内实坐须成败，其归可见矣。今宜及众心尚固，士卒思用，并力决死，攻其一面，虽不能尽克，犹可有全者。"文钦曰："江东乘战胜之威久矣，未有难北方者也。况公今举十余万之众内附，而钦与全端等皆同居死地。父子兄弟俱在江表。就孙綝不欲，主上及其亲戚岂肯听乎？且中国无岁无事，军民并疲。今守我一年，势力已困。异图生心，变故将起。以往准今，可计日而望也。"班、彝固劝之。钦怒，而诞欲杀班。二人惧，且知诞之必败也，十一月，逾城而降。《诸葛诞传》注引《汉晋春秋》。全怿，琮子；琮，孙权之婚亲重臣也。琮，权时尚公主。琮孙静，从子端、翩、缉等皆将兵来救诞。怿兄子辉、仪留建业，与其家内争讼，携其母将部曲数十家渡江归魏。钟会建策，密为辉、仪作书，使辉、仪所亲信赍入城告怿等。说吴中怒怿等不能拔寿春，欲尽诛诸将家，故逃来归命。怿等恐惧，遂将所领开东城门出降。《钟会传》。城中震惧，不知所为。三年正月，诞、钦、咨等大为攻具，昼夜五六日攻南围，欲决围而出。围上诸军临高，以发石车、火箭逆烧，破其攻具。弩矢及石雨下。死伤者蔽地，血流盈堑。复还入城。城中食转竭，降出者数万口。钦欲尽出北方人省食，与吴人坚守，诞不听，由是争恨。钦素与诞有隙，徒以计合，事急愈相疑。钦见诞计事，诞遂杀钦。钦子鸯、虎逾城出。昭使将兵数百骑驰巡城，呼语城内云："文钦之子犹不见杀，其余何惧？"

城内喜且扰。又日饥困。昭乃自临围，四面进兵，同时鼓噪登城。城内无敢动者。诞窘急，单乘马，将其麾下突小城门出。昭司马胡奋部兵逆击，斩诞。传首，夷三族。唐咨、王祚及诸裨将皆面缚降。吴兵万众，器仗军实山积。案，司马氏专魏政后，扬州凡三起兵抗之。王凌意在废立。毌丘俭，据《三国志》注载其表辞，谓师罪宜加大辟，然懿有大功，依《春秋》“十世宥之”之义，议废师以侯就第，而举昭以代师，且举司马孚为保傅，司马望为中领军，则已无绝其根株之意。至诸葛诞，则徒欲连吴自守，无意进取，可见司马氏之不易除。然俭拥江、淮轻锐，顿重兵以俟中朝之变，诞则进可以战，退可以守，其势皆未可轻，故师、昭必竭全力以搏之也。诞死，魏将无复能与司马氏抗者，而篡国之势成矣。

高贵乡公即位时，即减乘舆服御、后宫用度。罢尚方御府百工技巧靡丽无用之物。遣使持节分适四方，观风俗，劳士民，察冤枉失职者。此盖司马氏收揽人心之政，非帝所自为。然史称帝好学夙成，详载其甘露元年（256）幸太学与诸儒讲论事，时帝年仅十六，则或系有为之主，胜于文帝、明帝，亦未可知，而惜乎其不遇时也。五年五月，帝见威权日去，不胜其忿。乃召侍中王沈、尚书王经、散骑常侍王业，谓曰：“司马昭之心，路人所知也。吾不能坐受废辱，今日当与卿自出讨之。”王经曰：“昔鲁昭公不忍季氏，败走失国，为天下笑。今权在其门，为日久矣。朝廷四方皆为之致死，不顾逆顺之理，非一日也。且宿卫空阙，兵甲寡弱，陛下何所资用，而一旦如此，无乃欲除疾而更深之邪？祸殆不测，宜见重详。”帝乃出怀中版令投地，曰：“行之决矣。正使死，何所惧？况不必死邪？”于是入白太后。沈、业奔告文王。文王为之备。帝遂帅僮仆数百，鼓噪而出。文王弟屯骑校尉伷入，遇帝于东止车门。左右呵之。伷众奔走。中护军贾充又逆帝，战于南阙下。帝自用剑。众欲退。太子舍人成济问充曰："事急矣，当云何？"充曰："畜养汝等，正为今日，今日之事，无所问也。"济即前刺帝，刃出于背。以上见注引《汉晋春秋》。裴松之谓"习凿齿书虽最后出，然述此事差有次第，故先载习语，以其余所言微异者次其后"，然所载《世语》《晋纪》《魏氏春秋》《魏本传》实与习氏书无甚异同也。高贵乡公既死，昭乃以太后令诬其图为弑逆，以王礼葬之，而迎立燕王宇子常道乡公奂。夷成济三族。杀王经。

第七节
蜀魏之亡

蜀诸葛亮死后，以左将军吴壹为车骑将军，假节，督汉中。以蒋琬为尚书令，总统国事。明年蜀建兴十三年（235），魏青龙三年。四月，进琬位大将军。延熙元年（238），魏明帝景初二年。魏有辽东之役，诏琬出屯汉中，须吴举动，东西犄角，以乘其衅。明年，进琬位大司马。四年，魏齐王芳正始二年。琬以为昔诸葛亮数窥秦川，道险运艰，竟不能克，不若乘水东下。乃多作舟船，欲由汉、沔袭魏兴、魏郡，今陕西安康县西北。上庸。会旧疾连动，未时得行。而众论咸谓如不克捷，还路甚难，非长策也。于是遣尚书令费祎、中监军姜维等喻指。琬上疏言："吴期二三，连不克果。……辄与费祎等议：以凉州胡塞之要，进退有资，贼之所惜。且羌、胡乃心，思汉如渴。又昔偏军入羌，郭淮破走。算其长短，以为事首，宜以姜维为凉州刺史。若维征行，衔持河右，臣当帅军为维镇继。今涪水陆四通，唯急是应。若东北有虞，赴之不难。”五年，魏正始三年。姜维督偏军自汉中还屯涪县。六年魏正始四年。十月，琬自汉中还，住涪。先是费祎代琬为尚书令，及是迁大将军，录尚书事。以姜维为凉州刺史。七年，魏正始五年。魏邓飏等为曹爽谋，欲令爽立威名于天下，劝使伐蜀。爽从其言。西至长安，大发卒六七万人，从骆谷入。骆谷，在今陕西盩厔县西南。蜀使王平拒兴势围。兴势山，在今陕西洋县北。费祎督诸军赴救。因山为固，兵不得进。爽乃引军还。蒋琬固让州职，费祎复领益州牧。九年，魏正始七年。十一月，蒋琬卒。十年，魏正始八年。陇西、南安、金城、西平诸羌叛魏，南招蜀兵，凉州名胡白虎、文治无戴应之。十一年，魏正始九年。姜维迎逆安抚，居之繁县。今四川新繁县东北。兼据《魏志·郭淮》《蜀志·后主传》。是为姜维出凉州之始。十一年，魏正始九年。费祎出屯汉中。十二年，魏嘉平元年。魏杀曹爽等，右将军夏侯霸降蜀。秋，姜维出攻雍州，不克。初，维依麴山筑二城，麴山，在今甘肃岷县东南。使句安、李歆守之。聚羌、胡质任等，攻逼诸郡。魏陈泰代郭淮为雍州刺史，进兵围之。维往救。泰告淮绝其后，维惧而还。安等遂皆降魏。十三年，魏嘉平二年。维复出西平，不克而还。十四年，魏嘉平三年。夏，费祎还成都。冬，复北驻汉寿。十六年，魏嘉平五年。为魏降人所杀。

姜维自以练西方风俗，兼负其材武，欲诱诸羌、胡，以为羽翼，谓自陇以西，可断而有也。每欲兴军大举，费祎常裁制不从，与其兵不过万人。祎卒，夏，维率数万人围南安。魏陈泰解围。维粮尽还。明年，魏正元元年（254）。加督中外军事。魏狄道长李简降。维因简之资，复出陇西，据《蜀志·张嶷传》。多所降下。十八年（255），魏正元二年。复与夏侯霸等俱出狄道。时陈泰督雍、凉，王经为雍州刺史。维大破经于洮西。经众死者数万人，退保狄道。维围之。陈泰解围。维却住钟题。在今甘肃成县西北。十九年，魏甘露元年。春，就迁维为大将军。更整勒戎马，与镇西大将军胡济期会上邽。济失誓不至。时魏以邓艾为安西将军，假节，领护东羌校尉。与维战于段谷，今甘肃天水县东南。大破之。星散流离，死者甚众。众庶由是怨讟，而陇以西亦骚动不宁。维谢过引负，求自贬削，为后将军，行大将军事。魏以艾为镇西将军，都督陇右诸军事。二十年，魏甘露二年。诸葛诞反，魏分关中兵东下。维欲乘虚向关中，复率数万人出骆谷。魏大将军司马望拒之。邓艾亦自陇右至。维数挑战，望、艾不应。景耀元年（258），魏甘露三年。维闻诞破败，乃还成都。复拜大将军。初，先主留魏延镇汉中，皆实兵诸围，以御外敌。敌若来攻，使不得入。及兴势之役，王平捍御曹爽，皆承此制。维建议，以为错守诸围，适可御敌，不获大利。不若使闻敌至，诸围皆敛兵聚谷，退就汉、乐二城，蜀时以沔阳为汉城，成固为乐城，见《华阳国志》。使敌不得入平。且重关镇守以捍之。有事之日，令游军并进，以伺其虚。敌攻关不克，野无散谷，千里县粮，自然疲乏。引退之日，然后诸城并出，与游军并力搏之，此殄敌之术。于是令督汉中胡济却住汉寿，监军王含守乐城。护军蒋斌守汉城。又于西安、建威、在甘肃成县西北。武街、今成县治。石门、在四川平武县东南。建昌、临远，皆立围守。五年，维众出汉侯和在旧洮州南洮水之南。为邓艾所破，还住沓中。在旧洮州西南。自诸葛亮死后，蒋琬、费祎相继秉政，身虽在外，庆赏威刑，皆遥先谘断，然后乃行。董允为侍中，专献纳之任。后主渐长大，爱宦人黄皓。皓便辟佞慧，欲自容入。允常上则正色匡主，下则数责于皓。皓畏允，不敢为非。终允之世，位不过黄门丞。延熙七年（244），允以侍中守尚书令，为大将军祎副贰。九年，卒。吕乂代为尚书令。陈祗为侍中，与皓互相表里，皓始豫政事。十四年，乂卒，祗又以侍中守尚书令。姜维虽班在祗上，常率众在外，稀亲朝政。祗上承主指，下接阉宦，深见信爱，权重于维。景耀元年，卒。《后主传》于是年书“宦人黄皓始专政”，盖又非徒预政矣。董厥代为尚书令。迁大将军，平台事。而樊建代焉。后为侍中，守尚书令。四年，魏景元二年。诸葛亮子瞻与厥并平尚书事。史言自瞻、厥、建统事，姜维常征伐在外，黄皓窃弄威柄，咸共将护，无能匡矫。《维传》云：“维本羁旅托国，累年攻战，功绩不立，而宦官黄皓等弄权于内。右大将军阎宇与皓协比，而皓阴欲废维树宇，维亦疑之，故自危惧，不复还成都。”《诸葛亮传》注引孙盛《异同记》曰，瞻、厥、宇以维好战无功，国内疲敝，宜表后主，召还为益州刺史，夺其兵权。蜀长老犹有瞻表以阎宇代维故事。诸葛瞻之为人虽难详知，似不至与黄皓比。《谯周传》云：“于时军旅数出，百姓凋瘁，周与尚书令陈祗论其利害，退而书之，谓之《仇国论》。”周端人，必非与陈祗比者。又《张翼传》云，延熙十八年，与姜维俱还成都。维议复出军，唯翼廷争，以为国小民劳，不宜黩武。则当时以用兵为不宜者，自有其人。黄皓、阎宇乘此机而排维则有之，谓不宜用兵之论，专为排维而发则非也。进战退守，各有是非；抑战亦视其如何战，守亦视其如何守；不能但执战守二字，以为功罪也。姜维用兵，固功绩未立，然诸葛亮伐魏，亦曷尝有大功？段谷之役固丧败，亦何以过于街亭乎？仍岁征战，百姓凋瘁诚有之，谓其足以亡国亦过也。蜀之亡，盖亡于内外乖午，政权不一耳。

晋至司马昭时，篡魏之势已成。然欲图篡夺，必先谋立功，此伐蜀之役所由兴也。《晋书·文帝纪》载昭伐蜀之谋云：“略计取吴，作战船，通水道，当用千余万功，此十万人百数十日事也。又南土下湿，必生疾疫。……计蜀战士九万，居守成都及备他郡不下四万，然则余众不过五万。今绊姜维于沓中，使不得东顾。直指骆谷，出其空虚之地，以袭汉中。彼若婴城守险，兵势必散，首尾离绝。举大众以屠城，散锐卒以略野。剑阁不暇守险，关头不能自存。以刘禅之暗，而边城外破，士女内震，其亡可知也。”于是征四方之兵十八万以伐蜀。

魏陈留王景元三年（262），蜀汉后主之景耀五年也。冬，以钟会为镇西将军，假节，都督关中诸军事。昭敕青、徐、兖、豫、荆、扬诸州，并使作船。又令唐咨作浮海大船，外为将伐吴者。四年，蜀炎兴元年。秋，使邓艾、诸葛绪各统诸军三万余人。艾趋甘松、今四川松潘县西北。沓中，连缀维。绪趋武街、桥头，今甘肃文县。绝维归路。会统十余万众，从斜谷、骆谷入。蜀令诸围皆不得战，退还汉、乐二城。会分兵围汉、乐。使护军胡烈等行前，攻破关城。会长驱而前。时蜀遣廖化诣沓中为维援，张翼、董厥诣阳安关口，即阳平关。以为诸围外助。维自沓中还，至阴平，见第三节。集合士众，欲赴关城，未到，闻其已破，退趋白水，与翼、厥合，保剑阁以拒会。邓艾上言：从阴平趋涪，剑阁之守必还赴涪，则会方轨而进；不还，则应涪之兵寡矣。艾与诸葛绪共行。绪以本受节度邀姜维，西行非本诏，遂向白水与会合。会欲专军势，密白绪畏懦不进，槛车征还。军悉属会。进攻剑阁，不克。十月，艾自阴平道行无人之地七百余里，凿山通道而进。至江由，戍名，今四川江油县东。蜀守将马邈降。诸葛瞻到涪，盘桓未进。尚书郎黄崇权子。屡劝瞻宜速行据险，无令敌得入平地。瞻犹豫未纳。艾长驱而前。瞻却。战于绵竹，大败。瞻、崇皆死。艾进军到洛。蜀本谓敌不便至，不作城守调度。及闻艾已入阴平，百姓扰扰，皆进山野，不可禁制。后主使群臣会议。或以为宜奔吴。或以为宜奔南。唯谯周以为自古以来，无寄他国为天子者。今若入吴，固当臣服。且政理不殊，则大能吞小。由此言之，魏能并吴，吴不能并魏。再辱之耻，何与一辱？若欲奔南，则当早为之计。今大敌已近，祸败将及，群小之心，无一可保，恐发足之日，其变不测。南方远夷之地，平常无所供为，犹数反叛。自丞相亮南征，兵势逼之，穷乃幸从。是后供出官赋，取以给兵，以为愁怨。今以穷迫，欲往依恃，恐必复反叛。北兵之来，非但取蜀，必因势衰，及时追赴。势穷乃服，其祸必深。乃降于艾。艾承制拜禅行骠骑将军，太子奉车，诸王驸马都尉。蜀群司各随高下，拜为王官，或领艾官属。《晋书·文帝纪》：邓艾以为蜀未有衅，屡陈异议，帝患之，使主簿师纂为艾司马喻旨，艾乃听命。陇西太守牵弘等领蜀中诸郡。维等初闻瞻破，或闻后主欲固守成都，或闻欲东入吴，或闻欲南入建宁。蜀郡，今云南曲靖县西。于是引军由广汉郪道郪，汉县，今四川三台县南。以审虚实。寻后主敕维等降会，乃诣会于军前，将士咸怒，拔刀斫石焉。

钟会禁检士众，不得钞略。虚己诱纳，以接蜀之群司。与姜维情好欢甚。而邓艾深自矜伐，谓蜀士大夫曰："诸君赖遭某，故得有今日耳。若遇吴汉之徒，已殄灭矣。"又曰："姜维自一时雄儿也，与某相值，故穷耳。"有识者笑之。艾言于司马昭曰："兵有先声而后实者。今因平蜀之势以乘吴，吴人震恐，席卷之时也。然大举之后，将士疲劳，不可便用。且徐缓之。留陇右兵二万人，蜀兵二万人。煮盐兴冶，为军农要用。并作舟船，豫顺流之事。然后发使，告以利害。吴必归化，可不征而定也。今宜厚刘禅以致孙休，安士民以来远人。若便送禅于京都，吴以为流徙，则于向化之心不劝。宜权停留，须来年秋冬。比尔，吴亦足平。以为可封禅为扶风王，锡其资财，供其左右。郡有董卓坞，为之宫舍。爵其子为公侯，食郡内县。以显归命之宠。开广陵、城阳以待吴人。则畏威怀德，望风而从矣。"昭使监军卫瓘喻艾："事当须报，不宜辄行。"艾言"承制拜假，以安初附，谓合权宜"，"若待国命，往复道途，延引日月。《春秋》之义，大夫出疆，有可以安社稷，利国家，专之可也。今吴未宾，势与蜀连，不可拘常以失事机。兵法：进不求名，退不避罪。艾虽无古人之节，终不自嫌以损于国”。钟会、胡烈、师纂等皆白艾所作悖逆，变衅以结。诏书槛车征艾。昭奉魏主西征，次于长安。时魏诸王侯悉在邺城，命从事中郎山涛行军司事镇于邺。遣护军贾充督诸军，据汉中。《晋书·文帝纪》。敕钟会进军成都。监军卫瓘在会前行，以昭手笔令宣喻艾军，皆释仗。遂收艾入槛车。会寻至，独统大众，遂谋反。欲使姜维等皆将蜀兵出斜谷，会自将大众随其后，既至长安，令骑士从陆道，步兵从水道顺流浮渭入河。以为五日可到孟津，与骑会洛阳，一旦天下可定也。会得昭书，云：“恐邓艾或不就征，今遣中护军贾充将步骑万人径入斜谷，屯乐城，吾自将十万屯长安。相见在近。”会得书，惊，呼所亲语之曰：“但取邓艾，相国知我能独办之。今来大重，必觉我异矣。便当速发。事成，可得天下；不成，退保蜀汉，不失作刘备也。”会以五年正月十五日至。其明日，悉请护军、郡守、牙门骑督以上及蜀之故官，为太后发丧于蜀朝堂。明元郭皇后，以景元四年十二月崩。矫太后遗诏，使会起兵废昭，更使所亲信代领诸军。所请群官，悉闭着益州诸曹屋中。城门、宫门皆闭，严兵围守。会帐下督丘建，本属胡烈，烈荐之昭，会请以自随，任爱之。建愍烈独坐。启会：使听内一亲兵出取饮食。诸牙门随例各内一人。烈绐语亲兵及疏与其子曰：“丘建密说消息：会已作大坑，白棓数千。欲悉呼外兵入，人赐白帢，拜为散骑，以次棓杀坑中。”诸牙门亲兵亦咸说此语。一夜传相告皆遍。或谓会：“可尽杀牙门骑督以上。”会犹豫未决。十八日，日中，烈军兵与烈儿名渊。擂鼓出门。诸军兵不期皆鼓噪出。曾无督促之者，而争先赴城。时方给与姜维铠仗。会惊，谓维曰：“兵来似欲作恶，当云何？”维曰：“但当击之耳。”会遣兵悉杀所闭诸牙门、郡守。内人共举机以柱门。兵斫门，不能破。斯须，门外倚梯登城，或烧城屋，蚁附乱进，矢下如雨。牙门、郡守各缘屋出，与其卒兵相得。姜维率会左右战，手杀五六人。众既格斩维，争赴杀会。将士死者数百人。艾本营将士追出艾槛车，迎还。卫瓘遣田续等讨艾。遇于绵竹西，斩之。子忠，与艾俱死。余子在洛阳者悉诛。徙艾妻子及孙于西域。及泰始元年（265），乃因大赦得还，听使立后。《晋书·卫瓘传》云："邓艾、钟会之伐蜀也，瓘以本官持节监会、艾军事，行镇军司，给兵千人。蜀既平。艾辄承制封拜。会阴怀异志，因艾专擅，密与瓘俱奏其状。诏使槛车征之。会遣瓘先收艾。会以瓘兵少，欲令艾杀瓘，因加艾罪。瓘知欲危己，然不可得而距。乃夜至成都。檄艾所统诸将：称诏收艾，其余一无所问。若来赴官军，爵赏如先。敢有不出，诛及三族。比至鸡鸣，悉来赴瓘。唯艾帐内在焉。平旦开门，瓘乘使者车径入。至成都殿前，艾卧未起，父子俱被执。艾诸将图欲劫艾，整仗趋瓘营。瓘轻出迎之。伪作表章，将申明艾事。诸将信之而止。俄而会至，乃悉请诸将胡烈等，因执之，囚益州解舍。遂发兵反。于是士卒思归，内外骚动，人情忧惧。会留瓘谋议。乃书版云欲杀胡烈等，举以示瓘。瓘不许，因相疑贰。瓘如厕，见胡烈，故给使使宣语三军，言会反。会逼瓘定议，经宿不眠。各横刀膝上。在外诸军已潜欲攻会，瓘既不出，未敢先发。会使瓘慰劳诸军。瓘心欲去，且坚其意，曰：'卿三军主，宜自行。'会曰：'卿监司，且先行，吾当后出。'瓘便下殿。会悔遣之，使呼瓘。瓘辞眩疾动，诈仆地。比出阁，数十信追之。瓘至外解，服盐汤，大吐。瓘素羸，便似困笃。会遣所亲人及医视之，皆言不起。会由是无所惮。及暮，门闭，瓘作檄宣告诸军。诸军并已唱义。陵旦，共攻会，会率左右拒战，诸将击败之。唯帐下数百人随会绕殿而走，尽杀之。瓘于是部分诸将，群情肃然。邓艾本营将士复追破槛车，出艾，还向成都。瓘自以与会共陷艾，惧为变，又欲专诛会之功，乃遣护军田续至绵竹，夜袭艾于三造亭，斩艾及其子忠。初，艾之入江由也，以续不进，将斩之，既而赦焉。及瓘遣续，谓之曰：'可以报江由之辱矣。'"案，此所述钟会死事，不如《三国志》之可信，盖有瓘事后邀功之语。唯言瓘所以杀邓艾，则当得其实也。按，钟会之叛，实为魏诸将中思扶王室之最后者。《三国志·会传》云：文王欲遣会伐蜀，西曹属邵悌求见，言不若使余人行。文王笑曰："我宁当复不知此邪？……败军之将，不可以语勇；亡国之大夫，不可与图存；心胆已破故也。若蜀已破，遗民震恐，不足与图事。中国将士，各自思归，不肯与同也。若作恶，只自族灭耳。"及会白邓艾不轨，文王将西，悌复曰："钟会所统，五六倍于邓艾，但可敕会取艾，不足自行。"文王曰："卿忘前时所言邪？而更云可不须行乎？"此乃事后附会之辞，非情实。观会白艾叛时司马昭之张皇可知。闻艾叛而犹如此，况于会乎？《姜维传》注引《汉晋春秋》，言会阴怀异图，维见而知其心，谓可构成扰乱，以图克复也，乃诡说之，由是情好欢甚。此亦附会之谈。维与会甫为敌国，维即知人，岂能一见而知其有叛心？纵知之，岂能即说之以叛？盖会为繇子，本魏世臣，固有扶翼魏室之心。会佐司马氏，迄当帷幄之任，而伐蜀之役，忽膺专阃，未必非其自请而行，而其所以自诡伐蜀，乃正欲得所借手以扶魏也。既欲扶魏而锄晋，自不能专任北兵；不能专任北兵，自不能不有取于姜维矣。注又引《华阳国志》曰，维教会诛北来诸将。诸将既死，徐欲杀会，尽坑魏兵，还复蜀祚。密书与后主曰："愿陛下忍数日之辱。臣欲使社稷危而复安，日月幽而复明。"孙盛《晋阳秋》曰："盛以永和初从安西将军平蜀，见诸故老，及姜维既降之后密与刘禅表疏，说欲伪服事钟会，因杀之以复蜀土。会事不捷，遂至泯灭。蜀人于今伤之。"此所传虽不必尽实，维当日能否密与后主表疏，事殊可疑。然维乘会叛，别有所图，则理有可信。裴松之言：若令魏将皆死，兵在维手，杀会复蜀不难，此诚可乘之机也。维，天水冀人。冀，今甘肃甘谷县。仕本郡，参军事。建兴六年（228），诸葛亮军向祁山。时天水太守适出案行。维及功曹梁绪、主簿尹赏、主记梁虔等从行。太守闻蜀军垂至，而诸县响应，疑维等皆有异心，于是夜亡保上邽。维等觉太守去，追迟，至城门，城门已闭，不纳。维等相率还冀，冀亦不入维等。维等乃俱诣诸葛亮。盖凉州降下晚，其民多不服魏，此太守之所以疑维等。然以维之才，果其尽忠于魏，岂不能为杨阜，而遽诣诸葛亮？则亮与张裔、蒋琬书，称其心存汉室，诚不诬也。郤正著论论维曰："姜伯约维字。据上将之重，处群臣之右。宅舍弊薄，资财无余。侧室无妾媵之亵，后庭无声乐之娱。衣服取供，舆马取备。饮食节制，不奢不约。官给费用，随手消尽。察其所以然者，非以激贪厉浊，抑情自割也，直谓如是为足，不在多求。凡人之谈，常誉成毁败，扶高抑下。咸以姜维投厝无所，身死宗灭，以是贬削，不复料擿，异乎《春秋》褒贬之义矣。如姜维之乐学不倦，清素节约，自一时之仪表也。"可谓知言矣。

魏景元四年（263），吴景帝休永安六年也。十月，蜀以魏见伐告。吴使大将军丁奉向寿春，将军留平别诣施绩于南郡，议兵所向，将军丁封、孙异如沔中，皆救蜀。后主降魏闻至，然后罢。时蜀建宁太守霍弋，巴东领军罗宪，各保全一方。明年，吴镇军陆抗、抚军步协、征西将军留平、建平太守盛曼建平，吴所立郡，今四川巫山县。围宪。凡六月。魏荆州刺史胡烈救宪，抗等引还。魏以宪为武陵太守，巴东监军。据《霍峻传》注引《襄阳记》。

刘禅降后，司马昭以相国总百揆。还自长安，进爵为王。明年八月，昭卒，太子炎嗣相国晋王位。十二月，遂废魏而自立，是为晋武帝。

第八节 孙吴盛衰

孙权为人，颇有知略。孙策之将终也，呼权佩以印绶，谓曰

“举江东之众，决机于两阵之间，与天下争衡，卿不如我；举贤任能，各尽其心，以保江东，我不如卿。”此非虚言，观权所任，吕蒙、陆逊等皆望轻资浅之人；即赤壁之役，专听周瑜、鲁肃，与中国相抗，亦为危道；而能行之不疑，可见其知人之明。坚凡四子：长策，次权，次翊，次匡。《三国志·翊传》称其骁悍果烈，有兄策风。注引《典略》云：“翊名俨。性似策。策临卒，张昭等谓策当以兵属俨，而策呼权，佩以印绶。”盖深知江东草创，能守土者在知略不在勇悍，不徒以序举也。当权初立之时，基业未定。史称寄寓之士，以安危去就为意，未有君臣之固。张昭、周瑜等谓权可与共成大业，故委心而服事焉。《张纮传》云：“曹公欲令纮辅权内附，出纮为会稽东部都尉。”《张昭传》言，策创业，命昭为长史、抚军中郎将。文武之事，一以委昭。昭每得北方士大夫书，专归美于昭。盖是时中原犹未知权为何如人也。其创业亦云不易矣。然权之为人，究偏于轻侠。故虽能驱策武士，而不能任用文臣。张昭以严见惮，以高见外，不处宰相，又不登师保。虞翻疏直，卒放交州。张温以声名大盛，亦致废绌。信任吕壹，至于太子数谏而不纳，大臣莫敢言。后以朱据见诬，乃诛之。见《权传》赤乌元年（238）及《据传》。吕壹与秦博俱为中书，见《顾雍传》。壹事又见步骘、潘濬、是仪等《传》。专借威刑劫制，而无学焉而后臣之之风，此其所以虽承中国丧乱，获保江东，而其为治之规模，卒无足观，亦无以裕后也。

权长子登。魏黄初二年（221），权为吴王，立为太子。太和三年（229），权黄龙元年。权称尊号，立为皇太子。是岁，权迁都建业。征陆逊辅登镇武昌，领宫府留事。魏正始二年（241），权赤乌四年。卒。明年，立子和为太子，霸为鲁王。和以母王有宠见爱。后王夫人与全公主隙，权女，全琮妻。谮之。夫人忧死。和宠稍损。鲁王觊觎。侍御宾客，造为二端。仇党离贰，滋延大臣，举国中分。嘉平二年（250），权赤乌十三年。和废处故鄣。秦鄣郡，汉废为故鄣县，在今浙江长兴县西南。霸赐死。立子亮为太子。亮，权少子也。权春秋高而亮最少，故尤留意。全公主尝谮太子和子母，心不自安。因倚权意，欲豫自结。数称述全尚女，公主尚之从祖母。遂立全氏为妃。三年，权太元元年。亮母潘氏立为皇后。冬，权寝疾。先是陆逊卒，以诸葛恪为大将军，假节驻武昌，代逊领荆州事。及是，征恪，以大将军领太子太傅。中书令孙弘领少傅。明年四月，权疾困。召恪、弘及太常滕胤、将军吕据、侍中孙峻，静曾孙。嘱以后事。权薨，太子即尊号。以恪为帝太傅。胤为卫将军，领尚书事。弘素与恪不平，惧为恪所治。秘权死问，欲矫诏除恪。峻以告恪。恪请弘谘事，于坐中诛之。乃发丧制服焉。

吴之于魏也与蜀异。蜀地褊小，诸葛亮知其不足自守，故言汉、贼不两立，王业不偏安，仍岁出兵，以攻为守。蒋琬、费祎、姜维亦仍斯志。吴则据地较广。北方之兵，不利水战，进取较难。大帝在位虽久，自取荆州之后，稍已衰迟；魏自武帝崩殂，文帝、明帝继立，其才更无足图混一者，故虽仍岁交兵，迄无大举也。魏明帝太和二年（228），孙权黄武七年。吴鄱阳太守周鲂伪叛，以诱魏扬州牧曹休。明帝因之，使司马懿下汉水，休督诸军向寻阳，贾逵向东关。即濡须坞。会冬水浅，大船不得行，乃诏懿驻军。见《贾逵》《张郃传》。权至皖口。在今安徽怀宁县西。使陆逊督诸将，大破休于石亭。今安徽潜山县东北。是役也，全琮与朱桓为左右督。桓议断夹石、挂车道，在今安徽桐城县北。则彼众可尽而休可虏。因此乘胜长驱，以规许、洛。权先与陆逊议，逊以为不可，故计不施行。据《魏志·贾逵传》，时明帝诏逵与休合兵，逵已疾行据夹石，时魏兵颇盛，吴即用朱桓计，亦未必能有大功也。是岁，曹休卒。满宠代督豫州。青龙元年（233），吴嘉禾二年。宠疏言“合肥城南临江湖，北远寿春。贼攻围之，得据水为势。官军救之，当先破贼大辈，然后围乃得解。……宜移城内之兵，其西三十里。有奇险可依，更立城以固守。此为引贼平地而掎其归路，于计为便”。诏报听。权向合肥新城，遣全琮攻六安，后汉侯国，治六，今安徽六安县北。皆不克。明年五月，权遣陆逊、诸葛瑾屯江夏、沔口，孙韶、张承等向广陵、淮阳。权率大众围合肥新城。宠欲拔新城，致贼寿春。明帝不听。七月，自率水军东征。未至寿春，权退还。孙韶亦罢。景初元年（237），吴嘉禾六年。权遣朱然围江夏，全琮袭六安，皆不克。废帝正始二年（241），吴赤乌四年。四月，权遣全琮略淮南，诸葛恪攻六安，朱然围樊，诸葛瑾取柤中。在今湖北南漳县西，其地在当时为沔南沃壤，见《吴志·朱然传》注引《襄阳记》。五月，魏司马懿救樊。六月，吴军还。零陵太守殷礼言于权曰：曹氏丧诛累见，幼童莅事，宜约蜀乘时大举。若循前轻举，则不足大用，易于屡退。民疲威消，时往力竭，非出兵之策也。权弗能用。《权传》注引《汉晋春秋》。四年，吴赤乌六年。诸葛恪复攻六安。五年、吴赤乌七年。七年，吴赤乌九年。朱然再攻柤中。袁淮言于曹爽曰：吴、楚常为中国患者，以陆钞不利则入水，攻之道远，中国之长技无所用之也。孙权自十数年以来，大畋江北，缮治甲兵，精其守御，数出盗窃，敢远其水，陆次平土，此中国所愿闻也。夫用兵者当以饱待饥，以逸击劳。师不欲久，行不欲远。守少则固，力专则强。当今宜捐淮、汉以南，退却避之。若贼能入居中央，来略边境，则随其所短，中国之长技得用矣。若不敢来，则边境得安，无钞盗之忧矣。襄阳孤在汉南，贼循汉而上，则断而不通，一战而胜，则不攻而自服，故置之无益于国，亡之不足为辱。自江夏已东，淮南诸郡，三后已来，其所亡几何？若徙之淮北，则民人安乐，何鸣吠之惊乎？不从。《魏志·齐王纪》注引《汉晋春秋》。嘉平二年（250），吴赤乌十三年。都督荆、豫王昶奏“孙权流放良臣，嫡庶分争，可乘衅而制吴、蜀。

白帝、夷陵之间，黔、巫、秭归、房陵皆在江北，民夷与新城郡接，可袭取也”。乃遣新城太守州泰袭巫、秭归、房陵，荆州刺史王基诣夷陵，昶诣江陵，吴使陆凯拒之。皆引还。明年，吴太元元年（251）。王基、陈泰攻吴，破之。降者数千口。置南郡之夷陵，以居降附，又明年而权卒。

孙权既卒，论者议欲伐吴。而三征献策各不同。征南大将军王昶、征东大将军胡遵、镇南将军毌丘俭皆表请征吴。诏访尚书傅嘏。嘏言唯进军大佃，最差完牢。可令三方一时前守，夺其肥壤。时不从。初，孙权迁都建业，筑东兴堤遏湖水。后征淮南，败以内船。由是废不复修。权卒之岁，十月，诸葛恪会众于东兴，更作大堤。即东关。左右结山，侠筑两城，各留千人，使全端、留略守之。是月，魏诏王昶攻南郡，毌丘俭攻武昌，胡遵、诸葛诞以步骑七万围东兴。恪兴军四万，晨夜赴敌。大破之。魏军死者数万，资器山积。加荆、扬州牧，都督中外诸军事。明年春，魏嘉平五年（253），吴建兴二年。恪复欲出军。诸大臣以为数出疲劳，同辞谏恪。恪不听。著论以谕众意曰：昔秦但得关西耳，尚以并吞六国。今贼皆得秦、赵、韩、魏、燕、齐九州之地，比古之秦，土地数倍。以吴与蜀比古六国，不能半之。今所以能敌之，但以操时兵众，于今适尽，而后生者未悉长大，正是贼衰少未盛之时。加司马懿先诛王凌，续自陨毙，其子幼弱，而专彼大任。虽有智计之士，未得施用。当今伐之，是其厄会。自本已来，务在产育。今者贼民，岁月繁滋，但以尚小，未可得用耳。若复十数年后，其众必倍于今。而国家劲兵之地，皆已空尽，唯有此见众，可以定事。若不早用之，端坐使老，复数十年，略当损半。而见子弟，数不足言。若贼众一倍，而我兵损半，虽复使伊、管图之，未可如何。众莫敢复难。二月，大发州郡二十万众以伐魏。恪意欲曜威淮南，驱略民人。而诸将或难之，曰：“今引军深入，疆埸之民必相率远遁，恐兵劳而功少。不如止围新城。新城困，救必至，至而图之，乃可大获。”恪从其计。还围新城。攻守连月，城不拔。士卒疲劳，因暑饮，水泄下流，肿病者大半，死伤涂地。魏遣司马孚拒之。七月，恪引军还。士卒伤病，流曳道路，或顿仆坑壑，或见略获，而恪晏然自若。出住江渚一月，图起田于浔阳。诏召相衔，徐乃还师。愈治威严，多所罪责。又改易宿卫，用其亲近。复敕兵严，欲向青、徐。孙峻因民之多怨，众之所嫌，构恪欲为变。与亮谋，置酒请恪，伏兵杀恪于殿堂。瑾之死，恪已自封侯。弟融袭爵，摄兵驻公安。遣孙壹静孙。等攻之。融饮药死。壹督夏口。以峻为丞相大将军，督中外诸军事。案，恪之欲大举，即殷札之旨。观其谕众之论，可谓意思深长。《恪传》注引《汉晋春秋》，言恪使司马李衡说姜维同举，曰：“今敌政在私门，外内猜隔。兵挫于外，而民怨于内。自曹操以来，彼之亡形，未有如今者也。若大举伐之，使吴攻其东，汉入其西。彼救西则东虚，重东则西轻。以练实之军，乘虚轻之敌，破之必矣。”此即亟肄以疲，多方以误之策。初欲驱略淮南，意盖即在于此。惜乎其误听诸将之计，顿兵坚城之下，违天时，失地利，转遭挫折，遂致陨身也。自是以后，吴亦宵小当国，仅图自保，无复能图大举者矣。

孙峻素无重名，骄矜险害，多所刑杀，百姓嚣然。诸葛恪，故太子和妃张之舅也。恪有徙都意，便治武昌宫。民间或言欲迎和。峻素媚事全主，全主遂劝峻夺和玺绶，徙之新都。吴都，见第十一章第七节。遣使赐死。正元元年（254）吴五凤元年。秋，故太子登子吴侯英谋杀峻。觉，英自杀。《登传》注引《吴历》曰：“孙和以无罪见杀，众庶皆怀愤叹。前司马桓虑因此招合将吏，欲共杀峻立英。事觉，皆自杀。英实不知。”二年吴五凤二年。秋，魏使来聘。将军孙仪等欲因会杀峻。事泄，仪等自杀。死者数十人，并及公主鲁育。

朱据妻。初，全主谮害王夫人，欲废太子立鲁王。朱据甘露妻公主鲁育，不听。由是有隙。至是，全主因言朱主与仪同谋。峻杀朱主。甘露元年(256)，吴太平元年。文钦说峻征魏。峻使钦与吕据、刘纂、朱异、唐咨自江都入淮、泗，以图青、徐。九月，峻卒，以后事付从弟綝。为侍中武卫将军，领中外诸军事。召还吕据等。据与诸督将连名共表荐滕胤为丞相。时大司马吕岱卒，綝以胤为大司马，代岱驻武昌。据引兵还。使人报胤，欲共废綝。綝闻之，遣从兄虑《三嗣主传》作"宪"。将兵逆据于江都。使兵攻围胤，夷三族。据自杀，获之。据、胤皆孙壹之妹夫也。壹弟封又知据、胤谋，自杀。綝遣朱异潜袭壹。壹将胤妻奔魏。虑与诛诸葛恪之谋，峻厚之，綝遇虑薄于峻时，虑怒，与将军王惇谋杀綝。綝杀惇。虑服药死。二年，吴太平二年。四月，亮始亲政事。綝所表奏，多见难问。又料兵子弟年十八以下，十五以上，得三千余人，选大将子弟为之将帅，日于苑中习焉。五月，魏诸葛诞请降。遣文钦、唐咨、全端、全怿等帅三万人救之。突围入城。朱异帅三万人为钦势。异败退。綝大发卒出屯镬里。复遣异帅五万人攻魏辎重，败归。綝授兵三万人，使异死战。异不从。綝斩之。綝既不能拔出诞，而丧败士众，自戮名将，莫不怨之。綝还建业，称疾不朝。使弟据入宿卫，恩、幹、闿分屯诸营，欲以专朝自固。亮知朱主为全主所害，问朱主死意。全主惧曰："我实不知，皆据二子熊、损所白。"亮乃推朱主见杀本末，责熊、损不匡正孙峻，命丁奉杀熊、损。损妻，峻妹也。綝益忌亮。亮与公主鲁班、太常全尚、将军刘承议诛綝。亮妃，綝从姊女也。以其谋告綝。綝率众夜袭尚，遣弟恩杀承。遂围宫，黜亮为会稽王，征立权第六子琅邪王休。徙尚于零陵。迁公主于豫章。綝为丞相荆州牧。恩御史大夫卫将军，据右将军，皆县侯。幹杂号将军，亭侯。闿亦封亭侯。綝一门五侯，皆典禁兵，权倾人主，自吴国朝臣，未尝有也。休与张布休为王时，布为左右将督，素见信爱。时为辅义将军。及丁奉谋。十二月腊，百僚朝贺。诏武士缚綝。即日伏诛。闿乘船欲北降，追杀之。夷三族。景元元年（260），吴永安三年。会稽郡谣言亮当还为天子。而亮宫人告亮使巫祷祠，有恶言。黜为侯官侯，侯官，后汉县，今福建闽侯县。遣之国，道自杀。张布颇专权。休锐意典籍，欲毕览百家之言。与博士祭酒韦曜、盛冲讲论道艺。曜、冲素皆切直，布恐入侍，发其阴失，妄饰说以拒遏之。休竟如布意，废其讲业。休居会稽，太守濮阳兴深与相结，以为丞相，与布相表里。蜀亡之岁五月，交趾郡吏吕兴等反。杀太守孙谞。使使如魏请太守及兵。明年七月，休薨。谥曰景帝。初，孙和之死也，嫡妃张氏亦自杀。何姬曰："若皆从死，谁当养孤？"遂拊育和子皓及其三弟。孙休立，封皓为乌程侯。乌程，秦县，今浙江吴兴县南。是时蜀初亡，而交趾携叛，国内震惧，贪得长君。左典军万彧昔为乌程令，与皓相善，乃劝兴、布。于是兴、布废休太子𩅦而立皓。贬太后为景皇后。封𩅦为豫章王。彧谮兴、布追悔前事。十一月朔，入朝，皓因收兴、布，徙广州。道追杀之。夷三族。明年，晋武帝泰始元年（265），吴甘露元年。七月，逼杀景后。送休四子于吴小城。又追杀其大者二人。

第九节
孙吴之亡

吴自大帝死后，权戚纷争，纲纪荡然。孙皓立，复益之以淫虐，其势乃不可支矣。皓即位之岁，司马昭为魏相国。遣吴降将徐绍、孙彧致书于皓，陈事势利害，求结欢弭兵。明年，晋武帝泰始元年（265），吴甘露元年。三月，皓遣使随绍、彧报书。绍行到濡须，召还杀之，徙其家属建安，吴郡，今福建建瓯县。始有白绍称美中国者故也。九月，从西陵督步阐请，徙都武昌。使至洛，遇司马昭死，乃遣还。是岁，晋武帝受魏禅。明年，晋泰始二年，吴宝鼎元年。正月，遣大鸿胪张俨、五官中郎将丁忠吊祭司马昭。及还，俨道病死。忠说皓曰："北方守战之具不设，弋阳可袭而取。"汉县，魏改郡，今河南潢川县西。皓遂与晋绝。十月，永安山贼施但等聚众数千人，永安，吴县，今浙江武康县西。劫皓庶弟永安侯谦出乌程。比至建业，众万余人。丁固、诸葛靓败之，获谦。谦自杀。十二月，皓还都建业。泰始三年，吴宝鼎二年。六月，起昭明宫。《三国志》作"显明宫"，系避晋讳，见注引《太康三年地记》。二千石以下，皆自入山督摄伐木。又破坏诸营，大开园囿。起土山楼观，穷极技巧。功役之费，以亿万计。《皓传》注引《江表传》。《三国志·华核传》曰，制度弘广，饰以珠玉，所费甚多。盛夏兴工，农守并废。十二月，皓移居之。四年，吴宝鼎三年。九月，皓出东关。丁奉至合肥。是岁，遣交州刺史刘俊、前部督修则等击交趾。为晋将毛炅等所破，皆死。兵散。还合浦。汉郡，治徐闻。后汉徙治合浦，今广东合浦县东北。五年，吴建衡元年。遣监军虞汜、威南将军薛珝、苍梧太守陶璜由荆州，监军李勖、督军徐存从建安海道，皆就合浦击交趾。是岁，晋以羊祜督荆州。六年，吴建衡二年。李勖以建安道不通利，杀导将冯斐，引军还。为殿中列将何定所白。勖及徐存家属皆伏诛。注引《江表传》曰："定，汝南人，本孙权给使也。后出补吏。定佞邪僭媚。自表先帝旧人，求还内侍。皓以为楼下都尉，典知酤籴事。专为威福。而皓信任，委以众事。定为子求少府李勖女，不许。定挟忿，谮勖于皓，皓尺口诛之，焚其尸。"孙匡孙秀匡，权弟。为前将军夏口督。皓意不能平。九月，遣何定将五千人至夏口猎。秀惊，奔晋。七年，吴建衡三年。正月，皓举大众出华里。在今首都西南。皓母及妃妾皆行。东观令华核等固争，乃还。注引《江表传》曰，初，丹阳刁玄使蜀，得司马徽与刘廙论运命历数事，玄诈增其文，以诳国人，曰："黄旗紫盖，见于东南。终有天下者，荆、扬之君乎?"又得中国降人，言寿春下有童谣曰："吴天子当上。"皓闻之，喜，曰："此天命也。"即载其母妻子及后宫数千人，从牛渚陆道西上。云青盖入洛阳，以顺天命。行遇大雪。道途陷坏。兵士被甲持仗，百人共引一车。寒冻殆死。人不堪苦，皆曰："遇敌便当倒戈耳。"皓闻之，乃还。牛渚，山名，在今安徽当涂县西北。其突出山中处，名采石矶。汜、璜破交趾，擒杀晋所置守将。九真、日南皆还属。初，步骘在孙权之世，久督西陵。及卒，魏正始九年（248），吴赤乌十一年。子协嗣，统所领。协卒，弟阐继业为西陵督。八年，吴凤皇元年。召为绕帐督。自以失职，又惧有谗祸，于是据城降晋。乐乡都督陆抗抗，逊子。乐乡，城名。今湖北松滋县东。闻之，部分诸军，克日攻阐。晋使羊祜出江陵，荆州刺史杨肇迎阐。巴东监军徐胤攻建平。抗以江陵城固，赴西陵败肇兵。祜等皆引还。抗遂陷西陵城，诛阐及同计数十人，皆夷三族。是岁，右丞相万彧被谴，忧死。徙其子弟于庐陵。注引《江表传》曰："初，皓游华里，彧与丁奉、留平密谋曰：'此行不急。若至华里不归，社稷事重，不得不自还。'此语颇泄。皓闻知，以彧等旧臣，且以计忍，而阴衔之。后因会，以毒酒饮彧。传酒人私减之。又饮留平。平觉之，服他药以解，得不死。彧自杀。平忧懑，月余亦死。"何定奸秽发闻，伏诛。注引《江表传》曰，定使诸将各上好犬，皆千里远求，一犬至值数千匹。御犬率具缨，值钱一万。一犬一兵，养以捕兔供厨，所获无几。吴人皆归罪于定。而皓以为忠勤，赐爵列侯。九年，吴凤皇二年。皓爱妾或使人至市，劫夺百姓财物。司市中郎将陈声，素皓幸臣也，恃皓宠遇，绳之以法。妾以诉皓。皓大怒。假他事烧锯，断声头，投其身于四望之下。《贺邵传》云："中宫内竖，分布州郡，横兴事役，竞造奸利。"则其恶尚不止于是。或云"中宫"当作"中官"，恐不然也。十年，吴凤皇三年。会稽妖言章安侯奋当为天子。临海太守奚熙临海，吴郡，治章安。今浙江临海县东南。与会稽太守郭诞书，非论国政。诞但白熙书，不白妖言。送赴建安作船。遣三郡督何植收熙。熙发兵自卫，断绝海道。熙部曲杀熙，送首建业，夷三族。奋，权弟。《奋传》云："建衡二年，孙皓左夫人王氏卒。皓哀念过甚，朝夕哭临，数月不出。由是民间或谓皓死。讹言奋与上虞侯奉当有立者。奋母仲姬，墓在豫章，豫章太守张俊疑其或然，扫除坟茔。皓闻之，车裂俊，夷三族。"注引《江表传》曰："奋以此见疑。本在章安，徙还吴城禁锢。使男女不得通婚。或年三十、四十，不得嫁娶。奋上表，乞自比禽兽，使男女自相配偶。皓大怒。遣察战赍药赐奋。奋不受药，叩头千下，曰：'老臣自将儿子，治生求活，无豫国事，乞丐余年。'皓不听。父子皆饮药死。"奉，策孙，亦诛死，见《策传》。又《孙和何姬传》注引《江表传》曰："皓以张布女为美人，有宠。皓问曰：'汝父所在？'答曰：'贼以杀之。'皓大怒，棒杀之。后思其颜色。使巧工刻木作美人形象，恒置座侧。问左右：'布复有女否？'答曰：'布大女适故卫尉冯朝子纯。'即夺纯妻入宫。大有宠，拜为左夫人。昼夜与夫人房宴，不听朝政。使尚方以金作华燧、步摇、假髻以千数，令宫人着以相扑。朝成夕败，辄出更作。工匠因缘偷盗，府藏为空。会夫人死，皓哀悯思念，葬于苑中。大作冢。使工匠刻柏作木人内冢中，以为兵卫。以金银珍玩之物送葬，不可称计。已葬之后，皓治丧于内，半年不出。国人见葬太奢丽，皆谓皓已死，所葬者是也。皓舅子何都，颜状似皓，云都代立。临海太守奚熙信讹言，举兵欲还诛都。都叔父植时为备海督，击杀熙，夷三族。讹言乃息，而人心犹疑。"案，《何姬传》云："吴末昏乱，何氏骄僭，子弟横放，百姓患之，故民间讹言皓久死，立者何氏子云。"讹言非一，可见人心之不安也。七月，遣使者二十五人分至州郡，科出亡叛。陆抗卒。抗自建衡二年（270），都督信陵、西陵、夷道、乐乡、公安诸军事。信陵，吴县，在今湖北秭归县东。疾病，上疏曰："西陵、建平，国之蕃表。既处下流，受敌二境。若敌泛舟顺流，舳舻千里，星奔电迈，俄然行至，非可恃援他部，以救倒悬也。

此乃社稷安危之机，非徒封疆侵陵小害也。臣父逊昔在西垂，陈言以为西陵国之西门，虽云易守，亦复易失。若有不守，非但失一郡，则荆州非吴有也。如其有虞，当倾国争之。臣往在西陵，得涉逊迹。前乞精兵三万。而至者循常，未肯差赴。自步阐以后，益更损耗。今臣所统千里，受敌四处。外御强对，内怀百蛮。而上下见兵，财有数万。羸弊日久，难以待变。臣愚以为诸王幼冲，未统国事……无用兵马……又黄门竖宦，开立占募，兵民怨役，逋逃入占。乞特诏简阅，一切料出，以补疆埸受敌常处。使臣所部，足满八万。省息众务，信其赏罚。虽韩、白复生，无所展巧。若兵不增，此制不改，而欲克谐大事，此臣之所深戚也。”读此疏，可知皓时兵备之空虚矣。咸宁元年（275），吴郡言“掘地得银，长一尺，广三分，刻上有年月字”。于是大赦，改年天册。二年，吴郡言“临平湖在浙江杭县东北。自汉末草秽壅塞，今更开通。长老相传：此湖塞，天下乱；此湖开，天下平。又于湖边得石函。中有小石，青白色，长四寸，广二寸余，刻上作皇帝字”。于是大赦，改年天玺。会稽太守车浚、湘东太守张咏湘东，吴郡，治酃，今湖南衡阳县。不出算缗，就在所斩之，徇首诸郡。注引《江表传》曰：“浚在公清忠，值郡荒旱，民无资粮，表求振贷。皓谓浚欲树私恩，遣人枭首。又尚书熊睦见皓酷虐，微有所谏。皓使人以刀环撞杀之，身无完肌。”八月，京下督孙楷降晋。楷，韶子。韶伯父河，本姓俞氏。孙策爱之，赐姓为孙，列之属籍。后为将军，屯京城。孙权杀吴郡太守盛宪。宪故孝廉妫览、戴员亡匿山中。孙翊为丹阳，皆礼致之。览为大都督，督兵。员为郡丞。翊为左右边鸿所杀。河驰赴，责怒览、员。览、员杀河。韶统河部曲。后为广陵太守，镇北将军，数十年。赤乌四年（241）卒，子越嗣。楷，越兄，代越为京下督。初，永安贼施但劫皓弟谦，袭建业，或白楷二端，不即赴讨。皓数遣诘楷。楷常惶怖。是年征楷为宫下镇骠骑将军，遂将妻子亲兵数百人归晋。鄱阳言历阳山右文理成字，又吴兴阳羡山有空石，长十余丈，名曰石室。在所表为大瑞。乃遣兼司徒董朝、兼太常周处至阳羡县，今江苏宜兴县。封禅国山。在宜兴西南。又改元为天纪。初，驺子张俶多所谮白，累迁为司直中郎将，封侯，甚见宠爱。是岁，奸情发闻，伏诛。注引《江表传》云："俶表立弹曲二十人，专纠司不法。于是爱恶相攻，互相谤告。弹曲承言，收系囹圄。听讼失理，狱以贿成。人民穷困，无所措手足。俶奢淫无厌，取小妻三十余人。擅杀无辜。众奸并发，父子俱见车裂。"晋以王浑督扬州。四年，吴天纪二年。羊祜卒，以杜预督荆州。五年，吴天纪三年。合浦太守部曲郭马反。自号都督交、广二州诸军事。八月，以丞相张悌领广州牧，从东道，徐陵督陶濬从西道讨马。徐陵，即京城。而晋军旋至矣。

晋武帝虽借父祖余业篡魏，然性实因循，故久未以吴为事。时朝议亦多不欲伐吴。而羊祜、杜预、王濬等咸欲灭吴以为功。朝臣中唯张华赞之。是冬，乃使琅玡王伷出涂中，伷，懿子。涂水，今滁河。王浑及扬州刺史周浚向牛渚，王戎出武昌，胡奋出夏口，杜预出江陵，王濬、唐彬以巴、蜀之卒浮江而下。皓使张悌督沈莹、丹阳太守。诸葛靓副军师。率众三万渡江逆之。至牛渚。莹曰："晋治水军于蜀久矣。今倾国大举，万里齐力，必悉益州之众，浮江而下。我上流诸军，无有戒备。名将皆死，幼少当任。恐边江诸城，尽莫能御。晋之水军，必至于此矣。宜畜众力，待来一战。若胜之日，江西自清。上方虽坏，可还取之。今渡江逆战，胜不可保。若或摧丧，则大事去矣。"悌曰：吴之将亡，贤愚所知。蜀兵来此，众心必骇惧。不可复整。今宜渡江，决战力争。若其败丧，同死社稷。若其克胜，则北敌奔走，兵势万倍，便当乘威西上，逆之中道，不忧不破也。若如子计，恐行散尽，相与坐待敌到，君臣俱降，无复一人死难者，不亦辱乎？遂渡江战。吴军大败。《皓传》注引《襄阳记》。悌、莹皆死。陶濬至武昌，闻北军大出，停驻不前。初，皓每宴会群臣，无不咸令沉醉。置黄门郎十人，特不与酒，侍立终日，为司过之吏。宴罢之后，各奏其阙失。迕视之咎、谬言之愆，罔有不举。大者即加威刑，小者辄以为罪。《韦曜传》云："时有愆过，或误犯皓讳，辄见收缚，至于诛戮。"后宫数千，而采择无已。《皓滕夫人传》云后宫数千，佩皇后玺绂者多矣。注引《江表传》曰："皓又使黄门备行州郡，科取将吏家女。其二千石大臣子女，皆当岁岁言名。年十五六一简阅。简阅不中，乃得出嫁。后宫千数，而采择无已。"《陆凯传》，凯上疏言："昔先帝时，后宫列女，及诸织络，数不满百。""伏闻织络及诸徒坐，乃有千数。"又激水入宫，宫人有不合意者，辄杀流之。或剥人之面，或凿人之眼。《陆抗传》载抗疏曰："已死之刑，固无所识。至乃焚烁流漂，弃之水滨。"案，皓所枉杀者，如张纮之孙尚，及王蕃、楼玄、贺邵、韦曜等，均见各本传。岑昏险谀贵幸，致位九列。好兴功役，众所患苦。《华核传》，核上疏曰，都下诸官，各自下调。不计民力，辄与近期。长吏畏罪，昼夜催民。委舍佃事，遑赴会日。定送到都，或蕴积不用。而徒使百姓消力失时。到秋收月，督其限入。如有逋县，则籍没财物。是以上下离心，莫为皓尽力。太康元年吴天纪四年（280）。三月，殿中亲近数百人叩头请皓杀岑昏。皓惶愦从之。陶濬从武昌还，即引见，问水军消息。对曰："蜀船皆小。今得二万兵，乘大船战，自足击之。"于是合众，授濬节钺。明日，当发，其夜，众悉遁走。王濬克丹阳。吴人于江险碛要害之处，并以铁锁横截之。又作铁椎，长丈余，暗置江中，以逆拒船。濬乃作大筏数十，亦方百余步。缚草为人，被甲持丈。令善水者以筏先行。筏遇铁椎，椎辄着筏去。又作火炬，长十余丈，大数十围，灌以麻油，在船前。遇锁，燃炬烧之。须臾，融液断绝。于是船无所碍。克西陵、荆门、山名，在湖北宜都县西北。夷道、乐乡、夏口、武昌，无相支抗。皓遣游击将军张象率舟军万人御濬，象军望旗而降。濬顺流将至。伷、浑皆临近境，皓分遣使，奉书于濬、伷、浑。濬先到，受皓之降。举家西迁，封为归命侯，五年（284）死于洛阳。其江陵为杜预所克，自沅、湘以至交、广，皆望风归命焉。

第十节
三国时四裔情形

匈奴单于於扶罗，以汉献帝兴平元年（194）死，弟呼厨泉立。数为鲜卑所钞。建安二十一年（216），来朝。曹操因留于邺，使右贤王去卑监其国。《晋书·匈奴传》云，魏武帝始分其众为五部，部立其中贵者为帅，《刘元海载记》：“以豹为左部帅，其余部帅皆以刘氏为之。”选汉人为司马以监督之。魏末，复改帅为都尉。《刘元海载记》云：“太康中，改署都尉。”案，《三国·魏志·明帝纪》：太和五年（231），复置护匈奴中郎将。其左部都尉所统可万余落，居于太原故兹氏县。今山西高平县。右部都尉可六千余落，居祁县。今山西祁县。南部都尉可三千余落，居蒲子县。今山西隰县。北部都尉可四千余落，居新兴县。今山西忻县。中部都尉可四千余落，居大陵县。今山西平陆县。左部帅豹，於扶罗子，呼厨泉以为左贤王，即刘渊之父也。《三国志·邓艾传》云，嘉平中，并州右贤王刘豹并为一部。艾上言：“自单于在外，莫能牵制长卑。诱而致之，使来入侍，由是羌夷失统，合散无主，以单于在内，万里顺轨。今单于之尊日疏，外士之威浸重，则胡虏不可不深备也。闻刘豹部有叛胡，可因叛割为二国，以分其势。去卑功显前朝，而子不继业，宜加其子显号，使居雁门。离国弱寇，追录旧勋，此御边长计也。”盖左部独强之势，已稍显矣。

乌桓丘力居，献帝初平中死，子楼班年少，从子蹋顿有武略，代立。总摄三王，据《三国志·乌丸传》。《后汉书》作“总摄三郡”。盖指上谷之难楼、辽东之苏仆延、右北平之乌延。部众皆从其教令。袁绍与公孙瓒连战不决，蹋顿遣使诣绍求和亲，助绍击瓒，破之。绍矫制，赐蹋顿、难楼、苏仆延、乌延等，皆以单于印绶。后难楼、苏仆延率其部落奉楼班为单于，然蹋顿犹秉计策。广阳人阎柔，少没乌桓、鲜卑中，为其种人所归信，柔乃因鲜卑众，杀乌桓校尉邢举而代之。袁绍因宠慰柔，以安北边。及绍子尚败，奔蹋顿，时幽、冀吏民奔乌桓者十余万户，尚欲凭其兵力，复图中国。会曹操平河北，阎柔率鲜卑、乌桓归附。操即以柔为校尉。建安十二年（207），曹操自征乌桓，大破蹋顿于柳城，斩之。袁尚与楼班、乌延等皆走辽东，公孙康并斩送之。其余遗迸皆降。及幽州、并州柔所统乌桓万余落，悉徙其族居中国，帅从其侯王大人种众与征伐。由是三郡乌桓为天下名骑。《三国·蜀志·先主传》：与田楷救陶谦时，自有兵千余人及幽州乌丸杂胡骑。则用乌丸为骑兵，由来已久。明帝景初元年（237）秋，遣幽州刺史毌丘俭率众军讨辽东。右北平乌丸单于寇娄敦，辽西乌丸都督率众王护留叶，昔随袁尚奔辽西，闻俭军至，率众五千余人降。寇娄敦遣弟阿罗獒等诣阙朝贡。封其渠帅三十余为王，赐舆马、缯彩各有差。《三国志·乌丸传》注引《魏略》。

鲜卑魁头死，弟步度根立。众稍衰弱。中兄扶罗韩亦别拥众数万，为大人。轲比能本小种鲜卑，以勇健，断法平端，不贪财物，众推以为大人。部落近塞。自袁绍据河北，中国人多亡叛归之，教作兵器铠盾，颇学文字，故其勒御部众，拟则中国。太祖定幽州，步度根与轲比能等因阎柔上贡献。建安二十三年（218），代郡、上谷乌丸无臣氐等叛，据《本纪》。《鲜卑传》作“能臣氐”。比能复助为寇，太祖以鄢陵侯彰为骁骑将军，北征，大破之。比能走出塞。《彰传》云："比能将数万骑观望强弱，见彰力战，所向皆破，乃请服，北方悉平。"《裴潜传》云，代郡大乱，以潜为太守。乌丸王及其大人凡三人，各自称单于，专制郡事，前太守莫能治正，太祖欲授潜精兵，以镇讨之。潜辞曰："代郡户口殷众，士马控弦，动有万数。单于自知放横日久，内不自安。今多将兵往，必惧而拒境，少将则不见惮，宜以计谋图之，不可以兵威迫也。"遂单车之郡。单于惊喜。潜抚之以静。单于以下，脱帽稽颡，悉还前后所略妇女、器械、财物。潜案诛郡中大吏与单于为表里者郝温、郭端等十余人。北边大震，百姓归心。在代三年，还为丞相理曹掾，太祖褒称治代之功，潜曰："潜于百姓虽宽，于诸胡为峻。今继者必以潜为理过严，而事加宽惠。彼素骄恣，过宽必弛，既弛又将摄之以法，此讼争所由生也。以势料之，代必复叛。"于是太祖深悔还潜之速。后数十日，单于反问至，乃遣鄢陵侯彰为骁骑将军征之。《本纪》，建安二十一年，代郡乌桓行单于普富卢与其侯王来朝。盖潜在郡时也。后复通贡献。能臣氐等之叛也，求属扶罗韩，扶罗韩将万余骑迎之。到桑干，汉县，今山西山阴县。氐等议以为扶罗韩部威禁宽缓，恐不见济，更遣人呼轲比能。比能即将万余骑到。当共盟誓，比能即于会上杀扶罗韩。扶罗韩子泄归泥及部众悉属比能。比能自以杀归泥父，特又善遇之。步度根由是怨比能。延康初，比能遣使献马，文帝立为附义王。文帝践阼，田豫为乌丸校尉，持节，并护鲜卑，屯昌平。汉县，今河北昌平县东南。步度根遣使献马。帝拜为王。素利、弥加、厥机在辽西、右北平、渔阳塞外，道远，初不为边患，然其种众多于比能。建安中，因阎柔上贡献，通市，太祖皆表宠以为王。厥机死，又立其子沙末汗为亲汉王。文帝立素利、弥加为归义王。比能与素利、步度根更相攻击，田豫和合，使不得相侵。步度根部众稍寡弱，将其众万余落依太原、雁门郡。使人招呼泄归泥，归泥将其部落逃归步度根。比能追之，弗及。黄初五年（224），步度根诣阙贡献。厚加赏赐。是后一心守边，不为寇害。是年，比能复击素利，豫帅轻骑径进掎其后，由是怀贰。帝复使豫招纳安慰。《豫传》，文帝初，北狄强盛，侵扰边塞，乃使豫持节护乌丸校尉牵招、解儁，并护鲜卑。自高柳以东，濊貊以西，鲜卑数十部，比能、弥加、素利割地统御，各有分界。乃共要誓，皆不得以马与中国市。豫以戎狄为一，非中国之利，乃先构离之，使自为仇敌，互相攻伐。素利违盟，出马千匹与官，为比能所攻，求救于豫。豫恐遂相兼并，为害滋深，单将锐卒，深入虏庭。胡人众多，钞军前后，断绝归路。豫从他道引去。胡追豫到马城，围之十重。豫出虏不意，追讨二十余里，僵尸蔽地。又乌丸王骨进，桀黠不恭，豫因出塞案行，斩进，以进弟代。自是胡人破胆，威震沙漠。马城，汉县，在今察哈尔怀安县北。比能众遂强盛，控弦十余万骑，余部大人皆敬惮之，然犹未能及檀石槐也。六年，并州刺史梁习讨比能，大破之。明帝即位，务绥和戎狄，以息征伐，两部羁縻而已。太和二年（228），田豫遣译诣比能女婿郁筑鞬部，为鞬所杀。其秋，豫将西部鲜卑蒲头、泄归泥出塞讨郁筑鞬，大破之。还至马城，比能自将三万骑围豫七日。上谷太守阎志，柔之弟也，素为鲜卑所信，志往解喻，即解围去。后幽州刺史王雄并领校尉，抚以恩信，比能数款塞，诣州奉贡献。《明帝纪》，太和五年，鲜卑附义王轲比能率其种人及丁零大人儿禅诣幽州贡名马。《蜀志·诸葛亮传》：亮以建兴九年出祁山，注引《汉晋春秋》云，亮围祁山，招鲜卑轲比能，比能等至故北地石城以应亮。建兴九年（231），即太和五年，则比能之服，非诚服也。至青龙元年（233），比能诱步度根使叛并州，与结和亲。自勒万骑迎其累重于陉北。并州刺史毕轨遣将军苏尚、董弼等击之。比能遣子将骑与尚等会战于楼烦，汉县，在今雁门关北。临阵害尚、弼。于是步度根将泄归泥及部众悉保比能，寇钞并州，杀略吏民。帝遣骁骑将军秦朗征之。归泥叛比能，将其部众降。拜归义王。居并州如故。步度根为比能所杀。三年，王雄遣勇士韩龙刺杀比能，更立其弟。素利以太和二年死，子小，以弟成律归为王，代摄其众。案，自后汉之世，匈奴分裂败亡以来，乌丸、鲜卑之众，实远较匈奴为盛，特皆不能统一，故尚不为大患也。

后汉之于西域，中叶以后，朝威稍损，已见第十章第六节。然往还迄未尝绝，至三国之世而犹然。《魏志·四夷传》云："魏兴，西域虽不能尽至，其大国龟兹、于阗、康居、乌孙、疏勒、月氏、鄯善、车师之属，无岁不奉朝贡，略如汉氏故事。"其见于帝纪者：文帝黄初元年（220），焉耆、于阗王皆各遣使奉献。三年，鄯善、龟兹、于阗王各遣使奉献。明帝太和元年（227），焉耆王遣子入侍。三年，大月氏王波调遣使奉献，以调为亲魏大月氏王。齐王景初三年（239）二月，西域重译献火浣布。诏大将军、太尉临试，以示百僚。陈留王咸熙二年（265），康居、大宛献名马，皆其事。然《晋书·宣帝纪》载正始元年（240），焉耆、危须来献，而《志》无其事，知帝纪所载尚不完具也。《崔林传》，迁大鸿胪。龟兹王遣侍子来朝，朝廷嘉其远至，褒赏其王甚厚。余国各遣子来朝，间使连属。林恐所遣或非真的，权取疏属贾胡，因通使命，利得印绶，而道路护送，所损滋多。乃移书敦煌喻旨，并录前世待遇诸国丰约故事，使有恒常。亦见是时来者之多也。魏凉州刺史领戊己校尉，护西域，如汉故事。见《晋书·地理志》。《三国·魏志·徐邈传》：邈为凉州刺史，西域流通，荒戎入贡，皆邈勋也。《蜀志·后主传》，建兴五年（227），丞相亮出屯汉中。注引《诸葛亮集》载后主诏曰"凉州诸国王各遣月支、康居胡侯支富、康植等二十余人诣受节度"，则西胡之居凉州者不少矣。故姜维欲用之也。《魏志·四夷传》注引《魏略·西戎传》曰，西域诸国，汉初开其道，时有三十六，后分为五十余。从建武以来，更相吞灭，于今有二十。据其所载，则且志、当系"且末"之误。小宛、精绝、楼兰并属鄯善。鄯善，本楼兰改名，而此云楼兰并属鄯善者，此所谓国皆指城邑而言，非如今所谓国者兼该四境之内，此时鄯善或已迁治，其故治仍名楼兰也。戎卢、扜弥、渠勒、皮穴《汉书》皮山。并属于阗。罽宾、大夏、高附、天竺并属大月氏。尉梨、危须、山王《汉书》山国。并属焉耆。姑墨、温宿、尉头并属龟兹。桢中、《后书·班超传》损中城，注作“顿中”。莎车、竭石、今喀什噶尔。渠沙、《北史》：渠莎，居故莎车城。西夜、依耐、满犁、《汉书》蒲犁。亿若、汉德若。榆令、前后《书》皆无此国。捐毒、休修、《汉书》休循。琴国，前后《书》皆无。并属疏勒。东西且弥、《后书》无“西且弥”。单桓、毕陆、汉卑陆。蒲陆、蒲类。乌贪前后《书》乌贪訾离。并属车师后部。王治于赖城，魏赐其王壹多杂守魏侍中，号大都尉，受魏玉印。《臧洪传》注引谢承书载洪父旻对袁逢之问，谓西域三十六国，后分为五十五，稍散至百余国。《后书·洪传》注引同。盖其分者以人口渐繁，拓地渐广，建城邑亦渐多；其合，则以中国既衰，匈奴亦弱，莫能干与其事，狡焉思启者，因得遂其吞并之计也。《西戎传》又言：“（从）玉门关入西域，前有二道，今有三道。”其南道与《汉书》南道同。中道即《汉书》北道。其北别有新道，从玉门关西北出，转西与中道合龟兹。更转西北，即入乌孙、康居云。又云：“凡西域所出，有前史已具详，今故略说南道。”其南道，自罽宾经大夏、高附、天竺至临儿，即佛所生国。转东南入盘越。盘越，一名汉越王，在天竺东南数千里，与益部相近，蜀人贾似至焉。此国当在今缅甸、阿萨密之间，则中国西南行，陆道亦抵印、缅间，与水道几相遇矣。《西戎传》又云：“前世谬以为条支在大秦西，今其实在东。前世又以为强于安息，今更役属之，号为安息西界。前世又谬以为弱水在条支西，今弱水在大秦西。前世又谬以为从条支西行二百余日，近日所入，今从大秦西近日所入。大秦国，一号犁靬，在安息、条支西，大海之西。从安息界安谷城，乘船直截海西，遇风利二月到，风迟或一岁，无风或三岁。其国在海西，故俗谓之海西。有河出其国。

西又有大海。海西有迟散城，从国下，直北至乌丹城。西南又渡一河，乘船一日乃过。西南又渡一河，一日乃过。凡有大都三。却从安谷城陆道直北行，之海北，复直西行，之海西，复直南行，经之乌迟散城，渡一河，乘船一日乃过。周回绕海，凡当渡大海六日乃到其国。……常欲通使于中国，而安息图其利，不能得过。……大秦道既从海北陆通，又循海而南，与交趾七郡外夷比，又有水道通益州、永昌，故永昌出异物。前世但论有水道，不知有陆道，今其略如此。……大秦西有海水，海水西有河水，河水西南北行有大山。西有赤水。赤水西有白玉山。白玉山有西王母。西王母西有修流沙。流沙西有大夏国、坚沙国、属繇国、月氏国。四国西有黑水。所传闻西之极矣。”案，安息、大秦间之海，必即红海无疑。此即甘英之所临。当时仅知有渡海而西之道，尚未知此所云绕海之道也。弱水、赤水、黑水、白玉山、流沙、西王母等，乃自古相传以为极西之地，随所至辄以为更在其表，已见第九章第四节。大夏、月氏必不得在大秦之西，而此云流沙、西王母在大秦之西，大夏、月氏更在流沙、西王母之西者？一说以流沙、西王母在大夏、月氏之东，一说又推而致之大秦之西，为此说者，本不知大夏、月氏之所在，既推流沙、西王母于大秦之表，又采旧说，以流沙、西王母在大夏、月氏之里者，绲而一之，致有此颠倒错乱之语也。《梁书·诸夷传》云：“孙权黄武五年，有大秦贾人字秦论来到交趾。交趾太守吴邈遣送诣权。权问方土谣俗，论具以事对。时诸葛恪讨丹阳，获黝、歙短人，论见之曰：‘大秦稀见此人。’权以男女各十人，差吏会稽刘咸送论。咸于道物故，论乃径还本国。”此则欧人之自海道来者也。其自新疆向西北诸国：《魏略》云，大宛、安息、条支、乌弋无增损。唯云：“乌弋一名排持。”持，北宋本作“特”。乌孙、康居亦无增损。乌伊别国在康居北。又有柳国，又有岩国，又有奄蔡国，一名阿兰，皆与康居同俗，西与大秦，东南与康居接。故时羁属康居，今不属也。案，岩国，《后汉书》作“严国”，云在奄蔡北，属康居。

自昭帝弃真番、临屯，光武复罢东部都尉，汉室在东北之威灵颇为失坠，至汉、魏间乃复一振，则公孙度、毌丘俭为之也。高句丽王伯固死，有二子：长子拔奇，小子伊夷模。拔奇不肖，国人共立伊夷模为王。自伯固时，数寇辽东，又受亡胡五百余家。建安中，公孙康出军击之，破其国，焚烧邑落。拔奇怨为兄而不得立，与涓奴加各将下户三万余口诣康降。还住沸流水。降胡亦叛伊夷模。伊夷模更作新国。当在丸都山上，见下。其后复击玄菟。玄菟与辽东合击，大破之。伊夷模无子，淫灌奴部，生子名位宫。伊夷模死，立以为王。句丽呼相似为位。其曾祖宫，生能开目视，位宫生堕地亦能开目视人，故名之曰位宫。位宫有勇力，便鞍马，善猎射。司马懿讨公孙渊，位宫遣主簿、大加将数千人助军。正始三年(242)，寇西安平。在今辽宁盖平县东南。五年，幽州刺史毌丘俭督诸军步骑二万人出玄菟，从诸道讨之。位宫将步骑二万人进军沸流水上。大战梁口，宫连破走。俭遂束马悬车，以登丸都。屠句丽所都，斩获首虏以千数。宫单将妻子逃窜。俭引军还。六年，复征之。宫遂奔买沟。俭遣玄菟太守王颀追之。过沃沮千有余里，至肃慎氏南界，刻石纪功，刊丸都之山，铭不耐之城诸所诛纳，八千余口云。上据《三国·魏志·毌丘俭传》。其《沃沮传》云，毌丘俭讨句丽，句丽王宫奔沃沮，遂进师击之，沃沮邑落皆破之。宫奔北沃沮。北沃沮一名置沟娄，去南沃沮八百余里，与挹娄接。王颀别遣追讨宫，尽其东界。问其耆老：“海东复有人否?”耆老言国人尝乘船捕鱼，遭风见吹，数十日，东得一岛，上有人，言语不相晓。其俗常以七月取童女沉海。又言有一国，亦在海中，纯女无男。又说得一布衣，从海中浮出，其身如中国人衣，其两袖长三丈。又得一破船，随波出在海岸边。有一人，项中复有面。

生得之，与语不相通。不食而死。其域皆在沃沮东大海中。买沟，疑置沟娄之脱误，其地当在朝鲜咸镜道北境也。《濊传》云：自单单大领以西属乐浪，自领以东七县，都尉主之，皆以濊为民。后省都尉，封其渠帅为侯，今不耐濊皆其种也。汉末皆属句丽。此位宫所由奔之也。又云："正始六年，乐浪太守刘茂、带方太守弓遵以领东涉属句丽，兴师伐之。不耐侯等举邑降。其八年，诣阙朝贡。诏更拜不耐濊王。居处杂在民间，四时诣郡朝谒。二郡有军征赋调，供给役使，遇之如民。"刘茂、弓遵之师，盖与毌丘俭并出，是年可谓大举矣。然其后卒亡于三韩。

《韩传》云，韩有三种：一曰马韩，二曰辰韩，三曰弁韩。辰韩者，古之辰国也。马韩在西，凡五十余国，大国万余家，小国数千家，总十余万户。辰韩始有六国，稍分为十二。弁辰亦十二国。弁辰、辰韩，合二十四国。大国四五千家，小国六七百家，总四五万户。其十二国属辰王。辰王常用马韩人作之，世世相继，辰王不得自立为王。注引《魏略》曰："明其为流移之人，故为马韩所制。""其十二国属辰王""辰王不得自立为王"之辰王，盖指辰韩之王，"辰王常用马韩人作之"之辰王，则指三韩之共主，《国志》此文，疑有夺误，故其辞不别白也。韩，汉时属乐浪郡，四时朝谒。桓、灵之末，韩、濊强盛，郡县不能制，民多流入韩国。建安中，公孙康分屯有县即临屯。以南荒地为带方郡。汉江以北之地。带方，汉县，在锦江流域。遣公孙模、张敞等收集遗民，兴兵伐韩、濊，旧民稍出。是后倭、韩遂属带方。景初中，明帝密遣带方太守刘昕、乐浪太守鲜于嗣越海定二郡。诸韩国臣智，加赐邑君印绶。其次与邑长。部从事吴林以乐浪本统韩国，分割辰韩八国，以与乐浪。吏译转有异同，臣智激韩忿攻带方郡崎离营。时太守弓遵、乐浪太守刘茂兴兵伐之。遵战死。二郡遂灭。

夫余本属玄菟，公孙度雄张海东，夫余王尉仇台更属辽东。

时句丽、鲜卑强，度以夫余在二虏之间，妻以宗女。尉仇台死，简位居立。无嫡子。有孽子麻余。位居死，诸加共立麻余，牛加兄子名位居，为大使，轻财善施，国人附之。岁岁遣使诣京都贡献。毌丘俭讨句丽，遣王颀诣夫余。位居遣大加郊迎，供军粮。季父牛加有二心，位居杀季父父子，籍没财物，遣使薄敛送官。

《倭传》云："其国本亦以男为王。住七八十年，倭国乱，相攻伐，历年，乃共立一女子为王，名日卑弥呼。事鬼道，能惑众。年已长大，无夫婿，有男弟佐治国。"《后汉书》云："桓、灵间，倭国大乱，更相攻伐，历年无主。有一女子名曰卑弥呼。年长不嫁，事鬼神道，能以妖惑众，于是共立为王。"案，光武中元二年（57），倭奴国奉贡朝贺。中元二年，下距桓帝建和元年（147）九十年，灵帝建宁元年（168）百十一年，《国志》所谓住七八十年者，盖即自中元二年起计也。景初二年（238）六月，倭女王遣大夫难升米等诣郡，求诣天子朝献。太守刘夏遣吏将送诣京。诏封为亲魏倭王。以难升米为率善中郎将，次使牛利为率善校尉，赐物答其贡直，又别有特赐。正始元年（240），太守弓遵遣建中校尉梯俊等奉诏书印绶诣倭国，拜假倭王，并赍诏赐以物。倭王因使上表，答谢诏恩。其四年，倭王复遣使大夫伊声耆、掖邪狗等八人上献。掖邪狗等壹拜率善中郎将。《本纪》：四年十二月，倭国女王卑弥呼遣使奉献。其六年，诏赐倭难升米黄幢，付郡假授。其八年，太守王颀到官，倭女王卑弥呼与狗奴国男王卑弥弓呼素不和，遣倭载斯、乌越等诣郡说相攻击状。遣塞曹掾史张政等因赍诏书、黄幢，拜假难升米，为檄告喻之。卑弥呼已死，更立男王，国中不服，更相诛杀，当时杀千余人。复立卑弥呼宗女壹与，年十三为王，国中遂定。政等以檄告喻壹与。壹与遣倭大夫率善中郎将掖邪狗等二十人送政等还，因诣台上献。案，男弟佐治，乃社会学家所谓舅权之遗俗。卑弥呼死，复立壹与，则当时倭女王必不止一人。岂倭真嵎夷之东徙者，亦有齐地巫儿之俗欤？

魏文帝黄初元年（220），濊貊、夫余来朝，见《三国志·本纪》。注引《典论·自叙》云："建安十年，始定冀州，濊貊贡良弓。"《齐王纪》，正始七年（246）二月，幽州刺史毌丘俭讨高句丽，五月，讨涉貊，皆破之。韩那奚等数十国各率种落降。《陈留王纪》，景元二年（261）七月，乐浪外夷韩、濊各率其属来贡。则汉、魏之际，艮维诸国，犹有陆詟水栗之概也。此等声威，晋初犹未尽坠，至鲜卑据东北，而形势乃一变。

吕思勉历史作品系列

秦汉史

下

吕思勉 著

中華書局

目 录

第十三章
秦汉时社会组织

第一节
婚制

宗法昌盛之世，抑压女子必甚。斯时之女子，殆全为家族之奴隶，观班昭所作《女诫》可知。见《后汉书·列女传》。鲍永以妻于母前叱狗，即去之。李充家贫，兄弟六人，同食递衣。妻窃谓充曰："今贫居如此，难以久安。妾有私财，愿思分异。"充伪酬之曰："如欲别居，当酝酒具会，请呼乡里内外，共议其事。"妇从充，置酒宴客。充于坐中前跪白母曰："此妇无状，而教充离间母兄，罪合遣斥。"便呵叱其妇，逐令出门。妇衔涕而去。此虽矫激之行，然当时重视家族，轻视妇女之风，则于此可见矣。

汉世婚姻，尚颇重本人之意，非如后世专由父母主持者。《后汉书·宋弘传》，光武姊湖阳公主新寡。帝与共论朝臣，微观其意。主曰："宋公威容德器，群臣莫及。"帝曰："方且图之。"后弘被引见。帝令主坐屏风后，因谓弘曰："谚言贵易交，富易妻，人情乎？"弘曰："臣闻贫贱之知不可忘，糟糠之妻不下堂。"帝顾谓主曰："事不谐矣。"此与《左氏》公孙楚、公孙黑争婚徐吾氏，而徐吾犯使其妹自择之同。见昭公元年（前541）。可见男女本非不可相悦，特不当亲求亲许而已。此古风之未尽泯者也。婚姻所以浸由父母主持者，盖因家族权力大，其结婚姻，每借此以图利，遂置本人之愿否于不顾。大之如有国有家者之结和亲，图外援，汉时嫁女于匈奴、乌孙，尚沿此习。小之则匹夫匹妇利聘币，觊嫁资皆是。陈平少时，家贫，及娶富人张负女孙，赍用益饶，游道日广。卓文君奔司马相如，卓王孙亦分予僮百人，钱百万，及其嫁时衣被财物。可见当时娶妻，多有利其嫁资者。借嫁女以牟利者，则尤多矣。《潜夫论·断讼篇》云："诸一女许数家，虽生十子，更百赦，勿令得蒙一，还私家，则此奸绝矣。不则髡其夫妻，徙千里外剧县，乃可以毒其心而绝其后。"其深恶之至于如此，可见当时此等风气之甚。又云：贞洁寡妇，遭值不仁世叔，无义兄弟，或利其聘币，或贪其财贿，或私其儿子，则迫胁遣嫁，有自缢房中，饮药车上，绝命丧躯，孤捐童孩者。又或后夫多设人客，威力胁载。此则以劫略而兼卖买矣。《后汉书·列女传》，刘长卿妻，桓鸾之女。生一男五岁而长卿卒。防远嫌疑，不肯归宁。儿又夭殁。乃豫刑耳以自誓。阴瑜之妻，荀爽之女。瑜卒，爽强嫁之。至于自缢。士大夫之家如此，况细民邪？孝景王皇后，嫁为金王孙妻，生一女矣，其母臧儿，夺之入太子宫，则已嫁之女犹有见夺者。婚姻既全由家长主持，不顾本人之意，遂有许婚甚早者。《三国·魏志·王修传》注引王隐《晋书》云："同县管彦，少有才力，未知名。褒独以为当自达，常友爱之。男女各始生，共许为婚。彦果为西夷校尉。褒后更以女嫁人。彦弟馥问褒。褒曰：'吾薄志毕愿，山薮自处。姊妹皆远，吉凶断绝，以此自誓。贤兄子葬父于帝都，此则洛阳之人也，岂吾欲婚之本指邪？'馥曰：'嫂，齐人也，当还临淄。'褒曰：'安有葬父河南，随妻还齐？用意如此，何婚之有？'遂不婚。"当时视婚约不甚重，故其弊尚不甚大；后世婚约，一成而不可变，则其弊弥甚矣。

《汉书·文帝纪》，元年（前179）三月，有司请立皇后。皇太后曰："立太子母窦氏为皇后。"何焯曰："立太子母上，《史记》有'诸侯皆同姓'五字。盖周之天子，逆后于妫、姜之国。今诸侯皆同姓，则不可拘以旧制，必贵姓也。然自此，景立王，武立卫，安于立贱矣。此等皆汉事，与三代始判分处。"案，魏氏三世立贱，栈潜抗疏以谏，孙盛著为讥评，见第十二章第四节。则时人之于族姓，视之未尝不重。特社会等级究渐平，而徇俗之意亦或不敌其好色之情，自古相沿之禁忌，遂至日以陵夷耳。魏文德郭皇后外亲刘斐与他国为婚。后闻之，敕曰："诸亲戚嫁娶，自当与乡里门户匹敌者，不得因势强与他方人婚也。"盖乡里难得高门，与外方人婚差易，故刘斐于是求之耳。此又民间婚娶之扳援门第者也。

男女交际，尚视后世为广。汉高祖还过沛，置酒沛宫，沛父兄、诸母、故人日乐饮极欢，道故旧为笑乐。见《本纪》十二年（前195）。光武祠旧宅，观田庐，置酒作乐，宗室诸母因酣悦，相与语曰："文叔少时谨信，与人不款曲，唯直柔耳，今乃能如此。"《本纪》建武十七年（41）。可见州闾之会，妇女之与者尚多也。

离婚再嫁，亦为习见之事。外黄富人女，庸奴其夫，亡抵父客，父客即为请决，别嫁张耳。朱买臣妻，亦以家贫求去更嫁。魏文帝甄后，本袁绍中子熙妻。孙权徐夫人，亦初适陆尚。权长女鲁班，前配周瑜子循，后配全琮。少女鲁育，前配朱据，后配刘纂。帝王之家如此，氓庶可知。谷永劝汉成帝益纳宜子妇人，毋避尝字，则帝王亦不讳娶再嫁之女。王章攻王凤，谓凤知其小妇弟张美人已尝适人，于礼不宜配御至尊，托以为宜子，纳之后宫。且羌、胡尚杀首子以荡肠正世，况于天子而近已出之女也。见《汉书·元后传》。此乃有意攻击，非当时之通论也。当时守一不贰者，大率当存亡之际，感激意气而然，非庸行。曹爽从弟文叔早死，妻夏侯文宁女，名令女，居止常依爽。及爽被诛，曹氏尽死，令女叔父上书与曹氏绝婚，强迎令女归。文宁使讽之。令女以刀断鼻，血流满床席。或谓之曰："人生世间，如轻尘栖弱草耳，何至辛苦乃尔？且夫家夷灭已尽，守此欲谁为哉？"令女曰："闻仁者不以盛衰改节，义者不以存亡易心。曹氏前盛之时，尚欲保终，况今衰亡，何忍弃之？"《三国志·桓范传》注引皇甫谧《列女传》。彼其视衰亡时之不可弃背，尤甚于其盛时也。弘农王之见杀，谓妻唐姬曰："卿王者妃，势不复为吏民妻，自爱。"亦谓尊卑不敌，非以再嫁为不可，故其归乡里，其父犹欲嫁之也。唯贞妇亦稍见重，故汉宣帝神爵四年（前58）有赐颍川贞妇帛；平帝元始元年（1），有"复贞妇，乡一人"之举。然此自贵其信义，而亦非专责诸女子，故光武善赤眉酋长，本故妻妇无所改易；见《后汉书·刘盆子传》。而冯衍亦自伤有去两妇之名也。《后汉书·衍传》注引衍《与宣孟书》。

《周官》媒氏、《管子》合独之政，嫁娶本由官主，已见《先秦史》第十一章第一节。汉世遗意犹有存者。淮南王异国中民家有女者，以待游士而嫁之是也。见《汉书·地理志》。降逮三国，录夺妇女以配将士之事尤多。《三国·魏志·杜畿传》注引《魏略》，言畿初在河东，被书录寡妇。是时他郡或有已自相配偶，依书皆录夺，啼哭道路。畿但取寡妇，故所送少。《明帝纪》青龙三年（235）注引《魏略》，言是时录夺士女，前已嫁为吏民妻者，还以配士。既听以生口自赎，又简选其有姿色者纳之掖庭。暴政之亟行，亦旧制之流失也。晁错《论徙民塞下》曰："人情非有匹敌，不能久安其处。"欲"亡夫若妻者"，由"县官买予之"。王莽时，民犯铸钱，伍人相坐，没入为官奴婢，传诣钟官，到者易其夫妇，见第七章第二节。此乃其夫妇既经离散，官为择配，非谓犹相匹偶，而故革易之，亦古者合男女之政也。然遂成为暴政，可见今古之异宜矣。

《汉书·王吉传》：吉言“世俗嫁娶太早，未知为人父母之道而有子，是以教化不明而民多夭”。今观班昭十四而适曹氏，见其所作《女诫》。陆绩女郁生十三而适张白，见《三国·吴志·绩传》注。吉之言似信。然汉惠帝六年（前189），令“女子年十五以上至三十不嫁，五算”，犹以其过迟为虑者，盖亦蕃育人民之意耳。然亦可见当时习以十五为始嫁之年矣。

汉妃妾之制，初沿自秦，后武帝、元帝皆有增置，凡十四等，皆有爵秩。后汉唯皇后、贵人。贵人金印紫绶，俸不过数十斛。又有美人、宫人、采女三等，并无爵秩。魏制凡十二等。见《汉书·外戚传》《后汉书·皇后纪》《三国·魏志·后妃传》。和、嫔、美、御之制，乃王莽所伪托。见第七章第三节。《三国·魏志》：王朗上疏，言“《周礼》六宫内官百二十人，《周官》无此文，盖其说。而诸经常说，咸以十二为限”。《蜀志·董允传》，后主欲采择以充后宫，允以为古者天子后妃之数不过十二，今嫔嫱已具，不宜增益，强执不听。可见莽世伪造之说，儒者并不之信也。太子有妃，有良娣，有孺子，凡三等；皇孙妻妾无号位，皆称家人子。亦见《汉书·外戚传》。诸侯王以令置八子，秩比六百石，见《汉书·高五王传》。后汉制，诸王娶小夫人，不得过四十人，见《续汉书·百官志》注引胡广说。以号位论，于古似未甚侈，然其所限人数则稍褒矣，况其实尚有不止于此者乎？贡禹言武帝后宫数千，诸侯妻妾或至数百，豪富民畜歌者至数十人，《汉书·史丹传》言丹后房妻妾数十人是也。唯后汉梁节王畅上疏，自言臣畅小妻三十七人，尚未越法令所定。

汉世贵族，淫乱颇甚。赵翼《廿二史札记·汉诸王荒乱》一条极言之。又云武帝姊馆陶公主寡居，宠董偃十余年。主欲使偃见帝，乃献长门园地。武帝喜，过主家。主亲引偃出。偃奏“馆陶公主庖人偃昧死拜谒”。帝大欢乐，呼为主人翁。案，事见《汉书·东方朔传》。武帝女鄂邑盖公主寡居。昭帝初立，年八岁，主以长姊入禁中供养。而主素私通丁外人。帝与霍光闻之，不绝主欢，诏外人侍长公主。上官桀谄外人，欲援列侯尚主例，为外人求封侯。燕王旦亦上书，言陛下幸使丁外人侍公主，宜有爵号。《霍光传》。赵氏以帝女私幸之人，天子闻之，不以为怪，亲王大臣且为上书乞封为可异，实则其可异尚有不止于是者。汉诸王荒乱，如第四章第六节所述者，或系病狂，不可以常理度。若汉武帝卫皇后，乃自帝幸平阳主家时，侍尚衣轩中得幸，可见贵人之淫乱，不择地而施，而霍光欲上官皇后擅宠有子，致宫人使令，皆为穷裤，多其带，又不足言矣。班超子始，尚清河孝王女阴城公主。主贵骄淫乱，至与嬖人居帷中，而召始入，使伏床下。始积怒，拔刃杀主。始坐腰斩，同产者皆弃市。光武女郦邑公主，亦为新阳侯世子阴丰所害。丰诛死。父母当坐，皆自杀。《阴识传》云“帝以舅氏故，不极其刑”，盖谓未如始之腰斩，同产皆坐也。尚主之祸如此，桓帝欲以公主妻杨乔，而乔不食以死，又何怪邪？

许后姊为淳于长小妻，见第六章第二节。窦融女弟亦为王邑小妻，见《后汉书》本传。则汉世虽贵家女，亦不讳为妾媵，民间更无论矣。后汉光武建武七年（31）、十三年，有略为下妻及依托人为下妻，欲去者恣听之，敢拘留者，以卖人法、略人法从事之诏。见第十四章第二节。贾谊言当时之卖僮者，为之绣衣丝履偏诸缘，内之闲中，此所谓卖；《后汉书·酷吏传》黄昌妇归宁，遇贼被获，遂流转入蜀为人妻，则所谓略也。是时贵富之家多娶妻妇，亦非尽为淫欲。如后汉周举对策，言竖宦之人，虚以形势，威侮良家，娶女闭之，至有白首，殁无配偶；

《宦者传》言四侯之横，亦云多娶良人美女以为姬妾；盖俗以多妾媵为荣，故如此。亦犹之侈仆从之众多耳。古臣妾本同物也。

周举咎宦官娶女闭之，至于白首，则当时婢妾，过期原可遣出。盖尚视为婢仆之流，不视为家属也。故宫人亦多遣出。文帝十二年（前168），出孝惠后宫美人令得嫁。及崩，遗诏归夫人以下至少使。景帝崩，亦出宫人归其家。复终身。成帝永始四年（前13），出杜陵未尝御者归家。哀帝绥和二年（前7），掖庭宫人年三十以下出嫁之。平帝崩，则行之以遗诏。出媵妾皆归家得嫁，如孝文时故事。唯霍光厚葬武帝，且以后宫女置于园陵，为宦官宫妾之孝耳。参看第五章第十二节。魏文帝疾笃，即遣后宫淑媛、昭仪以下归其家，尤非汉诸帝所及。有学问者，举措究与恒人不同也。张敞奏言“昌邑哀王歌舞者张修等十人无子，又非姬，但良人，无官名，王薨当罢归，太傅豹等擅留，以为哀王园中人，所不当得为，请罢归”。则汉世贵人姬妾，当罢与否，视乎其位，著于法令。然汉之美人，魏之淑媛、昭仪，固亦皆有位号者也。则此等法令，亦应改正矣。

嫡庶之别颇严。观《汉书·外戚恩泽侯表》孔乡侯傅晏，元寿二年（前1），坐乱妻妾位免，徙合浦可知。王符无外家，为乡人所贱。公孙瓒家世二千石，以母贱为郡小吏。汉景帝子常山宪王舜，有不爱姬，生长男棁，雅不以为子数，不分与财物。太子代立，又不收恤棁。郑季与卫媪通而生卫青，青少时归其父，父使牧羊，民母之子皆奴畜之，不以为兄弟数。则嫡庶出之子，贵贱亦相去颇远。

贡禹言“豪富吏民畜歌者至数十”，此即所谓倡伎也。张禹身居大第，后堂理丝竹管弦。其弟子戴崇，每候禹，常责师：宜置酒设乐，与弟子相娱。禹将崇入后堂饮食。妇女相对，优人管弦铿锵，极乐，昏夜乃罢。马融常坐高堂，施绛纱帐，前授生徒，后列女乐。则汉世士大夫之家，尚多有伎乐。《史记·货殖列传》言中山女子，鼓鸣瑟，跕屣，游媚贵富，入后宫，遍诸侯。又云“赵女、郑姬，设形容，揳鸣琴，揄长袂，蹑利屣，目挑心招，出不远千里，不择老少者，奔富厚也”，即指此等人言之也。此等人尚未必能自鬻其伎，大抵有为之主者。《汉书·外戚传》：宣帝求得外祖母王媪。令太中大夫与丞相、御史属杂考问。媪言名妄人，家本涿郡蠡吾平乡。汉蠡吾，今河北博野县。年十四，嫁为同乡王更得妻。更得死，嫁为广望王乃始妇。广望，汉县，今河北清苑县西南。产子男无故、武，女翁须。翁须年八九岁时，寄居广望节侯子刘仲卿宅。仲卿谓乃始曰：“予我翁须，自养长之。”媪为翁须作缣单衣，送仲卿家。仲卿教翁须歌舞。往来，归取冬夏衣。居四五岁，翁须来，言“邯郸贾长儿求歌舞者，仲卿欲以我与之”。媪即与翁须逃走，之平乡。仲卿载乃始共求媪。媪惶急，将翁须归。曰：“儿居君家，非受一钱也，奈何欲予他人?”仲卿诈曰：“不也。”后数日，翁须乘长儿车马过门，呼曰：“我果见行，当之柳宿。”苏林曰：“聚邑名也。在中山卢奴东北三十里。”汉卢奴，今河北定县。媪与乃始之柳宿，见翁须，相对涕泣。谓曰：“我欲为汝自言。”翁须曰：“母置之。何家不可以居？自言无益也。”媪与乃始还求钱用，随逐至中山卢奴。见翁须与歌舞等比五人同处。媪与翁须共宿。明日，乃始留视翁须，媪还求钱，欲随至邯郸。媪归，粜买未具，乃始来归，曰：“翁须已去，我无钱用随也。”因绝。至今不闻其问。贾长儿妻贞及从者师遂辞：“往二十岁，太子舍人侯明从长安来求歌舞者，请翁须等五人，长儿使遂送至长安，皆入太子家。”此即宣帝母被诳鬻之始末也。广望节侯者，景帝子中山靖王之子。其子之所为如是，可见汉时此等事之盛也。《三国志·杨阜传》言曹洪御马超还，置酒大会，令女倡着罗縠之衣踏鼓，则军中亦有伎乐。

第二节
族制

古代士大夫，亲族之聚居者较多，农民则五口八口之家而已，已见《先秦史》第十一章第二节。此种情形，秦汉之世犹然。汉高祖谓诸功臣："诸君独以身从我，多者三两人，萧何举宗数十人皆随我。"董崇说寇恂曰："君所将皆宗族昆弟。"伯升之起也，阴识率子弟、宗族、宾客千余人往诣。孙坚举事，其季弟静纠合乡曲及宗室五六百人，以为保障，众咸附焉。沮授知袁绍将败，会其宗族，散资财以与之。孟岱谗审配曰："族大兵强。"则当时居军中者，多有宗族相随。避乱者亦然。韩融将宗亲千余家避乱密西山中。见《后汉书·荀彧传》。密，汉县，在今河南密县东南。荀彧将宗族从韩馥。高柔从兄幹在河北呼柔，柔举宗从之。董和率宗族西迁。田畴归魏太祖，尽将其家属及宗人三百余家居邺，则其隐徐无时，亦必与宗人俱可知也。盖时去封建之世近，各地方皆有强宗巨家。畴与管宁、邴原、王烈等能为流人之主，为之立纪纲，平争讼，兴教化者以此，以其素为民所归仰也。参看第四节。然此特旧制之惰力，以事势论，则仍趋于分。故贾谊言秦人家富子壮则出分。《汉书·地理志》亦云河内好生分，颍川好分异。当时论者多以是为俗之薄。于同居者则称道之。如《后汉书·魏霸传》，称其"少丧亲，兄弟同居，州里慕其雍和"。《崔骃传》云：子瑗，兄弟同居数十年，乡里化之。《蔡邕传》云"与叔父从弟同居，三世不分财，乡党高其义"是也。夫仅三世同居，兄弟同居，而亦为人所称道，则分异之风之甚可知矣。《汉书·酷吏传》言“济南瞷氏，宗人三百余家，豪猾，二千石莫能制”。孙嵩之藏赵岐也，曰：“我北海孙宾石，阖门百口，势能相济。”然则强宗巨家多为政令之梗，是以武帝时，徙强宗大族，不得族居，见《后汉书·郑弘传》注引谢承书。而其时之刑诛，亦必波及亲族。唐玹之毒赵岐也，收其家属宗亲，陷以重法，尽杀之。段颎杀苏不韦，亦诛一门六十余人。《后汉书·苏章传》。马超门宗二百余家，为孟德所诛略尽。盖皆虑其报复，或不自安以致反侧也。生计之情形，既不容不分异，其不分异者，复为政令所摧残，欲宗法之不废坠，难矣。

当时宗族大者，非封建之世之遗孽，则新兴之豪富民，如樊重是也。见第十五章第二节。不然，则虽至行如薛包，弟子求分财异居，包亦不能止矣。包事见《后汉书·刘平等传》首。应劭《风俗通义·过誉篇》议汝南戴幼起让财于兄之失引之，非矫激之人也。《后汉书·何敞传》，迁汝南太守，百姓化其恩礼，其出居者，皆归养其父母。《独行传》，缪肜少孤，兄弟四人，皆同财产。及各娶妻，诸妇遂求分异，又数有斗争之言，肜乃掩户自挝。弟及诸妇闻之，悉叩头谢。遂更为敦睦之行。此等皆不免矫激。然分异之势，矫激者亦不能止，乃又借让财以立名。《后书·循吏传》，许荆祖父武，以二弟晏、普未显，欲令成名。乃割财产，以为三分，武自取肥田广宅，奴婢强者，二弟所得，并悉劣少。乡人皆称为克让，而鄙武贪婪。晏等以此，并得选举。武乃会宗亲，泣言其故，悉以财推二弟。此等举动，阅之令人作恶。应劭曰：“同居，上也；通有无，次也；让，其下耳。”不能通有无于隐微之间，而必行逊让于昭著之地，不益见同居之不能维持邪？当时亲族之间能互相救恤者，亦间有之。如《后书·文苑传》载侯瑾少孤贫，依宗人居，其事。然《逸民传》又载周党家产千金，少孤，为宗人所养，遇之不以理，及长，又不还其财，党诣乡县讼乃还之，则与今世之唯利是图者无异矣。财产私有之世，安能真有仁让之风邪？

汉世去古近，故母系遗俗犹未尽泯。《廿二史札记》言汉皇子未封者率以母姓为称，举卫太子、史皇孙为例。然景帝十三子，其母五人，而《史记》称其世家为“五宗”，则明系以子系母，非仅称号而已。此实与黄帝子二十五人，得姓者十四人同，盖犹是母系之世之遗俗也。《汉书·外戚侯表》有扶柳侯吕平，以皇太后姊长姁子侯。师古曰“平既吕氏所生，不当姓吕，盖史家唯记母族”，此径从母姓者也。吕平，《史记》作“昌平”，盖字误。其冒改他姓者，亦非所讳。滕公曾孙颇，尚平阳公主，主随外家姓，号孙公主，而滕公子孙更为孙氏。卫青以同母姊子夫得幸武帝而冒姓为卫氏。张孟为灌婴舍人，得幸，因进之，至二千石，则蒙灌氏姓为灌孟。张燕本姓褚，以张牛角死，令众奉燕，因改姓张。此因古人之氏，本可随意改易故也。至古之所谓姓者，汉时已不可知，汉世有吹律定姓之法。《汉书·京房传》：“房本姓李，推律自定为京氏。”《潜夫论·卜列篇》述俗人之说云：“太皞木精，承岁而王，夫其子孙，咸当为角。神农火精，承荧惑而王，夫其子孙，咸当为征。黄帝土精，承填而王，夫其子孙，咸当为宫。少皞金精，承太白而王，夫其子孙，咸当为商。颛顼水精，承辰而王，夫其子孙，咸当为羽。”乃诬妄之说，不足信也。《三国·蜀志·卫继传》云：父为县功曹。继为儿时，与兄弟随父游戏庭寺中。县长蜀郡成都张君无子，数命功曹呼其子省弄，甚怜爱之。因言宴之间，语功曹欲乞继。功曹即许之。遂养为子。时法禁以异姓为后，故复为卫氏。然朱然本姓施，朱治养以为子，后然为治行丧竟，乞复本姓，而孙权不许，则其法犹未甚严矣。

第三节
户口增减

汉世户籍，谓之名数。《汉书·高帝纪》，五年（前202）五月，诏曰“民前或相聚保山泽，不书名数”是也。师古曰：“名数，谓户籍也。”《石奋孔光传》注同。亦或但谓之名。《汉书·张耳传》：“尝亡命游外黄。”师古曰：“命者，名也。凡言亡命，谓脱其名籍而逃亡。”《淮南厉王传》：丞相等奏长曰“为亡命弃市诈捕命者以除罪”。命即名也。又或但谓之数。《汉书·叙传》：“昌陵后罢，大臣名家皆占数于长安。”“亡命”二字，习用既久，遂若但作“亡”字用者，然其本意自谓脱籍，或谓直作自逃其命解，非也。刘敞说。《史记·秦始皇本纪》，十六年（前231），初令男子书年，是前此户籍，男女皆不书年，此时女子犹不书年，则古代户籍之法颇为粗疏。然《汉书·淮南厉王传》：薄昭遗王书曰：“亡之诸侯，游宦事人，及舍匿者，论皆有法。”案，《史记·扁鹊仓公列传》，仓公言：“诚恐吏以除拘臣意也，故移名数左右，不修家生，出游行国中，问善为方数者事之。”必移名籍左右，乃得出行，盖即所谓亡之诸侯，及游宦事人之法。《王子侯表》，陆侯延寿，坐知女妹夫亡命笞二百，首匿罪，免，盖即所谓舍匿之法。则其法颇严矣。盖小国寡民之世，上下相亲，耳目周市，民不欲为奸欺，为奸欺亦非易，故户籍之法，无待严密，其后稍欲逃避赋役，则法亦随之而苛也。

《盐铁论·未通篇》，御史言：“民不齐出于南亩，以口率被垦田而不足。”文学言：往者军阵数起，用度不足，常取给见民，田家又被其劳，故不齐出于南亩也。大抵逋流皆在大家，吏不敢督责，刻急细民，细民不堪，流亡远去。后亡者为先亡者服事。故相去愈甚，而就少愈多。此户口不实，及民因赋役而流亡之情形。《后汉书·光武帝纪》，建武十五年（39），诏下州郡：检核垦田顷亩及户口年纪。《刘隆传》谓是时天下垦田多不以实，又户口年纪互有增减，故下州郡检核其事。又谓刺史太守多不平均，或优饶豪右，侵刻羸弱。百姓嗟怨，遮道号呼。时诸郡各遣使奏事，帝见陈留吏牍上有书，视之，云："颍川、弘农可问，河南、南阳不可问。"帝诘吏由趣。吏不肯服。时显宗为东海公，年十二，在幄后，言曰："吏受郡敕，当欲以垦田相方耳。""河南帝城多近臣，南阳帝乡多近亲，田宅逾制，不可为准。"帝令虎贲将诘问吏，吏乃实首服，如显宗对。此垦田户口不易检核之情形也。《续汉书·礼仪志》曰仲秋之月，县道皆案户比民。《后书·江革传》曰："建武末年，与母归乡里。每至岁时，县当案比，革以母老，不欲摇动，自在辕中挽车，不用牛马。"则是时检核户口，官吏初不亲历闾里，顾召人民而验之，安有得实之理乎？《史记·萧相国世家》云，沛公至咸阳，诸将皆争走金帛财物之府分之，何独先入，收秦丞相、御史、律令、图书藏之。汉王所以具知天下厄塞，户口多少强弱之处，民所疾苦者，以何具得秦图书也。则郡县户口，中央皆有其籍，然亦未必得实耳。

前汉户口，以元始二年（2）为最盛。其数见于《汉书·地理志》。凡户千二百二十三万三千六十二，口五千九百五十九万四千九百七十八。《殿本考证》，齐召南云："《帝王世纪》曰：民户千三百二十三万三千六百一十二，口五千九百一十九万四千九百七十八。皇甫谧所计户口，必本此《志》，而数目参差，似所见古本异也。"后汉户口，永和五年（140）之数，见于《续汉书·郡国志》。凡户九百六十九万八千六百三十，口四千九百一十五万二百二十。注："应劭《汉官仪》曰：'永和中，户至千七十八万，口五千三百八十六万九千五百八十八。'又《帝王世纪》，永嘉二年，户则多九十七万八千七百七十一，口七百二十一万六千六百三十六，应载极盛之时，而所殊甚众；舍永嘉多，取永和少；良不可解。皇甫谧校核精审，复非谬记，未详孰是。岂此是顺朝时书，后史即为本乎？伏无忌所记，每帝崩，辄最户口及垦田大数，今列于后，以见滋减之差焉。"案，历代史籍所载户口，均系出赋役者之数，而非生齿之数。即以赋役之数论，亦未必得实。故《后书》注所引伏无忌记所载之数，不更备引，以避繁碎。至《续志》所载，不取最多之数者，本于顺朝之书之说，当得其实也。案，中国见在人数为四万五千余万，虽不必实，相去初不甚远，而历代户口无及万万者，其非情实可知。盖人民欲避赋役，隐匿者多；官吏不能核实，且亦不欲以实数上闻；故其去实在情形如此之远也。

《史记·高祖功臣侯年表》曰："汉兴，功臣受封者百有余人，天下初定，故大城名都散亡，户口可得而数者十二三。是以大侯不过万家，小者五六百户。后数世，民咸归乡里，户益息。萧、曹、绛、灌之属，或至四万。小侯自倍。"此秦末凋丧，及汉初增殖之情形也。《汉书·昭帝纪赞》曰："承孝武奢侈余敝，师旅之后，海内益耗，户口减半。光霍光。知时务之要，轻徭薄赋，与民休息。至始元、元凤之间，匈奴和亲，百姓充实。"此武帝时耗损及昭帝后增殖情形也。仲长统言：王莽之乱，残夷灭亡，倍于秦、项。以及今日，名都空而不居，百里绝而无民者，不可胜数。可见莽末伤残之甚。《三国·蜀志·后主传》注引王隐《蜀记》，谓刘禅遣尚书郎李虎送士民簿，领户二十八万，男女口九十四万，带甲将士十万二千，吏四万人。《吴志·孙皓传》注引《晋阳秋》，谓王濬收吴图籍，领户五十二万三千，吏三万二千，兵二十三万，男女口二百三十万。《续汉书·地理志》注引《帝王世纪》云："景元四年，与蜀通计，民户九十四万三千四百二十三，口五百三十七万二千八百九十一。又案，正始五年（244），扬威将军朱照日所上吴之所领，兵户九十三万二千，推其民数，不能多蜀矣。昔汉永和五年，南阳户五十余万，汝南户四十余万。方之于今，三帝鼎足，不逾二郡。”案，《三国·魏志·杜畿传》载畿子恕上疏曰：“今大魏奄有十州之地，而承丧乱之弊，计其户口，不如往昔一州之民。”《蒋济传》，景初中，济上疏曰：“今虽有十二州，至于民数，不过汉时一大郡。”《陈群传》，青龙中，群上疏曰：“今承丧乱之后，人民至少，比汉文、景之时，不过一大郡。”注云，案，《晋太康三年地记》，晋户有三百七十七万，吴、蜀户不能居半。魏虽始承丧乱，方晋当无大殊。长文之言，于是为过。然凋残之实，要不可讳矣。脱漏隐匿，自亦于斯为甚。《蜀志·吕乂传》曰：“累迁广汉、蜀郡太守。蜀郡一都之会，户口众多；又亮卒之后，士伍亡命，更相重冒，奸巧非一。乂到官，为之防禁，开喻劝道。数年之中，漏脱自出者万余口。”以葛亮为政之核实，而身殁未几，蜀郡情形，遽至如此，亡命者之多，自可想见。《魏志·袁绍传》注引《九州春秋》云：袁谭在青州，别使两将，募兵下县。有赂者见免，无者见取。贫弱者多，乃至窜伏丘野之中，放兵捕索，如猎鸟兽。邑有万户者，著籍不盈数百。收赋纳税，三分不入一。暴戾如此，曷怪人民之窜匿邪？《魏武帝纪》，建安七年（202）正月令曰：“旧土人民，死丧略尽。国中终日行，不见所识。”《苏则传》注引《魏名臣奏》：雍州刺史张既答文帝令问，言“金城郡昔为韩遂所见屠剥，死丧流亡，或窜戎狄，或陷寇乱，户不满五百。则到官，内抚凋残，外鸠离散，今见户千余”。此等因兵荒而凋敝之情形，夫岂无有？然终不如逃窜者之多也。

《魏志·卫觊传》言觊留镇关中，时四方大有还民，关中诸将多引为部曲。觊书与荀彧，言郡县贫弱，不能与争，兵家遂强，一旦变动，必有后忧。《吴志·诸葛融传》言瑾卒，子恪已自封侯，故弟融袭爵，摄兵业，驻公安。注引《吴书》曰，赤乌中，诸郡出部伍。新都都尉陈表、吴郡都尉顾承各率所领人会佃毗陵，男女各数万口。表病死，权以融代表。后代父瑾领摄诸部曲。士卒亲附之。疆外无事。《陈武传》，庶子表所受赐复人得二百家，在会稽新安县。表视其人，皆堪好兵。乃上疏陈让，乞以还官，充足精锐。权甚嘉之。下郡县料正户羸民，以补其处。此等皆不属于郡县，故郡县之民，弥见其少也。

入籍者谓之占著。《汉书·宣帝纪》，地节三年（前67），诏胶东相成，劳来不怠，流民自占者八万余口。师古曰："占者，谓自隐度其户口而著名籍也。"成以此赐爵为关内侯，秩中二千石。然后诏使丞相、御史问郡国上计长吏、守、丞以政令得失，或言前胶东相成伪自增加，以蒙显赏，是后俗吏多为虚名云。见《循吏传》。后汉殇帝延平元年（106），亦以郡国"覆蔽灾害，多张垦田；不揣流亡，竞增户口"，敕司隶校尉、部刺史。匿实数于承平之日，以避诛求；张虚数于流亡之时，以夸抚字；所由来者旧矣。

古代政令，率务求庶，汉世去古未远，故其用意犹然。惠帝六年（前189），令女子年十五以上至三十不嫁五算。《高帝纪》：七年（前200），令民产子复勿事二岁。《后书·章帝纪》，元和二年（85），诏曰："令云：人有产子者复，勿算三岁。今诸怀妊者，赐胎养谷人三斛，复其夫，勿算一岁。"元和三年诏云："婴儿无父母亲属，及人有子不能养食者，廪给如律。"则于婴儿乳妇，亦咸有惠政矣。然此等恐徒成具文。《贡禹传》：禹言"民产子三岁则出口钱，故民重困，至于生子辄杀"。《王吉传》：吉言世俗聘妻送女无节，"贫人不及，故不举子"。则虽有惠政，亦无补于生计之艰难，况重之以苛政邪？《史记·日者列传》言，产子者必先占吉凶，然后有之。《后书·张奂传》言，武威俗多妖忌，凡二月、五月产子及与父母同月生者悉杀之。此等虽貌似迷信，实皆为生计所迫而然。《后书·侯霸传》言，霸，王莽时为淮平大尹。更始元年（23），遣使征之。百姓遮使者车，或卧当道乞留。至戒乳妇勿得举子：侯君当去，必不能全。此虽饰说非实，然不举子者之多，则于此可见。《三国·吴志·骆统传》，统上疏言："民间非居处小能自供，生产儿子，多不起养。屯田贫兵，亦多弃子。"此亦三国时户口凋耗之大原耶？当时法律，非不禁之。如《后汉书·贾彪传》言："彪补新息长。新息，今河南息县东。小民困贫，多不养子。彪严为其制，与杀人同罪。城南有盗劫害人者，北有妇人杀子者，彪出案发，而掾吏欲引南。彪怒曰：'贼寇害人，此则常理。母子相残，逆天违道。'遂驱车北行，案验其罪。"王吉为沛相，生子不养，即斩其父母，合土棘埋之。《魏志·郑浑传》"迁下蔡长，邵陵令。下蔡，今安徽凤台县。邵陵，今湖南宝庆县。天下未定，民皆剽轻，不念产殖。其生子无以相活，率皆不举。浑所在夺其渔猎之具，课使耕桑。又兼开稻田，重去子之法"皆是，然其效亦仅矣。

贫民生子不举者虽多，贵族则增殖颇速。《汉书·平帝纪》，元始五年（5）诏曰："唯宗室子，皆太祖高皇帝子孙及兄弟吴顷、楚元之后。汉元至今，十有余万人。"以三人之后，二百有七年之间，而其数至于如是，其增殖亦可谓速矣。此盖贵人多妾媵，又生计宽裕，生子无不举，养育亦较优故也，固非所语于凡民矣。

第四节
人民移徙

汉法，人民流移，本干禁令，然流亡既所不免，即不得不从而许之，但望其仍能占著而已。成帝鸿嘉四年（前17），以水旱为灾，关东流冗者众，流民欲入关者辄籍内。后汉明帝即位，赐天下男子爵。流人无名数欲自占者人一级。其后诸帝即位，立皇后、太子，改元，大赦，多有是诏，盖为东京之故事矣。然徒许其迁移，尚未必其能徙，故国家又时有移民之政焉。

秦及汉初之移民，徒为强干弱枝之计，已见第二章第一节。《汉书·地理志》言："汉兴，立都长安，徙齐诸田，楚昭、屈、景及诸侯功臣家于长陵。后世世徙吏二千石、高资、富人及豪桀并兼之家于诸陵。盖亦以强干弱枝，非独为奉山园也。"则娄敬之策，汉且世世行之矣。

移民实边之利，文帝时晁错极陈之。文帝从其言，募民徙塞下。后武帝元朔二年（前127），募民徙朔方十万口。元鼎六年（前111），分武威、酒泉地置张掖、敦煌郡，徙民以实之。平帝元始四年（4），置西海郡，徙天下犯禁者处之。其规划皆颇远大。晁错言移民之计曰："以便为之高城深堑，具蔺石，布渠答。复为一城。其内城间百五十步。要害之处，通川之道，调立城邑，毋下千家。为中周虎落。先为室屋，具田器，乃募罪人及免徒复作令居之。不足，募以丁奴婢赎罪及输奴婢欲以拜爵者。不足，乃募民之欲往者。皆赐高爵，复其家。予冬夏衣，廪食，能自给而止。郡县之民得买其爵以自增，至卿。其亡夫若妻者，县官买予之。"其计虑之周详如此。错之言多有所本，盖亦古之遗规也。然其能行之与否，则难言之矣。后汉明帝永平八年（65），诏三公募郡国中都官死罪系囚，减罪一等，勿笞，诣度辽将军营，屯朔方、五原之边县。妻子自随，便占著边县。父母同产欲相代者恣听之。其大逆无道殊死者，一切募下蚕室。亡命者令赎罪各有差。凡从者，赐弓弩衣粮。九年，诏郡国死罪囚减罪，与妻子诣五原、朔方，占著所在。死者皆赐妻父若男同产一人复终身。其妻无父兄独有母者，赐其母钱六万，又复其口赋。待之亦未尝不厚。然伍被为淮南王画反计，欲诈为丞相、御史请书，徙民朔方，以恐动其民，见第四章第六节。则民之视迁徙为畏途久矣。

景帝元年（前156），诏曰："间者岁比不登，民多乏食，夭绝天年，朕甚痛之。郡国或硗狭，无所农桑系畜，或地广，荐草莽，水泉利，而不得徙。其议民欲徙宽大地者，听之。"此真知土满人满之当互相调剂者也。然特听其徙而已。至武帝世，乃更有大举移民之事。《汉书·武帝本纪》，元狩四年（前119），有司言关东贫民徙陇西、北地、西河、上郡、会稽，凡七十二万五千口。《史记·平准书》云："徙贫民于关以西，及充朔方以南新秦中，七十余万口。衣食皆仰给县官，数岁。假与产业。使者分部护之，冠盖相望。"其后山东被河菑，及岁不登数年，又令饥民得流，就食江、淮间。欲留，留处，遣使冠盖相属护之。其行之虽未知如何，其于民，亦可谓尽心焉尔矣。平帝元始二年（2），罢安定呼池苑，以为安民县。募徙贫民。县次给食。至徙所，赐田宅、什器，假与犁牛、种食。其振恤之亦极周至。此等皆古代之遗规，未尽废坠者。至后世，言治者益以无动为大，更不能有此等举措矣。

移民亦有为治理计者。《史记·货殖列传》言"秦末世迁不轨之民于南阳"，汉武帝元狩五年（前118），徙天下奸猾吏民于边，是也。主父偃说武帝曰："天下豪桀兼并之家，乱众民，皆可徙茂陵，内实京师，外消奸猾。此所谓不诛而害除。"成帝时，陈汤言："天下民不徙诸陵三十余岁矣。关东富人益众，多规良田，役使贫民。可徙初陵，以强京师，衰弱诸侯。又使中家以下得均贫富。"然则充奉陵邑，仍有裁抑并兼、整齐风俗之意也。然诸陵实为游侠出入之地、斗鸡走狗之场，宣帝即因上下诸陵，周知闾里奸邪，见第五章第十二节。则不唯不足昭轨物，转足败坏风俗矣。《后汉书·贾复传》言："旧内郡徙民在边者，率多贫弱，为居人所仆役，不得为吏。”《汉书·李广传》，李陵出兵时，关东群盗妻子徙边者，随军为卒妻妇，大匿车中。皆可见豪强之不易裁抑，而新徙之民，未易令其得所也。

后汉之末，九州云扰，人民荡析，邑里丘墟，兵争者乃多欲移民以自利。魏武帝得汉中，卒徙其民而弃之，已见第十一章第十一节。曹仁入襄阳，徙汉南附化之民于汉北。孙策破皖城，得袁术百工及鼓吹部曲三万人，皆徙诣吴。《三国志》本传注引《江表传》。孙权破庐江，徙其部曲三万余人。亦见本传注引《江表传》。事在建安五年（200）。建安十二年、十三年西征黄祖，皆虏其人民而还。诸葛亮箕谷之役，拔西县千余家还汉中。延熙十七年（254），姜维出陇西，拔狄道、河间、临洮三县之民，居于繁县。吴赤乌六年（243），诸葛恪征六安，破魏将谢顺营，亦收其民人。此尚其荦荦大者，其小者，史未必备载也。此时移民，颇多一切不顾利害者。《三国·魏志·辛毗传》：“文帝欲徙冀州士家十万户实河南。时连蝗，民饥，群司以为不可，而帝意甚盛。毗与朝臣俱求见。帝知其欲谏，作色以见之。皆莫敢言。毗曰：‘陛下欲徙士家，其计安出？’帝曰：‘卿谓我徙之非邪？’毗曰：‘诚以为非也。’帝曰：‘吾不与卿共议也。’毗曰：‘陛下不以臣不肖，置之左右，厕之谋议之官，安得不与臣议邪？臣所言非私也，乃社稷之虑也，安得怒臣？’帝不答，起入内。毗随而引其裾。帝遂奋衣不还，良久乃出，曰：‘佐治，卿持我何太急邪？’毗曰：‘今徙，既失民心，又无以食也。’帝遂徙其半。”观毗谏诤之切，而知当时徙民之危矣。魏武欲徙淮南之民，本问蒋济，济言民实不乐徙，而武帝不听，卒至皆叛入吴，见第十一章第九节。其前鉴也。

凡事国家代谋者，恒不如人民自为谋之切，而人民不愿行之事，亦未易以政令迫之。故秦汉时之移民，规模虽大，计虑虽周，卒之弊余于利，而人民之自行移殖者，其成功转大有可观焉。边方之开发、山泽之垦辟，尤其彰彰在人耳目者也。当时九州云扰，唯海道所通之地较完，故适辽东、交趾者极多。如邴原、管宁、王烈、许靖等皆是。诸人后虽复还，然与之俱徙者必不能皆与之俱还也。其时去封建之世近，民之迁徙者率成群，其士大夫恒能为之率将，而宗族亲党之间，亦恒能互相救恤，故其力强而足以自立。邴原在辽东，一年中往归者数百家。管宁至辽东，庐于山谷，越海避难者皆来就之，旬月而成邑。杨俊以兵乱方起，河内处四达之冲，必为战场，乃扶持老弱，诣京、密山间。同行者百余家。俊赈济贫乏，通共有无。宗族知故，为人所略作奴仆者凡六家，俊皆倾财赎之。此非故名族而能然邪？田畴入徐无山数年，百姓归之者五千余户。郑浑迁左冯翊，时梁兴等略吏民五千余家为寇钞，诸县不能御，皆恐惧，寄治郡下。议者悉以为当移就险。浑曰："兴等破散，窜在山阻，虽有随者，率胁从耳。今当广开降路，宣喻恩信，而保险自守，此示弱也。"乃聚敛吏民，治城郭，为守御之备。遂发民逐贼。又遣吏民有恩信者分布山谷告喻，出者相继。乃使诸县长吏各还本治，以安集之。吕虔领泰山太守。郡接山海，世乱闻，民人多藏窜。袁绍所置中郎将郭祖、公孙犊等数十辈，保山为寇，百姓苦之。虔将家兵到郡，开恩信。祖等党属皆降服。诸山中亡匿者，尽出土安业。观此，可知当时避乱者、为乱者、守土者，皆有入山守险之事。入者不必遽出，而山泽辟矣。此等事北方究尚不甚多，南方尤盛，所谓山越是也。世或闻越之名，遂以为异族，此实大误。其人一出平地，即能输税赋，充行伍，安得目为异族？盖皆汉人之遭乱入山，与越错处者耳。入山者多，则主客易位，而越人悉为所化矣。故当时山越之繁滋，寇贼郡县之祸小，开拓山地之功大。以郡县见寇贼论，庸或视为乱人；以民族相亲和论，则百万异族之同化，悉于平和中奏其功矣。此实我先民伟烈之不可忘者也。山越之名，昉见灵帝建宁二年（169），《后书·本纪》：是年九月，丹阳山越贼围太守陈夤，夤击破之。其实当不始此，特前此与郡县无交涉，史不之及耳。至献帝世而大盛。其所盘踞之地，几尽江东西境。孙吴诸将，无不以剿山越见称，而诸葛恪为尤著。《恪传》曰，恪以丹阳山险，民众果劲，虽前发兵，徒得外县平民而已，其余深远，莫能擒尽。屡自求乞为官出之。三年可得甲士四万。众议咸以丹阳地势险阻，与吴郡、会稽、新都、鄱阳四郡邻接。周旋数千里，山谷万重。其幽邃民人未尝入城邑，对长吏。皆仗兵野逸，白首于林莽。逋亡宿恶，咸共逃窜。山出铜铁，自铸甲兵。俗好武习战，高尚气力。其升山赴险，抵突丛棘，若鱼之走渊，猿狖之腾木也。时观间隙，出为寇盗。每致兵征伐，寻其窟藏。其战则蜂至，败则鸟窜。自前世以来，不能羁也。皆以为难。恪父瑾闻之，亦以事终不逮。恪盛陈其必捷。权拜恪抚越将军，领丹阳太守。恪移书四部属城长吏，令各保其疆界，明立部伍。其从化平民，悉令屯居。乃分内诸将，罗兵幽阻。但缮藩离，不与交锋。俟其谷稼将熟，辄从兵芟刈，使无遗种。于是山民饥穷，渐出降首。岁期，人数皆如本规。夫云"逋亡宿恶，咸共逃窜"，则其本非越人可知，故称之者亦或曰山民，或曰山贼，不尽曰山越也。山越虽为寇盗，必不能专恃此为生。观诸葛恪以芟刈禾稼困之，则知其人仍事耕作。此等人民，风气必极淳朴。陶潜之《桃花源诗》，世恒视为寓言，其实观清乔光烈之《招垦里记》，知其所记必系实事也。见《经世文编》卷二十三。民自耕凿食饮，而有国有家者，必欲强出之以为兵，亦可哀矣。夫苟欲用兵力，则宜陈之边方之地，以御异族，而不当内自相争。《汉书·地理志》云河西诸郡，吏民相亲，风雨时节，谷籴常贱，少盗贼，有和气之应，贤于内郡，此政宽厚，吏不苛刻之效。夫岂吏至边郡则贤？新辟之区，地有余利，则民富厚而俗自淳也。《盐铁论·未通篇》，御史曰："内郡人众，水泉荐草，不能相赡；地势温湿，不宜牛马。民跖耒而耕，负檐而行，劳罢而寡功，是以百姓贫苦，而衣食不足。老弱负辂于路，而列卿大夫，或乘牛车。孝武皇帝平百越以为囿圃，却羌、胡以为苑囿。是以珍怪异物，充于后宫；騊駼駃騠，实于外厩；匹夫莫不乘坚良，而民间厌橘柚。由此观之，边郡之利亦饶矣。”以珍怪充后宫，騊駼实外厩为利，其义未之前闻。云匹夫乘坚良，民间厌橘柚，亦必诬妄之辞。如《汉志》之所云，则庶乎开边之利矣。然亦必有兵力以守之，然后能为我有。魏武之破三郡乌丸也，胡、汉降者二十余万口。梁习言并州承高幹荒乱之余，胡狄在界，张雄跋扈，吏民亡叛，入其部落。犹是恃新辟之地以为生也，然而转为他人奉矣。故曰有文德者不可无武备也。惜哉，如孙吴之流，只知攘窃于国内也。内乱不已，外寇乘之，而神州奥区，转为五胡殖民之地矣。

第五节 各地方风气

自分立进于统一，各地方之风气，必自异而渐即于同，此同化之实也。《汉书·地理志》曰：“凡民，函五常之性，而其刚柔缓急，音声不同，系水土之风气，故谓之风。好恶取舍，动静无常，随君上之情欲，故谓之俗。……圣王在上，统理人伦，必移其本而易其末，混同天下，一之乎中和，然后王教成也。”盖谓以人力齐自然之不齐，可谓知此义矣。又曰：“汉承百王之末，国土变改，民人迁徙。成帝时，刘向略言其地分。丞相张禹使属颍川朱赣条其风俗，犹未宣究。故辑而论之，终其本末，著于篇。”盖因朱赣所论，而有所增益，文皆举荦荦大端，使千载之下，于当时各地方之风气，犹可见其大概焉，亦可宝矣。今删略其说如下：

《汉书》所谓秦地者，包今之陕、甘及川、滇。《汉书》言其俗曰，后稷封斄，公刘处豳，大王徙岐，文王作酆，武王治镐，其民有先王遗风，好稼穑，务本业。有鄠、今陕西鄠县。杜秦县，汉后更名杜陵，在今长安县东南。竹林，南山檀柘，号称陆海，为九州膏腴。始皇之初，郑国穿渠，引泾水溉田，沃野千里，民以富饶。汉兴，立都长安，徙齐诸田，楚昭、屈、景及诸功臣家于长陵。后世世徙吏二千石、高资、富人及豪桀并兼之家于诸陵。是故五方杂厝，风俗不纯。其世家则好礼文，富人则商贾为利，豪桀则游侠通奸。濒南山，近夏阳，汉县，今陕西韩城县。多阻险，轻薄易为盗贼，常为天下剧。又郡国辐凑，浮食者多，民去本就末。列侯贵人车服僭上，众庶放效，羞不相及。嫁娶尤崇侈靡，送死过度。天水、陇西及安定、北地、上郡、西河，皆迫近戎狄，修习战备，高上气力，以射猎为先。汉兴，六郡良家子选给羽林、期门，以材力为官，名将多出焉。此数郡民俗质木，不耻寇盗。自武威以西，本匈奴昆邪王、休屠王地。武帝时攘之，初置四郡，以通西域，鬲绝南羌、匈奴。其民或以关东下贫，或以报怨过当，或以悖逆无道，家属徙焉。习俗颇殊。地广民稀，水草宜畜牧，故凉州之畜为天下饶。保边塞，二千石治之，咸以兵马为务，酒礼之会，上下通焉，吏民相亲。是以其俗风雨时节，谷籴常贱，少盗贼，有和气之应，贤于内郡。巴、蜀、广汉本南夷，秦并以为郡。土地肥美，有江水、沃野、山林、竹木、蔬食、果实之饶。南贾滇、僰，滇、僰僮，西近邛、笮，笮马、旄牛。民食稻鱼，无凶年忧，俗不愁苦。而轻易淫泆，柔弱褊隘。景、武间，文翁为蜀守，教民读书法令，未能笃信道德，反以好文刺讥，贵慕权势。及司马相如游宦京师、诸侯，以文辞显于世，乡党慕循其迹。

后有王褒、严遵、扬雄之徒，文章冠天下。武都地杂氐、羌及犍为、牂牁、越嶲，皆西南外夷，武帝初开置。民俗略与巴、蜀同，而武都近天水，俗颇似焉。故秦地三分天下之一，而人众不过什三，然量其富居什六。

魏地为今山西省西南、河南省黄河以北及东北境。河内俗刚强，多豪桀侵夺。薄恩礼，好生分。河东土地平易，有盐铁之饶。其民有先王遗教，君子深思，小人俭陋。

周地为今洛阳附近之地，巧伪趋利，贵财贱义，高富下贫。憙为商贾，不好仕宦。

韩地为今河南郑县附近及西南境。郑国土狭而险，山居谷汲，男女亟聚会，故其俗淫。陈，其俗巫鬼。颍川、南阳，本夏禹之国，夏人尚忠，其敝鄙朴。秦既灭韩，徙天下不轨之民于南阳，故其俗夸奢，尚气力，好商贾，渔猎藏匿难制御也。宛，西通武关，东受江、淮，一都之会也。宣帝时，郑弘、召信臣为南阳太守，治皆见《纪》。信臣劝民农桑，去末归本，郡以殷富。颍川，韩都，士有申子、韩非刻害余烈，高仕宦，好文法。民以贪吝、争讼、生分为失。韩延寿为太守，先之以敬让。黄霸继之，教化大行。狱或八年无重罪囚。

赵地为今河北之西南境，山西省除河东外亦皆属焉。又有今绥远南境。赵、中山地薄人众。丈夫相聚游戏，悲歌慷慨，起则椎剽掘冢，作奸巧，多弄物，为倡优。女子弹弦跕屣，游媚富贵，遍诸侯之后宫。邯郸北通燕、涿，南有郑、卫，漳、河之间一都会也。其土广俗杂，大率精急，高气势，轻为奸。太原、上党又多晋公族子孙，以诈力相倾，矜夸功名，报仇过直，嫁娶送死奢靡。汉兴，号为难治。常择严猛之将，或任杀伐为威。父兄被诛，子弟怨愤，至告讦刺史、二千石，或报杀其亲属。钟、代、石北，迫近胡寇。民俗懻忮，好气为奸，不事农商，自全晋时，已患其剽悍，而武灵王又益厉之，故冀州之部，盗贼常为他州剧。定襄、云中、五原，本戎狄地，颇有赵、齐、卫、楚之徙。其民鄙朴，少礼文，好射猎。雁门亦同俗。

燕地为今河北东北境，及热河、察哈尔、辽宁，并包括朝鲜北境。蓟，南通齐、赵，勃、碣之间一都会也。其俗愚悍少虑，轻薄无威。亦有所长，敢于急人。上谷至辽东，地广民稀，数被胡寇，俗与赵、代相类。有鱼、盐、枣、栗之饶，北隙乌丸、夫余，东贾真番之利。玄菟、乐浪，武帝时置，皆朝鲜、濊貉、句丽蛮夷。乐浪朝鲜民犯禁八条：相杀以当时偿。杀相伤以谷偿。相盗者，男没入为其家奴，女子为婢。欲自偿者，人五十万。虽免为民，俗犹羞之，嫁娶无所雠。是以其民终不相盗，无门户之闭；妇人贞信不淫辟。其田民饮食以笾豆，都邑颇放效吏及内郡贾人，往往以杯器食。郡初取吏于辽东，吏见民无闭藏，及贾人往者，夜则为盗，俗稍益薄。今于犯禁浸多，至六十余条。

齐地为今山东东北境、河北东南境。齐俗弥侈，织作冰纨绮绣纯丽之物，号为冠带衣履天下。士多好经术，矜功名，舒缓阔达而足智。其失夸奢朋党，言与行谬，虚诈不情。急之则离散，缓之则放纵。临淄，海、岱之间一都会也，其中具五民云。

鲁地为今山东西南境及江苏之淮北。地狭民众。颇有桑麻之业，无林泽之饶。俗俭啬爱财，趋商贾。好訾毁，多巧伪。丧祭之礼，文备实寡。然其好学犹愈于他俗。汉兴以来，鲁、东海多至卿相。

宋地跨今山东、河南、江苏三省之间。昔尧作游成阳，舜渔雷泽，汤止于亳，故其民犹有先王遗风，重厚多君子。好稼穑，恶衣食，以致蓄藏。沛、楚之失，急疾专己。地薄民贫，而山阳好为奸盗。

卫地跨今河南、河北之间。有桑间濮上之阻，男女亦亟聚会，声色生焉，故俗称郑、卫之音。其俗刚武，尚气力。汉兴，二千石治者亦以杀戮为威。宣帝时，韩延寿为东郡太守，崇礼义，尊谏争，至今东郡号善为吏，延寿之化也。其失颇奢靡，嫁娶送死过度。而野王好气任侠，有濮上风。

楚地为今湖南北、汉中及河南东南境。楚有江汉川泽山林之饶。江南地广，或火耕水耨。民食鱼稻，以渔猎山伐为业。果蓏、蠃蛤，食物常足。故呰窳偷生而无积聚。饮食还给，不忧冻饿，亦无千金之家。信巫鬼，重淫祀。而汉中淫失枝柱，与巴、蜀同俗。汝南之别，皆急疾有气势。江陵，故郢都，西通巫、巴，东有云、梦之饶，亦一都会也。

吴地，今江苏、安徽南境及浙江、江西之地。吴、粤之君皆好勇，故其民至今好用剑，轻死易发。寿春、合肥，受南北湖皮革、鲍、木之输，亦一都会也。汉兴，高祖王兄子濞于吴，招致天下之娱游子弟。枚乘、邹阳、严夫子之徒，兴于文、景之际；而淮南王安亦都寿春，招宾客著书；而吴有严助、朱买臣，贵显汉朝，文辞并发，故世传《楚辞》。其失，巧而少信。本吴、粤与楚接比，数相并兼，故民俗略同。吴东有海盐、章山之铜，三江、五湖之利，亦江东之一都会也。豫章出黄金，然堇堇物之所有，取之不足以更费。江南卑湿，丈夫多夭。

粤地，今两广及越南之地。处近海，多犀、象、玳瑁、珠、玑、银、铜、果、布之凑。中国往商贾者，多取富焉。番禺，其一都会也。自合浦、徐闻南入海，得大州。东西南北方千里。武帝元封元年（前110），略以为儋耳、珠崖郡。民皆服布，如单被，穿中央为贯头。男子耕种禾、稻、纻麻。女子桑蚕织绩。无马与虎，民有五畜，山多麈麖。兵则矛、盾、刀、木弓弩、竹矢，或骨为镞。自初为郡县，吏卒、中国人多侵陵之，故率数岁一反，元帝时，遂罢弃之。

以上皆《汉书·地理志》之说也。汉人议论涉及风俗者，多可与此相发明。如邹阳言“邹、鲁守经学，齐、楚多辩智，韩、魏时有奇节”。《汉书·赵充国辛庆忌传赞》言：“山东出相，山西出将。”《后汉书·虞诩传》：诩亦引之，以为谚语。《司马相如列传》载相如喻巴、蜀檄曰：“夫边郡之士，闻烽举燧燔，皆摄弓而驰，荷兵而走；流汗相属，唯恐居后。触白刃，冒流矢，义不反顾，计不旋踵。人怀怒心，如报私仇。”“今奉币役至南夷，即自贼杀，或亡逃抵诛，身死无名，谥为至愚。耻及父母，为天下笑。人之度量相越，岂不远哉？”此辞固不尽实，然巴、蜀之民怯战，亦必非尽诬。以其地闭塞，先世用兵本少也。《盐铁论·通有篇》，文学曰：“荆、扬南有桂林之饶，内有江湖之利，左陵阳之金，陵阳，汉县，今安徽石埭县东北。右蜀汉之材。伐木而树谷，燔莱而播粟，火耕而水耨，地广而饶材。然后呰窳偷生，好衣甘食。虽白屋草庐，歌讴鼓琴。日给月单，朝歌暮戚。赵、中山带大河，纂四通神衢，当天下之蹊，商贾错于路，诸侯交于道。然民淫好末，侈靡而不务本。田畴不修，男女矜饰。家无斗筲，鸣琴在室。是以楚、赵之民，均贫而寡富。宋、卫、韩、梁，好本稼穑。编户齐民，无不家衍人给。”皆与《地理志》之言相出入也。综其大要：是时生业最盛者，为黄河中下游。其人之勤力、嗜利及淫侈亦最盛。渭水流域，盖自周室东迁以后，沦为戎狄之区，然其地故肥沃，秦人收而用之，至战国之世，文明程度稍足肩随东方，而淳朴之风犹在，用克兼并六国。自汉代秦，稍习于丰亨豫大，又徙东方豪民以实之，而风气遂渐变矣。自西北至东北，边地皆新辟。其俗鄙野，而右武之风未衰。汉代武功之盛，于此盖重有赖焉。长江流域，生业远后北方。故其贫富较均。其人之勤力及淫侈，亦不如北方之甚。其右武之风亦未衰。张良说汉高祖曰：“楚人剽疾，愿上无与楚人争锋。”周亚夫亦言：“楚兵剽轻，难与争锋，愿以梁委之。”李陵以步卒绝漠，为古今所罕有，而其言曰：“臣所将屯边者，皆荆楚勇士，奇材剑客也。”《汉书·淮南王传》谓“江、淮间多轻薄，以厉王迁死感激安”。又论其事曰：“此非独王也，亦其俗薄，臣下渐靡使然。夫荆楚剽轻，好作乱，乃自古记之矣。”孙坚与策，皆以“轻佻果躁，陨身致败”，《三国志》本传评语。而孙权亦以此屡濒于危。权攻合肥，为张辽所袭，赖凌统等以死捍卫，乃得乘骏马越津桥逸去，见本传建安十九（214）年及《张纮传》，又《贺齐传》注引《江表传》。又乘新装大船，于武昌遇风，与是役皆赖谷利以免，见本传是年注引《献帝春秋》，及黄武五年（226）注引《江表传》。亲乘马射虎，马为虎所伤，见本传建安二十三年及《张昭传》。诸葛诞厚养亲附及扬州轻侠。后麾下数百人，坐不降，死，皆曰：“为诸葛公死，不恨。”论者比之田横。《诞传》注引干宝《晋纪》曰：“数百人拱手为一列，每斩一人，辄降之，竟不变，至尽。时人比之田横。”可见当时南方风气。华核言“江南精兵，北土所难，欲以十卒，当东一人”，良非偶然。当时南人所以不敌北者，乃其文明程度不逮，而非关其人之强弱。羊祜言：“其俗急速，不能持久。弓弩戟盾不如中国。唯有水战，是其所便。”盖训练未精，械器不利也。袁淮言：“吴、楚之民脆弱寡能。英才大贤不出其土。比技量力，不足与中国相抗。”则偏见矣。祜言见《晋书》本传。淮言见《三国·魏志·齐王纪》正始七年（246）注引《汉晋春秋》。晋室东渡，不能用之驱除五胡，顾溺于晏安，使其民化之，亦日即于脆弱，亦可哀矣。

第十四章
秦汉时社会等级

第一节
豪强

秦汉之世去古近，故其人等级之见颇深。《史记·项羽本纪》：东阳少年杀其令，强立陈婴为长，欲立婴使为王。婴母谓婴曰："自我为汝家妇，未尝闻汝先古之有贵者。今暴得大名，不祥。不如有所属，事成犹得封侯，事败易以亡，非世所指名也。"婴乃不敢为王。谓其军吏曰："项氏世世将家，有名于楚，今欲举大事，将非其人不可。我倚名族，亡秦必矣。"于是众从其言，以兵属项梁。此当时中流人士之见解。《陈涉世家》，涉与吴广，召令徒众曰："壮士不死即已，死即举大名耳。王侯将相，宁有种乎？"此无赖子之口吻，非通常见地也。然人心虽尚如是，事势则已大变。《廿二史札记》曰："汉初诸臣，唯张良出身最贵，韩相之子也。其次则张苍，秦御史；叔孙通，秦待诏博士。次则萧何，沛主吏掾；曹参，狱掾；任敖，狱吏；周苛，泗水卒史；傅宽，魏骑将；申屠嘉，材官。其余陈平、王陵、陆贾、郦商、郦食其、夏侯婴等皆白徒。樊哙则屠狗者。周勃则织薄曲、吹箫给丧事者。灌婴则贩缯者。娄敬则挽车者。

一时人才，皆出其中，致身将相，前此所未有也。”盖贵族此时，业已不能自振；中流人士，亦或拘文牵义，不能进取；唯下流无赖之人，无所忌惮，无所不敢为，故卒能有所成就；若偶然而实非偶然也。刘、项成败，亦以此为大原，说见第三章第四节。

汉世选举，并不重视门阀。唐柳芳论氏族，谓汉高祖起徒步，有天下，命官以贤，诏爵以功，先王公卿之胄，才则用，不才弃之是也。见《唐书·柳冲传》。然亦不能全免。《汉书·地理志》云：“汉兴，六郡良家子选给羽林、期门。”谓陇西、天水、安定、北地、上郡、西河。《李广传》：以良家子从军击胡。《赵充国传》：以六郡良家子善骑射补羽林。《甘延寿传》：少以良家子善骑射为羽林。如淳曰：“医、商贾、百工不得豫也。”期门、羽林如此，他要职可知。汉世权戚，如西京之金、张，《汉书·张汤传》：“安世子孙相继，自宣、元以来，为侍中、中常侍、诸曹、散骑列校尉者，凡十余人。功臣之世，唯有金氏、张氏，亲近宠贵，比于外戚。”东京之邓氏、《后汉书·邓禹传》：“邓氏自中兴后，累世宠贵，凡侯者二十九人，公二人，大将军以下十三人，中二千石十四人，列校二十二人，州牧、郡守四十八人。其余侍中、将、大夫、郎、谒者，不可胜数。东京莫与为比。”耿氏、《后汉书·耿弇传》：“耿氏自中兴以后，迄建安之末，大将军二人，将军九人，卿十三人，尚公主三人，列侯十九人，中郎将、护羌校尉及刺史、二千石数十百人。遂与汉兴衰云。”窦氏，《后汉书·窦融传》：“窦氏一公、两侯、三公主、四二千石，相与并时。自祖及孙，官府邸第，相望京邑。奴婢以千数。于亲戚、功臣中，莫与为比。”虽贵盛实不为久，然门第之见则已渐入人心；如杨氏自震至彪，四世为太尉，与袁氏俱为名族，其后扰乱之际，袁绍颇为人心所归，即其一证。《三国·魏志·王朗传》注引《魏略·儒宗传》云天水旧有姜、阎、任、赵四姓，常推于郡中，而夏为单家，不为降屈。四姓欲共治之。夏乃游逸，东诣京师。后四姓又使囚遥引夏，关移颍川，收捕系狱。太祖告颍川，使理出之。召署军谋掾。黄初中为秘书丞。太和后病亡。敕其子无还天水。又《张既传》注引《魏略》云：初，既为郡小吏，功曹徐英尝自鞭既三十。英，冯翊著姓。自见族氏胜既，于乡里名行在前，加以前辱既，虽知既贵显，终不肯求于既。既虽得志，亦不顾计本原，犹欲与英和。尝因醉欲亲狎英，英故抗意不纳。当时大族、单门，地位相去之远，可以概见。夏侯玄耻与毛曾并坐，贾诩男女嫁娶，不结高门，世称其善于自守，盖已渐启南北朝婚姻不通，起居不相侪偶之习矣。

强宗巨家，在平时实为治化之梗，至乱时则更有不堪设想者。《三国·吴志·步骘传》：骘以世乱，避难江东，单身穷困，与广陵卫旌同年相善，俱以种瓜自给。会稽焦征羌，《吴录》曰："征羌名矫，尝为征羌令。"郡之豪族，人客放纵。骘与旌求食其地，惧为所侵，乃共修刺，奉瓜以献征羌。征羌方在内卧，驻之移时。旌欲委去。骘止之曰："本所以来，畏其强也。而今舍去，欲以为高，只结怨耳。"良久，征羌开牖见之。方隐几坐帐中，设席致地，坐骘、旌于牖外。征羌作食，身享大案，肴膳重沓，以小盘饭与骘、旌，唯菜茹而已。当时豪民，其无礼傲慢如此。此已足败坏风俗矣。然尚不过无礼而已，甚有躬为剽夺者。如《汉书·酷吏传》言，涿郡大姓西高氏、东高氏，自郡吏以下，皆畏避之，莫敢与牾。宾客放为盗贼，发，辄入高氏，吏不敢追，浸浸日多，道路张弓拔刃，然后敢行，其乱如此。《三国·魏志·司马芝传》，芝为菅长。郡主簿刘节，旧族豪侠。宾客千余家，出为盗贼，入乱吏治。顷之，芝差节客王同等为兵。掾史据白："节家前后未尝给繇。若至时藏匿，必为留负。"芝不听。与节书："幸时发遣。"兵已集郡，而节藏同等。因令督邮以军兴诡责县。县掾穷困，乞代同行。芝乃驰檄济南，具陈节罪。太守郝光素敬信芝，即以节代同行。青州号芝"以郡主簿为兵"。迁广平令。今河北广平县。

征虏将军刘勋，贵宠骄豪，又芝故郡将。宾客子弟在界数犯法。勋与芝书，不著姓名，而多所嘱托。芝不报其书，一皆如法。此遇良吏则然，若不肖，则将反与之交结矣。魏武之定河北也，下令曰："有国有家者，不患寡而患不均，不患贫而患不安。袁氏之治也，使豪强擅恣，亲戚兼并，下民贫弱，代出租赋。炫鬻家财，不足应命。审配宗族，至乃藏匿罪人，为逋逃主。欲望百姓亲附，甲兵强盛，岂可得邪？"《三国志·武帝纪》建安九年（204）注引《魏书》。公孙瓒罪状绍，谓其"割剥富室，收考责钱"，《三国志》本传注引《典略》。盖非虚辞矣。无怪鲍宣谓民有七亡，豪强大姓蚕食无厌其一也。平时之挠法乱政既如此，至战时，则有如魏文所言"飘扬云会，万里相赴"者。《典论·自叙》。《三国志·文帝纪》注引。田儋及从弟荣，荣弟横，皆豪桀宗强，能得人。武臣之死也，客有说张耳、陈余曰："两君羁旅，而欲附赵，难独立。立赵后，扶以义，可就功。"羁旅不敌土著，此王郎之所以能窘光武也。王修守高密令，高密孙氏素豪侠，人客数犯法。民有相劫者，贼入孙氏，吏不能执。修将吏民围之。孙氏拒守，吏民惮不敢近。贺齐守剡长。县吏斯从，轻侠为奸。齐欲治之。主簿谏曰："从，县大族，山越所附。今日治之，明日寇至。"齐闻大怒，便立斩从。从族党遂纠合众千余人，举兵攻县。袁绍逆公孙瓒于界桥，巨鹿太守李邵及郡冠盖以瓒兵强，皆欲属瓒。绍使董昭领巨鹿。时郡右姓孙伉等数十人专为谋主，惊动吏民。昭即斩之，一郡惶恐。盖自擅于一隅之地，反侧于两军之间者，莫非此曹，根柢盘互，卒不可除，乱势之难于爬梳，此亦其一因也。

汉世政治，遇强宗巨家亦特严。二千石阿附豪强，为刺史奉诏所察六条之一。杜延年以故九卿，外出为边吏，治郡不进，上以玺书让之。延年乃选用良吏，捕击豪强，郡中清静。马援为陇西太守，总大体而已。诸曹时白外事，援辄曰："此丞掾之任，何足相烦？……若大姓侵小民，黠羌欲旅距，此乃太守事耳。”然则秦汉之置守，其视豪强，乃至与外寇等也。严延年为治，务在摧折豪强，扶助贫弱。贫弱虽陷法，曲文以出之；其豪桀侵小民者，以文内之。史弼为政，特挫抑强豪。小民有罪，多所容贷。看似失平，实亦有所不得已也。《后书·酷吏传》云：“汉承战国余烈，多豪猾之民。”“故临民之职，专事威断。族灭奸轨，先行后闻。”汉末名士，待宦官支党特酷。后人或疑为过激，而不知当时风气固如此也。严延年名列《酷吏传》。然不列《酷吏传》而务于摧折豪强者亦多，如赵、尹、韩、张、两王即是。

豪强与贵势相结，则其为害弥甚。《汉书·酷吏传》言王温舒多谄，善事有势者。即无势，视之如奴。有势家，虽有奸如山，弗犯。无势，虽贵戚，必侵辱。舞文，巧请下户之猾，以动大豪。酷吏如此，况庸人乎？周纡征拜洛阳令，下车，先问大姓主名。吏数闾里豪强以对。纡厉声怒曰：“本问贵戚若马、窦等辈，岂能知此卖菜佣乎？”王畅拜南阳太守。前后二千石逼惧帝乡贵戚，多不称职。畅深疾之。下车，奋厉威猛。其豪党有衅秽，莫不纠发。会赦，事得散。畅追恨之。更为设法，诸受赃二千万以上，不自首实者，尽入财物。若其隐伏，使吏发屋伐树，堙井夷灶。豪右大震。能如是者盖寡矣。况汉自宣帝、光武已不能裁抑贵戚邪？见第五章第十二节，第九章第一节。

第二节 奴客门生部曲

奴婢之原有三：一曰俘略。《史记·项羽本纪》，秦军降诸侯，诸侯吏卒乘胜，多奴虏使之。秦吏卒多窃言曰："今能入关破秦，大善。即不能，诸侯虏吾属而东，秦必尽诛吾父母妻子。"及羽屠咸阳，收其宝货妇女而东。其破田荣，皆坑荣降卒，系虏其老弱妇女。汉王既灭项羽，诸民略在楚者皆归之，此战时所虏也。栾布为人所略卖，为奴于燕。孝文窦皇后弟广国，四五岁时，为人所略卖。《汉书·景武昭宣元成功臣表》：蒲侯苏夷吾，鸿嘉三年（前18），坐婢自赎为民，后略以为婢免。此皆平时恃强为之，实为罪大恶极。然王莽言当时之弊曰"置奴婢之市，与牛马同兰，制于民臣，专断其命，奸虐之人，因缘为利，至略卖人妻子"，本传始建国元年（9）行王田时语。则其事几与鬻卖同其普遍矣。二曰罪人：此即所谓官奴婢，然亦可赏赐鬻卖。如武帝赐异母姊修成君奴婢三百人；后汉东平宪王归国，特赐奴婢五百人；清河孝王出居邸，赐奴婢三百人；晋武践阼，以奴婢二人赐王基。又如汉傅太后使谒者买诸官婢，贱取之，复取执金吾官婢八人，见《汉书·毋将隆传》。是也。官奴婢既可赏赐鬻卖，则有罪为奴者，自亦可在私家，故季布匿濮阳周氏，周氏髡钳布，并与其家僮数十人之鲁朱家所卖之也。三曰鬻卖：此本民间因困穷而起。《汉书·食货志》云："汉兴，接秦之敝，诸侯并起，民失作业而大饥馑。凡米石五千，人相食，死者过半。高祖乃令民得卖子。"则卖买人口，本为法令所禁。然此实所谓"法不能禁，义不能止"者。贾捐之语，见本传。故贾谊谓当时之民，岁恶不入，请卖爵、子，几视若故常也。又有初以为质，后遂没为奴婢者。严助为淮南王谏伐闽越曰："间者，数年岁比不登，民待卖爵赘子以接衣食。"如淳曰："淮南俗卖子与人作奴婢，名曰赘子，三年不能赎，遂为奴婢。"赘即质也。又有贩卖外国人者。《史记·货殖列传》曰："（巴、蜀）南御滇僰，僰僮。《汉书·地理志》作"南贾滇、僰，滇、僰僮"。西近邛笮，笮马、旄牛。"《西南夷列传》曰："巴、蜀民或窃出商贾，取其筰马、僰僮、髦牛，以此巴、蜀殷富。"《三国志·陈群传》：子泰，为护匈奴中郎将。京邑贵人，多寄宝货因泰市匈奴婢。此与欧人贩鬻黑奴无异，人类之罪恶，真可谓今古同符，东西一辙矣。官奴婢有罪与否，已自难言，犹可诿曰法固以为有罪，私奴婢则以无告而鬻卖，国家所当愧耻而矜恤之者也，乃亦躬与为市。晁错说汉文帝徙民塞下曰"其亡夫若妻者，县官买予之"，足征官可卖买人口，由来已久。又欲募徙以丁、奴婢赎罪，及输奴婢欲以拜爵者，此武帝时募民入奴婢，得以终身复，为郎增秩之策也。至即治郡国缗钱，得民奴婢以千万数，则又视同财产而没入之矣。梁冀起别第，取良人为奴婢，名曰自卖人，则又卖买其名，劫略其实。

奴婢之数，似降而愈多。张良家僮三百人，在周、秦之际，似已不为少矣。汉世贵戚：则王商私奴千数。张匡之言，见《商传》。史丹僮奴以千数。王氏僮奴以千百数。《元后传》。窦氏奴婢以千数。《窦融传》。马防兄弟，奴婢各千人以上。济南安王，光武子。奴婢至千四百人。梁节王明帝子。以罪见削，上疏辞谢，犹欲选择谨敕奴婢二百人。其豪富：则卓王孙僮客八百人。《司马相如传》。《货殖传》同。王孙分与文君僮百人。程郑数百人。折像父国，家僮八百人。《后汉书·方术列传》。曹仁弟纯，僮仆人客以百数。《三国志·仁传》注引《英雄记》。糜竺祖世货殖，僮客万人。先主转军广陵，竺进奴客二千。哀帝时名田之制，限诸侯王奴婢二百人，列侯公主百人，关内侯吏民三十人。官所为限如此，未限之数可知。战国时三世为相，仅有家僮三百人者，方之蔑矣。汉人恒言："耕当问奴，织当问婢。"张安世家僮七百人，皆有手技作业。刁间收取桀黠奴，使逐渔、盐、商贾之利。《货殖列传》。当时之有奴婢者，皆使事生产，故奴婢愈多，主人愈富。《货殖传》言童手指千，比千乘之家。颜师古曰："指千则人百。"然则有僮百人者，富可敌万乘之国；而如糜竺者，其富且十倍于古之天子矣。盖井田废而民失职，工商之业，资本小者，亦不足与大者竞，故民之沦为私属者愈多也。汉武帝世，没入奴婢，分诸苑养狗马禽兽，及与诸官，其用之亦一如私家。然当时徒奴婢众，下河漕度四百万石，及官自籴乃足，其为损益，已自难言。后贡禹言："诸官奴婢十万余人戏游无事，税良民以给之，岁费五六巨万"，则弥为失策矣。公家之营利，固终不如私家也。

当时豪民，待奴婢颇虐。窦安国为人略卖，至宜阳，为其主入山作炭，寒，卧岸下百余人。岸崩，尽压杀卧者，可见主人虐待奴婢，置其生死于不顾之情形。侯应议罢边塞云："边人奴婢愁苦，欲亡者多。曰：'闻匈奴中乐，无奈候望急何？'然时有亡出塞者。"《汉书·匈奴传》。亦无怪其然矣。《汉书·田儋传》："儋阳为缚其奴，从少年之廷，欲谒杀奴。"服虔曰："古杀奴婢，皆当告官。"然虽有此律，未必能行。故董仲舒说武帝："去奴婢，除专杀之威。"《汉书·食货志》。王莽亦谓当时之奴婢，制于民臣，专断其命也。新室王田之制，名奴婢为私属，且不得卖买，自亦不得专杀，惜其制不传。光武建武十一年（35）二月，诏曰："天地之性人为贵。其杀奴婢，不得减罪。"八月，诏曰："敢炙灼奴婢，论如律。所炙灼者为庶民。"十月，诏除奴婢射伤人弃市律。疑实承新室之法而然。不然，何前汉二百年，迄未之及也。

奴婢之子，亦仍为奴婢。《汉书·陈胜传》，秦免骊山徒、人奴产子，悉发以击楚军。服虔曰："家人之产奴也。"师古曰："奴产子，犹今人云家生奴也。"此民间奴婢之子也。《司马迁传》注引应劭曰："扬雄《方言》云：'海、岱之间，骂奴曰臧，骂婢曰获。燕之北郊，民而婿婢谓之臧，女而妇奴谓之获。'"则良人与奴婢相配，亦视如奴婢矣。汉文帝除肉刑，张苍等请定律："罪人狱已决，完为城旦舂。满三岁为鬼薪白粲。鬼薪白粲一岁，为隶臣妾。隶臣妾一岁，免为庶人。”《汉书·刑法志》。此有一定年限。然《三国志·毛玠传》载钟繇之言，谓汉律，罪人妻子，没为奴婢，黥面，今真奴婢，祖先有罪，虽历百世，犹有黥面供官。则文帝时所定之律，唯施诸免刑者耳。以贫穷鬻卖者，自与犯罪没入者殊科，故可以诏令放免。《汉书·高帝纪》，五年（前202）五月，诏“民以饥饿自卖为人奴婢者，皆免为庶人”是也。官奴婢亦有援此例者。文帝后四年（前160），赦天下，免官奴婢为庶人。哀帝时，定名田之制，官奴婢五十以上，免为庶人，是也。此盖其罪较轻者。后汉光武建武二年（26）五月，诏曰：“民有嫁妻卖子欲归父母者，恣听之。敢拘执，论如律。”五年五月，诏“见徒免为庶人”。六年十一月，诏王莽时吏民没入为奴婢不应旧法者，皆免为庶人。七年五月，诏“吏民遭饥乱及为青、徐贼所略为奴婢、下妻，欲去留者，恣听之。敢拘制不还，以卖人法从事”。十三年十二月，诏“益州民自八年以来被略为奴婢者，皆一切免为庶民。或依托为人下妻，欲去者，恣听之。敢拘留者，比青、徐二州以略人法从事”。十四年十二月，诏“益、凉二州奴婢，自八年以来自讼在所官，一切免为庶民。卖者无还值”。中元二年（57），明帝既即位，诏“边人遭乱，为内郡人妻，在已卯赦前，一切遣还边，恣其所乐”。盖犹承建武之遗规也。光武可谓中国之林肯矣。然官吏能否奉行，仍不可必。《三国·魏志·齐王芳纪》，芳即位，诏“官奴婢六十以上，免为良人”。正始七年（246）八月，诏曰：“属到市观，见所斥卖官奴婢，年皆七十，或癃疾残病，所谓天民之穷者也。且官以其力竭而复鬻之，进退无谓，其悉遣为良民。若有不能自存者，郡县赈给之。”裴松之谓：即位诏宜为永制，“七八年间，而复货年七十者；且七十奴婢及癃疾残病，并非可售之物；而鬻之于市；此皆事之难解”。其实何难解之有？此直是有法令而不奉行耳。彼买奴者，自能计其出入是否相当，而岂虑老病者之无所用邪？

私家免奴，有出于好义者。如韩卓，以腊日奴窃食祭其先，义其心，即日免之。《后汉书·符融传》注引袁山松书。华歆，公卿尝并赐没入生口，唯歆出而嫁之，是也。此等义举，自非可多得。通常皆以财赎。前所引杨俊避乱，宗族知故，为人略作奴仆者六家，俊皆倾财赎之，是也。见第十三章第四节。俊后避地并州，本郡王象，少孤特，为人仆隶，年十七八，见使牧羊，而私读书，因被棰楚。俊嘉其才质，即赎象着家，聘娶立屋，然后与别。可谓好行其德矣。

古所谓食客者，非必名卿大夫如四公子之徒然后有之也，虽士庶人之家亦有之。韩信尝从下乡亭长寄食。吴汉家贫，给事县为亭长，以宾客犯法亡命。其明征矣。楼护有故人吕公，无子，归护。护身与吕公，妻与吕妪同食。及护家居，妻子颇厌吕公。护闻之，流涕责其妻子曰："吕公以故旧穷老，托身于我，义所当奉。"遂养吕公终身。此等美德，非人人所能有。灌夫食客日数十百人。戴良曾祖父遵，食客常三四百人。郑泰知天下将乱，阴交豪桀，有田四百顷，而食常不足。此等人亦难多觏。故所谓宾客者，名虽为宾客，实亦从事于生产作业。《后汉书·马援传》言援亡命北地，因留牧畜，宾客多归附者，遂役属数百家。后将家属归洛阳。居数月，无他职任，援以三辅地旷土沃，而所收宾客猥多，求屯田上林苑中。可见宾客非安坐而食者矣。其地位较卑于宾客者，谓之门生。《三国·魏志·牵招传》言招年十余岁，诣同县乐隐受学。后隐为何苗长史，招随卒业。值京都乱，苗、隐见害。招与隐门生史路等触蹈锋刃，共殡敛隐尸，送丧还归。《吴志·孙策传》注引《吴录》，载策与袁术书曰："其忽履道之节，而强进取之欲者，将曰：天下之人，非家吏则门生也，孰不从我？"盖门生乃常居门下执事者，于其所主，若子弟之于父兄，宾客则犹为敌体。故《满宠传》言“汝南（袁）绍之本郡，门生宾客布在诸县，拥兵拒守”，以门生、宾客分言之也。

又有所谓部曲者，则其名自行伍中来。《续汉书·百官志》云，大将军营五部，部下有曲，曲下有屯。则部曲之名，正与今之团营连排等。乱离之世，其人或无所归，而永随其将帅。当其不事战阵之时，或使之从事于屯垦等事。其后见其有利可图，则虽不益兵之日，亦或招人为之，而部曲遂为私属之名矣。如《三国志·卫觊传》谓关中大有还民，诸将多引为部曲是也。详见第十三章第三节。尔时宾客与部曲亦混淆不分。《三国志·李典传》言，典从父乾，合宾客数千家在乘氏。初平中，以众随太祖。后为吕布别将所杀，子整将其兵。整卒，典将其兵。太祖与袁绍相拒官渡，典率宗族及部曲输谷帛供军。后遂徙部曲、宗族万三千余口居邺。此平时之宾客，乱时以兵法部勒之，即成部曲之证。《吴志·孙策传》言，袁术召策为折冲校尉，行殄寇将军。宾客愿从者数百人。《甘宁传》注引《吴书》，言宁将僮客八百人就刘表，依黄祖。祖令人化诱其客，客稍亡。苏飞白祖，听宁之县，招怀亡客并义从者，得数百人。《吕范传》言，范将私客百人归策。此等宾客，亦皆可以充兵。《吴书》所谓“僮客”，亦即《蜀志·麋竺传》所谓“奴客”，盖又以家奴充兵者也。《蜀志·霍峻传》，峻兄笃，于乡里合部曲数百人。《魏志·邓艾传》，艾言于司马景王，谓吴名宗大族，皆有部曲，阻兵仗势，足以违命。无军职而有部曲，亦即奴客而已。《蜀志·先主传》言“庐江雷绪率部曲数万口稽颡”。《吴志·朱桓传》言其“部曲万口，妻子尽识之”，可见其数之众。全悰子怿，怿兄子辉、仪留建业，与其家内争讼，携其母，将部曲数十家渡江归魏；《魏志·钟会传》。孙壹率部曲千余家归魏；《吴志·孙亮传》。韩当子综，载父丧，将母、家属、部曲男女数千人奔魏；皆部曲永属其人之证。而国家亦即从而许之，且或以之为赏赐。《吴志·周瑜传》言瑜卒，孙权迎其丧芜湖，众事费度，一为供给。后着令曰："故将军周瑜、程普，其有人客，皆不得问。"《吕蒙传》：蒙与成当、宋定、徐顾，屯次比迫。三将死，子弟幼弱，权悉以其兵并蒙。蒙固辞。陈启顾等皆勤劳用事，子弟虽小，不可废也。书三上，权乃听。不能将而付之以兵，亦即许其有部曲耳。部曲既不必为兵，遂有特赐其家者。潘璋卒，子平以无行徙会稽，璋妻居建业，赐田宅、复客五十家，是也。陈表所受赐复人，得二百家，在会稽新安县。表简视其人，皆堪好兵，乃上疏陈让，乞以还官，充足精锐。诏曰："先将军有功于国，国家以此报之，卿何得辞焉？"表乃称曰："今除国贼，报父之仇，以人为本。空枉此劲锐，以为僮仆，非表志也。"皆辄料取，以充部伍。所在以闻。权甚嘉之，下郡县，纠正户羸民，以补其处。所谓赐复人，亦即所谓复客。此等皆不欲以之为兵，故《蒋钦传》言钦卒，权以芜湖民二百户，给钦妻子也。

第三节
游侠

游侠者，古武士之遗也。《史记·游侠列传》曰："韩子曰：儒以文乱法，而侠以武犯禁。二者皆讥。"盖当封建全盛，井田未坏之时，所谓士者，咸为其上所豢养，民则各安耕凿，故鲜浮游无食之人。及封建、井田之制稍坏，诸侯大夫，亡国败家相随属，又或淫侈不恤士，士遂流离失职，而民之有才智觊为士者顾益多。于是好文者为游士，尚武者为游侠。《史记》曰："今游侠，其行虽不轨于正义，然其言必信，其行必果，已诺必诚，不爱其躯，赴士之厄困；既已存亡生死矣，而不矜其能，羞伐其德，盖亦有足多者焉。”又言“其私义廉洁退让，有足称者”。此皆古武士之遗风。然此特少数人能之，而终亦必澌灭以尽。《史记》又言：“朋党宗强比周，设财役贫；豪暴侵凌孤弱，恣欲自快；游侠亦丑之。予悲世俗不察其意，猥以朱家、郭解等令与暴豪之徒同类而共笑之也。”夫世俗之所笑者，乃凡游侠之徒，岂指一二人言之；况所谓一二人者，其行亦未必可信邪？

《东门行》古辞曰：“出东门，不顾归。来入门，怅欲悲。盎中无斗储，还视桁上无悬衣。拔剑出门去，儿女牵衣啼。他家但愿富贵，贱妾与君共铺糜。共铺糜，上用仓浪天故，下为黄口小儿。今时清廉，难犯教言，君复自爱莫为非。……平慎行，望君归。”《宋书·乐志》。此古游侠者流迫于贫困，欲为作奸犯科之事，而其家室止之之辞也。所谓游侠者，原不过如此。《史记》言郭解藏命作奸，剽攻不休，铸钱掘冢，不可胜数。《汉书·货殖列传》言：“王孙卿以财养士，与雄桀交。”又言“掘冢搏掩，犯奸成富，曲叔、稽发、雍乐成之徒，犹复齿列”。盖亦所谓游侠者流也。何以异于暴豪之徒邪？《史记》言朱家家无余财，衣不完彩，食不兼味，乘不过軥牛。剧孟死，家无余十金之财。徙豪富茂陵也，郭解家贫不中资。《汉书》言原涉身衣服车马才具，妻子内困。此盖其所谓廉洁退让者。然郭解之徙也，诸公送者出千余万；郑庄行千里不赍粮；《史记·汲郑列传》。原涉费用皆仰给诸富人、长者；岂有身为游侠魁桀，而真以贫为患者哉？服食之美、宫室车马之侈，本非人人之所欲。剧孟母死，自远方送丧者盖千乘。杜季良父丧，致客，数郡毕至。敛众人之财，而又少散其所余，此狙公朝暮三四之术，游侠魁桀莫不如是，而岂真足语于廉洁退让邪？不宁唯是，为游侠魁桀者，莫不有阴鸷之性。《史记》言郭解年长，更折节为俭，以德报怨，然其阴贼着于心，卒发于睚眦如故。

《汉书》言原涉性略似郭解，外温仁谦逊，而内隐好杀。非此等人，固不能为魁桀。老子曰："民不畏死，奈何以死惧之？"人之所不得已者，孰如求活？结党求活者，固亦有其所谓义。《汉书》所谓"自与杀身成名，若季路、仇牧"者也。贡禹述当时之俗，以处奸而得利者为壮士，兄劝其弟，父勉其子。以阴鸷善谋之士驭瞀不畏死之徒，是则所谓游侠也已矣。

游侠之微末者，不过今江湖流丐、地方恶棍之流。《汉书·张敞传》云，长安偷盗酋长，居皆温厚，出从童骑，闾里以为长者。《游侠传》云，长安街闾各有豪侠，萬章在城西柳市，号曰城西萬子夏。是其事也。《酷吏传》云，长安中奸猾浸多。闾里少年，群辈杀吏，受赇报仇。相与探丸为弹。得赤丸者斫武吏，得黑者斫文吏，白者主治丧。城中薄暮，尘起剽劫，行者死伤横道，桴鼓不绝，其乱如此。然此等不过为暴于都邑之中，其为害，实不如朋党宗强比周者之烈。《史记·魏其武安侯列传》言，灌夫交通豪桀大猾，家累数千万。陂池田园，宗族宾客为权利，横于颍川。颍川儿歌之曰："颍水清，灌氏宁。颍水浊，灌氏族。"其为患可谓甚矣。

秦汉之世，士大夫多喜与游侠交通。张良居下邳，为任侠。项伯杀人，尝从良匿。季布弟心杀人，亦亡吴从袁丝匿。《袁盎传》。甚至好黄、老如汲黯、田叔者亦为之。剧孟尝过袁盎，盎善待之。安陵富人有谓盎曰："吾闻剧孟博徒，将军何自通之？"盎曰："剧孟虽博徒，然母死，客送丧车千余乘，此亦有过人者。且缓急人所有。夫一旦有急叩门，不以亲为解，不以存亡为辞，天下所望者，独季心、剧孟。今公常从数骑，一旦有缓急，宁足恃乎？"遂骂富人，弗与通。盖当时之士大夫，其性情实与游侠近而与商贾富人远，而游侠中亦自有佳人。《史记》言张耳、陈余，宾客、厮役，莫非天下俊桀。及张敖狱竟，而汉高祖贤张王宾客，尽以为诸侯相、郡守，亦以其人本堪任用也。然此等亦特少数，语其多数，则未有不入于作奸犯科者。太子丹通奸犯法，交通郡国豪猾，攻剽为奸。见《汉书·江充传》。广川王姬昆弟及王同族宗室刘调等，为贼囊橐。见《汉书·张敞传》。红阳侯立父子藏匿奸猾亡命，宾客为群盗。见《汉书·元后传》。戴圣子宾客亦为群盗。见《汉书·何武传》。义纵少时与张次公为群盗。此杀人越货之为也。梁孝王怨袁盎，使人刺之。薛宣子况怨申咸，赇客创其面目。周荣辟司徒袁安府，安举奏窦景，及与窦宪争立北单于，皆荣所具草，窦氏客乃以悍士刺客满城中相胁。此所谓借交报仇者也。甚有服官而相结为奸利者：郑当时为大农，任人宾客僦，入多逋负。起昌陵也，营作陵邑，贵戚、近臣子弟、宾客，多辜榷为奸利者。翟方进部掾史覆案，发大奸数千万。萬章与石显交善，显当去，留床席器物数百万值，欲以与章。游侠之所为如此，尚得曰其私义廉洁退让哉？郑当时，孝景时为太子舍人。每五日洗沐，常置驿马长安诸郊，存诸故人，请谢宾客。夜以继日，至其明旦，常恐不遍。为大吏，诫门下，客至无贵贱，无留门者。执宾主之礼，以其贵下人。每朝，候上之闲，说未尝不言天下之长者。其推毂士及官属丞史，诚有味其言之也。常引以为贤于已。未尝名吏。与官属言，若恐伤之。闻人之善，言进之上，唯恐后。山东士诸公，以此翕然称郑庄。朱博为人廉俭，不好酒色游宴。自微贱至富贵，食不重味，案上不过三杯。夜寝早起，妻稀见其面。有一女，无男。然好乐士大夫。为郡守九卿，宾客满门。欲仕宦者，荐举之；欲报仇怨者，解剑以带之；其趋事待士如是。博以此自立，然终用败。陈遵居长安中，列侯、近臣、贵戚皆贵重之。牧守当之官，及郡国豪桀至京师者，莫不相因到遵门。遵嗜酒，每大饮，宾客满堂，辄关门，取客车辖投井中，虽有急，终不得去。果好贤如《缁衣》邪？抑相结托谋进取，且为所识穷乏者得我也。《卫霍列传》言，青日衰，去病日贵，青故人门下多去事去病，唯任安独不肯去，若不胜其忻慕之诚。《汲郑列传》言，翟公为廷尉，宾客阗门。及废，门外可设雀罗。复为廷尉，宾客欲往，翟公乃大署其门曰：“一死一生，乃知交情。一贫一富，乃知交态。一贵一贱，交情乃见。”若不胜其怏怏之意者。魏其、武安，互相齮龁，终成祸乱，亦不过争宾客盛衰耳，岂不哀哉？然当时贵人，殊不悟此。武帝威刑虽峻，而为戾太子立博望苑，使通宾客，从其所好，多以异端进者。光武亦不能裁抑外戚、诸王，卒致沛王之祸；窦氏、马氏等，亦卒以此败。《樊宏传》：“建武中，禁网尚阔，诸王既长，各招引宾客。”《蔡茂传》：光武时，茂言“今者外戚憍逸，宾客放滥，宜敕有司，案理奸罪”。《后汉书·桓谭传》：哀、平间，傅皇后父孔乡侯晏深善于谭。是时董贤宠幸，女弟为昭仪，皇后日已疏。谭说以谢遣门徒，务执谦悫，而傅氏终全于哀帝之时。《马援传》：援兄子婿王磐，王莽从兄平阿侯仁之子也。莽败，磐拥富资，居故国。为人尚气节，而爱士好施，有名江、淮间。后游京师，与卫尉阴兴、大司空朱浮、齐王章共相友善。援谓姊子曹训曰：“王氏，废姓也，子石当屏居自守，而反游京师长者，用气自行，多所陵折，其败必也。”后岁余，磐与司隶校尉苏邺、丁鸿事相连，坐死洛阳狱。而磐子肃，复出入北宫及王侯邸第。援谓司马吕种曰：“建武之元，名为天下重开。自今以往，海内日当安耳。但忧国家，诸子并壮，而旧防未立。若多通宾客，则大狱起矣。卿曹戒慎之。”及郭后薨，有上书者，以为肃等受诛之家，客因事生乱，虑致贯高、任章之变。帝怒，乃下郡县，收捕诸王宾客。更相牵引，死者以千数。吕种亦豫其祸。临命叹曰：“马将军真神人也。”盖其祸福之皎然如此，然诸人虽终被其祸，而民之受其害者，则已不可胜数矣。孙宝不能捕杜稚季，光武亦不能裁抑湖阳公主，见第九章第一节。且以赵王故免李子春，《后汉书·赵熹传》。虞延亦卒为阴氏所陷。贵戚与豪党相比周，其祸可胜言哉？

汉时豪贵，每有犯上作乱之举。匡衡子昌，为越骑校尉，醉杀人系诏狱，越骑官属与昌弟谋篡之。浩商为义渠长所捕，亡，长取其母，与猳猪连系都亭下。商兄弟会宾客，自称司隶掾、长安县尉，杀义渠长妻子六人。《汉书·翟方进传》。亦见《酷吏传》。第五种徙朔方，孙斌将侠客追及之于太原，遮险格杀送吏，与归而匿之。任延诛田绀，绀少子尚，聚会轻薄，夜攻武威。阳球母为郡吏所辱，结少年数十人杀吏，灭其家。此尚在平时，至乱时则更有不堪设想者。《史记》言吴、楚反时，条侯乘传车将至河南，得剧孟，喜曰："吴、楚举大事，而不求孟，吾知其无能为已矣。"天下骚动，宰相得之，若得一敌国云。吴以兵屯聚而西，无他奇败，设使多得如剧孟者以助之，其患又宁止如周丘也？汉世诸侯王谋乱者，如淮南厉王、梁孝王、燕剌王等，无不收合亡人，结连郡国豪桀。武帝天汉二年（前 99），诏郡国都尉曰："今豪桀多远交，依东方群盗。其谨察出入者。"远交正游侠之所为也。盖游侠与暴豪之徒，其不可分也久矣。汉高为游侠者流，显而易见。光武藏亡匿死，吏不敢到门，见第九章第一节。其所谓谨厚者安在也？魏武游侠放荡，不治行业。蜀汉先主好交结豪侠，年少争附。孙坚欲娶吴夫人，吴氏亲戚嫌其轻狡。袁绍好养士。袁术以侠气闻。张邈亦以侠闻。邈与魏武，首举义兵。盖一时风起云涌，无非轻侠之徒者。周忠为大司农，子晖，兄弟好宾客，雄江、淮间。灵帝崩，晖闻京师不安，来候忠。董卓闻而恶之，使兵劫杀其兄弟。《后汉书·周景传》。亦有由也。

汉世之治游侠，法亦特重。《史记》言济南瞯氏，陈周庸以豪闻。景帝闻之，使使尽诛此属。其后代诸白、梁韩无辟、阳翟薛况、陕韩孺纷纷复出。《汉书》亦言：自魏其、武安、淮南之后，天子切齿，《游侠传》。卫、霍改节，然郡国豪桀，处处所有，京师亲戚，冠盖相望，盖其徒恃此为生，实非法令之力所能胜也。《史记》又言：关中长安樊仲子、槐里赵王孙、长陵高公子、西河郭公仲、太原卤公孺、临淮倪长卿、东阳田君孺，虽为侠，而逡巡有退让君子之风，此亦去战国之世愈远，尚气健斗之风益衰耳，遂谓为刑诛之效，未必然也。郑庄为侠，乃以武安、魏其时议贬秩。在朝，常趋承意，不敢甚引当否，侠者之风安在哉？董仲舒对策言吏与奸为市，贫穷孤独，冤苦失职。侮鳏寡，畏强圉，是则游侠之所为而已矣。

或曰：缓急人所时有，非侠无以济。然能济人于厄者，任恤，非游侠。任恤者利人，游侠名为利人，实图自利，不可不察也。汉世贤者，莫如王丹，丹家累千金，乡邻遭丧忧者，辄待丹为办。邓禹西征，丹率宗族上麦二千斛，以济军粮，好施周急，非虚语矣。然疾恶强豪。宁载酒肴于田间，候勤者而劳之。其轻黠游荡，废业为患者，不徒不加拂拭，且晓其父兄，使黜责之。此与无赖专收合亡命子弟者何如哉？陈遵友人丧亲，遵为护丧事，赙助甚丰。丹乃怀缣一匹，陈之于主人前曰："如丹此缣，出自机杼？"世之巧取豪夺，而以周急为解者，闻之能无愧乎？陈遵欲结交于丹，丹不许。侯霸欲与交友，丹征为太子少傅，遣子昱候于道。昱迎拜车下，丹下答之。昱曰："家公欲与君结交，何为见拜？"丹曰："君房有是言，丹未之许也。"丹子有同门丧亲，欲往奔慰。丹怒而挞之，令寄缣以祠焉。郑庄之徒，闻其风能无愧乎？或曰：郎颉拒孙礼而见杀，夏馥傲高、蔡而见仇，见《后汉书·党锢传》。全身远害，虽孔子，亦未尝拒见南子，不拜阳货也。然不曰危行言逊乎？全身远害可，同流合污，如之何其可也？郎颉之见杀，夏馥之见仇，又安知其不有他故哉？

第四节
秦汉时君臣之义

秦汉去封建之世近，故其民犹有各忠其君之心。汉景帝子临江闵王荣，坐侵庙堧地为宫，上征荣，荣行，祖于江陵门外，既上车，轴折车废，江陵父老流涕窃言曰："吾王不反矣。"此等民情，即非后世所有。汉制：三公得自置吏，刺史得置从事，二千石得辟功曹、掾史，为所辟置，即同家臣，故其风义尤笃。臧洪、田畴、杨阜之事，固已夫人知之矣。其类此者，尚不胜枚举。王修为孔融主簿，守高密令，闻融有难，夜往奔融。虞翻为王朗功曹，朗战败浮海，翻追随营护。桓范欲诣曹爽，城门闭。门候司蕃，故范举吏也。范呼之，矫曰："有诏召我。"蕃欲求见诏书。范呵之曰："卿非我故吏邪？何以敢尔！"乃开之。《三国·魏志·曹爽传》注引《魏略》。又诸葛诞反，将左右数百人攻扬州刺史乐綝。扬州人欲闭门，诞叱曰："卿非我故吏邪？"径入。遂杀綝。见《诞传》注引《世语》。此皆生死成败之际，不相弃背者也。即或事无可为，亦能皎然不欺其志。刘虞之死也，故常山相孙瑾，掾张逸、张瓒，忠义奋发，相与就虞，骂公孙瓒极口，然后同死。《三国志·公孙瓒传》注引《英雄记》。焦触、张南，驱率诸郡太守、令、长，背袁向曹。陈兵数万，杀白马盟。令曰："违命者斩。"众莫敢语，各以次歃。至别驾韩珩，曰："吾受袁公父子厚恩。今其破亡，智不能救，勇不能死，于义阙矣，若乃北面于曹氏，所弗能为也。"庞淯以凉州从事守破羌长。武威太守张猛反，杀刺史邯郸商。淯衷匕首诣猛门，欲因见以杀猛。兖州刺史令狐愚，辟单固为别驾，固不欲应，母夏侯氏强之，不获已，遂往。及败，当死。母谓之曰："汝为人吏，自当尔耳。此自门户衰，我无恨也。"《三国志·王凌传》注引《魏略》。盖虽妇人女子，犹知之矣。刘备举袁涣茂才，吕布欲使涣作书詈辱备，涣不可。后事魏太祖，有传备死者，群臣皆贺，涣独不。朱治举孙权孝廉，权历位上将，及为吴王，治每进见，权常亲迎，执版交拜。袁谭为先主故茂才，先主走青州，谭将步骑迎之。伍孚为郡门下书佐，其本邑长有罪，太守使孚出教，敕曹下督邮收之，孚不肯受教，伏地仰谏曰："君虽不君，臣不可以不臣。明府奈何令孚受教，敕外收本邑长乎？"《三国志·董卓传》注引谢承《后汉书》。泰山太守薛悌命高堂隆为督邮，郡督军与悌争论，名悌而呵之，隆按剑叱督军曰："昔鲁定见侮，仲尼历阶；赵弹秦筝，相如进缶；临臣名君，义之所讨也。"督军失色，悌惊起止之。盖于虚文礼节之间，其不肯苟焉又如此。此皆其事之较著者。此外战阵之际，出身捍卫，或见俘获，而以死免其君。如后汉时之徐平，见《后汉书》本传。袁秘、封观等七人，见《袁安传》。刘茂、谅辅、彭修、周嘉皆见《独行传》。茂事又见《鲜卑传》。又有杨穆，亦见《鲜卑传》。段崇、王宗、原展见《西羌传》。应余见《三国·魏志·高贵乡公纪》甘露三年（258）注引《楚国先贤传》。张登，见《王朗传》注引《朗集》。姜维父冏，见《蜀志·维传》。刑辟之余，则舍命申理，或代之受罪。如贯高即是，见第四章第二节。又如索卢放、周燕、戴就，皆见《后汉书·独行传》。张登，见《三国志·王朗传》注引《朗集》。常播、杨玩，见《蜀志·杨戏传》末附录《益部耆旧杂记》。邵畴，见《吴志·孙皓传》凤皇三年（274）注引《会稽邵氏家传》。公孙瓒为郡小吏，太守刘君坐事槛车征。官法不听吏下亲近。瓒乃改容服。诈称侍卒，身执徒养，御车到洛阳。太守当徙日南，瓒具豚酒，于北芒上祭辞先人，酹觞祝曰："昔为人子，今为人臣。当诣日南。日南多瘴气，恐或不还，便当长辞坟茔。"慷慨悲泣，再拜而去。观者莫不叹息。此虽不免矫激，究亦不失忠义也。终已无可奈何，则或冒死收葬，赵戬葬王允，见《三国·蜀志·先主传》建安十九年（214）注引《典略》，亦见《后汉书·允传》。桓阶葬孙坚，王修葬袁谭，皆见《魏志》本传。马隆葬令狐愚，见《王凌传》注引《晋纪》。皇甫晏葬王经，见《曹爽传》注引《世语》。向雄葬钟会，见《会传》注引《汉晋春秋》。或经纪其家。廉范父遭丧乱，客死蜀汉，范遂流寓西州。西州平，归乡里，年十五，辞母西迎父丧。蜀郡太守张穆，丹之故吏，乃重资送范。见《后汉书》本传。袁术死，妻子依术故吏庐江太守刘勋，见《三国志》本传。赵昱察张纮孝廉。昱后为笮融所杀，纮甚伤愤，而力不能讨。昱门户绝灭。及纮在东部，遣主簿至琅玡设祭，并求亲戚为之后。见《吴志·纮传》注引《吴书》。即在安常处顺之时，亦或持丧、送葬，负土成坟，守墓立祠。胡广死，故吏自公卿、大夫、博士、议郎以下数百人，皆缞绖殡位，自终及葬。此外如桓荣曾孙鸾、李恂、傅燮、荀爽、王允，均见《后汉书》本传。长官死事者，如刘平，见《后汉书》本传。庞淯，见《三国志》本传。被罪者，如桓荣玄孙典及乐恢，亦见《后汉书》本传。《三国志·荀攸传》："祖父昙，广陵太守。攸少孤。及昙卒，故吏张权求守昙墓。攸年十三，疑之。谓叔父衢曰：'此吏有非常之色，殆将有奸。'衢悟，乃推问，果杀人亡命。"此等弊端，亦以其时此等风气正盛，有以致之也。时又有以人民而送长官之丧者。《魏志·高贵乡公纪》，甘露二年（257），以玄菟郡高显县吏民反叛，长郑熙为贼所杀。民王简负担熙丧，晨夜星行，远致本州。忠节可嘉。特拜简为忠义都尉。此特凡民犹尔。后汉张纲为广陵太守，招降张婴。及纲卒，婴等五百余人制服行丧，送到犍为，负土成坟，自更不足怪矣。又或有因之去官者。如童恢弟翊是也，见《后汉书·循吏传》。案，汉法，官吏不得去位行丧。安帝元初三年（116），邓太后秉政，初听大臣、二千石、刺史行三年丧。建光元年（121），复断之。桓帝永兴二年（154），听刺史、二千石；永寿二年（156），听中官行三年丧。延熹二年（159），刺史、二千石复见断。此事是非姑措勿论，然去位行丧是一事，交代而去又是一事，去位行丧可许，不俟交代，则必不可许也。《三国·吴志·孙权传》：嘉禾六年（237），诏"前故设科，长吏在官，当须交代，而故犯之。虽随纠坐，犹已废旷……其更平议"。丞相雍奏从大辟。其严如此，因举主丧而去官，自更不可恕矣。《三国·魏志·常林传》注引《魏略》云，吉茂兄黄，为长陵令。时科禁长吏擅去官，而黄闻司徒赵温薨，自以为故吏，违科奔丧，为司隶校尉钟繇所收，遂伏法，则时亦本有禁令。然《邢颙传》云，颙以故将丧弃官。有司举正。太祖曰"颙笃于旧君，有一致之节，勿问也"，则仍时有获宥者。亦以其时此等风气方盛也。史传所载，数见不鲜。虽不免矫激沽名，然非其时封建之余习犹盛，此等矫激之行，亦不足动众也。刘表遣韩嵩诣许。嵩曰："嵩使京师，天子假嵩一官，则天子之臣，而将军之故吏耳。在君为君，则嵩守天子之命，义不得复为将军死也，唯将军重思，无负嵩。"《三国志·刘表传》注引《傅子》。孙盛亦以诸侯之臣，义有去就，讥田丰之不去袁绍。《三国志·绍传》注引。此等见解，当时盖不甚通行。公孙渊令官属上书自直于魏曰："臣等闻仕于家者，二世则主之，三世则君之。"《三国志·公孙渊传》注引《魏书》。此则时人通有之见解也。汉末之易于分裂，此亦为其一因。观周瑜、鲁肃等力劝孙权毋下曹操可知。

事长事君，本同一理，故时弟子之于师，亦恭敬备至。如谒焕，先为诸生，从廖扶学。后临扶郡，未到，先遣吏修门人之礼。见《后汉书·方术传》。为之服丧送葬，郑玄之卒，自郡守以下尝受业者，缞绖赴会千余人。乐恢死，弟子缞绖挽者数百人。桓荣事朱普，普卒，荣奔丧九江，负土成坟。荀淑卒，李膺自表师丧。皆见《后汉书》本传。李郃卒，门人冯胄，制服心丧三年，见《方术传》。又赵康隐于武当山，清静不仕，以经传教授，朱穆年五十，奉书称弟子。及康殁，穆丧之如师，见《朱晖传》。或奔丧去官。延笃以师丧弃官奔赴，见《后汉书》本传。孔昱以师丧去官，见《党锢传》。任末奔师丧，于道物故，见《儒林传》。张季礼远赴师丧，见《独行传》。《三国·蜀志·二牧传》，刘焉亦以师丧去官。危难之际，亦或冒险送葬，经纪其家。郑弘师同郡河东太守焦贶。楚王英谋反，发觉，引贶。贶被收捕。疾病，于道亡殁。妻子闭系诏狱，掠考连年。诸生故人，惧相连及，皆改变名姓，以逃其祸。弘独髡头，负铁锧，诣阙上章，为贶讼罪。显宗觉悟，即赦其家属。弘躬送贶丧及妻子还乡里。见《后汉书》本传。窦武府掾胡腾，少师事武，武死，独殡敛行丧，坐禁锢，见《武传》。牵招，年十余岁，诣同县乐隐受学。后隐为车骑将军何苗长史，招随卒业。值京都乱，苗、隐见害。招与隐门生史路等触蹈锋刃，共殡敛隐尸，送丧还归。道遇寇钞，路等皆悉散走。贼欲斫棺取钉，招垂泪请赦，贼义之，乃释而去。由是显名。见《三国志·

魏志》本传。冤抑之余，或代为申理。如郑弘即是。杨政从范升受梁丘《易》。升为出妇所告，系狱。政乃肉袒，以箭贯耳，抱升子潜伏道旁候车驾，而持章叩头大言曰："范升三娶，唯有一子。今适三岁，孤之可哀。"武骑虎贲惧惊乘舆，举弓射之，不肯去。旄头又以戟叉政，伤胸，政犹不退。哀辞乞请，有感帝心。诏曰"乞杨生师"，即尺一出升。见《后汉书·儒林传》。高获师事欧阳歙，歙下狱，当断，获冠铁冠，带铁锧，诣阙请歙，见《方术传》。皆自君臣之义推之也。可见秦汉之世，封建余习入人之深矣。

第五节 士大夫风气变迁

专制之世，所恃为国家之桢干者，士大夫也。士大夫之美德，不爱钱、不惜死二语，足以尽之。贾生曰："为人臣者，主耳忘身，国耳忘家，公耳忘私。利不苟就，害不苟去，唯义所在。上之化也，故父兄之臣，诚死宗庙；法度之臣，诚死社稷；辅翼之臣，诚死君上；守圄捍敌之臣，诚死城郭封疆。故曰：圣人有金城者，比物此志也。彼且为我死，故吾得与之俱生；彼且为我亡，故吾得与之俱存；夫将为我危，故吾得与之皆安。"此不惜死之说也。董子曰："皇皇求财利，常恐匮乏者，庶人之意也。皇皇求仁义，常恐不能化民者，大夫之意也。""公仪子相鲁，之其家，见织帛，怒而出其妻；食于舍而茹葵，愠而拔其葵。曰：'吾已食禄，又夺园夫、红女利乎？'古之贤人君子在列位者皆如是，故下高其行而从其教，民化其廉而不贪鄙。"此不爱钱之说也。此等风气之成，实由封建之世，臣皆受豢于其君，而其君之豢之也，则初本使事战斗，凡受豢于其君者，其养生送死之奉，自亦优于齐民，有以致之。其后封建之制渐坏。为人君者，或则纵侈好便辟嬖佞，又或亡国败家，不复能豢养其臣，则乡之受豢于人者，不得不自谋生活；于是慷慨之武夫、廉洁之臣工，不得不躬为商贾之行矣。此正犹无恒产者无恒心，救死不赡，虽欲驱而之善，卒不可得，非如贾、董之言，为人君者，加以风厉，或躬行教化，遂克挽回也。

秦汉之世，贞亮伉直之士，亦非无之，如盖宽饶、息夫躬是也。然皆不得其死。其能安然无患，或且取富贵以去者，则皆庸碌之徒、取巧之士也。魏其、武安之齮龁，最足见之。夫以灌夫之横暴，其罪宁不当诛？然武安尤龌龊小人，灌夫当诛也，武安则非可诛灌夫之人。故当时舆情，实右魏其。武帝所以必廷辩之者，亦欲借公论以折太后耳。乃除汲黯是魏其外，韩安国则持两可之论；郑当时初是魏其，后不敢坚；余皆莫敢对。致上怒当时曰："公平生数言魏其、武安长短，今日廷论，局促效辕下驹，吾并斩若属矣。"余子碌碌不足论，安国帅臣，当时大侠，依违腼忍如是，宁不可愧乎？杜钦、谷永亦若侃侃直节，然史言"孝成之世，委政外家，诸舅持权，重于丁、傅在孝哀时，故杜邺敢讥丁、傅，而钦、永不敢言王氏"，此当时之士气也。其为大臣者：孔光"旧相名儒，天下所信"，而不能折王莽。成帝敬重张禹，可谓备至，禹顾阴为王氏道地。胡广当冲、质、桓、灵之世，常位三公，录尚书。历李固、陈蕃之变，迄无所患。徒以达练事体，明解朝章闻。京师为之语曰："万事不理问伯始，天下中庸有胡公。"亦孔光之类也。陈万年善事人。以此为御史大夫，而子咸，以万年任为郎，伉直，数言事，刺讥近臣。万年尝病，命咸教戒于床下。语至夜半，咸睡，头触屏风。万年大怒，欲杖之，曰："乃公教戒汝，汝反睡，不听吾言，何也？"咸叩头谢曰："具晓所言，大要教咸谄也。”王章为诸生，学长安，独与妻居。章疾病，无被，卧牛衣中。与妻诀，涕泣。其妻呵怒之曰：“仲卿！京师尊贵在朝廷人，谁逾仲卿者？今疾病困厄，不自激卬，乃反涕泣，何鄙也？”后章仕宦历位。及为京兆，欲上封事言王凤。妻又止之曰：“人当知足，独不念牛衣中涕泣时邪？”章曰：“非女子所知也。”书遂上。果下廷尉狱死。合此二事观之，安得不令人短气？《史记·游侠列传》曰：“鄙人有言曰：‘何知仁义？已飨其利者为有德。’故伯夷丑周，饿死首阳山，而文、武不以其故贬王；跖、蹻暴戾，其徒诵义无穷。由此观之，‘窃钩者诛，窃国者侯；侯之门，仁义存’，非虚言也。”《续汉书·五行志》曰，顺帝之末，京都童谣曰：“直如弦，死道边。曲如钩，反封侯。”赏罚之所加，毁誉之所被，虽鄙人亦知之矣。人孰肯徇虚名而受实祸？百炼钢安得不化为绕指柔哉！

文臣如此，武士亦然。李广，史言其得赏赐辄分麾下，饮食与士共之。为二千石四十余年，家无余财。终不言家产事。其孙陵，司马迁言其“事亲孝，与士信；临财廉，取予义；分别有让，恭俭下人。常思奋不顾身，以殉国家之急”。此诚古武士之气质也。然其所食之报，为何如哉？然此等人之不克大用，放大眼光观之，未始非中国之福。何者？苟使重用此等人，则中国之武功必更盛，生事于外更多，劳民益深，政治益紊，风纪益坏，其所招之患，必不仅如五胡之乱也。李广之出雁门而无功也，当斩，赎为庶人。家居数岁。尝夜从一骑出，从人田间饮。还至霸陵亭，霸陵尉醉，呵止广。广骑曰：“故李将军。”尉曰：“今将军尚不得夜行，何乃故也？”止广宿亭下。居无何，匈奴入，天子召拜广为右北平太守。广即请霸陵尉与俱，至军而斩之。其为陇西守也，羌反，广诱降八百余人，诈而同日杀之。此等人能安民，能守法乎？赵瓯北《廿二史札记》盛称汉时奉使者皆有胆决策略，往往以单车斩名王，定属国。又有擅发属国兵定乱者。《汉使立功绝域》条。殊不知论一时风气，不能偏据一二人。观第五章第八节所引《大宛列传》，则当时之奉使者，乃多冀侵盗币物，私市外国者耳。伐宛之役，劳民可谓最深，岂不以使者之椎埋，有以致之乎？常惠之护乌孙兵攻匈奴也，《匈奴列传》云："虏马、牛、羊、驴、骡、橐驼七十余万。"《乌孙传》同。本传云："得马、牛、驴、骡、橐驼五万余匹，羊六十余万头。"似为奇功矣。然《乌孙传》及本传皆云"乌孙皆自取所虏获"，则其虚实无可征验，乃邀功之虚辞耳。此等事细求之，尚不可一二尽。汉世征伐所招后患，不过如五胡之乱，未始非中国崇尚文教，不右武人使之然也。故封建之世之风气，即能维持，亦非美事也。

汉世进趋，多由乡曲之誉，故士多好为矫激之行以立名。参看第十八章第四节可知。又如第十三章第一节所引之李充，真可谓不近人情，鲜不为大奸慝者矣。周泽为太常，卧病斋宫，其妻哀泽老病，窥问所苦，泽大怒。以妻干犯斋禁，遂收送诏狱，谢罪。《后汉书·儒林传》。此等行为，更可发一大噱，而在当时亦足欺人，读《风俗通义·愆礼》《过誉》《十反》等篇可见。《后汉书·荀淑等传赞》曰："汉自中世以下，阉竖擅恣，故俗遂以遁身矫洁放言为高。士有不谈此者，则芸夫牧竖，已叫呼之矣。"可见一时之风气矣。杜根得罪邓后，为宜城县山中酒家保，积十五年，及邓氏诛，乃出。或问根曰："往者遇祸，天下同义，知故不少，何至自苦如此？"根曰："周旋民间，非绝迹之处。邂逅发露，祸及知亲，故不为也。"张俭所经历，伏重诛者以十数，宗亲殄灭，郡县为之残破，《后汉书·党锢传》。对之宜有愧色矣。然此以制行论，友朋相容隐，固不得借口于此也。乃岑晊以党事逃亡，亲友多匿焉，贾彪独闭门不纳。时人望之。彪曰："《传》言'相时而动，无累后人'，公孝以要君致衅，自遗其咎。吾以不能奋戈相待，反可容隐之乎？”亦见《党锢传》。此畏祸之遁辞耳，而世又服其裁正。然则是非竟何所准也？张让父死，归葬颍川，虽一郡毕至，而名士无往者，让甚耻之。陈寔乃独吊焉。及后复诛党人，让感寔故，多所全宥。然则逮捕党人时，余人多逃避求免，寔曰“吾不就狱，众无所恃”，乃请囚焉，盖亦有恃而然耳，何其巧也？应劭讥韦著，曹节起之为东海相，欢以承命，驾言宵征，《风俗通·十反篇》。其贤不肖之相去，又岂能以寸哉？

第十五章 秦汉时人民生计情形

第一节 秦汉人资产蠡测

《汉书·食货志》载李悝尽地力之教曰：“今一夫挟五口，治田百亩，岁收亩一石半，为粟百五十石。除十一之税十五石，余百三十五石。食，人月一石半，五人终岁，为粟九十石，余有四十五石。石三十，为钱千三百五十。除社闾尝新春秋之祠，用钱三百，余千五十。衣，人率用钱三百，五人终岁用千五百，不足四百五十。不幸疾病死丧之费，及上赋敛，又未与此。此农夫所以常困，有不劝耕之心，而令籴至于甚贵者也。”此说可略见当时农民生计情形。《史记·货殖列传》引计然之言，谓粜，二十病农，九十病末；上不过八十，下不过三十，则农末俱利；而李悝之说，粟石以三十计，盖农夫粜谷所得，皆其最下之价，其余之利，皆入于商贾矣。宣帝时谷石五钱，农民无利，耿寿昌以立常平之法。刘虞为幽州牧，史称“民悦年登，谷石三十”。以三十为石最下之价，盖终两汉之世，未之有改。汉世铸钱甚多，盖其流通亦数，故物价无甚变动。持此以计汉人资产，则其高下，有可得而言者焉。汉世石、衡法。斛量法。大小略等。一石略当今二斗。《后汉书·伏湛传》注引《九章算术》曰："粟五十，粝率三十，一斛粟得六斗米为粝。"然则百五十石，当今三十石，不足十五石，当今三石。疾病死丧之费及上赋敛，假使亦以十五石计，又当得三石。五口之家，当得粟百八十石，即今三十六石，粗米二十一石六斗，乃可勉支。粗米以石五元计，共得百有八元，人得二十一元六角而已。文帝以百金为中人十家之产，汉世黄金一斤值钱万，则中人一家之产，为钱十万。以粜中价计之，假设为石五十，略当今二千元。《汉书·景帝纪》，后二年（前142）五月，诏令资算十以上乃得宦。服虔曰："十算，十万也。"《哀帝纪》：绥和二年（前7），水所伤县邑及他郡国灾害什四以上，民资不满十万，皆无出今年租赋。《平帝纪》：元始二年（2），天下民资不满二万，及被灾之郡不满十万，勿租税。《扬雄传》，雄自序言家产不满十金。盖皆以中人之家为率。其富者：伍被为淮南王划策，诈为丞相、御史请书，徙家产五十万以上者朔方，此犹今之有万元。《汉书·平当传》，当祖父以资百万，自下邑徙平陵，犹今有二万元。《武帝纪》，元朔二年（前127），徙资三百万以上于茂陵，犹今有六万元。《杨敞传》，子恽，再受资千余万，父及后母。皆以分施，则如今二十万。张汤死，家产值不过五百金，史称其廉；王嘉奏封事，言孝元皇帝时，外戚资千万者少；可见是时官吏、贵戚，资产约在今十万元、二十万元之间。《汉书·酷吏传》，宁成称："仕不至二千石，价不至千万，安可比人乎？"亦以今二十万元为率也。是时豪右及商贾，盖多能致此者。宁成贳贷陂田千余顷，假贫民，役使数千家，数年致产数千万。灌夫家累数千万。《史记·魏其武安侯列传》。宛孔氏家致数千金。刁间起数千万。姓伟资五千万。师史、张长叔、薛子仲十千万。师古曰："十千万，即万万也。"自元、成迄王莽，京师富人，杜陵樊嘉，茂陵挚网，平陵如氏、苴氏，长安丹王君房，豉樊少翁、王孙大卿，为天下高资，嘉五千万，其余皆巨万。皆见《货殖传》。《楚元王传》："功费大万百余。"应劭曰："大万，亿也。大，巨也。"案，《诗·伐檀》毛传以万万为亿。郑笺以十万为亿。疏云：今数万万为亿，古十万为亿。盖《毛诗》虽自号古学，实出依托，故不觉露出马脚也。《后汉书·鲜卑传》：青、徐二州，给岁钱二亿七千万。此语当本汉时计账，知汉人以万万为亿。五千万若今百万，万万若今二百万。董贤之诛也，县官斥卖其财，凡四十三万万；梁冀之诛也，收其财货，县官斥卖，合三十余万万，则若今六千至八千余万。此如清世之和珅，非寻常所有也。《货殖列传》言封者食租税，岁率户二百。千户之君，则二十万，朝觐聘享出其中；庶民商贾，率亦岁万息二千。百万之家，则二十万，更徭租赋出其中；衣食之欲，恣所好美矣。然则岁入二十万，为当时之巨富，此同于今之二千四百元，息率以什二计，其本不过万二千元耳。大将军、三公岁俸四千二百斛，略与此相当。其少者，斗食岁百三十二斛，佐史岁九十二斛，尚不逮农夫一家五口之入，故论者言其薄也。

什二为通行利率。如李悝所计，粟石三十，农民之家，终岁所费为百五十石，不足四百五十，合钱四千九百五十，乃资二万四千七百五十之息。更益以疾病死丧及上赋敛之所费，亦以四百五十计，亦资二万七千耳。四百五十，为资二千二百五十之息。中人之产十金，岁得息二万，四倍于农夫之入而有余矣。此农夫所以常困，有不劝耕之心欤？

《汉书·元帝纪》，初元元年（前48），以三辅、太常、郡国公田及苑可省者，振业贫民。资不满千钱者，赋贷种、食。《贡禹传》，禹自言家资不满万钱。《枚乘传》："乘在梁时，取皋母为小妻。乘之东归也，皋母不肯随乘。乘怒，分皋数千钱，留与母居。"此皆资不逮中人者。然贡禹又自言有田百三十亩，则汉人计资者，土田不在其列。盖距井授之世犹近，未以土田为私有也。《后汉书·和帝纪》，永元五年（93），诏言郡国上贫民，以衣履釜鬵为资。则汉世计资，未尝不酷，特较之后世之并计田宅，或专论丁粮者，犹为宽耳。

汉世践更雇值月二千，过更三千，别见第十八章第六节。《沟洫志》："治河卒非受平价者，为着外徭六月。"苏林曰："平价，以钱取人作卒，雇其时佣之平价也。"如淳曰："《律说》：平价一月，得钱二千。"《卜式传》："乃赐式外徭四百人。"苏林曰："外徭，谓戍边也。一人出三百钱，谓之过更。式岁得十二万钱也。"此可略见汉时工价，行役内地者月二千，戍边者三千。在当地者，恐不及此。案，李悝言食，人月一石半，则日得五升。《庄子·天下篇》述宋钘、尹文之言曰："五升之饭足矣。先生恐不得饱，弟子虽饥，不忘天下。"五升，盖战国、秦汉间计人日食之率。《三国志·管宁传》注引《魏略》，言官廪焦先、扈累、寒贫皆日五升，而常使先埋藏疫病死者，盖食之则可役之，此似亦源于民间之工价。焦先饥即为人客作，饱食而已，不取其值，盖当时雇佣本如此，非先之独廉也。而游手者之所得，雇有倍蓰于此者。严君平卜筮于成都，才日阅数人，得百钱，足以自养，则闭肆下帘而授《老子》。《汉书·王贡两龚鲍传》。夫日得百钱，则岁三万六千，侔于戍边，而八倍于农夫之所得矣。刺绣文不如倚市门，此民之所以竞逐于浮食欤？不然，何山不可居，而必于成都之市邪？

第二节
秦汉时豪富人

秦汉时豪富者，一为大地主，一为大工商，已见第五章第一节。《后汉书·樊宏传》，父重，世善农稼，好货殖。其营理产业，物无所弃；课役童隶，各得其宜。故能上下勠力，财利岁倍，开广田土，三百余顷。其所起庐舍，皆有重堂高阁，陂渠灌注。又池鱼牧畜，有求必给。尝欲作器物，先种梓漆，时人嗤之。然积以岁月，皆得其用，向之笑者，咸求假焉。年八十余终，素所假贷人间者数百万。此可见汉时之大地主，经营之规模皆颇大。故多有以开拓边地致富者。《史记·货殖列传》言塞之斥也，桥姚以致马千匹，牛倍之，羊万头，粟以万钟计。《汉书·叙传》，始皇之末，班壹避地楼烦，致马、牛、羊数千群。《后汉书·马援传》，亡命北地，遇赦，因留牧畜。宾客多归附者。遂役属数百家。转游陇、汉间，因处田牧。至有马、牛、羊数千头，谷数万斛。《廉范传》："范世在边，广田地，积财粟。"皆以地广而荒，易于多占故也。其在内地，则所谓兼并之家。有依贵势为之者，如张禹家以田为业，及富贵，多买田至四百顷，皆泾、渭溉灌，极膏腴是也。有恃财力为之者，晁错《贵粟疏》言商人兼并农人是也。以大势论，商贾之力，尤雄于豪家。故《平准书》言富商大贾，或滞财役贫；转毂百数，废居居邑；封君皆低首仰给焉。汉世虽有抑商之法，初无济于事。晁错所谓法律贱商人，商人已富贵；尊农夫，农夫已贫贱也。汉武、新莽欲行轻重敛散之术，以抑豪强，然所用者仍系商人。东郭咸阳齐之大煮盐，孔仅南阳大冶，桑弘羊洛阳贾人子。仅、咸阳行盐铁，除故盐铁家富者为吏。羲和置命士以督五均、六管，郡有数人，皆用富贾。固不敢谓此辈中无公忠体国之人，如桑弘羊即是其一。然必图自利者多，知利国利民者少，则无疑矣。察之安可胜察？事即易行，犹不能保其无弊，况其本不易邪？此汉武时所以民愁盗起，而新莽时遂至不可收拾也。又当时贵势之家，亦有兼事贸迁者。观贡禹欲令近臣自诸曹、侍中以上，家毋得私贩卖，与民争利可知。挟贵势以谋奇赢，民又安能与之哉？

杂业致富者多，唯农田为独苦。《史记·货殖列传》言：“陆地牧马二百蹄，牛蹄角千，千足羊，泽中千足彘，水居千石鱼陂，山居千章之林。安邑千树枣，燕、秦千树栗，蜀、汉、江陵千树橘，淮北、常山以南，河、济之间千树萩，陈、夏千亩漆，齐、鲁千亩桑麻，渭川千亩竹，及名国万家之城，带郭千亩，亩钟之田，若千亩卮、茜，千畦姜韭：此其人皆与千户侯等。”又曰：“通邑大都：酤一岁千酿，醯酱千瓨，酱千甔。屠牛羊彘千皮。贩谷粜千钟。薪稿千车。船长千丈。木千章，竹竿万个。其轺车百乘，牛车千两。木器髹者千枚，铜器千钧，素木、铁器若卮、茜千石。马蹄躈千，牛千足，羊、彘千双。僮手指千。筋角、丹沙千斤。其帛絮、细布千钧，文彩千匹，榻布、皮革千石。漆千斗。糵曲、盐豉千荅。鲐、鮆千斤，鲰千石，鲍千钧。枣栗千石者三之。狐貂裘千皮，羔羊裘千石，旃席千具。他果菜千钟。子贷金钱千贯。节驵会。贪贾三之，廉贾五之：此亦比千乘之家。”《史》《汉》“货殖传”数当时豪富者：冶铸，商贾，赊贷，盐井，丹穴，陂田，鱼盐，畜牧，子钱，小至丹、豉、贩脂、卖浆、洒削、胃脯、马医。唯秦杨以田农而甲一州，为本业耳。故曰“用贫求富，农不如工，工不如商”也。

汉世富人，率多逾侈。田蚡治宅甲诸第，田园极膏腴。市买郡县器物，相属于道。前堂罗钟鼓，立曲旃。后房妇女以百数。诸侯奉金玉、狗马、玩好，不可胜数。史丹僮奴以千数。后房妻妾数十人。内奢淫，好饮酒，极滋味声色之乐。张禹内奢淫，身居大第，后堂理丝竹管弦。马融居宇器服，多存侈饰。常坐高堂，施绛纱帐，前授生徒，后列女乐。此权戚之所为也。此特就前所未及者举之。其实此诸人，在汉世权戚中，不为最侈。其大奢僭者，诸侯如梁孝王，外戚如前汉之霍氏、后汉之梁氏，以及桓、灵时之宦官，前已言之，兹不更赘。汉世权威，守礼法者极少。后汉马氏称最贤，而马防兄弟犹以逾侈就国，他可知矣。贾生言："今民卖僮者，为之绣衣丝履，偏诸缘，内之闲中，是古天子后服，所以庙而不宴者也，而庶人得以衣婢妾。白縠之表，薄纨之里，緁以偏诸，美者黼绣，是古天子之服，今富人大贾嘉会召客者以被墙。"其逾侈之情形，可以概见。仲长统之言曰："馆舍布于州郡，田亩连于方国。身无半通青纶之命，而窃三辰龙章之服。不为编户一伍之长，而有千室名邑之役。荣乐过于封君，势力侔于守令。财赂自营，犯法不坐。刺客死士，为之投命。至使弱力少智之子，被穿帷败，寄死不敛；冤枉穷困，不敢自理。"此则所谓富民者之为之也。王符言："今举俗舍本农，趋商贾。牛马车舆，填塞道路。游手为巧，充盈都邑。务本者少，浮食者众。商邑翼翼，四方是极。今察洛阳：资末业者，什于农夫；虚伪游手，什于末业。是则一夫耕，百人食之；一妇桑，百人衣之。以一奉百，孰能供之？天下百郡千县，市邑万数，类皆如此。"盖自奢侈之风盛行，而都邑遂为罪恶之薮矣。

贫富相悬如此，风俗遂为之大变。《汉书·货殖传》曰："饰变诈为奸轨者，自足乎一世之间；守道循理者，不免乎饥寒之患。"人孰肯慕虚名而受实祸？天之报施善人，《史记·伯夷列传》。久惑之矣。是以俗皆曰："何以孝悌为？财多而光荣。"《汉书·贡禹传》。《潜夫论·交际篇》曰："俗人之相与也：有利生亲，积亲生爱，积爱生是，积是生贤。情苟贤之，则不自觉心之亲之，口之誉之也。无利生疏，积疏生憎，积憎生非，积非生恶，情苟恶之，则不自觉心之外之，口之毁之也。"盖是非为利害所淆乱矣。人固不肯慕虚名而受实祸，然固有徇名之烈士焉。至于是非淆乱，而人益无所劝惩矣。此汉人言风俗之恶者，所以多归其咎于贫富之不均也。

第三节
秦汉时地权不均情形

秦汉之世，工商之流，虽云跛扈，然人民之以农为业者究多，故地权之不均，关系于民生者实大。案，地权不均情形，已略见第五章第一节、第七章第二节。张禹买田至四百顷，皆泾、渭溉灌，极膏腴，上价；案，《东方朔传》云：丰、镐之间，号为土膏，其价亩一金。宁成贳贷陂田千余顷；见第一节。樊重有田三百余顷；见第二节。郑泰有田四百余顷；济南安王光武子。有私田八百顷，奴婢千四百人；此董仲舒所谓富者田连阡陌者也。王立使客因南郡太守李尚占垦草田数百顷，颇有民所假少府陂泽；见《汉书·孙宝传》。苏康、管霸固天下良田美业，山林湖泽；《后汉书·党锢·刘祐传》。黄纲恃程夫人权力，求占山泽以自营；《后汉书·独行·刘翊传》。此仲舒所谓又专川泽之利，管山林之饶者也。陈涉少时为人佣耕，第五访少孤贫，亦佣耕以养兄嫂，《后汉书·循吏传》。可见无田者之多。如李悝所计，农民有田百亩，尚极困苦，贡禹自言有田百三十亩，然妻子糠豆不赡，裋褐不完，被征，乃卖田百亩以供车马，其证。然地主之于农民，剥削殊甚。董仲舒言："或耕豪民之田，见税什五。"王莽亦云"厥名三十税一，实什税五"；此苏洵所谓"田主日累其半以至于富强，耕者日食其半以至于穷饿"者也，贫民复何以自活？荀悦所以谓"官家之惠优于三代，豪强之暴酷于亡秦"也。见《汉纪·文帝纪》。仲长统云："今欲张太平之纪纲，立至化之基趾，齐民财之丰寡，正风俗之奢俭，非井田实莫由也。"此为汉儒公有之见解。然其事卒不易行，故董仲舒有限民名田之论。时未能行。哀帝即位，师丹辅政，首建其议。孔光为丞相，何武为大司马，即奏请行之。其制：诸王、列侯得名田国中，列侯在长安及公主名田县道，关内侯、吏民名田，皆无过三十顷。诸侯王奴婢二百人，列侯、公主百人，关内侯、吏民三十人。年六十以上、十岁以下，不在数中。贾人皆不得名田、为吏，犯者以律论。诸名田、畜奴婢过品，皆没入县官。《食货志》云："期尽三年，犯者没入官。时田宅、奴婢，价为减贱。丁、傅用事，董贤隆贵，皆不便也。诏书且须后，遂寝不行。"其时权贵颇有出其私产以予民者。《哀帝纪》，建平元年（前6），太皇太后诏外家王氏田非冢茔，皆以赋贫民。《平帝纪》，元始二年（2），安汉公、四辅、三公、卿大夫、吏民为百姓困乏，献其田宅者二百三十人，以口赋贫民，是也。此特好为名高，不足语于制度。王莽遂断行王田之法，三年而废。自此以后，遂无敢行激烈之举矣。荀悦言，井田之制，土地布列在豪强，卒而革之，并有怨心，则生纷乱，制度难行。若高祖初定天下，光武中兴之后，人众稀少，立之易矣。既未悉备井田之法，宜以口数限田，为之立限，人得耕种，不得卖买，以赡贫弱，以防兼并，且为制度张本，不亦善乎？案，此即《申鉴》所谓"耕而勿有，以俟制度"也。仲长统《昌言》云："今者土广民稀，中地未垦。虽然，犹当限以大家，勿令过制。其地有草者，尽曰官田，力堪农事，乃听受之。若听其自取，后必为奸也。"司马朗亦以为宜复井田，谓"往者以民各有累世之业，难中夺之，是以至今。今承大乱之后，民人分散，土业无主，皆为公田，宜及此时复之"。则乘乱而行井授，殆为当时论者之公意。然井田之制，不难于法之立，而难于法之行；不难于强行于一时，而难于维持于不敝。何者？缓急人所时有，称贷势不能无以为质，而农民除田宅外，无物可以为质故也。自晋之户调式，至唐之租庸调法，皆行汉人限民名田之论，而卒无验者以此。

汉世土地，在官者尚颇多，观其赏赐可知。如苏武赐公田二顷，卜式赐十顷者再，武帝赐异父姊修成君公田百顷。见《汉书·外戚传》。哀帝时，董贤赐田至千余顷见《师丹传》。是也。三国时，魏赐满宠仅十顷，盖由其时垦田尚少之故。吕蒙卒后，吴复其田五十顷；蒋钦卒，赐其妻子芜湖田二百顷；则其数不可云菲。诸葛亮自表成都有桑八百株，田十五顷，盖云俭矣。时亦有以公田赋与贫民者：宣帝地节元年（前69）、三年，元帝初元元年（前48）、永光元年（前43），后汉明帝永平九年（66），安帝永初元年（107），皆有是诏。章帝元和元年（84），诏令郡国募民无田欲徙他界就肥饶者恣听之。到，在所赐给公田，为雇耕佣，赁种饷，贳与田器，勿收租五岁，除算三年。其后欲还本乡者，勿禁。三年，北巡狩，告常山、魏郡、清河、巨鹿、平原、东平郡太守、相曰："今肥田尚多，未有垦辟，其悉以赋贫民。给与粮种。务尽地力，勿令游手。"其所以招徕之者颇殷。至以苑囿假贫民，则元帝初元元年、二年，章帝建初元年（76），咸有是诏。《后汉书·文苑·黄香传》：迁魏郡太守。郡旧有内外园田，常与人分种，收谷岁数千斛。香曰"《田令》：'商者不农。'案，武帝时，大农上盐铁丞孔仅、咸阳言，亦曰："贾人有市籍及家属皆无得名田，以便农，敢犯令者，没入田货。"哀帝时制，贾人亦不得名田。此所云《田令》，未知为何时令，然汉世商贾名田，法令常加禁止，则较然矣。《王制》：'仕者不耕。'伐冰食禄之人，不与百姓争利"，乃悉以赋民，亦其事也。其规模最弘远者，当推平帝时罢呼池苑为安民县一事，已见第十三章第四节。汉高帝五年（前202）诏曰：民前或相聚保山泽，今天下已定，令各归其县，复故爵田宅。又曰："诸侯子及从军归者，甚多高爵，吾数诏吏：先与田宅。"九年，徙齐、楚大族关中，亦与利田宅。《后汉书·张纲传》：降广陵贼，亲为卜居宅，相田畴。可见汉世田宅，尚多在官。俞正燮《癸巳类稿》云：“《王制》云：古者以周尺八尺为步，今以周尺六尺四寸为步。古者百亩，当今东田百四十六亩三十步。东田之名，郑、王、熊、皇、刘、孔皆不悉，至以为南东其亩之东。案，谓之今东田者，汉文帝时洛滨以东，河北燕、赵，及南方旧井地，武帝以后即无之。《史记·秦本纪》云：商鞅开阡陌，东地渡洛，则尽秦地井田皆改，而六国仍以步百为亩，故谓之东田，对秦田言之也。东田之改，在汉武帝时。《汉书·食货志》云，武帝末年诏曰：十二夫为田一井一屋，故亩五顷。案，井九百亩，屋三百亩，以千二百亩改五顷，是亩二百四十步也。桓宽《盐铁论》云：先帝制田二百四十步而一亩。《论》作于昭帝时，知制田指武帝也。所以知武帝改是东田者，西田是秦成制，则汉制是改东田。又商鞅言开阡陌，而武帝诏不言十二顷为五顷，而云一井一屋为五顷，明是续开商鞅未开之阡陌，井田至是始尽。合《王制》与《秦本纪》《食货志》《盐铁论》读之，东田之义始见，一井一屋之文亦见。而文散义隐，故解者不知也。”读此，知古代遗制，多有存于秦汉时者。凡物成败，皆非一朝一夕之故，理固宜然。然其事之能行与不能行，则固不以其遗制之有无也。《三国·魏志·仓慈传》，迁敦煌太守。旧大族田地有余，而小民无立锥之土。慈皆随口割赋，稍稍使毕其本值。敦煌为新辟之土，而其并兼之烈如此，而况于内郡乎？

第四节 汉世禁奢之政

汉人议论，无不以风俗之恶，归咎于物力之屈；物力之屈，归咎于用度之奢；用度之奢，归咎于制度之不立者。贾生曰：“淫侈之俗，日日以长。”“生之者甚少，而靡之者甚多。天下财产，何得不蹶?”《汉书·食货志》。严安曰：“今天下人民用财侈靡。车马、衣裘、宫室，皆竞修饰。调五声使有节族，杂五色使有文章，重五味方丈于前，以观欲天下。彼民之情，见美则愿之，是教民以侈也。侈而无节，则不可赡。民离本而徼末矣，末不可徒得，故缙绅者不惮为诈，带剑者夸杀人以矫夺，而世不知愧，故奸轨浸长。”“臣愿为民制度，以防其淫。使贫富不相耀，以和其心。”王吉曰：“古者衣服、车马，贵贱有章，以褒有德而别尊卑。今上下僭差，人人自制。是以贪财诛利，不畏死亡。周之所以能致治，刑措而不用者，以其禁邪于冥冥，绳恶于未萌也。”贡禹曰：“亡义而有财者显于世，欺谩而善书者尊于朝，悖逆而勇猛者贵于官。故俗皆曰：‘何以孝悌为?财多而光荣。何以礼义为?史书而仕宦。何以谨慎为?勇猛而临官。’故黥劓而髡钳者，犹复攘臂为政于世。行虽犬彘，家富势足，目指气使，是为贤耳。故谓居官而置富者为雄桀，处奸而得利者为壮士，兄劝其弟，父勉其子。俗之坏败，乃至于是。”“自成、康以来，几且千岁，欲为治者甚众，然而太平不复兴者，何也?以其舍法度而任私意，奢侈行而仁义废也。”汉人议论，如此者甚多。故改正制度之事，犹时有之。其大者，欲行井田之政，轻重敛散之法，说已略见于前矣。其于用度，亦欲为之节制。今其可考最早者，为成帝永始四年（前13）之诏，已见第六章第二节。后汉明帝永平十二年（69），诏曰：“百姓送终之制，竞为奢淫。”“又车服制度，恣极耳目。”“有司其申明科禁宜于今者，宣下郡国。”章帝建初二年（77）诏曰：“今贵戚近亲，奢纵无度。嫁娶送终，尤为僭侈。有司废典，莫肯举察。《春秋》之义，以贵理贱。今自三公，并宜明究非法，宣振威风。……其科条制度，所宜施行，在事者备为之禁。先京师而后诸夏。”和帝永元十一年（99），诏曰：“吏民逾僭，厚死伤生。

是以旧令，节之制度。顷者贵戚近亲，百僚师尹，莫肯率从。有司不举，怠放日甚。又商贾小民，或忘法禁。奇巧靡货，流积公行。其在位犯者，当先举正。市道小民，但且申明宪纲，勿因科令，加虐羸弱。”安帝永初元年（107），诏“三公明申旧令，禁奢侈，无作浮巧之物，殚财厚葬”。元初五年（118），诏“旧令制度，各有科品。欲令百姓务崇节约。遭永初之际，人离荒厄。朝廷躬自菲薄，去绝奢饰。食不兼味，衣无二彩。比年虽获丰穰，尚乏储积。而小人无虑，不图久长。嫁娶送终，纷华靡丽。至有走卒奴婢被绮縠，着珠玑。京师尚若斯，何以示四远？设张法禁，恳恻分明。而有司惰任，讫不奉行。秋节既立，鸷鸟将用。且复重申，以观后效”。桓帝永兴二年（154），诏“舆服制度，有逾侈长饰者，皆宜损省。郡县务存俭约，申明旧令，如永平故事”。观此诸诏，知汉世用度，本有程品，特莫之能行耳。《续汉书·舆服志》注载蔡邕表曰，永平初，诏书下车服制度。诸侯王以下，至于士庶，嫁娶被服，各有秩品。当传万世。臣以为宜集旧事、仪注、本奏以成《志》也。《后汉书·荀爽传》，爽对策陈便宜，欲略依古礼尊卑之差，及董仲舒制度之别，严督有司，必行其命。皆汉世本有制度之证。《张酺传》，病临死，敕其子曰：“显节陵扫地墓祭，欲率天下以俭。吾为三公，既不能宣扬王化，令吏人从制，岂可不务节约乎？其无起祠堂。可作稿盖庑，施祭其下而已。”此法令不能行之证也。夏侯玄言：“汉文虽身衣弋绨，而不革正法度……似指立在身之名，非笃齐治制之意。”司马宣王既诛曹爽，乃奏博问大臣得失。王昶陈治略五事，其五，“欲绝侈靡，务崇节俭。令衣服有章，上下有叙”。其论犹与汉人同。《三国·魏志·崔琰传》注引《世语》，言陈思王妻衣绣，太祖登台见之，以违制，命还家赐死，则其行之颇严。然终成具文者？有司行法，孰肯得罪于巨室？虽有严明之主若魏武，安得事事躬察之乎？《蜀志·董和传》言：和为成都令。蜀土富实，时俗奢侈，和躬率以俭。防遏逾僭，为之轨制。县界豪强惮和严法，遂说刘璋，转和为巴东属国都尉。此等事盖不少矣。江充为绣衣使者，禁察逾侈。贵戚近臣多奢僭，充皆举劾。奏请没入车马，令身待北军击匈奴。贵戚子弟惶恐，皆见上叩头求哀，愿得入钱赎罪。阳球为司隶校尉，权门屏气。诸奢饰之物，皆各缄縢，不敢陈设。韩延寿治颍川，与长老议定嫁娶丧祭仪品。略依古礼，不得过法。令文学校官诸生，皮弁执俎豆，为吏民行丧嫁娶礼。百姓遵用其教。卖偶车马下里伪物者，弃之市道。召信臣治南阳，禁止嫁娶送终奢靡，务出于俭约。张鲁依月令，春夏禁杀，又禁酒。流移其地者，不敢不奉。此等皆偶得其人，行诸一时一地，其为效无几。而行之不善，转有徇虚名而受实祸者。汉宣帝五凤二年（前56）诏，谓“今郡国二千石或擅为苛禁，禁民嫁娶不得具酒食相贺召”。此等禁令，必仅施诸小民，故和帝有“勿因科令，加虐羸弱”之戒也。当时贤者，亦有自能守法者。《汉书·王吉传》言自吉至崇，吉子骏，骏子崇。世名清廉。皆好车马衣服。其自奉养，极为鲜明，而无金银锦绣之物。及迁徙去处，所载不过囊衣。不蓄积余财。去位家居，亦布衣蔬食。天下服其廉而怪其奢。故俗传“王阳能作黄金”。此乃以小人之腹，度君子之心。汉世高官，禄赐颇厚。苟不为后日计，居官奉养，自可鲜明。去位即布衣蔬食，彼盖以为法度当然。杨震子孙常蔬食步行。费祎雅性俭素，家不积财，儿子皆令布衣素食，出入不从车骑，无异凡人。《三国志》本传注引《祎别传》。亦王阳之志也。古人盖以为居官用度当由官给，至家计则当自谋，不当仰给于官。故诸葛亮表后主曰：“成都有桑八百株，薄田十五顷，子弟衣食，自有余饶。至于臣在外任，无别调度。随身衣食，悉仰于官。不别治生，以长尺寸。若臣死之日，不使内有余帛，外有赢财，以负陛下。”然徒恃此一二人，何补于大局哉？

行法禁奢，曾收一时之效者，莫过于建安之世。《三国志·毛玠传》言，玠与崔琰并典选举。务以俭率人。由是天下之士，莫不以廉节自励。虽贵宠之臣，舆服不敢过度。注引《先贤行状》曰："于时四海翕然，莫不励行。至乃长吏还者，垢面羸衣，常乘柴车。军吏入府，朝服徒行。人拟壶飧之洁，家象濯缨之操。贵者无秽欲之累，贱者绝奸货之求。吏洁于上，俗移乎下，民到于今称之。"此等效验，盖已不易致。然激诡之行，徒容隐伪，和洽之言。终不可以持久。加以军人纵恣，法不能驭，名非所歆，故人亡政息，而其堤防遂至大溃矣。《三国·魏志·曹洪传》注引《魏略》，言太祖为司空时，以己率下。每岁发调，使本县平资。于时谯令平洪资财与公家等。太祖曰："我家资哪得如子廉邪？"以太祖之严明，而不能禁军人之居积，况其他乎？诸葛瑾及其子恪并质素，虽在军旅，身无彩饰，而恪弟融独为奢绮。潘璋性奢泰，末年弥甚。服物僭拟。吏兵富者，或杀取其财物。偏方之国如此，而况中原？曹爽自一时之杰，而以奢败，盖亦风气使然。何夔，史称其于节俭之世，最为豪汰，然则何曾之日食万钱，亦有由来。晋初王、石之骄奢，武帝之荒怠，非一朝一夕之故也。人情孰不好奢？况于武人之全不知礼义者乎？兵乱之为祸博矣。

第五节
汉世官私赈贷

汉世士大夫，让爵，让爵之著者，先汉有韦玄成，后汉尤盛。让而见许者，如耿况子国，刘般子恺及邓彪。不见许者，如徐防子衡，郭躬弟子镇之子贺。刘恺不见许而逃，有司奏请绝其国，肃宗美其义，特优假之。张奋则以违诏敕收，惧而就国。丁鸿友责以大义乃出。桓荣子郁，不许而分其租入。阴识弟兴之子庆，嗣位而让其财物。皆见《后汉书》本传。又有让仕者：鲁恭见本传。封观见《袁安传》。许荆、刘矩、童翊，皆见《循吏传》。让产者颇多。王商，见《汉书》本传。郭昌，见《后汉书·郭皇后纪》。北海敬王，见《齐武王传》。春陵侯敞，见《城阳恭王传》。鲍永、张堪、樊宏孙梵、张禹、韩棱，皆见本传。分财自薄者薛包，见《刘赵淳于江刘周赵传》首。诈讼以却仕者高凤，见《逸民传》。又有不受赙者，如后汉之廉范、张禹、袁闳。不受饯者，如三国魏之华歆，吴之刘宠、周景。赠遗不用，及去皆以还之者，如魏之张范。不受赐者，如吴之吕蒙。刘宠事见《三国·吴志·刘繇传》注引《续汉书》。余皆见《后汉书》《三国志》本传。能分施者亦不少。如杨恽，初受父财五百万，及身封侯，皆以分宗族。后母无子，财亦数百万，死皆与恽，恽尽复分后母昆弟。郇越散其先人资千余万，以分施九族州里是也。见《王贡两龚鲍传》。任恤之行，亦颇有之。如张堪素有名声，尝于太学见朱晖，甚重之，接以友道。乃把晖臂曰："欲以妻子托朱生。"晖以堪先达，举手未敢对。自后不复相见。堪卒，晖闻其妻子贫困，乃自往候视，厚赈赡之。张裔，少与犍为杨恭友善。恭早死，遗孤未数岁。裔迎，留与分屋而居。事恭母如母。恭之子且长大，为之娶妇，买田宅产业，使立门户。张嶷得疾困笃。家素贫匮。广汉太守蜀郡何祗，名为通厚。嶷夙与疏阔，乃自举诣祗，托以治疾。祗倾财医疗，数年除愈。陆瑁，少好学笃义。陈国陈融、陈留濮阳逸、沛郡蒋纂、广陵袁迪等，皆单贫有志，就瑁游处。瑁割少分甘，与同丰约。及同郡徐原，爰居会稽，素不相识。临死遗书，托以孤弱。瑁为起立坟墓，收导其子。皆其卓然在人耳目者也。丧乱之际，又多能互相扶持。如管宁，每所居，姻亲、知旧、邻里有困穷者，家储虽不盈担石，必分以赡救之。《三国志》本传注引《傅子》。王朗，虽流移穷困，朝不谋夕，而收恤亲旧，分多割少，行义甚著。杨俊避兵京、密，京，汉县，今河南荥阳县东南。密，见第十三章第二节。同行者百余家，俊赈济贫乏，通共有无。赵俨避乱荆州，与杜袭、繁钦通财同计，合为一家。许靖避难交州，陈国袁徽与荀彧书，称其"自流宕以来，与群士相随。每有患急，常先人后己。与九族中外同其饥寒。其纪纲同类，仁恕恻隐，皆有效事，不能复一二陈之"。陈武，仁厚好施。乡里远方客，多依托之。全琮，父柔，尝使琮赍米数千斛到吴，有所市易。琮至，皆散用，空船而还。柔大怒。琮顿首曰："愚以所市非急，而士大夫方有倒悬之患，故便赈赡，不及启报。"柔更以奇之。时中州士人避乱而南，依琮居者以百数。琮倾家给济，与共有无。遂显名远近。此等高风，尤为后人所跂慕。然瑰奇之行，必非夫人之所能，且其中或有好为名高者。好名者能让千乘之国，苟非其人，则箪食豆羹见于色矣。王符论当时之弊曰："疏骨肉而亲便辟，薄知友而厚犬马。宁见朽贯千万，而不忍贷人一钱。情知积粟腐仓，而不忍贷人一斗。骨肉怨望于家，细人谤讟于道。"此普遍之情形也。求睦姻任恤之风，于财产私有之世，安可得哉？

官家赈贷之事，最常行者，为贷与种食。如第一节所引元帝初元元年（前 48）之诏是。所贷者后或免之。如文帝二年（前 178），开籍田，诏贷种食未入，入未备者皆赦之；昭帝元凤三年（前 78），诏三年以前所赈贷，非丞相、御史所请，边郡受牛者勿收责；元帝永光四年（前 40），"诏所贷贫民勿收责"是。又有与逋租并免者：如武帝元封元年（前 110）诏，谓"民田租逋赋贷，已除"是。后汉顺帝永和六年（141），诏假民有资者户钱一千，此为汉世仅见之事。又有贷以田者。宣帝地节三年（前 67），诏流民还归者，假公田，贷种、食。元帝永光元年，赦天下，令励精自新，各务农亩。无田者皆假之，贷种、食如贫民。师古曰：此谓遇赦新免罪者。《食货志》谓武帝徙贫民于关以西及充新秦，贷与产业，盖指此。武帝元狩三年（前120），遣谒者劝有水灾郡种麦。举吏民能假贷贫民者以名闻。《食货志》云“募豪富人相假贷”，盖特奏名以歆动之。宣帝本始四年（前70），丞相以下至都官令丞，上书入谷，输长安仓，助贷贫民，民以车船载谷入者，得毋用传。后汉桓帝永寿元年（155），司隶、冀州饥，人相食。敕州郡赈给贫弱。若王侯、吏民有积谷者，一切貣得十分之三，以助禀贷。其百姓吏民，以见钱雇值。王侯须新租乃偿。此又借助于贵富之家，以赈恤贫民者也。然此等事容难普遍，而务徼倍称之息者乃日闻。

《货殖列传》言，子贷金钱千贯者，比千乘之家；又言吴、楚兵起，长安中列侯、封君行从军旅，赍贷子钱家；则当时已有专以放债为事者。然营此业者，似以商贾为多。桓谭上疏陈时政之宜曰：“今富商大贾，多放钱货。中家子弟，为之保役。趋走与臣仆等勤，收税与封君比入。”“今可令诸商贾自相纠告。若非身力所得，皆以臧畀告者。如此，则专役一己，不敢以货与人，事寡力弱，必归功田亩。”以货与人，盖即所谓赊贷，秦汉间多有行之者。汉高祖从王媪、武负贳酒。吕母益酿醇酒，赊与少年来酤者。《后汉书·刘盆子传》。潘璋家贫好赊酤。《盐铁论·水旱篇》言，故民得鼓铸之时，得以财货、五谷新币易货，或时贳民。此皆贳之凡民者。桓谭所言，则小商借资本于大商，或受取其物，为之分销者也。《货殖传》言鲁丙氏贳贷行贾遍郡国，所谓贳贷，盖亦如是。此皆为数较巨，犹今商业银行及钱庄所营。其民间自相假贷，则晁错《贵粟疏》谓急政暴虐，赋敛不时，朝令而暮改，当其有者半价而卖，无者取倍称之息；如淳曰：取一偿二为倍称。新室泉府之政所欲救正者，犹今民间之放债者也。古来借贷，本出于官。故汉时尚有倚恃官势为之者。《汉书·货殖传》言罗裒致千余万，举其半赂遗曲阳、定陵侯，依其权力，赊贷郡国，人莫敢负；《谷永传》，永言掖庭狱“为人起责，分利受谢”是。《王子侯表》，旁光侯殷，元鼎元年（前116），坐贷子钱不占租，取息过律，免，此贵人自行放债者。《后汉书·虞诩传》：诩上疏言“永平、章和中，州郡以走卒钱给贷贫人，司空劾案，州及郡县皆坐免黜”，则官且躬自为之矣。

后汉光武建武六年（30），诏郡国有谷者，给廪高年、鳏、寡、孤、独及笃癃无家属，贫不能自存者，如律。章帝元和三年（86），诏婴儿无父母、亲属及有子不能养食者，廪给如律。献帝建安二十三年（218），魏王令：“吏民男女，女年七十以上无夫、子，若年十二以下无父母、兄弟，及目无所见，手不能作，足不能行，而无妻子、父兄、产业者，廪食终身。幼者至十二止。贫穷不能自赡者，随口给贷。老耄须侍养者，年九十以上，复不事，家一人。”《三国·魏志·武帝纪》注引《魏书》。此等皆养民之政，见于法令者，然亦告朔之饩羊而已矣。

第十六章
秦汉时实业

第一节
农业

农业之进步，在于耕作之日精。此在汉世，见称者无过代田。《汉书·食货志》言：武帝末年，悔征伐之事，乃封丞相为富民侯，以赵过为搜粟都尉。过能为代田。代田之法，汉人托诸神农，已见《先秦史》第十二章第一节。其耕耘、下种、田器，皆有便巧。一岁之收，常过缦田一斛以上。善者倍之。谓过缦田二斛以上。过使教田太常、三辅。大农置工巧奴与从事，为作田器。二千石遣令、长、三老、力田及里父老善田者受田器，学耕种养苗状。民或苦少牛，无以趋泽。故平都令光教过以人挽犁。过奏光以为丞，教民相与庸挽犁。令命家田三辅公田。又教边郡及居延城。是后边城、河东、弘农、三辅、太常民皆便代田。后汉刘般，以郡国牛疫，通使区种增耕。三国时，段灼上疏理邓艾，言"艾修治备守，积谷强兵。值岁凶旱，艾为区种，身被乌衣，手执耒耜，以率将士"。可见汉时教耕者，多以代田、区种为务矣。

《史记·河渠书》言：河东守番系，请引汾溉皮氏、汾阴下，皮氏，汉县，今山西河津县西。引河溉汾阴、蒲阪下。天子以为然。发卒数万人作渠田。数岁，河移徙，渠不利，田者不能偿种。久之，河东渠田废。与越人，令少府以为稍入。案，田者不能偿种，而越人田之，犹能有所入于少府，可见治水田以越人为精。然汉世良吏亦有能开稻田者。《后汉书》：张堪为渔阳太守，于狐奴开稻田八千余顷。狐奴，汉县，今河北顺义县。秦彭为山阳太守，兴起稻田数千顷。《三国志》：夏侯惇领陈留、济阴太守。时大旱，蝗，惇乃断太寿水作陂，身自负土，率将士劝种稻，民赖其利。其时刘馥都督河北诸军，种稻于蓟南北。郑浑守沛郡，亦开稻田于萧、相二县界。又魏武以朱光为庐江太守，屯皖，大开稻田，吕蒙因此说孙权急攻皖。皆可见水田之利也。

灌溉之利，莫大于陂渠。《河渠书》述鸿沟、云梦、江、淮、齐、蜀诸水见《先秦史》第十三章第四节。曰："此渠皆可行舟，有余则用溉浸，百姓飨其利。"可见沟洫修举，交通与灌溉兼资。汉武帝时，郑当时为大司农，言异时关东漕粟，从渭中上，渡六月而罢。而漕水道九百余里，时有难处。引渭穿渠，起长安，并南山下，至河，三百余里，径易漕。度可令三月罢，而渠下民田万余顷，又可得以溉田。天子以为然。令水工徐伯表，悉发卒数万人穿漕渠。三岁而通。通，以漕，大便利。其后漕稍多，而渠下之民颇得以溉田矣。可见汉人之言漕事者，尚多兼计灌溉也。良吏能就所治之地，兴修水利者亦颇多。召信臣为南阳太守，行视郡中水泉，开通沟渎，起水门提阏，凡数十处，以广溉灌。岁岁增加，多至三万顷。民得其利，蓄积有余。后汉杜诗守南阳，修治陂池，广拓土田，郡内比室殷足。南阳为之语曰："前有召父，后有杜母。"鲍昱拜汝南太守，郡多陂池，岁岁决坏，年费常三千余万。昱乃上作方梁石洫，水常饶足，溉田倍多，民以殷富。王景为庐江太守。先是百姓不知牛耕，致地力有余而食常不足。郡界有楚相孙叔敖所起芍陂稻田。景乃驱率吏民，修起芜废。教用犁耕。由是垦辟倍多，境内丰给。皆其功之最著者也。任延守武威，河西旧少雨泽，乃为置水官吏，修理沟渠。三国时，徐邈刺凉州，亦广开水田，募贫民佃之。皇甫隆为敦煌太守。敦煌初不甚晓田，常灌溉，畜水使极濡洽，然后乃耕。又不晓作耧犁，功力既费，收谷更少。隆到，教作耧犁，又教衍溉，岁终率计，所省佣力过半，得谷加五。《三国志·仓慈传》注引《魏略》。则虽西北乏水之地，水利亦可兴修矣。

偏方闭塞之地，多借中国良吏以启牖之。《后汉书·循吏传》言：孟尝迁合浦太守。郡不产谷实，而海出珠宝，与交趾比境，常通商贩，贸籴粮食。时宰守并多贪秽，诡人采求，不知纪极，珠遂渐徙于交趾郡界。于是行旅不至，人物无资，贫者死饿于道。尝到官，革易前弊。曾未逾岁，去珠复还。百姓皆返其业，商货流通。称为神明。又云：九真俗以射猎为业，不知牛耕，民常告籴交趾，每致困乏。任延为守，令铸作田器，教之垦辟。田畴岁岁开广，百姓充给。此可见当时交、广之域，尚有全不知耕作者也。

《汉书·艺文志》农九家。《神农》《野老》，注皆云“六国时”。《宰氏》，注云“不知何世”。叶德辉曰：“《史记·货殖列传》集解云：计然者，葵丘濮上人，姓辛氏，字文子。其先晋国亡公子，尝南游于越，范蠡师事之。《元和姓纂》十五海宰氏姓下引《范蠡传》云：‘陶朱公师计然，姓宰氏，字文子，葵丘濮上人。’据此，则唐人所见集解作‘宰氏’。宰氏即计然，《志》云不知何世，盖班所见乃后人述宰氏之学者，非计然本书也。”王先谦《汉书补注》。案，谓计然姓宰氏，又谓为范蠡师，说皆附会不足信。唯此书原出先秦，则当不诬耳。《董安国》十六篇，注云：汉代内史，不知何帝时。《尹都尉》十四篇，《赵氏》五篇，《王氏》六篇，注皆云不知何世。其书皆次《董安国》书下，当系汉时书。

《氾胜之》十八篇，注云：成帝时为议郎。师古曰：刘向《别录》云，使教田三辅。有好田者师之。徙为御史。《蔡癸》一篇，注云：宣帝时，以言便宜，至弘农太守。师古曰：刘向《别录》云，邯郸人。周寿昌曰："《齐民要术》引崔寔《政论》，有赵过教民耕植，其法三犁共一牛云云。《御览》八百二十二引作宣帝使蔡癸教民耕事，文正同。盖癸书述过法，而崔氏引之。"亦据《汉书补注》引。案，《氾胜之》书，后人征引最多。赵过与氾胜之，盖汉时农学之两大家也。

汉末大乱，农业荒废特甚，而屯田之政乃大行。《三国·魏志·武帝纪》，建安元年（196），是岁，用枣祗、韩浩议，始兴屯田。注引《魏书》曰："自遭荒乱，率乏粮谷。诸军并起，无终岁之计。饥则寇略，饱则弃余。瓦解流离，无敌自破者，不可胜数。袁绍之在河北，军人仰食桑椹。袁术在江、淮，取给蒲蠃。民人相食，州里萧条。……是岁，乃募民屯田许下，得谷百万斛。于是州郡例置田官，所在积谷。征伐四方，无运粮之劳。遂兼灭群贼，克平天下。"《毛玠传》，太祖临兖州，辟为治中从事。玠语太祖曰："今天下分崩，国主迁移，生民废业，饥馑流亡。公家无经岁之储，百姓无安固之志，难以持久。今袁绍、刘表，虽士民众强，皆无经远之虑，未有树基建本者也。夫兵义者胜，守位以财。宜奉天子以令不臣，修耕植，畜军资。"太祖敬纳其言。可见屯垦之政，实为太祖夙定之策。《任峻传》：枣祗建置屯田，太祖以峻为典农中郎将。数年中，所在积粟，仓廪皆满。军国之饶，起于祗而成于峻。《司马芝传》，芝奏言："武皇帝特开屯田之官，专以农桑为业。建安中，天下仓廪充实，百姓殷足。"可以见其成效矣。《王昶传》，文帝践阼，为洛阳典农。时都畿树木成林，昶斫开荒莱，勤劝百姓，垦田特多。则至魏初，此职犹相需孔殷。然其民与州县异统，非可久之计，故至陈留王咸熙元年（264），遂罢之以均政役，诸典农皆为太守，都尉皆为令长焉。其战守之地，借屯田以为军资，则终三国之世如一。文帝以孙权侍子不至，车驾徙许昌，大兴屯田，欲举军东征。《王朗传》。王基、邓艾策攻吴，亦以屯田为本。刘馥在合肥，胡质在青、徐，王昶在荆、豫，亦皆致力于屯田。太祖征汉中，以郑浑为京兆尹，浑亦遣民田汉中。诸葛亮务农殖谷，《蜀志·后主传》建兴二年（224）。然后南征。其后屡出伐魏，亦休士劝农于黄沙。《后主传》建兴十年。时虽以木牛、流马运，建兴九年、十二年。然仍分兵屯田渭滨。《诸葛亮传》。《吴志·孙权传》，黄武五年（226），陆逊以所在少谷，表令诸将增广农亩。权报曰："甚善。今孤父子亲自受田，车中八牛，以为四耦，虽未及古人，亦欲与众均等其劳也。"及孙休永安二年（259），复咎州郡吏民及诸营兵，皆浮船长江，贾作上下，良田渐废，见谷日少。案，《魏志·司马芝传》亦言"诸典农各部吏民，末作治生，以要利入"。盖商贾之利饶于耕农，实事之无可如何者也。盖凋敝既甚，虽欲不务本而不可得矣。《甘宁传》：宁说孙权取黄祖，亦言其怠于耕农，财谷并乏，与毛玠之讥袁绍、刘表，异地同符。可知丧乱扰攘之余，粗能自立者，必其知重民事者也。

渔、猎、畜牧、种树之利，皆较田农为饶，故《货殖传》言其人与千户侯等，桥姚、马援、班壹等，已见第十五章第二节矣。《三国志·孙休传》注引《襄阳记》，言李衡每欲治家，其妻辄不听。后密遣客十人，于武陵龙阳汜洲上作宅，种甘橘千株。临死，敕儿曰："汝母恶我治家，故穷如是。然吾州里有千头木奴，不责女衣食，岁上一匹绢，亦可足用耳。"吴末，衡甘橘成，岁得绢数千匹，家道殷足。此太史公之言之验也。然此等事必有广土，乃能为之，当时山泽多为豪强所占，故平民享其利者甚寡。唯南方生业不如北方之盛，故人民犹克分享其利焉。《汉书·地理志》言楚地民以渔猎山伐为业，果蓏蠃蛤，食物常足是也。《汉书·王莽传》，莽以费兴为荆州牧，问到部方略。兴对曰“荆、扬之民率依阻山泽，以渔采为业。间者，国张六管，税山泽，妨夺民之利；连年久旱，百姓饥穷，故为盗贼”。莽怒，免兴官。然后亦卒开山泽之防。《后汉书·刘般传》，明帝时禁民二业。般上言：“郡国以官禁二业，至有田者不得渔捕。今滨江湖郡率少蚕桑，民资渔采以助口实。且以冬春闲月，不妨农事。”可见其利之饶。此王匡、王凤等所由能入野泽偷活也。即北方亦有其利，但较南方为微耳。龚遂为渤海太守，秋冬课民收敛，益畜果实菱芡，劳来循行，郡中皆有蓄积。后汉和帝永元五年（93），令郡县劝民蓄蔬食以助五谷。其官有陂池，令得采取，勿收假税二岁。十一年、十二年、十五年，亦有被灾之处，山林陂泽，勿收假税之诏。安帝永初三年（109），诏长吏案行在所，皆令种宿麦蔬食。桓帝永兴二年（154），诏司隶校尉、部刺史：蝗灾为害，水变仍至。其令所伤郡国种芜菁。皆民食不限谷物之证。建武之初，野谷旅生，人收其利。《后汉书·光武纪》建武二年（26）。冯异之入关也，军士悉以果实为粮。献帝幸安邑，亦以枣栗为粮。《伏皇后纪》。合《魏略》所言袁绍、袁术之事观之，可见蔬食之利，惜乎平时知务此者少也。牧畜之利，亦必有山泽然后能为之。如卜式入山牧羊，吴祐牧豕于长垣泽中是。故山泽亦为豪民之所欲兼并也。

《汉书·地理志》，丹杨郡有铜官。豫章郡鄱阳县有黄金采。诸郡国有铁官者尤多。《志》云：“豫章出黄金，然堇堇物之所有，取之不足以更费。”《贡禹传》，禹言：“今铸钱及诸铁官，皆置吏，卒徒攻山取铜铁，一岁功十万人以上。”盖官办之事，不甚计度盈亏，故其弊如此。私家经营矿业，则得利者甚多。猗顿用监盐起；郭纵以铸冶成业；巴寡妇清，其先得丹穴，擅其利数世；蜀卓氏用铁冶富；程郑事冶铸；罗裒擅盐井之利；宛孔氏用铁冶为业；鲁邴氏以铁冶起；皆见《货殖传》。王章妻子徙合浦，以采珠致产数百万；皆其荦荦大者。《史记·平准书》言县官大空，冶铸，煮盐，财或累万金，而不佐公家之急。盖盐、铁二者，于民生日用最切，故其利亦最饶矣。

第二节
工业

工官见于《汉书·地理志》者凡十：怀、河南、颍川、宛、东平陵、泰山、奉高、广汉、洛、成都是也。《汉书》称孝宣之治，“技巧、工匠、器械，自元、成间鲜能及之”。《本纪赞》。《三国志》称诸葛亮亦曰：“工械技巧，物究其极。”《后汉书·宦者传》：蔡伦为尚方令，监作秘剑及诸器械，莫不精工坚密，为后世法。此皆官家之业，虽不尽无裨实用，奢侈之物究多，于民生日用无与也。《汉书·贡禹传》，禹言：“方今齐三服官，作工各数千人，一岁费数巨万。蜀广汉主金银器，岁各用五百万。三工官官费五千万。东西织室亦然。……臣禹尝从之东宫，见赐杯案，尽文画金银饰。”《循吏传》，文翁减省少府用度，买刀、布、蜀物，赍计吏以遗博士。如淳曰：“金马书刀，今赐计吏是也。作马形，于刀环内以金镂之。”晋灼曰：“旧时蜀郡工官作金马书刀者，似佩刀形，金错其拊。”皆可见工官所造物之侈。其关系民生日用最巨，获利亦极多者，当推铁器。高后时，有司请禁粤关市铁器，赵佗因之反叛。后佗上文帝书，述高后令曰毋与蛮夷外越金、铁、田器，则铜器亦在所禁。《西域传》言：自宛以西至安息，“不知铸铁器。及汉使、亡卒降，教铸作他兵器”。此中疑有夺文。“教铸作”当指农器，“他兵器”则谓以铁为兵也。此中国有造于西胡最大者矣。

汉世，士能借自然之力，制器以利民用者亦有之。《后汉书·杜诗传》言其为南阳太守，造作水排，铸为农器，用力少，见功多，百姓便之。注曰："冶铸者为排以吹炭，令激水以鼓之也。"《三国·魏志·韩暨传》："徙监冶谒者。旧时冶，作马排，每一熟石，用马百匹。更作人排，又费功力。暨乃因长流为水排。计其利益，三倍于前。"又《明帝纪》青龙三年（235）注引《魏略》，言其引谷水过九龙殿前，使博士马均作司南车，水转百戏。此皆能用自然之力者也。马均，《杜夔传》注作"马钧"，扶风人。引傅玄序之曰：旧绫机五十综者五十蹑，六十综者六十蹑。先生患其丧功费日，乃皆易以十二蹑。其奇文异变，因感而作者，犹自然之成形，阴阳之无穷。为给事中，与常侍高堂隆、骁骑将军秦朗争论于朝，言及指南车。二子谓"古无指南车，记言之虚也"。先生曰："古有之。未之思耳，夫何远之有？"二子哂之。先生曰："虚争空言，不如试之易效也。"于是二子遂以白明帝，诏先生作之，而指南车成。居京都，城内有地，可为园，患无水以灌之，乃作翻车，令童儿转之而灌。水自覆，更入更出，其巧百倍于常。其后人有上百戏者，能设而不能动也。帝以问先生："可动否？"对曰："可动。"帝曰："其巧可益否？"对曰："可益。"受诏作之。以大木雕构，使其形若轮，平地施之，潜以水发焉。设为女乐舞象。至令木人击鼓、吹箫。作山岳。使木人跳丸、掷剑，缘絙倒立，出入自在。百官行署，舂磨、斗鸡。变巧百端。见诸葛亮连弩，曰："巧则巧矣，未尽善也。"言作之可令加五倍。又患发石车，敌人于楼边县湿牛皮，中之则堕，石不能连属而至，欲作一轮，悬大石数十，以机鼓轮，以断悬石，飞击敌城，使首尾电至。尝试以车轮悬瓴甓数十，飞之数百步矣。玄为言之曹羲，羲言之曹爽，爽忽忽，不果试。玄论之曰："此既易试之事，又马氏巧名已定，犹忽而不察，况幽深之才，无名之璞乎？"又曰：

"马先生之巧，虽古公输般、墨翟、王尔，近汉世张平子，不能过也。公输般、墨翟皆见用于时，乃有益于世。平子虽为侍中，马先生虽给事省中，俱不典工官，巧无益于世。用人不当其才，闻言不试以事，良可恨也。"张平子事，别见第十九章第七节。诸葛亮损益连弩，谓之元戎，以铁为矢，矢长八寸，一弩十矢俱发，见《亮传》注引《魏氏春秋》。亮又作木牛、流马，其法亦见注引《亮集》。时蜀又有张裔，典作农战之器；李撰，能致思弓弩、机械之巧；而吴亦有张奋，昭弟子。能造大攻车；则一时巧思之士为不少也。案，巧思之士，所以或有成或无成，又或虽有成而旋失其传者，乃由其物不适于其时，故莫肯勤于试造，继绪传习，如蜀汉与中原战争既息，不复须运巴、蜀之粮，逾越剑阁，则木牛、流马之制自不能不失传矣。然则张裔、李撰、张奋等，所由纷纷皆以造战器闻者，亦以其时攻战方烈也。又凡机械之巧，必前后相因。诸葛亮损益连弩，而马钧又谓其更可损益。翻车即今水车之原，人皆谓其制始于钧，然灵帝已用以洒南北郊路，见第十章第五节。则当时亦必固有是物，钧特从而损益之耳。长巧思者不必擅文字，事记载者又或不知制器，但惊异其所成就，而不知其所自来，遂使后人忽其成功之由，一若偶然得之者，非其实也。

《三国·吴志·甘宁传》注引《吴书》，言宁出入，步则陈车骑，水则连轻舟，侍从被文绣，所如光道路。常以缯锦维舟，去或割弃以示奢。此以作贼则可耳。乃《贺齐传》言：黄武初，魏使曹休来伐，齐住新市为拒。齐性奢绮，尤好军事。兵甲器械，极为精好。所乘船，雕刻丹镂，青盖绛襜。干橹戈矛，葩瓜文画。弓弩矢箭，咸取上材。蒙冲斗舰之属，望之若山。休等惮之，遂引军还。世岂有雕文刻镂可以退敌者邪？乃《朱然传》犹以文采唯施军器为美谈。此直是事权在手，恣意挥霍，不顾国计民生耳。官自制器之弊有如此，亦不容不施以督责也。

第三节
商业

商业在秦汉时颇盛。晁错比较农商苦乐之语，已见第五章第一节。贡禹言：“商贾求利，东西南北，各用智巧。好衣美食，岁有十二之利，而不出租税。农夫父子暴露中野，不避寒暑。捽草杷土，手足胼胝。已奉谷租，又出稿税。乡部私求，不可胜共。故民弃本逐末，耕者不能半。”其言与晁错若合符节。盖财产私有之世，通工易事之键，本操于商人手中。又天下一统，战争息而生计舒，交易之事益盛，则商人之利益多。通关梁，一符传，汉人恒以为美谈。伍被称汉之美曰“重装富贾周流天下，道无不通”，虽或不免过当，亦未必全虚也。此皆秦汉之世，商人之所以益形跋扈者也。

古代之市，率自为一区，设官以管理之，汉世犹然。《续汉书·百官志》注：洛阳有市长一人，丞一人。《太史公自序》言其先无泽为汉市长。《汉书·丙吉传》言吉为军市令。皆当时治理交易之官也。《后汉书·班彪传》注引《汉宫阙疏》曰：“长安九市，其六在道西，三在道东。”《汉书·胡建传》：天汉中，守军正丞。监军御史穿北军垒垣，以为贾区，建斩之。《三国·吴志·陆逊传》：潜遣将击石阳，汉县，今江西吉水县东北。石阳市盛，皆捐物入城，城门噎不得关，敌乃自斫杀己民，然后得入。皆可见市之别为一区。《汉书·尹翁归传》：霍光秉政，诸霍在平阳，奴客持刀，入市斗变，吏不能禁。及翁归为市吏，莫敢犯者。公廉不受馈，百贾畏之。《张敞传》，守京兆尹，长安市偷盗尤多，百贾苦之。敞既视事，求问长安父老。偷盗酋长数人，居皆温厚，出从童骑，闾里以为长者。敞皆召见责问，因贳其罪，把其宿负，令致诸偷以自赎。一日捕得数百人。穷治所犯，或一人百余发。尽行法罚。由是桴鼓稀鸣，市无偷盗。《后汉书·祭遵传》：“从征河北，为军市令。舍中儿犯法，遵格杀之。”《第五伦传》：京兆尹阎兴署伦为督铸钱掾，领长安市。伦平铨衡，正斗斛，市无阿枉，百姓悦服。《三国志·孙皓传》，凤皇二年（273），皓爱妾或使人至市劫夺百姓财物。案，《汉书·王嘉传》，嘉奏封事论董贤亦云：“使者护视，发取市物，百贾震动。”司市中郎将陈声，素皓幸臣也，恃皓宠遇，绳之以法。《潘璋传》：璋为吴大市刺奸，盗贼断绝，由是知名。又可见治市之官颇有威权也。

汉世抑商颇甚。《汉书·高帝纪》：八年（前199），令“贾人毋得衣锦绣、绮縠、絺纻、罽，操兵，乘骑马”。此即《食货志》所谓“令贾人不得衣丝乘车”者。《续汉书·舆服志》亦云：“贾人不得乘马车。”此异其礼数也。《食货志》又云：“重税租以困辱之。”哀帝时定名田之法，贾人不得名田。见第十五章第三节。成帝算舟车，商贾人轺车二算。所谓七科谪者，曰贾人，曰故有市籍者，曰父母有市籍者，曰大父母有市籍者，贾人居其四焉。见第十八章第六节。《后汉书·班超传》：超发龟兹、鄯善等八国兵，合七万人，及吏、士、贾客千四百人讨焉者。《三国志·孙坚传》：朱俊表请坚为佐军司马。坚募诸商旅及淮、泗精兵，与俊并力。是当时商贾多能从军。一由其时去古近，人民尚习于兵，一亦由法令恒迫商人充兵也。此限其制产，又重其赋役也。《食货志》云：“孝惠、高后时，为天下初定，复弛商贾之律。然市井子孙亦不得宦为吏。”《贡禹传》，禹言：孝文皇帝时，贾人、赘婿及吏坐赃者皆禁锢不得为吏。此绝其进取也。习俗歧视，尤不俟论。《汉书·杨敞传》，敞子恽报孙会宗书云：“恽幸有余禄，方籴贱贩贵，逐什一之利。此贾竖之事，污辱之处，恽亲行之。下流之人，众毁所归，不寒而栗。虽雅知恽者，犹随风而靡，尚何称誉之有？”《后汉书·崔骃传》：孙寔穷困，以酤酿贩鬻为业，时人多以此讥之。《独行传》：王烈避地辽东，公孙度欲以为长史，烈乃为商贾以自秽，得免。《逸民传》：王君公侩牛自隐。韩康常采药名山，卖于长安市。口不二价，三十余年。时有女子从康买药，康守价不移。女子怒曰：“公是韩伯休那，乃不二价乎？”康叹曰：“我本欲避名，今小女子皆知有我，何用药为？”乃遁入霸陵山中。当时商贾之与士大夫，盖若薰莸之不同器矣。然晁错言其“交通王侯，力过吏势”。《货殖传》：宛孔氏连骑，游诸侯，有游闲公子之名；刁间之奴，且或连车骑，交守相。何哉？一以售淫侈之物者，多与王公贵人为缘。一以当时商贾，多兼事放债，贳贷亦放债之类。见第十五章第五节。《平准书》言富商大贾，或滞财役贫，转毂百数，废居居邑，封君皆低首仰给，疑必有资其财贿以救缓急者。又《酷吏列传》言，三长史陷张汤，使吏案捕汤左田信等，曰：“汤且欲奏请，信辄先知之，居物致富，与汤分之。”汤死，家产值不过五百金，皆所得奉赐，无他业，此言盖诬。然当时有此等事可知。郑当时为大农，任人宾客僦，入多逋负，则当时官吏确有与人相交通，借以牟利者。富商大贾，唯利是图，何惮而不为此？此又其所以互相狼狈邪？刁间多取桀黠奴，使事商贾。仲长统谓当时豪人，“奴婢千群，徒附万计；船车贾贩，周于四方；废居积贮，满于都城”。盖身居阛阓者，皆其所奴役之流，而躬为富商大贾者，则又匪特长安酋长，居温厚而出从骑，见目为长者而已。

王君公以侩牛自隐，此即《货殖列传》所谓“节驵会”，后世之牙行也。《汉书·武帝纪》：元狩五年（前118），“天下马少，平牡马匹二十万”。王莽之法，诸司市常以四时中月实定所掌，为物上中下之价，各自用为其市平。郑司农释《周官》之“质剂”，谓若其时之市平。则汉世百物，官家本有平价。然其事未必能行，而其权遂操诸驵会之手。赵敬肃王使使即县为贾人榷会，入多于国租税。《汉书·景十三王传》。可见是业之盛已。

凡两地物产，相异愈甚，则其相资愈深。故中外通商，自古代即颇盛。巴、蜀、广汉，南贾滇、僰，西近邛、笮；燕北隙乌丸、夫余，东贾真番。卓氏贾滇、蜀民，程郑亦贾椎结民，皆其证。又不独缘边也，汉朝绝未知西域及西南夷，而邛竹杖、蜀布、枸酱，业已远致其地。案，《魏略》言盘越国在天竺东南数千里，蜀人贾似至焉，参看第十二章第十节。此即大夏人告张骞，所谓从东南身毒国可数千里，得蜀贾人市者。盖自陆路西行。《货殖传》谓番禺为珠玑、犀、玳瑁、果、布之凑。越繇王闽侯以荃、葛、珠玑、犀甲、翠羽、猿、熊奇兽遗江都王建，《汉书·景十三王传》。《魏书》又谓大秦循海通交趾，又有水道通永昌，故永昌出异物。此则自海道而来者也。此当时之中欧交通也。后汉之抚乌桓、鲜卑，于宁城开胡市。见第九章第二节。刘虞牧幽州，犹开上谷胡市之利。魏黄初三年（222），轲比能帅其部落及代郡乌丸，驱牛马七万余口来交市，此东北边之互市也。《后汉书·孔奋传》云：姑臧通货羌胡，市日四合。《三国志·仓慈传》云，迁敦煌太守。西域杂胡欲来贡献，而诸豪族多逆断绝。既与贸迁，欺诈侮易，多不得分明。胡常怨望。慈皆劳之。欲诣洛者，为封过所。欲从郡还者，官为平取。辄以府见物，与共交市。使吏民护送道路。由是民夷翕然，称其德惠。数年卒官。西域诸胡闻慈死，悉共聚会于戊己校尉及长吏治下发哀。或有以刀画面，以明血诚。又为立祠，遥共祠之。此西北边之互市也。《汉书·西域传》言：罽宾自以绝远，汉兵不能至，数剽杀汉使。成帝时，遣使献，谢罪，汉欲遣使者报送。杜钦说王凤，言其悔过来而无亲属贵人，奉献者皆行贾贱人，欲通货市买，以献为名耳。钦述其路途，险阻危害，不可胜言，而其使犹能数年而一至，亦可谓难矣。

《汉书·高惠高后文功臣表》：宋子侯九，孝景中二年（前148），坐寄使匈奴买塞外禁物，免。此所买者为何物不可知。《后汉书·朱晖传》，尚书张林上言："宜因交趾、益州上计吏往来，市珍宝，收采其利，武帝时所谓均输者也。"此其意，盖犹宋人之用香药宝货。《梁冀传》云：冀遣客出塞，交通外国，广求异物。《三国·魏志·苏则传》，文帝问则曰："前破酒泉、张掖，西域通使，敦煌献径寸大珠，可复求市益得不?"《吴志·孙权传》：嘉禾四年（235），魏使以马求易珠玑、翡翠、玳瑁。《魏志·夏侯玄传》注引《世语》，言王经为江夏太守，曹爽附绢二十匹，令交市于吴，盖亦欲求此等物耳。古代远国通商，固多如是也。

第四节
钱币

《汉书·食货志》云："秦兼天下，币为二等：黄金以溢为名，上币。铜钱质如周钱，文曰半两，重如其文。而珠、玉、龟、贝、银、锡之属为器饰、宝藏，不为币。然各随时而轻重无常。""不为币"，谓国家不以之为币。"随时而轻重无常"，则谓民间仍通用之也。国家偏重金、铜，必由民间先偏重金、铜之故，在各种用为易中之物中，金属渐翘然独异矣。

《食货志》又云："汉兴，以为秦钱重，难用，更令民铸荚钱，黄金一斤。而不轨逐利之民，蓄积余赢，以稽市物，痛腾跃。米至石万钱，马至匹百金。"案，《史记·货殖列传》言谷价，上者不过八十。汉初战争实不甚烈，谷价安得翔踊如此？疑当时实以铸钱为筹款之策，乃至是也。参看第四章第一节。《高后纪》，二年（前186），行八铢钱。应劭谓即秦半两。六年，行五分钱。应劭曰："所谓荚钱者。"《文帝纪》，五年（前175），更造四铢钱。《食货志》云"为钱益多而轻"，又云"其文为半两"。应劭曰："今民间半两钱最轻小者是也。"案，古不甚更钱文，故自隋以前，所铸钱皆曰五铢。见《日知录》"钱法之变"条。八铢、四铢，皆曰半两，职是之故。古以二十四铢为两，若秦半两即重八铢，《汉志》不应云重如其文。然则应劭谓八铢即秦半两，乃劭时秦钱已不可见，故有此误也。《志》述荚钱，云令民铸，则汉初并无私铸之禁。是年，《纪》及《志》皆云除盗铸钱令，未知其令起于何时。自此令除，而钱法大乱。《志》载贾谊之谏曰："法使天下公得雇租铸铜锡为钱，敢杂以铅、铁，为他巧者，其罪黥。然铸钱之情，非淆杂为巧，则不可得赢，而淆之甚微，为利甚厚。夫事有召祸，而法有起奸。今令细民人操造币之势，各隐屏而铸作，因欲禁其厚利微奸，虽黥罪日报，其势不止。"又云："乃者民人抵罪，多者一县百数。及吏之所疑，榜笞奔走者甚众。""又民用钱，郡县不同。或用轻钱，百加若干。或用重钱，平称不受。法钱不立。吏急而一之乎？则大为烦苛，而力不能胜。纵而弗呵乎？则市肆异用，钱文大乱。"其祸可谓博矣。晁错对策，顾以"铸钱者除"，为文帝大功之一者？当时私铸之罪为大辟，错盖谓盗铸令除，则民命可全，而不知其所损者实大也。不特此也。是时吴王濞既即章郡铜山铸钱，文帝又赐邓通以蜀严道铜山，今四川荥经县。得自铸，见《史》《汉》"佞幸传"。《志》言吴、邓钱布天下。《佞幸传》亦云："邓氏钱布天下。"《盐铁论·错币篇》，大夫曰："文帝之时，纵民得铸钱、冶铁、煮盐。吴王擅障海泽，邓通专西山。山东奸猾，咸聚吴国。秦、雍、汉、蜀因邓氏。吴、邓钱布天下。"此亦开兼并之端。贾山谏除铸钱令，谓"富贵者，人主之操柄也。令民为之，是与人主共操柄，不可长”，盖为此发也。文帝之政，亦可谓敝矣。至景帝中元六年（前 144），乃定铸钱、伪黄金弃市律。武帝建元元年（前 140），行三铢钱。五年，罢三铢钱，行半两钱。元狩四年（前 119），行皮币白金。五年，罢半两钱，行五铢钱。又令京师铸钟官赤侧。其后白金、赤侧皆废，悉禁郡国毋铸钱，专令上林三官铸，币制乃稍定。已见第五章第十节。《盐铁论·错币篇》，文学曰：“往古币众财通而民乐。其后稍去旧币，更行白金龟龙。民多巧新币。币数易而民益疑。于是废天下诸钱，而专命水衡二官作。吏近侵利，或不中式，故有薄厚轻重。农人不习，物类比之，信故疑新，不知奸真。商贾以美贸恶，以半易倍。买则失实，卖则失理。其疑惑滋益甚。”然则专令上林三官铸后，至始元时，圜法犹未大定也。然是时措置已合，故终能渐趋安定，而五铢遂为最得民信之钱。

钱币者，物价之度量衡也。度量衡可一不可二，钱币亦然。故古虽各物并用，秦汉间遂专重金、铜。然事变之来，每非其时之人所能解。不能解，遂欲逆之而行。汉武欲行皮币白金。哀帝时，又有上书，言“古者以龟、贝为货，今以钱易之，民以故贫，宜可改币”者。见《汉书·师丹传》。皆与文学谓往者“币众财通而民乐”同一见解也。又有谓钱可废而代之以谷帛者。晁错曰：“珠玉金银，饥不可食，寒不可衣。……其为物轻微易藏，在于把握，可以周海内而无饥寒之患。此令臣轻背其主，而民易去其乡；盗贼有所劝，亡逃者得轻资也。粟米、布帛，生于地，长于时，聚于力，非可一日成也。数石之重，中人弗胜，不为奸邪所利。一日弗得而饥寒至。是故明君贵五谷而贱金玉。”贡禹曰：“铸钱采铜，一岁十万人不耕。民坐盗铸陷刑者多。富人藏钱满室，犹无厌足。民心动摇，弃本逐末，耕者不能半，奸邪不可禁，原起于钱。疾其末者绝其本，宜罢采珠玉金银铸钱之官，毋复以为币。

除其贩卖租铢之律。师古曰："租铢，谓计其所卖物价，平其锱铢而收租也。"租税、禄赐皆以布帛及谷。使百姓一意农桑"。皆见《汉书·食货志》。后汉肃宗时，张林言"谷所以贵，由钱贱故也。可尽封钱，一取布帛为租"。诏诸尚书通议，为朱晖所驳，事寝。后陈事者复重述林前议，以为于国诚便。《后汉书·朱晖传》。均系此等见解。景帝后三年（前141）诏曰："农，天下之本也。黄金珠玉，饥不可食，寒不可衣，以为币用，不识其终始。间岁或不登，意为末者众，农民寡也？其令郡国务劝农桑，益种树，可得衣食物。吏发民若取庸采黄金珠玉者，坐赃为盗。二千石听者与同罪。"昭帝元凤二年（前79）、六年，皆诏三辅、太常郡得以叔粟当赋。皆可谓颇行其议者。王莽之见解，盖亦主张众币，故其定制，至有五物、六名、二十八品，已见第七章第二节。事与时违，卒至大败。其时公孙述废铜钱，置铁官钱。注云："置铁官以铸钱。"百姓货币不行。蜀中童谣曰："黄牛白腹，五铢当复。"盖民习于旧，不愿更张也。光武建武十六年（40），以马援议，行五铢钱。终后汉一朝无大变。至汉末，董卓出，乃大坏。

桓帝时，有上书言人以货轻钱薄，故致贫困，宜改铸大钱。事下四府群僚及太学能言之士。刘陶上议，以为当今之忧，不在于货，在乎民饥。竟不铸钱。灵帝中平三年（186），铸四出文钱。《宦者传》云："钱皆四道。识者窃言侈虐已甚，形象兆见，此钱成，必四道而去。及京师大乱，钱果流布四海。"此盖董卓改币时，为恶币所逐也。献帝初平元年（190），董卓坏五铢钱，更铸小钱。《卓传》云：悉取洛阳及长安铜人、钟虡、飞廉、铜马之属以充铸焉。故货贱物贵，谷石数万。《三国志·卓传》作"谷一斛至数十万"。案，《后书·卓传》述李傕、郭汜作乱时情形云："谷一斛五十万，豆麦二十万，人相食啖，白骨委积。"《献帝纪》兴平元年（194），亦有是语。则谷一斛数十万，自在傕、汜入长安后，卓时物价虽贵，尚未至此，《志》盖要其终言之也。又钱无轮廓，不便人用。钱法自此大坏。魏文帝黄初二年（221）三月，复五铢钱。十月，以谷贵，复罢。《三国志·刘巴传》注引《零陵先贤传》曰："初攻刘璋，备与士众约：'若事定，府库百物，孤无预焉。'及拔成都，士众皆舍干戈赴诸藏，竞取宝物。军用不足。备甚忧之。巴曰：'易耳。但当铸值百钱，平诸物价，令吏为官市。'备从之。数月之间，府库充实。"《吴志·孙权传》，嘉禾五年（236），铸大钱，一当五百。诏使吏民输铜，计铜畀值，设盗铸之科。赤乌元年（238），铸当千大钱。九年注引《江表传》曰："是岁，权诏曰：'谢宏往日陈铸大钱，云以广货，故听之。今闻民意，不以为便，其省息之，铸为器物，官勿复出也。私家有者，敕以输藏，计畀其值，勿有所枉也。'"吴行大钱，十年而废。蜀"值百钱"后亦无闻，疑亦未能久行也。

《史记·货殖列传》言："宣曲任氏之先，为督道仓吏。秦之败也，豪杰皆争取金、玉，而任氏独窖仓粟。楚、汉相拒荥阳也，民不得耕种，米石至万，而豪杰金、玉尽归任氏。"《三国志·文昭甄皇后传》云："天下兵乱，加以饥馑，百姓皆卖金银珠玉宝物。时后家大有储谷，颇以买之。"此即《汉志》所谓"随时而轻重无常"者。《吕后本纪》言："吕禄信郦寄，时与出游猎。过其姑吕嬃。嬃大怒，曰：'若为将而弃军，吕氏今无处矣。'乃悉出珠玉宝器散堂下，曰：'毋为他人守也。'"可见是时贵戚之家藏珠玉等甚多。《史记·留侯世家》言："汉王赐良金百镒，珠二斗，良具以献项伯。"《汉书·高帝纪》，四年（前203），破曹咎汜水，尽得楚国金玉货赂。《史记·项羽本纪》但云"尽得楚国货赂"。《汉书·李广传》，李陵军将败，尽斩旌旗及珍宝埋地中。《后汉书·西羌传》，唐喜讨破杜季贡、王信，收金、银、彩帛一亿以上。《三国志·董卓传》：牛辅取金宝，独与素所厚友胡赤儿等五六人相随，逾城北渡河。赤儿等利其金宝，斩首送长安。《魏武帝纪》：破袁绍于官渡，尽收其辎重、图书、珍宝。注引《献帝起居注》载公上言云："辎重财物巨亿。"《齐王纪》：正始元年（240），诏出黄金、银物百五十种，千八百余斤，销冶以供军用。《阎温传》注引《魏略·勇侠传》言：酒泉太守徐揖，诛郡中强族黄氏。时黄昂在外，得脱，乃以其家粟金数斛募众，得千余人，以攻揖。《蜀志·糜竺传》：先主转军广陵海西，竺进金银货币，以助军资。《先主传》：成都降，置酒大飨士卒。取蜀城中金银分赐将士。据《张飞传》，是时赐飞及诸葛亮、法正、关羽金各五百斤，银千斤，钱五千万，锦千匹。《后主传》景耀六年（263）注引王隐《蜀记》：后主降魏，遣尚书郎李虎送金银各二千斤。盖亦以犒军也。《吴志·甘宁传》言：宁受敕出斫敌前营。孙权特赐米、酒、众肴。宁乃料赐手下百余人食之。毕，宁先以银碗酌酒，自饮两碗。乃酌与其都督。又通酌兵各一银碗。凡此，皆可见当时军中，多有珠玉金银。《史记·陈丞相世家》言：平间行杖剑亡，渡河。船人见其美丈夫独行，疑其亡将，要中当有金玉宝器，目之。平恐，乃解衣，裸而佐刺船。《后汉书·独行传》言：王忳诣京师，于空舍中见一书生，疾困，悯而视之。生谓忳曰："腰下有金十斤，愿以相赠，死后乞藏骸骨。"则行者多以为资。《杨震传》：震迁东莱太守，当之郡，道经昌邑，故所举荆州茂才王密为昌邑令，谒见，至夜，怀金十斤以遗震。《独行传》：雷义尝济人死罪，罪者后以金二斤谢之。则行贿者亦用之矣。故晁错谓其为奸邪所利，而令亡逃者得轻资也。《续汉书·礼仪志》注引丁孚《汉仪》述《酎金律》云：食邑九真、交趾、日南者，用犀角长九寸以上，《后汉书·章帝纪》建初七年（82）注引作"用犀角二，长九寸"。若玳瑁甲一，郁林用象牙长三尺以上，若翡翠《后书》注引作"翠羽"。各二十，准以当金。此为国家于金银外特许以他宝货当币者。《后汉书·张堪传》，樊显言公孙述破时，“珍宝山积，卷握之物，足富十世”，则民间亦极流通。然终不敌金银之广。《汉书·疏广传》：广父子俱告归，加赐黄金二十斤，皇太子赠以五十斤。广既归乡里，日令家供具，设酒食，请族人、故旧、宾客，与相娱乐。数问其家金余尚有几所，促卖以供具。王忳受书生之属，亦鬻金一斤，营其殡葬。可见金银兑换已极便易，珠玉等恐不能如是也。金银在当时，虽多以之制器皿，如前引甘宁以银碗酌酒，第二节引贡禹言蜀、广汉主金银器，岁用各五百万是也。《三国·魏志·卫觊传》，明帝时，觊上疏言：“尚方所造金银之物，渐更增广。”《吴志·孙亮传》太平二年（257）注引《江表传》，谓亮使黄门以银碗并盖，就中藏吏取交州所献甘蔗饧。《孙綝传》：綝遣宗正楷奉书于琅琊王休，言亮于宫中作小船三百余艘，成以金银，师工昼夜不息。《华核传》，核上疏曰：今民贫而俗奢。兵民之家，内无担石之储，而出有绫绮之服。至于富贾商贩之家，重以金银，奢恣尤甚。皆当时多用金银以作器物之证也。然观其铸造有常形制，即可知其多用作钱币矣。何以知其铸造有常形制也？案，《汉书·食货志》言：秦黄金以溢为名，孟康曰：“二十两为溢也。”师古曰：“改周一斤之制，更以溢为金之名数也。高祖初赐张良金百溢，此尚秦制也。”案，项王使项悍拜陈平为都尉，亦赐金二十溢。汉黄金一斤。《萧望之传》，张敞言今有金选之品。应劭曰：“选音刷，金铢两名也。”师古曰：“音刷是也。字本作锊，锊即锾也。其重十一铢二十五分铢之十三。一曰重六两。”似皆以权度计多寡。然《武帝纪》，太始二年（前95），诏曰：“有司议曰：往者朕郊见上帝，西登陇首，获白麟以馈宗庙，渥洼水出天马；渥洼水，在今甘肃安西县。党河支流。泰山见黄金，宜改故名，今更黄金为麟趾袅蹄，以协瑞焉。”师古曰：“既云宜改故名，又曰更黄金为麟趾袅蹄，则旧金虽以斤两为名，而官有常形制，亦由今时吉字金挺之类矣。今人往往于地中得马蹄金，金甚精好而形制巧妙。”今案，《后汉书·董卓传》引《献帝纪》，谓牛辅自带二十余饼金；《三国·魏志·陈矫传》注引《世语》，言文帝以金五饼授矫；《齐王芳纪》：嘉平五年（253），赐刺费祎之郭修子银千饼，绢千匹。则饼亦为当时金银形制之一，师古之言，信不诬也。《汉书·冯唐传》注引如淳曰“黄金一斤值万”，盖据王莽时制言之。《惠帝纪》注引晋灼，即据《食货志》为说，见下。比例是否有常，固难遽断。然遍读两汉之书，未尝见有异说，则其价必无大差。《惠帝纪》，帝即位后，赐视作斥土者，将军四十金，二千石二十金，六百石以上六金，五百石以下至佐史二金。注引郑氏曰：“四十金，四十斤金也。”晋灼曰：“此言四十金，实金也。下凡言黄金，真金也。不言黄，谓钱也。《食货志》黄金一斤值万钱。”师古曰：“诸赐言黄金者，皆与之金；不言黄者，一金与万钱也。”案，《景帝纪》：元年（前156），诏曰：“吏受所监临以饮食免，重，受财物，贱买贵卖，论轻，廷尉与丞相更议著令。”廷尉信与丞相议：“吏迁徙免罢，受其故官属所将监、治送财物，夺爵为士伍，免之。无爵，罚金二斤。”此罚金沿袭古之罚锾，本为制兵，必不折钱。金选或重十一铢余，或重六两，盖即一指黄金，一指赤金。然则汉时赐与，当有三法：予之黄金，一也。予之钱，二也。予之金，即今之铜，三也。三者晋灼所谓实金也。然此法行之甚少，大都非与之黄金，即与之钱。云赐黄金而实与之钱者，必以万钱当一斤，故王莽因之而定制也。铸造有常形制，与钱有常比价，其用之之广可知矣。职是故，黄金散之民间者遂日多。旧时读史者，率言汉世黄金多，后世渐少，归咎于佛像涂金及世俗泥金写经，帖金作榜。汉时佛教虽已入中国，传布未广，耗金必不能甚多。然以后方前，黄金亦渐觉其少。梁孝王死，藏府余黄金四十万斤。汉武帝征匈奴，一次赏赐用黄金二十余万斤。王莽遣九虎东行时，省中黄金万斤者为一匮，尚有六十匮。黄门、钩盾、藏府、中尚方，处处各有数匮。史传所载汉世金多之事，亦有不可尽信者，如汉高祖与陈平黄金四万斤，以间疏楚君臣等是也。然此所引三事，必非虚诬。董卓凶暴，聚敛何所不至？然郿坞中不过有金二三万斤、银八九万斤而已。《汉书·王莽传》：有司奏故事聘皇后黄金二万斤，莽聘皇后三万斤，而《三国·魏志·武帝纪》注引《献帝起居注》：献帝之聘曹皇后，但赍璧、帛、玄纁、绢五万匹。盖丧乱之后，黄金难得使然。黄金不能销蚀，官家藏少，必流入民间矣。此古今币制无形中之变迁也。

第十七章
秦汉时人民生活

第一节
饮食

汉人饮食，渐较古代为奢，而视后世则犹俭。《盐铁论·散不足篇》曰："古者燔黍食稗，而捭豚以相飨。其后乡人饮酒，老者重豆，少者立食，一酱一肉，旅饮而已。及其后，宾婚相召，则豆羹白饭，綦脍熟肉。今民间酒食，肴旅重叠，燔炙满案。"又曰："古者庶人粝食藜藿，非乡饮酒、媵腊、祭祀无酒肉。故诸侯无故不杀牛羊，大夫士无故不杀犬豕。今闾巷县伯，阡陌屠沽，无故烹杀，相聚野外。负粟而往，挈肉而归。"又曰："古者不鬻饪，不市食。及其后，则有屠沽、沽酒、市脯、鱼盐而已。今熟食遍列，肴施成市。"一似汉人饮食，极其奢侈者。然《论衡·讥日篇》谓"海内屠肆，六畜死者，日数千头"，则仅当今日一大市而已。固知汉人生活程度，犹远低于今日也。

《史记·陈丞相世家》言"里中社，平为宰，分肉食甚均"，此所谓"非祭祀无酒肉"者也。王吉去位家居，即布衣蔬食；杨震子孙尝蔬食步行；费祎儿子皆布衣蔬食；已见第十五章第四节。

《汉书·霍光传》：昌邑王道上不素食。师古曰："素食，菜食无肉也。言王在道常肉食，非居丧之制也。而郑康成解《丧服》素食云'平常之食'，失之远矣。"案，此正可证汉人平时不肉食耳。茅容止郭林宗宿，杀鸡为馔，林宗谓为己设，既而以供其母，自以草蔬与客同饭，此皆古非老者、贵者不肉食之旧法。崔瑗好宾客，盛修肴膳，单极滋味，居常蔬食菜羹。任公家约，非田畜所生不衣食。公事不毕，则不得饮酒食肉。此居家之恒法也。即贵人及待宾客，饮食亦不甚侈。淮南厉王之废也，有司奏请处蜀严道邛邮，遣其子、子母从居，县为筑盖家室，皆日三食，给薪、菜、盐、炊食器、席等。制曰："食长给肉日五斤，酒二斗。令故美人、材人得幸者十人从居。"案，后汉和熹邓皇后朝夕一肉饭。《三国·魏志·武宣卞皇后传》注引《魏书》曰：帝为太后弟秉起第。第成，太后幸第，请诸家外亲。厨无异膳。太后左右，菜食、粟饭。张禹食彭宣，不过一肉卮酒相对。则贵人日食若寻常待客，亦无兼肉；从者亦不过蔬食。故汉文制书，明言酒肉以食厉王，明其子与妻妾同居者皆不得酒肉也。然晁错言"人情，一日不再食则饥"，而此曹皆日三食，则较之平民已稍侈矣。

古人之食，大抵以羹饭为主，有加则非常馔。汉人亦然，故汝南童谣言"饭我豆食羹芋魁"也。《汉书·翟方进传》。食狗肉者似尚多。《汉书·樊哙传》云"以屠狗为事"。师古曰："时人食狗亦与羊、豕同，故哙专屠以卖。"然则师古时民已不甚食狗矣。其调和之法，有稍与古异者。《左氏》昭公二十年（前522），"异如和羹焉，水、火、醯、醢、盐、梅，以烹鱼肉"。疏云："此说和羹而不言豉，古人未有豉也。《礼记·内则》《楚辞·招魂》备论饮食，而不言及豉。史游《急就篇》乃有芜荑盐豉，盖秦汉以来始为之焉。"案，《史记·货殖列传》言蘖曲盐豉千荅，比千乘之家；《汉书·货殖传》有豉樊少翁、王孙大卿为天下高资；可知时人嗜豉之深矣。

酒在汉世仍有禁。《文帝纪》，帝即位，赐民酺五日。文颖曰："汉律，三人以上无故群饮酒，罚金四两。今诏横赐，得令会聚饮食五日。"然群饮有禁，酤在平时却不犯法。故高祖尝从王媪、武负贳酒，吕母散家财以酤酒也。年不登则禁之。景帝中三年（前147），夏，旱，禁酤酒。后元年（前143），夏，大酺五日，民得酤酒。《魏相传》：相好观汉故事及便宜章奏。以为古今异制，方今务在奉行故事而已。数条汉兴以来国家便宜行事，及贤臣贾谊、晁错等所言，奏请施行之。曰："窃伏观先帝……遣谏大夫、博士巡行天下……宽租赋，弛山泽、陂池，禁秣马、酤酒、贮积。"观此，知禁酤汉世常行。盖遇饥馑则行之，岁登则已。后汉和帝永元十六年（104）、顺帝汉安二年（143），皆禁酤酒。后汉末，吕布、张鲁皆尝禁酒。太祖亦尝制酒禁，而孔融书啁之，见《三国志·崔琰传》注引张璠《汉纪》。《徐邈传》云："魏国初建，为尚书郎。时科禁酒，而邈私饮，至于沉醉。校事赵达问以曹事，邈曰：'中圣人。'达白之太祖。太祖甚怒。度辽将军鲜于辅进曰：'平日醉客谓酒清者为圣人，浊者为贤人，邈性修慎，偶醉言耳。'竟坐得免刑。"案，《汉书·楚元王传》言元王敬礼申公等。穆生不嗜酒，元王每置酒，尝为穆生设醴。《周官·酒正》五齐：泛齐、醴齐、盎齐、缇齐、沉齐。郑注云："自醴以上尤浊，盎以下差清。"时人以清酒为圣，浊酒为贤，可见其所好，皆其味之厚者矣。《食货志》：鲁匡请官作酒，一酿用粗米二斛，曲一斛，得成酒六斛六斗。《平当传》注引如淳曰"律：稻米一斗得酒一斗为上尊，稷米一斗得酒一斗为中尊，粟米一斗得酒一斗为下尊"，师古曰："稷即粟也。中尊者宜为黍米，不当言稷。且作酒自有浇醇之异，为上中下耳，非必系之米。"案，律文自系当时实事，师古妄驳之，非。此汉人酿酒之法也。蜀汉先主亦尝以天旱禁酒，酿者有刑，见《三国·蜀志·简雍传》。

《三国志·韦曜传》言：孙皓每飨宴，无不竟日。坐席无能否，率以七升为限。虽不悉入口，皆浇灌取尽。曜素饮酒不过二升。初见礼异时，常为裁减，或密赐茶荈以当酒。此为饮茶见于正史之始。《汉书·地理志》：长沙国茶陵。师古曰："茶音弋奢反，又音丈加反。"此亦即荼字之音。师古说不知确否。然荼陵产茶，固事所可有也。

贵人饮食，颇多远方之物。《汉书·地理志》：南海郡有圃羞官，交趾郡羸𨻻有羞官。《三国·魏志·明帝纪》太和元年（227）注引《三辅决录》注，言孟他以葡桃酒一斛遗张让。《吴志·孙亮传》注引《吴历》，谓亮出西苑食生梅，使黄门至中藏取蜜渍梅。《江表传》则谓亮使黄门以银碗并盖就中藏吏取交州所献甘蔗饧。裴松之谓《吴历》之言不如《江表传》之实，其说盖是。何者？蜜在是时为常食，蔗饧则罕见，讹蔗饧为蜜，事所可有，讹蜜为蔗饧，理所难通也。一骑红尘妃子笑，食之者甚乐，供亿者甚苦。《记》曰："三牲鱼腊，四海九州之美味也。"以是为孝，其见解亦与流俗人等耳。故曰："贤者与民并耕而食，饔飧而治，今也滕有仓廪府库，则是厉民而以自养也，恶得贤？"

《汉书·文帝纪》，帝即位，赐民爵一级，女子百户牛酒。苏林曰："男赐爵，女子赐牛酒。"师古曰："赐爵者，谓一家之长得之也。女子，谓赐爵者之妻也。率百户共得牛若干头，酒若干石，无定数也。"三年（前177），幸太原。诸民里赐牛酒。师古曰："里别率赐之。"案，帝元年诏曰："老者非帛不暖，非肉不饱。今岁首不时使人存问长老，又无布帛酒肉之赐，将何以佐天下子孙孝养其亲？今闻吏禀当受鬻者，或以陈粟，岂称养老之意哉？具为令。"有司请令县道年八十以上，赐米人月一石，肉二十斤，酒五斗。其九十以上，又赐帛人二匹，絮三斤。赐物及当禀鬻米者，长吏阅视，丞若尉致。不满九十，啬夫、令史致。二千石遣都吏循行，不称者督之。刑者及有耐罪以上，不用此令。武帝建元元年（前140）诏言“民年九十以上，已有受鬻法”，当即此所云“吏禀当受鬻”者，此则又加赐之也。元狩元年（前122），使谒者赐县三老、孝者，乡三老、悌者、力田帛。年九十以上及鳏寡孤独帛、絮。八十以上米。县乡即赐，毋赘聚。后汉安帝元初四年（117），诏曰：“《月令》‘仲秋养衰老，授几杖，行糜粥’。方今案比之时，郡县多不奉行。虽有糜粥，糠秕相半。”盖古代养老及恤鳏寡孤独之政，汉世犹存其文，虽多不克奉行，然告朔饩羊，究犹贤于后世之视若无睹者也。

第二节
仓储漕运籴粜

秦汉之世，谷粟之用尚重于钱币。如后汉桓帝永寿元年（155），司隶、冀州饥，貣吏民谷以助禀贷，以现钱雇值；延熹五年（162），武陵蛮叛，假公卿以下俸，又换王侯租，以助军粮，出濯龙中藏钱还之；皆可见其所阙者，乃谷而非钱也。职是故，仓储、漕运，在当时均为要政。

沛公入关，军霸上，秦民多持牛羊、酒食，献享军士。沛公让不受，曰：“仓粟多，不欲费民。”可见秦人藏粟之富。然是时谷粟，非仅各地方皆有储峙，形要之地，所积尤多。郦生说高帝曰：“夫敖仓，天下转输久矣。”汉惠帝六年（前189），亦尝修敖仓。枚乘说吴王，言汉“转粟西向，陆行不绝，水行满河，不如海陵之仓”，此时言仓储，已必兼转漕矣。赵充国论羌事曰：“金城、湟中，谷斛八钱。吾谓耿中丞：籴二百万斛谷，羌人不敢动矣。”此则言仓储者又当兼粜籴也。盖各地方之生计，互有关系，已不容各自为政矣。

历代帝都所在，谷食率不能自给，必转漕他处以济之，此事自汉已开其端。汉初漕关东粟数十万石以给京师。桑弘羊时，关东漕岁益六百万石。其时用度奢广，固非常典。然五凤中，耿寿昌奏言“故事，岁漕关东谷四百万斛以给京师”，亦已十倍其初矣。昭帝元凤二年（前79）诏云：“前年减漕三百万石。”三年诏：“其止四年毋漕。”亦一时之事，非常典。转漕最为劳费。伍被言秦之暴曰：“转海滨之粟，致于西河。”史言楚、汉之际曰：“丁壮苦军旅，老弱疲转漕。”又言汉武通西南夷道，作者数万人，千里负担馈粮，率十余钟致一石。东至沧海郡，人徒之费拟于南夷。当时所以一有事辄觉骚然不宁者，转漕实为其大端。故汉人议论，多欲充实郡县储峙。然其策亦在有无相通。晁错说文帝，募天下入粟县官，得以拜爵，得以除罪。文帝从错言，令民入粟边拜爵。错复奏言：“边食足以支五岁，可令入粟郡县矣。足支一岁以上，可时赦，勿收农民租。”上复从其言。乃下诏：赐民十二年租税之半。明年，遂除民田之租税。后十三年，孝景二年（前155），乃令民半出田租。汉郡县积谷之多，当莫此时若矣。武帝时，桑弘羊请令民得入粟补吏，及罪以赎。令民入粟甘泉各有差，以复终身。他郡各输急处。因此得不复告缗。一岁之中，太仓、甘泉仓满，边余谷。民不益赋，而天下用饶。晁错谓“取于有余，以供上用，则贫民之赋可损，所谓损有余补不足，令出而民利”，其效如此。然此不过欲得高爵及免罪者，出其所有而已，未能制驭操纵谷价之徒也。真有裒多益寡之意者，厥唯常平。

常平之议，创自李悝。《汉书·食货志》载其说云：“善平籴者，必谨观岁有上中下熟。上熟，其收自四，余四百石。中熟自三，余三百石。下熟自倍，余百石。小饥则收百石。中饥七十石。大饥三十石。平岁收百五十石，已见第十五章第一节。故大熟则上籴三而舍一，中熟则籴二，下熟则籴一，使民适足。价平则止。小饥则发小熟之所敛，中饥则发中熟之所敛，大饥则发大熟之所敛而粜之。故虽遇饥馑水旱，籴不贵而民不散。”此古所谓轻重敛散之法也。汉宣帝时，谷石五钱，农人少利。五凤中，大司农中丞耿寿昌奏言：“故事，岁漕关东谷四百万斛以给京师，用卒六万人。宜籴三辅、弘农、河东、上党、太原郡谷，足供京师，可以省关东漕卒过半。”天子从其计。事果便。寿昌遂白令边郡皆筑仓，以谷贱时增其价而籴，贵时减价而粜，名曰常平仓。民便之。上乃下诏，赐寿昌爵关内侯。常平之政，后世常行之，以理论自无可訾议，然效不如其所期者？一、时愈晚，粮食之交易愈广，官家之资本，相形而益微，不足以制轻重。二、官办之事，有名无实，甚或转以厉民也。汉虽近古，然《后书·第五伦传》言：伦拜会稽太守，受俸裁留一月粮，余皆贱贸与民之贫羸者，则官吏有与民为市者矣，而况商人？欲制驭之，自非易事。元帝即位，天下大水，关东郡十一尤甚。二年（前47），齐地饥，谷石三百余，民多饿死。琅邪郡人相食。在位诸儒，多言盐铁官及北假田官、常平仓可罢，毋与民争利。上从其议，皆罢之。据《本纪》，事在初元五年（前44）。后汉明帝欲置常平仓，公卿议者多以为便。刘般独对以“常平仓外有利民之名，内实侵刻百姓。豪右因缘为奸，小民不能得其平。置之不便”。帝乃止。则办理亦不能无弊矣。然以立法之意言之，究有抑强扶弱之意，非如后世之义仓、社仓，徒使贫民相呴以沫，坐视富人之操纵而不敢问也。《汉书·酷吏·严延年传》，河南府丞义出行蝗虫，言寿昌为常平仓利百姓，则办理虽或有弊，究不能谓其无利。凡水运必便于陆，故郦生以“蜀汉之粟，方船而下”恐动齐。武帝时，山东被河灾，所以赈之者，亦借下巴、蜀之粟也。萧望之议寿昌欲近籴漕关内之谷，筑仓治船，费值二万万余，有动众之功，恤小费而昧大计，尤见其不知务矣。

第三节
衣服

秦汉之世，尚颇重视等威。贾生言："今民卖僮者，为之绣衣丝履，偏诸缘，内之闲中，是古天子后服，所以庙而不宴者也，而庶人得以衣婢妾。白縠之表，薄纨之里，緁以偏诸，美者黼绣，是古天子之服，今富人大贾嘉会召客者以被墙。古者以奉一帝一后而节适，今庶人屋壁得为帝服，倡优下贱得为后饰，然而天下不屈者，殆未有也。且帝之身自衣皂绨，而富民墙屋被文绣；天子之后以缘其领，庶人孽妾缘其履；此臣所谓舛也夫！百人作之，不能衣一人，欲天下无寒，胡可得也？一人耕之，十人聚而食之，欲天下无饥，胡可得也？饥寒切于民之肌肤，欲其无为奸邪，不可得也！国已屈矣，盗贼直须时耳。然而献计者曰：毋动为大耳，夫俗至大不敬也，至无等也，至冒上也，进计者犹曰毋为。可为长太息者此也。"以物力之屈，归诸奢侈，是矣。然欲以贫富随贵贱，贵者侈靡自恣，贱者禁不得为，终非人心之所服，富有者终必违法而自恣。封建之世严上之心，既已随时代而俱去，有财即是权势，吏必与相勾结，不能治，虽有法令，皆成具文矣。此制节谨度之道，所以终至荡焉无存也。

《汉书·景帝纪》，中六年（前144），诏曰："夫吏者，民之师也。车驾衣服宜称。吏六百石以上，皆长吏也。无度者或不吏服，出入闾里，与民无异。令长吏二千石车朱两幡，千石至六百石朱左幡，车骑从者不称其官衣服，下吏出入闾巷亡吏体者，二千石上其官属，三辅举不如法令者，皆上丞相、御史请之。”史言“先是吏多军功，车服尚轻，故为设禁”云。其欲分别等级如此。成帝永始四年（前13），安帝元初五年（118）之诏，见第六章第二节及第十五章第四节。虽重责贵戚，亦仍以等威制度为言。《三国志·华核传》核言：“今事多而役繁，民贫而俗奢。百工作无用之器，妇人为绮靡之饰。不勤麻枲，并绣文黼黻。转相仿效，耻独无有。兵民之家，犹复逐俗。内无担石之储，而出有绫绮之服。至于富贾商贩之家，重以金银，奢恣尤甚。天下未平，百姓不赡，宜一生民之原，丰谷帛之业，而弃功于浮华之巧，妨日于侈靡之事；上无尊卑等级之差，下有耗财物力之损。今吏士之家，少无子女。多者三四，少者一二。通令户有一女，十万家则十万人，人织绩一岁一束，则十万束矣。使四疆之内，同心戮力，数年之间，布帛必积。恣民五色，唯所服用。但禁绮绣无益之饰。且美貌者不待华彩以崇好，艳姿者不待文绮以致爱。五彩之饰，足以丽矣。若极粉黛，穷盛服，未必无丑妇；废华彩，去文绣，未必无美人也。若实如论，有之无益，废之无损者，何爱而不暂禁以充府藏之急乎？此救乏之上务，富国之本业也。”其言可谓痛切矣。然卒莫能行也。或曰，《汉书·朱博传》，迁琅玡太守，齐郡舒缓养名。博新视事，右曹掾史皆移病卧。博问其故。对言惶恐。故事，二千石新到，辄遣吏存问致意，乃敢起就职。博奋髯抵几曰：“观齐儿欲以此为俗邪？”乃召见诸曹史书佐及县大吏，选视其可用者，出教置之。皆斥罢诸病吏，白巾走出府门。《吴志·吕蒙传》：蒙袭荆州，伏其精兵𦪇𦪇中，使白衣摇橹，作商贾人服。是当时平人，犹不能加冠、服彩色也。然病吏白巾，特府中事，归家后安可究诘？而摇橹者亦岂富商大贾哉？

织工以齐为最优。《史记·货殖列传》言：太公望封于营丘，地潟卤，人民寡，于是太公劝其女功，故齐冠带衣履天下。以齐擅女功，归本太公，自属附会，然其所由来者旧，则可知矣。《汉书·地理志》言：齐“织作冰纨、绮绣、纯丽之物，号为冠带衣履天下”。盖奢侈之物，日用之资，兼而有之矣。《元帝纪》，初元五年（前44），罢齐三服官。李斐曰：“齐国旧有三服之官。春献冠帻縰为首服，纨素为冬服，轻绡为夏服，凡三。”如淳曰：“《地理志》曰齐冠带天下。胡公曰服官主作文绣，以给衮龙之服。《地理志》襄邑亦有服官。”师古曰：“齐三服官，李说是也。縰与纚同，即今之方目纱也。纨素，今之绢也。轻绡，今之轻纱也。襄邑自出文绣，非齐三服也。”案，如师古说，襄邑殆所以给礼服，故不可罢也。元帝罢三服官，实以贡禹之言。禹言“故时齐三服官，输物不过十笥，方今齐三服官作工各数千人，一岁费数巨万”。其踵事增华，亦足惊叹矣。哀帝即位，复诏齐三服官、诸官织绮绣难成，害女红之物，皆止，无作输。则三服官实未尝罢，而织作者亦不止一官也。后汉章帝建初二年（77），亦诏齐相省冰纨、方空縠、吹纶絮。又李熊说公孙述，言蜀女工之业，覆衣天下，则蜀中女红亦甚盛也。

边方之地，女红有极陋者。《后汉书·崔骃传》：骃孙寔为五原太守。五原土宜麻枲，而俗不知织绩。民冬月无衣，积细草而卧其中，见吏则衣草而出。寔至官，斥卖储峙，为作纺绩、织纴、练缊之具以教之。民得以免寒苦。《循吏传》：南阳茨充代卫飒为桂阳，教民种植桑、柘、麻、纻之属，劝令养蚕、织屦。又王景迁庐江太守，亦训令蚕织。又《卫飒传》注引《东观记》曰，元和中，荆州刺史上言：“臣行部入长沙界，观者皆徒跣。臣问御佐曰：‘人无履，亦苦之否？’对曰：‘十二月盛寒时，并多剖裂血出，燃火燎之，春温或脓溃。建武中，桂阳太守茨充教人种桑蚕，人得其利。至今江南颇知桑蚕织屦，皆充之化也。’”《三国·吴志·薛综传》，综上疏言交州椎结徒跣，贯头左衽。锡光为交趾，任延为九真太守，乃使之冠履。又言“日南郡男女裸体，不以为羞”。盖越至三国时仍有裸体者，然《后书·独行传》言：陆续建武中为尚书令，喜着越布单衣。光武见而好之。自是常敕令会稽郡献越布。则会稽越人织布，又极精美。盖其地之开塞异，故其民之巧拙殊也。《三国·蜀志·庞统传》：统弱冠往见司马徽，徽采桑于树上，坐统在树下共语。《吴志·陆凯传》，凯陈孙皓二十事，其十三曰：“先帝叹曰：国以民为本，民以食为天，衣其次也。三者，孤存之于心。今则不然，农桑并废。”统，襄阳人，后世襄、郧殊乏蚕桑之利，吴中则衣被天下，当时之情势，相反如此。文化之转移，所系固不重哉？

异域殊服，亦有传入中国者。《魏志·齐王纪》，景初三年（239）二月，西域重译献火浣布。诏大将军、太尉临试，以示百僚。注引《傅子》曰：“汉桓帝时，大将军梁冀以火浣布为单衣。常大会宾客，冀阳争酒，失杯而污之。伪怒，解衣曰：‘烧之。’布得火，炜炜赫然，如烧凡布。垢尽火灭，粲然洁白，若用灰水焉。”又引《搜神记》曰：“昆仑之虚，有炎火之山。山上有鸟兽草木，皆生于炎火之中。故有火浣布，非此山草木之皮枲，则其鸟兽之毛也。汉世西域旧献此布。中间久绝。至魏初，时人疑其无有。文帝以为火性酷烈，无含生之气，著之《典论》，明其不然之事，绝智者之听。及明帝立，诏三公曰：‘先帝昔著《典论》，不朽之格言，其刊石于庙门之外及太学，与石经并以永示来世。’至是，西域使至，而献火浣布焉，于是刊灭此论，而天下笑之。”裴氏言：“昔从征西至洛阳，历观旧物，见《典论》石在太学者尚存，而庙门外无之。问诸长老，云晋初受禅，即用魏庙，移此石于太学，非两处立也。窃谓此言为不然。”又引东方朔《神异经》

曰："南荒之外有火山。长三十里，广五十里。其中皆生不烬之木。昼夜火烧，得暴风不猛，猛雨不灭。火中有鼠，重百斤，毛长二尺余，细如丝，可以作布。常居火中，色洞赤。时时出外而色白。以水逐而沃之，即死。续其毛，织以为布。"诸附会之谈，虽属可笑，然汉、魏时有火浣布则真矣。《朱建平传》言：文帝将乘马，马恶衣香，惊啮帝膝。后世香料，多来自南洋，疑古亦然。《仓慈传》注引《魏略》云：皇甫隆为敦煌太守。敦煌俗妇人作裙，挛绾如羊肠，用布一匹，隆禁改之，所省不赀。挛绾之裙，疑亦来自西域也。

衣服裁制，北窄南宽。吾国文化，原起南方，故以宽博为贵。《盐铁论·利议篇》言：大夫訾文学，"褒衣博带，窃周公之服"。《汉书·儒林传》："唐生、褚生应博士弟子选，诣博士，抠衣登堂，颂礼甚严。"《朱博传》：迁琅玡太守，敕功曹"官属多褒衣大裙，不中节度。自今掾史衣皆令去地三寸"。此皆好讲颂礼者，以宽博为贵之证也。其右武及服劳者则不然。《景十三王传》言：广川王去，殿门有成庆画，短衣、大袴、长剑。去好之，作七尺五寸剑，被服皆效焉。《李陵传》："陵便衣独步出营。"师古曰："谓着短衣小袖也。"《盖宽饶传》："初拜为司马。未出殿门，断其禅衣，令短离地。"《三国志·崔琰传》：太祖征并州，留琰侍文帝于邺。世子仍出田猎，变易服乘。琰书谏曰："唯世子燔翳捐褶。"《吴志·诸葛恪传》：孙峻与亮谋，置酒请恪。酒数行，亮还内，峻起如厕，解长衣，着短服，出曰："有诏收诸葛恪。"恪惊起，拔剑未得，而峻刀交下。此以用武而短服者也。《史记·司马相如列传》言"相如身自着犊鼻裈，与保佣杂作"。此以服劳而短服者也。张敞言昌邑王疾痿，行步不便，衣短衣大袴。此求行动之便捷，亦与右武服劳者短服同。《汉书·文帝纪赞》美其所幸慎夫人衣不曳地。《王莽传》："母病，公卿列侯遣夫人问疾。莽妻迎之，衣不曳地，布蔽膝。见之者以为僮使。”又言唐尊为太傅。尊曰“国虚民贫，咎在奢泰”，乃身短衣小袖。此则讲颂礼者以长大为美，崇节俭者乃与之相反也。又南方天气较热，好美观者虽尚宽博，求适体者究宜窄小，故日常服用，北方又较南方为宽大。《史记·叔孙通列传》“通儒服，汉王憎之，乃变其服，服短衣，楚制”其证。索隐云：“高祖楚人，故从其俗裁制。”

冠服变迁，必自烦难稍趋简便，此于冠巾之变见之。冯衍、鲍永闻更始已亡，幅巾降于河内，此尚意存自贬。杨赐特辟赵咨，使之饰巾出入，则舍礼容而求简便矣。《三国志·武帝纪》建安二十五年（220）注引《傅子》云：“汉末王公，多委王服，以幅巾为雅。是以袁绍、崔豹之徒，虽为将帅，皆着缣巾。魏太祖以天下凶荒，资财乏匮，拟古皮弁，裁缣帛以为帢。合于简易随时之义，以色别其贵贱。于今施行。可谓军容，非国容也。”帢制虽缘凶荒，幅巾之尚，初不由是，实去拘束而趋简易，机动于不自知也。

王章疾病，无被，卧牛衣中，已见第十四章第五节。师古曰：“牛衣，编乱麻为之。”沈钦韩曰：“《晋书》刘寔作牛衣，卖以自给。亦作乌衣，义同也。《魏志》：邓艾身被乌衣。《隋五行志》：北齐后主于苑内作贫儿村，令人服乌衣，以相执缚。程大昌《演繁露》云：牛衣编草使暖，以被牛体，盖蓑衣之类。案，《南齐书·张融传》，融悉脱衣以为赙，披牛被而反是也。今以稻稿作之，被牛背。”据王先谦补注引。案，《三国·魏志·胡昭传》注引《魏略》，言焦先结草以为裳，自作瓜牛庐，净扫其中，营木为床，布草蓐其上。又引《高士传》云：“及魏受禅，尝结草为庐于河之湄，独止其中。冬夏恒不着衣。卧不设席，又无草蓐，以身亲土。其体垢污，皆如泥漆。”此皆以草为衣被。又《常林传》注引《魏略》，言吉茂“冬则被裘，夏则裋褐”，盖无絺绤使然。贱者之服，大致仍与古同也。

《后汉书·虞诩传》：邓骘兄弟欲以吏法中伤诩。后朝歌贼宁季等数千人攻杀长吏，屯聚连年，州郡不能禁，乃以诩为朝歌长。诩潜遣贫人能缝者，佣作贼衣，以采綖缝其裾为帜。注："帜，记也。《续汉书》曰'以绛缕缝其裾'也。"有出市里者，吏辄擒之。则当时已有以缝衣为业者矣。

第四节
宫室

秦汉之世，营造之技颇精，惜皆为富贵者所享；平民之居，则甚简陋耳。秦始皇帝宫室之侈，已见第二章第三节。汉初，萧何营未央宫，即极壮丽。其后文帝惜百金之台而不为，称为节俭。至武帝，遂大奢纵。起柏梁、《本纪》在元鼎二年（前115）。甘泉通天台、长安飞廉馆、元封二年（前109）。建章宫、太初元年（前104）。明光宫。四年。宣帝亦以凤皇集，起步寿宫、凤皇殿。武、宣二世之事，略见《汉书·食货志》《郊祀志》。翼奉言："汉德隆盛，在于孝文皇帝，躬行节俭，外省徭役。其时未有甘泉、建章及上林中诸离宫馆也，未央官又无高门、武台、麒麟、凤皇、白虎、玉堂、金华之殿。独有前殿、曲台、渐台、宣室、温室、承明耳。孝文欲作一台，度用百金，重民之财，废而不为。其积土基，至今犹存。又下遗诏，不起山坟。故其时天下大和，百姓洽足，德流后嗣。如令处于当今，因此制度，必不能成功名。"因劝元帝徙都成周。"众制皆定，无复缮治宫馆，不急之费，岁可余一年之蓄。"观奉之言，而知汉时土木之侈矣。其后成帝为赵昭仪，哀帝为董贤筑宫，亦皆极奢侈。王莽虽躬行节俭，而其作事，规模侈大，故所为九庙，亦极闳壮。又以方士苏乐言，起八风台于宫中，台成万金。见《郊祀志》。其劳民亦甚矣。权戚之家，亦均纵恣。梁孝王事，已见第四章第六节。鲁恭王好治宫室，其所为灵光殿，至后汉犹存，见《后汉书·东海恭王传》。后汉宗室好土木者，有济南安王康、琅玡孝王京。先汉外戚最盛者为霍氏、王氏，嬖幸最盛者为董贤，后汉外戚最盛者为梁氏。安帝为王圣起第舍，樊丰、谢恽等亦遂因之造作，见《后汉书·杨震传》。其后又有侯览等大起居宅，见《宦者传》。吕强言："外戚四姓，贵幸之家，及中官公族无功德者，造起馆舍，凡有万数。楼阁连接，丹青素垩。雕刻之饰，不可殚言。"盖纵侈者之多，又非先汉之比矣。丧乱之际，董卓造郿坞，公孙瓒造易京，亦皆殚竭民力。三国之世，北则魏明，南则孙皓，权戚如曹爽等，亦均极奢侈。已述于前，今不更及。

苑囿之设，费地殊广。汉武帝度为上林苑，举籍阿城以南，师古曰："本秦阿房宫，以其墙壁崇广，故俗呼为阿城。"盩厔以东，宜春以西，汉宜春苑，在长安南。见《汉书·东方朔传》。宣帝神爵三年（前59），起乐游苑。后汉顺帝阳嘉元年（132），起西苑。桓帝延熹元年（158），置鸿德苑。二年，造显阳苑。灵帝造毕圭灵琨苑。《洛阳宫殿名》有平乐苑、上林苑。据《后汉书·杨震传》注。又有池籞，以畜鱼鸟。《宣帝纪》，地节三年（前67），诏池籞未御幸者，假与贫民。苏林曰："折竹，以绳绵连禁御，使人不得往来，律名为籞。"服虔曰："籞，在池水中作室，可用栖鸟，鸟入中则捕之。"应劭曰："池者，陂池也。籞者，禁苑也。"臣瓒曰："籞者，所以养鸟也。设为藩落，周覆其上，令鸟不得出，犹苑之畜兽，池之畜鱼也。"师古曰："苏、应二说是。"案，服虔、臣瓒之说，亦必有所据，不能臆造也。虽恭俭之主，间或弛以与民，然不能多得也。汉高祖二年（前205），故秦苑囿园池，令民得田之。然后萧何为民请：“长安地狭，上林中多空地，弃，愿令民得入田，毋收稿为禽兽食。”遂为高祖所械系。可见所谓仁政者，多不足恃也。

汉代去古近，故产业之在官者犹多。《汉书·高帝纪》，十二年（前195），诏曰：“为列侯食邑者，皆佩之印，赐大第。”注引孟康曰：“有甲乙次第，故曰第也。”《夏侯婴传》：“婴赐北第第一。”师古曰：“北第者，近北阙之第，婴最第一也。”是时列侯功臣，屡有赐第之举，可见官有第宅之多。晁错言：“古之徙远方以实广虚也：相其阴阳之和，尝其水泉之味，审其土地之宜，观其草木之饶。然后营邑立城，制里割宅，通田作之道，正阡陌之界。先为筑室，家有一堂二内，门户之闭，置器物焉。民至有所居，作有所用。”此盖司空度地居民之法。平帝元始二年（2），罢安定呼池苑，以为安民县。起官寺市里。募徙贫民。县次给食。至徙所，赐田宅、什器，假与犁、牛、种、食。又起五里于长安城中，宅二百区，以居贫民。民疾疫者，舍空邸第，为置医药。此固非安汉公之盛德弗能行，然亦可见宅地及屋舍在官者之多也。息夫躬归国，未有第宅，寄居丘亭；张湛拜太中大夫，居中东门候舍；亦由于此。其时官寺、乡亭漏败，墙垣陁坏不治，为上计吏遣敕之一端，见《续汉书·百官志》司徒公注引《汉旧仪》。

墙仍多用土筑。贾山言秦皇帝筛土筑阿房之宫；韦孟《在邹诗》曰“我徒我环，筑室于墙”是也。土墙不美观，故富者或被以文锦。《汉书·货殖传》。作瓦之技颇佳，砖则罕用。故董卓欲迁都，言武帝时居杜陵南山下有成瓦窑数千处，引凉州材木东下，以作宫室，为功非难。《三国志·董卓传》注引华峤书。亦见《后汉书·杨赐传》。而吴人为孙坚庙，乃至发吴芮冢而用其砖也。见《三国志·诸葛诞传》注引《世语》。《后汉书·酷吏传》：周纡廉洁无资，常筑墼以自给。刘攽曰：“墼非筑所成，当作‘堑’。”《殿本考证》引杨慎《丹铅续录》曰："敀本南人，不知土墼也。《字林》：砖未烧曰墼。《埤苍》：形土为方曰墼。今之土墼，以金为模，实土其中，非筑而何？"盖时用墼者多，用砖者少也。《汉书·地理志》言："天水、陇西，山多林木，民以板为室屋。"董卓欲引凉州材木东下，则西北产木最多。然《后书·陈球传》言零陵编木为城，则南方材木，亦未尝乏。盖凡未启辟之区皆然。晁错论移民云："为中周虎落。"郑氏曰："虎落者，外蕃也，若今时竹虎也。"苏林曰："作虎落于塞要下，以沙布其表。旦视其迹，以知匈奴来入。一名天田。"师古曰："苏说非也。虎落者，以竹篾相连遮落之也。"沈钦韩曰："《六韬·军用篇》：山林野居，结虎落柴营。环利铁锁，长二丈以上，千二百枚。其护城篦篱，亦谓之虎落。《旧五代史》慕容彦超设虎落以护城是也。《管子·度地篇》：树以荆棘，上相穑著，所以为固也。"盖虎落本以竹为藩，在塞下则又加沙及铁锁。苏林之说，乃因虎落而备言塞下之制。师古驳之，亦误也。扬雄《羽猎赋》云："尔乃虎路三嵏，以为司马。"晋灼曰："路音洛。"服虔曰："以竹虎落此山也。"亦即晁错所谓虎落也。《后书·钟离意传》注引《东观记》曰："意在堂邑，汉县，今江苏六合县北。为政爱利。……初到县，市无屋。意出俸钱，帅人作屋。人赍茅竹，或持材木，争起趋作，浃日而成。"则当时造屋用竹者正多。吾丘寿王禁民挟弓弩对曰："三公有司，或由穷巷，起白屋，裂地而封。"师古曰："白屋，以白茅覆屋也。"韦孟《在邹诗》曰："爰戾于邹，鬋茅作堂。"《后书·班固传》：固奏记东平王苍，言扶风掾李育，客居杜陵，茅舍土阶。《张禹传》注引《东观记》，言禹迁下邳相，邻国贫人来归之者，茅屋草庐千户。《申屠蟠传》云："乃绝迹于梁、砀之间，因树为屋。"注引谢承书曰："居蓬莱之室，依桑树以为栋。"《三国·魏志·高柔传》注引《陈留耆旧传》，言柔高祖父慎，草屋蓬户。

《蜀志·秦宓传》言广汉太守请为师友祭酒，领五官掾，宓称疾，卧在茅舍。则当时民间造屋，用瓦者极少。诸葛亮表后主，言先帝“猥自枉屈，三顾臣于草庐之中”，非虚语矣。《史记·陈丞相世家》言其家负郭穷巷，以弊席为门。可见是时民居之简陋也。其修筑少精者，谓之精庐，亦曰精舍，读书谈道者多居之。《后汉书·姜肱传》：盗就精庐求见。注：“精庐，即精舍也。”于吉往来吴会，立精舍，见《江表传》，《三田志·孙策传》及《后汉书·襄楷传》注皆引之。又《蜀志·诸葛亮传》注引《魏略》：言徐庶折节学问，始诣精舍，诸生闻其前作贼，不肯与共止。尤陋者，谓之瓜牛庐，《三国志·胡昭传》注云：“案，《魏略》云：焦先及杨沛，并作瓜牛庐，止其中。以为瓜当作蜗。蜗牛，螺虫之有角者也，俗或呼为黄犊。先等作圜舍，形如蜗牛蔽，故谓之蜗牛庐。”案，杨沛事见《贾逵传》注。窃谓此庐本以居牛，后守瓜者亦居之，故谓之瓜牛庐，未必如裴松之所云也。山居之民，或有以石为室者。《后汉书·逸民传》：台佟隐于武安山，注：武安县之山也。今河南武安县。凿穴为居，矫慎隐遁山谷，因穴为室是。

古人不甚能造楼，居高明者辄作台，已见《先秦史》第十三章第三节。《后汉书·郑玄传》言，马融召见玄于楼上；《酷吏·黄昌传》言，陈人彭氏，造起大舍，高楼临道；《三国·蜀志·周群传》言，群于庭中作小楼，家富多奴，尝令奴更直于楼上视天灾；则后汉时能作楼者已多矣。《汉书·陈胜传》言，胜攻陈，守丞与战谯门中。师古曰：“谯门，谓门上为高楼以望者。楼一名谯，故谓美丽之楼为丽谯。谯亦呼为巢，所谓巢车者，亦于兵车之上为楼以望敌也。谯、巢声相近，本一物也。”《三国志·曹爽传》注引《魏末传》，言爽兄弟归家，敕洛阳县发民八百人，使尉部围爽第四角。角作高楼，令人在上望视爽兄弟举动。可见人家之楼，实承城楼及巢车之制也。

古士大夫之居，前为堂，后为室，室之左右为房。晁错言古之徙民也，为之筑室，家有一堂二内，盖以室为堂，以房为室也。《后汉书·逸民传》：梁鸿至吴，依大家皋伯通，居庑下。注引《说文》曰："庑，堂下周屋也。"下有周屋，可以居人，则必非以室为堂者矣。《延笃传》，笃与李文德书云："吾尝昧爽栉梳，坐于客堂。朝则诵羲、文之《易》，虞、夏之《书》，历公旦之典礼，览仲尼之《春秋》。夕则消摇内阶，咏《诗》南轩。百家众氏，投闲而作。"客堂盖即古士大夫家之堂，内阶即北阶，南轩即堂下周屋也。《汉书·晁错传》，景帝以袁盎言屏错，错趋避东箱，甚恨。《杨敞传》，霍光与张安世谋废昌邑王，使田延年报敞，敞惊惧，不知所言。延年起至更衣，敞夫人遽从东箱谓敞。《金日磾传》，莽何罗袖白刃从东箱上。可见大第宅皆有两箱。《万石君传》：子建，每五日洗沐归谒亲，入子舍，窃问侍者，娶亲中裙、厕牏，身自浣洒，复与侍者，不敢令万石君知之。师古曰："入诸子之舍，自其所居也。若今言诸房矣。"此古父子异宫之旧也。《汉书·食货志》言："将出民，里胥平旦坐于右塾，邻长坐于左塾。"而《张敞传》言，敞守京兆尹，求问偷盗酋长，令致诸偷以自赎。偷长曰："今一旦召诣府，恐诸偷惊骇，愿一切受署。"敞皆以为吏。遣归休，置酒。小偷悉来贺。且饮醉，偷长以赭污其衣裾。吏坐里闾阅出者，污赭辄收缚之。《后汉书·齐武王传》言：王莽使长安中官署及天下乡亭皆画伯升像于塾，旦起射之。可见闾之两侧仍有塾。凡此，皆汉时宫室近古之处也。

古屋多饰以图画，汉世亦然。《汉书·成帝纪》："生甲观画堂。"应劭曰："画堂画九子母。"师古曰："画堂，但画饰耳，岂必九子母乎？霍光止画室中，是则宫殿通有彩画之堂室也。"案，应劭之言，必有所据，师古驳之非也。然谓宫殿通有彩画堂室，说自不诬。《后汉书·西南夷列传》述朱辅刺益州招徕远夷事，曰：“是时郡尉府舍皆有雕饰，画山神、海灵、奇禽、异兽以眩耀之，夷人益畏惮焉。”则虽偏方亦有之矣。

秦始皇所修长城，多系六国时旧迹，已见第二章第二节。其功程虽不如流俗所设想之大，然亦有颇坚实处。韩安国言蒙恬“累石为城，树榆为塞”是也。《汉书·匈奴传》，侯应议罢边塞云：“起塞以来，百有余年，非皆以土垣也，或因山岩石，木柴僵落，溪谷水门，稍稍平之。”可与安国之言参观。

古人率席地而坐，其后则亦用床。《三国·魏志·吕布传》注引《英雄记》，言布请刘备于帐中，坐妇床上。《管辂传》注引《辂别传》，言裴使君与辂清论终日，不觉疲倦。天时大热，移床在庭前树下，乃至鸡向晨，然后出。《蜀志·庞统传》注引《襄阳记》，言孔明每至庞德公家，独拜床下。《吴志·鲁肃传》言孙权独引肃还，合榻对饮是也。其坐仍以膝着床，故《管宁传》注引《高士传》，言宁自越海及归，常坐一木榻，积五十余年，未尝箕股，其榻上当膝处皆穿。《苏则传》言文帝大怒，踞床拔刀，则以为非礼矣。然《武帝纪》建安十六年（211）注引《曹瞒传》，言公将过河，前队适渡，马超等奄至，公犹坐胡床不起。《裴潜传》注引《魏略》，言潜为兖州时，尝作一胡床，及其去也，毕以挂柱。军中仓卒，裴潜清省，而犹有此，可见胡床稍已通行矣。

第五节
葬埋

秦汉时，厚葬之风颇盛。秦始皇帝之葬，已见第二章第三、第四节。贾山《至言》述始皇之葬，与刘向略同。汉文帝居霸陵，北临厕，意凄怆悲怀，顾谓群臣曰：“嗟乎！以北山石为椁，用纻絮斫陈漆其间，岂可动哉？”刘向《谏起昌陵疏》语。则初亦未能免俗。然其后遗诏令“霸陵山川因其故，无有所改”。又治霸陵皆瓦器，不以金、银、铜、锡为饰。为秦汉后薄葬者之先导，究不失为贤君。至霍光，乃复厚葬武、昭，已见第五章第十二节。宣帝虽贤，犹以水衡钱为平陵，徙民起第宅。见《本纪》本始二年（前72）。注引应劭曰：“水衡与少府皆天子私藏耳。县官公作，当仰给司农，今出水衡钱，言宣帝即位为异政也。”案，就当时言之为异政，以正道衡之，仍为妄费也。唯元帝初陵，不置县邑，《本纪》永光四年（前40），诏曰：“令百姓远弃先祖坟墓，破业失产，亲戚别离。人怀思慕之心，家有不安之意。是以东陲被虚耗之害，关中有无聊之民。”可见是时徙民为害之烈。而哀帝遵之，《本纪》建平二年（前5）。实为汉代之仁政。成帝即位，有司言乘舆车、牛马、禽兽皆非礼，不可以葬，奏可，亦能革前世之陋习。其后听将作大匠解万年言，营昌陵，诒害甚巨。见《本纪》永始元年（前16）、二年及《刘向》《谷永传》。参看第六章第二节。平帝元始元年（1），复命义陵民冢不妨殿中者勿发，则以王莽秉政故也。《晋书·索綝传》，建兴中，盗发汉霸、杜二陵，杜陵，宣帝陵。多获珍宝。帝问綝曰：“汉陵中物何乃多邪？”綝对曰：“汉天子即位一年而为陵。天下贡赋三分之：一供宗庙，一供宾客，一充山陵。汉武帝飨年久长，比崩而茂陵不复容物。其树皆已可拱。赤眉取陵中物，不能减半。于今犹有朽帛委积，珠玉未尽。此二陵是俭者耳。”然则汉诸帝之葬，虽俭者亦未尝不侈也。后汉以前汉为鉴，较为节俭。光武建武二十六年（50），令“地不过二三顷。无为山陵，陂池裁令流水而已”。及崩，遗诏“皆如孝文皇帝制度”。明帝初作寿陵，制令“流水而已”，“石椁广一丈二尺，长二丈五尺，无得起坟”。顺帝遗诏：无起寝庙。敛以故服。珠玉玩好皆不得下。皆见《本纪》。殇帝康陵，方中秘藏，及诸工作，事事减约，十分居一，见《和熹邓皇后纪》。冲帝之崩，李固议起陵于宪陵茔内。依康陵制度。其于役费，三分减一。见本传。唯顺帝宪陵，地二十顷，栾巴以谏毁小人坟冢获罪，少过。魏武帝建安二十三年（218）六月令曰：“古之葬者，必居瘠薄之地。其规西门豹祠西原上为寿陵。因高为基，不封不树。”及崩，遗令“敛以时服，无藏金玉珍宝”。魏文更自作终制。见《本纪》黄初三年（222）。自殡及葬，皆以终制从事。郭后亦以终制营陵，见《明帝纪》青龙三年（235）及本传。有学问者，举措究与流俗不同也。偏方之君，孙皓尝厚葬其妾，见《孙和何姬传》注引《江表传》。又孙权命陈武妾殉葬，见《武传》注引《江表传》。案，殉葬之事，汉代尚间有之。《汉书·景十三王传》：赵缪王元病，先令令能为乐奴婢从死。师古曰“先令者，预为遗令”是也。但其事不多见。

《汉官仪》曰：“古不墓祭。秦始皇起寝于墓侧，汉因而不改，诸陵寝皆以晦、望、二十四气、三伏、社、腊及四时上饭。”“天子以正月上原陵。公卿百官及诸侯王、郡国计吏，皆当轩下占其郡国谷价，四方改易，欲先帝闻之也。”《后汉书·明帝纪》永平元年（58）注引。案，此礼为后汉明帝所创，详见《续汉书·礼仪志》注引谢承书。重视冢墓之风，由来甚久。高祖十二年（前195），与秦始皇帝守冢二十家，楚隐王、陈胜。魏安釐王、齐愍王各十家，赵悼襄王及魏公子无忌各五家。后汉诸帝，有幸群臣墓者。光武建武十八年（42），过湖阳，祠樊重墓。后每南巡，常幸其墓。见《后书·樊宏传》。肃宗北巡守，以太牢具上郭主冢，见《光武郭皇后纪》。有遣使祠其墓者。肃宗使祠桓谭墓，见《后汉书·谭传》。群臣归冢，或过冢，每许其祠冢。因会宾客、宗族，散财振施。其臣亦有自求上冢者。王林卿归长陵上冢，见《汉书·何并传》。林、吉自表上师冢，见《儒林传》。楼护为谏大夫，使郡国。护假贷，多持币帛。过齐，上书求上先人冢。因会宗族、故人，各以亲疏与束帛，一日散百金之费。

见《游侠传》。班伯为定襄太守，上征伯。伯上书，愿过故郡上父祖冢。有诏，太守、都尉以下会。因召宗族，各以亲疏加恩，施散数百金。见《叙传》。后汉清河孝王庆，以母宋贵人见杀，窦太后崩，求上冢致哀，又乞葬母冢旁。后汉时群臣许归家或过家上冢者，有王常、冯异、岑彭、韦彪、宋均、韩棱，三国时有徐晃等，均见《后书》《国志》本传。又有官其子弟近坟墓，俾守冢祠者。祭遵卒，无子，光武追伤之，以其从弟彤为偃师长，令近遵坟墓，四时奉祠，见《后书·遵传》。各地方为名人立祠，亦多近其冢墓。诸葛亮初亡，所在各求为立庙。朝议以礼秩不听。百姓遂因时节私祭之于道陌上。步兵校尉习隆、中书郎向充等共上表，以为宜因近其墓，立之沔阳，从之。见《三国志·亮传》注引《襄阳记》。又或祠于其冢。九江郡二千石，岁时帅官属祠召信臣冢，见《汉书·循吏传》。又《魏志·杜袭传》注引《先贤行状》：长吏下车，尝先诣其祖父根、曾祖父安墓致祠。而刑亦有掘冢剖尸。残贼尸体之事，汉季最甚。《三国志·董卓传》注引《英雄记》：卓发何苗棺，出其尸，肢解节弃于道边。《公孙度传》，故河南太守李敏，郡中知名。恶度所为，将家属入于海。度大怒。掘其父冢，剖棺焚尸。诛其宗族。《王凌传》，朝议咸以为《春秋》之义，齐崔杼、郑归生皆加追戮，陈尸断棺，载在方策，凌、愚罪宜如旧典。乃发凌、愚冢，剖棺，暴尸于所近市三日。燎其印绶，亲土埋之。《钟会传》注引《汉晋春秋》，文王闻会功曹向雄收葬会，召而责之。雄曰："殿下仇对枯骨，捐之中野，百岁之后，为臧获所笑。"执政者所为如此，诚可笑矣。诸葛恪之死，亦以苇席裹身，篾束其腰，投之石子冈，见《吴志》本传。在上者之重视形魄如此，民安得不从风而靡？于是有庐墓者。如蔡邕是，见《后汉书》本传。有负土成坟者。并有成长吏之坟，如缪彤，见《后汉书·独行传》。治朋友之墓者。如范式，亦见《后汉书·独行传》。家居则上冢，朱买臣故妻与夫家俱上冢，见《汉书·买臣传》。出行则辞墓。参看第十四章第四节所引公孙瓒事。居庐行服，或以过礼为贤。《后汉书·袁绍传》：遭母忧，三年礼竟，追感幼孤，又行父服。注引《英雄记》云："凡在冢庐六年。"

甚有如赵宣，葬亲而不闭埏隧，因居其中，行服二十余年，而实则五子皆服中所生者。见《后汉书·陈蕃传》。又有如李充，遭母丧，行服墓次，有人盗其墓树，充遂手自杀之者。见《后汉书·独行传》。盖当时之人，多以魂神仍依墟墓，故其所为如此。《后汉书·周磐传》言，蔡顺母平生畏雷，自亡后，每有雷震，顺辄圜冢泣曰："顺在此。"《三国·魏志·庞淯传》注引《典略》：言张猛为武威太守，被攻，自知必死，曰："使死者无知则已矣，若有知，岂使吾头东过华阴，历先君之墓乎？"乃登楼自烧而死。又《韩暨传》谓同县豪右陈茂，谮暨父兄，几致大辟，暨阴结豪士，擒茂，以首祭父墓。皆其证也。

夫如是，厚葬之风，自不得不甚。《续汉书·郡国志》安平国观津县注引《决录注》曰："孝文窦皇后父隐身渔钓，坠渊而卒。景帝立，后为太后，遣使者更填父所坠渊而葬，起大坟于县城南，民号曰窦氏青山。"卫青为冢象庐山。霍去病冢象祁连山，盖虽人臣冢墓，亦几有山陵之盛矣。哀帝豫赐董贤葬具，为作冢。后汉章德窦皇后及兄宪、弟笃、景等并东海出，故睦于中山简王焉。光武子。与废太子东海恭王强同为郭皇后所生。大为修冢茔，开神道。平夷吏民冢墓以千数。作者万余人。发常山、巨鹿、涿郡柏黄肠杂木。三郡不能备，复调余州郡。工徒及送致者数千人。凡征发，摇动六州十八郡。其虐民以厚所私昵如此。其后宦官纵恣。赵忠丧父，僭为玙璠、玉匣、偶人；见《后汉书·朱穆传》。侯览丧母，还家大起茔冢，督邮张俭奏其豫作寿冢，石椁双阙，高庑百尺。破人居室，发掘坟墓；《宦者传》。则更不足论矣。无势位而有资财者，亦竞为奢侈。《潜夫论·浮侈篇》曰："今者京师贵戚，必欲江南檽、梓、豫章之木。边远下土，亦竞相仿效。……伐之高山，引之穷谷，入海乘淮，逆河溯洛。工匠雕刻，连累日月。会众而后动，多牛而后致。重且千斤，功将万夫。而东至乐浪，西达敦煌，费力伤农于万里之地。”又云：“今京师贵戚，郡县豪家，生不极养，死乃崇丧。或至刻金缕玉，檽梓楩楠……多埋珠宝、偶人、车马。造起大冢。广种松柏。庐舍祠堂，务崇华侈。”案，习俗移人，固由愚昧以是为孝，亦缘欲相夸耀。韩信母死，无以葬，乃行营高燥地，令旁可置万家。原涉父，哀帝时为南阳太守。天下殷富，郡二千石死官，赋敛送葬，皆千万以上，妻子通共受之，以定产业。涉让还赙送，自以身得其名，而令先人坟墓俭约，非孝也，乃大治起冢舍，周阁重门。初，武帝时，京兆尹曹氏葬茂陵，民谓其道为京兆阡，涉慕之，乃买地，开道立表，署曰南阳阡。崔寔父卒，剽卖田宅，以起冢茔，立碑颂。葬讫，资产竭尽，以酤酿贩鬻为业。贤者不免，况于凡民哉？禁厚葬之诏，汉世屡有之。光武建武七年（31），明帝永平十二年（69），章帝建初二年（77），和帝永元十一年（99），安帝永初元年（107），元初五年（118），皆见《纪》。建安十年（205），魏武平翼州，亦禁厚葬，见《三国志·武帝纪》。并有以葬过律获罪者。《汉书·高惠高后文功臣表》：武原侯不害，孝景后二年（前142），坐葬过律，免。又有如韩延寿，为民定嫁娶丧祭仪品者。史云“百姓遵用其教，卖偶车马下里伪物者，弃之市道”，此亦过情之谈。《后汉书·宋均传》：迁上蔡令。时府下记：禁人丧葬不得侈长。均曰：“夫送终逾制，失之轻者。今有不义之民，尚未循化，而遽罚过礼，非政之先。”竟不肯施。逾侈败俗，岂是小恶？而均不欲禁之者，盖亦以其事不易行，虑有名而无实也。然下之于上，不从其令而从其意，亦卒不能挽此颓风也。

归葬之风，汉世亦盛。《汉书·高帝纪》：四年（前203）八月，“汉王下令：‘军士不幸死者，吏为衣衾棺敛，转送其家，四方归心焉。’”八年十一月，令士卒从军死者，为槥归其县。县给衣衾棺椁葬具。注引如淳曰“《金布令》曰：不幸死，死所为椟，传归所居县，赐以衣棺”，则遂为常法矣。故王恢述匈奴之祸，谓

“边境数惊，中国槥车相望”也。《三国志·文帝纪》，帝嗣为魏王后，令曰“诸将征伐，士卒死亡者或未收敛，吾甚哀之。其告郡国给槥椟殡敛，送致其家，官为设祭”，亦修此故事也。然淮南王安谏伐闽越曰：“前时南海王反，陛下先臣使将军间忌将兵击之。以其军降。处之上淦。后复反。会天暑多雨，楼船卒水居击櫂，未战而疾死者过半。亲老涕泣，孤子啼号。破家散业，迎尸千里之外，裹骸骨而归。”则《金布令》未必能行，王恢所谓槥车，恐亦民间自行迎丧者矣。《成帝纪》：河平四年（前25），遣光禄大夫博士嘉等十一人行举濒河之郡。其为水所流压死，不能自葬，令郡国给槥椟葬埋。此所以给槥椟，但为省费，不为传送。《后汉书·光武纪》：温序为隗嚣别将所拘劫，不屈而死。光武怜之。赐冢地，葬之洛阳。后其长子寿为邹平侯相，梦序告之曰：“久客思乡里。”寿即弃官，上书乞骸骨归葬。帝许之。乃反旧茔焉。盖时人以魂神依于丘墓如此。故有千里迎丧者。如高柔，父靖卒于西州，柔冒艰险，诣蜀迎丧，辛苦荼毒，无所不尝，三年乃还。见《三国志·魏志》本传。有遗命归葬者。《三国志·谯周传》，周卒，息熙上言，周临终属熙曰：“若国恩赐朝服衣物者，勿以加身。当还旧墓。道险行难，豫作轻棺。殡敛已毕，上还所赐。”其不受赐，乃不愿臣魏之意，必归葬则仍首丘之思也。友朋之际，亦以送丧归葬为美谈。《后汉书·独行传》：戴封在太学，同学石敬平温病卒，封养视殡敛，以所赍粮市小棺，送丧到家。更敛，见敬平行时书物皆在棺中，乃大异之。《风俗通义·正失篇》言，袁贺早失母，其父彭不复继室。及临病困，敕使留葬。“慎无迎娶汝母丧柩。亡者有知，往来不难。如其无知，只为烦耳”。抱此等见解者殊不多。其见于《后汉书》及《三国志》者，如张霸、崔瑗、孔僖、梁鸿、郝昭等，不过数人而已。孔僖见《后汉书·儒林传》。梁鸿见《逸民传》。郝昭见《三国志·明帝纪》太和二年（228）注引《魏略》。

一种风气方盛，必有贤知之士能矫之。汉世主薄葬者，曰杨王孙，曰朱云，曰龚胜。后汉则有祭遵、王堂、樊宏、梁商、郑玄、张霸、周磐、赵咨、东海恭王、张酺、何熙、见《梁慬传》。崔瑗、马融、卢植、张奂、孔僖、《儒林传》。范冉、《独行传》。谢夷吾、《方术传》。李穆姜。《列女传》。三国则有陈思王、中山恭王、裴潜、高堂隆、诸葛亮、沐并等。沐并事见《三国志·常林传》注引《魏略》。然三数贤知之士，亦不能挽千万人之沉迷也。

掘冢之于厚葬，可谓如影随形。秦始皇帝无论已。孝文号称薄葬，然孝武时盗已发其园瘗钱，见《史记·酷吏·张汤传》。赤眉入关，发掘诸陵，取其宝货，至污辱吕后尸。《后汉书·刘盆子传》。冲帝建康元年（144），群盗发宪陵。顺帝陵。何后葬，开文陵，灵帝陵。董卓悉取藏中珍物。又使吕布发诸帝陵及公卿以下冢墓，收其珍宝。事在初平二年（191），见《后汉书·献帝纪》。魏文帝终制言：“丧乱以来，汉氏诸陵无不发掘，至乃烧取玉柙、金缕，骸骨并尽。”《魏志·文帝纪》黄初三年（222）。亦见《续汉书·礼仪志》注。后汉光武建武二十六年（50）诏，言“遭天下反覆，而霸陵独完”，魏文终制亦云然，而至晋世，亦卒见发掘，见前。则汉世诸陵，殆无不见发者矣。光武建武七年诏曰：“世以厚葬为德，薄终为鄙。至于富者奢僭，贫者单财。法令不能禁，礼义不能止。仓卒乃知其咎。”《后汉·郅恽传》：傅俊礼请恽，上为将兵长史。俊军士发冢陈尸。恽劝其亲率士卒，收伤葬死，哭所残暴。百姓悦服，所向皆下。《三国志·袁绍传》注引《魏氏春秋》载绍檄州郡文数魏武帝罪状曰：梁孝王，先帝母弟，而操率将校吏士亲临发掘，破棺裸尸，略取金宝。又署发丘中郎将、摸金校尉，所过隳突，无骸不露。其诋魏武或诬，然谓魏武军中无是事，固不可也。《明帝纪》太和二年（228）注引《魏略》载郝昭遗令戒子曰：“吾数发冢取其木，以为攻战具”，则虽非有所利者，亦不免于椎埋之为矣。《汉书·景十三王传》，赵敬肃王彭祖，使人椎埋攻剽。师古曰："椎杀人而埋之，故曰椎埋。剽，劫也。"顾亭林曰："椎埋即掘冢。"《南史·萧颖达传》：梁州有古墓，名曰"尖冢"。有欲发者，辄闻鼓角与外相拒。椎埋者惧而退。《论衡·死伪篇》曰："岁凶之时，掘丘墓取衣物者以千万数。"又岂待丧乱之世哉？

富贵人之葬，逾侈如此，贫民则有死不得葬者。贡禹言："今民大饥而死，死又不葬，为犬猪所食。"被灾之郡，赐棺钱，郡县为收敛之事，后汉时有之，安帝延光元年（122），顺帝永建三年（128）、四年，永和三年（138），桓帝永寿元年（155），皆见《纪》。又有以兵灾，令收枯骸，或随宜赐恤者。冲帝永嘉元年（145），质帝本初元年（146）。《三国志·高贵乡公纪》：正元二年（255），诏征西、安西将军，各令部人，于战处及水次钩求洮西之战尸丧，收敛藏埋。《后汉书·独行传》：周嘉从弟畅为河南尹，收葬洛城旁客死骸骨凡万余人。平时不葬者之多如此，况战争灾祲之际乎？区区诏令，竟何裨哉？

第六节
交通

秦汉之世，开拓之地渐广，道路不能皆修；而旧有之路，或且废坏；此由郡县之世，政事不能如封建之世之精详。故骑者渐多于乘。当时之必须乘车者，大抵为体制起见。如韦玄成以列侯侍祠孝惠庙，天雨淖，不驾驷马车而骑至庙下，有司劾奏，等辈数人皆削爵为关内侯；张敞罢朝会，走马章台街，时人讥其无威仪；何晏奏齐王，请绝后园习骑乘马，出必御辇乘车见《三国志·魏志》

本纪正始八年（247）。是也。乘车不如法，亦有见劾者。汉时大夫乘官车驾驷，见《汉书·朱买臣传》注引张晏说。鲍宣为豫州牧，行部乘传，去法驾，驾一马，为司直所奏。又陈遵为河南太守，初除，乘藩车入闾巷，过寡妇左阿君，亦为司直所奏。《汉书·高帝纪》：八年（前199），令“贾人毋得衣锦绣、绮縠、絺纻、罽，操兵，乘骑马”。师古曰：“乘，驾车也。骑，单骑也。”足见骑马者之多，略与乘车相等矣。轺车之算，见第五章第十节。所以不及于马者，以其法沿之自旧；亦且算及于骑，或使人民不敢畜马耳。

民间畜养，求耕作负载之多力，而不求其行之速，故畜牛者较马为多。汉宣帝外祖母王媪，随使者诣阙，乘黄牛车，百姓谓之“黄牛妪”。光武起兵，初骑牛，杀新野尉乃得马。管辂族兄孝国二客，饮酒醉，夜共载车，牛惊下道，入漳河中溺死。可见民间驾车多用牛。即士大夫之贫者俭者亦然。《史记·平准书》言汉初“将相或乘牛车”；蔡义给事大将军幕府，家贫，常步行，门下好事者相合为买犊车；其贫也。朱家乘不过軥牛；朱云居鄠，乘牛车从诸生；则其俭也。亦有由于体制者。《后汉书·宦者传》言四侯仆从皆乘牛车而从列骑。此非不能驾马，乃仆从不容驾马耳。鲁肃谓孙权曰：“今肃迎操，操当以肃还付乡党，品其名位，犹不失下曹从事，乘犊车，从吏卒，交游士林，累官故不失州郡也。”此下吏家贫者，车骑不必甚都，亦犹其衣服之不必修饰也。《货殖列传》言“轺车百乘，牛车千两”；《后汉书·乌桓传》：“顺帝阳嘉四年冬，乌桓寇云中，遮截道上商贾车牛千余两。”可见民间输运，亦多用牛。《汉书·匈奴传》，天凤二年（15），莽使送右厨唯姑夕王，因奉归前所斩侍子登及诸贵人从者丧，皆载以常车。注引刘德曰：“县易车也。旧司农出钱市车，县次易牛也。”《三国志·曹爽传》注引《魏略》，言丁斐从太祖征吴，以家牛羸困，私易官牛，为人所白，被收送狱，夺官。又《梁习传》：领并州刺史。建安十八年（213），州并属冀州，更拜议郎、西部都督从事，统属冀州，总故部曲。习表置屯田都尉二人，领客六百夫，于道次耕种菽粟，以给人牛之费。则官家运转，亦多用牛矣。

《汉书·刘敬传》言：敬脱挽辂而说高祖。苏林曰：“一木横遮车前，二人挽之，一人推之。”此即古之辇。《货殖传》言卓氏迁蜀，夫妻推辇行，亦其物也。倪宽为左内史，以负课租殿，当免。民闻，皆恐失之，大家牛车，小家担负输租，繦属不绝。课更以最。《三国志·王烈传》注引《先贤行状》言，王烈国中有盗牛者，牛主得之，盗者曰：“幸无使王烈闻之。”人有以告烈者，烈以布一端遗之。间年之中，行路老父担重，人代担行数十里。推之，乃当时盗牛人也。此贫无车牛者，运转即恃担负也。亦有以畜负之者。《汉书·赵充国传》云：“以一马自驮负三十日食。”师古曰“凡以畜载负物者皆为驮”是也。又有人乘车即以人挽之者。《后汉书·江革传》言“县当案比，革以母老，不欲摇动，自在辕中挽车，不用牛马”是也。此为罕见之事，唯山险之地，多用人力。淮南王谏伐闽越曰：“舆轿而逾岭。”《汉书·严助传》。此即后世之轿，古之輂，已见《先秦史》第十三章第四节。《汉书·张耳传》：贯高箯舆前仰视泄公。师古曰：“箯舆者，编竹木以为舆，形如今之食舆矣。高时榜笞刺爇委困，故以箯舆处之也。”《王莽传》：莽下书言临久病，虽瘳不平，朝见挈茵舆行。服虔曰“有疾，以执茵舆之行也”，晋灼曰：“《汉仪注》：皇后、婕好乘辇，余者以茵，四人举以行，岂今之板舆而铺茵乎？”师古曰：“晋说非也。此直谓坐茵褥之上，而令四人对举茵之四角，舆而行，何谓板舆乎？”《后汉书·逸民传》，阴就起，左右进辇，井丹笑曰：“吾闻桀驾人车，岂此邪？”就不得已，而令去辇。可见除宫中及病困之人外，无以人舁人之事也。即宫中之辇，亦有驾马者。《霍光传》：“召皇太后御小马车。”张晏曰：“皇太后所驾游宫中辇车也。汉厩有果下马，高三尺，以驾辇。”果下马非民间所易得，故只得舁之以人耳。

《史记·匈奴列传》云“其奇畜则橐驼、驴、骡、索隐：“案，《古今注》云‘驴牡马牝，生骡’。”駃騠、索隐：“《说文》云‘駃騠，马父骡子也’。”騊駼、驒騱”，盖皆非中国所有。然《汉书·百官公卿表》云太仆属官有騊駼监长丞。又有牧橐令丞。师古曰：“牧橐，言牧养橐佗也。”则官已畜养之矣。民间所用，以驴为最广。《续汉书·五行志》：“灵帝于宫中西园驾四白驴，躬自操辔，驱驰周旋，以为大乐。于是公卿贵戚转相仿效。至乘辎軿以为骑从。互相侵夺，价与马齐。……夫驴，乃服重致远，上下山谷，野人之所用耳，何有帝王君子而骖服之乎？”可见当时野人之用驴者，为不少矣。《后汉书·邓训传》：永平中，理虖沱、石臼河，从都虑至羊肠仓，欲令通漕太原。吏民苦役，连年无成。建初三年(78)，拜训禹第六子。谒者，使监领其事。训知大功难立，具以上言。肃宗从之。遂罢其役，更用驴辇。岁省费亿万计，全活徒士数千人。《杜茂传》，茂镇守北边，建屯田，驴车转运。亦见《光武帝纪》。《张霸传》，子楷，常乘驴车至县卖药。《虞诩传》，迁武都太守。先是运道艰险，舟车不通，驴马负载，僦五致一。诩乃自将吏士，案行川谷。由沮汉县，今陕西略阳县东。至下辩汉县，今甘肃成县西。数十里，皆烧石翦木，开漕船道，以人僦值，雇借佣者。于是水运通利，岁省四千余万。《魏志·胡质传》注引《晋阳秋》，言质为荆州，其子威自京都省之，家贫，无车马、僮仆，自驱驴单行。皆可见民间用驴之多。《蜀志·后主传》引《晋诸公赞》，言刘禅乘骡车诣邓艾，则骡亦有服乘者矣。此亦与外国交通之利也。

然马于置传及用兵，关系究属最巨，故民间能畜马者，国家奖励之甚至。晁错说文帝曰：“今令：民有车骑马一匹者，复卒三人。”见《汉书·食货志》。武帝轮台之诏曰：当今务在修马复令以补缺，毋乏武备。见《汉书·西域传》。所欲修者，即此等令也。《平准书》述武帝初年之盛曰“众庶街巷有马，阡陌之间成群；而乘字牝者，摈而不得聚会”，虽或失之于夸，然元狩四年（前119），卫青出定襄，霍去病出代，私负从马凡十四万匹，见《汉书·匈奴传》。师古曰：“私负衣装者及私将马从者，皆非公家发与之限。”则民间马确不少，其报效国家，亦不为不踊跃。乃元朔五年（前124）、六年之役，《食货志》云：“汉军士马死者十余万。”

于是役又云：“汉军马死者十余万匹。”《卫将军骠骑列传》云：“两军之出塞，塞阅官及私马凡十四万匹，而复入塞者不满三万匹。”将吏之骄恣不恤军事如此，即胥中国为牧地，亦岂足供之？《平准书》云：武帝为伐胡盛养马。马之来食长安者数万匹。卒牵掌者关中不足，乃调近旁郡。又除千夫、五大夫为吏，不欲者出马。令民得畜牧边县，官假马母，三岁而归，及息什一。事在元鼎四年（前113）。李奇曰：“十母马还官一驹。”又著令：令封君以下至三百石以上吏，以差出牝马天下亭。亭有畜牸马，岁课息。其苛扰如此。《汉书·高惠高后文功臣表》：黎侯延，元封六年（前105），坐不出持马，腰斩。师古曰：“时发马给军，匿而不出也。”可见其时行法之严，然卒无益。元狩五年（前118），平牡马至二十万。太初二年（前103），卒籍吏民马以补车骑马焉。皆见《汉书·本纪》。昭帝始元四年（前83），诏往时令民共出马，其止勿出。五年，罢天下亭母马及马弩关。孟康曰：“旧马高五尺六寸，齿未平，弩十石以上，皆不得出关，今不禁也。”沈钦韩曰：“《新书·壹通篇》：禁游宦诸侯及无得出马关者，岂不曰诸侯国众车骑则力益多？马不出关之制，汉初已有也。”案，《汉书·景帝纪》：中四年（前146），御史大夫绾奏禁马高五尺九寸以上，齿未平，不得出关。孟康盖据是为说。元凤二年（前79），诏前年减漕三百万石，颇省乘舆马及苑马，以补边郡三辅传马，其令郡国今年毋敛马口钱，文颖曰："往时有马口出敛钱，今省。"民始稍及宽典。王莽复事四夷，亦令公卿以下至郡县黄绶吏皆保养军马。吏复尽以予民。见《食货志》。《王莽传》云："多少各以秩为差。"事在天凤六年（19）。其时乘传使者，经历郡国，日且十辈，仓无见谷以给，传车马不能足，至赋取道中车马焉。《王莽传》地皇元年（20）。诛求之祸，至斯而极矣。

《汉书·百官公卿表》：太仆属官，有大厩、未央、家马三令，各五丞一尉。又车府、路軨、骑马、骏马四令丞，又龙马、闲驹、橐泉、騊駼、丞华五监长丞，又边郡六牧师苑令，各三丞，又牧橐、昆蹄令丞，皆属焉。家马，武帝太初元年（前104），更名挏马。水衡都尉属官有六厩令丞。注引《汉旧仪》云："天子六厩：未央、承华、騊駼、骑马、辂軨、大厩也，马皆万匹。"此六厩皆属太仆，师古说殆误。疑水衡别有一厩，名为六厩也。此等皆以供奉皇室，本失之侈，故"中兴省约，但置一厩"，未央。后置左骏令厩，别主乘舆车马。后或并省。牧师苑亦省。唯汉阳有流马苑，但以羽林郎监领。见《续汉书·百官志》。亦未闻其阙于事也。《食货志》云：景帝"始造苑马以广用"，其初意当为供给军国，非仅以供皇室。《汉仪》注云"牧师诸苑三十六所，分置北边、西边，《续志》云："分在河西六郡界中。"以郎为苑监，官奴婢三万人，养马三十万匹"，《百官公卿表》及《景帝纪》中六年（前144）注引。其规模不可谓不大，地利亦不可谓不得，畜牧必于边地。《汉书·地理志》太原郡有家马官，此即太仆之属。臣瓒曰："时以边表有事，故分来在此。"此未必然，盖亦以就地利耳。使善者为之，未始不可有裨军国，惜仍未能善其事，而临事不免赋取于民也。诸厩及苑监，既徒为供奉皇室，故苟或减省之，或出之以供国用，亦为仁政。如前引昭帝元凤二年（前79）之诏；又如文帝二年（前178），诏"太仆见马遗财足，余皆以给传置"；贾山《至言》称文帝"省厩马以赋县传"，当指此。武帝建元元年（前140），罢苑马以赐贫民；后汉和帝永元五年（93），诏有司省减内外厩及凉州诸苑马皆是。

路之最平坦者为驰道，其修治颇难，故黄霸守京兆尹，坐发民治驰道不先以闻贬秩；而贾山等言秦之虐，辄以其治驰道为言也。见第二章第三节。案，驰道之最近者，仅在朝庙之间。《汉书·鲍宣传》注引如淳曰“令：诸使有制，得行驰道中者，行旁道，无得行中央三丈”是也。成帝为太子时，不敢绝驰道。《高惠高后文功臣表》，平周侯昭涉昧，元狩五年（前118），坐行驰道中免即此。时凡天子所幸之地，即治驰道，故游幸愈广，为害愈深。《平准书》言“既得宝鼎，立后土、太一祠，公卿议封禅事，而天下郡国皆豫治道桥，缮故宫，及当驰道县，县治官储，设供具，而望以待幸”，盖车驾未出，而民之劳扰已甚矣。骄侈之主如汉武帝者，又以供帐之善否为赏罚。《汉书·王䜣传》，䜣守右扶风，上数出幸安定、北地，过扶风，宫馆驰道修治，供张办，武帝嘉之，驻车，拜䜣为真是也。民安得不涂炭乎？平帝元始元年（1），罢明光宫及三辅驰道，此在王莽秉政时，确为仁政也。其用兵之际，则有筑甬道者。《汉书·高帝纪》：二年（前205），筑甬道，属河，以取敖仓粟。应劭曰：“恐敌钞辎重，故筑垣墙如街巷也。”《三国志·武帝纪》：建安十六年（211），公曰：“连车树栅，为甬道而南。”裴松之曰：“不筑垣墙，但连车树栅，以捍两面。”边方又有深开小道者。《汉书·匈奴传》，侯应议罢边备塞吏卒曰：“建塞徼，起亭隧。”师古曰：“隧谓深开小道而行，避敌钞寇也。”平时又或因数跸烦民，筑为复道。见《史记·叔孙通列传》，梁孝王亦欲筑复道朝太后，见第四章第六节。此等自非寻常所有。其寻常道路，修治之责，在于地方官。故薛宣子惠为彭城令，宣过其县，见其桥梁邮亭不修，而知其不能。然大致临事始加修治。故王吉谏昌邑王，言今大王幸方与，百姓颇废耕桑，治道牵马；朱买臣为会稽太守，会稽闻太守至，发民除道；桓帝备礼以聘韩康，亭长以韩征君当过，发人牛修道桥；而武帝病鼎湖，卒起幸甘泉，至于以道不治而杀义纵也。见《汉书·酷吏传》。临事修治，劳民特甚。故章帝幸河内，下诏曰："车驾行秋稼，观收获，因涉郡界，皆精骑轻行，无他辎重，不得辄修道桥。"《本纪》建初七年（82）。其南巡狩，诏所经道上郡县，毋得设储跱；命司空自将徒支柱桥梁。元和元年（84）。魏齐王正始七年（246）八月己酉诏曰："吾乃当以十九日亲祠，而昨出已见治道。得雨当复更治，徒弃功夫。每念百姓力少役多，夙夜存心。道路但当期于通利。闻乃挝捶老小，务崇修饰，疲困流离，以致哀叹。吾岂安乘此而行，致馨德于宗庙邪？自今以后，明申敕之。"得雨即当更治，可见路工之劣。如此之路，安得不时加修治？恤民劳而不修，而道不可行矣。观精骑轻行，无他辎重，不得辄修桥道之诏，而可知车之所以易为骑也。

边方之道，艰阻尤甚。赵充国治湟峡以西道桥七十所，令可至鲜水，从枕席上过师。卫飒迁桂阳太守。含洭、今广东英德县西。浈阳、今英德县东。曲江今广东曲江县西。三县，去郡远者，或且千里，吏事往来，辄发民乘船，名曰"传役"。每一吏出，徭及数家。百姓苦之。飒乃凿山通道，五百余里，列亭传，置邮驿。于是役省劳息，奸吏杜绝。《后汉书·循吏传》。此等事能行之者盖甚罕。唐蒙见夜郎侯，将千人，食重万余人；《史记·西南夷列传》。王莽发十万人击益州，转输者合二十万人，军粮前后不相及；《汉书·西南夷列传》。可见边方转运之难。《汉书·武帝纪》：元光五年（前130），发巴、蜀治西南夷道。又发卒万人治雁门阻险。《史记·西南夷列传》言：帝"通西南夷道，戍转相饷，数岁道不通，士罢饿离湿，死者甚众"。《传》又言秦时尝略通五尺道。正义引如淳曰："道广五尺。"可知其往来之难。《后汉书·和帝纪》：旧南海献龙眼、荔枝，十里一置，五里一候，奔腾阻险，死者继路。时临武长汝南唐羌，临武，汉县，今湖南临武县，县接南海，乃上书陈状，由是遂省焉。《三国志·孙权传》：赤乌八年（245），遣校尉陈勋将屯田及作士三万人凿句容中道。句容，汉县，今江苏句容县。句容近境，而其劳师至于如此，况其远者乎？《后汉书·顺帝纪》：延光四年（125），诏益州刺史罢子午道，通褒斜路。注：子午道，平帝时王莽通之。《三国志·王肃传》：曹真征蜀，肃上疏言其“发已逾月而行裁半谷，治道功夫，战士悉作”，其所由者即子午道也。盖道非经行，每易废坏。非但开辟，即维持亦不易也。

《续汉书·百官志》：将作大匠，掌树桐、梓之类，列于道侧。注引《汉官篇》曰：“树栗、漆、梓、桐。”胡广曰：“古者列树以表道，并以为林囿。”盖既以为荫，又收其利也。《汉书·五行志》：“成帝永始元年二月，河南街邮樗树生枝如人头。”此道侧有树之证。《后汉书·宦者传》言灵帝作翻车、渴乌，见第十章第五节。施于平门外桥西，用洒南北郊路，以省百姓洒道之费，则道上更有司洒者。然此等唯都邑中为然耳。贾山言秦为驰道，三丈而树，此乃古者列树表道之意，驰道外未必能有，即当驰道上者，道失修，树亦未必能终保也。

《汉书·高帝纪》五年（前202）注引如淳曰：“律：四马高足为置传。四马中足为驰传。四马下足为乘传。一马二马为轺传。《梅福传》注云：轺传，“小车之传也”。急者乘一乘传。”师古曰：“传者，若今之驿。古者以车，谓之传车。其后又单置马，谓之驿骑。”案，《魏律序》曰：“秦世旧有厩置、承传、副车、食厨。汉初承秦不改。后以费广稍省。故后汉但设骑置而无车马。”见《晋书·刑法志》。则前后汉之间，驿法尝一大变。汉世传车，官吏若受上命，或有急事者，皆得乘之。段颎为护羌校尉，乘驿之职。王球欲杀王允，刺史邓盛闻之，驰传辟为别驾从事。此官吏得乘驿，并得使驿传命之征。汉武帝与方士传车。见《封禅书》。龚胜征为谏大夫。引见，胜荐龚舍及亢父宁寿、济阴侯嘉。有诏皆征。胜曰：“窃见国家征医巫常为驾，征贤者宜驾。”上曰：“大夫乘私车来邪?”胜曰：“唯唯。”有诏为驾。此受上命者皆得乘传之征。贲赫言变事，乘传诣长安。《史记·黥布传》。梅福去官归寿春，数因县道上言变事。求假轺传诣行在所，条对急政。此有急者得乘传之征也。武帝拜司马相如为中郎将，驰四乘之传，因巴、蜀吏币物以赂西南夷。文帝与宋昌、张武等六人乘六乘传诣长安。昌邑王乘七乘传，日中发，晡时至定陶，行百三十五里。侍从者马死相望于道。王吉谏王曰：“今者大王幸方与，曾不半日而驰二百里。”《续汉书·舆服志》注言：“奉玺书使者乘驰传。其驿骑也，三骑行。昼夜千里为程。”《三国志·陈群传》：群子泰，每以一方有事，辄以虚声扰动天下，故稀简白上事，驿书不过六百里。合此诸文规之，可见当时驿传速率也。

私家亦可置驿。上官桀、桑弘羊与燕王通谋，置驿往来相约结；见《汉书·昭帝纪》元凤元年（前80）诏，亦见《武五子传》。郑当时每五日洗沐，常置驿马长安诸郊，存诸故人，请谢宾客是也。又有专为一事置者。王温舒迁河内太守，令郡具私马五十匹为驿，自河南至长安。捕郡中豪猾，上书请，大者至族，小者乃死，家尽没入偿赃。奏行不过二日，得可事，论报，至流血千里。后汉东平宪王病，章帝置驿马，千里传问起居。是其事。

置邮本主传命，故《汉书·五行志》及《薛宣传》注均云“邮，行书之舍”，《王莽传》注引《仓颉篇》亦曰“邮，过书之官”也。元始四年（4）。《后汉书·郭泰传》注引《说文》曰：“邮，境上传书舍也。”又引《广雅》曰：“邮，驿也。”“置，亦驿也。”又引《风俗通》曰：“汉改邮为置。置者，度其远近之间置之也。”《汉书·文帝纪》注曰：“置者，置传驿之所。”《田儋传》注引臣瓒曰：“案，厩置，谓置马以传驿者。”则汉时邮、驿、置等，可以互称。《李陵传》云“因骑置以闻”，盖其时多用单骑。凡公事率因之。京房去至新丰，因邮上封事。平帝元始五年（5），郡国置宗师，考察不从教令，有冤失职者，宗师得因邮亭书言宗伯，请以闻。《平帝纪》。刘陶因驿马上便宜。张衡造候风地动仪，尝一龙机发，而地不觉动，京师学者咸怪其无征，后数日，驿至，果地震陇西。顺帝汉安元年（142），诏遣八使巡行风俗，刺史、二千石有赃罪显明者，驿马上之。《后汉书·周举传》。光武遗诏，刺史、二千石无遣吏及因邮奏。袁安为县功曹，奉檄诣从事。从事因安致书于令。安曰："公事自有邮驿，私请则非功曹所持。"辞不肯受。盖公事非专遣吏者，无不因邮驿者矣。其事亦役民为之。《杨震传》"谪震诸子代邮行书"，《郭泰传》"知范特祖邮置之役"是也。

更速于邮传者为烽燧。《汉书·贾谊传》注引文颖曰："边方备胡寇，作高土橹。橹上作桔皋，桔皋头兜零，以薪草置其中，常低之，有寇即火燃举之以相告，曰烽。又多积薪，寇至即燃之，以望其烟，曰燧。"《司马相如列传》注，孟康曰："烽如覆米䉛，悬着桔槔头，有寇则举之。燧积薪，有寇则燔然之也。"《史记》索隐引《字林》曰："䉛，漉米薮。"张晏曰："昼举烽，夜燔燧也。"师古曰："张说误也。昼则燔燧，夜则举烽。"王先谦补注曰："《周纪》正义、《司马相如列传》索隐并与张说合，师古自误耳。"《三国志·孙权传》赤乌十三年（250）注引庾阐《扬都赋》注曰："烽火，以炬置孤山头，皆缘江相望，或百里，或五十、三十里。寇至则举以相告，一夕可行万里。孙权时，令暮举火于西陵，鼓三竟，达吴郡、长沙。"

驿有传舍，行者率依止焉。汉高祖至高阳传舍，使人召郦生。王郎军起，光武自称邯郸使者入饶阳传舍。何武为刺史行部，必先即学宫见诸生，然后入传舍。韩延寿守冯翊，行县至高陵，有昆弟相与讼田者，延寿即引咎，移病，入卧传舍，闭阁思过。可见承平时、战乱时皆然。不当驿道之地，则依于邮亭。《汉书·百官公卿表》云汉承秦制，大率十里一亭，十亭一乡。《续汉书·百官志》注引《汉官仪》云：“十里一亭……五里一邮，邮间相去二里半。”十里之间，得四宿会之所，注引《风俗通》曰：“亭，留也，盖行旅宿会之所馆。”亦云密矣。注又引蔡质《汉仪》曰：“洛阳二十四街，街一亭。十二城门，门一亭。”《史记·司马相如列传》，相如往临邛，舍都亭。索隐云：“临邛郭下之亭也。”此等皆在都邑之中，与行旅关系尚少，其在乡间者，通称为乡亭，《汉书·循吏传》：召信臣躬劝耕农，出入阡陌，止舍离乡亭。则其关系实大。《后汉书·独行传》言王忳除郿令，到官，至斄亭。亭长曰：“亭有鬼，数杀过客，不可宿也。”忳不听，入亭止宿。夜中，有女子诉曰：“妾夫为涪令，之官，过宿此亭，亭长无状，贼杀妾家十余口，埋在楼下，悉取财货。”忳问亭长姓名。女子曰：“即今门下游徼者也。”明旦，召游徼诘问，具服罪。此说虽近荒怪，然当时必有此等事，乃有此附会之说。《传》又言张武父业，为郡门下掾，送太守妻子还乡里，至河内亭，盗夜劫之，业与贼战死，可证。此可见行旅止宿邮亭者之多矣。然当时亭传，似皆厚奉贵势，而薄待平民。汉宣帝元康二年（前64）诏书，以“饰厨传，称过使客”为戒。《两龚传》云：昭帝时，涿郡韩福以德行征至京师，赐策书束帛遣归。诏行道舍传舍，县次具酒肉，食从者及马。王莽亦依故事，白遣龚胜及邴汉。而后汉章帝建初元年（76），以兖、豫、徐三州旱，诏流人欲归本者，其实禀，令足还到，听过止官亭，无雇舍宿。舍宿有烦特诏，不则须出雇值，可见亭邮待平民之薄矣。《后汉书·赵孝传》：父普，王莽时为田禾将军。任孝为郎。每告归，常白衣步担。尝从长安还，欲止邮亭，亭长先时闻孝当过，扫洒待之。孝既至，不自名。长不肯内。《循吏传》，刘宠尝出京师，欲息亭舍。亭吏止之曰：“整顿洒扫，以待刘公，不可得也。”皆亭吏趋承贵势，慢易平民之证。职是故，逆旅之业遂日盛。《后汉书·张楷传》云：

霸子楷，门徒常百人。宾客慕之。自父党宿儒，皆造门焉。车马填街，徒从无所止。黄门及贵戚之家，皆起舍巷次，以候过客往来之利。此即逆旅，云专候造楷者，传言之过也。《儒林传》：周防父扬，少孤微，常修逆旅，以供过客，而不受其报。可见营是业者之多。《续汉书·百官志》注，永元十年（98），应顺上言“百郡计吏观国之光，而舍逆旅，崎岖私馆”，可见虽官吏亦有依之者矣。

亭传之置，于边方关系尤大。盖内地殷繁，自有逆旅以供过客，而边荒则唯恃此，故永光羌乱，诏书特言其“燔烧置亭”；《汉书·冯奉世传》。永元四年（92），溇中、澧中蛮反，《后汉书·南蛮传》亦特记其“燔烧邮亭”也。《史记·汉兴以来将相名臣年表》，于元光六年（前129）特书“南夷始置邮亭”，可见其与边方交通关系之大。《三国志·陈群传》：青龙中，大营宫室，群上疏曰：“昔刘备自成都至白水，多作传舍，兴费人役，太祖知其疲民也。今中国劳力，亦吴、蜀之所愿。”案《蜀志·先主传》：建安二十四年（219），备自汉中还治成都。注引《典略》曰“备于是起馆舍，筑亭障，从成都至白水关，四百余区”，群所指即此事也。疲民岂备所不知？盖亦势不容已耳。

古代列国之间，交通多有制限，是为关梁，汉世亦有之。侯应议罢边塞，谓“自中国尚建关梁以制诸侯”是也。《汉书·匈奴列传》。《汉书·文帝纪》，十二年（前168）三月，除关无用传。张晏曰：“传，信也。若今过所也。”如淳曰：“两行书缯帛，分持其一，出入关，合之乃得过，谓之传也。”李奇曰：“传，棨也。”师古曰：“张说是也。古者或用棨，或用缯帛。棨者，刻木为合符也。”案，古人作书，或用竹木，或用缯帛，故过所之制因之。《后汉书·郭丹传》注曰“符即繻也”，失之专辄矣。《汉书·终军传》：军从济南当诣博士，步入关。关吏予军繻。军问以此何为？

吏曰："为复传。还当以合符。"军曰："大丈夫西游，终不复传还。"弃繻而去。张晏曰："繻，符也。书帛裂而分之，若券契矣。"苏林曰："繻，帛也。旧关出入皆以传。传烦，因裂繻头，合以为符信也。"然则用繻乃后起之事，其初本皆用棨。《后书·安帝纪》：永初元年（107）十一月，敕司隶校尉，冀、并二州刺史："民讹言相惊，弃捐旧居，老弱相携，穷困道路。其各敕所部长吏，躬亲晓喻。若欲归本郡，在所为封长檄。不欲，勿强。"固犹是用木也。乘车者亦当用传。《汉书·平帝纪》，元始五年（5），征天下通知逸经、古记、天文、历算、钟律、小学、《史篇》、方术、《本草》，及以五经、《论语》、《孝经》、《尔雅》教授者，在所为驾一封轺传。如淳曰："律：诸当乘传及发驾置传者，皆持尺五寸木传信，封以御史大夫印章。其乘传参封之。参，三也。有期会累封两端，端各两封，凡四封也。乘置驰传五封也。两端各二，中央一也。轺传两马再封之，一马一封也。"文帝之除关，实为仁政。故晁错对策，美其"通关去塞"，而路温舒亦称其"通关梁，一远近"。景帝四年（前153）春，"以七国新反，备非常"，应劭说。复置诸关，用传出入。武帝初，魏其、武安等欲除关，卒未果，遂终两汉之世。"无符传出入为阑。"《汉书·汲黯传》注引臣瓒说。《高惠高后文功臣表》：长修侯相夫，元封三年（前108），坐为太常，与大乐令中可当郑舞人擅繇，阑出入关，免，可见其制之严。《谷永传》：永言百姓失业流散，群辈守关。臣愿开关梁，内流民，恣所欲之，可见其苛留之状。《王莽传》：莽令吏民出入，持布钱以副符传。不持者，厨传勿舍，关津苛留。事在始建国二年（10）。故亦时有宽典。如宣帝本始四年（前70），入谷输长安仓助贷贫民，民以车船载谷入关者，得毋用传；成帝阳朔二年（前23），关东大水，流民欲入函谷、天井、壶口、五阮关者，勿苛留；天井关，在今山西晋城县南。壶口关，在今山西长治县东南。五阮关，应劭曰："在代郡。"《地理志》，代郡无五阮，有五原关。鸿嘉四年（前17），诏水旱为灾，关东流冗者众，青、幽、冀部尤剧，流民欲入关者，辄籍内是也。然《后书·郭丹传》言，丹从师长安，买符入函谷关。注引《东观记》曰："丹从宛人陈洮买入关符。既入关，封符乞人。"则既可买卖，又可赠遗，讥诃亦未必有益矣。《汲黯列传》：浑邪王至，贾人与市者，坐当死五百余人。黯请见曰："愚民安知？市买长安中物，而文吏绳以为阑出财物于边关乎？"注引应劭曰："阑，妄也。律：胡市，吏民不得持兵器出关。虽于京师市买，其法一也。"此虽近深文，边关禁令之严可想。然《后书·鲜卑传》载蔡邕之议曰"关塞不严，禁网多漏，精金良铁，皆为贼有"，则亦具文而已矣。边关随国境而移。故南粤王欲内属，上书请除边关；司马相如略定《西南夷》，史亦言"除边关，边关益斥"。此从《汉书》。《史记》无下"边"字。

传信于郡国以符。《汉书·文帝纪》：三年（前177）九月，初与郡守为铜虎符、竹使符。应劭曰："铜虎符第一至第五。国家当发兵，遣使者至郡合符，符合乃听受之。竹使符，皆以竹箭五枚，长五寸，镌刻篆书，第一至第五。"张晏曰："符以代古之圭璋，从简易也。"师古曰："与郡守为符者，谓各分其半，右留京师，左以与之。"发兵皆以虎符，其余征调，竹使而已。《续汉书·礼仪志》：大丧亦下竹使符，告郡国二千石、诸侯王。后汉初但以玺书发兵。杜诗上疏言之，乃复其制。

水运之功，省于陆运，此历代皆然。张良说高帝都关中曰"诸侯安定，河、渭漕挽天下，西给京师，诸侯有变，顺流而下，足以委输"；伍被述吴王，亦言其"伐江陵之木以为船"；足见水漕之便。故秦时已有令监禄凿渠运粮之举。见《汉书·严助传》淮南谏伐闽越书。严安上书亦言之。淮南王书又言当时情形曰"拖舟而入水"，可谓艰苦已甚，然犹较陆运为便也。汉通漕渠之事尤多。略见

《汉书·沟洫志》。武帝元光六年（前 129），穿漕渠通渭，见《汉书》本纪。番系欲省砥柱之漕，穿汾、河渠，以为溉田；郑当时为漕渠回远，凿直渠，自长安至华阴，未成；见《史记·平准书》。魏武帝欲征蹋顿，凿平虏、泉州二渠，入海通运，见《三国志·董昭传》。吴孙皓时，何定建议凿圣溪以通江、淮，未成，见《三国·吴志·薛珝传》。而后汉明帝时之汴渠，其工程之最大者也。海运之利亦渐著。《后汉书·郑弘传》：建初八年（83），代郑众为大司农。旧交趾七郡，贡献皆从东冶泛海而至。风波艰阻，沉溺相系。弘奏开零陵、桂阳峤道。于是夷通，至今遂为常路。此虽云沉溺相系，然自峤道未开以前，交、广与北方，固恃海运为常道也。即峤道开后，海运亦未必能废，此不过盛夸郑弘之功耳。《潜夫论》言当时江南之木，入海乘淮，逆河溯洛，见第五节。亦见河海连络之效。王莽居摄，胡刚已亡命交趾。见《后汉书·胡广传》。后汉之末，桓晔、荣玄孙，见《荣传》。袁忠、安玄孙，见《安传》。许靖等，亦皆往焉。管宁等则适辽东，王朗亦走东冶。可见南北航行，皆极畅达。《魏志·齐王芳纪》，正始元年（240），以辽东汶、北丰县民流徙渡海，规齐郡之西安、临菑、昌国县界为新汶、南丰县，以居流民，此实侨置郡县之始。其时民之依海岛为盗者甚多，亦见近海岛屿之日益开辟也。《魏志·武帝纪》：建安十一年（206）八月，公东征海贼管承。至淳于，遣乐进、李典击败之。承走入海岛。后天子策命公为魏公，以“海盗奔进”为功状之一。陈登在广陵，海贼薛州之群万有余户，束手归命，见《陈登传》注引《先贤行状》。时又有海贼郭祖，寇暴乐安，济南界，见《何夔传》。孙坚年十七，以追海贼著闻；孙休永安七年（264），海贼破海盐，杀司盐校尉；皆见本传。《傅嘏传》：诸葛恪新破东关。乘胜扬声，欲向青、徐。嘏议以为：“淮海非贼轻行之路。又昔孙权遣兵入海，漂浪沉溺，略无孑遗。恪岂敢倾根竭本，寄命洪流，以徼乾没乎？”案，《田豫传》曰：公孙渊以辽东叛，使豫督青州诸军往讨之。会吴贼遣使与渊相结。帝以贼众多，又已渡海，诏豫使罢军。豫度贼船垂还，岁晚风急，必皆漂浪。东随无岸，当赴成山。成山无藏船之处。辄便循海，案行地形，及诸山岛，徼截险要，列兵屯守。贼还，果遇恶风，船皆触山沉没，波荡着岸，无所逃窜，尽虏其众。輵所言者，当即指此。然此特航行偶失。当时吴与辽东，往还颇密，多由海道，《公孙渊传》注引《魏略》载魏下辽东、玄菟赦文曰“比年以来，复远遣船，越渡大海，多持货物，诳诱边民。边民无知，与之交关。长吏以下，莫肯禁止。至使周贺浮舟百艘，沉滞津岸，贸迁有无。既不疑拒，赍以名马。又使宿舒随贺通好”云云。则吴与辽东交易颇盛。可参看第十二章第四节。吴使张弥等为渊所杀，孙权且欲自征渊，可见航行并非甚难。魏欲伐渊，亦曾诏青、兖、幽、冀四州作大船；《明帝纪》景初元年（237）。又尝浮海入句章，汉县，今浙江慈溪县西南。略长吏赏林及男女二百余口；《吴志·孙休传》永安七年（264）。则缘海航行，南北皆甚便易矣。海外航行，已见第九章第四节。《三国志·孙权传》：黄龙二年（230），遣将军卫温、诸葛直将甲士万人，浮海求夷洲及亶洲。亶洲在海中，长老传言：秦始皇帝遣方士徐福将童男女数千人入海，求蓬莱神山及仙药，止此洲不还。世相承有数万家。其上人民，时有至会稽货布。会稽东县人海行，亦有遭风流移至军师亶洲者。所在绝远，卒不可得至，但得夷洲数千人还。案，《梁书》言日本人自称为徐福后，而今日本纪伊有徐福祠，熊野有徐福墓，因有疑其地为日本者。黄公度《日本国志》即持此说。然观第十二章第十节所述倭与中国往来之路，则时日本似未必能至会稽。其时横绝大海尚难，亶洲人能时至会稽，其距会稽必不甚远，疑仍近海岛屿，卫温、诸葛直自不能至耳。传说能使国家为之兴师，必非绝无根据，则徐福止于亶洲，殆必实有其事也。将还夷洲人至数千，若为取信或餍时主好奇之心，安用如此之多？疑此数千人本华人，卫温、诸葛直拔还之。所谓遭风流移，非事先之传闻，乃正将还之后，得之于其人之自述者耳。可见夷洲距中国，亦不甚远也。

船工之奇者，有楼船，有戈船。楼船者，“作大船，上施楼”。《汉书·武帝纪》元封二年（前109）注引应劭说。戈船者，张晏曰：“越人于水中负人船，又有蛟龙之害，故置戈于船下，因以为名也。”臣瓒曰：“《伍子胥书》有戈船，以载干戈，因谓之戈船也。”师古曰：“以楼船之例言之”，“张说近之”。《武帝纪》元鼎五年（前112）注。盖是。《汉书·地理志》，庐江郡有楼船官。汉武大修昆明池，治楼船，高十余丈。《史记·平准书》。马援伐交趾，将楼船大小二千余艘。《后汉书》本传。而武帝算缗之法，船五丈以上一算，则时造船之技，亦大有可观矣。《后汉书·岑彭传》：“公孙述遣其将任满、田戎、程汎将数万人乘枋箄下江关。”《哀牢夷传》：其王贤栗遣兵乘箄船，南下江、汉，击附塞鹿茤夷。此即今之竹木筏。《邓禹传》：子训，发湟中六千人，令任尚将之。缝革为船，置于箄上以渡河，掩击迷唐。《南匈奴传》，永平八年（65），北虏遣二千骑候望朔方，作马革船，欲渡迎南部叛者。此即今日之皮船。偏方之地，各因其物产地利，而异其备器也。

然僻陋之区，舟船仍有极乏者，《史记·淮阴侯列传》：“陈船欲渡临晋，而伏兵从夏阳以木罂缻渡军。”缻，《汉书》作“缶”。服虔曰：“以木柙缚罂缶以渡也。”韦昭曰：“以木为器如罂缶。”师古曰：“服说是。罂缶，谓瓶之大腹小口者也。”此由其地本少舟船，故并不能为浮桥耳。

第十八章
秦汉政治制度

第一节
政体

古者一国之主称君，为一方所归往者称王；战国之世，七雄并称王，加于王者则称帝；已见《先秦史》第十四章第一节。故赵高弑二世，欲使秦去帝号复称王；诸侯之相王，亦尊楚怀王为义帝也。义帝仅据虚名，实权皆在霸王，盖仿东周之世，政由五霸之例，亦已见本篇第三章第二、第三两节。至汉高帝灭项羽，诸侯将相复尊为帝，而号称皇帝者，乃复有号令天下之实权焉。

皇、帝二字，汉时意尚有别。高帝六年（前201），尊其父为太上皇。蔡邕曰："不言帝，非天子也。"《史记·高祖本纪》集解引。颜师古注曰："不预治国，故不言帝也。"案，《三国·魏志·王肃传》，山阳公薨，肃上疏曰："汉总帝皇之号，号曰皇帝，有别称帝，无别称皇，则皇是其差轻者。故当高祖之时，土无二王，其父见在，而使称皇，明非二王之嫌也。今以赠终，可使称皇，以配其谥。"汉人视皇与帝之别，其意可见。哀帝追尊其父但曰"恭皇"以此。又案，秦始皇已追尊其父为太上皇，则汉祖所为，亦有所本，非创制也。

国非人君所私有，其义汉代尚明。诸侯将相之欲尊高帝也，高帝曰："吾闻帝，贤者有也；空言虚语，非所守也。吾不敢当帝位。"孝文帝元年（前179），有司请立太子。上曰："朕既不德，上帝神明未歆享，天下人民未有嗛志。今纵不能博求天下贤圣有德之人而禅天下焉，而曰豫建太子，是重吾不德也，谓天下何？"又曰："楚王，季父也，春秋高，阅天下之义理多矣，明于国家之大体；吴王于朕，兄也，惠仁以好德；淮南王，弟也，秉德以陪朕；岂为不豫哉？诸侯王、宗室、昆弟、有功臣，多贤及有德义者，若举有德以陪朕之不能终，是社稷之灵，天下之福也。今不选举焉，而曰必子，人其以朕为忘贤有德者而专于子，非所以忧天下也。"虽曰空言，大义固皎然矣。革易之义，儒者尤昌言之，无所讳忌。眭弘劝汉帝谁差天下，求索贤人，禅以帝位。弘从嬴公学《春秋》，嬴公，董仲舒弟子也。见《儒林传》。故弘称仲舒为先师，见本传。盖宽饶引《韩氏易传》言"五帝官天下，三王家天下。家以传子，官以传贤。若四时之运，功成者去，不得其人，则不居其位"。《汉书·五行志》引京房《易传》曰："复，崩，来无咎。自上下者为崩。厥应泰山之石颠而下。圣人受命人君虏。"又曰："石立如人，庶士为天下雄。立于山，同姓；平地，异姓。立于水，圣人；于泽，小人。"与眭弘之言，若合符节。谷永灾异之对曰："天生烝民，不能相治，为立王者以统理之。方制海内，非为天子；列土封疆，非为诸侯，皆以为民也。垂三统，列三正；去无道，开有德；不私一姓，明天下乃天下之天下，非一人之天下也。"永劝成帝益纳宜子妇人，毋避尝字。曰："推法言之，陛下得继嗣于微贱之间，乃反为福……后宫女史、使令，有直意者，广求于微贱之间，以遇天所开右。"刘向谏起昌陵，亦言"王者必通三统"。其著《说苑》，又设为秦始皇既并六国，召群臣议禅继是非。《至公篇》。文帝答有司请立太子，以楚、吴、淮南王为言。成帝无子，引大臣议所立，翟方进等皆主立弟子，孔光独援殷及王之例，欲立中山王。然则汉景帝与梁孝王昆弟宴饮，酒酣，从容言曰“千秋之后传梁王”，而窦婴引卮酒进上曰：“天下者，高祖天下，父子相传，此汉之约也，上何以得擅传梁王?”乃特以折窦太后耳。谓有天下者必家，家必传子，固非汉世儒者意也。然此义也，唯学者知之，流俗则视天下为一人一家所私有；而其所以能有天下，则又出于苍苍者不可知之意耳。图谶妖妄，自兹而作，而民主之古义稍湮矣。李云以帝欲不谛之语诛，自汉人观之，实为妄杀，而魏明帝问王肃，乃谓其何得不死，知魏晋之世，君臣之义，稍与汉世不同矣。

汉世每逢灾异，辄策免三公，人徒訾为迷信，而不知其为民主古义之告朔饩羊也。夫余俗水旱不调，辄归咎于王，或言当易，或言当杀，《三国志》本传。夫余俗最类有殷，明此亦中国古法。尸其事者职其咎，义固当然。然其后为一国之主者，地位稍尊，又其所系者重，不可加诛，则移其责于左右。古小国见诛于大国，辄杀其大臣以说；周公请代成王曰“王少，未有识，奸神命者乃旦也”；此灾异策免三公之原，所策免者三公，其咎实在人君也。世事日新，人之见解亦日变，此等旧法，自不能维持矣。

第二节

封建

战国之季，列国并立之制，业已不能维持，然人心殊未能悟。陈胜、吴广之谋起事也，曰：“等死，死国可乎?”及会三老、豪杰于陈，皆称其复立楚社稷，功宜为王。胜败，范增说项梁，谓其“不立楚后而自立，其势不长。今君起江东，楚蜂午之将皆争附君者，以君世世楚将，为能复立楚之后也”。周市不肯自立，而必欲立魏咎。武臣之死也，客说张耳、陈余曰：“两君羁旅，而欲附赵，难独立。立赵后，扶以义，可就功。”此皆六国之民，以为其国当复立之证。而当战国之世，诸称王者，率封其臣为侯。是时之崛起者，大者望专制一方，小者亦图南向称孤，皆是物也。诸侯之相王，及汉初之封建，皆列爵二等，职是故耳。

高祖虽灭项籍，然谓一人可以专制天下，此当时之人心所必不许，而亦非高祖之所敢望也。是时之所欲者，则分天下而多自予，使其势足以临制诸侯；又多王同姓，俾其势足相夹辅耳。秦郡三十六，而汉初得其十五；语出《史记·汉兴以来诸侯年表》，《汉书·诸侯王表》仍之。齐召南曰：“此以秦地计之。内史一，河东二，河南、河内即三川郡三，东郡四，颍川五，南阳六，南郡七，蜀郡八，巴郡九，汉中十，陇西十一，北地十二，上郡十三，云中十四，以《史记》言内地北距山以东尽诸侯地推之，则上党郡十五也。若计高帝所自立之郡，则不止于十五矣。”见《汉书殿本考证》。又王子弟以大封，由此也。高祖之不可信，韩信、彭越等宁不知之？犹奉之以帝号者？帝之与王，各有其君国子民之实。谓帝者可以随意废置其王，固非其时之人所能信。抑后来高祖之灭异姓，非诡谋掩袭，即举兵相屠，此犹楚、汉之相争，初非共主之征讨也。是时所务者，为锄异姓，树同姓，惠、文以后，则所患者转在同姓矣。于是众建而少其力之策稍行，封建遂名存实亡矣。《汉书·王子侯表》言王莽擅朝，伪褒宗室，侯及王孙，居摄而愈多，犹此策也。

汉初列爵二等，特依战国以来故事。王莽秉政，乃列爵五等，地为四等，而去王封。案，王为专制一方之名，汉后来之诸王，既无其实，而袭其名，则为不正，去之是也。后汉光武建武十五年（39），朱祐奏古者人臣受封，不加王爵，可改诸王为公。帝即施行。及十七年，废皇后郭氏为中山太后，进右翊公辅为中山王。其余九国，皆即旧封晋爵为王。至十九年，又进赵、齐、鲁三国公爵为王。盖因废后故而为是，可谓以私意乱制度矣。

《汉书·百官公卿表》云：“诸侯王……掌治其国。有太傅辅王，内史治国民，中尉掌武职，丞相统众官。群卿大夫都官如汉朝。景帝中五年，令诸侯王不得复治国。《续汉书·百官志》：令内史主治民。天子为置吏。《续志》云：国家唯为置丞相，其大夫以下，皆自置之。改丞相曰相。省御史大夫、廷尉、《续志》多“少府”二字。宗正、博士官。大夫、郎、谒者诸官长丞皆损其员。武帝改汉内史为京兆尹，中尉为执金吾，郎中令为光禄勋，故王国如故。损其郎中令，秩千石。改太仆曰仆，秩亦千石。成帝绥和元年省内史，更令相治民如郡太守，中尉如郡都尉。”事由何武之奏，见《汉书》本传。《续志》：太傅但曰傅。注引《东观书》曰：“其绍封削绌者，中尉、内史官属亦以率减。”其时有左官之律、附益之法，已见第四章第六节。《后汉书·光武帝纪》：建武二十四年（48），诏有司申明旧制阿附蕃王法。注云即左官律、附益法也。又汉制，王国人不得在京师，亦不得宿卫，见《汉书·彭宣》及《两龚传》。宫人出嫁不得适诸国，见《后书·孝明八王传》。乐成靖王。后汉初，禁网疏阔，诸王引致宾客稍盛。然经沛王辅之祸，即不复自由矣。见本传及《樊宏传》。《三国·吴志·孙奋传》：恪笺谏孙奋曰：“自光武以来，诸王有制，唯得自娱宫内，不得临民干与政事。其与交通，皆有重禁。”其防制之严如此。此固由帝室之猜忌。然诸王多生于深宫之中，长于阿保之手，虽有中驷，亦成下材。既多昏愚，又益淫虐。如江都王建、胶西于王端、赵敬肃王彭祖、长沙王建德、广川王去等皆是。《景十三王传赞》云：“汉兴，至于孝平，诸侯王以百数，率多骄淫失道。”人民何辜，罹此荼毒？享虚号而不得有为，已为逾分矣。

《汉书·景武昭宣元成功臣表》云：“汉兴，至于孝文时，乃有弓高、庄侯韩颓当，以匈奴相国降，故韩王信子。襄城哀侯婴，以匈奴相国降，故韩王太子之子。之封，虽自外来，本功臣后。故至孝景始欲侯降者，丞相周亚夫守约而争。帝黜其议，初开封赏之科。又有吴、楚之事，武兴胡、越之伐，将帅受爵，应本约矣。后世承平，颇有劳臣。”《外戚恩泽侯表》云：“至乎孝武，元功宿将略尽。会上亦兴文学，进拔幽隐。公孙弘自海濒而登宰相，于是宠以列侯之爵。又畴咨前代，询问耆老，初得周后，复加爵邑。自是之后，宰相毕侯矣。元、成之间，晚得殷世，以备宾位。见下。汉兴，外戚与定天下侯者二人。故誓曰：非刘氏不王。若有无功非上所置而侯者，天下共诛之。是以高后欲王诸吕，王陵廷争；孝景将侯王氏，修侯犯色。卒用废黜。是后薄昭、窦婴、上官、卫、霍之侯，以功受爵；其余，后父据《春秋》褒纪之义，帝舅缘《大雅》申伯之意，浸广博矣。”此汉代侯封之大略也。若执初约，多不相应。故后汉赵典谏桓帝，言恩泽侯宜一切削免爵土也。后汉建武二年（26），封功臣皆为列侯。大国四县，余各有差。宗室列侯为王莽所废者，并复故国。十三年，宗室及绝国封侯者，凡一百三十七人。功臣增邑更封，凡三百六十五人。其外戚、恩泽封者，四十五人。前代之封，始于武帝。元鼎四年（前113），封周后嘉为周子南君。元帝初元五年（前44），以周子南君为周承休侯。成帝绥和元年（前8），据通三统之义，封孔吉为殷绍嘉侯。旋与周承休侯皆进爵为公。平帝元始四年（4），改殷绍嘉公曰宋公，周承休公曰郑公。建武二年，以周后姬常为周承休公。五年，封殷后孔安为殷绍嘉公。十三年，以殷绍嘉公为宋公，周承休公为卫公。先是，元始元年（1），又封周公后公孙相如为褒鲁侯，孔子后孔均为褒成侯。追谥孔子曰褒成宣尼公。案，封孔子后为汤后，倡自匡衡，成于梅福，见《汉书·福传》。其时通三统与封圣人之后，并为一谈，至此始分。后汉亦绍褒成之封，见《后书·孔僖传》。魏文帝黄初二年（221），以议郎孔羡为宗圣侯，奉孔子祀。

汉代妇人，亦有封爵。高祖兄伯之妻封阴安侯。见《史记·孝文本纪》。吕媭封临光侯。见《樊哙传》。鲁侯奚涓无子，封其母疵。见《史记·功臣侯表》。《汉书·高惠高后文功臣表》作“母底”。后汉东海王强无子，亦封其三女为小国侯。《后汉书·皇后纪》云：“汉制：皇女皆封县公主，仪服同列侯。其尊崇者加号长公主，仪服同蕃王。诸王女皆封乡、亭公主，仪服同乡、亭侯……皇女封公主者，所生之子，袭母封为列侯，皆传国于后。乡、亭之封，则不传袭。”“皇后秩比国王”，见《续汉书·礼仪志》注。《三国·魏志·皇后传》，黄初中，文帝欲追封太后父母。尚书陈群奏曰：“案典籍之文，无妇人分土命爵之制。在礼典，妇因夫爵。秦违古法，汉氏因之，非先王之令典也。”帝曰：“此议是也。其勿施行。”以作著诏下，藏之台阁，永为后式。

宦者封列侯，始于前汉之张释之，事在高后八年（前180）。见《汉书》本纪。时诸中官宦者令丞皆赐爵关内侯，食邑。后汉顺帝阳嘉四年（135），诏宦官养子，悉听得为后，袭封爵。见《本纪》及《宦者·孙程传》。

非刘氏不王之制，汉初果有其事以否，颇为可疑，说见第四章第四节。然后遂执为故实。《三国·魏志·武帝纪》：建安二十一年（216），天子进公爵为魏王。注引《献帝传》载诏曰“自古帝王，虽号称相变，爵等不同，至乎褒崇元勋，建立功德，光启氏姓，延于子孙，庶姓与亲，岂有殊焉？昔我圣祖受命，创业肇基，造我区夏。鉴古今之制，通爵等之差。尽封山川，以立藩屏。使异姓、亲戚，并列土地，据国而王。所以保乂天命，安固万嗣。历世承平，臣主无事。世祖中兴，而时有难易。是以旷年数百，无异姓诸侯王之位”云云。盖相传数百年之制，至此不复能坚持矣。《董昭传》注引《献帝春秋》，昭与列侯、诸将议，以丞相宜进爵国公，九锡备物。书与荀彧，谓太祖之功，方之吕望、田单，若泰山之与丘垤。徒与列侯功臣，并侯一县，岂天下之所望？此自事理之至平，非苟阿所好也。

《汉书·百官公卿表》曰："爵：一级曰公士。二上造。三簪袅。四不更。五大夫。六官大夫。七公大夫。八公乘。九五大夫。十左庶长。十一右庶长。十二左更。十三中更。十四右更。十五少上造。十六大上造。十七驷车庶长。十八大庶长。十九关内侯。二十彻侯。皆秦制，以赏功劳。彻侯……避武帝讳曰通侯，或曰列侯。改所食国令长名相。"《续汉书·百官志》注引刘劭《爵制》曰："秦依古制，其在军，赐爵为等级。其帅人皆更卒也，有功赐爵，则在军吏之例。自一爵以上至不更四等，皆士也。大夫以上至五大夫五等，比大夫也……自左庶长以上至大庶长，九卿之义也。关内侯者，依古圻内子男之义也……列侯者，依古列国诸侯之义也。"《汉书·樊哙传》云：哙赐爵国大夫。文颖曰："即官大夫也，爵第六级。"又赐爵列大夫。文颖曰："即公大夫也，爵第七级。"又赐上闻爵。又赐爵五大夫。又赐爵卿。又赐爵封号贤成君。张晏曰："食禄比封君而无邑也。"臣瓒曰："秦制，列侯乃有封爵。"师古曰："瓒说非也。楚、汉之际，权设宠荣，假其位号，或得邑地，或空受爵，此例多矣。约以秦制，于义不通。"案，上闻介第七、第九级之间，其即公乘无疑。《高帝纪》：五年，诏军吏卒七大夫以上，皆令食邑，则得食邑者正不必列侯。然诏又言："七大夫、公乘以上，皆高爵也。诸侯子及从军归者，甚多高爵。吾数诏吏：先与田宅，及所当求于吏者，亟与。爵或人君，上所尊礼，久立吏前，曾不为决，甚无谓也。"则七大夫、公乘，有望田宅而不可得者矣，安敢望封邑？刘劭《爵制》曰："吏民爵不得过公乘者，得贳与子若同产。"《后汉书·安帝纪》，元初元年(114)，爵过公乘得移与子若同产、同产子。盖权制。盖爵至五大夫则免役，故靳而不与也。免役且不轻予，况于封邑？《留侯世家》谓高帝已封大功臣三十余人，其余争功未得行封，上居南宫，从复道上，见诸将往往偶语，以问良。良言军吏计功，天下不足遍封，而恐以过失及诛，故相聚谋反。非虚语也。留侯难郦食其谋封六国后曰："天下游士，离其亲戚，弃坟墓，去故旧，从陛下游者，徒欲日夜望咫尺之地。"所望者亦即此等封邑，非敢望通侯也。此大封之制格于事而不可行者也。

高帝诏言爵或人君。师古曰："爵高有国邑者，则自君其人，故云或人君也。"《续汉书·百官志》云："列侯……大者食县，小者食乡、亭，得臣其所食吏民。"此乃后来定制，汉初或尚不止此。高帝十二年（前195）诏言列侯皆自置吏，得赋敛。文帝七年（前173）诏，令列侯太夫人、夫人，诸侯王子及吏二千石，毋得擅征捕。使人人自赋敛，擅征捕，岂不纵百万虎狼于民间？幸而当时诸侯皆乐在长安，不肯就国耳。然犹有吏卒远徭之弊。《汉书·文帝纪》，二年，以列侯多居长安，邑远，吏卒给输费苦，令之国。三年十一月，诏曰："前日诏遣列侯之国，辞未行。丞相，朕之所重，其为朕率列侯之国。"遂免丞相勃，遣就国。《景帝纪》：后二年（前142）十月，省彻侯之国。然武帝初年，赵绾、王臧之败，实以列侯不愿就国，毁日至窦太后故，见第五章第二节，则文、景时虽屡有诏命，其事仍未能行也。《后汉书·光武帝纪》：建武六年（30），始遣列侯就国。其不得不去其临民之实者势也。《后汉书·黄琼传》：琼言"今诸侯以户邑为制，不以里数为限。萧何识高祖于泗水，霍光定倾危以兴国，皆益户增封，以显其功"。论户邑而不论里数，则意但在于食禄，自易与治民分离。其后遂有但锡名号而不与之邑者。《汉书·高后纪》八年（前180）注引如淳曰："列侯出关就国，关内侯但爵耳。其有加异者，与之关内之邑，食其租税。《宣纪》曰'德、武食邑'是也。"案，此指刘德、苏武，事见本始元年（前73）。

《续志》云："关内侯无土，寄食在所县。民租多少，各有户数为限。"虽仅云关内侯，然霍去病封冠军侯，本无县，后乃以南阳穰县卢阳乡、宛县临駣聚为冠军侯国。《霍光传》，光封博陆侯，文颖曰"博大，陆平，取其嘉名，无此县也，食邑北海、河东城"。则列侯亦有然者矣。然此尚实有所食，若明帝送列侯印十九枚与东平宪王，诸王子年五岁以上，能趋拜者，皆令带之，则恐并无禄入。《三国·魏志·武帝纪》，建安二十年（215）十月，始置名号侯至五大夫，与旧列侯关内侯凡六等，以赏军功。注引《魏书》曰："置名号侯爵十八级，关中侯爵十七级……又置关内外侯十六级……五大夫十五级……皆不食租，与旧列侯关内侯凡六等。"裴氏谓"今之虚封，盖自此始"，实则其所由来者远矣。封建之义有二：君国子民，子孙世袭，此自其为部落酋长沿袭而来，锡以荣名，畀之租入，则凡人臣之所同也。有爵邑而不得有为，或有爵而并无邑禄，封建固已徒存其名矣。

封爵有递减之法，又有终其身不得传于后者。前引乡亭公主之封不得传袭，即其一端。《汉书·景武昭宣元成功臣表》：获苴侯韩陶，"封终身，不得嗣"。瓡讘侯打者，"制所幸封，不得嗣"。《后汉书·光武帝纪》，建武十三年（37），诏曰："长沙王兴、真定王得、河间王邵、中山王茂皆袭爵为王，不应经义。其以兴为临湘侯，得为真定侯，邵为乐成侯，茂为单父侯。"注曰："以其服属既疏，不当袭爵为王。"《邓禹传》：孙康，永初六年（112）绍封。"时诸绍封者皆食故国半租，康以皇太后戚属，独三分食二"。《寇恂传》："同产弟及兄子、姊子以军功封列侯者凡八人，终其身，不传于后。"

《汉书·惠帝纪》，元年（前194），民有罪得买爵三十级，以免死罪。应劭曰："一级值钱二千，凡为六万，若今赎罪入三十匹缣矣。"六年，令民得买爵。文帝后六年（前158），大旱蝗，民得买爵。《食货志》言：帝从晁错之言，"令民入粟边，六百石爵上造，稍增至四千石为五大夫，万二千石为大庶长，各以多少级数为差”。景帝时，“上郡以西旱，复修卖爵令，而裁其价以招民”。案，《货殖列传》言粜上者八十，下者三十。以三十计之，四千石当十二万，万二千石三十六万；以八十计，则四千石三十二万，万二千石九十六万矣；其价远较惠帝时为贵。盖民入粟较入钱为易，故不可并论也。《食货志》言：武帝时，有司请令民得买爵。又“请置赏官，名曰武功爵。级十七万，凡值三十余万金。诸买武功爵官首者试补吏，先除，千夫如五大夫，其有罪又减二等，爵得至乐卿”。臣瓒曰：“《茂陵中书》有武功爵，一级曰造士，二级曰闲舆卫，三级曰良士，四级曰元戎士，五级曰官首，六级曰秉铎，七级曰千夫，八级曰乐卿，九级曰执戎，十级曰政戾庶长，《史记》集解引作“左庶长”。十一级曰军卫，此武帝所制，以宠军功。”师古曰：“此下云‘级十七万，凡值三十余万金’，今瓒所引《茂陵中书》止于十一级，则计数不足，与本文乖矣，或者《茂陵书》说之不尽也。”《史记·平准书》索隐曰：“大颜云：一金万钱也，计十一级，级十七万，合百八十七万金，而此云三十余万金，其数必有误者。顾氏案，或解云：初一级十七万，自此以上，每级加二万，至十七级，合成三十七万也。”案，《茂陵书》说武功爵级无不尽之理。顾氏之说，亦近凿空。成帝鸿嘉三年（前18），令民得买爵，级千钱。较惠帝时价适裁其半。武功爵有罪得减，若案六万之价而裁其半，则级得三万，十一级凡三十三万。疑“级十七万”四字为“级十一”或“级三万”之讹；“凡值三十余万金”之金，则衍字也。武功爵之置，事在元朔六年（前123）。《本纪》载诏，以“受爵赏而欲移卖者，无所流贻”，故有此举。如一级贵至十七万，尚安可卖，此亦级十七万为误字之一征也。《成帝纪》：永始二年（前15），吏民以义收食贫民者，其百万以上，加爵右更。此则本以义动，与买爵又有不同也。

众建亲戚以为屏藩之计，至汉末犹有存者。魏武帝建安十五年十二月己亥令，言“前朝恩封三子为侯，固辞不受，今更欲受之，非复欲以为荣，欲以为外援，为万安计”；董昭说太祖建封五等，亦言“太甲、成王，未必可遭；今民难化，甚于殷、周……宜稍建立，以自藩卫”；则其事也。然魏世殊不能行。文帝黄初三年（222），始立皇子叡、霖，弟鄢陵侯彰等十一人皆为王。初制封王之庶子为乡公，嗣王之庶子为亭侯，公之庶子为亭伯。五年，以天下损耗，诏改封诸王，皆为县王。见《武文世王公·彭城王据传》。明帝太和六年（232），诏改封诸侯王，皆以郡为国。魏世猜忌诸王最甚。太祖已重诸侯宾客交通之禁，使与犯妖恶同。明帝青龙二年（234）赐赵王幹玺书，见本传。文帝又著令：诸王不得在京都。见明帝太和五年诏。并敕藩王不得辅政。《明帝纪》景初二年（238）注引《汉晋春秋》。刘放以此沮帝用燕王宇。国有老兵百余人。悬隔千里之外，无朝聘之仪。邻国无会同之制。游猎不得过三十里。又为设防辅监国之官，以伺察之。皆思为布衣而不能得。《武文世王公传》注引《袁子》。可参看《陈思王传》。盖文帝本与陈思王争为继嗣，而任城威王势亦甚逼，时当革易之初，天泽之分，犹未大定，故其势相激至此也。魏以孤立亡，晋复大封宗室，以招八王之乱。家天下者，莫不欲为子孙帝王万世之计，而患恒出于所备之外，自今日观之，皆一丘之貉而已。魏封亦二等，陈留王咸熙元年（264），相国晋王乃奏复五等之爵。又文帝黄初元年，以汉诸侯王为崇德侯，列侯为关中侯，则前代有爵者降封之制也。

第三节
官制

汉代官制，大体承秦。《汉书·百官公卿表》云：“秦兼天下，建皇帝之号，立百官之职，汉因循而不革。”其后复有改易。至东汉世祖，乃大加并省。《续汉书·百官志》云：“故新汲令王隆作《小学汉官篇》，诸文倜说，较略不究。唯班固著《百官公卿表》，记汉承秦置官本末，讫于王莽，差有条贯。然皆孝武奢广之事，又职分未悉。世祖节约之制，宜为常宪，故依其官簿，粗注职分。”盖两汉官制，略具班、马二家之《表》《志》，而秦制亦可推考矣。三国之世，损益无多。今以班、马《表》《志》为本，述其大要如下：

相国、丞相，皆秦官。掌丞天子，助理万机。秦有左右。高帝即位，置一丞相。十一年（前196），更名相国。孝惠、高后置左右丞相。文帝二年（前178），复置一丞相。哀帝元寿二年（前1），更名大司徒。武帝元狩五年（前118），初置司直，掌佐丞相举不法。太尉，秦官。武帝建元二年（前139）省。《史记·绛侯周勃世家》：“孝惠帝六年，置太尉官，以勃为太尉。”集解引徐广曰：“《功臣表》及《将相表》，皆高后四年始置太尉。”《汉书·文帝纪》，三年十二月，太尉灌婴为丞相，罢太尉官，属丞相。《景帝纪》，七年（前150）二月，罢太尉官。元狩四年，初置大司马，以冠将军之号。宣帝地节三年（前67），置大司马，不冠将军，亦无官属。成帝绥和元年（前8），置官属，禄比丞相，去将军。哀帝建平二年（前5），复去官属，冠将军如故。元寿二年，复置官属，去将军，位在司徒上。御史大夫，秦官。位上卿。掌副丞相。成帝绥和元年，更名大司空。禄比丞相。哀帝建平二年（前5），复为御史大夫。元寿二年，复为大司空。王莽时，定三公之号，曰大司马、大司徒、大司空。世祖即位因之。《续书》注引《汉官仪》。建武二十七年（51），令二府去“大”字，又改大司马为太尉。《续汉书·百官志》注引《汉官仪》曰：“元狩六年，罢太尉，法周制置司马。时议者以为汉军有官候、千人、司马，故加‘大’为大司马。”“绥和元年，罢御史大夫官，法周制，初置司空。议者又以县道官狱司空，故覆加‘大’，为大司空。”案，三公并去“大”名，议出朱祐，见《后汉书》本传。献帝初，董卓自太尉进为相国，而司徒不省。及建安末，曹公为丞相，郗虑为御史大夫，则罢三公官。《续志》注。注又引荀绰《晋百官表注》曰：“献帝置御史大夫，职如司空，不领侍御史。”魏世仍有三公，但不与事，故《齐王纪》，嘉平元年（249），以司马懿为丞相，注引孔衍《汉魏春秋》载懿让书曰“今三公之官皆备，横复宠臣，违越先典”也。案，《史记·萧相国世家》言：“上已闻淮阴侯诛，使使拜丞相何为相国，益封五千户。”《曹相国世家》言，高帝以长子肥为齐王，以参为齐相国。孝惠帝元年（前194），除诸侯相国法，更以参为齐丞相。则相国之名，似较丞相为尊。秦置两相，其原不可考。《汉书》注引荀悦曰“秦本次国，命卿二人，是以置左右丞相”，臆度无他证。然汉初但置一相，亦未闻其阙于事。孝惠、高后置二相者？初以王陵少戆，而以陈平佐之。陵免，则审食其为左相、给事中，此为高后所便安。孝文初立，平、勃同功，难去其一，遂因循焉。故勃免，即复一相之制矣。后唯武帝以刘屈氂为左丞相，分丞相长史为两府，欲以待天下远方之选，然右相亦卒未除人也。绥和改制，议出何武；建平复旧，事由朱博。见《汉书·博传》。元寿改制，盖欲以位置董贤，亦为因人而设。唯何武及王莽，真欲厘正制度耳。武言“末俗之弊，政事烦多，宰相之材，不能及古，而丞相独兼三公之事，所以久废而不治”。当时议者，即以为“古今异制。汉自天子之号，下至佐史，皆不同于古，而独改三公，职事难分明，无益于治乱”。后汉仲长统亦云：“任一人则政专，任数人则相倚，政专则和谐，相倚则违戾……未若置丞相自总之。若委三公，则宜分任责成。”然据《续汉书·百官志》，三公虽各有所掌，太尉掌四方兵事。司徒掌人民事。司空掌水土事。而国有大造、大疑则通论，有大过则通谏争，终不能截然分立也。窦融为司空，以司徒举人盗金下狱，三公参职免，此或欲免融而借口于此，然三公职事难分明，则于此可见矣，固不如专任一人之为得也。朱博言："故事：选郡国守相高第为中二千石，选中二千石为御史大夫，任职者为丞相……今中二千石未更御史大夫而为丞相，权轻，非所以重国政也。"以用人之序论，固亦不如旧制之善也。汉世宰相，体制颇尊，《续书·百官志》注引荀绰《晋百官表注》云："汉丞相府门无栏，不设铃，不警鼓，言其深大阔远，无节限也。"权限亦广，观申屠嘉欲杀邓通及悔不先斩晁错可知。仲长统言之，犹神往焉。见本传。所置掾属尤详，《续书·百官志》注引《汉书音义》曰："正曰掾，副曰属。"丞相府分曹不可考。《续志》载太尉所属诸曹云："西曹主府史署用。东曹主二千石长吏迁除及军吏。户曹主民户、祠祀、农桑。奏曹主奏议事。辞曹主辞讼事。法曹主邮驿科程事。尉曹主卒徒转运事。贼曹主盗贼事。决曹主罪法事。兵曹主兵事。金曹主货币、盐、铁事。仓曹主仓谷事。黄阁主簿录省众事。"当略沿相府之旧也。盖诚能总统众事。东汉以后，事归台阁，非复旧观矣。

御史大夫有两丞。一曰中丞，在殿中兰台，掌图籍秘书，外督部刺史，《薛宣传》："成帝初即位，宣为中丞，执法殿中，外总部刺史。"内领侍御史，员十五人。受公卿奏事举劾案章。成帝更名大司空。如同而。《晋书·职官志》引作"而"。中丞官职如故。《续志》云："为御史台率。"后属少府。

太傅，高后元年（前187）初置。后省。八年复置。后省。哀帝元寿二年（前1）复置，位在三公上。太师、太保，平帝元年（1）皆初置。后汉太傅上公，一人，世祖以卓茂为之。薨，因省。其后每帝初即位，辄置太傅录尚书事，薨辄省。师、傅、保本天子私昵，说见《先秦史》第十四章第二节。每有幼帝辄置，犹沿斯义。世祖之处卓茂，盖以其年高不能烦以职事故。董卓为太师，位在太傅上，《续志》注引胡广《汉官篇》注。则苟欲自尊，于义无取矣。

前、后、左、右将军，秦位上卿。汉不常置。或有前、后，或有左、右，皆掌兵及四夷。后汉将军比公者四：第一大将军，次骠骑将军，次车骑将军，次卫将军。又有前、后、左、右将军。《续志》云，武帝以卫青为大将军，欲尊宠之。以古尊官唯有三公，皆将军，始自秦、晋，以为卿号，故置大司马官号以冠之。其后霍光、王凤等皆然。世祖中兴，吴汉以大将军为大司马，景丹为骠骑大将军，位在公下。及前、后、左、右杂号将军众多，皆主征伐。事讫皆罢。明帝初即位，以弟东平王苍为骠骑将军。以王故，位在公上。数年后罢。章帝即位，西羌反，以舅马防行车骑将军征之。还后罢。和帝即位，以舅窦宪为车骑将军，征匈奴，位在公下。还，复有功，迁大将军，位在公上。复征西羌。还，免，官罢。安帝即位，西羌寇乱，复以舅邓骘为车骑将军征之。位如宪。数年，复罢。安帝始以嫡舅耿宝为大将军，常在京都。顺帝即位，又以皇后父、兄、弟相继为大将军，如三公焉。度辽将军，明帝初置。以卫南单于众新降有二心者。其后数有不安，遂为常守。

奉常，秦官，掌宗庙礼仪。景帝中六年（前 144），更名太常。博士及诸陵县皆属焉。博士，《前书》云“秦官，掌通古今”。或云，《史记·循吏传》云：公仪休为鲁博士。《汉书·贾山传》云：祖父祛，故魏王时博士弟子。则六国早有博士之官。然六国纵有博士，汉之博士，无碍其为承秦。凡《汉表》云秦官者，本指汉之所承，非谓其官始于秦也。《续书》云“掌教弟子”，盖自武帝置五经博士弟子以来。参看第十九章第一节。陵县，元帝永光四年（前 40），分属三辅。太史，掌天时星历，亦属太常。

郎中令，秦官，掌宫、殿、掖门户。武帝太初元年（前 104），更名光禄勋。属官有大夫、郎、谒者，皆秦官。又期门、羽林皆属焉。大夫，掌论议。有太中大夫、中大夫、谏大夫，皆无员，多至数十人。武帝太初元年，更名中大夫为光禄大夫。谏大夫，后汉曰谏议大夫。又有中散大夫，见《萧望之传》。郎，掌守门户，出充车骑。有议郎、中郎、侍郎、郎中，无员，多至千人。中郎有五官、左、右三将，所谓三署郎也。郎中有车、户、骑三将。车郎亦曰辇郎。后汉省。《续志》云："凡郎官，皆主更值执戟，宿卫诸殿门，出充车骑。唯议郎不在值中。"又云："凡大夫、议郎，皆掌顾问应对。"盖初任武士，后乃渐用文学之臣也。谒者，掌宾赞受事，员七十人。有仆射。期门，掌执兵送从。武帝建元三年（前 138）初置。比郎。无员，多至千人。有仆射。平帝更名虎贲郎，置中郎将。羽林，掌送从，次期门。武帝太初元年初置，名曰建章营骑。盖以卫建章宫。后更名羽林骑。常选汉阳、陇西、安定、北地、上郡、西河六郡良家补焉。又取从军死事之子孙养羽林官，教以五兵，号曰羽林孤儿。荀绰《百官表注》曰"羽林诸郎，皆父死子代"，后人所由以拟唐之长从也。羽林有令、丞。后汉省令，有左监。宣帝令中郎将、骑都尉监羽林。《续志》有骑都尉，云"本监羽林骑"。奉车都尉，掌御乘舆车；驸马都尉，掌驸马；皆武帝置。后汉亦属光禄勋。

卫尉，秦官，掌宫门卫屯兵。景帝初更名中大夫令。后元年（前 143），复为卫尉。案，武帝时李广为未央卫尉，程不识为长乐卫尉，《表》有广无不识；宣帝时范明友为未央卫尉，邓广汉为长乐卫尉，《表》有明友无广汉；知《表》所列乃未央卫尉也。长乐、建章、甘泉等宫，亦有卫尉，而不常置。公车司马，属卫尉，有令、丞。天下上事及四方贡献阙下，凡所征召，皆总领之。据《汉书》注引《汉官仪》。

太仆，秦官，掌舆马。有牧师诸苑三十六所，分置北边、西边，分养马三十万头。中兴省。唯汉阳有流马苑，以羽林郎监领。

廷尉，秦官，掌刑辟。《续志》云：掌平狱，奏当所应。凡郡国谳疑罪，皆处当以报。景帝中六年（前144），更名大理。武帝建元四年（前137），复为廷尉。哀帝元寿二年（前1），复为大理。后汉仍为廷尉。

典客，秦官。掌诸归义蛮夷。景帝中六年（前144），更名大行令。《史记·景帝纪》但作“大行”。武帝太初元年（前104），更名大鸿胪。典属国，秦官。掌蛮夷降者。《续志》云：“别主四方夷狄朝贡侍子。”成帝河平元年（前28）省，并大鸿胪。

宗正，秦官。掌亲属。《续志》云：“掌序录王国嫡庶之次，及诸宗室亲属远近，郡国岁因计上宗室名籍。若有犯法当髡以上，先上诸宗正，宗正以闻，乃报决。”平帝元始四年（4），更曰宗伯。后汉仍曰宗正。

治粟内史，秦官。掌谷货。景帝后元年（前143），更名大农令。武帝太初元年（前104），更名大司农。太仓、均输、平准、都内、籍田五令、丞，管官、铁市两长、丞，又郡国诸仓农监、都水、六十五官长、丞皆属焉。后汉仅有太仓、平准两令、丞，以盐、铁官中兴皆属郡县也。《续志》云：“掌诸钱谷、金帛诸货币。郡国四时上月旦见钱谷簿。其逋未毕，各具别之。边郡诸官请调度者，皆为报给。损多益寡，取相给足。”实汉时财政之总汇也。

少府，秦官。掌山、海、池、泽之税，以给供养。属官甚多。后汉山、泽、陂、池之税，改属司农，考工转属太仆，都水属郡国，先汉司农、少府，各有都水官。故设官较简。然其中之尚书，则浸成政治之枢机焉。前表少府属官有尚书，又有中书谒者令、丞，云“成帝建始四年，更名中书谒者令为中谒者令。初置尚书，员五人”。《续志》云：“尚书令一人……承秦所置。武帝用宦者，更为中书谒者令。成帝用士人，复故。”案，《前书·成帝纪》：建始四年（前29），罢中书宦官。臣瓒曰："汉初中人有中谒者令。孝武加中谒者令为中书谒者令，置仆射。宣帝时，任中书官弘恭为令，石显为仆射。元帝即位数年，恭死，显代为中书令。专权用事。至成帝乃罢其官。"《霍光传》，霍山言上书者益黠，尽奏封事，辄下中书令出取之，不关尚书，则中书、尚书，明系两官。《司马迁传》言"迁既被刑之后，为中书令，尊宠任职"，此孝武加中谒者令为中书谒者令之征。不云谒者，辞略。《佞幸传》，石显、弘恭，以选为中尚书。宣帝时任中书官，恭为令，显为仆射。元帝即位数年，恭死，显代为中书令。所言亦与臣瓒合。《萧望之传》言"中书令弘恭、石显"，疑夺"仆射"二字。望之言"中书政本，宜以贤明之选"。《佞幸传》作"尚书百官之本，国家枢机"，尚书乃中尚书之略。则《续志》谓武帝更尚书为中书者误也。成帝罢中书宦官，则阉竖专权之局，自此而终。其置尚书员五人，注引《汉旧仪》曰："尚书四人为四曹：常侍尚书，主丞相御史事。二千石尚书，主刺史二千石事。户曹尚书，《晋书·职官志》作"民曹"。主庶人上书事。主客尚书，主外国事。成帝置五人，有三公曹，主断狱事。"亦不过增置一曹，以掌文书而已，其权未尝加广也。《续志》：尚书令一人，掌凡选署及奏下尚书曹文书众事。仆射一人，署尚书事。令不在则奏下众事。尚书六人，无三公曹，而分二千石曹，又分客曹为南北。左右丞各一人，掌录文书期会。侍郎三十六人，一曹六人，主作文书起草。《晋书·职官志》云："后汉光武以三公曹主岁尽考课诸州郡事。改常侍曹为吏部曹，主选举、祠祀事。民曹主缮修、功作、盐池、园苑事。客曹主护驾羌、胡朝贺事。二千石曹主辞讼事。中都官曹主水火、盗贼事，合为六曹，并令、仆二人，谓之八座。尚书虽有曹名，不以为号。灵帝以侍中梁鹄为选部尚书，于此始见曹名。及魏，改选部为吏部，主选部事。又有左民、客曹、五兵、度支，凡五曹尚书、二仆射、一令为八座。"韦彪言"天下枢要，在于尚书"。

陈忠言“汉典旧事，丞相所请，靡有不听。今之三公，虽当其名，而无其实。选举诛赏，一由尚书”。其职与前汉大异矣。仲长统言：光武“忿强臣之窃命，矫枉过直，政不任下，虽置三公，事归台阁”，此其见任之由。然“权移外戚之家，宠被近习之竖”，“光武夺三公之重，至今而加甚，不假后党以权，数世而不行”。则徒失正色立朝之臣，使权戚宵小，益恣肆无所忌惮而已。废宰相而任尚书，实君权相权之一大消长，然宰相所失之权，人君卒亦不能自有也。自此以后，遂成故事。高柔以魏初三公无事，又稀与朝政，尝上疏言之。陈寿亦言“魏世事统台阁，重内轻外。八座尚书，即古六卿之任”。《三国·魏志·桓阶等传评》。蜀汉先主即帝位，诸葛亮以丞相录尚书事。及病笃，托孤于亮，而以尚书令李严为副。亮卒，蒋琬为尚书令。俄录尚书事。后费祎代为令。又迁大将军，录尚书事。董允以侍中守尚书令为之副。吕乂、陈祗继之。蜀人以亮、琬、祎、允为四相，一号四英。《董允传》注引《华阳国志》。而黄皓之乱政，论者归咎于祗之与相表里焉。孙权用顾雍为相，初亦任职尚书者也。又自魏武帝为魏王，置秘书令，典尚书奏事，文帝黄初，改为中书，置监、令。据《晋书·职官志》。以刘放、孙资为之。魏祚实由此而移，已见第十二章第六节。《三国志·蒋济传》，济以中书监、令，号为专任，尝上疏言之。则近习专权，转与强臣相勾结矣。

中书宦官虽废，其人又以常侍等官为窟穴。侍中、左右曹、诸吏、散骑、中常侍，在前汉皆加官。给事中亦加官。中黄门有给事黄门。后汉中常侍、小黄门，皆以宦者为之。朱穆谓始于和熹邓后，《后书·朱穆传》，穆上疏曰：“案汉故事，中常侍参选士人。建武以后，乃悉用宦者。”后穆因进见，口复陈曰：“臣闻汉家旧典，置侍中、中常侍各一人，省尚书事。黄门侍郎一人，传发书奏。皆用姓族。自和熹太后以女主称制，不接公卿，乃以阉人为常侍、小黄门，通命两宫。”

然后遂相沿不改云。

太常、光禄勋、卫尉、太尉所部。太仆、廷尉、大鸿胪、司徒所部。宗正、大司农、少府司空所部。为九卿，分属三公。此徒取应经说而已，无他义也。

水衡都尉，武帝元鼎二年（前115）初置。掌上林苑。应劭曰："古山林之官曰衡，掌诸池苑，故称水衡。"师古曰："衡，平也，主平其税入。"案，《食货志》言，初，大农尽管盐铁官布，多置水衡，欲以主盐铁，及杨可告缗，上林贮物众，乃令水衡主上林，则其所豫甚广，非徒掌山林者也。其均输、钟官、辨铜三令丞，即《志》所谓"专令上林三官铸"者，见第五章第十节。后汉省，并其职于少府。铸钱在前汉亦本属少府。

中尉，秦官。掌徼循京师。武帝太初元年（前104），更名执金吾。胡广曰："卫尉巡行宫中，执金吾徼于外，相为表里，以擒奸讨猾。"

将作少府，秦官。掌治宫室。景帝中六年（前144），更名将作大匠。

护军都尉，秦官。武帝元狩四年（前119），属大司马。成帝绥和元年（前8），居大司马府，比司直。哀帝元寿元年（前2），更名司寇。平帝元始元年（1），更名护军。

司隶校尉，武帝征和四年（前89）初置。持节，从中都官徒千二百人，捕巫蛊，督大奸猾。后罢其兵，察三辅、三河、弘农。元帝初元四年（前45），去节。成帝元延四年（前9）省。绥和二年（前7），哀帝复置，但为司隶，属大司空，比司直。亦见《鲍宣传》。后汉建武中复置。并领一州。

城门校尉，掌京师城门屯兵。中垒校尉，掌北军垒门内外，掌西域。王念孙云："西域当为四城。《汉纪·孝惠纪》：中垒校尉，掌北军垒门外及掌四城是其证。"案，王说是也。屯骑校尉，掌骑士。步兵校尉，掌上林苑门屯兵。越骑校尉，掌越骑。长水校尉，掌长水宣曲胡骑。胡骑校尉，掌池阳胡骑。射声校尉，掌待诏射声士。虎贲校尉，掌轻车。王莽时有轻车都尉，即此。凡八校尉，皆武帝初置。后汉省中垒，但置中候以监五营。胡骑并长水。虎贲并射声。事在建武七年（31），见《纪》。九年三月，初置青巾左校尉官。十五年，复屯骑、长水、射声，改青巾左校尉为越骑校尉。

西域都护，加官。宣帝地节二年（前68）初置。有副校尉，戊己校尉，元帝初元元年（前48）置。已见第五章第十四节、第九章第三节。护羌校尉，见第五章第五节。后汉亦有之。置于光武建武九年（33），见《本纪》。又有使匈奴中郎将，主护南单于。护乌桓校尉，主乌桓。《续志》注引应劭《汉官》曰："并领鲜卑。"又引《晋书》曰："汉置东夷校尉，以抚鲜卑。"

汉有太子太傅、少傅。又有詹事，掌皇后、太子家。将行，秦官。景帝中六年（前144），更名大长秋。或用中人，或用士人。成帝鸿嘉三年（前18），省皇后詹事，并属大长秋。中兴常用宦者。太子亦无詹事，少傅悉主官属。太后亦置詹事，随所居为名。景帝中六年，更长信詹事为长信少府。其后有太后等亦率置少府，崩则省。诸公主家令，属宗正。

内史，秦掌治京师。景帝二年（前155），分置左内史。师古曰："《地理志》云武帝建元六年，置左右内吏。""据《史记》知《志》误。"案，《表》，景帝元年，中大夫晁错为左内史，二年，左内史错为御史大夫，则分置又在景帝二年之前。右内史，武帝太初元年（前104），更名京兆尹。左内史更名左冯翊。主爵中尉，秦官，掌列侯。景帝中六年（前144），更名都尉。武帝太初元年，更名右扶风，治内史右地。列侯更属大鸿胪。与左冯翊、京兆尹，是为三辅。服虔曰：皆治在长安中。元鼎四年（前113），更置二辅都尉。左辅都尉治高陵，右辅都尉治郿，见《地志》。中兴，更以河南郡为尹。以三辅陵庙所在，不改其号，但减其秩。

监御史，秦官。掌监郡。汉省。丞相遣史分刺州，不尝置。武帝元封五年（前106），初置部刺史，奉诏条察州。员十三人。成帝绥和元年（前8），更名牧。哀帝建平二年（前5），复为刺史。元寿二年（前1），复为牧。光武建武十八年（42），复为刺史。十二人，各主一州。其一州属司隶校尉。十二州之名，据《续书·郡国志》，为豫、冀、兖、徐、青、荆、扬、益、凉、并、幽、交。司隶校尉之设，事在征和四年（前89），后于元封五年者十七年，而其察三辅、三河、弘农，更在其后，则武帝时之十三州缺其一。《汉书·地理志》言武帝“南置交趾，北置朔方之州；兼徐、梁、幽、并夏、周之制；《禹贡》九州外，益交趾、朔方、幽、并。改雍曰凉，改梁曰益；凡十三部，置刺史”；《后汉书·光武帝纪》，建武十一年，省朔方牧，并并州，则武帝时实有朔方。《平当传》“坐法，左迁朔方刺史”可证。注云“武帝初置朔方郡，别令刺史监之，不在十三州之限”，非也。冯野王为上郡太守，朔方刺史萧育荐之。《续志》注引《古今注》曰：“建武十一年十月，西河、上郡属魏。”“魏”系误字。此即朔方属并州之事也。西河、上郡，盖本隶朔方，五原亦当属焉。《武帝纪》云“初置刺史部十三州”，而《百官公卿表》但云“置部刺史”，《成帝纪》亦但云“罢部刺史”，则当时实无州名，后乃借古名以为称。交趾、朔方非古州，又两字可以成辞，故其下不加“州”字。《御览》百五十七引应劭《汉官仪》，谓交、朔独不称州者以此。颜师古《平当传》注盖由此致误。《通典·职官》十四云：“惠帝三年，又遣御史监三辅郡，察词讼。所察之事凡九条。监者二岁更之。常以十月奏事，十二月还监。其后诸州复置监察御史。文帝十三年，以御史不奉法，下失其职，乃遣丞相史出刺，并督监察御史。”卫宏《汉旧仪》亦云：丞相初置吏员十五人，分为东西曹。东曹九人，出督州为刺。

常以秋分行部。日食，即日下赦书，命刺史出刺。并察监御史。元封元年，御史止不复监。是汉初实沿秦御史监郡之制，《史》《汉》皆失载也。刺史之设：监纠非法，不遵六条；传车周流，匪有定镇；《续志》刘昭注语。六条，注引蔡质《汉仪》曰："一条：强宗豪右，田宅逾制，以强凌弱，以众暴寡。二条：二千石不奉诏书，遵承典制，背公向私，旁诏守利，侵渔百姓，聚敛为奸。三条：二千石不恤疑狱，风厉杀人，怒则任刑，喜则任赏。烦扰苛暴，剥戮黎元，为百姓所疾。山崩石裂，妖祥讹言。四条：二千石选署不平，苟阿所爱，蔽贤宠顽。五条：二千石子弟怙恃荣势，请托所监。六条：二千石违公下比，阿附豪强。通行货赂，割损政令。""非条所问即不省。"《汉书·薛宣传》，成帝初即位，宣为中丞，执法殿中，外总部刺史。上疏言："吏多苛政，政教烦碎，大率咎在部刺史，或不循守条职，举错各以其意，多与郡县事。至开私门，听谗佞，以求吏民过失。谴诃及细微，责义不量力。郡县相迫促，亦内相刻。流至众庶。是故乡党阙于嘉宾之欢，九族忘其亲亲之恩。饮食周急之厚弥衰，送往劳来之礼不行。"《朱博传》："迁冀州刺史。博本武吏，不更文法。及为刺史行部，吏民数百人遮道自言，官寺尽满。从事白请'且留此县，录见诸自言者，事毕乃发'，欲以观试博。博心知之，告外趣驾。既白驾办。博出就车，见自言者。使从事明敕告吏民：'欲言县丞尉者，刺史不察黄绶，各自诣郡。欲言二千石墨绶长吏者，使者行部还诣治所。其民为吏所冤，及言盗贼辞讼事，各使属其部从事。'博驻车决遣，四五百人皆罢去，如神。吏民大惊，不意博应事变乃至于此。后博徐问，果老从事教民聚会，博杀此吏。"《何武传》："武为刺史，二千石有罪，应时举奏。其余贤与不肖，敬之如一。是以郡国各重其守相，州中清平。"《鲍宣传》，哀帝初，迁豫州牧。岁余，丞相司直郭钦奏宣"举错烦苛，代二千石署吏听讼。所察过诏条。行部乘传，去法驾，驾一马，舍宿乡亭，为众所非"。宣坐免。是汉之刺史，本以能举弘纲为美，苛细为失，虽改牧后犹然也。《三国·魏志·贾逵传》，逵曰："州本以御史出监诸郡，以六条诏书察长吏二千石以下，故其状皆言严能鹰扬，有督察之才；不言安静宽仁，有恺悌之德也。”然严能鹰扬，非所施于百姓。即督守令，亦当循法。乃后汉质帝本初元年（146）诏曰：“顷者，州郡轻慢宪防，竞逞残暴，造设科条，陷入无罪。或以喜怒，驱逐长吏。恩阿所私，罚枉仇隙。至令守阙诉讼，前后不绝。送故迎新，人离其害。怨气伤和，以致灾眚。”桓帝建和元年（147），又“诏州郡不得迫胁驱逐长吏。长吏赃满三十万而不纠举者，刺史、二千石以纵避为罪。若有擅相假印绶者，与杀人同弃市论。”当时刺史之专横下比，可以想见。秩卑赏厚，劝功乐进；《朱博传》：博言部刺史“故事，居部九岁，举为守相。其有异材、功效著者，辄登擢。秩卑而赏厚，咸劝功乐进。前丞相方进奏罢刺史，更置州牧，秩真二千石，位次九卿，九卿缺，以高第补。其中材则苟自守而已，恐功效陵夷，奸轨不禁”。以老成任事，而使新进者司监察，实行政之微权也。朱博、刘昭，咸称美之。而何武、翟方进，谓“《春秋》之义，用贵治贱，不以卑临尊，刺史位下大夫，秩六百石。而临二千石，轻重不相准，失位次之序”，亦见《朱博传》。因有绥和改牧之举，非也。建平之复，事由朱博。元寿改牧，亦缘泥古，与其改相职为三公同。其实天子使大夫为三监，监于方伯之国，大夫秩本下于方伯，泥古者正乃不知古义耳。灵帝中平五年（188），因四方兵寇，复有改牧之举。其议发自刘焉。焉谓“刺史威轻，既不能禁；且用非其人，辄增暴乱”。乃议“改置牧伯，镇安方夏。清选重臣，以居其任”。则所重者亦在于人，不专在制度也。此时所改，实仅数州；《后汉书·焉传》云：“会益州刺史郗俭在政烦扰，谣言远闻；而并州刺史张懿、凉州刺史耿鄙并为寇贼所害；故焉议得用。出焉为监军使者，领益州牧，太仆黄琬为豫州牧，宗正刘虞为幽州牧，皆以本秩居职。州任之重，自此而始。”《三国·蜀志·二牧传》注引《续汉书》曰：“是时用刘虞为幽州，刘焉为益州，刘表为荆州，贾琮为冀州。”裴松之曰：“灵帝崩后，义军起，孙坚杀荆州刺史王叡，然后刘表为荆州，不与焉同时也。”其后亦仍刺史与牧二制并行；然刺史无不兼兵者。因此不能专心民事，《三国志·杜畿传》：畿子恕，以为州郡典兵，则专心军功，不勤民事。宜别置将守，以尽治理之务。而转生陵犯之衅。至晋武平天下，乃去之。而“虽有其言，不卒其事。后嗣缵继，牧镇愈重。据地分争，竟覆天下”。致“洛京有衔璧之痛，秦台有不守之酷”。“摩灭群黎，流祸百世。”亦刘昭语。岂不哀哉？《献帝纪》：兴平元年（194）六月，分凉州河西四郡为廱州。注云：“金城、敦煌、酒泉、张掖。”建安十八年（213）正月，复《禹贡》九州。注引《献帝春秋》曰：“时省幽、并州，以其郡国并于冀州。省司隶校尉及凉州，以其郡国并为雍州。省交州，并荆州、益州。于是有兖、豫、青、徐、荆、扬、冀、益、雍也。”《续汉书·百官志》注引《献帝起居》注，所载较此为详。云司隶所部，分属豫、冀、雍三州，其说是也。《三国·魏志·荀彧传》，建安九年，太祖拔邺，领冀州牧。或说太祖：“宜复古置九州，则冀州所制者广大，天下服矣。”太祖将从之。彧言曰：“若是，则冀州当得河东、冯翊、扶风、西河、幽、并之地，所夺者众。前日公破袁尚，擒审配，海内震骇，必人人自恐，不得保其土地，守其兵众也。今使分属冀州，将皆动心。且人多说关右诸将以闭关之计。今闻此，以为必以次见夺，一旦生变，虽有善守者，转相胁为非，则袁尚得宽其死，而袁谭怀贰，刘表遂保江、汉之间，天下未易图也。愿公急引兵先定河北；然后修复旧京，南临荆州，责贡之不入；则天下咸知公意。人人自安。天下大定，乃议古制，此社稷长久之利也。”太祖遂寝九州议。然则初欲更张，特为自大之计，复因有所顾忌中辍，至十八年天下形势略定，乃复卒行之耳。刺史分部，特因监察之便，本非有意于疆理，其欲按地理而定制者，实始新莽，已见第七章第三节，此不更述。以上论两汉州制，略据近人顾颉刚《两汉州制考》。

衰敝之世，刺史不能举其职，则或更遣使臣，此亦犹明之既有巡按，又遣巡抚耳。武帝所遣绣衣直指是也。见第五章第十节。

后汉和帝即位，尝分遣使者，微服单行，各至州县，观采风谣。见《后汉书·方术·李郃传》。顺帝汉安元年（142），诏遣八使巡行风俗。皆选素有威名者。乃拜周举为侍中，与侍中杜乔、守光禄大夫周栩、前青州刺史冯羡、尚书栾巴、侍御史张纲、兖州刺史郭遵、太尉长史刘班，并守光禄大夫，分行天下。其刺史、二千石有赃罪显明者，驿马上之。墨绶已下，便辄收举。其有清忠惠利，为百姓所安，宜表异者，皆以状上。于是八使同时俱拜，天下号曰“八俊”。《周举传》。《雷义传》在《独行传》中。谓义使持节督郡国行风俗，太守、令、长坐者，凡七十人焉。灵帝时，蔡邕上封事，言光和“五年制书，议遣八使，又令三公谣言奏事，是时奉公者欣然得志，邪枉者忧悸失色，未详斯议，所因寝息”，特使之风采可想。《吴志·孙休传》：永安四年（261），遣光禄大夫周奕、石伟巡行风俗，察将吏清浊，民所疾苦，为黜陟之诏，盖亦有志于汉安之举。然《陆凯传》载凯陈孙皓二十事，其十七云“今所在监司，已为烦猥，兼有内使，扰乱其中，一民十吏，何以堪命？昔景帝时交趾反乱，实由兹起”，案，事在孙休永安六年(263)。则其弊亦甚大。盖此本起衰振敝之事，可以偶用而不可以常行；尤不可使小人窃之，以作威福也。

郡守，秦官。掌治其郡。景帝中二年（前148），更名太守。有丞。边郡又有长史，掌兵马。《续志》云：“郡当边戍者，丞为长史。”注引《古今注》云：“（建武）十四年，罢边郡太守丞，长史领丞职。”盖亦取减省也。郡尉，秦官，掌佐守典武职甲卒。景帝中二年，更名都尉。关都尉，秦官。农都尉、属国都尉，皆武帝初置。建武六年（30），省诸郡都尉，并职太守，无都试之役。省关都尉，事在建武九年，见《纪》。十九年，复置函谷关都尉。唯边郡往往置都尉案，非边郡亦有置者，唯多事已即罢。如桓帝永寿元年（155），置泰山、琅玡都尉官，延熹五年（162）罢琅玡，八年又罢泰山是也。灵帝中平元年（184），置八关都尉。亦因乱而置，与桓帝同。及属国都尉，稍有分县治民，比郡。《汉书·武帝纪》元狩二年（前121）注云："凡言属国者，存其国号，而属汉朝，故曰属国。"郡有盐官、铁官、工官、都水官者，随事广狭，置令、长及丞。秩次皆如县、道。案，郡之设，本为兵备，已见《先秦史》第十四章第一节。秦所以胥天下皆设郡者，即以六国初定，是处皆当设兵填压也。故汉世议论，尚有甚忌郡守者。如严安上书，谓"今外郡之地，或几千里，列城数十，形束壤制，带胁诸侯，非宗室之利也"。又谓"今郡守之权，非特六卿之重也；地几千里，非特闾巷之资也；甲兵器械，非特棘矜之用也；以逢万世之变，则不可胜讳也"是也。汉宣帝以为"太守，吏民之本也，数变易则下不安，民知其将久，不可欺罔，乃服从其教化。故二千石有治理效，辄以玺书勉励，增秩赐金"，《汉书·循吏传》。详见第五章第十二节。此倚任之于平时者也。王嘉言诸侯居其国，累世尊重，然后士民之众附焉，是以教化行而治功立。今之郡守，重于古诸侯。孝文时，吏居官者或长子孙，其二千石、长吏，亦安官乐职，然后上下相望，莫有苟且之意。其后稍稍变易。公卿以下，传相促急。又数改更政事。司隶、部刺史，察过悉劾，发扬阴私。吏或居官数月而退。送故迎新，交错道路。中材苟容求全，下材怀危内顾，一切营私者多。二千石益轻贱，吏民慢易之，或持其微过，增加成罪，言于刺史、司隶，或至上书章下。众庶知其易危，小失意则有离叛之心。前山阳亡徒苏令等纵横，吏士临难，莫肯伏节死义，以守相威权素夺故也。国家有急，取办于二千石，二千石尊重难危，乃能使下。此欲倚杖之于乱世者也。其用意虽与严安不同，而其视郡守为治乱之枢机则一。唯夏侯玄以为"司牧之主，欲一而专"。"秦世不师圣道，私以御职，奸以待下。惧宰官之不修，立监牧以董之；畏督监之容曲，设司察以纠之。宰牧相累，监察相司，人怀异心，上下殊务。汉承其绪，莫能匡改”。“若郡所摄，唯在大较，则与州同，无为再重。宜省郡守，但任刺史”。“县皆径达，事不拥隔，官无留滞……简一之化，庶几可致”。盖设郡本资镇压，非以为治。郡之体制，优于鲁、卫，虽去世袭，不能无猜，乃又重设监司，以相纠察。此自天下初定，不得不然。汉世天泽之分久严，久已有叛国而无叛郡，太守之制，实为疣赘。夏侯氏之论，可谓正本清源者也。

县令、长，皆秦官，掌治其县。万户以上为令，减万户为长。皆有丞、尉。大率十里一亭，亭有长。十亭一乡，乡有三老、有秩、《续志》：“有秩，郡所署。其乡小者，县置啬夫一人，皆主知民善恶，为役先后；知民贫富，为赋多少；平其差品。”《张敞传》：“以乡有秩补太守卒史。”师古曰：“乡有秩者，啬夫之类也。”啬夫、游徼。三老掌教化。啬夫职听讼，收赋税。游徼掌徼循，禁贼盗。县大率方百里，其民稠则减，稀则旷，乡亭亦如之。皆秦制也。列侯所食县曰国。皇太后、皇后、公主所食曰邑。有蛮夷曰道。《续志》云，又有乡佐，属乡，主民，收赋税。里魁掌一里百家，什主十家，伍主五家，以相检察。民有善恶事，以告监官。边县有障塞尉。案，秦汉之县，即古之国，令长即古国君，与民实不相及。所恃以为治者，则古乡遂之官，即秦汉乡、亭之吏也。汉世三老，体制甚尊，其人亦多才智。高帝二年（前205），尝置县三老，与县令、丞、尉，以事相教，汉王为义帝发丧，则新城三老建其策。戾太子走死，则壶关三老讼其冤。相如传檄，让三老、孝弟以不教诲之过。延寿闭阁，而令、丞、三老、啬夫皆自系。王尊免官，湖三老上书为讼，守堤则白马三老奏其状。朱邑为桐乡啬夫。后为大司农。病且死，属其子曰：“必葬我桐乡。后世子孙奉尝我不如桐乡民。”民果共为起冢立祠，岁时祠祭不绝。《汉书·循吏传》。爰延为乡啬夫，仁化大行，人但闻啬夫，不知郡县。秦彭迁山阳太守，以礼训人，不任刑罚。有遵奉教化者，擢为乡三老，常以八月致酒肉劝勉之。此等事后世恒以为美谈。实由乡遂之职，自古相传，威权尚在，故民有严畏之心。民有严畏之心，则有擅作威福者，视为固然而不以为怨；有能稍施仁恩者，则相与称颂不置矣。去古渐远，民严上之心益亡；而乡亭之吏，本出于民间之自相推择者，亦益依附其上，以刻剥其下，则愁怨之声，嚣然起矣。左雄谓“乡官部吏，职斯禄薄。车马衣服，一出于民。廉者取足，贪者充家。特选横调，纷纷不绝”。其暴虐之情形，可以想见，安得以一二贤者，遂谓其制可常行乎？魏、晋以降，乡遂之职，稍以废坠，而终至于澌灭，盖有由也。

孝、悌、力田，在汉世与三老同有教化人民之责。惠帝四年（前191），举民孝、悌、力田者复其身。高后元年（前187），初置孝、悌、力田，二千石者一人。钱大昭曰：当是二千石各一人。文帝十二年（前168），遣谒者劳赐三老、孝者、悌者、力田、廉吏帛，以户口率置三老、孝、悌、力田常员。武帝元狩六年（前117），遣博士大等六人分循行天下，谕三老、孝、悌以为民师。昭帝元凤元年（前80），赐郡国所选有行义者涿郡韩福等五人帛，人五十匹，遣归。诏曰：“朕悯劳以官职之事。其务修孝悌，以教乡里。”亦见《两龚传》。成帝阳朔四年（前21），诏“先帝劭农，薄其租税，宠其强力，令与孝悌同科”。皆可见孝、悌、力田，与三老同有教化斯民之责，故司马相如谕巴、蜀，以二者并举也。

《续志》百官受俸例：大将军、三公俸月三百五十斛。中二千石俸月百八十斛。二千石俸月百二十斛。比二千石俸月百斛。千石俸月八十斛。六百石俸月七十斛。比六百石俸月五十斛。四百石俸月四十五斛。比四百石俸月四十斛。三百石俸月四十斛。比三百石俸月三十七斛。二百石俸月三十斛。比二百石俸月二十七斛。一百石俸月十六斛。斗食俸月十一斛。《汉书·薛宣传》注曰：

“斗食者，禄少，一岁不满百石，计日以斗为数也。”佐史俸月八斛。凡诸受俸者，皆半钱半谷。此为建武二十六年（50）之例。《古今注》。《汉书·宣帝纪》神爵四年（前58），及《汲黯传》《外戚传》述二千石、真二千石、中二千石俸，《王莽传》天凤三年（16）莽所下吏禄制度，大致相同。斗食、佐史之入，不足农夫一家五口之入，则下吏之禄颇薄。仲长统《昌言》曰“薄吏禄以丰军用，缘于秦征诸侯，续以四夷，汉承其业，遂不改更”，则其所由来者旧矣。宣帝神爵三年，尝益百石以下俸十五，亦无济于事也。弊之著者，厥为妄取于下。汉人多以为言者，在新旧迎送之间。《汉书·游侠·原涉传》言哀帝时天下殷富，大郡二千石死官，赋敛送葬，皆千万以上。《后汉书·张禹传》，父歆，终于汲令，汲吏人赙送前后数百万。《汉书·循吏·黄霸传》言许丞老，病聋，督邮白欲逐之，霸不听。或问其故。霸曰：“数易长吏，送故迎新之费及奸吏缘绝簿书，盗财物，公私费耗甚多，皆当出于民。”是其事。《高惠高后文功臣表》：清安侯臾，元鼎元年（前116）坐为九江太守受故官送，免。然观前引左雄之言，则取民者又不独送迎之际矣。

第四节 选举

秦汉选举之法，亦承古代而渐变。古者平民登庸，仅止于士，大夫以上，即不在选举，已见《先秦史》第十四章第三节。至秦而父兄有天下，子弟为匹夫；及汉，更开布衣卿相之局；实为旷古一大变，亦已见本篇第三章第四节。然其制仍有相因者。古者地治之责，实在于士，秦汉之三老、啬夫其选。其仕于郡县者，盖犹古者之仕于诸侯、大夫。因计吏而进于朝，及以口率察举秀、孝，则诸侯之贡士于天子也。天子屡诏公卿、郡国，使举贤才，又或遣使咨访，或下诏征召，则古者聘名士、礼贤者之制也。士上书自炫鬻，则古之游说也。给事于官者古之宦。任子则古世禄之家，以父兄余荫进者也。事虽相承，然一统之世，规模远较列国为大，其利弊，遂亦难以一言尽矣。

汉高帝十一年（前196）诏曰："盖闻王者莫高于周文，伯者莫高于齐桓，皆待贤人而成名。今天下贤者智能，岂特古之人乎？患在人主不交故也。士奚由进？今吾以天之灵，贤士大夫，定有天下，以为一家，欲其长久，世世奉宗庙亡绝也。贤人已与我共平之矣，而不与吾共安利之，可乎？贤士大夫，有肯从我游者，吾能尊显之。布告天下，使明知朕意。御史大夫昌下相国，相国酂侯下诸侯王。御史中执法下郡守，其有意称明德者，必身劝为之驾，遣诣相国府署行义年。有而弗言，觉，免。年老、癃病，勿遣。"此为汉有天下后首次求贤之诏。其后屡诏公卿、郡国等荐举。其科目，以贤良方正、直言极谏为最多。文帝二年（前178）、十五年，武帝建元元年（前140）、元光元年（前134），宣帝本始四年（前70）、地节三年（前67），元帝永光元年（前43），成帝建始二年（前31）、三年、元延元年（前12），哀帝元寿元年（前2），后汉光武建武六年（30），章帝建初元年（76）、五年，安帝永初元年（107）、五年。顺帝汉安元年（142），冲帝即位后，桓帝建和元年（147）、三年、永兴二年（154）、延熹八年（165）、永康元年（167）。又宣帝神爵四年（前58），多"可亲民"三字。此外曰"明当世之务，习先圣之术"。武帝元光五年。曰"文学高第"。宣帝本始元年。曰"孝悌有行义，闻于乡里"。宣帝地节三年。曰"厥身修正，通文学，明于先王之术，宣究其意"。宣帝元康元年（前65）。曰"明阴阳灾异"。元帝初元三年

（前 46）。曰“茂材异等”。元帝永光二年。曰“敦厚有行义，能直言”。成帝鸿嘉二年（前 19）。平帝元始元年（1），无“有行义”三字。曰“勇猛知兵法”。成帝元延元年。曰“勇武有节明兵法”。平帝元始二年。曰“孝悌惇厚，能直言，通政事，延于侧陋，可亲民”。哀帝建平元年（前 6）。曰“明兵法，有大虑”。哀帝建平四年。“明”误作“民”。《息夫躬传》作“明习兵法有大虑”。曰“至孝，与众卓异”。安帝永初五年。曰“列将子孙，明晓战阵，任将帅”。同上。曰“敦厚质直”。安帝元初元年（114）。曰“有道之士”。安帝建光元年（121），灵帝建宁元年（168）。曰“武猛堪将帅”。安帝建光元年。曰“刚毅武猛，有谋谟，任将帅”。顺帝永和三年（138）。曰“武猛，试用有效验，任为将校”。顺帝汉安元年（142）。曰“至孝笃行”。桓帝建和元年（147）。曰“至孝”。桓帝延熹九年（166），献帝建安五年（200）。随所求而标举之，无定格。此后世制科之先河也。

武帝元狩六年（前 117），遣博士大等六人分循行天下，举独行之君子，征诣行在所。昭帝始元元年（前 86），遣故廷尉王平等五人持节行郡国，举贤良。宣帝元康四年（前 62），遣太中大夫强等十二人循行天下，举茂材异伦之士。成帝永始三年（前 14），临遣太中大夫嘉等循行天下，与部刺史举惇让有行义者。元帝建昭四年（前 35），临遣谏大夫博士赏等二十一人循行天下，举茂材特立之士。此为汉世遣使聘贤之事。其特诏征召者，则以后汉为多。《后书·逸民传》言：光武侧席幽人，求之若不及。肃宗亦礼郑均，征高凤。其后顺帝备玄纁玉帛，以聘樊英。天子降寝殿，设坛席，尚书奉引，问失得，李固称其犹待神明。然所征之士，竟无他异。李固、朱穆等以为处士纯盗虚声，无益于用。其中如黄琼者，固足以雪斯耻，然究不能多得。此则其时风气之敝也。此节采《后汉书·左周黄传》《逸民传》《方术传》。

州郡举茂材、孝廉，《汉书》云自董仲舒发之。仲舒对策曰：

"长吏多出于郎中、中郎、吏二千石子弟，选郎吏又以富资，未必贤也。且古所谓功者，以任官称职为差，非所谓积日累久也。故小材虽累日，不离于小官；贤材虽未久，不害为辅佐。""今则不然。累日以取贵，积久以致官。是以廉耻贸乱，贤不肖浑淆，未得其真。臣愚以为使诸列侯、郡守二千石各择其吏民之贤者，岁贡各二人，以给宿卫。且以观大臣之能。"其意盖欲以求非常之才也。《汉书·武帝纪》：元光元年（前134）十一月，初令郡国举孝、廉各一人。事在仲舒对策前数月。盖创始虽与仲舒无涉，其后以为恒典，或由仲舒之言；又古书记事，岁月多不审谛；不可泥也。《续汉书·百官志》注引胡广说，谓州刺史状州中吏民茂材异等，岁举一人。《志》则谓郡举孝廉，口二十万一人。《后汉书·丁鸿传》云："时大郡口五六十万举孝廉二人，小郡口二十万并有蛮夷者亦举二人。帝以为不均，下公卿会议。鸿与司空刘方上言：'凡口率之科，宜有阶品。蛮夷错杂，不得为数。自今郡国率二十万口岁举孝廉一人，四十万二人，六十万三人，八十万四人，百万五人，百二十万六人，不满二十万二岁一人，不满十万三岁一人。'帝从之。"此事当在和帝永元四年（92）至六年之间。《传》记此事于窦宪自杀之后，宪自杀在永元四年六月，而鸿以六年卒。及十三年，诏曰："幽、并、凉州，户口率少。边役众剧，束修良吏，进仕路狭。抚接夷狄，以人为本。其令缘边郡口十万以上岁举孝廉一人，不满十万二岁举一人，五万以下三岁举一人。"盖所以抚慰边陲也。《三国志》：魏文帝黄初二年（221），初令郡国口满十万者，岁察孝廉一人。其有秀异，无拘户口。盖承大乱之后，人户凋零，故口率之科，亦宽于平世矣。

汉武帝元朔元年（前128），以诏书令二千石举孝廉，而或至阖郡不荐一人，令有司议不举者罪，盖其初之难进如此。乃《后汉书·种暠传》言，河南尹田歆，外甥王谌名知人。歆谓之曰：

“今当举六孝廉，多得贵戚书命，不宜相违。欲自用一名士，以报国家。尔助我求之。”则举之者与所举者，皆已视为利途矣。于是考试之法出焉。《左雄传》，雄上言：“郡国孝廉，古之贡士。出则宰民，宣协风教。若其面墙，则无所施用。……请自今孝廉年不满四十，不得察举。《后汉书·樊鯈传》，鯈上言：“郡国举孝廉，率取年少能报恩者。耆宿大贤，多见废弃。”《三国·蜀志·秦宓传》：宓奏记刘焉，亦言海内察举，率多英俊而遗旧齿。此限年之由也。皆先诣公府，诸生试家法，文吏课笺奏。”帝从之。此事在顺帝阳嘉元年（132）。见《纪》。史称“自是牧守畏栗，莫敢轻举，迄于永熹，察选清平，多得其人”焉。雄所建白，胡广与郭虔、史敞，皆不谓然，见《广传》。其说似无足采。其后黄琼以雄所上孝廉之选，专用儒学、文吏，于取士之义，犹有所遗，乃奏增孝悌及能从政者为四科。及魏文帝黄初三年（222），诏郡国所选，勿拘老幼。儒通经术，吏达文法，到皆试用。《华歆传》谓三府议“举孝廉，本以德行，不复限以试经”。歆以为“丧乱以来，六籍堕废，当务存立，以崇王道”。帝从其言。盖人物凋敝，故复稍宽其选矣。汉世用人，多本行实。昭帝元凤元年（前80），赐郡国所选有行义者涿郡韩福等帛遣归，已见上节。宣帝地节三年（前67），令郡国举孝悌有行义闻于乡里者各一人。《冯唐传》：“唐以孝著，为郎中署长。”郅恽守长沙，以孝子为首举；张酺守东郡，以王青三世死节，擢用极右曹；黄香年十二，太守刘护召，署门下孝子；皆见《后书》本传。又《韦彪传》：陈事者多言郡国贡举率非功次，故守职益懈，而吏事浸疏。诏下公卿朝臣议。彪言国以简贤为务，贤以孝行为首。人才行少能相兼。忠孝之人，持心近厚；锻炼之吏，持心近薄。士宜以才行为先，不可纯以阀阅。皆汉世用人重行实之证也。或则试之以事。元朔元年（前128），有司议“不举孝，不奉诏，当以不敬论；不察廉不胜任也，当免”。则当时孝廉分为两项。孝本行实，廉必历事，故和帝永元五年（93）诏谓郡国举吏，“先帝明敕在所，令试之以职”也。孝廉虽不限曾历职者，然欲观其材能，自以曾历职者为宜，故孝宣又有吏六百石不得举廉吏之诏也。后来此意微矣。所谓策问者，亦以其人为通于政理而咨询之，非以其人为意存冒滥而考校之。《文献通考》三十三云：自孝文策晁错之后，贤良方正皆承亲策。至孝昭，年幼未即政，乃诏有司问以民所疾苦。又言：“汉武帝之于董仲舒也，意有未尽，则再策之，三策之；晋武帝之于挚虞、阮种亦然。”皆策问意在咨询之证。后世则名为策问，实与射策无异矣。然意存冒滥者渐多，加以考试之事，遂终不可免。章帝建初五年（80）诏，称建武诏书曰“尧试臣以职，不直以言语笔札”，可见言语笔札已渐见重。左雄建策，则纯乎考试矣。此后世科目之先河也。

《续汉书·百官志》注引应劭《汉官仪》曰：“世祖诏方今选举，贤佞朱紫错用。丞相故事，四科取士：一曰德行高妙，志节清白。二曰学通行修，经中博士。三曰明达法令，足以决疑，能案章覆问，文中御史。四曰刚毅多略，遭事不惑，明足以决，才任三辅令。皆有孝悌廉公之行。自今以后，审四科辟召。”又引《汉官目录》曰：“建武十二年八月乙未诏书：三公举茂才各一人，廉吏各二人。光禄岁举茂才四行各一人，察廉吏三人。中二千石岁察廉吏各一人。廷尉、大司农各二人。将兵将军岁察廉吏各二人。监察御史、司隶、州牧岁举茂才各一人。”四行者，元帝永光元年（前43）诏：丞相、御史，举质朴、敦厚、逊让、有行者。光禄岁以此科第郎从官。其后遂为故事焉。何武以射策甲科为郎，光禄勋举四行，迁为鄠令。《后汉书·吴祐传》：“祐以光禄四行迁胶东侯相。”注引《汉官仪》曰“四行，敦厚、质朴、逊让、节俭也”。《党锢·范滂传》注引同。《后汉书·黄琬传》云：“旧制，光禄举三署郎，以高功久次，才德尤异者为茂材四行。”三署者？《汉官仪》曰：“五官署，左、右署也。各置中郎将以司之。郡国举孝廉，以补三署郎。年五十以上属五官，其次分在左、右署。凡有中郎、议郎、侍郎、郎中四等，无员。”《后汉书·和帝纪》元兴元年（105）注引。《后汉书·和帝纪》：永元十四年（102），初复郡国上计补郎官。注曰：“《前书音义》曰：旧制，使郡丞奉岁计。武帝元朔中，令郡国举孝廉各一人，与计偕，拜为郎中，中废，今复之。”《杨秉传》云延熹五年（162），代刘矩为太尉。时郡国计吏，多留拜为郎。秉上言：“三署见郎七百余人。帑藏空虚，浮食者众。而不良守相，欲因国为池，浇濯衅秽。宜绝横拜，以塞觊觎之端。自此终桓帝世，计吏无复留拜者。”《前书音义》似指孝廉言之。《后书》纪传之文，皆指计吏，似非一事，注恐误引也。汉世郎选，所系最重。杨恽迁中郎将，荐举其高第有行能者，至郡守、九卿。馆陶公主光武女。为子求郎，明帝不许。谓群臣曰：“郎官上应列宿，出宰百里。苟非其人，则民受其殃。”见《明帝纪》末。案，章帝建初元年（76），初举孝廉、郎中宽博有谋，任典城者，以补长、相。和帝永元元年，初令郎官诏除者，得占丞、尉，以比秩为真。七年，诏有司详选郎官宽博有谋，才任典城者三十人。既而悉以所选出补长、相。元兴元年，引三署郎召见禁中，选除七十五人补谒者、长、相。安帝元初六年（119），诏三府选掾属高第，能惠利牧养者各五人，光禄勋与中郎将选孝廉郎宽博有谋，清白行高者五十人，出补令、长、丞、尉。皆郎官出任宰牧之事。故史公以入财者得补郎，而叹息于郎选之衰也。《平准书》。

《汉书·东方朔传》云：“武帝初即位，征天下举方正贤良文学材力之士，待以不次之位。四方士多上书言得失。自炫鬻者以千数。”朱买臣、主父偃、徐乐、严安、终军等，盖其人也。《萧望之传》：宣帝初即位，“思进贤良，多上书言便宜，辄下望之问状。案，望之时为谒者。高者请丞相御史，次者中二千石。试事满岁，以状闻。下者报闻，或罢归田里”。贾捐之以元帝初即位，上疏言得失，召待诏金马门。此皆古游士之类也。梅福言：“孝武皇帝好忠谏，说至言，出爵不待廉茂，庆赐不须显功，是以天下布衣，各励志竭精，以赴阙庭，自炫鬻者，不可胜数。汉家得贤，于此为盛。”扬雄《解嘲》言：“向使上世之士处乎今，策非甲科，行非孝廉，举非方正，独可抗疏时道是非，高得待诏，下触闻罢。”足见其为进取之一途矣。汉世诸侯王好士者，亦能多致异材。如梁孝王、淮南王安皆是。然天下一家，竞争不烈，诸侯王能好士者卒少，故士之由此进者亦不多也。韩延寿守东郡，门卒本诸生，闻延寿贤，无因自达，故代卒，可见儒者进身之难。

博士及博士弟子入官，为汉世特辟之途，与秦之燔烧诗书，欲学法令，以吏为师适相反，盖自武帝崇儒以来也。《儒林传》：公孙弘请博士弟子。一岁皆辄课，能通一艺以上，补文学掌故缺。其高弟可以为郎中，太常籍奏。即有秀才异等，辄以名闻。平帝时，王莽秉政，岁课甲科四十人为郎中，乙科二十人为太子舍人，丙科四十人补文学掌故。萧望之以射策甲科为郎。匡衡射策甲科，以不应令除为太常掌故。师古曰：“射策者，谓为难问疑义，书之于策，量其大小，署为甲乙之科，列而置之，不使彰显。有欲射者，随其所取，得而释之，以知优劣。射之，言投射也。对策者，显问以政事、经义，令各对之，而观其文辞，定高下也。”《萧望之传》注。《后汉书·顺帝纪》阳嘉元年（132）注引《前书音义》曰：“甲科，谓作简策难问，列置案上。任试者意投射，取而答之，谓之射策。上者为甲，次者为乙。若录政化得失，显而问之，谓之对策也。”此其考试之法也。博士亦由公举，成帝阳朔二年（前23），诏丞相、御史与中二千石、二千石杂举可充博士位者是也。限年五十以上，见《后汉书·儒林·杨仁传》注引《汉官仪》。其选，成帝时为三科：高为尚书，次为刺史，其不通政事，以久次补诸侯太傅，见《前书·孔光传》。

汉世儒士，进取之途颇优。公孙弘言治礼、掌故，以文学、礼义为官，迁留滞。请选择其秩比二百石以上，及吏百石通一艺以上，补左右内史、大行卒史。比百石以下，补郡太守卒史。皆各二人。边郡一人。先用诵多者。不足，择掌故以补中二千石属，文学掌故补郡属，备员。请著功令。他如律令。制曰可。史称“自此以来，公卿大夫士吏，彬彬多文学之士”焉。《儒林传》。后汉章帝元和二年（85），令郡国上明经者，口十万以上五人，不满十万三人。和熹听政时，三署郎能通经术者，皆得察举。《儒林传》。顺帝阳嘉元年（132）。以太学新成，试明经下第者补弟子，增甲乙科员各十人，除郡国耆儒九十人补郎、舍人。《本纪》。《左雄传》曰：“除京师及郡国耆儒年六十以上为郎、舍人、诸王国郎者百三十八人。”案，此事亦见《儒林传》，辞又较略。质帝本初元年（146），令郡国举明经年五十以上、七十以下诣太学。灵帝熹平五年（176），试太学生年六十以上百余人，除郎中、太子舍人至王家郎、郡国文学吏。光和三年（180），诏公卿举能通《尚书》《毛诗》《左氏》《穀梁春秋》各一人，悉除议郎。献帝初平四年（193），试儒生四十余人。上第赐位郎中，次太子舍人，下第者罢之。诏曰：“今耆儒年逾六十，去离本土，营求粮资，不得专业。结童入学，白首空归。长委农野，永绝荣望。朕甚悯焉。其依科罢者，听为太子舍人。”魏明帝太和二年（228），敕郡国贡士以经学为先。四年，诏郎吏学通一经，才任牧民，博士课试。擢其高第者，亟用。其浮华不务道本者，皆罢退之。盖自武帝崇儒以后，利禄之途，正不独学校一端矣。亦有名为招致文学，实则登庸嬖幸者，灵帝之鸿都门学是也。已见第十章第五节。

《汉书·哀帝纪》：帝即位，除任子令。注引应劭曰：“《汉仪注》：吏二千石以上，视事满三年，得任同产若子一人为郎。不以德选，故除之。”案，《汉书·冯唐传》：“武帝即位，求贤良，举唐。唐时年九十余，不能为官，乃以子遂为郎。”《两龚传》：王莽白遣龚胜、邴汉，令“上子若孙若同产、同产子一人”。则推恩又有出于定令之外者。此为董仲舒所深非，王吉亦极言之。《后汉书·侯霸传》：“族父渊，以宦者有才辩任职，元帝时佐石显等领中书，号曰大常侍。成帝时，任霸为太子舍人。”此为宦者得任人之始。至后汉而其弊大著。李固言：诏书禁侍中、尚书、中臣子弟不得为吏，察孝廉，而中常侍子弟，禄仕曾无限极。谄佞之徒，望风进举。今可为设常禁，同之中臣。《杨秉传》，延熹五年(162)，代刘矩为太尉。是时宦官方炽，任人及子弟为官，布满天下。秉与司空周景上言：“旧典，中臣子弟不得居位秉势。……可遵用旧章，退贪残，塞灾谤。”盖宦竖之祸，至斯而极矣。《汉书·元帝纪》：初元五年（前44），除光禄大夫以下至郎中保父母同产之令。应劭曰：“旧时相保，一人有过，皆当坐之。”师古曰：“除此令者，所以优之也。”一家哭何如一路哭？此等宽典，诚不如其无有也。

汉世公府掾史，皆自辟除。见《续书·百官志》。而二千石所属，亦由其任用。《张敞传》：渤海、胶东盗贼起，敞上书自请治之。天子征敞，拜胶东相。敞辞之官，请吏追捕有功者，愿得一切比三辅尤异。天子许之。敞到胶东，吏追捕有功，上名尚书，调补县令者数十人。其用人之权之大如此。

景帝后二年（前142）诏曰：“人不患其不知，患其为诈也。不患其不勇，患其为暴也。不患其不富，患其无厌也。其唯廉士，寡欲易足。今资算十以上乃得官。廉士算不必众。……资算四得官。无令廉士久失职，贪夫长利。”应劭曰：古者疾吏之贪，衣食足知荣辱，故有十算之限。此与今之保证金，意颇相类。《韩信传》言信家贫无行，不得推择为吏。王尊教府丞悉署吏行能，分别白之。贤为上，毋以富。贾人百万，不足与计事。此则习俗相沿，好用富人耳，未尝著为法令也。然《后书·第五伦传》言：

"迁蜀郡太守。蜀地肥饶，人吏富实。掾史家资多至千万。皆鲜车怒马，以财货自达。伦悉简其丰赡者遣还之。更选孤贫志行之人以处曹任。于是争赇抑绝。"《朱晖传》：晖子穆作《崇厚论》，言"以韩、翟之操，为汉名宰，犹不能振一贫贤，荐一孤士"，则孤寒之士，欲求闻达亦难矣。汉世爵得卖买，而试补吏则五大夫先除。及武帝置武功爵，则千夫如五大夫。又入奴婢者为郎增秩。入羊为郎。吏得入谷补官，郎至六百石。株送徒入财者得补郎。桑弘羊又请令民入粟补吏。皆见《平准书》。王莽亦令民入米六百斛为郎。其郎吏增秩，赐爵至附城。此皆公然鬻卖。《成帝纪》，永始二年（前15），诏曰："关东比岁不登。吏民以义收食贫民，入谷物助县官振赡者，已赐值。其百万以上，加赐爵右更。欲为吏补三百石。其吏也，迁二等。三十万以上，赐爵五大夫。吏亦迁二等。民补郎。"虽出财者意不在得官爵，然国家之以官爵为酬赏则一也。张释之及司马相如皆以资为郎。《释之传》注，苏林曰："雇钱若出谷也。"如淳曰：汉法，资五百万，得为常侍郎。《循吏·黄霸传》：武帝末，以待诏入钱赏官，补侍郎、谒者。后复入谷沈黎郡，补左冯翊二百石卒史。冯翊以霸入财为郎，不补右职。《杨恽传》："郎官故事：令郎出钱市财用，给文书乃得出，名曰'山郎'。移病尽一日，辄偿一沐。或致岁余不得沐。其豪富郎日出游戏，或行钱得善部。货赂流行，传相放效。"盖虽政以贿成，然语其所由进，则终轻之也。灵帝卖官之事，已见第十章第五节。此亦乱政，非法令，不足论。

《史记·平准书》言"孝惠、高后时，为天下初定，复弛商贾之律，然市井之子孙亦不得仕宦为吏"。《汉书·食货志》作"亦不得为官吏"。此乃妄人所改。宦，学也。谓给事于官而未有爵位者。《汉书·惠帝纪》，帝即位后，爵五大夫，吏六百石以上，及宦皇帝而知名者，有罪当盗械者皆颂系。师古谓"早事惠帝，特为所知，故优之”。此即宦于太子家者也。贡禹言文帝时，贾人、赘婿及吏坐赃者皆禁锢，不得为吏。景帝后二年（前142）诏有市籍者不得官。《后汉书·逸民·高凤传》：“自言本巫家，不应为吏。”然孔仅、东郭咸阳管盐铁，除故盐铁家富者为吏；羲和置命士督五均六管，亦皆用富贾；流品之异，业已不能坚持。《后汉书·第五伦传》，窦氏始贵，伦上疏言：“诸出入贵戚者，类多瑕衅禁锢之人。……三辅议论者，至云以贵戚废锢，当复以贵戚浣濯之，犹解醒当以酒。”《杨震传》，震上疏言：“周广、谢恽兄弟……依倚近幸奸佞之人，与樊丰、王永等分威共权，属托州郡，倾动大臣。宰司辟召，承望旨意。招来海内贪污之人，受其货赂。至有赃锢弃世之徒复得显用。”《后汉书·袁安传》：“为河南尹，政号严明，然未曾以赃罪鞫人。常称曰：‘凡学仕者，高则望宰相，下则希牧守，锢人于圣世，尹所不忍为也。’”《刘恺传》：安帝初，清河相叔孙光坐赃抵罪，增锢二世。《陈宠传》：子忠，奏解赃吏三世禁锢。桓帝即位，诏赃吏子孙不得察举。《党锢传》：岑晊，父以贪叨诛死，晊往候同郡宗慈，慈以晊非良家子不肯见。盖汉于赃吏法特严，而俗亦疾之甚深。赃吏亦可显用，而纲纪荡然矣。左雄亦言：“考奏捕案，而亡不受罪，会赦行赂，复见洗涤。”则有罪禁锢，亦成空言矣。《汉书·息夫躬传》注云：锢，谓“终身不得仕”。然亦有行宽典者。平帝即位，诏诸有赃及内恶未发而荐举者，皆勿案验。殇帝延平元年（106），太后诏“自建武以来，诸犯禁锢，诏书虽解，有司持重，多不奉行，其皆复为平民”是也。其时权戚牵引，后则重以党人，禁锢所涉尤广。章帝元和元年（84），诏曰：“往者妖言大狱，所及广远。一人犯罪，禁至三属。莫得垂缨仕宦王朝。如有贤才，而没齿无用。朕甚怜之。非所谓与之更始也。诸以前妖恶禁锢者，一皆蠲除之，以明弃咎之路。但不得在宿卫而已。”此所锢仅及三属。《顺帝纪》：永建四年（129）赦诏，阎显、江京等知识婚姻禁锢，一原除之。灵帝建宁二年（169），钩党之祸，“诸附从者，锢及五属”。熹平五年（176），诏党人门生故吏父兄子弟在位者，皆免官禁锢。光和二年（179）大赦，仅除小功以下而已。

左官之律，起自武帝，已见第四章第六节。后汉建武二十四年（48），申明《阿附蕃王法》，注云：即《左官律附益法》也，亦已见本章第二节。此亦仕进之一途也。安帝永初二年（108），诏王主官属墨绶下至郎、谒者，其经明任博士，居乡里有廉清孝顺之称，才任理人者，国相岁移名，与计偕上尚书、公府通调，令得外补。王主，刘攽谓当作“王国”，盖是。主官属只有家令，无郎、谒者也。

《后汉书·蔡邕传》云：“初，朝议以州郡相党，人情比周，乃制婚姻之家及两州人士，不得对相监临。至是复有三互法。禁忌转密，选用艰难。”此为回避之始。邕疏言“韩安国起自徒中，朱买臣出于幽贱，并以才宜，还守本邦”，可知前汉本无其法。《三国·魏志·刘馥传》注引《晋阳秋》，言馥子弘在晋世为荆州刺史。帝在长安，命弘得选用宰守。征士武陵伍朝，高尚其事。牙门将皮初，有勋江、汉。弘上朝为零陵太守，初为襄阳太守。诏书以襄阳显郡，初资名轻浅，以弘婿夏侯陟为襄阳。弘曰：“夫统天下者当与天下同心，治一国者当与一国推实。吾统荆州十郡，安得十女婿然后为治哉?”乃表“陟姻亲，旧制不得相监临，初勋宜见酬”。报听之。众益服其公。则晋初犹可援引也。

汉世选举，其权本在三府，东京以后，乃渐移于尚书。顺帝阳嘉元年（132）诏言：“今刺史、二千石之选，归任三司。”二年，郎顗以公车征，诣阙拜章，亦言“今选举牧守，委任三府”。而灵帝时吕强上疏，言“旧典选举，委任三府。三府有选，参议掾属。咨其行状，度其器能，受试任用，责以成功。若无可察，然后付之尚书。尚书举劾，请下廷尉，覆案虚实，行其诛罚。今但任尚书，或复敕用”云云。似尚书之权，至末叶乃大张者。然《朱浮传》言：“旧制，州牧奏二千石长吏不任位者，事皆先下三公，三公遣掾史案验，然后黜退，帝光武。时用明察，不复委任三府，而权归刺举之吏。”则三司之丧权，由来旧矣。此亦有所不得已。杨兴訾史高所举，不过私门宾客，乳母子弟。见《汉书·匡衡传》。杨震为太尉。耿宝荐中常侍李闰兄于震，震不从。阎显荐所亲厚于震，震又不从。司空刘授闻之，即辟此二人，旬日中皆见拔擢。三公之徇私阿好如此。郎颉条便宜言：“今选举皆归三司。……每有选用，辄参之掾属。公府门巷，宾客填集。送去迎来，财货无已。其当迁者，竞相荐谒。各遣子弟，充塞道路。开长奸门，兴致浮伪。非所谓率由旧章也。尚书职在机衡，宫禁严密，私曲之意，羌不得通；偏党之恩，或无所用；选举之任，不如还在机密。”观此，可知其迁变之由矣。

慎举于进用之初，终不过观其大略，其人究可用与否，必历试然后知之。故考课之法，实较选拔为尤要。京房首创斯议，已见第六章第一节。魏卢毓为吏部尚书。明帝诏之曰：“选举莫取有名。名如画地作饼，不可啖也。”毓对曰：“名不足以致异人，而可以得常士。常士畏教慕善，然后有名，非所当疾也。愚臣既不足以识异人，又主者正以循名案常为职，但当有以验其后。故古者敷奏以言，明试以功。今考绩之法废，而以毁誉相进退，故真伪浑杂，虚实相蒙。”其言可谓知本矣。帝纳其言，即诏作考课法。《刘劭传》云：景初中，受诏作《都官考课》七十二条，又作《说略》一篇。事成未上，会明帝崩，不施行。劭、毓所为，当即一物。杜恕言奏考功者“缀京房之本旨”，杜预亦言“魏氏考课，即京房遗意”，见《晋书》本传。其学盖有所承。刘劭言百官考课，历代弗务。王昶亦受诏撰百官考课事。昶以为唐、虞虽有黜陟之文，而考课之法不垂。周制冢宰之职，大计群吏之治而诛赏，又无校比之制。杜恕亦谓历六代而考绩之法不著，阅七圣而课试之文不垂。傅嘏言刘劭考课论，虽欲寻前代黜陟之文，然其制度略以阙亡。则自京、焦以至卢毓辈，议论虽有所承，条例殆皆新造也。考绩之弊有二：一为专尚苛猛。章帝元和二年（85）诏所谓“以苛为察，以刻为明”，左雄所谓“谓杀害不辜为威风，聚敛整办为贤能，以理己安民为劣弱，以奉法循理为不化也”。一则参以私意。刘廙曰：“长吏之所以为佳者，奉法也，忧公也，恤民也，此三事者，或州郡有所不便，往来有所不安。”而黜陟“颇以州郡之毁誉，听往来之浮言”，则阿不烹，即墨不封矣。二者之弊，皆起于无法。故奉行者无所准，而怀私者得肆其诪张。然则考课之法，盖相需孔殷矣，而惜乎其终不成也。

汉世选举不实，厥罚颇重，《汉书·百官公卿表》：竟宁元年（前33），张谭为御史大夫，阳朔三年（前22），韩立子渊为执金吾，后皆坐选举不实免。绥和元年（前8），遂义子赣为左冯翊，坐选举免。元寿二年（前1），梁相为大理，三年，坐除吏不次免。严延年为河南尹，察狱史廉，有赃不入身，坐选举不实贬秩。张汤曾孙勃举陈汤茂材，以汤有罪，削户二百。湖三老讼王尊曰：审如御史章，任举尊者，当获选举之辜，不可但已。知汉世选举不实，未有能辞其责者也。然终不能绝其弊者，则以私党牢固，力不能胜也。自封建之制既坏，士无恒产，竞以游说为务，至秦汉之世犹然。陈涉之王，事至微浅，而缙绅先生之徒负孔子礼器往委质为臣。《史记·儒林传》。叔孙通之降汉也，从儒生弟子百余人。初无所言进，弟子皆窃骂。及高帝悉以为郎，通又以赐金五百斤分赐诸生，则喜而称为圣人。其时郦生、陆贾之徒，以及后来伍被、羊诡、公孙胜、邹阳、枚乘之辈，皆古游士之类也。既非纵衡之时，好士之主，不可数遇，则不得不结党以相援引。孔光不结党友，养游说，史家著其特操。薛宣无私党游说之助，荐者以为美谈。何武恂恂，犹且问文吏必于儒者，问儒者必于文吏，以相参检。见本传。又云：“欲除吏，先为科例，以防请托。”降逮东京，其弊弥甚。章帝建初五年（80），以日食诏公卿以下举直言极谏之士。“其以岩穴为先，勿取浮华。”和帝永元六年（94）诏亦令昭岩穴，披幽隐。刘恺为太常，史称其“每有征举，必先岩穴”。所谓浮华者，谓其“讲偶时之说，结比周之党”，“更相叹扬，迭为表里”，“既获者贤已而遂往，羡慕者并驱而从之”者也。《中论·谴交篇》语。当时风气之弊，详见《中论》此篇及《考伪篇》。又《潜夫论·务本》《贤难》《考绩》《潜叹》《实贡》《交际》，《抱朴子·审举》《交际》《名实》《汉过》诸篇。朱穆《绝交》、刘梁《破群》之论，亦有激而然也。刘梁见《后汉书·文苑传》。此曹既合党连群，其声势亦觉可畏，故当路者咸敷衍焉。《中论·谴交篇》言“桓、灵之世，公卿大夫、州牧郡守，王事不恤，宾客为务。冠盖填门，儒服塞道。饥不暇餐，倦不获已，殷殷沄沄，俾夜作昼。下及小司，列城墨绶，莫不相商以得人，自矜以下士。星言夙驾，送往迎来。亭传常满，吏卒传问，炬火夜行，阍寺不闭。……文书委于官曹，系囚积于囹圄”。甚至有如晋文经、黄子艾者，炫曜上京，卧托养疾，而三公辟召，辄询访之，随所臧否，以为予夺。见《后汉书·符融传》。尚复成何事体？夫显为名者，未有不阴为利者也。当时李膺、郭泰等，所以为士林所归仰者，实亦欲借彼声华，以资进趋耳。然虚名所归，率多矫伪之士，其居心有不可问者。黄允以俊才知名。司徒袁隗欲为从女求姻，见允而叹曰：“得婿如是，足矣。”允闻而黜遣其妻。妇大集宾客三百余人，中坐攘袂，数允隐恶十五事。允以此废于世。《后汉书·郭泰传》。此与第十三章第一节所引李充事，可以参观。彼为充者，亦幸而其妻不能数其恶耳，设其能之，充亦一黄允也，而公卿倒屣，天子动容，其败坏风俗，为何如哉？孔融称盛宪曰“天下谭士，依以扬声”，又曰：“今之少年，喜谤前辈，或能讥评孝章。”许劭初善李逵，后更为隙。又与从兄靖不睦。劭为郡功曹，遂排摈靖不得齿叙。《中论·考伪》谓“父盗子名，兄窃弟誉，骨肉相诒，朋友相诈”，信非虚言。卒之禄位有限。求度者十，一未能得。终至身殁他邦，“亲戚隔绝，闺门分离”，亦《谴交篇》语。亦何为哉？然丧乱以来，斯风不革。《三国志·魏武帝纪》：建安十年（205）九月令曰：“阿党比周，先圣所疾也。闻冀州俗，父子异部，更相毁誉。昔直不疑无兄，世人谓之盗嫂；第五伯鱼三娶孤女，谓之挝妇翁；王凤擅权，谷永比之申伯；王商忠议，张匡谓之左道；此皆以白为黑，欺天罔君者也。吾欲整齐风俗，四者不除，吾以为羞。”《陈矫传》注引《魏氏春秋》载公令曰：“丧乱以来，风教凋薄。谤议之言，难用褒贬。自建安五年以前，一切勿论。其以断前诽议者，以其罪罪之。”其疾恶之至于如此。然太和中董昭上疏曰：“近魏讽则伏诛建安之末，曹伟斩戮黄初之始。伏唯前后圣诏，深疾浮伪，欲以破散邪党，常用切齿。而执法之吏皆畏其权势，莫能纠擿。毁坏风俗，浸欲滋甚。窃见当今年少，不复以学问为本，专更以交游为业。国士不以孝悌清修为首，乃以趋势游利为先。合党连群，互相褒叹。以毁訾为罚戮，用党誉为爵赏。附己者则叹之盈言，不附者则为作瑕衅。至乃相谓：今世何忧不度邪？但求人道不勤，罗之不博耳。又何患其不知己矣？”则其风气绝未变也。《昭传》谓明帝以昭此疏，发切诏斥免诸葛诞、邓飏等。案，《诞传》谓诞入为吏部郎，人有所属托，辄显其言而承用之，后有当否，则公议其得失，以为褒贬。自是群僚莫不慎其所举。则其人非骛浮华者。《傅嘏传》注引《傅子》，力诋何晏、邓飏、夏侯玄三人，则嘏本司马氏之党；其说或亦事后附会，不必实也。史于曹爽之党多溢恶。观昭之疏，实非指诞、飏等言。然当时有此等风气，则不诬也。王昶名子曰浑，曰深，兄子曰沉，曰默，可见时人唯口舌之尚。欲救此弊，唯有二法：一如魏武帝、诸葛武侯，专校功能。此可施之于考课之时，而不能用之于选拔之际。一如毛玠选举，“拔贞实，斥华伪，进逊行，抑阿党”。“虽于时有盛名，而行不由本者，终不得进”。然不能考之于其乡里，而徒就典选者耳目所及，终不免为矫伪所欺，此则九品中正之制所由立也。

汉世用人，本重乡举。故杜钦对策，有“观本行于乡党，考功能于官职”之语，王吉为沛相，“课使郡内各举奸吏、豪人。诸常有微过，酒肉为赃者，虽数十年，犹加贬弃，注其名籍”。《后汉书·酷吏传》。则乡里官司，于善恶之有记注旧矣。和帝永元五年（93）诏曰“科别行能，必由乡曲……故先帝明敕在所，令试之以职，乃得充选”，则荐举亦本功能。自朋党炽盛以来，遂舍历试而凭虚誉，而毁誉则为矫诬者所把持。《后汉书·赵岐传》言中常侍唐衡兄玹，为京兆虎牙都尉。郡人以玹进不由德，皆轻侮之。岐及从兄袭，又数为贬议。玹深毒恨。《许劭传》言劭与从兄靖俱有高名，好共核论乡党人物。每月辄更其品题，故汝南俗有“月旦评”。《党锢·范滂传》云，太守宗资请为功曹。滂外甥西平李颂，公族子孙，而为乡曲所弃。唐衡以颂请资，资用为吏。滂以非其人，寝而不召。观此三事，可知乡评之重。夫既为矫诬者所把持，其论复何足采？然时人不知此义。何夔谓魏武：“自军兴以来，制度草创，用人未详其本，是以各引其类。”以为“自今所用，必先核之乡闾，使长幼顺叙，无相逾越”。傅嘏难刘劭考课，亦谓方今九州之民，爰及京城，未有六乡之举，其选才之职，专任吏部，考课是先，为本未立而治末。时人所见如此，九品中正之法，安得不立？其实乡评所与，每多矫伪之人。画饼充饥，正指是辈。魏武所以求盗嫂受金，不仁不孝之士，建安十五年（210）、十九年、二十二年令。见《本纪》注引《魏书》。正有激而然也。然则九品中正之法之不足用，在三国之世，早见其端倪矣，而惜乎时人之不悟也。此法创自陈群，其弊至晋世而始著，别于《晋南北朝史》中详之。

第五节
赋税

汉世轻典，莫如田租。《汉书·食货志》言：高祖轻田租，什五而税一。《惠帝纪》：帝即位，“减田租，复十五税一。”邓展曰：“汉家初十五税一……中间废，今复之也。”如淳曰：“秦作阿房之宫，收大半之赋，遂行，至此乃复十五而税一。”师古曰：“邓说是。”案，秦以前不闻十五税一之举，师古然邓说，当不误也。文帝从晁错言，令民入粟边拜爵。错复奏边食足支五岁，可令入粟郡县；足支一岁以上，可时赦，勿收农民租。上复从其言。乃下诏赐民十二年田租之半。明年，遂除民田之租税。后十三岁，孝景二年（前155），乃令民半出田租，三十而税一焉。《食货志》。亦见《本纪》。据《文帝纪》，文帝二年（前178），业已赐天下民今年田租之半。后汉光武建武六年十二月，诏曰：“顷者师旅未解，用度不足，故行什一之税。今军士屯田，粮储差积。其令郡国收见田租，三十税一，如旧制。”自是终后汉世，未之有改。唯桓帝延熹八年（165），初令郡国有田者亩敛税钱；注曰：“亩十钱也。”灵帝欲铸铜人，诏调民田，亩敛十钱，《陆康传》。为横敛。然汉世田税，本不收钱。此仍可谓之加赋，按田而赋。而不可谓之加税也。三十税一之制，仲长统非之，谓无以备畜积，丰吏禄。其言曰：“二十税一，名之曰貉，况三十乎？”似矣。然古公税之外，无复私租，故什一之税不为重。汉则“豪民侵陵，分田劫假，厥名三十，实什税五”，王莽行王田诏语。无以正之，而复重税，可乎？贡禹言农夫“已奉谷租，又出稿税。乡部私求，不可胜供”。左雄言：“乡官部吏，职斯禄薄，车马衣服，一出于民，廉者取足，贪者充家，特选横调，纷纷不绝。”则绝诛求诚为急务。欲绝私求，固宜丰吏禄，然是否吏禄丰而私求即绝，亦复难言；况不能正豪民之侵陵，又重税之以供吏禄，民力安可胜邪？然则地权不均，文、景姑息之策，亦有所不得已也。稿税，亦曰刍稿，后汉常与田租并免，或令半入，或以实除，见《纪》建武二十二（46），中元元（56），元和二（85），永元四（92）、九、十三、十四、十六，延平元（106），永初四（110），延光三（124），永建六（131）诸年。盖农田普出之税。《光武纪》注引《东观记》曰，帝尝为季父故春陵侯诣大司马府，讼地皇元年十二月壬寅前租二万六千斛，刍稿钱若干万，更始元年（23）。则谷租虽征本色，刍稿已征折色矣。不知侯家如此邪？抑民间亦然也？

《刑法志》言“税以足食，赋以足兵”，《食货志》云“税谓公田什一及工商衡虞之入也，赋共车马、甲兵、士徒之役”，则赋之始本专以供军。然有所须即敷之于民，由来旧矣。故《食货志》又言赋“充实府库赐与之用”也。《高帝纪》，四年（前203）八月，初为算赋。如淳曰“《汉仪注》民年十五以上至五十六出赋钱，人百二十为一算，为治库兵、车马”，此仍以供军用。《惠帝纪》，六年（前189），女子年十五以上至三十不嫁，五算。注引应劭曰：“汉律：人出一算，算百二十钱。唯贾人与奴婢倍算。今使五算，罪谪之也。”《后汉书·明帝纪》，永平九年（66），诏郡国死罪囚减罪，与妻子诣五原、朔方，占著所在。其妻无父兄独有母者，赐其母钱六万，又复其口算。盖古者兵役，女子亦与焉，故其算赋亦无分男女也。奴婢之算，盖当使主人出之。《王莽传》：天凤四年（17），“一切调上公以下诸有奴婢者，率一口出钱三千六百”其证。《昭帝纪》：元凤四年（前77），帝加元服，毋收四年、五年口赋。如淳曰：“《汉仪注》民年七岁至十四，出口赋钱人二十三。二十钱以食天子。其三钱者，武帝加口钱以补车骑马。”《贡禹传》：“禹以为古民无赋算、口钱，起武帝征伐四夷，重赋于民。民产子三岁则出口钱，故民重困，至于生子辄杀，甚可悲痛。宜令儿七岁去齿乃出口钱，年二十乃算。”天子下其议，令民七岁乃出口钱自此始。口钱、算赋，初本两事，其后遂为通名。然三钱以补车骑马，仍不失赋以足兵之本意也。其随意敷取于民者：贾捐之言文帝民赋四十，武帝民赋数百；轮台之诏，言前有司欲益民赋三十助边困。《西域传》。皆是。《高帝纪》，十一年二月，诏曰：“欲省赋甚。今献未有程，吏或多赋以为献，而诸侯王尤多，民疾之。令诸侯王、通侯常以十月朝献；及郡各以其口数率，人岁六十三钱，以给献费。”《武帝纪》元鼎五年（前112）注引如淳曰：“《汉仪注》诸侯王岁以户口酎黄金于汉庙。”此因贡献而赋诸民者也。《文帝纪》：元年（前179）六月，令郡国毋来献。后六年（前158）四月，大旱，蝗，令诸侯毋入贡。盖亦以贡献须烦民也。贾山亦美文帝止岁贡。《高后纪》，二年（前186），丞相臣平言“列侯幸得赐餐钱奉邑”。注引文颖曰：“餐，邑中更名算钱，如今长吏食奉，自复媵钱，即租奉也。”《货殖传》言列侯、封君食租税，岁率户二百。此则封君自赋诸民者也。《昭帝纪》：元凤二年，诏令郡国毋敛今年马口钱。此盖自武帝事四夷以来，《西域传赞》所谓租及六畜者即指此。算赋、口钱，汉世屡有减免。贾山《至言》：“（文帝）九十者一子不事，八十者二算不事。”师古曰：“二算不事，免二口之算赋也。”《昭帝纪》，元凤四年，帝加元服，毋收四年、五年口赋。元平元年（前74），诏减口赋钱。有司奏请减什三。上许之。《宣帝纪》，五凤三年（前55），减天下口钱。甘露二年（前52），减民算三十。师古曰：“一算减钱三十也。”《成帝纪》：建始二年（前31），减天下赋钱，算四十。后汉亦屡有复口算之举，今不备征。汉世钱价贵，民于算赋、口钱，颇觉其重，减免实为惠政。又民得钱颇难。昭帝元凤二年、六年，皆诏三辅、太常以叔粟当赋，亦便民之事也。其横调杂物，则无如何。《汉书·薛宣传》：“邛成太后崩，丧事仓卒，吏赋敛以趋办。”《三国·吴志·华核传》：核言“都下诸官，所掌别异，各自下调，不计民力”。此等皆取之无定物，无定数，亦无定时，为虐最甚。宜乎吴无赋而百姓归心；史以民不益赋称桑弘羊之功；而成帝时有司奏请加赋，谷永亟言其不可许矣。古无户赋，魏武帝始行之。见《三国·魏志·赵俨传》。《三国志》本纪建安九年（204）注引《魏书》载公定河北后令曰“其收田租亩四升，户出绢二匹，绵二斤而已，他不得擅兴发”，盖亦所以止横敛也。

《续汉书·百官志》言：有秩、啬夫，皆主知民善恶，为役先后；知民贫富，为赋多少；平其差品。《后汉书·刘平传》言：平拜全椒长，政有恩惠，百姓怀感。人或增资就赋，或减年从役。则汉世赋以贫富为准，役以善恶、老少为差。《潜夫论·爱日篇》言：治国之日舒以长，乱国之日促以短。舒长者非谓羲和安行，乃君明民静而力有余；促短者非谓分度损减，乃上暗下乱而力不足。礼义生于富足，盗窃起于贫穷。富足生于宽暇，贫穷起于无日。可见役事繁简，与民生关系实大。贾山称文帝减外徭卫卒；贾捐之言文帝时丁男三年而一事；则其时徭役颇稀。然能如此者卒鲜。汉世大役可考者：如惠帝三年（前192）、五年，发长安六百里内男女十四万余人城长安，皆三十日；武帝欲筑通天台，未有人，王温舒请覆中尉脱卒，得数万人作皆是。然此尚非民所甚苦，其最苦者，则为远役。贾生言：“古者天子地方千里，中之而为都，输将徭使，其远者不在五百里而至。公侯地百里，中之而为都，输将徭使，远者不在五十里而至。输将者不苦其劳，徭使者不伤其费。”“及秦，输将起海上而来，一钱之赋，十钱之费，弗能致也。故陈胜一动而天下不振。”“今淮南地远者或数千里，越两诸侯而县属于汉。其吏民徭役，往来长安者，自悉而补，中道衣敝，钱用诸费称此。”“汉往者，家号泣而送之；其来徭使者，家号泣而遣之。” “其苦属汉而欲得王至甚；逋逃而归诸侯者，已不少矣”。杂采《新书》及《汉书》本传。秦时诸侯吏卒，常以徭使屯戍过秦中，已见第三章第三节。《汉书·枚乘传》言梁孝王尝上书，愿赐容车之地，径至长乐宫，自使梁国士众筑作甬道朝太后，此诸侯之虐用其人。然《魏相传》言河南卒戍中都官者二三千人；朱买臣，吴人也，而随上计吏为卒，将车至长安；《三国·魏志·管宁传》言：建安二十三年（218），陆浑长被书调丁夫给汉中；则王室之役使其民，其路亦不为近矣。谷永对策，欲使民不苦逾时之役，安可得哉？边戍之役亦特重。贾谊言：“今西边北边之郡：虽有长爵，不轻得复，五尺以上，不轻得息。斥候望烽燧不得卧，将吏被介胄而睡。”魏王观为涿郡太守，明帝即位，下诏书使郡县条为剧、中、平者。主者欲言郡为中平。观教曰：“此郡滨近外虏，数有寇害，云何不为剧邪？”主者曰：“若郡为外剧，恐于明府有任子。”观曰：“夫君者，所以为民也。今郡在外剧，则于役条当有降差，岂可为太守之私而负一郡之民乎？”遂言为外剧郡。此边郡徭役重难之证。《平准书》言汉诛羌，灭南越，番禺以西至蜀南者，置初郡十七，且以其故俗治，无赋税。南阳、汉中以往，郡各以地比给初郡，吏卒奉食币物传车马被具，此又以开边而劳及内郡者也。其得复者：或以宗室。文帝四年（前176），复诸刘有属籍，家无所与。或以帝王乡里。汉高祖以沛为汤沐邑，复其民，世世无有所与。后又复丰，比沛，事在十二年（前195）。光武建武六年（30），改舂陵为章陵县，世世复徭役，比丰、沛，无有所豫。或以吏。惠帝即位，诏曰：“吏所以治民也。能尽其治，则民赖之。故重其禄，所以为民也。今吏六百石以上，父母妻子与同居；及故吏尝佩将军、都尉印将兵；及佩二千石官印者；家唯给军赋，他无有所与。”或以爵。《汉书·食货志》，晁错说文帝曰：“令民入粟受爵，至五大夫以上，乃复一人耳。”武功爵，则千夫如五大夫。或以功臣之后。汉功臣之后多复家，见《表》。《王子侯表》注曰：“复家，蠲赋役也。”《高惠高后文功臣表》注引孟康曰：“诸复家皆世世无所与，得传同产子。”《后汉书·王良传》：“复其子孙邑中徭役。”或以学。《三国·魏志·王朗传》注引《魏略》，言太和、青龙中，太学诸生千数，率皆避役。《王修传》注引王隐《晋书》，王裒门人为本县所役，求裒为属。裒曰：“卿学不足以庇身，吾德薄不足以荫卿，属之何益？且吾不捉刀笔，已四十年。”乃步担干饭，儿负盐豉。门徒从者千余人。安丘令以为见己，整衣出迎之于门。裒乃下道，至土牛，磬折而立，云“门生为县所役，故来送别”。执手涕泣而去。令即放遣诸生。或以有车骑马。《食货志》，晁错言：“今令，民有车骑马一匹者，复卒三人。”武帝欲修马复令，见第十七章第六节。或以老。《汉书·武帝纪》，建元元年（前140），年八十复二算。九十复甲卒。民年九十以上，为复子若孙。《盐铁论·未通篇》，御史曰：“古者十五入大学，与小役。二十冠而成人，与戎。五十以上，血脉溢刚，曰艾壮。《诗》曰：‘方叔元老，克壮其猷。’……今陛下哀怜百姓，宽力役之政，二十三始赋，五十六而免，所以辅耆壮而息老艾也。”文学曰：“十九年以下为殇，未成人也。二十而冠。三十而娶，可以从戎事。五十以上曰艾老，杖于乡，不从力役。今五十以上至六十，与子孙服挽输，并给徭役，非养老之意也。”是汉从戎事者自二十三至五十六，他役则不限此也。参看第六节。或以丧。宣帝地节四年（前66），诏有大父母、父母丧者勿徭事。《后汉书·陈忠传》，元初三年（116），上言：孝宣皇帝，人从军屯及给事县官者，大父母死未满三月，皆勿徭，令将葬送。请依此制。太后从之。或以流移。宣帝地节三年，诏流民还归者，假公田，贷种、食，且勿算事。本始三年（前71），三辅民就贱者，且毋收事。或以行义。如《后汉书·列女传》，汉中陈文矩妻，蠲除家徭。或由鬻卖。汉武募民入奴婢，入粟，得以终身复。又民多买复，及千夫、五大夫，征发之士益鲜。见《平准书》《食货志》。然仍有成为具文者。如魏明帝起宫室，公卿以下，至于学生，莫不展力。见《三国志·高堂隆传》。参看第十二章第四节。又如孙权改作太初宫，诸将及州郡皆义作本传赤乌十年（247）。是也。其酷者：则或五人三人兼役，见《三国·吴志·孙休传》永安元年（258）诏。或一家而父子并役，见《三国·吴志·陆凯传》。又有役及女子者。惠帝城长安即然，已见前。《三国·蜀志·杨洪传》：先主争汉中，急书发兵。诸葛亮以问洪。洪曰："汉中，则益州咽喉，……无汉中则无蜀矣。……方今之事，男子当战，女子当运，发兵何疑。"其人或以贿免，或则铤而走险。《吴志·骆统传》：统言每有征发，"小有财货，倾居行赂，不顾穷尽。轻剽者则进入险阻，党就群恶"。案，此当时山民之所以多也。虽擅徭之律颇重，不能止也。《汉书·王子侯表》，江阳侯仁，元康元年（前65），坐役使附落免。师古曰："有聚落来附者，辄役使之，非法制也。"又：祚阳侯仁，初元五年（前44），坐擅兴徭赋，削爵一级，为关内侯。《高惠高后文功臣表》，信武肃侯靳歙，子亭，孝文后三年（前161），坐事国人过律免。又，东茅侯刘告，孝文十六年（前164），坐事国人过员，免。又，祝阿侯高成，孝文后三年，坐事国人过律，免。又：阳平侯杜相夫，元封三年，坐为太常，与太乐令中可当郑舞人擅徭，阑出入关，免。师古曰："择可以为郑舞而擅役使之，又阑出入关。"相夫，《百官公卿表》作"杜相"，未知孰是。此诸事可见擅徭之律之严。然梁冀起菟苑河南城西，发属县卒徒缮修楼观，数年乃成，则有权势者之擅徭，终莫之能止也。又更亦役之一，见第六节。王莽訾汉家"常有更赋，罢癃咸出"，行王田诏。见《食货志》及本传。其厉民亦不为不甚也。

武帝榷盐铁，已见第五章第十节。昭帝即位，六年（前81），诏郡国举贤良文学之士，问以民所疾苦。皆对愿罢酒榷、均输官。御史大夫桑弘羊难，以为此国家大业，所以制四夷，安边足用之本，不可废也。乃与丞相田千秋共奏罢酒酤。元帝时，尝罢盐铁官，三年而复之。罢在初元五年（前44），复在永光三年（前41），见《纪》。云"以用度不足"。东汉盐官、铁官，皆属郡县。本属司农，见《续书·百官志》。置令、长及丞，以主盐税、鼓铸。案，《汉书·

地理志》，郡有盐官者二十八，铁官四十。元和中，尚书张林上言盐官可自煮，尚书仆射朱晖奏不可施行，事遂寝。后陈事者重述林议。帝然之。有诏施行。大司农郑众固执不可，不听。和帝即位，乃以遗诏罢之。《三国志·王修传》注引《魏略》：修为司金中郎将，太祖与修书云“察观先贤之论，多以盐铁之利，足赡军国之用。昔孤初立司金之官，念非屈君，余无可者”云云。《太平御览》引此事作“河北始开冶，以修为司金中郎将”。据《殿本考证》。《卫觊传》云，觊留守关中，时四方大有还民，诸将多引为部曲。觊书与荀彧，请置使者监卖盐，以其值供给归民。彧以白太祖。太祖从之。始遣谒者仆射监盐官。蜀汉先主定益州，置盐府校尉，较盐铁之利，王连、岑述等为之，利入甚多，有裨国用，见《连》及《吕乂》《杨洪传》。又《张嶷传》，定莋、台登、卑水三县，定莋在今西康盐源县南，台登在今冕宁县东，卑水在今会理县北。旧出盐铁及漆。夷徼久自固食，嶷率所领夺取，署长吏焉。《吴志·朱桓传》：桓卒，孙权赐盐五千斛，以周丧事。则三国亦皆有盐利也。盐铁之利，多以供军。桓宽《盐铁论》宽，汝南人，见《汉书·田千秋等传赞》。备载大夫与贤良文学相难之语，理致殊有可观。儒家一概斥之，非也。唯征榷所入，虽云有利于国，而办理不善，则亦诒害于民，观第五章第十节所引贤良文学之言可见。当时卜式来自郡国，亦言其不便，可知其非贤良文学訾謷之辞也。和帝诏言肃宗复收盐铁，由于匈奴未宾；而吏多不良，动失其便，可知东京利弊，正与西京同。董仲舒言秦田租、口赋、盐铁之利，二十倍于古，见《食货志》。秦时未榷盐铁，《太史公自序》，其高祖昌为秦主铁官，当系汉时郡国铁官之类。则郡国何尝不可厉民？马棱迁广陵太守，谷贵民饥，奏罢盐官，以利百姓；《后汉书·马援传》。而徐偃矫制，使胶东、鲁国鼓铸盐铁，云从民望；《汉书·终军传》。则官卖盐铁，利弊亦不一矣。彭宠转渔阳盐铁以贸谷，刘虞亦通渔阳盐铁之饶，此固开州郡割据之渐。卫觊劝魏武收盐利以业还民，则又足以裁抑兵家。前汉阳朔、永始之间，颍川、山阳铁官徒皆起为乱。而《后书·循吏传》：卫飒守桂阳。耒阳县出铁石。他郡民庶常依因聚会，私为冶铸，遂招来亡命，多致奸盗。飒乃上起铁官，罢斥私铸。岁所增入五百余万。则欲安民者，官榷与放民私营，亦各有利弊矣。要之官榷盐铁之病民，首以办理不善，次则卖价大贵。宣帝地节四年（前66），诏“盐，民之食，而价咸贵，众庶重困，其减天下盐价”。除此二弊，则人民所出少而官家为利多，尚不失为良税也。

山海池泽之税，属于少府，已见第三节。《食货志》言：“山川、园池、市肆租税之入，自天子以至封君汤沐邑，皆各为私奉养，不领于天子之经费。”盖自晚周以来，名山大泽，久为有土者所障管，秦汉皆承其旧也。山泽之税，谓之假税。有时亦或免收。《汉书·宣帝纪》：地节三年（前67），诏池籞未御幸者，假与平民。《元帝纪》：初元元年（前48），江海、陂湖、园池属少府者，假与平民。《后汉书·安帝纪》：永初元年（107），以广成苑及被灾郡国公田假与贫民。皆不言有税。然《和帝纪》永元五年（93）诏，则云自京师离宫、果园，上林广成囿，悉以假贫民，恣得采捕，不收其税。又诏令郡劝民蓄蔬食，以助五谷。其官有陂池，令得采取，勿收假税二岁。其后九年、十一年、十五年之诏，亦咸有勿收假税之文。则凡但言假之者，皆收其税，李寻说王根省池泽之税，盖即指此。《汉书·文帝纪》：后六年（前158），大旱，蝗，弛山泽。《武帝纪》：元鼎二年（前115）诏言京师“山林池泽之饶，与民共之”，亦不过许其采取，不设禁籞而已，未尝不收其税也。案，《食货志》言，五凤中，耿寿昌白增海租三倍。萧望之奏言：“故御史属徐宫，家在东莱，言往年加海租，鱼不出。长老皆言：武帝时，县官尝自渔，海鱼不出，后复予民，鱼乃出。”海渔之税，亦名为租，则先汉视海与田同。海可禁民渔而自渔，其非私有可知。

然则土田虽云私有，而循田租之名，犹可知其义非私有，特格于事而无可如何。山泽之税，名之曰假，义亦同此。此皆古土地公有之遗迹也。《续汉书·百官志》：凡郡县有水池及鱼利多者，置水官，主平水，收渔税。《三国·魏志·王昶传》注引《任嘏别传》云："遇荒乱，家贫卖鱼。会官税鱼，鱼贵数倍，嘏取值如常。"《吴志·孙皓传》建衡三年（271）注引《吴录》云，孟仁除为盐池司马。自能结网，手以捕鱼，作鲊寄母。母因以还之，曰："汝为鱼官，而以鲊寄我，非避嫌也。"则三国时仍有鱼税矣。

《续志》又言郡县有工多者，置工官，主工税物，其税当不甚多。若商税则由来甚久。武帝之算缗钱、舟车，公卿言异时算轺车、贾人缗钱各有差，请算如故，可见非是时新创矣。缗钱、舟车之算，已见第五章第十节。今不更赘。主父偃言临菑十万户，市租千金。《汉书·高五王传》。冯唐言魏尚为云中守，军市租尽以给士卒。赵敬肃王使使即县为贾人榷会，入多于国租税。何武弟显，家有市籍，租常不入，县数负其课。市啬夫求商捕辱显家。后汉和帝永元六年（94），诏流民所过郡国，皆实禀之。其有贩卖者，勿出租税。光武帝赐刘盆子荥阳均输官地，以为列肆，使食其税终身。皆汉代征商之事。《后书·朱晖传》，尚书张林上言："宜因交趾、益州上计吏往来，市珍宝，收采其利，武帝所谓均输者也。"此即宋代借香药、宝货以富国之策，然未能行。《三国·魏志·文帝纪》注引《魏书》，载延康元年（220）二月庚戌令曰"关津所以通商旅，池苑所以御灾荒，设禁重税，非所以便民也，其除池籞之禁，轻关津之税，皆复什一"，则汉世商税之率，本为什一，而汉季尝行重税也。《吴志·孙皓传》注：天玺元年（276），会稽太守车浚、湘东太守张咏不出算缗，就所在斩之，徇首诸郡，则孙皓时又尝有算缗之法。

酒酤起于武帝天汉三年（前98），罢于昭帝始元六年（前81），已见第五章第十节。《昭帝纪》“罢榷酤官，令民以律占租”，如淳曰：“律：诸当占租者，家长身各以其物占。占不以实，家长不身自书，皆罚金二斤，没入所不自占物及贾钱县官也。”师古曰：“盖武帝时赋敛繁多，律外而取，今始复旧。”案，下文又云：“卖酒升四钱。”刘攽谓此数语“共是一事。以律占租者，谓令民卖酒，以所得利占而输其租”。“租，即卖酒之税也。卖酒升四钱，所以限民不得厚利尔。《王子侯表》旁况侯殷坐贷子钱不占租，皆免侯，义与此占租同。如颜说，官既罢榷酤矣，何处卖酒乎”？案，其说是也。然则官不榷酤，亦仍有酒税也。榷如今之官卖。《武帝纪》注引韦昭曰：“以木渡水曰榷，谓禁民酤酿，独官开置，如道路设木为榷，独取利也。”其说盖有所受之矣。《三国·吴志·顾雍传》言：“吕壹、秦博为中书，典校诸官府及州郡文书。壹等因此，渐作威福，遂造作榷酤障管之利，举罪纠奸，纤介必闻，重以深案丑诬，毁短大臣，排陷无辜。”则吴时亦有榷酤，且诒害颇烈。

秦汉赋税，用之之途，颇为分明。《食货志》言：“赋共车马甲兵士徒之役，充实府库赐予之用。税给郊社、宗庙、百神之祀，天子奉养，百官禄食，庶事之费。”案，《汉仪注》言“田租刍稿，以给经用；凶年，山泽、鱼盐、市税，少府以给私用”；《续汉书·百官志》注引。则《汉志》所谓给郊社、宗庙、百神之祀，百官禄食、庶事之费者，指田租言；所谓天子奉养者，指山泽之税言，而市税亦属焉。此又《汉志》所谓“山川、园池、市肆租税之入，自天子以至封君汤沐邑，皆各为私奉养”者也。毋将隆言：“大司农钱，自乘舆不以给供养。供养劳赐，一出少府。”武帝欲榷盐铁，孔仅、东郭咸阳言：“山海，天地之藏也，皆宜属少府，陛下不私，以属大农。”《路温舒传》：“迁广阳私府长。”师古曰：“藏钱之府，天子曰少府，诸侯曰私府。”此盖自古相传之法，非秦汉所创也。然其时郡国财计，已颇受中央指挥。《续汉书·百官志》

云："大司农……掌诸钱谷、金帛、诸货币。郡国四时上月旦见钱谷簿。其逋未毕，各具别之。边郡诸官请调度者，皆为报给，损多益寡，取相给足。"郡国岁尽遣吏上计，注引卢植《礼注》曰："计断九月，因秦以十月为正故。"县秋冬上计于所属郡国。则统属之规模已具。《后汉书·伏湛传》，湛上疏谏征彭宠云："渔阳以东，本备边塞。地接外虏，贡税微薄。安平之时，尚资内郡，况今荒耗，岂足先图？"《刘虞传》言"幽部应接荒外，资费甚广，岁常割青、冀赋调二亿有余，以给足之"。此即《续志》所谓损多益寡，取相给足者，犹后世之协饷也。则中央又能令各地相调剂矣。《汉书·宣帝纪》：黄龙元年（前49），诏责上计簿为具文。《景武昭宣元成功臣表》：众利侯郝贤，元狩二年（前121），坐为上谷太守，入戈卒财物计谩，免。则汉时财政，亦未可谓之清明。然此乃政事之失，与规制无涉也。桓谭《新论》云，汉百姓赋敛，一岁四十余万万。吏俸用其半。余二十万万藏于都内，为禁财。《汉书·外戚恩泽侯表》，阳城侯田延年，坐为大司农盗都内钱三千万，自杀。如淳曰："天子钱藏中都内，又曰大内。"《百官公卿表》大司农属官有都内令丞，即此。《续书·百官志》曰"凡山泽陂池之税，名曰禁钱，属少府，世祖改属司农"，与此相似，实不同也。少府所领园地作务之八十三万万，以供赏赐。其岁出入大略如此。

第六节 兵制

秦汉之世，为中国兵制之一大变。古代兵农合一之说虽诬，然至战国，业已成为举国皆兵之局，已见《先秦史》第十四章第五节。一统之后，疆理既恢，征戍之途弥远。夫地大人众，则不必举国皆兵，而后足以御侮；征戍远则民劳，不得不加以体恤；于是罪人、奴隶与异族之降者杂用。盖自秦已启其端，至汉武之世而大盛。更经新室之乱，光武崛起，急欲与民休息，而民兵之制遂废。国之强弱，诚不尽系乎兵；兵之强弱，亦不尽系乎制度；然使民兵之制犹存，终必略加以训练，不致盗贼攻之而不能御，戎狄略之而不能抗矣。然则典午以降，异族之凭陵，武夫之跋扈，其原虽不一端，要不得谓与民兵之废无关系也。

《汉书·刑法志》述汉兵制云："天下既定，踵秦而置材官于郡国。京师有南北军之屯。至武帝平百粤，内增七校，外有楼船。皆岁时讲肄，修武备云。"案，《汉书·高帝纪》：十一年（前196），发上郡、北地、陇西车骑，巴、蜀材官及中尉卒三万人，为皇太子卫，军霸上。注引应劭曰："材官，有材力者。"张晏曰："材官，骑士。习射御骑驰战阵。常以八月，太守、都尉、令、长、丞会都试，课殿最。水处则习船。边郡将万骑行障塞。"《惠帝纪》：七年（前188），发车骑、材官诣荥阳。师古曰："车，常拟军兴者，若近代之戍车也。骑，常所养马，并其人使行充骑，若今武马及所养者主也。"《晁错传》："材官驺发。"臣瓒曰："材官，骑射之官也。"《高帝纪》：二年，萧何发关中老弱未傅者悉诣军。注引孟康曰："古者二十而傅，三年耕有一年储，故二十三而后役之。"如淳曰："律：年二十三，傅之畴官，各从其父畴学之。高不满六尺二寸以下为罢癃。《汉仪注》云民年二十三为正，一岁为卫士，一岁为材官骑士，习射御、骑驰、战阵。又曰年五十六，衰老，乃得免为庶民，就田里。"据此诸说，材官、车骑是一。习射御为车，习骑驰为骑。有车骑之地，并征发其车骑称车骑；无车骑之地，徒征发其人，则称材官耳。有车骑与否，盖视乎其地。大体北多而南少。故桓将军说吴王，言吴多步兵，汉多车骑也。

秦汉之世，车战虽未尽废，要不若用骑之多，故诸书多言骑士。《汉书·冯唐传》："拜唐为车骑都尉，主中尉及郡国车士。"则车与骑又有别。水战之士，亦称辑濯士，见《刘屈氂传》。亦曰棹卒，见《后汉书·岑彭传》。南军属卫尉，北军属中尉，已见第三节。黄霸为京兆尹，坐发骑士诣北军，马不适士，劾乏军兴；而《汉仪注》言民一岁为卫士；则南北军皆调自民间。《续书·礼仪志》有飨遣故卫士仪，其人盖以时更代，故论者以拟唐府兵之番上，而以七校拟唐之长从也。《国语·齐语》述管子作内政寄军令曰："五家为轨，故五人为伍，轨长帅之。十轨为里，故五十人为小戎，里有司帅之。四里为连，故二百人为卒，连长帅之。十连为乡，故二千人为旅，乡良人帅之。五乡一帅，故万人为一军，五乡之帅帅之。""内教既成，令勿使迁徙。伍之人祭祀同福，死丧相恤，祸灾共之。人与人相畴，家与家相畴"云云。则所谓畴官者，即轨长、里有司、连长、乡良人、军帅；各从父畴，犹言仍隶其父之伍耳。罢癃当免役，故王莽訾汉常有更赋，疲癃咸出也。《食货志》载莽王田令。

《汉书·昭帝纪》：元凤四年（前77），帝加元服，三年以前逋更赋未入者皆勿收。注引如淳曰："更有三品：有卒更，有践更，有过更。古者正卒无常，人皆当迭为之，一月一更，是为卒更也。贫者欲得雇更钱者，次值者出钱雇之，月二千，是谓践更也。天下人皆值戍边三日，亦名为更，律所谓繇戍也。虽丞相子亦在戍边之调。不可人人自行三日戍；又行者当自戍三日，不可往便还；因便住，一岁一更，诸不行者，出钱三百入官，官以给戍者，是谓过更也。律说：卒践更者，居也。居更县中五月乃更也。后从尉律，卒践更一月，休十一月也。《食货志》曰月为更卒，已复为正，一岁屯戍，一岁力役，三十倍于古，此汉初因秦法而行之也。后遂改易，有谪乃戍边一岁耳。"《吴王濞传》："卒践更。辄与平价。”注引服虔曰：“以当为更卒，出钱三百，谓之过更。自行为卒，谓之践更。吴王欲得民心，为卒者雇其佣，随时月与平价也。”晋灼曰：“谓借人自代为卒者，官为出钱，雇其时佣平价也。”案，如说与服说异，晋说同。如淳据律，似不当有误，故师古以晋说为是也。卒更盖调民为卫，律所谓徭戍者则守边。此唯极小之国，人数不多，不能借代，而边地距所居不远者，乃能行之，稍大，则无不行践更、过更者矣。故吴王于卒践更辄与平价，而不闻其有惠于卒更；晁错言远方之卒守塞，一岁而更；盖宽饶之子自戍北边，则当时以为异闻矣。《汉书·酷吏传》：人有变告王温舒受员骑钱。《游侠传》：郭解阴请尉史，脱人于践更时。则征调不能无弊。鲍宣言民有七亡，“县官重责更赋租税”其一；《后书》安帝永初四年（110）、顺帝永建五年（130），皆有免过更之诏，则过更亦由官责其钱矣。秦爵二十级，四曰不更。师古曰：“言不豫更卒之事。”盖民之苦兵役久矣。《后汉书·陈忠传》注引谢承书，言施延取卒月值，赁作半路亭父，以养其母，则亭卒初亦行卒更法，而后变如践更。

《汉书·武五子传》：“将军都郎羽林。”师古曰：“都，大也。谓大会试之。汉光禄挈令：诸当试者不会都所，免之。”《霍光传》：“光出都肄郎羽林。”孟康曰：“都，试也。肄，习也。”盖“都”本“大”义，因“大试”称“都试”，后遂称“试”为“都”耳。观都之名及光禄挈令，则知其初所试极为普遍，而脱漏之法亦严。然《韩延寿传》述延寿在东郡试骑士，盛为威仪，以奢僭见劾；《后汉书·耿弇传》言弇常见郡试骑士，由是好将帅之事；即可见其徒饰耳目之观。《刑法志》言：“春秋之后，灭弱吞小，并为战国，稍增讲武之礼，以为戏乐，用相夸视；而秦更名角抵；先王之礼，没于淫乐中矣。”“至元帝时，以贡禹议，始罢角抵，而未正治兵振旅之事也。”《武帝纪》：元封三年（前108）

春，作角抵戏，三百里内皆来观。注引应劭曰：“角者，角技也。抵者，相抵触也。”文颖曰：“名此乐为角抵者，两两相当角力，角技艺射御，故名角抵。盖杂技乐也。巴、俞戏鱼龙蔓延之属也。汉后更名平乐观。”元封六年夏，京师民观角抵于上林平乐馆。师古曰：“抵者，当也，非谓抵触。文说是也。”案，师古说非也。角抵之技，盖起于两人角力，后乃益以射御等事耳。此本与治兵振旅无关，宜其徒为戏乐也。角抵如此，都试如彼，则讲武久已徒有其名。《汉书·邹阳传》：公孙獲言吴、楚之王，练诸侯之兵，驱白徒之众，而与天子争衡。师古曰：“白徒，言素非军旅之人，若今言白丁矣。”可见民之未经训练者已多。然告朔饩羊犹在。故燕刺王欲反，数阅其车骑、材官、卒；光武与李通，初亦欲因都试起事也。光武建武七年（31），罢郡国都尉官，及罢轻车、骑士、材官、楼船士及军假吏，还复民伍。《续书·百官志》云自是无复都试之役，而讲武之意荡然矣。《三国志·魏武帝纪》建安二十一年（216）注引《魏书》，有司奏：“四时讲武于农隙。汉承秦制，三时不讲，唯十月都试车马，幸长水南门，会五营士，为八阵进退，名曰乘之。今金革未偃，士民素习。自今以后，可无四时讲武，但以立秋择吉日大朝车骑，号曰治兵。上合礼名，下承秦制。”奏可。乘之之制，见于《续汉书·礼仪志》，此亦徒饰耳目，三国相承，未能变也。是年，冬十月，治兵，遂征孙权。二十三年七月，治兵，遂西征刘备。文帝延康元年（220）六月，治兵于东郊，南征。则征伐皆先治兵，不限于立秋之日也。

于役者最苦其远，已见第五节。兵亦役之一，读《盐铁论·备胡》《执务》《徭役》诸篇可知。为免人民之困，于是乎有谪发。谪发缘起，已见第二章第二节。《汉书·武帝纪》：天汉四年（前97），发天下七科谪以击匈奴。张晏曰“吏有罪一，亡命二，赘婿三，贾人四，故有市籍五，父母有市籍六，大父母有市籍七”，即晁错所言秦法也。较晁错所言，多一亡命，盖错言之不具，贰师再伐大宛，亦发天下七科谪，《史记·大宛列传》《汉书·李广利传》同。七科中除第一、二科外，皆不可谓之有罪，盖特以免扰累。错又言秦有闾左之戍，《伍被传》亦有其文，案陈胜即其事。胜之令其徒属曰：“借第令毋斩，而戍死者固十六七。”可见其用之之酷，天下所由怨叛也。楚、汉之世，用兵仍征自民间。《高帝纪》，五年（前202）五月，兵皆罢归家。十年，陈豨反。高祖自言“吾以羽檄征天下兵”。十一年，黥布反，赦天下死罪以下，皆令从军，然仍征兵于诸侯。其赦死罪，盖亦如楚令谪卒分守成皋，见《郦生传》。聊以佐正卒之不足耳。是年，发上郡、北地、陇西车骑，巴、蜀材官为皇太子卫，已见前。高后五年（前183），发河东、上党骑屯北地。文、景之世，匈奴入寇，亦恒发郡国兵。武帝建元三年（前138），救东瓯，尚遣严助持节发会稽兵。及元朔六年（前123），大将军再出塞，诏言“诸禁锢及有过者，咸蒙厚赏，得免减罪”，盖用谪发始多。其后元鼎六年（前111）平南越，元封二年（前109）定朝鲜，六年击昆明，太初元年（前104）征大宛，四年伐匈奴，天汉元年（前100）屯五原，无不以谪发者。昭帝元凤元年（前80），击武都氐，五年屯辽东，宣帝神爵元年（前61）征羌亦然。王莽亦大募天下囚徒、人奴，名曰猪突豨勇。见《汉书·食货志》及本传。皆因用兵多且数，不欲烦扰农民故也。汉自武、宣以后，不甚劳民之事，转有发卒为之者。如甘露三年（前51）单于入朝，发所过七郡二千骑为陈道上，后又发边郡士马以千数，送之出鸡鹿塞是也。真用以攻战者，往往致败。如王莽发巴、蜀、犍为吏士击益州，巴、蜀骚动；大发天水、陇西骑士，巴、蜀、犍为吏以击之，骚扰弥甚；即其一证。《汉书·萧望之传》，张敞以羌叛，欲令陇西、安定等八郡赎，令罪人出财以诛之，贤于烦扰良民，横兴赋敛，此谪发代征调而兴之理也。就一时言之，自亦未尝无益，然久之则民不习于兵矣。用奴隶者：章邯以人奴产子拒楚，已见第三章第一节。汉诬淮阴侯欲诈赦诸官徒奴。贡禹欲免诸官奴婢，令代关东戍卒，乘北边亭塞候望。王莽募人奴为猪突豨勇。后汉时有所谓家兵者，见《后汉书·朱俊传》《袁绍传》，《三国志·曹洪传》《吕虔传》。《后书》注曰"家兵，僮仆之属"也。用异族者：赵破奴用属国骑击姑师。李广利击大宛，亦发属国六千骑。皆见《史记·大宛列传》。《汉书·西域传》《李广利传》同。范明友击益州用羌。见《汉书·昭帝纪》元凤四年（前77）诏。宣帝时击羌用婼羌、月氏。见《赵充国传》。元帝时平羌用呼速累嗕种。见《冯奉世传》。而乌桓处五郡塞外，为汉侦察匈奴，后汉南匈奴既降，列置诸王，为郡县侦罗耳目，其规模尤广。偏隅用兵，后汉亦多用异族者：如建武十九年（43），刘尚发广汉、犍为、蜀郡民及朱提夷人击益州；建初元年（76），肃宗募发越巂、永昌夷、汉讨哀牢皆见《后汉书·西南夷列传》。是也。戍边亦多用系囚，赦其罪，令与妻子俱往占著。明帝永平八年（65）、十六年、十七年，章帝建初七年、元和元年（84）、章和元年（87），和帝永元元年（89），安帝延光三年（124），顺帝永建元年（126）、五年，冲帝建康元年（144），桓帝建和元年（147）、和平元年（150）、永兴元年（153），皆有是诏。其调发郡国兵者：建武二十三年，刘尚发南郡、长沙、武陵兵讨南蛮，马援发长沙、桂阳、零陵、苍梧兵讨交趾；[①] 永元十三年，巫蛮许圣反，明年，遣使者督荆州诸郡兵讨之。皆见《后汉书·南蛮传》。元初五年（118），代郡鲜卑入塞，发缘边甲卒、黎阳营兵屯上谷，《鲜卑传》。乃罕有之事矣。

郡国都尉之罢，一时似无甚关系，然未久而其弊即见。应劭言：自郡国罢材官骑士之后，官无警备，实启寇心。黔首嚣然，

① 编辑注：据《后汉书·南蛮传》，马援此役在建武十八年。

不及讲其射御，用其戒誓，驱以即敌，每战常负。尔乃远征三边。殊俗之兵，非我族类。忿鸷纵横，多僵良善。财货粪土。《续汉书·百官志》注引。郑泰策关东义兵曰：“中国自光武以来，无鸡鸣狗吠之警，百姓忘战日久。仲尼有言‘不教民战，是谓弃之’。虽众不能为害。”《三国志·郑浑传》注引张璠《汉纪》。《后汉书·泰传》本之。王朗奏言：旧时：虎贲、羽林、五营兵及卫士，或商贾惰游，或农野朴钝；既不简练，又稀更寇；名实不副，难以备急。有警而后募兵，军行而后运粮。或乃兵既久屯，而不务营佃，不修器械。一隅驰羽檄，则三面并荒扰。此亦汉氏近世之失，而不可式者也。当今诸夏已安，而巴、蜀在画外。宜因年之大丰，遂寄军政于农事。吏士小大，并勤稼穑。止则成井里于广野，动则成校队于六军。《三国志》本传注引《魏名臣奏议》。司马朗亦言：“天下土崩之势，由秦灭五等之制，而郡国无蒐狩习战之备。今虽五等不可复行，可令州郡并置兵，外备四夷，内威不轨。”《三国志》本传。凡此所云，并足见民兵之废，其诒患为如何也。

民兵之制既废，募兵之法旋起。《汉书·昭帝纪》，始元元年（前86），益州二十四邑反，遣吕破胡募吏民及发犍为、蜀郡奔命击之。应劭曰：“旧时郡国皆有材官、骑士，以赴急难。今夷反，常兵不足以讨之，故权选取精勇。闻命奔走，故谓之奔命。”李斐曰：“平居发者二十以上至五十为甲卒，今者五十以上六十以下为奔命。奔命，言急也。”师古曰：“应说是也。”案，《后汉书·任光传》：光武欲入城头子路、力子都兵，光劝云“可募发奔命，出攻旁县，若不降者，恣听掠之，人贪财物，则兵可招而致”，此明是临时选取。光武自信都而北，所过发奔命兵；《本纪》。武陵蛮围刘尚，诏宋均发江夏奔命三千人救之；《均传》。盖亦此类。窃疑奔命本指发及羸老，后乃变为选取精勇也。《汉书·匈奴传》：莽发郡国勇士、武库精兵，各有所屯守。议满三十万众，十道并出，穷追匈奴，内之丁令。勇士，盖即李陵所将勇敢五千人之类，此亦当出召募。《淮南衡山王列传》言“时有欲从军辄诣京师”，而卫青、霍去病之出塞，私负从马至十四万匹，则其时之人颇乐从军。此召募之所以易集。马援击五溪蛮夷，以十二郡募士，则募兵之用渐广矣。丧乱之世，民无所归，或自托于营伍，故欲募兵更易。魏武帝建安十五年十二月己亥令言欲合兵能多得。《本纪》注引《魏武故事》。详见第十二章第一节。孙策入曲阿，令告诸县：刘繇、笮融等故乡部曲“来降首者，一无所问。乐从军者，一身行，复除门户。不乐者，勿强也”。旬日之间，四面云集。得见兵二万余人，马千余匹。《三国志》本传注引《江表传》。吕乂迁巴西太守。诸葛亮连年出军，调发诸郡，多不相救。乂募取兵五千人诣亮。慰喻检制，无逃窜者。皆募兵易得之证。然《魏志·杜畿传》言：卫固欲大发兵，畿说其徐以资募，遂延至数十日乃定，则调发之成规尚存。田况之守翼平也，发民年十八以上四万余人，授以库兵，赤眉闻之，不敢入界。《汉书·王莽传》。羊续之守庐江也，发县中男子二十以上，皆持兵勒陈。其小弱者，使负水灌火。会集数万人，并势力战，大破黄巾。则未经训练之众，苟临时有以部勒之，亦未尝遂不可用。孙策绝袁术书，论当时山东义兵曰：“以中土稀战之兵，当边地劲悍之虏。”然又曰：“今四方之人，皆玩敌而便战斗矣。”本传注引《吴录》。可见风气转变非难。韩信之背水为阵，自言驱市人而用之。戾太子之叛，驱四市人以为用，见《汉书·刘屈氂传》。此信言之明验。故先汉之七科谪，贾人居其四焉。此承战国之余俗，人人习兵使然。然先主之起，实赖中山大商张世平、苏双等多与之财；而孙坚从朱俊讨黄巾，亦募诸商旅以为用；可见右武之遗风，东京末犹未尽泯。苟能善用之，固未始不可以戡乱御侮也。然是时之取兵，则有如袁谭，名为召募，实则放兵捕索者。又有如孙休，使敕交趾太守锁送其民，发以为兵者。吕兴之乱，由此激成，见《魏志·陈留王纪》咸熙元年（264）诏。案，吴发调之弊亦极甚。陆逊陈便宜极言之，见《孙权传》黄武五年（226）。曷怪民之视充兵为畏途，而民兵之制，日益废坠哉？

外强中弱，自前汉时已肇其机。光武之定河北也，实以上谷、渔阳突骑。《后汉书·景丹传》：从击王郎将倪宏等于南䜌。汉县，今河北巨鹿县北。郎兵迎战，汉军退却。丹等纵突骑击，大破之。世祖谓曰："吾闻突骑天下精兵，今乃见其战，乐可言邪？"可见是时突骑之强。然《吴汉传》，广乐之战，广乐，城名，在今河南虞城县西。汉以乌桓突骑三千余人齐鼓而进，则突骑中实颇杂异族。窦融欲据河西，而曰："张掖属国，精兵万骑。"则西北情形，亦与东北相类。后汉大举外攘，每多兼用蕃兵。如永平十六年（73）、永元元年（89）之伐北匈奴、南单于而外，又有羌、胡、乌桓、鲜卑。延平元年（106）西域之叛，梁慬以河西羌、胡赴之。永建二年（127）辽东鲜卑寇边，耿晔以乌桓率众王击之。任延守武威，选集武略之士千人，令将杂种胡骑休屠、黄石，屯据要害，皆是。甚有以戡内乱者，如陈球被围，度尚以幽、冀、黎阳乌桓骑救之是也。腹里空虚，边陲强悍，遂成偏重之势。虞诩言：凉州"习兵壮勇，实过余州"。傅燮言："边兵多勇，其锋难当。"郑泰言："关西诸郡……数与胡战，妇女载戟挟矛，弦弓负矢，况其悍夫？以此当山东忘战之民，譬驱群羊向虎狼。"又言："天下之权勇，今见在者，不过并、凉、匈奴、屠各、湟中、义从、八种西羌，皆百姓素所畏服。"蔡文姬之诗曰："卓众来东下，金甲耀日光。平土人脆弱，来兵皆胡羌。猎野围城邑，所向悉破亡。斩截无孑遗，尸骸相掌拒。马边悬男头，马后载妇女。长驱西入关，回路险且阻。""所略有万计，不得令屯聚。或有骨肉俱，欲言不敢语。失意几微间，辄言毙降虏。要当以亭刃，我曹不活汝。岂复惜性命？不堪其詈骂。或便加捶杖，毒痛参并下。旦则号泣吟，夜则悲吟坐。欲死不能得，欲生无一可。彼苍者何辜，乃遭此厄祸？”读此，乃知当时董卓、李傕、郭汜等残暴无人理之由。边章、韩遂为寇，邹靖欲开募鲜卑，应劭驳之曰：“（鲜卑）天性贪暴，不拘信义。数犯障塞，且无宁岁。唯至互市，乃来靡服。苟欲中国珍货，非为畏威怀德，计获事足，旋踵为害。是以朝家，外而不内，盖为此也。往者匈奴反叛，度辽将军马续、乌桓校尉王元发鲜卑五千余骑。又武威太守赵冲亦率鲜卑征讨叛羌。斩获丑虏，既不足言，而鲜卑越溢，多为不法。裁以军令，则忿戾作乱。制御小缓，则陆掠残害。劫居人，钞商旅。啖人牛羊，略人兵马。得赏既多，不肯去，复欲以物买铁。边将不听，便取缣帛，聚欲烧之。边将恐怖，畏其反叛。辞谢抚顺，无敢拒违。今狡寇未殄，而羌为巨害。如或致悔，其可追乎？”同为中国之民，犹必主军强于客军，乃能借以为用，况其为异族乎？此五胡之乱之一大原因也。

晁错比较汉与匈奴兵力曰：“上下山阪，出入溪涧，中国之马弗与也。险道倾仄，且驰且射，中国之骑弗与也。风雨罢劳，饥渴不困，中国之人弗与也。此匈奴之长技也。若夫平原易地，轻车突骑，则匈奴之众易挠乱也。劲弩长戟，射疏及远，则匈奴之弓弗能格也。坚甲利刃，长短相杂，游弩往来，什伍俱前，则匈奴之兵弗能当也。材官驺发，矢道同的，则匈奴之革笥木荐弗能支也。下马地斗，剑戟相接，去就相薄，则匈奴之足弗能给也。此中国之长技也。”二者相较，匈奴之众，并不视中国为强。然梁商移书马续，言“良骑野合，交锋接矢，决胜当时，戎狄之所长，而中国之所短也。强弩乘城，坚营固守，以待其衰，中国之所长，戎狄之所短也”。《后汉书·南匈奴传》。则中国徒能自守，而野战不如异族矣。此忘战之祸也。赵充国策屯田曰：“窃见北边，自敦煌至辽东，万一千五百余里，乘塞列隧，有吏卒数千人，虏数大众攻之而不能害。今留步士万人屯田。地势平易，多高山远望之便。部曲相保，为堑、垒、木樵，师古曰：“樵与谯同，谓为高楼以望敌也。”校联不绝。便兵弩，饬斗具。烽火幸通，势及并力。以逸待劳，兵之利者也。”侯应议罢边备塞吏卒曰：“臣闻北边塞至辽东。外有阴山。东西千余里。草木茂盛，多禽兽。本冒顿单于依阻其中，治作弓矢，来出为寇，是其苑囿也。至孝武世，出师征伐，斥夺此地，攘之于幕北，建塞徼，起亭隧，筑外城，设屯戍以守之，然后边境得用少安。幕北地平，少草木，多大沙。匈奴来寇，少所蔽隐。从塞以南，径深山谷，往来差难。边长老言：匈奴失阴山之后，过之未尝不哭也。”又曰：“起塞以来，百有余年，非皆以土垣也，或因山岩石，木柴僵落，溪谷水门，稍稍平之。卒徒筑治，功费久远，不可胜计。”《汉书·匈奴传》。盖其守御之精严如此。《匈奴传》述昭帝时事云“汉边郡烽火候望精明，匈奴为边寇者少利，稀复犯塞”，盖有由也。有障塞而不乘，候望侦伺，责之异族，而地利转为他人用矣。

汉世兵器，犹多出于官。主制造者为考工，成则藏诸武库。《续汉书·百官志》：“考工令一人。”本注曰：“主作兵器弓弩刀铠之属。成则传执金吾入武库。”案，《前书·百官公卿表》：中尉属官，有武库令及三丞。后汉改中尉为执金吾①。有武库令一人，主兵器，丞一人。又汉世郡国，多有武库。《成帝纪》：建始元年（前 32），立故上郡库令良为王。如淳曰：“《汉官》北边郡库，官之兵器所藏，故置令。”又田千秋子为洛阳武库令，见《魏相传》。少府属官若卢，亦主弩射。见《百官公卿表》。服虔曰：“若卢，诏狱也。”邓展曰：“旧洛阳两狱：一名若卢，主受亲戚妇女。”如淳曰：“若卢，官名也，藏兵器。《品令》曰：若卢郎中二十人，主弩射。《汉仪注》有若卢狱令，主治库兵、将、相、大臣。”

① 编辑注：据《汉书·百官公卿表》，武帝太初元年，中尉更名为执金吾。

《王吉传》："补若卢右丞。"师古曰："少府之属官有若卢令丞，《汉旧仪》以为主治库兵者。"汉世作乱者多盗库兵。事见《成帝纪》阳朔三年（前22）、鸿嘉三年（前18）、永始三年（前14），《平帝纪》元始三年（3）。《后汉书·梁统传》：统言"陇西、北地、西河之贼，越州度郡，万里交结，攻取库兵，劫略吏人"。戾太子之叛，亦出武库兵。燕刺王言武帝时受诏领库兵。《后汉书·羌传》述永初叛羌情形曰："归附既久，无复器甲。或持竹竿木枝以代戈矛，或负版案以为盾，或执铜镜以象兵。"说本《潜夫论》。则当时民间，兵器本少，贾生谓秦末起事者，"斩木为兵，揭竿为旗"，非尽形容之语。故秦皇欲销天下之兵，公孙弘欲禁民挟弓弩，见《汉书·吾丘寿王传》。王莽禁民挟弩铠，《王莽传》始建国二年（10）。徐邈为凉州刺史，亦以渐收敛民间私仗，藏之府库也。《日知录》言：古者以铜为兵。"战国至秦，攻争纷乱，铜不充用，故以铁足之。……渐染迁流，遂成风俗。所以铁工比肩，而铜工稍绝。二汉之世，愈见其微"。案，贾谊说汉文收铜勿令布，而云以作兵器，则汉世之兵，犹以铜为贵。淮南厉王袖金椎击辟阳侯，其椎未必铁制也。贾山言秦为驰道，隐以金椎，役夫未必有铜椎，盖以习用之语言之，可见椎初亦以铜为之也。张良为铁锥以击秦皇，或转为特异之事。铜为在官之物。铁则用作农器，民间本多。以之作兵，兵遂散布于民间矣。故吕母散家财买兵弩，见《汉书·王莽传》。《后汉书·刘盆子传》云"买刀剑"。光武起兵时，亦得市兵弩也。《律》，胡市，吏民不得持兵器出关。《汉书·汲黯传》注引应劭说。然汉亡卒已教西域铸铁器及他兵器，见《汉书·西域传》。鲜卑得赏赐，辄欲买铁，见上引应劭说。蔡邕议伐鲜卑，谓"关塞不严，禁网多漏，精金良铁，皆为贼有"，则禁令亦成具文。文明之传布，固未易遏阻也。

公孙弘之议禁民挟弓弩也，曰："十贼彍弩，百吏不敢前。……禁民不得挟弓弩，则盗贼执短兵。短兵接则众者胜。以众吏捕寡贼，其势必得。”则当时战斗，以弓弩为利器。是故引强、蹶张，视为长技；《史记·绛侯世家》言勃为材官引强。《汉书·申屠嘉传》，以材官蹶张从高帝击项籍，迁为队帅。如淳曰：“材官之多力，能脚踏强弩张之，故曰蹶张。律有蹶张士。”师古曰：“今之弩，以手张者曰擘张，以足张，以足蹋者曰蹶张。”《袁盎传》，盎说嘉曰：“君乃为材官蹶张，迁为队帅。”良弩有远射至千余步者；见《后汉书·陈球传》。而三国时诸葛亮及马钧，皆欲损益连弩之法焉。见第十六章第二节。短兵接则杀伤多，《汉书·刘屈氂传》，武帝赐丞相玺书曰：“毋接短兵，多杀伤士众。”故能用短兵者，众则誉为勇敢。《汉书·地理志》言吴、粤之君皆好勇，故其民至今好用剑，轻死易发；李陵夸其众为奇材剑客；王允以剑客遇吕布，而魏武以许褚所将剑客为虎士也。《三国志·褚传》，褚以众归太祖，即日拜都尉，引入宿卫。诸从褚侠客，皆以为虎士。又云：“初，褚所将为虎士者从征伐，太祖以为皆壮士也，同日拜为将。其后以功为将军、封侯者数十人，都尉、校尉百余人，皆剑客也。”案，谓之客者，盖谓不自食而寄食于人。《史记·游侠列传》曰：“要以功见言信，侠客之义又曷可少哉？”当时之为游侠者，固多不能自食之徒也。《汉书·景武昭宣元成功臣表》：众利侯伊即轩，以从骠骑将军击左王手剑合侯。

攻击仍多用石，《三国志·袁绍传》：“绍为高橹，起土山，射营中，营中皆蒙盾。众大惧。太祖乃为发石车，击绍楼，皆破。绍众号曰霹雳车。”注引《魏氏春秋》曰“以古有矢石，又《传》言‘旝动而鼓’，《说》曰‘旝，发石也’，于是造发石车”，似即魏武之所造者。然此事非仓卒可成，亦必有所受之也。晁错言募民徙塞下曰：“以便为之高城、深堑，具蔺石，布渠答。”服虔曰：“蔺石，可投人石也。”如淳曰：“蔺石，城上雷石也。”《李陵传》，陵军入狭谷，单于遮其后，乘隅下垒石，即如淳所谓雷石也。苏林曰："渠答，铁蒺藜也。"如淳曰："墨子曰：'城上二步一渠，立程长三尺，冠长十尺，臂长六尺，二步一答。广九尺，袤十二尺。'"师古曰："蔺石，如说是也。渠答，苏说是也。"皆当时攻守之具也。

《陈涉世家》言，涉起蕲，行收兵，至陈，车六七百乘，骑千余，卒数万人。又云，周文西击秦，行收兵，至关，车千乘，卒数十万。似秦汉间车尚与骑并重者。然时灌婴、傅宽、靳歙等皆以骑将立功，未闻有以车将著者也。卫青令武刚车自环为营。韩延寿都试骑士，令骑士兵车四面营阵。李陵军至浚稽山，与单于相值，骑可三万，围陵军，军居两山间，以大车为营，且战且引，南行。数日，抵山谷中，连战，士卒中矢伤，三创者载辇，两创者将车，一创者持兵战。陵曰："吾士气少衰而鼓不起者，何也？军中岂有女子乎？"始军出时，关东群盗妻子徙边者，随军为卒妻妇，大匿车中。陵搜得，皆剑斩之。及管敢亡降匈奴，教单于遮道急攻陵。陵乃弃车去，士徒斩车辐而持之。史言骠骑将军车重与大将军等。《汉书·赵充国传》言义渠安国以骑都尉将骑三千，屯备浩亹，为虏所击，失亡车重兵器甚众。充国引兵至先零在所，虏久屯聚，懈弛，望见大军，弃车重，欲渡湟水。道隘狭。充国徐行驱之，虏马牛羊十余万头，车四千余两。段颎策羌曰："以骑五千，步万人，车三千两，三冬二夏，足以破定。"则当时用兵，无论中国外夷皆有车，特皆以为营阵，供运载，而不以事驰突耳。车与骑之用有别，故车将与骑将皆异其人。灌婴、傅宽、靳歙等《传》言车司马、侯骑将、骑千人将、骑长、楼烦将，《张敞传》，以正违忤大将军，使主兵车，皆是。其车骑连言，如灌婴、靳歙之称车骑将军者，实则所主皆骑耳。《后汉书·南匈奴传》言光武造战车，可驾数牛，作楼橹，置于塞上，以拒匈奴，亦用以拒驰突，而非以之逐利也。

第七节
刑法

吾国法律，完具而可考者，始于李悝之《法经》，而商君用以相秦，已见《先秦史》第十四章第六节。《汉书·刑法志》曰，高祖初入关，约法三章，曰："杀人者死，伤人及盗抵罪。"蠲削烦苛，兆民大说。其后四夷未附，兵革未息，三章之法不足以御奸，于是萧何捃摭秦法，取其宜于时者，作律九章。孝武即位，外事四夷之功，内盛耳目之好，征发烦数，百姓贫耗，穷民犯法，酷吏击断，奸轨不胜，于是招进张汤、赵禹之属，条定法令，作见知故纵、监临部主之法，《史记·酷吏传》：赵禹"与张汤论定诸律令，作见知，吏传得相监司，用法益刻，盖自此始"。《汉书》作"作见知，吏传相监司以法，尽自此始"。缓深故之罪，急纵出之诛。武帝又作《沉命法》，见第五章第十节。其后奸猾巧法，转相比况，禁网浸密。律令凡三百五十九章。大辟四百九条，千八百八十二事。死罪决事比万三千四百七十二事。文书盈于几阁，典者不能遍睹，是以郡国承用者驳，或罪同而论异。奸吏因缘为市，所欲活则傅生议，所欲陷则予死比。议者咸冤伤之。宣帝即位，置廷平。见下。涿郡太守郑昌上疏，言若开后嗣，不若删定律令。帝未及修正。至元帝初立，乃下诏曰："其议律令可蠲除轻减者条奏。"成帝河平中，复下议减死刑及可蠲除约省者。有司徒钩摭微细，毛举数事以塞诏而已。案，《汉志》所述先汉刑法始末，不甚完具。当以《晋书·刑法志》补之。《晋志》曰："秦汉旧律，其文起自魏文侯师李悝。悝撰次诸国法，著《法经》。以为王者之政，莫急于盗贼，故其律始于《盗》《贼》。盗贼须劾捕，故著《网》《捕》二篇。其轻狡、越城、博戏、借假不廉、淫侈逾制，以为《杂律》一篇。又以《具律》具其加减。是故所著六篇而已。然皆罪名之制也。商君受之以相秦。汉承秦制，萧何定律，除参夷、连坐之罪，增部主、见知之条，益事律《兴》《厩》《户》三篇，合为九篇。叔孙通益律所不及旁章十八篇。张汤《越宫律》二十七篇。赵禹《朝律》六篇。合六十篇。又汉时决事，集为《令甲》以下三百余篇。《汉书·宣帝纪》地节四年（前66）注引文颖曰："萧何承秦法所作者为律，今《律经》是也。天子诏所增损，不在律上者为令。令甲者，前帝第一令也。"如淳曰："令有先后，故有令甲、令乙、令丙。"师古曰："如说是也。甲乙者，若今之第一第二篇耳。"案，《萧望之传》，望之与李强议令民入谷赎罪事，引《金布令甲》，则诸令皆以甲乙丙次之。及司徒鲍公撰嫁娶辞讼决为《法比都目》。《后汉书·陈宠传》：辟司徒鲍昱府。转为辞曹，掌天下狱讼。时司徒辞讼，久者数十年，事类溷错，易为轻重，不良吏得生因缘。宠为昱撰《辞讼比》七卷。决事科条，皆以事类相从。昱奏上之。其后公府奉以为法。凡九百六卷：世有增损。率皆集类为篇，结事为章。一章之中，或事过数十。事类虽同，轻重乖异，而通条连句，上下相蒙。虽大体异篇，实相采入。《盗律》有贼伤之例，《贼律》有盗章之文，《兴律》有上狱之法，《厩律》有逮逋之事。若此之比，错糅无常。后人生意，各为章句。叔孙宣、郭令卿、马融、郑玄诸儒章句十有余家，家数十万言。凡断罪所当由用者，合二万六千二百七十二条，七百七十三万二千二百余言。"汉高约法三章，已见第三章第三节。据此，则"与父老约，法三章耳"，当于约字句绝，法字又一读，谓于六篇之中，仅取杀人、伤人及盗三章，余悉除去也。法律之原，一为民间之习俗，一为治者之所求，说亦已具《先秦史》。社会之演进愈深，则风俗之歧异愈甚，而上之所求于下者亦愈多，法令遂日益滋章，而亦益为人民所不习。其未备者，奸吏既得以意轻重；虽有其文，而编排不合部次，用者又得上下其手；而人民益苦，风俗亦愈益薄恶矣。秦汉之世，盖正其时也。职是故，当时之所急者，乃在删除繁冗，依条理纂次。然终汉世，迄未能举其事。其所行者：元帝初元五年（前44），轻殊刑三十四事。哀帝建平元年（前6），尽四年，轻殊死者刑八十一事。其四十二事，手杀人，皆减死罪一等。据《晋书·刑法志》。《后汉书·梁统传》载统疏曰“元、哀二帝，轻殊死之刑，以一百二十三事，手杀人者减死一等”，辞不别白。注引《东观记》与《晋志》同。唯元帝初元五年“轻殊刑”作“轻殊死刑”，又哀帝建平元年下无“尽四年”三字。光武建武二年（26），诏议省刑法。《本纪》。十四年，群臣上言宜增科禁。杜林奏宜如旧制，从之。《后汉书·林传》。梁统以为法令轻，下奸不胜，宜遵旧典。《后汉书·统传》。请举初元、建平之所穿凿，择其善者而从之，其不善者而改之。不从。《晋书·刑法志》。桓谭疏言：法令决事，轻重不齐。可令通义理、明习法律者校定科比，一其法度，班下郡国，蠲除故条。亦不省。《后汉书》本传。章帝纳尚书陈宠言，诏有司禁绝钻钻诸酷痛旧制，解妖恶之禁，除文致请，谳五十余事，定著于令。永元六年（94），宠又代郭躬为廷尉。复校律令，条法溢于《甫刑》者，除之。曰：今律令，犯罪应死刑者六百一十，耐罪千六百九十八，赎罪以下二千六百八十一，溢于《甫刑》千九百八十九。其四百一十大辟，千五百耐罪，七十九赎罪。宜令三公廷尉集平律令，应经合义可施行者。大辟二百，耐罪、赎罪二千八百，合为三千，与礼相应。其余千九百八十九事，悉可详除。未及施行，会宠抵罪，遂寝。宠子忠，后复为尚书。略依宠意，奏上三十二条，为《决事比》，以省请谳之弊。又上除蚕室刑；解赃、吏三世禁锢；狂易杀人得减重论；母子兄弟相代死，听赦所代者。事皆施行。以上据《晋书·刑法志》。《后汉书·陈宠传》略同。唯陈忠奏上三十二条作“二十三条”，未知孰是。虽时有蠲革，而旧律繁庑，未经纂集。献帝建安元年（196），应劭又删定律令，以为汉仪，表奏之。曰“故胶东相董仲舒老病致仕，朝廷每有政议，数遣廷尉张汤亲至陋巷，问其得失。于是作《春秋折狱》《后书·应劭传》作“决狱”。二百三十二事。动以经对，言之详矣。逆臣董卓，荡覆王室，典宪焚燎，靡有孑遗……臣窃不自揆，辄撰具《律本章句》《尚书旧事》《廷尉版令》《决事比例》《司徒都目》《五曹诏书》及《春秋折狱》，《后书》此处作“断狱”。凡二百五十篇。蠲去复重，为之节文。又集“议驳”《后书》作“驳议”。三十篇，以类相从。凡八十二事。其见《汉书》二十五，《汉记》四，皆删叙润色，以全本体。其二十六，博采古今瑰玮之士，德义可观。其二十七，臣所创造”云云。于是旧事存焉。以上亦采《晋志》。《后书·应奉传》略同。魏明帝下诏：但用郑氏章句，不得杂用余家。其后又下诏改定刑制。命司空陈群，散骑常侍刘劭，给事黄门侍郎韩逊，议郎庾嶷，中郎黄休、荀诜等，删约旧科，旁采汉律，定为魏法。制《新律》十八篇，《州郡令》四十五篇，《尚书官令》《军中令》合百八十余篇。其序略曰：“旧律所以难知者，由于六篇篇少故也。篇少则文荒，文荒则事寡。是以后人稍增，更与本体相离。今制新律，宜都总事类，多其篇条”云云。其所定：集罪例以为《刑名》，冠于律首。分律令为劫略律、诈律、毁亡律、告劾律、系讯断狱律、请赇律、兴擅律、留律、邮驿令、变事令、惊事律、偿赃律、免坐律。凡所定增十三篇，故就五篇，合十八篇。改汉旧律不行于魏者皆除之。文帝为晋王，患前代律令，本注烦杂；陈群、刘劭，虽经改革，而科网本密；又叔孙、郭、马、杜诸儒章句，但取郑氏，又为偏党，未可承用。于是令贾充定法律。令与太傅郑冲、司徒荀觊、中书监荀勖、中军将军羊祜、中护军王业、廷尉杜友、守河南尹杜预、散骑侍郎裴楷、颍川太守周权、齐相郭颀、都尉成公绥、尚书郎柳轨及吏部令史荣邵等十四人典其事。就汉九章，增十一篇。仍其族类，正其体号。改旧律为刑名法例。辨囚律为告劾、系讯断狱，分盗律为请赇、诈伪、水火、毁亡。因事类为卫宫、违制，撰《周官》为诸侯律，合二十篇，六百二十条，二万七千六百五十七言。其余未宜除者，若军事、田农、酤酒，权设其法，太平当除，故不入律，悉以为令。施行制度，以此设教，违令有罪则入律。其常事品式章程，各还其府，为故事。凡律令，合二千九百二十六条，十二万六千三百言，六十卷。故事三十卷。泰始三年（267），事毕，表上。四年正月，大赦天下，乃班新律。以上皆据《晋志》。是为《晋律》。自《晋律》定后，历代大体相沿，无大改变矣。盖自战国以前，为法律逐渐滋长之时，至秦汉，则为急待整齐之世，然皆徒托空言，直至曹魏而后行，至典午而后成也，亦可谓难矣。汉世小小改正，尚有见于史者，如汉惠帝四年（前191），省法令妨吏民者，除挟书律。高后元年（前187），诏曰："前日孝惠皇帝言欲除三族罪、妖言令，议未决而崩，今除之。"文帝二年（前178）诏曰："今法有诽谤妖言之罪，其除之。""民或祝诅上以相约，而后相谩，吏以为大逆。其有他言，吏又以为诽谤。此细民之愚，无知抵死，朕甚不取。自今以来，有犯此者勿听治。"光武建武十八年（42），蠲边郡盗谷五十斛死之法，同之内郡，皆是。

秦汉法吏，亦有专门之学。李斯言欲学法令，以吏为师；樊准请复召郡国书佐，使读律令；魏明帝时，卫觊请置律博士，转相教授，事遂施行；此官学也。郭躬父弘习《小杜律》，躬少传父业，讲授徒众，常数百人，此私学也。史言"郭氏自弘后，数世皆传法律。子孙至公者一人，廷尉七人，侯者三人，刺史、二千石、侍中、中郎将者二十余人，侍御史、正、监、平者甚众"；而吴雄以明法律，断狱平，起自孤宦，致位司徒；亦见《郭躬传》。则国家之于法吏，用之亦不为薄。然以大体言之，则儒家之学，渐夺法家之席。吕步舒治淮南狱，以《春秋》谊专断于外，不请；见《汉书·五行志》。何敞迁汝南太守，分遣儒术大吏，案行属县，举冤狱，以《春秋》义断之；皆断狱引用经义，不拘法律者。张汤决大狱，欲傅古义，乃请博士弟子治《尚书》《春秋》，补廷尉史；于定国少学法于父，后更迎师学《春秋》；丙吉起狱法小吏，后学《诗》《礼》；皆法吏之折而入儒者也。史称公孙弘习文法吏事，而又缘饰以儒术，此乃曲意诋毁之辞，实乃以儒正法耳。张汤为廷尉，有疑奏，再见却。及倪宽为奏，即时得可。异日，汤见，上问曰："奏非俗吏所及，谁为之?"路温舒初为狱小吏，后学法律丞相府，又受《春秋》，通大义。读其《尚德缓刑》一书，可见其宗旨所在。人心趋向如此，儒家之学，安得不日盛?法家之学，安得不日微?断狱者既习用经义，则经义已入于比之中。应劭撰《春秋决狱》，又益之以说。知魏、晋定律，以儒家之义，正法吏之传者，必不少矣。《白虎通义》，父杀其子者当诛，见《诛伐篇》。《晋律》亦父母杀子同凡论，见章炳麟《太炎文录·五朝法律索隐》。经义折狱，世人每以为怪，其实事之餍于众心者，即成习惯，经义折狱，亦犹之据习俗，援法理耳，绝无足异也。

汉世法律，并不十分画一。《后汉书·马援传》言，援条奏越律与汉律驳者十余事。与越人申明旧制，以约束之。自后骆越奉行马将军故事。是越人本承用旧律，即援亦未能尽一之也。《三国志·何夔传》，夔迁长广太守。是时太祖始制新科下州郡。夔以郡初立，近以师旅之后，不可卒绳以法。乃上言："此郡宜依远域新邦之典。其民间小事，使长吏临时随宜。上不背正法，下以顺百姓之心。比及三年，然后齐之以法。"太祖从其言。则虽在邦域之中，亦不急求一律矣。新科盖权造以适时。《蜀志·伊籍传》言籍与诸葛亮、法正、刘巴、李严共造《蜀科》，亦其类也。君子行礼，不求变俗，此其所以能泛应曲当，与民相安。律之一，俗之一实为之，非可强求也。然长吏擅立科条亦有弊。宣帝五凤二年（前56），诏言“郡国二千石或擅为苛禁，禁民嫁娶不得具酒食相贺召”；质帝本初元年（146），谓“顷者，州郡轻慢宪防，竞逞残暴，造设科条，陷入无罪”，皆其事。

刑法至孝文时为一大变。《汉书·刑法志》言韩任申子，秦用商鞅，连相坐之法，造参夷之诛，增加肉刑、大辟，有凿颠、即黥。《后汉书·朱穆传》注：“黥首，谓凿额涅墨也。”抽胁、镬烹之刑。汉兴之初，大辟尚有夷三族之令。令曰：“当三族者，皆先黥，劓，斩左右趾；笞杀之，枭其首，菹其骨肉于市；《汉书·英布传》谓彭越之死，“盛其醢以遍赐诸侯”。师古曰：“即《刑法志》所云‘菹其骨肉。’”其诽谤詈诅者，又先断舌。”故谓之具五刑。彭越、韩信之属，皆受此诛。文帝十三年（前167），齐太仓令淳于公有罪当刑，防狱逮系长安。淳于公无男，有五女。当行会逮，骂其女曰：“生子不生男，缓急非有益也。”其少女缇萦，自伤悲泣。乃随其父至长安。上书曰：“妾父为吏，齐中皆称其廉平。今坐法当刑。妾伤夫死者不可复生，刑者不可复属，虽欲改过自新，其道无由也。妾愿没入为官婢，以赎父刑罪，使得自新。”书奏天子，天子怜悲其意。遂下令曰：“制诏御史。盖闻有虞氏之时，画衣冠、异章服以为戮，而民弗犯，何治之至也？今法有肉刑三，而奸不止，其咎安在？非乃朕德之薄而教不明欤？吾甚自愧。故夫训道不纯，而愚民陷焉。《诗》曰：‘岂弟君子，民之父母。’今人有过，教未施而刑已加焉，或欲改行为善，而道无由至，朕甚怜之。夫刑至断支体，刻肌肤，终身不息，何其刑之痛而不德也？岂称为民父母之意哉？其除肉刑，有以易之，及令罪人各以轻重不亡逃，有年而免，具为令。”丞相张苍、御史大夫冯敬奏言：“肉刑所以禁奸，所由来者久矣。陛下下明诏，怜万民之一有过被刑者终身不息，及罪人欲改行为善而道无由至，于盛德，臣等所不及也。臣谨议请定律曰：诸当完者，臣瓒曰：完当作髡。《惠帝纪》注，孟康曰："不加肉刑髡剔也。"案，此亦曰耐。《高帝纪》，七年（前200）春，令郎中有罪耐以上请之。应劭曰："轻罪不至于髡，完其耏鬓，故曰耏。古耏字从彡，发肤之意也。杜林以为法度之字皆从寸，后改如是。""耐音若能。"如淳曰："耐犹任也。"师古曰："依应氏之说，耏当音而，如氏之解，则音乃代反。其义亦两通。《功臣侯表》宣曲侯通耏为鬼薪，则应氏之说斯为长矣。"案，《说文》："而，颊毛也，象毛之形。""耏，罪不至髡也。从彡而，而亦声。""耐，或从寸。诸法度字从寸。"说与杜林合。耏，而之累增字，耐因刑名新造，其声皆同，而与乃代反，亦一音也。此完字乃动字。完其耏鬓，正谓去其耏鬓。《说文》段注曰："髡者，剃发也。不剃其发，仅去须鬓，是曰耐，亦曰完。谓之完者，言完其发。"其说是也。耐者虽不剃发，其须力作则同，如淳误谓刑名之意，系指其力作而言，故释之以任，误也。《文帝纪》元年注引苏林曰"耐，能任其罪也"，误与如淳同。完为城旦舂。《惠帝纪》注，应劭曰："城旦者，旦起行治城。舂者，妇人不豫外徭，但舂作米，皆四岁刑也。"当黥者，髡钳《汉书·高帝纪》九年注："钳，以铁束颈也。"案，钳者又加釱。《后汉书·朱穆传》注："系趾谓釱其足也。"不加钳釱者曰弛刑，见《宣帝纪》神爵元年（前61）注。此谓寻常犯罪之人。其奴婢仍黥面。《三国志·毛玠传》：钟繇诘玠曰"汉律，罪人妻子没为奴婢，黥面。……今真奴婢祖先有罪，虽历百世，犹有黥面供官"是也。为城旦舂。当劓者，笞三百。当斩左趾者，笞五百。当斩右趾，及杀人先自告，及吏坐受赇枉法，守县官财物而即盗之，已论命复有笞罪者，皆弃市。罪人狱已决，完为城旦舂。满三岁为鬼薪白粲。《惠帝纪》注，应劭曰："取薪给宗庙为鬼薪，坐择米使正白为白粲，皆三岁刑也。"鬼薪白粲一岁，为隶臣妾。隶臣妾一岁，免为庶人。王先谦曰："此自鬼薪白粲递减，故隶臣妾一岁即免为庶人，与下本罪为隶臣妾者不同。"隶臣妾满二岁，为司寇。司寇一岁，及作如司寇二岁，皆免为庶人。如淳曰："罪降为司寇，故一岁，正司寇，故二岁也。"沈钦韩曰："《汉旧仪》：凡有罪，男髡钳为城旦，女为舂，皆作五岁，完四岁，男鬼薪，女白粲，皆作三岁。司寇，男备守，女为作如司寇，皆作二岁。男为戍罚作，女为复作，皆一岁：此五岁刑至一岁刑之次也。后周世改为五等徒，自一年至五年。唐因隋制，徒刑五：有一年，一年半，二年，二年半，三年。”案，《宣帝纪》：“使女徒复作淮阳赵征卿、渭城胡组更乳养。”李奇曰：“复作者，女徒也。谓轻罪，男子守边一岁，女子软弱不任守，复令作于官，亦一岁，故谓之复作徒也。”孟康曰：“复音服，谓弛刑徒也。有赦令诏书，去其钳、釱、赭衣，更犯事，不从徒加，与民为例，故当复为官作，满其本罪年月日。《律》名为复作也。”又女徒后得雇山。《平帝纪》，元始元年（1），天下女徒已论归家，雇山钱月三百。如淳曰：“已论者，罪已定也。《令甲》：女子犯罪，作如徒六月，雇山遣归。说以为当于山伐木，听使入钱雇功值，故谓之雇山。”应劭曰：“旧刑鬼薪取薪于山，以给宗庙，今使女徒出钱雇薪，故曰雇山也。”师古曰：“如说近之。谓女徒论罪已定，并放归家，不亲役之，但令一月出钱三百以雇人也。”《后汉书·光武纪》，建武三年（27），女徒雇山归家。《桓谭传》，谭上疏陈时政之宜曰：“今宜申明旧令，若已伏官诛而私相伤杀者，虽一身逃亡，皆徙家属于边。其相伤者加常二等。不得雇山赎罪。”其亡逃，及有罪耐以上，不用此令。”制曰：可。案，景帝元年（前156）诏，谓文帝“除宫刑，出美人，重绝人之世也”。晁错对策，亦美文帝“除去阴刑”。《三国志·钟繇传》，繇欲复肉刑，上疏言：“其黥、劓、左趾、宫刑者，自如孝文易以髡、笞。”可见孝文实并宫刑去之。《史记·孝文本纪》索隐引崔浩《汉律序》云“文帝除肉刑而宫不易”，误矣。文帝诏书，“断肢体”指斩趾，“刻肌肤”指黥、劓，“终身不息”指宫，此所谓肉刑三。张苍等议，亦以“终身不息”与欲改行为善而道无由至对举。孟康以“黥、劓二，左右趾合一，凡三”释之，亦非也。宫刑之复用，盖所以宥死罪。其可考者，始于景帝中四年（前146）。《纪》云死罪欲腐者许之。盖后遂沿为故事。《后汉书·明帝纪》永平八年（65），《章帝纪》元和元年（84）、章和元年（87），《和帝纪》永元八年（96），皆募系囚减死诣边戍，其犯大逆无道殊死者，则募下蚕室，盖亦以其罪重，故不能徒宥之也。古无亏体之刑，其后乃因军事而驰及刑法，已见《先秦史》第十四章第六节。汉世儒者，追怀古化，称不亏体者为象刑。亏体者为肉刑。汉文诏书所称，亦见伏生《书大传》，实儒家经说也。肉刑实为残酷之事，乃以缇萦一书而废，缇萦固孝子，文帝亦仁君，而儒学之有裨于治者亦大矣。

然自肉刑废后，欲复之者颇多。《晋书·刑法志》曰：崔寔、郑玄、陈纪之徒，咸以为宜复肉刑。汉朝既不议其事，故无所用。及魏武帝匡辅汉室，尚书令荀彧博访百官，复欲申之。而朝廷善少府孔融议，卒不改焉。及魏国建，陈纪子群时为御史中丞。魏武帝下令，又欲复之。使群申其父论。群深陈其便。时钟繇为相国，亦赞成之。而奉常王修不同其议，魏武帝亦难以藩国改汉朝之制，遂寝不行。魏文帝受禅，又议肉刑。详议未定，会有军事，复寝。明帝时，太傅钟繇又上疏求复肉刑。诏下其奏。司徒王朗议又不同。时议百余人，与朗同者多。帝以吴、蜀未平，又寝。案，诸家之论，略见《后汉书·仲长统》《崔寔》《孔融》，《三国志·王修》《钟繇》《王朗》《陈群传》中。主复肉刑者，实非嫌刑之过轻，而转有恶于其重。《汉志》述其事云："是后外有轻刑之名，内实杀人。斩右趾者又当死。斩左趾者笞五百，当劓者笞三百，率多死。景帝元年，下诏曰：'加笞与重罪无异。幸而不死，不可为人。其定律，笞五百曰三百，笞三百曰二百。'犹尚不全。至中六年，又下诏曰：'加笞者，或至死而笞未毕，朕甚怜之。其减笞三百曰二百，笞二百曰一百。'又曰：'笞者，所以教之也。其定棰令。'丞相刘舍、御史大夫卫绾请：'笞者，棰长五尺，其本大一寸。其竹也，末薄半寸，皆平其节。当笞者笞臀。如淳曰："然则先时笞背也。"案，贾谊言"伏中行说而笞其背"，可见先时笞背。

毋得更人。毕一罪乃更人。’自是笞者得全。《三国·魏志·明帝纪》，青龙二年（234）诏曰：“鞭作官刑，所以纠慢怠也，而顷多以无辜死，其减鞭杖之制，著于令。”然酷吏犹以为威。死刑既重，而生刑又轻，民易犯之。”其论曰：“禹承尧、舜之后，自以德衰而制肉刑。汤、武顺而行之者，以俗薄于唐、虞故也。今汉承衰周、暴秦极敝之流，俗已薄于三代，而行尧、舜之刑，是犹以鞿而御駻突，违救时之宜矣。且除肉刑者，本欲以全民也，今去髡钳一等，转而入于大辟，以死罔民，失本惠矣。故死者岁以万数，刑重之所致也。至乎穿窬之盗，忿怒伤人，男女淫佚，吏为奸赃，若此之恶，髡钳之罚又不足以惩也。故刑者岁十万数，民既不畏，又曾不耻，刑轻之所生也。故俗之能吏，公以杀盗为威。专杀者胜任，奉法者不治。乱民伤制，不可胜条。是以网密而奸不塞，刑蕃而民愈嫚。……岂宜唯思所以清原正本之论。删定律令，撰二百章，以应大辟。其余罪次，于古当生，今触死者，皆可募行肉刑。及伤人与盗，吏受赇枉法，男女淫乱，皆复古刑。为三千章。诋欺文致微细之法，悉蠲除。如此，则刑可畏而禁易避，吏不专杀，法无二门，轻重当罪，民命得全。”仲长统之言曰：“肉刑之废，轻重无品。下死则得髡钳，下髡钳则得鞭笞。”“髡笞不足以惩中罪，安得不至于死哉？”“今患刑轻之不足以惩恶，则假赃货以成罪，托疾病以讳杀。”崔寔谓文帝除肉刑，虽有轻刑之名，其实杀也。当此之时，民皆思复肉刑。陈纪谓“汉除肉刑而增加笞，本兴仁恻，而死者更众，所谓名轻而实重者也。名轻则易犯，实重则伤民”。陈群以为“汉律所杀殊死之罪，仁所不及也。其余逮死者，可以刑杀。如此，则所刑之与所生足以相贸矣。今以笞死之法易不杀之刑，是重人肢体，而轻人躯命也”。太祖下令，使平议死刑可宫割者。太和中，钟繇上疏曰：“陛下远追二祖遗意，惜斩趾可以禁恶，恨入死之无辜，乃明习律令，与群臣共议，出本当右趾而入大辟者，复行此刑。……使如孝景之令，其当弃市，欲斩右趾者许之，其黥、劓、左趾、宫刑者，自如孝文，易以髡、笞……下计所全，岁三千人。”其恶肉刑废而刑重之意，过于其恶刑轻，昭然可见矣。然孔融谓绳末世以古刑，非所谓与时消息。九牧之地，千八百君，若各刖一人，是常有千八百纣。且被刑之人，虑不念生，志在思死，类多趋恶。不能止人遂为非，适足绝人还为善。其言亦殊有理致。陈群谓“若用古刑，使淫者下蚕室，盗者刖其足，则永无淫放穿窬之奸矣”，其说似是，而于理实不可通。善夫王朗之议曰：科律自有减死一等之法，不待远假斧凿于彼肉刑，然后有罪次也。今可按繇所欲轻之死罪，使减死之髡、刖，嫌其轻者，可倍其居作之岁数。其言允矣，宜乎议者百余人，多与之同也。

正刑而外，秦汉时酷刑亦颇多。其用之最多者，曰腰斩。曰烹。即所谓镬烹也。项羽以沐猴而冠之言烹韩生。《史记》但作“说者”。又烹周苛。田广烹郦食其。汉高祖欲烹蒯彻。《汉书·诸侯王表》：广川王去，本始四年（前70），坐烹姬不道，废徙上庸，与邑百户。曰焚。《汉书·武五子传》：“焚苏文于横桥上。”《匈奴传》：“莽作焚如之刑，烧杀陈良等。”曰车裂。后汉车裂马元义，见《皇甫嵩传》。吕壹罪发，或以为宜加焚裂，以阚泽言而止，见《三国·吴志·泽传》。既杀之后，又枭其首。枭，谓悬首于木上，见《汉书·高帝纪》四年（前203）注。或磔之。《汉书·景帝纪》，中二年（前148），改磔曰弃市，勿复磔。师古曰：“磔，谓张其尸也。”案，其后复有行之者。翟义亲属二十四人，皆磔暴于长安都市四通之衢，见《汉书·翟方进传》。阳球僵磔王甫尸于夏城门，见《后汉书·酷吏传》。又或残贼其尸。李通与光武举事，南阳杀其兄弟门宗六十四人，皆焚尸宛市，见《后汉书·通传》。皇甫嵩平张角，剖棺断头，传送京师，见《灵帝纪》及《嵩传》。王凌、令狐愚之死，朝议傅会齐崔杼、郑归生，发其冢，剖棺，暴尸于所近市三日，燎其朝服，亲土埋之，见《三国志·凌传》。孙霸之死，其党杨竺流尸于江，见《霸传》。其后杀诸葛恪，亦投其尸于石子冈，已见第十七章第五节。孙皓杀陈声，投其身于四望之下，见第十二章第九节。又时楼玄、王蕃、李勖并焚烁流漂，弃之水滨，见《陆逊传》。又有随意杀人，如和熹邓后欲扑杀杜根于殿上者。族诛及收孥相坐之律，汉初皆尝除之，后亦多复用。《汉书·刑法志》曰：高后元年（前 187），除三族罪、妖言令，孝文二年（前 178），除收律相坐法。其后，新垣平为逆，复行三族之诛。案，据《本纪》，“尽除收孥相坐律令”，事在孝文元年。二年，诏除诽谤妖言罪，师古曰：“高后元年，诏除妖言之令，今此又有妖言之罪，是则中间曾重复设此条也。”案，《王子侯表》温水侯安国，本始二年（前 72），坐上书为妖言，会赦，免。《景武昭宣元功臣表》，平通侯杨恽，坐为光禄勋诽谤政治，免。《外戚恩泽侯表》，安平敬侯阳谭，五凤四年（前 54），坐为典属国，季父恽有罪，谭言诽谤，免。而颜异且以腹诽诛，哀帝即位后，复除诽谤诋欺法。坐祝诅诛者，尤书不胜书，疑诸律令除者皆可以旋复，正不待复设科条也。王莽用法亦极酷，尝作焚如之刑，又为投之四裔之法焉。以加非井田、私铸、挟五铢钱、非沮宝货者，见《食货志》及本传。

《汉书·惠帝纪》，元年（前 194），民有罪，得买爵三十级，以免死罪。而贡禹言文帝时无赎罪之法，则此盖权制也。《食货志》，晁错说文帝募天下入粟县官，得以拜爵，得以除罪，文帝仅许入粟拜爵，此禹言之征。景帝时，上郡以西旱，复修卖爵令，乃许徒复作，得输粟于县官以除罪。孝武时，有司请令民得买爵，及赎禁锢，免赃罪。桑弘羊又请令民得入粟补吏，及罪以赎。皆见《食货志》。此尚为轻罪。淮南之狱，有司议“其非吏，他赎死金二斤八两”，盖因牵涉多而宥之，非普遍。武帝天汉四年（前 97）、太始二年（前 95），并令民赎死罪，入钱五十万，减死一等，则鬻及死刑矣。后汉中元二年（57）、永平十五年（72）、十八年、建初七年（82）、章和元年（87），并有令民入赎之诏。死罪缣二十匹，或三十匹，或四十匹。右趾至髡钳、城旦舂十匹。完城旦舂至司寇五匹，或三匹。未发觉自告者半入赎。永初元年（107）、熹平四年（175）、六年、光和三年（180）、五年、中平四年（187）但云“赎各有差”。魏明帝太和四年（230），令“罪非殊死，听赎各有差”。案，《汉书·萧望之传》：宣帝时西羌反，张敞欲令诸有罪非盗、受财杀人及犯法不得赦者，入谷陇西以北、安定以西八郡赎罪。望之与少府李强言：天汉四年，使死罪入钱减死，豪强吏民请夺假貣，至为盗贼以赎罪。《后汉书·虞诩传》言，顺帝时，长吏、二千石听百姓谪罚者输赎，号为“义钱”，托为贫人储，而守令因以聚敛。则流弊孔多矣。

陈群等定《魏律》，更依古义，制为五刑：其死刑有三，髡刑有四，完刑、作刑各三，赎刑十一，罚金六，杂抵罪七，凡三十七名，以为律首。至于谋反大逆，临时捕之，或污潴，或枭菹，夷其三族，不在律令。亦据《晋志》。

令长之始，本即一国之君，杀生得以专决。故蒯通说范阳令，谓“足下为令十余年，杀人之父，孤人之子，断人之足，黥人之首甚众”也。然《汉书·酷吏传》，严延年迁河南太守，冬月，传属县囚，会论府上。王温舒迁河内太守，令郡具私马五十匹为驿，捕郡中豪猾，上书请，大者至族，小者乃死，家尽没入偿赃，奏行不过二日得可，则郡县皆不能专决矣。高帝七年（前200），制诏御史：“县道官狱疑者，各谳所属二千石官，二千石官以其罪名当报之。所不能决者，皆移廷尉，廷尉亦当报之。廷尉所不能决，谨具为奏，傅所当比律令以闻。”孝景中五年（前145），复下诏曰：“诸狱疑，若虽文致于法而于人心不厌者，辄谳之。”后元年（前143），又下诏曰“狱疑者谳有司。有司所不能决，移廷尉。有令谳而后不当谳者，不为失”。《汉书·刑法志》。景帝诏亦见《本纪》。是时廷尉“职典决疑，当谳平天下狱”。《汉书·朱博传》语。

而三公所属辞曹及尚书，亦主断决。《汉书·薛宣传》，谷永上疏，称宣为左冯翊，辞讼者历年不至相府。又云，宣为相府辞讼例，不满万钱，不为移书，后皆遵用薛侯故事。《后汉书·陈宠传》：曾祖父咸，成、哀间以律令为尚书。王莽诛何武、鲍宣等，咸乞骸骨。收敛其家律令文书等，皆壁藏之。宠明习家业，少为州郡吏。辟司徒鲍昱府。转为辞曹，掌天下狱讼。其所平决，无不厌服众心。撰《辞讼比》七卷，已见前。《孔融传》，张俭与融兄褒有旧，亡抵于褒。不遇，融舍之。后事泄，国相以下密就掩捕。俭得脱走。并收褒、融送狱。融曰："保纳舍藏者，融也，当坐之。"褒曰："彼来求我，非弟之过，请甘其罪。"吏问其母。母曰："家事任长，妾当其辜。"一门争死，郡县疑不能决，乃上谳之，诏书竟坐褒焉。此汉世请谳之事也。汉宣帝地节三年（前67），置廷尉平。又置治书侍御史。《续书》本注曰："凡天下诸谳疑事，掌以法律当其是非。"又有专遣使平决者，如成帝鸿嘉元年（前20），临遣谏大夫理等举三辅、三河、弘农冤狱，是也。此等意皆主于矜慎，然仍时有非法之事。如薄昭与淮南厉王书，咎其"幸臣有罪，大者立断，师古曰："断谓斩也。"小者肉刑"。《三国志·李通传》言"是时杀生之柄，决于牧守"是。盖积习相沿，难于骤革，而在丧乱时，亦或不能以常理论也。人主亦时有轶法之举。《汉书·张释之传》，上行出，中渭桥。有一人从桥下走，乘舆马惊。于是使骑捕之，属廷尉。释之奏当"此人犯跸，当罚金"。上怒曰："此人亲惊吾马，马赖和柔，令他马，固不败伤我乎？而廷尉乃当之罚金？"释之曰："法者，天子所与天下共也。共同恭。今法如是，更重之，是法不信于民也。且方其时，上使使诛之则已。今已下廷尉。廷尉，天下之平也。一倾，天下用法皆为之轻重，民安所措其手足？唯陛下察之。"明知法之不可倾，而仍不能举人主而范诸法之内，则积习之难改也。杜周曰："三尺安出哉？前主所是著为律，后主所是疏为令。当时为是，何古之法乎？"君主专制之世，固不能别有立法之司，然唯所是而即行之，亦终不慊于义也。《三国志·夏侯玄传》注引《魏氏春秋》，谓夜送李丰尸付廷尉，廷尉钟毓不受，曰："非法官所治也。"以其状告，且敕之，乃受。其所持与张释之同。《高柔传》：柔为廷尉，文帝欲杀鲍勋，柔固执不从，帝怒甚，遂召柔诣台，而使杀勋。见第十二章第四节。

寻常审理，皆属地方官。《续汉书·百官志》谓县令、长掌理讼，郡国秋冬遣无害吏案讯诸囚，平其罪法，是也。间有郡县不能决者，如宗室有犯法当髡以上，郡国先上诸宗正，宗正以闻乃报决是。汉世啬夫职听讼，其权尚远大于后世。《潜夫论·爱日篇》言：冤民仰希申诉，而令、长以神自居。乡、亭部吏，亦有任决断者，意欲令民不必赴县，以省日力。然又言："理直则恃正而不桡，事曲则谄意以行赇。不桡故无恩于吏，行赇故见私于法。若事有反复，吏应坐之。吏以应坐之故，不得不枉之于廷，以羸民之少党，而与豪吏对讼，其势得无屈乎？县承吏言，故与之同。若事有反复，县亦应坐之。县以应坐之故，而排之于郡。以一民之轻，而与一县对讼，其理岂得申乎？事有反覆，郡亦坐之。郡以共坐之故，排之于州。以一民之轻，与一郡为讼，其事岂获胜乎？既不肯理，乃远诣公府。公府复不能察，而当延以岁月。贫弱者无以旷旬，强富者可盈千日。理讼若此，何枉之能理乎？此小民之所以易侵苦，而天下所以多困穷也。"则乡官听讼之弊，亦已渐著矣。

别设侦缉之司，诒祸往往甚烈。如孙吴之有校事是也。其事已见第十二章第八节。《魏志·高柔传》言，魏国建，柔为法曹掾。时置校事卢洪、赵达等，使察群下。柔谏宜检治之。太祖曰："卿知达等，恐不如吾也。要能刺举而办众事；使贤人君子为之，则不能也。昔叔孙通用群盗，良有以也。"达等后奸利发，太祖杀之，以谢于柔。文帝践阼，以柔为治书侍御史。转加治书执法。

校事刘慈等，自黄初数年之间，举吏民奸罪以万数。柔皆请惩虚实。其余小小挂法者，不过罚金。《程昱传》，昱孙晓，嘉平中为黄门侍郎。时校事放横。晓上疏曰“昔武皇帝大业草创，众官未备。而军旅勤苦，民心不安，乃有小罪，不可不察，故置校事，取其一切耳。然检御有方，不至纵恣也。……其后渐蒙见任，复为疾病。转相因仍，莫正其本。遂令上察宫庙，下摄众司。官无局业，职无分限。随意任情，唯心所适。法造于笔端，不依科诏。狱成于门下，不顾覆讯。其选官属，以谨慎为粗疏，以謥詷为贤能。其治事，以刻暴为公严，以循理为怯弱。外则托天威以为声势，内则聚群奸以为腹心。大臣耻与分势，含忍而不言。小人畏其锋芒，郁结而无告。至使尹模公于目下，肆其奸慝。罪恶之著，行路皆知。纤恶之过，积年不闻”云云。于是遂罢校事官。则其诒患于魏，亦不下于其在吴也。

《汉书·张汤传》注引苏林曰：“《汉仪注》狱二十六所。”《续书·百官志》云：“孝武帝以下置中都官狱二十六所。各令长名世祖中兴皆省。唯廷尉及洛阳有诏狱。”息夫躬系洛阳诏狱，见《前书》本传。前汉时，魏郡亦有诏狱，见《江充传》。汉狱名之可考者，如若卢，属少府，主受亲戚妇女，治将相大臣，见《百官公卿表》。《后汉书·和帝纪》：永元九年（97），复置若卢狱官。共工，亦属少府，见《汉书·刘辅传》。左右司空，亦属少府，见《百官公卿表》。保宫，亦属少府。本名居室，武帝太初元年（前104）更名保宫，见《百官公卿表》。《窦田灌韩传》：“劾灌夫骂坐不敬，系居室。”《李陵传》：“自痛负汉，加以老母系保官。”都司空，属宗正，见《百官表》。导官，《汉书·张汤传》：“谒居病死，事连其弟，弟系导官。”苏林曰：“《汉仪注》狱二十六所，导官无狱也。”师古曰：“时或以诸狱皆满，故权寄在此署系之。”掖庭诏狱，《汉书·刘辅传》注引《汉旧仪》云：“令丞宦者为之，主理妇人女官。”《续书·百官志》：掖庭令有暴室丞。本注曰：宦者，主中妇人疾病者，就此室治，其皇后、贵人有罪，亦就此室。《前书·宣帝纪》："为取暴室啬夫许广汉女。"应劭曰："暴室，宫人狱也。今曰薄室。许广汉坐法腐为宦者，作啬夫也。"师古曰："暴室者，掖庭主织作染练之署，故谓之暴室，取暴晒为名耳。或曰薄室者，薄亦暴也。……盖暴室职务既多，因为置狱，主治其罪人。……然本非狱名，应说失之矣。啬夫者，暴室属官，亦犹县乡之啬夫也。"大鸿胪郡邸狱，《汉书·宣帝纪》，曾孙坐收系郡邸狱。师古曰："据《汉旧仪》，郡邸狱治天下郡国上计者，属大鸿胪。此盖巫蛊狱繁，收系者众，故曾孙寄在郡邸狱。"北军尉，《汉书·楚元王传》，更生上封事曰："章交公车，人满北军。"如淳曰："《汉仪注》中垒校尉主北军垒门内，尉一人主上书者狱。上章于公车，有不如法者，以付北军尉，北军尉以法治之。杨恽上书，遂幽北阙。北阙，公车所在。"军司空，《汉书·杜周传》，少子延年补军司空。苏林曰："主狱官也。"如淳曰："律：营军司空、军中司空各二人。"都船狱，《汉书·薛宣传》："少为廷尉书佐，都船狱史。"《王嘉传》："廷尉收嘉丞相新甫侯印绶，缚嘉载致都船诏狱。"案，《百官公卿表》，中尉属官有都船令丞。如淳曰：《汉仪注》有都船狱令。黄门北寺狱等皆是。谷永言掖庭诏狱之弊曰："榜棰瘖于炮格，绝灭人命。主为赵、李报德复怨。反除白罪，建治正吏。多系无辜，掠立迫恐。至为人起责，分利受谢。生入死出者，不可胜数。"范滂系黄门北寺狱，桓帝使中常侍王甫以次辨诘。其流弊深矣。

秦汉法吏，多务刻深。其可考见尤甚者：如周亚夫之子，为父买尚方甲盾可以葬者，取庸苦之，庸知其盗买官器，怒而上变。廷尉遽责亚夫欲反。亚夫曰："臣所买器，乃葬器也。"吏曰："君侯纵不反地上，即欲反地下耳。"匈奴浑邪王来降，贾人与市长安中，吏绳以为阑出财物于边关，当死者五百余人。《史记·汲郑列传》。可见其深文周纳之状。绛侯见囚，既出，曰："吾尝将百万军，然安知狱吏之贵乎？"无怪谚云"画地为牢势不入，削木为吏议不对”；见《汉书·司马迁传》，又见《路温舒传》。而李广谓“广年六十余，终不能复对刀笔之吏”也。言其弊最深切者，莫如路温舒。温舒之言曰：“秦有十失，其一尚存，治狱之吏是也。”又曰：“今治狱吏……上下相驱，以刻为明。深者获公名，平者多后患。故治狱之吏皆欲人死。非憎人也，自安之道在人之死。”《汉书·刑法志》曰：“今之狱吏，上下相驱，以刻为明，深者获功名，平者多后患。谚曰：‘鬻棺者欲岁之疫。’非憎人欲杀之，利在于人死也，今治狱吏欲陷害人，亦犹此矣。”“深者获功名”之功疑亦当作“公”。又曰：“人情安则乐生，痛则思死。棰楚之下，何求而不得？故囚人不胜痛，则饰辞以视之；吏治者利其然，则指导以明之；上奏畏却，则锻练而周内之。盖奏当之成，虽咎繇听之，犹以为死有余辜。何则？成练者众，文致之罪明也。”《酷吏传》言，严延年善史书，所欲诛杀，奏成于手中，主簿亲近史不得闻知，而按其狱，皆文致不可得反，此所谓锻练周内也。尹赏疾病且死，戒其诸子曰：“丈夫为吏，正坐残贼免，追思其功效，则复进用矣。一坐软弱不胜任免，终身废弃，无有赦时，其羞辱甚于贪污坐赃，慎毋然。”此则所谓上下相驱者也。虽时主或务于宽仁，然其弊终难卒改，盖所谓狱吏者，已自成为一种风气矣。

《汉书·刑法志》言：“（秦始皇）专任刑罚，躬操文墨。昼断狱，夜理书。自程决事，日县石之一。……赭衣塞路，囹圄成市。”《志》又曰：“孝惠、高后时，百姓新免毒蠚，人欲长幼养老；萧、曹为相，填以无为，从民之欲，而不扰乱。是以衣食滋殖，刑罚用稀。及孝文即位，躬修玄默，劝趋农桑，减省租赋。而将相皆旧功臣，少文多质，惩恶亡秦之政，论议务在宽厚，耻言人之过失。化行天下，告讦之俗易。吏安其官，民乐其业。畜积岁增，户口浸息。风流笃厚，禁网疏阔。选张释之为廷尉，罪疑者予民。是以刑罚大省，至于断狱四百，有刑错之风。”《志》

言武帝时事已见前。《杜周传》言："至周为廷尉，诏狱亦益多矣。二千石系者，新故相因，不减百余人。郡吏大府，举之廷尉，一岁至千余章。章大者连逮证案数百，小者数十人。远者数千里，近者数百里，会狱。吏因责如章告劾，不服，以掠笞定之。于是闻有逮证皆亡匿。狱久者至更数赦，十余岁而相告言。"其烦扰亦云甚矣。《志》又云：宣帝自在闾阎，而知其若此。及即尊位，廷史路温舒上疏，上深悯焉。乃下诏曰：今遣廷史与郡鞫狱，任轻禄薄。其为置廷平，秩六百石，员四人。其务平之，以称朕意。于是选于定国为廷尉。求明察宽恕黄霸等以为廷平。季秋后请谳时，上常幸宣室，斋居而决事。狱刑号为平矣。又述元、成时事，亦已见前，皆以轻刑为主。然又云："昭、宣、元、成、哀、平六世之间，断狱殊死，率岁千余口而一人；耐罪上至右趾，三倍有余。"又言"郡国被刑而死者，岁以万数。天下狱二千余所，其冤死者，多少相覆，狱不减一人"。轻刑之效安在？岂不以狱吏之残酷，已成风气，在上者虽务宽仁，其弊亦非一时所能革邪？《志》又言："自建武、永平，民亦新免兵革之祸，人有乐生之虑，与高、惠之间同；而政在抑强扶弱，朝无威福之臣，邑无豪桀之侠。以口率计，断狱少于成、哀之间什八。"《晋书·刑法志》云：光武中兴，留心庶狱。常临朝听讼，躬决疑事。明帝临听讼观，录洛阳诸狱。帝性既明察，能得下奸。故尚书奏决罚，近于苛碎。至章帝时，尚书陈宠上疏。帝纳宠言，决罪行刑，务于宽厚。盖自先汉以来，在上者多以轻刑为主，而狱吏之风气，至斯亦稍变矣。《汉书·酷吏传》："汉兴，破觚而为圜，斫雕而为朴，号为网漏吞舟之鱼，而吏治蒸蒸，不至于奸，黎民乂安。""高后时，酷吏独有侯封，刻轹宗室，侵辱功臣。吕氏已败，遂夷侯封之家。"又言："自郅都以下，皆以酷烈为声。""自此以至哀、平，酷吏众多。"《后书·酷吏传》言："汉承战国余烈，多豪猾之民。其并兼者则陵横邦邑，桀健者则雄张闾里。且宰守旷远，户口殷大。故临民之职，专事威断。族灭奸轨，先行后闻。肆行刚烈，成其不挠之威。违众用己，表其难测之智。至于重文横入，为穷怒之所迁及者，亦何可胜言?”“自中兴以后，科网稍密，吏人之严害者，方于前世省矣，而阉人亲娅，侵虐天下。至使阳球磔王甫之尸，张俭剖曹节之墓，若此之类，虽厌快众愤，亦云酷矣。”此亦可见后汉之酷刑，特由政事之昏乱，以治狱者之风气论，较之前汉，固已稍变矣。汉世用刑宽平者，如于定国、虞经等，经，诩祖父，事见《诩传》。两《汉书》各有传。

汉世每有大狱，被祸者必多。如武帝时淮南、衡山之狱，死者数万人。见《汉书·本纪》元狩元年（前122），又见《食货志》。巫蛊之狱亦然。见《江充传》。后汉广陵、楚、淮阳、济南之狱，徙者万数。见《后汉书·杨终传》。《传》云：章帝以终言，听还徙者。《光武十王传》云：“楚狱遂至累年，其辞语相连，自京师亲戚诸侯州郡豪桀及考案吏，阿附相陷，坐死徙者以千数。”而《纪》言建初二年（77），诏还坐楚、淮阳事徙者四百余家，令归本郡，则所归者殊少矣。和帝永元十二年（100），东平、清河奏妖言卿仲辽等，所连及且千人。见《文苑·黄香传》。灵帝熹平元年（172），宦者讽司隶校尉段颎捕系太学诸生千余，见《纪》。而钩党之狱无论矣。成帝鸿嘉四年（17），诏言“数敕有司，务行宽大而禁苛暴，讫今不改，一人有辜，举宗拘系”，则在平时如此者亦不少也。其榜掠之酷，亦殊出意外。章帝元和元年（84）诏曰“《律》云掠者唯得榜、笞、立”，而用酷刑者无数。如贯高以讼张王，榜笞刺爇，身无完者。江充治巫蛊，“烧铁钳灼”。戴就仕郡仓曹掾。扬州刺史欧阳参奏太守成公浮赃罪，遣部从事薛安案仓库簿领，收就于钱唐县狱，幽囚考掠，五毒参至。就慷慨直辞，色不变容。又烧锵斧，使就挟于肘腋。就语狱卒：“可熟烧斧，勿令冷。”每上彭考，因止饭食，不肯下。肉焦毁堕地者，掇而食之。主者穷竭酷惨，无复余方。乃卧就覆船下，以马通熏之。一夜二日。皆谓已死。发船视之，就方张眼大骂曰："何不益火，而使灭绝？"又复烧地，以大针刺指爪中，使以把土，爪悉堕落。《后汉书·独行传》。其惨酷，真闻之股栗矣。又汉世待士大夫至酷，贾生极言之。《传》言文帝用谊说，大臣不受刑，武帝稍下狱，自宁成始焉。其后魏武犹加杖掾属，文帝时亦于殿前杖人，见《三国志·何夔传》及《裴潜传》注。

复仇之风，秦汉时尚极盛。此观淮南王事，可以知之。见第四章第六节。案，贾谊谏侯厉王四子曰："此人少壮，岂能忘其父哉？白公胜所为父报仇者，大父与伯父、叔父也。白公为乱，非欲取国代主也，发愤快志，剡手以冲仇人之胸，固为俱靡而已。"于淮南王心事，可谓曲曲传出。此可见淮南王等所为，皆受一时风气所驱使，故人人能言之，且能豫知之也。当时虽女子，亦能手刃父仇。缑玉为父报仇，杀夫氏之党，见《后汉书·申屠蟠传》。赵娥事见《列女传》及《三国志·庞淯传》。刘恭为更始报杀谢禄，刘鲤又为其父报杀恭。鲤，更始子。怨刘盆子害其父，结客报杀盆子兄恭，见《后汉书·光武十王传》。王裒于晋文王，虽不能报，而终身不向西坐。见《三国志·王修传》注引《汉晋春秋》。庞淯为州从事，欲为刺史报杀张猛。许贡之客，卒能报杀孙策。可见当时能腐心于君父之仇者极多。此外有报昆弟之怨者。崔瑗兄章，为州人所杀，瑗手刃报仇，见《后汉书·崔骃传》。魏朗兄为乡人所杀，朗白日操刃，报仇县中，见《党锢传》。孙资兄为乡人所害，资手刃报仇，见《三国志·刘放传》注引《资别传》。更始弟为人所杀，结客欲报之；王常为弟报仇，亡命江夏；皆见《后汉书》本传。有复舅氏之仇者。翟酺以报舅仇，当徙日南，亡于长安，为卜相工，见《后汉书》本传。贾淑为舅宋瑗报仇，系狱当死，郭泰为言于郡而免之，见《泰传》。有为友报仇者。《后汉书·党锢传》：何颙友人虞伟高，有父仇未报，而笃病将终，颙往候之，伟高泣而诉，颙感其义，为复仇，以头醊其墓。徐庶中平末为人报仇，见《三国志·诸葛亮传》注引《魏略》。**有奴为其主报仇者**。栾布为人所略卖，为奴于燕，为其主家报仇，见《史记》本传。**并有为不知谁何之人报仇者**。如典韦为襄邑刘氏报睢阳李永，盖此类。此等盖徒以其勇力结托之而已。见《三国志》本传。**颜安乐，儒者也，而为仇家所杀**。见《汉书·儒林传》。**杜诗，循吏也，亦以遣客为弟报仇被征。桓谭言："今人相杀伤，虽已伏法，而私结怨仇，子孙相报，后忿深前，至于灭户殄业，而俗称豪健。故虽有怯弱，犹勉而行之。"**汉人议论，于复仇者率多贤之，即在上者亦恒加以宽典。郭泰之请免贾淑，即其一事。缑玉之报父仇也，外黄令梁配欲论杀之，申屠蟠时年十五，为诸生，进谏，配善其言，乃为谳，得减死论，亦其类也。赵娥诣县自首，福禄长尹嘉义之，解印绶欲与俱亡。又有吴许升妻吕荣。升为盗所害。刺史尹耀捕得之。荣诣州，请甘心仇人。耀听之。荣乃手断其头，以祭升灵。亦见《后汉书·列女传》。此亦非法也。钟离意为堂邑令。县人防广为父报仇，系狱。其母病死，广哭泣不食。意怜伤之。乃听广归家，使得殡敛。广敛母讫，果还入狱。意密以状闻，得以减死论。朱晖迁临淮太守。晖好节概，有所拔用，皆厉行士。其诸报怨，以义犯率，皆为求其理，多得生济。其不义之囚，立时僵仆。杜安拜宛令。先是宛有报仇者，其令不忍致理，将与俱亡。县中豪强，有告其处者，致捕得。安深疾恶之。到官治戮，肆之于市。见《三国志·杜袭传》注引《先贤行状》。其时吏之用法，尚不拘拘于法文也。**可见当时之复仇者，多为风气所鼓荡。夫为风气所鼓荡者，必至于过当而失直**。如刘鲤之报刘恭，即可谓失直之甚。《三国志·韩暨传》，同县豪右陈茂，谮暨父兄，几致大辟。暨阴结死士，擒茂，以首祭父墓，由是知名。夫暨父兄未尝竟至大辟也，而暨遽杀茂，不亦过当矣乎？其甚者：苏不韦父谦为郡督邮。时魏郡李暠为美阳令，与中常侍具瑗交通。谦案得其赃，论输左校。谦累迁至金城太守。去郡归乡里。汉法，免罢守令，自非诏征，不得妄到京师。而谦后私至洛阳。时暠为司隶校尉，收谦诘掠，死狱中，暠又刑其尸。不韦载丧归乡里，瘞而不葬。藏母武都山中。变名姓。尽以家财募剑客，邀暠于诸陵间，不克。会暠迁大司农。时右校刍廥在寺北垣下。不韦与亲从兄弟潜入廥中。夜则凿地，昼则逃伏。如此经月，遂得傍达暠之寝室，出其床下。值暠在厕。因杀其妾，并及小儿，留书而去。暠大惊惧。乃布棘于室，以版藉地。一夕九徙，虽家人莫知其处。每出，辄剑戟随身，壮士自卫。不韦知暠有备。乃日夜飞驰，径到魏郡，掘其父阜冢。断取阜头，以祭父坟。又标之于市，曰："李君迁父头。"暠匿不敢言，而自上退位，归乡里，私掩塞冢椁。捕求不韦，历岁不能得。愤恚感伤，发病呕血死。不韦后遇赦还家，乃始改葬，行丧。士大夫多讥其发掘冢墓，归罪枯骨，不合古义，而何休方之伍员，郭泰论之，以为更优于员，议者于是贵之。汉人之议论可见矣。初，张奂睦于苏氏，而段颎与暠素善。后奂、颎有隙。及颎为司隶，以礼辟不韦。不韦惧之，称病不诣。颎既积愤于奂，因发怒，乃追咎不韦前报暠事。以为暠表治谦事，被报见诛，君命天也，而不韦仇之。又令长安男子告不韦多将宾客，夺舅财物。遂使从事张贤等就家杀之，并其一门六十余人。如此冤冤相报，各逞私忿，尚复成何事体?《三国·蜀志·关羽传》注引《蜀记》云："庞德子会，随钟、邓伐蜀。蜀破，尽灭关氏家。"夫羽之杀德，乃因两国相争，岂有报诸其后嗣之理乎？故有白刃相仇，而所争实不越于意气恩怨之私者。秦汉间人，最重恩怨。高祖于羹颉侯之母，韩信于城下漂母、南昌亭长、屠中少年皆是。栾布为燕相，至将军，乃称曰"穷困不能辱身下志，非人也；富贵不能快意，非贤也"，于是尝有德者厚报之，有怨者必以法灭之。此当时人人所有之想。严助、朱买臣、主父偃之伦，生平所志，不过如是而已。《后汉书·逸民传》：周党尝于众中为乡佐所辱。后游学长安，读《春秋》，闻复仇之义，便辍讲而还，与乡佐克日相斗。《春秋》之义，岂若是邪？夏侯惇年十四，就师学，人有辱其师者，惇杀之，此非所谓一朝之忿者乎？《后汉书·张敏传》言，建初中，有辱人父者，而其子杀之，肃宗贳其死刑而降宥之。自后因以为比。遂定其议，以为《轻侮法》。敏为驳议，谓轻侮之比，浸以繁滋，至有四五百科，可见时人之好争意气矣。并有不自问其当受诛与否，而与吏为仇者。张敞病卒，所诛太原吏家随至杜陵，刺杀敞中子璜。尹齐所诛灭淮阳甚多，仇家欲烧其尸，妻亡去，归葬。后汉安城孝侯赐，兄显报怨杀人，吏捕显杀之。赐与显子卖田宅，同抛财产，结客报吏。祭遵常为部吏所侵，结客杀之。永平时，谒者韩纡尝考劾窦勋狱。窦宪令客斩纡子，以首祭勋冢。不徒仇吏非理，即以报怨论，亦多失直，至吕母而其祸博矣。夫岂谓吏之用法尽得其平？亦岂谓民间冤苦能尽假手于吏以平之？然如此两下相杀，终非可久之道。鲍宣谓民有七死，怨仇相残其一。观当时避仇者之多，而知良民之不安矣。扬雄家以避仇溯江上处岷山之阳，见《汉书》本传。元后祖父翁孺，以与东平陵终氏为怨，徙元城，见《元后传》。张禹父歆，以报仇逃亡，见《后汉书·禹传》。凌统父操，为甘宁所杀，统常欲报之。虽以孙权敕未敢动，然权亦令宁徙屯于半州，犹是古代令有仇者避之之法也。故当时言法令者，恒欲严禁之。桓谭请“申明旧令，若已伏官诛而私相伤杀者，虽一身逃亡，皆徙家属于边，其相伤者加常二等。不得雇山赎罪”。魏武帝平冀州，令民不得复私仇，禁厚葬，皆一之于法。《三国志·本纪》建安十年（205）。文帝黄初四年（223），诏敢有私复仇者，皆族之。其法似失之峻，盖欲以一切止之也。《魏律》：贼斗杀人，以劾而亡，许依古义，听子弟得追杀之；会赦及过误相杀，不得报仇；见《晋书·刑法志》。似颇能剂其平也。

第十九章 秦汉学术

第一节 学校

古代士大夫之学，出于与宗教相合之哲学及官守；民间之教育，则随顺习俗，以前辈之所知所能者，传诸后辈；《先秦史》第十五章第二、第四节已言之。东周以降，社会之等级渐平，人民之好学者日众，士大夫所专之学，渐次被及于氓庶，此乃自然之势，无可遏抑。秦始皇帝及李斯顾力反之，而欲复诸政教合一之旧，于道可谓大悖。汉兴，除挟书之律，设学校之官，既逢清晏之时，益以利禄之路，于是向学者益众，学术为士大夫所专有之局，至此全破矣。此实古今政教之一大变也。

《汉书·武帝纪》，建元五年（前136），置五经博士。元朔五年（前124），诏曰："盖闻导民以礼，风之以乐。今礼坏乐崩，朕甚悯焉。故详延天下方闻之士，咸荐诸朝。其令礼官劝学，讲议洽闻，举遗兴礼，以为天下先。太常其议予博士弟子，崇乡党之化，以厉贤材焉。"丞相弘请为博士置弟子员，学者益广。《儒林传》载弘议曰："闻三代之道，乡里有教。夏曰校，殷曰庠，周曰序。《史记》作"殷曰序，周曰庠"。其劝善也，显之朝廷。其惩恶也，加之刑罚。故教化之行也，建首善自京师始，由内及外。今陛下昭至德，开大明；配天地，本人伦；劝学兴礼，崇化厉贤，以风四方，太平之原也。古者政教未洽，不备其礼，请因旧官而兴焉。为博士官置弟子五十人，复其身。太常择民年十八以上仪状端正者，补博士弟子。郡、国、县官《史记》作"郡、国、县、道、邑"。有好文学，敬长上，肃政教，顺乡里，出入不悖所闻，令、相、长、丞上属所二千石；二千石谨察可者，常《史记》作"当"。与计偕，诣太常，得受业如弟子。一岁皆辄课。能通一艺以上，补文学掌故缺。其高第可以为郎中，太常籍奏。即有秀才异等，辄以名闻。其不事学若下材，及不能通一艺，辄罢之，而请诸能称者。"《史记》作"而请诸不称者罚"。制曰可。案，《贾山传》，山祖父祛，故魏王时博士弟子；师古曰："六国时魏也。"《董仲舒传》曰"孝景时为博士，下帷讲诵，弟子传以久次相授业，或莫见其面"；则博士故有弟子，此时特官为增置耳。故公孙弘议言得受业如弟子，《本纪》言"学者益广"也。《儒林传》又云：昭帝时举贤良文学，增博士弟子员满百人。宣帝末增倍之。元帝好儒，能通一经者皆复。数年，以用度不足，更为设员千人。成帝末，或言孔子布衣，养徒三千人，今天子太学弟子少。于是增弟子员三千人。岁余，复如故。平帝时，王莽秉政，增元士之子得受业如弟子，勿以为员。岁课甲科四十人为郎中，乙科二十人为太子舍人，丙科四十人补文学掌故云。《本纪》：元帝初元五年（前44），诏博士弟子毋置员，以广学者。永光三年（前41），复博士弟子员。以民多复除，无以给中外徭役。此先汉太学之大略也。

《汉书·礼乐志》言，成帝时，犍为郡于水滨得古磬十六枚，议者以为善祥。刘向因是说上："宜兴辟雍，设庠序。"成帝以向言下公卿议。会向病卒。丞相、大司空奏请立辟雍。案行长安城南。营表未作，遭成帝崩。群臣引以定谥。及王莽为宰衡，欲耀众庶，遂兴辟雍。《平帝纪》，元始四年（4），安汉公奏立明堂、辟雍。《萧望之传》，望之子由，元始中作明堂、辟雍，大朝诸侯，征为大鸿胪，会病，不及宾赞，是也。《王莽传》云："莽奏起明堂、辟雍、灵台，为学者筑舍万区。"《倪宽传》云，武帝封泰山，还登明堂，宽上寿曰："间者圣统废绝，陛下发愤，合指天地，祖立明堂、辟雍。"《河间献王传》，来朝，对三雍宫。注云："三雍，明堂、辟雍、灵台也。"《后汉书·光武帝纪》，中元元年（56），初起明堂、灵台、辟雍。《儒林传》云："中元元年，初建三雍。"《文献通考·学校考》谓据《礼乐志》，则辟雍王莽时方立。武帝置博士弟子员，未尝筑宫以居之也。然考倪宽所言，与河间献王事，则似已立于武帝时，何也？盖古明堂、辟雍，共为一所。武帝时，济南人公玉带上黄帝时《明堂图》，上令奉高作明堂汶上，如带图，案，见《史记·封禅书》。《汉书·郊祀志》同。《汉书·武帝纪》，元封二年（前109），秋，作明堂于泰山下。《地理志》，泰山郡奉高，有明堂，在西南四里，武帝元封二年造，即此。然《志》又云琅玡郡不其有太一仙人祠九所及明堂，武帝所起，则武帝所作明堂，尚不止奉高一处也。奉高，今山东泰安县。不其，今山东即墨县。修封时以祠太一、五帝。倪宽所指，疑此明堂；意献王所对，亦是其处；非养士之辟雍也。案，马氏谓倪宽所登为奉高明堂是也，谓河间献王所对亦其处则误。《汉书·艺文志》有《献王对上下三雍宫》三篇。胡三省《通鉴注》谓对三雍之制度，非召对于三雍宫，其说是也。然马氏谓辟雍非养士之所，武帝置博士弟子，未尝筑宫以居之，则是矣。《后汉书·光武帝纪》，建武五年（29），初起太学。中元元年，初起明堂、灵台、辟雍。《翟酺传》言"明帝时辟雍始成，欲毁太学，太尉赵憙以为太学、辟雍皆宜兼存，故并传至今"，尤显见其为二事。马氏又言："徐天麟《西汉会要》言《三辅黄图》'汉辟雍在长安西北七里'，恐即王莽所立。又言'太学亦在长安西北七里，有市有狱'，岂即辟雍邪？或别一所邪？"案，《黄图》所云太学，疑即王莽为学者所筑舍。马氏又引"鲍宣得罪下狱，博士弟子王咸举幡大学下，曰：'欲救鲍司隶者集此下。'诸生会者千余人"，谓"此亦西都已立太学之一证，当考"。案，自王莽以前，虽未尝为学者筑舍，然博士弟子亦必有受学之处，此所谓太学，当指其地言之，特其所在不可考耳。马氏又以建武已立太学，而班固尚言庠序未设为疑，则汉人言庠序，皆指地方之学，不足疑也，见后。

《后汉书·儒林传》云：光武中兴，爱好经术。未及下车，而先访儒雅；采求阙文，补缀漏逸。先是四方学士，多怀挟图书，遁逃林薮，自是莫不抱负坟策，云会京师。于是立五经博士，各以家法教授。《易》有施、孟、梁丘、京氏，《尚书》欧阳、大、小夏侯，《诗》齐、鲁、韩、毛，"毛"字衍，见第三节。《礼》大、小戴，《春秋》严、颜，凡十四博士。太常差次总领焉。建武五年(29)，仍修起太学。案，《纪》云"五年"，盖四年修起，五年成。中元元年（56)，初建三雍。明帝即位，亲行其礼。坐明堂而朝群后。登灵台以望云物。袒割辟雍之上，尊养三老五更。飨射礼毕，帝正坐自讲，诸儒执经问难于前。冠带缙绅之人，圜桥门而观听者，盖亿万计。事在永平二年（59)，见《本纪》及《续书·礼仪志》。其后复为功臣子孙、四姓末属，别立校舍。《明帝纪》，永平九年，为四姓小侯开立学校，置五经师。注云，外戚樊氏、郭氏、阴氏、马氏，以非列侯，故曰小侯。《张酺传》，永平九年，显宗为四姓小侯立学于南宫，置五经师，酺以《尚书》教授。又《和熹邓皇后纪》："元初六年，太后诏征和帝弟济北、河间王子男女年五岁以上四十余人，又邓氏近亲子孙三十余人，并为开邸第，教学经书，躬自监试。尚幼者，使置师保，朝夕入宫，抚循诏导，恩爱甚渥。”搜选高能，以受其业。自期门羽林之士，悉令通《孝经》章句。匈奴亦遣子入学。《樊宏传》，樊准上疏云：“匈奴遣伊秩訾王大车且渠来入就学。”济济乎，洋洋乎，盛于永平矣。建初中，大会诸儒于白虎观，考详同异，连月乃罢。肃宗亲临称制，如石渠故事。顾命史臣，著为通义。又诏高材生受《古文尚书》《毛诗》《穀梁》《左氏春秋》。虽不立学官，然皆擢高第为讲郎，给事近署。孝和亦数幸东观，览阅书林。及邓后称制，学者颇懈。时樊准、徐防并陈敦学之宜。又言儒职多非其人。准疏言：“今学者盖少，远方尤甚。博士倚席不讲，儒者竞论浮丽。忘謇謇之忠，习诐诐之辞。”于是制诏公卿，妙简其选。三署郎能通经术者，皆得察举。自安帝览政，薄于艺文。博士倚席不讲，朋徒相视怠散。学舍颓敝，鞠为园蔬。牧儿荛竖，至于薪刈其下。顺帝感翟酺之言，乃更修黉宇。凡所造构，二百四十房，千八百五十室。试明经下第补弟子，增甲乙之科员各十人。除郡国耆儒皆补郎、舍人。事在阳嘉元年（132），见《纪》。阳嘉元年，帝临辟雍飨射。《左雄传》，雄上言：“宜崇经术，缮修太学。”帝从之。阳嘉元年，太学新成，诏试明经者补弟子，增甲乙之科员各十人。除京师及郡国耆儒年六十以上为郎、舍人、诸王国郎者百三十八人。本初元年（146），梁太后诏曰：大将军下至六百石，悉遣子就学。《质帝纪》：本初元年，令郡国举明经，年五十以上、七十以下诣太学。自大将军至六百石，皆遣子受业。岁满课试。以高第五人补郎中，次五人太子舍人，又千石、六百石、四府掾属、三署郎。四姓小侯先能通经者，各令随家法。其高第者上名牒，当以次赏进。案，四府，谓诸大将军、太尉、司徒、司空也。每岁辄于乡射月一飨会之，以此为常。注：“《汉官仪》曰：‘春三月、秋九月习乡射礼，礼生皆使太学学生。’”自是游学增盛，至三万余生。然章句渐疏，而多以浮华相尚，儒者之风盖衰矣。

《三国·魏志·文帝纪》，黄初五年（224），立太学。制五经课试之法。置《春秋穀梁》博士。《王郎传》注云，《魏略》以董遇、贾洪、邯郸淳、薛夏、隗禧、苏林、乐详七人为《儒宗》。引其传序曰："从初平之元，至建安之末，天下分崩，人怀苟且。纪纲既衰，儒道尤甚。至黄初元年之后，新主乃复，始扫除太学之灰炭，补旧石碑之缺坏，备博士之员录，依汉甲乙以考课。申告州郡：有欲学者，皆遣诣太学。太学始开，有弟子数百人。至太和、青龙中，中外多事，人怀避就。虽性非解学，多求诣本或作"请"，误。太学，太学诸生有千数。而诸博士率皆粗疏，无以教弟子。弟子本亦避役，竟无能习学。冬来春去，岁岁如是。又虽有精者，而台阁举格太高；加不念统其大义，而问字指、墨法、点注之间；百人同试，度者未十。是以志学之士，遂复陵迟，而来求浮虚者各竞逐也。正始中，有诏议圜丘，普延学士。是时郎官及司徒领吏二万余人，虽复分布，见在京师者尚且万人，而应书与议者略无几人。又是时朝堂公卿以下四百余人，其能操笔者未有十人。多皆相从饱食而退。嗟夫！学业沉陨，乃至于此。是以私心常区区贵乎数公者，各处荒乱之际，而能守志弥敦者也。"《杜恕传》注引《魏略》言：乐详，"黄初中，征拜博士。于时太学初立，有博士十余人。学多褊狭，又不熟悉。略不亲教，备员而已。唯详五业并授。其或难解，质而不解，详无愠色，以杖画地，牵譬引类，至忘寝食。以是独擅名于远近"。盖能如是者寡矣。案，前汉太学，颇多孤寒之士。如倪宽诣博士受业，贫无资用，常为弟子都养，及时时间行佣赁，以给衣食；翟方进西至京师受经，后母怜其幼，随之长安，织屦以给；王章学长安，独与妻居，疾病卧牛衣中皆是。后汉亦非无其人，如桓荣少学长安，贫窭无资，常客佣以自给；公沙穆游太学，无资粮，乃变服客佣，为吴祐赁舂是也。然时儒学既行，时主复加提倡，贵游子弟，靡入其中，风气遂至一变。《三国·魏志·董昭传》，太和六年

(232)，昭上疏曰：窃见当今年少，不复以学问为本，专更以交游为业。国士不以孝悌清修为首，乃以趋势游利为先。《刘馥传》，馥子靖上疏曰："自黄初以来，崇立太学，二十余年，而寡有成者。盖由博士选轻，诸生避役，高门子弟，耻非其伦。故夫学者，虽有其名，而无其人，虽设其教，而无其功。宜高选博士，取行为人表，经任人师者，掌教国子。依遵古法，使二千石以上子孙，年从十五，皆入太学。明制黜陟荣辱之路。其经明行修者，则进之以崇德；荒教废业者，则退之以惩恶。举善而教，不能则劝，浮华交游，不禁自息矣。"然则是时贵游子弟不复入学，而浮华之风气，则未变也。然标榜之风，本起太学，即如刘靖之议，悉驱之入学校，亦岂能矫正之哉？参看第十八章第四节自明。

前汉定制，虽云太常择民年十八以上补博士弟子，然就学者多迟。萧望之治《齐诗》，事同县后仓且十年，乃以令诣太常受业，其年必已颇长。翟方进年十二三，失父孤学，给事太守府为小史，数为掾史所詈辱，辞其后母，西至京师从博士受《春秋》，其年当较少，则积十余年而后经学称明习。终军年十八，选为博士弟子，军固雅材，亦仍符法令年岁也。后汉杜安年十三，入太学，号奇童。安，根父，见《后书·根传》。任延年十二，显名太学，学中号为"任圣童"。鲁恭年十五，即与弟丕俱居太学。钟会亦十五即入太学。见《三国志》本传注引其母传。甚至有如梁竦，弱冠即事教授者，竦，统子，见《后书·统传》。聪慧夙成之士，世固非无其人，然此等岂能皆名副其实哉？此亦章句之所以渐疏邪？

今世学校，有所谓风潮者，汉世即已有之。《汉书·鲍宣传》：宣为司隶，钩止丞相掾史，没入其车马。事下御史中丞。侍御史至司隶官，欲捕从事，闭门不肯纳。坐距闭使者，下廷尉狱。博士弟子济南王咸举幡太学下，曰："欲救鲍司隶者会此下。"诸生会者千余人。朝日，遮丞相孔光自言，丞相车不得行。又守阙上书。《后汉书·儒林传》：欧阳歙征为大司徒，坐在汝南赃罪千余万发觉下狱。诸生守阙为歙求哀者千余，至有自髡剔者。案，宣本著高节。歙之被系也，平原礼震，自系上书，求代其死。高获亦冠铁冠，带铁锧，诣阙请歙。见《方术传》。光武不赦，歙死狱中。歙掾陈元又上书追讼之，言甚切至。帝乃赐以棺木，赠印绶，赙缣三千匹，子复并获嗣爵。则歙狱盖实冤。不然，以光武用法之严，未必肯轻于平反也。杨政讼范升事，可以参观，见《后书·儒林传》。然则诸生之所争者，固皆合于义，非徒集众要挟也。桓帝时，梁冀专朝，而帝无子，连岁饥荒，灾异数见，刘陶游太学，乃上疏陈事。朱晖孙穆，以治宦者赵忠，输作左校，陶等数千人又诣阙上书讼之。桓帝览其奏，为之赦穆。时有上书言宜改铸大钱者，事下四府群僚及大学能言之士，陶上议沮之，帝竟不铸钱。则汉于诸生，不徒不禁其言，又导之使言，且时能用其言也。灵帝时，皇甫规为徐璜等所陷，下吏，论输左校，诸公及太学生张凤等三百余人上书讼之，史云规以会赦归家，不云由凤等之讼，则灵帝之听言，更不如桓帝。至熹平元年（172），有何人书朱雀阙，言天下大乱，曹节、王甫幽杀太后。侯览多杀党人。公卿皆尸禄，无有忠言者。司隶校尉刘猛不肯急捕，月余，主名不立，猛坐左转，代以段颎，四出逐捕，及大学游生，系者千余人。见《宦者传》。《灵帝纪》云："宦官讽司隶校尉段颎捕系太学诸生千余人。"则并公然与舆论为敌矣。诸生之好言，固未必非激于意气，然朝廷之拒之，亦适形其昏乱而已矣。陈蕃闻窦武难作，将官属诸生八十余人，并拔刃突入承明门，则汉世儒生，不徒主持清议，并有能奋身以赴国难者矣。要不失为正气也。

《续汉书·百官志》云，太常卿，每选试博士，奏其能否。然其事初非专由太常。《汉书·成帝纪》，阳朔二年（前23），诏曰："古之立太学者，将以传先王之业，流化于天下也。儒林之官，四海渊原，宜皆明于古今，温故知新，通达国体，故谓之博士。否则学者无述焉，为下所轻，非所以尊道德也。工欲善其事，必先利其器。丞相、御史，其与中二千石、二千石杂举可充博士位者，使卓然可观。”《后汉书·朱浮传》，建武七年（31），浮上书曰，旧事，策试博士，必广求详选，延及四方。伏闻诏书，更试五人，唯取见在洛阳城者。臣恐求之密迩，容或未尽，而四方之学，无所劝乐。《杨震传》，元初四年（117），迁太常。先是博士选举，多不以实。震举荐明经名士陈留杨伦等，显传学业，诸儒称之。注引谢承书云：“荐杨仲桓等五人，各从家拜博士。”仲桓，伦字。《儒林传》，太常上杨仁经中博士，仁自以年未五十，不应旧科，上府让选。注引《汉官仪》曰：“博士限年五十以上。”《汉书·倪宽传》：“治《尚书》，事欧阳生。以郡国选诣博士，受业孔安国。”《景武昭宣元成功臣表》，山阳侯张当居，元朔五年（前124），坐为太常择博士弟子故不以实，完为城旦。《百官公卿表》云：“坐选子弟不以实免。”皆可见汉世法令，于博士及博士弟子之选，视之颇重也。

古代学业，多得之在官，汉世犹有其意。《汉书·马宫传》云“本姓马矢，宫仕学，称马氏”，此以仕学并称也。《楼护传》云：“长者咸爱重之，共谓曰：‘以君卿之材，何不宦学乎？’”此以宦学并称也。然学术日益精深，终非徒习于事者所能深究，故虽以法令之最重当代者，亦且别有传授，如第十八章第七节所述是也。王官之学，变为九流，固由封建破坏，官失其守，亦由学术日精，非仕宦所能兼。秦皇、李斯，顾欲使欲学法令者以吏为师，倒行逆施，宜其终于无成也。

蜀汉以许慈、胡潜并为博士，慈子勋复为博士，见《三国·蜀志·慈传》。孙休永安元年（258），诏案古置学官，立五经博士。科见吏之中及将吏子弟，有志好学者，各令就业。一岁课试，差其品第，加以位赏，见《吴志·休传》。

古代学校，本讲教化，非重学业，汉人犹有此见解，故武帝兴学之诏，以崇乡里之化为言；而公孙弘等之议，亦云建首善自京师始也。夫既讲教化，自宜普及全国。故《汉书·礼乐志》言：显宗宗祀光武皇帝于明堂，养三老五更于辟雍，威仪既盛美矣，然德化未流洽者，礼乐未具，群下无所诵说，而庠序未设之故也”。夫如是，则地方之学，当重于京师；人伦之教，当先于呫哔。此自汉人议论推之则然，然汉人之所行，终未能与此见解相副也。

汉世郡国之学，始自文翁。《汉书·循吏传》云：文翁，景帝末为蜀郡守。仁爱，好教化。见蜀地僻陋有蛮夷风。乃选郡县小吏开敏有材者张叔等十余人，亲自饬厉，遣诣京师，受业博士，或学律令。数岁，蜀生皆成就还归。文翁以为右职，用次察举，官有至郡守、刺史者。又修起学官于成都市中。招下县子弟，以为学官弟子，为除更徭。高者以补郡县吏，次为孝悌力田。常选学官僮子，使在便坐受事。每出行县，益从学官诸生明经饬行者与俱。使传教令，出入闺阁。县邑吏民，见而荣之。数年，争欲为学官弟子。富人至出钱以求之。由是大化。蜀地学于京师者，比齐、鲁焉。至武帝时，乃令天下郡国皆立学校官，自文翁为之始云。武帝令郡国皆立学校官，他无可考，恐虽有此令，郡国未尽奉行。然《何武传》言，武为刺史，行部必先即学宫见诸生，试其诵论，则亦非尽不奉行也。《儒林传》言：元帝于郡国置五经百石卒史，盖教官之设，至是而始普遍。《平帝纪》，元始三年(3)，安汉公奏立学官。郡、国曰学，县、道、邑、侯国曰校，校、学置五经师一人。乡曰庠，聚曰序，序、庠置《孝经》师一人。其制尤为美备，然亦未必能行也。《续汉书·百官志》，司隶校尉所属有《孝经》师，主监试经。

学校既讲教化，故其所最重者为行礼。《汉书·成帝纪》，鸿嘉二年（前19）三月，博士行饮酒礼。《汉纪》作“乡饮酒礼”，《五行志》作“大射礼”，盖射、乡并行。《后汉书·伏湛传》，建武三年（27），为大司徒，奏行乡饮酒礼。《续汉书·礼仪志》：“明帝永平二年三月，上始帅群臣躬养三老五更于辟雍，行大射之礼。郡、县、道行乡饮酒于学校。皆祀圣师周公、孔子，牲以犬。”注引郑玄注《乡饮酒礼》曰“今郡国十月行乡饮酒礼”，盖自永平，遂为常典矣。韩延寿所至必修治学官，春秋飨射，陈钟鼓管弦，盛升降揖让。李忠迁丹阳太守，以越俗不好学，嫁娶礼仪，衰于中国，乃为起学校，习礼容，春秋乡饮。鲍永拜鲁郡太守。孔子阙里无故荆棘自除。乃会人众修乡射之礼，因以格杀彭丰。永孙德，为南阳太守。修起横舍。备俎豆黻冕，行礼奏乐。又尊飨国老，宴会诸儒。百姓观者，莫不劝服。秦彭迁山阳太守。敦明庠序。每春秋飨射，辄修升降揖让之仪。陈禅以北匈奴入辽东，拜为太守。禅不加兵，但使吏卒往晓慰之。单于随使还郡。禅于学行礼。为说道义，以感化之。单于怀服，遗以胡中珍宝而去。则汉世良吏，确有能推行其事者。即私家讲学亦然。如刘昆，王莽世，教授弟子五百余人。每春秋飨射，常备列典仪。以素木瓠叶为俎豆。桑弧蒿矢，以射“菟首”。每有行礼，县宰辄率吏属而观之，是也。案，《史记·孔子世家》言，诸儒讲礼、乡饮、大射于孔子冢。太史公自言：“适鲁，观仲尼庙堂、车服、礼器，诸生以时习礼其家。”《自序》言“观孔子之遗风，乡射邹、峄”。则儒者之躬行礼乐，由来已久。《后书·酷吏传》言黄昌本出孤微，“数见诸生修庠序之礼，因好之，遂就经学”，则为所感化者，亦未尝无其人。然果有益于治化乎？礼云礼云，玉帛云乎哉？乐云乐云，钟鼓云乎哉？富必先教，救死不赡，奚暇治礼义；古之人早言之矣。礼者，履也。欲行礼，必不能离乎人生日用。韩延寿与郡中长老议定嫁娶、丧祭仪品，令文学校官诸生皮弁执俎豆，为吏民行丧嫁娶礼。黄霸使邮亭乡官皆畜鸡豚，以赡鳏寡贫穷者。然后为条教，置父老、师帅、伍长，班行之于民间，劝以为善防奸之意，及务耕桑，节用殖财，种树畜养，去食谷马。仇览为蒲亭长，劝民生业，为制科令，至于果菜为限，鸡豚有数。农事既毕，乃令子弟群居，还就黉学。其剽轻游恣者，皆役以田桑，严设科罚。躬助丧事，振恤贫穷。似汉人之于礼乐，尚未大远乎人生日用，亦非不知先富后教之义。然所谓贫富者，实不系乎足不足，而系乎其均不均。甘苦相共，虽寒饿无怨咨，有一饱暖者以观欲之，而不平之声，嚣然起矣。汉世之言礼乐者，果能使其民皆守轨物乎？即不论此，能使其衣食皆饶足乎？不能，是救死不赡，而使之治礼义也，其效安可睹？骛声华者，遂或徒饰观听，以徼虚誉。《汉书·循吏传》言：黄霸代丙吉为丞相。时京兆尹张敞舍鹖雀飞集丞相府。霸以为神雀，议欲以闻。敞奏霸曰："窃见丞相请与中二千石、博士杂问郡国上计长吏、守、丞：为民兴利除害，成大化。条其对。有耕者让畔，男女异路，道不拾遗，及举孝子、悌弟、贞妇者为一辈，先上殿。举而不知其人数者次之。不为条教者，在后叩头谢。丞相虽口不言，而心欲其为之也。长吏、守、丞对时，臣敞舍有鹖雀，飞止丞相府屋上。丞相以下见者数百人。边吏多知鹖雀者，问之，皆阳不知。丞相图议上奏，曰：'臣问上计长吏、守、丞以兴化条，皇天报下神雀。'后知从臣敞舍来，乃止。郡国吏窃笑丞相仁厚有知略，微信奇怪也。……臣敞非敢毁丞相也。诚恐群臣莫白，而长吏、守、丞畏丞相指，归舍法令，各为私教。务相增加，浇淳散朴，并行伪貌，有名无实，倾摇懈怠，甚者为妖。假令京师先行让畔异路，道不拾遗，其实无益廉贪贞淫之行，而以伪先天下，固未可也。即诸侯先行之，伪声轶于京师，非细事也。汉家承敝通变，造起律令，即以劝善禁奸。条贯详备，不可复加。宜令贵臣明饬长吏、守、丞，归告二千石，举三老、孝悌、力田、孝廉、廉吏，务得其人。郡事皆以义法令检式。毋得擅为条教。敢挟诈伪以奸名誉者，必先受戮。以正明好恶。”案，叔孙通之制礼也，使征鲁诸生三十余人。鲁有两生不肯行，曰：“今天下初定，死者未葬，伤者未起，又欲起礼乐。礼乐所由起，积德百年而后可兴也，吾不忍为公所为。公所为不合古。”此两生所言真古义。不能富而言教，不能均而言富，终必至于饰伪奸名而后止也。汉儒言兴教化者甚多，如《礼乐志》所引贾谊、董仲舒、王吉、刘向之论即是。谊、仲舒、吉之论，又详见本传。又如贾山，亦欲定明堂，造太学。匡衡言：“今天下俗贪财贱义，好声色，上侈靡，廉耻之节薄，淫辟之意纵。”“苟合侥幸，以身设利。不改其原，虽岁赦之，刑犹难使错而不用也。臣愚以为宜一旷然大变其俗。”其用意亦与谊等同。然诸儒亦无不以革正制度均贫富为言者。不言富而言教，不言均而言富，非黄霸则宋枭也。宋枭为凉州刺史，谓盖勋曰：“凉州寡于学术，故屡致反暴。今欲多写《孝经》，令家家习之，庶或使人知义。”见《后汉书·盖勋传》。人莫不以为笑矣。然不揣其本而齐其末者，何莫非宋枭之类邪？

汉人言庠序，尚多讲教化，罕言学问。然其时之言教化者，多有名无实，而能讲学问者，却颇有之，盖亦风气使然也。刘梁除北新城长，大作讲舍，延聚生徒数百人，身执经卷，试策殿最。《后汉书·文苑传》。此为郡县校官讲学之最著者。贾洪历守三县令，所在辄开除厩舍，亲授诸生。《三国志·王肃传》注引《魏略》。杜畿守河东，开学宫，亲自执经教授。《三国志·管辂传》注引《辂别传》，父为琅琊即丘长，时年十五，来至官舍读书。于时黉上有远方及国内诸生四百余人，皆服其才。则虽丧乱之世，郡国弦诵，亦未尽废也。

是时郡县长官，于吏民之好学者，多能加以资助。如焦延寿以好学得幸梁王，王供其资用，令极意学。《汉书·京房传》。杨终年十三，为郡小吏，太守奇其才，遣诣京师受业。陈寔少作县吏，常给事厮役。县令邓邵与语，奇之，听受业太学。公孙瓒为郡门下书佐，太守器之，以女妻焉，遣诣涿郡卢植读经，是也。其所任用，亦多简有学者，或则令更就学。如李忠选用明经。栾巴迁桂阳太守，虽干吏卑末，皆课令习读，程试殿最，随任升授。任延守武威，造立校官，自掾吏子孙，皆令诣学受业，复其徭役。章句既通，悉显拔荣进之。秦彭为人设四诫，以定六亲长幼之礼，有遵奉教化者，擢为乡三老，常以八月致酒肉以劝勉之。颜斐为京兆太守，起文学，听吏民欲读书者，复其小徭。《三国志·仓慈传》注引《魏略》。顾邵为豫章太守，小吏资质佳者，辄令就学，择其先进，擢置右职《吴志·顾邵传》。皆是。谷熟长吕岐善朱渊、袁津，遣使行学。还，召用之。与相见，出，署渊师友祭酒，津决疑祭酒。渊等因各归家，不受署。岐大怒，将吏民收渊等，皆杖杀之。《三国志·袁涣传》注引《魏书》。盖亦有激而然也。

汉世良吏，多能兴学于僻陋之地。如前引之文翁、李忠即是。栾巴守桂阳，宋均长辰阳，应奉守武陵，卫飒守桂阳，见《后汉书·循吏传》。锡光守交趾，任延守九真，王追守益州，见《南蛮传》《西南夷列传》。徐邈刺凉州，亦咸有兴学之效。牵招守雁门，简选有才识者，诣太学受业，还相教授，数年中，庠序大兴，则所就弥广矣。孔融为北海相，为贼张饶等所败，收散兵保朱虚县，稍复纠集吏民为黄巾所误者，男女四万余人。更置城邑，立学校。刘表在荆州，开立学宫，博求儒雅，使綦毋闿、宋忠等撰定五经章句，谓之“后定”。《三国志》本传注引《英雄记》。《后书·表传》本之。刘馥为扬州刺史，单马造合肥空城，建立州治。数年中，流民越江山而归者以万数。于是聚诸生，立学校。杜畿守河东，百姓勤农，家家富实，畿乃曰：“民富矣，不可不教也。”于是冬月修戎讲武，又开学宫。杨俊守南阳，王基刺荆州，皆修立学校。

刘璋以王商为蜀郡太守，亦修学、广农。《三国志·许靖传》注引《益州耆旧传》。孙静子瑜，领丹阳太守。济阴人马普笃学好古，瑜厚礼之，使将吏子弟数百人就受业。遂立学宫，临飨讲肄。弟奂亦爱乐儒生，复令部曲子弟就业，后仕进朝廷者数十人。造次颠沛不废如此，亦风气使然也。

《三国志·魏武帝纪》，建安八年（203）七月，令曰："丧乱已来，十有五年。后生者不见仁义礼让之风，吾甚伤之，其令郡国各修文学。县满五百户置校官，选其乡之俊造而教学之。庶几先王之道不废，而有以益于天下。"《高柔传》，柔上疏言"太祖初兴，悯其如此，在于拨乱之际，并使郡县立教学之官"，盖指此事也。二十一年，公进爵为魏王。二十二年五月，作泮宫。

汉世文学之职，于郡国教化关系颇大。诸葛丰及翟方进父翟公皆尝为郡文学。匡衡调补平原文学。学者多上书荐衡"经明，当世少双。今为文学就官，京师后进皆欲从衡平原，衡不宜在远方"，可见当时文学，颇有名人为之。《三国志·杜畿传》注引《魏略》，言畿为河东太守，署乐详为文学祭酒，使教后进。于是河东学业大兴。《仓慈传》注引《魏略》，言令狐邵为弘农太守。是时郡无知经者。乃历问诸吏，有欲远行就师，辄假遣，令诣河东就乐详学经，粗明乃还。因设文学。由是弘农学业转兴。皆可见文学一官，于地方教化颇有裨益。

孔子旧居既为诸儒习礼之所，则亦不啻私立之学矣。魏文帝黄初二年（221），以孔羡为宗圣侯，令鲁郡修起旧庙，又于其外广为室屋，以居学者，则又不啻官为立学矣。文翁终于蜀，吏民为立祠堂。杨厚门人为之立庙，郡文学掾史春秋飨射常祠之，亦后世于先贤讲学之地立书院之意也。

赵氏翼《陔余丛考》，谓汉时受学者皆赴京师。盖遭秦灭学，天下既无书籍，又少师儒；郡国虽已立学，然经义之专门名家，唯太学为盛；故士无不游太学者。及东汉中叶以后，学成而归者，各教授门徒，每一宿儒，门下著录者至千百人；由是学遍天下矣。此言颇为失考。《汉书·儒林传》言：“自武帝立五经博士，开弟子员，设科射策，劝以官禄。讫于元始，百有余年，传业者浸盛。支叶繁滋，一经说至百余万言，太师众至千余人，盖禄利之路然也。”元始者，平帝年号也。疏广家居教授，学者自远方至；翟宣教授，诸生满堂；吴章弟子千余人；见《云敞传》。皆前汉事。《后书》所载，诸儒门下，受业著录者之多，诚若远过前汉者，然此或记载有详略，又或有传不传，未必私家教授，后汉远盛于前汉也。《后书》所载，诸儒门下，受业著录，动至数千，甚或盈万，其不及千人者，几不足数矣。如杨厚，门生上名录者三千余人。樊鯈，门徒前后三千余人。曹褒，诸生千余人。郑玄，弟子自远方至者数千。丁鸿，远方至者数千人。周磐，门徒常千人。姜肱，士之远来就学者三千余人。张奂，养徒千人。李膺，免官还居纶氏，教授常千人。郭泰，闭门教授，子弟以千数。张兴，著录万人。曹曾，门徒三千人。牟长，自为博士，及在河内，诸生讲学者，常有千余人。著录前后万人。子纡，门生千人。宋登，教授数千人。杨伦，弟子千余人。魏应，弟子自远方至者，著录数千人。杜抚，弟子千余人。丁恭，诸生自远方至者，著录数千。楼望，诸生著录九千余人。张玄，著录千余。颍容，避乱荆州，聚徒千余人。谢该，门徒数百千人。蔡玄，门徒常千人，其著录者万六千人。杜恭，门徒常千余人。索卢放，以《尚书》教授千余人。徐房、李子云，养徒各千人。以上皆见《后汉书》各本传及《儒林》《文苑》《逸民传》。又《三国志·杜畿传》注引《魏略》：乐详为博士，年老罢归，门徒亦数千人。《儒林传论》言：“自光武中年以后，干戈稍戢，专事经学，自是其风世笃焉。其服儒衣，称先王，游庠序，聚横塾者，盖布之于邦域矣。若乃经生所处，不远万里之路，精庐暂建，赢粮动有千百。其耆名高义，开门受徒者，编牒不下万人。”盖其风至季世犹未衰也。案，汉世儒生讲学者，多不亲授。《史记·儒林传》言，董仲舒下帷讲诵，弟子传以久次相受业，或莫见其面盖三年。《后汉书·马融传》言，融弟子以次相传，鲜有入其室者。《郑玄传》言，融门徒四百余人，升堂进者五十余生。融素骄贵，玄在门下，三年不得见。乃使高业弟子传授于玄。间或大会诸生，不过讲正大义。《汉书·孔光传》言，光自为尚书，止不教授。后为卿时，会门下大生，讲问疑难，举大义；《翟方进传》言，方进候伺胡常大都授时，遣门下诸生至常所问大义疑难，是也。甚有不过存一名牒者。《后书·党锢传》云，景毅子顾，为李膺门徒，而未有录牒，故不及于谴。毅乃慨然曰："本谓膺贤，遣子师之，岂可以漏夺名籍，苟安而已?"遂自表免归。此即《儒林传论》所谓编牒。此等人自不必常居门下，故《儒林·程曾传》言"会稽顾奉等数百人常居门下"也。间有不然者，如《三国·吴志·程秉传》注引《吴录》，言征崇，"好尚者从学，所教不过数人辄止，欲令其业必有成也"。此等人盖为数甚少。徒务其名之风气，最易于踵事增华。后汉容或更甚于前汉，然必谓私家教授至后汉而始盛，则理有难信也。不特此也，陈平家贫，兄伯常耕田，纵平使游学；叔孙通崎岖戎马之际，弟子从之者犹百余人，则东周之世，孔子养徒三千，孟子后车数十乘，从者数百人之风，盖自秦及汉初，未之有改矣。抑谓汉儒向学，皆为利禄，亦近厚诬。夏侯胜每讲授，常谓诸生曰："士病不明经术。经术苟明，其取青紫，如俯拾地芥耳。"桓荣拜太子太傅，赐辎车、乘马。荣大会诸生，陈其车马、印绶，曰："今日所蒙，稽古之力也，可不勉哉?"此二事最为尚论者所鄙夷。《后书》云：自荣至典，父子兄弟，代作帝师；受其业者，皆至卿相。实非为己之学。然究出耽慕荣宠之情，抑系勉人向学之意，尚难论定。《荣传》又言："荣初遭仓卒，与族人桓元卿同饥厄。而荣讲诵不息。元卿嗤荣曰：'但自苦气力，何时复施用乎?'荣笑不应。及为太常，元卿叹曰：'我农家子，岂意学之为利，乃若是哉?'"此说盖亦出荣家，当时自有此等鄙论。翟方进给事太守府为小史，数为掾史所詈辱，乃西至京师受经。郭丹买符入关，慨然叹曰："丹不乘使者车，终不出关。"王霸少为狱吏，常慷慨不乐吏职，其父奇之，乃遣西学长安。冯良少作县吏，年三十，为尉从佐，奉檄迎督邮，耻在厮役，遁至犍为，从杜抚学。见《后汉书·周燮传》。郭泰家世贫贱，而早孤，母欲使给事县廷。泰曰："大丈夫焉能处斗筲之役乎？"遂辞，就成皋屈伯彦学。范冉为县小吏，遁到南阳，受业樊英。又游三辅，就马融通经，历年乃还。《后汉书·独行传》。此等非为富贵利禄之谋，则厌食贫居贱之苦，诚亦不得谓之为己。然如孙期，牧豕大泽中，远人从其学者，皆执经垄畔以追之。杨伦讲授大泽中，弟子至千余人。此皆穷居独处之儒，从之有何利禄？《后汉书·吴祐传》："年二十，丧父，居无担石，而不受赡遗。常牧豕于长垣泽中，行吟经书。遇父故人，谓曰：'卿二千石子，而自业贱事。纵子无耻，奈先君何？'祐辞谢而已。"可见牧豕在汉世为贱业也。而其人虽桃李盈门，亦仍躬自作苦，又岂志于利禄者？承宫遭天下大乱，将诸生避地汉中。刘般转侧兵革中，甫归洛阳，即修经学。颍容，初平中避乱荆州，聚徒千余人。《后书·儒林传》。国渊在辽东，常讲学于山岩。《三国志》本传注引《魏书》。管宁客辽东，亦讲《诗》《书》，陈俎豆。《三国志》本传注引《傅子》。当丧乱颠沛之余，而其学之不废如此，此岂有所利而为之？周党家产千金，散与宗族，免遣奴婢，而至长安游学，是为欲富乎？然则汉世社会，好学之风实极盛，虽有若干志在利禄之人，要不敌不为利禄者之众也。当时朝廷之兴学，实受民间风气之鼓动而不自知耳。参看第五章第二节。据《史》《汉》"儒林传"，五经之学，固皆起自民间，安得谓遭秦灭学，民间遂无专门名家之太师哉？

汉儒居官者，多不废教授。施雠与孟喜、梁丘贺并为田王孙门人。谦让，常称学废，不教授。及贺为少府，事多，乃遣子临分将门人张禹等从雠问。则贺当未为少府时，教授不废；即为少府，教授亦未尽废也。翟方进以射策甲科为郎。二三岁，举明经，迁议郎。是时宿儒有清河胡常，与方进同经。常为先进，名誉出方进下。心害其能，论议不右方进。方进知之。候伺常大都授时，遣门下诸生至常所问大义疑难，因记其说。如是者久之。常知方进之宗让己，内不自得。其后居士大夫间，未尝不称述方进。遂相亲友。是方进为郎，教授亦未尝废也。鲁恭弟丕拜赵相，门生就学者常百余人；欧阳歙迁汝南太守，在郡教授数百人；牟长自为博士，及在河内，诸生讲学者常有千余人；伏恭迁常山太守，教授不辍，由是北州多为伏氏学；皆见《后书·儒林传》。则传业弥盛矣。又有弃官教授者：如孔光左迁虹县长，自免归教授。吴祐为梁冀长史，自免归家，以经术教授。延笃为京兆尹，忤梁冀，以病免归，教授家巷。刘焉以宗室拜郎中，去官，居阳城山，精学教授，是也。张奂为使匈奴中郎将，休屠各及朔方乌桓反叛，烟火相望。兵众大恐，各欲亡去。奂安坐帷中，与弟子讲诵自若。则虽在兵间，犹不废教授矣。夫居官而犹教授，去官而必教授，似不免借此为名高，抑或以结合徒党；而就学者必走集于达官贵人之门，亦似欲借资援引者。《孔光传》云："其弟子多成就为博士大夫者，见师居大位，几得其助力，光终无所荐举，至或怨之。"然楚王聘龚舍为常侍，随王归国，固辞愿卒学，复至长安；朱晖，光武召拜为郎，寻以病去，卒业太学；则固有弃轩冕而就横舍者。宋均以父任为郎，时年十五，好经书，每休沐日辄受业博士，是又宦而兼学者也。夫居官而犹学，所谓不挟贵也。朱穆年五十，奉书赵康称弟子，及康殁，丧之如师，所谓不挟长也。然则汉世学者，虽或有所为而为之，要不能掩其好学之诚矣。

《后汉书·儒林传论》称述儒学之效曰："所谈者仁义，所传者圣法也。故人识君臣父子之纲，家知违邪归正之路。自桓、灵之间，君道秕僻，朝纲日陵，国隙屡启；自中智以下，靡不审其崩离；而权强之臣，息其窥盗之谋，豪俊之夫，屈于鄙生之议者？人诵先王言也，下畏逆顺势也。至如张温、皇甫嵩之徒，功定天下之半，声驰四海之表，俯仰顾眄，则天业可移，犹鞠躬昏主之下，狼狈折札之命，散成兵，就绳约，而无悔心。暨乎剥桡自极，人神数尽，然后群英乘其运，世德终其祚。迹衰敝之所由致，而能多历年所者，斯岂非学之效乎?”乍观此言，一似阿私所好。然试思：何进所召，苟非董卓而为张温、皇甫嵩，汉室之祸，何遽至此？夫张温、皇甫嵩，固非有为之人，蔚宗谓其“俯仰顾眄，则天业可移”，庸或太过。然魏武蹇蹇，终执臣节；诸葛亮鞠躬尽瘁，死而后已；谓非当时之风气有以使之然乎？魏朗、徐庶、何颙，皆尝杀人报仇。见第十八章第七节。颙为宦官所陷，亡匿汝南间，所至皆亲其豪桀。袁绍慕之，私与往来，结为奔走之友。是时党事起，天下多罹其难。颙常私入洛阳，从绍计议。其穷困闭厄者为求援救，以济其患。有被掩捕者，则广设权计，使得逃隐。此等皆豪侠者流，使无名教以范围之，当九州澒洞之时，固未知其何以自处也。然则蔚宗之言，殆不为阿好矣。不特此也，汉人不能均平贫富，而好讲教化，空言无施，虽切何补，其弊前已言之。然此亦充类至义之尽之言，若论一时之效，固亦不能谓其无有。司马均隐居教授，不应辟命，信诚行乎州里。乡人有所计争，辄令祝少宾。均字。不直者终无敢言。《后汉书·贾逵传》。蔡衍少明经讲授，以礼让化乡里。《党锢传》。更观管宁、邴原、王烈等之所为，固不能谓无化民成俗之效也。要之，当时之所谓道德伦理者，得汉世之兴学而益普遍益深入乎人心，则必不可诬矣。此劝学之效也。兴学术改变风俗，效亦不自后汉始。光武尝之长安受《尚书》，伯升亦尝与顺阳怀侯俱学长安，习《尚书》《春秋》。一时佐命之臣，如李通、邓禹、朱祜等，亦少尝学问。故光武虽戎马倥偬，而能兴文教，诸将亦颇有不嗜杀人者，非偶然也。

游谈之风，虽不足以概两汉之学者，然终为其时风气之累。鲁丕居太学，杜绝交游，不答候问之礼，士友以此短之。王涣署仇览为主簿，已而谢遣之，曰："今日太学，曳长裾，飞名誉，皆主簿后耳。以一月奉为资，勉卒景行。"览入太学。时诸生同郡符融有高名，与览比宇，宾客盈室。览常自守，不与融言。融观其容止，心独奇之。乃谓曰："与先生同郡壤，邻房牖。今京师英雄四集，志士交结之秋，虽务经学，守之何固？"览乃正色曰："天子修设太学，岂但使人游谈其中？"高揖而去，不复与言。《后汉书·循吏传》。观此二事，当时太学中之风气，可以概见。然亦非特太学中如此。邴原十一丧父，家贫。邻有书舍，原过其旁而泣。师问曰："童子何悲？"原曰："孤者易伤，贫者易感。夫书者，必皆具有父兄者，一则羡其不孤，二则羡其得学，心中恻然，而为涕零也。"师哀其言，为之泣，曰："欲书可耳。"答曰："无钱资。"师曰："童子苟有志，我徒相教，不求资也。"于是就书。一冬之间，诵《孝经》《论语》。及长，欲远游学。诣安丘孙崧。崧辞焉，曰："君乡里郑君，君知之乎？"曰："然。"崧曰："郑君学览古今，博闻强识，钩深致远，诚学者之师模也。君乃舍之，蹑屣千里，所谓以郑为东家丘者也。"原曰："人各有志，所规不同，故乃有登山而采玉者，有入海而采珠者。岂可谓登山者不知海之深，入海者不知山之高哉？君谓仆以郑为东家丘，君以仆为西家愚夫邪？"崧辞谢焉。又曰："兖、豫之士，吾多所识，未有若君者，当以书相分。"原重其意，难辞之，持书而别。藏书于家而行。至陈留，师韩子助，颍川宗陈仲弓，汝南交范孟博，涿郡亲卢子幹，归以书还孙崧。《三国志·原传》注引《原别传》。夫经师易得，人师难求，原之学苟诚为己，邻舍生足以为师矣，何待他求？必更远游者，非是不足以立名。郑君虽在乡里，不肯相师者，收合徒党者，必骛声华，未必肯诱掖乡里寒峻，孙崧之辞原，亦未必不以此也。郭泰识拔茅容、孟敏、庾乘，皆劝之学，盖亦以资推挽。然遂有如窦瑰，"妄构讲舍，外招儒徒，实会奸桀"者。

周纡劾瑰之语，见《后书·酷吏传》。窦武得两宫赏赐，悉散与太学诸生，及载肴粮于路，丐施贫民。其视诸生亦与贫民之受丐施者等耳，岂不哀哉？

第二节
文字

秦汉之世，为我国文字变迁最烈之时。综其事：则字形变迁之多，一也。字数一面增加，一面淘汰，二也。文字之学，成于是时，三也。行文渐以古为准，浸成文言分离之局，四也。书法渐成艺事，五也。盖文字之用，远较先秦时为宏，故其变迁之烈如此。自经此大变后，其势遂渐趋于安定矣。

历来言文字变迁者，多据许氏《说文解字序》。据许《序》，则自皇古至汉末，文字凡经四大变：古文，一也。籀文，即大篆，二也。小篆，三也。隶书，四也。汉、魏间之章程书，即今所谓正书，当又为隶书后之一大变，而行草为其旁支。此皆积渐而致，在当时之人，或不自觉。昧者乃谓有一人焉，创制新体，与旧体格不相入，后一时之人见前一时之字，几于不复能识，则大误矣。

《汉书·艺文志》曰："古者八岁入小学，故《周官》保氏掌养国子，教之六书，谓象形、象事、象意、象声、转注、假借，造字之本也。汉兴，萧何草律，亦著其法。曰：'太史试学僮，能讽书九千字以上，乃得为史。又以六体试之。课最者以为尚书御史史书令史。吏民上书，字或不正，辄举劾。'六体者，古文、奇字、篆书、隶书、缪篆、虫书，皆所以通知古今文字，摹印章，书幡信也。"《说文解字序》则曰："秦书有八体：一曰大篆，二曰小篆，三曰刻符，四曰虫书，五曰摹印，六曰署书，七曰殳书，八曰隶书。……《尉律》：学僮十七以上始试，讽书九千字，乃得为史，又以八体试之。郡移太史并课。最者以为尚书史。书或不正，辄举劾。……及亡新居摄，使大司空甄丰校文书之部。自以为应制作，颇改定古文。时有六书：一曰古文，孔子壁中书也。二曰奇字，即古文而异者也。三曰篆书，即小篆，秦始皇帝使下杜人程邈之所作也。四曰左书，即秦隶书。五曰缪篆，所以摹印也。六曰鸟虫书，所以书幡信也。”卫恒《四体书势》与许说略同。此中最可异者，《汉志》试学僮六体，盖上承周之六书，故云亦著其法，许《序》则作八体，下承秦制；而《汉志》所谓六体者，却与亡新六书相同。果如许《序》，《汉志》安得舛漏至此？若据《汉志》，则许《序》秦书八体及所述亡新之制，悉成臆造矣，又安有是理邪？案，《汉志》所云六书，非可以教学僮，已见《先秦史》第十五章第一节。《汉志》著录之书有《八体六技》。八体，注引韦昭说，即以许《序》所谓秦书八体者说之，于六技则无说。隶之初兴，与篆本非异体，小篆实多用大篆，说亦已见《先秦史》。若合大小篆与隶书为一，则八体实止六体。窃疑此即《周官》所谓六书，自战国以来，相沿未改，至亡新始立新制。是时小学渐兴，务于辨别书体，以为篆隶既殊，大小篆亦非同物，乃析六体为八；然史书之家，则仍守其师师相传之旧，作大小篆与隶书，非有异法，故体虽八而技则六。蔡邕《篆书势》曰“体有六，篆为真”，亦守六体之说。许氏不知所谓八体者，乃后人分别之辞，误以为秦制如是，叙之周、汉之间，而改《汉律》之六体为八体以就之，遂至淆乱史实矣。自周至秦汉之六体，疑《汉志》曾述其名，而后人妄以谓象形云云十八字易之也。六书本艺事之异，犹今雕刻、榜署，法各不同。至论字体，则自皇古以来，皆有变迁而无改制，故许《序》述时人之语，称隶书为仓颉时书也。新莽改制，始以古今字体之异，与史书家作书之技并为一谈，非复周、秦汉相沿之旧法矣，此亦其时小学渐兴为之也。

东京之季，又有所谓科斗书者，盖即擅虫书之技者所为，后人以为古之遗文，则又误矣。《后汉书·卢植传》，植上书曰："古文科斗，近于为实，而厌抑流俗，降在小学。"《尚书伪孔传序》疏引郑玄曰："《书》初出屋壁，皆周时象形文字，今所谓科斗书。"此为言科斗文字较早者。其后王肃《孔子家语后序》《尚书伪孔传序》，皆称古文《尚书》为科斗字；杜预《春秋经传集解·后序》疏引王隐《晋书·束皙传》及今《晋书·束皙传》，又称汲冢所得《竹书》之字为科斗字；人遂以科斗为古文真形。其实郑玄固明言其称名之出于当时，而王隐亦明云"其字头粗尾细，似科斗之虫，故俗名之"也。《经典释文》云："科斗，虫名，虾蟆子，书形似之。"《书序》疏云："头粗尾细，状腹团圆，似水虫之科斗，故曰科斗。"案，今《晋书》及王隐《晋书》并云"竹书漆字"，而杜氏《后序》无是语。汲冢得书事，两《晋书》之所言，似不如杜说之确。窃疑汉世作书，多用简牍，罕用缣帛。见下。秦书八体，唯虫书施诸缣帛，漆性胶黏，缣帛亦不滑易，故画之上半截浓厚，下半截枯淡，遂成头粗尾细之形。《后汉书·蔡邕传》谓灵帝时待诏鸿都门下者，多工为鸟篆之人，而阳球劾之，亦曰"或鸟篆盈简"。见《后书·酷吏传》。卫恒《四体书势》曰："魏初传古文者，出于邯郸淳。恒祖敬侯，觊。写淳《尚书》，后以示淳，而淳不别。至正始中，立三字石经，转失淳法，因科斗之名，遂效其形。太康元年，汲县人盗发魏襄王冢，得策书十余万言。案敬侯所书，犹有仿佛。"而《三国志·王粲传》注引《魏略》，言淳善《仓》、《雅》、虫、篆。《卫觊传》言觊好古文、鸟篆。明科斗书即工鸟虫书者所为。鸟篆之形，诸家无说，窃疑其当上丰下锐，如鸟之喙。虫书画圆，鸟书画方，其由漆性胶黏，缣帛亦不滑易以致画之上半截与下半截粗细不能一律则一也。《后汉书·杜林传》言，林于西州得漆书《古文尚书》一卷，可见时人之于经典，颇有以漆书之者矣。

《汉志》云：隶书“起于官狱多事，苟趋简易，施之于徒隶也”。《四体书势》曰：“秦既用篆，奏事繁多，篆字难成，即令隶人佐书，曰隶字。汉因行之，独符、印玺、幡信、题署用篆。”盖隶书即篆书之书写草率者，本非异体，而初出时笔势亦相近，故秦权、汉量上字，人多误以为篆也。其后沿用日久，复求美观，乃又有所谓八分书者。顾蔼吉《隶八分考》曰：“隶与八分，有波势与无波势微异，非两体也。汉世统名曰隶，八分之名，亦后人名之耳。”又曰：“王僧虔能书人名云，钟有三体：一曰铭石之书，最妙者也。二曰章程书，传秘书、教小学者也。三曰行狎书，相闻者也。所谓铭石书，盖八分也。《世说新语》注云：钟会善效人书，于剑阁要邓艾章程白事，皆易其言，又毁文王报书，手作以疑之。章程白事者，以章程书白事也。章程书者，正书也。当时以八分用之铭石，其章奏、笺表、传写、记录日用之字，皆用正书。唐所谓隶书，即今之正书。所谓八分，即汉之隶书。魏、晋以降，凡工正书者，史皆称其善隶。《王羲之传》云：善隶为古今之冠是也。”愚案，此盖隶书之求美观者变古，八分。而供日用者不变，故仍袭旧名耳。八分亦称楷书，又谓之楷法。庄绶甲《释书名》曰：“王愔《文字志》古书三十六种，有楷书而无八分；《初学记》，萧子良《古今篆隶文体》，亦有楷书而无八分；《玉海》引《墨薮》五十六种书，有程邈隶书王次仲八分而无楷法；明八分与楷，异名同实。”案，庄氏说是也。然楷书之名，后亦移于正书。盖楷字之意，但谓谨守法式，故凡能守法式者，皆可称之耳。凡书体之变，皆积渐所致，凿指一人为作者，如云程邈立隶，见《四体书势》。王次仲作八分等，见张怀瓘《书断》。皆非。

《说文》云："汉兴有草书。"《书势》及《魏书》江式表同。《书势》曰："汉兴而有草书，不知作者姓名。"式表曰："又有草书，莫知谁始。"赵壹《非草书》曰："夫草书之兴也，其于近古乎？……盖秦之末，刑峻网密，官书繁冗，战攻并作，军事交驰，羽檄纷飞，故为隶草，趋急速耳。"张怀瓘《书断》引梁武帝《草书状》曰："蔡邕云：昔秦之时，诸侯争长，简檄相传，望烽走驿。以篆隶之难，不能救速，遂作赴急之书，盖今草书是也。"怀瓘曰："王愔云：稿书者，若草非草，草行之际者，非也。案，稿亦草也。因草呼稿，正如真正书写，而又涂改，亦谓之草稿。……楚怀王使屈原造宪令，草稿未上，上官氏见而欲夺之；董仲舒欲言灾异，草稿未上，主父偃窃而奏之，并是也。"案，稿、草之名，盖正源于起草，其事当自古有之，而诸家或以为秦，或以为汉者，盖至是公家始许其行用耳，非谓人之能作草书，始于是时也。《三国志·刘廙传》，文帝命廙通草书。廙答书曰："初以尊卑有逾礼之常分也，是以贪守区区之节，不敢修草。必如严命，诚知劳谦之素，不贵殊异若彼之高，而惇白屋如斯之好……亏匹夫之节，成巍巍之美，虽愚不敏，何敢以辞？"此草书不能施于所尊之证。然当官狱多务之秋，羽檄交驰之际，许其作草径上，固亦事所可有矣。张芝下笔则为楷则，号匆匆不暇草书，盖时人习以稿草相遗，故托言不暇为此。魏武帝欲使十吏就蔡琰写所诵忆。琰曰："妾闻男女之别，礼不亲授，乞给纸笔，真草唯命。"此草书行用渐广之证。崔瑗《草书势》曰："爰暨末叶，典籍弥繁。时之多僻，政之多权。官事荒芜，剿其墨翰。唯作佐隶，旧字是删。草书之法，盖又简略。应时谕指，用于卒迫。兼功并用，爱日省力。"其言，固亦与赵、蔡二家无异也。

当多务之际，书体辄因应急而更，及乎承平之时，则又因艺事而变。篆、隶、八分之递嬗然，草书之变，亦无不然也。《书断》云："章草者，汉黄门令史游所作也。卫恒、李诞并云：汉初而有草法，不知其谁。萧子良云：章草者，汉齐相杜操始变稿法，非也。王愔云：汉元帝时，史游作《急就章》，解散隶体，粗书之，汉俗简惰，渐以行之是也。"又云："自杜度妙于章草，崔瑗、崔实，父子继能。伯英张芝字。得崔、杜之法，温故知新，因而变之，以成今草。字之体势，一笔而成。偶有不连，而血脉不断。及其连者，气脉通其隔行。唯王子敬深明其旨。故行首之字，往往继前行之末。世称一笔书起自张伯英，即此也。"又曰："章草之书，字字区别。张芝变为今草，上下牵连。或借上字之下，而为下字之上。呼史游草为章草，因伯英草而谓也。"杜操即杜度，大徐《说文注》作杜探，他书亦有作杜伯度者。庄绶甲云："作操是，探文相似而误，伯度盖其字。"唯史游乃撰《急就章》之人，王愔之意，若以解散隶体，即游之所为，则误耳。草书变为张草，业成艺事，难供实用，于是行书又兴。

张怀瓘《书议》曰："行书非草非真……在乎季、孟之间。兼真者谓之真行，带草者谓之行草。"案，真行乃正书之草率者，行草则草书之凝重者耳。《书势》曰："魏初有钟、胡二家为行书法，俱学之于刘德昇，而钟氏小异，然亦各有其巧。"《书断》曰："行书者，后汉颍川刘德昇所作也。即正书之小讹。务从简易，民间流行，故谓之行书。"王僧虔《古来能书人名》曰："钟繇书有三体：三曰行狎书，相闻者也。河东卫觊子瓘，采张芝法，以觊法参之，更为草稿，草稿是相闻书也。"曰正书之小讹，即真行；曰采张芝法，即行草也。行书至此，与草分途，然原其朔，则草之初兴，正当略如后来之行书耳。《四体书势》行书即在隶书中，可证其去隶不远。

秦时李斯作《仓颉篇》，赵高作《爰历篇》，胡母敬作《博学篇》，亦已见《先秦史》。三书后之字书，《汉志》备载其名：曰

《凡将》一篇，司马相如作。曰《急就》一篇，元帝时黄门令史游作。曰《元尚》一篇，成帝时将作大匠李长作。曰《训纂》一篇，扬雄作。曰《别字》十三篇。《汉志》云：“闾里书师，合《仓颉》《爰历》《博学》三篇，断六十字以为一章，凡五十五章，并为《仓颉篇》。”其都数当得三千三百字。又云：“（《训纂》）顺续《仓颉》，又易《仓颉》中重复之字，凡八十九章。”是雄所作者三十四章，得二千四十字。二书合计，五千三百四十字。许《序》云：“凡《仓颉》以下十四篇，凡五千三百四十字”，盖《仓颉》《爰历》《博学》《凡将》《急就》《元尚》《训纂》七书，时人各分为上下篇，去其复字而计之，其数如此也。班氏云：“臣复续扬雄作十三章，凡一百二章，无复字。”十三章当得七百三十二字，都计字数，凡六千有七十二。许书字数，九千三百十三，又增三千二百四十一，在字书中最为完备矣。此等陆续增加之字，果何自来邪？观许书中音义相同字之多，则知李斯所罢不与秦合之字，为诸家所搜采者不少。然亦有新造者。《三国·吴志·孙休传》永安五年（262）注引《吴录》，载休为四子作名字，各造新字。其诏云：“夫书八体，损益因事而生。”又《虞翻传》注引《会稽典录》，言“孙亮时，有山阴朱育，少好奇字。凡所特达，依体象类，造作异字千名以上”。可见是时造新字者尚多。然以大体言之，新字实无庸增造，旧字且须淘汰。何也？文字之用，若主形而实主声。声同即可通用。除虑淆混者外。故假借之用渐广。时人所造之字，彼此各不相谋，又或与旧有者重复；又复音之字渐多，单字更可减省；故随造作随淘汰。李斯所罢六国文字，亦必此等与秦文重复者。近人考证《石鼓文》为秦物，则秦文颇类籀书。《仓颉》《博学》《爰历》三篇，《汉志》、许《序》皆云取史籀大篆，或颇省改，与《籀篇》当无大异。今之许书，恐非复此三篇之旧也。汉世籀文罕用，则六国之字仍行，而秦文转归废弃。盖由字体繁简、文化程度高低使然。然音义皆同之字，不必并存，即音同义异，借用而不虞混淆者，亦必汰多而存一，则事理之自然，莫能外也。

中国文字之学，早有萌芽，说亦已见《先秦史》。其成为一种学问，则似在两汉之间。试观许书所引，字说之较早者，如王下引董仲舒说等是。纬书说字，亦多此类。皆借字体以言义理，而晚出者则多合于许氏所谓“字例之条”可知。许《序》云：“孝宣皇帝时，召通《仓颉》读者，张敞从受之。凉州刺史杜业、沛人爰礼、讲学大夫秦近亦能言之。孝平皇帝时，征礼等百余人，令说文字未央廷中。以礼为小学元士。黄门侍郎扬雄采以作《训纂》篇。”《汉志》云：“《苍颉》多古字，俗师失其读。宣帝时，征齐人能正读者，张敞从受之。传至外孙之子杜林，为作训故。”《郊祀志》言宣帝时美阳得鼎献之，下有司议，多以为宜荐见宗庙，如元鼎时故事。张敞好古文字，按鼎铭勒而上议曰：“此鼎殆周之所以褒赐大臣，子孙刻铭其先功，藏之于宫庙也……不宜荐见于宗庙。”《杜邺传》言邺从敞子吉学问，得其家书。吉子竦又从邺学问，尤长小学。子林，正文字过于邺、竦。故世言小学者由杜公。《扬雄传》言“刘棻尝从雄学作奇字”。《后汉书·马援传》注引《东观记》曰，援上书：“臣所假伏波将军印，书‘伏’字，犬外向。成皋令印，‘皋’字为‘白’下‘羊’，丞印‘四’下‘羊’，尉印‘白’下‘人’，‘人’下‘羊’。即一县长吏，印文不同，恐天下不正者多。……荐晓古文字者，事下大司空，正郡国印章。”奏可。《三国志·刘劭传》注引《魏略》云，苏林博学，多通古今字指，凡书传文间危疑，林皆释之。《蜀志·来敏传》云：“尤精于《仓》《雅》训诂，好是正文字。”《吴志·严畯传》云：“少耽学，善《诗》、《书》、三《礼》，又好《说文》。”《虞翻传》注引《翻别传》载翻奏郑玄解《尚书》违失曰：“《顾命》康王执瑁，古

‘冃’似同，从误作‘同’，既不觉定，复训为杯，谓之酒杯。成王疾困，凭几洮沬为濯，以为浣衣成事。此处文有夺误。‘洮’字虚更作‘濯’，以从其非。又古大篆‘丣’字读当为‘柳’，古‘柳’‘丣’同字，而以为昧。‘分北三苗’，‘北’，古‘别’字，又训北，言北犹别也。若此之类，诚可怪也。”此皆汉世之小学家，能是正文字者也。六书之说，实当出于是时，已见《先秦史》，今不赘。

公孙弘请置博士弟子曰：“诏书律令下者，明天人之际，通古今之谊，文章尔雅，训辞深厚，恩施甚美。小吏浅闻，不能究宣，无以明布谕下。”颜师古曰：“尔雅，近正也。”案，《史记·乐书》曰：“今上即位，作十九章。……通一经之士，不能独知其辞，皆集会五经家，相与共讲习读之，乃能通知其意。多尔雅之文。”《汉书·王莽传》言莽班《符命》四十二篇于天下，“其文尔雅依托，皆为作说”。则尔雅之辞，实多近古，故吏弗能通。雅、夏一字。音读之殊，实唯楚、夏。古盖以夏言为正，故《论语》言子所雅言，诗、书、执礼；《述而》。而孟子讥许行为南蛮鴃舌之人。《滕文公上》。更由此引伸为正。汉人好古，辞以近古者为正，而尔雅之义，遂由近古变为近正矣。此与秦人之同文字适相反。其好搜籀、篆以外之古字，亦此意耳。此为文字语言分离之渐。洪兴祖《楚辞补注》曰：汉宣帝时，九江被公能为楚辞。隋有僧道骞者善读之，能为楚声，音韵清切。至唐，传楚辞者，皆祖骞公之音。则楚音仍有存者，然稀矣。

文字始于象形，本与图画同源，自可寓有美术之意，六书早称为技者以此。然亦至汉世始盛。两《汉书》中称人善史书者，前汉实多指文字，后汉则多指书法矣。《贡禹传》，禹訾当时郡国，择便巧史书，习于计簿，能欺上府者，以为右职。《王尊传》：“少孤，归诸父，使牧羊泽中，尊窃学问，能史书。年十三，求为狱小吏。数岁，给事太守府。问诏书、行事，尊无不对。”《酷吏·

严延年传》，尤巧为狱文，善史书。所欲诛杀，奏成于手中，主簿亲近，不得闻知。所谓“史书”，皆今所谓公文也。《张安世传》，少以父任为郎，用善书给事尚书。上行幸河东，尝亡书三箧，诏问莫能知，唯安世识之，具作其事。后购求得书，以相校，无所遗失。此正王尊之类。《外戚传》，孝成许皇后善史书，又载其疏辞颇美，此则严延年之类也。《西域传》，楚主侍者冯嫽能史书，习事，尝持汉节，为公主使，行赏赐于城郭诸国。敬信之，号曰“冯夫人”。西域诸国，安知耽玩汉文字哉？《游侠传》，陈遵性善书，与人尺牍，主皆藏去以为荣，似指书法言之。然又云，遵为河南太守，至官，当遣从史西，召善书吏十人于前，治私书谢京师故人。遵凭几，口占书吏，且省官事。书数百封，亲疏各有意。则藏去之者，亦仍贵其文辞也。《元帝纪赞》称帝善史书，窃疑亦非指书法。帝之所以笃信弘恭、石显者，正以其熟于文法耳。《后汉书·安帝纪》言帝年十岁，好学史书。《和熹邓皇后纪》云：“六岁能史书。”《顺烈梁皇后纪》云：“少善女工，好史书。”髫龀之年，焉知文法为何事？所谓史书，必指书法矣。《齐武王传》言其孙北海敬王睦善史书，当世以为楷则。及寝病，明帝驿马令作草书尺牍十首，其明征也。《安帝纪》注曰：“史书者，周宣王太史籀所作之书也，凡五十五篇，可以教童幼。”此言固失之拘，当时教学童恐未必用《史籀篇》。且据《汉志》，《史籀篇》建武时已亡其六矣。然和帝及邓梁二后、北海敬王等，必娴于小学家之书则无疑。何者？识字习书，同为小学所当务。观草书渐行，遂有解散隶体以书《急就章》者，可知识字之书，兼资楷则。乐成靖王党，史亦称其善史书，而又言其喜正文字；安帝生母左姬，史亦言其好史书，而又云其喜辞赋；见《章帝八王传》。正由习书法者皆据识字之书而然。鸿都诸生，兼擅辞赋楷则，亦正由此也。汉、魏之间，艺事弥盛。《书势》所称：古文有邯郸淳、卫觊。《三国志·觊传》云："好古文。鸟篆、隶、草，无所不善。"篆有曹喜、邯郸淳、韦诞、蔡邕。隶有王次仲、师宜官、梁鹄、毛弘、左子邑。草有杜度、崔瑗、崔寔、张伯英、伯英弟文舒、名昶，见《后汉书·张奂传》。姜孟颖、梁孔达、田彦和、韦仲将、即诞。罗叔景、赵元嗣、元嗣名袭，岐从兄，叔景名晖，见《后书·赵岐传》注引《决录注》。张超。见《后汉书·文苑传》。此外见于史者，又有魏武帝、《本纪》建安二十五年（220）注引《博物志》曰："汉世，安平崔瑗、瑗子寔、弘农张芝、芝弟昶，并善草书，而太祖亚之。"胡昭、《三国志·管宁传》：胡昭善史书，与钟繇、邯郸淳、卫觊、韦诞并有名。尺牍之迹，动见模楷焉。索靖、卫瓘、《卫觊传》注引《世语》曰："瓘与扶风内史敦煌索靖，并善草书。"张纮、《吴志》本传注引《吴书》曰，纮既好文学，又善楷、篆书。与孔融书，自书。融遗纮书曰："前劳手笔多篆书。每举篇见字，欣然独笑，如复睹其人也。"张昭、《吴志》本传："少好学，善隶书。"皇甫规妻等。《后汉书·列女传》："善属文，能草书，时为规答书记，众人怪其工。"士大夫之好书法，已成为风气矣。

文具之用，仍以竹木为多。《后汉书·光武帝纪》建武元年（25）注引《汉制度》曰："帝之下书有四：一曰策书，二曰制书，三曰诏书，四曰诫敕。策书者，编简也。其制长二尺，短者半之。篆书。起年月日，称皇帝，以命诸侯王。三公以罪免亦赐策，而以隶书，用尺一寸，两行，唯此为异也。"《论衡·量知篇》云："截竹为简，破以为牒……大者为经，小者为传记。断木为椠，析之为版，力加刮削，乃成奏牍。"秦始皇帝以衡石呈书。褚先生言：东方朔初入长安，至公车上书，凡用三千奏牍。公车令两人共持举其书，仅然能胜之。《史记·滑稽列传》。此言自属附会，然当时奏事用牍，则由此可见。《汉书·高帝纪》，十年（前197），上曰："吾以羽檄征天下兵。"注曰："檄者，以木简为书，长尺二寸，用征召也。其有急事，则加以鸟羽插之，示速疾也。"又引《魏武奏事》曰："今边有警，辄露檄插羽。"《史记·匈奴列传》，汉遗单于书，牍以尺一寸，中行说令单于遗汉书以尺二寸牍。《后汉书·循吏传》言光武以手迹赐方国，皆一札十行，细书成文。《汉书·路温舒传》："父为里监门，使温舒牧羊，温舒取泽中蒲，截以为牒，编用写书。"曹褒撰新礼，写以二尺四寸简。吴恢为南海太守，欲杀青简写经书。《后汉书·吴祐传》。周磐令二子：命终之日，编二尺四寸简，写《尧典》一篇，并刀笔各一，以置棺前，示不忘圣道。朱博召见功曹，与笔札，使自记奸赃。对以实，乃投刀使削所记。原涉欲助所知之丧，削牍为疏，具记衣被、棺木，下至饭含之物。可见大之诏令、奏议，小至寻常疏记，及写经典者，无不唯简牍之资。《汉书·赵充国传》言张安世本持橐簪笔，事孝武帝数十年。《后汉书·刘盆子传》言：腊日，樊崇等设乐大会。公卿皆列坐殿上。酒未行，其中一人出刀笔书谒欲贺，其余不知书者起往请之，各各屯聚，更相背向。《袁绍传》注引《九州春秋》，言韩馥至厕，以书刀自杀。则时人刀笔，无不随身者。缣帛则为用颇稀。《后书·和熹邓皇后纪》云："是时方国贡献，竞求珍丽之物，自后即位，悉令禁绝，岁时但供纸墨而已。"是帝王之家也。《窦融传》注引《孔融集》，言融玄孙章与融书，两纸，纸八行，行七字，则贵戚之家也。《潜夫论·浮侈篇》，訾巫者刻画好缯，以书祝辞，侫神者于财物固匪所惜。《延笃传》言笃从堂溪典受《左氏》，注引《先贤行状》，言笃欲写《左氏传》无纸，典以废笺记与之，笃以笺记纸不可写传，乃借本讽之。《三国·吴志·阚泽传》："居贫无资，常为人佣书，以供纸笔。"皆可见纸之难得。张芝家之衣帛，必书而后练之，《书势》。《后书·张奂传》注引王愔《文字志》同。盖亦以此也。《后书·宦者·蔡伦传》曰："自古书契，多编以竹简。其用缣帛，谓之为纸。缣贵而简重，并不便于人。伦乃造意，用树肤、麻头及敝布、鱼网以为纸。元兴元年奏上之，帝善其能。自是莫不从用焉。故天下咸称‘蔡侯纸’。”《水经·耒水注》：肥川西北径蔡洲，洲西即蔡伦故宅，傍有蔡子池。伦，汉黄门。顺帝之世，捣故鱼网为纸，用代简素。案，蔡洲，当在今湖南耒阳县境。然《四体书势》言，师宜官甚矜其能，每书辄削之而焚其柎，梁鹄乃益为版而饮之酒，候其醉而窃其柎，则汉末工书之家，其技仍施诸简牍。《三国志·张既传》注引《魏略》，言既为郡下小吏而家富，自唯门寒，念无以自达，乃常畜好刀笔及版奏，伺诸大吏有乏者辄给与。观此及《后书·循吏传》所记光武事，知简牍亦未尝不贵。纸之初兴，价未必能甚贱，其通用，恐亦未必能甚广也。

古欲传诸久远之文，辄镌诸金石。至汉世犹然。《后汉书·蔡邕传》：灵帝熹平四年（175），邕与五官中郎将堂溪典，光禄大夫杨赐，谏议大夫马日磾，议郎张驯、韩说，太史令单飏等奏求正定六经文字。灵帝许之。邕乃自书册于碑，使工镌刻，立于太学门外。于是后儒晚学，咸取正焉。及碑始立，其观视及摹写者，车乘日千余辆，填塞街陌。此以传世之经典刻石，与秦刻石徒欲自夸耀者不同。正始中复刻三体石经，《后书·儒林传》云“为古文、篆、隶三体书法，以相参检”，乃误以正始中事系之汉。又刻《典论》。见第十七章第三节。虽尚未知摹拓，然亦不能不推为印刷术之远源也。

第三节
儒家之学

汉代之显学莫如儒，然儒家自为帝王所表章后，其学顾浸流于破碎，徒存形质，精意日漓，魏、晋以后，有思想者遂折而入于佛、老，此学术之一大变也。今先叙述其源流派别及其风尚之变迁，然后进论其得失。

《史记·儒林传》云："言《诗》，于鲁则申培公，于齐则辕固生，于燕则韩太傅。言《尚书》，自济南伏生。言《礼》，自鲁高堂生。言《易》，自菑川田生。言《春秋》，于齐、鲁自胡母生，于赵自董仲舒。"此汉代经师可考之最早者也。其后派别渐繁。据《汉书·儒林传》：则《易》有施、孟、梁丘之学，施雠、孟喜、梁丘贺，皆田何三传弟子。施氏复有张、张禹，本梁丘贺弟子，贺为少府，事多，使子临将禹等从施雠问。彭，彭宣，施雠再传弟子。孟氏复有翟、翟牧。白，白光。《汉书》云"由是有翟、孟、白之学"，盖文有倒误。梁丘复有士孙、士孙张。邓、邓彭祖。衡。衡咸，皆再传。《书》有欧阳、伏生传欧阳生。大、小夏侯，见下。欧阳复有平、平当。陈。陈翁生，欧阳生六传。大夏侯又有孔、孔霸。许，许商。再传。小夏侯又有郑、郑宽中。张、张无故。秦、秦恭。假、假仓。李。李寻。皆再传。《鲁诗》有韦氏，韦玄成，再传。又有张、张长安。唐、唐长宾。褚氏，褚少孙。皆三传。张家复有许氏。许晏，长安再传。《齐诗》有翼、翼奉。匡、匡衡。师、师丹。伏。伏理，与师丹皆匡衡弟子。《韩诗》有王、王吉。食、食子公，皆六传。长孙。长孙顺，吉弟子。《礼》有大、小戴、庆氏。见下。大戴有徐氏。徐良。小戴有桥氏、桥仁。杨氏。杨荣。《春秋》分为严、颜，颜氏复分为泠、任、管、冥。皆见下。既各自名家，则其说必有同异，今多不可考。然就遗说之存者观之，其异同似尚无关大体也。至所谓古文经者出，而其分裂乃益甚。

得古文经之事，见于《汉书·艺文志》《楚元王传》《景十三王传》。《艺文志》所载，有《尚书古文经》四十六卷，《礼古经》五十六卷，《春秋古经》十二篇，《论语》古二十一篇，《孝经》

古孔氏一篇。《志》云："《古文尚书》者，出孔子壁中。武帝末，鲁恭王坏孔子宅，欲以广其宫，而得《古文尚书》及《礼》句。此即《礼古经》。下"记"字指《明堂阴阳》《王史氏记》。《记》《论语》《孝经》，凡数十篇，皆古字也。恭王往入其宅，闻鼓琴瑟钟磬之音，于是惧，乃止不坏。孔安国者，孔子后也。悉得其书。以考二十九篇，得多十六篇。安国献之。遭巫蛊事，未列于学官。"又曰："《礼古经》者，出于鲁淹中。及孔氏学七十篇当作"十七篇"。文相似。多三十九篇，及《明堂阴阳》《王史氏记》。"又云《论语》出孔子壁中。又云：《孝经》诸家所传，"经文皆同，唯孔氏壁中古文为异"。《楚元王传》载刘歆《移太常博士》曰："及鲁恭王坏孔子宅，欲以为宫，而得古文于坏壁之中，《逸礼》有三十九，疑当作"三十有九"。《书》十六篇。天汉之后，孔安国献之，遭巫蛊仓卒之难，未及施行。"《景十三王传》曰："恭王初好治宫室，坏孔子旧宅，以广其宫。闻钟磬琴瑟之声，遂不敢复坏。于其壁中得古文经传。"三说似相符会。然恭王以孝景三年（前154）徙王鲁，二十六年卒，《史记·五宗世家》。时在武帝元光五年（前130），早于麟止者尚八年。《史记》言王"好治宫室、苑囿、狗马"，下云"季年好音"，则其好治宫室，尚非季年事，距麟止更远。《孔子世家》云："鲁世世相传，以岁时奉祠孔子冢，而诸儒亦讲礼、乡饮、大射于孔子冢。孔子冢大一顷。故所居堂，弟子内，后世因庙，藏孔子衣冠、琴、车、书。至于汉，二百余年不绝。高皇帝过鲁，以太牢祠焉。诸侯卿相至，尝先谒然后从政。"声灵赫濯如此，恭王即好土木，安敢遽坏其宅？孔子宅果见坏，史公安得不及？而《汉书》除此三处外，亦更无一语及之乎？其可疑一也。《孔子世家》曰："安国为今皇帝博士，迁临淮太守，早卒。"《汉书·倪宽传》，宽诣博士受业，受业孔安国，补廷尉史，廷尉张汤荐之。《百官公卿表》，汤迁廷尉，在元朔三年（前126）。是安国为博士在元朔三年以前。使其年甫二十，至巫蛊祸作，亦已过五十。安得云早卒？据崔适《史记探原》。崔氏又云，荀悦《汉纪》云：安国家献之，此家字亦知安国之年不及天汉而增。案，汉世博士之选，必年过五十，已见第一节。此法虽不知其起于何时，然武帝时，博士之年亦必不能甚少也。其可疑二也。孔子冢大一顷，非宅大一顷也。一顷之地，而弟子及鲁人往从冢而家者百有余室，盖室不逮一亩矣。孔子故居即少大，亦必不能甚大。淹中是否孔壁，姑措弗论，而《汉志》言《书》凡百篇，合《论语》《孝经》，已百二十篇矣，简策繁重，安能容之？其可疑三也。《史记·六国表》言"《诗》《书》所以复见者，多藏人家"，则知焚书之令，行之实不甚严。即谓甚严，亦无天下之书无不焚烧之理。《汉书·艺文志》所载之书，凡五百九十六家，万三千二百九十六卷。虽有汉人著述，究以先秦所遗为多。固非尽藏之屋壁，亦岂皆出于记诵？挟书律之除，在孝惠帝四年（前191），然汉高帝五年（前202）灭项羽至鲁，已闻弦歌之音矣。见《儒林传》。可见邹、鲁之间，弦诵实未尝绝。即自孝惠四年上溯，距秦焚书，亦仅二十二岁。壁藏非一人一家所能为。更谓唯孔氏为之，而孔襄为惠帝博士，当孔氏藏书时，亦必已有知识，何至迁延不发，浸至失传，而待恭王于无意中得之乎？其可疑四也。此尚仅就其大者言之，若深求之，可疑之端，实尚不止此，其不足信甚明。得古文经之事，《汉书》而外，又见于许慎之《说文解字序》，及《论衡》之《案书》《正说》《佚文》等篇。许《序》与班《书》略同。《论衡》多野言，无足深辩。或谓刘歆《移太常博士》，明言《书》《礼》《春秋》，藏于秘府，孝成皇帝陈发秘藏，校理旧文，得此三事，断非诬妄之辞？苟其诬罔，博士岂不能据事折之。殊不知汉人之于史事，多不审谛。试观王充号为通人，而其述及史事，十九皆为野言可知。然则不徒刘歆不知核实，即博士亦未必知折歆当指其事之不实也。故汉世得古文经之事，以寻常事理折之，即知其不足信，正不必高谈学术源流，求之深而反失之也。

古学家所言传授源流，亦多诞谩不中情实。夫师师相授，固必有其渊源，然断无久而不昧之理。前人记识，偶有疏舛，后人为之补正，亦为事所可有，然必不能甚多。《汉书·外戚传》，定陶丁姬，《易》祖师丁将军之玄孙。师古曰："《儒林传》丁宽，《易》之始师。"盖汉时学者，所溯止此，自此以上，浸以淡忘矣。《史记》所述八家，正是此类。乃群经传授源流，见于《史记》及《两汉书·儒林传》《汉书·艺文志》《隋书·经籍志》《经典释文·叙录》者，大抵后详于前，而其说又多不中情实。如《史记》言《易》，仅祖田何，而《汉书》则补出商瞿以下五传，直接孔子。《史记》申公仅传《诗》，《汉书》则兼传《穀梁》，而瑕丘江公受焉。其述《古文尚书》，谓孔安国传都尉朝，朝传庸生，庸生传胡常，胡常传徐敖，徐敖传王璜。夫胡常乃传《穀梁》《左氏》之人，徐敖则传《毛诗》，王璜则传费直《易》，何古文传授，辗转皆出此数人也？且《史记》仅言"高祖过鲁，申公以弟子从师入见"，不言其师为何人。下文又云"吕太后时，申公游学长安，与刘郢同师"，绝不及楚元王。乃《汉书》谓申公与元王俱事浮丘伯，吕太后时，浮丘伯在长安，元王遣子郢与申公俱卒业，然则身受学不竟，而使其子继之邪？申公为汉名儒，《鲁诗》早立学官，而其任意附会如此，他可知矣。《汉志》云："又有毛公之学，自谓子夏所传。""自谓"云者，人不信之之辞，即毛公亦不知其为何如人也。乃郑玄《诗谱》，谓毛公有大小二人。《后书·儒林传》云："毛苌传《诗》。"苌，大毛公邪？小毛公邪？《经典释文》引陆玑云：卜商传曾申，曾申传李克，李克传孟仲子，孟仲子传根牟子，根牟子传荀卿，荀卿授鲁人毛亨、赵人毛苌，何其言之历历也？今更综合今古学，粗述其源流派别如下：

《诗》三家已亡，其说略见于清陈乔枞所辑《三家诗遗说考》。其中除翼氏五际之说，附会灾异外，大义实无以异，唯《毛诗》为不同。《汉书·儒林传》言："毛公，赵人也。治《诗》，为河间献王博士。授同国贯长卿。长卿授解延年。延年为阿武令，授徐敖。敖授九江陈侠，为王莽讲学大夫。由是言，《毛诗》者本之徐敖。"然则自解延年以上，其信否实不可知也。《后书·儒林传》言，谢曼卿善《毛诗》，乃为之训。卫宏从曼卿受学，因作《毛诗序》。中兴后，郑众、贾逵传《毛诗》，马融作《毛诗传》，郑玄作《毛诗笺》。然则今之《毛诗诂训传》及《小序》实成于卫曼卿、卫宏、马融等数人之手也。

《书》之分裂较早。《汉书·两夏侯传》言建师事胜及欧阳高，左右采获。又从五经诸儒问与《尚书》相出入者，牵引以次章句。具文饰说。胜非之曰："建所谓章句小儒，破碎大道。"建亦非胜疏略，不足应敌。建卒自专门名经。建之学盖力求佐证之多，其大义，初未有以异于欧阳及大夏侯也。古文之学，托之孔安国，其不足信，已述于前。《汉书·儒林传》言申公弟子为博士十余人，孔安国官至临淮太守。又言欧阳生事伏生，授倪宽，宽又受业孔安国。盖宽受《尚书》，又受《诗》，孔安国且非今文《书》家，更无论其为古文也。《汉书·儒林传》言安国授都尉朝，朝授胶东庸生，此即刘歆《移太常博士》所谓"传问民间，则有鲁国桓公、赵国贯公、胶东庸生之遗，学与此同"者也。庸生之学，果出安国，刘歆无缘不知。不云其为再传弟子，而云学与之同，可乎？庸生授胡常，常授徐敖，敖授王璜、涂恽，涂恽受桑钦。贾逵受《古文尚书》于涂恽。又《后书·杜林传》云："河南郑兴、东海卫宏等，皆长于古学。兴常师事刘歆。林既遇之，欣然言曰：'林得兴等，固谐矣，使宏得林，且有以益之。'及宏见林，暗然而服。济南徐巡，始师事宏，后皆更受林学。林前于西州得漆书《古文尚书》一卷，常宝爱之，虽遭艰困，握持不离身。出以示宏等曰：‘林流离兵乱，常恐斯经将绝。何意东海卫子、济南徐生复能传之，是道竟不坠于地也？古文虽不合时务，然愿诸生无悔所学。’宏、巡益重之。于是古文遂行。”贾逵一派之学，似即始于庸生，妄依附孔安国。杜林之学则未必有何师承也。

《礼》之传授，最为混茫。《史记·儒林传》曰：“诸学者多言《礼》，而鲁高堂生最。本《礼》，固自孔子时而其经不具。及至秦，焚书，散亡益多。于今独有《士礼》，高堂生能言之。而鲁徐生善为容。孝文帝时，徐生以容为礼官大夫。传子至孙徐延、徐襄。襄，其天姿善为容，不能通《礼经》。延颇能，未善也。襄以容为汉礼官大夫，至广陵内史。延及徐氏弟子公户满意、桓生、单次，皆尝为汉礼官大夫。而瑕丘萧奋，以《礼》为淮阳太守。”是汉世《礼》家，分为二派：徐生一派，仅能为容，而能通《礼经》之萧奋，实不知其所祖也。然徐氏一派亦非全不知《礼》，故《史记》又言“是后能言《礼》为容者，由徐氏焉”。《儒林传》所云桓生，当即刘歆所谓鲁国桓公其证。《汉书·儒林传》云，孟卿事萧奋，以授后仓。仓授闻人通汉、戴德、戴圣、庆普。其后二戴与庆氏并列于学官，见下。而曹褒父充，治庆氏礼，首创制礼之议，至褒卒成之。刘歆所立《逸礼》无传于后。至《周官》则本非《礼》类。《汉纪》言刘歆以《周官经》六篇为《周礼》，王莽时奏以为《礼经》，置博士，然至后汉仍废。贾公彦序疏引马融传，言歆末年乃知其为周公致太平之迹。弟子死丧，徒有里人河南缑氏杜子春尚在。永平之初，年且九十，家于南山，能通其读，颇识其说。郑众、贾逵往受业焉。众、逵洪雅博闻，又以经、书、记、转当作“传”。相证明为解。”《后汉书·郑兴传》言其“好古学，尤明《左氏》《周官》”。《贾逵传》云，父徽，从刘歆受《左氏春秋》，兼习《国语》《周官》。逵亦作《周官解诂》。其后郑玄出，乃称《周官》为经礼，《仪礼》为曲礼焉。然经曲当如纲目之相附丽，而《周官》之与《仪礼》则固非同类之物也。

《易》亦早有异说。《汉书·儒林传》言，田何于王同之外，复授洛阳周王孙、丁宽、齐服生。又云："宽至洛阳，复从周王孙受古义，号《周氏传》。"则周王孙、丁宽之学，已不尽纯。然未闻其有大异。观下文刘向之言可知。至孟喜而异说兴。《儒林传》言，喜得《易》家候阴阳灾变书，诈称师田生且死时，枕喜膝，独传喜。诸儒以此耀之。同门梁丘贺疏通证明之，曰："田生绝于施雠手中，时喜归东梅，安得此事?"又蜀人赵宾好小数书。后为《易》。持论巧慧。《易》家不能难，皆曰"非古法也"。云受孟喜，喜为名之。后宾死，莫能持其说，喜因不肯认，以此不见信。又言京房受《易》梁人焦延寿。延寿尝从孟喜问《易》。会喜死。房以为延寿《易》即孟氏学，翟牧、白生不肯，皆曰非也。至成帝时，刘向校书，考《易》说，以为诸家《易》说皆祖田何、杨叔、丁将军，《史记·儒林传》，田何传王同，王同传杨何。《汉书·儒林传》，田何又传丁宽。大谊略同，唯京氏为异党。焦延寿独得隐士之说，托之孟氏，不相与同。案，许慎《说文解字序》称孟氏为古文，则孟氏之学，必非纯于田何者也。费直长于卦筮，亡章句，徒以《彖》、《象》、《系辞》、十篇《文言》解说《上下经》；高相亦亡章句，专说阴阳灾异；盖皆无本之学。相自言出于丁将军，不足信也。

今古文相争之烈，莫如《春秋》。《史记·儒林传》言，公孙弘颇受诸胡母生。董仲舒弟子遂者，有褚大、殷忠、徐广曰："'殷'，一作'段'，又作'瑕'也。"案，《汉书》作"段仲"。吕步舒。《汉书》则又有嬴公，授孟卿、眭孟。严彭祖、颜安乐俱事眭孟。颜安乐授泠丰、任公。由是颜家有泠、任之学。疏广事孟卿，授筦路。贡禹事嬴公，成于眭孟，授棠溪惠。惠授冥都。都与路又事颜安乐。故颜氏复有筦、冥之学。此皆同出一源。《史记·儒林传》言"瑕丘江生为《穀梁春秋》，自公孙弘得用，尝集比其义，卒用董仲舒”，可见胡母生之学与仲舒亦相近也。江生之学，《史记》不言其所自来。《汉书》则云，江公受《穀梁春秋》及《诗》于鲁申公，传子至孙为博士。武帝时，江公与董仲舒并。仲舒通五经，能持论，善属文。江公讷于口。上使与仲舒议，不如仲舒。而丞相公孙弘本为《公羊》学，比辑其议，卒用董生。于是上因尊《公羊》家，诏太子受《公羊春秋》。由是《公羊》大兴。太子既通，复私问《穀梁》而善之。《武五子传》：少壮，受《公羊春秋》，又从瑕丘江生受《穀梁》。其后浸微。唯鲁荣广、皓星公二人受焉。广尽能传其《诗》《春秋》。高才捷敏，与《公羊》太师眭孟等论，数困之。故好学者颇复受《穀梁》。沛蔡千秋，梁周庆、丁姓，皆从广受。千秋又事皓星公，为学最笃。宣帝即位，闻卫太子好《穀梁春秋》，以问丞相韦贤，长信少府夏侯胜，及侍中乐陵侯史高，皆鲁人也，言穀梁子本鲁学，公羊氏乃齐学也，宜兴《穀梁》。时千秋为郎，召见，与《公羊》家并说。上善《穀梁》说，擢千秋为谏大夫，给事中。后有过，左迁平陵令。复求能为《穀梁》者，莫及千秋。上悯其学且绝，乃以千秋为郎中户将，选郎十人，从受。汝南尹更始，本自事千秋，能说矣。会千秋病死。征江公孙为博士。刘向以故谏大夫通达待诏受《穀梁》，欲令助之，《楚元王传》：“会初立《穀梁春秋》，征更生受《穀梁》。”又曰：歆及向始皆治《易》。宣帝时，诏向受《穀梁春秋》，大明习。江博士复死，乃征周庆、丁姓，待诏保宫，使卒授十人。自元康中始讲，至甘露元年（前53），积十余岁，皆明习。乃召五经名儒太子太傅萧望之等大议殿中，平《公羊》《穀梁》同异，各以经处是非。时《公羊》博士严彭祖，侍郎申挽、伊推、宋显，《穀梁》议郎尹更始，待诏刘向、周庆、丁姓并论。《公羊》家多不见从。愿请内侍郎许广。使者亦并内《穀梁》中郎王亥，各五人。议三十余事。望之等十一人各以经义对，多从《穀梁》。由是《穀梁》之学大盛。又曰，汉兴，北平侯张苍及梁太傅贾谊、京兆尹张敞、太中大夫刘公子，皆修《春秋左氏传》。谊为《左氏传训故》，授赵人贯公，为河间献王博士。子长卿，授清河张禹。非成帝师张禹。禹与萧望之同时，为御史。数为望之言《左氏》。望之善之，上书数以称说。后望之为太子太傅，荐禹于宣帝。征禹待诏。未及问，会疾死。授尹更始。更始传子咸及翟方进、胡常。常授黎阳贾护。护授苍梧陈钦。钦以《左氏》授王莽。而刘歆从尹咸及翟方进受。《方进传》："方进虽受《穀梁》，然好《左氏传》、天文、星历。其《左氏》则国师刘歆，星历则长安令田终术师也。"由是言《左氏》者本之贾护、刘歆。此先汉时《春秋》三家之情形也。至后汉，《左氏》与《公羊》之争尤烈，详见《后汉书·范升》《陈元》钦子。《贾逵传》。案，《汉书·楚元王传》言："初，《左氏传》多古字古言，学者传训故而已。及歆治《左氏》，引传文以解经，转相发明，由是章句义理备焉。"《后汉书·郑兴传》言："少学《公羊春秋》。晚善《左氏传》。遂积精深思，通达其旨。同学者皆师之。天凤中，将门人从刘歆讲正大义。歆美兴才，使撰条例、章句、训诂。"可见《左氏》之解经及其条例、章句，悉歆、兴等所为。今《左氏》解经处甚少，条例亦不备，盖撰而未成。故范升谓"《左氏》不祖孔子，而出于丘明，师徒相传，又无其人"也。《郑兴传》注引《东观记》云"兴从博士金子严为《左氏春秋》"，其说殆不足信。后汉言《左氏》者多祖兴，而贾逵自传其父业，故有郑、贾之学。

《汉书·儒林传赞》言：初，《书》唯有欧阳，《礼》后，《易》杨，《春秋》公羊而已。至孝宣世，复立大、小《夏侯尚书》，大、小《戴礼》，施、孟、梁丘《易》，《穀梁春秋》。《宣帝纪》，甘露三年（前51），诏诸儒讲五经同异。太子太傅萧望之等平奏其议，上亲称制临决焉。乃立梁丘《易》，大、小《夏侯尚书》，穀梁《春秋》博士。刘歆《移太常博士》，亦仅言宣帝广立穀梁《春秋》、梁丘《易》大、小《夏侯尚书》。《后汉书·章帝纪》，建初四年（79）诏言孝宣皇帝以为去圣久远，学不厌博，故遂立大、小《夏侯尚书》，后又立《京氏易》，至建武中，复置严氏、颜氏《春秋》，大、小《戴礼》博士，则大、小《戴》似非宣帝所立。陈元言宣帝为石渠之论而《穀梁》兴。案，石渠之论，亦见《汉书·刘向》及《韦玄成传》。至元帝世，复立《京氏易》。范升言："《京氏》虽立，辄复见废。"平帝时，又立《左氏春秋》《毛诗》《逸礼》《古文尚书》。"《刘歆传》，歆亲近，欲建立《左氏春秋》及《毛诗》《逸礼》《古文尚书》，皆立于学官。哀帝令歆与五经博士讲论其义。诸博士或不肯置对。歆因移书太常博士责让之。诸儒皆怨恨。是时名儒光禄大夫龚胜，以歆移书，上疏深自罪责，愿乞骸骨罢。及儒者师丹为大司空，亦大怒。奏歆改乱旧章，非毁先帝所立。上曰："歆欲广道术，亦何以为非毁哉?"歆由是忤执政大臣，为众儒所讪，惧诛，求出补吏。案，《平帝纪》：元始五年（5），"征天下通知逸经、古记、天文、历算、钟律、小学、《史篇》、方术、《本草》，及以五经、《论语》、《孝经》、《尔雅》教授者，在所为驾一封轺传，遣诣京师，至者数千人"。《王莽传》事在前一年，云，是岁，莽奏起明堂、灵台、辟雍，为学者筑舍万区。立《乐经》。益博士员，经各五人。征天下通一艺，教授十一人以上，及有《逸礼》《古书》《毛诗》《周官》《尔雅》、天文、图谶、钟律、月令、兵法、《史篇》文字，通知其意者，皆诣公车。网罗天下异能之士，至者前后千数。皆令记说廷中，将令正乖缪，一异说云。盖《王莽传》系于其征之年，《平纪》记于其至之岁也。《儒林传》言，孔安国以《古文尚书》授都尉朝，朝授胶东庸生，庸生授胡常，常又传《左氏》，授徐敖，敖又传《毛诗》，授王璜、涂恽，恽授桑钦，王莽时诸学皆立。宋祁曰，新本改"论"作"诸"，则本作"论学"，改"诸"者实误。论学，即指记说廷中言之。《左氏春秋》《毛诗》《逸礼》《古文尚书》之立，当在此时也。光武中兴，《易》有施、孟、梁丘贺、京房，《书》有欧阳和伯、夏侯胜、建，《诗》有申公、辕固、韩婴，《春秋》有严彭祖、颜安乐，《礼》有戴德、戴圣，凡十四博士。《后汉书·徐防传》注引《汉官仪》。时尚书令韩歆上疏，欲为《费氏易》《左氏春秋》立博士。诏下其议。建武四年正月，朝公卿、大夫、博士见于云台。范升与歆及许淑等互相辩难。升退，复奏言之。陈元闻之，诣阙上疏。升复与元相辩难，凡十余上。帝卒立《左氏》学。太常选博士四人，元为第一。帝以元新忿争。乃用其次司隶从事李封。于是诸儒以《左氏》立，论议欢哗。自公卿以下，数廷争之。会封病卒，《左氏》复废。肃宗好《古文尚书》《左氏传》。建初元年（76），诏贾逵入讲。帝善逵说。使出《左氏传》大义长于二传者。逵具条奏。帝嘉之。令逵自选《公羊》严、颜诸生高才者二十人，教以《左氏》。逵数为帝言:《古文尚书》与经传《尔雅》训诂相应。诏令撰欧阳、大小夏侯《尚书》古文同异。逵集为三卷。帝善之。复令撰《齐》《鲁》《韩诗》与《毛氏》异同，并作《周官解故》。八年，乃诏诸儒各选高才生受《左氏》《穀梁春秋》《古文尚书》《毛诗》。由是四经遂行于世。皆拜逵所选弟子及门生为千乘王国郎，朝夕受业黄门署。学者皆欣欣羡慕焉。据《后汉书·逵传》，事亦见《章帝纪》。案，逵奏言“光武皇帝奋独见之明，兴立《左氏》《穀梁》，会二家先师不晓图谶，故令中道而废”，则《穀梁》当光武时亦尝立学也。《安帝纪》，延光二年（123），诏选三署郎及吏民能通《古文尚书》《毛诗》《穀梁春秋》各一人。《灵帝纪》，光和三年（180），诏公卿举能通《尚书》《毛诗》《左氏》《穀梁春秋》各一人，悉除议郎。《尚书》上当夺“古文”二字。灵帝熹平四年（175），立太学石经。卢植又上书，言《毛诗》《左氏》《周礼》宜置博士，未见听。魏文帝黄初五年（224）四月，立太学，制五经课试之法，置《春秋穀梁》博士。齐王正始六年（245），诏故司徒王朗所作《易传》，令学者得以课试。此两汉三国诸经立学之大略也。

浅者一闻今古文之名，每谓其经文必有大异，其实不然。《汉书·艺文志》云：“刘向以中古文校欧阳、大小夏侯三家经文，《酒诰》脱简一，《召诰》脱简二，率简二十五字者，脱亦二十五字，简二十二字者，脱亦二十二字。”果如所言，文义岂复可解？郑注《仪礼》，备详今古文异字，不过位作立，义作谊之类，有关大义者安在？知《汉志》之云，乃曲学既兴后之谰言。《后汉书·刘陶传》：推三家《尚书》及古文，是正文字三百余事，名曰《中文尚书》。其后遂有行赂定兰台漆书经字者。见《后汉书·蔡邕传》《宦者·吕强传》《儒林传序》及《张驯传》。斤斤于文字之末，乃东京一种风气，其原则自西京末叶开之，西京中叶以前无是也。今古学之异，实不在经文而在经说，六经本相传古籍，孔子取以立教，不过随顺时俗，因书见义，所重原不在其书。孔门之传经者，亦以经为孔子口说所寓而重之，非重其经也。故汉儒引用，经传每不立别。且徒读《尧典》，有何意义？一读《孟子·万章上篇》，则禅让之大义存焉。此篇与伏生之《书大传》，《史记》之《五帝本纪》《夏本纪》，互相出入，盖同述孔门书说也。王鲁，新周，故宋，《春秋》之大义存焉，既不见于经，亦不见于《公羊传》，而《繁露》之《三代改制质文篇》著之，此口说可贵之验。晁错上书，言皇太子所读书多矣，而未深知术数者，不问其说也，多诵读而不知其说，所谓劳苦而不为功。汉武帝言吾始以《尚书》为朴学，弗好，及闻倪宽说，可观，乃从宽问一篇，宜矣。口说皆师师相传，非徒读书可得。刘歆訾今文之家，“信口说而背传记，是末师而非往古”，而不自知其蔽之正在于此。盖口说虽出末师，而渊源有自。传记虽出往古，而创通之者悉是今人，奋数人之私智，断不能如积古相传之义之精也。此今古学之优劣也。

然古学家之弊，实亦今学家有以开之。《汉书·艺文志》曰：“古之学者耕且养，三年而通一艺，承其大体，玩经文而已。是故用日少而畜德多，三十而五经立也。后世经传既已乖离，博学者又不思多闻阙疑之义，而务碎义逃难。便辞巧说，破坏形体。说五字之文，至于二三万言。后进弥以驰逐，故幼童而守一艺，白首而后能言。安其所习，毁所不见，终以自蔽。此学者之大患也。”案，《法言·寡见》：“或问司马子长有言曰：‘五经不如《老子》之约也。当年不能极其变，终身不能究其业。’案，此乃史谈之言，扬雄误系之于迁。曰：‘若是，则周公惑，孔子贼。古之学者耕且养，三年通一。今之学也，非独为之华藻也，又从而绣其鞶帨，恶在《老》不《老》也?’”刘歆訾“缀学之士，不思废绝之阙，苟因陋就寡，分文析字，烦言碎辞，学者罢老，且不能究其一艺”。此班《志》之言所本。公孙弘年四十余乃学《春秋》杂说，冯奉世年三十余乃学《春秋》，倪宽带经而锄，朱买臣担束薪，行且诵，“并耕且养，三年而通一经”之证。《汉志》注引桓谭《新论》，言“秦近君能说《尧典》篇目，两字之说，至十余万言，但说‘曰若稽古’三万言”。《儒林传》秦恭延君，学出小夏侯，增师法至百万言，延君盖即近君。可见繁碎之弊，西京中叶已开。汉世论者，无不以此为患者。《后汉书·章帝纪》：建初四年（79）诏，引中元元年（56）诏书：“五经章句烦多，议欲减省。”至永平元年（58），长水校尉鯈樊鯈。奏言“先帝大业，当以时施行”。于是下太常将大夫、博士、议郎、郎官及诸生、诸儒会白虎观，讲议五经同异。使五官中郎将魏应承制问，侍中淳于恭奏，帝亲称制临决，如孝宣甘露石渠故事。作《白虎议奏》。事亦见《丁鸿》及《儒林·魏应》《李育传》。《杨终传》：终言“宣帝博征群儒，论定五经于石渠阁。方今天下少事，学者得成其业，而章句之徒，破坏大体，宜如石渠故事，永为后世则”。于是诏诸儒于白虎观论考同异焉。是石渠、虎观，用意相同，皆为减省烦多也。《三国志·刘表传》注引《英雄记》，言表开立学宫，博求儒士，使綦毋闿、宋忠等撰立五经章句，谓之后定。《荀彧传》注引《彧别传》，亦言彧说太祖："集天下大才通儒，考论六经，刊定传记，存古今之学，除其烦重。"足见其情势至汉末而犹未变。汉世诸儒，从事于删定者亦多。如樊鯈删定《公羊严氏章句》，世号"樊侯学"。张霸以其犹多繁辞，减定为二十万言，更名"张氏学"。桓荣受学朱普，章句四十万言，浮辞繁长，多过其实。及荣入授显宗，减为二十三万言。荣子郁，复删省，定成十二万言。由是有大、小《太常章句》。杨终著《春秋外传》十二篇，改定章句十五万言。张奂师事太尉朱宠，学《欧阳尚书》，初，《牟氏章句》浮辞繁多，有四十五万余言，奂减为九万言。后辟大将军梁冀府，乃上书桓帝，奏其《章句》，诏下东观。其患之可谓深矣。然自宣帝以来，每一考论，辄增立异家，欲损反益，何哉？荀悦《申鉴》曰："语有之曰：'有鸟将来，张罗待之。'得鸟者，一目也。今为一目之罗，无时得鸟矣。道虽要也，非博无以通矣。博其方，约其说。"悦谓今古不同，一源十流，若天水之违行，欲比而论之，谓必有可参者焉。因主备博士，广太学。此乃汉人之公意。其于纬书，亦曰："仲尼之作则否，有取焉则可，曷其燔？"此即刘歆所谓"与其过而废之，毋宁过而存之"者也。学问愈研索愈精详，所参证者愈多，则其门径愈广。今文诸师，大抵诵习成说，罕所发明。其善者，如韩婴能推诗人之意，而作《内外传》数万言，止矣。能稽合群经，观其会通者卒鲜。此兼通五经之家，所以为世所贵。如王吉、龚舍、夏侯始昌等是。然学有通博，有杂博。通博者，能知其要领，得所会归者也。杂博者则徒能多识以炫耀流俗而已。汉世儒生，为后人所宗者，莫如郑玄，其著书可谓极多，而其支离灭裂亦最甚，即可见一时风气，骛于杂博。徐幹《中论》曰："凡学者，大义为先，物名为后，大义举而物名从之。然鄙儒之博学也，务于物名，详于器械，矜于诂训，摘其章句，而不能统其大义之所极，以获先王之心，此无异乎女史诵诗，内竖传令也。故使学者劳思虑而不知道，费日月而无成功。"《治学》。其言之可谓深切著明矣。夫为人之学，则何所不至？《后汉书·徐防传》载防上疏曰："伏见太学试博士弟子，皆以意说，不修家法。私相容隐，开生奸路。每有策试，辄兴诤讼。论议纷错，互相是非。孔子称'述而不作'。又曰'吾犹及史之阙文'，疾史有所不知而不肯阙也。今不依章句，妄生穿凿。以遵师为非义，意说为得理。轻侮道术，浸以成俗。诚非诏书实选本意。……臣以为博士及甲乙策试，宜从其家章句，开五十难以试之。解释多者为上第，引文明者为高说。若不依先师，义有相伐，皆正以为非。……虽所失或久，差可矫革。"此以意说，非有独见，特《后汉书·儒林传》所谓"章句渐疏，而多以浮华相尚"者耳。学而徒以炫耀流俗为务，其弊未有不至于此者也。《三国志·尹默传》云："益部多贵今文而不崇章句。默知其不博，乃远游荆州，从司马德操、宋仲子等受古学。"此亦当时学者章句渐疏之一证。口给御人，安有真是非可见？汉世论学，每多廷辩以决是非，益使学者务于徇外。《汉书·朱云传》云："少府五鹿充宗贵幸，为《梁丘易》。自宣帝时善梁丘氏说。元帝好之，欲考其异同，令充宗与诸《易》家论。充宗乘贵辩口，诸儒莫能与抗，皆称疾不敢会。有荐云者。召入，摄齍登堂，抗首而请，音动左右。既论难，连拄五鹿君。故诸儒为之语曰：'五鹿岳岳，朱云折其角。'由是为博士。"《后汉书·儒林传》，戴凭，年十六，举明经，征试博士，拜郎中。时诏公卿大会，群臣皆就席，凭犹立。光武问其意。对曰："博士说经皆不如臣，而坐居臣上，是以不得就席。"帝即召上殿，令与诸儒难说。凭多所解释。帝善之，拜为侍中。正旦朝贺，百僚毕会。帝令群臣能说经者更相难诘。义有不通，辄夺其席，以益通者。凭遂重坐五十余席。故京师为之语曰："解经不穷戴侍中。"此等徒耸观听之举，可以论学乎？《后汉书·鲁丕传》，恭弟丕言："说经者传先师之言，非从己出，不得相让，相让则道不明。"此言固亦有理，然真意存乎此者恐寡。《桓荣传》："车驾幸大学，会诸博士论难于前。荣被服儒衣，温恭有蕴藉。

辩明经义，每以礼让相厌，不以辞长胜人，儒者莫之及。”足见不御人以口给者少矣。高贵乡公幸太学，问诸儒，其辞备载于《三国志·本纪》，盖以为美谈，然其精义安在？学术固未闻可以筑室道谋者也。《后汉书·袁安传》，子京，习《孟氏易》，作《难记》三十万言。《儒林传》，何休作《公羊墨守》《左氏膏肓》《穀梁废疾》。《郑玄传》：“玄乃发《墨守》，针《膏肓》，起《废疾》。休见而叹曰：‘康成入吾室，操吾矛，以伐我乎？’”盖著书者亦颇以攻伐为务矣。为学者诚不宜豫存致用之心，然此特谓其用较远，不当以急功近利之心求之耳，真学问未有无用者，果无用，必非真学问，未有不为世所厌弃者也。先秦诸子，本皆欲以其道移易天下，故其学必以能淑世为归。董仲舒老病致仕，朝廷每有政议，数遣廷尉亲至陋巷问其得失，于是作《春秋决狱》。其弟子吕步舒，治淮南狱，以《春秋》义专断不请。许商以治《尚书》，善为算，举治河。王式为昌邑王师，昌邑废，群臣皆下狱。使者责问：“师何以无谏书？”式对曰：“以三百五篇谏。”按，龚遂谏王，亦曰：“大王诵《诗》三百五篇，人事浃，王道备，王所行中《诗》一篇何等也？”《武五子传》。则式之对，非苟免之辞也。此今学真传，无不切于人事之证。《禹贡》治河，似近疏阔，然经文虽不足用，传说未尝不可备举山川形势及治水之方也。此亦精义存于传说不在本文之一证。即古学之兴，亦未尝不如此。《汉书·艺文志》言：《乐》《诗》《礼》《书》《春秋》，“盖五常之道，相须而备，而《易》为之原”。“至于五学，世有变改，犹五行之更用事。”又论九流之学，谓其“各引一端，崇其所善……譬犹水火，相灭亦相生。……天下同归而殊途，一致而百虑。……若能修六艺之术，而观此九家之言，舍短取长，则可以通万方之略矣”。此诚足以开拓心胸，救拘墟之失。然其后，今古两家，皆流于琐碎，有形质而无精神，使明哲之士不得不折而入于佛老者？则其徒之哗世取宠实为之。而儒生之徒务哗世取宠，则由利禄之途既开，竞怀苟得之计；抑贵游之子，富厚之家，事此者多，其人皆饱食暖衣，轻浅寡虑，不复能深思力学，抑多轻俊自喜，徒欲夸耀流俗故也。然则儒学之见尊崇，未尝非儒学之不幸矣。

第四节
百家之学

百家二字有两义：一《汉书·艺文志》小说家有《百家》百三十九卷，此为小说一家之学。一太史公言“百家言黄帝，其文不雅驯”；《五帝本纪论》。《汉书》称孝武帝罢黜百家；《本纪赞》。此该儒家以外诸家言之也。近今论者，多谓自汉武帝以后，百家之学日就式微，谓学术之盛昌，由于时君之奖励；时君之奖励，由于国势之阽危；故自嬴秦统一，竞争绝而学术遂衰，此言似是而实非。《汉书·艺文志》诸子十家，唯名、墨二家无秦汉人著述[①]；《兵书略》中《兵阴阳家》及《数术略》《方技略》各四家，有无秦汉人著述不明；余率皆有，或颇多。抑先秦之学，所以异于后世者为专门。专门之学，弟子率皆诵述其师之言，无甚出入。试观贾谊陈政事，多袭《大戴》之言；晁错言兵事，或同《管子》之说《参患》。可知。然则即谓诸家中皆无秦汉人之书，而能传先秦之书，即是能传先秦之学矣。况其传授及好尚，见于《史》《汉》《三国志》者，尚章章不可诬邪？

汉初以道家之学著者为盖公，史称其善治黄、老言；《史记·曹相国世家》。次则陈丞相，史称其少时本好黄帝、老子之术；此皆出于汉初，其必为先秦传授无疑。此外：《田叔传》称其学黄、

① 编辑注：据《汉书·艺文志》，名家有“《黄公》四篇”，云其作者“名疵，为秦博士，作歌诗，在秦时歌诗中”。

老术于乐钜公所，《太史公自序》言其父谈习道论于黄子，皆明著授受源流。《晁错传》，邓公子章，以修黄、老言显诸公间。《张释之传》，王生善为黄、老言。《直不疑传》：“不疑学老子言。”《汲郑列传》：“黯学黄、老之言。”“庄好黄、老之言。”《外戚世家》言“窦太后好黄帝、老子言，景帝及太子诸窦不得不读《黄帝》《老子》，《汉书》作“老子书”，无“黄帝”字，盖传写夺漏。尊其术”。《魏其武安列传》言窦太后好黄、老言。《儒林传》言窦太后好黄、老之术。又云“窦太后好《老子》书”。《汉书·楚元王传》：元王曾孙德，少修黄、老术。《杨王孙传》云：“学黄、老之术。”《王贡两龚鲍传》言严君平卜筮于成都市，才日阅数人，得百钱足自给，则闭肆下帘而授《老子》。依老子、严周之指，著书十余万言。《叙传》言班嗣虽修儒学然贵老、严之术。《后汉书·耿弇传》：父况，与王莽从弟伋，共学《老子》于安丘先生。又云：弇少好学，习父业，则弇亦当通《老子》。《任光传》，子隗，少好黄、老。《郑均传》：“少好黄、老书。”《杨厚传》：“修黄、老教授，门生上名录者三千余人。”《樊宏传》，族曾孙准，父瑞，好黄、老言。《范升传》：“九岁通《论语》《孝经》。及长，习《梁丘易》《老子》，教授后生。”《翟酺传》：“酺好《老子》。”《马融传》：“注《孝经》、《论语》、《诗》、《易》、三《礼》、《尚书》、《列女传》、《老子》、《淮南子》、《离骚》。”《蔡邕傅》：“六世祖勋，好黄、老。”《酷吏传》，樊晔子融好黄、老。《方术传》，折像好黄、老言。《逸民传》，向长通《老》《易》。高恢少好《老子》。见《梁鸿传》。矫慎少学黄、老。《三国志·虞翻传》：“为《老子》《论语》《国语》训注，皆传于世。”又《魏志·刘表传》注引《零陵先贤传》，言刘先尤好黄、老言。此皆正始以前，好道家言者具见于史者也。虽不皆言其传授，然如杨厚者，门生著录至三千人，则其多有传授可知矣。又有史不明言其学术，然观其言行，即可知其宗尚者。如朱穆，史不言其学《老子》，然所作《崇厚论》，申贵道德贱仁义之旨，又明引老氏之经；周举子勰，史亦不言其学《老子》，而言其“隐处窜身，慕老聃清净，杜绝人事”是也。此等若细加句考，恐尚不止此一两人也。

阴阳家之传，见于列传者。《汉书·严安传》载其上书引邹子之言。又《公孙贺传》，祖父昆邪，著书十余篇。师古曰：“《艺文志》阴阳家有《公孙浑邪》十五篇是也。”《五行志》曰：“景、武之世，董仲舒治《公羊春秋》，始推阴阳，为儒者宗。宣、元之后，刘向治《穀梁春秋》，数其祸福，傅以《洪范》，与仲舒错。至向子歆，治《左氏传》，其《春秋》意亦已乖矣，言《五行传》又颇不同。”又曰：“孝武时，夏侯始昌通五经，善推《五行传》。以传族子夏侯胜。下及许商，皆以教所贤弟子。其传与刘向同，唯刘歆传独异。”《眭弘等传赞》曰：“汉兴，推阴阳言灾异者：孝武时有董仲舒、夏侯始昌，昭、宣则眭孟、夏侯胜，元、成则京房、翼奉、刘向、谷永，哀、平则李寻、田终术。”案，阴阳五行之说，原出明堂，儒家与阴阳家同祖焉。故贾谊欲改正朔、易服色、法制度，草具其事仪法，色尚黄，数用五；魏相表采《易》阴阳及《明堂月令》奏之；其说皆与阴阳家言相出入。然汉世通学之风既开，儒者多务左右采获，安必不及于异家？然则诸儒之言阴阳者，或兼有取于阴阳家言，未可知也。《成帝纪》，阳朔二年(前23)，春，寒，诏曰：“昔在帝尧，立羲和之官，命以四时之事，令不失其序，故《书》云‘黎民于蕃时雍’，明以阴阳为本也。今公卿大夫，或不信阴阳，薄而小之，所奏请多违时政，传以不知，周行天下，而欲望阴阳和调，岂不谬哉？其务顺四时月令。”盖汉自中叶以后，阴阳家之说，浸以盛行矣。惜多务于虚文，能言大改革者卒少耳。魏相好奉行故事，而亦好言阴阳，其明证也。

《史记·张叔传》云，孝文时以治刑名侍太子。《儒林传》言

"孝文帝本好刑名之言"。《晁错传》："学申、商刑名于轵张恢先所，先，《汉书》作"生"，盖传钞者所改。与洛阳宋孟及刘礼同师。"刘礼，《汉书》作"刘带"。《自序》曰："晁错明申、商。"盖文帝本好刑名之言，景帝则夙受此学，故文帝于晁错，虽未大用，颇听其言，景帝遂大用其策也。《汉书·东方朔传》云："朔上书陈农战强国之计，因自讼独不得大官，欲求试用。其言，专商鞅、韩非之语也。指意放荡，颇复诙谐。辞数万言。终不见用。"朔之书，《艺文志》在杂家，杂家之学，兼儒、墨，合名、法，朔安足以语此？正所谓漫羡而无所归心者耳。《汉志》盖特因其书无所隶属，而入诸杂家，非谓其能通杂家之学也。不通杂家之学，而能为商鞅、韩非之语，正当于法家之书，略尝诵习耳。《后汉书·酷吏传》，周纡好韩非之术，阳球好申、韩之学，皆当有所受之也。

《史记·酷吏传》云："边通学长短。"《汉书·张汤传》作"短长"。应劭曰："短长术兴于六国时，长短其语，隐谬，用相激怒也。"张晏曰："苏秦、张仪之谋。趣彼为短，归此为长，《战国策》名短长术也。"案，古以辞之多少，或其所言之大小，分简策之短长。游说者固须抵掌陈辞，亦须谈言微中；固当熟于民生国计，亦或兼及闾里谀闻；短长之书，实所兼习，遂以名其学耳。《主父偃传》："学长短纵横之术。"则兼术与其所习之书以为名也。纵横之学，汉初最为风行。随何、郦食其、陆贾、刘敬、蒯通、安其生、田生、曹丘生，固当有所受之。说张耳、陈余之厮养卒，说项羽之外黄舍人儿，似乎天资特高，无所承受。然古之学者耕且养，三年而通一经，本不如治章句者之必须下帷呫哔，亦安知其无所受之邪？一统以后，此学稍衰，然王先生、公孙玃等，亦其类。见《汉书·邹阳传》。武帝赐严助书曰"具以《春秋》对，毋以苏秦纵横"，则助亦能通纵横之学也。

杂家之学，见于列传者，有武安侯。《史记》云"学《盘盂》

诸书”，《汉书》同。孟康曰：“《孔甲盘盂》二十六篇，杂家书。”晋灼曰：“案《艺文志》，孟说是也。”

兵法传授，见于列传者颇多。《史记·留侯世家》言其受一编书于下邳圯上老父，旦日，视其书，乃《太公兵法》也，其言诚涉荒怪。下文又言良数以《太公兵法》说沛公，似亦诞谩不足信。然《艺文志》言张良、韩信序次兵法，则良必通兵法可知。谓其受诸下邳老父，诞，其学必有所受之，则可知也。《汉书·冯奉世传》云：“读《兵法》，明习。”《宣元六王传》，朱博遗淮阳宪王书曰：“闻齐有驷先生者，善为《司马兵法》，大将之才也。”《后汉书·耿弇传》，弇弟子秉，能说《司马兵法》。《窦融传》，融弟子固，喜兵法。《冯绲传》：“少学《春秋》《司马兵法》。”《左雄传》注引谢承书，言徐淑善诵《大公六韬》。《孔融传》：曹操与融书，言融盛叹郗虑明《司马法》。《三国志·贾逵传》，自为儿童戏弄，常设部伍，祖父习异之，口授《兵法》数万言。《魏志·武帝纪》注引孙盛《异同杂语》，言太祖博览群书，特好兵法。抄集诸家兵法，名曰《接要》，又注《孙武》十三篇，皆传于世。《吴志·孙权传》注引《吴录》，言沈友兼好武事，注《孙子兵法》。建安九年（204）。《朱治传》注引《吴书》，言治子才学兵法。此皆当有授受。《吕蒙传》注引《江表传》，言孙权谓蒙及蒋钦：“宜急读《孙子》《六韬》。”《蜀志·先主传》引《诸葛亮集》，载其遗诏敕后主：闲暇略观《六韬》，此自与经生呫哔有异，然专门之学，非有授受不能通，恐亦不容不迎师请益也。魏武帝自作兵书十余万言，诸将征伐，皆以《新书》从事。《纪》建安二十五年注引《魏书》。王昶著兵书十余篇，言奇正之用。诸葛亮损益连弩，木牛流马，推演兵法，作《八阵图》。皆见本传。盖亦因旧法而引伸之也。连弩、木牛流马，疑原出兵技巧家。

秦汉之世，百家之学，见于《史》、《汉》、《三国志》纪、传者如此，合《汉志》所载之书观之，诸学之未尝废绝；弥可见矣。安得谓一经汉武之表章罢黜，而百家之学，遂微不足道邪？

博士一官，为学术之所系，初亦不专于儒。秦世有名家黄公为博士，又有占梦博士，已见第二章第三节。孔甲为陈涉博士，汉王拜叔孙通为博士，固属儒家。然《史记·屈贾列传》言，贾生年少，颇通诸子百家之书，而文帝召以为博士。今观生所作《鵩鸟赋》引祸福倚伏，《陈政事疏》引黄帝曰：日中必熭，操刀必割，又引屠牛坦解牛事，乃道家言；引《管子》礼、义、廉、耻，国之四维，则法家言；欲改正朔，易服色，则阴阳家言；则信乎其于诸子百家之书，多所通晓也。《晁错传》云："太常遣错受《尚书》伏生所，还，因上书称说，诏以为太子舍人，门大夫，迁博士。"错曾受《尚书》与否，事殊可疑。即谓其说可信，而就错之言行观之，殊未见其服膺儒术，必于张先所得深，于伏生所得浅矣。至公孙臣亦被召为博士，《史记·本纪》《封禅书》《张丞相列传》，《汉书·郊祀志》《张苍列传》皆同。则更与儒学无涉。《汉书·景十三王传》云，河间献王立《毛诗》《左氏春秋》博士。《儒林传》，毛公、贯公为河间献王博士。《百官公卿表》言汉初王国群卿大夫都官如汉朝，则列国皆有博士，河间而外，鲜或崇儒，此亦博士不专于儒之一证。刘歆《移太常博士》云：孝文皇帝时，"天下众书，往往颇出，皆诸子传说，犹广立于学官，为置博士"。翟酺言"孝文皇帝始置一经博士"。赵岐《孟子题辞》言："孝文皇帝欲广游学之路，《论语》《孝经》《孟子》《尔雅》皆置博士。后罢传记博士，独立五经而已。"则经学之渐重，盖自文帝以来。《史记·循吏传》云，公仪休为鲁博士，似是儒家。然《汉书·贾山传》言，山祖父祛，故魏王时博士弟子，山受学祛，所言涉猎书记，不能为纯儒，则祛之非纯儒可知。近人钱穆云：《五经异义》云：战国时齐置博士之官，盖即稷下先生。见所著《先秦诸子系年考辨·稷下通考》。案，《史记·田齐世家》言：“宣王喜文学游说之士，自如驺衍、淳于髡、田骈、接予、慎到、环渊之徒七十六人。”《新序》言驺忌既为齐相，稷下先生淳于髡之属七十二人皆轻驺忌，相与往见；而诸书多言博士七十余人，盖其制实昉自齐。钱氏言稷下诸生姓名显者，有淳于髡、慎到、田骈、环渊、接予、宋钘、尹文、邹爽、荀卿，其人固多非儒家。则凡有学问者皆可为博士，乃战国以来相承之法，至汉武帝立五经博士而始一变也。《史记·叔孙通列传》，陈胜起山东，使者以闻，二世召博士诸儒生问。博士诸生三十余人前曰：“人臣无将，将即反，罪死无赦。”一似无不治《春秋》之学者，盖古人于此等处，往往以意敷衍，非必纪实之辞，不足信也。然则自孝景以前，诸子之学，未尝不平流而进，而何以其兴盛卒不逮儒家邪？则知学术之盛衰，宗派之隆替，实与社会风尚之关系深，而与国家政令之关系浅矣。说见第五章第二节。

秦汉人之著述，多已无传于后。就其存者而观之，凡可分为三品：通博而好深沉之思，其上焉者也，如贾谊、董仲舒、扬雄、刘向、歆、桓谭之徒是也。贾生学最博通，读《新书》可见。董生专于儒家，规模之恢廓，不逮贾生，然亦极通贯。扬子云及刘子政、子骏父子，皆极博洽，而能为深沉之思，则子云、子骏似更胜。桓君山，宋弘称其殚见洽闻，几及扬雄、刘向父子，亦东京第一流人物也。持论能核实者次之，如王充是也。充最为近人所称道，几以为千古一人，此过于其实。充之论，盖上承名法家之余绪，凡名法家之持论，固多能核实，试三复《韩非》可知。其专重物质，则形法家之见也。见《先秦史》第十五章第五节。《后汉书·儒林传》言，赵晔著《诗细》，蔡邕读而叹息，以为胜于《论衡》。邕亦通人，所赏鉴必不妄。《论衡·纪妖篇》列时人之说凡八，第八说实与充同，而前七说亦多饶理致，未必短于充。知当时见解与充相类者，尚不乏人，特其说无传于后耳。虽不能自成一家，而知解所及，亦能不为凡俗所囿，其下焉者也，如孔融是也。《后汉书·融传》，路粹奏融曰："与白衣祢衡跌荡放言。云'父之于子，当有何亲？论其本意，实为情欲发耳。子之于母，亦复奚为？譬如寄物缶中，出则离矣'。"《三国志》融事附《崔琰传》。注引《魏氏春秋》载太祖令曰："此州人说平原祢衡，受传融论，以为父母与人无亲，譬若缶器，寄盛其中。又言若遭饥馑，而父不肖，宁赡活余人。"此等见解，在当日似不易得，然特激于流俗之拘墟，敢于立异而已。父母之恩，不在生而在养，人人能言之，平心思之，原未必有何难解也。大抵当时之士，骛心玄远者，多好言哲学，欲窥见宇宙万物之本原。此观《太玄》之受人推重可知。刘歆、桓谭之说，已见《汉书·雄传》，即班氏亦备致推崇。《后汉书·张衡传》，衡好《玄经》，谓崔瑗曰："吾观《太玄》，方知子云妙极道数，乃与五经相拟，非徒传记之属。"衡欲说《彖》《象》残缺者不能就，而著《灵宪》等篇，其学问途辙，实与雄同也。《三国志·王肃传》："年十八，从宋忠读《太玄》，而更为之解。"《吴志·陆绩传》："作《浑天图》，注《易》，释《玄》，皆传于世。"《评》称其于扬《玄》，是仲尼之丘明，老聃之严周。又陆凯好《太玄》，论演其意以筮。又《魏志·王粲传》，下邳桓威，年十八而著《浑舆经》，皆好据天地自然之象，以言哲学者也。而其切于实际者则仍以儒、法二家为盛。儒家为时显学，众所共知。法家似较式微，实则明察之上，才智之臣，无不阴用之者。汉宣帝谓汉家自有制度，以霸王道杂之，王指儒，霸指法，已见第六章第一节。胡广言"汉承周、秦，兼览殷、夏，祖德师经，参杂霸轨"，亦即宣帝之说。足见一朝治法，为娴于掌故者所共知。而崔寔言"今既不能纯法八世，故宜参用霸政"，亦此意也。《史记·六国表》曰："传曰'法后王'，何也？以其近已而俗变相类，议卑而易行也。"张释之补谒者，朝毕，前言便宜事。文帝曰："卑之，无甚高论，令今可行也。"于是释之言秦汉之间事，秦所以失，汉所以兴者，文帝称善。此即"法后王"之说。张敞谓汉家承敝通变，造起律令，即以劝善禁奸，详见第一节。亦此意也。桑弘羊实非聚敛之臣，深通名法之学，已见第十八章第五节。桓宽不袒法学，而亦称弘羊博学通达，足见其学自不可诬。见《公孙刘田王杨蔡陈郑传赞》。考功课吏之法，盖出于焦延寿，而京房传之，至刘劭等犹承其绪，亦已见第六章第一节、第十八章第四节。王符、仲长统、崔寔，著述具存，今日读之，犹虎虎有生气。魏武帝与孔融书曰："孤为人臣，进不能风化海内，退不能建德和人，然抚养战士，杀身为国，破浮华交会之徒，计有余矣。"此非徒相胁迫之言。《三国志·魏志》载公建安八年（203）五月己酉令，以"古之将者，军破于外而家受罪于内也。自命将征行，但赏功而不罚罪，非国典也。其令诸将出征，败军者抵罪，失利者免官爵"。注引《魏书》载庚申令曰："议者或以军吏虽有功能，德行不足堪任郡国之选，所谓'可与适道，未可与权'。管仲曰：'使贤者食于能，则上尊，斗士食于功，则卒轻于死，二者设于国，则天下治。'未闻无能之人，不斗之士，并受禄赏，而可立功兴国者也。"此实法家之精义。陈寿称其揽申、商之法术，信不诬矣。诸葛亮尤以任法称。张裔称其"赏不遗远，罚不阿近，爵不可以无功取，刑不可以贵势免"，而陈寿称其效曰"吏不容奸，人怀自厉"，其能以一州之地，蹈涉中原，抗衡上国，固有其由。不特此也，《先主传》注引《诸葛亮集》载先主遗诏，敕后主闲暇历观诸子及《六韬》《商君书》，益人意智。则凡尝历艰难之主，无不知名法之足以救时者矣，亦时势使然也。专制之世，官吏之与人民，利害实正相反。君主则调停于其间，使其不畸重轻，以至决裂。其要在于严以察吏，宽以驭民。法家之学，兼包法、术二端。法以驱策其民，术以督责其吏。秦始皇帝既并天下，法家之学，宜退舍矣，而执持不变，卒以召亡。自汉初至于文、景清净不扰之治，及夫元帝以后务存宽恤之政，皆所谓宽以驭民；而如汉宣帝、后汉世祖、显宗、魏武帝、诸葛武侯之所为，则所谓严以察吏者也。诸学稍微，而儒法见任，固事势使然，不容以浅见訾议矣。

第五节
史学

史籍之原有二：一为史官所记，一则私家传述也。《史记·六国表》云："秦既得意，烧天下《诗》《书》，诸侯史记尤甚，为其有所刺讥也。《诗》《书》所以复见者，多藏人家，而史记独藏周室，以故灭，惜哉！惜哉！独有《秦记》，又不载日月，其文略，不具。"此"周室"二字，当包诸侯之国言，乃古人言语以偏概全之例，非谓王室能备藏列国之史籍也。然则《秦记》以外，列国史籍之在官者，皆付诸一炬矣。秦时有太史令，胡母敬居之。汉则司马谈、迁父子相继居其职。《汉书·司马迁传》注，如淳曰："《汉仪注》太史公，武帝置，位在丞相上。天下计书，先上太史公，副上丞相。序事如古《春秋》。迁死后，宣帝以其官为令，行太史公文书而已。"晋灼曰："《百官表》无太史公在丞相上，又卫宏所说多不实，未可以为正。"师古曰："谈为太史令耳，迁尊其父，故谓之为公，如说非也。"《史记·孝武本纪》集解："韦昭曰：'《史记》称迁为太史公者，是外孙杨恽所称。'"索隐，虞喜《志林》云"古者主天官者皆上公。自周至汉，其职转卑，然朝会坐位，犹居公上，尊天之道。其僚属仍以旧名尊而称公。公名当起于此"。桓谭《新论》以为太史公造书，书成示东方朔，朔为平定，因署其下。杨恽继此而称。又《自序》集解引臣瓒曰："《茂陵中书》司马谈以太史丞为太史令。"索隐云"'公'者，迁所著书尊其父云'公'也。"案，古重天道，史官既记天事，故其职甚尊，此理所可有。官属称谓，即当时口语，据以成文，亦当时史籍通例。虞喜之说，似最允当。《汉表》记百官沿革，未必皆具，汉初曾遣御史监郡，而《表》不及，即其一征。《百官志》，太史令仅六百石，而《自序》正义引《汉旧仪》云“太史公秩二千石”，恐亦不足据也。据《续汉书·百官志》，太史令之职，实以天文为重，然其所藏图籍极多。《汉书·宣元六王传》，东平思王宇来朝，上疏求诸子、太史公书。王凤言：“诸子书或反经术，非圣人，或明鬼神，信物怪；太史公书有战国纵横权谲之谋，汉兴之初，谋臣奇策，天官灾异，地形厄塞；皆不宜在诸侯王，不可予。”案，谈、迁之书无地理志，则凤所言者乃太史之官之藏书，而非《艺文志》所著录之《太史公书》也。《太史公自序》言为太史令，细史记金匮石室之书，《史记》正凤所谓战国纵横权谲之谋，汉初谋臣奇策；金匮石室之书，则凤所谓天官灾异，地形厄塞者也。唯著述别是一事。谈、迁有作，乃其私家之业，而非当官之职也。继谈、迁而序事者，或奉诏为之，如刘騊駼、刘毅、刘珍、李尤、騊駼，临邑侯复之子。复，齐武王縯之孙也。复与班固、贾逵共述汉史，騊駼及从兄平望侯毅并有才学。永宁中，邓太后诏毅及騊駼入东观，与谒者仆射刘珍著中兴以下名臣列士传，事见《后汉书·北海靖王传》。《张衡传》：“永初中，谒者仆射刘珍、校书郎刘騊駼等著作东观，撰集《汉记》，固定汉家礼仪，上言请衡参论其事。会并卒，而衡常叹息，欲终成之。及为侍中，上疏请得专事东观，收捡遗文，毕力补缀。又条上司马迁、班固所叙与典籍不合者十余事。又以为王莽本传，但应载篡事而已，至于编年月，纪灾祥，宜为元后本纪。又更始居位，人无异望，光武初为其将，然后即真，宣以更始之号，建于光武之初。书数上，竟不听。”珍及李尤，并见《文苑传》。《珍传》云：“永宁元年，太后又诏珍与騊駼作建武以来名臣传。”《尤传》云：“安帝时为谏议大夫，受诏与谒者仆射刘珍等俱撰《汉记》。”卢植、马日磾、蔡邕、杨彪、韩说、《后汉书·卢植传》：“征拜议郎，与谏议大夫马日磾、议郎蔡邕、杨彪、韩说等并在东观，校中书五经、记传，补续《汉记》。”《蔡邕传》：召补郎，校书东观。光和元年（178），徙朔方。邕前在东观，与卢植、韩说等撰补《后汉记》。会遭事流离，不及得成，因上书自陈，奏其所著《十意》。帝嘉其才高，会明年大赦，乃宥邕还本郡。杨终等是。《后汉书》本传云："受诏删太史公书为十余万言。"《华阳国志·先贤仕女总赞》云："明帝时，与班固、贾逵并为校书郎，删太史公书为十余万言。"案，此指后来所记，非谈、迁之书。亦有私家发愤为之者，则如冯商、班彪是也。见下。《三国志·后主传评》云："国不置史，注记无官，是以行事多遗，灾异靡书。"然景耀元年（258），又书"史官言景星见"。盖其史职，亦重天文，而阙于注记耳。吴有左、右国史，薛莹、华核为之，皆见《吴志》本传。又《韦曜传》，诸葛恪辅政，表曜为太史令，撰《吴书》。华核、薛莹等皆参与其事。则非专重天象者矣。

注记之职，汉世亦有之。《后汉书·明德马皇后纪》"自撰《显宗起居注》"是也。《马援传》，援兄子严，永平十五年（72）诏与校书郎杜抚、班固等杂定《建武注记》。《和熹邓皇后纪》，元初五年（118），平望侯刘毅以太后多德政，欲令早有注记，上书安帝，言汉之旧典，世有注记，宜令史官著《长乐宫注》。帝从之，则亦事后然后从事于裒辑也。

注记撰述，既由于官，遂不免于忌讳回护，而秉笔者或且因之而获祸焉。《后汉书·蔡邕传》，董卓被诛，邕在王允坐，言之而叹，有动于色。允勃然，即收付廷尉。邕陈辞谢，乞黥首刖足，继成汉史。士大夫多矜救之，不能得。太尉马日磾驰往，谓允曰："伯喈旷世逸才，多识汉事，当续成后史，为一代大典。且忠孝素著，而所坐无名，诛之无乃失人望乎？"允曰："昔武帝不杀司马迁，使作谤书，流于后世。方今国祚中衰，神器不固，不可令佞臣执笔，在幼主左右，既无益圣德，复使吾党蒙其讪议。"此事亦见谢承书，《三国志·董卓传》注引之。裴松之谓邕情必不党；纵复令然，不应言于王允之坐；斯殆谢承之妄记。固也。然时必有以马迁之作为谤书者，后人乃有此附会之辞。《后书》注引《班固集》云："司马迁著书成一家之言，至以身陷刑，故微文刺讥，贬损当世，非谊士也。"《三国志·王肃传》：明帝问肃："司马迁以受刑之故，内怀隐切，著《史记》非贬孝武，令人切齿。"可见当时多有此说。善夫孔僖之言之也，曰："凡言诽谤者，谓实无此事，而虚加诬之也。至如孝武皇帝，政之美恶，显在汉史，坦如日月，是为直说书传实事，非虚谤也。"裴松之亦曰："迁但不隐孝武之失，直书其事耳，何谤之有乎?"班彪岂不知新末起兵，假托刘氏者，但为愚人习识姓号，乃以姻娅之故，强谓汉承尧后，必当复兴，岂非偏私佞媚之尤？而固且敢曲诋司马氏。呜乎！孟子曰"暴其民甚，则身弑国亡，不甚则身危国削，名之曰幽厉，虽孝子慈孙，百世不能改也"，何其班氏之袒汉，愈于孝子慈孙之昵其父祖也？李法讥史官记事不实，后世有识，寻功计德，必不明信，坐失旨，免为庶人。马后撰《显宗起居注》，削去兄防参医药事。刘瑜上书陈事，讥切中官，窦武引为侍中。武败，瑜被诛，宦官悉焚其上书，以为讹言。魏明帝诏收黄初中诸奏陈思王罪状。公卿已下议：尚书、秘书、中书三府、大鸿胪者皆削除之。盖枉史事以顺一人一家之好恶久矣，岂不哀哉！荀悦《申鉴》曰：得失一朝，荣辱千载，善人劝焉，恶人惧焉。宜于今者，备置史官，掌其典文，纪其行事。每于岁尽，举之尚书，以助赏罚，以弘法教。亦幸而其议未行耳，使其行之，党同伐异，恶直丑正之祸，又可胜道哉？

古史皆国自为纪。公卿大夫所称述，农夫野老之流传，亦皆散无友纪。及谈、迁有作，乃举古事之可记者，下逮当世，悉网罗之于一编，诚通史之弘著也。抑通史之义有二：萃古今之事于一编，此通乎时者也。合万邦之事于一简，此通诸地者也。自古所谓世界史者，莫不以其所知之地为限。当谈、迁之时，所知之世界，固尽于其书之所著，则谓其书为当时之世界史可也。其创制之功，亦伟矣哉！迁书之作；班氏父子谓其采《左氏》《国语》，删《世本》《战国策》，述《楚汉春秋》，接其后事。据《汉书·迁传赞》及《后汉书·彪传》彪论《史记》之语。其言不甚可信。古人撰录旧书，例不改其辞句，如《汉书·陈胜传》仍《史记世家》“至今血食”之文，其明验也。迁书所述之事，虽与《左》《国》或同，而其辞绝异，安得谓其曾见《左》《国》？又其所述，与今《战国策》亦有异同，《史记·吕不韦传》：“吕不韦者，阳翟大贾人也。”索隐：“《战国策》以不韦为濮阳人，又记其事迹，亦多与此传不同，班固虽云太史公据《战国策》，然为此传当别有所闻见，故不全依彼说。或者刘向定《战国策》时，以已异闻改彼书，遂令不与《史记》合也。”案，此论甚通。则其所见者，亦非今之《战国策》也。《汉书·迁传赞》但云“汉兴，伐秦定天下，有《楚汉春秋》”，不云谁撰；而《后书·班彪传》云：“汉兴定天下，太中大夫陆贾记录时功，作《楚汉春秋》九篇。”盖妄人所改，非彪之旧。今就迁书而剖析之，其所据者盖有五：《春秋》，一也；《尚书》，其较后者曰语，二也；此古左右史之所记。《春秋》为记事之史，《尚书》为记言之史。由记言推广之而及于记行，则成今之《国语》矣。《左氏》是否据《国语》纂辑姑措弗论，要其为书，必与《国语》同类，则无疑也。《史记》列传，即原于语。故在他篇中述及，仍称为“语”。如《秦本纪》述商鞅说孝公变法曰“其事在《商君语》中”，《孝文本纪》述大臣诛诸吕，谋立代王曰“事在《吕后语》中”是也。《萧相国世家》述吕后与何谋诛韩信曰“语在淮阴侯事中”，《留侯世家》述良解鸿门之危曰“语在项羽事中”，语、事二字，必浅人所互乙。《帝系》《世本》，三也，此古小史所职。经子之类，四也。身所闻见，五也。迁所据之书，虽不可知，其种类固犹可推见也。继谈、迁之后者：《汉志》春秋家有《冯商所续太史公》七篇。《后汉书·班彪传》曰：“司马迁著《史记》，自太初以后，阙而不录。后好事者颇或缀集时事，然多鄙俗，不足以踵继其书。彪乃继采前世遗事，旁贯异闻，作后传数十篇。”注曰：“好事者，谓扬雄、刘歆、阳城衡、褚少孙、史孝山之徒也。”《史通·古今正史篇》则云：“刘向，向子歆，及诸好事者，若冯商、卫衡、扬雄、史岑、梁审、肆仁、晋冯、段肃、金丹、冯衍、韦融、萧奋、刘恂等，相次撰续，迄于哀、平间，犹名《史记》。至建武中，司徒掾班彪以为其言鄙俗，不足以踵前史；又雄、歆褒美伪新，误后惑众，不当垂之后代者也。此可见新室美政，为彪父子刊落殆尽，而今《汉书》述新室事，绝不足信也，可谓秽史矣。于是采其旧事，旁贯异闻，作《后传》六十五篇。”诸家行事，向、歆、扬雄自有传。冯商已见上。史岑见本集人物篇。晋冯、段肃见《后书·班固传》。冯衍自有传。余七人未详。据浦起龙《通释》。然知幾之言，必有所本也。彪子固，以彪所续前史未详，乃潜精研思，欲就其业。人有上书显宗，告固私改作国史者。有诏下郡收固系京兆狱，尽取其家书。固弟超驰诣阙上书，得召见，具言固所著述意，而郡亦上其书。显宗甚奇之。召诣校书部。除兰台令史。与前睢阳令陈宗、长陵令尹敏、司隶从事孟异共成《世祖本纪》。迁为郎，典校秘书。固又撰功臣、平林、新市、公孙述事，作列传、载记二十八篇，奏之。乃复使终成前所著书。固探续前记，缀集所闻，以为《汉书》。起元高祖，终于孝平、王莽之诛，为断代史之首焉。彪女名昭，见《后书·列女传》，云：“兄固著《汉书》，其八表及《天文志》未及竟而卒，和帝诏昭就东观藏书阁踵而成之。”又云：“《汉书》始出，多未能通者。同郡马融伏于阁下，从昭受读。后又诏融兄续继昭成之。”其后则谢承作《后汉书》，见《三国·吴志·吴主权谢夫人传》。王化作《蜀书》，《华阳国志·后贤志》：“王化，字伯远，广汉郪人也。”“著《蜀书》及诗赋之属数十篇。其书与陈寿颇不同。”韦曜著《吴书》，见前。曜得罪后，华核上疏救之，曰：“《吴书》虽已有头角，叙赞未述。昔班固作《汉书》，文辞典雅。后刘珍、刘毅等作《汉记》，远不及固，叙传尤劣。今《吴书》当垂千载。编次诸史，后之才士论次善恶，非得良才如曜者，实不可使阙不朽之书。如臣顽蔽，诚非其人。曜年已七十，余数无几。乞赦其一等之罪，为终身徒，使成书业，永足传示，垂之百世。”皓不许，遂诛曜，徙其家零陵。又《吴志·步骘传》：周昭与韦曜、薛莹、华核共述《吴书》。断代之体益盛。

汉人颇多留意古史者。班彪讥司马迁采摭经传，分散百家之事，甚多疏略，不如其本。张衡条上迁、固所叙与典籍不合者十余事，有曰：“史迁独载五帝，不记三皇，今宜并录。”又曰：“《帝系》黄帝产青阳、昌意，《周书》曰：‘乃命少昊清。’清即青阳也，今宜实定之。”韦曜因狱吏上辞曰：“囚昔见世间有《古历注》，其所纪载，既多虚无，在书籍者，亦复错谬。囚寻按传记，考合异同，采摭耳目所及，以作《洞纪》。起自庖牺，至于秦汉，凡为三卷。当起黄武以来，别作一卷。事尚未成。”此书与刘歆之《世经》，可并称为年代学之嚆矢也。谯周作《古史考》，《晋书·司马彪传》曰：“周以《史记》书周、秦以上，或采俗语百家之言，不专据正经，周于是作《古史考》二十五篇，皆凭旧典，以纠迁之谬误。”案，自西京末叶，考证之学渐兴，故多不满前人所为者。然意存考证而其术未精，则其所去取，不免失当，转不如博采或直录者，多存古史之真，此后世之言古史者，所以仍必以《太史公书》为据也。然此特以今日之眼光观之，在当时，则如谯周等，皆可谓能用心于古史者矣。汉人所作古史，存于今者，又有赵晔之《吴越春秋》，袁康之《越绝书》，皆以传述之辞为本，看似荒唐，然其可宝，转在徒摭拾书传者之上也。

述当代史实者，《汉志》所载，有《奏事》十二篇。注曰：“秦时大臣奏事及刻石名山文也。”《楚汉春秋》九篇。注云：“陆贾所记。”《太古以来年纪》二篇，盖自太古至当代，故著之《太史公书》后。《汉著记》百九十卷。师古曰："若今之起居注。"《汉大年纪》五篇，盖专记汉世年代者也。《汉书·高帝纪》云："高祖不修文学，而性明达，好谋能听。""天下既定，命萧何次律令，韩信申军法，张苍定章程，叔孙通制礼仪，陆贾造《新语》。"《史记·陆贾传》曰："陆生时时前说，称《诗》《书》。高帝骂之曰：'乃公居马上而得之，安事《诗》《书》?'贾曰：'居马上得之，宁可以马上治之乎？且汤、武逆取而以顺守之。文武并用，长久之术也。昔者吴王夫差、智伯极武而亡。秦任刑法不变，卒灭赵氏。向使秦已并天下，行仁义，法先圣，陛下安得而有之?'高帝不怿，而有惭色，乃谓陆生曰：'试为我著秦所以失天下，吾所以得之者何，及古成败之国。'陆生乃粗述存亡之征。凡著十二篇。每奏一篇，高帝未尝不称善，左右呼万岁。号其书曰《新语》。"夫既不知文学，安能远鉴古初？陆生所述，虽或远及古国，必以当世行事为多也。《后汉书·应奉传》云："著《汉书后序》，多所述载。"注引袁山松书曰："奉又删《史记》《汉书》及《汉记》，三百六十余年，自汉兴至其时，凡十七卷，名曰《汉事》。"子劭，又集解《汉书》。《荀悦传》，献帝好典籍，常以班固《汉书》文繁难省，乃令悦依《左氏传》体，以为《汉纪》三十篇。此并因前贤以成书，要亦当世得失之林也。其志存当代掌故者，当以蔡邕为最。邕所奏《十意》，曰《律历》第一，《礼》第二，《乐》第三，《郊祀》第四，《天文》第五，《车服》第六，见《后书》本传注引《邕别传》。又《续书·律历志》注载邕戍边上章曰："臣自在布衣，常以为《汉书》十志，下尽王莽，而世祖以来，唯有纪、传，无续志者。臣所师事故太傅胡广，知臣颇识其门户，略以所有旧事。虽未备悉，粗见首尾。积累思唯，二十余年。不在其位，非外吏庶人所得擅述。天诱其衷，得备著作郎。建言十志皆当撰录。遂与议郎张华等分受之。"又言："科条诸志，臣欲删定者一，所当接续者四，《前志》所无，臣欲著者三。及经典群书所宜捃摭，本奏诏书所当依据，分别首目，并书章左。……愿下东观，推求诸奏，参以玺书，以补缀遗阙，昭明国体。章闻之后，虽肝脑流离，白骨剖破，无所复恨。”其志亦可谓勤矣。今所传司马彪之《律历志》，仍本于邕。《礼仪》《天文》二志，原出于邕，《礼仪志》谯周改定，《天文志》则周所续成，见注引谢沈书。《应奉传》又云，奉为司隶时，并下诸官府郡国，各上前人像赞，子劭乃连缀其名，录为《状人纪》。杨戏有《季汉辅臣赞》，陈术著《益部耆旧传》，《三国志·李譔传》。皆网罗当世名人行事。李固之死，弟子赵承等共论固行迹，以为《德行篇》。郭泰之卒，同志者共刻石立碑。蔡邕为文。既而谓卢植曰：“吾为碑铭多矣，皆有惭德，唯郭有道无愧色耳。”此则专为一人表章者也。然观邕之言，则知阿私所好之弊，由来已久矣。

《汉志》史籍，附著《春秋》之末，后人因谓汉人尚不知重视史籍，非也。《汉书·杨恽传》，戴长乐告恽，谓恽语长乐曰：“正月以来，天阴不雨，此春秋所记，夏侯君所言。”张晏曰：“夏侯胜谏昌邑王曰：‘天久阴不雨，臣下必有谋上者。’《春秋》无久阴不雨之异也。汉史记胜所言，故曰‘《春秋》所记’，谓说《春秋》灾异者耳。”师古曰：“《春秋》有不雨事，说者因论久阴，附著之也。张谓汉史为春秋，失之矣。”案，上文又云“恽始读外祖《太史公记》，颇为春秋”，此两“春秋”字，盖皆泛指史籍言之，则张说实是。观陆贾著书称《楚汉春秋》可证。时人言史，盖分《书》与《春秋》为二科。司马迁言《书》长于政，《春秋》长于治人。述其父谈之言曰“今汉兴，海内一统，明主、贤君、忠臣、死义之士，予为太史而弗论载，废天下之史文，予甚惧焉”，其自述其志，亦曰“予尝掌其官，废明圣盛德不载，灭功臣世家贤大夫之业不述，堕先人所言，罪莫大焉”；乃述当世之事之逊辞，其意则亦欲“善善恶恶，贤贤贱不肖”，以为“天下仪表”耳。此《春秋》之科也。魏相好观汉故事及便宜章奏，以为古今异制，方今务在奉行故事而已，数条汉兴已来国家便宜行事，及贤臣贾谊、晁错、董仲舒等所言，奏请施行之。此则《尚书》之科也。又有临事求索者：如成帝欲治王氏，诏尚书奏文帝时薄昭故事。和帝将诛窦氏，欲得《外戚传》，惧左右不敢使，乃令清河孝王庆私从千乘王求，夜独内之。又令庆传语中常侍郑众，求索故事。事见《汉书·元后传》《后汉书·章帝八王传》。《三国·吴志·孙权传》，嘉禾元年（232）注引《江表传》曰：是冬，群臣奏宜修郊祀。权曰：“郊祀当于土中，今非其所，于何施此？”重奏曰：“昔周文、武郊于酆、镐，非必土中。”权曰：“武王伐纣，即阼于镐京而郊其所也，文王未为天子，立郊于酆，见何经典？”复书曰：“伏见《汉书·郊祀志》，匡衡奏徙甘泉河东，郊于长安，言文王郊于酆。”此等，其视史籍，皆如后人之视成案也。然则《汉志》著《太史公书》于春秋家，乃当时之人视史籍流别如此，安有重经轻史之意乎？然此特学者之见，至流俗，则于记行事之书，通称为史记。《汉书·五行志》引史记成公十六年（前575）单襄公见晋厉公视远步高云云。颜师古曰：“此《志》凡称史记者，皆谓司马迁所撰也。”齐召南曰：单襄公见晋厉公，《晋世家》不载，此《国语》文也。下文尚有数处称史记，皆《国语》文。案，颜说固非，齐说亦未为是。下文又云：“史记秦始皇帝三十六年，郑客从关东来，至华阴，望见素车白马从华山上下。知其非人，道住止而待之。遂至。持璧与客曰：‘为我遗镐池君。’因言‘今年祖龙死’。忽不见。郑客奉璧，即始皇二十八年过江所湛璧也。”此事既不出《国语》，亦与《太史公书》不同，足见“史记”二字为史籍通称，特以当时史籍少，故“太史公书”遂冒其一类书之总名耳。

士大夫之好史学者：司马朗父防，雅好《汉书》名臣列传，所讽诵者数十万言。《三国志·朗传》注引司马彪《序传》。张裔博涉《史》《汉》。孟光锐意三史。尹默皆通诸经史。皆见《三国志·蜀志》本传。《吴志·孙峻传》注引《吴书》云，留赞好读兵书及三史。《殿本考证》云："三史，元本作'三略'。"孙权欲其子登读《汉书》，习知近代之事，以张昭有师法，重烦劳之，乃令昭子休从昭受读，还以授登。见《吴志·登传》，亦见《昭传》。合此及马融受《汉书》于班昭之事观之，知当时史学亦有传授，如经生之业。此士大夫之受学者。若孙权谓吕蒙、蒋钦，自言统事以来，省三史、诸家兵书，自以为大有所益，欲使蒙、钦亦读之。《吕蒙传》注引《江表传》。王平生长戎旅，手不能书，所识不过十字，而使人读《史》《汉》诸纪传听之，备知其大义。往往论说，不失其指。此则所谓开卷有益，亦如治经者之不事章句也。

重言轻事，古人积习甚深。故虽爱好史籍，而于史事初不知求实。《三国志·崔琰传》注引《魏氏春秋》曰："袁绍之败也，孔融与太祖书曰：'武王伐纣，以妲己赐周公。'太祖以融学博，谓书传所记。后见，问之，对曰：'以今度之，想其当然耳。'"时人于古事，率多如此。魏明帝问司马迁于王肃。见上。肃对曰："汉武帝闻其述史记，取孝景及己本纪览之，于是大怒，削而投之，于今此两纪有录无书。后遭李陵事，遂下迁蚕室，此为隐切在孝武，而不在于史迁也。"及华核疏救韦曜，则曰"武帝以迁有良史之才，欲使毕成所撰，忍不加诛"，皆设辞以悟主，非其实也。言史事如此，述当世之事亦然。《汉书·东方朔传赞》言后世好事者，取奇言怪语，附著之朔。《朱云传赞》言"世称朱云多过其实"。《韦贤传》言韦孟《讽谏》乃其子孙所为，可谓颇知核实。然其能如是者亦寡矣。观本书辨正诸端，亦可见其大略。《后汉书·马援传》云："援自还京师，数被进见。为人明须发，眉目如画。娴于进对。尤善述前世行事。每言及三辅长者，下至闾里少年，皆可观听。自皇太子、诸王侍闻者，莫不属耳忘倦。”朱云、东方朔等之见附会，皆善谈说如援者之为之也。然时人颇好讲史法。张衡欲作元后本纪，及以更始之号，建于光武之初，即其一端。韦曜撰《吴书》，执以孙和不登帝位，不肯顺皓意作纪，亦其事也。裴松之讥孙盛制书，多用《左氏》以易旧文，见《魏武帝纪》建安五年（200）及《陈泰传》注。则重文辞而轻史实者，亦自汉、魏间始矣。

第六节
文学美术

凡文字，必能与口语相合，而其用乃弘。此非古寡辞协音之文所能也。秦汉继春秋、战国之后，为散文极盛之时。然其时之人，所视为文之美者，乃为多用奇字，造句整齐，音调和缓，敷陈侈靡，于是辞赋之学盛，而散文亦稍趋于骈偶矣。

西京初叶，所谓文学者，尚不专指文辞。《汉书·严助传》：“郡举贤良，对策百余人，武帝善助对，由是独擢助为中大夫。后得朱买臣、吾丘寿王、司马相如、主父偃、徐乐、严安、东方朔、枚皋、胶仓、《艺文志》作“聊苍”。纵横家有《待诏金马聊苍》三篇。终军、严葱奇等，《艺文志》作“庄怱奇”，盖避明帝讳改。官常侍郎。有赋十一篇。并在左右。是时征伐四夷，开置边郡，军旅数发，内改制度，朝廷多事，屡举贤良文学之士。公孙弘起徒步，数年至丞相。开东阁，延贤人与谋议，朝觐奏事，因言国家便宜。上令助等与大臣辩论，中外相应以义理之文，大臣数诎。其尤亲幸者，东方朔、枚皋、严助、吾丘寿王、司马相如。相如常称疾避事，朔、皋不根持论，上颇俳优畜之，唯助与寿王见任用。”诸人中除朔、皋外，固皆有实学者也。然因如朔、皋者亦厕其中，遂为世所轻视矣。《王褒传》，宣帝令褒与张子侨等并待诏。数从褒等放猎。所幸宫馆，辄为歌颂，第其高下，以差赐帛。议者多以为淫靡不急。上曰：“不有博弈者乎？为之犹贤乎已。辞赋大者与古诗同义，小者辩丽可喜，譬如女工有绮縠，音乐有郑、卫。今世俗犹皆以此虞说耳目。辞赋比之，尚有仁义讽谕，鸟兽草木多闻之观，贤于倡优博弈远矣。”其后太子体不安，忽忽善忘，不乐。诏使褒等皆之太子宫虞侍太子。朝夕诵读奇文及所自造作。疾平复乃归。辞赋之用如此，此人之所以轻之也。《扬雄传》：“雄以为赋者将以风也，必推类而言，极丽靡之辞，闳侈巨衍，竞于使人不能加也，既乃归之于正，然览者已过矣。往时武帝好神仙，相如上《大人赋》，欲以风，帝反缥缥有陵云之志。由是言之，赋劝而不止，明矣。又颇似俳优淳于髡、优孟之徒，非法度所存，贤人君子诗赋之正也。于是辍而不为。”夫说而不绎，听者之过，劝而不止，诵者之失，以此为风，安能与古诗同义？雄又称东方朔为滑稽之雄。“非夷、齐而是柳下惠，戒其子以上容。首阳为拙，柱下为工。饱食安步，以仕易农。”盖小人志在衣食之流，尚不足语于患得患失之鄙夫，视淳于髡、优孟之流远矣。《盐铁论·褒贤篇》，大夫曰：“东方朔自称辩略，消坚释石，当世无双，然省其私行，狂夫不忍为。”夫文学贵乎以情相感。有悲天悯人之心而未能喻诸人者多矣，徒为饱食暖衣之计，而欲使人感动兴起，不亦难乎？此等人在汉世，其进用亦仅恃人主之好尚。司马相如以訾为郎，为武骑常侍，事孝景帝。会景帝不好辞赋。是时梁孝王来朝，从游说之士齐人邹阳、淮阴枚乘、吴严忌之徒。相如见而悦之。因病免，客游梁。得与诸侯游士居。梁孝王薨，相如归而家贫，无以自业。后武帝读《子虚赋》而善之，乃得召。向使相如不遇梁王、武帝，则亦终老牖下耳。当时君贵人，好文学者殊不多，仅汉武、宣、梁孝王、淮南王安、东汉灵帝、魏文帝等数人。魏明帝青龙四年（236），置崇文观，征善属文者以充之，此亦犹汉灵帝之鸿都门学，然其规模不如前人之弘远矣。陈思王等非必不好士，然其力又不足以养士也。故士之以此自业者尚少也。富饶之地，士亦有乐于事此者，然亦浮薄者多，如第十三章第五节引《汉书·地理志》言吴、蜀之俗是已。

汉世文字，去口语尚不甚远，观《史记》可知。《汉书》辞句，率较《史记》为简。后人以为班氏有意为之，非也。古人辑录旧文，例不改其辞句。《汉书·陈涉传》于《史记》“至今血食”之文，尚未刊落，何暇校计虚字？盖《史记》在唐以前，通行不如《汉书》之广，其经传钞之次数，即不如《汉书》之多。昔人读书，不斤斤于字句，传钞时无谓之虚字，率加删节，钞胥尤甚，故《汉书》之虚字，较《史记》减少也。然今《史记》虽较《汉书》为繁，而视《史通·点烦篇》所引则已省，可见今之《史记》，亦为累经删削之余。此恐非独《史》《汉》为然，一切古书，莫不如是。此可见东周、秦汉之散文，与语言殊近，其通晓必甚易。王平手不能书，所识不过十字，而口授作书，皆有意理以此。蔡邕当时之为辞赋者曰：“高者颇引经训讽喻之言，下则连偶俗语，有类俳优。”可见辞赋之家亦未尝不随俗。汉武、宣之流，岂真能通乎文学？而亦若好尚存焉者，正以是时之文学，尚易通晓故耳。班昭、蔡琰，固天挺异才，马伦、皇甫规妻等，亦能出言有章，则亦以其时之文字尚不甚艰深也。四人并见《后汉书·列女传》。顺烈梁皇后、安帝所生母左姬视此，见第二节。

崇尚文辞之风气，盖始于汉、魏之间。隋李谔谓魏之三祖，更尚文词，竞逞文华，遂成风俗是也。《三国志·文帝纪》注引《魏书》曰：“帝初在东宫，疫疠大起，时人凋伤。帝深感叹，与素所敬者大理王郎书曰：‘生有七尺之形，死唯一棺之土。唯立德扬名，可以不朽。其次莫如著篇籍。疫疠数起，士人凋落。余独何人，能全其寿？’故论撰所著《典论》、诗、赋，盖百余篇。”然则其好文辞，乃欲侥幸于后世不可知之名，与夫悲天悯人，不能自已而有言者，异其趣矣。宜其崇尚文辞之风日盛，而文学反以陵夷也。《王粲传》云，始文帝为五官将，及平原侯植皆好文学。粲与北海徐幹、广陵陈琳、陈留阮瑀、汝南应玚、东平刘桢，并见友善。自颍川邯郸淳、繁钦、陈留路粹、沛国丁仪、丁廙、弘农杨修、河内荀纬等，亦有文采，而不在此七人之列。案，七人谓粲等加一孔融，文帝《典论》以之并举，后人称为建安七子者也。《传》又云，玚弟璩，璩子贞，咸以文章显。瑀子籍：才藻艳逸。时又有谯郡嵇康，文辞壮丽。吴质，济阴人，以文才为文帝所善。皆崇尚文辞之风气中一时之佼佼者也。陈寿《上诸葛氏集表》曰“论者或怪亮文采不艳，而过于丁宁周至”，当时重文轻实之风，亦可见矣。

诗歌之体，恒随音乐而变，故欲知一时代之诗歌者，必先知其时之音乐。秦汉诗、乐，盖亦一新旧交替之会也。《汉书·乐志》云，汉兴，乐家有制氏，以雅乐声律世世在太乐官，但能纪其铿锵鼓舞，而不能言其义。高祖时，叔孙通因秦乐人制宗庙乐。又有《房中祠乐》，高祖唐山夫人所作，服虔曰：“高帝姬也。”楚声也。孝惠二年（前193），使乐府令夏侯宽备其箫管，更名曰《安世乐》。高祖庙奏《武德》《文始》《五行》之舞，孝文庙奏《昭德》《文始》《四时》《五行》之舞，孝武庙奏《盛德》《文始》《四时》《五行》之舞。《武德舞》者，高祖四年作。《文始舞》者，曰本舜《韶舞》也。《五行舞》者，本周舞也。《四时舞》者，孝文所作。孝景采《武德舞》以为《昭德》，以尊太宗庙。至孝宣，采《昭德舞》为《盛德》，以尊世宗庙。诸帝庙皆常奏《文始》《四时》《五行舞》云。高祖六年（前201），又作《昭容乐》《礼容乐》。《昭容》主出《武德舞》，《礼容》主出《文始》《五行舞》。初，高祖既定天下，过沛，与故人父老相乐。醉酒欢哀，作“风起”之诗。令沛中僮儿百二十人习而歌之。至孝惠时，以沛宫为原庙，皆令歌儿习吹以相和。常以百二十人为员。文、景之间，礼官肄业而已。至武帝定郊祀之礼，乃立乐府，采诗夜诵，有赵、代、秦、楚之讴。以李延年为协律都尉。多举司马相如等数十人造为诗赋。略论律吕，以合八音之调，作十九章之歌。是时河间献王有雅材，献所集雅乐，天子下太乐官，常存肄之，岁时以备数，然不常御。常御及郊庙，皆非雅声。至成帝时，谒者常山王禹世受河间乐，能说其义。其弟子宋晔等上书言之。下大夫博士平当等考试。当以为宜领属雅乐，以继绝表微。事下公卿，以为久远难分明，当议复寝。是时郑声尤甚。黄门名倡丙强、景武之属，富显于世。贵戚五侯、王氏。定陵、淳于长。富平，张放。外戚之家，淫侈过度，至与人主争女乐。案，贡禹言豪富吏民，畜歌者至数十人。则当时富贵之家皆有家乐。参看第十五章第二节。哀帝自为定陶王时，疾之，又性不好音，及即位，下诏曰：“其罢乐府官。郊祭乐及古兵法武乐在经非郑、卫之乐者，条奏，别属他官。”丞相孔光、大司空何武奏：“大凡八百二十九人，其三百八十八人不可罢，可领属太乐，其四百四十一人不应经法，或郑、卫之声，皆可罢。”奏可。然百姓渐渍日久，又不制雅乐，有以相变，豪富吏民，湛沔自若云。《王褒传》云：“神爵、五凤之间，天下殷富，数有嘉应，上颇作歌诗，欲兴协律之事。丞相魏相奏言知音善鼓雅琴者渤海赵定、梁国龚德，皆召见待诏。于是益州刺史王襄欲宣风化于众庶，闻王褒有俊材，请与相见，使作《中和》《乐职》《宣布诗》，选好事者，令依《鹿鸣》之声，习而歌之。”《何武传》：“益州刺史王襄使辩士王褒颂汉德，作《中和》《乐职》《宣布诗》三篇。武年十四五，与成都杨覆众等共习歌之。”《艺文志》

有《雅琴赵氏》七篇，《雅琴龙氏》九十九篇，又有《雅琴师氏》八篇。注云："名中，东海人，传言师旷后。"《志》云，武帝时，河间献王献八佾之舞，与制氏不相远。《后汉书·儒林传》，刘昆能弹雅琴，知清角之操。《三国志·杜夔传》云："以知音为雅乐郎。中平五年，疾去官，州郡司徒礼辟，以世乱奔荆州。荆州牧刘表令与孟曜为汉主合雅乐。""后表子琮降太祖，太祖以夔为军谋祭酒，参太乐事。因令创制雅乐。夔善钟律，聪思过人，丝竹八音，靡所不能，唯歌舞非所长。时散郎邓静、尹齐善咏雅乐，歌师尹胡能歌宗庙郊祀之曲，舞师冯肃、服养晓知先代诸舞，夔总统研精，远考诸经，近采故事，教习讲肄，备作乐器。绍复先代古乐，皆自夔始也。"统观秦汉之事，则古雅乐传授非无其人，特人心之好尚已移，故终不如郑声之盛耳。诗歌之体，五言盖即《三百篇》之变，乐府则依新声而作者也。五言未尝不朴茂有致，然不如乐府之有生气矣。

与众乐乐，莫如角抵。其源起，已见第十八章第六节。《史记·大宛传》言，安息王发使随汉使来，观汉广大，以大鸟卵及黎轩善眩人献于汉。是时上方数巡狩海上。乃悉从外国客，大都多人则过之，散财帛以赏赐，厚具以饶给之，以览视汉富厚焉。于是大觳抵，出奇戏诸怪物，多聚观者，行赏赐，酒池肉林，令外国客遍观各仓库府藏之积，见汉之广大，倾骇之，及加其眩者之工。而觳抵奇戏，岁增变，甚盛益兴，自此始。则武帝时角抵之戏，已杂以西域眩人之技矣。《汉书·西域传赞》曰："设酒池肉林以飨四夷之客，作巴俞、都卢海中砀极漫衍鱼龙角抵之戏，以观视之。"晋灼曰："都卢，国名也。"李奇曰："都卢，体轻善缘者也。盖都卢国人善为此技。砀极，乐名也。"师古曰："巴人，巴州人也。俞，水名，今渝州也。巴、俞之人，所谓賨人也。劲锐善舞。本从高祖定三秦有功，高祖喜观其舞，因令乐人习之，故有巴、俞之乐。漫衍者，即张衡《西京赋》所云‘巨兽百寻，是为漫延’者也。鱼龙者，为舍利之兽，先戏于庭极，毕，乃入殿前，激水化成比目鱼，跳跃漱水，作雾障日。毕，化成黄龙八丈，出水敖戏于庭，炫耀日光。《西京赋》云‘海鳞变而成龙’，即为此色也。”可以见其概矣。宣帝时，乌孙使来迎少主，天子自临平乐观，会匈奴使者、外国君长，大角抵设乐而遣之。元帝初元五年（前44），以贡禹言罢角抵。案，王吉亦言去角抵，减乐府，见本传。然后汉飨遣卫士，仍观以角抵。见《续汉书·礼仪志》。顺帝汉安二年（143），立兜楼储单于，诏太常、大鸿胪与诸国侍子于广阳城门外祖会，飨赐作乐，角抵百戏。见《后汉书·南匈奴传》。而贺正宴飨，亦行鱼龙曼延于德阳殿中。德阳殿周旋容万人，陛高二丈，皆文石作坛，激沼水于殿下。《续书·礼仪志》注引蔡质《汉仪》。其侈如此，宜乎迁、固等之深讥之也。《后汉书·安帝纪》：延平元年十二月乙酉，罢鱼龙曼延百戏。

书法成为美术，已见第二节。图画则专于人物，多画古今名人像。有意存法戒者，臧洪答陈琳书曰：“昔晏婴不降志于白刃，南史不曲笔以求存，故身传图象，名垂后世。”成帝幄坐，张画屏风，画纣醉踞妲己，作长夜之乐《汉书·叙传》。是也。有侈其奇迹者，广川殿门画成庆短衣大裤长剑是也。《汉书·景十三王传》。有徒以为美观者，宋弘燕见，御坐新屏风，图画列女，光武数顾视之是也。其画当代人物，有以其功德者，如宣帝画功臣于麒麟阁，后汉画列将于云台。桓帝征姜肱不至，下彭城使画工图其形是也。有以示劝惩者，应劭《汉官》谓河南郡府听事壁诸尹画赞，自建武讫于阳嘉，注其清浊进退，不隐过，不虚誉，甚得述事之实，后人是瞻，足以劝惧是也。《续汉书·郡国志》“河南尹”注引。有以备掌故者，应奉为司隶，并下诸官府、郡国各上前人像赞是也。人有声名，为时所慕，图其形者，尤不可胜计。亦有画神仙鬼怪之属者，梁冀大起第舍，图以云气仙灵是已。又能刻木为人象。《三国志·王朗传》注引《朗家传》，言会稽旧祀秦始皇，刻木为像，与大禹同庙是也。汉画之存于今者，有武梁祠石刻等，可以见其大概。

第七节
自然科学

秦汉之世，自然科学，以天文历法为最盛。据《汉书·律历志》，古代所传，有《黄帝》《颛顼》《夏》《殷》《周》及《鲁历》。秦以十月为正。汉袭秦正朔。以张苍言用《颛顼历》，《张苍传赞》：张苍好律历，为汉名相，而专遵用秦《颛顼历》，何哉？比于六历，疏阔中最为微近。然朔晦月见弦望满亏，多非是。至武帝元封七年（前104），太中大夫公孙卿、壶遂，太史令司马迁等言："历纪坏废，宜改正朔。"是时御史大夫倪宽明经术。上乃诏宽与博士共议："今宜何以为正朔？服色何上？"宽与博士赐等议，皆曰："推传序文，则今夏时也。"于是以七年为元年。遂诏迁与侍郎尊、大典星射姓等议造《汉历》。姓等奏不能为算，愿募治历者，更造密度，各自增减，以造汉《太初历》。乃选治历邓平及长乐司马可、酒泉候宜君、侍郎尊及与民间治历者，凡二十余人。方士唐都、巴郡落下闳与焉。都分天部，而闳运算转历，与邓平所治同。乃诏迁：用邓平所造八十一分律历。罢废尤疏远者十七家。复使校历律昏明。宦者淳于陵渠覆《初历》。晦朔弦望皆最密。陵渠奏状。遂用邓平历。以平为太史丞。元凤三年（前78），太史令张寿王上书，言传黄帝《调律历》，汉元年以来用之。今阴阳不调，宜更历之过也。诏下主历使者鲜于妄人诘问。寿王不服。妄人请与治历大司农中丞麻光等二十余人杂候日月晦朔弦望、八节、二十四气，钧校诸历用状。奏可。诏与丞相、御史、大将军、右将军史各一人杂候上林、清台，课诸历疏密，凡十一家。以元凤三年十一月朔旦冬至，尽五年十二月，各有第。寿王课疏远。案，汉元年不用黄帝《调历》。寿王非汉历，逆天道，非所宜言，大不敬。有诏勿劾。复候。尽六年。《太初历》第一。即墨徐万且、长安徐禹治《太初历》，亦第一。寿王及待诏李信治黄帝《调历》，课皆疏阔。寿王历，乃太史官《殷历》也。寿王候课，比三年下，终不服，再劾死，更赦，勿劾，遂不更言，诽谤益甚，竟以下吏。自汉历初起，尽元凤六年，三十六岁，而是非坚定。至孝成世，刘向总六历，列是非，作《五纪论》。向子歆，究其微眇，得《三统历》及《谱》，即《汉志》所本也。后汉光武建武八年（32）中，太仆朱浮、太中大夫许淑等数上书，言历不正，宜当改更。上以天下初定，未遑考正。至章帝元和二年（85），乃下诏改行《四分历》焉。

言天体者有三家：一曰周髀，二曰宣夜，三曰浑天。宣夜之学，绝无师法。周髀数术具存，考验天状，多所违失，故史官不用。唯浑天近得其情。《续汉书·天文志》注引蔡邕表。《后汉书·张衡传》注引《汉名臣奏》同。后汉时张衡善术学。安帝征拜郎中。再迁为太史令。作浑天仪，著《灵宪》《算网论》。《灵宪》见《续书·天文志》注中。《后书》注云："衡集无《算网论》，盖网落天地而算之，因名焉。"顺帝初，再转，复为太史令。阳嘉元年（132），复造候风地动仪。以精铜铸成。员径八丈。合盖隆起，形似酒樽。饰以篆文山龟鸟兽之形。中有都柱。旁行八道。施关发机。外有八龙，首衔铜丸，下有蟾蜍张口承之。其牙机巧制，皆隐在樽中。覆盖周密无际。如有地动，樽则振龙，机发吐丸，而蟾蜍衔之，振声激扬。伺者因此觉知。虽一龙发机，而七首不动，寻其方面，乃知震之所在。验之以事，合契若神。尝一龙机发，而地不觉动。京师学者，咸怪其无征。后数日，驿至，果地震陇西，于是皆服其妙。自此以后，乃令史官记地动所从方起焉。

正朔之议，魏世又一纷更。《三国志·文帝纪》，黄初元年（220）注引《魏书》曰："以夏数为得天，故即用夏正。"《辛毗传》云："时议改正朔。毗以为魏氏遵舜、禹之统，应天顺民。至于汤、武，以战伐定天下，乃改正朔。孔子曰'行夏之时'，《左氏传》曰'夏数为得天正'，何必期于相反？帝善而从之。"则魏初之不改正朔，乃辛毗之议也。《明帝纪》，景初元年（237）正月，山茌县今山东长清县东北。言黄龙见。于是有司奏，以为魏得地统，宜以建丑之月为正。三月，定历，改年为孟夏四月，改太和历曰景初历。其春、夏、秋、冬，孟、仲、季月，虽与正岁不同，至于郊祀、迎气、礿、祠、蒸、尝、巡守、蒐田、分至、启闭、班宣时令，中气早晚，敬授民事，皆以正岁斗建为历数之序。注引《魏书》曰："初，文皇帝即位，以受禅于汉，因循汉正朔弗改。帝在东宫，著论，以为五帝、三王虽同气共祖，礼不相袭，正朔自宜改变，以明受命之运。及即位，优游者久之。史官复著言宜改。乃诏三公、特进、九卿、中郎将、大夫、博士、议郎、千石、六百石博议。议者或不同。帝据古典，甲子诏曰：'……今推三统之次，魏得地统，当以建丑之月为正月。'"则此举实出帝独断也。《齐王纪》，景初三年十二月，诏曰："烈祖明皇帝以正月弃背天下。臣子永唯忌日之哀，其复用夏正。虽违先帝通三统之义，斯亦礼制所由变改也。又夏正于数为得天正。其以建寅之月为正始元年正月，以建丑月为后十二月。"案，岁之始终，宜与农时相合，孔子所以主"行夏之时"者以此。通三统别是一义。敬授民时，既不能无从夏正，多此纷扰，亦奚以为？秦汉之世，犹有此等空论，后世迷信既淡，遂无复议此者矣。

地理图籍，颇为详备。《汉书·地理志》：琅玡郡长广县，奚养泽在西，秦地图曰剧清池。于钦《齐乘》：高密县有都泺者，《水经注》谓之夷安潭，《秦地图》谓之剧清池。代郡班氏县，秦地图书班氏。此语当有讹误。则秦代地图，汉世犹有存者。萧何入关所收，当即此类。《后汉书·邓禹传》："从至广阿，光武舍城楼上，披舆地图，指示禹曰：'天下郡国如是，今始乃得其一，子前言以吾虑天下不足定，何也？'"《岑彭传》注引《续汉书》，辛臣为田戎作地图，图彭宠、张步、董宪、公孙述等所得郡国，云"洛阳所得如掌耳"。《马援传》，援为书与隗嚣将杨广曰："前披舆地图，见天下郡国百有六所，奈何欲以区区二邦，以当诸夏百有四乎？"此皆天下之总图。《史记·三王世家》：请令史官择吉日，御史奉地图。《汉书·王莽传》，莽定诸国邑采之处，使侍中讲礼大夫孔秉等与州部众郡晓知地理图籍者共校治。《后汉书·光武纪》，建武十五年（39），群臣议封皇子曰："臣请大司空上舆地图。"《汉书·沟洫志》：齐人延年上书，言"河出昆仑，经中国，注渤海，是其地势西北高而东南下也。可案图书，观地形，令水工准高下，开大河上领，出之胡中，东注之海"。淮南王安日夜与左吴等按舆地图，部署兵所从入。所据者盖即此等图。安谏伐闽越曰："以地图察其山川要塞，相去不过寸数，而间独数百千里。阻险林丛，弗能尽著。视之若易，行之甚难。"盖其比例小，故不能详备也。其临时所画以备行军之用者：李陵伐匈奴，至浚稽山，止营，举图所过山川地形，使麾下骑陈步乐还以闻。桑弘羊请田轮台以东，置校尉三人分护，各举图地形。《汉书·西域传》。赵充国言"臣愿驰至金城，图上方略"。师古曰："图其地形。"李恂持节使幽州，宣布恩泽，慰抚北狄，所过皆图写山川、屯田、聚落百余卷，悉封奏上，肃宗嘉之。张松等画地图山川处所，先主由是尽知益州虚实。《三国志·先主传》建安十六年（211）注引《吴书》。此盖专供行军之用。《汉书·武帝纪》元鼎六年（前111）注引臣瓒曰“浮沮，井名，在匈奴中，去九原二千里，见汉舆地图”，亦以井泉为朔漠行军所急，故备著之也。《匡衡传》，衡封僮之乐安乡，僮县，今安徽泗县东北。乡本田提封三千一百顷，南以闽佰为界。初元元年（前48）郡图，误以闽佰为平陵佰，积十余岁。衡封临淮郡，遂封真平陵佰以为界，多四百顷。至建始元年（前32），郡乃定国界，上计簿更定图，言丞相府。衡以主簿陆赐署集曹掾。后赐与属明举计。郡即复以四百顷付乐安国。衡遣从史之僮，收取所还田租谷千余石入衡家。衡坐此免。《三国志·孙礼传》，迁冀州牧。太傅司马宣王谓礼曰：“今清河、平原争界八年，更二刺史，靡能决之。虞、芮待文王而了，宜善令分明。”礼曰：“讼者据墟墓为验，听者以先老为正，而老者不可加以榎楚，又墟墓或迁就高敞，或徙避仇雠。如今所闻，虽皋陶犹将为难。若欲使必也无讼，当以烈祖初封平原时图决之。何必推古问故，以益辞讼？……今图藏在天府，便可于坐上断也。岂待到州乎？”宣王曰：“是也。当别下图。”礼到，案图宜属平原。而曹爽信清河言，下书云：“图不可用，当参异同。”礼上疏曰：“臣受牧伯之任，奉圣朝明图，验地著之界。界实以王翁河为限。而鄃以马丹候为验，诈以鸣犊河为界。假虚讼诉，疑误台阁。……今二郡争界八年，一朝决之者，缘有解书图画，可得寻案擿校也。平原在两河，向东上，其间有爵堤，爵堤在高唐西南，所争地在高唐西北，相去二十余里，可为长叹息流涕者也。”观此二事，可知当时郡各有图，且附之以解，而登诸天府。总图所据，当即此等分图也。《后汉书·明德马后纪》云，永平十五年（72），帝按地图，将封皇子，悉半诸国。后见而言曰：“诸子裁食数县，于制不已俭乎？”帝曰：“我子岂宜与先帝子等乎？岁给二千万足矣。”《孝明八王传》，肃宗案舆地图，令诸国户口皆等，租入岁各八千万。则户口之数，附著于图。萧何收秦图书，而高祖具知户口多少以此。《三国志·秦宓传》，宓与王商书曰“《地里志》曰‘文翁倡其教，相如为之师’”，此盖今《汉志》所本。又《魏志·四裔传》注引《魏略·西戎传》云“《西域旧图》云罽宾、条支诸国出琦石，即次玉石也”，则又附记物产。此可推见古代图经之体，亦即后世方志之本也。地理之学，是时尚无足观，然分野之说，虽云原本天文，亦颇能包举山川大势。见《汉书·地理志》。《续汉书·郡国志》注引《帝王世纪》，亦著其说。《汉志》推论九州风俗，本诸地理，颇有今人生地理学之意。《天文志》曰：自河山以南者中国。中国于四海之内，则在东南，为阳。其西北则胡、貉、月氏，旃裘引弓之民，为阴。故中国山川东北流，其维首在陇、蜀，尾没于渤海、碣石。亦颇能包举山川形势也。

秦时焚书，所不去者，医药、卜筮、种树之书。卜筮之书不足道。种树之术，已略见第十六章第一节。医家著于正史者，为先汉之仓公，后汉之华佗。仓公者，齐太仓长。姓淳于氏，名意。即第十八章第七节所云犯罪当刑，其女缇萦上书，而文帝为之除肉刑者也。仓公尝见事数师，悉受其要事，尽其方书，而其最后受学者，为临菑元里公乘阳庆。庆谓意曰：“尽去而方书，非是也。庆有古先道遗传黄帝、扁鹊之《脉书》《五色诊病》；知人生死，决嫌疑，定可治，及药论书，甚精。我家给富，心爱公，欲尽以我禁方书悉教公。”意对诏问曰：“病名多相类，不可知，故古圣人为之脉法，以起度量，立规矩，县权衡，案绳墨，调阴阳，别人之脉各名之。与天地相应，参合于人，故乃别百病以异之。”又曰：“意治病人，必先切其脉乃治之。”其自述治验，无一不“切其脉”者。盖治病之最难者为诊察，诊察之术，古以望、闻、问、切并称，而四诊之中，又以切为最难，故医家之能致力于是者，其技必较精也。意对诏问所称“大阳”“少阳”“阳明”“厥阴”等名，与《伤寒论》同；又谓胃气黄，黄者土色，说亦与《素问》等书合；知古医学虽或有派别，而本原则同也。意治病虽亦兼用针灸，然用汤液时似多，亦或用药酒。至华佗则尤以手术名。《三国志》本传云，佗精方药。其疗疾，合汤不过数种。心解分剂，不复称量，煮熟便饮，语其节度，舍去辄愈。若当灸，不过一两处，每处七八壮，病亦应除。若当针，亦不过一两处。下针言“当引某许，若至，语人”。病者言“已到”，应便拔针，病亦行差。若病结节在内，针药所不能及，当须刳割者，便饮其麻沸散。须臾，便如醉死无所知，因破取。病若在肠中，便断肠湔洗，缝腹膏摩，四五日差，不痛，人亦不自寤。一月之间，即平复矣。案，今人动言中医不知解剖之学，故不知人体生理，此说实误。人死则可解剖而视之，语见《灵枢经·水篇》。《汉书·王莽传》，莽得翟义党王孙庆，使太医、尚方与巧屠共刳剥之，量度五脏；以竹筳导其脉，知所终始；云可以治病。莽虽事事皆好求精，然此事必前有所承，不然，不能创为也。关羽尝中流矢，破臂作创，刮骨去毒，则刳割之事，亦非凡医所不能为，特其技有精有不精耳。《三国志·贾逵传》注引《魏略》云，逵前在弘农，与典农校尉争公事，不得，乃发愤，生瘿。后所病稍大，自启欲令医割之。太祖惜逵忠，恐其不治，教谢主簿：“吾闻十人割瘿九人死。”逵犹行其意，而瘿愈大。逵之不愈，或不容归咎于医，然谚语亦必有由，不容尽诬也。佗之妙，或在其麻沸散，麻醉药为医家一大发明。病有非刳割不治者，无此，人或惮痛苦而不敢治；或虽不惮，而痛苦非人所能堪；于法遂不可治也。《三国志·吕蒙传》，蒙疾病，孙权时在公安，迎置内殿，每有针加，为之惨戚。即以无麻醉药，不能使病者免于痛苦也。然后世铃医犹有其方，见《串雅》。则亦非佗所独也。是时医家颇自秘其技。《史记·扁鹊列传》：长桑君呼扁鹊私坐，间与语曰：“我有禁方，年老，欲传与公，公毋泄。”此即阳庆所谓禁方。庆亦谓淳于意曰：“慎毋令我子孙知若学我方也。”意又学于公孙光。既受方化阴阳及传语法，未详。欲尽受他精方。光曰：“吾方尽矣，不为爱公所。吾身已衰，无所复事之。是吾年少所受妙方也。悉与公。毋以教人。”意曰：“意死不敢妄传人。”光又告意曰：“吾有所善者，皆疏同产，处临菑。善为方，吾不若。其方甚奇，非世之所闻也。吾年中时，尝欲受其方。杨中倩不肯，曰：‘若非其人也。’胥与公往见之。”医家之自秘如此，此其技之所以多不传欤？淳于意言阳庆家富，不肯为人治病。自言家贫欲为人治病，而史亦言其或不为人治病，病家多怨之。盖通其术者少，则富给者傲很自尊，贫窭者靳其长以要重赏矣。《三国志·华佗传》云：“本作士人，以医见业，意常自悔。后太祖亲理得病，笃重，使佗专视。佗曰：‘此近难济，恒事攻治，可延岁月。’佗久远家，思归，因曰：‘当得家书，方欲暂还耳。’到家，辞以妻病，数乞期不反。太祖累书呼，又敕郡县发遣，佗恃能厌食事，犹不上道。太祖大怒。使人往检。若妻信病，赐小豆四十斛，宽假限日。若其虚诈，便收送之。”佗卒以是死。《志》又言佗晓养性之术，时人以为年且百岁，而貌有壮容，则亦李少君之流，恃方以自食者，安得云“本作士人”？其屡呼不应，全是富给之后，恃能骄蹇耳，宜乎魏祖之深恶之也。中国医家，为后世所宗者，莫如张仲景。仲景名机。《隋志》有其方十五卷。新、旧《唐志》同。又有其《疗妇人方》二卷，皆不传。其传于后者曰《伤寒杂病论》，凡十六卷。《新唐书·艺文志》作《伤寒卒病论》十卷。盖传者或析其论伤寒者十卷，论杂病者六卷各为一书，《唐志》以十卷者冒全书之名，而又误杂为卒也。今《伤寒论》尚存，而序次有疑义，为医家聚讼之端。《杂病论》只有节本，改名曰《金匮玉函要略》，乃赵宋之世馆阁所藏也。仲景正史无传，行事不可知。其《自序》云为长沙太守。然《自序》似系伪物，不足信也。

本草之学，汉世亦自成一家。平帝元始五年（5）所征异能之士，有通本草者，已见第三节。《郊祀志》言成帝罢遣方士，方士使者副佐、本草待诏七十余人皆归家。《游侠传》，楼护父世医，护少随父为医长安，诵医经、本草、方术数十万言，皆是。又宣帝许后之死，由于乳医淳于衍，见《汉书·霍光传》。而黄宪父为牛医，淳于意、华佗皆针药兼擅，《后汉书·方术传》之郭玉，则特长于针科，益亦各有所长也。

第八节
经籍

秦世焚书之令，未必真能尽天下之书，已见第十九章第三节。刘歆《移太常博士》，谓汉兴天下唯有易卜，未有他书，乃不审之辞也。或其时王室藏庋甚微耳。《汉书·艺文志》曰："（秦）燔灭文章，以愚黔首。汉兴，改秦之败，大收篇籍，广开献书之路。迄孝武世，书缺简脱，礼坏乐崩，圣上喟然而称曰：'朕甚悯焉！'于是建藏书之策，如淳曰："刘歆《七略》曰：'外则有太常、太史、博士之藏，内则有延阁、广内、秘室之府。'" 置写书之官。下及诸子、传说，对儒家之书言。皆充秘府。至成帝时，以书颇散亡，使谒者陈农求遗书于天下。诏光禄大夫刘向校经传、诸子、诗赋，步兵校尉任宏校兵书，太史令尹咸校数术，侍医李柱国校方技。《成帝纪》，河平三年（前26），光禄大夫刘向校中秘书，谒者陈农使，使求遗书于天下。师古曰，言令陈农为使。下使，使之求遗书也。窃疑以陈农为都使，其下当更有分使。不然，一人安能遍行天下邪？每一书已，向辄条其篇目，撮其指意，录而奏之。会向卒，哀帝复使向子侍中奉车都尉歆卒父业。歆于是总群书而奏其《七略》。故有《辑略》，有《六艺略》，有《诸子略》，有《诗赋略》，有《兵书略》，有《术数略》，有《方技略》。事亦见向、歆本传。《叙传》云，班斿与刘向校秘书。《后汉书·苏竟传》，言"王莽时，与刘歆等共典校书"。今删其要，以备篇籍。"盖至武帝之世而藏书稍备，成、哀以后而校理始精。《班志》大凡书六略三十八种，五百九十六家，万三千二百六十九卷。此数诸书颇互异，顾实《艺文志讲疏》曰:《论衡·案书》:六略之录，万三千篇。沈钦韩说:辑略汇别群书，标列恉趣，若志之小序，实止六略耳。《广弘明集》载《梁七录》引本志，二百作三百。总核前载家数，多八十一，篇数少九百九十四。又载《七略》曰:书三十八种，六百三家，一万三千二百一十九卷。较班《志》多七家。班自注入三家，省兵十家，足以相证，而篇数则难考。《隋志》误言七略大凡三万三千九十卷，《通考》同。《旧居志》复言《汉志》载三万三千九百卷，不足论矣。然总可见汉世王室藏书之大概也。

后汉藏书之处，时曰东观。《后汉书·安帝纪》永初四年（110）注曰:"《洛阳宫殿名》曰:'南宫有东观。'"和帝尝幸东观，览书林，阅篇籍，博选艺术之士，以充其官。《本纪》永元十三年(101)。安帝时，和熹邓皇后秉政，博选诸儒刘珍等及博士、议郎、四府掾史雠校。见《后纪》。事在永初四年，见《纪》。刘珍见《文苑传》。事又见《宦者·蔡伦传》。历代名儒，从事校雠者甚多，如窦章、融玄孙，见《融传》。贾逵、班固、马融、蔡邕、皆见本传。融又见《刘珍传》，邕又见《卢植传》。卢植、本传。马日磾、杨彪、韩说、皆见《卢植传》。《三国志·袁术传》注引《三辅决录注》，马日磾与杨彪、卢植、蔡邕等典校中书。孔僖、本传。傅毅、《文苑》本传。刘騊駼、见《刘珍传》。高彪《文苑》本传。等是也。《儒林传》云:"光武迁都洛阳，其经牒秘书，载之二千余两。自此以后，三倍于前。及董卓移都之际，吏民扰乱，自辟雍、东观、兰台、石室、宣明、鸿都诸藏，典策文章，竞共剖散。其缣帛图书，大则连为帷盖，小乃制为縢囊。及王允，所收而西者，裁七十余乘。道路艰远，复弃其半矣。《王允传》：董卓迁都关中，允悉收敛兰台、石室图书、秘纬要者以从，既至长安，皆分别条上。经籍具存，允有力焉。后长安之乱，一时焚荡，莫不泯尽焉。”此东京图籍聚散之大略也。

魏之三祖，皆好文章，其所采集，当较广博，惜史无可征。《三国志·蜀志》云，先主定蜀，承丧乱历纪，学术衰废，乃鸠合典籍，沙汰众学。许慈、胡潜并为学士。与孟光、来敏等典掌旧文。直庶事草创，动多疑议。慈、潜更相克伐，谤讟忿争，形于声色。书籍有无，不相通借。《许慈传》。可见其所藏之少矣。东吴孙休，颇称好学。尝命韦曜依刘向故事，校定众书。亦有东观。孙皓时华核尝为其令，皆见本传。

汉世藏书，亦颇秘惜。《汉书·百官公卿表》，元凤四年（前77），蒲侯苏昌为太常。十一年地节三年。坐籍霍山书泄秘书免。师古曰："以秘书借霍山。"顾亭林曰："（师古说）非也。盖籍没霍山之书，中有秘记，当密奏之，而辄以示人，故以宣泄罪之耳。山本传言山坐写秘书，显为上书献城西第，入马千匹，以赎山罪。若山之秘书从昌借之，昌之罪将不止免官，而元康四年，昌复为太常，薄责昌而厚绳山，非法之平也。且如颜说，云坐借霍山秘书免足矣，何用文之重辞之复乎？"案，顾说是也。观东平思王求书不与之事，见第五节。可见汉世之秘惜，多属无谓。然臣下之得受赐书者，则为异数矣。《汉书·叙传》言，班斿与刘向校书，每奏事，斿以选受诏进读群书，上器其能，赐以秘书之副。时书不布，自东平思王以叔父求太史公、诸子书，大将军白不许。案，成帝赐班氏者，恐亦不能甚多，《叙传》乃班氏自夸之辞，不足信也。《后汉书·窦融传》，光武赐融以外属图及太史公《五宗》《外戚世家》《魏其侯列传》，此乃意存讽谕。章帝赐东平宪王以秘书、列仙图、道术方，则为异数。明帝赐王景以《山海经》《河渠书》《禹贡图》，亦非常典也。是时唯五经刻石以供众览，已见第二节，《三国志·明帝纪》：太和四年（230），诏太傅三公“以文帝《典论》刻石，立于庙门外”。

《汉书·景十三王传》曰：“河间献王德……修学好古，实事求是。从民得善书，必为好写与之，留其真，加金帛赐以招之。当时献书，多有赏赐。《后汉书·孔融传》，魏文帝深好融文辞，募天下有上融书者，辄赐以金帛。由是四方道术之人，不远千里。或有先祖旧书，多奉以奏献王者。故得书多与汉朝等。是时淮南王安亦好书。所招致率多浮辩。献王所得书，皆古文先秦旧书，《周官》《尚书》《礼》《礼记》《孟子》《老子》之属，皆经、传、说、记，七十子之徒所论。”此文疑有窜易，非班书本文。古“有”“或”同音相借，二字连文，显非古语。下文辞尤错乱，《老子》岂七十子之徒所论邪？然河间、淮南藏书最富，则无足疑也。后汉私家藏书，当以蔡邕为最多。《后书·列女传》：曹操问邕女琰曰：“闻夫人家先多坟籍，犹能忆识之不？”琰曰：“昔亡父赐书四千许卷，流离涂炭，罔有存者。今所诵忆，才四百余篇耳。”《三国志·钟会传》注引《博物记》云，蔡邕有书近万卷。末年载数车书与王粲。粲亡后，相国掾魏讽谋反，粲子与焉。既被诛，粲所与书，悉入王业。《王粲传》，粲徙长安，蔡邕见而奇之。时邕才学显著，贵重朝廷。常车骑填巷，宾客盈坐。闻粲在门，倒屣迎之。粲至，年既幼弱，容状短小，一坐尽惊。邕曰：“此王公孙也。有异才，吾不如也。吾家书籍文章，尽当与之。”可谓有大公之心矣。魏武帝破南皮，阅王修家，有书数百卷。向朗年逾八十，犹手自校书，刊定谬误。积聚篇卷，于时最多。亦士夫之好收藏者也。魏武帝破袁绍，尽收其辎重、图书、珍宝。见《本纪》建安五年（200）。吕布之破也，太祖给众官车各数乘，使取布军中物，唯其所欲。众人皆重载，唯袁涣取书数百卷、资粮而已。《三国志》本传注引《袁氏世纪》。则虽军中亦有图书，可见好尚者之众。然无书而口相传授者仍甚多。《三国志·贾逵传》云：“自为儿童，戏弄常设部伍。祖父习异之，曰：‘汝大必为将率。’口授兵法数万言。”曹操欲使十吏就蔡琰写所忆书，琰缮送之，文无遗误。其所熟诵，亦不少矣。《后汉书·王充传》云：“家贫无书，常游洛阳市肆，阅所卖书，一见辄能诵忆。”《荀淑传》，孙悦，家贫无书，每之人间，所见篇牍，一览多能诵记。亦以其时习于口耳相传，故其记忆之力特强也。班固被召诣校书郎，弟超与母随至洛阳，为官佣书以供养。先主遗诏敕后主曰：闻丞相为写《申》《韩》《管子》《六韬》一通已毕，未送，道亡，可自更求闻达。《三国志·先主传》注引《诸葛亮集》。刘梁少孤贫，卖书于市以自资。《后汉书·文苑传》。阚泽为人佣书，以供纸笔。此皆当时所谓写书者。印刷未兴，移誊非易，此蓄书者之所以难也。

《三国志·魏文帝纪》曰：“帝好文学，以著述为务。自所勒成垂百篇。又使诸儒撰集经传，随类相从，凡千余篇，号曰《皇览》。”《杨俊传》注引《魏略》云，王象受诏撰《皇览》。从延康元年（220）始，撰集，数岁成，藏于秘府。合四十余部，部有数十篇，通合八百余万字。此事盖以象为主，而桓范、《曹爽传》注引《魏略》。刘劭，亦参与焉。《陈群传》注引《魏书》：正始中，诏撰群臣上书，以为《名臣奏议》。此为官纂书籍及编类书之始。《后汉书·张奂传》，奂所定《尚书章句》，诏下东观，则私家著书之呈进者也。

爱好古物之风，亦始于汉。梁孝王有罍尊，值千金，戒后世：善宝之，毋得以与人。《汉书·文三王传》。河间献王得善书，必写与之而留其真，则亦不徒好其书矣。然作伪及附会之风，亦已萌蘖。《后汉书·窦融传》云：“南单于于漠北遗宪古鼎，容五斗。

其旁铭曰：‘仲山甫鼎。其万年。子子孙孙永保用。’”夫苟仲山甫物，何由而入漠北邪？《光武十王传》，建初三年（78），赐东平王苍及琅玡王京书曰：“今鲁国孔氏，尚有仲尼车舆、冠履。”注云：“孔子庙在鲁曲阜城中。”伍缉之《从征记》曰：“鲁人藏孔子所乘车于庙中，是颜路所请者也。”《钟离意传》注引《意别传》曰：“意为鲁相，到官，出私钱万三千文，付户曹孔䜣修夫子车。身入庙，拭几席、剑履。男子张伯除堂下草，土中得玉璧七枚，伯怀其一，以六枚白意。意令主簿安置几前。孔子教授堂下床首有悬瓮。意召孔䜣，问：‘此何瓮也？’对曰：‘夫子瓮也。背有丹书，人莫敢发也。’意曰：‘夫子圣人，所以遗瓮，欲以悬示后贤。’因发之。中得素书。文曰：‘后世修吾书，董仲舒。护吾车，拭吾履，发吾笥，会稽钟离意。璧有七，张伯藏其一。’意即召问伯，果服焉。”车而知为颜路所请，已奇矣。瓮中素书，不尤极吊诡之致邪？

第二十章
秦汉宗教

第一节
祠祭之礼

古人率笃于教，故其祭祀之礼甚烦。又各地方各有其所奉之神，秦汉统一以后，逐渐聚集于中央，其烦费遂愈甚。经元、成之厘正，而其弊乃稍除。此亦宗教之一大变，不能不归其功于儒者之持正也。

秦襄公既侯，居西陲，自以为主少皞之神，作西畤，祠白帝。其后十六年，秦文公东猎汧、渭之间，卜居之而吉。文公梦黄蛇自天下属地，其口止于鄜衍。鄜，地名。后汉置鄜县于此。今陕西洛川县。山阪曰衍。文公问史敦。敦曰：“此上帝之征，君其祠之。”于是作鄜畤，用三牲，郊祭白帝焉。自未作鄜畤也，而雍旁故有吴阳武畤，雍东有好畤，皆废无祠。或曰：“自古以雍州积高，神明之隩，故立畤郊上帝，诸神祠皆聚云。盖黄帝时尝用事？虽晚周亦郊焉？”其语不经见，缙绅者不道。作鄜畤后九年，文公获若石云。于陈仓北阪城祠之。其神或岁不至，或岁数来。来也，常以夜，光辉若流星，从东南来，集于祠城，则若雄鸡，其声殷云。野鸡夜雊。命曰“陈宝”。作鄜畤后七十八年，秦德公既立，卜居雍。后子孙饮马于河。遂都雍。雍之诸祠自此兴。秦宣公作密畤于渭南，祭青帝。秦灵公作吴阳上畤，祭黄帝。作下畤，祭炎帝。栎阳雨金，秦献公自以为得金瑞，故作畦畤栎阳，而祀白帝。始皇既封禅，遂出游海上。行，礼祠名山大川及八神。见第五章第九节。二世元年（前209），东巡碣石，并海南，历泰山，至会稽，皆礼祠之。自五帝以至秦，名山大川，或在诸侯，或在天子，其礼损益世殊，不可胜记，及秦并天下，令祠官所常奉天地、名山、大川、鬼神，可得而序也。于是自崤以东名山五：曰太室、恒山、泰山、会稽、湘山。大川祠二：曰济，曰淮。自华以西名山七：曰华山、薄山、岳山、岐山、吴岳、鸿冢、渎山。水曰河、祠临晋。沔、祠汉中。湫渊、祠朝那。江水。祠蜀。陈宝节来祠。灞、产、长水、沣、涝、泾、渭，皆非大川，以近咸阳，尽得比山川祠。汧、洛、二渊、鸣泽、蒲山、岳嵋山之属为小山川。而雍有日、月、参、辰、南北斗、荧惑、太白、岁星、填星、二十八宿、风伯、雨师、四海、九臣、十四臣、诸布、诸严、诸逑之属，百有余庙。西亦有数十祠。于湖，有周天子祠。于下邽，有天神。沣、滈有昭明，天子辟池。于社亳，徐广云：京兆杜县有亳亭。“社”字误，合作“杜”。案，杜县后改杜陵，在今陕西长安县东南。有三社主之祠、寿星祠。而雍菅庙亦有杜主。各以岁时奉祠。唯雍四畤上帝为尊，其光影动人民唯陈宝。三年一郊。秦以冬十月为岁首，故常以十月上宿郊见，通权火，拜于咸阳之旁，而衣尚白，其用如经祠云。西畤、畦祠如其故，上不亲往。诸此祠皆太祝常主，以岁时奉祠之。至如他名山川、诸鬼及八神之属，上过则祠，去则已。郡县远方神祠者，民各自奉祠，不领于天子之祝官。

高祖初起，祷丰枌榆社。徇沛，为沛公，则祠蚩尤，衅鼓旗。二年（前205），东击项籍，而还入关，问故秦时上帝祠何帝也？对曰：“四帝。有白、青、黄、赤帝之祠。”高祖曰：“吾闻天有五帝，而有四，何也?”莫知其说。于是高祖曰：“吾知之矣，乃待我而具五也。”乃立黑帝祠，命曰北畤。有司进祠，上不亲往。悉召故秦祝官，复置太祝、太宰，如其故仪礼。因令县为公社。下诏曰：“吾甚重祠而敬祭。今上帝之祭及山川诸神当祠者，各以其时礼祠之如故。”后四岁，天下已定，诏御史：令丰谨治枌榆社。令祝官立蚩尤之祠于长安。长安置祠祝官、女巫。其梁巫祠天、地、天社、天水、房中、堂上之属。晋巫祠五帝、东君、云中、司命、巫社、巫祠、族人、先炊之属。秦巫祠社主、巫保、族累之属。荆巫祠堂下、巫先、司令、施糜之属。九天巫祠九天。皆以岁时祠宫中。其河巫祠河于临晋，而南山巫祠南山秦中。其后二岁，或曰周兴而邑邰，立后稷之祠，至今血食天下。于是高祖制诏御史：“其令郡国县立灵星祠。”十年春，有司请令县常以春三月及时腊祠社稷，以羊豖。民里社各自财以祠，制曰可。值干戈之际，草创之时，日不暇给，而其笃于祠祭如此，可见其时之风气矣。

其后十八年，孝文帝即位。始名山大川在诸侯，诸侯祝各自奉祠，天子官不领。及齐、淮南国废，令太祝尽以岁时致礼如故。十五年（前165）春，黄龙见成纪，上乃下诏议郊祀。语据《汉书》本纪，参看第三节。夏四月，文帝始郊见雍五畤。其明年，赵人新垣平以望气见上。言“长安东北有神气，成五彩，若人冠冕焉”。或曰：“东北神明之舍，西方神明之墓也。天瑞下，宜立祠上帝，以合符应。”于是作渭阳五帝庙。夏四月，文帝亲拜灞、渭之会，以郊见渭阳五帝。《汉书·郊祀志》，王莽奏言：“孝文十六年，用新垣平，初起渭阳五帝庙。祭泰一、地祇，以太祖高皇帝配。日冬至祠泰一，夏至祠地祇，皆并祠五帝。”权火举而祠若光辉然，属天焉。于是贵平上大夫，赐累千金，而使博士诸生刺六经中作《王制》，谋议巡狩封禅事。文帝出长门，若见五人于道北，遂因其直北立五帝坛。

其明年，新垣平使人持玉杯，上书阙下献之。平言上曰："阙下有宝玉气来者。"已视之，果有献玉杯者，刻曰"人主延寿"。平又言"臣候日再中"。居顷之，日却复中。于是始更以十七年为元年，令天下大酺。平言曰："周鼎亡在泗水中。今河溢通泗。臣望东北汾阴直有金宝气，意周鼎其出乎？兆见，不迎则不至。"于是上使使治庙汾阴，南临河，欲祠出周鼎。人有上书告新垣平所言气、神事皆诈也。下吏治，诛夷新垣平。自是之后，文帝怠于改正朔服色、神明之事，而渭阳、长门五帝，使祠官领，以时致礼，不往焉。孝景即位，十六年，祠官各以岁时祠如故，无有所兴。

武帝信方士，已见第五章第九节。凡其所兴祠：太一、后土。三年亲郊祠。建汉家封禅，五年一修封。薄忌、太一及三一、冥羊、马行、赤星五，宽舒之祠，官以岁时致礼。凡六祠，皆太祝领之。至如八神、诸神、明年、凡山他名祠，行过则祠，行去则已。方士所兴祠，各自主其人，终则已，祠官不主。他祠皆如其故。以上略据《史记·封禅书》。昭帝即位，富于春秋，未尝亲巡祭。宣帝即位，霍光辅政，非宗庙之祠不出。神爵元年正月，上始幸甘泉，郊见泰畤。其三月，幸河东，祠后土。诏太常以四时祠江、海、洛水。自是五岳、四渎，皆有常礼。时南郡获白虎，献其皮牙爪，上为立祠。又以方士言，为随侯剑、宝玉、宝璧、周康宝鼎立四祠于未央宫中。又祠太室山于即墨，三户山于下密，汉县，今山东昌邑县东南。祠天封苑、火井于鸿门。又立岁星、辰星、太白、荧惑、南斗祠于长安城旁。又祠三山、八神于曲城。汉县，今山东掖县东北。蓬山、石社、石鼓于临朐。之罘山于腄，成山于不夜。汉县，今山东文登县东北。莱山于黄。成山祠日，莱山祠月。又祠四时于琅玡，蚩尤于寿良。汉县，今山东东平县西南。京师近县：鄠则有劳谷、五床山、日月、五帝、仙人、玉女祠。云阳有径路神祠，祭休屠王也。又立五龙山仙人祠及黄帝、天神、帝原水凡四祠于肤施。或言益州有金马碧鸡之神，可醮祭而致。于是遣谏大夫王褒使持节而求之。以上据《汉书·郊祀志》。时颇侈言祥瑞。屡改元。神爵、五凤、甘露、黄龙。尝以凤皇集祋祤，汉县，今陕西耀县东。于所集处得玉宝，起步寿宫。神爵二年（前60）。又以凤皇集上林，起凤皇殿。神爵四年。其于武帝，亦可谓具体而微矣。要之武、宣之世，乃汉室祭礼烦费最甚之时也。

其宗庙之礼，亦烦费不省。高祖十年（前197），令诸侯王都皆立太上皇庙。至惠帝，尊高帝庙为太祖庙。十二年，令郡诸侯王立高庙。景帝元年（前156），尊文帝为太宗。行所尝幸郡国，各立太祖、太宗庙。宣帝本始二年（前72），复尊孝武庙为世宗庙。巡守所幸郡国亦立焉。是为汉世所谓郡国庙。又诸陵皆有园寝。《续汉书·祭祀志》曰：承秦所为也。说者以为古宗庙前制庙，后制寝，以象人之居前有朝，后有寝也。庙以藏主，以四时祭。寝有衣冠几杖象生之具，以荐新物。秦始出寝，起于墓侧，汉因而弗改，故陵上称寝殿，起居衣服象生人之具，古寝之意也。建武以来，关西诸陵以转久远，但四时特牲祠，帝每幸长安谒诸陵，乃太牢祠。自洛阳诸陵至灵帝，皆以晦、望、二十四气、伏、腊及四时祠庙日上饭。太官送用物，园令、食监典省。其亲陵所官人，随鼓漏理被枕，具盥水，陈严具。惠帝又以叔孙通言作原庙。《汉书·通传》："惠帝为东朝长乐宫，及间往，数跸烦民，作复道。方筑武库南，通奏事，因请间，曰：'陛下何自筑复道？高帝寝衣冠月出游高庙，子孙奈何乘宗庙道上行哉？'惠帝惧，曰：'急坏之。'通曰：人主无过举。今已作，百姓皆知之矣。愿陛下为原庙渭北，衣冠月出游之，益广宗庙，大孝之本。'上乃诏有司立原庙。"师古曰："原，重也。先已有庙，今更立之，故云重也。"凡祖宗庙在郡国六十八，合百六十七所，而京师自高祖下至宣帝，与大上皇、悼皇考宣帝父。各自居陵旁立庙，并为百七十六。又园中各有寝、便殿。日祭于寝，月祭于庙，时祭于便殿。寝，日四上食；庙，岁二十五祠；便殿，岁四祠。又月一游衣冠。而昭灵后、武哀王、昭哀后、孝文太后、孝昭太后、卫思后、戾太子、戾后各有寝园，与诸帝合，凡三十所。一岁祠，上食二万四千四百五十五，用卫士四万五千一百二十九人，祝宰、乐人万二千一百四十七人，养牺牲卒不在数中。《汉书·韦玄成传》。其烦费如此。

元帝时，贡禹奏言："古者天子七庙。今孝惠、孝景庙皆亲尽，宜毁。及郡国庙不应古礼，宜正定。"天子是其议。未及施行而禹卒。初元五年（前44）。永光二年（前42），韦玄成为丞相。四年，乃下诏议罢郡国庙。因罢昭灵后、武哀王、昭哀后、卫思后、戾太子、戾后园，皆不奉祠，裁置吏卒守焉。五年，复以高帝为太祖，文帝为太宗，景帝以下为四亲庙，余皆毁。岁余，玄成薨，匡衡为丞相。上寝疾，梦祖宗谴罢郡国庙。上少弟楚孝王亦梦焉。上诏问衡，议欲复之。衡深言不可。上疾久不平。衡惶恐，祷高祖、孝文、孝武庙，言不敢复之意。久之，上疾连年，遂尽复诸所罢寝庙园，皆修礼如故。建昭五年（前34）、竟宁元年（前33）。复申明孝武庙为世宗。唯郡国庙遂废。元帝崩，衡奏言："前以上体不平，故复诸所罢祠，卒不蒙福……请悉罢勿奉。"奏可。初，高后时，患臣下妄非议先帝宗庙寝园者，故定著令：敢有擅议者弃市。至元帝改制，蠲除此令。成帝时，以无继嗣，河平元年（前28），复复太上皇寝庙园，世世奉祠。昭灵后、武哀王、昭哀后并食于太上寝庙如故。又复擅议宗庙之令。成帝崩，哀帝即位。丞相孔光、大司空何武奏言迭毁之礼，当以时定，非令所为擅议宗庙之意也。臣请与群臣杂议。奏可。于是光禄勋彭宣等五十三人以为孝武皇帝虽有功烈，亲尽宜毁。太仆王舜、中垒校尉刘歆以为不宜毁。制从舜、歆议。以上皆据《韦玄成传》。成帝初即位，丞相衡、御史大夫谭奏言：郡县治道供张，吏民困苦，百官烦费。甘泉、泰畤、河东后土之祠，宜可徙置长安。于是作长安南北郊，罢甘泉、汾阴祠。纪在建始元年十二月。雍、鄜、密上下畤及陈宝祠皆罢。《纪》二年正月。是岁，衡、谭复条奏长安厨官、县官给祠，郡国候神方士、使者所祠，凡六百八十三所。其二百八所应礼，及疑无明文，可奉祠如故。其余四百七十五所不应礼，或复重，请皆罢。奏可。明年，匡衡坐事免官爵。众庶多言不当变动祭祀者。又初罢甘泉、泰畤作南郊日，大风坏甘泉竹宫，折拔畤中树木十围以上百余。天子异之，以问刘向。对曰："家人尚不欲绝种祠，况于国之神宝旧畤？且甘泉、汾阴及雍五畤始立，皆有神祇感应，然后营之，非苟而已也。武、宣之世，奉此三神，礼敬敕备，神光尤著。祖宗所立神祇旧位，诚未易动。及陈宝祠，自秦文公至今，七百余岁矣。汉兴，世世常来。光色赤黄，长四五丈，直祠而息，音声砰隐，野鸡皆雊。每见，雍太祝祠以太牢，遣候者乘传驰诣行在所，以为福祥。高祖时五来，文帝二十六来，武帝七十五来，宣帝二十五来，初元元年以来亦二十来。案，迷信者，其所信之理虽伪，所见之象或真，此其所以能使人信之而弗疑也。此阳气旧祠也。及汉宗庙之礼，不得擅议，皆祖宗之君与贤臣所共定。古今异制，经无明文，至尊至重，难以疑说正也。前始纳贡禹之议，后人相因，多所动摇。《易大传》曰：'诬神者殃及三世。'恐其咎不独止禹等。"上意恨之。后上以无继嗣故，令皇太后诏有司，复甘泉泰畤、汾阴后土如故。及雍五畤、陈宝在陈仓者，天子复亲郊礼如前。《纪》在永始三年（前14）。又复长安、雍及郡国祠著明者且半。成帝末年，颇好鬼神。亦以无继嗣故，多上书言祭祀方术者。皆得待诏，祠祭上林苑中长安城旁，费用甚多，然无大贵盛者。成帝崩，皇太后诏有司复长安南北郊如故。哀帝即位，寝疾。博征方术士。京师诸县皆有侍祠使者。尽复前世所常兴诸神祠宫，凡七百余所，一岁三万七千祠云。明年，复令太皇太后诏有司复甘泉泰畤、汾阴后土祠如故。平帝元始五年（5），大司马王莽奏复长安南北郊。渭阳祠勿复修。后莽又奏言：五帝兆居在雍五畤，不合于古。又日、月、雷、风、山、泽，《易》卦六子之尊气，所谓六宗也。星辰、水火、沟渎，皆六宗之属也。今或未特祀，或无兆居。今称天神曰皇天上帝，泰一兆曰泰畤，而称地祇曰后土，与中央黄灵同。又兆北郊未有尊称。宜令地祇称皇地后祇，兆曰广畤。分群神以类相从，为五部。兆天地之别神，中央帝黄灵后土畤及日庙、北辰、北斗、填星、中宿、中宫于长安城之未地。兆东方帝太昊青灵勾芒畤及雷公、风伯庙、岁星、东宿、东宫于东郊。兆南方炎帝赤灵祝融畤及荧惑、南宿、南宫于南郊。兆西方帝少皞白灵蓐收畤及太白星、西宿、西宫于西郊。兆北方帝颛顼黑灵玄冥畤及月庙、雨师庙、辰星、北宿、北宫于北郊。奏可。于是长安旁诸庙兆畤甚盛矣。莽又言圣汉兴，礼仪稍定，已有官社，未立官稷。臣瓒曰："高帝除秦社稷，立汉社稷，礼所谓太社也。时又立官社，配以夏禹，所谓王社也。见《汉祀令》。"遂于官社后立官稷。以夏禹配食官社，后稷配食官稷。以上据《汉书·郊祀志》。莽又奏请奉明园悼皇考园毁勿修。罢南陵、孝文太后。云陵园孝昭太后。为县。《韦玄成传》。案，祭祀之礼，秦汉间最无轨则。自孝元以后，乃稍合乎义理矣。匡衡祷辞言："祭祀之义，以民为本。间者岁数不登，百姓困乏，郡国庙无以修立。"实最合民视民听之义。典礼之渐昭轨物，实唯玄成、衡等之功。故知有学术者之见地，究与流俗不同也。

第二节
诸家方术

赵瓯北《廿二史札记》言，上古之时，人之视天甚近。逮人事繁兴，情伪日起，遂与天日远一日。战国纷争，诈力相尚，至于暴秦，天理几于灭绝。汉兴，董仲舒治《公羊春秋》，始推阴阳，为儒者宗。宣、元之后，刘向治《穀梁》，数其祸福，傅以《洪范》，而后天之与人，又渐觉亲切。而其时人君，亦多遇灾而惧，应之以实不以文。降及后世，机智竞兴，权术是尚，一若天下事皆可以人力致而天无权。即有志图治者，亦徒详其法制禁令，为人事之防，而无复求端于天之意云云。此说谓战国、嬴秦，诈力相尚，天理几绝，一若迷信既除，而复兴于汉代者，自非其实。然其阐发汉代仍为一迷信之世界，则颇为近情。我国迷信之渐淡，实魏、晋之世，玄学大兴，重明理而贱践迹，尊人事而远天道，有以致之，若两汉，固仍一鬼神术数之世界也。

观上节所述，秦汉人巫鬼之习，已可概见。然此特其通于中朝，见之记载者耳。至其但存于郡县，或为民间所崇奉，而无传于后者，盖不知其凡几矣。后汉和熹邓皇后，诏有司罢诸祠官不合典礼者。魏文帝黄初五年十二月，诏曰："叔世衰乱，崇信巫史，至乃宫殿之内，户牖之间，无不沃酹，甚矣其惑也！自今其敢设非祀之祭，巫祝之言，皆以执左道论，著于令典。"明帝青龙元年（233），诏诸郡国："山川不在祀典者勿祠。"能如是者盖甚少，而此等诏令，能否奉行，又在未可知之数也。凡淫祀，大率巫者主之。王符言妇人不修中馈，休其蚕织，而起学巫祝，鼓舞事神，以欺诬细民，荧惑百姓。《潜夫论·浮侈篇》。案，汉武所信之神君即巫，孙皓亦以信巫觋败，已见第五章第九节、第十二章第九节。《三国志·明帝纪》："初，青龙三年中，寿春农民妻自言为天神所下，命为登女，当营卫帝室，蠲邪纳福。饮人以水，及以洗疮，或多愈者。于是立馆后宫，下诏称扬，表见优宠。及帝疾，饮水无验，于是杀焉。"此其欺诬细民，荧惑百姓，亦神君之类；其饮人以水，或以洗疮，则又张角之流也。《武宣卞皇后传》注引《魏略》，言帝信巫女用水方，使人持水赐卞兰，兰不肯饮，即此巫女也。师丹荐丞相史能使巫下神，为国求福。名儒大臣，惑之如此，无怪小民之奔走恐后矣。

巫术多端，诒害最甚者，莫如厌诅。武帝之世，败及皇后、太子、宰相，刘屈氂。其后广陵厉王、中山孝皇太后，亦以此败。息夫躬以祝诅败东平王，卒亦自及。后汉和帝阴皇后、灵帝宋皇后、和帝幸人吉成，见《和熹邓后纪》。光武子阜陵质王延，三国吴孙亮，无不遭此祸者，亦云酷矣。

龟卜后世罕用，汉世则犹未绝。文帝之见迎，卜之，兆得大横，见《史记》本纪。《续汉书·百官志》注，太史待诏三十七人，其三人龟卜。《后汉书·岑彭传》注引《东观记》，言田戎灼龟卜降，兆中坼，遂止。可知官与民间皆有其术。筮尤盛，汉宣帝将祠昭帝庙，旄头剑落泥中，刃向乘舆，令梁丘贺筮之。魏延自谓功勋至大，宜代诸葛亮秉政，亦呼都尉赵正筮之。管辂尤专以此名，《三国志·魏志》有传。

以占梦名者周宣，《魏志》亦有传。魏延梦头上生角，以问占梦赵直。《杨洪传》注引《益部耆旧传》，亦云何祗梦井中生桑，以问赵直。《吴志·赵达传》注引《吴录》云："宋寿占梦，十不失一。"二人盖占梦之有名者也。《后汉书·和熹邓皇后纪》："后尝梦扪天，荡荡正青，若有钟乳状，乃仰嗽饮之。以讯诸占梦。言尧梦攀天而上，汤梦及天而舐之，斯皆圣王之前占，吉不可言。"可见当时占梦者之说也。

《史记·高祖本纪》言，吕公善相人，相高祖，因妻以女。又言吕后与两子居田中耨，客有过，相其子母，皆大贵。其后孝宣许皇后、后汉明德马皇后、章德窦皇后、和熹邓皇后、顺烈梁皇后、三国魏文帝甄后、蜀先主穆后，相者皆早言其当贵。许负相薄姬当生天子。又相周亚夫当饿死。黥布少时，客相之，当黥而王。钳徒相卫青当封侯。班超，相者指曰："燕颔虎头，飞而食肉，此万里侯相也。"钟繇与族父瑜俱至洛阳，道遇相者，曰：

"此童有贵相，然当厄于水，努力，慎之。"行未十里，渡桥，马惊堕水，几死。汉文帝使善相人者相邓通，曰当饿死。李陵之败，武帝召陵母及妇，使相者视之，无死丧色。黄霸少为阳夏游徼，与善相人者共载出。见一妇人。相者言："此妇人当富贵。不然，相书不可用也。"霸推问之，乃其乡里巫家女也。霸即娶为妻。王莽时，有用方技待诏黄门者。或问以莽形貌。待诏曰："莽所谓鸱目虎吻，豺狼之声者也，故能食人，亦当为人所食。"问者告之。莽诛灭待诏，而封告者。后常翳云母屏间，非亲近莫得见也。魏太祖不时立太子，太子自疑，是时有高元吕者，善相人，乃呼问之。对曰："其贵乃不可言。"问寿几何？元吕曰："至四十当有小苦，过是无忧也。"无几立为太子，至四十而薨。《本纪》注引《魏略》。此等传说，固不足信，然观其传说之盛，可见秦汉间人信相术之深。《史记·游侠列传》于郭解，明著其为善相人者许负外孙；三国时善相人者朱建平，《魏志》有传；而管辂亦颇善相，可见以相术著名者颇多。案，骨相之说，本只谓观其形貌而可知其才性，因其才性而可知其穷通，至祸福与善恶，穷达与贤不肖不符，则由于人事之纷纭，本非相者所能豫烛，读《论衡·骨相》《命义》《潜夫论·相列》等篇可知。流俗昧于此理，专言祸福穷达，甚至推诸六畜、器物，则于理不可通矣。《汉书·艺文志》有《相宝剑刀》二十卷，《相六畜》三十八卷。《三国志·夏侯玄传》注引《魏氏春秋》言许允善相印。《相印书》曰："相印法本出陈长文。长文以语韦仲将，印工杨利从仲将受法，以语许士宗，利以法术占吉凶，十可中八九。仲将问长文：'从谁得法？'长文曰：'本出汉世，有《相印》《相笏经》。又有《鹰经》《牛经》《马经》，印工宗养以法语程申伯。是故有一十二家相法传于世。"然相法视他迷信，究较有凭，故信之者多也。

望气之术，见于《汉书·天文志》。《志》云"海旁蜃气象楼台，广野气成宫阙然，云气各象其山川人民所聚积”，盖初睹蜃气时，不知其理，以为空中诚有人物，于是乎信有神仙，其后知其仍为地上人物所反映，则望气之术兴焉矣。王朔谓“北夷之气如群畜穹闾，南夷之气类舟船幡旗”，即由蜃气而推之者也。更进，遂欲因之以测其地之盛衰，《志》所谓候息耗者入国邑，视封疆田畴之整治，室屋门户之润泽，次至车服畜产之精华是也。此虽云遍观各物，然究以远望为主。苏伯阿为王莽使者，至南阳，遥望见舂陵郭，唶曰：“气佳哉，郁郁葱葱然。”《后汉书·光武帝纪》。是其事。亦用之于军中。望车骑卒之气，以决其行之疾徐，将卒之勇怯。《艺文志》阴阳家有《别成子望军气》六篇，图三卷，盖其术。更后则傅会之于人。《史记·高祖本纪》：“秦始皇帝尝曰‘东南有天子气’，因东游以压之。高祖即自疑，亡匿，隐于芒、砀山泽岩石之间。吕后与人俱求，常得之。高祖怪问之。吕后曰：‘季所居上尝有云气，故从往常得季。’”《项羽本纪》，范增说羽击沛公曰“吾令人望其气，皆为龙虎，成五彩，此天子气”是也。其后此等说甚多。宣帝系郡邸狱，望气者言长安狱中有天子气，见《本纪》，又见《丙吉传》。又《外戚传》，孝武钩弋赵婕妤，家在河间，武帝巡狩，过河间，望气者言此有奇女，天子亟使使召之。《后汉书·王昌传》：“素为卜相工，明星历，常以为河北有天子气。”《三国志·二牧传》，董扶谓刘焉曰：“益州分野有天子气。”《吴志·孙坚传》注引《吴书》曰：“坚世仕吴，家于富春，葬于城东，冢上数有光怪。云气五色，上属于天，曼延数里。”《孙皓传》宝鼎元年（266）注引《汉晋春秋》云：“初，望气者云‘荆州有王气，破扬州，而建业宫不利’，故皓徙武昌。遣使者发民掘荆州界大臣、名家冢与山冈连者以压之。既闻（施）但反，自以为徙土得计也，使数百人鼓躁入建业，杀但妻子，云天子使荆州兵来破扬州贼，以压前气。”《吴范传》，孙权为将军时，范尝白言江南有王气，亥子之间有大福。《赵达传》：“谓东南有王者气，可以避难。”又《蜀志·费祎传》，延熙十四年（251）夏，还成都，望气者云都邑无宰相位，故冬复北屯汉寿。而言神事者亦依附于是。新垣平言“长安东北有神气，成五彩”，已见第一节。武帝时，入海求蓬莱者，言蓬莱不远，而不能至者，殆不见其气，上乃遣望气者佐候其气焉。亦见《封禅书》。孝文时，以星、气幸者，又有赵同。《史记·佞幸列传》。《汉书》作“赵谈”。武帝时，以望气名者有王朔。《封禅书》及《李将军列传》皆称为“望气王朔”。《汉书·天文志》曰：凡望云气，王朔所望，决于日旁。《汉书·谷永传》，永言元年（前32）成帝建始。正月，白气起东方，至其四月，黄浊四塞，覆冒京师。“白气起东方，贱人将兴之表也。黄浊冒京师，王道微绝之应也”。则虽儒者亦以为言，且自云气推之风气矣。《三国志·吴范传》言：范以治风气闻于郡中。权讨黄祖，及寻阳，范见风气，因诣船贺，催兵急行，至即破祖。后权与魏为好，范曰：“以风气言之，彼以貌来，其实有谋，宜为之备。”皆其术也。《史记·河渠书》，元光中，河决于瓠子，田蚡言于上曰“江河之决皆天事，未易以人力为”，而望气用数者亦以为然，于是久之不复事塞。《汉书·王莽传》，望气为数者多言有土功象，乃营长安城南，起九庙。《赵广汉传》，广汉先问太史知星气者，言今年当有戮死大臣，即上书告丞相罪。董卓以太史望气言“当有大臣戮死者”，因杀张温。其生心害政如此。然望气之术，在秦汉间似甚盛也。

术数之学，《后书·方术传》所叙，有风角、遁甲、七政、元气、六日七分、逢占、日者、挺专、须臾、孤虚等。此类术数，后世亦恒有之，汉世所异者，则儒者信之者殊多。如郎𫖮父宗善风角、星、算、六日七分。能望气占候吉凶，尝卖卜自奉。王景，循吏也，合众家之书为《大衍玄基》。见《后汉书·循吏传》云：“景以为六经所载，皆有卜筮，作事举止，质于蓍龟，而众书错糅，凶吉相反，乃参纪众家数术文书、冢宅禁忌、堪舆、日、相之属适于事用者，集为《大衍玄基》。”景鸾，儒生也，而钞风角杂书，列其占验，作《兴道篇》。何休亦注风角七分。诸如此类，难遍疏举。可见当时之风气，迥与后世不同矣。民间忌讳尤多，散见《论衡》《潜夫论》等书。然因士夫信之者多其说亦时有理致，与一味迷信者不同，后人概目为愚夫愚妇之流，则又过矣。《汉书·天文志》云：“阴阳之精，其本在地，而上发于天者也，政失于此，则变见于彼。”《论衡·谈天》曰：“儒者曰：‘天，气也。故其去人不远。人有是非，阴为德害，天辄知之，又辄应之，近人之效也。’”《变虚》曰：“说灾变之家曰：‘人在天地之间，犹鱼在水中矣。其能以行动天地，犹鱼鼓而振水也。’”《雷虚》曰：“政事之家，以寒温之气为喜怒之候。人君喜即天温，怒则天寒。”其言虽实不可通，然较之儒家《月令》、墨家《天志》等说，以天为有喜怒欲恶如人者，则大异矣。《论衡·订鬼篇》历述时人之说。或以为病者误见，与狂者及梦同。或以为致病之气，能象人形。或以为鬼者，老物之精，人之受气，有与物同精者，及病，精气衰劣，则来陵犯。或曰鬼者，本生于人，时不成人，变化而去，与人触犯者病。或谓鬼者，甲乙之神。甲乙者，天之别气，其形象人。一曰鬼者，物也，与人无异，常在四边之外，时往来中国。天地生凶物，亦有似人、象鸟兽者，凶祸之家则见，或谓之鬼，或谓之凶，或谓之魅，或谓之魑，皆生存实有。一曰：鬼在百怪之中，或妖气象人之形，或人含气为妖。象人之形，诸所见鬼是也。人含气为妖，巫之类是也。其所言虽不足信，然皆力求其理，与迷信者固殊科矣。

因中外交通，外国之迷信亦有传至中国者。如江充治蛊用胡巫，汉武平越有鸡卜，江都王建使越婢下神咒诅，《汉书·景十三王传》。赵炳能为越方是也。《后汉书·方术传》。而其最大者则为佛教，见第七节。

第三节
五德终始之说

五德终始，说出邹子，乃谓有五种治法，当以时更易，意实同于儒家之通三统，已见《先秦史》第十五章第五节。至秦汉之世，一变而为改正朔、易服色等空谈，参看第五章第二节。继且推衍而入于迷信，则后人之不克负荷也。

行序之说，西京之季，盖尝经一大变。秦襄、文、献三公，皆祭白帝。已见第一节。《封禅书》又云："秦始皇既并天下而帝，或曰：'黄帝得土德，黄龙地螾见。夏得木德，青龙止于郊，草木畅茂。殷得金德，银自山溢。周得火德，有赤乌之符。今秦变周，水德之时。昔秦文公出猎获黑龙，此其水德之瑞。'于是秦更命河曰'德水'，以冬十月为年首，色上黑，度以六为名，音上大吕，事统上法。"一似秦本自谓金德，后乃改行水德者。然下文又云："自齐威、宣之时，驺子之徒论著五德终始之运，及秦帝而齐人奏之，故始皇采用之。"又云，汉高祖问天有五帝，而有四，何也？莫知其说。见第一节。夫使秦人久知有五帝，何得独阙一黑帝，逮始皇自谓水德而独不立祠？则知《封禅书》襄公以后之事，多方士附会之辞，五德终始之说，实出自东方也。邹子之说，五德相代，从所不胜。汉兴，张苍为计相，时绪正律历，以高祖十月始至霸上，故因秦时，本十月为岁首，不革。推五德之运，以为汉当水德之时，尚黑如故。吹律调乐，入之音声，及以比定律令，若百工天下作程品。至于为丞相，卒就之。苍为计相在高祖六年（前201），为丞相在孝文四年（前176）。文帝十三年，鲁人公孙臣上书曰："始秦得水德，今汉受之，推终始传，则汉当土德。土德之应黄龙见，宜改正朔，易服色，色尚黄。"苍以为非，罢之。后三岁，黄龙见成纪。文帝召公孙臣，拜为博士，与诸生草改历服色事。张苍由此自绌。而贾生草具仪法，亦色尚黄，数用五。见第五章第二节。则汉初言行序者，皆守邹子之说。至末造而异说兴。《汉书·郊祀志赞》曰："汉兴之初，庶事草创。唯一叔孙生略定朝廷之仪。若乃正朔、服色、郊望之事，数世犹未章焉。至于孝文，始以夏郊，而张苍据水德，公孙弘、贾谊更以为土德，卒不能明。孝武之世，文章为盛。太初改制，而倪宽、司马迁等犹从臣、谊之言。服色度数，遂顺黄德。彼以五德之传，从所不胜，秦在水德，故谓汉据土而克之。刘向父子以为帝出于震，故包羲氏始受木德。其后以母传子，终而复始，自神农、黄帝下历唐、虞、三代，而汉得火焉。故高祖始起，神母夜号，着赤帝之符，旗章遂赤，自得天统矣。"案，王莽以汉为火德，自谓得土德。莽班符命于天下，德祥五事，符命二十五，福应十二，凡四十二篇。其德祥引汉文、宣之世黄龙见于成纪，以为新室之祥。又言平帝末年，火德销尽，土德当代，皇天眷然，去汉与新，以丹石始命于皇帝。受命之日丁卯，丁，火，汉氏之德也。卯，刘姓所以为字也。明汉刘火德尽而传于新室也。而其称假皇帝之奏，引哀帝建平二年（前5）改元易号之事，曰"案其本事，甘忠可、夏贺良谶书藏兰台"，其增益漏刻，亦与贺良等同，则其说实出忠可、贺良。哀帝号"陈圣刘太平皇帝"，"陈""田"古同音通假，"土""田"古同义通用，意若谓帝虽姓刘，所行实土德之政耳。莽与刘向父子，盖同信忠可、贺良之说者也。此说盖因赤帝子之说而附会，而赤帝子之说，则又因高祖为沛公旗帜皆赤而附会，未必与行序有关。《史记》本纪言旗帜皆赤，由所杀蛇白帝子，杀者赤帝子，疑出后人增窜，非谈、迁元文也。自是之后，相生之说遂行。光武建武二年（26），始正火德，色尚赤。《后书·本纪》。公孙述引《援神契》曰“西太守，乙卯金”，谓五德之运，黄承赤而白继黄，金据西方为白德，而代王氏，得其正序。耿包密白袁绍曰：“赤德衰尽，袁为黄胤，宜顺天意。”袁术以袁氏出陈为舜后，以黄代赤，德运之次，遂有僭逆之谋。李休谓赤气久衰，黄家当兴，欲使张鲁举号。《三国志·魏志·曹爽传》注引《魏略》。魏之兴也，以黄龙见谯为瑞。见《后汉书·方术传》及《三国·魏志·文帝纪》。《武帝纪》建安二十四年(219)注引《魏略》，言孙权上书称臣，陈群、桓阶等奏，亦云桓、灵之间，诸明图纬者，皆言“汉行气尽，黄家当兴”。群臣劝蜀先主称尊号，亦曰黄龙见武阳。桓帝建和二年（148），长平陈景自号“黄帝子”。此从监本。宋本“黄”作“皇”。案，皇、黄古通。张角自称黄天，其部师三十六万皆着黄巾。《后汉书·灵帝纪》。《续汉书·五行志》注引《物理论》云：“黄巾被服纯黄，不将尺兵，肩长衣，翔行舒步，所至郡县无不从。”《后书·皇甫嵩传》云，角讹言“苍天已死，黄天当立”。黄不代苍，疑本云赤天已死，当时奏报者讳之，改赤为黄也。皆相生之说。其主相胜之说者：学人唯一王充，见《论衡·验符篇》。草泽之夫，唯冲帝永嘉元年（145），历阳贼华孟自称“黑帝”耳。见《本纪》。又见《滕抚传》。盖行序之说，至此已无理可言，故资以惑众者，亦唯取其为众所习知耳。

邹子之说，本主政教更易，受命者之为谁，非其所计。新室以后，徒借此说以陈受命之符，而感生之说兴焉矣。《史记·高祖本纪》言：“刘媪尝息大泽之陂，梦与神遇，是时雷电晦冥，太公往视，则见蛟龙于其上。”但云蛟龙而已，不言龙为何色也。及夏贺良始作赤精子之谶。应劭曰“高祖感赤龙而生，自谓赤帝之精，良等因作此谶文”，其说盖是。见《汉书·哀帝纪》。《汉书·高帝纪赞》曰：“刘向云战国时，刘氏自秦获于魏。秦灭魏，迁大梁，都于丰。故周市说雍齿曰‘丰，故梁徙也’。是以颂高祖云：‘汉帝本系，出自唐帝。降及于周，在秦作刘。涉魏而东，遂为丰公。’”可见汉帝本系，乃后来所附会。《左氏》文公十三年（前614）“其处者为刘氏”一节，即疏家亦不得不认为伪窜，而他可知矣。自是之后，自托古帝王之胄裔，复成积习。王莽自本为虞舜后，见《汉书·元后传》。即汉人自谓尧后之故智也。后汉光武建武七年（31），诏三公曰：“汉当郊尧，其与卿士大夫、博士议。”侍御史杜林上疏，以为汉“基业特起，不因缘尧。尧远于汉，民不晓信。言提其耳，终不悦谕。后稷近于周，民户知之。世据以兴，基由其祚，本与汉异。”《续汉书·祭祀志》及注引《东观书》。亦可见作伪者之心劳日拙矣。

邹子之书，今已不传。《文选》沈休文《齐故安陆昭王碑》李善注引《邹子》曰：“五德从所不胜，虞土，夏木，殷金，周火。”左思《魏都赋》注引《七略》亦曰：“邹子终始五德，从所不胜。土德为始，木德次之，金德次之，火德次之，水德次之。”《吕览·应同》以黄帝为土德，禹为木德，汤为金德，文王为火德；《淮南·齐俗》言有虞氏祀中溜，服尚黄，夏后氏祀户，服尚青，殷人祀门，服尚白，周人祀灶，服尚赤，与秦始皇所采之说同，皆邹子之说也。据此推之，则颛顼木，帝喾金，尧火，而舜为土德，中阙水德一代。或谓邹子之说，实五帝同德。或谓《管子·揆度》，称共工之王，则共工当王尧、舜间。《汉书·律历志》曰，共工氏霸九域，言虽有水德，在火土之间，非其序也，任知刑以强，故霸而不王，意在祧秦而以汉承周耳。说亦可通。自刘歆之后，遂又有所谓正闰之说矣。

第四节
图谶

谶之由来甚远。《说文·言部》“谶，验也，有征验之书”，此即今人所谓豫言。《淮南子·说山》曰：“六畜生多耳目者不祥，谶书著之。”《史记·屈原贾生列传》，贾生赋服鸟曰：“发书占之兮，策言其度。”策，《汉书》作“谶”，盖是。足见谶为民生日用所资。王公大人，自亦不能独异。《史记·赵世家》记秦缪公梦之帝所事，曰：“秦谶于是出矣。”《扁鹊列传》亦记之，“谶”作“策”。此梦前知晋献公之乱，文公之霸，襄公败秦师于崤而归纵淫，正所谓豫言也。《后汉书·张衡传》，衡上疏论图纬之虚妄曰：“臣闻圣人明审律历以定吉凶，重之以卜筮，杂之以九宫，经天验道，本尽于此。或观星辰逆顺，寒燠所由，或察龟策之占，巫觋之言，其所因者，非一术也。立言于前，有征于后，故智者贵焉，谓之谶书。”则谶之所资甚广。《礼记·中庸》曰：“至诚之道，可以前知。国家将兴，必有祯祥；国家将亡，必有妖孽。”此为古人信谶之原。盖未审人事因果之理，以为凡事皆由前定也。秦汉之世，流行不绝。秦始皇时有“亡秦者胡”之文。《汉志》数术略，天文家有《图书秘记》十七卷，盖即其术。然其时言政事者尚不甚援谶。故张衡又谓“自汉取秦，用兵力战，功成业遂，可谓大事，当此之时，莫或称谶”也。至西京之末而其说骤盛。故衡又言“夏侯胜、眭孟之徒，以道术立名，其所述著，无谶一言；刘向父子领校秘书，阅定九流，亦无谶录；成、哀以后，乃始闻之”也。

或谓七略之中，既明有《图书秘记》，安得云向、歆阅定无之？而不知成、哀以后之所谓谶者与前此之谶不同也。前此之谶，民间所行者无论矣，即如秦人所传者，亦仅言一姓之事，此则总记历代兴亡。《论语·子罕篇》凤鸟章，邢疏云“郑玄以为河图、洛书，龟龙衔负而出，其《中候》所说：龙马衔甲，赤文绿色，甲似龟背，袤广九尺，上有列宿斗正之度，帝王录纪兴亡之数”是也。又前此单行，而此时则与纬相杂。纬多称说经义，谓孔子不敢显然改先王之法，阴书于纬，以传后王，《礼记·王制》正义引郑玄说。此仍袭口说流行之故智，以己之所欲言者，托之于孔子耳。《论衡·实知篇》曰：“儒者论圣人，以为前知千载，后知万世，有独见之明，独听之聪，事来则明，不学自知，不问自晓，故称圣则神矣。”其说具见《知实篇》。盖时人之视圣人，皆以为神而非人，故可以谶托之也。是时所谓谶者，大抵皮傅字形，曲解文义，非复如前此之谶，有数术以为之本，故张衡讥其为“不占之书”。衡又讥其一卷之书，互异数事。徒采前世成事，至于永建复统，则不能知。又言“别有益州”，益州之置，在于汉世。其为伪作，本显而易见。然迷信者流，本无理可喻，故以是诳之而已足矣。

世皆以造谶为王莽罪，其实不然，后汉初之君臣，其造谶，恐更甚于莽也。光武之起兵，由李通等“刘氏复起，李氏为辅”之说。其即位，则以强华奉赤伏之符。皆见《纪》。祭告天地，皆援谶为言。见《续汉书·祭祀志》。用孙咸为大司马，王梁为大司空，亦以谶文。见《后汉书·景丹王梁传》。又谓元功二十八将，上应列宿。安帝永初六年（112）诏谓建武元功二十八将，谶记有征，见《后汉书·冯异传》。又《朱祐等传论》曰：“中兴二十八将，前世以为上应二十八宿。”盖自光武以来有此说。建武三十年（54），群臣请封禅，不许，三十二年，夜读《河图会昌符》，感其“赤刘之九，会命岱宗”之语，卒行之。见《续书·祭祀志》。桓谭上疏谏帝听纳谶记，帝不悦。其后有诏会议灵台所处。帝谓谭曰：“吾欲谶决之，何如？”谭默然良久，曰：“臣不读谶。”帝问其故。谭复极言谶之非经。帝大怒，曰：“桓谭非圣无法，将下斩之。”谭叩头流血，良久乃得解。又问郑兴郊祀事，曰：“吾欲以谶断之，何如？”兴对曰：“臣不为谶。”帝怒曰：“卿之不为谶，非之邪？”兴惶恐，曰：“臣于书，有所未学而无所非也。”帝意乃解。其崇信之如此。谶文妖妄，岂有以中兴之主而真信之之理？《儒林传》，帝令尹敏校图谶，又薛汉，建武初为博士，亦受诏校定图谶。使蠲去崔发所为王莽著录次比。敏对曰："谶书非圣人所作，其中多近鄙别字，颇类世俗之辞，恐疑误后生。"帝不纳。敏因其阙文增之曰："君无口，为汉辅。"帝见而怪之，召敏问其故。敏对曰："臣见前人增损图书，敢不自量，窃幸万一。"帝深非之。虽竟不罪，而亦以此沉滞。此事之处置，较之于桓谭，宽严则大异矣。然则谭之几婴不测，亦帝以他事不快于谭，乃借此以挫折之耳。《窦融传》，隗嚣使辩士张玄游说河西。融等召豪杰及诸太守计议。其中智者皆曰："汉承尧运，历数延长。今皇帝姓号见于图书。自前此博物道术之士谷子云、夏贺良等建明汉有再受命之符，言之久矣。故刘子骏改易名字，冀应其占。及莽末，道士西门君惠言刘秀当为天子，遂谋立子骏。事觉，被杀。出，谓百姓观者曰：'刘秀真汝主也。'"案，《邓晨传》，王莽末，光武与兄伯升及晨俱之宛，与穰人蔡少公等燕语。少公颇学图谶，言刘秀当为天子。或曰："是国师公刘秀乎？"光武戏曰："何用知非仆邪？"而强华所奉《赤伏符》亦曰："刘秀发兵捕不道，四夷云集龙斗野，四七之际火为主。"则刘秀当为天子之言，乃光武辈所造，而傅之子骏者。《公孙述传》，述梦有人语之曰："八厶子系，十二为期。"既觉，谓其妻曰："虽贵而祚短，若何？"夫使述自造作，岂有以十二为期者？此言盖亦汉人所附会。然则《述传》谓述妄引谶记，其言又不雠矣。此皆后汉君臣造作谶记，更甚于莽之征也。而世皆以造谶为莽罪，"侯之门，仁义存"，岂不信哉！

《吕览·观表》曰："圣人上知千岁，下知千岁，非意之也，盖有自云也。绿图幡薄，从此生矣。"《淮南·俶真》曰："洛出丹书，河出绿图。"而《人间》曰："秦皇挟录图，见其传曰：'亡秦者胡也。'"则以谶文附会图书，亦由来已旧。然以河图洛书为有篇卷，则亦出后汉人附会也。《汉书·五行志》云："刘歆以为虙羲氏继天而王，受《河图》，则而画之，八卦是也。禹治洪水，赐《洛书》。法而陈之，《洪范》是也。”又以“初一曰五行”六十五字为《洛书》本文。足见刘歆所云河图洛书，虽有文字，未成篇卷。乃郑注《易大传》引《春秋纬》曰：“《河图》有九篇，《洛书》有六篇。”见疏。《说文》云：“河、洛所出书曰谶。”光武封禅刻石文曰：“皇帝唯慎《河图》《洛书》正文。……秦相李斯燔《诗》《书》，乐崩礼坏。建武元年以前，文书散亡，旧典不具，不能明经文，以章句细微相况，八十一卷，明者为验。又其十卷，皆不昭晢。”则八十一卷，实后汉初年所为，又其十卷，则其所欲去者也。张衡非谶最甚，而云“《河》《洛》、六艺，篇籍已定，后人皮傅，无所容篡。”王充岂信谶者？乃曰：“神怪之言，皆在谶记，所表皆效……孔子条畅增益，以表神怪。或后人诈记，以明效验。”《论衡·实知》。于八十一卷，皆不敢讼言其为伪，则以其由官定故也。《隋书·经籍志》曰：“《河图》九篇，《洛书》六篇，云自黄帝至周文王所受本文。又别有三十篇，云自初起至于孔子，九圣之所增演，以广其意。又有《七经纬》三十六篇，并云孔子所作。并前合为八十一篇。”此说盖即后汉初所造作也。《三国·蜀志·先主传》，群臣劝进表曰：“《河图》《洛书》，五经谶纬，孔子所甄，验应自远。”东京各事，殆无不以谶决之者。南单于、乌桓降，张纯案七经谶请立辟雍。《后汉书》本传。至封禅之后，遂立明堂、灵台、辟雍，宣布图谶于天下。见《纪》。曹充说显宗制礼，引谶为言。帝以其言改太乐官为大予乐。事在永平三年（60）。充子褒，章帝世正叔孙通《汉仪》，杂以五经谶记。定汉礼百五十篇。其后太尉张酺、尚书尹敏奏其破坏圣术，宜加刑诛。和帝虽寝其奏，而汉礼遂不行，盖亦知其矫诬矣。然樊鯈与公卿定郊祀礼仪，以谶记正五经异说；章帝行四分历诏，亦引谶文；见《续书·律历志》。其上明帝庙号曰“聪明渊塞，著在图谶”；其重之也如此，皆光武辈之始作俑也。《隋志》云：“汉时，又诏东平王苍正五经章句，皆命从谶。俗儒趋时，益为其学。篇卷第目，转加增广。言五经者，皆凭谶为说。唯孔安国、毛公、王璜、贾逵之徒独非之，相承以为妖妄，乱中庸之典，故因汉鲁恭王、河间献王所得古文，参而考之，以成其义，谓之'古学'。当世之儒，又非毁之，竟不得行。"此说亦误。所谓孔安国者，即《尚书》之伪孔传，不足论。《毛诗》徒传训诂，不及义理，故不引谶。若贾逵，固明援谶文，以争立《左氏》矣。世每以纬说多同今文，而为古文家开脱，其实此乃由造作之初，古文说尚未出耳。援谶文以媚世谐俗，两家经师，固无二致矣。敢行矫诬，遂致诬及学术，亦可羞矣。世或以汉时之言阴阳灾异者，与谶纬并为一谈，其说亦非。观张衡言夏侯胜、眭孟之徒，述著无谶一言；刘向父子，阅定九流，亦无谶录；已可明之矣，此皆言阴阳灾异者之大宗也。《李寻传》，寻说王根曰："五经六纬，尊术显士。"孟康以五经纬与《乐》纬，张晏以五经纬与《孝经》纬释之，殊误。上下皆言天文，此语不得忽及经籍也。纬虽与谶相杂，然既援引经说，自仍足为考证之资。隋世一举燔之，实为可惜。荀悦《申鉴·俗嫌篇》论纬曰："以己杂仲尼乎？以仲尼杂己乎？若彼者，以仲尼杂己而已……或曰：'燔诸？'曰：'仲尼之作则否，有取焉则可，曷其燔？'"谶纬之为物，与其当分别去取，汉人早知之矣。夫以谶杂纬，固为乱经，然亦由新莽之造作，意欲以为革政之资，故必有取于纬。若使光武辈为之，则将有谶而无纬矣。后世谶文日出，更不闻复有所谓纬者，其验也。

第五节
神仙家

秦汉间之方士，世率目为神仙家，其实非也。方士之流甚杂，神仙家特其一耳。

神仙之说，盖睹燕、齐海上蜃气，以为人可不死，其所信之理虽伪，其所睹之象则真，已见《先秦史》第十五章第三节。其初意本欲自求不死，非欲以诳惑人，故其求不死之方，亦非尽虚幻，而与医学关系极密。《汉书·艺文志》，神仙与医经、经方、房中并列，职是故也。案，人当蔬食之世，所食之物极多，其养人尽有胜于谷类者。安于蔬食之民，其进化必迟，其与外间之往来必少。与外间往来少，则少传染病；进化迟则其社会之组织安和，其人俯仰宽闲，优游自得，且无淫乐之事以戕其生；自易至于老寿。文明之人，遂有从而慕效之者。留侯学道引，不食谷，魏武帝习啖野葛，《三国志·本纪》注引《博物志》。郤俭能饵茯苓，《三国志·华佗传》注引《典论》。是其事。《三国·魏志·华佗传》：樊阿从佗求可服食益于人者，佗授以漆叶青黏散。漆叶屑一升，青黏屑十四两，以是为率。言久服去三虫，利五藏，轻体，使人头不白。阿从其言，寿百余岁。注引《佗别传》曰："青黏者，一名地节，一名黄芝，主理五藏，益精气。本出于迷入山者，见仙人服之，以告佗。"所谓仙人，盖山居之民，此服饵之法得之蔬食之民之明证也。又古人不明物理，以为人食某物，则其体浸与某物同。《抱朴子·对俗篇》云："金玉在九窍，则死人为之不朽；盐卤沾于肌髓，则脯腊为之不烂；况以宜身益命之物，纳之于己，何怪其令人长生乎?"是其说也。于是服饵之外，更信金丹矣。《封禅书》言汉武帝信李少君说，事化丹砂诸药剂为黄金；桓谭言光武"穷折方士黄白之术"；卫觊言汉武欲得云表之露以餐玉屑，故立仙掌以承高露；《盐铁论·散不足篇》述方士之说，谓仙人食金饮珠，然后寿与天地长久是其事。其反而求之于身者，则为导引之术。《华佗传》载佗语吴普以五禽之戏。《后汉书·方术传》言王真能为胎食、胎息是也。案，庄子已有"熊经鸟申"之言。《典论》言甘始来，众人无不鸱视狼顾。《后汉书·方术传》注曰："熊经，若熊之攀枝自悬也。"此即今《八段锦》中之"两手托天理三焦"也。又曰："鸱顾，身不动而回顾也。此即其'五劳七伤望后瞧'也。注又引《佗别传》，言魏明帝呼吴普使为禽戏，普以年老，手足不能相及，则即其两手攀足固肾腰也。又引《汉武内传》曰，王真习闭气而吞之，名曰"胎息"；习漱舌下泉而咽之，名曰"胎食"，则即今所谓吞津及河车般运之术耳。故知导引之法，初无甚怪诞也。讲导引之术者，必求清心寡欲。故王吉谏昌邑王游猎曰："俯仰屈伸以利形，进退步虚以实下，吸新吐故以练脏，专意积精以适神。"仲长统《卜居论》亦曰"安神闺房，思老氏之玄虚，呼吸精和，求至人之仿佛"也。又古人以为生人之质，于人身必有裨益，欲摄取之以自补，其术乃流为房中。《史记·张丞相列传》言其"妻妾以百数，尝孕者不复幸"。《汉书·王莽传》言"莽日与方士涿郡昭君等于后宫考验方术，纵淫乐"，是其事。其后左慈、泠寿光、甘始、东郭延年，并通房中之术，见《后汉书·方术传》及《三国志·华佗传》注引《典论》。综是观之，神仙家之所求，虽云虚诬，而其所以求之者，则仍各有其理，不能谓其意存诳惑也。所以浸至于诳惑人者，则缘其与巫术相杂。其由来亦甚早。《封禅书》言"宋毋忌、正伯侨、充尚、羡门子高最后皆燕人，为方仙道，形解销化，依于鬼神之事"。形解销化即尸解。集解引服虔。李少君病死，天子以为化去不死，似其徒以此自解。然《三国志·华佗传》注引《典论》，言北海王和平好道术，自以当仙。济南孙邕少事之。从至京师。会和平病死。邕因葬之东陶。有书百余卷，药数囊，悉以送之。后弟子夏荣言其尸解。邕至今恨不取其宝书仙药。则世固有深信是说者。案，公孙卿言黄帝铸鼎成，有龙垂胡髯下迎，黄帝上骑，群臣后宫从上者七十余人，则其始本谓肉身可以飞升。其后知其终不可致，而于理亦不可通，而又不胜其不死之欲，遂折而为是说耳，其意亦非必以是诳惑人也。然既云“形解销化”，即已近于鬼神，于是祠祭之事繁兴，与巫术互相结合，而其事遂不可究诘矣。《封禅书》言少翁以鬼神方见上。汉武。上有所幸王夫人，夫人卒，少翁以方，盖夜致王夫人及灶鬼之貌云。李少君以祠灶方见上，盖亦其伦。若亳人缪忌，越人勇之，及神君、上郡巫等，则纯乎其为巫术矣。神仙家虽诞妄，然亦时有小术，如汉武使栾大验小方，斗棋，棋自相触击是。索隐引顾氏，案，《淮南·万毕术》云取鸡血杂磨针铁杵，和慈石棋头，置局上，即自相抵击也。卢生言秦法不得兼方，不验辄死；陈思王《辩道论》言魏武遇甘始等，奉不过于员吏，赏不加于无功，始等亦不敢为虚诞之言；《三国志·华佗传》注引。则知能善御之，亦无大害，特汉武昏惑，故李少君、栾大之徒得以乘之耳。然即非淫侈之主，亦有信之者。元帝，恭俭之主也，而谷永言“初元中有天渊玉女、巨鹿神人、轑阳侯师张宗之奸”。见《汉书·郊祀志》。注：“轑阳侯，江仁也。元帝时坐使家丞上印绶随宗学仙免官。”案，事见《景武昭宣元功臣表》永光四年（前40），云“还印符，随方士”。新莽，有为之君也，而《汉书·郊祀志》言其篡位二年，兴神仙事。以方士苏乐言，起八风台于宫中，台成万金。作乐其上。顺风作液汤。又种五粱禾于殿中，各顺色置其方面，先煮鹤髓、毒冒、犀、玉二十余物渍种，计粟斛成一金，言此黄帝谷仙之术也。以乐为黄门郎，令主之。莽遂崇鬼神淫祀。至其末年，自天、地、六宗以下至诸小鬼神，凡千七百所，用三牲、鸟、兽三千余种，后不能备，乃以鸡当鹜雁，犬当麋鹿。数下诏自以为当仙云。亦且不必人主。刘向，大儒也，而献淮南枕中鸿宝苑秘之方，令尚方铸作，不验，坐论。亦见《郊祀志》。张楷，隐者也，乃自谓能作五里雾，至与裴优牵涉系狱。《后汉书·张楷传》。求如虞翻等之卓然不惑者盖寡，则以其时其说方盛，众人之心，有以互相熏染，而其术亦时有小验耳。

第六节
道教之源

神仙家之所求为不死，非淫侈者无是欲，其所以致之之术，亦非优闲有财力者不能为，故神仙家之说，流传并不甚盛，而巫术则大行。此本无足为怪。然巫术亦颇与神仙家相杂，而牵引遂及于老子，此则轇轕纷纭，有不得不加以辨正者矣。

汉世所谓黄、老者，黄指黄帝，老指老子，事本明白无疑。乃《后汉书·陈愍王宠传》言宠与国相魏愔共祭黄老君，求长生福，则所谓黄、老者，非复学术之名，而为淫祀之一矣。黄老君似非黄、老，然《楚王英传》言英晚节更喜黄、老学，为浮屠斋戒祭祀。《桓帝本纪》，延熹八年（165）正月，遣中常侍左悺之苦县，祠老子。十一月，使中常侍管霸之苦县，祠老子。九年七月，祠黄帝于濯龙宫。《论》言前史称桓帝饰芳林而考濯龙之宫，设华盖以祠浮屠、老子。注：前史，《东观记》也。《襄楷传》，楷上疏言：闻宫中立黄、老、浮屠之祠，则所谓黄老君者，亦必因黄、老之学之黄、老而附会者也。《逸民传》言矫慎少学黄、老，隐遁山谷，仰慕松、乔导引之术。汝南吴苍遗书曰："盖闻黄、老之言，乘虚入冥，藏身远遁。亦有理国养人，施于为政。至如登仙绝迹，神不著其证，人不睹其验。吾欲先生从其可者，于意何如？"《三国·吴志·孙登传》，临终上疏曰：愿陛下"割下流之恩，修黄、老之术"。合上节所引仲长统《卜居论》之辞观之，并可见黄、老之学，与神仙家言稍相淆杂。《后汉书·皇甫嵩传》言张角奉黄、老道。《襄楷传》，楷自家诣阙上疏云："臣前上琅玡宫崇受于吉神书，不合明听。”十余日，复上书曰：“前者宫崇所献神书，专以奉天地、顺五行为本，亦有兴国广嗣之术。其文易晓，参同经典，而顺帝不行，故国胤不兴。孝冲、孝质，频世短祚。”《传》云：“初，顺帝时，琅玡宫崇诣阙，上其师于吉于曲阳泉水上所得神书百七十卷。皆缥白素朱介，青首朱目，号《太平清领书》。其言以阴阳、五行为家，而多巫觋杂语。有司奏崇所上妖妄不经，乃收藏之。后张角颇有其书焉。”而《三国志·张鲁传》注引《典略》，言张修使人为奸令祭酒，祭酒主以《老子》五千文使都习。则老子与张角、于吉、张修等诬罔之徒皆有关系矣。是何哉？案，《史记·儒林传》言，窦太后召辕固生问老子书。固曰：“此是家人言耳。”果为今老子书，辕固生即不信其术，岂得谓为家人言？盖其所谓老子书，实非今之五千言，巫术之附会老子旧矣。所以然者，神仙家及巫术，皆依托黄帝，而黄、老同为道家，故因黄帝而貤及老子。其使人都习五千言，则彼固不求其义之可解，抑或别有其附会之说也。襄楷前疏言《神书》其所自上，后疏又云宫崇献，其语显相矛盾。楷，正士，安得献此妖妄之书？古缣帛甚贵，其书安得有百七十卷？《三国志·孙策传》注引《志林》云“百余卷”，亦太多。注谓“《神书》即今道家《太平经》”，盖即造《太平经》者所伪托耳。神仙家与巫术并依托老氏，遂开后世所谓道教者之原矣。

当时巫鬼之流，分为两派：一与士大夫交结，如于吉是。一则荧惑细民，如张角、张修是。于吉事见《三国·吴志·孙策传》注引《江表传》云：“时有道士琅玡于吉。先寓居东方，往来吴会，立精舍，烧香读道书，制作符水以治病，吴会人多事之。策尝于郡城门楼上集会诸将宾客。吉乃盛服，杖小函，漆画之，名为仙人铧，趋度门下。诸将宾客三分之二下楼迎拜之。掌宾者禁呵不能止。策即令收之。诸事之者悉使妇女入见策母，请救之。

母谓策曰：‘于先生亦助军作福，医护将士，不可杀之。’策曰：‘此子妖妄，能幻惑众心，远使诸将不复相顾君臣之礼，尽委策下楼拜之，不可不除也。’诸将复连名通白事陈乞之。策曰：‘昔南阳张津为交州刺史，舍前圣典训，废汉家法律，尝着绛帕头，鼓琴，烧香，读邪俗道书，云以助化，卒为南夷所杀。此甚无益，诸君但未悟耳。今此子已在鬼箓，勿复费纸笔也。’即催斩之。悬首于市。诸事之者尚不谓其死，而云尸解焉，复祭祀求福。”又引《搜神记》云：“策欲渡江袭许，与吉俱行。时大旱，所在熇厉。策催诸将士，使速引船。或身自早出督切。见将吏多在吉许。策因此激怒，言‘我为不如于吉邪？而先趋务之’。便使收吉。至，呵问之曰：‘天旱不雨，道途艰涩，不时得过，故自早出，而卿不同忧戚，安坐船中，作鬼物态，败吾部伍。今当相除。’令人缚置地上暴之，使请雨。若能感天，日中雨者，当原赦，不尔行诛。俄而云气上蒸，肤寸而合。比至日中，大雨总至，溪涧盈溢。将士喜悦，以为吉必见原，并往庆慰。策遂杀之。将士哀惜，共藏其尸。天夜忽更兴云覆之。明旦往视，不知所在。”二说乖异殊甚。注又引太康八年（287）广州大中正王范上《交广二州春秋》，知建安六年（201），张津犹为交州牧，则《江表传》已不足信，《搜神记》更无论矣。然言辞不审，古人所恒有，不得以此谓其所言者悉为子虚。于吉以符水治病，与张角同，尸解之说，同于李少君，而张津舍前圣典训，废汉家法律，而欲以道书助化，盖亦正如张修、张鲁之所为也。可见其道之杂而多端矣。

张角之事，已见第十章第七节。张鲁，《三国志》本传云：“祖父陵，客蜀，学道鹄鸣山中，造作道书，以惑百姓。从受道者出五斗米，故世号‘米贼’。陵死，子衡行其道。衡死，鲁复行之。”然注引《典略》云：“熹平中，妖贼大起。三辅有骆曜。光和中，东方有张角，汉中有张修。骆曜教民缅匿法，角为太平道。

修为五斗米道。"《后汉书·灵帝纪》，中平元年（184），秋七月，巴郡妖巫张修反，寇郡县。注引刘艾纪曰："时巴郡巫人张修疗病，愈者雇以五斗米，号为'五斗米师'。"则为五斗米道者，乃张修而非张鲁。《三国志·二牧传》《后汉书·刘焉传》皆云：鲁母挟鬼道，出入焉家。果使父祖均为太师，则必已能致人崇奉如于吉，刘焉未必能致其母也。疑鲁之法皆袭诸修，特因身袭杀修，不欲云沿袭其道，乃诡托诸其父祖耳。后汉自有一张陵，为霸孙，楷子。霸，蜀郡成都人。永元中为会稽太守。卒，敕诸子："蜀道阻远，不宜归茔。"诸子承命，葬于河南梁县，因家焉。楷性好道术，能作五里雾，时关西人裴优亦能为三里雾，自以不如楷，从学之。楷避不肯见。桓帝即位，优遂行雾作贼。事觉，被考，引楷，言从学术。楷坐系廷尉诏狱，积二年。后以事无验，见原还家。岂陵亦袭父术，而鲁从而附会之欤？然《陵传》绝不见其迹。且陵亦士大夫之流，非可妄托，疑张鲁父、祖之事，实伪造不可究诘也。《典略》云："太平道者，师持九节杖为符祝，教病人叩头思过，因以符水饮之。得病或日浅而愈者，则云此人信道。其或不愈，则为不信道。修法略与角同，而加施静室，使病者处其中思过。又使人为奸令祭酒。祭酒主以《老子》五千文使都习。号为奸令。为鬼吏。主为病者请祷。请祷之法，书病人姓名，说服罪之意。作三通：其一上之天，著山上，其一埋之地，其一沉之水，谓之三官手书。使病者家出米五斗以为常，故号曰'五斗米师'。实无益于治病，但为淫妄，然小人昏愚，竞共事之。后角被诛，修亦亡。及鲁在汉中，因其民信行修业，遂增饰之。教使作义舍，以米肉置其中，以止行人。又教使自隐，有小过者，当治道百步，则罪除。又依月令，春夏禁杀，又禁酒。流移寄在其地者，不敢不奉。"《三国志·张鲁传》注引。《志》云："以鬼道教民。自号'师君'。其来学道者，初皆名'鬼卒'。受本道已信，号'祭酒'。各领部众。多者为治头大祭酒。皆教以诚信，不欺诈。有病自首其过。大都与黄巾相似。诸祭酒皆作义舍，如今之亭传。又置义米、肉，悬于义舍。行路者量腹取足。若过多，鬼道辄病之。犯法者三原，然后乃行刑。不置长吏，皆以祭酒为治。民夷便乐之。雄据巴、汉，垂三十年。”案，张角之起也，杀人以祠天，见《后汉书·皇甫嵩传》。此为东夷之俗。修法略与角同，其原当亦出于东方。然《抱朴子·道意篇》极言信巫耗财之弊。又言张角、柳根、王歆、李申之徒，钱帛山积，富逾王公。纵肆奢淫，侈服玉食。伎妾盈室，管弦成列。刺客死士，为其致用。威倾邦君，势凌有司。亡命逋逃，因为窟薮。而张鲁、张津，颇得先富后教之意，则其宗旨又有不同。弥见其道之杂而多端也。

当时为黄、老道者，似颇排摈异教。《后汉书·循吏传》云：“延熹中，桓帝事黄、老道，悉毁诸房祀，唯特诏密县存故太傅卓茂庙，洛阳留王涣祠。”《栾巴传》云，迁豫章太守。郡土多山川鬼怪，小人常破资产以祈祷。巴素好道术，能役鬼神，乃悉毁坏房祀，翦理奸诬。于是妖异自消。百姓始颇为惧，后皆安之。栾巴所好之道，疑即桓帝所奉，故其毁房祀同也。《三国志·武帝纪》注引《魏书》，言太祖击黄巾，时黄巾移之书曰：“昔在济南，毁坏神坛，其道乃与中黄太乙同，似若知道。今更迷惑。”中黄太乙，盖即张角之所谓黄、老道者，与桓帝所奉，亦非二也。

《华阳国志·大同志》云，王濬为益州刺史，咸宁三年（277），诛犍为民陈瑞。瑞初以鬼道惑民。入道用酒一斗，鱼一头。不奉他神。贵鲜洁。其死丧、产乳者，不百日不得至道治。其为师者曰祭酒。父母妻子之丧，不得抚殡；入吊，及问乳病者。转奢靡。作朱衣、素带、朱帻、进贤冠。瑞自称天师。徒众以千数百。濬闻，以为不孝。诛瑞及祭酒袁旌等。焚其传舍。益州民有奉瑞道者，见官二千石长吏巴郡太守犍为唐定等，皆免官除名。瑞之奢靡与张鲁不同，然以祭酒治其下同，传舍亦似即义舍，而其不奉他神，似亦与桓帝、栾巴及所谓中黄太乙者无异也。知当时此等邪教，流衍颇广矣。

第七节
佛教东来

言佛教入中国者，大抵据《魏书·释老志》。《志》云："汉武元狩中，遣霍去病讨匈奴。至皋兰，过居延，斩首大获。昆邪王杀休屠王，将其众五万来降。获其金人。帝以为大神，列于甘泉宫。金人率长丈余。不祭祀，但烧香礼拜而已。此则佛道流通之渐也。及开西域，遣张骞使大夏。还，传其旁有身毒国，一名天竺。始闻有浮屠之教。哀帝元寿元年，博士弟子秦景宪受大月氏王使伊存口授浮屠经。中土闻之，未之信了也。后孝明帝夜梦金人，顶有白光，飞行殿庭。乃访群臣。傅毅始以佛对。《后汉书·楚王英传》注引袁宏《汉纪》："佛长丈六尺，黄金色，顶中佩日月光。变化无方，无所不入，而大济群生。初，明帝梦见金人，长大，顶有日月光。以问群臣。或曰：'西方有神，其名曰佛，陛下所梦，得无是乎？'于是遣使天竺，问其道术，而图其形象焉。"帝遣郎中蔡愔、博士弟子秦景等使于天竺，写浮屠遗范。愔仍与沙门摄摩腾、竺法兰东还洛阳。中国有沙门及跪拜之法，自此始也。愔又得佛经《四十二章》及释迦立象。明帝令画工图佛象，置清凉台及显节陵上。经缄于兰台石室。愔之还也，以白马负经而至，汉因立白马寺于洛城雍门西。摩腾、法兰咸卒于此寺。"案，《汉书·霍去病传》，元狩三年（前120）春，为骠骑将军，将万骑出陇西。上称其功曰："收休屠祭天金人。"《金日磾传赞》曰："本以休屠作金人为祭天主，故因赐姓金氏。”如淳注《霍去病传》亦曰：“祭天以金人为主也。”则张晏谓“佛徒祠金人”，师古谓“今之佛像是也”，非也。《地理志》：左冯翊云阳有休屠金人及径路神祠三所，《郊祀志》：“云阳有径路神祠，祭休屠王也。”则金人入中国，亦自有祠。而《后汉书·西域传论》曰：“佛道神化，兴自身毒，而二汉方志，莫有称焉。张骞但著地多暑湿，乘象而战；班勇虽列其奉浮屠，不杀伐；而精文善法，导达之功，靡所传述。”则以获金人为佛道流通之渐，谓张骞使大夏而闻浮屠之教者，其言悉不雠矣。《后汉书·光武十三王传》，楚王英，少时好游侠，交通宾客。晚节更喜黄、老，学为浮屠斋戒祭祀。永平八年（65），诏令天下死罪皆入缣赎。英遣郎中令奉黄缣、白纨三十匹诣国相。国相以闻。诏报曰：“楚王诵黄、老之微言，尚浮屠之仁慈，洁斋三月，与神为誓，何嫌何疑，当有悔吝？其还赎，以助伊蒲塞、桑门之盛馔。”则当明帝之初，佛教流传已盛矣。《三国志·四裔传》注引《魏略·西戎传》曰，临儿国，《浮屠经》云其国王生浮屠。浮屠，太子也。父曰屑头邪，母云莫邪。昔汉哀帝元寿元年（前2），博士弟子景卢受大月氏王使伊存口授《浮屠经》，曰复立者其人也。此文诸书所引不同。或作“秦景”，或作“景宪”，或作“秦景宪”，见冯承钧译沙畹《魏略·西戎传笺注》，商务印书馆本。《浮屠》所载，与中国《老子经》相出入。盖以为老子西出关，过西域，之天竺，教胡。《后汉书·襄楷传》，楷上书曰：“又闻宫中立黄、老、浮屠之祠。此道清虚，贵尚无为，好生恶杀，省欲去奢。今陛下嗜欲不去，杀伐过理。既乖其道，岂获其祚哉？或言老子入夷狄为浮屠。浮屠不三宿桑下，不欲久生恩爱，精之至也。天神遗以好女，浮屠曰：‘此但革囊盛血。’遂不眄之。其守一如此，乃能成道。今陛下淫女艳妇，极天下之丽；甘肥饮美，单天下之味；奈何欲如黄、老乎？”合此及《楚王英传》观之，并可见佛教流传，依附黄、老之迹。《三国志·刘繇传》：繇为孙策所破，奔丹徒。遂溯江南保豫章，驻彭泽。笮融先至，杀其太守朱皓，入居郡中。繇进讨融，为融所破。更复招合属县，攻破融。融败，走入山，为民所杀。笮融者，丹阳人。初聚众数百，往依徐州牧陶谦。谦使督广陵、彭城运漕。遂放纵擅杀，坐断三郡委输以自入。乃大起浮屠祠。以铜为人，黄金涂身，衣以锦彩。垂铜盘九重。下为重楼阁道，可容三千余人。悉课读佛经。令界内及旁郡人有好佛者听受道，复其他役以招致之。由此远近前后至者五千余人户。每浴佛，多设酒饭，布席于路，径数十里。民人来观及就食且万人，费以巨亿计。曹公攻陶谦，徐土骚动，融将男女万口，马三千匹走广陵。广陵太守赵昱待以宾礼。先是，彭城相薛礼为陶谦所逼，屯秣陵。融利广陵之众，因酒酣杀昱，放兵大略，因载而去，过杀礼，然后杀皓。《后书》融事见《陶谦传》。当时之奉佛者如此，宜其与张角等之黄、老道可以合流也。梁启超作《中国佛教之初输入》，疑佛初来自南方。冯承钧《中国南洋交通史》亦云然。第一章《汉代与南海之交通》。商务印书馆本。虽乏诚证，然以理度之，说固可通。《三国志·孙綝传》言綝坏浮屠祠，斩道人，可见南方已有立祠及出家者矣。少帝养于史道人家。《后书·西域传论》言："汉自楚英始盛斋戒之祀，桓帝又修华盖之饰，将微义未译，而但神明之邪？详其清心释累之训，空有兼遣之宗，道书之流也。"亦可见是时之所谓佛教者，教理初无足观，其说亦颇依附黄、老矣。《魏书》称其《四十二章经》，其义殊浅。